TABLETTES CHRONOLOGIQUES DE L'HISTOIRE UNIVERSELLE,

SACRÉE ET PROFANE, ECCLÉSIASTIQUE ET CIVILE,

Depuis la Création du Monde jusqu'à l'an 1775;

AVEC

Des Réflexions sur l'ordre qu'on doit tenir, & sur les Ouvrages nécessaires pour l'étude de l'Histoire.

Par M. l'Abbé LENGLET DU FRESNOY.

TOME SECOND.

CONTENANT L'HISTOIRE MODERNE.

Nouvelle Édition, revue, corrigée & augmentée,

Par J. L. BARBEAU DE LA BRUYÉRE.

A PARIS,

Chez { les Frères DE BURE, Libraires, Quai des Augustins.
P. M. DELAGUETTE, Libraire-Imprimeur, rue de la Vieille-Draperie.

M. DCC. LXXVIII.

Avec Approbation & Privilege du Roi.

TABLETTES
CHRONOLOGIQUES.
TOME SECOND.

AVERTISSEMENT
DE L'ABBÉ LENGLET,
SUR LA SECONDE PARTIE,
Qui contient l'Histoire Moderne.

I.

Si la première Partie de ces *Tablettes Chronologiques* est intéressante pour l'étude de l'Histoire Sainte, & utile pour accorder toutes les Histoires Profanes; cette seconde est non-seulement nécessaire pour l'Histoire Ecclésiastique, qui est celle de la Religion, mais encore instructive pour réunir sous un même point de vue, toutes les Histoires modernes des différens Royaumes. Cet Ouvrage a été tenté par quelques Ecrivains, mais avec beaucoup moins de précision, d'ordre & de détail que l'on a eu soin d'en apporter dans celui-ci. On a profité de leurs lumières : mais de nouvelles vues nous ont fait porter ce travail à une plus grande perfection. J'ai évité les défauts qu'on leur a reprochés : je n'ai pas cependant la vanité de m'en croire exempt; mais j'aurai soin de me corriger dès qu'on daignera m'avertir.

II.

Je commence par une Table Chronologique, qui renferme les Evénemens généraux, & que j'ai divisé en six Époques principales [ou intervalles] pour soulager la mémoire.

AVERTISSEMENT.

PREMIÈRE ÉPOQUE.

La première, qui commence à JÉSUS-CHRIST, finit au *Concile général de Nicée*, assemblé l'an 325. Ainsi cette première Époque contient 324 ans, depuis la *page* 1. jusqu'à la [33.] Ce sont-là les temps les plus édifians de l'Histoire de l'Eglise; & ce sont ceux que l'on a souvent à la bouche, mais rarement devant les yeux pour les imiter.

SECONDE ÉPOQUE.

La deuxième Époque comprend 475 ans, depuis le CONCILE GÉNÉRAL DE NICÉE, jusqu'à la proclamation de *Charles-Magne* comme *Empereur des Romains*; proclamation qui se fit à Rome sur la fin de l'an 800. Cet Intervalle qui est intéressant, parce qu'il comprend l'origine de toutes les Monarchies modernes, commence à la *page* [34], & finit avec la *page* [121].

TROISIÈME ÉPOQUE.

La troisième qui commence l'an 801, à CHARLES-MAGNE, EMPEREUR, finit à l'élévation de *Hugues Capet* sur le Trône des François l'an 987, & contient 186 ans. Elle fait voir de grandes Révolutions, aussi-bien dans l'Eglise que dans les diverses Monarchies de l'Europe. Cette Histoire s'étend depuis la *page* [122] de cet Ouvrage, jusqu'à la *page* [148].

QUATRIÈME ÉPOQUE.

La quatrième Époque devient plus favorable à la Religion & aux différens Etats politiques. Elle commence au régne de HUGUES-CAPET, & finit avec le grand Interrégne qui fit languir l'Empire d'Allemagne au XIIIe. siecle, lorsque *Rodolphe*

AVERTISSEMENT.

d'Hapsbourg, Chef de la Maison d'Autriche, monta sur le Trône Impérial en 1273. Tout cet intervalle qui contient 286 ans, s'étend depuis la *page* [149] jusqu'à la *page* [193].

CINQUIÉME ÉPOQUE.

Suit une cinquiéme Époque qui comprend 316 ans, depuis RODOLPHE D'HAPSBOURG en 1273 jusqu'en 1589, que la *Maison de Bourbon* fut élevée en la personne d'*Henri IV.* sur le Trône des François. Les Révolutions qui ont agité l'Eglise durant cette Période, ne sont pas moins grandes que celles qui ont éclaté dans les divers Etats politiques, soit en Orient, soit en Occident. Elle commence à la *page* [194] de cet Ouvrage, & finit à la *page* [230].

SIXIÉME ÉPOQUE.

Vient enfin la sixiéme Époque, la MAISON DE BOURBON [ou HENRI IV] sur le Trône de France. L'Eglise agitée jusques-là au dedans & attaquée au dehors, reste toujours également inébranlable, & recouvre enfin sa tranquillité. Cette Époque commence à la *page* [231] de ce petit Ouvrage, & nous en avons déjà passé [188] ans depuis l'an 1589 jusqu'en [1778].

III.

Telle est la division que j'ai cru devoir donner au corps de l'Histoire Moderne, dont le fond est tiré du sçavant Denys Petau. Mais à la *page* [337] commence le Tableau de *l'Histoire Ecclésiastique*, dont j'ai rangé sur six Colomnes les parties les plus intéressantes. Je ne parle point de la peine que j'ai eue à mettre l'ordre & la précision que l'on remarquera dans mon travail, pour que le coup d'œil fût également satisfait. Je ferai content si mes soins ne sont pas désapprouvés.

IV.

J'ai cru que pour les commencemens de l'Histoire des PAPES, dont la Chronologie varie extrêmement dans les différens Auteurs, je pouvois me fixer à ce que le sçavant Abbé *Bianchini* en a si scrupuleusement examiné dans sa belle Edition d'Anastase le Bibliothéquaire. Cependant les illustres Bénédictins qui continuent le *Gallia Christiana*, m'ayant témoigné l'estime qu'ils faisoient, & que l'on doit faire de la Chronologie des Souverains Pontifes donnée par le Pere *Pagi* de l'Ordre de S. François, j'ai cru que par déférence pour les avis de personnes aussi intelligentes, je pouvois donner par Addition, *page* [567] la supputation de ce Pere : par-là je satisfais de sçavans Hommes, qui estiment la Chronologie du Pere *Pagi*, & je me satisfais moi-même en suivant celle de M. *Bianchini*. Ainsi je continue à tenir la conduite que j'ai toujours suivie jusqu'ici, qui est de n'assujettir personne à mes idées ni à mes sentimens. Je propose seulement ce que j'ai lu dans de graves Auteurs beaucoup plus accrédités que moi ; c'est au Lecteur à choisir ce qui lui convient.

V.

J'ai tiré des Ecrivains les plus exacts ce que j'ai dit des *Rits & Ordres Religieux*, des *Grands-Hommes* de l'Eglise & des *Hérésies*. Ce sont des noms & des événemens, je ne les ai point inventés ; je n'ai fait que les arranger, & les appliquer chacun aux années où ils peuvent convenir. S'il y a faute, ce n'est point à moi qu'il faut s'en prendre ; c'est au P. *Bonnani*, Jésuite, au P. *Mabillon* Bénédictin, au P. *Heliot*, aux *Bollandistes*, à M. *Baillet*, à M. de *Tillemont*, à M. l'Abbé *Fleuri*, & à tout ce que nous avons d'Ecrivains exacts & judicieux.

AVERTISSEMENT.

VI.

Il en est de même des *Conciles*, qui forment la cinquième Colomne de cette partie de mon Ouvrage. Je les ai rapportés tels qu'on les lit dans les trois grandes Collections que nous en avons ; sçavoir, celle du *Louvre*, du *P. Labbe*, & du *P. Hardouin* ; mais comme tout ne s'y trouve pas, j'ai cherché dans les Collections particulieres de M. *Baluze* & du P. *Martene*, [&c.] ce qui étoit échappé aux Editeurs des Conciles. J'ai fait usage de la Collection du Cardinal *d'Aguire* pour l'Espagne, & de celle de *Vilkins* pour l'Angleterre. Je n'ai pas même négligé les Historiens de l'Eglise : tous m'ont donné des indications dont je me suis servi utilement ; & pour m'autoriser, je n'ai pas manqué de rapporter leurs témoignages.

Mais les sçavans Religieux Bénédictins qui travaillent à la nouvelle Edition du *Gallia Christiana*, m'ayant averti qu'ils avoient cité dans cet Ouvrage beaucoup de Conciles inconnus aux derniers Editeurs, j'ai compulsé leur Ouvrage ainsi que les *Annales Ordinis S. Benedicti* du sçavant & vertueux Pere *Mabillon*, où j'en ai trouvé beaucoup, que je ne connoissois pas d'abord. Il est vrai que nous n'avons aucuns Actes de presque tous ces Conciles ; ce ne sont que de simples notions, souvent même ce n'est qu'un changement de date ; mais ce sont toujours des Conciles connus par l'Histoire. Ainsi j'ai cru qu'ils méritoient d'y avoir place ; & j'avertis ici que les Conciles tirés du *Gallia Christiana* sont indiqués par le Tome & par la page : les autres sont indiqués par les Auteurs qui les ont cités. *

---

* On a fait usage dans cette Edition, des nouvelles Collections des Conciles d'Allemagne & de Hongrie, ainsi que de celle du Père *Mansi*.
Ces recherches & quelques autres, sont dûes à Dom *Clément*, de la Congrégation de S. Maur. *Note de l'Editeur.*

AVERTISSEMENT.

V. I I.

Qu'on ne pense pas que la sixième Colomne renferme tous les noms des *Ecrivains Ecclésiastiques*. Je l'aurois souhaité ; mais les bornes que je me suis prescrites, ne me permettoient pas de mettre en peu de pages ce qu'on auroit peine à renfermer en un volume. Je n'ai donc choisi que les Auteurs les plus distingués, & ceux qui sont de quelque autorité dans l'Église, ou dont nous avons des Ouvrages remarquables. J'ai même eu l'attention d'en indiquer ordinairement la meilleure Edition : c'est une difficulté levée pour les commençans.

V I I I.

On trouve depuis la page [573] les Tablettes de l'Histoire Civile moderne. Quoiqu'à parler régulièrement, cette partie de l'Histoire ne commence qu'à la chute de l'Empire Romain, au Ve. siécle, j'ai cru néanmoins que je devois la fixer à l'Ere-Chrétienne, parce que tous les Événemens de l'Eglise entrent dans le corps de l'Histoire moderne.

Les trois premières pages qui contiennent l'Etat de *l'Empire Romain*, n'ont d'Histoire parallele que celles des *Parthes* & des *Perses*, qui étoient leurs ennemis. J'ai suivi sur l'un & sur l'autre les meilleurs Chronologistes ; & j'ai eu soin même de placer en leur rang les *Usurpateurs* & les *Tyrans*. Quoique la plûpart aient moins gouverné que troublé l'Empire, j'ai cru cependant devoir les mettre dans le tems où ils ont paru, mais en un autre caractere, afin qu'on puisse aisément les distinguer. Comme on a frappé des Médailles en leur nom, on sera bien aise de voir le rang qu'ils doivent occuper dans la suite qu'on en fait ordinairement. J'ai principalement réglé cette suite sur les excellentes Notes que M. le Baron *de la Bastie* a jointes à la Science des Médailles du Pere *Jobert*, [aujourd'hui très-rare.]

AVERTISSEMENT. vij

IX.

Aux pages [578 & 579], les Histoires des Nations commencent à devenir paralleles; alors l'Empire est divisé, & chaque peuple du Nord usurpe la partie qu'il croit lui convenir. Comme toutes ces différentes natures d'Histoires ne pouvoient pas tenir sur deux pages paralleles, j'ai été contraint de partager les mêmes siécles en différentes pages qui se suivent; mais afin que le Lecteur n'ait pas de peine à retrouver la suite de chaque Histoire, j'ai eû soin de marquer à la fin de chaque Colomne ou de chaque page, celle où l'on doit recourir pour en suivre le fil, & ne pas l'interrompre.

X.

La tête de chaque nature d'Histoire est ordinairement précédée d'une instruction succincte, qui marque à quoi l'on peut se fixer pour en avoir quelque connoissance; & j'ai quelquefois indiqué des Historiens particuliers aux régnes les plus éclatans qui méritent qu'on les étudie avec plus de soin. Pour les Histoires étrangeres, je renvoie aux Abrégés; je ne laisse pas de faire connoître les Livres de détail; j'indique très-rarement les sources originales, qui ne conviennent qu'à ceux qui veulent approfondir; mais ceux qui prennent ce parti, sçavent beaucoup mieux que moi où ils doivent puiser les lumières. Ce que j'en ai marqué ne regarde que les commençans & les personnes qui ne veulent point entrer dans un si grand détail : par-là chacun peut suivre son goût pour l'étude particulière de ces Histoires.

XI.

Je n'ai point mis dans cette seconde Partie le *Calendrier Romain* qui est dans la première [p. 243.] Il est aussi nécessaire pour l'Histoire Moderne, & il faut le consulter pour s'épargner la peine de supputer à quel jour de notre Calendrier se rapporte la date de certains Historiens, des Bulles ou des autres Monumens publics.

XII.

Je finis par des Tables Alphabétiques de tous les Noms renfermés dans les Tablettes, tant Ecclésiastiques que Civiles. Trouve-t-on le nom d'un Pape, d'un Concile, d'un Empereur, d'un Roi, d'un Ecrivain? on seroit obligé de parcourir chacune de leurs Colomnes pour être informé de leur temps. Je supplée à cet inconvénient par la Table Alphabétique, qui pourra tenir lieu de Dictionnaire. C'est, à proprement parler, le Répertoire du Répertoire; car c'est ainsi qu'on doit regarder mon Ouvrage.

Je me flatte que les Personnes studieuses voudront bien me faire part de leurs Observations: j'aime la vérité, & je suis bien aise qu'on m'y ramène lorsque je m'en écarte. Je serai même ravi qu'on le fasse publiquement: je prends si souvent la liberté de le faire moi-même à l'égard des autres, que je serois injuste si je trouvois mauvais qu'on en usât de même à mon sujet.

AVIS DE L'ÉDITEUR,

Sur cette Nouvelle Édition.

LA perfection que j'ai cru pouvoir donner à cet Ouvrage, m'a engagé à faire, en 1763, dans cette seconde Partie, plusieurs Additions : j'ai ajouté à la *Table Chronologique*, que l'Auteur finissoit à la mort de Louis XIV ou en 1715, les Evénemens remarquables qui sont arrivés dans le monde, jusqu'à la paix donnée à l'Europe Occidentale en 1763. Dans cette Edition j'ai continué cette Table jusqu'à la mort de Louis XV ou jusqu'en 1774. Quant à ce qui précéde, j'y ai mis divers Articles sur les Pays Etrangers, dont l'Histoire paroissoit un peu négligée.

Je ne pouvois me dispenser de continuer jusqu'à ce temps les *Ecrivains Ecclésiastiques* ; & pour les *Tablettes de l'Histoire Civile*, ce qui concerne la suite des Souverains qui manquoit à diverses Colomnes. J'ai même cru devoir y ajouter les Ducs & Rois de Prusse, les Ducs de Courlande, les Stathouders des Provinces-Unies, les Grands-Ducs de Toscane, les Ducs de Modène & de Parme, les Grands-Maîtres de Malthe (depuis l'origine de l'Ordre des Chevaliers de S. Jean de Jérusalem), la suite des Grands-Mogols, & une indication des Familles Impériales de la Chine.

Mais une Addition beaucoup plus considérable que je fis aussi en 1763, c'est la *Tablette Chronologique des Grands-Hommes qui se sont distingués dans les Sciences & les Beaux-Arts*, depuis *Charles-Magne*

AVIS DE L'ÉDITEUR.

jusqu'à notre temps, avec les Epoques de la Fondation des *Universités* & principales *Académies*. J'ai revu de nouveau cette Tablette, & j'y ai fait les corrections & augmentations qui m'ont paru convenables. Mais je crois qu'il me faut rendre compte avec quelque détail d'un changement confidérable que j'ai jugé à propos de faire au premier Plan.

L'Abbé *Lenglet* avoit mis à la fin de son Tome I, (qui concerne l'Histoire Ancienne jusqu'à J. C.) une *Tablette Chronologique des Ecrivains* Grecs & Latins *jusqu'au VIe. Siécle de l'Ere-Chrétienne*, & il s'étoit borné dans le Tome II, à indiquer les *Ecrivains Ecclésiastiques*, après la suite des *Papes*, des *Conciles*, &c. Je respectai en 1763 son travail, quoique j'aie fait les corrections & additions que j'ai cru nécessaires ou utiles ; par exemple, j'ai ajouté les Ecrivains Sacrés, &c. ainsi que la suite des *Hommes* anciennement *célébres dans les Beaux-Arts*, dont on desire souvent sçavoir le temps où ils florissoient. Dans cette Nouvelle Edition, j'ai cru devoir changer l'ordre de l'Abbé *Lenglet*, & l'assujettir à une exacte Chronologie.

J'ai donc retranché, dans le Tome I, tous les *Ecrivains des VI Siécles de J. C.* & les ai mis dans ce Tome II, où ils ont droit de se trouver pour la Chronologie ; & quoique les Ecrivains qui ont paru depuis dans le monde, n'aient pas le mérite des Anciens, ils doivent continuer la chaîne de Doctrine, non-seulement jusqu'à *Charlemagne*, mais jusqu'au Renouvellement des Sciences, & à l'Epoque où j'ai cru devoir finir ; sçavoir la mort de Louis XV, & le commencement du Régne de Louis XVI.

Ce Volume-ci étant beaucoup plus gros que le Premier, j'ai mis dans celui-là, comme plusieurs Personnes l'ont desiré, une *Table* unique des *Noms* des Hommes illustres dont il est parlé dans les deux

AVIS DE L'ÉDITEUR.

Volumes : ce qui facilitera les recherches qu'on voudra faire ; ainsi que je l'ai expliqué plus amplement dans l'*Avertissement* qui se trouve au Tome I. Je n'ai mis dans ce Tome II que la *Table alphabétique des Conciles*, qui lui appartient uniquement, & c'est par-là que je l'ai terminé.

Il me sera sans doute échappé des fautes ou incorrections, vu l'état de ma santé, & les obligations où je suis depuis quinze ans pour un plus grand travail, par l'autorité la plus respectable, ce qui fait que je n'ai pu m'en distraire que par certains intervalles, comme de récréations. J'ai donc besoin d'une ample indulgence pour ceci, & qu'on veuille bien m'appliquer l'observation par où finit feu l'Abbé Lenglet dans l'*Avertissement* qu'on vient de lire.

A Paris, ce 27 Novembre 1777.

J. L. BARBEAU DE LA BRUYÈRE.

TABLE DES ARTICLES

Contenus dans ce second Volume.

I.

Table Chronologique de l'Histoire Moderne. . . . . Pag. 1 & *suiv.*
   Epoque I. Ere Vulgaire de J. C. . 2
   Ep. II. Concile Général de Nicée. 34
   Ep. III. Charlemagne Empereur. . 122
   Ep. IV. Hugues Capet Roi de France. 148
   Ep. V. Rodolphe d'Hapsbourg Emp. 194
   Ep. VI. Henri IV, ou Branche Royale de Bourbon, sur le Thrône de France. 231

II.

Tablettes pour l'Histoire Ecclésiastique. 337
Avis (*sur les Abrégés qu'on y a employés*). 338
Papes du premier Siécle. 340
   du IIe. 344
   du IIIe. 348
   du IVe. 354
   du Ve. 366
   du VIe. 376
   du VIIe. 386
   du VIIIe. 396
   du IXe. 404
   du Xe. 420

TABLE DES ARTICLES. xiij

Papes du XIe. Siécle. . . . . . . 432 & suiv.
       du XIIe. 450
       du XIIIe. 466
       du XIVe. 484
       du XVe. 500
       du XVIe. 514
       du XVIIe. 530
       du XVIIIe. 556
Rits & Ordres Religieux. 340
Conciles, tant partic. que Généraux. . ibid.
Grands-Hommes de l'Eglise. . . . 341
Hérésies & Persécutions. . . . . . ibid.
Ecrivains Eccléfiastiques. . . . . ibid.
Les Siécles de chacun de ces cinq derniers Articles commencent aux mêmes pages, ou vis-à-vis de la Colonne des Papes (à l'exception des *Ecrivains Eccléfiastiques* du XVIIIe. Siécle, qui commencent à la page 555.)

I I I.

LISTE des Papes, suivant la Chronologie du Père François Pagi, dont plusieurs Sçavans font usage. 567

I V.

TABLETTES pour l'Histoire Civile. 573

S Ç A V O I R :

Les Empereurs Romains (avant la division de l'Empire.) . . . . 575 & suiv.
Rois des Parthes. 575
Rois (nouveaux) de Perse. 576, 577, 578, 584
Empereurs Romains d'Occident. 578
Empereurs d'Orient, ibid. & 584, 590, 596, 602
Rois d'Italie. 578
Rois de France, première Race. . . 579, 585
————Seconde Race. 585, 571
————Troisiéme Race. . . . 591, 597, 603

TABLE DES ARTICLES.

Rois d'Angleterre, les sept Royaumes. 579, 585
— de Wessex. 585, 591
— depuis Guillaume Duc de Norm. 591, 597, 603
Rois d'Ecosse. . . 579, 585, 591, 597, 603
Rois d'Espagne, Suéves. 580, 586
Rois d'Espagne, Goths. . . . . ⎫
—— Alains. . . . . ⎬ ibid.
—— Vandales, puis en Afrique. . . ⎭
Rois de Léon & Asturies. 586, 592
Comtes de Barcelone. . . . . ibid.
Rois de Navarre. 592, 598, 604
Rois de Castille. . . . . ibid.
Rois d'Aragon. 592, 598, 604
Rois de Portugal. . . . . ibid.
Rois Lombards d'Italie. 584
Exarques de Ravenne. 581, 587
Ducs de Spolette. . . . . ibid.
Ducs de Benevent. 581, 587, 593
Doges de Venise. . . 581, 587, 593, 599, 605
Ducs & Rois de Hongrie. 582, 588, 594, 600, 606
Ducs & Rois de Bohême. . . . . ⎫
Ducs & Rois de Pologne. . . . . ⎬ ibid.
Rois de Suéde. . . 583, 589, 595, 601, 607
Rois de Danemarck, & de Norwége. . . ibid.
Califes des Sarrasins (ou Arabes). 584, 590, 596
Rois nouveaux d'Italie. . . . 587, 593, 599
Nouvel Empire d'Occident. . 590, 596, 602
Comtes & Ducs de Savoye. . . 593, 599, 605
Ducs, Tzars & Emp. de Russie. 595, 601, 607
Empereurs François d'Orient. 596
Empereurs Grecs à Nicée. . . . . . ibid.
Empire Ottoman. 596, 602
Ducs de Lorraine. 599, 605
Rois de Jérusalem. 599
Rois de Cypre. 599, 605
Rois de Naples & Sicile. 599
Ducs & Rois de Prusse. 608
Ducs de Courlande. . . . . . . ⎫
Stathouders des Provinces-Unies. . ⎬ ibid.

TABLE DES ARTICLES. xv

Grands-Ducs de Toscane. . . . . . , 609
Ducs de Modène. . . . . . . ⎫
Ducs de Parme. . . . . . . ⎬ *ibid.*
Grands-Maîtres des Chevaliers de S. Jean de Jérusalem, *aujourd'hui à Malthe*. . 610
Empereurs Mogols dans les Indes. . . . 611
Suite de l'Empire de la Chine. 612

V.

TABLETTE Chronologique des Grands-Hommes qui se sont distingués dans les *Sciences* & les *Beaux-Arts*, depuis l'*Ere Vulgaire* de J. C. (jusqu'à la mort de Louis XV.) avec le temps de la Fondation des *Universités* & principales *Académies*. . . . . 615 & *suiv.*

V I.

TABLE *Alphabétique des* Conciles, (*avec leurs années*). . . . . 850 & *suiv.*

[Celle des *noms* des Hommes illustres dans l'Histoire Ancienne & Moderne, dont on a parlé en cet Ouvrage; se trouve à la fin du Tome I.]

TABLE CHRONOLOGIQUE

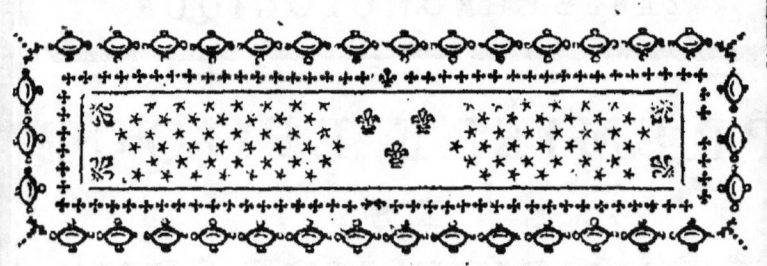

TABLE
CHRONOLOGIQUE
DE
L'HISTOIRE MODERNE.

Avant l'Ere-Chrét.	
5.	SUIVANT la Supputation Chronologique, que l'on tire de Joſephe & de Dion, Saint Jean eſt né le 24 *Juin*; & l'on doit rapporter à la fin de cette année la Naiſſance de JESUS-CHRIST, au 25 *Décembre*, l'an 749 de la fondation de Rome.
	Quirinius, que les Juifs appelloient *Cyrinius*, fait le dénombrement en Judée : Quintilius Varus étoit alors Gouverneur de la haute Syrie, & Sentius Saturninus de la Baſſe.
4.	*Premier Janvier.* Circonciſion de Jeſus-Chriſt. Adoration des Mages, le 6 *du même mois*. La SAINTE VIERGE & SAINT JOSEPH ſe retirent en Egypte, avec Jeſus-Chriſt.
	Joſephe, l'Hiſtorien, aſſure qu'Hérode eſt mort vers la Pâque de cette année. Archelaus vient à Rome demander le Royaume de ſon pere Hérode : mais Auguſte le partage.
	Caïus part de Rome pour régler les Provinces de l'Empire.
	La Sainte Vierge & Saint Joſeph reviennent à Nazareth.
2.	Auguſte demande le Conſulat pour faire entrer dans les affaires Lucius Céſar, ſon ſecond fils adoptif.
	Auguſte fait bâtir le Canal, où l'on fit à Rome des repréſentations de combat naval.
	Il exile ſa fille Julie, convaincue d'adultère.
1.	Caïus Céſar revient à Rome pour les ſpectacles : il va en Orient avec Marcus Lollius, ſon Gouverneur, qui s'y rendit infame par ſon avarice.

II. Partie.   A

PREMIÈRE ÉPOQUE
DE
L'HISTOIRE MODERNE
OU
ERE-VULGAIRE DE JÉSUS-CHRIST.

Depuis cette Epoque jusqu'au Concile de Nicée, il y a 325 ans. Ce sont-là les temps les plus brillans du Christianisme; les Fidèles ne se distinguant que par une foi vive, & par une admirable simplicité de mœurs. Ce sont des siécles que l'on admire & que l'on fait gloire d'admirer, mais que l'on ne cherche point à imiter.

Depuis J. C.

1. Ere de Jesus-Christ, nommée l'Ere Chrétienne ou Vulgaire, au premier Janvier de l'an 753 de la fondation de Rome; mais au 21 Avril commence l'an 754.

2. Caïus César fait la paix avec les Parthes, & établit Ariobarzane Roi d'Arménie.

3. Tibère après une absence de sept ans, revient de l'Isle de Rhodes à Rome.
   Lucius César meurt à Marseille.

4. Cn. Cornelius Cinna, petit-fils du grand Pompée, conspire contre Auguste, qui pardonne à tous les Conjurés. Il désigne même Cinna Consul pour l'année suivante.
   Caïus César meurt en Lycie; dix-huit mois après son frère Lucius.
   Auguste adopte Tibère, fils du premier mariage de Livie sa femme; & il lui donne pour la seconde fois l'autorité de Tribun.

5. Agrippa, petit-fils d'Auguste, reçoit la Robe virile; mais on ne lui fait pas les mêmes honneurs qu'à ses frères.
   Auguste ordonne des récompenses pour les soldats des cohortes Prétoriennes, qui avoient seize ans de service.

6. Ce Prince établit une caisse militaire, à laquelle il fait porter le vingtième de tous les legs, à l'exception de

| Depuis J. C. | ceux qui laisseroient leurs biens aux pauvres, ou à leurs parens.

Tibère fait une expédition en Germanie, passe en Illyrie, où les Dalmates s'étoient révoltés.

Archelaus, Roi de Judée, est accusé de malversation par ses frères, il vient à Rome pour se justifier : le Sénat l'envoye en exil à Vienne (en Dauphiné) & réduit en province Romaine la portion de Judée dont il étoit Roi. Quirinius, accompagné de Coponius, passe en Syrie pour y faire un second dénombrement, & pour mettre tous les effets d'Archelaus au fisc.

Joazar fut alors dépouillé de la charge de Grand-Prêtre, & Ananus fils de Seth, surnommé Anne, beau-père de Caïphe, fut mis en sa place.

7. Auguste envoye Germanicus pour terminer la guerre dans la Pannonie.

8. Jesus-Christ âgé de douze ans, dispute dans le Temple avec les Docteurs.

9. Auguste ordonne des récompenses pour ceux qui se marient, & des peines contre ceux qui gardent le célibat.

Tibère finit la guerre de la Dalmatie, qui est soumise.

Trois légions Romaines, commandées par Quintilius Varus, sont battues par Arminius, Prince des Cattes & Général des Germains ; Varus se donne la mort.

10. Tibère dédie, à Rome, un Temple à la Concorde.

11. Tibère & Germanicus Proconsuls, ravagent la Germanie.

Auguste associe Tibère à l'Empire.

12. Tibère revient à Rome, reçoit les honneurs du triomphe pour la conquête de la Pannonie & de la Dalmatie.

Loi pour reprimer le luxe.

Naissance de Caïus Caligula, fils de Germanicus, le dernier jour du mois d'Août.

Auguste envoye Silanus en Syrie.

13. Ce Prince accepte, pour la cinquième fois, le Gouvernement de la République pour dix ans, & fait continuer à Tibère l'autorité de Tribun.

Auguste impose le vingtième sur le peuple Romain, qui en est offensé.

14. Cet Empereur meurt à Nole dans la Campanie, le dix-neuf du mois d'Août : il étoit âgé de 76 ans, & en avoit régné 44, depuis la Bataille d'Actium.

Les légions Romaines, qui étoient en Pannonie & en Germanie, se révoltent.

TIBERE commence son régne, qui fut de vingt-deux ans six mois & vingt-trois jours, sans compter les 3 ans d'Association.

Annius Rufus est fait Gouverneur de Judée.

15. Germanicus fait la guerre dans la Germanie.

Depuis J. C. 16.	Tibère envoye Valerius Gratus pour gouverner la Judée ; il dépouille Ananus de la dignité de Grand-Prêtre, & la donne à Ismaël, fils de Fabius.
	Tibère interdit l'usage des habits de soie & de la vaisselle d'or ; il chasse tous les Mathématiciens & Astrologues de Rome.
	Germanicus défait les Germains.
	Les Parthes excitent des troubles en Orient. Germanicus est choisi pour marcher contr'eux.
	Germanicus triomphe à Rome pour ses victoires sur les Cherusques, & autres peuples de Germanie.
17.	Archelaus, Roi de Cappadoce, âgé de cinquante ans, meurt à Rome. Son Royaume est réduit en Province.
	Tibère fait envoyer Germanicus en Orient.
	Cn. Pison est fait Gouverneur de Syrie.
	Drusus part pour l'Illyrie.
	Tacfarinas excite une sédition en Afrique, qui est appaisée par Camillus.
	Tremblement de terre en Asie, qui renverse douze villes.
	Valerius Gratus, Gouverneur de Judée, met Eléazar, fils d'Ananus, en la place d'Ismaël Grand-Prêtre.
	Hérode Antipas, Tétrarque de Galilée, commence à bâtir la Ville de Tibériade, qui ne fut dédiée que 10 ans après : cependant c'est de cette année 17 que l'Ere de cette Ville, marquée sur ses Médailles, doit se compter.
	Le Poëte Ovide meurt en exil : il est inhumé proche de la ville de Tomes sur le Pont Euxin, selon Eusebe ; mais selon quelques Modernes, on a trouvé son Epitaphe en Pannonie, où il est marqué qu'il mourut revenant d'exil.
18.	Germanicus est en Achaïe quand son Consulat commence ; il visite les Villes de la Gréce, & passe ensuite dans l'Orient.
	Cn. Pison arrive en Syrie, où il se conduit mal envers Germanicus, qui régla alors les affaires d'Arménie & de Cappadoce.
19.	Germanicus visite l'Egypte, & revient en Syrie, où il meurt. Pison est soupçonné de l'avoir empoisonné.
	Arminius, après avoir commandé douze ans en Germanie, est mis à mort à l'âge de trente-sept ans, par les Germains.
	L'Historien Josephe dit que Caïphe fut nommé Grand-Prêtre par Valerius Gratus, & qu'il tint cette dignité dix-sept ou dix-huit ans.
20.	On apporte à Rome le corps de Germanicus ; il est reçu avec beaucoup de marques de douleur. Pison accusé de l'avoir empoisonné, se fait mourir.
	On trouve sur les Médailles d'Augusta en Cilicie, une

DE L'HISTOIRE MODERNE.   5

Depuis J. C.	
	Ere qui commence en cette année, en reconnoissance de quelques faveurs faites par Tibère.
21.	Les Gaulois se révoltent, & sont soumis.
	Mort de Quirinius, qui avoit fait les dénombremens de Syrie.
22.	Livie, mere de Tibère, tombe malade ; Tibère revient à Rome.
23.	Ælius Séjan, favori de Tibère, espérant de parvenir à l'Empire, fait empoisonner Drusus fils de Tibère.
	Ere de Cybire, en Phrygie, marquée sur ses Médailles, pour avoir obtenu une remise des tributs de 3 ans : cette Ville venoit d'éprouver un tremblement de terre.
24.	Les Romains terminent la guerre en Afrique, par la mort de Tacfarinas, chef des Rébelles.
25.	Cremutius Cordus, Historien, est déféré au Sénat pour avoir appellé Cassius le dernier des Romains, & pour avoir donné des louanges à Brutus ; il se fait mourir d'inanition.
	On croit que ce fut vers ce temps que mourut S. Joseph, époux de la Sainte Vierge Marie.
	La nouvelle Ville de Césarée du Liban, ou Panéas, bâtie par Philippe, l'un des fils d'Hérode, fut alors dédiée. L'Epoque marquée sur ses Médailles, est plus ancienne de 25 ans, & se prend du temps de sa Fondation.
26.	Sabinus, Consul, défait les Thraces.
	Agrippine, femme de Germanicus, est persécutée par Tibère, qui va en Campanie, d'où il ne revint plus à Rome.
27.	Atilius, fils d'un Affranchi, fait construire un Amphithéâtre dans la Ville de Fidène. Le théâtre, qui n'étoit pas solide, croule & fait périr cinquante mille personnes.
	Incendie à Rome : Tibère fait des largesses pour aider à rebâtir cette Ville, & se retire dans l'Isle de Caprée.
	Pilate est fait Gouverneur de Judée.
28.	Les Frisons se révoltent, & battent les Romains.
	Agrippine, fille de Germanicus, qui fut depuis mère de Néron, épouse Cn. Domitius Nero.
	Jean-Baptiste, fils de Zacharie, se retire dans le désert de Judée, baptise & prêche la pénitence, l'an 15 de Tibère.
30.	Première année de la prédication de Jesus-Christ.
	Jesus-Christ est baptisé par Jean-Baptiste dans le désert ; il appelle ses douze disciples à l'Apostolat, & fait sa première Pâque.
	Jean-Baptiste est mis en prison.
	Livie, mère de Tibère, meurt âgée de quatre-vingt-six ans.
31.	Deuxième année de la prédication de Jesus-Christ, & sa seconde Pâque.

Depuis J. C.	Séjan aspire à l'Empire, commet plusieurs crimes. Tibère en écrit au Sénat, qui condamne Séjan à la mort.
32.	Troisième année de la prédication de Jesus-Christ.
33.	Quatrième année de la prédication de Jesus-Christ. Mort de Lazare.
	Jesus-Christ fait la Pâque avec ses Disciples, & institue le Sacrement de l'Eucharistie.
	Le lendemain Vendredi, quinze de la Lune, Jesus-Christ meurt en Croix, ressuscite le premier jour de la semaine suivante. Il monte ensuite au Ciel, & envoye le Saint-Esprit sur ses Disciples; après quoi ils prêchent l'Evangile à toutes les Nations.
	S. Estienne est mis à mort par les Juifs.
	Le Sénat donne plusieurs titres flatteurs à Tibère. Junius Gallion est envoyé en exil, pour avoir porté la flatterie trop loin.
	Tibère marie les deux filles de Germanicus, ses petites filles; sçavoir, Drusille à Lucius Cassius, & Julie à M. Vinicius. Il fait mourir plusieurs personnes de qualité.
	Drusus, fils de Germanicus, & Agrippine sa mère, se font mourir d'inanition.
	Saul, ou S. Paul, est converti près de Damas.
34.	Tibère néglige les affaires; le trouble se met dans l'Empire par les mouvemens des Daces, des Sarmates & des Germains.
35.	Les Parthes viennent à Rome se plaindre d'Artaban leur Roi, & prient le Sénat de leur donner en sa place Phraate, qui avoit été donné en ôtage. Ce Prince meurt en chemin: Tibère lui substitue Tiridate, & envoye Vitellius en Orient, pour être Gouverneur de Syrie.
	Philippe, fils d'Hérode, meurt après un régne de 38 ans.
36.	Vitellius, Gouverneur de Syrie, ordonne à Pilate d'aller à Rome pour s'y justifier auprès de Tibère; il dépose le Grand-Prêtre Caïphe, & Jonathas fils d'Ananus, est mis à sa place.
	S. Paul vient à Rome trois ans après sa conversion, pour y voir S. Pierre. Il en part onze jours après, pour aller à Césarée, d'où il vient à Tarse.
	Tiridate est dépouillé du Royaume des Parthes par Artaban.
37.	Tibère tombe malade. Thrasyllus, Mathématicien & Astrologue, lui prédit qu'il vivra encore dix ans, mais il meurt le 16 Mars.
	CAIUS surnommé CALIGULA, lui succéde, & régne trois ans dix mois & huit jours.
	Ce Prince met en liberté Agrippa petit-fils d'Hérode, à qui il fait de grands honneurs; lui donne des chaines d'or

DE L'HISTOIRE MODERNE. 7

Depuis J. C. | au lieu de celles de fer qu'il avoit ; lui accorde les Tétrarchies de Philippe & de Lyſanias, avec le titre de Roi.

Caligula tombe malade ; après ſa convaleſcence il fait mourir Tibère, fils de Druſus & petit-fils de l'Empereur Tibère.

S. Pierre fait pluſieurs voyages, guérit Enée paralytique dans la Ville de Joppé ; baptiſe Corneille le Centenier, vient à Antioche, où il établit ſon premier Siége.

Cette année commence l'Ere d'Epiphanie de Cilicie, marquée ſur ſes Médailles, pour quelques faveurs accordées par Caligula.

38. L'Empereur Caligula exerce pluſieurs cruautés, & fait mourir Macron, par le moyen duquel il avoit eu l'Empire.

Ayant épuiſé ſes tréſors, il fait proſcrire & mourir pluſieurs perſonnes.

Il joint par un mole de ſix cent pas Baye & Pouzole.

Il accuſe Domitius Afer, Orateur, qui feignant ne pouvoir réſiſter à l'éloquence de l'Empereur, obtient non-ſeulement le pardon, mais auſſi l'honneur du Conſulat.

Cette année commence l'Ere de Germanicie, en Comagène, marquée ſur ſes Médailles.

40. Caligula entreprend une expédition imaginaire dans les Gaules : y étant arrivé, il n'y fit autre choſe qu'ordonner à ſes ſoldats de ramaſſer des coquilles, près de Boulogne.

Publ. Petronius eſt fait Gouverneur en Syrie à la place de Vitellius, avec ordre de placer la ſtatue de l'Empereur dans le Temple de Jéruſalem. Petronius y ayant trouvé beaucoup de difficultés, différe d'exécuter cet ordre.

Hérode Antipas, à la ſollicitation de ſa femme Hérodiade, vient à Rome pour demander le Royaume de ſon père ; mais Caligula l'envoye en exil, & donne ſa Tétrarchie à Agrippa, qui avoit indiſpoſé l'Empereur contre Antipas.

Flaccus Avilius perſécute les Juifs d'Alexandrie, qui députent Philon, Juif, à Rome, vers l'Empereur, dont il eſt mal reçu.

Ponce Pilate, Gouverneur de Judée, ſe donne la mort près de Vienne (en Dauphiné), où il avoit été exilé.

Les Apôtres envoyent S. Barnabé à Antioche ; il va à Tarſe pour y chercher S. Paul, d'où il revient à Antioche avec S. Paul, & ils y reſtent une année.

Le nom de Chrétiens commence à être donné aux Diſciples de J. C. à Antioche.

S. Pierre établit ſon Siége à Rome.

Chéréas & pluſieurs autres conjurés tuent l'Empereur Caligula le 24 Janvier.

41. Claude Néron ou CLAUDIUS lui ſuccéde.

Il ajoute la Judée & la Samarie aux Etats d'Agrippa.

Depuis J. C.	Hérode Agrippa vient à Jérusalem, pour gagner l'amitié des Juifs; il persécute les Chrétiens, fait mourir S. Jacques & emprisonner S. Pierre, qu'un Ange délivre de prison.
	L'Empereur permet à Hérode, frere d'Agrippa, de porter les ornemens de Préteur.
	Les Chrétiens d'Antioche envoyent Paul & Barnabé à Jérusalem, où ils font un second voyage, & y portent les aumônes qu'ils avoient ramassées pour les Fidéles de Judée.
	Naissance de Titus fils de Vespasien, le 30 Décembre.
42.	Famine prédite par Agabus Prophéte, *Chap. XI. des Actes*.
	Paul & Barnabé retournent de Jérusalem à Antioche, vont à Seleucie & en Cypre, où S. Paul convertit le Proconsul Sergius Paulus; c'est, dit-on, ce qui lui fit changer son nom de Saul en celui de Paul.
	Claude fait mourir plusieurs personnes de distinction, à la persuasion de sa femme Messaline & de ses affranchis. Il construit un port à l'embouchure du Tibre.
43.	L'Empereur Claude passe dans la Grande-Bretagne, qu'il soumet en seize jours.
	S. Paul annonce l'Evangile dans plusieurs Provinces.
44.	Claude, après six mois d'absence, entre en triomphe dans Rome.
	Agrippa, Roi de Judée, &c. meurt après avoir régné sept ans; & l'on établit Culpius Tadus Gouverneur de ses Etats.
45.	Les Parthes chassent de rechef leur Roi Artaban.
	Vespasien fait la guerre dans la Grande-Bretagne, & y gagne plusieurs batailles.
46.	Le Royaume de la Médie Atropatène, qui avoit commencé du temps d'Alexandre le Grand, devient une Province de l'Empire des Parthes.
47.	Dans le mois de Janvier de cette année, parut une Isle nouvelle dans la mer Egée, après un tremblement de terre.
	Cumanus est fait Intendant de Judée après Alexandre.
	Messaline, femme de l'Empereur, fait mourir Valerius Asiaticus, qui avoit été deux fois Consul. Elle se marie publiquement avec C. Silius, Chevalier Romain.
	L'Empereur Claude célébre les Jeux séculaires à Rome.
48.	Les Princes de la Gaule appellée *Camata*, & en particulier ceux d'Autun, obtiennent le droit de Bourgeoisie Romaine.
	Claude ayant sçu que Messaline sa femme avoit épousé C. Silius, la fait mourir avec son adultère.
	On fait le dénombrement à Rome, il s'y trouve quinze cens quarante-quatre mille citoyens.
49.	Claude chasse de Rome tous les Juifs, & S. Pierre retourne en Judée: Aquila & Priscille vont à Corinthe.

Depuis J. C.	Claude épouse Agrippine, fille de son frere Germanicus, & mére de Néron.
Les Parthes se plaignent de Gotarze leur Roi, & prient l'Empereur de lui substituer Meherdate.
La dispute sur les cérémonies légales s'éleve à Antioche : les Fidéles de cette Ville envoyent S. Paul & S. Barnabé à Jérusalem. Les Apôtres y tiennent un Concile. Paul & Barnabé retournent à Antioche, puis se séparent : S. Paul, avec Silas, va en Syrie & en Cilicie. Ensuite S. Paul fait circoncire Timothée, & passe en Macédoine.
50.	L'Empereur Claude adopte Domitius Néron. On fait passer la Colonie de Cologne dans une Ville des Ubiens. Les Cattes dans la Germanie, & les Habitans de la Grande-Bretagne, sont vaincus.
S. Paul chassé de Philippes & de Thessalonique, vient à Athènes ; dispute dans l'Aréopage, & convertit S. Denis, l'un des Juges ; de-là il passe à Corinthe, & y reste quelques mois.
51.	Néron reçoit la Robe virile, & est déclaré Prince de la Jeunesse.
Burrhus Afranius est fait Préteur, à la recommandation d'Agrippine.
Les Parthes s'emparent de l'Arménie, & l'abandonnent au commencement de l'hiver.
Le Sénat chasse les Astrologues de l'Italie.
52.	On accorde à Pallas, Affranchi de Claude, les honneurs dûs aux Préteurs, & 150 mille sesterces.
Claude donne le spectacle d'un combat naval entre le lac Fucin & le fleuve Liris.
Ventidius Cumanus, Intendant de Judée & de Galilée, accusé de concussion, vient à Rome & est envoyé en exil. Felix, quoique son complice, est fait Intendant de Judée.
S. Paul accusé paroît devant Gallion Proconsul d'Achaïe ; part de Corinthe & vient à Ephèse, d'où il se rend à Césarée, à Antioche, & va pour la quatrième fois à Jérusalem, & ensuite en Galatie & en Phrygie.
Apollon prêche l'Evangile : il est instruit plus qu'il ne l'étoit par Aquila & par Priscille.
S. Paul revient à Ephèse, & y reste trois ans.
53.	Néron, âgé de seize ans, épouse Octavia fille de Claude. L'Empereur augmente l'autorité des Gouverneurs des Provinces.
54.	Mort de l'Empereur Claude âgé de soixante-trois ans, après en avoir régné treize, huit mois & dix-neuf jours.
Domitius NÉRON cinquième Empereur, lui succéde ; Agrippine sa mère, fait empoisonner Junius Silanus, Proconsul d'Asie, & oblige Narcisse de se donner la mort.

Depuis J. C.	Les Parthes s'emparent de l'Arménie, & l'abandonnent. Domitius Corbulon passe dans ce Pays.
	S. Paul envoye Timothée & Eraste en Macédoine.
	Démétrius, Orfévre, excite une sédition à Ephèse contre S. Paul, qui passe en Macédoine ; de-là il voyage dans la Grèce, où il séjourne trois mois.
55.	Vologèse, Roi des Parthes, fait la paix avec les Romains, & donne des ôtages à Corbulon.
	Agrippine porte Néron à faire empoisonner Britannicus.
	Néron ôte à sa mère les gardes qu'elle avoit, & la réduit à une condition privée.
	S. Paul vient en Macédoine, & ensuite se rend à Jérusalem vers les fêtes de la Pentecôte. Il y est arrêté par les Juifs, & livré aux Gouverneurs des Romains.
56.	Néron s'abandonne à toutes sortes de débauches.
	S. Paul chargé de liens est conduit à Rome.
57.	Il écrit sa deuxième Epitre à Timothée, après avoir paru devant Néron pour la première fois : il écrit aussi aux Ephésiens.
58.	Les Parthes font la guerre aux Romains, qui s'opposoient à la conquête de l'Arménie.
	Corbulon rétablit la discipline militaire, entre en Arménie, en prend tous les châteaux, & brûle la Ville d'Artaxata.
	Néron, devenu amoureux de Poppea, donne le Gouvernement de la Lusitanie à Othon son mari.
59.	Agrippine dépouillée de toute autorité par son fils Néron, cherche à se reconcilier avec lui.
	Néron la fait tuer ; crime auquel le Sénat applaudit.
60.	Corbulon prend la Ville de Tigranocerta, & soumet aux Romains toute l'Arménie, dont le Gouvernement est donné à Tigrane, petit-fils d'Archelaus, Roi de Cappadoce.
	Corbulon va en Syrie, où le Gouverneur Vinidius venoit de mourir.
	Albinus est Gouverneur de Judée à la place de Festus.
61.	Les Romains sont défaits dans la Grande-Bretagne ; mais Paulinus Suetonius, Gouverneur de cette Isle, remporte ensuite une victoire sur quatre-vingt mille Bretons.
	Néron fait faire un magnifique bâtiment pour les Jeux publics.
62;	S. Jacques, premier Evêque de Jérusalem, est lapidé par les Juifs : Simeon est élû en sa place.
	Néron fait emprisonner Burrhus, Préfet du Prétoire ; & met deux personnes en sa place ; sçavoir, Fenius Rufus & Tigellinus, qui accusent Séneque, précepteur de Néron.
	Cet Empereur chasse Octavia sa femme, & épouse Poppea, qu'il exila & fit mourir peu de temps après. Il en fait autant à Pallas, & s'empare de ses grands biens.

DE L'HISTOIRE MODERNE.

Depuis J. C. Perse, Poëte satyrique, meurt âgé de vingt-deux ans.

Vologèse, Roi des Parthes, veut faire restituer à Tiridate son frère, l'Arménie, dont il avoit été chassé.

Corbulon envoye du secours à Tigrane ; mais Vologèse défait Césennius Pétus, que les Romains avoient envoyé commander en Arménie. Ce Gouverneur est forcé d'accepter des conditions de paix honteuses.

63. Néron donne le Gouvernement de la Syrie à Cintius, & le commandement de l'armée à Corbulon, qui déclare la guerre aux Parthes. Tiridate est défait, & conduit dans le camp des Romains ; il ôte sa couronne, & la met au pied de la statue de Néron.

On accorde aux habitans des Alpes maritimes le droit & le privilége des Latins.

64. Néron vient à Naples dans le dessein d'aller en Gréce. Il retourne à Rome & y fait mettre le feu ; accuse les Chrétiens de cet incendie, & s'en sert de prétexte pour les persécuter. C'est le temps de la *première Persécution*.

Cestius Gallus est fait Gouverneur de Syrie, & Cessius Florus de la Judée.

65. Néron découvre la conspiration de Pison, & le fait mourir avec ses complices, vrais ou prétendus, entre lesquels on compte le Poëte Lucain & le Philosophe Séneque.

Il paroît divers prodiges à Jérusalem.

Cestius Gallus, Gouverneur de Syrie, qui assiége Jérusalem, est mis en fuite par les Juifs.

66. Néron fait mourir Bareas Soranus & Thraseas Pétus.

Tiridate vient à Rome, fait des soumissions indignes à Néron, & reçoit de sa main le diadème. Néron va en Gréce, & monte sur le théâtre comme un Acteur ; il conduit même des chevaux dans le Cirque.

Il dépouille Corbulon de toutes ses charges, l'exile dans l'Isle de Cenchrée, & donne ordre de le faire mourir ; mais Corbulon se tue.

Les Juifs, après avoir défait les Romains, reviennent à Jérusalem, où ils élisent pour Général Josephe, qui s'est depuis rendu fameux par son Histoire, & qui rétablit alors les affaires de la Galilée & de la Judée.

Néron ayant appris en Achaïe la révolte des Juifs, nomme Vespasien pour leur aller faire la guerre. Vespasien envoye son fils Tite à Alexandrie, pour en amener des troupes.

S. Pierre souffre le martyre le 29 Juin, à Rome, aussi-bien que S. Paul.

67. Vespasien défait Josephe & les autres Chefs des Juifs, il s'empare des Villes de Japha & Jotapat, & fait Josephe prisonnier : ce célébre Historien gagna les faveurs de Vespasien, par ses flatteries.

Depuis	Tite se rend maître de la Galilée.
J. C.	Séditions dans Jérusalem, excitées par la faction des Zélés, qui appellent à leurs secours les Iduméens, & tuent une partie des habitans, entr'autres le Souverain Pontife Ananus.
68.	C. Julius Vindex, Propréteur dans la Gaule, se révolte contre Néron. Galba, Gouverneur d'Espagne, fait la même chose. Vindex est défait par Rufus en Germanie.
	Néron se voyant abandonné de tous, se tue lui-même, après avoir régné treize ans sept mois & vingt-huit jours.
	GALBA lui succède; il se laisse gouverner par des favoris, & régne près de sept mois.
	Vespasien s'approche de Jérusalem pour assiéger cette Ville, & s'empare de la Ville de Gadara.
69.	Othon, Vitellius & Vespasien, sont élus successivement Empereurs cette année.
	Les légions Germaniques quittent le parti de Galba, qui adopte Pison à l'exclusion d'Othon.
	OTHON s'empare de l'Empire, fait mourir Galba & Pison, vers le 16 Janvier, & ne régne que trois mois.
	Tite ayant appris la mort de Galba, vient d'Achaïe trouver son pere Vespasien.
	VITELLIUS, Gouverneur de la basse Germanie, est proclamé Empereur, & défait l'armée d'Othon près de Bebriac.
	Othon se donne la mort le 20 Avril; Vitellius est Empereur huit mois & cinq jours, après la mort d'Othon.
	VESPASIEN, le 1 Juillet, est élu & proclamé Empereur en Egypte, d'où il va ensuite à Rome.
	Le feu prend au Capitole, que Vespasien rétablit.
	Vitellius, défait à Crémone, meurt percé de plusieurs coups de couteau.
	Civilis se souleve avec les Bataves.
70.	Les Gaulois se révoltent contre les Romains; mais changeant d'avis, ils rentrent dans leur devoir.
	Titus, à qui Vespasien son père avoit donné le commandement des armées en Judée, commence le siége de Jérusalem le jour des Azimes, & prend ensuite cette Ville.
	Le Temple est brûlé le 5 Août, & la Ville détruite le 31 du même mois : ce qui mit fin à la guerre des Juifs.
	Cette même année commence l'Ere de la Ville de Neapolis en Palestine, qui se voit sur ses Médailles, & qui indiquoit l'Epoque de sa soumission aux Romains.
71.	Titus entre à Rome en triomphe, avec Vespasien. Jean & Simon, chefs des Juifs, avec 700 personnes distinguées de la nation, marchoient à la tête de ce triomphe. On ferme le Temple de Janus, & Vespasien commence à bâtir le Temple de la Paix.

DE L'HISTOIRE MODERNE. 13

Depuis J. C. Les habitans de la Judée font vendus. Céfarée devient la Métropole de ce Pays ; & Nicopolis ayant été bâtie à la place d'Emmaüs, commença à marquer fur fes Médailles une Ere, depuis cette année.

La même chofe fe voit fur celles de Samofate, Capitale de la Comagène, ou de la Syrie Euphratenfe, qui ceffa alors d'avoir des Rois, & qui fut érigée en Province Romaine.

Lupus, Gouverneur d'Egypte, fait abbatre, par ordre de Vefpafien, le Temple qu'Onias, Souverain Pontife des Juifs d'Alexandrie, y avoit fait bâtir environ 120 ans auparavant.

73. Vefpafien chaffe de Rome tous les Philofophes, à l'exception de Mufonius, & veut corriger les abus qui fe font gliffés dans le Gouvernement de l'Empire.

74. On fait à Rome le dernier dénombrement : il s'y trouve des perfonnes âgées de cent ans, de cent vingt, de cent trente, de cent trente-un, de cent trente-deux, de cent trente-huit, de cent quarante ans, & même deux qui avoient cent cinquante ans.

L'Achaïe, la Lycie, Rhodes, Byzance, Samos & la Cilicie Trachée, qui, jufques-là, avoient été libres, font érigées en Provinces, vers ce temps.

75. Vefpafien fait la dédicace du Temple de la Paix, dans lequel il met les dépouilles du Temple de Jérufalem.

On élève un Coloffe au Soleil de cent pieds de haut, près de Rome, dans la voie facrée.

76. Naiffance d'Adrien, qui fut depuis Empereur.
77. Les Parthes fe foulevent contre Vefpafien.
78. Pefte qui fait mourir à Rome jufqu'à dix mille perfonnes par jour.
79. Mort de l'Empereur Vefpafien, âgé de 69 ans, après en avoir régné dix, un mois moins fept jours.

TITUS, fon fils, dixième Empereur, lui fuccéde, & fon régne fut auffi bon qu'heureux.

Cn. Junius Agricola, Gouverneur des Ifles Britanniques, défait les habitans de l'Ifle, dont il fe rend entièrement maître.

Le mont Véfuve jette une fi grande quantité de flammes & de fumée, que la clarté du jour en fut obfcurcie, & les villes de Pompeie & d'Herculane réduites en cendre ou abîmées ; (car on a découvert la dernière depuis environ 30 ans, fous terre.)

80. L'Empereur part pour la Campanie. Incendie à Rome, qui confume le Panthéon (en partie), les Temples de Serapis, d'Ifis & de Neptune.

Titus fait bâtir des Thermes ou Bains, & un Amphithéatre.

Depuis   Cn. Plinius, l'ancien ou le Naturaliste, voulant recon-
J. C.   noître de trop près les causes des flammes du mont Vésuve, périt dans cette recherche.

     Agricola, beau-père de l'Historien Tacite, ravage jusqu'au milieu de l'Ecosse.

81.   Titus, après avoir régné deux ans, deux mois & vingt jours, meurt du poison que Domitien son frère fut soupçonné de lui avoir fait donner.

     DOMITIEN lui succéde, & fut le onzième Empereur Romain, ou le douzième en comptant *Jules-César*, comme fait l'Historien Suétone.

83.   Ce Prince chasse de Rome & de l'Italie les Philosophes, fait enfouir vives trois Vestales, qui avoient violé leur virginité.

     Atilius, deuxième Evêque d'Alexandrie, gouverne cette Eglise pendant treize ans.

84.   Agricola acheve de soumettre l'Ecosse, & sa flotte en fait le tour par mer, ce qui donne alors l'assurance que la Grande-Bretagne étoit une Isle.

86.   Domitien établit les jeux Capitolins, pour être célébrés tous les cinq ans.

     Naissance de l'Empereur Antonin, surnommé le pieux.

87.   Domitien se fait appeller Dieu & Souverain.

88.   Les Romains déclarent la guerre aux Daces, qui habitoient au-delà du Danube. Domitien marche contre Décébale leur Roi, avec lequel il fait la paix.

89.   Domitien entre en triomphe à Rome, y fait mourir plusieurs citoyens, & en chasse les Mathématiciens ou Astrologues, & le reste des Philosophes.

     Cocceius Nerva (depuis Empereur) est rappellé d'exil.

     Apollonius de Tyane, fameux imposteur, qui se disoit Philosophe, vient à Rome, & y défend sa cause devant l'Empereur.

91.   Le Roi Agrippa le jeune ayant accordé l'Autonomie à la Ville de Capitolias, elle commença à marquer une Ere sur ses Médailles.

92.   Domitien veut faire arracher une partie des vignes, & fait enterrer vive la Vestale Cornelia Maximilla.

93.   *Deuxième Persécution :* Domitien l'excite contre les Chrétiens.

     S. Jean l'Evangéliste est mis à Rome, proche la porte Latine, dans une chaudière d'huile bouillante, d'où il sort sain & sauf : l'Empereur l'exile dans l'Isle de Pathmos.

     Cette même année, le grand Empire des anciens Huns, qui occupoit presque toute la Tartarie, fut détruit par un Général Chinois : les Annales de la Chine en donnent l'Histoire depuis l'an 209 avant J. C. & elles disent qu'il avoit été fondé mille ans auparavant. Une partie de ces

Depuis J. C.	Huns se réfugia auprès du Volga ; & c'est delà qu'ils passèrent ensuite en Europe, qu'ils ravagèrent depuis l'an 376. Voyez l'*Histoire des Huns*, &c. par M. de Guignes. Il resta un certain nombre de Huns au midi près de la Chine, où ils fondèrent dans la suite quelques Dynasties.
94.	Il paroît que ce fut cette année que mourut le Roi Agrippa le jeune, dernier des Hérodes.
95.	Domitien fait mourir Flavius Clemens, son collègue dans le Consulat, parce qu'il étoit Chrétien ; exile Flavia Domitilla sa parente, épouse de ce Martyr, dans l'Isle de Pandetere. Glabrio, homme consulaire, & plusieurs autres personnes, sont martyrisées pour la Religion Chrétienne.
	S. Jean écrit son Apocalypse dans l'Isle de Pathmos.
	Domitien fait rechercher & mettre à mort tous ceux de la famille de David.
96.	Le 18 Septembre, il fut tué âgé de quarante-cinq ans, après en avoir régné quinze & six jours.
	Le petit Royaume de Chalcide en Syrie cessa alors d'avoir des Rois, & fut annexé à la Province Romaine : delà vient l'Ere de la Ville de Chalcis, qui se trouve sur ses Médailles.
	NERVA, treizième Empereur, succéde à Domitien.
	S. Jean revient de son exil, en Asie.
97.	Il écrit son Evangile.
	Mort d'Apollonius de Tyane.
	Calpurnius Crassus entre dans une conspiration contre Nerva, qui adopte Ulpius Trajan, Gouverneur de la Germanie.
	Les Chinois ayant fait des conquêtes en Tartarie, jusques vers la mer Caspienne, pensent à attaquer les Romains, dont ils avoient connoissance ; mais cela ne fut point exécuté.
98.	Nerva meurt âgé de soixante-cinq ans dix mois dix jours, après avoir régné un an quatre mois huit ou neuf jours.
	TRAJAN lui succéde à l'âge de quarante-deux ans. Il fait défense aux Chrétiens de s'assembler.
	Cerdon gouverne l'Eglise d'Alexandrie pendant treize ans.
	S. Ignace est fait Evêque d'Antioche, & S. Siméon de Jérusalem.
99.	L'Empereur Trajan arrive à Rome.
	S. Jean l'Evangéliste meurt à Ephèse, âgé de quatre-vingt douze ans, soixante-huit ans après la mort de J. C.
101.	Décébale, Roi des Daces, qui avoit quitté le parti des Romains, est vaincu par Trajan, qui lui accorde la paix.
103.	C. Plinius, ou Pline le jeune, Proconsul de Bithynie, rend compte à Trajan de l'état des Chrétiens. Cet Empereur lui répond qu'il n'en fasse point de recherches, mais

Depuis J. C.	qu'il puniſſe ceux qui lui ſeront dénoncés, & qui perſiſteront opiniâtrement dans leur ſentiment.
105.	Trajan marche de nouveau contre les Daces : ils ſont ſoumis ; Décébale ſe tue, & ſon Royaume eſt fait Province Romaine.

Elxaï, faux Prophète, Juif de nation, ſe joint aux Eſſéniens, qui ſe vantent de l'avoir pour chef, auſſi bien que les Nazaréens & les Ebionites.

Trajan revient à Rome, où il reçoit les Députés de pluſieurs Nations barbares des Indes. Il bâtit pluſieurs Bibliothéques, & fait élever une Colonne, qui ſubſiſte encore à Rome, & où l'on voit ſculptée l'hiſtoire de ſon expédition contre les Daces.

Une partie de l'Arabie eſt alors réduite en Province : delà vient l'Ere de la Ville de Boſtres, marquée ſur ſes Médailles. |
| 113. | Trajan marche contre les Arméniens & les Parthes ; vient à Athènes, paſſe en Syrie, & delà en Orient. |
| 114. | Cet Empereur ſoumet l'Arménie, & oblige tous les Rois des pays voiſins de reconnoître ſa domination, auſſi bien que les Ibériens, les Sarmates, les Oſrhoéniens, les Arabes, les habitans du Boſphore.

Troiſiéme Perſécution : Trajan l'excite contre les Chrétiens, dans le temps qu'il étoit en Orient. Siméon, fils de Cléophas, Evêque de Jéruſalem, âgé de cent vingt ans, eſt attaché en croix ; Juſtus lui ſuccéde dans l'Epiſcopat. S. Ignace, Evêque d'Antioche, eſt conduit à Rome, où il eſt dévoré par les bêtes dans l'Amphitéâtre. |
| 115. | Pluſieurs perſonnes périſſent à Antioche par un tremblement de terre, qui arrive pendant l'hiver. Le Conſul Pedo fut de ce nombre ; & l'Empereur Trajan, qui y étoit en quartier d'hiver, eut peine à ſe ſauver. Au commencement du Printemps, Trajan attaque les Parthes, s'empare d'Arbelle, de Gaugamele, de Cteſiphonte (capitale des Parthes), & de pluſieurs autres places, d'où cet Empereur eut le ſurnom de Parthique. Les peuples ſe révoltent, & Trajan les ſoumet une ſeconde fois.

Les Juifs de Cyrène, dont André étoit le chef, font mourir près de deux cent mille Grecs & Romains ; ils en mangent les entrailles, ſe couvrent de la peau de ceux qu'ils avoient tués, & commettent pluſieurs autres cruautés. |
| 116. | Ces mêmes Juifs font une incurſion en Egypte, dont ils mettent en fuite les habitans, qui vont à Alexandrie, où ils maſſacrent tous les Juifs. Pendant ce temps-là les Juifs parcourent l'Egypte, & mettent tout à feu & à ſang. Ils ſe ſoulevent auſſi en Cypre, renverſent la ville de Salamine, & font périr plus de deux cent cinquante mille perſonnes. |

Trajan

	Trajan envoye Martius Turbon contre les Juifs : ce Général en fait périr un grand nombre. Lucius & Maximus, Généraux Romains, vont soumettre d'autres peuples qui s'étoient révoltés.
Depuis J. C.	

Maximus est vaincu dans un combat, & meurt.

Lucius recouvre Nisibe, brûle Edesse & prend Séleucie.

Trajan donne le Royaume des Parthes à Parthamaspate. Il passe en Arabie, attaque la ville d'Atra, devant laquelle il est blessé. La grêle, les éclairs & plusieurs autres accidens l'obligent de se retirer de devant cette ville.

117. Les Parthes se remettent en liberté, & chassent Parthamaspate qui leur avoit été donné pour Roi.

Trajan, épuisé par la fatigue, laisse Adrien en Syrie, passe en Mésopotamie avec son armée, tombe malade & meurt, au commencement d'Août, à Selinunte dans la Cilicie, d'où cette ville a eu le nom de Trajanopolis. Trajan étoit âgé de soixante-trois ans, un mois, quinze jours ; il avoit régné dix-neuf ans, six mois & quinze jours.

Ælius ADRIEN lui succéde par les soins de Plotine, femme de Trajan. Dès qu'Adrien fut Empereur, il fit la paix avec les Parthes, & leur rendit l'Arménie, partie de la Mésopotamie, & tout ce que Trajan avoit pris sur eux, reconnoissant Cosroès qu'ils avoient choisi pour Roi, & donnant quelques terres à Parthamaspate. Il rétablit, aux dépens du public, la ville d'Alexandrie, qui avoit été ruinée.

118. Adrien revient à Rome, s'applique à gagner l'amitié du Peuple & du Sénat, fait brûler les Registres de ce qui étoit dû au fisc depuis seize ans, & défend de rien exiger de ceux qui devoient depuis ce temps-là.

119. Il va en Mésie appaiser les tumultes causés par les Sarmates & les Roxolans, en faisant la paix avec ces nations.

Euphrate, Philosophe Stoïcien, ennuyé de vivre & de souffrir, se donne la mort en buvant un verre de ciguë.

Adrien excite une nouvelle persécution contre les Chrétiens, ou continue celle que Trajan avoit commencée.

120. Tremblement de terre, dans lequel Nicomédie & plusieurs villes voisines furent englouties. Adrien contribue à leur rétablissement. Toutes choses étant en bon état à Rome, il va visiter les Provinces, commence par les Gaules & la Germanie, d'où il passe dans la Bretagne, & fait une recherche exacte de l'administration des Gouverneurs.

121. Adrien fait construire un mur de trente lieues au nord de la Grande-Bretagne, pour séparer les Romains & les Barbares (ou Ecossois montagnards ;) on en voit encore des vestiges.

Depuis J. C.	Adrien revient dans les Gaules, & fait bâtir à Nîmes un Palais superbe à l'honneur de Plotine, veuve de Trajan; de-là il va en Espagne, & passe l'hiver à Tarragone.
123.	Adrien va ensuite en Orient & appaise les troubles excités par les Parthes, moyennant une entrevue avec leur Roi.
125.	Il revient en Gréce, & se rend à Athènes, où il assiste aux Mystères d'Eleusine.
126.	Adrien va en Sicile & revient à Rome.
	Quadratus, Disciple des Apôtres, & Aristide Philosophe, font une apologie pour les Chrétiens, qui la font présenter à l'Empereur par Serenus Granius. Adrien écrit à Minucius Fundanus, Proconsul d'Asie, de ne condamner que les Chrétiens coupables de crimes.
129.	Il va en Afrique, où il reste peu & revient à Rome. Il accorde des priviléges aux Provinces.
130.	Adrien passe par Athènes en allant de nouveau en Orient, fait entr'autres achever les Ouvrages commencés, & dédie le Temple de Jupiter Olympien; fait dresser des Autels à son honneur, solemnise les fêtes de Bacchus, & permet aux Grecs de lui bâtir un Temple.
	Il vient en Asie, gagne l'amitié des Grands & des Rois, du nombre desquels étoit Cosroès, Roi des Perses. En parcourant les Provinces, il fait sévèrement punir les Gouverneurs qui avoient prévariqué dans leurs charges.
	Vers ce temps, Aquila, Prosélite Chrétien, traduit l'Ancien Testament en Grec.
131.	Adrien publie l'Edit perpétuel, fait par le Jurisconsulte Salvius Julianus.
	Il fait rebâtir la ville de Jérusalem, lui donne le nom d'*Ælia Capitolina*, & y envoye une Colonie. Les Juifs excitent des séditions.
132.	L'Empereur vient à Péluse en Egypte, & y fait rebâtir le tombeau de Pompée.
	Antinoüs, favori d'Adrien, est jetté dans le Nil; l'Empereur pleure sa mort, le fait mettre aux rangs des Dieux, & fait bâtir en Egypte une ville, à laquelle il donne le nom d'Antinoé. Il fait aussi construire un Temple à Rome à l'honneur de Vénus.
	Il passe d'Egypte en Syrie, où les Juifs s'étoient révoltés, & retourne à Rome, par Athènes, où il fait faire de grands bâtimens.
134.	Les Juifs se révoltent de nouveau, ayant pour chef Barcoquebas. Adrien envoye Julius Severus, pour les soumettre.
	Marcion commence à répandre son hérésie.
136.	Les Romains font mourir 580000 Juifs, & tous leurs chefs : la Judée devient presque toute déserte. On défend

Depuis J. C.	
	aux Juifs de venir à Jérusalem. Ce fut alors que les Chrétiens y eurent pour Evêque Marc, qui fut le premier choisi parmi les Gentils.
	Pharasmane, Roi des Ibériens, porte les Alains à attaquer les Romains. Flavius Arrianus, Gouverneur de la Cappadoce, les force à se tenir tranquilles.
137.	Adrien adopte Céjonius Commodus Verus, & donne le titre de César à Ælius Verus.
138.	Ælius Verus étant mort au mois de Janvier, Adrien adopte, à cause de ses maladies continuelles, Arrius Antonin, à condition que ce dernier adopteroit Annius Verus & Marcus Aurelius. L'Empereur fait mourir Servianus, mari de sa sœur, âgé de quatre-vingt-dix ans : il meurt ensuite le six des Ides de Juillet (ou le 10 de ce mois) âgé de soixante-deux ans, cinq mois, dix-neuf jours, après un régne de vingt-un ans & dix mois.
	ANTONIN, surnommé le pieux, lui succéde.
139.	S. Justin fait sa première Apologie pour les Chrétiens, que l'on nomme ordinairement la deuxième.
	Quoiqu'Antonin n'eût fait aucun Edit contre les Chrétiens, la persécution continuoit toujours.
	Mort de l'Impératrice Faustine : quoiqu'elle n'eût pas mené une vie régulière, Antonin lui fait dresser des Autels.
	Il a grand soin d'entretenir la paix dans l'Empire, & il fait de grands biens aux peuples, surtout dans les temps de famines, de tremblemens de terre & d'inondations, qui arrivèrent sous son régne.
148.	On célébre à Rome les Jeux Séculaires, pour l'an 900 de la fondation de cette ville.
152.	Antonin écrit aux peuples d'Asie pour leur défendre de persécuter les Chrétiens.
158.	S. Polycarpe, Evêque de Smyrne, fait le voyage de Rome, sous le Pontificat de S. Anicet, pour appaiser les contestations sur la Pâque.
161.	L'Empereur Antonin meurt, après un régne de vingt-deux ans & près de six mois.
	MARC-AURELE, surnommé Antoninus, & L. Ælius VERUS, régnent ensemble.
162.	Vologèse, Roi des Parthes, fait la guerre contre les Romains. Marc-Aurele envoye Verus pour commander contre Vologèse. Les Romains s'emparent de plusieurs villes, & pénétrent jusqu'en Arménie, & dans le pays des Médes.
	L'Empereur excite la *quatrième Persécution* contre les Chrétiens ; Sévère Sulpice la compte pour la cinquième.
164.	Sainte Félicité est martyrisée à Rome le 23 Novembre, & sept fils qu'elle avoit, dès le 10 Juillet.
165.	Les Romains se rendent maîtres de Ctesiphon & de Sé-

Depuis J. C.	leucie ; les Parthes font la paix, & cédent aux Romains la Méfopotamie & l'Adiabène.
166.	Les deux Empereurs triomphent à Rome, & reçoivent le titre de Pères de la patrie.

S. Polycarpe & S. Pionius fouffrent le martyre en Afie.

Cette même année, felon les Hiftoriens Chinois, *Gan-tun* (ou Antonin) Roi du *Ta-tfin* ou des Romains, envoya par mer, des Ambaffadeurs avec des préfens, à l'Empereur de la Chine (*Hiftoire des Huns*, *Tome I. partie I. page 31.*) C'étoit pour le commerce de la Soye, qui ne venoit auparavant aux Romains que par le moyen des Perfes : depuis ce temps le commerce fe fit directement avec les Chinois ; mais on ignore combien cela dura. |
167.	S. Juftin fouffre le martyre.
168.	Le Philofophe Peregrinus, Apoftat, fe jette dans un feu qu'il avoit allumé lui-même aux Jeux Olympiques.
169.	Commencement de la guerre des Marcomans en Germanie. Les deux Empereurs vont commander l'armée Romaine. L. Verus meurt d'apoplexie. Marc-Aurele, qui refte feul Empereur, revient à Rome pour les obféques de fon Collégue.
170.	Meliton, Evêque de Sardes, fait une Apologie pour les Chrétiens. Miltiades, Apollinaire d'Hiéraples, Philippe, Evêque de Gortine, & Denis de Corinthe, compofent plufieurs Ouvrages en faveur de la Religion Chrétienne.
174.	Les Chrétiens obtiennent, par leurs prieres, une pluye miraculeufe pour foulager l'armée de Marc-Aurele, qui faifoit la guerre aux Quades dans la Germanie, & dont les troupes fouffroient beaucoup par la féchereffe.
175.	Avidius Craffus, Gouverneur de Syrie, fur une fauffe nouvelle de la mort de l'Empereur, s'empare du Gouvernement : trois mois après on le fait mourir.
176.	L'Empereur Marc-Aurele va en Orient avec fa femme Fauftine (la jeune) & fon fils Commode. L'Impératrice Fauftine meurt au pied du mont Taurus. L'Empereur en revenant paffe par Athènes. Il fait reconnoître Commode pour fon fucceffeur.
177.	La perfécution contre les Chrétiens augmente ; plufieurs perfonnes illuftres font mifes à mort ; entr'autres les Martyrs de Lyon, du nombre defquels étoit S. Pothin, Evêque de cette ville, Attale, Alexandre Médecin, & fainte Blandine.

L'Empereur entreprend une guerre, qui dura trois ans, contre les Marcomans, les Hermundures, les Quades, tous peuples de Germanie, & contre les Sarmates.

Les Chrétiens députent Athénagore, Philofophe d'Athènes, vers l'Empereur : il meurt en chemin. |
| 178. | S. Irénée eft fait Evêque de Lyon. |

Depuis J. C. 179.	L'hérésiarque Montan, avec Priscille & Maximille, femmes de mauvaise vie, donnent naissance à l'hérésie des Montanistes.
180.	L'Empereur Marc-Aurele meurt dans la Pannonie, après un régne de dix-neuf ans & dix jours, dont il avoit gouverné près de neuf ans avec L. Verus.
	COMMODE succéde à Marc-Aurele son père. Martia, concubine de ce Prince, protége les Chrétiens: quelques-uns croyent qu'à sa sollicitation, l'Empereur ne persécuta point les fidéles.
181.	Ce Prince, après avoir pacifié tous les troubles de la Germanie, revient à Rome, où il entre en triomphe.
	Théodotion, natif de Pont, Juif d'origine, qui a fait une Version Grecque de l'Ancien Testament, fleurit en ce temps.
182.	Embrasement du Temple de Sérapis à Alexandrie.
183.	Ulpius Marcellus finit la guerre qui ravageoit la Bretagne.
185.	Lucille, femme de Pompeïanus & sœur de l'Empereur, entre dans une conspiration contre l'Empereur Commode. La conjuration est découverte: Perennis Préfet du Prétoire, chargé d'instruire le procès, fait mettre à mort tous les conjurés.
	Naissance du célébre Origene, à Alexandrie d'Egypte.
186.	Perennis, Préfet du Prétoire, conspire contre l'Empereur, qui le fait mourir. Depuis ce temps il y eut deux Préfets du Prétoire, jusqu'à Constantin, qui en établit quatre.
188.	A Rome, le Capitole & les Bibliothèques sont brûlées par le feu du Ciel. Révolte & sédition excitées par Maternus en Espagne & dans les Gaules, & appaisées par l'Empereur, qui en fit mourir l'auteur. Peste considérable qui ravage l'Italie, où il s'éleve une sédition.
191.	Incendie à Rome, qui consume le Palais, le Temple de Vesta & la plus grande partie de la ville.
192.	L'Empereur donne de grands spectacles, au mois de Décembre; & le dernier jour, Lætus & Electe, ses Chambellans, & Martia concubine de ce Prince, conspirent contre lui. Cette femme l'empoisonne, & il meurt aux Calendes de Janvier, après un régne de douze ans, neuf mois & quatorze jours.
193.	PERTINAX est déclaré Empereur au commencement de cette année, par les Soldats Prétoriens, ou de la Garde de l'Empereur. Il est mis ensuite à mort par eux-mêmes, après avoir régné deux mois & vingt-huit jours.
	Didius JULIEN corrompt les troupes par argent, & parvient à l'Empire, qu'il ne tient que deux mois & cinq jours, au bout desquels il fut tué. Pendant ce temps-là,

Depuis J. C.	L. Septimius Sevére qui commandoit en Pannonie, Pescennius Niger en Syrie, & Clodius Albinus en Bretagne, usurpèrent en même temps le Gouvernement de la République. Sevére licencie tous les Soldats qui avoient eu part au meurtre de Pertinax, se concilie l'amitié d'Albinus, à qui il donne la qualité de César, & marche contre Niger.
194.	SEVÉRE, qui resta bientôt seul, fait la guerre contre Niger, qui s'enfuit à Antioche, dont Sevére s'empare, & Niger est tué près de l'Euphrate.
195.	Eusebe rapporte à cette année, une guerre des Juifs & des Samaritains, que les Romains appaiserent.
196.	La ville de Byzance, après un siége de trois ans, se rend par composition. Sevére ôte la liberté aux habitans, fait raser tous les bâtimens considérables, & soumet cette place à ceux de Perinthe. Ensuite il revient en Italie, où il projette la perte d'Albinus, qu'il tâche d'abord de faire périr d'une manière secrette ; mais peu de temps après il se déclare contre lui.
	Sevére fait César son fils aîné Bassien, qu'il nomme Antonin.
	Il faut rapporter à ce temps, la fameuse question touchant le jour auquel les Chrétiens devoient célébrer la Pâque ; sçavoir, si c'est le quatorze de la lune de Mars, ou s'il faut attendre le Dimanche suivant. Le Pape Victor fit tenir un Concile à Rome pour juger cette question, & engagea Théophile à en assembler un à Césarée. Ces Conciles & quelques autres de la Palestine, ordonnèrent que les Chrétiens ne célébreroient la fête de Pâque que le Dimanche. Les Evêques d'Asie rejettèrent cette décision. Le Pape Victor veut les excommunier ; mais S. Irénée l'en empêcha.
	Numerien, Grammairien de Rome, vient dans les Gaules, se dit Sénateur & envoyé de la part de l'Empereur, assemble un petit corps de troupes, fait la guerre à Albinus, qu'il défait, s'empare d'un riche butin qu'il envoye à Sevére. Il revient ensuite à Rome, & ne demande, pour toute récompense, qu'une pension très-modique pour vivre à la campagne.
197.	Sevére va dans les Gaules, & livre bataille à Albinus ; le combat fut sanglant. Albinus est tué dans la ville de Lyon ; cette place est prise & réduite en cendres. La tête d'Albinus est portée à Rome, & presque tous ses amis sont mis à mort. L'Empereur va ensuite en Orient, pour s'opposer aux Parthes, qui s'étoient soulevés.
198.	Sevére fait déclarer son fils Antonin Empereur, par un décret du Sénat, pour se concilier l'amitié du peuple. Sevére fait célébrer des Jeux magnifiques, & donne des couronnes aux soldats.

DE L'HISTOIRE MODERNE.

Depuis J. C.

201. Tertullien fit alors le Traité *de Coronâ Militis*.
Sevére passe en Orient pour y faire de nouveau la guerre aux Parthes : il soumet les Adiabéniens & les Arabes ; met en fuite les Parthes, & prend la ville de Ctésiphon leur capitale.
Scapula, Proconsul d'Afrique, y persécute les Chrétiens, quoique Sevére n'eût fait aucun Édit contr'eux.

202. Sevére fait des présens au peuple & aux soldats.
Antonin, fils de l'Empereur Sevére, épouse Plautilla, fille de Plautian : la dot de cette Princesse étoit, dit-on, si considérable, qu'elle auroit suffi à cinquante Reines.
Cinquiéme Persécution, en conséquence d'Edits de l'Empereur. En Egypte, dont Læto étoit Préfet, Léonide, père d'Origene, souffre le martyre ; son fils n'étoit pas encore âgé de dix-sept ans.

203. S. Irénée est martyrisé à Lyon.

204. Jeux considérables célébrés à Rome. Plautianus, Préfet du Prétoire & plusieurs de ses partisans, sont mis à mort pour avoir conspiré contre les Empereurs.

207. Tertullien fait ses Traités contre Marcion, & Minucius Félix son Dialogue pour les Chrétiens, intitulé *Octavius*.

208. L'Empereur va dans la Grande-Bretagne avec ses deux fils.

209. Il termine heureusement la guerre contre les barbares de l'Ecosse, & y met à couvert les provinces que les Romains avoient dans cette Isle, par un mur qu'il fait bâtir de l'Est à l'Ouest.

210. L'Empereur Antonin, surnommé Caracalla, forme le dessein de tuer son père ; Sevére l'apprend & en meurt de douleur, à Yorck, après avoir gouverné l'Empire dix-sept ans, huit mois & trois jours : on transporte son corps à Rome.
Antonin CARACALLA & Septimius GÉTA ses fils, lui succédent. Le premier fit mourir le Médecin de son père, & plusieurs personnes de considération, qui n'avoient pas voulu seconder ses desseins pour le meurtre de Sevére.

212. L'Empereur Caracalla tue son frère Géta, qui étoit âgé de vingt-deux ans & neuf mois, entre les bras de sa mère ; & plus de vingt personnes, qui étoient attachées au Prince, furent aussi mises à mort par son ordre. Le sçavant Jurisconsulte Papinien fut condamné à mourir, parce qu'il ne voulut pas écrire pour excuser le meurtre commis par l'Empereur en la personne de son frère.

215. Il va d'Antioche à Alexandrie, & y est reçu avec honneur. Ses soldats ayant parlé peu respectueusement de ce Prince, il les fait mourir & revient à Antioche.

216. Il surprend Artabane Roi des Parthes, & après avoir ravagé son pays, il vient en Mésopotamie.

Depuis. J. C. 217.	L'Empereur Caracalla est massacré, à la sollicitation d'Opilius Macrin, par Martial Centurion, entre Edesse & Carras, le six des Ides d'Avril (ou le 8. de ce mois,) après avoir vécu vingt-neuf ans & en avoir régné six & deux mois quatre jours. Opilius MACRIN lui succéde.
218.	Macrin, & son fils Diadumenianus, sont tués par les soldats, après avoir gouverné l'Empire un an & deux mois, moins trois jours. Antonius HELIOGABALE fut mis en sa place par les soldats : on le disoit, faussement, fils de Caracalla.
219.	Julius Africanus est chargé par les Chrétiens d'aller demander à l'Empereur le rétablissement de la ville d'Emaüs dans la Palestine, qui portoit alors le nom de Nicopolis.
221.	L'Empereur adopte Alexandre Sevére, & le nomme César.
222.	Héliogabale est tué dans un tumulte militaire, & jetté dans le Tibre avec sa mere Julia : il étoit âgé de dix-huit ans, dont il en avoit régné trois, neuf mois & quatre jours. ALEXANDRE lui succéde; il passa pour un Prince pieux, parce qu'on prétend qu'il rendoit chaque jour des hommages religieux à Apollonius de Thyane, à J. C. à Abraham & à Orphée. Il permit aux Chrétiens l'exercice de leur Religion, & d'élever un Temple à l'honneur de J. C. qu'il fit mettre au rang des Dieux. Quelques Chrétiens ont cependant souffert le martyre pendant son régne ; ce que l'on doit attribuer seulement à ses Officiers, parce qu'Ulpianus, Pomponius, Celse, Proclès, & plusieurs autres ennemis des Chrétiens, étoient ses confidens. Hyppolite, Evêque de Porto, commence le Canon Paschal.
225.	Alexandre fait d'excellentes Loix pour les Romains. Il permet aux Mathématiciens d'enseigner à Rome.
226.	Thermes Alexandrines bâties à Rome : c'étoient des bains. Cette année (& les précédentes) il y eut une grande révolution en Orient. Artabane Roi des Parthes, & le dernier des Arsacides qui gouvernoient l'Empire de Perse depuis 476 ans ; fut défait pour la troisiéme fois (& tué) par Artaxercès, qui prétendoit descendre des anciens Rois de Perse. Une nouvelle famille monta ainsi sur le Trône qui étoit le seul rival de Rome. Les Orientaux appellent ces Rois les Sassanides.
228.	Ulpien, Jurisconsulte, Préfet du Prétoire, est tué par les soldats, malgré l'Empereur Alexandre.
231.	On prétend que c'est dans le cours de cette année, qu'O-

DE L'HISTOIRE MODERNE. 25

Depuis J. C.

rigêne compoſa ſes Hexaples & ſes Octaples, ou la Bible en ſix & huit colonnes.

232. Les Perſes pillent la Méſopotamie : Alexandre va en Orient pour les réprimer.

234. Alexandre ayant défait Artaxerxès, tué ou pris 700 Eléphans que ce Prince avoit dans ſon armée, & 1800 chariots, revient à Rome & y entre en triomphe.

Il exile le Pape Pontien en Sardaigne.

235. Alexandre bat les Germains, paſſe dans les Gaules, où il eſt tué avec ſa mère par quelques ſoldats, gagnés par Maximin. Il étoit âgé de vingt-neuf ans, trois mois, ſept jours, dont il avoit régné treize ans, neuf jours.

MAXIMIN, fils de Gothus & d'Alana lui ſuccéde : c'eſt le vingt-ſixiéme Empereur.

237. *Sixiéme Perſécution.* Gordien, père & fils, ſont élus Empereurs à Carthage ; les Romains, à l'inſtigation du Sénat, quittent le parti de l'Empereur Maximin, & embraſſent le parti de Gordien. Le Sénat nomme vingt perſonnes pour gouverner la République, en l'attendant. Vitalianus Préfet du Prétoire, & Sabinus Préfet de la ville, ſont tués.

Les deux Gordiens après avoir régné quelques mois à Carthage, ſont mis à mort par Capelianus Général des troupes de l'Empereur Maximin.

Cælius BALBIN & PUPIEN MAXIME ſont élus par le Sénat.

Ils s'avancent contre Maximin, qui eſt tué par ſes ſoldats avec ſon fils, dans le temps qu'il aſſiégeoit la ville d'Aquilée.

238. Les Empereurs Balbin & Pupien, quoique très-agréables au peuple, ſont fort haïs des ſoldats Prétoriens, qui les ſont mourir.

GORDIEN, fils du jeune Gordien, eſt regardé comme le vingt-huitième Empereur : quoiqu'âgé ſeulement d'environ treize ans, il commence à gouverner l'Empire, du conſentement des ſoldats & du peuple Romain.

240. Sabinianus ſe révolte en Afrique contre l'Empereur. Le Gouverneur de Mauritanie remet la tranquillité dans cette province.

241. Sapor, Roi de Perſe, s'empare de la Méſopotamie, & menace Antioche.

L'Empereur Gordien époufe la fille de Miſithée avant de partir pour la Perſe ; ſon beau-père, dont il avoit recherché l'alliance à cauſe de ſa ſcience & de ſon éloquence, lui donne d'excellens conſeils, que le jeune Empereur ſuivit.

On commence à parler cette année des François, peuples de la baſſe Germanie, qui avoient formé une Ligue :

Depuis J. C.	Aurelien alors Tribun Militaire, en défait un parti, qui ravageoit les Gaules.
242.	Gordien vient à Antioche; prend Carras, Nisibe, & d'autres villes sur les Perses.
243.	Misithée, beau-père de l'Empereur, est mis à mort par la trahison de Philippe, qui fut élû Préfet du Prétoire en sa place.
244.	L'Empereur Gordien est mis à mort par PHILIPPE, Préfet du Prétoire, qui se fait reconnoître Empereur.
245.	Philippe fait la paix avec Sapor Roi de Perse, vient à Rome, confie les armées de Syrie à Priscus, & le Gouvernement de Mésie & de Macédoine à son gendre Severianus.
	En ce temps S. Denis fut premier Evêque de Paris.
248.	On célèbre les Jeux séculaires à Rome, en mémoire de l'an 1000. de sa fondation. Le théâtre de Pompée est réduit en cendres.
	S. Cyprien est élû Evêque de Carthage.
249.	DECIUS trentième Empereur, Philippe l'ancien & Philippe le jeune son fils, ayant été tués par les soldats, l'un à Vérone & l'autre à Rome.
250.	Decius excite la *septième Persécution* contre les Chrétiens, dans laquelle le Pape S. Fabien souffre le martyre le 20 Janvier.
	Paul pour éviter la persécution, se retire dans la Thébaïde, & y jette les fondemens de la vie Monastique; c'est le premier Hermite.
251.	Naissance de S. Antoine en Egypte.
	Le Prêtre Félicissime, Auteur d'un Schisme, prétendoit que l'Eglise devoit se relâcher de sa discipline en faveur de ceux qui avoient renoncé à la foi dans les persécutions. Novat, Evêque, prend le parti de l'Antipape Novatien. Plusieurs Chrétiens souffrent le martyre.
	Valerianus est fait Censeur: l'Empereur & ses enfans périssent en poursuivant les Goths. Quelques Auteurs croyent qu'Etruscus & Hostilien, fils de Décius, avoient été associés à l'Empire.
	GALLUS Hostilius, Général des armées Romaines, est élû en leur place; il associe VOLUSIEN son fils à l'Empire.
252.	Ces Empereurs continuent la persécution que Décius avoit commencée contre les Chrétiens.
	La peste ravage plusieurs provinces de l'Empire Romain, entr'autres celle d'Alexandrie en Egypte.
253.	Gallus & Volusien vont en Mésie contre Æmilien, qui y avoit été déclaré Empereur: ils sont mis à mort par leurs soldats, après avoir régné trois ans & quelques mois.

Depuis J. C.	VALERIEN est proclamé Empereur dans la Pannonie, & le Sénat le reconnoît avec GALLIEN son fils, qu'il associe. Emilien est tué par ses soldats.
257.	L'Empereur Valerien excite la *huitième Persécution* contre les Chrétiens. Le Pape S. Estienne souffre le martyre. Les Perses ravagent l'Orient, & prennent Antioche.
258.	Valerien va à Byzance, & ensuite à Antioche, que les Perses avoient abandonnée & qu'il rétablit. Cyriades, le premier des trente Tyrans, se fait Empereur. S. Cyprien est martyrisé à Carthage.
259.	Le Tyran Cyriades est tué. Le Pape Sixte reçoit la couronne du martyre à Rome, comme S. Laurent Diacre & S. Hyppolyte. S. Fructueux, Evêque de Tarragone, est brulé en Espagne.
260.	Les Scythes font des courses dans l'Empire Romain, prennent Trébizonde & Chalcédoine, & mettent le feu à Nicée. Vers ce temps, des François venus dans la mer Méditerrannée, pillent plusieurs villes jusqu'à Ravenne, & font des ravages en Espagne. Valerien passe en Mésopotamie, confére avec Sapor Roi de Perse, qui le fait prisonnier, & dont il reçoit plusieurs mauvais traitemens : il mourut en captivité. GALLIEN son fils est ainsi seul Empereur. Embrasement du Temple de Diane à Ephèse.
261.	La peste fait des ravages dans les provinces de l'Empire. Les Chrétiens rendent de bons offices aux mourans.
262.	Regillien, qui s'étoit fait couronner Empereur dans la Pannonie, & Saturnin en Egypte, sont tués.
263.	Gallien défait le Tyran Posthume. Il célébre ensuite les Decennales avec toute sorte de luxe. Le Philosophe Porphyre vient à Rome âgé de trente ans, & Plotin âgé de cinquante-neuf ans. Odenat, Roi de Palmyre, s'empare du Gouvernement de l'Empire d'Orient, déclare la guerre aux Perses, & s'empare de la Mésopotamie.
265.	Il entre en Perse & fait le siége de Ctésiphon, auquel il renonce pour ravager les Pays voisins : il prend plusieurs Satrapes ou Gouverneurs Persans, & les envoye à Rome à Gallien. Cet Empereur qui l'avoit associé, triomphe pour cette victoire.
267.	Le Tyran Posthume meurt après avoir gouverné les Gaules pendant sept ans. Victorin, qu'il s'étoit associé, gouverne seul ; ses débauches furent cause de sa mort. Odenat Roi de Palmyre, meurt ; sa femme Zénobie s'empare du Gouvernement, & prend le titre de Reine de l'Orient. Gallien envoye le Général Héraclien contre les Perses ; il est vaincu par les Palmyréniens.

Depuis J. C.	
	Cléodame & Athénéus, Généraux de Gallien, mettent en fuite les Scythes qui avoient passé le Danube.
	Les Goths ravagent Cyzique, l'Asie & l'Achaïe. Vaincus par Athénéus, ils entrent dans l'Epire, l'Acarnanie & la Béotie.
	Tetricus prend le titre d'Empereur à Bordeaux, & régne six ans dans les Gaules.
268.	Gallien Empereur, & son frère Valerien, sont mis à mort près de Milan; il avoit régné sept ans avec son père; & huit ans seul.
	CLAUDIUS où Claude II. lui succéde, défait le Tyran Auréolus, persécute les Chrétiens & attaque les Goths.
269.	Il les défait dans un combat, où il reste plus de 320000 hommes de leurs troupes sur la place, & dans lequel il y eut plus de 2000 vaisseaux, ou bateaux, submergés.
270.	L'Empereur Claude II. meurt de la peste, après avoir gouverné l'Empire un an, dix mois & quelques jours. Son frère QUINTILLE est élu à Rome par le Sénat & les soldats Prétoriens; mais désespérant de pouvoir se soutenir contre son concurrent, il se donne la mort au bout d'environ vingt jours de régne.
	AURELIEN, homme de basse naissance, mais recommandable, est élu Empereur par l'armée d'Illyrie.
271.	Les Allemands & les Marcomans ravagent l'Empire Romain. L'Empereur ordonne de consulter les oracles des Sybilles sur l'événement de la guerre. Il revient à Rome, & fait mourir plusieurs personnes de qualité.
272.	*Neuvième Persécution.* L'Empereur Aurelien fait la guerre à Zénobie, qui s'étoit emparé de l'Empire d'Orient.
273.	Il remporte la victoire sur cette Princesse, & fait mourir Longin, Philosophe & Rhéteur, qui étoit auprès d'elle.
274.	Cet Empereur force Tetricus de se rendre, & le méne en triomphe avec Zénobie. Il bâtit dans le même temps un Temple au Soleil.
	Les Monnoyeurs se révoltent, ayant falsifié la monnoye & fait mourir Félicissime, Directeur des monnoyes. Aurelien arrête leurs entreprises, en les punissant sévérement.
	Il abandonne la Dace au-delà du Danube, établie par Trajan, ne pouvant la conserver.
	La persécution des Chrétiens finit au mois de Juin par le martyre de S. Félix Pape.
	Vers ce temps, Probe bat les François dans les Gaules.
275.	Aurelien est assassiné au mois de Janvier, après avoir été Empereur un peu plus de cinq ans. A sa mort il y a un Interrégne de près de huit mois, causé par les contestations du Sénat & des soldats Prétoriens, qui se disputoient le droit d'élire.

Depuis J. C.	TACITE est enfin élû par le Sénat le sept des Calendes d'Octobre.
276.	Cet Empereur est tué à la fin de Mars, ou au commencement d'Avril, après avoir régné six mois.
	Son frère FLORIEN se donne pour son successeur en Cilicie, & ne jouit du titre d'Empereur que pendant trois mois.
	M. Aurelius PROBE, originaire de Pannonie, est élû Empereur. Il commence son règne par la punition de ceux qui avoient eu part au meurtre de l'Empereur Aurelien.
277.	Il passe ensuite dans les Gaules, & en chasse les barbares qui s'y étoient jettés.
279.	Il marche en Illyrie, & soumet les Gétes.
280.	Probe va en Orient, fait la guerre aux Perses, subjugue en Egypte les Blemmides, soumet les villes de Copte & de Ptolémaïde.
281.	Il retourne en Thrace, & en soumet les habitans.
282.	Mais comme il exerçoit trop de rigueur contre les troupes, elles se révoltent & le font mourir à Sirmich, vers le mois d'Août ou de Novembre, après qu'il eut régné six ans & quatre mois.
	M. Aurelius CARUS, natif de Narbonne dans les Gaules, lui fut substitué : cet Empereur donna le titre de César à ses fils Carin & Numerien. Il marche contre les Perses, avec Numerien, & envoye Carin dans les Gaules.
283.	L'Empereur Carus s'empare de la Mésopotamie, vient jusqu'à Ctésiphon, où il périt d'un coup de foudre après avoir régné un peu plus d'un an.
284.	CARIN & NUMERIEN ses fils sont reconnus Empereurs : ils font célébrer des Jeux à Rome.
	Numerien meurt par les embuches d'Arrius Aper son beau-père. Ensuite Dioclétien de Dalmatie, homme de basse extraction, affranchi d'Anulin Sénateur, est élû Empereur par l'armée de Chalcédoine, qui revenoit de Perse.
	DIOCLETIEN, pour venger la mort de son prédécesseur, tue de sa propre main Aper.
	L'Ere de Dioclétien commence cette année. On l'a appellée aussi l'Ere des Martyrs, à cause de la grande Persécution que Dioclétien excita contre les Chrétiens.
	Les Historiens Chinois disent qu'il vint à la Chine des Ambassadeurs avec des présens de la part des Romains, comme on l'a vû à l'an 166.
285.	Carin est assassiné, & Maximien-Hercule déclaré César par Dioclétien.
286.	Carausius, homme de basse extraction, élevé par dégrés, ayant été chargé, lorsqu'il étoit à Boulogne, de mettre en sûreté les mers de Bretagne & des Gaules, qui

Depuis J. C.	étoient exposées aux pirateries des François & des Saxons, est accusé devant Maximien de péculat, & condamné à mort. Pour l'éviter il prit la pourpre, & s'empare de l'Isle Britannique.
	Narsès, Roi de Perse, déclare la guerre à l'Empire en Orient. D'autre côté des peuples barbares ravagent l'Afrique : les Gaules sont aussi en mouvement. Ces révolutions engagent Dioclétien à déclarer Auguste MAXIMIEN-HERCULE, qui n'étoit que César, & qui vient dans les Gaules, où il remporte plusieurs victoires.
287.	Les Francs Saliens s'établissent en Toxandrie, à l'Occident & au midi du Rhin : d'eux sont venus Clodion & les Rois suivans. Ainsi, selon M. Freret, on doit commencer à cette année l'Etablissement des François dans les Gaules, & c'est ôter 300 ans à notre Monarchie que de ne la commencer qu'avec Clovis, comme le P. Daniel.
289.	Dioclétien va en Illyrie sur le Danube : puis en Orient.
291.	Achilleus se fait Empereur en Egypte.
	Les Francs, suivant leurs Loix, cultivent, par la permission de Maximilien, les champs incultes des Nerviens & des Trévirois.
292.	Constance & Maximien-Galere sont déclarés Césars. Maximien épouse Valeria, fille de Dioclétien ; & Constance-Chlore se marie à Theodora belle-fille de Maximien-Hercule, après avoir répudié Helene qu'il avoit eue en premières noces. Quelque temps après, Maximien-Hercule va en Egypte, Constance-Chlore dans les Isles Britanniques, & Maximien-Galere en Orient.
	Dioclétien se fait adorer comme Dieu.
293.	Carausius, après avoir été maître de la Grande-Bretagne pendant sept ans, est mis à mort par Allectus qu'il s'étoit associé dans le Gouvernement de cette Isle. Allectus lui succéde, & gouverne pendant trois ans.
	Les Francs sont chassés de la Batavie par Constance-Chlore, qui en fait mourir plusieurs milliers, & en transporte un grand nombre dans les Gaules.
295.	Toute la nation des Carpiens se livre aux Romains, qui leur donnent des terres en Pannonie.
296.	Dioclétien prend sur le rébelle Achilleus la ville d'Alexandrie, après un siége de huit mois ; fait raser les villes de Busiris & de Copte.
301.	Constance César défait, près de Langres, 60000 Allemands. Maximien-Galere défait les Barbares en Afrique.
302.	Galere César bat Narsès Roi des Parthes, & l'oblige de lui céder cinq Provinces sur le Tygre.
303.	*Dixième Persécution* : il y en avoit déja eu quelque commencement, mais alors elle devint générale.
	Cette Persécution, qui fut très-rude, commença le Di-

Depuis manche de la Paſſion. Les deux Empereurs ordonnèrent
J. C. que l'on démolît toutes les Egliſes des Chrétiens, qu'on brûlât les Livres ſacrés, qu'on dépouillât les Chrétiens des charges & des dignités de l'Empire, & que l'on fît mourir les Fidèles qui n'en avoient point. On donna le nom de *Traditeurs* à ceux qui livrèrent les Ecritures-Saintes.

305.   L'Empereur Dioclétien & Maximien-Hercule renoncent à l'Empire, le 1. Mai, pour mener une vie privée. CONSTANCE-CHLORE & MAXIMIEN-GALERE ſont reconnus pour Empereurs. Severe & Maximin ſont déclarés Céſars.

Les Francs, ou François, ſont vaincus dans les Gaules par Conſtantin. Deux de leurs Rois, Aſcaric & Regaiſe, ſont mis à mort.

306.   L'Empereur Conſtance-Chlore meurt à Yorck, dans la Grande-Bretagne, le 25. Juillet.

CONSTANTIN ſon fils, quarante-deuxième Empereur. Il eſt élu du conſentement unanime des ſoldats, le huit des Calendes d'Août, c'eſt-à-dire le 25 de Juillet; mais il ſe contenta du titre de Céſar, & ne prit celui d'Auguſte que l'année ſuivante. On expoſa les portraits du nouvel Empereur à Rome, & Maxence fils de Maximien-Hercule, fut fait Empereur par les troupes Prétoriennes.

Félix, Evêque d'Aptunge, ordonne Cécilien Evêque de Carthage, à la place de Menſuris; c'eſt ce qui donna lieu au ſchiſme des Donatiſtes. Lucile, Dame Eſpagnole, très-puiſſante, contribue à fomenter la diviſion, perſuade aux Schiſmatiques de dépoſer Cécilien, qu'elle haïſſoit, ſous prétexte qu'il avoit été ordonné par des Evêques accuſés d'avoir livré les Livres Saints. Les Evêques Schiſmatiques, dont Donat Evêque des Caſes-Noires étoit le chef, ordonnent Majorin Evêque de Carthage, à la place de Cécilien.

Dans le même temps il s'éleve un autre ſchiſme en Egypte, dont Melèce, Evêque de Lycopolis, fut le chef. Pierre, Evêque d'Alexandrie, dépoſe Melèce à cauſe de ſes crimes. Melèce prit de là un prétexte de ſe ſéparer de l'Egliſe.

307.   Galere ayant appris que Maxence avoit uſurpé l'Empire, envoye Sevére Céſar avec une armée pour lui faire la guerre; toutes les troupes abandonnent Sevére, qui s'enfuit à Ravenne. Galere vient à Rome avec une nombreuſe armée; ſes ſoldats quittent ſon parti, il ſe retire en Illyrie, & nomme Licinius Céſar, qu'il laiſſa en Pannonie.

Maximien-Hercule, qui s'étoit retiré en Lucanie, vient à Rome, veut reprendre la pourpre, & exhorte Dioclétien à imiter ſon exemple; mais Dioclétien le refuſe. Sevére comptant ſur la bonne foi de Maximien, quitte

Depuis J. C.	Ravenne & vient à Rome. Maximien manque à sa parole, le fait entrer dans Rome en habit d'esclave, & le fait égorger hors de la ville. On découvre la conspiration de Maximien contre son fils Maxence, qui le fait chasser de Rome, après quoi il se retire dans les Gaules près de Constantin.
308.	LICINIUS est déclaré Empereur.
309.	La persécution se rallume en Orient.
310.	Maximien-Hercule tend des piéges à Constantin son gendre. Fausta, femme de cet Empereur & fille de Maximien, les découvre, & oblige son père de se retirer à Marseille, où il est mis à mort.

Pierre, Evêque d'Alexandrie, excommunie Arius, qui étoit entré dans le schisme de Melèce. Pierre finit sa vie par un glorieux martyre. Achillas lui succéde, il rétablit d'abord Arius dans ses fonctions, sur les témoignages qu'on lui donna qu'il avoit renoncé à ses erreurs contre la divinité de J. C.

Sapor II. Roi des Perses, fameux par la Persécution qu'il fit aux Chrétiens pendant 40 ans, commence à régner avant que de naître : on mit le diadème sur le ventre de sa mère. Ce Prince a régné 70. ans. |
| 211. | Galere meurt d'une maladie infame. Maxence le fait mettre au rang des Dieux.

Achillas, Evêque d'Alexandrie, étant mort, on élit en sa place Alexandre. |
| 312. | Maximin recommence la persécution contre les Chrétiens. La peste ravage l'Orient. On rapporte à cette année l'apparition d'une Croix dans les nues ; ce qui fut cause, dit-on, de la conversion de Constantin. La persécution diminue. Constantin passe les Alpes, vient à Rome, défait Maxence, qui périt dans le Tibre, d'où on retire son corps ; on exposa ensuite sa tête. |
| 313. | Constantin après avoir pacifié les troubles de Rome, part pour la Germanie, & marie sa sœur Constancie à Licinius.

Les Donatistes ont recours à Constantin, qui renvoye le jugement de leurs contestations à plusieurs Evêques, à la tête desquels étoit le Pape Melchiade. Les autres Evêques viennent à Rome, & y condamnent les Donatistes. Le Pape néanmoins excusoit Majorin, & rejettoit la faute du schisme sur Donat. Les Donatistes rejettent tout accommodement.

Dioclétien meurt à Salone en Dalmatie, où il demeuroit depuis son abdication. Maximin ne lui survécut que quelques mois. |
| 314. | Les Donatistes renouvellent leurs accusations contre Cécilien, Evêque de Carthage. Constantin charge Ælianus, Proconsul d'Afrique, d'informer de ces faits. Ce Proconsul justifie Cécilien. Les Donatistes appellent de ce jugement à l'Empereur, qui fait assembler un grand Concile à Arles : |

Depuis J. C.	on y condamne les Donatistes. Ils appellent de rechef à l'Empereur.
	On célébre les Conciles d'Ancyre & de Néocésarée cette année. Constantin ordonne à Ablavius, Préfet du Prétoire, d'exécuter exactement ce que les Evêques avoient ordonné.
315.	Valens, qui avoit été fait César par Licinius, meurt.
316.	Arius enseignant ses erreurs dans des sermons au Peuple, est découvert dans le temps que Colluthus, autre Prêtre d'Alexandrie, répandoit aussi le venin de sa doctrine.
	Naissance de S. Martin à Sabarie, ville de Pannonie.
318.	Alexandre, Evêque d'Alexandrie, excommunie Arius. Eusebe, Evêque de Nicomédie, prend le parti de cet Hérétique.
319.	Licinius chasse les Chrétiens de son Palais, défend d'assembler des Conciles, & fait plusieurs autres Réglemens contr'eux, par jalousie contre Constantin.
	Constantin envoye Osius, Evêque de Cordoue, à Alexandrie, pour pacifier les troubles qu'Arius avoit excités : & il écrit à l'Evêque d'Alexandrie & à Arius, pour les exhorter à la paix. Il découvre ensuite l'hérésie & l'opiniâtreté d'Arius, en rendant publiques les Lettres qu'il lui avoit adressées.
	Constantin donne plusieurs rescrits contre les Devins, & en faveur des Chrétiens.
	Crispus César, fils de Constantin, remporte une victoire sur les François.
320.	Constantin leve les peines que ses prédécesseurs avoient portées contre ceux qui gardoient le célibat.
321.	Il leve aussi la peine d'exil portée contre les Donatistes, & accorde plusieurs graces aux Médecins, Grammairiens & autres Professeurs de Lettres.
323.	Commencement de la guerre entre Constantin & Licinius.
	Constantin casse par un rescrit du dix-sept des Calendes de Juin, toutes les Loix que Licinius avoit portées. Constantin livre bataille, près d'Andrinople, à Licinius, dont l'armée étoit composée de 150000 Fantassins & 15000 Cavaliers, dont 34000 hommes restèrent sur la place. Licinius s'enfuit à Chalcedoine, où il fait porter ses trésors. Constantin s'empare de Byzance, donne un second combat, dans lequel Licinius fut vaincu, plus de 100000 hommes de ses troupes y furent tués, le quatorze des Calendes d'Octobre, ou le 18 Septembre. Constancie, sœur de Constantin & épouse de Licinius, obtient de son frère la vie de son mari, qui fut dépouillé de ses emplois, & admis à la table de Constantin, après quoi Licinius fut éxilé à Thessalonique.
324.	Les erreurs d'Arius continuent de se répandre, & la question de la Pâque à s'échauffer. L'on résolut de convoquer un Concile général.

II. Partie.

SECONDE ÉPOQUE
DE
L'HISTOIRE MODERNE.

CETTE *Epoque est* LE PREMIER CONCILE ÉCUMÉNIQUE TENU A NICÉE, *& jusqu'à l'Élévation de* CHARLEMAGNE *sur le Trône Impérial*, *l'an* 800, *on compte* 475 *ans. Ce fut le temps des disputes, parce que la Philosophie, qui s'étoit introduite dans la Religion, porta les hommes à vouloir trop raisonner sur les Mystères. Les mœurs commencèrent à se corrompre, à cause des grands biens des Ecclésiastiques.*

Depuis J. C.	
325.	PREMIER CONCILE GÉNÉRAL tenu à NICÉE en Bithynie. Licinius voulant exciter de nouveaux troubles à Thessalonique, est mis à mort par ordre de Constantin. Trois cent dix-huit Evêques furent assemblés à Nicée pour juger la personne & la doctrine d'Arius. Ce Concile commença le treize des Calendes de Juillet, & finit le huit des Calendes de Septembre. On y dressa un Symbole de foi, & on y ordonna que la Pâque seroit célébrée par tous les Chrétiens, le même jour, qui seroit le Dimanche après le quatorze de la lune de Mars. Les Evêques qui étoient du parti d'Arius, & qui abjurèrent ses erreurs, furent reçus à la Communion de l'Eglise. On offrit la même chose à Arius, à condition qu'il ne retourneroit plus à Alexandrie. Constantin abolit les spectacles des Gladiateurs.
326.	Crispus César soupçonné d'avoir voulu avoir un commerce criminel avec sa belle-mere, & de quelque crime d'État, est mis à mort à Pola, ville d'Istrie. Constantin défend aux Hérétiques de tenir aucune assemblée, fait renverser leurs Temples, ou les donne aux Catholiques. Il fait bâtir une superbe Eglise à Jérusalem. Helene en fait construire deux autres, sçavoir, une sur la montagne des Oliviers, & l'autre à Bethléem. Alexandre, Evêque d'Alexandrie, meurt cinq mois après la tenue du Concile de Nicée. S. Athanase lui succede.

Depuis J. C.	Sapor, Roi de Perse, persécute les Chrétiens.
Arius tâche d'obtenir son retour à Alexandrie, mais Eusebe de Nicomédie, son protecteur, & l'Empereur, ne peuvent obtenir de S. Athanase de l'y recevoir.
Frumentius annonce la foi aux Abissins. S. Athanase l'ordonne Evêque de ces peuples ; & depuis ce temps jusqu'à présent ils ont toujours reçu leur Evêque du Patriarche d'Alexandrie.
Constantin fait mourir Fausta son épouse, à cause de la fausse accusation qu'elle avoit intentée contre Crispus.
Helene, mere de Constantin, meurt à Rome le 18 Août, âgée de quatre-vingt ans. Son fils lui fait des funérailles magnifiques, & la fait enterrer dans l'Eglise des Martyrs S. Pierre & S. Marcellin.
328.	S. Athanase fait la visite de son Diocèse, interdit Ischiras, qui faisoit les fonctions d'Evêque dans la Maréotide : il rend visite à S. Antoine & à S. Pacôme.
Constantin fait embellir la ville de Byzance, & y établit le siége de l'Empire.
329.	Les Mélétiens & les Eusébiens chargent S. Athanase de fausses accusations.
330.	L'on fait cette année la dédicace de la ville de Constantinople, que Constantin orna des dépouilles de tout l'Empire, & il veut qu'on la regarde comme une seconde Rome.
331.	Les Mélétiens, à l'instigation d'Eusebe de Nicomédie, accusent S. Athanase d'avoir tué Arsène, & d'avoir brisé un Calice.
Constantin donne un Edit pour faire renverser les Temples des Payens.
332.	Constantin accorde du secours aux Sarmates contre les Goths ; Constantin César en fait mourir près de 10000.
S. Martin, âgé de dix-sept ans, s'enrôle dans la milice par ordre de l'Empereur.
333.	S. Athanase, pour se purger des fausses accusations dont on l'avoit noirci, envoye Macaire, Prêtre, à Constantin. Cet Empereur fait une réponse très-honorable à S. Athanase.
334.	Constantin ordonne aux Evêques de s'assembler à Césarée ville de la Palestine, pour examiner la cause de S. Athanase, & pour faire la Dédicace d'une Eglise bâtie à Jérusalem ; il transfére ce Concile de Césarée à Tyr.
Les Esclaves des Sarmates se révoltent contre leurs maîtres ; ils sont mis en fuite & se réfugient dans les Etats de Constantin, qui les reçoit, & en disperse 300000, de toute sorte d'âge & de sexe, en diverses provinces.
335.	Constantin fait la fête de la trentième année de son régne. Dalmatius, neveu de Constantin, est créé César : il épouse Constantina, fille de cet Empereur.

Depuis J. C. 335.	On rapporte à cette année la tenue du Concile de Tyr où S. Athanase paroît en personne, & se justifie de toutes les calomnies dont on le noircit. Plusieurs Evêques font la Dédicace de l'Eglise que Constantin avoit fait bâtir à Tyr, & de celle qu'il avoit construite à Jérusalem.
336.	S. Athanase, qui avoit eu recours à Constantin pour lui demander justice, engage cet Empereur à convoquer un Concile à Constantinople. Plusieurs Evêques s'y assemblent, intentent de nouvelles accusations contre S. Athanase. Constantin ébranlé par ces calomnies, exile S. Athanase & tous les Evêques qui soutenoient son parti. Constantin se laisse surprendre par une profession de foi captieuse qu'Arius lui fait présenter : cet Hérétique meurt peu de temps après d'une mort funeste.
	Constantin fait bâtir à Constantinople une Eglise à l'honneur des Apôtres, pour lui servir de sépulture.
	Constantin fait apporter à Constantinople des Reliques de S. Luc, de S. André & de S. Timothée.
337.	Constantin meurt le 22 Mai, jour de la Pentecôte, dans une maison de campagne, appellée Achyrona, proche de Nicomédie. Il avoit régné trente-un ou trente-deux ans. Eusebe & les autres anciens Ecrivains rapportent qu'il fut baptisé quelque temps avant sa mort par Eusebe de Nicomédie.
	CONSTANTIN le jeune, CONSTANCE & CONSTANT ses fils, Empereurs.
	Ils partagent l'Empire entr'eux : Constantin eut les Gaules & tout ce qui étoit par delà les Alpes. Constant, Rome, l'Italie, l'Afrique, la Sicile, plusieurs Isles, l'Illyrie, la Macédoine & la Grèce ; & Constance, la Thrace, l'Asie, l'Orient & l'Egypte : ce Prince survécut à ses deux frères, & réunit ainsi leurs portions. Dalmatius César & Constantin, frères de l'Empereur, eurent quelque part à l'Empire, aussi-bien qu'Anniballianus, à qui Constantin avoit accordé les habits Impériaux & le titre de Nobilissime. Tous ses Favoris meurent dans une sédition excitée par les troupes.
338.	S. Athanase est rappellé à Alexandrie, à la sollicitation du jeune Constantin, par Constance ; il y est reçû avec de grandes démonstrations de joie. Constance entreprend une expédition contre les Perses.
	Sapor, Roi des Perses, assiége la ville de Nisibe pendant deux mois. S. Jacques, qui en étoit Evêque, le contraint de se retirer, en obtenant du Ciel une armée de moucherons, qui l'obligea de prendre la fuite.
339.	Eusebe, Evêque de Nicomédie, & ses partisans, envoyent des Députés au Pape & aux Empereurs Constantin & Constance, pour renouveller les accusations contre S. Athanase.

DE L'HISTOIRE MODERNE. 37

Depuis J. C. 340.   Le Pape Jules convoque un Concile à Rome pour juger l'affaire de S. Athanase, qui vient à Rome, & y demeure dix-huit mois.

Les Catholiques élisent Paul Evêque de Constantinople: les Ariens engagent l'Empereur de l'exiler dans le Pont, & mettent en sa place Eusebe de Nicomédie. Eustathius, Evêque d'Antioche, est déposé sur une fausse accusation. On donne le nom d'Eustathiens aux Catholiques qui étoient attachés à cet Evêque.

Constantin le jeune fait la guerre à son frère Constant; il est rencontré & tué proche la ville d'Aquilée, par un parti de l'armée de Constant, & son corps fut jetté dans le fleuve Alta.

341.   Constant combat dans les Gaules les Francs avec différens succès.

Grand tremblement de terre en Orient.

Environ quatre-vingt-dix Evêques, dont trente-six étoient Ariens, s'assemblent à Antioche, déposent S. Athanase, à la place duquel ils élisent Grégoire, Evêque de Cappadoce; ils publient une profession de Foi peu orthodoxe, font vingt-cinq Canons, qui sont insérés dans le corps des Canons de l'Eglise universelle.

Les Ariens retiennent & relâchent ensuite les Légats que le Pape Jules leur avoit envoyé. Ce Pape convoque un Concile à Rome; les Eusébiens ne s'y trouvent point; ils y sont condamnés, & S. Athanase absous. Le Concile absout aussi Marcel d'Ancyre, & le reçoit à la Communion. S. Athanase retourne à Alexandrie.

342.   Constant appaise les troubles des Gaules; Constance ordonne au Préfet Philagrius de conduire à Alexandrie Grégoire de Cappadoce: cette action est suivie d'un grand carnage. S. Athanase prend la fuite, & se retire à Rome.

Eusebe (qui avoit passé de l'Evêché de Nicomédie à celui de Constantinople) meurt. Il arrive de grands tumultes au sujet de l'élection de son Successeur. Les Catholiques veulent élire Paul, qui avoit été déposé, & les Ariens appuyent l'élection de Macédonius. Constance envoye le Général Hermogène, pour appaiser ces troubles. Paul est déposé, & s'enfuit à Rome. Asclépas, Evêque de Gaze, Marcel, Evêque d'Ancyre, & Lucius, Evêque d'Andrinople, sont aussi obligés d'abandonner leurs Eglises: ils se réfugient à Rome.

Photin, natif d'Ancyre, Disciple de Marcel, Evêque de cette ville, se fait chef d'une nouvelle héresie.

343.   S. Paul, premier Hermite, meurt âgé de cent treize ans.

Persécution en Perse contre les Chrétiens, dans laquelle S. Siméon, Evêque de Séleucie & de Crésiphonte, & Usta-

Depuis	zade, chef des Eunuques, & d'autres, souffrent le martyre.
J. C.	
344.	Les Ariens assemblent un nouveau Concile à Antioche, & dressent une nouvelle confession de Foi.
345.	Constance continue de faire la guerre aux Perses : l'événement ne lui fut pas avantageux. Titianus est honoré de la charge de Préfet du Prétoire dans les Gaules. Gallus & Julien fils de Jules Constance frère du grand Constantin, se font Ecclésiastiques, & bâtissent une Eglise à l'honneur de plusieurs Martyrs.
346.	S. Athanase, après avoir demeuré trois ans à Rome, est rappellé par l'Empereur Constant, & vient à Milan. Les Empereurs Constant & Constance convoquent le Concile de Sardique ; il se tient un autre Concile à Cologne, (si toutefois les Actes de ce Concile sont véritables,) dans lequel Euphrate, qui en étoit Evêque, fut condamné, parce qu'il nioit la divinité de J. C.
347.	Le Concile de Sardique, ville d'Illyrie, s'assemble ; il s'y trouve trois cent soixante-dix Evêques, dont la plûpart étoient Catholiques & le reste Ariens. S. Athanase y est absous & les Ariens condamnés. On y fait quelques Canons. Les Ariens s'appercevant qu'on discutoit dans le Concile de Sardique avec équité la cause de S. Athanase, se retirent & assemblent un Conciliabule à Philippes, ville de Thrace, lui donnent le nom de Concile de Sardique, & défendent de se servir du terme de *Consubstantiel*.
348.	Vincent & Euphrate, Députés du Concile de Sardique, sont calomniés par une femme de mauvaise vie, qu'Etienne Evêque d'Antioche avoit gagnée. On découvrit la perfidie de cet Evêque ; il fut déposé & chassé de son Eglise. Léonce, de mœurs corrompues, fut élu en sa place. Paul, Evêque de Constantinople & S. Athanase, obtiennent des Lettres de Constant pour Constance, qui les rétablit.
349.	L'Empereur Constant envoye en Afrique Paul & Macaire, pour ramener à l'Eglise les Donatistes & pour assister ceux qui étoient dans le besoin. Les Circumcellions & quelques Evêques s'opposent à cette mission, & arment contr'eux. Plusieurs révoltés sont tués par les troupes de l'Empereur, & honorés comme de véritables martyrs par les Donatistes. L'Empereur Constance intimidé par les lettres de son frère, rappelle S. Athanase, fait brûler les actes qu'on avoit produit contre lui, & le rétablit avec honneur à Alexandrie.
350.	CONSTANCE seul Empereur, Constant ayant été tué par les soins du Tyran Magnence, Capitaine de ses Gardes, qui s'étoit fait déclarer Empereur à Autun.

| Depuis J. C. | Concile à Jérusalem pour S. Athanase : les habitans d'Alexandrie le reçoivent avec de grandes démonstrations d'amitié.

Ursace & Valens écrivent à S. Athanase, & vont à Rome s'excuser auprès du Pape Jules.

Constance fait la guerre au Tyran Magnence ; donne le titre de César & le nom de Constantius à Gallus son cousin, qu'il charge du Gouvernement d'Orient ; lui fait épouser Constantia sa sœur, veuve d'Anniballien. Magnence donne le Gouvernement des Gaules à Decentius César son frère. L'Empereur eut d'abord du dessous dans un combat qu'il donna dans la Pannonie à Magnence ; mais il remporta la victoire dans un second combat.

Paul, Evêque de Constantinople, est chassé par Philippe Gouverneur de la ville, en vertu d'un ordre de l'Empereur Constance. Macedonius étant élu en sa place, suscite une cruelle persécution contre les Catholiques. Paul est exilé, & ensuite étranglé à Cucuse.

352. Constantius Gallus exerce plusieurs cruautés en Orient ; fait mourir des Juifs & brûler plusieurs de leurs villes.

353. Le Tyran Magnence voyant ses affaires en mauvais état dans les Gaules, se fait mourir à Lyon. Decentius son frère s'étrangle dans la ville de Sens.

Constance passe l'hiver à Arles, où il fait représenter avec beaucoup de magnificence les Jeux du Cirque.

Gallus fait mourir à Antioche un grand nombre de personnes, à la sollicitation de Constantia sa femme.

Il y avoit alors à la Cour de Constance plusieurs Officiers de la Nation des Francs, ou François. Silvain l'un d'eux, est envoyé dans les Gaules : les troupes le déclarent Auguste, mais il est bientôt mis à mort dans Cologne, avec plusieurs Officiers Francs.

354. L'Empereur Constance se dispose à faire la guerre à Gundomade & à Vadomare Rois des Germains ; mais peu de temps après il fait alliance avec ces Princes.

Constantia femme de Gallus meurt en Bithynie ; Gallus est mis à mort dans l'Illyrie par ordre de l'Empereur.

S. Augustin vient au monde au mois de Novembre.

355. Constance convoque un Concile à Milan, veut obliger tous les Evêques de ratifier la condamnation de S. Athanase. Plusieurs n'obéissant pas aux ordres de l'Empereur, sont envoyés en exil, du nombre desquels étoient Eusebe Evêque de Verceil, & Denys Evêque de Milan : le Pape Libere fut aussi relégué à Berée. On élut Félix, Pape ; S. Hilaire Evêque de Poitiers & d'autres sont exilés.

Les Francs prennent & détruisent Cologne : ils avoient détruit environ quarante Villes situées sur le Rhin, & en avoient enlevé les habitans, avec un grand butin.

Depuis J. C.	Julien frère de Gallus, est déclaré César & Préfet de la Transalpine (ou des Gaules) par l'Empereur Constance son cousin.
	Donat, chef des Donatistes, est chassé de Carthage.
356.	Constance entre en triomphe dans Rome. Les Dames Romaines lui demandent & obtiennent le rappel du Pape Libere de son exil. Syrianus Commandant des troupes, vient à Alexandrie, entre en tumulte dans l'Eglise, d'où S. Athanase eut peine à se sauver. George est établi Evêque en sa place. Plusieurs Evêques souffrent de rudes persécutions pour S. Athanase.
	L'Empereur vient en Illyrie, y fait venir Osius Evêque de Cordoue, veut l'obliger à condamner S. Athanase; cet Evêque ne se rend point à ses sollicitations.
	Eusebie femme de Constance, donne du poison à Helene femme de Julien pour la faire avorter.
	Julien fait la paix avec les Rois des Francs, & passe l'hiver à Sens.
	S. Antoine, Instituteur des Moines, meurt dans le désert d'Egypte, le dix-sept Janvier, âgé de cent cinq ans.
357.	Julien se prépare à faire la guerre aux Germains, qui faisoient des courses jusqu'à Lyon; ils sont repoussés & défaits, & leur Roi Chonodomarus est fait prisonnier & envoyé à Rome. Julien vient à Paris & y passe l'hiver.
	Constance pendant ce temps étoit à Sirmich. Quelques Evêques Ariens, à la tête desquels étoient Ursace & Valens, lui présentent une nouvelle confession de Foi, à laquelle Osius eut la foiblesse de souscrire; mais on ne put l'engager à condamner S. Athanase. Le Pape Libere ennuyé d'un long exil & intimidé par les Ariens, souscrit à la condamnation de S. Athanase, & à une formule de Foi où le terme de *Consubstantiel* n'étoit point employé.
	Constance vient à Rome; on y dresse un Obélisque. On y apporte des Reliques de S. André & de S. Luc.
358.	Le Roi de Perse Sapor II. envoye des Ambassadeurs à l'Empereur.
	Tremblement de terre considérable dont on ressent les effets en Macédoine, en Asie & dans le Pont. Plus de cent cinquante villes furent englouties, entr'autres celle de Nicomédie.
	Julien s'avance contre les Saliens qui faisoient partie des Francs ou François, & qui habitoient la Toxandrie (ou le Brabant septentrional): il les reçoit à composition. Il passe ensuite la Meuse & le Rhin, & attaque les Chamaves, qui faisoient aussi partie des Francs, & les ayant battus, il fait des prisonniers, & accorde la paix aux autres. Il prend dans une autre occasion mille Francs, qu'il envoye à Constance. Ce Prince les insere dans ses troupes, les re-

DE L'HISTOIRE MODERNE. 41

Depuis J. C. gardant (dit le Sophiste Libanius) comme des tours qu'il mêloit parmi ses Soldats.

Julien bat les Quades, les Sarmates & les Limigantes : cette victoire lui fait donner le titre de Sarmatique à Constance.

Basile Evêque d'Ancyre, assemble un Concile à Ancyre, où il fait condamner les formules de Sirmich & toutes celles que les Ariens avoient dressées. On y décide de nouveau que le Fils étoit semblable en substance au Père. Les Evêques de ce Concile écrivent des Lettres aux Eglises de Phénicie & de Syrie. L'Empereur, à la sollicitation de S. Basile, convoque un Concile général à Nicomédie ; la ville est renversée, & le Concile transféré à Nicée. L'Empereur ne persiste pas dans cette résolution, mais donne ses ordres pour faire assembler en même temps deux Conciles, l'un à Séleucie, ville d'Isaurie, pour les Evêques d'Orient ; & l'autre à Rimini, pour les Evêques d'Occident.

359. Julien force les Germains à demander la paix. Les Perses marchent contre les Romains, assiégent la ville d'Amide. Constance taille en piéces les Limigantes.

On rapporte à cette année la naissance de Gratien, fils de Valentinien, & la tenue des Conciles de Séleucie & de Rimini. On y fait une nouvelle profession de Foi, & l'on y supprime le terme de *Consubstantiel*, avec défense de s'en servir.

Le Lundi 27 Septembre, les Evêques du Concile de Séleucie s'assemblent. Laurice Gouverneur d'Isaurie & le Comte Léonas y assistent pour l'Empereur. Il y a plusieurs contestations entre les Evêques, sçavoir, sur quoi on devoit statuer d'abord ; si on devoit discuter le dogme, ou si on examineroit la cause des Evêques accusés de crimes. On se rend au sentiment de Léonas, qui est d'avis que l'on commence par décider ce qui concerne la Foi. Acacius veut faire passer une nouvelle profession de Foi contraire à celle de Nicée ; les Semi-Ariens s'y opposent ; on approuve celle d'Antioche en 341. Les Acaciens irrités de ce procédé, se retirent & portent leurs plaintes à l'Empereur.

Plus de quatre cens Evêques s'assemblent à Rimini, dont quatre-vingt sont Ariens. On s'attache à décider le dogme. Ursace & Valens tâchent d'y faire agréer la formule de Foi dressée à Sirmich. Les Evêques proposerent à Ursace, à Valens & à leurs adhérans, d'anathématiser l'hérésie Arienne ; ils le refusent. Le Concile les déclare hérétiques, & envoye des Députés à l'Empereur Constance. Ursace & Valens prennent les devans, préviennent l'Empereur contre les Evêques Catholiques de ce Concile, qui

Depuis J. C. ne peuvent obtenir audience. Taurus a ordre de ne point laisser sortir de Rimini les Evêques jusqu'à ce qu'ils eussent souscrit une nouvelle profession de Foi. Ces Evêques épouvantés par les menaces, & fatigués par les peines qu'ils souffroient, souscrivent une formule de Foi hérétique, dans laquelle on disoit que le Fils de Dieu n'étoit pas une créature comme les autres. L'Empereur ordonne à Valens de faire souscrire à tous les Evêques la Formule de Rimini. Il exécute cet ordre, & fait chasser de leurs Eglises ceux qui refusent de le faire ; surtout le Pape Libere, qui est déposé.

360. Constance, jaloux de la gloire de Julien, tâche d'attirer les soldats qui étoient à son service pour les faire passer en Orient. Les soldats déclarent Julien Auguste, ou Empereur.

Sapor Roi des Perses, entre dans la Mésopotamie, prend les villes de Singare & de Bezabde, tente inutilement la prise de Virta. Constance passe l'hiver à Constantinople. Julien défait les François, surnommés Attuariens, envoye des Députés à Constance, qui sont mal reçus. Cet Empereur ne fut pas d'abord heureux dans son expédition contre les Perses, mais ensuite il les oblige de se tenir sur la défensive.

S. Hilaire Evêque de Poitiers étant à Constantinople, y présente à l'Empereur Constance un Livre qu'il avoit composé pour la défense de la Foi, & revient dans les Gaules. S. Martin va au devant de lui.

Macédonius déposé & chassé de Constantinople, publie ouvertement ses erreurs contre la divinité du Saint-Esprit. On crée en sa place Eudoxe Evêque d'Antioche, partisan d'Aëtius & d'Eunomius. Melèce est fait Evêque d'Antioche ; il professe la Foi Catholique. Constance le fait déposer, & fait élire en sa place Euzoïus. Ainsi il y avoit trois partis à Antioche, celui d'Eustathe, celui de Melèce qui étoit opposé au premier, mais tous deux composés de Catholiques, le troisième des Ariens.

361. Julien fait représenter des Jeux à Vienne ; Helene sa femme meurt en cette ville ; il envoye son corps à Rome.

Constance ayant perdu sa femme Eusebie, épouse Faustine, dont il a une fille appellée Constantia, qui épousa Gratien.

Julien entreprend de faire la guerre à Constance, fait semblant de vouloir embrasser sincérement le culte des Chrétiens qu'il avoit abandonné depuis quelque temps, assiste à l'office du jour de l'Epiphanie. Constance termine la guerre des Perses, marche contre Julien, meurt en chemin près la ville de Tarse, le trois Novembre, l'an trente-huit de son régne.

DE L'HISTOIRE MODERNE. 43

Depuis J. C.

JULIEN maître de l'Empire, entre dans Constantinople le onze Décembre, donne la charge de Préfet du Prétoire à Salluste, fait une exacte recherche des amis de Constance, en fait mourir plusieurs, & condamne les autres à de grosses amendes ; fait venir dans son Palais les Prélats des différentes sectes, leur commande de vivre en paix les uns avec les autres, & leur permet de suivre chacun leurs sentimens. Il permet aussi aux Payens d'ouvrir les Temples des Dieux ; abjure la Religion Chrétienne ; se fait élire Souverain Pontife des Payens, & fait revenir les Evêques de leur exil.

362.

Les villes & les nations députent à Julien. Il part pour la guerre de Perse ; pendant son voyage il visite Nicomédie, Pessinunte & le Temple de Cybele, & passe l'hiver à Antioche.

George, Evêque d'Alexandrie, est mis à mort par les habitans de cette ville. Julien se contente de les reprendre avec douceur. Il se fait donner la Bibliothèque de cet Evêque.

Persécution contre les Chrétiens : plusieurs sacrifient aux idoles sans y être contraints. Plusieurs souffrent le martyre.

Le Temple d'Apollon à Daphné, qu'Antiochus Épiphane avoit bâti, est consumé par le feu le vingt-un Novembre. Julien accuse les Chrétiens d'en être la cause.

La ville de Nicomédie & une partie de celle de Nicée, furent renversées par un tremblement de terre.

Les habitans d'Antioche ayant fait des railleries piquantes contre Julien, cet Empereur, pour s'en venger, compose une invective ironique contre la ville d'Antioche, sous le titre de *Misopogon*.

Hermogène, Evêque de Césarée en Cappadoce, étant mort, on élit en sa place Eusebe, quoique Catéchumene. Tous les Moines, dont S. Basile étoit le chef, se séparent de la Communion d'Eusebe. Ce nouvel Evêque en veut à S. Basile, qu'il soupçonne d'avoir inspiré à ses Moines le dessein de se séparer de sa Communion, quoique ce Saint fût absent. S. Basile se cache dans la solitude. S. Grégoire de Nazianze suit son exemple.

Après la mort de George Evêque d'Alexandrie, S. Athanase revient à Alexandrie, y assemble un Concile, qui ordonne que les Evêques tombés seroient reçus à la Communion de l'Eglise.

Lucifer de Cagliari ordonne Paulin Evêque d'Antioche. Par-là il se trouve trois Evêques de cette ville, sçavoir Paulin & Melèce Catholiques, & Euzoïus Arien. Lucifer souffre avec peine qu'on tolère ceux qui étoient tombés, s'abstient de leur Communion, & donne lieu à un Schisme.

Julien, à la sollicitation des Ariens, chasse S. Athanase

Depuis J. C.	de son Eglise. La prudence de ce Saint lui fait éviter les pièges que ses ennemis avoient dressés pour lui ôter la vie.
	Julien fait des Loix contre les Chrétiens. Les Donatistes obtiennent de ce Prince leur rappel & la restitution de leurs Eglises. L'Empereur veut déposer Tite Evêque de Bostre; il tâche de soulever le peuple contre cet Evêque.
	Julien attache à sa personne plusieurs habiles Philosophes.
363.	Julien permet aux Juifs de rebâtir le Temple de Jérusalem, mais il ne fait que vérifier les paroles de J. C. qu'il n'en resteroit pas pierre sur pierre.
	Julien marche contre les Perses : après s'être rendu maître de plusieurs villes, il entreprend le siège de Ctésiphon qu'il fut obligé de lever. Il fait décamper son armée, à cause de l'intempérie de l'air & de la rareté des vivres, poursuit les Perses, les attaque; & comme il n'avoit point de cuirasse, il est frappé d'un coup de flèche qui le perça jusqu'au foie : dès qu'il se sentit blessé, il remplit, dit-on, ses mains de son sang, qu'il jetta en l'air, en proférant ces paroles : *Tu as vaincu Galiléen*. Il mourut le vingt-six Juin, âgé de près de trente-deux ans.
	JOVIEN fut élu Empereur par les soldats. Ce Prince déclara qu'étant Chrétien il ne pouvoit commander à des soldats qui adoroient des faux Dieux : tous se déclarent Chrétiens. Jovien fait la paix avec Sapor Roi de Perse, lui abandonne la ville de Nisibe & la plus considérable partie de la Mésopotamie, quitte la Perse & rentre dans les terres de l'Empire.
	Les Hérétiques Macédoniens s'adressent à l'Empereur pour le prier de chasser les Anoméens. Jovien se déclare en faveur des Catholiques. Les Acaciens se joignent à Melèce, & assemblent un Concile à Antioche, dans lequel ils professent la foi de Nicée. Jovien fait fermer les Temples des Idoles, & abolit les sacrifices des faux Dieux. Cet Empereur protége S. Athanase, qui donne à Jovien tous les éclaircissemens dont il avoit besoin sur la Religion.
	Malaric, Franc ou François, est créé Intendant des armées des Gaules.
364.	. Jovien fait des Loix en faveur des Chrétiens, arrive à Dadastane, ville située sur les confins de la Galatie & de la Bithynie. Il y meurt le dix-neuf Février, âgé de trente-trois ans; ayant seulement régné sept mois & vingt jours. Quelques Auteurs prétendent que c'étoit d'une indigestion; d'autres qu'il fut étouffé par la fumée du charbon qu'on avoit mis pour échauffer la chambre où il couchoit; d'autres ont cru que ce Prince avoit été empoisonné.
	VALENTINIEN est élu Empereur par l'armée, le vingt-six Février; & le 28 Mars, il associe à l'Empire

Depuis J. C. VALENS son frere en le déclarant Auguste. Valentinien lui abandonne le Gouvernement de l'Orient, & se retire en Occident.

Les Macédoniens obtiennent de l'Empereur la permission d'assembler un Concile. Ce Prince va à Antioche, en chasse Melèce, & contraint les Catholiques de recevoir Euzoïus.

Les Empereurs font des Loix contre les Magiciens.

Les Macédoniens & les Semi-Ariens tiennent un Concile à Lampsaque. Les Evêques y condamnent tout ce qui s'étoit fait à Constantinople par l'autorité d'Eudoxe & d'Acace, y anathématisent le formulaire de Rimini, & y approuvent la profession de Foi composée à Antioche. Ils se déclarent pour ceux qui ne reconnoissoient point la Divinité du Saint-Esprit. Le Concile envoye des Députés au Pape Libere pour le prier de solliciter auprès de l'Empereur le rétablissement & le rappel des Evêques chassés de leurs Siéges.

366. Naissance de Valentinien, fils de l'Empereur Valentinien & de Justine, qui avoit épousé le Tyran Magnence en premières noces. Procope, qui s'étoit soulevé contre Valens, est défait & tué par ce Prince. Valens est baptisé par Eudoxe Evêque de Constantinople, qui lui fait promettre par serment qu'il demeurera toujours attaché aux sentimens des Ariens, & ne favorisera jamais ceux qui seront du sentiment contraire. Valens passe & repasse le Danube sans obstacle.

Valentinien défait les Allemands.

Valens irrité de la condamnation de ses sentimens au Concile de Lampsaque, assemble à Nicomédie les Evêques Ariens, y fait venir Eleuse Evêque de Cyzique, l'un des principaux des Macédoniens, lui ordonne d'embrasser la Foi des Ariens. Cet Evêque, après une légère résistance, obéit aux ordres de l'Empereur; revient à Cyzique, avoue sa faute: pour la réparer, il veut se dépouiller de l'Episcopat; son peuple s'y oppose; la faction des Ariens l'oblige de sortir de la ville. Eudoxe Evêque de Constantinople ordonne en sa place Eunomius, qui fut déposé peu de temps après, à cause de ses blasphêmes. Valens fait fermer les Eglises des Novatiens. Marcien Prêtre de cette secte, qui instruisoit Anastasie & Caroline filles de l'Empereur, obtient la révocation de cet ordre.

S. Basile & S. Grégoire de Nazianze sortent de leur solitude, pour s'opposer aux progrès de l'Arianisme.

367. L'Empereur Valentinien tombe malade: il déclare Auguste son fils GRATIEN.

368. Valens recommence la guerre contre les Goths. La ville de Nicée est presque entiérement renversée par le tonnerre.

Depuis	Valentinien défait les Allemans.
J. C.	Le Roi de Perse, après avoir soumis l'Arménie, entreprend la guerre contre les Romains.
	Les Francs & les Saxons ravagent différens cantons des Gaules.
369.	Valens met en fuite Athanaric Roi des Goths : ce Prince demande la paix, & Valens la lui accorde.
	S. Hilaire vient trouver Valentinien pour réfuter Auxence, Evêque de Milan. L'Empereur prévenu contre S. Hilaire, lui ordonne de sortir de la ville.
370.	Valentinien défait les Saxons & les Allemans.
	Eudoxe, Evêque de Constantinople, meurt après avoir gouverné cette Eglise pendant dix-neuf ans. Eustathe Evêque d'Antioche, ordonne Evagre pour son successeur. Les Ariens élisent Démophile. L'Empereur exile Eustathe & Evagre. Quatre-vingt Ecclésiastiques viennent à Nicomédie de la part des Catholiques, pour fléchir l'Empereur. Ce Prince ordonne à Modeste, Préfet, de les faire mourir ; Modeste les fait embarquer sur un vaisseau, auquel on mit le feu en pleine mer.
	Cette cruauté est suivie d'une famine extrême.
	Plusieurs Evêques Catholiques sont exilés, & S. Athanase persécuté. Eusebe de Samosate, relégué en Thrace, se cache sous l'habit Militaire, & parcourt toutes les Eglises de Syrie, de Phénicie & de la Palestine.
	Valens vient à Césarée en Cappadoce, tente inutilement de corrompre S. Basile ; son fils Valentinien Galate meurt à Césarée. S. Grégoire de Nazianze est exilé.
371.	Severe, Commandant des troupes de Valentinien, défait les Allemans. Théodose, maître de la Cavalerie Romaine, termine heureusement la guerre de Mauritanie.
	S. Basile, Archevêque de Césarée en Cappadoce, & les autres Evêques d'Orient, écrivent aux Evêques d'Occident pour implorer leurs secours. S. Grégoire de Nazianze est élu Evêque de Sasime.
	Valentinien fait bâtir un Autel à la Victoire dans le Capitole, & permet aux Sénateurs d'y sacrifier.
372.	Cet Empereur fait la guerre aux Quades, dont le succès ne fut pas heureux. Le jeune Théodose, Gouverneur de Mésie, soumet les Sarmates.
	Mélanie, Dame Romaine, voyage à Jérusalem, & se distingue par sa piété.
	Mavie, Reine d'une partie des Saracéniens ou Sarrazins, embrasse le Christianisme ; elle accorde la paix aux Romains, à condition qu'ils lui donneroient pour Evêque un Anachorette appellé Moyse, qui vient à Alexandrie, & refuse l'ordination de Lucius, Evêque Arien, mais se fait ordonner par un Evêque Catholique.

D. J. C.	
372.	Mort de S. Hilaire, Evêque de Poitiers, âgé de quatre-vingt ans.
373.	Mort de S. Athanase, Patriarche d'Alexandrie : les Catholiques élisent Pierre pour son successeur ; ils sont persécutés.
374.	Valentinien fait alliance avec Macrien, Roi des Allemans.
	Après la mort d'Auxence, Evêque de Milan, S. Ambroise fut élu pour lui succéder.
375.	S. Martin est sacré Evêque de Tours.
	L'Empereur Valens persécute les Catholiques, & ordonne aux Moines d'aller à la guerre. Thémistius l'appaise.
	Valentinien se prépare à faire la guerre aux Sarmates ; il se laisse fléchir par les Députés de ces peuples. Il meurt d'apoplexie le quinze des Calendes de Décembre, âgé de cinquante-un ans, après en avoir régné douze & treize mois.
	GRATIEN, déjà Auguste, lui succede avec VALENTINIEN le jeune, son frère, qui fut salué Empereur par l'armée.
376.	Valens ordonne aux sujets de l'Empire Romain de recevoir les Goths, qui venoient d'être chassés du pays au-delà du Danube, qu'ils possédoient depuis cent cinquante ans, par les Huns, peuples venus d'Asie ou de la Grande Tartarie. Voyez ci-devant, à l'an 93.
	On assigne aux Goths la Thrace pour demeure : quelque temps après ils font la guerre aux Romains.
	On apporte à Constantinople le corps de l'Empereur Valentinien. L'ancien Théodose, pere de Théodose, qui fut depuis Empereur, après avoir reçu le baptême, est mis à mort en Afrique par ordre de Valens.
	Gratien rend un Édit à Tréves le dix des Calendes de Mai, par lequel il défend les assemblées des Hérétiques, & confisque leurs biens au profit du domaine.
377.	Les Goths se révoltent. Les Romains envoyent une armée contr'eux : Valens part pour Antioche, & cesse de persécuter les Orthodoxes.
378.	L'Empereur Valens fait son entrée à Constantinople, le trois des Calendes de Juin ; il combat contre les Goths le cinq des Ides du mois d'Août, à douze mille de la ville d'Andrinople : les Goths s'établissent en Thrace, en Scythie & dans la Mésie, ils viennent jusqu'aux portes de Constantinople.
	Gratien soumet les Allemans. Valens, jaloux de la gloire que cet Empereur s'étoit acquise, livre un combat aux Goths, qui le défont : il meurt âgé de cinquante ans, après en avoir régné quatorze.

Depuis J. C. 379.	Le quatorze des Calendes de Février, Gratien déclare Empereur THÉODOSE, lui accorde l'Empire d'Orient, & garde l'Occident. Théodose chasse les Goths de la Thrace. Les Lombards défont les Vandales. Mort de S. Basile. Condamnation d'Apolinaire. S. Grégoire de Nysse est envoyé en Arabie. S. Grégoire de Nazianze part pour Constantinople. S. Jérôme reçoit l'ordre de Prêtrise, de Paulin, Evêque d'Antioche. Il va à Constantinople. S. Grégoire de Nazianze exerce les fonctions Episcopales dans cette Ville.
380.	Théodose tombe dangereusement malade à Thessalonique ; il est baptisé, & fait plusieurs Loix en faveur des Chrétiens. Gratien fait la paix avec les Goths. Justine, mère de l'Empereur Valentinien, protége les Ariens. S. Ambroise défend courageusement la vérité. Théodose fait son entrée dans Constantinople le 18 des Calendes de Décembre ; ôte aux Ariens les Eglises dont ils jouissoient depuis quarante ans. Démophile, Evêque de cette Ville se retire : S. Grégoire est mis en possession de cet Evêché le six des Calendes de Décembre.
381.	Athanaric, Roi des Goths, ayant été chassé par ses sujets, vient trouver Théodose à Constantinople ; il y meurt. On lui fait des obsèques honorables. *Second Concile œcuménique*, de Constantinople, composé de cent cinquante Evêques. On y condamne les erreurs de Macédonius contre le Saint-Esprit ; on renouvelle le Symbole de Nicée avec quelques additions. On assigne les bornes de chaque Exarchat ; on accorde à l'Evêque de Constantinople le premier rang après l'Evêque de Rome. On déclare nulles les ordinations faites par Maxime. On fait encore plusieurs autres Réglemens. Ce Concile, qui avoit commencé dans le mois de Mai, finit vers la fin de Juillet. Théodose fait donner aux Evêques Catholiques les Eglises possédées par les Ariens ; fait transporter avec pompe les Reliques des Evêques martyrisés par les Ariens, entr'autres le Corps de S. Paul, Evêque de Constantinople, qu'il fit mettre dans l'Eglise de cette Ville, qui portoit son nom. Gratien confie ses troupes à Baudon & Arbogaste, tous deux Francs & grands amis des Romains.
382.	Théodose fait inhumer Valentinien. Les Goths viennent sur les terres de l'Empire. Paul Evêque d'Antioche, S. Epiphane Evêque de Chypre, S. Jérôme & S. Ambroise viennent à Rome. S. Jérôme est Secrétaire du Pape Damase.
383.	Maxime devient Tyran de Bretagne, & associe Victor, son fils, au Gouvernement.

Depuis J. C. 383.	On rapporte à cette année le commencement du régne de Conan, premier Roi de la Petite Bretagne, en Gaule.
	Arcadius est déclaré Auguste à Constantinople. Le Tyran Maxime attaque Gratien, qui est abandonné de ses sujets, & tué par Andragathius, son Général, le huit des Calendes de Septembre.
	Le Pape Damase envoye Arsene à Constantinople, pour être Précepteur d'Arcadius, fils de Théodose.
	S. Augustin, âgé de vingt-neuf ans, vient à Rome à l'insçu de sa mère, pour y enseigner la Rhétorique.
	On apporte à Constantinople le corps de Constantia Augusta, fille de Constantin.
384.	Les Perses envoyent des Députés à Théodose pour lui demander la paix.
	Symmaque, Gouverneur de Rome, supplie Valentinien de rétablir le culte des faux Dieux. S. Ambroise réfute les mémoires qu'il avoit donnés à l'Empereur sur ce sujet.
	Symmaque envoye S. Augustin à Milan, pour y enseigner la Rhétorique. S. Augustin a des conférences avec S. Ambroise. Sainte Monique vient d'Afrique à Rome.
	Ælia Flacilla, épouse de Théodose, meurt cette année.
	S. Jérôme va en Syrie, & se rend à Jérusalem.
386.	Conversion de S. Augustin.
	Les Greutingiens, espéces de Goths, sont vaincus & emmenés captifs. Théodose & Arcadius entrent en triomphe dans Constantinople le 25 Octobre.
	L'Empereur Théodose épouse Galla Placidia, fille de l'ancien Valentinien & sœur du jeune Empereur de ce nom; elle vient à Constantinople.
	Valentinien donne un rescrit en faveur des Ariens & du Concile de Rimini, à la sollicitation de Justine, sa Mère. Il persécute S. Ambroise.
	Auxence, que les Ariens avoient fait Evêque de Milan, engage S. Ambroise dans une dispute en présence de l'Empereur. S. Ambroise demanda & obtint qu'elle se feroit dans l'Eglise en présence du Peuple.
	S. Jérôme va à Alexandrie pour entendre Dydime. Il visite ensuite les Monastères d'Egypte. Sainte Paule, illustre Veuve, va aussi en Egypte.
	S. Jean Chrysostôme est ordonné Prêtre par Flavius, Evêque d'Antioche. S. Cyrille de Jérusalem meurt : Jean, à qui l'on avoit promis cet Evêché, abandonne le parti des Hérétiques, & lui succéde.
387.	Arcadius célèbre les Quinquennalles.
	L'Impératrice Justine, qui favorisoit les Ariens, veut envoyer S. Ambroise en exil; le peuple s'y oppose. S. Ambroise découvre les Corps de S. Gervais & de S. Protais,

II. Partie.

Depuis *J. C.*	Martyrs: par leur intercession, il s'opère plusieurs miracles, qui arrêtent la persécution contre le saint Evêque.

Maxime fait une irruption en Italie. Valentinien le jeune a recours à Théodose, qui vient en Italie pour combattre Maxime: ce Tyran rétablit le culte des faux Dieux, & bâtit un Autel à la Victoire.

Théodose, pour subvenir aux frais de la guerre, impose de nouvelles taxes aux Habitans d'Antioche, qui se révoltent, abbatent les Statues de Flacille & les traînent ignominieusement dans les rues; Théodose envoye pour tirer vengeance de cet outrage. S. Flavien, Evêque de cette Ville, appaise les Députés & le Peuple.

Théodose part contre Maxime, & se recommande aux prières de plusieurs Saints Personnages, entr'autres de Saint Jean l'Anachorette. |
| 388. | Maxime est vaincu & tué proche d'Aquilée, le premier du mois d'Août: son fils Victor est tué dans les Gaules. Andragathius, qui avoit tué Gratien, se précipite dans la mer.

Théodose rend à Valentinien le jeune tout ce qu'il avoit pris sur Maxime.

S. Augustin, âgé de trente-quatre ans, est baptisé à Milan par S. Ambroise, dans le temps de Pâques, avec son ami Alipe & son fils Adéodat.

Génébaude, Marcomir & Sunnon, Rois ou Généraux des Francs, passent le Rhin; & ravagent les Gaules: retournés chez eux avec un grand butin, Quintinus, Maître de la Milice Romaine, va les attaquer, & est battu par eux à platte-couture. |
| 389. | Théodose fait son entrée dans Rome avec son fils Honorius, au mois de Juin; accorde au Peuple Romain les largesses accoutumées, & part de Rome au commencement de Septembre. Il fait abbatre le Temple de Sérapis, qui étoit à Alexandrie, & renverser à Rome les Statues des faux Dieux, dont on abolit le culte.

Mort de S. Grégoire de Nazianze & de Sainte Monique, mère de S. Augustin, qui quitte ensuite l'Italie, & revient en Afrique.

Les Lombards, après la mort de leurs Généraux, créent pour leur premier Roi Agelmundus, fils d'Aion. Il régna trente-trois ans en Pannonie. |
| 390. | Galla, femme de Théodose, est envoyée en exil par Arcadius.

Les Habitans de Thessalonique tuent Botericus, Préfet d'Illyrie. Théodose, irrité de cette action, fait massacrer les Habitans de cette Ville. S. Ambroise empêche cet Empereur d'entrer dans l'Eglise, & le porte à faire pénitence.

Théodose & son fils Honorius arrivent à Constantinople. Eugene se fait déclarer Empereur en Occident. |

DE L'HISTOIRE MODERNE.

D. J. C.
391. Saint Augustin est fait Prêtre par Valère, Evêque d'Hyppône.

392. Le jeune Valentinien, qui avoit été mortellement blessé par Arbogaste, meurt à Vienne en Dauphiné, âgé de vingt-six ans quatre mois, après en avoir régné seize & quelques mois.

Arbogaste leve des troupes dans les Gaules, & y joint nombre de Francs : il étoit de cette Nation.

Eugene favorise les Payens, permet aux Romains de bâtir un Autel à la Victoire.

Différend de S. Epiphane avec Jean, Evêque de Jérusalem.

S. Augustin dispute contre Fortunat, Prêtre Manichéen.

393. Honorius est déclaré Auguste le vingt Novembre. Querelle de S. Jerôme & de Jean, Evêque de Jérusalem.

394. Théodose, avec son fils Honorius, marche contre Arbogaste & contre Eugene. Le cinq Septembre, l'Empereur est vaincu. Le lendemain il remporta une victoire complette. Le Tyran Eugene est pris & mis à mort : Arbogaste se tue.

Tremblemens de terre depuis le mois de Septembre jusqu'à celui de Novembre : plusieurs Villes sont englouties.

Paulin & sa femme Thérasie quittent le monde, & se retirent proche de Nole.

395. L'Empereur Théodose meurt le dix-sept Janvier, âgé de soixante ans, après en avoir régné seize. Il est le dernier qui ait possédé l'Empire Romain en entier.

ARCADIUS & HONORIUS, ses fils, lui succèdent, le premier en Orient, & le second en Occident. Depuis ce temps les deux Empires furent partagés : auparavant, quoiqu'il y eût plusieurs Empereurs à la fois, ils agissoient comme Collégues & Associés.

Arcadius se marie, & épouse Eudoxie, qui étoit Françoise & fille du Comte Bauton. Ruffin est tué par l'ordre de cet Empereur. Eutrope, ami de Stilicon, s'empare de ses biens. La femme & la fille de Ruffin se retirent à Jérusalem.

Stilicon fait la paix avec les Sicambres & les Francs.

396. S. Augustin, âgé de quarante-un ans, est fait Evêque d'Hyppône, quoique Valere fût encore vivant.

Frigitille, Reine des Marcomans, se fait Chrétienne, écrit à S. Ambroise pour le prier de l'instruire, engage son mari de se soumettre aux Romains, & vient à Milan l'année suivante pour y voir S. Ambroise, qui étoit mort lorsqu'elle arriva.

397. Eutrope fait déclarer Stilicon ennemi de la République par l'Empereur & par le Sénat ; se concilie l'amitié de Gildon, à qui Théodose avoit confié l'Afrique, dont les

52 TABLE CHRONOLOGIQUE

Depuis J. C.

peuples quittent le parti d'Honorius. Arcadius s'empare de ce pays.

S. Ambroise meurt le quatre Avril, âgé de soixante quatorze ans, après avoir gouverné l'Eglise de Milan vingt-deux ans & près de quatre mois.

Mort de S. Martin, Evêque de Tours : quelques Auteurs la mettent en 400 ou 401.

Nectaire, Patriarche de Constantinople, meurt le vingt-sept Septembre: S Chrysostôme est élu pour son successeur.

Flacille, fille d'Arcadius, vient au monde le dix-sept Juin.

Une partie des Francs est vaincue par les Romains ; & leur Roi Marcomir ayant été pris, est envoyé en exil dans la Toscane. Sunnon, son frère, est tué.

398.
Gildon, fils d'un Roi Maure, empêche que l'on ne transporte des bleds d'Afrique à Rome. Les Romains lui font la guerre. Mascezel, son frère, craignant sa colère, s'enfuit en Italie. Gildon fait mourir ses enfans qu'il avoit laissés en Afrique. Stilicon envoye contre lui Mascezel, avec une petite armée qui, par miracle, remporta une grande victoire : Gildon s'étrangla lui-même. Après que Mascezel fut revenu en Italie, Stilicon le fit jetter du haut d'un pont dans une rivière.

S. Jean Chrysostôme prend possession de l'Évêché de Constantinople le vingt-six Février.

L'Empereur épouse Marie, fille de Stilicon & de Serena.

Les Payens font courir le bruit que la Religion Chrétienne devoit finir cette année.

399.
Gaïnas se prépare à la révolte, & engage Tribigilde, Goth de nation, à ravager l'Asie. Arcadius charge Eutrope de s'opposer à ses entreprises ; Eutrope envoye Gaïnas commander en Asie Tribigilde craint les forces des Romains ; se retire en Pisidie, après avoir ravagé la Phrygie, & s'enfuit avec 300 hommes, son armée ayant été défaite par un nommé Valentin. Gaïnas favorise Tribigilde, qu'il engage à faire de nouveaux troubles en Asie.

Pulchérie vient au monde, le dix-neuf Janvier.

Gaudentus & Jovius démolissent les Temples des faux Dieux, & brisent leurs images, par l'ordre d'Honorius.

400.
Gaïnas obtient une entrevue de l'Empereur, qui lui accorde plusieurs graces, après quoi il va à Constantinople, & s'approche de cette ville avec une nombreuse troupe d'étrangers. Arcadius le déclare ennemi de la République, & fait mourir tous les étrangers du parti de Gaïnas qui étoient à Constantinople. Gaïnas retourne en Thrace où il est tué.

Eudoxia est déclarée Auguste : naissance d'Arcadia.

Quelques Moines Origénistes ayant été condamnés par Théophile, Evêque d'Alexandrie, ont recours à S. Chry-

Depuis J. C. ſoſtôme, qui les écoute, écrit à Théophile en leur faveur, mais il ne veut pas communiquer avec eux.

S. Chryſoſtôme vient en Aſie pour la cauſe de pluſieurs Evêques, accuſés d'avoir été ordonnés pour de l'argent.

Alaric, Roi des Goths, entre en Italie, & pénétre juſqu'à trois lieues de Ravenne. Honorius céde aux Goths l'Eſpagne & une partie des Gaules. Stilicon eſt défait.

Le Pape Anaſtaſe condamne les erreurs d'Origene, ou, comme le diſent pluſieurs Anciens, les erreurs inſérées dans ſes Ouvrages.

401. On apporte à Conſtantinople la tête de Gaïnas.

Le jeune Théodoſe, fils d'Arcadius, vient au monde le neuf Avril.

S. Chryſoſtôme fait ſortir de l'Egliſe l'Impératrice Eudoxie, parce qu'elle s'étoit emparée du bien d'une veuve.

402. Le jeune Théodoſe eſt déclaré Auguſte par ſon père Arcadius. Théophile vient à Conſtantinople ſe juſtifier des accuſations que les Moines avoient intentées contre lui. S. Epiphane y vient auſſi.

Les Tartares Géou-gen, ou les Avares, achevent de ſe rendre maîtres de la Grande Tartarie par la défaite des Huns du Nord.

403. Théophile, Evêque d'Alexandrie, étant venu à Conſtantinople, à la ſollicitation de l'Impératrice Eudoxie, de pluſieurs Dames de qualité, & de quelques Eccléſiaſtiques que S. Chryſoſtôme avoit repris de leurs défauts, aſſiſté de pluſieurs autres Evêques, cite S. Chryſoſtôme. Il comparoît ; & récuſe Théophile, Acace & pluſieurs des Evêques qui prétendoient être ſes juges. Ces Evêques n'ont point d'égard à cette récuſation ; ils prononcent une Sentence de dépoſition contre S. Chryſoſtôme, & prient l'Empereur de la faire exécuter, ce qui leur fut d'abord accordé. Mais le murmure du peuple, & un tremblement de terre, engagea l'Empereur de révoquer cet ordre peu de temps après. Tout ceci arriva vers le mois de Juillet.

Alaric, Roi des Goths, pénétre en Italie avec une nombreuſe armée, marche vers Rome, & eſt défait par Stilicon.

404. S. Chryſoſtôme eſt envoyé en exil vers les fêtes de Pâques. Lorſqu'il part, l'Egliſe de Conſtantinople & le Palais ſont conſumés par un incendie, dont on ignore l'auteur. Le trois Juillet, il eſt conduit à Cucuſe, ville de Cilicie, qui étoit pour lors aſſiégée par les Iſauriens, afin qu'il périt dans le ſiége. Pendant l'abſence de S. Chryſoſtôme, on établit Arſace en ſa place. Le trente Septembre, il tombe à Conſtantinople une grêle d'une groſſeur extraordinaire.

Le quatre Octobre, l'Impératrice Eudoxie meurt en couches.

Depuis J. C.	
	Le Pape Innocent I. écrit à Honorius, qui follicite vivement Arcadius de permettre qu'on affemble un Concile à Theffalonique, pour l'affaire de S. Chryfoftôme.
S. Auguftin s'engage dans une difpute publique, qui dura deux jours, contre les Manichéens : plufieurs de cette Secte rentrent dans le fein de l'Eglife.
405.	Sainte Paule meurt le vingt-fix Janvier, âgée de trente-fix ans, huit mois & onze jours.
S. Chryfoftôme, extrêmement incommodé de la rigueur du froid & des incurfions des Ifauriens, après avoir féjourné près d'un an à Cucufe, eft transféré dans une ville d'Arménie. Il s'afflige du malheur qu'il prévoit que doit caufer l'héréfie de Pélage, qui commençoit à fe répandre.
Arface, faux Evêque à Conftantinople, meurt le onze Novembre, après avoir été fur le Siége de cette ville quatorze mois.
Honorius fait quelques Ordonnances pour contraindre les Donatiftes de rentrer dans l'Eglife.
406.	Atticus de Sébafte, Moine d'Arménie, s'empare du Siége de Conftantinople.
Le jeune Théodofe célébre les Quinquennalles.
Radagaife entre en Italie, avec deux cent mille Scythes. Huldin & Sarus, Rois des Huns & des Goths, défont fon armée, font tuer Radagaife, & vendent les prifonniers qu'ils avoient faits.
Les Vandales, originaires des bords de la Mer Baltique, commencent à fe faire connoître, & font en partie vaincus par les Francs ou François (en Allemagne.) Mais les autres s'étant joints aux Alains & aux Suéves, fe jettent fur les Gaules qu'ils ravagent jufqu'en 416.
407.	Les Alains, les Suéves & les Vandales ayant paffé le Rhin, à la follicitation de Stilicon, pénétrent dans les Gaules le premier Janvier : ils paffent enfuite en Efpagne.
Les Bourguignons, venus auffi de Germanie, s'établiffent dans les Gaules, & y fondent un Royaume qui dure jufqu'en 534.
S. Chryfoftôme meurt le quatorze Novembre à Comarie, vers le Pont-Euxin, âgé de cinquante-deux ans & huit mois, après avoir été Evêque de Conftantinople neuf ans, fix mois & vingt jours. Le Pape Innocent & les autres Evêques d'Occident ne veulent point communiquer avec les Orientaux, que l'on n'ait mis le nom de S. Chryfoftôme dans les Dyptiques, & que l'on en eût ôté celui d'Arface.
408.	L'Empereur Arcade meurt le premier Mai, âgé de trente-un ans, après avoir régné treize ans, trois mois & quinze jours, depuis le décès de fon père. En mourant, il charge de la tutelle de fon fils Théodofe, Ifdegerde I. Roi de Perfe, avec lequel il avoit vécu en bonne intelligence.

DE L'HISTOIRE MODERNE.

Depuis J. C.

THÉODOSE II. ou le Jeune, Empereur d'Orient.

Stilicon, dont l'Empereur Honorius avoit épousé successivement les deux filles (Marie & Thermantia), avoit engagé par ses présens les Alains, les Suéves & les Vandales à s'emparer des États d'Honorius. Cette trahison est découverte par Olympius, Officier de l'Empereur. Stilicon est mis à mort à Ravenne, le vingt-trois Août.

Constantin, homme de basse extraction, s'empare d'une partie de l'Empire, & en établit le Siége à Arles.

Les Payens & les Donatistes, après la mort de Stilicon, ne veulent plus observer les Loix qui avoient été faites contr'eux, sous prétexte qu'elles avoient été faites à la sollicitation de Stilicon : mais l'Empereur confirme tout ce qui avoit été ordonné auparavant contre les Donatistes & les Payens.

Alexandre Moine succéde à Porphyre, dans l'Evêché d'Antioche ; le Pape communique avec lui, à condition qu'il recevroit à la Communion ceux qui avoient été ordonnés par Evagre, & qu'il mettroit le nom de S. Chrysostôme dans les Dyptiques.

409.

Après la mort de Stilicon, Alaric, Roi des Goths, veut faire sa paix avec Honorius. Cet Empereur le réfuse. Alaric soutenu par les forces des Huns & des Goths, qu'Ataulphe, son frère, lui avoit amenées, assiége Rome. Euchérius, fils de Stilicon, est mis à mort. Peu de temps après, le Sénat ordonne la même chose contre Séréna, belle-mère d'Honorius.

Le Tyran Constantin envoye des Députés à Honorius, qui l'honore de la pourpre.

Le siége de Rome continue : les habitans fatigués par la peste & par la famine, capitulent avec l'ennemi, à qui ils accordent tout l'or, l'argent, les ornemens & les vases mêmes des Eglises. Le peuple, le Sénat & Alaric envoyent des Députés à Honorius, pour ratifier la paix. Cet Empereur n'ayant pas voulu accorder à Alaric le commandement des armées, Alaric poursuit le siége de Rome.

Les Vandales, les Alains & les Suéves s'emparent de l'Espagne. Les Vandales choisissent d'abord la Galice, & ensuite la Bétique ; les Alains & autres la Lusitanie & la province de Carthagène. Le premier Roi des Vandales est Gonderic, fils de Godégisele : celui des Suéves étoit Hermeric ; & le chef des Alains se nommoit Respendial.

Alaric se rend maître de Rome le vingt-quatre Août de la même année : le feu, l'épée & la captivité furent le partage des habitans de cette ville superbe, qui fut ainsi prise & pillée, pour la première fois, l'an 1162 de sa fondation.

Alaric meurt peu de jours après la prise de Rome. Ataulphe, son parent, lui succéde, & épouse Placidie, sœur d'Honorius, qui avoit été prise dans cette ville.

Depuis J. C. 411.	Théodose célébre les Décennales, & Honorius les Vicennales. On apporte à Rome la tête du Tyran Constantin. Gérontius, Général d'Honorius, fait élire pour Empereur un nommé Maxime. Honorius envoye Constantius avec des troupes pour les combattre : ils sont défaits, Gérontius est tué, & Maxime, dépouillé de la pourpre & abandonné des soldats, se retire en Espagne, où il meurt. Les Catholiques ont une conférence publique à Carthage le premier de Juin avec les Donatistes, en présence du Tribun Marcellin. Antiochus Persan, qu'Isdegerde, Roi de Perse, avoit envoyé au jeune Empereur Théodose, en qualité de Gouverneur, est déposé. Pulchérie, sa sœur, se charge seule de gouverner l'Empire.
412.	Jovinius & S. Sébastien, son frère, souffrent le martyre à Narbonne, ville des Gaules. Héraclien Tyran, s'empare de l'Afrique. Les Goths pénétrent dans les Gaules sous la conduite de leur Roi Ataulphe. Honorius impose des peines aux Donatistes qui ne rentrent point dans l'Eglise, condamne les Laïques à de grosses amendes, & envoye les Ecclésiastiques en exil, fait confisquer leurs Eglises & leurs biens en faveur des Catholiques. Célestius, disciple de Pélage, convaincu d'hérésie par Paul Diacre, est condamné dans un Concile de Carthage. Il appelle de sa condamnation au Pape Innocent. L'Hérétique Jovinien est relégué dans l'Isle de Boa. La grande Arménie cesse d'avoir des Rois, & elle est partagée entre les Perses & les Romains.
413.	Héraclien vient en Italie avec une flotte de sept cent vaisseaux & de trente mille hommes. Marin ruine la flotte, & l'oblige de s'enfuir à Carthage, avec un seul vaisseau. Il est tué par quelques Officiers d'Honorius. Cet Empereur envoye Marin visiter les provinces de son Empire. Le Tribun Marcellin, qui avoit si courageusement embrassé les intérêts de l'Eglise, est tué, à l'instigation des Donatistes. Pélage, qui avoit dogmatisé en secret, enseigne publiquement ses erreurs. Julien, Evêque d'Eclane en Italie, devient son disciple & son défenseur.
414.	Pulchérie, sœur de Théodose, obtient le titre d'Auguste. Le Consul Constantius défait les Goths proche d'Arles, les chasse de Narbonne, les force de se retirer en Espagne, & les met hors d'état d'avoir aucuns vaisseaux ni aucun commerce avec les Etrangers. Attalus, par le secours des Goths, devient Tyran des Gaules.
415.	Abandonné ensuite par ceux qui l'avoient aidé, il est pris & mené à Constantius, qui l'envoye à l'Empereur.

DE L'HISTOIRE MODERNE. 57

Depuis J. C. Ataulphe, Roi des Goths, est tué à Barcelone, ville d'Espagne, avec ses enfans. Wallia s'empare de ses Etats.

Mort de Respendial, Roi des Alains d'Espagne : Atace lui succéde.

On acheve de bâtir la grande Eglise de Constantinople, qui avoit été brûlée, & l'on en fait la Dédicace.

Le Prêtre Lucien découvre les Reliques de S. Etienne, premier Martyr.

Les Juifs d'Alexandrie font mourir plusieurs Chrétiens pendant la nuit ; S. Cyrille les chasse de cette ville.

Isdegerde, Roi de Perse, édifié de la piété de Maruthas, Evêque de Mésopotamie, conçoit le dessein de se faire Chrétien. Le zèle indiscret d'Abbaates, Evêque de Perse, qui brûle un Temple du pays, le détourne de cette résolution, & le porte à persécuter les Chrétiens de ses Etats pendant cinq ans.

416. Placidie, fille de l'ancien Théodose, que les Goths avoient fait prisonnière lorsqu'ils avoient pris Rome, engage Honorius à accorder la paix à Wallia, Roi des Goths. Elle fut mariée ensuite à Constantius.

Constantius prend par ruse Frédibal, Roi des Vandales, & l'envoye à Honorius. On célèbre les Jeux à Rome, à cause de la victoire remportée sur Attalus. Théodose vient d'Héraclée à Constantinople. Le Sénat & Ursus, Gouverneur de Rome, lui font présent d'une couronne d'or.

Les Evêques d'Afrique apprenant les erreurs de Pélage, par les lettres de quelques Evêques des Gaules, que le Prêtre Orosius leur apporta, condamnent cet Hérétique & ses sentimens dans un Concile de soixante-sept Evêques, & écrivent une Lettre synodale au Pape Innocent, pour le prier de faire la même chose.

417. La fête de Pâque, qui devoit se célébrer cette année le vingt-cinq Mars, fut remise au vingt-deux Avril. Il y eut un tremblement de terre considérable.

Célestius, disciple de Pélage, vient à Rome, & dissimule avec tant d'adresse, que le Pape le juge innocent, & reprend avec aigreur quelques Evêques qui l'avoient condamné comme coupable. Pélage présenta aussi un Mémoire à ce même Pape, qui déclara qu'il n'étoit point coupable, & manda aux Evêques de l'Afrique de porter leurs plaintes à Rome, s'ils en avoient quelques-unes à faire contre Pélage.

Wallia extermine tous les Vandales & les Silinges qui étoient dans la Bétique. Les Alains soumis aux Vandales & aux Suéves, font tellement mis en déroute par les Goths, qu'après la mort d'Atace leur Roi, ils furent soumis aux Vandales qui étoient dans la Galice.

Honorius abandonne l'Aquitaine aux Wisigoths & à

Depuis | Wallia leur Roi, qui établit son séjour à Toulouse. Il
J. C. | taille en piéces les Alains d'Espagne, avec leur Roi
| Atace.

418. Le Pape Zozime envoye des Députés en Afrique pour examiner, avec les Evêques, les points contestés. Le premier, sur le droit d'appellation qu'il prétendoit lui avoir été accordé par le Concile de Nicée ; le second, sur l'excommunication d'Urbain, Evêque de Siccé ; le troisième, sur l'appellation d'Apiarius. Les Evêques d'Afrique ayant assemblé un Concile, après une exacte discussion des chefs sur lesquels le Pape les consultoit, répondent qu'il ne leur semble point que le Canon, dont le Pape s'autorisoit pour les appellations, soit du Concile de Nicée.

419. Tremblement de terre qui engloutit plusieurs villes de la Palestine.

Le schisme touchant l'élection d'un Pape s'opiniâtre. Les Evêques se partagent, les uns prennent le parti de Boniface, & les autres celui d'Eulalius. Honorius fait défense à l'un & à l'autre des prétendans à la Papauté, de venir à Rome. Eulalius y entre furtivement. L'Empereur s'irrite contre lui, l'exile, & se déclare pour Boniface.

Sainte Eustoquie, fille de Sainte Paule, meurt le vingt-huit Septembre, âgée de trente-cinq ans.

Constantius fait la paix avec Wallia, Roi des Goths, lui donne l'Aquitaine & quelques villes des provinces voisines.

Le Prêtre Apiarius fut rétabli à Rome & renvoyé absous. Pinien & la jeune Mélanie son épouse, visitent les Monastères d'Egypte, & vont à Jérusalem. Pinien embrasse la vie monastique : Mélanie se retire dans une Cellule sur le Mont des Oliviers.

420. Théodose associe Constantius à l'Empire.

S. Jérôme meurt le 30 Septembre, âgé d'environ quatre-vingt ans. On l'enterre à Béthléem.

Les Romains font la guerre aux Perses, assiégent Nisibe. Vararane, Roi de Perse, soutenu d'Alamundare, Roi des Sarrasins, est vaincu & ses troupes défaites. Ces Sarrasins étoient Chrétiens.

Plusieurs Modernes commencent ici la *Monarchie Françoise*, au régne de Pharamond, quoique le nom de ce Prince ne paroisse pas dans l'Histoire de Grégoire de Tours, ni qu'on ait aucune preuve qu'il ait régné dans les Gaules, mais seulement dans l'ancienne France, sur quelque Tribu des Francs.

Les Vandales quittent la Galice, & retournent en Bétique.

La Chine est partagée en deux Empires. Les *Goei*, Tartares, régnoient au Nord ; & le *Sum* au Midi.

Honorius, pour récompenser son Général Constantius,

DE L'HISTOIRE MODERNE.

Depuis J. C.	le déclare Auguste ou Empereur, le 24 Février; mais il meurt le 20 Septembre suivant. Honorius lui avoit déjà donné sa sœur Placidie en mariage.
421.	Théodose épouse Eudoxie, & fait placer une statue d'Arcadius, son père, dans la place publique de Constantinople.
	Les Romains se battent contre les Perses.
422.	Les Huns ravagent la Thrace. Les Perses font la paix avec les Romains. Castinus commande l'armée que les Romains envoyent en Espagne contre les Vandales; Boniface son Collégue ne pouvant soutenir sa fierté, se retire en Afrique. Castinus est vaincu, & obligé de s'enfuir à Tarragone.
423.	Placidie, chassée de Rome par son frère Honorius, passe en Orient avec ses fils Valentinien & Honorius.
	Lamissus, second Roi des Lombards, régne trois ans.
	L'Empereur Honorius meurt à Rome le quinze Août. Un nommé Jean, Greffier ou Notaire, s'empare de l'Empire, appuyé de Castinus.
	Théodose déclare Valentinien César, & l'envoye pour disputer l'Empire à Jean, qui s'en étoit emparé. Valentinien épouse Eudoxie, fille de Théodose.
424.	L'armée des Perses, dans la crainte d'être exterminée par les Romains, se jette dans l'Euphrate. Plus de cent mille hommes y furent noyés.
425.	Valentinien & sa mère Placidie se conduisent avec tant de prudence, qu'ils se rendent maîtres de l'Empire, après en avoir chassé Jean, qui est tué proche de Ravenne.
	VALENTINIEN III. est reconnu Empereur d'Occident.
426.	Théodose rétablit les Écoles publiques à Constantinople, & accorde plusieurs priviléges aux Professeurs.
	S. Augustin, âgé de soixante-douze ans, fait Eradius son Coadjuteur.
	Gunderic, Roi des Vandales, meurt. Giseric ou Genseric, son frère, lui succéde.
427.	Les Romains recouvrent la Pannonie, dont les Huns étoient en possession depuis cinquante ans. Le Comte Boniface fait passer les Vandales & les Alains en Afrique, à qui il assigne plusieurs provinces.
	Genseric passe en Mauritanie, en ravageant la Lusitanie. Hermigare, Roi des Suéves, le poursuit, lui fait prendre la fuite, met son armée en déroute. Genseric se voyant pressé se jette dans un fleuve.
428.	Nestorius, natif d'Antioche, est fait Evêque de Constantinople le dix Avril, malgré les oppositions du peuple.
	Aetius s'empare de la partie des Gaules qui étoit dans le voisinage du Rhin, possedée jusques-là par les François.

Depuis J. C.   Boniface rentre en grace auprès de Placidie. Il ne peut engager les Vandales à revenir en Espagne.

Pharamond meurt, dit-on, la neuvième année de son règne. Clodion, second Roi des François, lui succède : c'est le premier dont ait parlé Grégoire de Tours, le plus ancien de nos Historiens ; ce Prince étoit Roi des Francs-Saliens.

Les Suéves ravagent la Galice. Hermeric, Roi de ce pays, les met en fuite, & les force d'accepter la paix.

Les Vandales ayant quitté l'Espagne, s'emparent bientôt de presque toute la côte d'Afrique, sous la conduite de Genseric.

429.   Agricola, Evêque, infeste les Eglises d'Irlande des erreurs de Pélage. Le Pape Célestin & les Evêques des Gaules y envoyent S. Germain, Evêque d'Auxerre, qui ramene les habitans du pays aux sentimens de l'Eglise. S. Germain, en allant en Angleterre, passe par Paris, & donne le voile de virginité à Sainte Geneviéve.

Nestorius compose plusieurs Ecrits pour enseigner son hérésie. Il les envoye en Egypte, & les répand parmi les Moines afin d'accréditer ses erreurs. S. Cyrille les réfute, & écrit à Nestorius pour le porter à se rétracter.

430.   Théodose célèbre les Jeux de trente ans.

S. Augustin meurt le vingt-huit Août, âgé de soixante-seize ans, après avoir été Evêque trente-six ans : les Vandales assiégeoient alors la ville d'Hyppone.

431.   Concile d'Ephèse, troisième Œcuménique, contre l'Hérétique Nestorius. Le Pape Célestin y envoye des Légats. Plus de deux cens Evêques y assistent : il commence le vingt-deux Juin. Nestorius cité par trois fois, refuse de comparoître. Il est déposé ; son opinion condamnée, le Pélagianisme proscrit.

Nestorius est chassé du Siége de Constantinople.

S. Paulin, Evêque de Nole en Italie, meurt le vingt-deux Juin, âgé de soixante-dix-huit ans.

432.   Théodose réconcilie S. Cyrille avec Jean d'Antioche.

Boniface revient d'Antioche à Rome : On lui donne la charge de Général de la Cavalerie. Il meurt peu après.

433.   Une partie de Constantinople est réduite en cendres par un incendie arrivé le quinze Août, qui dura trois jours.

Traité fait avec Attila & Bleda chefs des Huns meridionaux, à qui on convient de donner annuellement sept cens livres d'or. Les Huns se soumirent ensuite les Nations septentrionales, & envoyèrent des Ambassadeurs à la Chine.

Bassus, Ex-Consul, accuse le Pape Sixte de crimes énormes. Le Pape est absous, & Bassus condamné.

Herménéric Roi des Suéves, fait la paix avec les Espagnols de Galice, qui dépendoient encore des Romains.

DE L'HISTOIRE MODERNE. 61

Depuis J. C.	
434.	Honoria sœur de Valentinien, que cet Empereur avoit chassée de son Palais à cause de ses débauches, engage Attila, chef des Huns, à ravager l'Empire d'Occident.
435.	Le deux Février on fait la paix avec Genseric Roi des Vandales, on lui accorde pour trois ans une partie de l'Afrique. Guadicaire Roi des Bourguignons, fait la paix avec Aetius. Elle est troublée par les Huns, qui remportent une victoire complette sur les Bourguignons.
436.	Les Goths, sous la conduite de leur Roi Théodoric, font la guerre aux François, s'emparent de toutes les Places fortes qui étoient dans le voisinage de leur pays, & assiégent Narbonne. Le Comte Littorius Général de l'Empereur, y envoye des bleds. Les Goths sont obligés de lever le siége. Nestorius est exilé à Oasis, d'où il est transféré dans la Pentapole. Il meurt, sa langue étant rongée par les vers.
437.	Valentinien vient à Constantinople, y épouse Eudoxie fille de l'Empereur Théodose. Il passe ensuite à Thessalonique. Genseric Roi des Vandales, attaché aux sentimens d'Arius, chasse plusieurs Evêques Catholiques de leurs Siéges, & en fait mourir quelques-uns. Les Goths ravagent plusieurs Isles, & pillent la Sicile. Aetius en défait huit mille. Herménéric Roi des Suéves, dangereusement malade, déclare son fils Réchila Roi en sa place. Le vingt-huit Janvier on apporte à Constantinople, par ordre de l'Empereur, les Reliques de S. Chrysostôme. Valentinien & Eudoxie sa femme, viennent à Ravenne. L'Impératrice Eudoxie va en Judée, rétablit les murs de Jérusalem, & bâtit une Eglise sous l'invocation de Saint Etienne. L'Empereur Théodose le jeune publie son Code, qui est le Recueil de toutes les Loix faites par ses Prédécesseurs. Ce Code a été long-temps en usage, même sous les Rois François.
438.	Vers ce temps les Francs ont certainement un établissement fixe dans les Gaules, après l'expédition que fit leur Roi Clodion, & qui lui assura la possession de Cambrai & du pays voisin jusqu'à la Somme.
439.	Eudoxie revient de Jérusalem à Constantinople : elle apporte des Reliques de S. Etienne avec les deux chaînes dont S. Pierre fut lié par l'ordre d'Hérode. Elle en envoye une à Rome à l'Impératrice Eudoxie sa fille, & fait garder l'autre dans l'Eglise de S. Pierre à Constantinople. Eudoxie la jeune fait bâtir une Eglise à Rome où elle fait pla-

| Depuis J. C. | cer cette chaîne, d'où cette Eglise a tiré son nom de Saint Pierre ès-Liens. |

Genseric s'empare de plusieurs villes d'Afrique, & se rend maître de Carthage le vingt-deux Octobre.

440. Littorius, qui jusqu'ici avoit combattu avec succès dans les Gaules contre les Goths, est défait & pris par leur Roi Théodoric.

Genseric, sur la nouvelle de l'arrivée du Comte Sébastien en Afrique, se rend à Carthage.

441. Théodose fait la guerre aux Vandales. Les Perses, les Sarrasins, les Zanniens, les Isauriens & les Huns, ravagent les terres des Romains. Anatolius & Aspar, Commandans de la Cavalerie Romaine, marchent contr'eux, & les portent à faire la paix. Les Huns font des courses en Illyrie.

Mort d'Herméneric Roi des Suéves, après sept années de maladie. Son fils Réchila lui succéde, & s'empare de la Bétique, de Séville & de Carthagene.

442. Valentinien fait la paix avec Genseric, à qui on accorde plusieurs Places en Afrique pour servir de barriere.

Attila & Bleda son frère Rois des Huns, ravagent la Thrace & l'Illyrie. Théodose n'ayant pas assez de force pour les repousser, leur donne six mille livres pesant d'or & leur en promet mille chaque année, pour les engager à se retirer.

443. On découvre à Rome les assemblées secrettes des Manichéens, & on brûle leurs livres.

Théodose revient d'Asie à Constantinople, & ordonne à Théodoret, qui séjournoit ordinairement à Antioche, d'aller résider dans son Evêché de Cyr.

444. Attila devient seul Roi des Huns après avoir fait mourir Bleda son frère.

Théodose célébre les Quinquennalles.

Arcadia sœur de cet Empereur, meurt.

S. Cyrille d'Alexandrie, qui avoit succédé à Théophile son oncle, meurt le neuf Avril, l'an 32 de son Episcopat.

445. Vitus vient en Espagne, fait la guerre aux peuples de la Bétique & aux habitans de Carthagène. Les Suéves & les Goths venus à leurs secours, obligent Vitus & ses troupes de se retirer, & ravagent toutes les provinces voisines. Quelques parties de l'Espagne restèrent encore quelques années aux Romains.

446. La ville de Constantinople souffre extrêmement par le feu, la peste, la famine, & par un tremblement de terre qui en renverse les murs & dix-sept tours, le vingt-sept Septembre.

L'on a commencé dans ce temps à chanter le *Trisagium*, c'est-à-dire le *Gloria Patri, & Filio, & Spiritui Sancto*.

DE L'HISTOIRE MODERNE. 63

Depuis J. C.	Les Pictes & les Ecoſſois ravagent les Iſles Britanniques, dont les habitans ont recours aux Romains, qui ne leur donnent aucun ſecours.
447.	Attila ravage toute l'Europe, & vient juſqu'aux Thermopiles. Conſtantin Préfet du Prétoire, fait rebâtir en moins de trois mois les murs de Conſtantinople.
448.	Eutychès eſt convaincu d'héréſie le huit Novembre, dans le Concile de Conſtantinople, par Euſebe Evêque de Dorylée.

Ibas eſt condamné & abſous deux fois; premièrement, par le Concile de Tyr au mois de Février, & enſuite par celui de Béryte au mois de Septembre.

Clodion Roi de France meurt. Mérovée lui ſuccéde. Celui-ci régna environ vingt ans, pendant leſquels il étendit conſidérablement ſes Etats. C'eſt de ce Prince que les Rois de France de la Premiére Race ont été appellés *Mérovingiens*, la filiation depuis lui n'étant point interrompue; au lieu qu'on ne ſçait pas bien s'il étoit fils de Clodion.

Rechila Roi des Suéves, meurt au mois d'Août. Rechiarius ſon fils lui ſuccéde. Il régna huit ans, & épouſa la fille de Théodoric Roi des Goths. |
| 449. | Mort de Marine, ſœur de l'Empereur Théodoſe.

Les Saxons & Anglois viennent d'Allemagne, comme auxiliaires, dans la Grande-Bretagne, dont ils s'emparent peu après, & les Bretons ſe réfugient dans le pays de Galles: quelques-uns continuent de paſſer en Gaule, dans ce qu'on a appellé, à cauſe d'eux, la petite Bretagne. |
| 450. | Eudoxie femme de Théodoſe, ſe retire à Jéruſalem. Pulchérie revient à Conſtantinople. Théodoſe meurt le vingt-neuf Juillet, âgé de quarante-neuf ans, après en avoir régné quarante-deux & trois mois.

MARCIEN, en épouſant Pulchérie ſœur de Théodoſe, devient Empereur d'Orient.

Attila paſſe d'Orient en Occident, & ravage l'Allemagne. Aetius ſecouru d'Alaric, défait ſes troupes près du Danube.

Il y eut une famine ſi terrible en Italie, que des pères & mères furent réduits à la cruelle néceſſité de manger leurs propres enfans. |
| 451. | Attila, qui ſe vantoit d'être le *Fleau de Dieu*, parcourt & ravage la France. La ville de Paris échape à ſa cruauté par les prières de Sainte Genèviéve. Aetius aidé par Théodoric Roi des Goths, & Mérovée Roi des François, l'oblige de lever le ſiége d'Orléans, & lui livre un combat dans la plaine de Chaalons en Champagne: plus de cent quatre-vingt mille hommes reſtent ſur la place. Quelques-uns font même aller le nombre des morts juſqu'à trois cens mille. Attila, nonobſtant cette défaite, ne perd point |

Depuis J. C.	courage, il fait célébrer des Jeux dans la Thuringe, ramasse quelques troupes & tente une nouvelle irruption en Italie.
	Quatriéme Concile œcuménique à Chalcédoine. L'Empereur Marcien & l'Impératrice Pulchérie, les Magistrats & Sénateurs y assistent ; il commence le huit Octobre. Plus de six cens trente Evêques s'y trouvent. Les Légats du Pape y président. Eutychès & Dioscore y sont condamnés. On y fait vingt-neuf Canons. Ce Concile finit le premier de Novembre.
	Placidie, mère de l'Empereur Valentinien, meurt à Rome.
452.	Marcien défend de disputer contre le Concile de Chalcédoine. Les habitans d'Alexandrie se révoltent contre l'Empereur, & empêchent qu'on ne transporte du bled à Constantinople. Les Moines d'Egypte se déclarent en faveur d'Eutychès. Théodose l'un d'entr'eux parcourt toute la Palestine, inspire des sentimens hérétiques à Eudoxie, s'empare du Siége de Jérusalem, fait mourir Severien Evêque de Scythople.
	Attila ravage la ville de Milan. Le Pape S. Léon l'engage à ne point venir à Rome. Aetius combat avec tant de succès, qu'il oblige Attila d'abandonner l'Italie. Ce Prince barbare vient dans les Gaules. Thorismond Roi des Goths, remporte sur lui une victoire si complette, que l'on prétend qu'il y eut encore plus de personnes de tuées que dans la bataille de Chaalons.
	La ville de Venise doit son premier établissement aux incursions de ces Barbares, qui obligèrent les habitans de la côte voisine de l'Italie de se réfugier dans les petites Isles où la ville de Venise s'est ensuite formée.
	Les frères de Thorismond Roi des Goths, le font mourir un an après qu'il eut commencé à régner.
	Marcien ordonne que ceux qui parviendroient au Consulat, payeroient une certaine somme, qui seroit employée aux réparations des Aquéducs.
453.	Pulchérie meurt le dix Septembre.
	Attila épouse une jeune fille ; il boit avec tant d'excès, qu'il meurt d'un saignement de nez & d'un vomissement de sang : l'Empire des Huns, qu'il avoit formé, est ruiné ou divisé par sa mort.
454.	L'Empereur Valentinien deshonore la femme de Maxime, homme Consulaire. Maxime, pour se venger, conspire contre l'Empereur. Il intente de fausses accusations contre Aetius, que Valentinien tue de sa propre main.
	Les Vandales ravagent la Sicile & s'en rendent maîtres.
455.	L'Empereur Valentinien III. est tué le dix-sept Mars de la trente-unième année de son Empire, & de la trente-

Depuis	sixième de son âge, par deux Gardes d'Aetius, à la sug-
J. C.	gestion de Maxime, dont cet Empereur avoit deshonoré la femme.

MAXIME s'empare de l'Empire Romain d'Occident, & épouse Eudoxie femme de Valentinien, à qui il avoue que c'est à son instigation que l'Empereur a été tué. Eudoxie, pour venger la mort de son époux, engage Genseric à équiper une flotte considérable, & à venir d'Afrique en Italie. Il entre dans Rome le douze Juillet. Les Romains assomment Maxime à coups de pierres, & le coupent par morceaux. Les Vandales démolissent la plus grande partie des édifices de la ville, en pillent toutes les richesses, qu'ils emportent avec eux en Afrique, emmenent Eudoxie & Placidie sa fille, & plusieurs milliers de personnes en captivité. Placidie alla ensuite à Constantinople, & épousa Olybrius.

AVITUS est proclamé Empereur d'Occident, quelques jours après la mort de Maxime.

Les Suéves s'emparent de la province de Tatragone.

Genseric fait abbatre les murs de toutes les villes d'Afrique, à l'exception de Carthage.

456. Mérovée Roi des François, meurt. Childéric, quatrième Roi, lui succéde; il régna pendant neuf ans, pour une première fois.

Théodoric II. Roi des Goths vient en Espagne, à la sollicitation de l'Empereur Avitus. Il combat avec tant de succès les troupes qui ravageoient le pays, qu'il oblige Rechiarius Roi des Suéves d'abandonner ce Royaume, & de s'enfuir dans la Lusitanie (aujourd'hui le Portugal) où il le poursuivit, le prit prisonnier & le fit mourir.

Ricimer défait les Vandales qui infestoient toutes les côtes avec une flotte composée de soixante vaisseaux.

457. Marcien meurt le trente Mai, après avoir gouverné l'Empire d'Orient six ans, six mois & deux jours.

LÉON, Thrace d'origine, est élu Empereur par le Sénat de Constantinople.

Cet Empereur fait déclarer MAJORIEN Empereur d'Occident dans la ville de Ravenne. Avitus, privé du secours des Goths, abdique l'Empire, & meurt.

458. Tremblement de terre extraordinaire à Antioche la nuit du quatorze Septembre, qui renverse les Portiques, les Temples, les statues, les tours, les murailles & presque toutes les maisons de la ville, & fait de grands dégats en Thrace, dans l'Hellespont, dans l'Ionie & dans les Isles Cyclades.

Vers ce temps les Chinois, selon leurs Annales, navigeoient au pays de Fousang, c'est-à-dire au Nord de la Californie en Amérique.

| D. J. C. | Mafdrias Roi des Suéves en Efpagne, tue fon frère Fronton.
| 459. |
| | S. Remy, âgé de vingt-deux ans, est fait Evêque de Rheims.
| 460. | Mafdrias meurt vers la fin du mois de Février.
| | Frumarius & Remifmundus font vaincus par les Suéves.
| | Thimothée Elurus Evêque d'Alexandrie, vient à Conftantinople pour abjurer fes erreurs. Le Pape le fait dépofer & exiler. On élit en fa place un autre Evêque d'Alexandrie, nommé Timothée.
| | Eudoxie, fille de Valentinien III. meurt à Jérufalem, âgé de foixante-fept ans.
| | Majorien fe prépare à faire la guerre contre les Vandales, fe déguife & va trouver Genferic, avec qui il fait la paix.
| 461. | L'Empereur Majorien eft tué en Efpagne par l'ordre de Ricimer, après avoir régné quatre ans, quatre mois & deux jours.
| | SÉVÉRE II. lui fuccéde, ayant été élevé à l'Empire par les foins de Ricimer.
| | Incendie arrivé à Conftantinople le onze Septembre.
| 462. | Mort de S. Siméon Stylite.
| | Childéric, Roi de France, prend Cologne fur les Romains.
| | C'est à ce temps qu'on peut rapporter l'histoire marquée par Théodore le Lecteur, d'un Peintre qui entreprit de faire le portrait de J. C. en la même forme que les Payens repréfentent leur Jupiter, & dont la main devenue féche fut guérie par les prières de Gennadius.
| | Victorin d'Aquitaine dreffe un Cycle Paschal, qui commence à la Paffion de J. C. & finit l'an 532.
| 464. | Beorgok Roi des Alains eft vaincu & mis à mort par Ricimer. Les Vandales font défaits & chaffés de la Sicile par le Comte Marcellin.
| 465. | Incendie qui confume une grande partie de la ville de Conftantinople : Zénon ordonna enfuite de rebâtir les maifons avec des intervalles entre chacune.
| | Sévére meurt par le poifon que Ricimer lui fait donner.
| | Genferic vient avec une flotte confidérable jufques en Italie ; il paffe en Gréce, & enfuite à Alexandrie.
| | Childéric Roi de France eft rappellé de l'exil où il étoit depuis huit ans. Il époufe Bafine femme de Bafin, Roi des Thuringiens.
| 466. | Théodoric II. Roi des Goths meurt, après avoir régné treize ans. Evaric fon frère lui fuccéde, ravage l'Efpagne, vient dans les Gaules, affiége Clermont en Auvergne. Ses troupes font mifes en fuite par Ecdicius fils de l'Empereur Avitus.

Depuis J. C.	Naissance de Clovis, qui depuis fut Roi de France.
467.	ANTHEMIUS est élu Empereur d'Occident par le Sénat & l'Armée : il fut envoyé à Rome par Léon Empereur d'Orient. Ricimer épouse la fille d'Anthémius. Cet Empereur fait célébrer à Rome la fête des Lupercales. Rome est affligée d'une peste qui enleve un grand nombre de ses habitans.
Léon envoye des troupes contre les Vandales ; & Genseric demande la paix, qu'on lui accorde.
Les Suéves s'emparent de Conimbre.
468.	L'Empereur Léon employe une flotte de mille vaisseaux contre les Pirates & contre Genseric. Il en donne le commandement à Basiliscus qui avoit été Consul. Cet Amiral défait la flotte de Genseric ; il se laisse gagner par des présens considérables, ensorte que Genseric remporte une victoire sur lui. Basiliscus revient à Constantinople : convaincu de trahison, il évite la mort par les sollicitations de Vérine sa sœur, qui fait changer cette peine en celle de l'exil.
469.	Les Ostrogoths envoyent à Constantinople la tête de Dinzic Roi des Huns & fils du fameux Attila.
471.	Aspar, Ardabure & son fils sont mis à mort par ordre de l'Empereur.
472.	OLYBRIUS devient Empereur d'Occident ; il avoit été envoyé en Italie par l'Empereur Léon, pour aider Anthémius qu'il trouva mort, ayant été tué à Rome par l'ordre de Ricimer son gendre. Son régne fut au plus de sept mois, s'il n'y eut pas un Interrégne de quatre mois, comme le disent plusieurs Auteurs.
Le Mont Vésuve vomit des flammes en si grande abondance, qu'elles volerent, dit-on, jusqu'à Constantinople, & obscurcirent le soleil en plein jour ; le feu brûla toute la Campanie.
473.	CLYCERIUS prend le titre d'Empereur d'Occident, à Ravenne, le cinq Mars.
Les Ostrogoths se divisent ; une partie de ces peuples se vient rendre à Glycerius.
474.	Léon, surnommé l'Ancien, Empereur d'Orient, meurt après avoir régné dix-sept ans & six mois.
LÉON II. ou le Jeune, est proclamé Empereur d'Orient par son grand-père peu avant sa mort ; mais comme il n'avoit que cinq ans, on établit Régent Zénon son père, sur la tête duquel le jeune Léon mit, dit-on, la Couronne en l'associant à l'Empire.
Les Sarrasins s'emparent de la Mésopotamie & les Huns de la Thrace.
Le jeune Empereur Léon meurt, n'ayant régné que dix mois.

Depuis J. C.	ZÉNON son père lui succéde. Il s'abandonne à d'affreuses débauches : les soldats le déposent.
	En Occident, Julius NEPOS vient à Rome avec une puissante armée, oblige Glycérius d'abdiquer l'Empire, & de se faire sacrer Evêque de Salone. Népos se fait proclamer Empereur à Rome, le vingt-quatre Juin.
475.	BASILISCUS est mis en la place de Zénon, qui s'enfuit pour un temps en Isaurie avec sa femme Ariadne.
	Népos est chassé de Ravenne par Oreste Général de ses troupes, qui l'oblige de s'enfuir & de se retirer à Salone, ville de Dalmatie.
	Oreste maître de l'Empire d'Occident, fait déclarer Empereur par l'armée son fils Romulus Augustus Momyllus. Il fut nommé AUGUSTULE par mépris, tant à cause de sa grande jeunesse, que parce que l'Empire finit en lui dans l'Occident, comme il avoit commencé par Auguste.
	Les Romains défont des Saxons, qui s'étoient établis près de la Loire; & les François prennent les Isles qu'ils occupoient, après que Childéric eut fait alliance avec Odoacre leur Roi.
476.	Basiliscus fait déclarer César Marc son fils : mais l'Empereur ZÉNON étant remonté sur son Trône, exile Basiliscus, son fils & sa femme Zénonide en Cappadoce, & fait défense de leur fournir des vivres, de sorte qu'ils y meurent de faim.
	Incendie à Constantinople, dans lequel une grande partie de la ville est consumée, & principalement la fameuse Bibliothèque composée de cent vingt mille volumes, entre lesquels étoient les Œuvres d'Homere écrites en lettres d'or.
	Odoacre Roi des Herules, vient en Italie, se rend maître de Rome & de Ravenne, où il oblige Augustule d'abdiquer l'Empire.
	C'est à ce temps qu'il faut rapporter la FIN DE L'EMPIRE ROMAIN en Occident, qui avoit duré cinq cent sept ans, depuis la Bataille d'Actium, gagnée par Auguste.
	Odoacre refuse la pourpre, les ornemens Impériaux, le titre d'Empereur, & se contente de celui de Roi d'Italie. Il abolit pour un temps les Consuls de Rome, & établit le Siége de son Royaume à Ravenne.
	Genseric Roi des Vandales meurt en Afrique le 24 Janvier, après avoir régné trente-sept ans depuis la prise de Carthage. Huneric son fils lui succéde.
477.	Le Comte Brachylas refuse de reconnoître Odoacre, & ce Prince ordonne qu'il soit mis à mort.
	Tremblement de terre à Constantinople, qui renverse plusieurs édifices.

Depuis J. C.	On prétend que l'on trouva cette année dans l'Isle de Cypre le corps de S. Barnabé Apôtre, avec l'Evangile de S. Mathieu sur sa poitrine.
	Zénon dépose & exile les Evêques que Basiliscus avoit mis à la place des Evêques Catholiques, qui sont rappellés.
479.	Etienne Evêque d'Antioche, est tué dans l'Eglise par les partisans de Pierre le Foulon, qui jettent son corps dans la rivière d'Oronte.
	L'Empereur Zénon ordonne que pour cette fois seulement, Acace Evêque de Constantinople & les autres Evêques qui se trouveroient dans cette ville, éliroient & ordonneroient un Evêque d'Antioche. Ils élurent Etienne, dont le Pape approuva l'élection.
480.	Tremblement de terre à Constantinople, qui dure pendant quarante jours, & renverse plusieurs édifices, & même la statue de Théodose le Grand.
	Huneric, Roi des Vandales en Afrique, permet aux Catholiques d'élire un Evêque de Carthage. Eugene fut choisi pour remplir cette place.
481.	Clovis, cinquième Roi des François, commence à régner à l'âge de quinze ans.
	Naissance de S. Benoît, père des Moines d'Occident.
	Théodoric fils de Triarius Roi des Goths, vient avec une nombreuse armée jusqu'à quatre mille de Constantinople.
	Il retourne en Illyrie & y meurt d'une blessure.
482.	Théodoric, surnommé Valamer, ravage la Macédoine & la Thessalie.
	Mort de S. Severin Evêque & Apôtre de la Norique, appellée depuis Bavière.
483.	L'Empereur Zénon chasse Jean Talaïa du Siége d'Alexandrie.
	Pierre Mongus, qui avoit usurpé le Siége d'Alexandrie, se déclare pour le Concile de Chalcédoine ; peu de temps après il change de sentiment ; tous ses partisans l'abandonnent à cause de son inconstance. On leur donne le nom d'Acéphales, c'est-à-dire sans chef, parce qu'ayant abandonné leur Evêque, ils n'avoient pas voulu se réunir à l'Eglise.
	Huneric, Roi des Vandales, excite une cruelle persécution contre les Catholiques, fait couper la langue & la main droite à plusieurs Evêques & autres, qui ne perdirent pas cependant l'usage de la parole ; il fit exiler plus de trois cens trente-quatre Evêques, & donna leurs Eglises aux Ariens.
484.	Le vingt-sept Juin, Leontius se révolte en Syrie, & ayant fait son entrée dans Antioche, il prend la qualité d'Empereur.

Depuis J. C.	Le Pape Félix III. envoye des Légats à Acace, qui les maltraite. Le Pape excommunie Acace. Cet Evêque fait ôter des Dyptiques le nom du Pape Félix.
Evaric Roi des Goths ou Visigoths d'Espagne, meurt après avoir régné vingt ans. Alaric II. lui succéde.
Huneric Roi des Vandales, meurt rongé de vers, après un régne de sept ans & dix mois. Gunthabond fils de Genthon lui succéde, & la persécution se rallentit en Afrique.
485.	Mort du fils de Zénon, qui prétendoit à l'Empire. Zénon fait transporter à Constantinople l'Evangile de Saint Mathieu, trouvé, dit-on, dans le tombeau de S. Barnabé.
Xenaïus ou Philoxène, esclave Persan, est fait Evêque d'Hiérapolis : il est le premier qui a combattu les Images.
Clovis défait Siagrius Patrice Romain, qui commandoit pour les Romains à Soissons. Siagrius s'enfuit vers Alaric Roi des Visigoths. Clovis le redemande, & Alaric lui renvoye. Clovis le fait mourir, & se rend maître de toutes les Places que les Romains possédoient dans les Gaules. Clovis fait restituer à S. Remi un vase précieux que ses soldats avoient pris.
Mort de Pierre le Foulon, usurpateur du Siége d'Antioche.
486.	S. Remy Evêque de Rheims, Patricius son frère Evêque de Soissons, S. Waast, depuis Evêque d'Arras, & Solemnis Evêque de Chartres, fleurissent en ce temps.
488.	Leontius & le Tyran Illus sont pris, enfermés dans un château d'Isaurie, & ensuite décapités.
Théodoric Roi des Ostrogoths, vient en Italie, & défait Odoacre, qui se réfugie à Ravenne.
489.	Théodoric continue de faire la guerre à Odoacre Roi des Herules ; il remporte une victoire complette sur ce Prince.
490.	Théodoric défait de nouveau Odoacre.
Clovis subjugue une partie des Thuringiens, ou le pays de Tongres, connu dans la suite sous le nom de Liége.
491.	L'Empereur Zénon meurt, après avoir gouverné l'Empire d'Orient dix-sept ans & sept mois : les Auteurs rapportent différemment la cause de sa mort. Longin frère de Zénon, tâche de parvenir à l'Empire.
ANASTASE est élu Empereur par le Sénat de Constantinople. Peu de temps après il épouse Ariadne, veuve de Zénon. Anastase diminue les impôts, en retranche plusieurs, ôte la vénalité des charges, & par-là se fait aimer du peuple.
Odoacre assiégé dans Ravenne, fait, la nuit, une sortie, & attaque les troupes de Théodoric, qui défait Odoacre.

D.J.C.	
492.	Longin frère de l'Empereur Zénon, se souleve contre Anastase.
493.	Clovis épouse Clotilde, fille de Chilperic, Roi des Bourguignons.
	Odoacre, après avoir soutenu le siége de Ravenne contre Théodoric pendant trois ans, capitule avec ce Prince, & lui rend la ville de Ravenne, à condition qu'ils auroient une égale autorité, non-seulement dans cette ville, mais dans toute l'Italie. Théodoric invite Odoacre à un grand repas, & le fait mourir sur de faux prétextes. Ainsi finit Odoacre, après un régne de dix-sept ans. Théodoric fait sa paix avec l'Empereur Anastase, & épouse Audeflede sœur de Clovis. Il fut le premier des Rois Ostrogoths établis en Italie, Rhétie, Dalmatie.
494.	L'Empereur Anastase persécute les Orthodoxes. Tremblement de terre qui engloutit les villes de Laodicée, d'Hiéraples, de Tripoli & quelques autres.
	S. Benoit âgé de quinze à seize ans, quitte la maison paternelle, & se retire dans un désert.
495.	Euphemius Evêque de Constantinople, est chassé par l'Empereur & envoyé en exil. Macédonius est mis en sa place.
496.	Clovis livre un combat aux Allemans près de Tolbiac : d'abord ses troupes plient, il invoque le secours du Ciel, & promet de se faire Chrétien au cas qu'il triomphe de ses ennemis. Dieu exauce sa prière, & lui fait remporter une victoire complette. Il vient à Rheims & s'y fait baptiser par S. Remy, la nuit de Noël. Alboflede sœur de Clovis, qui étoit Payenne, & grand nombre de ses Officiers & Soldats, recurent le Baptême. Lantilde, sœur de Clovis, abjure l'Arianisme qu'elle professoit.
	S. Remy distribue aux provinces les présens que Clovis lui avoit faits ; en donne une partie à l'Eglise de Laon, qu'il érige en Evêché, dont il fait Génébaud premier Evêque.
	Trasamond Roi des Vandales en Afrique, succéde à son frère Gunthabond ; comme il étoit Arien zélé, il excite de nouveau une cruelle persécution contre les Catholiques.
	Vers ce temps les Sclavons s'emparent de la Pologne & de la Bohême.
497.	Fin de la guerre d'Isaurie. Athénodore est pris & décapité : sa tête est exposée sur les portes de Tarse en Cilicie.
	Le Pape Anastase envoye des Légats à l'Empereur, pour le prier de faire ôter le nom d'Acace des Dyptiques.
498.	Sédition à Constantinople contre l'Empereur, plusieurs personnes sont massacrées.
499.	Les Bulgares viennent d'Asie ravager la Thrace. L'Empereur Anastase, à force de présens, les engage à se retirer.
500.	Les Sarrasins ravagent la Phénicie & la Syrie.

Depuis J. C	Théodoric vient à Rome ; le peuple lui fait de magnifiques présens. Ce Prince donne de grosses sommes pour rétablir les murs de la ville.
501.	Anastase fait la paix avec les Sarrasins, & pacifie l'Orient. L'Empereur fait représenter les Jeux appellés Circenses ; plus de trois mille personnes qu'il soupçonnoit de ne lui être pas favorables, sont massacrées par son ordre.
502.	Les Bulgares recommencent à ravager la Thrace. Cabade Roi des Perses, se rend maître de la ville d'Amide en Mésopotamie, par la trahison de quelques Moines.
503.	Anastase leve une armée contre les Perses. Ses troupes, qui d'abord avoient eu le dessus, sont battues : il est obligé d'accepter une paix peu honorable.
	Commencement du Royaume d'Ecosse, par Fergus, selon les Historiens d'Irlande, d'où sont sortis les Ecossois : (Voy. l'*Histoire d'Irlande* imprimée in-4°. à Paris en 1758. Tom. I. p. 169 *& suiv.*) Les Ecossois lui donnent une bien plus grande antiquité, & ils prétendent que leur Royaume fut renouvellé en 422 ; mais ce sont des fables.
504.	Anastase obtient des Bulgares, à force d'argent, qu'ils se retireront de la Thrace pour aller dans la Pannonie. Théodoric leur déclare la guerre, les défait & prend sur eux la ville de Sirmich & le pays circonvoisin.
	Les Vandales renouvellent la persécution. S. Fulgence est envoyé en exil avec plusieurs autres Evêques.
505.	L'Empereur Anastase fait la paix avec Cabade Roi de Perse, à qui il rend la ville d'Amide & plusieurs autres places.
	Les Gétes, commandés par Mondon, battent le Consul Sabinien.
	Le Roi Clovis, à la sollicitation de sa femme Clotilde, fait commencer une Eglise à Paris sous l'invocation de S. Pierre & S. Paul. Elle fut achevée par les soins de sa veuve, & fut consacrée : c'est celle qu'on a appellée ensuite de Sainte Geneviéve.
506.	Anastase fait briser toutes les statues qui étoient dans les places de Constantinople, & fait mettre la sienne dans celle du Taureau.
	Alaric Roi des Visigoths, ordonne à des Jurisconsultes de rédiger le Code Théodosien.
	Clovis déclare la guerre à Alaric, & remporte une victoire signalée à Vouglé près de Poitiers. Clovis tue Alaric de sa propre main, & prend ensuite plusieurs villes, ensorte qu'il devient maître de tous les pays depuis la Loire jusqu'aux Pyrénées, excepté la Septimanie, qu'on a appellée depuis Languedoc. Alaric avoit régné vingt-deux ans : son fils Amalaric lui succéde, aidé par son ayeul maternel, Théodoric Roi des Ostrogoths.

Depuis J. C.	
507.	Clovis se rend à Toulouse pendant le Printemps. Il s'empare des trésors d'Alaric. L'Empereur Anastase lui envoye des lettres de Consul honoraire & les ornemens Impériaux; sçavoir, la Robe de pourpre, le Manteau & le Diadème. Clovis s'en fait revêtir à Tours dans l'Eglise de S. Martin, & distribue au peuple, de sa propre main, de l'or & de l'argent. Depuis ce temps on lui donna toujours les noms de Consul & d'Auguste. Peu a rès, Clovis fait son séjour à Paris.
508.	Théodoric Roi des Ostrogoths, envoye Hibba avec une armée contre les François, qui perdent plus de trente mille hommes. On reprit sur Clovis ce qu'il avoit conquis en Provence & en Languedoc.
La ville d'Arles est assiégée par les François, & vigoureusement défendue par les Goths. S. Césaire, qui étoit Evêque de cette ville, se distingue par sa charité & par sa piété.
Clovis tombe dangereusement malade à Paris. Les priéres de S. Severin Abbé, accélerent sa guérison. Il entreprend une seconde guerre contre Gondebaud Roi des Bourguignons, dont l'issue lui fut avantageuse. Gondebaud ayant été vaincu se réfugie en Italie, & y meurt. Sigismond son fils recouvre une partie des Etats de son père.
509.	Clovis se saisit de Chararic Roi d'Amiens & de son fils; leur ordonne de se retirer dans un Monastère, & de s'y faire Moines. Ils refusent d'obéir; Clovis leur fait couper la tête. On amene à ce Prince Ragnacaire Roi de Cambrai, & Riquier son frère, il leur fend la tête de sa hache, & fait assassiner Rignomer Roi du Mans, dans sa propre ville.
Deux cent Moines Eutychéens viennent trouver Anastase, qui les reçoit avec honneur. Ils se déclarent contre Macédonius & contre le Concile de Chalcédoine. Jean Evêque d'Alexandrie, offre une somme considérable à l'Empereur, pour faire abolir ce Concile. Plusieurs Catholiques écrivent à Anastase pour la défense du Concile. Macédonius excommunie Flavien & les autres ennemis de ce Concile.
Incendie à Constantinople.
510.	Anastase veut faire déposer Macédonius. Les Moines & le peuple s'y opposent fortement.
511.	Clovis meurt à Paris le vingt-neuf Novembre, âgé de quarante-cinq ans, après en avoir régné trente. Il est enterré à Paris dans l'Eglise de S. Pierre & S. Paul, qu'il avoit bâtie. Son Royaume est partagé à ses quatre fils. Théodoric ou Thierri, son fils naturel, s'établit à Metz; Clodomir à Orléans, Childebert à Paris, & Clotaire à Soissons. Les trois derniers étoient fils de Clotilde.

Depuis J. C.   L'Empereur oblige Macédonius d'abandonner l'Evêché de Constantinople, & l'envoye en exil; il trouve les Actes du Concile de Chalcédoine, que Macédonius avoit cachés dans son Eglise, & les fait brûler; fait élire un nommé Thimothée Prêtre hérétique, Evêque de Constantinople.

Sédition à Constantinople, dans laquelle plus de dix mille personnes furent tuées, & quantité de maisons brûlées.

Amalaric fils d'Alaric, épouse Clotilde fille de Clovis.

512.   Sainte Geneviéve meurt à Paris le trois Janvier, âgée de quatre-vingt ans: elle est enterrée dans l'Eglise de S. Pierre & S. Paul, qui porte ensuite son nom.

Flavien refuse de souscrire au Concile de Chalcédoine. Sédition & massacre à Antioche. Flavien Evêque d'Antioche, est conduit en exil, où il meurt peu après.

Les Herules viennent occuper des terres de l'Empire.

513.   Cabade Roi de Perse, embrasse la Religion Chrétienne. Alamundarus Roi d'une partie des Sarrasins, fait la même chose.

514.   Vitalien chef des Goths, se déclare pour les Orthodoxes, & fait la guerre à l'Empereur Anastase; il ravage la Thrace, prend la Mésie, vient jusqu'à Constantinople. Anastase lui donne une grosse somme, & lui promet de rappeller Macédonius & les Evêques Catholiques exilés, Vitalien se retire, licencie ses troupes, & relâche Hypatius neveu d'Anastase qu'il tenoit prisonnier.

515.   Vitalien se voyant trompé par l'Empereur, ravage de rechef la Thrace. Anastase lui fait des présens considérables, l'appaise en lui promettant la charge de Commandant de la Cavalerie, & de solliciter le Pape d'assembler un Concile général, pour pacifier les contestations des Evêques.

Ariadne femme de l'Empereur, meurt âgée de soixante ans.

Les Huns ravagent la Cappadoce & la Licaonie.

Macédonius meurt en exil.

516.   Anastase envoye des Députés au Pape, pour l'exhorter à pacifier les troubles de l'Eglise. Il dépouille Vitalien de la Préfecture de la Milice, & donne cette charge à un de ses favoris nommé Ruffin; il persécute les Evêques Orthodoxes.

Mort d'Elie Evêque de Jérusalem, & de Jean Nicoëtés Evêque d'Alexandrie. L'Empereur fait mettre en la place de ce dernier un nommé Dioscore (neveu de Dioscore, qui avoit été condamné par le Concile de Chalcédoine;) le peuple & le Clergé ne veulent pas le reconnoître; il est obligé de s'enfuir.

Les fils de Clovis déclarent la guerre à Sigismond Roi de Bourgogne, & à son frère Gondemar. Ce dernier est mis

Depuis J. C.	
517.	en fuite, & Sigismond est pris avec sa femme & ses enfans.

Les Gétes ravagent la Macédoine, la Thessalie & l'Epire.

Le Pape Hormisdas envoye à l'Empereur Anastase des Légats, qui en sont mal reçus. Il les oblige de retourner à Rome, écrit au Pape des lettres très-vives, & continue de persécuter les Orthodoxes de l'Empire d'Orient.

Clodomir, malgré les remontrances de S. Avite Abbé de Micy, fait tuer Sigismond Roi de Bourgogne, qu'il fait jetter ensuite dans un puits avec sa femme & ses enfans. Clodomir marche avec son frère Théodoric, contre les Bourguignons, sur lesquels il eut d'abord de l'avantage; mais ensuite il fut tué dans un combat. |
| 518. | Anastase, devenu odieux au peuple, & ne pouvant appaiser une sédition, se voit obligé d'abdiquer l'Empire, & de supplier le peuple de lui choisir un successeur. Le peuple touché de compassion, prie & engage l'Empereur de continuer à gouverner l'Etat. Anastase continue ses vexations contre les Orthodoxes.

Ce Prince meurt d'un coup de foudre le onze Avril, âgé de quatre-vingt-huit ans, après en avoir régné vingt-sept & trois mois.

JUSTIN Préfet du Prétoire, né en Thrace & d'une basse extraction, est élu Empereur le neuf Juillet, par les soldats. Il fait couronner sa femme Lupicine, & lui donne le nom d'Euphémie.

Cet Empereur fait couper la langue à l'hérétique Sevére Evêque d'Antioche; on élit en sa place Paul. Justin se déclare pour les Catholiques, qu'il rétablit.

Le Pape reçoit des lettres de Jean Evêque de Constantinople, & lui refuse la Communion, à moins qu'il ne condamne Acace & ne fasse ôter son nom des Dyptiques. |
| 519. | Eutharic, gendre de Théodoric, Roi des Ostrogoths en Italie, fait des libéralités aux Romains.

Le Pape Hormisdas envoye des Légats à Constantinople, où ils sont reçus favorablement; ils obtiennent ce qu'ils demandent, entr'autres la condamnation de Nestorius, d'Eutychès, de Dioscore Evêque d'Alexandrie, de Timothée-Elurus, de Pierre Mongus, d'Acace & de plusieurs autres; ils font ôter des Dyptiques les noms d'Euphémius, de Macédonius, de Timothée Evêque de Constantinople, & ceux des Empereurs Zénon & Anastase.

Il s'éleve une contestation entre les Moines de Scythie & un Diacre nommé Victor. Dans le même temps il y en eut une autre à Alexandrie, au sujet du Corps de Notre-Seigneur: Sevére Evêque d'Antioche, prétendoit qu'il étoit corruptible. Julien Evêque d'Halicarnasse, soutenoit le contraire. |

Depuis J. C.	Hermenfrede Roi de Thuringe, fait mourir Bertier son frère, & déclare la guerre à son autre frère nommé Baudri.
520.	Vitalien est assassiné le sixième mois de son Consulat, par l'ordre de l'Empereur.
	Les Bretons gagnent cette année sur les Anglo-Saxons, selon Usserius, la célèbre bataille de Bathe, qui leur procura du repos pendant quarante-quatre ans.
521.	Libéralités excessives de Justinien neveu de l'Empereur Justin, au peuple de Constantinople. Il donne plusieurs spectacles dans l'un desquels il fait conduire dans l'amphithéâtre vingt lions, trente léopards, & autres bêtes féroces.
	Paul Evêque d'Antioche, coupable de plusieurs crimes, se démet volontairement ; il meurt quelque temps après. Euphrasius Prêtre de Jérusalem est élu en sa place. Ce dernier fait ôter le Concile de Chalcédoine, & le nom du Pape Hormisdas des Dyptiques de son Eglise. La crainte du châtiment le porta bientôt à remettre les choses sur l'ancien pied.
522.	Tzathius Roi des Laziens, peuple de Colchide, quitte le parti du Roi de Perse, vient trouver à Constantinople Justin, qui le fait instruire dans la Religion Chrétienne. Ce Roi se convertit, épouse Valeria, femme Chrétienne. L'Empereur lui donne le titre & les marques de la Royauté.
	Cabade Roi de Perse, jaloux de cette distinction, en fait ses plaintes à l'Empereur, & trouve mauvais qu'il ait ces déférences pour Tzathius, qui avoit abandonné son parti lorsqu'il étoit en Perse : Justin n'écoute pas ces plaintes.
	Cabade se ligue avec le Roi des Huns, fait la guerre à l'Empereur, mais un second éclaircissement est suivi de la paix.
523.	L'armée de Thrasamond Roi des Vandales, est défaite par les Maures, & ce Roi tué dans un combat. Il avoit régné vingt-sept ans & quatre mois. Hilderic, son cousin, lui succéde : ce Prince rappelle tous les Evêques exilés.
	Justin fait rechercher & exécuter à mort des vagabonds, qui commettoient un grand nombre de meurtres & de larcins. Il exile les Manichéens & fait brûler leurs livres.
	Cabade Roi de Perse, fait mourir un grand nombre de ces Hérétiques.
	Mort d'Euphémie femme de Justin. Cet Empereur épouse & fait couronner Théodora.
524.	Anazarbe en Cilicie, est renversée par un tremblement de terre. Justin la fait rebâtir sous le nom de Justinopolis.
	La ville d'Edesse est submergée par les eaux. Justin donne de grosses sommes pour aider à la faire rebâtir.

Depuis J. C.	L'Empereur publie plusieurs Edits contre les Ariens, & donne leurs Eglises aux Catholiques. Les Ariens se plaignent à Théodoric, qui prend leur parti.
	Clodomir Roi d'Orléans est tué en faisant la guerre aux Bourguignons : ses frères massacrent deux de ses enfans, & le troisième est caché, & embrasse ensuite l'état Ecclésiastique. Il est connu sous le nom de S. Cloud.
525.	Théodoric Roi d'Italie, oblige le Pape Jean I. d'aller trouver de sa part l'Empereur Justin, afin de l'engager à ne pas continuer les mauvais traitemens qu'il faisoit aux Ariens, & de le menacer que s'il continuoit, il useroit de représailles à l'égard des Catholiques qui étoient en Italie. Justin reçoit avec de grandes marques d'amitié ceux que Théodoric avoit envoyés, mais il ne satisfait pas aux demandes de ce Prince, qui peu content du succès de cette députation, fait emprisonner tous ceux qu'il en avoit chargés.
	Au mois d'Octobre de cette année, la ville d'Antioche & plusieurs de ses habitans sont consumés par un incendie.
526.	Au mois de Mai, il survient un tremblement de terre qui dura près d'un an, pendant lequel tout ce qui étoit échappé au feu dans la ville d'Antioche, est englouti. Euphrasius Evêque d'Antioche, y périt. Plusieurs autres villes, comme Durazzo & Corinthe en Grece, furent aussi ruinées par ce tremblement.
	Ephrem, Préfet d'Orient, fait de grandes largesses aux habitans d'Antioche, pour les aider à rebâtir leur ville. Par reconnoissance ils le choisissent pour leur Evêque.
	Le Pape Jean I. meurt en prison à Ravenne le 27 Mai. On porta son corps en grande pompe dans l'Eglise de S. Pierre à Rome. Félix IV. lui succède.
	Théodoric fait mourir son beau-père Symmaque, & le fameux Boëce. Quelques jours après, ce Prince meurt d'une fiévre très-ardente. Athalaric, son petit-fils, âgé de huit ans, lui succéde dans le Royaume d'Italie ou des Ostrogoths.
	Denys le Petit compose son Cycle. Il est le premier qui ait commencé à compter les années depuis la Naissance de Jesus-Christ : ce qui néanmoins ne fut généralement en usage qu'au neuviéme siécle, & encore en Occident seulement.
527.	Justin, après avoir gouverné seul l'Empire pendant huit ans, neuf mois & cinq jours, s'associa (le premier Avril) JUSTINIEN, fils de sa sœur, pour lors âgé de quarante-cinq ans. Le premier Août, il met son diadême sur la tête de Justinien, dont la femme Théodora fut déclarée Auguste. Peu de jours après, Justin meurt d'une blessure reçue à la chasse, âgé de soixante-dix-sept ans. Justinien fut

Depuis J. C.	le plus célèbre des Empereurs d'Orient : il fit divers Edits en faveur des Orthodoxes.
528.	Cet Empereur fait distribuer au peuple de grosses sommes.

Il envoye une armée, sous la conduite de Bélisaire & de deux autres Généraux, pour faire la guerre aux Perses.

Gette, Roi des Erules, vient à Constantinople, & y reçoit le Baptême : la plûpart de ses soldats imitent son exemple.

Boazer, femme de Balache, Roi des Huns, fournit à Justinien plus de cent mille hommes, que cet Empereur charge de garder le Bosphore contre les Barbares.

Gorda, Roi des Huns, qui habitoient le long du Bosphore, embrasse le Christianisme, & fait alliance avec Justinien. Cet Empereur fait punir avec beaucoup de sévérité deux Evêques, qui s'étoient abandonnés à plusieurs actions impudiques.

Le tremblement de terre recommence à Antioche vers le mois de Novembre : il y périt plus de quatre mille huit cent personnes.

S. Benoît bâtit un Monastère près le Mont Cassin ; & c'est le commencement de ce grand Ordre de Religieux qui s'est répandu dans l'Occident, comme celui de S. Basile l'est dans l'Orient. |
| 529. | Justinien fait rebâtir Antioche.

Alamundar, Roi d'une partie des Sarrazins, vient habiter la Syrie. Les Exarques Romains l'obligent de se retirer.

L'Empereur envoye des Ambassadeurs en Perse demander la paix, qu'on lui refuse. Les Juifs déclarent Roi un nommé Julien, & tourmentent les Chrétiens. L'Empereur fait mourir plusieurs de ces rebelles, entr'autres leur Roi.

Cette année est remarquable par le Code, qui fut achevé & publié le seize Avril, par l'ordre de Justinien. |
| 530. | Bélisaire, Général des troupes de l'Empereur, défait les Perses dans plusieurs combats.

Hilderic, Roi des Vandales, après avoir régné sept ans, est dépouillé de ses États par son frère Gilimer, qui le fait enfermer dans une étroite prison. Justinien lui envoye des Députés, pour l'engager à rendre à Hilderic ses États. Loin d'obéir, il se fait proclamer Roi. L'Empereur lui déclare la guerre. |
| 531. | Alamundar, Roi d'une partie des Sarrazins, engage Cabade, Roi des Perses, dans une nouvelle expédition contre les Romains. Bélisaire est obligé d'en venir à une action, dans laquelle les Perses demeurent victorieux. Cabade fit condamner le Commandant de ses troupes, parce qu'il avoit peu ménagé ses soldats pour remporter cette victoire. |

DE L'HISTOIRE MODERNE. 79

Depuis J. C.   Le Pape Boniface, dans un Concile qu'il assemble à Rome, nomme le Diacre Vigile pour son successeur : ce qu'il répara par une rétractation solemnelle qu'il fit dans un autre Concile. Ce Pape meurt. Jean, surnommé Mercure, lui succéde.

Thierri, Roi de Metz, s'empare de la Turinge sur Hermanfroi, ou Hermanfred.

Amalaric, Roi des Visigoths, après avoir régné cinq ans, est tué dans une bataille que Childebert lui livra. Theudis succéde à Amalaric, & transporte le Siége Royal des Visigoths de Narbonne en Espagne.

Les contestations des Origénistes & des Nestoriens recommencent dans la Palestine.

532.   Conjuration contre l'Empereur, & grande sédition excitée à Constantinople par les parens de l'Empereur Anastase, qui prétendoient à l'Empire, & par les troupes entrées le dix-huit Janvier, qui tuent en un seul jour plus de trente-cinq mille personnes, & brûlent les plus riches & les plus magnifiques édifices de la ville. La sédition étant appaisée, Justinien s'attache à faire rétablir les édifices que l'on avoit démolis, & principalement le bâtiment de la grande Eglise de Constantinople.

Cabade assiége la ville de Martyropolis; quelque temps après il meurt, & désigne Cosroès pour son successeur.

Les Moines, partisans d'Origene, causent beaucoup de troubles en Palestine.

533.   L'Empereur met fin à la guerre de Perse en acceptant la paix.

Bélisaire passe en Afrique, pour faire la guerre aux Vandales. Sa flotte y arrive le quinze Septembre : dès le lendemain, Ammatas, frère de Gilimer, Roi des Vandales, livre bataille à Bélisaire, qui remporte la victoire. Gilimer épouvanté de cette victoire, quitte Carthage & prend la fuite. Bélisaire se rend maître de cette ville qui avoit été prise sur les Romains par Genseric, il y avoit quatre-vingt-quinze ans. Gilimer ayant engagé son frère Zanzon de venir à son secours, ils partent avec quelques troupes qu'ils avoient ramassées en Sardaigne, pour assiéger Bélisaire dans Carthage. Ce Général vient au-devant d'eux, les bat, tue Zanzon, & oblige Gilimer de fuir.

Mort de S. Remi, Evêque de Rheims, & de S. Fulgence, Evêque de Ruspe en Afrique.

Le trente Décembre, Justinien fait publier le Digeste.

Grande famine en Italie.

534.   Gilimer, après avoir soutenu un siége de trois mois dans une montagne où il s'étoit refugié chez les Maures, manquant des choses les plus nécessaires à la vie, offre de capituler, & demande trois choses, un pain, une éponge &

Depuis J. C. une harpe : un pain pour rassasier sa faim, une éponge pour essuyer ses larmes, & une harpe pour tâcher de diminuer son chagrin. Bélisaire le fait enchaîner & conduire à Constantinople. Ainsi finit la domination des Vandales en Afrique, après avoir duré 105 ans.

Justinien fait rendre à l'Eglise de Jérusalem les vases sacrés que Tite avoit enlevés du Temple lorsqu'il avoit pris cette ville, & que Genseric avoit transportés de Rome en Afrique.

Athalaric, Roi des Ostrogoths en Italie, meurt de débauche, étant encore fort jeune. Théodat, fils d'Amalafrede, sœur de Théodoric, lui succéde, par le moyen d'Amalasunte, mère d'Athalaric qu'il avoit épousée. Peu de temps après, il fait mourir de poison cette Princesse.

Théodoric ou Thierri, Roi des François à Metz, meurt : son fils Théodebert lui succéde.

Gondemar, Roi de Bourgogne, est défait par les Rois de France, qui mettent fin à ce Royaume & le partagent.

535. Justinien, pour venger la mort d'Amalasunte, déclare la guerre à Théodat, Roi des Ostrogoths, s'empare de Salone & de plusieurs autres villes, & l'oblige de sortir de la Dalmatie. Bélisaire fait une descente en Sicile, se rend maître de Catane & de Palerme, prend la ville de Syracuse, dans laquelle il entre en triomphe le dernier de Décembre.

Quelques Auteurs placent, cette année, l'érection du prétendu Royaume d'Ivetot en Normandie, faite (dit-on) par le Roi Clotaire, en réparation de ce qu'il avoit tué de sa propre main, dans l'Eglise, le jour du Vendredi Saint, un nommé Gautier, Seigneur de cette terre. Cette histoire est une pure fable : la Terre d'Yvetot néanmoins est un franc-aleu.

536. Théodat engage le Pape Agapet à aller de sa part en ambassade à Constantinople, pour obtenir des conditions de paix plus douces que celles que Justinien lui vouloit accorder ; cette démarche fut inutile.

Ce Pape étant à Constantinople dépose Anthime qui en étoit Evêque, condamne Sévère & les autres Hérétiques qui suivoient son parti, & établit Mennas Evêque de Constantinople ; Agapet meurt au mois d'Avril. Son corps fut apporté à Rome, & enterré au mois de Septembre.

Les troupes d'Afrique se révoltent, élisent pour Roi un nommé Sioza ; ravagent le pays, & veulent assiéger Carthage. Bélisaire vient de Sicile pour les soumettre ; les rébelles informés de son arrivée levent le siége, & se retirent.

Deux Moines venus des Indes à Constantinople, apportent des œufs de vers à soye. Depuis ce temps-là il y a eu en Grece des Ouvriers qui ont été employés à faire des étoffes de soye : cet art passa ensuite en Italie & dans les autres pays.

DE L'HISTOIRE MODERNE. 81

Depuis J. C. Bélisaire entre en Italie, s'empare des villes de l'Abbruzze & de la Lucanie, s'avance en Campanie, assiége Naples par mer & par terre; après vingt jours de siége, il fait entrer par des Aquéducs les plus braves soldats de son armée dans cette place, dont il se rend maître. Théodat, pour s'opposer à ces conquêtes, envoye une armée, dont il donne le commandement à Vitigès. Les Goths par ressentiment de la cruauté que Théodat avoit euë en faisant mourir sa femme, & aussi à cause de sa lâcheté, élisent en sa place Vitigès pour leur Roi, & font mourir Théodat comme il se sauvoit de Rome à Ravenne. Vitigès, pour fortifier ses troupes, cède aux François tout ce que les Goths possédoient en France, c'est-à-dire, la Provence méridionale.

537. C'est en ce temps que la monnoie des Rois de France commence à avoir cours dans tout l'Empire Romain.

Bélisaire marche à Rome; les habitans en chassent les Goths, ouvrent leurs portes & en envoyent les clefs à Bélisaire, qui y fait son entrée le dix Décembre.

538. Vitigès ayant ramassé une armée de cent cinquante mille Goths, vient assiéger Rome au mois de Mars. Le Pape Sylvere étant accusé d'intelligence avec les Goths, est envoyé en exil à Patare, ville de Lycie. L'Empereur Justinien ayant reconnu son innocence, le renvoye à Rome. Vigile, qui avoit été élu en sa place, engagea Bélisaire à exiler derechef Sylvere dans l'Isle Palmeria, où ce Pape meurt de misère.

539. Les Huns ravagent l'Illyrie, s'emparent de Potidée & de plusieurs Places voisines, font plus de cent vingt mille prisonniers, exigent des contributions & s'en retournent.

La peste, la guerre & la famine désolent l'Italie. Vitigès leve le siége de Rome, qui duroit depuis un an & neuf jours.

La ville de Milan est rasée par les Goths, qui tuent plus de trois cent mille habitans, & abandonnent les femmes aux Bourguignons.

Vitigès fait de grandes instances à Cosroès, Roi de Perse, pour faire la guerre à l'Empereur Justinien : il céde la Provence aux François.

540. Théodebert, Roi des François, vient en Italie pour secourir les Goths. La peste se met dans son armée, & l'oblige d'abandonner cette entreprise.

Bélisaire vient assieger Vitigès dans Ravenne, se rend maître de cette ville, prend Vitigès & l'envoye à Constantinople. L'Empereur fait Bélisaire Patrice, & le charge du commandement des troupes qu'il avoit sur les frontières de Perse.

Les Goths d'Italie élisent Héldibade, ou Théodebalde pour Roi. Il étoit neveu de Theudis, Roi des Wisigoths en Espagne.

II. Partie. F

Depuis J. C.	
	Vers ce temps, Caſſiodore qui avoit été le principal Miniſtre de Théodoric, & Préfet du Prétoire ſous ſes ſucceſſeurs, ſe retire dans une ſolitude, & y compoſe divers Ouvrages.
	Coſroès, Roi de Perſe, pénétre en Syrie par la Méſopotamie ; il s'empare de la ville de Bérée & de celle d'Hiéraple. Il brûle & renverſe la ville d'Antioche. Juſtinien lui envoye des Ambaſſadeurs pour demander la paix, qu'il ne peut obtenir qu'à condition d'un tribut annuel.
	Les Maures défont les Romains qui étoient venus en Afrique pour les combattre, & ils tuent leur chef.
541.	Baſilius ou Baſile, eſt le dernier Conſul que l'on ait élu tant à Rome qu'à Conſtantinople. Il y a eu des Conſuls à Rome pendant 1048 ans. Depuis ce temps-là on a compté juſqu'à l'an 566, *après le Conſulat de Baſile* ; & depuis, les Rois de France, d'Italie & de Germanie, & même les Empereurs Grecs ont pris le nom de Conſul juſqu'au neuvième ſiécle.
	Théodebalde, Roi des Goths, eſt tué : Eraric lui ſuccéde, & ne régne que 5 mois. Totila, neveu ou petit-fils de Théodebalde, après avoir fait mourir Eraric, s'empare du Royaume d'Italie, marche contre les Romains, prend Florence & pluſieurs autres places.
542.	Béliſaire oblige Coſroès de repaſſer l'Euphrate.
	Juſtinien fait rebâtir la ville d'Antioche.
	Childebert, Roi de France & ſon frère Clotaire, ravagent l'Eſpagne, & s'y rendent maîtres de quelques Places.
543.	Mort de Clotilde, veuve de Clovis, à Tours, où elle s'étoit retirée. Son corps fut apporté à Paris, & enterré dans l'Egliſe de Sainte Geneviéve. On mit dans la ſuite Clotilde au nombre des Saintes.
	Totila paſſe le Tybre, après avoir traverſé la Toſcane, s'empare de la Campanie, ſe ſaiſit de la Pouille, aſſiége & prend Naples.
	Coſroès, Roi de Perſe, ravage de nouveau les terres des Romains. Béliſaire marche contre lui. Une maladie contagieuſe ayant diminué les troupes de ce Général, il eſt obligé de ſe retirer.
	Tremblement de terre preſque univerſel le ſix Septembre.
544.	Totila s'efforce de mettre les Romains dans ſes intérêts. Les Ariens ſont chaſſés de Rome. Totila ſe prépare au ſiége de cette ville : Juſtinien envoye contre lui Béliſaire.
	Les Perſes défont pluſieurs fois les Romains.
	Coſroès met le ſiége devant Edeſſe, qu'il eſt obligé de lever.
545.	Totila ſe rend maître de la ville de Tivoli, dont il fait paſſer tous les habitans au fil de l'épée.

Depuis J. C.	S. Médard, Evêque de Noyon, meurt & est enterré à Soissons.
546.	

Contestations dans plusieurs Eglises au sujet du jour de la solemnité de Pâque, l'Empereur ayant ordonné qu'on la célébrât huit jours plus tard qu'elle ne devoit être célébrée.

Totila se rend maître des villes de Spolette, de Péruse & de plusieurs autres, & assiége Rome vers la fin de l'année.

Justinien ordonne aux Evêques de condamner les *trois Chapitres*. Le *premier* regardoit les Ecrits & la personne de Théodore de Mopsueste, accusé d'être Nestorien : le *deuxième* concernoit les Ecrits de Théodoret contre les douze Capitules de S. Cyrille : le *troisième* étoit une Lettre qu'Ibas, Evêque d'Edesse, avoit écrite à un Hérétique nommé Maris. Cette condamnation souffre quelque difficulté, parce que quelques Evêques Orthodoxes ne vouloient pas condamner les personnes à qui on les attribuoit, craignant par-là de donner atteinte au Concile de Chalcédoine.

547. Totila continue le siége de Rome, dont les habitans souffrent beaucoup par la famine. Les Goths que l'Empereur avoit envoyés à leur secours sont défaits. Quelques Grecs d'Isaurie, qui y étoient en garnison, livrent la ville à Totila, qui y entre le dix-sept Janvier : plus de quatre-vingt mille hommes sont tués. Totila fait abbatre la troisième partie des murs de cette ville, qu'il ne ruina pas entièrement, parce que Bélisaire lui avoit fait ce dilemme : Ou vous serez vainqueur dans cette guerre, ou vous serez vaincu ; si vous êtes vainqueur, & que vous conserviez une aussi grande ville que Rome, vous en serez plus riche & plus puissant, vous vous rendrez d'ailleurs illustre par cette clémence ; si vous êtes vaincu, la conservation de cette ville vous tiendra lieu de mérite auprès de l'Empereur.

Les Romains en viennent aux mains avec les troupes de Totila dans la Lucanie, & ont le dessus dans plusieurs combats. Bélisaire ayant reçu de nouvelles troupes, s'empare des villes de Tarente & de Spolette, & reprend celle de Rome ; il en fait réparer promptement les murs, remplir les magasins pour une longue défense, & engage les habitans qui en étoient sortis, d'y revenir. Totila apprend ces nouvelles, vient en diligence pour s'opposer à Bélisaire, qu'il assiége dans Rome. Bélisaire le repousse dans plusieurs assauts, & l'oblige de lever le siége.

L'Empereur mande au Pape Vigile de venir à Constantinople, pour la condamnation des *trois Chapitres*. Ce Pape obéit à l'Empereur, se rend à Constantinople ; mais il refuse d'abord de condamner les *trois Chapitres* ; il y consent enfin, puis se rétracte, priant l'Empereur de surseoir cette affaire, & de la renvoyer au Concile général.

Depuis J. C.	Une branche d'arbre étant tombée sur la tête de Théodebert, Roi des François, lorsqu'il étoit à la chasse, ce Prince meurt de ce coup, âgé de quarante-trois ans, après en avoir régné quatorze. Théodebalde, son fils, lui succède dans le Royaume d'Austrasie ou de Metz.
548.	Les Goths ravagent de rechef l'Italie, & défont les Romains dans plusieurs combats. Les Sclavons, après avoir passé le Danube, s'emparent de l'Illyrie. Quelques Diacres que Vigile avoit menés à Constantinople, écrivent pour la défense des *trois Chapitres* : les Evêques sont persécutés à l'occasion de cette dispute. Bélisaire quitte l'Italie, & revient à Constantinople.
549.	Les Goths cédent de nouveau aux François toutes les places qu'ils occupoient en France ou dans la Provence. Totila, Roi des Goths, s'empare une seconde fois de la ville de Rome, la fortifie & l'embellit.
550.	La condamnation que le Pape Vigile avoit faite des *trois Chapitres*, le fait regarder comme un ennemi du Concile de Chalcédoine, & porte plusieurs Evêques à écrire contre lui. Les Sclavons ravagent de rechef l'Illyrie. Tremblement de terre effroyable en Palestine, en Syrie & dans la Mésopotamie. On rapporte communément à cette année le commencement du Duché de Pologne par Lechus.
551.	L'Empereur envoye une armée contre les Goths d'Italie ou les Ostrogoths, sous le commandement de Germain. Ce Général étant mort, les Goths se rendent entièrement maîtres de l'Italie. Justinien veut engager Théodebalde, Roi de Metz, d'abandonner les Ostrogoths, & de faire alliance avec l'Empire. Ce Prince refuse l'un & l'autre, envoye des Ambassadeurs à Constantinople, au sujet des villes qu'il possédoit en Italie. Le Pape Vigile ne voulant point adhérer au décret de l'Empereur, ni prévenir le jugement du Concile général, sur l'affaire des *trois Chapitres*, Justinien le fait maltraiter. Le Pape se cache, & le quatorze Août, il excommunie Théodore, Evêque de Césarée, & Mennas, Evêque de Constantinople.
552.	Un particulier maltraite indignement le Pape Vigile, lui donne un coup de poing, & l'outrage de paroles. Ce Pape s'enfuit pendant la nuit de Chalcédoine, & se réfugie dans l'Eglise de Sainte Euphémie. L'Empereur supprime son Edit, & consent que l'affaire des *trois Chapitres* soit renvoyée au Concile général. Théodore & Mennas envoyent une profession de foi au

DE L'HISTOIRE MODERNE. 85

Depuis J. C. Pape Vigile, qui leve l'excommunication qu'il avoit portée contr'eux. Ils sont rétablis.

L'Empereur envoye Narsès contre les Goths ; ce Général les défait sur mer, & les chasse de la Sicile.

Les Huns & les Sclavons ravagent la Thrace.

Cette même année, les Tartares Géou-gen, ou Avares, perdirent leur Empire dans la grande Tartarie d'Asie, & les Huns qui y étoient restés depuis leur destruction en l'année 93, y établirent un nouvel Empire sous le nom de Turcs : trente ans après, ils furent partagés en Turcs Orientaux voisins des Chinois, & Turcs Occidentaux voisins des Perses & des Romains.

Narsès aborde en Italie avec une flotte, pénétre en Toscane, tue Totila dont il disperse l'armée. Les Goths choisissent Teïa pour leur Roi.

553. Ce Prince est vaincu & mis à mort. La domination des Goths en Italie finit en sa personne, & les Empereurs d'Orient en sont seuls maîtres quelques années, d'abord sous le gouvernement de Narsès en qualité de Duc, & ensuite sous des Exarques.

Tremblement de terre à Constantinople, qui dure quarante jours.

554. Vigile condamne les *trois Chapitres*, demande & obtient de l'Empereur la liberté de retourner à Rome.

Athanagilde est élu Roi des Visigoths, & transporte le siége Royal à Tolede, qui a été la capitale de l'Espagne tant que ce Royaume a subsisté, c'est-à-dire, jusqu'en 712.

Cosroës fait la guerre aux Romains dans la Colchide, & défait leur armée.

555. Les François & les Allemans entrent en Italie, où ces derniers font un grand butin. Narsès tue tous les François.

Trois mille Perses mettent en fuite cinquante mille Romains qui étoient dans la Colchide.

Théodebalde, Roi des François à Metz ou en Austrasie, meurt. Childebert & Clotaire partagent son Royaume.

556. Plusieurs Evêques se séparent de la Communion du nouveau Pape Pélage, parce qu'il avoit signé la condamnation des *trois Chapitres* ; Pélage s'excuse, fait une profession de foi qu'il envoye à ces Evêques & à Childebert, Roi de France.

La France est divisée par des guerres civiles ; Chramne, fils naturel de Clotaire, se révolte contre son père.

Justin, Général des Romains, défait les Perses en Colchide.

Les Juifs se révoltent à Césarée de Palestine, tuent plusieurs Chrétiens, pillent & brûlent leurs Eglises. Ada-

Depuis J. C.
mantius y vient de la part de l'Empereur, & appaise la sédition.

557. Tremblement de terre considérable à Constantinople & à Rome, qui renverse beaucoup de maisons.

Justinien rebâtit l'Eglise de Sainte Sophie à Constantinople : elle subsiste encore.

558. Le froid est si âpre pendant l'hiver, que le Danube fut glacé partout. Les Huns le passent, & viennent fondre dans la Mésie, dans la Thrace & dans la Grèce. Ils menacent d'assiéger Constantinople. Bélisaire les engage à se retirer par argent, & promet de leur payer un tribut annuel.

Une peste effroyable désole Constantinople.

Childebert, Roi de Paris, y meurt le 23 Décembre : il fut inhumé dans l'Eglise de S. Vincent, nommée aujourd'hui S. Germain-des-Prés, que ce Prince avoit fait bâtir. Clotaire, son frère, lui succéde, & reste seul Roi des François. Childebert avoit laissé néanmoins des filles ; & c'est le premier exemple de la Loi fondamentale de France, qui n'admet que les mâles à la Couronne.

560. L'Empereur Justinien tombe malade : les soldats Prétoriens le croyant mort, pillent Constantinople.

Théodimir, Roi des Suéves, régne douze ans en Espagne.

Chramne, fils de Clotaire, se réconcilie avec ce Prince ; peu de temps après il se retire auprès de Conobre, Comte de Bretagne, qui se déclare contre Clotaire. Ce dernier marche contr'eux, tue Conobre, prend Chramne prisonnier, & le fait brûler sur le champ, avec sa femme & ses enfans. Il fait ensuite des présens considérables à plusieurs Eglises.

561. Ablavius, Marcellus & Sergius conspirent contre Justinien, qui les fait mourir. On accuse Bélisaire d'être complice.

L'Empereur dépouille Bélisaire de toutes ses charges & de tous ses biens, & le fait emprisonner. On prétend même que Justinien lui fit crever les yeux, & que ce grand homme fut contraint de mendier sa vie.

Clotaire, Roi de France, qui avoit réuni les différens États de la Monarchie, meurt à Compiégne, âgé de soixante-un ans, après en avoir régné près de quarante-neuf. Il est enterré dans l'Abbaye de S. Médard de Soissons, qu'il avoit fait bâtir. Son Royaume est partagé entre ses quatre fils : Caribert fut Roi de Paris, Gontran, Roi d'Orléans & de Bourgogne ; Chilpéric, Roi de Soissons, & Sigébert de Metz, qui transporta son Siége à Rheims.

563. Justinien embrasse le sentiment de ceux qui témoignent que le Corps de Jesus-Christ étoit incorruptible & impassible ; il veut obliger les Evêques Orthodoxes de sous-

Depuis J. C.	
	crire à cette erreur, & exile ceux qui ne veulent pas lui obéir.
	Constantinople est presque détruite par un incendie.
	Le Grand Kan des anciens Turcs envoye à l'Empereur de Constantinople des Ambassadeurs du fond de la Tartarie.
	Théodimir, Roi des Suéves en Espagne, ayant abjuré les erreurs d'Arius, embrasse la foi de l'Eglise.
	On rapporte à cette année la mort de Bélisaire.
564.	Justinien chasse Eutychius, Evêque de Constantinople, parce qu'il ne vouloit point souscrire aux erreurs des Incorrupticoles, & fait mettre en sa place Jean le Scholastique.
565.	L'Empereur Justinien meurt le treize Novembre, après avoir gouverné l'Empire trente-huit ans sept mois & dix jours.
	JUSTIN II. ou le Jeune, surnommé Curopalates, parce qu'il étoit Préfet du Palais, fils de sa sœur, est élu Empereur.
	La peste ravage l'Italie, la France & l'Allemagne.
567.	Caribert, Roi de France à Paris étant mort, ses frères partagent sa succession; mais tous trois possédoient la ville de Paris par indivis.
	Liuva I. est Roi des Visigoths, en Espagne.
	L'Empereur Justin croyant gagner l'affection du peuple, e nomme lui-même Consul; & ensuite il en réunit le nom & la dignité à la personne des Empereurs.
	Il rappelle Justin, l'un de ses parens, à qui il avoit confié ses armées, le fait emprisonner, & ensuite mourir.
	Narsès, Duc ou Gouverneur d'Italie, sur de fausses accusations est rappellé à Constantinople, & meurt à Rome, âgé de 95 ans.
568.	Les Lombards ayant quitté la Pannonie le deux Avril, établissent leur domination en Italie, sous la conduite de leur Roi Alboin.
	Longin est fait premier Exarque de Ravenne, ou Gouverneur d'Italie, par l'Empereur Justin.
569.	Alboin, Roi des Lombards, s'empare de la Ligurie, & ensuite de plusieurs autres Provinces de l'Italie, où il établit des Ducs.
	Les Turcs Orientaux envoyent, du fond de la Scythie ou Tartarie, un Ambassadeur à Constantinople, pour proposer aux Romains de faire le commerce de la soye, &c.
570.	Le faux Prophète Mahomet nait le cinq Mai à la Mecque: il a vécu soixante-trois ans, selon le calcul des Arabes, étant mort le dix-huit Juin 632.
	Les Evêques d'Italie craignant que les Lombards ne pillassent les vases d'or & d'argent, dont on se servoit dans la célébration des Mystères, les vendent, & en distribuent le prix aux pauvres.

D. J. C.	
572.	Mort de Liuva, Roi des Wisigoths ou des Goths d'Espagne. Son frère Leuvigilde lui succéde.
573.	Alboin, Roi des Lombards, en Italie, meurt par les embûches de sa femme Rosemonde : Cléph lui succéde & régne 18 mois.
	Leuvigilde, Roi des Wisigoths en Espagne, y détruit le Royaume des Suéves, ayant vaincu leur Roi Andica.
	Les Huns ou plutôt Avares, qui étoient venus des environs de la Chine, font une irruption en Germanie, & ravagent la Thuringe, d'où les Rois de France les obligent de se retirer.
574.	Cléph, Roi des Lombards, est tué à Imola par un de ses domestiques. Sa mort est suivie d'un Interrégne de dix ans. Les Généraux de son armée partagent ses États.
	L'Empereur Justin accorde sa protection aux Arméniens, qui s'étoient soustraits de la domination de Cosroès, Roi de Perse. Les Perses déclarent la guerre à Justin.
	Les Avares passent le Danube, & s'emparent de plusieurs places en Orient.
	Les Perses font une irruption dans l'Empire, ravagent la Syrie, prennent & pillent Apamée.
575.	Les Lombards viennent en France. Ils sont vaincus, & plusieurs Evêques se signalent par leur résistance.
	L'Empereur Justin perd l'esprit : sa femme Sophie se conduit si bien, qu'elle obtient la paix de Cosroès.
	Fondation du premier Monastère de la Baviére, à Weltemberg, sur le Danube.
	Cruelle guerre entre les Rois de France : elle dure plusieurs années, par un effet de l'ambition & de l'envie de Brunehaut & de Frédegonde, l'une femme de Sigebert & l'autre de Chilpéric.
	Chilpéric & Gontran, Rois de France, attaquent leur frère Sigébert, Roi d'Austrasie, qui remporte la victoire. Sigébert est assassiné âgé de quarante-quatre ans, après en avoir régné quatorze. Childebert, son fils, lui succéde, quoiqu'âgé de cinq ans, par le moyen de Gontran, son oncle.
576.	Justinien, Général des troupes de l'Empereur Justin, défait Cosroès, s'empare de son camp & fait un grand butin. Il poursuit ensuite ce Prince jusques dans le cœur de ses États.
577.	Contestation entre les Espagnols & les François, au sujet du jour de Pâques ; les Espagnols solemnisent cette fête le vingt-un Mars, & les François le dix-huit Avril.
	Les Rois de France font entr'eux une tréve d'un an.
578.	L'Empereur Justin meurt, après un régne de douze ans & onze mois.
	TIBERE II. à qui Justin avoit donné Anastasie, sa

DE L'HISTOIRE MODERNE. 89

Depuis J. C.

579. fille, en mariage, & qu'il avoit associé, est reconnu Empereur.

Cosroès, Roi des Perses, meurt âgé de 80 ans, après en avoir régné quarante-huit. Son fils Hormisdas II. lui succéde, & continue la guerre malheureusement : il fut le Prince le plus injuste & le plus cruel qui eut encore régné dans la Perse.

Les Lombards font mourir quatre-vingt Martyrs, qui avoient refusé de manger des viandes immolées aux Idoles.

580. Antioche est renversée par un tremblement de terre.

581. S. Grégoire, qui depuis fut Pape, est Préfet de Rome.

582. Les Saxons, qui étoient entrés en Italie, reviennent en Allemagne.

Leuvigilde, Roi des Goths en Espagne, persécute les Orthodoxes.

L'Empereur Tibere meurt à Constantinople le quatorze Août, ayant régné quatre ans.

MAURICE de Cappadoce avoit été déclaré Empereur par Tibere le treize Août, & il fut reconnu tel.

583. Peste qui ravage la France : les deux fils de Chilpéric & la femme de Gontran y périssent.

En Espagne, Leuvigilde soumet Miron, Roi des Suéves, s'empare de ses États, & l'oblige à se faire Moine.

584. En France, Chilpéric, Roi de Soissons, est tué à la chasse. Clotaire II. son fils lui succéde.

En Italie, les Lombards, qui depuis dix ans n'avoient point de Roi, élisent Autharis, fils de Cléph.

L'Exarque Longin est révoqué, & Smaragde est envoyé à sa place, de Constantinople.

585. Leuvigilde meurt en Espagne : son fils Récarede lui succéde dans le Royaume des Visigoths, & abjure les erreurs d'Arius.

Le Pape Pélage II. fait ses efforts pour faire entrer les Evêques d'Istrie dans ses sentimens.

587. Tremblement de terre à Antioche le trente Septembre.

Récarede, Roi d'Espagne, épouse Bada, fille de Chilpéric, Roi de France.

588. L'Empereur Maurice charge Philippicus du commandement de l'armée contre les Perses.

Embrasement qui consume la ville de Paris.

Patricius est Exarque de Ravenne, après Smaragdus.

589. Philippicus remporte une victoire complette sur les Perses.

Au mois de Novembre, le Tibre inonde la ville de Rome. Cette inondation est suivie de la peste.

La Dynastie des Soui en Chine, réunit les deux Empires qui la divisoient depuis cent soixante-neuf ans : elle dure trente-huit ans sous quatre Empereurs.

D. J. C.	
590.	Prétextat, Archevêque de Rouen, est assassiné par ordre de Frédegonde, femme de Chilpéric, dans les fêtes de Pâques.

Le Pape Pélage II. meurt; S. Grégoire, depuis surnommé le Grand, lui succéde: l'Empereur Maurice approuve son élection. Ce Pape établit des Processions à l'occasion de la peste.

La peste ravage toute la France. Gontran fait publier un jour de jeûne dans ses États.

Romain est substitué à Smaragde, dans l'Exarcat.

Autharis, Roi des Lombards, meurt de poison le 5 Septembre.

Les François vont combattre en Italie contre les Lombards, la ravagent, & reviennent chargés de butin.

On ordonne aux femmes de se couvrir les mains d'un linge pour recevoir l'Eucharistie.

Les Romains sont battus dans la guerre qu'ils ont contre les Avares qui ravageoient la Thrace, & contre les Perses. Hormisdas III. Roi de Perse, devient odieux à ses peuples par sa tyrannie; il est déposé & tué: on met son fils Cosroès II. en sa place. Ce dernier est obligé de s'enfuir, & de se réfugier vers l'Empereur Maurice, l'année suivante: les Romains le rétablissent.

591.	Théodelinde, Reine des Lombards, choisit Agilulphe, Général des troupes, pour son mari; il est baptisé & proclamé Roi au mois de Mai, & prend le nom de Paul.
592.	Arnulphe, l'un des chefs des Lombards, ravage la Romagne, la Toscane, & fait un grand nombre de prisonniers, dont le Pape S. Grégoire paye la rançon.
593.	Priscus, Général des troupes de Maurice, chasse les Avares de la Thrace, & les oblige de repasser le Danube.

Gontran, Roi d'Orléans & de Bourgogne, meurt sans enfans, ayant déclaré son héritier Childebert, son neveu.

Vers ce temps, les Gascons, peuples d'Espagne, ayant passé les monts Pyrénées, s'établissent dans le pays qui porte aujourd'hui leur nom, & s'appelle Gascogne.

594.	Constantia, femme de l'Empereur Maurice, fait bâtir une Eglise sous l'invocation de S. Paul. Elle demande au Pape S. Grégoire quelques Reliques de cet Apôtre; le Pape la refuse.
595.	Agilulphe, Roi des Lombards, veut assiéger Rome.

Jean, Evêque de Constantinople, prend le titre d'Evêque universel. Le Pape s'en plaint à l'Empereur.

596.	Les Lombards ravagent presque toute l'Italie, prennent Crotone, & font un grand nombre de prisonniers.

Callinique est fait Exarque, Romain étant rappellé à cause de sa mauvaise conduite.

Le Pape envoye en Angleterre le Moine Augustin & Mellitus, pour y prêcher l'Evangile.

DE L'HISTOIRE MODERNE. 91

Depuis J. C. Childebert, Roi des François en Austrasie, meurt. Ses fils Théodebert & Thierry lui succèdent ; le premier en Austrasie ou à Metz, & l'autre en Bourgogne, sous la conduite de Brunehaut, leur grand'mère.

597. Le Pape S. Grégoire envoye un Légat à Constantinople, à qui il défend la communion avec Cyriaque, Patriarche de cette ville, s'il continue de prendre la qualité d'Evêque universel.

Le Moine Augustin obtient du Roi Ethelrede toutes les choses nécessaires à la vie. Il prêche avec tant de succès, que plus de dix mille Anglois sont baptisés en moins d'un an.

598. Tréve pour deux ans entre les Romains & les Lombards.

599. Peste effroyable qui ravage l'Afrique.

Les Evêques d'Istrie se soumettent à l'Eglise de Rome.

600. Les Sclavons & les Avares ravagent l'Istrie, font un grand nombre de prisonniers, qu'ils massacrent, parce que Maurice n'avoit pas voulu les racheter.

Fondation de la ville de Ferrare.

Guerre civile entre Clotaire & Théodebert, associé avec son frère Thierry : Clotaire est battu.

602. Les Lombards remportent une victoire sur les Romains.

Les plaintes qu'on faisoit contre l'Exarque Romain, font envoyer Smaragde, pour la seconde fois, en sa place.

Maurice ayant envoyé son frère à l'armée de Pannonie, avec ordre de lui faire passer l'hiver au-delà du Danube, les soldats élisent Phocas pour Empereur.

PHOCAS vient à Constantinople, & y est reconnu Empereur. Il fait mourir Maurice, avec ses enfans, le trois Novembre, après un régne de vingt ans, & près de quatre mois.

603. Liuva II. fils de Récarede, Roi des Visigoths, régne en Espagne pendant deux ou trois ans, après lesquels il est tué par un Seigneur nommé Vitteric, qui s'empare du trône.

Cosroès, pour venger la mort de Maurice, déclare la guerre aux Romains. Il la fait pendant 18 ans avec tant d'acharnement & de succès, qu'il s'en fallut peu que les Romains n'ayent perdu tout ce qu'ils possédoient en Asie.

Phocas envoye à Rome son portrait & celui de sa femme Léontia. Il y est proclamé Empereur le vingt-cinq Avril.

Les Lombards se préparent à faire la guerre aux Romains.

Cosroès, Roi de Perse, défait l'armée Romaine.

604. Mort d'Augustin, premier Evêque de Cantorbery en Angleterre.

Froid extraordinaire, & disette considérable.

605. Adaloalde est déclaré Roi des Lombards par son père Agilulphe, & reconnu par les peuples.

| Depuis J. C. | Mort du Pape Sabinien. On jette son corps hors de Rome, parce qu'il n'avoit point distribué le bled de l'Eglise aux pauvres. Quelques Auteurs prétendent que ce Pape est le premier qui a introduit l'usage des Cloches dans les Eglises.

Narsès, chef de l'armée Romaine, qui étoit accusé d'intelligence avec Cosroès, Roi de Perse, demande pardon à l'Empereur de sa trahison ; Phocas lui promet sa grace, l'attire à Constantinople, & le fait brûler vif. |
|---|---|
| 607. | Boniface III. est élu Pape ; il envoye des Légats à l'Empereur Phocas, qui reconnoît que le S. Siége doit avoir la primauté dans l'Eglise, & défend à Cyriaque de Constantinople de prendre le titre de Patriarche Œcuménique.

Phocas donne sa fille Domitienne en mariage à Prisque ou Crispe, Patrice & Commandant de ses Gardes. Cet Empereur fait massacrer un grand nombre de personnes.

Boniface Pape, demande à Phocas le Temple appellé Panthéon, qu'Agrippa avoit fait bâtir sous Auguste, & qu'il avoit consacré à Jupiter Vengeur, & à tous les Dieux. Ce Pape l'obtient, & le consacre à Dieu sous l'invocation de la Sainte Vierge & de tous les Saints. C'est l'Eglise qui porte aujourd'hui le nom de Sainte Marie de la Rotonde. |
| 608. | L'Empereur fait mourir plusieurs personnes de considération, qu'il soupçonnoit d'avoir attenté à sa vie.

Priscus & Héraclius conspirent contre Phocas.

Cosroès, Roi de Perse, s'empare de l'Arménie, de la Cappadoce, prend la Galatie, la Paphlagonie, & s'avance jusqu'à Chalcédoine, faisant tuer tout ce qu'il rencontre. |
| 609. | Les Juifs se révoltent à Antioche, & font mourir cruellement Anastase qui en étoit Evêque.

Il arrive une sédition à Constantinople pendant les Jeux publics que Phocas fait célébrer dans le Cirque. Cet Empereur fait couper la tête à plusieurs des complices, en fait envelopper un grand nombre dans des sacs, & les fait jetter dans la mer. Les soldats de sa garde mettent le feu au Prétoire & au Palais, enfoncent les portes des prisons, & en font sortir ceux que Phocas y avoit enfermés.

Héraclius arme en Afrique contre Phocas.

Thierry, Roi de Bourgogne, épouse Hermenberge ou Manberge, fille de Vitteric, Roi des Goths en Espagne. |
| 610. | Les Perses se rendent maîtres d'Apamée & de la ville d'Edesse, & pénétrent jusqu'à Antioche.

Héraclius, Préfet de l'Afrique, leve une puissante armée, dont il donne le commandement à son fils, équippe une nombreuse flotte, vient à Constantinople, se rend maître de cette ville, défait les troupes de l'Empereur. On lui amene Phocas. Héraclius le fait dépouiller des habits impériaux, lui fait couper les mains, les pieds & d'autres par- |

DE L'HISTOIRE MODERNE. 93

Depuis J. C. ties, & enfin le fait décapiter. Les soldats prennent le tronc de son corps, & le font brûler dans la grande place.

HÉRACLIUS se fait couronner Empereur par le Patriarche Sergius le cinq Octobre. Sa femme Eudocie est aussi couronnée Impératrice.

Les Perses, après avoir pillé l'Arménie & s'être rendu maîtres de Césarée, ville de Cappadoce, se retirent avec un grand nombre de prisonniers & beaucoup de butin.

611. Le trois Mai, l'Impératrice Eudoce accouche d'un fils, qui fut d'abord nommé Héraclius & depuis Constantin le jeune. Cette Princesse meurt quelque temps après. Pendant que l'on portoit son corps en terre, une fille étrangère qui regardoit par la fenêtre, ayant craché par mégarde sur la biere, fut prise & brûlée toute vive.

Jean Lémigius est envoyé en Italie, à la place de l'Exarque Smaragde.

612. Sisebut, excellent Prince, est élu Roi des Visigoths, en Espagne.

Les Perses, fatigués de la guerre & rassasiés du butin, demeurent en repos pendant cette année.

Les Sarrasins viennent fondre sur les terres des Romains, pillent la Syrie, & y mettent tout à feu & à sang.

Mahomet commence, dit-on, à enseigner ses erreurs.

Théodebert, Roi des François, est vaincu & renfermé dans un Monastère par son frère Thierry, & ensuite mis à mort.

613. Mort de Thierry & de Brunehaut. Clotaire II. reste seul Roi de France. Brunehaut ayant été livrée à Clotaire, il fit assembler les principaux Seigneurs du Royaume, pour instruire le procès de cette Princesse ; on la prétendit coupable du meurtre de dix Rois, ou fils de Roi, & de plusieurs autres crimes. On la promena sur un chameau autour de la ville ; elle fut attachée par les cheveux & par les mains, à la queue d'un jeune cheval fougueux, & traînée dans des lieux pierreux. Des Auteurs ont dit que les restes de son cadavre, disloqué & déchiré, qui avoit été écrasé par les pieds des chevaux, furent ramassés pour être brûlés, & les cendres jettées au vent : cependant on voit son tombeau dans l'Eglise de S. Martin d'Autun. Quelques Ecrivains modernes ont fait l'apologie de cette Princesse.

Les Perses ravagent la Palestine, prennent Jérusalem, tuent plus de quatre-vingt-dix mille habitans, pillent la ville, & enlevent la Croix de Notre Seigneur, qu'ils emportent en Perse.

614. Les Perses recommencent la guerre contre les Romains, & prennent la ville de Damas. Héraclius envoye des Ambassadeurs à Cosroès, Roi des Perses, pour lui demander la paix. Ce Prince les renvoye sans leur faire aucune réponse.

Depuis J. C. 615.	Les Perses continuent leurs ravages sur les terres de l'Empire, ils inondent l'Egypte, prennent Alexandrie, & pénétrent sans résistance jusques dans la Lybie. Ils laissent une armée pour faire le siége de Carthage.
	On commence en Bourgogne à se servir de Cloches pour les Eglises ; cet usage s'établit bientôt dans tout l'Occident.
616.	Les Perses prennent & pillent la ville de Carthage.
	Jean Lémigius, Exarque de Ravenne, est massacré. Eleuthere est envoyé à sa place.
	Agilulphe, Roi des Lombards meurt ; Adaloald, son fils, lui succéde.
617.	L'Empereur Héraclius envoye de nouveaux Ambassadeurs à Cosroès, Roi de Perse, pour demander la paix, qu'il ne veut accorder qu'à condition qu'Héraclius & ses peuples abandonneront la Religion Chrétienne, & adoreront le Soleil.
618.	Les Avares pillent les environs de Constantinople.
	Commencement de la Dynastie des *Tam*, l'une des plus puissantes de la Chine, qui a régné deux cent quatre-vingt-dix ans, sous vingt Empereurs & une Impératrice.
619.	Les Perses ravagent l'Asie Mineure, entrent dans la Galatie, & se rendent maîtres d'Ancyre, Métropole du pays, ruinent & prennent tout jusqu'à Chalcédoine.
	L'Exarque Eleuthère, se révolte contre l'Empereur Héraclius, & prenant la pourpre, marche pour aller se faire couronner à Rome : ses soldats le tuent. Isaac est fait Exarque en sa place.
620.	L'Empereur Héraclius fait la paix avec les Avares, & continue la guerre contre les Perses. Il emprunt des Eglises & des Monastères, l'argent qui lui manquoit pour l'entretien de ses troupes ; il fait vendre ensuite les vases d'or & d'argent des Eglises, dont il fait battre monnoie.
621.	Il marche contre Cosroès, Roi des Perses, le cinq Avril. Magundat, Général des Perses, se rend à Héraclius, se fait instruire, embrasse la Religion Chrétienne, reçoit le Baptême, prend le nom d'Anastase, se fait Moine, & fut depuis martyrisé à Edesse. Héraclius, qui grossit son armée de quelques troupes de Turcs ou Huns, arrive sur les frontières d'Arménie, défait un corps de cavalerie de Cosroès.
622.	Cet Empereur entre en Perse le vingt Avril, prend plusieurs villes, & pille le plat pays, attaque & prend la ville de Gazogotte, où Cosroès s'étoit retiré. Cosroès prend la fuite ; Héraclius le poursuit jusqu'en Médie, établit ses quartiers dans l'Albanie, & renvoie plus de cinquante mille prisonniers faits sur Cosroès.
	Le faux Prophéte Mahomet s'enfuit de la Mecque à Médine. C'est depuis ce temps que les Arabes commencent à compter leurs années de l'*Hégire*, qui signifie persécution

Depuis J. C.	ou fuite ; mais leurs années sont seulement lunaires. (*Voyez en la suite*, Tome I. pages 215 & suiv.)
623.	Héraclius poursuit l'armée des Perses. Les Huns ou Turcs, qui faisoient partie de son armée, s'en retournent dans leurs pays, c'est-à-dire en Scythie. L'Empereur se retire, les Perses le poursuivent, & sont défaits.

Les Romains qui étoient encore maîtres de quelque partie de l'Espagne, sont forcés d'en sortir par Suintila, Roi des Visigoths. |
| 624. | Héraclius fait passer l'Euphrate à son armée dès le mois de Mars ; prend la ville de Samosate & celle d'Adana, jette un pont sur la rivière de Sare ; quelques soldats Romains vont attaquer les Perses qui étoient campés de l'autre côté du pont ; ils sont repoussés & poursuivis par l'armée des Perses, jusques dans le camp d'Héraclius, qui tue un Géant, & repousse ces troupes, dont le plus grand nombre se jette dans la rivière. L'Empereur prend ses quartiers à Sébaste en Cappadoce. |
| 625. | Cosroès sollicite les Avares & les Sclavons à entrer dans la Thrace, & à assiéger Constantinople. L'Empereur Héraclius partage son armée en trois corps. L'un pour garder Constantinople ; le second, dont il donna le commandement à son frère Théodore, pour mettre la Thrace à couvert, & continue de marcher avec la troisième & plus petite partie de son armée, contre les Perses : il obtient un renfort de quarante mille Turcs. Sarbare Général de Cosroès, s'avance jusqu'à Chalcédoine ; entreprend d'assiéger Constantinople, & en leve le siége. Saïn, autre chef des Perses, livre bataille à Théodore ; dans le temps que les deux armées en étoient aux mains, une grêle d'une grosseur extraordinaire tue une partie des Perses, & met le reste en déroute.

Edwin Roi des Northumbres en Angleterre, épouse Edelburge fille d'Eadwalde Roi des Cantuariens. Elle étoit Chrétienne, & engage son mari à embrasser le Christianisme. |
| 626. | Héraclius continue à faire la guerre aux Perses, plus de vingt-quatre mille Turcs de son armée s'en retournent dans leur pays. L'Empereur vient camper le premier Décembre près de Ninive, sur la rivière de Zabal ; le douze du même mois, il livre bataille aux Perses, les défait, les met en fuite, & s'empare des trésors & des Palais de Cosroès.

Clotaire II. associe à la couronne de France son fils Dagobert.

Les Lombards chassent Adaloald leur Roi, & élisent Arioald en sa place. |
| 627. | Héraclius se met en marche le sept Janvier, pour poursuivre Cosroès, qui se réfugie à Séleucie, au-delà du |

Depuis J. C. Tigre. Ce Prince y tombe malade d'une dissenterie, qui lui fait appréhender la mort ; il veut faire couronner Mardesane, son plus jeune fils. Siroès son fils aîné en étant averti, gagne la Noblesse Persane, leve une armée, fait prendre son père, lui charge les pieds, les mains & le col de chaînes, le fait enfermer dans un lieu obscur que Cosroès avoit fait bâtir pour cacher ses trésors. Siroès lui fait donner fort peu de pain & très-peu d'eau, ordonne à plusieurs de ses Satrapes de cracher au visage de son père, & de lui faire mille autres outrages ; fait prendre Mardesane & ses autres frères, qui sont égorgés en présence de Cosroès, qu'il fait ensuite mourir à coups de flèches.

Siroès fait la paix avec Héraclius, & lui rend le bois de la Croix de Notre Seigneur, que son père avoit enlevé de Jérusalem. Héraclius revient dans ses Etats, entre en triomphe dans Constantinople portant la Croix en sa main.

628. Héraclius part de Constantinople au mois de Mars, & entreprend le voyage de Jérusalem. Il y reporte le bois de la Croix de J. C. & établit la fête de l'Exaltation de la Sainte Croix au 14 Septembre. De Jérusalem, Héraclius va en Syrie, reste quelque temps à Edesse. Il en chasse les Nestoriens, & donne leurs Eglises aux Catholiques.

Anastase chef des Jacobites, s'insinue auprès de l'Empereur, qui lui promet & lui donne le Patriarchat d'Antioche, Héraclius embrasse le Monothélisme. Anastase Evêque d'Antioche, Cyrus Patriarche d'Alexandrie, & Sergius de Constantinople, suivent les mêmes erreurs.

Clotaire II. Roi de France, meurt, après avoir régné quarante-quatre ans. Son fils Dagobert lui succède. Pepin l'ancien est Maire du Palais & Duc de Neustrie.

629. Plusieurs Evêques d'Orient embrassent le Monothélisme.

Mahomet s'empare de la Mecque, & ensuite de presque toute l'Arabie.

630. Ecole ou Académie de Cantorbery en Angleterre.

631. Caribert, à qui Dagobert son frère avoit donné, comme en apanage, (dont le nom ne fut connu que long-temps après) une partie de l'Aquitaine dont Toulouse étoit la capitale, étant mort, son fils aîné Childéric lui succède ; mais Dagobert le fit empoisonner, & en lui finit le Royaume de Toulouse. Quelques Auteurs prétendent que Bogeis l'un de ses frères, eut une postérité qui se perpétua jusqu'à Louis d'Armagnac, Duc de Nemours, tué à la bataille de Cérignolles en 1503.

Suintila, Roi des Visigoths en Espagne est déposé, & Sisenand est mis en sa place.

632. Mahomet meurt à Médine, âgé de 63 ans ; & Aboubekre son beau-père, est reconnu Chef des Arabes ou Sarrasins,

DE L'HISTOIRE MODERNE. 97

Depuis J. C. 632.
sous le nom de *Calife*, qui signifie Vicaire ou Successeur : ce fut lui qui fit un Recueil des différentes parties de l'Alcoran.

Aboubekre envoye une armée contre les Perses, & une autre en Syrie contre les Romains, pour y faire des conquêtes.

C'est à cette année que les Perses font commencer leur Ere, à qui ils ont donné le nom de Jezdegirde, qui fut leur dernier Roi, & c'est celle dont les Astronomes Arabes se sont servi.

Dagobert répudie sa femme, sous prétexte qu'elle étoit stérile, & épouse une Religieuse.

633. Théodore frère d'Héraclius est vaincu par les Sarrasins ou Arabes. Héraclius abandonne la Syrie, & se retire à Constantinople, où il fait apporter le bois de la vraie Croix.

Edwin Roi des Anglois, est tué dans une bataille par les Bretons.

634. Héraclius envoye Bahane Général de ses armées, pour se joindre à Théodore, qui étoit dans la ville d'Emese avec quarante mille hommes. Omar devenu Calife des Sarrasins par la mort d'Aboubekre, marche contr'eux. Il leur donne bataille le vingt-trois Août ; un grand vent fait élever une poussière considérable, qui donnant dans les yeux des Romains, les oblige de prendre la fuite. Omar assiége & prend Damas, & s'empare de la Phénicie.

Le Pape Honorius approuve la lettre de Sergius, par laquelle il est défendu de dire qu'il y a une ou deux volontés en J. C. Sophronius Evêque de Jérusalem, se déclare contre les sentimens de Sergius.

635. Les Sarrasins pénétrent en Egypte, se préparent à faire le siége de Jérusalem ; les habitans de cette ville engagent Cyrus Patriarche d'Alexandrie, de négocier avec Omar. Cyrus détermine ce Prince à se retirer, moyennant une somme considérable, & promet de payer deux cens mille écus de contribution par an. Héraclius désapprouve cette convention.

Cette année des Missionnaires Chrétiens viennent à la Chine par la Tartarie, & érigent un Monument que l'on a trouvé en 1625.

636. Les Sarrasins demandent la contribution que Cyrus leur avoit promise. Manuel Gouverneur d'Egypte, refuse de la payer. Omar assiége de nouveau la ville de Jérusalem : elle capitule & se rend à composition.

Mort d'Arioald Roi des Lombards. Rotharis lui succéde : il fait réduire en un corps les Loix des Lombards.

637. Les Sarrasins continuent la guerre & prennent Antioche. Après plusieurs combats, ils deviennent maîtres de presque

II. Partie.   G

Depuis J. C.	toute la Perse, dont le Roi Jezdegirde se réfugie en Tartarie, & envoye des Ambassadeurs à l'Empereur de la Chine.
638.	Dagobert Roi de France meurt : il est enterré à l'Abbaye de S. Denis qu'il avoit fondée. Ce Prince fit travailler à la correction des Loix. Ses deux fils lui succedent : Sigebert II. en Austrasie, & Clovis II. en Neustrie & en Bourgogne. En ce temps les Maires du Palais commencent à s'emparer de la puissance Royale.
	Mort de l'Exarque Isaac, qui paroît avoir eu pour successeur le Patrice Platon.
639.	Ecthese ou exposition de foi, dressée & publiée par Héraclius, dans laquelle cet Empereur impose silence sur la question des deux volontés en J. C.
	Les Sarrasins s'emparent de l'Egypte.
640.	Le Pape condamne l'Ecthese d'Héraclius.
641.	L'Empereur Héraclius meurt le onze Février, après avoir gouverné l'Empire pendant plus de trente ans.
	CONSTANTIN III. son fils, lui succede ; il ne régne que quatre mois, après quoi il est empoisonné (dit-on) par l'Impératrice Martine sa belle-mère, qui met en sa place son propre fils HÉRACLÉONAS. Ce Prince fut déposé par le Sénat peu de temps après, eut le nez coupé, & fut envoyé en exil avec sa mère ; à qui on coupa la langue.
	CONSTANT II. fils de Constantin, fut proclamé Empereur de Constantinople : il avoit environ douze ans, & la première chose qu'il fit, fut de remercier les Sénateurs de lui avoir rendu justice, & de les prier d'être ses Conseillers.
642.	Chindasvinde est élu Roi des Visigoths, en Espagne.
	Oswalde Roi de Northumbre, est tué le cinq Août, dans un combat contre les Merciens. Oswin son frère lui succede.
643.	Omar Calife des Sarrasins, fait rebâtir magnifiquement le Temple de Jérusalem, pour lui servir de Mosquée.
	Maurice Gouverneur de Rome, se révolte contre l'Empereur. Isaac Exarque de Ravenne, le prend & le fait mourir. Peu après il meurt lui-même, & Théodore Calliopas est fait Exarque.
	Omar est tué par un esclave Persan, dans la Mosquée qu'il avoit fait bâtir à Jérusalem, après un régne de dix ans. Othman lui succede.
	Ambassadeurs des Romains chez les Chinois, selon leurs Annales, qui parlent de la guerre des Arabes contre les Romains.
644.	Sigebert Roi des Anglois, embrasse la vie Monastique. Peda Roi des Merciens, le fait mourir.

Depuis J. C.	S. Maxime vient à Rome, & présente une confession de foi au Pape Théodore.
645.	Dispute de Pyrrhus Monothélite, avec le Moine Maxime.
647.	Les Sarrasins s'emparent d'une partie de l'Afrique, & la font tributaire.
	S. Eloy est fait Evêque de Noyon ; Eugene est ordonné Evêque de Tolède, & Tajon Evêque de Sarragosse.
	Vers ce temps Théodore Calliopas est Exarque de Ravenne.
648.	L'Empereur Constant publie un Edit à la persuasion de Paul de Constantinople, par lequel il défend de parler d'une ou de deux volontés en J. C.
	Les Sarrasins équippent une flotte de dix-sept vaisseaux, débarquent dans l'Isle de Cypre, assiégent & prennent la ville de Constance, nommée autrefois Salamine.
649.	L'Empereur Constant ordonne à Olympius, nouvel Exarque de Ravenne, d'aller à Rome, & d'engager par promesses ou par menaces, les Evêques qui y étoient assemblés, de souscrire l'Edit appellé *Type.* Tous les Evêques tiennent ferme ; condamnent l'erreur des Monothélites, & l'Edit de l'Empereur.
	Mort de Chindaswinde Roi des Suéves en Espagne, après un régne de six ans & huit mois ; Recesuinde lui succéde.
650.	Les Sclavons inondent l'Italie. Les Lombards les attaquent & les obligent d'en sortir.
651.	Oswin Roi d'une partie d'Angleterre, est tué : il avoit régné neuf ans.
	Jezdegirde dernier Roi de Perse, est tué : son fils Phirouz se retire auprès de l'Empereur de la Chine, qui lui promet de le rétablir sur le Trône de son père ; mais ce Prince mourut avant qu'on en vînt à l'exécution.
653.	Olympius, Exarque de Ravenne, meurt en Sicile, où il étoit allé combattre les Sarrasins. Calliopas est Exarque pour la seconde fois. Il enleve de Rome le Pape Martin, le fait embarquer pour Constantinople. Une tempête l'oblige de relâcher dans l'Isle de Naxos, où Martin reste plus d'un an.
	Rotharis Roi des Lombards meurt, & Rodoald son fils lui succéde ; mais il ne régne que 5 à 6 mois, & est assassiné. Aripert est mis en sa place.
	Les Danois font une descente en Angleterre, & la ravagent : ils massacrent les Religieux & les Religieuses.
	Les Sarrasins, sous la conduite de Moavia, se rendent maîtres de l'Isle de Rhodes, brisent l'ancien Colosse de bronze que l'on regardoit comme une des sept merveilles du monde ; c'étoit une figure d'homme ou d'Apollon, qui avoit cent cinq pieds de hauteur ; ses jambes étoient si

Depuis J. C.	hautes & si étendues des deux côtés du port, que les plus grands vaisseaux pouvoient passer dessous sans y toucher. Il avoit été élevé il y avoit neuf cent quarante & un ans, mais il avoit été renversé par un tremblement de terre, soixante-cinq ans après, & la masse resta par terre pendant huit cent soixante-quinze ans, après lesquels Moavia la fit mettre en pièces, & en vendit le métal à un Juif d'Emese, qui en chargea neuf cent chameaux, pour le faire transporter à Alexandrie : on croit qu'il y avoit sept cent vingt mille livres de bronze. Les Sarrasins pillent & ravagent l'Arménie.
654.	Le Pape Martin arrive à Constantinople le dix-sept Septembre. L'Empereur le fait mettre dans une étroite prison. L'Empereur Constant fait paroître devant lui le Pape Martin, pour rendre compte de la conduite qu'il avoit tenue touchant le *Type*. Constant peu satisfait de ses réponses, le fait encore emprisonner pendant quatre-vingt cinq jours ; après lesquels il l'exile dans la Chersonèse, & ordonne à Théodore nouvel Exarque de Ravenne, d'aller à Rome faire élire un autre Pape. Le Clergé & le peuple de Rome refusent d'abord ; mais enfin intimidés par les menaces de Théodore, on élut Eugene le neuf Août pour succéder à Martin, qui étoit encore vivant.
655.	Le Pape S. Martin meurt en exil le douze Novembre. Moavia Général des Sarrasins, équipe une nombreuse flotte à Tripoli ville de Syrie, & vient assiéger Constantinople. Deux soldats Chrétiens brûlent la flotte. Les Sarrasins reviennent avec un grand nombre de vaisseaux : Constant marche contr'eux avec une armée navale ; le combat est long, les Romains sont défaits. Constant s'enfuit à Constantinople.
656.	Sigébert II. Roi de France en Austrasie, meurt : il avoit un fils nommé Dagobert, que Grimoald Maire du Palais fait disparoître & envoye en Ecosse ; après quoi il place sur e Trône son propre fils Childebert, qui est chassé au bout de sept mois, & Childeric second fils de Clovis II. est mis en sa place. Clovis II. Roi de France en Neustrie & Bourgogne, fait ôter la couverture d'argent de dessus l'Eglise de l'Abbaye de S. Denis, que Dagobert son père avoit fondée ; en fait battre de la monnoie, qu'il distribue aux pauvres. Quelques Auteurs prétendent que c'est pour réparer cette perte, qu'il obtint que cette Abbaye ne seroit point soumise à la Jurisdiction Episcopale ; & qu'il lui en fit expédier des Lettres-patentes le 12 Juin 660 ; mais alors il étoit mort. Othman Calife des Sarrasins, est tué : il y eut ensuite de grandes divisions parmi eux : Ali gendre de Mahomet, fut

DE L'HISTOIRE MODERNE. 101

Depuis J. C. | reconnu Calife en Arabie, & Moavia en Syrie ; ce dernier a subsisté, & sa famille, qu'on appelle les *Ommiades*, a possédé l'Empire des Sarrasins jusqu'en 749. Cet Empire s'est étendu depuis les Indes jusqu'en France.

Mort de Clovis II. Roi de France : son fils aîné Clotaire III. lui succéde aux Royaumes de Neustrie, & de Bourgogne, d'abord sous la régence de Sainte Bathilde sa mère.

657. L'Empereur fait venir S. Maxime à Constantinople. Les Monothélites font d'inutiles efforts pour engager ce saint Moine à embrasser leurs erreurs. Il persiste dans les sentimens des Orthodoxes. Les Monothélites le font fouetter publiquement par tous les carrefours de la ville, & lui font ensuite couper la langue & la main droite ; il fut ensuite exilé.

Le Pape Eugene meurt le deux Juin : Vitalien est élu, & envoye des Légats à l'Empereur, pour le prier de confirmer son élection selon la coutume. Les Légats sont bien reçus ; l'Empereur & l'Impératrice font présent d'un Livre d'Evangile pour l'Eglise de S. Pierre, couvert d'or & d'argent.

Les François d'Austrasie chassent Grimoald & son fils, & choisissent pour Roi Childeric II. fils de Clovis II. ce qui occasionna quelques troubles.

658. Les Sarrasins offrent la paix à l'Empereur Constant, qui l'accepte sous la redevance de cent mille écus chaque année, avec un cheval richement caparaçonné, & un esclave.

659. L'Empereur Constant fait mourir son frère Théodose, qu'il avoit obligé de se faire Diacre. Cette action est suivie de songes affreux, qui ne permettent pas à Constant de dormir. Il quitte Constantinople, passe en Sicile, demeure quelque temps à Syracuse.

Mort de Sainte Gertrude, fille de Pepin Maire du Palais des Rois de France.

661. Ali, l'un des Califes des Sarrasins, est tué : son fils Hasan lui succéde en Arabie ; mais au bout de six mois, il abdique & céde à Moavia, compétiteur de son père.

Aripert Roi des Lombards meurt : ses fils, Pertharit & Gondebert partagent le Royaume, suivant les intentions de leur père ; mais peu après, ils prennent les armes l'un contre l'autre, chacun voulant seul être Roi. Gondebert travaille à engager Grimoalde, Duc de Bénévent, dans son parti ; mais cela fut cause de sa perte.

L'Empereur Constant vient à Rome. Le Pape Vitalien, avec tout le Clergé de Rome, va au-devant de lui à six mille pas de la ville. L'Empereur y arrive le cinq Juillet, il y demeure pendant treize jours ; fait ôter la couverture

Depuis J. C.	de l'Eglise de Sainte Marie des Martyrs, qui étoit d'airain, la fait transporter à Constantinople, avec plusieurs autres choses.
662.	Grimoalde, Duc de Bénévent, s'avance avec une armée en Lombardie, pour s'y faire Roi : il surprend Gondebert, qu'il feignoit de venir assister ; & l'ayant tué, il s'empare de ses Etats. L'autre Roi des Lombards, Pertharit, est si troublé, qu'il s'enfuit en Pannonie, chez le Kan des Avares : ce Prince refuse de le rendre, & lui conseille ensuite de se retirer ailleurs.
	S. Maxime meurt en exil dans le pays des Alains, où il étoit depuis trois ans.
664.	L'Empereur vient de Reggio en Sicile, reste quelque temps à Syracuse, leve de grosses contributions ; & se fait haïr.
665.	Les Anglois envoyent des présens au Pape.
	Les Sarrasins font une seconde expédition en Afrique, & prennent plusieurs villes sur les Romains-Grecs.
	Vers ce temps l'Exarque Calliopas fut remplacé par le Patrice Grégoire.
667.	Sapor Préfet d'Arménie, se révolte contre l'Empereur, demande & obtient du secours des Sarrasins. Il meurt d'un coup qu'il se donne à la tête.
668.	L'Empereur Constant meurt à Syracuse, en Sicile, après avoir gouverné l'Empire pendant vingt-sept ans. L'armée proclame Empereur un nommé Mezizius ou Metius Arménien, qui n'avoit aucun droit à la couronne.
	CONSTANTIN IV, fils de Constant, vient attaquer cet Usurpateur avec une armée navale, remporte la victoire ; & ayant pris Mezizius, le fait mourir. Il revient ensuite à Constantinople, & comme la barbe lui étoit venue pendant son absence, les habitans de Constantinople le surnommerent *Pogonat*, c'est-à-dire le Barbu. Il s'associa d'abord ses frères Tibere & Héraclius, se réservant le titre d'Empereur ; le peuple donne la même qualité à ses deux frères : il en devient jaloux, & leur fait couper le nez.
	Les Sarrasins emmènent d'Afrique plus de quatre-vingt mille prisonniers, qu'ils vendent.
	Le Pape envoye en Angleterre un vieillard de Cilicie, nommé Théodore, âgé de plus de soixante ans, pour gouverner l'Eglise de Cantorbery.
669.	Les Sarrasins ravagent la Sicile, assiégent, prennent, pillent & renversent la ville de Syracuse.
670.	Oswy, Roi de Northumbre, en Angleterre, meurt, après un règne de huit ans : son fils Egfride lui succède
	Les Pictes, en Ecosse, sont convertis à la foi par S. Colomban.

Depuis J. C.	
	Mort du Roi de France Clotaire III. qui fut enterré dans l'Abbaye de Chelles, que Sainte Batilde sa mère avoit fait bâtir, & où elle s'étoit retirée. Son frère Thierry II. est mis en sa place par le Maire Ebroin ; mais ce ne fut pas pour long-temps : il est relégué dans un Monastère, & Childeric II. son frère, déjà Roi d'Austrasie, devient Roi de toute la France.
671.	Les Sarrasins font des courses dans l'Asie Mineure, & se préparent au siége de Constantinople.
	Mort de Grimoald, Roi des Lombards : Pertharit est rétabli, au bout de trois mois ; après 9 ans d'exil.
672.	Les Sarrasins débarquent dans la Thrace, assiégent Constantinople depuis le mois d'Avril jusqu'au mois de Septembre, & prennent leurs quartiers d'hiver à Cyzique.
	Mort de Receswinde Roi des Visigoths en Espagne, après un régne de douze ans & six mois, depuis la mort de son père Chindas-vinde. Wamba est élu & couronné en sa place le dix-neuf Septembre. On prétend que c'est le premier qui ait été sacré & couronné.
673.	Les Sarrasins assiégent de nouveau Constantinople. Les Généraux de l'Empereur Constantin défont leur armée, une grande partie de leur flotte est dispersée, sur laquelle plus de trente mille hommes sont tués. Callinique habile Architecte & sçavant Mathématicien, inventa un feu artificiel qui brûloit dans l'eau, que l'on nomma feu Grec ou Grégeois, dont il se servit avec succès pour brûler la flotte des Sarrasins qui s'étoit réfugiée dans le Port de Cyzique.
	Childeric Roi de France est tué, & l'on remet sur le Trône Thierry son frère, le premier des Rois que l'on appelle *Fainéans*, les Maires du Palais faisant tout à leur gré.
	Wamba Roi des Visigoths en Espagne, soumet la Gaule Narbonnoise, qui s'étoit révoltée contre lui.
674.	Ebroin Maire du Palais, met sur le Trône un Clovis, qu'il disoit fils de Clotaire III.
	Dagobert II. fils de Sigebert III. revenu d'Ecosse, s'empare d'une partie du Royaume d'Austrasie.
675.	Les Sarrasins tentent une descente en Espagne. Wamba qui en étoit Roi, empêche l'exécution de leur entreprise, brûle & ruine entièrement leur flotte.
676.	Les Sarrasins font une paix de trente ans avec l'Empereur Constantin, à qui ils payent un tribut considérable chaque année.
677.	Edelred Roi des Merciens en Angleterre, fait la guerre aux Cantuariens, ravage le pays, ruine leurs villes & leurs châteaux, renverse & pille leurs Monastères.
678.	Théodore II. est Exarque de Ravenne, après Grégoire

Depuis J. C.	Muratori a prouvé qu'il étoit différent de Théodore Calliopas.
Les Bulgares, ainsi nommés du fleuve Bulga ou Volga, viennent fondre dans la Thrace. L'Empereur Constantin Pogonat leur donne une somme considérable, & les oblige de se retirer ; mais ils resterent établis près du Danube, où ils ont donné le nom à la province qu'on appelle encore Bulgarie.
679.	Le Christianisme est annoncé aux Frisons par S. Wilfrid Evêque d'Yorck : ils occupoient ce qu'on appelle aujourd'hui la Hollande.
680.	Mort de Moavia Calife des Sarrasins, après un régne de vingt-un ans : son fils Yésid lui succéde.
L'Empereur Constantin ordonne à tous les Evêques de s'assembler à Constantinople le sept Novembre. Le Pape envoye ses Légats pour assister au Concile qui devoit se tenir dans cette ville.
Le *Troisiéme Concile* de Constantinople, *Sixiéme œcuménique*, commence le six Novembre.
Wamba Roi des Visigoths en Espagne, abdique la Royauté, & se retire dans un Monastère, après un régne de huit ans un mois & quatorze jours : Ervige lui succéde le seize Octobre.
Dagobert étant mort, les Maires d'Austrasie, Martin & Pepin de Héristel, gouvernent ce Royaume, sans qu'il y eût de Roi.
681.	Les Monothélites sont condamnés au Concile de Constantinople.
L'Angleterre est affligée de peste & de famine.
682.	L'Empereur Constantin remet aux Papes l'argent qu'ils avoient coutume de lui payer après leur promotion : il se réserve néanmoins le droit de confirmer leur élection.
683.	La division continue parmi les Sarrasins : Moavia II. fils de Yésid, est Calife environ un mois, en suite Mervan l'un de ses parens.
684.	Mort de Mervan, après un régne de dix mois : Abdolmelek son fils lui succéde dans l'Empire des Sarrasins.
Ecfride Roi d'Angleterre, est tué par les Pictes, peuples d'Ecosse, à qui il avoit déclaré la guerre.
685.	L'Empereur Constantin IV. ou Pogonat, meurt au mois de Septembre, après avoir gouverné l'Empire dix-sept ans & quelques mois.
JUSTINIEN II. son fils, est Empereur d'Orient, âgé de seize ans. Il envoye une armée en Arménie, qui en chasse les Sarrasins, & met à contribution l'Ibérie, l'Albanie, l'Hircanie & la Médie.
686.	Quilien Moine Irlandois, annonce la Religion à Wirtsbourg en Allemagne, & en devient le premier Evêque.

DE L'HISTOIRE MODERNE. 105

Depuis J. C.	
687.	Pertharit Roi des Lombards meurt, & son fils Cunibert lui succède.
	Le Pape Conon meurt le vingt-un Septembre, ou selon d'autres, le treize Octobre. Théodore & Pascal Archidiacres, levent des troupes pour se faire élire; on élit Sergius: mais Pascal pour se maintenir, offre une somme considérable à Jean nouvel Exarque de Ravenne.
	L'Exarque vient à Rome avec une armée, exige des Romains les sommes considérables qu'on lui avoit promises, & ne laisse pas d'enfermer l'Antipape Pascal.
	Ervige Roi d'Espagne meurt; Egica parent de Wamba, lui succède.
	Pepin de Heristel, Maire du Royaume d'Austrasie, défait le Roi Thierry.
688.	Les Sarrasins prennent Carthage en Afrique; la plûpart des Grecs se réfugient en Sicile & en Espagne.
689.	S. Quilien Evêque de Wirtsbourg, est martyrisé avec ses Compagnons, par ordre de Geïla épouse du Duc Gosbert.
690.	Pepin envoye S. Willebrod, pour convertir les Frisons qui occupoient la Hollande.
	L'Empereur Justinien rompt la paix avec les Sarrasins, parce qu'ils ne pouvoient pas payer leur tribut en monnoie au coin de ce Prince, qui ne vouloit pas même le recevoir en lingots. L'Empereur force les habitans de l'Isle de Cypre de quitter leur Isle. Il fait la guerre aux Sarrasins & en est battu; il est obligé de leur céder l'Arménie.
691.	Mort de Thierry Roi de France en Neustrie & en Bourgogne; Clovis III. son fils est mis en sa place, & Pepin Maire du Palais, continue de gouverner le Royaume.
692.	Justinien fait assembler le Concile de Constantinople, nommé *in Trullo*, ou *Quini-Sexte* (supplément au sixième.)
693.	Justinien II. fait bâtir plusieurs superbes édifices. Il prend pour Inspecteur de ces travaux un Persan très-cruel, qui fait mourir beaucoup d'ouvriers & plusieurs personnes de qualité.
695.	Ce Prince mécontent des habitans de Constantinople, se propose d'en faire faire un massacre. Il est prévenu & déposé.
	LEONCE Patrice est élu Empereur; fait couper le nez à Justinien II. le rélégue en Chersonèse, & fait mourir les ministres de ses cruautés.
	Les Juifs d'Afrique & d'Espagne conspirent contre le Roi Egica. La conspiration est découverte & les auteurs pûnis.
	Childebert II. Roi de France, succède à son frère Clovis III.

Depuis J. C.	Mort de S. Omer, dont la ville a pris & retenu son nom. S. Vandregisile fonde les Abbayes de Fécamp & de Fontenelle.
697.	L'armée qui défendoit l'Afrique, n'ayant pu empêcher les Sarrasins de s'en emparer, & craignant à ce sujet Léonce, fait Empereur ABSIMARE, Général de la Cavalerie, qui vient à Constantinople, dépose Léonce, & lui fait couper le nez : on l'enferme ensuite dans un Monastère en Dalmatie. Apsimare est ensuite reconnu Empereur par tout le monde, & on lui donne le nom de Tibere.
	S. Wilibalde fait faire des missions dans la France Orientale ou l'Austrasie, pour y établir la Religion Chrétienne.
	Venise commence à avoir des Doges.
698.	Les Romains recouvrent la Syrie, & tuent plus de deux cent mille Sarrasins.
	Le Christianisme s'étend dans la Frise, ou la Hollande.
	Cunibert Roi des Lombards, meurt à Pavie : son fils Liutbert lui succéde.
700.	Cracus Duc de Pologne, bâtit (dit-on) la ville de Cracovie.
701.	Egica Roi d'Espagne, meurt après un régne de treize ans : son fils Vittiza lui succéde. Ce dernier se soustrait de l'obéissance du Pape, & refuse de lui payer le tribut que ses prédécesseurs lui avoient accordé.
	Liutbert Roi des Lombards est détrôné : Ragimbert se met en sa place, & meurt peu après. Son fils Aripert II. lui succéde.
	Gilulphe Duc de Bénévent, ravage la Campanie.
702.	Justinien II. leve des troupes pour remonter sur le trône ; il épouse la fille du Roi des Laziens.
	Théophylacte succéde à Isaac, dans l'Exarcat de Ravenne.
703.	JUSTINIEN se saisit de la Thrace, assiége la ville de Constantinople, dans laquelle il introduit des troupes.
	Apsimare-Tibere & Léonce prennent la fuite : l'ancien Empereur les poursuit, les prend, & les ramene jusques dans le Cirque, où il leur met le pied sur la gorge en présence du peuple, & leur fait ensuite couper la tête. Il fait aussi mourir plusieurs personnes de considération, dépose Callinique Patriarche de Constantinople, lui fait crever les yeux, l'exile à Rome, & fait mettre Cyrus en sa place.
704.	Etelred se fait Moine, après avoir gouverné l'Angleterre pendant trente-un ans : son fils Corred lui succéde.
705.	Walid est reconnu Calife des Sarrasins, & réside, comme plusieurs de ses prédécesseurs, à Damas en Syrie. Son Empire s'étendit bientôt de Barbarie en Espagne : ses Généraux firent aussi des conquêtes en Tartarie & aux Indes.

Depuis J. C.	
706.	Justinien fait la guerre aux Bulgares, qui l'avoient aidé à recouvrer ses Etats. Ils le défont & l'obligent de s'enfuir à Constantinople.
708.	Le dix-neuf Janvier, Sisinius est élu Pape. Il meurt vingt jours après. Constantin, Syrien de nation, est mis en sa place.
709.	L'Empereur Justinien II. fait venir à Constantinople le Pape Constantin, pour finir la contestation au sujet des Canons ajoutés au VI.e Concile. Justinien fait la guerre contre les habitans de la Chersonèse.
710.	L'Exarque Théophylacte meurt à Ravenne. Jean Rizocope, envoyé à sa place, trouve tout l'Exarcat soulevé contre Justinien ; & il périt l'année suivante dans un des combats qu'il livra aux rebelles.
	Cette année ou la suivante, Vittiza Roi des Visigoths en Espagne, est détrôné par Roderic, ou Rodrigue, dont le régne fut malheureux.
711.	Childebert II. Roi de France, meurt le quatorze Avril, âgé de vingt-huit ans, dont il en avoit régné quinze & quelques mois. Il est enterré dans l'Eglise de S. Etienne de Coucy : Dagobert II. son fils lui succéde.
	Eutychius est fait Exarque de Ravenne.
	Révolution en Espagne : les Sarrasins y viennent d'Afrique ; le Roi Roderic est trahi par des Seigneurs qu'il avoit indisposés, & surtout par le Comte Julien.
	Le Pape Constantin arrive de Constantinople à Rome, le vingt-quatre Octobre.
	Les soldats indignés de la cruauté de Justinien II. se révoltent contre lui.
	PHILIPPIQUE surnommé Bardanès, est élu Empereur : il assiège Constantinople & s'en rend maître ; fait prendre Tibere âgé d'environ sept ans, que l'on égorge en présence de Justinien son pere, à qui Philippique fit couper la tête. Ce nouvel Empereur se déclare pour les Monothélites.
	Roderic Roi des Goths en Espagne, est entiérement dépouillé de ses Etats par les Sarrasins d'Afrique, qu'on appelle les Maures ; qui demeurerent en Espagne pendant plus de sept cent ans.
712.	Aripert II. Roi des Lombards, est noyé en passant la riviére de Tésin. Il avoit régné huit ans : son corps fut inhumé à Pavie. Asprand qui lui succéda, ne régna que trois mois, au bout desquels son fils Luitprand fut reconnu Roi, & régne glorieusement trente-un ans & sept mois.
713.	Artemius premier Secrétaire de Philippique, fait crever les yeux à cet Empereur, dans le temps qu'il reposoit ; se fait déclarer Empereur, & prend le nom d'ANASTASE II.e

Depuis J. C.	Eutychius est rappellé d'Italie, & Scholastique est fait Exarque de Ravenne.
Les Sarrasins prennent la ville d'Antioche de Pisidie; & les Bulgares ravagent toute la Thrace.
714.	Pepin de Héristel Maire du Palais des Rois de France, meurt : son fils Charles Martel prend sa place.
Mort de Walid Calife des Sarrasins : Soliman son frère lui succéde.
L'armée de l'Empire qu'Anastase avoit envoyée en Phénicie contre les Sarrasins, se révolte & élit Empereur un nommé Théodose, Syrien de nation. Il vient à Constantinople, défait la flotte d'Anastase, & fait renfermer cet Empereur dans un Monastère.
715.	THÉODOSE III. fait rétablir l'autorité des six premiers Conciles Généraux.
Mort du Roi de France Dagobert II. Il laisse un fils nommé Thierry, à qui on avoit donné le surnom de Chelles, où il avoit été élevé. Comme il étoit encore au berceau, les Grands du Royaume se choisirent un nommé Daniel, qui s'étoit retiré dans un Monastère ; il étoit fils de Childeric. Il prit le nom de Chilperic II. Charles Martel, fils de Pepin, déjà Duc d'Austrasie, gouverne le reste de la France avec gloire.
716.	Les Arméniens & les Sarrasins forcent Léon d'Isaürie d'accepter l'Empire.
LÉON III. marche contre Théodose, qui abdique volontairement, & se retire à Ephèse avec son fils, où ils embrassent l'état Ecclésiastique, & vivent en paix.
Les Sarrasins prennent Pergame, ville de l'Asie Mineure ; d'un autre côté, ils s'emparent de Tolède en Espagne ; puis étant entrés en France, ils pillent, ravagent & brûlent jusqu'à la Bourgogne & au Poitou.
717.	Les Sarrasins assiégent Constantinople, ils sont repoussés. Léon brûle leur flotte avec du feu Grégeois. La peste fait mourir près de 300 mille habitans de Constantinople.
La ville de Rome est presque submergée par l'inondation du Tibre, qui dure sept jours.
Le vingt-un Mars ; Charles Martel livre une bataille à Chilperic Roi de France, dans laquelle il eut beaucoup d'avantage.
Mort de S. Suibert Apôtre, ou premier Evêque des Saxons & des Frisons.
Omar II. devient Calife des Sarrasins, après la mort de Soliman.
718.	Les Sarrasins abandonnent le siége de Constantinople le quinze Août ; ils sont défaits par l'Empereur Léon.
Pélage, Prince Goth, est élu Roi des Asturies par ceux des Espagnols qui s'étoient réfugiés dans les mon-

Depuis J. C.	
	tagnes. Il se défend contre les Sarrasins, dont il tue près de vingt mille dans une seule bataille.
Charles-Martel fait déclarer Roi Clotaire IV. que l'on croit fils de Clotaire III.
719.	Mort de Radbod Roi des Frisons, dont la capitale étoit Utrecht.
Il naquit en ce temps un fils de l'Empereur Léon l'Isaurien. Germain Patriarche de Constantinople, baptise cet enfant le jour de Noël, & l'appelle Constantin ; on lui donna le surnom de Copronyme, parce que dans le temps qu'on le baptisoit, cet enfant avoit souillé les Fonds Baptismaux.
S. Boniface Anglo-Saxon, annonce l'Evangile en Allemagne, en Thuringe & en Frise.
Chilpéric est défait par Charles Martel, & Clotaire meurt.
Pétronax citoyen de Bresse, rebâtit le Monastère du Mont-Cassin, qui avoit été ruiné par les Lombards, fait venir des Moines, & y fait observer la régle de S. Benoît.
720.	Léon associe son fils Constantin à l'Empire.
Eude Duc d'Aquitaine, livre Chilpéric à Charles Martel.
Les Sarrasins prennent Narbonne, & assiégent Toulouse. Yésid II. fut cette année leur Calife, après Omar II.
Chilpéric II. Roi de France étant mort, Thierry III. dit de Chelles, est déclaré Roi de France ; mais Charles Martel gouverne despotiquement.
722.	L'Empereur oblige les Juifs de se faire Chrétiens : quelques-uns, qui s'étoient fait baptiser, abjurent le Christianisme, & proferent des blasphêmes contre J. C. Léon veut les forcer à se rétracter, ils le refusent & mettent le feu à leurs maisons, dans l'incendie desquelles ils périssent.
723.	S. Boniface est appellé à Rome & sacré Evêque. Le Pape lui donne des lettres de recommandation pour les Evêques de France, & pour les Princes d'Allemagne.
724.	S. Boniface annonce le Christianisme en Thuringe.
Hescham devient Calife des Sarrasins.
725.	Léon d'Isaurie condamne l'usage & le culte des Images. Germain Patriarche de Constantinople, s'y oppose.
Eude Duc d'Aquitaine, fait la guerre à Charles Martel & aux Sarrasins.
726.	Le Pape Grégoire II. se déclare contre l'Empereur, & condamne l'Edit qu'il avoit rendu, pour proscrire le culte des Images. Il se ligue avec les Lombards, pour en empêcher l'exécution. Le Pape envoye vers Charles Martel, pour le prier de se rendre en Italie, & s'opposer à Leon. Les Lombards s'emparent de plusieurs places de l'Empire aux environs de Ravenne.

Depuis J. C.	L'Empereur fait abbattre les Images à Constantinople, ce qui excite une sédition ; plusieurs Officiers de Léon sont tués dans son Palais. Cet Empereur fit rechercher & mettre à mort les Auteurs de ces troubles.
	Les Sarrasins prennent Césarée de Cappadoce.
727.	Scholastique Exarque de Ravenne est rappellé, & Paul est envoyé en sa place. Celui-ci étoit chargé de faire assassiner le Pape Grégoire II. en haine des saintes Images. Les Romains défendent leur Pasteur, & reçoivent mal Paul, qui est aussi mal accueilli à Ravenne : il y est tué dans un tumulte l'année suivante.
	Les Sarrasins assiégent Nicée avec une armée de plus de cent mille hommes, sans pouvoir la prendre.
	Plusieurs Evêques de l'Eglise Grecque se déclarent pour le culte des Images, contre l'Edit de l'Empereur.
	Ina, Roi des Saxons Occidentaux d'Angleterre, se sépare de sa femme, abdique la Royauté, & se fait Moine, après avoir obligé ses sujets de payer chaque année au Pape un denier pour chaque maison. Dans la suite Ethelwol, Roi de presque toute l'Angleterre, ordonna la même chose. Ce tribut fut nommé le Denier de S. Pierre.
728.	Les défenseurs des Images font la guerre à Léon. Agallianus & Etienne, qui étoient à leur tête, sont défaits sur mer.
	Eutychius est envoyé pour la seconde fois en Italie, pour avoir soin de l'Exarcat de Ravenne.
729.	Luitprand Roi des Lombards, se ligue avec l'Exarque de Ravenne, pour faire la guerre au Pape. Grégoire fait échouer les desseins de ses ennemis.
	Les Sarrasins ravagent la Provence par mer.
730.	Germain Patriarche de Constantinople, résiste à l'Empereur, qui ne pouvant l'obliger à se déclarer contre les Images, le dépose & le chasse de Constantinople, faisant élire en sa place Anastase Iconoclaste.
	Le Pape Grégoire excommunie l'Empereur.
732.	L'Empereur Léon confisque les terres que le Pape avoit en Sicile : fait instruire & baptiser la fille de Chagán Roi des Cazares, à qui il donne le nom d'Irène, & la marie à son fils Constantin Copronyme.
	La flotte que l'Empereur avoit envoyée en Italie contre le Pape, est dispersée par la tempête.
	S Jean Damascène soutient le culte des Images.
	Charles Martel défait, près de Tours, les Sarrasins venus d'Espagne : il y en eut, dit-on, trois cent soixante-quinze mille de tués.
733.	Le Pape Grégoire & plusieurs Evêques d'Italie, supplient inutilement l'Empereur de rétablir les Images ; mais l'Empereur exile & persécute les Orthodoxes.

DE L'HISTOIRE MODERNE. 111

Depuis J. C.	Charles Martel défait les Sarrasins qui ravageoient la Provence & le Languedoc.
734.	L'Empereur continue de persécuter les défenseurs des Images.
735.	Eude Duc d'Aquitaine, déclare la guerre à Charles Martel : ce Duc meurt, & partage ses Etats à ses deux fils. Il donne le Comté de Poitiers a Habson, & toute la première & seconde Aquitaine à Hunaud. Charles Martel attaque ce dernier, & l'oblige de rendre hommage pour le Duché d'Aquitaine.
736.	Léon fait exécuter son Edit contre les Images.
737.	Cléolulphe Roi de Northumberland, à qui Bede a dédié son Histoire d'Angleterre, abdique la Royauté, se fait Moine, & met son fils ou son cousin sur le Trône. Mort de Thierry III. Roi de France, âgé d'environ vingt-trois ans, après avoir porté le titre de Roi pendant dix-sept ans. Charles Martel, qui gouvernoit le Royaume, n'en fait point mettre d'autre, & se contente pendant près de six ans, qu'il gouverna seul, du titre de Duc des François : il soumet les Saxons, & chasse les Sarrasins de Provence.
739.	Favila, qui avoit succédé à son père Pélage dans le Royaume des Asturies, meurt la seconde année de son régne. Alphonse I. gendre de Pélage, & l'un des descendans de Recarede, Roi des Visigoths, lui succéde. Luitprand Roi des Lombards, assiége Rome & s'empare du Duché de Spolette. Trasemond avec les troupes du Pape, reprend presque toutes les villes de ce Duché. Le Pape écrit à Charles Martel, pour l'engager à le secourir. S. Willibrord Evêque d'Utrecht, meurt après avoir gouverné cette Eglise pendant quarante ans. S. Boniface vient en Baviére, qu'il partage en quatre Evêchés, dont les deux principaux étoient celui de Ratisbonne & celui de Saltsbourg.
740.	Le Mercredi vingt-six Octobre, tremblement de terre à Constantinople, qui se fit aussi sentir à Nicée, à Nicomédie & dans plusieurs autres villes ; il dura plusieurs mois. Les Lombards ravagent la Campanie, pillent & brûlent plusieurs Eglises, & quantité de Monastères. Le Pape tâche en vain d'appaiser l'Empereur sur les Images.
741.	L'Empereur Léon III. meurt le dix-huit Juin, après avoir gouverné l'Empire vingt-quatre ans, deux mois & vingt jours. CONSTANTIN V. dit Copronyme, son fils, est couronné le vingt-sept Juin. On lui donne le nom de Caballin, parce qu'il aimoit l'odeur du fumier de chevaux. L'Empereur équipe une flotte contre les Sarrasins.

Depuis J. C.	Charles Martel, âgé de cinquante ans, meurt le vingt Octobre, en sa maison de Quiercy-sur-l'Oise; son corps est porté dans l'Abbaye de S. Denis. Carloman son fils aîné, lui succéde dans l'Austrasie & la France Germanique, & Pepin son second fils dans la Neustrie, la Bourgogne & la Provence.
742.	Pepin met sur le Thrône des François, en Neustrie & Bourgogne, Childeric III. fils de Thierry de Chelles, qui porta dix ans le nom de Roi. L'Austrasie depuis soixante ans n'avoit point de Rois, mais étoit gouvernée par les Maires du Palais, sous le nom de Ducs.
	Naissance de Charles fils de Pepin, qui a mérité le nom de Charlemagne ou le Grand.
	Les habitans d'Antioche, après quarante ans d'Anarchie, obtiennent des Sarrasins la permission d'élire un nommé Etienne Patriarche d'Antioche.
743.	Luitprand veut s'emparer de Ravenne. Le Pape l'engage de la laisser à l'Empereur.
	Rébellion contre Constantin: ce Prince défait Nicétas & son armée à Chalcédoine, vient en Thrace, assiége & prend Constantinople, qu'il abandonne au pillage; fait mourir plusieurs des principaux habitans, & fait conduire par la ville le Patriarche Anastase monté sur un âne, ayant la tête tournée du côté de la queue. Anastase demande & obtient son pardon de l'Empereur, qui le fait rétablir dans son Evêché.
	Côme Patriarche d'Alexandrie, abjure le Monothélisme.
	Walid II. Calife des Sarrasins, ne régne qu'un an & près de trois mois: on le dépose à cause de sa méchanceté, & il est tué.
744.	Mort de Luitprand Roi des Lombards: Ratchis lui succéde. Luitprand fut le premier des Rois que l'on voit avoir eu une Chapelle domestique.
	S. Boniface jette les fondemens de l'Abbaye de Fulde, la plus illustre & la plus considérable de l'Allemagne.
	Théophilacte est élu Patriarche d'Antioche.
	Cette année, il y eut de grandes divisions parmi les Sarrasins. Yésid II. & Ibrahim, Califes l'un après l'autre pendant sept mois, furent attaqués par Mervan II. qui régna ensuite. Il fut le quatorzième & dernier des Princes *Ommiades*, ayant été détrôné au bout de cinq ans par les *Abbassides*.
745.	Les Saxons ravagent la Thuringe; Carloman les en chasse.
	S. Boniface est ordonné Evêque de Mayence.
746.	Les Sarrasins se divisent, & se font la guerre.
	Un tremblement de terre renverse un grand nombre d'édifices dans la Syrie &. dans la Palestine. Depuis le

| Depuis J. C. | quatre Août jusqu'au mois d'Octobre il y eut des ténébres très-épaisses pendant le jour. Une peste effroyable, qui dura près de trois ans, ravage la Calabre, la Sicile & la Grece: la mortalité fut si considérable à Constantinople, que l'on trouvoit à peine des personnes pour ensevelir les morts. |

747. Carloman laisse ses Etats & son fils Drogon à son frère Pepin, se retire en Italie, & y fait bâtir un Monastère sur le Mont Soracte, à quelques lieues de Rome, appellé aujourd'hui le Mont Silvestre; embrasse l'état Monastique, & passe les dernières années de sa vie dans le Monastère du Mont Cassin.

749. Plusieurs villes de Syrie sont entièrement renversées par des tremblemens de terre. Celles qui étoient sur des éminences, furent jettées dans des endroits bas: quelques-unes ne firent que changer de place sans être endommagées, quoiqu'elles fussent éloignées de plus de six mille pas de leur première situation. En Mésopotamie, la terre s'ouvrit & forma un gouffre de deux mille pas de long.

Pepin défait les Saxons & les Westphaliens plusieurs fois.

Ratchis, Roi des Lombards, assiége la ville de Pérouse. Le Pape Zacharie le vient trouver, & lui persuade de se retirer de devant cette ville, & de rendre toutes les autres qu'il avoit prises dans la Pentapole. Il lui parle même avec tant de force du mépris des biens de la terre, que Ratchis peu de temps après fit son abdication, ayant régné cinq ans & six mois. Il vint ensuite trouver le Pape, avec sa femme Tasie & sa fille Ratrude, pour le prier de leur donner l'habit monachal. Ce Prince se retire au Mont-Cassin, & les Princesses dans un Couvent de Religieuses.

Astolphe, frère de Ratchis, est mis sur le trône des Lombards.

750. Mort de S. Jean Damascène, en Palestine.

Il arrive une grande révolution chez les Sarrasins: la famille des Ommiades est privée, après plusieurs batailles, du Gouvernement dont elle jouissoit depuis quatre-vingt-douze ans. Les Abbassides, qui étoient parens de Mahomet, montèrent alors sur le trône des Arabes, & firent mourir tous les Ommiades, à l'exception d'un qui se réfugie en Espagne, où il est reconnu Calife d'Andalousie. Aboulabbas reste maître ou Calife de tout le reste de l'Empire des Arabes ou Sarrasins.

751. Pepin envoye des Députés (Burchard, Evêque de Virtsbourg, & Fulrade son Chapelain) au Pape Zacharie, pour le consulter, sçavoir s'il ne devoit point être déclaré Roi préférablement à Childeric, dernier de la race des Mérovingiens, qui étoit incapable de gouverner.

II. Partie.

Depuis J. C.	Constantin fait proclamer Auguste son fils Léon, quoiqu'il n'eut encore que seize mois.
752.	Pepin est déclaré Roi par une assemblée des États de France, qui se tint à Soissons, & y est sacré par S. Boniface, Evêque de Mayence. C'est le premier sacre de Roi marqué dans l'Histoire de France, par des Auteurs dignes de foi. Childeric est dégradé & relégué dans le Monastère de Sithieu, aujourd'hui S. Bertin dans la ville de S. Omer, où il prit l'habit de Religieux. En lui finit le régne des *Mérovingiens*, première Race des Rois de France, qui furent sur le trône deux cent soixante-dix ans, à ne compter que depuis Clovis, que l'on peut regarder comme le fondateur de la Monarchie Françoise dans les Gaules.
	Etienne II. ou III. est mis sur le S. Siége ; c'est le premier Pape qui ait été porté sur les épaules des hommes, & qui ait donné lieu à cette coutume.
	Astolphe, Roi des Lombards, reprend la Pentapole, & s'empare de Ravenne : l'Exarque Eutychius s'enfuit à Naples. Ainsi finit l'Exarcat, après avoir duré 184 ans, sous 18 Exarques.
753.	Astolphe déclare la guerre au Pape, & demande qu'on lui remette la ville de Rome, après avoir pris Ravenne & plusieurs autres places.
	Astolphe assiége Rome ; le Pape implore inutilement le secours de l'Empereur Constantin, & a recours au Roi Pepin, qui fait lever le siége par sa médiation.
	Le Pape Etienne vient en France. Pepin envoye son fils Charles cinquante lieues au-devant de lui, & va lui-même à sa rencontre avec sa femme & ses enfans. Ce fut alors que le Pape, tant en son nom qu'en celui du Clergé, du Sénat, de la Noblesse & du peuple de Rome, déclara Pepin, & ses fils Carloman & Charles, Patrices des Romains, c'est-à-dire, Seigneurs & Souverains de Rome & de son Duché; mais en même-temps il engage Pepin à lui faire une Donation de Ravenne, de l'Exarcat & de la Pentapole en faveur de l'Eglise Romaine, lorsque Pepin les auroit repris aux Lombards.
754.	Pepin vient en Italie avec une armée considérable, & fait convenir Astolphe qu'il rendra Ravenne à l'Empire, & au Pape les villes qu'il avoit usurpées sur le S. Siége.
	Abougiafar-Almansor devient Calife des Sarrasins après son frère Aboulabbas : il bâtit Bagdat, dont il fait la capitale de son Empire.
755.	Astolphe assiége de rechef la ville de Rome. Le Pape a recours à Pepin, qui passe en Italie avec une armée, & fait non-seulement lever le siége, mais encore donne au Pape plusieurs villes dont Astolphe étoit en possession.
	S. Boniface, Evêque de Mayence, est martyrisé par les

DE L'HISTOIRE MODERNE. 115

Depuis J. C.

Frisons, le cinq Juin. On porte son corps à l'Abbaye de Fulde.

756. Astolphe, Roi des Lombards, meurt d'une chûte de cheval, au mois de Décembre. N'ayant point de fils, ni de proches parens, Didier, Duc de Toscane, qui avoit été Connétable d'Astolphe, se fait proclamer Roi. Ratchis, qui avoit abdiqué la Royauté & s'étoit fait Moine quelque temps auparavant, s'efforce de remonter sur le trône. Le Pape, à la persuasion de Pepin, oblige Ratchis de retourner dans son Monastère ; ainsi Didier après avoir cédé le Duché de Ferrare & Ancône au Pape, reste Roi.

Révolution en Espagne, parmi les Sarrasins : ils avoient été jusqu'alors sous la dépendance des grands Califes d'Orient. Mais cette année, un Ommiade nommé Abdurahman (que nous avons appellé Abderame) se fait reconnoître Calife en Espagne, que sa postérité possède jusqu'en 1038. C'est ce qu'on appelloit les Rois de Cordoue.

757. Les Sarrasins augmentent les taxes qu'ils tiroient sur les Chrétiens de Syrie.

Pepin subjugue les Saxons, & en exige des contributions.

Alfonse, Roi d'Espagne, ayant régné dix-neuf ans, meurt, & a pour successeur Froïla, qui remporte de grands avantages sur les Sarrasins ; il en fait mourir plus de cinquante mille dans la Galice. Il prend cette Province & celle de Navarre.

758. Constantin fait la guerre aux Sclavons, & les chasse de la Macédoine. Il envoye plusieurs présens à Pepin, & entr'autres des Orgues composées de plusieurs jeux, disposées d'une façon extraordinaire, telles qu'on n'en avoit pas encore vû.

Le Calife Abougiafar envoye des Ambassadeurs à la Chine ; où cette année les Arabes & les Persans établis à Canton, prennent & pillent cette ville, & après cela mettent à la voile.

759. Constantin fait la guerre aux Bulgares, qui le défont & l'obligent de s'en retourner à Constantinople.

Pepin bat les Saxons ; assiége & se rend maître de Narbonne & de la Septimanie occupée par les Sarrasins.

760. Le Pape Paul fonde un Monastère à Rome, dans lequel il fait chanter les Pseaumes en Grec.

761. Constantin maltraite ceux qui révéroient les Images, & défend de se faire Moine. La guerre que les Bulgares eurent contre lui, rallentit la persécution.

Les Sarrasins s'emparent de Valence en Espagne, Les Catholiques en retirent les Reliques de S. Vincent, & les transportent sur les côtes de Portugal, dans un lieu nommé le Cap de S. Vincent, où l'on a bâti un Monastère.

763. Constantin dompte les Bulgares.

H ij

Depuis J. C. L'hiver fut si rude cette année, que le Pont-Euxin fut, dit-on, glacé de trente coudées d'épaisseur, & qu'il y eut des neiges en certains endroits jusqu'à cinquante pieds de haut. Ces grands froids, qui commencèrent dès le mois d'Octobre, & qui durèrent jusqu'à la fin de Février, furent suivis d'une si extrême sécheresse, que la plûpart des fontaines & des sources tarirent.

765. Pepin continue de faire la guerre dans l'Aquitaine.

766. Constantin continue de persécuter les défenseurs des Images, & fait jurer à tous ses sujets, de ne leur rendre aucun culte. Cet Empereur ayant été battu par les Bulgares, envoye demander du secours à Pepin, qu'il tâche de mettre dans ses intérêts au sujet des Images.

767. Le Pape Paul meurt. Constantin, quoique Laïque, est mis sur le S. Siége par Didier, Roi des Lombards, & en trois jours consécutifs, on lui donne l'ordre de Prêtrise.

Les Turcs ravagent l'Arménie & l'Asie Mineure.

768. Le peuple & le Clergé de Rome se révoltent contre l'Antipape Constantin, que l'on force d'abdiquer la Papauté ; il se retire dans un Monastère ; on lui créve les yeux, puis on l'empoisonne.

Philippe est ensuite élu Pape ; plusieurs personnes mécontentes de son élection, le font déposer, & élisent en sa place Etienne III. ou IV.

Froila, Roi des Asturies, est assassiné : Aurele, son cousin-germain, lui succéde.

Pepin, après avoir terminé la guerre d'Aquitaine, étant malade à Saintes, se fait transporter à Tours, & de-là à S. Denis, où il meurt âgé de cinquante-quatre ans, le vingt-trois Septembre, la dix-septième année de son régne. Il fut enterré à S. Denis. La petitesse & la grosseur de sa taille, lui ont fait donner les surnoms de Bref & de Gros.

Charles, fils de Pepin, à qui nous donnerons dans la suite le nom de Charlemagne, & Carloman son frère, partagent le Royaume de France. Le premier âgé de trente ans, est couronné à Noyon, & le second âgé de vingt-deux ans, le fut à Soissons. Ces deux frères font la guerre à Hunaud, Duc d'Aquitaine, & se mettent en possession de ses États.

769. Charlemagne épouse Berthe, fille de Didier, Roi des Lombards.

Léon, fils de l'Empereur Constantin, âgé de dix-huit ans, épouse Irène, & est proclamé Empereur, ses deux autres frères Christophe & Nicéphore, sont déclarés Césars. Le premier Avril, l'Empereur Constantin fait couronner Eudocia, sa femme.

770. Cet Empereur fait venir à Ephèse un grand nombre de Religieux & de Religieuses, leur ordonne de quitter leurs habits noirs, d'en prendre de blancs ; de se marier, & de

Depuis J. C. se conformer à ses intentions touchant les Images, ou d'aller en exil dans l'Isle de Cypre, pour y être exposés aux Sarrasins. Après avoir eu les yeux crevés, plusieurs souffrent l'exil; quelques-uns se marient. Constantin fait vendre les Monastères, & s'en approprie le prix.

771. Carloman meurt de maladie au mois de Novembre; son corps fut porté dans l'Abbaye de S. Remy de Rheims.

Charlemagne reste seul Roi de France, & se rend maître pendant le reste de ce siécle, de tout ce que les Lombards avoient en Italie, d'une partie de l'Espagne, & d'autres pays en Allemagne; répudie sa femme Berthe, à la persuasion du Pape, & épouse Hildegarde, d'une famille distinguée de Souabe.

Au mois de Janvier de cette année, il naquit un fils à l'Empereur Léon & à Irène, qui fut nommé Constantin, & surnommé Porphyrogenète, c'est-à-dire, né dans la pourpre.

772. Didier, Roi des Lombards, s'empare de rechef de Ravenne & de plusieurs autres places.

Charlemagne fait la guerre aux Saxons, les défait près d'Osnabruck; démolit le Temple du faux Dieux Irmensul, dont il brise le Simulacre, qu'on croit avoir été celui du fameux Arminius, qui avoit fait tant de mal aux Romains. Bertolde, Duc des Saxons, est tué: cette guerre des Saxons dura, à plusieurs reprises, trente-trois ans.

773. Didier veut assiéger Rome, & s'empare de plusieurs villes du domaine du Pape Adrien, qui a recours à Charlemagne; lequel tente inutilement la douceur, pour porter Didier à restituer au Pape les places qu'il avoit prises sur lui. Charlemagne vient en Italie au mois d'Octobre, défait l'armée de Didier, assiége & prend Vérone.

774. Le siége de Pavie, que Charlemagne avoit commencé dès l'année précédente, traînant en longueur, ce Prince vient célébrer à Rome les fêtes de Pâques. Le Pape & les habitans lui font une très-magnifique entrée. Ce Prince revient à Pavie, qui se rend. Didier qui s'étoit refugié dans cette ville, est pris avec sa femme & ses enfans. Charlemagne fait raser Didier, & l'envoye en France, où ce Prince mourut. Ainsi finit le Royaume des Lombards en Italie, après y avoir duré deux cent six ans.

Paul Diacre d'Aquilée, est pris avec Didier, dont il étoit Secrétaire. On a dit qu'il avoit été accusé d'avoir contrefait l'écriture de Charlemagne, pour faciliter l'évasion de Didier; que Charlemagne ordonna de lui couper la main droite, mais révoqua ensuite cet ordre, & se contenta de l'exiler dans l'Isle de Caprée, d'où cet Historien se sauva, & vint à Bénévent. Mais tout cela n'est qu'une fable: il n'y a de vrai que la retraite de Paul à Bénévent, & Charlemagne le regarda toujours comme un de ses amis.

Depuis J. C.	Mort d'Aurele, Roi des Asturies : Silo, son beau-frère, est élu & mis en sa place.
775.	Mort de l'Empereur Constantin Copronyme, le quatorze Septembre, après avoir gouverné l'Empire pendant trente-quatre ans, deux mois & vingt-six jours. LÉON IV, son fils, lui succède. Abougiafar Almansor Calife des Sarrasins, meurt : son fils Mahadi lui succède.
776.	Adelgise, fils de Didier, Roi des Lombards, réfugié à Constantinople, est déclaré Patrice par l'Empereur Léon au mois d'Avril. Léon fait déclarer & couronner Empereur son fils Constantin Porphyrogenète : Nicéphore conspire contre Léon, qui le fait raser & l'exile dans la Cherfonèse. Rotgaut leve des troupes, & veut se mettre en possession du Royaume des Lombards. Charlemagne vient avec une armée, défait & prend Rotgaut, & lui fait ensuite couper la tête. Charlemagne soumet les Saxons.
777.	Teleric, Roi des Bulgares, vient à Constantinople, se fait instruire du Christianisme, & reçoit le Baptême ; Léon le fait Patrice, & lui donne en mariage la cousine germaine de l'Impératrice Irène. Charlemagne fait tenir une assemblée générale à Paderborn. Plusieurs chefs des Sarrasins l'y viennent trouver, pour implorer son secours contre leur nation.
778.	Charlemagne entreprend une expédition en Espagne contre les Sarrasins, s'empare de la Navarre & de la Sardaigne ; à son retour, il fait raser Pampelune ; les Gascons se mettent en embuscade dans les détroits du passage de Roncevaux, pillent ses bagages, & tuent plusieurs des principaux Seigneurs de la Cour de Charlemagne. Hildegarde, sa femme, accouche de deux enfans jumeaux, dont l'un mourut aussitôt, & l'autre nommé Louis, succéda à son père.
779.	Charlemagne dompte les Saxons : plusieurs se retirent chez les Sclavons, & se font appeller Oueshphales.
780.	L'Empereur Léon meurt de la fièvre, le huit Septembre. Son fils CONSTANTIN VI. surnommé Porphyrogenète, lui succède sous la Régence d'IRÈNE, sa mère. Rétablissement des Images. Les Sarrasins pillent & renversent les Eglises des Chrétiens d'Asie, & empêchent l'exercice du Christianisme. Charlemagne établit plusieurs Evêchés en Allemagne, entr'autres ceux d'Osnabruck & de Minden.
781.	Ce Prince vient passer les fêtes de Pâques à Rome. Pepin son second fils, est baptisé par le Pape, qui en fut le parrein ; on le couronne Roi d'Italie, & Louis, Roi d'Aquitaine. L'Impératrice Irène demande & obtient en mariage Rotrude, fille de Charlemagne, pour l'Empereur Constantin,

Depuis J. C.	son fils. Charlemagne y consent. Ce mariage ne fut pas célébré, parce que ni l'un ni l'autre des parties n'étoit en âge nubile. L'Impératrice envoye en France un Eunuque nommé Etienne, pour instruire la Princesse dans la langue & dans les mœurs des Grecs. Il y demeura quatre ans, au bout desquels Irène craignant que cette alliance ne diminuât son autorité, & la part qu'elle avoit au Gouvernement, retire sa parole.
	Les Sarrasins font la guerre en Orient. Irène, par des sommes d'argent, les porte à faire la paix.
782.	Les Généraux de l'Empereur Constantin chassent les Sclavons de la Grece.
	Charlemagne continue à faire la guerre aux Saxons; & renverse le Temple de Venus à Magdebourg.
783.	Silo, Roi des Asturies & de Galice, meurt la huitième année de son régne. Il a pour successeur Mauregat, fils naturel d'Alfonse I.
	Hildegarde, femme de Charlemagne, meurt le dernier jour d'Avril. Mort de Berthe, mère de ce Prince, le douze Juin. Charlemagne épouse Fastrade, fille de Raoul, Comte François.
	Elipand, Evêque de Tolède, publie son opinion touchant la qualité de fils adoptif, qu'il attribuoit à Jesus-Christ. Plusieurs Evêques & plusieurs Prêtres s'opposent à ses erreurs.
785.	Les Saxons se soumettent entièrement à Charlemagne, & embrassent la Religion Chrétienne.
786.	Haroun, surnommé *Raschid* ou le Juste, devient Calife des Sarrasins après son frère Mousa, qui n'avoit régné qu'un an & près de trois mois.
787.	Tenue du deuxième *Concile de Nicée*, *septième Général*, composé de trois cent cinquante Evêques, dans lequel on rétablit le culte des Images.
	Charlemagne fait un voyage à Rome, d'où il emmene des Chantres & des Organistes, pour introduire en France le chant Grégorien, à la place de l'Ambrosien. Par l'établissement qu'il fit d'une École dans son Palais, laquelle devint le modéle de plusieurs autres, ce Prince mérite le titre de Restaurateur des Lettres. Il fait pour cela venir d'Angleterre le fameux Alcuin.
788.	Charlemagne fait la guerre à Tassillon, Duc de Bavière, qu'il oblige de se retirer dans un Monastère.
	Bermude ou Vérémond, frère d'Aurele, est fait Roi des Asturies.
789.	L'Empereur Constantin ayant atteint l'âge de vingt ans, veut secouer la domination impérieuse d'Irène, sa mère. Cette Princesse envoye en exil ceux qu'elle soupçonnoit d'avoir suggéré ce dessein à l'Empereur.

D. J. C.	
790.	Tremblement de terre à Constantinople, d'où l'Empereur & l'Impératrice Irène sont obligés de sortir.

Les Chefs & les soldats de l'armée Impériale, qui étoit en Arménie, secouent le joug de la domination d'Irène, demandent Constantin pour leur Empereur : les autres armées firent la même chose. Irène s'abstient de prendre part au Gouvernement, & Constantin gouverne seul.

Incendie à Constantinople, qui consume le Palais du Patriarche, dans lequel on gardoit toutes les Œuvres de S. Chrysostôme, écrites de sa propre main.

Vers ce temps, Charlemagne fit composer les Livres qui portent son nom, touchant les Images.

791. Le quinze Janvier, Constantin rappelle Irène dans le Gouvernement. Cette Impératrice porte Constantin à faire crever les yeux de ses oncles, & de plusieurs personnes.

Bermude, Roi des Asturies, étant mort, Alfonse II. fils de Froïla, monte enfin sur le trône. Il refuse aux Sarrasins le tribut des 100 filles qu'on avoit coutume de leur livrer, & ces barbares lui ayant déclaré la guerre, il en tue plus de 70000.

Le Tibre submerge plusieurs des maisons de Rome.

792. Un Prêtre Lombard découvre à Charlemagne une conspiration tramée contre lui. Charlemagne fait décapiter plusieurs des Conjurés, & crever les yeux aux autres.

793. Les Sarrasins d'Afrique infestent la mer par leurs pirateries, & ravagent la Gaule Narbonnoise. Charlemagne les defait : il tente inutilement de faire joindre le Rhin avec le Danube, par un Canal.

794. Charlemagne fait tenir à Francfort, un Concile de plus de trois cent Evêques : le Roi y assiste ; on y condamne Elipand & Félix d'Urgel. On y rejetta aussi le culte des Images, faute d'entendre les termes du Décret fait en Grèc au second Concile de Nicée.

795. L'Empereur Constantin répudie Marie son épouse, & la fait renfermer dans un Monastère, sous prétexte qu'elle l'avoit voulu empoisonner. Il épouse Théodecte, fille d'honneur de sa mère, & la fait couronner Auguste : plusieurs de ceux qui désapprouvent ce mariage, sont envoyés en exil.

796. Le Pape Léon III. envoye des Légats à Charlemagne, pour le prier de confirmer son élection. Ils apportent les clefs de la Basilique de S. Pierre, la Bannière de la Ville, & d'autres présens considérables ; Charlemagne envoye Engilbert à Rome.

Ce Prince étoit alors au pays de Juliers, où il y avoit des bains chauds : il y fit bâtir un Palais & une Chapelle. Depuis ce temps, on a appellé ce lieu Aix-la-Chapelle. Un Seigneur nommé Granus, ayant fait accommoder très-pro-

DE L'HISTOIRE MODERNE. 121

Depuis J. C. prement ces bains, les Latins lui avoient donné le nom d'*Aquifgranum*, ou les eaux de *Granus*.

Irène songe à faire déposer son fils. Il naît un fils de l'Empereur, à qui on donne le nom de Léon, mais il ne vécut pas long-temps.

797. Irène, mère de Constantin, conspire contre lui, il prend la fuite, elle le fait poursuivre, on lui amene dans la même chambre où elle étoit accouchée de lui ; elle lui fait crever les yeux, & Constantin meurt trois jours après. Il y avoit cinq ans que cet Empereur avoit fait la même chose à ses oncles. Après cette action, la race de Léon l'Isaurien est éteinte en sa personne.

Les Ecrivains Grecs disent que cette année, le soleil s'obscurcit pendant dix-sept jours consécutifs : cela ne veut dire autre chose si-non qu'il y eut des brouillards très-considérables.

798. IRÈNE offre une somme considérable aux Sarrasins, pour finir la guerre ; ils la refusent, ravagent la Thrace, & font des courses jusqu'aux portes de Constantinople.

Alfonse remporte, en Espagne, une victoire considérable sur les Infidéles ; en reconnoissance des secours qu'il avoit reçus de Charlemagne, il envoye à ce Prince des cuirasses, des mulets, des Maures, une tente riche & bien travaillée, & d'autres présens.

Le Calife Haroun envoye des Ambassadeurs à la Chine, dont les Annales le nomment Ha-lun.

799. Le Pape Léon est traité d'une manière indigne par les partisans du Pape Adrien, qui l'accusent de crimes énormes, excitent une sédition contre lui, s'efforcent de lui crever les yeux, & de lui arracher la langue, lorqu'il étoit à une procession solemnelle, & le renferment dans une étroite prison, d'où il se sauve en France ; Charlemagne lui donne une nombreuse escorte, pour revenir à Rome. Ce Pape y revient, & fait punir les rébelles.

Les Avares sont détruits dans la Pannonie ou Hongrie, par les troupes de Charlemagne, & leurs trésors sont transportés en France : les Grecs les appelloient Turcs, parce qu'ils étoient venus de la Grande Tartarie.

800. Charlemagne va à Rome, & y est couronné Empereur d'Occident au mois de Décembre. Luitgarde, sa quatrième femme, qui l'avoit accompagné dans ce voyage, mourut le quatre Juin.

L'Empire d'Occident, qui avoit fini l'an 476 dans Augustule, dernier Empereur Romain d'Occident, & qui avoit été ensuite rempli, en Italie, par le règne des Erules, des Ostrogoths & des Lombards, recommença alors, ou fut renouvellé en la personne de Charlemagne, & il dure encore aujourd'hui en Allemagne.

TROISIÈME ÉPOQUE
DE
L'HISTOIRE MODERNE.

Depuis cette Epoque jusqu'à la suivante, il n'y a que cent quatre-vingt-sept ans. On y voit beaucoup de révolutions; soit dans les Empires, soit dans les deux Eglises Grecque & Latine, soit même dans les Sciences. CHARLEMAGNE la commence sur la fin de l'an 800, par le Rétablissement de l'Empire d'Occident, & elle finit l'an 987, par l'Elévation de Hugues Capet sur le Trône des François. Les premiers tems en sont comparables à tout ce qui s'est vu de grand dans les plus illustres Monarchies. Mais la Maison de Charlemagne tombe insensiblement dans la décadence, & se voit anéantie, pour faire place, l'an 987, à un nouveau Régne, où tout prend de nouvelles forces. L'Eglise n'est pas moins agitée, tant en Orient qu'en Occident, par les désordres des uns & la cupidité des autres. Enfin l'ignorance, fille du désordre & de la confusion, se fait sentir vers la fin de cette Période, & n'est chassée que dans la suivante.

Depuis J. C. 801.

CHARLEMAGNE part de Rome le vingt-quatre Avril, & vient à Spolette.

Le dernier de ce mois, un tremblement de terre effroyable se fait sentir en France, en Allemagne & en Italie. L'Eglise de S. Paul à Rome, & autres édifices, sont renversés.

Le Pape Léon ordonne que trois jours avant l'Ascension, on feroit des Processions (auxquelles on a donné le nom de Rogations, ou de Prieres) pour implorer la fin de ces malheurs.

Charlemagne a un fils d'une concubine, que l'on nomme Drogo. Ce Prince fait faire une collection de Canons.

Depuis J. C.	
	L'Impératrice Irène, pour se concilier l'amitié du peuple, le décharge dès impôts.
802.	Charlemagne envoye des Ambassadeurs à Constantinople, pour négocier un Traité de paix avec l'Impératrice Irène, à qui on fait entendre que ce Prince veut l'épouser.
	NICÉPHORE, Patrice, souleve le peuple, & se fait déclarer Empereur le 31 Octobre. Il fait mettre Irène en prison, la déclare déchue de l'Empire, dès le lendemain, la fait enfermer dans un Monastère, & ensuite la relégue dans l'Isle de Lesbos.
803.	L'Impératrice Irène meurt dans son exil, le neuf Août.
	Nicéphore associe son frère Staurace à l'Empire ; envoye des Ambassadeurs à Charlemagne, pour des conditions de paix.
804.	Le Pape Léon III. vient en France conférer avec Charlemagne, & vers la fin de l'année, il s'en retourne en Italie.
805.	Nicéphore effrayé d'une armée de trois cent mille Sarrasins qui venoient pour le combattre, leur fait des offres si avantageuses, qu'ils lui accordent la paix.
	Les Sclavons Bohémiens ravagent le pays des Huns, ou Avares.
	Charlemagne envoye son fils Charles pour les combattre. Ce Prince les défait, & tue leur chef nommé Lechon.
	Grands Capitulaires dressés à Aix-la-Chapelle, & remarquables en ce que plusieurs ont été renouvellés, huit ou neuf cent ans après, par Louis XIV.
	Les Sarrasins attaquent les Grecs dans l'Asie Mineure, & prennent l'Isle de Cypre ; ils font la paix moyennant un tribut.
806.	Charlemagne, âgé de soixante-quatre ans, convoque une Assemblée des principaux de son Royaume à Thionville, leur fait part de son Testament, par lequel il partageoit ses Etats à ses trois fils ; ce partage est approuvé & signé.
807.	Haroun Calife des Sarrasins, & que nos Historiens appellent Aaron, Roi de Perse, envoye de magnifiques présens à Charlemagne, & lui fait cession des Lieux Saints, ou du S. Sépulchre de Jesus-Christ à Jérusalem.
	L'Empereur Nicéphore s'abandonne à des vices, qui le font haïr du peuple.
808.	Godefroy ou Gorric, Roi de Danemarck, ravage les terres de Charlemagne : ce Prince l'oblige de se retirer.
809	Charlemagne tient un Concile à Aix-la-Chapelle, sur la Procession du Saint-Esprit, & la particule *Filioque*.
	Amin, l'un des fils d'Haroun Calife, succéde à son père.
810.	Pepin, fils de Charlemagne, meurt le huit Juillet, âgé de trente-trois ans. Il ne laisse qu'un fils naturel, nommé Bernard, qui fut Roi d'Italie.

Depuis J. C. 811.	L'Empereur Nicéphore fait la guerre aux Bulgares : il est défait & tué le treize Juillet. STAURACE, son fils, se fit déclarer son successeur, mais il est bientôt obligé d'abandonner le trône Impérial. Il se retire dans un Monastère, où il meurt peu après. MICHEL Curopalate, surnommé Rhangabe, gendre de Nicéphore, est élu Empereur d'Orient, le cinq Octobre. Charles, fils aîné de Charlemagne, meurt sans enfans, le quatre Décembre. Amalarius Fortunatus, Archevêque de Tréves, répond à la lettre de Charlemagne, sur les cérémonies du Baptême. Jessé, Evêque d'Amiens, Odilbert, Archevêque de Milan, Théodulphe, Evêque d'Orléans, Leirade, Archevêque de Lyon, font des Traités sur le même sujet.
812.	Michel Curopalate répare les fautes de Nicéphore, fait la paix avec les Bulgares ; envoye des Ambassadeurs à Charlemagne, pour confirmer la paix que Nicéphore avoit faite avec lui, & lui demander sa fille pour Théophilacte, son fils, que Michel fit couronner.
813.	L'Empereur Michel fait la guerre aux Bulgares, qui défont son armée le vingt-cinq Mai. Michel abdique l'Empire, se fait raser & se retire dans un Monastère. LÉON IV. surnommé l'Arménien, est élu Empereur à sa place, le onze Juillet. Charlemagne associe son fils Louis à l'Empire, & le fait couronner au mois de Septembre : il fait tenir plusieurs Conciles. Amin, Calife des Sarrasins, est déposé & tué : son frère Mamon lui succéde. Ce dernier aimoit fort les Sciences, & il fit traduire nombre de livres Grecs ; ensorte que depuis ce temps les Arabes s'appliquerent à l'étude de la Philosophie, de l'Astronomie, des Mathématiques, &c.
814.	Charlemagne ressent plusieurs attaques de la fiévre, qui est suivie d'une pleuresie, dont il mourut à Aix-la-Chapelle, le vingt-huit Janvier, l'an soixante-douzième de son âge, le quarante-septième de son régne, & le quatorzième de son Empire. Il fut enterré dans l'Eglise qu'il avoit fait bâtir à Aix-la-Chapelle. Son fils LOUIS, surnommé le Pieux, ou le Débonnaire, lui succéde dans l'Empire d'Occident, comme dans le Royaume de France. Léon, Empereur d'Orient, fait abbattre les Images, persécute les Catholiques, & favorise les Iconoclastes.
815.	Les habitans de Rome se révoltent contre le Pape ; il en fait mourir plusieurs de sa propre autorité. Louis irrité de ce procédé, fait informer par Bernard, son neveu, Roi d'Italie, de la vérité du fait. Le Pape envoye des Légats à Louis, pour s'excuser.

Depuis J. C.	Claude Clément, Evêque de Turin, attaque le culte & l'ufage des Images.
816.	Le Pape Etienne IV. ou V. vient en France. Le Roi le reçoit à Rheims ; ce Pape couronne Louis Empereur, & Hermingarde fon époufe, le vingt-neuf Août ; puis il retourne à Rome.
817.	Le Jeudi fept Avril, trois jours avant Pâques, une Galerie du Palais de Louis tomba fous ce Prince ; plus de vingt de fes courtifans furent bleffés. Louis le Débonnaire, qui fut très-effrayé, en eft quitte pour une legere bleffure. Il fait affembler les États à Aix-la-Chapelle, le dix Juillet. Il déclare fon fils aîné Lothaire Roi de France, & l'affocie à l'Empire. Il donne l'Aquitaine à fon fecond fils, & la Baviére à Louis le plus jeune.
	Bernard, Roi d'Italie, confpire contre Louis fon oncle, qui marche contre Bernard : il a recours à la clémence de Louis, qui le fait arrêter avec les chefs de fa révolte.
818.	Les François, que Louis avoit affemblés pour faire le procès de Bernard, condamnent ce Prince à la mort. Louis lui fait crever les yeux : Bernard meurt le premier Avril.
	L'Empereur Léon fait abbatre les Images.
	Hermingarde, femme de Louis, meurt à Angers le trois Octobre.
819.	Louis époufe Judith, Bavaroife, fille de Guelphe, Duc de Ravenfperg : cette Princeffe fut caufe de tous fes malheurs.
820.	Michel furnommé le Bégue, confpire contre l'Empereur Léon. Ce dernier découvre la confpiration, fait prendre Michel la veille de Noël, & le condamne à être brûlé vif fur le champ. L'Impératrice fait différer ce fupplice jufqu'après la Fête. L'Empereur le fait charger de chaînes cadenaffées, dont il fe fait donner les clefs. Michel demande une perfonne pour le confoler ; on lui accorde un Eccléfiaftique, qui fait fçavoir aux complices l'état de Michel. Ces Conjurés cachent des poignards fous leurs habits, fe gliffent dans l'Eglife pendant la nuit de Noël, & y poignardent Léon, fur les dix heures du foir.
	MICHEL eft tiré enfuite de fa prifon, proclamé Empereur d'Orient, & couronné ce jour là même Fête de Noël, par Théodore, Patriarche de Conftantinople.
	Vers ce temps, les Normans venus du Nord de l'Europe, commencent à en ravager les côtes Occidentales & Méridionales.
821.	Un Efclave nommé Thomas, qui avoit abjuré le Chriftianifme pour fe faire Mahométan, devient fi puiffant parmi les Sarrafins, qu'il ravage l'Arménie & l'Afie, & entreprend d'affieger Conftantinople par mer & par terre. Le grand froid l'oblige de fe retirer au mois de Décembre.

Depuis J. C. 822.	Thomas revient assiéger Constantinople. Le Roi des Bulgares conduit un si puissant secours à l'Empereur, que Thomas prend la fuite : il est assiégé dans Andrinople, & se rend à discrétion, avec son fils Anastase ; on leur coupe les pieds & les mains, & on les fait mourir.
	Louis fait une pénitence publique à Attigni, pour expier la mort de Bernard.
823.	Lothaire, fils aîné de Louis, vient à Rome, & est couronné Empereur par le Pape Pascal. Judith, femme de Louis, accouche d'un fils, depuis nommé Charles le Chauve.
	Les Sarrasins s'emparent de l'Isle de Crete, ils y bâtissent une ville, à qui ils donnent le nom de Candie. Depuis ce temps, on a donné ce nom à toute l'Isle.
	Le Pape Pascal envoye Ebbon, Evêque de Rheims, prêcher la foi aux Danois, & à leurs voisins.
	Popiel II., Duc de Pologne, fait empoisonner ses fils & plusieurs des principaux Seigneurs. On dit qu'une nombreuse quantité de rats & de souris incommodent ensuite si fort ce Prince, que le fer & le feu ne pouvoient les en séparer ; qu'ayant fait bâtir une forteresse dans un Lac, les rats & les souris couvrent la terre & l'eau, montent par les fenêtres, entrent de tous côtés dans la forteresse, & mangent ce Prince tout vif, avec sa femme & ses enfans ; ensorte qu'il ne reste rien de leur chair. Quoiqu'il en soit, la première race des Ducs de Pologne prit fin alors. Il y eut beaucoup de contestations touchant celui qui devoit succéder à la Couronne. Les Polonois élurent un nommé Piaste de Cruswist, qui gouverna l'État avec tant d'équité, que ses descendans ont toujours porté le titre de Ducs de Pologne ; car alors les Souverains de Pologne ne prenoient pas encore le titre de Roi, mais celui de Duc.
824.	L'Empereur Michel envoye des Ambassadeurs en France. Louis leur donne audience à Rouen. Ils apportent entr'autres présens, les Écrits attribués à S. Denis l'Aréopagite, qui furent envoyés à l'Abbaye de S. Denis.
	Mort d'Alfonse le Chaste, Roi d'Espagne, après un régne de trente-deux ans : Ramire, fils de Veremond, lui succéde.
825.	Hériold, qui avoit partagé le Royaume de Danemarck avec les enfans de Godefroy, embrasse la Religion Chrétienne, & se fait baptiser avec toute sa famille.
826.	Michel le Begue, épouse en secondes noces une Religieuse nommée Euphrosine, fille de Constantin VII. Cet Empereur tâche de reprendre l'Isle de Crete sur les Sarrasins.
827.	Les Sarrasins s'emparent de la Sicile, de la Pouille, de la Calabre, ravagent la Gallce, & pillent les Eglises.
	Vers ce temps, Egbert, déja Roi de Wessex depuis l'an 800, réunit les autres provinces de la Grande-Bretagne,

Depuis J. C.	sous le titre de Roi d'Angleterre : ce qui mit fin peu après à l'Heptarchie, ou aux sept Royaumes des Anglo-Saxons ; car quelques-uns continuerent d'avoir des Princes vassaux d'Egbert.
828.	Les Bulgares font de grands dégats en Dalmatie. Baudric, qui en étoit Duc, est déposé par l'Assemblée que Louis tient à Aix-la-Chapelle, parce qu'il avoit mal défendu ses États. Louis envoye une armée en Afrique, pour obliger les Sarrasins d'abandonner la Sicile.
829.	Le Pape Grégoire IV. fait fortifier la ville d'Ostie, qui avoit été ruinée par les Sarrasins. Louis le Débonnaire donne la Rhétie, & une partie de Royaume de Bourgogne, à son fils Charles le Chauve, âgé d'environ six ans. Ses autres fils jaloux de cette préférence, se retirent : plusieurs Seigneurs mécontens du Gouvernement, se joignent à eux, & se déclarent ouvertement contre l'Empereur Louis. Vers ce temps, Inigo surnommé Arista, commence, selon plusieurs Auteurs, le Royaume de Navarre : sa postérité, après avoir chassé les Maures ou Sarrasins de l'Espagne, l'a réuni toute entière. Michel le Bégue, Empereur d'Orient, meurt le 3 Octobre, après huit ans, neuf mois & sept jours de régne. Son fils THÉOPHILE lui succéde. Il naquit, cette année, un fils à Lothaire, nommé Louis.
830.	Les enfans de Louis le Débonnaire conspirent contre leur père, qu'ils font enfermer dans l'Abbaye de S. Médard de Soissons, où il passe le Printemps & l'Été ; il est rétabli dans une Assemblée tenue à Nimegue. Théophile oblige ses sujets de ne rendre aucun culte aux Images, & fait maltraiter ceux qui refusent d'obéir.
831.	Il fait la guerre avec succès contre les Sarrasins. Cette année, commence le Royaume de Navarre, en Espagne : ce Pays appartenoit à l'Empire François, mais Aznar, fils d'un Duc de Gascogne, s'en empara, & le transmit à sa postérité. Aznar & ses deux premiers successeurs ne porterent que le titre de Comtes de Pampelune, ou de Navarre.
832.	L'Empereur Théophile devient si fort ennemi des Images, qu'il chasse les Peintres de ses États.
833.	Nouvelle conjuration des enfans de Louis le Débonnaire contre leur père ; ils le font enfermer dans le Monastère de S. Médard de Soissons, dégrader & mettre en pénitence par Ebbon, Archevêque de Rheims. Peu de temps après, il recouvre sa liberté & son Royaume. Le Pape Grégoire IV. vient en France pour excommunier l'Empereur Louis. Les Evêques de ce Royaume lui écrivent, que s'il venoit pour

Depuis excommunier leur Prince, il s'en retourneroit lui-même ex-
J. C. communié.
   Mort de Mamon, Calife des Sarrasins : son frère Mota-
sem lui succéde.

834. Assemblée d'Evêques à S. Denis ; Louis le Débonnaire
est rétabli.

835. Etablissement de la Fête de tous les Saints.

837. Louis le Débonnaire déclare Charles, son plus jeune
fils, Roi de Neustrie, & engage les Seigneurs à lui prêter
serment.

838. Pepin, Roi d'Aquitaine, fils de Louis le Débonnaire,
meurt au mois de Novembre, âgé de trente-cinq ans, après
en avoir régné vingt-un, & est enterré dans l'Eglise de
Sainte Croix à Poitiers.

839. Louis le Débonnaire donne son Royaume à son fils Charles. Pepin, fils aîné du dernier mort, le lui dispute.

840. Louis tombe malade à Wormes, se fait transporter à Ingelheim, près de Mayence, & y meurt le vingt Juin, dans
la soixante-deuxième année de son âge, & la vingt-septième
de son Empire. Il est inhumé à Metz, dans l'Eglise de S.
Arnoul, auprès de sa mère Hildegarde.
   LOTHAIRE reste seul Empereur, & veut aussi s'emparer du Royaume de France ; mais Charles le Chauve en
demeure possesseur. Louis, troisième fils de Louis le Débonnaire, avoit eu le Royaume de Bavière ou d'Allemagne,
par le partage qu'avoit fait son père.
   Vers ce temps, les Scots ou Ecossois, sous leur Roi Ke-
neth II. subjuguent entièrement les Pictes qui habitoient
l'Ecosse avant que les Scots y fussent venus d'Irlande.

842. Théophile, Empereur d'Orient, meurt le 30 Janvier,
après avoir gouverné l'Empire de Constantinople douze
ans & trois mois. Son fils MICHEL, surnommé
PORPHYROGENETE, lui succéde sous la tutelle
de sa mère Théodora, qui rétablit le culte des Images.
   Les trois fils de Louis le Débonnaire s'accordent, après
s'être fait une guerre si cruelle, qu'une grande partie de la
Noblesse y périt, sur-tout à la bataille de Fontenay en Bourgogne. Ils partagent entr'eux les États de leur père. Lothaire obtient l'Empire, le Royaume d'Italie, la Lorraine,
le Comté de Bourgogne, le Dauphiné & la Provence ;
Louis a la Germanie, & Charles la France Occidentale,
depuis la Meuse. Ce dernier épouse Hermentrude, fille du
Duc Adélard.
   Alfonse II. dit le Chaste, Roi des Asturies, étant mort
sans postérité, Ramire I., fils du Roi Bermude, est mis en
sa place, malgré Nepotien, l'un des principaux Officiers
de la Cour, qui est vaincu, aveuglé, & mis dans un Monastère.

DE L'HISTOIRE MODERNE. 129

Depuis J. C.	
843.	Wateq-billah devient Calife des Sarrasins, à la mort de son père Motasem. Mort de Judith, veuve de Louis le Débonnaire.
844.	Ramire, Roi d'Espagne, tue plus de soixante-dix mille Sarrasins.
845.	Les Danois ou Normans viennent en France, s'embarquent sur la rivière de Seine, ravagent & prennent plusieurs villes, & s'avancent jusqu'aux portes de Paris, dont ils pillent les environs. Le Roi Charles leur donne de grosses sommes d'argent, pour les engager de cesser leurs brigandages ; en se retirant, ils ravagent la Picardie, la Flandre & la Frise, & entreprennent d'assiéger la ville de Hambourg. Les Allemans les repoussent & les forcent de prendre la fuite. L'Empereur de la Chine donne un Édit contre les Chrétiens du Ta-tsin, rapporté dans les Annales Chinoises, qui lisent qu'on détruisit en conséquence plusieurs Eglises. Les Prêtres Chrétiens sont nommés dans cet Édit, comme sur le Monument de l'an 635, *Bonzes du Ta-tsin*, ou du pays des Romains.
846.	Les Sarrasins viennent d'Afrique en Italie, & entreprennent d'assiéger Rome ; ils en pillent les fauxbourgs.
847.	Motawakkel est Calife des Sarrasins après son frère Wateq.
849.	Le Pape Léon IV. fait fortifier Rome. La flotte des Sarrasins est dispersée, & leur armée mise en déroute par les alliés du Pape.
850.	Ramire, Roi d'Espagne, meurt : son fils Ordogno lui succède. Vers ce temps, S. Anschaire, Archevêque de Brême & de Hambourg, prêche l'Evangile en Danemarck & en Suède. Il est regardé comme le premier Evêque d'Upsal, qui étoit alors la capitale de la Suède.
851.	Les Sarrasins ravagent la Sardaigne & l'Isle de Corse. Plusieurs des habitans de ces Isles s'établissent à Rome.
852.	Lothaire associe son fils Louis II. à l'Empire. Les Anglois gagnent la sanglante bataille d'Okley, contre les Danois.
853.	Les Normans ravagent la France, se rendent maîtres de quelques villes, & en pillent plusieurs autres.
854.	L'Empereur Michel, ayant atteint l'âge de vingt ans, ôte la Régence à sa mère Théodora, & gouverne seul l'Empire d'Orient ou des Grecs. Le Pape Léon rebâtit la ville de Centumcelle, à présent Civita-Vecchia, qui avoit été renversée par les Sarrasins.
855.	Ce Pape meurt. Benoît III. est élu. C'est en ce temps, que quelques Auteurs mettent l'histoire de la Papesse Jeanne, à qui on donne le nom de Jean VIII ; mais les plus habiles

II. Partie.   I

Depuis J. C.	Critiques conviennent que cette histoire n'est qu'une fable occasionnée par les mœurs efféminées de Benoît III. ou par la conduite de Jean, l'un de ses successeurs.

L'Empereur Lothaire partage ses États. Il donne à Louis son fils aîné, l'Empire & le Royaume d'Italie ; à Lothaire, son second fils, la Lorraine, & à Charles, la Provence & la Bourgogne. Après ce partage, Lothaire se retire dans le Monastère de Prum, Diocèse de Trèves, & meurt le vingt-huit Septembre.

 LOUIS II. lui succéde donc dans l'Empire d'Occident.

 Michel, Empereur d'Orient, fait enfermer sa mère Théodora dans un Monastère, où l'on dit qu'il la fait mourir. |
| 856. | Les Normans font une descente en Hollande, & y pillent plusieurs villes.

 Judith, fille du Roi Charles, est mariée à Eidulphe, Roi d'Angleterre. |
| 858. | Michel Bardas, oncle de l'Empereur Michel, fait assembler un Concile à Constantinople ; Ignace, Patriarche de cette ville, y est déposé & renfermé dans une étroite prison, après onze ans & quatre mois d'Episcopat. Photius, connu par de sçavans Ouvrages, est élu en sa place, quoique Laïc ; on peut le regarder comme le premier Auteur du Schisme des Grecs. |
| 859. | Le froid est si âpre pendant l'hiver, que la Mer Adriatique fut glacée ; & les Marchands de la côte obligés de porter leurs marchandises par charroi. Il tomba, dit-on, en plusieurs endroits, de la neige couleur de sang. |
| 860. | Le Pape Nicolas envoye des Légats à Constantinople, pour accommoder les différends de Photius & d'Ignace. Ils y sont mal reçus.

 Lothaire fait casser son mariage avec Thietberge. Hincmar écrit contre ce divorce. |
| 861. | Photius écrit au Pape Nicolas, qui lui répond.

 Bruno & Tranchmor, son frère, Duc de Saxe, jettent les premiers fondemens de la ville de Brunswick.

 Rurik est reconnu premier Prince de la Russie. C'est de lui que sont descendus tous les Grands-Ducs & Czars, jusqu'en 1598.

 Le Calife Motawakkel est tué par son fils Mostanser, qui ne régne que six mois : Mostain son cousin lui succéde. |
| 862. | Louis, Roi de Germanie, envoye un Prêtre chez les Slaves, pour travailler à leur conversion, & une grande partie de cette nation embrasse la Religion Chrétienne. Elle demande & obtient du Pape la liberté de faire le Service divin dans la langue du pays.

 Lothaire épouse Waldrade, sa concubine, qui étoit niéce de Gontier, Archevêque de Cologne. |

Depuis J. C. 863.	Concile de Metz tenu au mois de Juin, qui approuve le mariage de Waldrade. Le Pape en tient un à Rome, qui condamne celui de Metz, & excommunie Waldrade, Thietbaud Archevêque de Trèves, & Gontier Archevêque de Cologne. On en assemble un autre à Senlis, où Rotade Evêque de Soissons, est déposé. Rotade en appelle au Pape.
864.	Charles le Chauve, Roi de France, pardonne à Baudouin, Grand Forestier de Flandre, l'enlèvement de sa fille Judith, & le fait premier Comte de Flandre.

Vers le même temps, Robert le Fort, bisaïeul de Hugues Capet chef de la troisième Race des Rois de France, obtient le Gouvernement de ce qu'on appelloit alors le Duché de France.

Lothaire est obligé, par un Concile tenu en présence du Légat du Pape, de reprendre Tietberge; il la maltraite & la quitte peu de temps après. |
| 865. | Les Sarrasins viennent en Italie, où ils brûlent tout. Les Lombards de Bénévent obtiennent du secours de Louis; ce Prince oblige les Sarrasins de se retirer, il prend & démolit Capoue. |
| 866. | Louis continue la guerre en Italie contre les Sarrasins, qui s'emparent de la Campanie.

Ordogno I. Roi des Asturies meurt: son fils Alfonse III. dit le Grand, lui succède.

Le Pape envoye plusieurs Evêques annoncer la foi chez les Bulgares, dont le Roi s'étoit fait Chrétien.

Michel marche contre les Sarrasins de l'Isle de Crete, fait assassiner Bardas son oncle, le premier Avril, donne la qualité de César à Basile, & l'associe à l'Empire le vingt-six Mai.

Motaz fils de Motawakkel, devient Calife des Sarrasins. |
| 867. | BASILE le Macédonien, informé que l'Empereur vouloit le faire mourir, le fait assassiner, & s'empare de l'Empire d'Orient, le vingt-quatre Septembre: Michel avoit régné vingt-six ans. Basile fait déposer le Patriarche Photius, & rétablit Ignace le vingt-trois Novembre; il oblige les favoris de Michel de rendre la moitié des sommes que l'Empereur leur avoit accordées. |
| 868. | Hincmar de Laon se brouille avec Charles le Chauve, pour quelques biens de son Eglise.

Lothaire vient à Rome au mois de Juillet, & se reconcilie avec le Pape, qui leve l'excommunication qu'il avoit prononcée contre lui, à l'occasion du divorce de Tietberge. Lothaire revenant en France, meurt à Plaisance le huit Août. Il est inhumé dans l'Eglise de S. Antonin.

Charles, Roi de Provence, meurt sans enfants. Charles le |

Depuis J. C.	Chauve s'empare de ce Royaume, & le partage avec Louis Roi de Baviére.
869.	Charles le Chauve se rend maître de la Lorraine. Hincmar l'en couronne Roi à Metz le neuf Septembre.
	Basile donne le titre de César à ses trois fils, Constantin, Léon & Alexandre; associe Léon à l'Empire, & engage Etienne, le plus jeune de ses fils, à embrasser l'Etat Ecclésiastique. Basile allant à la chasse, est rencontré par un grand cerf, qui l'enleve & l'entraîne par son baudrier. Un de ses Gardes coupe ce baudrier, pour dégager l'Empereur. On fait inhumainement couper la tête à ce soldat, parce qu'il avoit tiré son épée sur l'Empereur.
	Ce Prince fait la guerre aux Sarrasins, qui ravageoient la Syrie, passe l'Euphrate, se rend maître de Samosate, & de plusieurs autres places de la Mésopotamie, revient à Constantinople, d'où il envoye du secours à Louis, qui combattoit en Italie contre les Sarrasins.
	Mothadi est Calife des Sarrasins pendant onze mois.
870.	On le dépose, & l'on met Motamed son neveu en sa place: celui-ci régne vingt-trois ans & trois jours.
	Le Pape Adrien II. menace Charles le Chauve & Louis de l'excommunication, parce qu'ils s'emparent des Etats de Lothaire. Hincmar en écrit au Pape Adrien, pour l'en détourner.
	Charles le Chauve fait emprisonner Carloman son fils, qui avoit conspiré contre lui.
	Les Danois ravagent l'Angleterre, & pillent les Eglises & les Monastères. Les Religieuses d'un Couvent appréhendant d'être violées, se défigurent le visage à coups de rasoirs. Les Danois, après avoir pillé ce Monastère, y mettent le feu, & le réduisent en cendres avec toutes les Religieuses.
871.	Ethelred Roi d'Angleterre, s'oppose aux courses des Danois, qu'il défait en différens combats; mais enfin il est défait & tué: son frère Alfrede lui succéde, & recouvre son Royaume.
872.	Les Vénitiens envoyent des cloches à l'Empereur Basile. Jusques-là, on ne s'en servoit pas à Constantinople, & depuis ce temps elles y ont été en usage.
873.	Charles le Chauve fait emprisonner son fils Carloman, pour une conspiration contre lui; il fait instruire son procès. Carloman est condamné à mort, mais Charles lui fait crever les yeux, & on l'enferme le reste de ses jours dans une étroite prison.
	Vers le mois d'Août il tombe en France une pluie de sauterelles, d'une forme & d'une grosseur prodigieuse, qui dévorent dans l'espace d'une nuit jusques aux branches & à l'écorce des jeunes arbres. Elles meurent quelque temps après, & causent une peste & une infection considérables.

DE L'HISTOIRE MODERNE.

Depuis J. C.

874. Les Sarrasins ravagent l'Italie & l'Afrique. Les Sorabes & les Slaves sont vaincus par Louis Roi de Germanie. Les Danois continuent leurs ravages en Angleterre & en Ecosse.

875. L'Empereur Louis II. meurt sans enfans mâles le six Août, après avoir tenu l'Empire d'Occident près de vingt ans, depuis la mort de son père Lothaire; il est enterré à Milan dans l'Eglise de S. Ambroise.

CHARLES LE CHAUVE va en Italie, & est couronné Empereur le vingt-cinq Décembre dans l'Eglise de S. Pierre.

876. L'Empereur Charles vient de Rome à Pavie le huit Février, il reçoit la Couronne de Roi de Lombardie par les mains de l'Archevêque Anspert.

Louis de Germanie meurt à Francfort le vingt-huit Août, âgé de soixante-dix ans, le cinquante-neuf de son régne, & laisse ses Royaumes à ses trois enfans, Carloman, Louis & Charles surnommé le Gros. Le premier eut pour son partage la Bavière; le second la Germanie ou la Saxe, & une partie du Royaume de Lorraine; & le troisième l'autre partie du même Royaume; sçavoir, l'Allemagne propre, ou la Souabe & la Suisse, avec l'Alsace.

877. Charles le Chauve vient en Italie pour secourir le Pape. Il est empoisonné par le Juif Sédécias son Médecin, & meurt le six Octobre, dans la cabane d'un paysan au village de Brios, en deçà du Mont Cénis. Son corps fut enterré à Nantua en Bresse, d'où sept ans après ses os furent transportés dans l'Abbaye de S. Denis. Il étoit âgé de cinquante-quatre ans. Il ne tint l'Empire d'Occident qu'environ deux ans, & il en avoit régné environ trente-huit, depuis la mort de son père Louis le Débonnaire. On attribue à Charles le Chauve l'établissement de la foire appellée l'*Endit*, ainsi nommée, parce que c'étoit le temps *indict* ou ordonné pour aller visiter les Reliques de la célèbre Abbaye de S. Denis.

L'Empire resta quelque temps vacant. Louis le Bégue succéde en France à Charles le Chauve son père, & est couronné Roi à Compiégne le huit Décembre, par Hincmar Archevêque de Rheims.

878. Le Pape Jean s'enfuit de Rome, qui est prise par Lambert Duc de Spolette, & Adalbert Marquis de Toscane: il vient en France, où il couronne le Roi Louis le Bégue; ce ne fut pas comme Empereur, ainsi qu'on le croit communément, mais comme Roi, ce Prince ayant desiré être couronné par le Pape.

879. Le Pape Jean leve les excommunications que ses prédécesseurs avoient fulminées contre Photius, & consent que ce Patriarche soit rétabli dans son Siége.

Depuis J. C.	Louis le Bégue, âgé de trente-cinq ans, après un an & six mois de régne, meurt à Compiégne le dix Avril; il est inhumé dans l'Abbaye de S. Corneille.
	Louis III. & Carloman fils de Louis le Bégue, sont Rois de la France Occidentale, de Bourgogne & d'Aquitaine. Ils défont Boson qui s'étoit fait Roi d'Arles, ou du Dauphiné & de la Provence, mais ils ne peuvent le réduire.
880.	Carloman Roi de Bavière, meurt; Louis de Germanie s'empare de ses Etats.
	Les Normans ravagent la France, & ruinent plusieurs Abbayes.
	CHARLES LE GROS vient à Rome, & est couronné Empereur d'Occident le jour de Noël.
881.	Différend entre le Roi de France, Louis, & ses Evêques, touchant la nomination à l'Evêché de Beauvais.
	Jean VIII. condamne de rechef Photius.
882.	Louis Roi de Germanie, meurt à Francfort le vingt huit Janvier.
	Louis III. Roi de France, meurt à S. Denis au mois d'Août, & laisse à Carloman tout le Royaume de France.
	Les Normans ayant appris la mort de Louis de Germanie, s'emparent de Trèves le cinq Avril, réduisent cette ville en cendres, & en font mourir l'Evêque, qui s'étoit défendu. Ils ravagent ensuite Liége, Cologne & plusieurs autres villes.
883.	Le Pape Martin rétablit Formose Evêque de Porto, qui avoit été excommunié par Jean VIII.
884.	Carloman Roi de France, meurt à la chasse le six Décembre, & est enterré à S. Denis. Charles surnommé le Gros, prend possession de tous ses Etats, & par-là devient Roi de France au préjudice de Charles le Simple, fils posthume de Louis le Bégue.
	Les Sarrasins brûlent le Monastère du Mont-Cassin, & font mourir Berthaire qui en étoit Abbé.
886.	L'Empereur Basile meurt le premier Mars. Il avoit publié, en Grec, une compilation de Loix connues sous le nom de *Basiliques*.
	Il eut pour successeur son fils LÉON V. ou le Philosophe. Ce nouvel Empereur déposa de nouveau le Patriarche Photius; & Etienne frère de cet Empereur, fut mis sur le Siége de Constantinople.
887.	Les Normans assiégent la ville de Paris; Eudes Comte de Paris, & Gosselin, qui en étoit Evêque, la défendent courageusement. Charles le Gros fait lever le siége par un Traité honteux.
	L'esprit de ce Prince s'affoiblit; ses sujets d'Allemagne l'abandonnent, & reconnoissent en sa place Arnoul, fils

Depuis J. C.	
	naturel de Carloman son frère. Charles assemble quelques troupes pour s'opposer à Arnoul. Ses soldats & ses partisans l'abandonnent; il ne lui reste pas un seul valet pour le servir, ni aucun argent pour acheter des vivres, dont il auroit manqué, sans Luitprand Archevêque de Mayence.
888.	Charles le Gros meurt le treize Janvier, après avoir gouverné six ans un Empire presque aussi étendu que celui de Charlemagne; son corps fut enterré au Monastère de Reichnau près de Constance. Ses Etats sont divisés en cinq Royaumes. ARNOUL est reconnu, par les Allemans, Roi de Germanie; Eudes, fils de Robert le Fort, est Roi de la France Occidentale & de l'Aquitaine; Louis fils de Boson, a le Royaume d'Arles; Rodolphe la Bourgogne Transjurane; Guy & Berenger disputent l'Italie entr'eux.
889.	Les Bulgares ravagent la Gréce. Léon envoye des sommes considérables aux Hongrois, pour les engager à lui prêter du secours. Ces derniers sont défaits par les Bulgares. Les Hongrois ou Madgiares, comme ils s'appelloient, étoient nouvellement venus d'au-delà du Volga s'établir près du Danube: de-là vient le nom de Hongrie. Ils avoient à leur tête sept Chefs, dont le premier se nommoit Arpad, grand-père de Toxum, dont le fils Geisa fut le premier Prince Chrétien de Hongrie.
891.	Guy étant devenu le plus puissant en Italie, se fait couronner Empereur à Rome, le 21 Février, par le Pape Etienne V. qui couronne aussi l'année suivante Lambert, que Guy son père avoit associé. L'Empereur d'Orient Léon allant à l'Eglise le jour de la Pentecôte, reçoit sur la tête un coup de bâton si violent, que cet Empereur en tomba par terre. L'assassin fut saisi & puni de mort, sans avouer ses complices. L'Empereur est guéri de sa blessure. Les Normans débarquent, entre la Meuse & le Rhin, une armée de plus de quatre-vingt-dix mille hommes, qui ravage les Pays-Bas. L'Empereur Arnoul marche contr'eux & les défait.
892.	Motadhed devient Calife des Sarrasins, à Bagdet.
893.	Charles III. surnommé le Simple, âgé de treize ans, fils de Louis le Bégue, est couronné Roi de France à Rheims, le vingt-sept Janvier, par Foulques qui en étoit Archevêque.
894.	Eudes marche contre le jeune Roi, & l'oblige de se retirer à Wormes auprès d'Arnoul, à qui il demande du secours. Borsivoi Duc de Bohême, embrasse le Christianisme & travaille à l'établir dans ses Etats.

Depuis J. C.	
	Mort de Guy Roi d'Italie, se disant Empereur : son fils Lambert lui succéde.
	Plusieurs Historiens font commencer cette année les Royaumes d'Arragon & de Navarre, par Sanche Abarca.
896.	Arnoul entreprend d'assiéger Rome. Les Romains se défendent avec beaucoup de vigueur. Un liévre s'étant glissé dans le camp d'Arnoul, & voulant s'échapper, va droit à la ville ; les soldats le poursuivant avec de grands cris, jettent la terreur dans Rome. Ceux qui y étoient en garnison, croyant que l'on venoit prendre la ville d'assaut, se jettent en bas des remparts, ou prennent la fuite. Arnoul informé de cette consternation, fait approcher son armée de Rome, dont il se rend maître. Le Pape Formose le sacre Empereur.
	Arnoul poursuit Lambert si près, qu'il n'auroit pu échapper sans une ruse de sa mère Ageltrude, qui corrompit un des valets de chambre d'Arnoul, à qui elle donna un breuvage qu'il fit prendre à son maître. Ce breuvage l'endormit pendant trois jours, au bout desquels l'Empereur fut attaqué d'une espèce de paralysie, qui l'empêcha d'agir pendant plusieurs jours. A la faveur de cette inaction, Lambert & sa mère se sauvent.
897.	On exhume le corps du Pape Formose, on lui coupe les trois doigts qui servent à la consécration, on jette son corps dans le Tibre, & on réordonne ceux qu'il avoit ordonnés.
898.	Eudes Roi de France, meurt à la Fère le trois Janvier, âgé de quarante ans, dont il en avoit régné dix. Son corps est porté à S. Denis ; & Charles III. ou le simple, est universellement reconnu Roi de France.
	Mort de Lambert Roi d'Italie, se disant Empereur : Béranger resta ainsi maître de l'Italie septentrionale ; car les Empereurs d'Orient étoient les hauts Seigneurs de la méridionale, gouvernée par les Ducs de Bénévent, de Naples, &c.
	Grande famine en Allemagne.
899.	L'Empereur Arnoul meurt le vingt-neuf Novembre.
	Ravages des Hongrois en Lombardie.
900.	LOUIS IV. fils d'Arnoul, est élu Empereur d'Occident, ou Roi de Germanie.
901.	Louis fils de Boson, Roi d'Arles, étant devenu le plus puissant en Italie, se fait couronner Empereur à Rome, le 21 Février, par le Pape Benoît IV.
	Léon VI. Empereur d'Orient, après le décès de sa troisiéme femme, en épouse une quatriéme. Nicolas Patriarche de Constantinople, désapprouve ce mariage. L'Empereur le fait déposer & mettre en sa place Euthymius.

Depuis J. C.	Edouard I. succéde à Alfrede au Royaume d'Angleterre.
	L'Allemagne est ravagée par des guerres civiles.
902.	Moktafi est Calife des Sarrasins.
	Himerius Général de Léon, défait les Sarrasins sur mer.
903.	Les Normans ne cessent de ravager la France.
904.	Louis fils de Boson est pris par Béranger, qui lui fait crever les yeux, & se fait couronner Empereur par Jean IX. qui ensuite se retire à Ravenne.
905.	Les Normans prennent Rouen, & s'établissent en Neustrie.
906.	Les Normans se rendent maîtres du Côtentin & du Maine; ils ravagent la Bretagne, la Picardie & la Champagne.
907.	Ere de la fondation de la ville de Calicut aux Indes, dans la presqu'Isle en deça du Gange.
	Fin de la Dynastie des *Tam*, à la Chine, après deux cent quatre-vingt-dix ans de régne : elle avoit été très-puissante, son Empire s'étendant dans la Tartarie jusques vers la Mer Caspienne. On vit ensuite régner en Chine cinq petites Familles ou Dynasties, qui toutes ensemble ne durèrent que cinquante-trois ans, & donnèrent ainsi lieu à beaucoup de troubles. Ces cinq Familles s'appellent Heu-leam, Heu-tam, Heu-cin, Heu-han, Heu-cheu.
908.	Théodora Dame Romaine, concubine d'Adelbert Marquis de Toscane, gouverne & dispose de toutes les personnes qualifiées de la ville de Rome. Elle prostitue ses deux filles, Marozia & Théodora.
	L'Empereur Léon fait approuver le mariage qu'il avoit contracté avec Zoé, & reconnoître pour légitime le fils qu'il en avoit eu. Il exile Nicolas ancien Patriarche de Constantinople, qui est rappellé peu de temps après.
	Moctader devient Calife des Sarrasins : il étoit Poëte.
.9	Cette même année commença en Afrique la Dynastie ou le Royaume des Fatimites, espéce de Sarrasins, qui en 972 s'emparèrent de l'Egypte; ils en furent les maîtres jusqu'en 1171. Comme ils prétendoient descendre de Fatima, fille de Mahomet, ils croyoient que toute autorité leur étoit dévolue sur les Sarrasins.
909.	Les Hongrois ravagent la Thuringe : Burchard qui en étoit Landgrave, les attaque; il est défait, & meurt sans enfans. L'Empereur Louis donne son pays à Othon Duc de Saxe.
910.	Etablissement de la Congrégation de Cluny, à qui Guillaume Comte d'Auvergne & Duc d'Aquitaine, laisse toutes ses terres. On y bâtit un Monastère de Bénédictins, sous l'invocation de S. Pierre & de S. Paul ; Bernon en est

Depuis J. C.	
	fait Abbé : les Religieux ont la liberté d'élire leur Abbé après la mort de Bernon.
	Mort d'Alfonse III. Roi des Asturies : Garcie I. son fils lui succéde.
911.	L'Empereur Léon V. meurt le onze Juin. Son fils CONSTANTIN VII. surnommé PORPHYROGENÈTE, lui succéde. Alexandre frère de Léon est déclaré tuteur de Constantin, qui n'étoit âgé que de six ans.
	Mort de Rodolphe Roi de la Bourgogne Transjurane. Rodolphe II. son fils lui succéde.
912.	Les Normans s'établissent en France ; le Roi Charles le Simple leur céde une partie de la Neustrie, qui fut depuis appellée Normandie. Rol ou Rollon leur chef en fut le premier Duc : il se fait Chrétien, & épouse Giselle fille du Roi.
	Louis de Germanie meurt, le vingt-un Janvier, âgé d'environ vingt ans ; c'est le dernier de la race de Charlemagne qui ait eu le titre d'Empereur d'Occident, lequel passa ensuite aux Allemans.
	CONRAD Comte de Franconie, est élu Empereur à la place de Louis de Germanie ; mais son autorité ne fut point reconnue en Italie, dont le Gouvernement étoit occupé depuis long-temps par de petits Tyrans, tels que Guy, Lambert, Bérenger, &c.
	Jusqu'ici l'Empire d'Occident avoit été successif ; mais il devient alors électif par l'assemblée des Princes & des Seigneurs, tant ecclésiastiques que séculiers, & des Députés des grandes villes, qui représentoient le peuple ; ce qui a duré jusques vers le treizième siécle, qu'un certain nombre d'Electeurs fut institué.
	Alexandre tuteur du jeune Empereur d'Orient, meurt le sept Juin. Nicolas Patriarche, est élu tuteur en sa place.
913.	Zoé mère de l'Empereur, se fait nommer Régente, & écarte Nicolas qui exerçoit cette charge.
914.	Garcie I. Roi des Asturies, meurt : son frère Ordogno II. lui succéde. Comme il transporta son Siége d'Oviedo dans les Asturies, à la ville de Léon, lui & ses successeurs prirent le titre de Rois de Léon.
	Conrad défait les Hongrois, qui ravageoient la Bavière.
	Les Sarrasins sont battus par les Généraux de Constantin.
915.	Les Hongrois ravagent la Saxe, pillent & démolissent l'Eglise de Hambourg.
	Bérenger se fait couronner Empereur à Rome, le jour de Noël par le Pape Jean X.
916.	Conrad assiége & prend la ville de Ratisbonne, qu'il donne à son frère Evrard, avec le Duché de Bavière.

DE L'HISTOIRE MODERNE. 139

Depuis J. C. — Ordogno Roi des Asturies & de Galice, fait la guerre aux Sarrasins d'Espagne, s'empare de plusieurs de leurs places, & en tue soixante-dix mille dans une bataille.

917. Les Hongrois font une nouvelle incursion sur les terres d'Allemagne, & viennent jusqu'à l'Abbaye de Fulde, prennent & brûlent la ville de Basle.

Les Bulgares assiégent Constantinople ; les habitans se défendent courageusement, & obligent les assiégeans de se retirer.

Mort de Rol ou Rollon premier Duc de Normandie, très-renommé par la sévérité avec laquelle il rendoit la justice. On dit que c'est de son nom qu'est venu l'usage en Normandie, que celui à qui on veut faire tort, crie *harol* ou *haro*. Quelques Auteurs prétendent que Roi est fondateur de la Cathédrale de Rouen, où il est enterré dans la Chapelle de S. Romain.

918. L'Empereur Conrad meurt, le vingt-trois Décembre, après avoir gouverné l'Allemagne sept ans & demi.

HENRI fils d'Othon Duc de Saxe, est élu en sa place ; & lorsque les Envoyés lui en apportèrent la nouvelle, il étoit à la chasse aux oiseaux, à laquelle il se plaisoit, d'où il a le surnom d'*Oiseleur*.

919. Constantin Empereur d'Orient, épouse Helene fille de Romain Général de ses armées, & la fait couronner le dix Avril. Un des principaux Officiers de la Cour, nommé Phocas, veut s'emparer de l'Empire. Romain beau-père de l'Empereur, fait mettre ce traître en prison, & lui fait crever les yeux. Constantin fait créer son beau-père César, & le fait proclamer Auguste, au mois de Décembre.

Depuis ce temps ROMAIN I. dit Lecapène, fut reconnu Empereur d'Orient, & gouverna cet Empire avec Constantin. Zoé mère de Constantin, est enfermée dans un Monastère.

920. Romain fait couronner sa femme Auguste, le deux Février, & son fils le jour de la Pentecôte, en l'associant à l'Empire : ce jeune Prince se nommoit CHRISTOPHE.

Contestations sur les quatrièmes noces, appaisées par un Concile de Constantinople, où elles sont condamnées.

921. Plusieurs Seigneurs conspirent contre Charles le Simple.

Wenceslas Duc de Bohême, est assassiné pendant un grand repas, par Boleslas son frère.

922. Les Hongrois recommencèrent à piller l'Allemagne ; & passent en Italie & en France.

Rodolfe II. Roi de la Bourgogne Transjurane, passe en Italie, & en est reconnu Roi par une grande partie des Princes Italiens, qui étoient mécontens de Béranger.

Robert frère du feu Roi Eudes, se souleve contre Charles le Simple ; il est élu & sacré Roi dans l'Eglise de

Depuis J. C.	Rheims, par Hervé Archevêque de cette ville, le trente Juin.
923.	Charles le Simple marche contre Robert, l'attaque, & Robert est tué d'un coup de lance, le quinze Juin. Son fils Hugues le Grand, ou l'Abbé, fait élire Roi de France en sa place, Raoul Duc de Bourgogne, qui est couronné à Soissons le treize Juillet.
	Les Grands possédoient alors plusieurs Domaines en France, comme en Allemagne ; & c'est la suite des élections des Souverains, l'ordre successif étant interrompu. On peut donc principalement rapporter à ce siécle l'origine des grands Fiefs, quoique l'on en apperçoive des traces auparavant. Alors les *Ducs*, ou Gouverneurs des provinces, & les *Comtes*, ou Gouverneurs des villes, se rendirent Seigneurs propriétaires.
	Thierry est fait, par Charles le Simple, premier Comte de Hollande.
	Charles le Simple est pris dans le Château de Péronne, par Herbert Comte de Vermandois, & mis en prison à Château-Thierry. La Reine Ogine voyant son mari prisonnier, prend Louis son fils unique, âgé d'environ huit ans, & l'emmene en Angleterre : elle étoit fille du Roi Edouard.
	En Espagne, Ordogno II. Roi de Léon, meurt : Froïla II. son frère, lui succede ; & ce fut sous son régne que les Comtes de Castille se rendirent indépendans.
924.	Bérenger Roi d'Italie, qui se disoit Empereur, est tué à Véronne. Rodolfe II. Roi de Bourgogne Transjurane, demeure maître de l'Italie, ou de la Lombardie.
	Les Hongrois pillent l'Allemagne, entrent en Italie & brûlent Pavie : ils vinrent aussi en France, mais Raoul les renvoya avec de l'argent.
	Mort d'Edouard Roi d'Angleterre, après un régne de vingt-quatre ans : Adelstan son fils lui succéde.
	Mort de Froïla II. Roi de Léon : Alfonse IV. son neveu, est mis en sa place.
925.	L'Empereur Henri enleve aux Slaves le Brandebourg, la Misnie & la Lusace ; & y établit des Margraves ou Marquis, pour la défense de ces frontières.
926.	Le Pape & les Princes d'Italie, dégoûtés du gouvernement de Rodolfe, engagent Hugues Comte d'Arles, ou Marquis de Provence, à accepter la Royauté d'Italie : il est couronné Roi à Milan.
	Les Sarrasins attaquent l'Isle de Lemnos : l'Empereur Constantin les en fait chasser.
927.	Herbert Comte de Vermandois, fait sortir Charles de sa prison, & facilite son rétablissement dans ses Etats ; peu de temps après, il l'enferme de rechef dans le Château de Péronne, Raoul lui ayant donné le Comté de Laon.

DE L'HISTOIRE MODERNE. 141

Depuis J. C.   Alfonse IV. Roi de Léon en Espagne, se fait Moine; son frère Ramire lui succéde. Alfonse veut ensuite rentrer dans ses Etats, son frère s'y oppose, & lui fait crever les yeux.

928.   Guy Duc de Toscane (à la sollicitation de Marozia sa femme, connue par ses prostitutions,) vient dans le Palais du Pape Jean, en présence duquel il fait tuer Pierre, frère de ce Pontife. Peu de jours après, il fait prendre ce Pape, le fait conduire en prison, où il fut étouffé.

Mort de Guy Duc de Toscane : son frère Lambert lui succéde dans ce Duché.

Marozia veuve de Guy, épouse Hugues, quoiqu'il fût frère uterin de son mari, elle l'engage à venir en Italie; une querelle qu'il eut avec le fils de Marozia, oblige ce Prince de prendre la fuite.

Henri, Empereur d'Occident ou Roi de Germanie, fait bâtir la ville de Misna, ou de Meissen, sur la riviére d'Elbe; établit le Marquisat de Misnie, dont il donna le gouvernement au Comte de Within.

Romain Lacapène, l'un des Empereurs d'Orient, déclare Empereurs ses deux plus jeunes fils, ETIENNE & CONSTANTIN; de sorte qu'il y en eut alors cinq à Constantinople.

929.   Charles le Simple, âgé de cinquante ans, meurt le sept Octobre, en prison à Péronne. Raoul continue d'être Roi de France.

931.   Christophe, l'un des Empereurs d'Orient, meurt au mois d'Août.

Le Roi Raoul fait élire Artolde Archevêque de Rheims.

932.   Arnoul Duc de Baviére, vient jusqu'à Vérone, pour se mettre en possession du Royaume d'Italie. Hugues s'y rend avec des troupes, lui livre bataille, & oblige Arnoul de retourner dans ses Etats. Hugues associe son frère Lothaire au Royaume, & le fait couronner à Milan. Quelque temps après, Lothaire épouse Adélaïde, fille de Rodolfe Roi de la Bourgogne Transjurane. Hugues fait approcher son armée de la ville de Rome, dont il pille les fauxbourgs.

Moctader Calife des Sarrasins, est mis à mort : Caher lui succéde, mais il ne régne qu'un an & six mois.

933.   Les Hongrois désolent la Thuringe & la Saxe.

934.   Caher Calife des Sarrasins, est déposé, & réduit à mendier.

Radhi est mis en sa place : sous son régne les Gouverneurs des provinces de l'Empire Mahométan en firent pour eux autant de Souverainetés, ensorte qu'il ne resta proprement au Calife, que Bagdet & ses environs; encore se donna-t-il un maître à lui & à ses Successeurs, en créant la charge d'*Emir al Omara*, qui gouvernoit l'Etat des Ca-

Depuis J. C.	
	lifes, & qui les réduisit souvent à la pure autorité spirituelle, ou de Chefs de la Religion Mahométane.
936.	Raoul Roi de France, meurt à Auxerre, le vingt-cinq Janvier, d'une maladie pédiculaire. Il est enterré dans l'Eglise de Sainte Colombe de Sens.
	Louis IV. dit d'Outremer, ainsi nommé, parce qu'il étoit venu d'Angleterre pour prendre la Couronne, âgé de seize ans, est sacré Roi dans la ville de Laon, par Artolde Archevêque de Rheims. Il étoit fils de Charles le Simple.
	Henri l'Oiseleur, meurt cette année dans le Monastère de Manslebe, le deux Juin, après avoir régné dix-sept ans & six mois. Son corps est porté à Quedlimbourg.
	OTHON son fils lui succéde par élection, & est couronné Roi de Germanie par l'Archevêque de Mayence, à Aix-la-Chapelle. Ses grandes qualités lui ont acquis le surnom de Grand. Plusieurs Auteurs (surtout les Ecclésiastiques) ne lui donnent le nom d'Empereur que lorsqu'il fut couronné par le Pape, & le refusent à ses trois prédécesseurs, Rois de Germanie.
937.	Les Hongrois continuent leurs courses en Italie. Quelques-uns d'entr'eux ravagent plusieurs provinces de France.
938.	Gérard Archevêque de Lorch, est fait Vicaire du Pape en Allemagne. Le Siége de Lorch a été ensuite transporté à Saltzbourg.
	Louis d'Outremer où IV. épouse Gerberge sœur d'Othon.
	Ramire Roi de Léon en Espagne, défait les Sarrasins, dont on dit qu'il resta plus de quatre-vingt mille sur la place.
940.	Mottaki Calife des Sarrasins, à Bagder.
942.	Romain & Constantin, Empereurs d'Orient, s'emparent de la Calabre & de la Pouille.
943.	Alberic Gouverneur de Rome, gagne plusieurs particuliers qui maltraitent le Pape Etienne VIII. & lui défigurent tellement le visage, qu'il n'ose plus se montrer en public ; il meurt après un Episcopat de trois ans, quatre mois & cinq jours.
944.	Mostacfi Calife des Sarrasins.
945.	Etienne, fils de Romain Lacapène, Empereur d'Orient, fait enlever du Palais son père & conduire dans l'Isle de Proté, où on l'oblige de se faire Moine.
	Les Turcs ravagent la Thrace, à la sollicitation de Constantin.
	Les deux fils de Romain, Etienne & Constantin, convaincus d'avoir conspiré contre Constantin Porphirogénete, sont arrêtés le dix-sept Janvier, & envoyés en exil ; le premier dans l'Isle de Lesbos, & le second en Samo-

Depuis J. C.	thrace. Constantin Porphyrogénete régne seul, ou plutôt l'Impératrice Helene sa femme, car ce Prince ne s'appliquoit qu'à l'étude.
946.	Hugues Roi d'Italie, se retire en Provence : Lothaire son fils est reconnu Roi par les Princes Italiens ; mais à cause de sa jeunesse, Bérenger II. fils du Marquis d'Ivrée, se charge du Gouvernement.
	Edmond Roi d'Angleterre, est poignardé dans un grand repas qu'il donne aux Seigneurs du Royaume, le jour de S. Augustin, Apôtre du pays : Edred, son frère lui succéde.
	Mothii est Calife des Sarrasins pendant vingt-neuf ans & près de cinq mois.
947.	Edithe femme d'Othon, meurt le vingt-six Janvier ; elle est enterrée à Magdebourg, dans le Monastère de S. Jean.
	Mort de Bertold Duc de Bavière. Henri son frère obtient ses Etats de l'Empereur.
948.	Romain Lacapène meurt dans l'Isle de Proté.
949.	Othon bat les Slaves, ou Sclavons.
950.	Les Hongrois continuent à ravager l'Italie. Mort de Lothaire Roi d'Italie : Bérenger II. se fait reconnoître Roi en sa place, avec son fils Adalbert.
	Ramire II. Roi de Léon en Espagne, meurt dans une bataille qu'il donne aux Sarrasins. Ordogno III. son fils lui succéde.
	Adélaïde veuve de Lothaire, appelle Othon en Italie.
951.	Othon vient en Italie avec une armée, & chasse Bérenger & son fils Adalbert. Adélaïde est resserrée dans une étroite prison par l'armée de Bérenger ; elle trouve moyen d'échapper, & de se retirer chez un de ses oncles nommé Athon.
952.	Adélaïde appelle de nouveau Othon à son secours ; il revient en Italie, délivre & épouse Adélaïde, soumet Bérenger & son fils Adalbert, qui se rétablissent ensuite dans le Royaume d'Italie.
953.	Adélaïde étant devenue enceinte, Ludolphe & Conrad son frère fils d'Othon, soutenus de l'Evêque de Mayence, conspirent contre l'Empereur.
954.	Louis d'Outremer Roi de France, meurt à Rheims d'une chûte de cheval, le dix Septembre, âgé de trente-neuf ans, dont il en avoit régné dix-huit & trois mois. Lothaire son fils aîné, lui succéde.
955.	Lothaire Roi de France, donne les Duchés de Bourgogne & d'Aquitaine, à Hugues le Grand Duc de France, & père de Hugues Capet.
	Les Hongrois ravagent la Bavière, d'où Othon les chasse.

Depuis J. C. 956.	Mort d'Ordogno III. Roi de Léon en Espagne : Sanche I. son frère lui succède, & est conservé sur le Trône par le secours des Sarrasins & de Garcie Roi de Navarre.

En France, Hugues le Grand, fils & oncle de Rois, & beau-frère de trois Rois, meurt, après avoir régné en France plus de vingt ans, sans porter le titre de Roi. Il fut surnommé le Blanc, à cause de la couleur de son teint ; le Grand, tant pour sa taille que pour ses grandes actions ; & l'Abbé, parce qu'il jouissoit du revenu des Abbayes de S. Denis, de S. Germain-des-Prés, & de S. Martin de Tours. Hugues Capet son fils, succède à son autorité. |
| 957. | Les Slaves ravagent la Saxe, Othon les défait. |
| 958. | Ludolphe fils d'Othon, meurt en Italie, le six Septembre. |
| 959. | Bérenger pille & saccage tout en Italie.

Hugues Capet est déclaré Duc de France par le Roi Lothaire, qui lui donne aussi le Poitou. Alors le Roi ne possédoit presque que la ville de Laon, & il ne prenoit point de part aux guerres que ses Vassaux, possesseurs des Grands Fiefs, se faisoient entr'eux.

Constantin Empereur d'Orient, meurt le neuf Novembre, âgé de cinquante-quatre ans.

ROMAIN II. son fils, qui l'avoit empoisonné, lui succède. |
| 960. | Commencement de la Dynastie, ou Famille des *Sum* ou *Song*, à la Chine. Ce fut une des plus puissantes, & elle dura trois cent vingt ans, sous dix-sept ou dix-huit Empereurs. Mais, au bout d'environ cent soixante-dix ans, elle fut forcée d'abandonner aux Tartares Orientaux, appellés Niuches ou Kins, la Chine Septentrionale, & de se retirer vers le Midi. |
| 961. | Le Pape envoye des Légats à Othon, pour lui demander du secours contre Bérenger.

Nicéphore Phocas, Général de Romain Empereur d'Orient, se rend maître de l'Isle de Candie.

L'Empereur Othon vient pour la troisième fois en Italie, après avoir fait couronner son fils Othon Roi à Aix-la-Chapelle. Il passe à Vérone & à Pavie, d'où il vient à Milan, où il reçoit la Couronne des Lombards. Bérenger II. ayant été fait prisonnier, est conduit en Allemagne, où il mourut en 966. |
| 962. | Othon se met en chemin, pour aller à Rome, dès le mois de Février, & le Pape Jean XII. le couronne *Empereur*.

Helene mère de Constantin, meurt le vingt Septembre. |
| 963. | Romain Empereur d'Orient, meurt le quinze Mars, âgé de 24 ans, dont il avoit gouverné l'Empire 3 ans & 4 mois. |

DE L'HISTOIRE MODERNE.

Depuis J. C. NICÉPHORE PHOCAS est élu par l'armée, le deux Juillet, & couronné le seize Août. Le vingt Septembre, il épouse Théophanie.

Le Pape quitte le parti d'Othon, & embrasse celui de Bérenger. L'Empereur marche contre lui. Le Pape envoye des Légats à Othon pour s'excuser. Othon fait assembler un Concile à Rome le six Novembre. Il y assiste en personne, on accuse le Pape de plusieurs crimes énormes. On lui écrit, le vingt-deux Novembre, pour l'engager à se justifier ; il refuse de comparoître, il est déposé, & Léon (Antipape) est mis en sa place.

964. Après le départ d'Othon, les habitans de la ville de Rome se révoltent contre cet Empereur, & engagent Jean de revenir à Rome, d'où Léon est obligé de sortir.

Othon revient & prend Rome, le vingt-trois Juin.

965. Othon fait un nouveau voyage d'Italie en Allemagne.

966. Mieceslas, Duc de Pologne, embrasse le Christianisme, & travaille à l'établir dans ses Etats.

L'Empereur Othon se dispose encore à revenir à Rome. Les habitans de cette ville craignant son arrivée, rétablissent le Pape Benoît V. qu'ils avoient obligé de prendre la fuite. L'Empereur fait punir les auteurs de la rébellion.

Lothaire Roi de France, âgé de vingt-trois ans, épouse Emme fille de Lothaire, ci-devant Roi d'Italie.

Les Généraux de l'Empereur Nicéphore, reprennent Antioche sur les Sarrasins.

967. Nicéphore envoye des Ambassadeurs à l'Empereur Othon. Ce dernier envoye Luitprand Evêque de Crémone, vers Nicéphore, pour demander Théophanie en mariage pour le fils d'Othon. Othon fait couronner, à Rome, son fils Empereur.

Sanche I. Roi de Léon en Espagne, meurt : son fils Ramire III. lui succéde.

968. Luitprand est mis en prison, & très-maltraité pendant quatre mois, par l'ordre de Nicéphore. Cet Empereur envoye des Ambassadeurs à Othon, pour lui dire qu'il envoyoit sa fille Théophanie. Othon ordonne aux Seigneurs d'aller recevoir cette Princesse. Nicéphore fait prendre tous ces Seigneurs, dont il mena plusieurs en triomphe à Constantinople.

Famine considérable. Hatton Archevêque de Mayence, fit (dit-on) enfermer beaucoup de pauvres qui, pressés de la faim, lui venoient demander l'aumône, & qu'il les fit brûler vifs. On prétend qu'il fut puni l'année suivante de cette cruauté, d'une manière horrible.

Les Normans ravagent l'Espagne.

Othon érige Magdebourg en Archevêché, dont S. Adelbert fut fait le premier Archevêque.

Depuis J. C. 969.	Hatton, incommodé des rats & des souris, est (dit-on) obligé de se réfugier dans une tour qu'il bâtit au milieu du Rhin; mais ces animaux le suivent, & le font mourir.
L'Empereur leve une puissante armée, dont il donne le commandement à son fils Othon. Ce jeune Prince marche contre les Grecs, oblige les Sarrasins d'abandonner l'Italie, défait l'armée de Nicéphore. Othon fait couper le nez à ceux qui échappent, & les renvoye à Constantinople. Les habitans de cette ville se révoltent contre Nicéphore, que sa femme fait tuer, le onze Décembre, après avoir tenu l'Empire six ans & demi.
Les Fatimites s'emparent de l'Egypte, & y régnent jusqu'en 1171.
970.	ZIMISCÈS, fameux Capitaine, est couronné Empereur d'Orient le jour de Noël. Il associe à l'Empire Basile & Constantin, fils de Romain II.
Il relâche tous ceux que Nicéphore avoit fait prisonniers, & envoye Théophanie à l'Empereur Othon, dont le fils épouse cette Princesse, le dix-huit Avril, & elle est couronnée Impératrice.
971.	Les Russiens, les Bulgares & les Turcs, avec une armée de plus de trois cent mille hommes, ravagent la Thrace. Bardas Général de Zimiscès, les défait avec douze mille hommes.
973.	Matilde mère de l'Empereur Othon, meurt le treize Mars.
Othon, dit le Grand, meurt à Manslebe, le sept Mai, après avoir régné trente-sept ans.
OTHON II. son fils, lui succéde.
974.	Le Pape Benoît VI. est emprisonné & étranglé dans le Château S. Ange. Boniface s'empare du S. Siége. Les Romains lui opposent Domnus.
Taii devient Calife des Sarrasins: il régne près de dix-huit ans, après quoi on le dépose.
975.	Boniface est obligé de s'enfuir à Constantinople.
Mort d'Edgard Roi d'Angleterre, à qui Edouard succéde.
L'Empereur Zimiscès est emprisonné, & meurt le quatre Décembre, après avoir tenu l'Empire six ans & demi.
BASILE & CONSTANTIN fils de l'Empereur Romain II. sont seuls Empereurs d'Orient, & régnent ensemble cinquante ans.
976.	Bardas Scletus & Bardas Phocas leur disputent en vain l'Empire.
977.	Othon fait la guerre aux Bohêmes, & les soumet.
Edouard Roi d'Angleterre, est tué: Ethelred lui succéde.
978.	Lothaire Roi de France, s'empare de la Lorraine, d'où Othon l'oblige de se retirer.

DE L'HISTOIRE MODERNE.

Depuis J. C.	
	Abdemelic Roi de Cordoue, & fils d'Almanſor, qui avoit fait pluſieurs conquêtes ſur les Chrétiens d'Eſpagne, eſt défait par Veremund ou Bermude Roi de Léon.
979.	Bardas Sclerus eſt conſidérablement bleſſé : il ſe retire enſuite en Perſe.
980.	Les deux Empereurs Grecs s'emparent de la Pouille & de la Calabre.
	Naiſſance d'Avicenne, chef des Médecins Arabes, à Boccara, au voiſinage de la Perſe.
981.	Othon invite un grand nombre de Seigneurs à un magnifique repas. Pendant que tous les convives étoient à table, des ſoldats entrent dans la ſalle du feſtin, l'épée nue ; un Officier fait la lecture d'une liſte ſur laquelle l'Empereur avoit fait écrire les noms de ceux qui lui étoient déſagréables ; il les fait conduire dans une ſalle voiſine de celle où les convives étoient aſſemblés, & les y fait égorger.
	La ville de Halle, en Saxe, eſt bâtie.
982.	Les Sclavons & les Bohêmes, pendant l'abſence d'Othon, ravagent le Brandebourg, la Saxe & la Miſnie, & tuent plus de trente mille perſonnes.
	Ramire III. Roi de Léon en Eſpagne, battu par les Galiciens révoltés, meurt de chagrin. Bermude II. ſon oncle, qui avoit été élu par les rébelles, prend poſſeſſion du Royaume.
983.	Othon II. marche contre les Sarraſins qui étoient en Italie, & leur livre bataille. Il meurt à Ravenne, le ſix Décembre, d'un coup de flêche empoiſonnée.
	Son fils OTHON III. lui ſuccéde.
985.	Lothaire Roi de France, fait couronner Roi ſon fils Louis.
986.	Lothaire meurt le deux Mars. Son fils Louis V. lui ſuccéde.

QUATRIÈME ÉPOQUE DE L'HISTOIRE MODERNE.

CETTE *Époque est l'Élévation de* HUGUES CAPET *sur le Trône des François, en 987, & jusqu'à l'an 1273, que Rodolphe d'Hapsbourg, chef de la Maison d'Autriche, est élu Empereur, il s'est passé deux cent quatre-vingt-six ans. La France reprend de nouvelles forces. L'Empire d'Allemagne tombe dans le trouble; celui d'Orient n'est pas moins agité par les Barbares; les Latins cherchent à les secourir contre les Infidèles, mais ils sont traversés par les Grecs mêmes. L'Eglise Grecque se confirme dans le Schisme; au lieu que l'Eglise Latine reprend son ancien lustre sous les Chefs les plus illustres, & par l'Etablissement des Ordres Religieux.*

Depuis J. C. 987.

LOUIS V. Roi de France, dit le Fainéant, *qui nihil fecit,* n'ayant régné qu'un an, meurt le vingt-deux Juin; il est inhumé dans l'Eglise de S. Corneille de Compiègne. La Race de Charlemagne, ou des Carlovingiens, qui avoit régné en France deux cent trente-six ans, finit en sa personne; son oncle Charles ayant été exclu de la Couronne, parce qu'il s'étoit soumis à l'Empereur Othon, & en avoit reçu le Duché de Basse-Lorraine.

Hugues Capet fils de Hugues le Grand, est élu Roi, & sacré à Rheims, le trois Juillet. A l'exemple de Clovis, il établit son séjour à Paris, qui avoit cessé d'être la demeure des Rois de France depuis la fin de la première Race. Par le choix que l'on fit de Hugues Capet, la Pairie du Duché de France fut réunie à la Couronne; & il n'y eut plus que six grands Pairs de France, c'est-à-dire, dont les Seigneuries relevoient immédiatement du Roi.

Vladimire Grand Duc de Russie, se fait Chrétien, & épouse Anne, sœur des Empereurs d'Orient Basile & Constantin: il meurt en 1015, après avoir établi le Christia-

Depuis	nifme dans fes Etats. L'Eglife Ruffienne l'a mis au nombre des Saints, comme l'Apôtre de fa nation.
J. C.	
988.	Hugues Capet fait couronner Roi fon fils Robert, à Orléans, le premier Janvier. Charles Duc de la baffe Lorraine, leur fait la guerre, pour avoir le Royaume.
989.	Théophanie, mere d'Othon, vient en Italie.
991.	Cette Princeffe meurt le quinze Juin.
	Cader eft fait Calife des Sarrafins, à Bagdet.
992.	Charles Duc de Lorraine, eft fait prifonnier à Laon, mené à Senlis, & de-là conduit à Orléans, où il eft enfermé dans une tour.
	Vers ce temps, Gerbert Archevêque de Rheims & depuis Pape, qui avoit apporté d'Efpagne les chiffres Arabes ou Indiens, entreprit la premiere des horloges dont le mouvement fut réglé par un balancier, jufqu'en 1650, que l'on inventa le pendule.
994.	Charles Duc de Lorraine, meurt en prifon à Orléans.
996.	Comme Crefcence rempliffoit Rome de troubles & de défordres, le Pape Jean XV. s'en plaint à Othon, qui vient en Italie. Le Pape étant mort alors, Othon fait élire Brunon fon parent, qui prit le nom de Grégoire V. & qui le couronna Empereur à Rome, le vingt-un Mai, jour de l'Afcenfion.
	Hugues Capet meurt, le vingt-quatre Octobre; & fon fils Robert régne feul en France.
	Othon III. n'ayant point d'enfans, & voyant que plufieurs afpiroient à l'Empire, fait (dit-on) ordonner que dans la fuite les Empereurs feroient élus par les feuls Princes d'Allemagne, tant Eccléfiaftiques que Séculiers, fans en déterminer le nombre; mais la prétendue Conftitution que l'on produit, eft fauffe.
997.	Le Comte de Modène, follicité par la femme de l'Empereur, refufe de condefcendre aux criminelles volontés de cette Princeffe; elle s'irrite de ce refus, & accufe ce Comte de lui avoir voulu faire violence. L'Empereur fait décapiter le Comte, dont la femme fait connoître l'innocence par l'épreuve du fer rouge. L'Empereur irrité de l'infidélité de fon époufe, la fait exécuter à mort.
	S. Etienne premier Roi Chrétien de Hongrie, eft l'Apôtre de fa nation.
999.	Mort de Bermude II. Roi de Léon en Efpagne: il a pour fucceffeur Alfonfe V. fon fils, âgé de cinq ans.
	L'Empereur Othon fait, par dévotion, le voyage d'Italie.
	Gerbert, d'Aurillac en Auvergne, qui avoit été Précepteur du Roi Robert & de l'Empereur Othon, enfuite Archevêque de Rheims & enfin de Ravenne, eft élu Pape fous le nom de Sylveftre II.

Depuis J. C. 1000.	Othon va en pélerinage à Gnesne en Pologne, au tombeau de S. Adalbert; il y fonde un Archevêché, & il érige la Pologne en Royaume, pour Boleslas Duc de ce pays, pendant que le Pape érige de son côté la Hongrie en Royaume, pour Etienne. Basile Empereur d'Orient, fait marcher une puissante armée contre les Bulgares, les défait & les chasse de Thessalie.
1001.	Othon de retour à Rome, assiége Tivoli qui s'étoit révolté : les habitans demandent grace, & il leur pardonne. Cela irrita les Romains contre l'Empereur, à qui ils ferment les portes de la Ville, & massacrent les Allemands qui y étoient. Ils se soumettent ensuite.
1002.	L'Empereur Othon III. meurt près de Vérone, le vingt-trois Janvier, après avoir gouverné l'Empire d'Occident plus de dix-sept ans. HENRI Duc de Bavière, surnommé le Saint, est élu en sa place par les Princes de Germanie, & couronné à Mayence par l'Archevêque de cette ville, le sept Juin, & peu de jours après, une seconde fois à Aix-la-Chapelle, par Héribert Archevêque de Cologne. Le dix Août, Sainte Cunegonde femme de Henri, est couronnée à Paderborn.
1003.	Plusieurs Seigneurs Allemans veulent casser l'élection de cet Empereur; mais il dissipe leurs projets.
1004.	On abbat presque toutes les anciennes Eglises, pour en bâtir & consacrer de nouvelles. L'Empereur Henri vient en Italie avec une armée, soumet ceux qui avoient déféré la Couronne d'Italie à Ardouin, Marquis d'Ivrée.
1005.	Les Lorrains ne voulant point être soumis aux François, élisent Godefroy pour leur Prince. Baudouin Comte de Flandre, s'y oppose d'abord, mais enfin il est obligé d'y consentir.
1006.	Peste qui dure trois ans dans toute l'Europe. Boleslas Roi de Pologne, s'empare de Cracovie, marche en Bohême avec une armée, fait crever les yeux au Duc de ce pays; met le siége devant Prague, & le leve.
1007.	Le Comte de Bamberg étant mort sans enfans, l'Empereur hérite de ses Etats, & y fonde un Evêché, qui est soumis immédiatement au S. Siége. Le Mont Vésuve jette une si grande quantité de flammes, que tous les environs s'en trouvent endommagés. Ethelred Roi d'Angleterre, accorde un tribut annuel aux Danois, pour éviter leurs brigandages.
1008.	Les Sarrasins pénétrent en Italie, & s'emparent de Capoue. Les Normans ravagent la Frise.

DE L'HISTOIRE MODERNE.

Depuis J. C.	
1009.	Un parti de Sarrasins assiége Jérusalem, démolit l'Eglise du S. Sépulcre, & brûle le Monastère qui avoit été bâti près de cet endroit.
1011.	Mort de Willigise Archevêque de Mayence, & Chancelier de plusieurs Empereurs, en faveur duquel on dit que l'Electorat fut érigé. Il étoit fils d'un Charron ; & pour se souvenir de son origine, il avoit fait peindre de tous côtés dans son Palais, des roues, qui sont encore les armoiries de l'Archevêché de Mayence.
1012.	Le Calife d'Egypte pille l'Eglise de Jérusalem, & chasse les Prêtres de toute la Palestine.
1013.	Boleslas Roi de Pologne, fait une irruption en Saxe & en Poméranie. L'Empereur Henri fait une tréve avec ce Prince ; vient en Italie, défait Ardouin qui se portoit toujours pour Roi de Lombardie ; & va jusqu'en Calabre.
	Suénon, Roi de Danemarck, après avoir ravagé l'Angleterre & pris la ville de Londres, s'y fait déclarer Roi. Ses fils ne laissent ce Royaume tranquille que trente ans après.
1014.	Henri vient à Rome, où il est couronné Empereur, le vingt-quatre Février, par le Pape Benoît VIII. Il chasse les Sarrasins de la Pouille & de la Calabre.
	Canut Roi de Danemarck, s'empare de l'Angleterre, & en fait sortir le Roi Ethelred.
	Le vingt-huit Septembre, la Flandre est presque toute inondée.
	Basile Empereur d'Orient, fait une irruption en Bulgarie, défait les Bulgares le vingt-neuf Juillet, dont il fait quinze mille prisonniers, auxquels il fait crever les deux yeux, ne laissant qu'un borgne, pour servir de Capitaine à chaque cent.
1015.	L'Empereur Henri passe d'Italie en Pologne, oblige le Roi à lui payer tribut, & à lui prêter serment de fidélité.
	Basile Empereur d'Orient, revient à Constantinople, & met la Cappadoce à couvert des incursions des Sarrasins.
1016.	S. Etienne premier Roi de Hongrie, publie des Loix sur la police de l'Etat & de la Religion.
	Des Normans commencent à venir en Italie, où ils firent depuis des établissemens qui ont donné lieu au Royaume des deux Siciles.
1017.	Olaüs Roi de Norvége, pendant l'absence de Canut Roi de Danemarck, ravage ce Royaume ; Canut revient d'Angleterre pour venger cet outrage, pénétre en Norvége, en chasse Olaüs & s'empare de ses Etats.
	Hérésie des Manichéens découverte en France, & étouffée par le Roi Robert.
1018.	Les Russiens entrent en Pologne, & en sont chassés.

K iv

D. J. C.	Basile, Empereur d'Orient, acheve la conquête de la
1019.	Bulgarie, qu'il réduit en Province de l'Empire.
1020.	Une peste effroyable ravage la Saxe.
1022.	Ce même Empereur défait & soumet les Ibériens.
	Le Roi Robert & l'Empereur Henri ont une entrevue à Yvoix, pour concerter ensemble le bien de leurs Etats.
1023.	Rodolphe III. Roi d'Arles, &c. chassé de son Royaume par ses sujets; a recours à l'Empereur Henri, qui le fait rétablir.
	Robert Roi de France, renouvelle son alliance avec l'Empereur Henri.
	Commencement des Comtés de Maurienne & de Savoye.
1024.	L'Empereur d'Occident meurt, au château de Grun, en Saxe, le treize Juillet, âgé de cinquante-deux ans. CONRAD II. son fils, est élu en sa place.
	Rodolphe en mourant laisse à Conrad ses Etats, qui comprenoient les trois Royaumes de Provence, de la Bourgogne Transjurane & d'Arles.
	Ambassade des Grecs à Rome, pour obtenir du Pape le titre de Patriarche Œcuménique pour le Siége de Constantinople; les Evêques de France s'y opposent, & Guillaume Abbé de S. Bénigne de Dijon, écrit une lettre au Pape à ce sujet.
1025.	Basile Empereur d'Orient, meurt au mois de Décembre, âgé de soixante-dix ans, dont il avoit régné cinquante. CONSTANTIN son frère, règne seul.
1026.	Conrad fait proclamer Roi de Baviére, son fils Henri âgé de neuf ans, & confie son éducation à quelques Evêques.
1027.	Conrad part pour l'Italie, avec une puissante armée. Le Pape Jean XIX. le couronne Empereur, le vingt-trois Mars.
	Mort d'Alfonse V. Roi de Léon, le cinq Mai : Bermude III. son fils lui succéde.
	Olaüs Roi de Norvége, est tué le vingt-neuf Juillet, par Canut Roi de Danemarck : on l'honore comme Saint sous le nom d'Olaf.
1028.	Constantin Empereur d'Orient, meurt le douze Novembre, & désigne pour son successeur ROMAIN, surnommé *Argyre*, à condition qu'il répudieroit son épouse, pour prendre celle de Constantin.
	Sanche III. dit le Grand, 5e. Roi de Navarre, (depuis l'an 1000.) unit la Castille à la Navarre.
1030.	Romain qui fut le IIIe. de ce nom, Empereur d'Orient, marche en Syrie contre les Sarrasins; mais il prend la fuite, & se réfugie à Antioche, le dix Août.
1031.	Romain chasse les Sarrasins de Syrie.
	Mort de Cader Grand Calife de Bagdet : Caïm son fils lui succéde; & sous son régne, il y eut nombre de Sça-

Depuis J. C. vans, entr'autres Avicenne, Philosophe & Médecin très-habile.

Plusieurs Normans entrent dans la Pouille, & s'emparent d'une partie du pays, après en avoir chassé les Grecs.

Robert Roi de France, meurt le vingt Juillet, âgé de soixante-un ans, après en avoir régné seul trente-trois, neuf mois & quatre jours. Son fils aîné Henri I. qui avoit été sacré Roi du vivant de son père; lui succède, malgré les intrigues de sa mère Constance, qui vouloit mettre sur le Trône son frère Robert, à qui Henri donne le Duché de Bourgogne.

1034. Romain III. surnommé Argyre, après avoir gouverné l'Empire d'Orient cinq ans & six mois, est étouffé le cinq Avril, par l'ordre de sa femme Zoé, qui épouse & éleve sur le Trône MICHEL IV. ou le Paphlagonien.

1035. Les Sclavons ravagent la Saxe. Conrad les repousse & les oblige de rentrer sous son obéissance.

Mort de Sanche le Grand, Roi de Navarre, &c. Il partage ses Etats entre ses quatre fils; Garcie III. eut la Navarre, Ferdinand fut le premier Roi de Castille, Gonsalve eut les Pays de Sobrarve & de Ribagorce, (qui furent bientôt réunis au Royaume suivant;) & Ramire fut le premier Roi d'Aragon.

1037. L'Empereur Conrad vient en Italie, & soumet les révoltés.

Bermude III. dernier Roi de Léon en Espagne, est tué dans une bataille contre les Rois de Castille & de Navarre. En lui finit la race de Pierre Duc de Cantabrie & de Récarede Roi des Goths.

Michel Empereur d'Orient, fait une tréve de trois ans avec les Egyptiens, une paix perpétuelle avec les Sarrasins de Syrie, & envoye des troupes en Sicile, qui soumettent cette Isle.

Thogrul-begh commence alors à paroître : il fut le chef des Turcs Seljoucides, qui établissent un puissant Empire en Perse & dans le voisinage.

1038. Les Sarrasins font une nouvelle tentative sur la ville d'Edesse; mais l'Empereur Michel fait avorter leur dessein.

Mort de S. Etienne premier Roi Chrétien de Hongrie.

Mort du dernier Calife d'Espagne, ou Roi de Cordoue, Muhamed al Allah. Les Sarrasins érigèrent ensuite en Espagne presque autant de Royaumes qu'ils y avoient de Villes.

1039. L'Empereur d'Occident Conrad II. meurt à Utrecht, le quatre Juin, après avoir régné quatorze ans, dix mois & vingt-deux jours.

HENRI III. son fils lui succède : son père l'avoit fait élire à neuf ans, en 1026.

D. J. C.	Tremblement de terre qui renverse la ville de Smyrne.
1040.	Les Sarrasins viennent d'Afrique en Sicile.
1041.	Plus de quinze mille Bulgares sont défaits près de Thessalonique. On creve les yeux à leur Général.
	Michel V. ou le Paphlagonien Empereur d'Orient, meurt le dix Décembre, après avoir régné sept ans & huit mois. MICHEL V. dit *Calafate*, lui succéde.
	Henri III. marche contre les Bohêmes, met tout leur pays à feu & à sang, & oblige Bretislas, Duc de Bohême, de venir, pieds & tête nuds, lui demander pardon.
	Les Polonois, après la mort de leur Roi Mietzislas, tirent Casimir du Monastère, pour le mettre sur le Trône.
1042.	L'Empereur Michel Calafate est chassé de ses Etats par les intrigues de Zoé, qui lui fait crever les yeux, le vingt-un Avril, & fait élire en sa place CONSTANTIN IX. ou MONOMAQUE, qui est couronné le 9 Juin; quelque temps après il épouse Zoé.
	Edouard III. Roi d'Angleterre, régne tranquillement près de quatorze années : il fait un corps des Loix Saxonnes & Danoises.
1043.	Guillaume, dit Bras de Fer, Gentilhomme Normand, est le premier des Comtes & Ducs de Pouille & de Calabre.
	Les Russiens viennent en Thrace avec plus de cent mille hommes, ils sont défaits dans plusieurs attaques.
	Les Turcs Seljoucides achevent de s'emparer de la Perse.
1046.	Le Pape Clément II. couronne Empereur Henri III. qui étoit venu à Rome pour y établir la paix. Les Romains font de nouvelles promesses à cet Empereur, de ne point élire de Papes sans son consentement.
1047.	Tornicius se révolte contre l'Empereur Constantin, & tente d'assiéger Constantinople; mais n'ayant ni troupes ni argent, il est pris par l'Empereur, qui lui fait crever les yeux.
1048.	L'Empereur d'Orient fait la guerre dans la Médie.
	L'Empereur d'Occident donne le Duché de Lorraine à Gerard d'Alsace, qui le transmit à sa postérité, & fut le chef de l'illustre Maison de Lorraine, laquelle est montée sur le Trône Impérial en 1745.
	Damase II. Pape, est le premier que les Historiens disent avoir été couronné. La Tiare des Papes n'eut d'abord qu'une couronne, & elle étoit autrefois en usage parmi les Rois des Parthes, d'Arménie, &c.
1050.	Il naît un fils à l'Empereur Henri, le onze Novembre.
1053.	Michel Cérularius Patriarche de Constantinople, écrit contre l'Eglise Latine; il fait fermer les Eglises des Latins qui étoient à Constantinople, & ôter à tous les Abbés & Religieux Latins, qui ne vouloient pas renoncer aux céré-

DE L'HISTOIRE MODERNE. 155

Depuis J. C.

monies de l'Eglife Romaine, les Monaſtères qu'ils avoient dans cette ville. Ainſi fut formé le ſchiſme des Grecs.

Le Pape S. Léon (IX.) eſt arrêté par les Normans de Naples, & mis en priſon à Benevent.

1054. L'Empereur Henri fait déclarer ſon fils Roi de Germanie, quoiqu'il ne fut âgé que de quatre ans, pour lui aſſurer l'Empire : c'eſt le ſecond exemple de ce qui a été pratiqué enſuite par les Empereurs d'Allemagne ; comme les Empereurs d'Orient faiſoient, dans la même vue, reconnoître leurs fils *Céſars*.

Conſtantin Monomaque Empereur d'Orient, meurt le 30 Novembre ; ſa femme THÉODORA, fille de Conſtantin & petite-fille de Romain, gouverne l'Empire 19 mois.

1055. L'Archidiacre Bérenger abjure ſon erreur ſur l'Euchariſtie, dans le Concile de Tours, en préſence de Hildebrand, connu depuis ſous le nom du Pape Grégoire VII.

1056. L'Impératrice Théodora, meurt vers la fin d'Août, âgée d'environ ſoixante-ſeize ans : elle ne ſe maria point. On reconnut pour ſon ſucceſſeur, par elle déſigné, MICHEL VI. ou STRATIOTE. Avec l'Impératrice Théodora, fut éteinte la Famille de Baſile le Macédonien.

Henri III. Empereur d'Occident, meurt le trois Octobre : HENRI IV. ſon fils, âgé de cinq ans, qui lui ſuccéde, eſt mis ſous la tutelle de ſa mère, qui a le gouvernement des Etats d'Allemagne.

1057. Michel eſt forcé de ſe démettre de l'Empire, l'armée ayant élu en ſa place ISAAC COMNÈNE, le huit Juin. Ce nouvel Empereur vient à Conſtantinople, & y eſt couronné le 31 Août.

Les Saxons ſe révoltent contre Henri IV. & éliſent un autre Prince, qui eſt défait par les troupes de Brunſwick.

1058. Robert Guiſcard, Gentilhomme Normand & Duc de la Pouille & de la Calabre, chaſſe les Sarraſins de la Sicile, qu'il donne à ſon frère Roger : tel eſt le commencement des Royaumes de Naples & de Sicile.

1059. Iſaac dégoûté des grandeurs humaines ſe démet de l'Empire d'Orient, en faveur de CONSTANTIN DUCAS, ou X. & ſe retire dans un Monaſtère.

On rapporte que cette année, une prodigieuſe quantité de ſerpens s'étant aſſemblés dans une plaine, près de la ville de Tournai, ſe ſéparent en deux bandes, & ſe battent avec tant de fureur, que l'une des deux bandes fut entièrement détruite : les payſans font mourir l'autre bande avec des bâtons & du feu.

Henri I. Roi de France, âgé de cinquante-quatre ans, fait reconnoître pour ſon ſucceſſeur Philippe ſon fils aîné, âgé de neuf ans, qu'il fait couronner à Rheims, le vingt-deux Mai, par Gervais Archevêque de cette ville.

Depuis J. C. 1060.	Le Roi Henri meurt le 29 Août, à Vitry près de Paris, laissant ses trois fils sous la tutelle de Baudouin Comte de Flandres, à qui il confie la Régence du Royaume. Philippe fut reconnu Roi.
1062.	Une cruelle famine afflige l'Allemagne.
1063.	Mort de Ramire Roi d'Aragon, qui avoit réuni à son Royaume celui de Sobrarve & de Ribagorce, en 1038, après la mort de son frère Gonçale. Son fils Sanche-Ramirez I. lui succéde.
	Mort de Thogrul-begh, chef des Turcs Seljoueides de Perse & de Syrie : les Grecs qu'il attaqua, l'appellent *Tangrolipix*. Une branche de ces Turcs s'établit, quelques années après, dans l'Asie Mineure, & c'est celle des Sultans de Nicée & d'Iconium, avec qui les Chrétiens Croisés eurent plusieurs fois affaire, & auxquels succédèrent les Turcs Ottomans.
1064.	Plus de soixante-dix mille hommes d'Europe entreprennent le voyage de la Terre sainte, où ils sont tous tués ou faits prisonniers.
1065.	Mort de Ferdinand I. premier Roi de Castille, & héritier du Royaume de Léon. Ses trois fils partagent ses Etats : Sanche l'aîné fut Roi de Castille; Alfonse (VI.) Roi de Léon, & Garcie Roi de Galice. Alfonse réunit bientôt la part de ses frères.
	Les Sclavons abjurent de rechef la Religion Chrétienne, & font mourir tous ceux qui en font profession.
1066.	Edouard Roi d'Angleterre, meurt le cinq Janvier. Il avoit (dit-on) laissé verbalement son Royaume à Guillaume le Bâtard Duc de Normandie. Mais les Anglois choisirent pour leur Roi Haralde, fils d'un des plus grands Seigneurs du Pays.
	Guillaume Duc de Normandie, assemble une puissante armée, passe en Angleterre, donne bataille à Haralde, que l'on avoit déclaré Roi. Ce Prince est tué dans le combat, le quatorze Octobre; ainsi Guillaume reste maître du Royaume d'Angleterre : sa postérité féminine y régne encore.
1067.	Constantin Ducas, meurt le cinq Juin; il laisse trois enfans, dont l'un est déclaré Empereur : c'est MICHEL VII, dit Parapinace : sa mère Eudocie gouverne l'Empire pendant son bas âge.
	Les Anglois se révoltent contre les Officiers de Guillaume, qui les soumet, & fait mourir tous ceux qui ne vouloient pas lui obéir : il a le surnom de Conquérant.
	Mort de Baudouin Comte de Flandre, Régent du Royaume de France, qu'il avoit gouverné avec honneur.
1068.	ROMAIN DIOGÈNE épouse l'Impératrice Eudocie; il est élu Empereur d'Orient après l'abdication de Michel.

DE L'HISTOIRE MODERNE. 157

Depuis J. C.	Pierre Damien empêche l'Empereur Henri de faire divorce avec Berthe son épouse.
1069.	Les Danois équippent une flotte, & font d'inutiles efforts pour rentrer en Angleterre.
1071.	Romain Diogène est fait prisonnier par Alp-arslan, second Sultan des Turcs Seljoucides, & MICHEL remonte sur le Trône Impérial. Romain, délivré de captivité, revient à Constantinople, où il a les yeux crevés par l'ordre de Michel, & meurt peu de temps après.
1072.	Roger I. Gentilhomme Normand, est premier Comte de Sicile.
1073.	Menaces du Pape Grégoire VII. contre Philippe I. Roi de France.
	Ce même Pape forme des prétentions sur l'Espagne; il exige des sermens de fidélité de Landulphe Duc de Benevent, & de Richard Duc de Capoue. Ses Légats interdisent Jéromir Evêque de Prague, & le dépouillent des biens de son Eglise, parce qu'il s'opposoit à leur réception en Bohême.
1074.	Lettre du Pape aux Evêques de France, contre la conduite du Roi Philippe, qu'il menace de dépouiller de son Royaume. Ce Pape s'efforce de faire valoir ses prétentions sur les Royaumes nouvellement convertis, & sur la Hongrie; oblige la Bohême de payer une certaine redevance annuelle au S. Siége, & s'attribue des prétentions particuliéres.
1075.	L'Empereur Henri livre bataille aux Saxons & aux Thuringiens, les défait & les chasse de leur pays.
	Le Pape se brouille avec Cincius, fils d'Alberic Préfet de Rome, qu'il excommunie. Cincius, excité par Guibert Archevêque de Ravenne, se saisit de la personne du Pape, comme il disoit la Messe le jour de Noël; mais il est obligé par le peuple de le délivrer, & de s'enfuir vers l'Empereur.
	Moctadi devient Calife des Sarrasins, à Bagdet, après Caïm.
1076.	Le Cardinal Hugues est excommunié par le Pape, qui cite l'Empereur Henri à Rome, sous prétexte de simonie.
	L'Empereur envoye des Ambassadeurs à Rome pour se justifier: le Pape les chasse de Rome. L'Empereur irrité de cet outrage, assemble à Wormes, le Dimanche de la Septuagesime, un Concile qui condamne l'élection du Pape. Le Pape en tient un à Rome, où il excommunie Sigefroy, Archevêque de Mayence, & déclare suspens tous les Evêques du Concile de Wormes. Il déclare aussi Henri déchu de ses États, & ses sujets quittes du serment de fidélité.
	Henri se dépouille de toutes les marques de Royauté, jusqu'à ce qu'il se soit fait absoudre. Il vient en Italie au mois

Depuis J. C. 1077.
de Décembre, avec sa femme & son fils, & une très-petite suite, demander l'absolution au Pape.

Henri, après avoir jeûné trois jours au pain & à l'eau, avoir marché pendant ce temps nuds pieds, & avoir promis de remettre tous ses Etats au Pape, reçoit l'absolution le vingt-huit Janvier. Le Pape mande aux Princes d'Allemagne d'élire un autre Empereur, s'ils n'étoient pas contens de Henri. En conséquence, *Rodolphe* Duc de Souabe, est élu Roi de Germanie, le vingt Février, & couronné à Mayence le vingt-six Mars. Henri veut repasser en Allemagne ; ses ennemis l'arrêtent au passage des Alpes, mais il passe par la Carinthie. Le Pape renouvelle ses prétentions sur l'Espagne, & exhorte les Rois & les Princes Espagnols de lui payer tribut. Il forme aussi des prétentions sur l'Isle de Corse, & y envoye un Légat.

1078. NICÉPHORE BOTONIATE s'empare de l'Empire d'Orient, Michel, fils de Constantin Ducas ayant été enfermé.

Rodolphe en vient aux mains, le sept Août, contre Henri dans la Franconie.

Le Pape sollicite les Allemans pour tenir une assemblée, afin de régler les différends de Henri & de Rodolphe, & excommunie ceux qui voudroient empêcher qu'elle ne se tienne. Les deux partis se défient du Pape. Henri se rend maître de la Baviére & de la Souabe, que Rodolphe avoit abandonnées. Rodolphe vient assiéger Wirtsbourg, qu'il prend, après avoir défait l'armée de Henri qui étoit venu pour la secourir ; mais Henri reprend cette ville peu de temps après.

Nicéphore Botoniate est excommunié dans un second Concile de Rome, tenu au mois de Décembre, parce qu'il s'étoit emparé de l'Empire d'Orient.

Plusieurs Evêques, soupçonnés de simonie, sont interdits.

1079. Henri ayant défait Rodolphe le vingt-huit Février, dans une bataille, ne veut point qu'il se tienne d'assemblée où son droit puisse être mis en compromis.

Erection de la Primatie de l'Eglise de Lyon par Grégoire VII. Ce Pape menace d'excommunication Wezelin, s'il continue à molester le Roi établi sur la Dalmatie par le S. Siége. Il donne à Landulphe, Evêque de Pise & à ses successeurs, la légation & la moitié des revenus de l'Isle de Corse, réservant l'autre moitié & les forteresses au S. Siége.

Boleslas II. Roi de Pologne, fait tuer S. Stanislas, Evêque de Cracovie. Il est excommunié, & la Pologne perd le le titre de Royaume.

Les Turcs, secourus par les Sarrasins, pillent la ville d'Antioche, & ravagent la Syrie.

Depuis J. C.	On rapporte à cette année, l'Ere de Gelaleddin Malekschah, en usage chez les Orientaux : ce Prince, qui fut le troisième Grand Sultan des Turcs Seljoucides, fit alors faire d'importantes observations Astronomiques.
1080.	Henri fait une irruption en Saxe, il est repoussé, il pénètre dans la Thuringe, & met Rodolphe en fuite. L'un & l'autre augmentent leurs forces. Le Pape tient un Concile à Rome, excommunie Henri, le déclare déchu de la dignité Royale, donne son Royaume à *Rodolphe*, & défend aux Sclavons de célébrer l'Office divin en langue vulgaire.

Les partisans de Henri s'assemblent à Mayence vers la Pentecôte, & indiquent le Concile de Bresse, qui se tient au mois de Juin; le Pape y est déposé, & Guibert Archevêque de Ravenne, qui prend le nom de Clément III. est mis en sa place. Henri écrit à Grégoire VII. pour l'obliger de quitter le S. Siège, & ordonne au Clergé & au peuple de Rome de chasser Hildebrand, c'étoit le nom propre du Pape. L'Empereur sollicite les Princes Chrétiens de reconnoître Clément, & de se soustraire de l'obéissance de Grégoire.

Ce Pape engage Robert Guiscard dans ses intérêts, en lui accordant l'investiture de ce qu'il possédoit dans la Pouille, & lui céde la jouissance des autres terres qu'il avoit conquises.

Le douze Octobre, Henri livre bataille à *Rodolphe*, qui est blessé dans le combat, & meurt le seize de ce mois. Henri pénètre en Saxe, & l'ayant soumise, il la donne à Fréderic son gendre. Grégoire envoye en Allemagne, pour y faire élire en la place de Rodolphe, un Roi qui lui fût dévoué, & il propose une formule de serment qu'il veut qu'on lui fasse prêter.

Le Pape Grégoire VII. tente inutilement de tirer un tribut de la France, comme il faisoit d'Angleterre & des autres Etats de la Chrétienté. Il menace Orzoque, Souverain de l'Isle de Sardaigne, de le dépouiller de cette Isle, s'il ne se soumet à l'Eglise Romaine.

1081.	Michel Ducas envoye demander du secours au Pape, & à Robert, Duc de la Pouille. Nicéphore est chassé par ALEXIS COMNÈNE, qui est déclaré Empereur d'Orient, & couronné le premier Avril. Nicéphore meurt peu après dans un Monastère.

Cette année, les Annales Chinoises marquent qu'il vint à la Chine des Ambassadeurs de Mi-li-y-ling-kai-sa. Ce doit être Michel César ou Empereur de Constantinople qui avoit été détrôné en 1078, mais dont les Ambassadeurs avoient pu être long-temps en route.

Henri vient en Italie avec une armée, assiége Rome, &

Depuis J. C.	s'en empare : il s'y fait couronner Empereur par son Antipape Guibert, & assiége Grégoire dans le Château S. Ange. Robert Guiscard vient à son secours, & oblige l'Empereur de se retirer.
1082.	Les Allemans rébelles, élisent *Herman* à la place de Rodolphe. Henri vient de nouveau assiéger Rome.
1084.	S. Bruno établit l'Ordre des Chartreux.
1085.	On tient une assemblée à Goslar, ou à Berchach, contre Henri. On y agite la question, sçavoir si Grégoire VII. avoit pu excommunier Henri, & le priver de ses États.
	Mort de Robert Guiscard, Duc de la Pouille.
	Alfonse VI. Roi de Castille, prend la Ville de Tolede sur les Arabes d'Espagne, & plusieurs autres Villes : c'est ce qui lui donna lieu de former une nouvelle Province, nommée *Castille nouvelle*.
1086.	Divorce de Philippe, Roi de France, & de Berthe, sa femme, qui est releguée à Montreuil.
1087.	Les Marabouths, ou Almoravides, Rois de Maroc, s'emparent de Grenade & de tout ce que les Arabes possédoient en Espagne.
	S. Canut, Roi de Danemarck, est tué par ses sujets rébelles.
	Guillaume le Conquérant, Roi d'Angleterre, ravage le Vexin François, & brûle la ville de Mante. Il se fatigue tant dans cette expédition, qu'il tombe malade, & meurt à Rouen le huit ou neuf Septembre. Il laisse par son testament le Royaume d'Angleterre à Guillaume, dit le Roux, son second fils ; le Duché de Normandie à Robert, son fils aîné, & des rentes avec de l'argent à Henri, le plus jeune des trois.
1089.	Commencement du Royaume de Portugal, en la personne de Henri, Prince de la Maison de Bourgogne, qu'Alphonse VI. Roi de Castille, fait Comte de Portugal, en lui donnant une de ses filles en mariage.
1090.	L'Empereur revient en Italie, pour appaiser les troubles que l'on y avoit excités. Il y séjourne sept ans, se rend maître de Mantoue, de Florence & de plusieurs autres villes, & oblige le Pape Urbain II. de sortir d'Italie.
	Robert & Guillaume disputent entr'eux le Royaume d'Angleterre : peu après, ils conviennent & se raccommodent.
1091.	L'Antipape Guibert revient à Rome, prend le château S. Ange & demeure maître de la ville. On tient contre lui un Concile à Bénévent, le premier Avril.
	Origine de l'Ordre des Hospitaliers de S. Jean de Jérusalem, nommé l'Ordre de Malthe depuis 1530.
1092.	Philippe, Roi de France, épouse Bertrade, femme de Foulques le Rechin, Comte d'Anjou ; l'Archevêque de Rouen, l'Evêque de Senlis, & celui de Bayeux, firent la

DE L'HISTOIRE MODERNE. 161

Depuis J. C. cérémonie du mariage. Celui de Bayeux eut pour sa récompense les revenus de quelques Eglises de la ville de Mante. Yves, Evêque de Chartres, s'oppose à ce mariage.

Mort de Malekschah Gelaleddin, Sultan des Turcs Seljoucides, qui réforma le Calendrier Persien, & anima l'étude des Sciences en Orient. Barkiarok, son fils, lui succéde, & sous lui, l'Empire des Turcs Seljoucides fut divisé en plusieurs Souverainetés.

1093. Conrad, fils de Henri, se révolte contre son père, & est couronné Roi d'Italie à Milan, par Anselme, Archevêque de cette ville.

1094. On tient un Concile à Constance, où Praxede, femme de l'Empereur Henri, va se plaindre de plusieurs infamies, auxquelles elle disoit que son mari l'avoit forcé de consentir.

Hugues, Archevêque de Lyon, & Légat du Pape, assemble un Concile de trente-deux Evêques à Autun, le seize Octobre, dans lequel on excommunie Philippe, Roi de France, à cause de son mariage avec Bertrade.

Mostadher est fait Calife des Sarrasins à Bagdet.

1095. Le Pape Urbain II. assemble un Concile à Plaisance, pendant le Carême ; Philippe y envoye des Ambassadeurs, qui obtiennent du Pape quelque délai touchant la sentence d'excommunication portée contre ce Prince.

Mort de S. Ladislas, Roi de Hongrie.

Concile de Clermont en Auvergne, à la fin du mois de Novembre ; le Pape y préside en personne, & fulmine une sentence d'excommunication contre le Roi Philippe & contre Bertrade, sa femme. Sur les remontrances de Pierre l'Hermite, Prêtre du Diocèse d'Amiens, on résolut, dans ce Concile, une Croisade pour recouvrer dans l'Orient, les terres possédées par les Infidèles.

1096. Dispute de S. Anselme avec le Roi d'Angleterre, au sujet des Investitures.

Philippe promet de quitter Bertrade, & le Pape lui donne l'absolution dans un Concile à Nismes. Ce Prince rappelle Bertrade à la Cour, contre la parole qu'il avoit donnée.

Gaultier, Gentilhomme François, à qui on donne le surnom de *sans avoir*, ou sans argent, à cause de sa pauvreté, est fait Général d'une partie des Croisés, & part le huit Mars, passe par la Hongrie & arrive à Constantinople, où il est joint par plus de trente mille hommes que Pierre l'Hermite conduit avec lui. Godefroy de Bouillon se met en marche au mois d'Août, avec une armée de soixante-dix mille hommes d'Infanterie & dix mille chevaux, & arrive proche de Constantinople, vers la fin de l'année. Toutes les troupes des François, après avoir essuyé bien des disgraces pendant le chemin, se trouvent composées de dix

II. Partie. L

Depuis J. C.	mille hommes de Cavalerie, & soixante mille hommes d'Infanterie. Soliman, Prince des Turcs Seljoucides de l'Asie Mineure, marche contre les Chrétiens, & défait un corps d'armée, qui étoit sous la conduite de Gaultier, qui fut tué dans cette première action. L'Empereur Alexis, quoique Chrétien, traverse de son côté l'armée des Croisés.

Un Prêtre Allemand leve une armée de quinze mille Croisés en Allemagne, qui sont presque tous défaits par les Hongrois.

1097. Godefroy de Bouillon, Généralissime des Croisés, vient à Nicomédie, investit la ville de Nicée, le quinze Mai, & s'en rend maître le vingt-huit Juin. Les Turcs Seljoucides attaquent les Chrétiens, le premier Juillet. Ceux-ci se défendent avec vigueur, & tuent plus de quarante mille Infidèles; prennent la Cilicie, la Syrie, & une partie de la Mésopotamie. Les Chrétiens assiégent Antioche, le dix-huit Octobre.

Henri, Empereur d'Occident, revient en Allemagne, après avoir séjourné près de sept ans en Italie.

Les Chrétiens Croisés s'emparent d'Edesse, où ils érigent une Principauté, qu'ils gardent jusqu'en 1150.

1098. Les Sarrasins attaquent les Chrétiens, qui faisoient le siége d'Antioche; Godefroy les repousse, & se rend maître de cette ville le trois Juin. Kerboga ou Corbagat, Général de l'armée du Sultan Seljoucide de Perse, vient au secours d'Antioche avec une armée formidable, assiége l'armée des Chrétiens qui s'étoient refugiés dans cette ville. Les Chrétiens fatigués par la disette des vivres, que Corbagat empêchoit d'entrer dans Antioche, marchent contre ce Général, & l'attaquent avec tant de courage, qu'ils tuent plus de cent mille hommes de son armée, & remettent l'abondance parmi les Chrétiens.

Boémond, fils de Robert Guiscard, Duc de la Pouille, est élu Prince d'Antioche: sa famille y régne jusqu'en 1268.

Conrad, fils de l'Empereur Henri, se révolte contre son père, dépose l'Antipape Clément, rétablit Urbain, & épouse la fille de Roger, Duc de la Pouille.

Etablissement de l'Ordre de Cîteaux, ou Réformation de l'Ordre de S. Benoît, par S. Robert de Molesme, aidé du Bienheureux Alberic, & de S. Etienne Harding.

Le Pape Urbain II. accorde à Roger, Comte de Sicile & de Calabre, qu'il n'enverra point de Légat dans ses Etats que de son consentement; que les Princes ses successeurs seront Légats nés du S. Siége dans leurs Etats, & qu'ils pourront envoyer ceux qu'ils voudront de leurs Evêques ou de leurs Abbés, quand le Pape les mandera.

Depuis J. C. 1099.	Le Pape, à la prière de S. Anselme, diffère l'excommunication qu'il vouloit fulminer contre le Roi d'Angleterre.

Les Chrétiens s'emparent de plusieurs places dans la Palestine, commencent le siége de Jérusalem, le neuf Juin, & prennent cette place le quinze Juillet. Le vingt-deux du même mois, les Seigneurs de l'armée s'assemblent pour élire un Roi : Godefroy de Boüillon est élu d'une commune voix, premier Roi du nouveau Royaume de Jérusalem. Peu de jours après, le Sultan d'Egypte avec une armée de quatre cent mille hommes d'Infanterie, & de cent mille de Cavalerie, vient attaquer Godefroy, à qui il étoit resté à peine quinze mille hommes. Ce nouveau Roi se conduisit avec tant de prudence & de valeur, qu'il défit plus de cent mille des ennemis, dispersa le reste, & se rendit maître, par cette victoire, de la Palestine. Après cette expédition, les principaux Seigneurs reviennent chacun dans leur pays.

Henri IV. Empereur d'Allemagne, tient une assemblée à Cologne, dépose & exile son fils Conrad qui s'étoit révolté contre lui, & fait proclamer Roi, Henri son autre fils.

Philippe, Roi de France, associe à la Royauté son fils Louis le Gros, qui réprima les séditions dans le Royaume.

L'Ordre de Font-Evrauld est fondé par Robert d'Arbrisselles. L'Abbesse de Font-Evrauld, qui est en Poitou, est le chef de tout l'Ordre qui a des Couvens d'hommes comme de filles. |
| 1100. | Guillaume le Roux, Roi d'Angleterre, est frappé, à la chasse, d'un coup de fléche, & meurt le deux Août, après avoir régné treize ans. Henri I. son plus jeune fils lui succéde, le dix-huit Août.

Godefroy de Bouillon, Roi de Jérusalem, meurt le dix-huit Juillet. Baudouin, Comte d'Edesse, son frere, lui succéde.

On ressent un tremblement de terre en Sicile. |
| 1101. | Venise est réduite en cendres.

Robert, Duc de Normandie, fait la guerre à Henri son frere, qui s'étoit fait couronner Roi d'Angleterre ; ils font la paix, à condition que Henri lui payeroit chaque année trois mille marcs d'argent.

Mort de Conrad, fils de l'Empereur Henri IV. |
| 1102. | Louis, surnommé le Gros, fils de Philippe, Roi de France, prend, du vivant de son père, le gouvernement de l'Etat.

L'Empereur Henri s'engage, par un vœu, de faire le voyage de la Terre Sainte. |
| 1103. | Louis, fils de Philippe, passe en Angleterre, pour y voir Henri I. qui en étoit Roi. Bertrade sollicite Henri de se défaire de ce Prince ; cet artifice n'ayant pas réussi, Ber- |

Depuis	trade employe le poison, pour y faire mourir Louis, qui fut sauvé par les remédes extraordinaires d'un Médecin étranger.
J. C.	

S. Anselme sort d'Angleterre, pour les contestations continuelles qu'il avoit avec le Roi Henri sur les Investitures.

Guillaume, Duc d'Aquitaine, entreprend le voyage de la Terre Sainte, avec une nombreuse armée, & arrive heureusement à Constantinople ; mais l'Empereur Alexis lui dresse des embûches, & fait massacrer son armée par les Turcs, à l'exception de cinq mille hommes seulement qui pénétrent en Palestine.

Robert, Duc de Normandie, est dépouillé de son Duché, & pris prisonnier par son frère Henri, qui lui fait perdre la vue. Il meurt en prison.

1104. Baudouin, Roi de Jérusalem, livre un combat aux Sarrasins, par qui il est défait. Quelque temps après, il rallie son armée, défait les Sarrasins, & s'empare de Ptolémaïde, ou Acre.

1105. HENRI V. est reconnu Roi des Saxons, après s'être révolté contre son père, avec lequel il se réconcilie en apparence ; mais il le fait ensuite arrêter prisonnier au château de Binghen, & de-là conduire à Ingelheim, d'où il se sauve & se retire à Liége. On tient un Concile à Mayence, vers la fin de l'année, où Henri IV. fut excommunié de nouveau par les Archevêques de Mayence, de Cologne, & l'Evêque de Wormes, qui le dépouillent des ornemens Impériaux, & l'engagent de venir au Concile, où il renonce à l'Empire, & demande, à genoux, l'absolution à l'Evêque d'Albane Légat du S. Siége, qui le renvoye au Pape. Son fils Henri V. est couronné Roi de Germanie ou Empereur dans ce même Concile.

Henri, Roi d'Angleterre, vient avec une armée en Normandie. Il s'en retourne sans rien faire.

Le Pape Pascal II. vient en France, pour implorer la protection du Roi contre l'Empereur.

1106. Henri IV. réfugié à Liége, meurt le sept Août, dans le temps que son fils venoit forcer cette ville. Les Liégeois, pour obtenir leur grace du nouvel Empereur HENRI V, sont obligés de déterrer le corps de l'Empereur Henri IV. qui est porté à Spire, & mis hors de l'Eglise, dans un sépulchre de pierre, où il resta cinq ans sans être autrement inhumé.

Henri, Roi d'Angleterre, défait son frère Robert, Duc de Normandie, à la bataille de Trinchebrai ; & depuis ce temps, la Normandie fut réunie à la Couronne d'Angleterre, jusqu'à ce que les Rois de France la recouvrèrent cent ans après.

1107. Assemblée tenue à Mayence, au sujet des Investitures.

DE L'HISTOIRE MODERNE.

Depuis J. C.	
1108.	Philippe I. Roi de France, meurt à Melun, le vingt-neuf Juillet, âgé de près de cinquante-sept ans, après en avoir régné plus de quarante-huit seul, & plus de quarante-neuf, à compter du jour qu'il fut sacré à Rheims du vivant de son père Henri. Philippe est le premier des Rois de France qui a porté le nom d'un Saint honoré de l'Eglise, ses prédécesseurs en ayant de François ou de Germaniques.
	Louis VI. ou le Gros, fils de Philippe & son successeur, est sacré à Orléans, le trois Août, par l'Archevêque de Sens, à cause du schisme qui étoit alors dans l'Eglise de Rheims.
1109.	L'Empereur Henri V. envoye des Ambassadeurs en Angleterre, demander en mariage Mathilde, fille de Henri. L'Empereur entre en Silésie, & fait la guerre, sans succès, à Boleslas, Roi de Pologne.
	Les Chrétiens de Syrie s'emparent de la ville de Tripoli, que la famille de Raimond Comte de Toulouse, eut à titre de Comté jusqu'en 1289.
1110.	Le Pape retourne en Italie, où Henri V. se rend. Il est couronné Roi de Lombardie à Milan, par l'Archevêque Chrisolan; & il fait un Traité, qui fut signé, & des ôtages donnés. Par ce Traité, l'Empereur se relâche des prétentions qu'il avoit sur les Investitures, à condition que le Pape lui céderoit les Duchés, les Comtés, les Marquisats, les Terres, droits de Justice, de Monnoie, de Marchés, de Péages, & autres Domaines dont jouissoient les Evêques d'Allemagne.
1111.	L'Empereur vient à Rome, au mois de Février. Les Evêques d'Allemagne n'ayant pas voulu consentir au Traité que le Pape Pascal II. avoit fait avec l'Empereur, sur les Investitures, le Pape refuse de couronner l'Empereur, qui le fait arrêter prisonnier avec plusieurs Cardinaux, & ne les relâche point, que le Pape ne lui eût promis de lui accorder les Investitures & de le couronner Empereur. Pascal fit l'un & l'autre, le treize Avril. L'Empereur revient en Allemagne; étant à Spire, il fait enterrer Henri IV. son père, avec la permission du Pape.
1113.	L'Empereur Henri V. soumet plusieurs Seigneurs révoltés.
	S. Bernard se retire à Cîteaux, avec trente de ses compagnons, pour y embrasser la vie monastique.
	On rapporte aussi à cette année, la fondation de l'Abbaye de S. Victor de Paris, par le Roi Louis le Gros.
1114.	Conversion de S. Norbert, Fondateur de l'Ordre de Prémontré.
1115.	L'Empereur Henri repasse en Italie, & s'empare des Etats laissés par la Princesse Mathilde, Duchesse de Toscane, &c.

Depuis J. C. 1116.	Le Pape Pascal II. assemble le quatrième Concile de Latran, qui révoque le Privilége des Investitures accordé à Henri. L'Empereur en ayant avis, leve une armée, pour obtenir par force ce qu'on refusoit de lui accorder de bon gré.
	Henri, Roi d'Angleterre, fait la guerre au Roi de France : c'est le commencement des guerres entre les François & les Anglois, qui durèrent trois cens ans, à quelques intervalles près.
1117.	L'Empereur Henri approche de Rome avec une puissante armée ; le Pape se retire au Mont Cassin, d'où il passe dans la Pouille, pour y solliciter du secours. L'Empereur se fait couronner une seconde fois à Rome, par Maurice Burdin Archevêque de Brague, & se retire.
1118.	L'Empereur revient à Rome, y fait proclamer Pape, Maurice Burdin, sous le nom de Grégoire VIII.
	Baudouin I. second Roi de Jérusalem, meurt le 7 Avril. Baudouin II. ou du Bourg, son parent, est élu en sa place.
	Institution des Chevaliers du Temple, dont le premier Grand-Maître fut Hugues de Paganis.
	Les Chevaliers Hospitaliers de S. Jean de Jérusalem (connus depuis sous le nom de Rhodes & enfin de Malthe) existoient auparavant, & l'on a une Bulle du Pape Paschal II. en 1113, adressée à Gérard Tum, réputé leur premier Grand-Maître.
	Alexis Comnène, Empereur d'Orient, meurt le quinze Août, après avoir gouverné l'Empire pendant trente-huit ans. Son fils JEAN COMNÈNE lui succéde, & régne vingt-quatre ans & sept mois.
	Mostarsched est fait Calife des Sarrasins à Bagdet.
	Le Roi de France faix la paix avec celui d'Angleterre.
1120.	Le Pape Calixte II. passe en Italie, & entre dans Rome d'une manière triomphante.
	Institution de l'Ordre de Prémontré, par S. Norbert.
	Les fils de Henri Roi d'Angleterre, & un grand nombre de Seigneurs, sont battus de la tempête, & sont tous noyés en sortant de Barfleur pour retourner en Angleterre.
1121.	L'Antipape Burdin est pris à Sutri, & confiné dans un Monastère de Cave, où il passe le reste de ses jours dans une pénitence forcée.
1122.	L'Empereur Henri s'accommode avec le Pape, par la médiation de Lambert, Cardinal, Evêque d'Ostie, ce qui mit fin à la contestation des Investitures, qui duroit depuis plus de cinquante ans. Le Pape fait afficher, dans la suite, les clauses de cet accommodement dans l'Eglise de Latran.
1123.	On tient le premier *Concile Général de Latran*, pendant le mois de Mars : on y confirme le Traité fait entre le Pape Calixte II. & l'Empereur, sur les Investitures.

Depuis J. C. 1124.	L'Empereur Henri vient en France avec une nombreuse armée. Louis le Gros marche avec deux cent mille hommes, contre Henri, qui se retira aussitôt. C'est en cette occasion, que Louis reporta l'Oriflâme à S. Denis, où il l'avoit été prendre : c'étoit l'enseigne de cette Abbaye. Il est le premier de nos Rois qui ait fait cette cérémonie.
1125.	L'Empereur Henri V. meurt à Utrecht, le vingt-trois Mai, sans enfans mâles, après avoir régné dix-huit ans, neuf mois & quinze jours. On l'enterre à Spire. Les principaux Seigneurs s'assemblent à Mayence, où ils élisent, le vingt-neuf Août, pour Roi ou Empereur, LOTHAIRE II. Duc de Saxe, qui est couronné à Aix-la-Chapelle, le treize Septembre. Conrad & Frédéric, neveux de l'Empereur Henri V, veulent s'emparer de l'Empire, & font la guerre à Lothaire ; ils sont excommuniés par le Pape Honoré III.
	La peste ravage l'Allemagne.
1126.	L'Empereur Lothaire assemble une armée contre les révoltés, vient en Italie, & se fait couronner Roi d'Italie à Milan.
	Alfonse VIII. fils d'Urraque & de Raymond, Comte de Galice, devient Roi de Castille & de Léon, après sa mère qui avoit succédé à Alfonse VII. son second mari.
1127.	Le Pape déclare la guerre à Roger Duc de Sicile, qui vouloit jouir des Duchés de Calabre & de la Pouille sans l'aveu du S. Siége.
	Les Evêques de la province de Sens ayant mis les terres de Louis le Gros en interdit, parce qu'il persécutoit Etienne Evêque de Paris, ce Prince a recours au Pape Honorius, & obtient que cet interdit soit levé.
1128.	Le Pape excommunie Roger Duc de Sicile. Etienne, Abbé de S. Jean de Chartres, est fait Patriarche de Jérusalem.
	Henri, Roi d'Angleterre, vient en France, & empêche Louis le Gros de secourir Guillaume, Comte de Flandres.
	Lothaire prend Spire & Ulm.
1129.	Louis le Gros fait couronner à Rheims, Philippe son fils aîné, le quatorze Avril. Henri I. Roi d'Angleterre, le reçoit à Chartres & le reconnoît.
1130.	Roger II. est couronné, selon le desir de ses sujets, Roi de Sicile à Palerme ; il choisit cette ville pour être la Capitale de tous ses Etats, comme elle l'est encore du Royaume des deux Siciles, quoique Naples soit depuis long-temps la résidence des Rois.
1131.	Entrevue du Pape Innocent II. & de l'Empereur Lothaire à Liége ; l'Empereur propose le rétablissement des Investitures au Pape. S. Bernard s'y oppose, & persuade à l'Empereur de ne pas insister sur cette demande. Le Pape visite les Abbayes de Cluny & de Clairvaux.

Depuis	Le jeune Roi Philippe, âgé de quatorze ou quinze ans, meurt d'une chûte de cheval. Louis le Gros fait couronner à Rheims par Innocent II. Louis son second fils, qui lui succéda.
J. C.	Baudouin, Roi de Jérusalem, meurt le 21 Août : Foulques, son gendre, lui succéde.
1132.	Lothaire rétablit le Pape Innocent dans Rome : dès que ce Prince en est parti pour l'Allemagne, l'Antipape Anaclet contraint Innocent de se retirer une seconde fois à Pise.
1133.	Lothaire revient en Allemagne, & fait grace à Fréderic & à Conrad, qui s'étoient révoltés.
1134.	Alfonse I. Roi de Navarre & d'Aragon, étant mort, les peuples se divisent au sujet de ses neveux : Garcie-Ramirez IV. est élu Roi de Navarre, & Ramire II. Roi d'Aragon.
1135.	Roger, Roi de Sicile, s'empare de Bénévent & de Capoue, qui appartenoient au S. Siége.
	Rasched devient Calife des Sarrasins, à Bagdet, mais il ne régne qu'un mois & dix-huit jours : Moktafi fut mis en sa place, & l'occupa vingt-quatre ans & deux mois.
	Henri I. Roi d'Angleterre, meurt, le premier Décembre, après avoir régné trente-cinq ans & trois mois. Comme il n'avoit point d'enfans mâles légitimes, Etienne, Comte de Boulogne, fils d'Adelle sa sœur, se saisit du Royaume d'Angleterre, & dispute la Normandie à Mathilde, fille du Roi Henri, & veuve de l'Empereur Henri V.
1137.	Louis VI. ou le Gros meurt à Paris, le premier Août, âgé d'environ soixante ans, dont il en avoit régné près de trente. Ce Prince commença à reprendre l'autorité dont les Vassaux s'étoient emparés. Son fils Louis VII. ou le Jeune, lui succède. Les dernières paroles que lui dit son père, sont très-remarquables : » Souvenez-vous, mon fils, & ayez » toujours devant les yeux, que l'autorité Royale n'est » qu'une charge publique, dont vous rendrez un compte » très-exact après votre mort. «
	L'Empereur Lothaire meurt dans une chaumière près de Trente, le premier Décembre.
1138.	CONRAD III. Duc de Franconie, est proclamé Roi de Germanie ou Empereur.
	Le Roi de France consent qu'Eustache, fils d'Etienne Roi d'Angleterre, ait la Normandie.
1139.	Le Pape Innocent II. faisant la guerre à Roger Roi de Sicile, qui s'étoit emparé de la Pouille, est pris prisonnier par ce Prince, & obligé, par un accommodement, de lui confirmer la donation qu'Honoré II. lui avoit faite du Royaume de Sicile, du Duché de la Pouille & de la Principauté de Capoue, & de lui donner le titre de Roi.
	Commencement du Royaume de Portugal, le Comte Alfonse ayant été nommé Roi par ses troupes, après avoir défait cinq Rois Maures.

Depuis J. C. 1140.	Pierre Abeilard accusé d'erreur, compose son Apologie. On tient un Concile à Sens, où S. Bernard le fait condamner ; il appelle de cette condamnation au Pape, & se retire dans le Monastère de Cluny.
1141.	Pierre de la Châtre, ayant été élu Archevêque de Bourges, & consacré par le Pape, sans attendre le consentement de Louis le Jeune, ce Prince irrité de cette élection, fait une cruelle guerre à Thibaud Comte de Champagne, pour avoir retiré chez lui l'Archevêque de Bourges. Le Pape jette un interdit sur le Royaume de France ; Louis reconnoît l'Archevêque de Bourges, & l'interdit est levé.
1142.	Mort de Foulques, Roi de Jérusalem : Baudouin III. son fils aîné lui succède.
1143.	Mort de l'Empereur d'Orient Jean Comnène, le 8 Avril : MANUEL, son fils, lui succède, & règne trente-six ans & demi.
1144.	Le Pape Luce II. fait une tréve avec Roger, Roi de Sicile, & implore le secours de l'Empereur Conrad contre les Romains révoltés, qui avoient élu un Patrice. S. Bernard négocie une paix entre le Roi de France & le Comte de Champagne. Le Pape Luce confirme la Primatie de l'Eglise de Tolède sur toutes les Eglises d'Espagne.
1145.	Eugene III. Pape, exhorte les Chrétiens à la Croisade, confirme les priviléges accordés aux Croisés par Urbain II. & ordonne à S. Bernard de prêcher la Croisade. La cause de ce renouvellement de zèle pour les affaires des Chrétiens d'Orient, étoit que Noureddin ou Noradin Sultan d'Alep, venoit de s'emparer d'Edesse, & menaçoit le Royaume de Jérusalem des plus grands maux.
1146.	Samson, Archevêque de Rheims, couronne le Roi Louis à Bourges, les fêtes de Noël. Pierre de la Châtre, qui en étoit Archevêque, prétend que ce droit lui appartient dans son Eglise ; il en porte ses plaintes au Pape Eugène, qui prive Samson de l'usage du Pallium. Un Moine nommé Raoul prêche aux Croisés, qu'avant de partir pour la Terre Sainte, ils devoient tuer tous les Juifs, qui étoient plus ennemis de Jesus-Christ que les Mahométans. S. Bernard prêche la Croisade, & exhorte les Chrétiens de France & de Bavière à ne pas faire mourir les Juifs. On tient une assemblée à Vezelay, où le Roi Louis, sa femme & un grand nombre de Seigneurs viennent prendre la Croix des mains de S. Bernard. Fin du Royaume des Almoravides en Espagne & en Barbarie : les Almohades leur succédent.
1147.	Louis le Jeune fait assembler les principaux Seigneurs de son Royaume, le Dimanche de la Septuagésime, au sujet de l'expédition de la Terre Sainte ; la Régence du Royaume de

Depuis
J. C.

France est donnée à Suger, Abbé de S. Denis. Le Pape vient en France vers la fin du Carême, & oblige les Eglises à contribuer pour les frais de la Croisade.

L'Empereur Conrad se met en chemin pour la Terre Sainte dans le mois de Mai, avec une armée de plus de cent mille combattans, parmi lesquels il y avoit soixante-dix mille Cuirassiers : il arrive à Constantinople, qui étoit le rendez-vous général.

Le Roi de France s'y rend au commencement d'Octobre ; l'Empereur Manuel vient au-devant de lui, & lui fait tout l'accueil imaginable. Peu de jours après, il suscite plusieurs traverses à l'armée de ce Prince & à celle de Conrad, soit en leur refusant ou retardant les vivres, soit en empoisonnant le pain avec du plâtre & de la chaux, qu'il fait mêler dans la farine qu'il fournissoit ; soit en donnant des guides infidéles, qui livrèrent l'armée de Conrad aux Musulmans, à qui Manuel se joignit avec ses troupes, & les avertit de toutes les démarches des Chrétiens. Les Infidéles tuèrent & pillèrent presque tout le corps d'armée de Conrad, qui fut obligé de prendre la fuite, au mois de Novembre, & de venir trouver Louis Roi de France, qu'il accompagna jusqu'à Ephèse, d'où cet Empereur retourna par mer à Constantinople.

Les Anglois & les Flamans équipent une flotte de près de deux cent vaisseaux contre les Sarrasins, qui ravageoient la Galice.

1148.

Conrad, qui étoit resté à Constantinople jusqu'au printemps, en part & arrive à Jérusalem. Louis force le camp des Infidéles, au passage du Méandre, fait un grand nombre de prisonniers. L'imprudence de Geoffroy de Rançon, est cause qu'une partie de l'armée Françoise est taillée en piéces. Cette défaite fut suivie d'une disette si considérable, que l'on fut obligé de se nourrir de la chair des chevaux. Le Roi & plusieurs Seigneurs sont contraints d'aller par mer à Antioche. Louis arrive enfin à Jérusalem, où il est reçu avec toutes sortes d'honneurs.

On tient une assemblée sur les affaires des Chrétiens, où Conrad, le Roi de France, celui de Jérusalem, & tous les Seigneurs de la suite de ces trois Princes assistèrent ; on y résolut le siége de Damas, qu'on fut contraint de lever à cause de la rareté & de la cherté des vivres.

Conrad revient à Constantinople, & repasse en Allemagne. Louis part de Syrie, débarque en Calabre sur la fin de Juillet, vient à Rome & arrive en France, après avoir perdu plus de cent mille hommes.

1149.

Mort de Louis, premier des Lantgraves de Thuringe. Louis son fils, gendre de Conrad, lui succéde dans cette dignité.

D. J. C.	Noradin, Sultan d'Alep, s'empare du Comté d'Edesse, & fait de grands maux aux Chrétiens Croisés.
1150.	
	Louis Roi de France, répudie Eléonore de Guyenne, sa femme, qu'il avoit épousée en 1137, & il lui rend la Guyenne & le Poitou. Elle se remarie six semaines après au Prince qui fut connu ensuite sous le nom de Henri II. Roi d'Angleterre, à qui elle porta tous ces grands biens : ce qui causa beaucoup de maux à la France.
	Pierre Lombard, surnommé le Maître des Sentences, est élu Evêque de Paris.
1151.	Gratien, Moine d'Italie, acheve sa collection des Canons.
1152.	Conrad III. meurt à Bamberg, le quinze Février. Les principaux Seigneurs Allemans s'assemblent à Francfort, & y élisent, le quatre Mars, FRIDERIC I. ou Barberousse, que l'on nomma ainsi à cause de sa couleur.
	Louis Roi de France, épouse Constance Elisabeth, fille d'Alfonse Roi de Castille.
	Le Calife Moktafi recouvre son autorité à Bagdet & dans son territoire, après la mort de Massoud Sultan des Seljoucides : ses successeurs, dans le Califat, la conservèrent jusqu'en 1258.
1154.	Etienne, Roi d'Angleterre, étant mort, Henri II. Duc de Normandie, qu'il avoit adopté, lui succéde : d'ailleurs ce dernier Prince étoit fils de la Princesse Mathilde, petite-fille de Guillaume le Conquérant.
	Frideric Barberousse vient en Italie, & appaise les troubles qui étoient à Milan.
1155.	Arnauld de Bresse excite du trouble dans Rome contre le Pape Anastase IV. qui met cette ville en interdit, jusqu'à ce que les Romains ayent chassé cet Hérétique & ses Sectateurs : ceux-ci sont obligés de se sauver en Toscane, où ils sont bien reçus du peuple. Mais quelque temps après, Arnaud est pris prisonnier, & livré au Préfet de Rome, qui le fait brûler & jetter ses cendres dans le Tibre, de crainte que le peuple n'honorât ses reliques.
1156.	Le Pape Adrien IV. excommunie Guillaume I. Roi de Sicile, qui n'avoit pas voulu recevoir ses Lettres, parce qu'il ne lui donnoit pas le nom de Roi, & pour s'être emparé des terres du S. Siége.
	Frideric est couronné Empereur par le Pape.
	Le Pape fait la paix avec Guillaume, qui obtient le titre de Roi des deux Siciles.
	L'Empereur, choqué d'une lettre que le Pape lui avoit écrite, chasse de ses États les deux Légats qui la lui avoient apportée, & met des gardes sur les frontières, pour empêcher d'aller à Rome. Le Pape donne une explication aux termes de sa lettre, & se plaint du procédé de l'Empereur.

Depuis J. C.	
1157.	Le Marquisat d'Autriche est érigé en Duché. Frideric passe l'Oder, & vient en Pologne au mois d'Août ; les Polonois demandent la paix & l'obtiennent. Alfonse VIII. Roi de Castille & de Léon, meurt ; ses enfans partagent ses États. Sanche III. est Roi de Castille, & Ferdinand II. Roi de Léon.
1158.	Frideric tient une assemblée à Ratisbonne, dans laquelle Ladislas, Duc de Bohême, est créé Roi. Frideric vient en Italie, & reprime les Milanois, assiége Milan & fait grace aux habitans de cette ville, à la prière des principaux Seigneurs.
1159.	Le Pape n'ayant pu porter les Milanois à se révolter contre l'Empereur, excommunie ce Prince. Une mouche étant entrée dans la bouche du Pape lorsqu'il buvoit, il meurt le premier Septembre. Il arrive de grandes contestations pour l'élection de son successeur. Le plus grand nombre des Cardinaux élit Alexandre III. Octavien est élu Antipape, sous le nom de Victor IV. Les Rois de France & d'Angleterre prennent le parti d'Alexandre ; l'Empereur & le Clergé de Rome se déclarent pour Victor. L'un & l'autre s'adressent à Frideric pour être maintenus. Cet Empereur ordonne qu'ils viendront à Pavie, pour y être jugés par un Concile.
1160.	Naissance de S. Jean de Matha, Fondateur de l'Ordre des Trinitaires ou Mathurins. Michel de Thessalonique, condamné pour l'hérésie des Bogomiles, se rétracte & fait une confession de foi. Mostandged est fait Calife des Sarrasins, à Bagdet.
1161.	Louis le Jeune épouse Alix, fille de Thibaud, Comte de Champagne.
1162.	Baudouin III. Roi de Jérusalem, meurt le dix Février. Amauri I. son frère lui succéde. Le Pape Alexandre, qui s'étoit réfugié sur les terres de Guillaume Roi de Sicile, passe en France, y arrive vers les fêtes de Pâques, & y est reçu par les Rois de France & d'Angleterre, qui vont au-devant de lui. L'Empereur propose une conférence à Avignon, pour remédier au schisme, le Roi de France s'y rend ; mais elle est rompue, le Pape Alexandre n'ayant pas voulu s'y trouver. L'Empereur, irrité de ce que le Roi de France ne l'y avoit pas conduit, & s'appuyant sur ses forces, médite de le faire prisonnier ; mais le Roi est tiré de cet embarras par l'armée que le Roi d'Angleterre fit avancer pour le dégager. L'Empereur Frideric se rend maître de Milan, le premier Mars, chasse tous les habitans de cette ville, en fait abbatre les murs & brûler tous les édifices, à l'exception des Eglises.
1163.	Frideric écrit aux Polonois qu'ils ayent à restituer aux fils de Ladislas les biens paternels qui leur appartiennent. On

Depuis *J. C.*	partage la Silésie en trois portions, que l'on donne à chacun des fils du feu Roi de Pologne.
	Frideric ayant appris que l'on avoit fait mourir, dans un Monastère de Mayence, Jacques Archevêque de cette ville, en fait raser les fortifications, & révoque tous les privilèges des habitans.
1164.	Mort de l'Antipape à Lucques, au commencement d'Avril. Ceux de son parti élisent Guy de Crême, qui prend le nom de Pascal III.
	Assemblée de Clarendon en Angleterre, au mois de Janvier, dans laquelle S. Thomas de Cantorbery, refuse d'abord d'approuver les Coutumes du Royaume d'Angleterre. Il passe en France, où Louis l'honore de sa protection. Le Roi d'Angleterre députe au Pape, pour le prier de donner la qualité de Légat en Angleterre à l'Archevêque d'Yorck. Le Pape la lui accorde, à condition que ce Légat n'auroit point de jurisdiction sur l'Archevêque de Cantorbery, & que les Evêques continueroient à reconnoître celui-ci pour Primat.
1165.	Alexandre repasse en Italie, & fait son entrée dans Rome au mois de Novembre.
	Naissance de Philippe Auguste Roi de France, & de Henri fils de l'Empereur Frideric Barberousse.
1166.	Cet Empereur passe en Italie avec une armée, pour mettre l'Antipape Pascal en possession du S. Siége.
	Au mois d'Octobre, Thomas de Cantorbery est fait Légat du S. Siége en Angleterre; en cette qualité, il condamne & casse les Coutumes qui avoient été publiées à Clarendon, excommunie tous ceux qui les observeroient, ou feroient observer, & menace d'anathème le Roi d'Angleterre.
	Les Vénitiens s'emparent de l'Isle de Chio.
1167.	L'Empereur Frideric défait plus de douze mille Romains, & s'empare de Rome. Le Pape Alexandre est obligé de prendre la fuite. La maladie qui se met dans l'armée de Frideric, l'oblige de se retirer en Lombardie.
	Jean d'Oxfort, député à Rome de la part du Roi d'Angleterre, obtient du Pape qu'il enverra deux Légats pour terminer l'affaire de l'Archevêque de Cantorbery, & fait suspendre l'autorité de cet Archevêque jusqu'à l'arrivée des deux Légats.
1168.	Les Italiens reconnoissent le Pape Alexandre, chassent les Evêques Schismatiques, & se révoltent contre l'Empereur.
	S. Thomas de Cantorbery refuse pour Juges les Légats que le Pape avoit nommés, & les fait révoquer. L'assemblée, qui se tient à Gisors à ce sujet, se sépare sans rien conclure.

Depuis J. C. 1169.	Le Pape Alexandre vient à Rome ; les Romains ne veulent le recevoir qu'à condition qu'il fera abbatre les murs de Frescati, qu'il avoit fait fortifier : le Pape satisfait à cette clause ; mais les Romains lui ayant manqué de parole, il fait de nouveau fortifier Frescati, & retourne à Bénévent.
L'Empereur est défait par les Milanois, & se sauve avec peine en Allemagne.
Entrevue des Rois de France & d'Angleterre à S. Denis, au sujet de l'affaire de S. Thomas de Cantorbery, où l'on ne convient de rien. Le Roi d'Angleterre fait couronner son fils Henri à Westminster, par l'Archevêque d'Yorck, au préjudice de l'Archevêque de Cantorbery, à qui ce droit appartenoit. Ce Prince demande deux autres Légats à la place des précédens ; ils lui sont accordés ; mais leur Légation n'a aucun succès. Le Pape révoque la suspension de l'autorité de l'Archevêque de Cantorbery, & interdit l'Archevêque d'Yorck, & les Evêques qui avoient assisté au couronnement du fils du Roi d'Angleterre.
1170.	L'Antipape Pascal meurt. Ceux de son parti lui substituent Jean Abbé de Sturme, sous le nom de Calixte III.
Entrevue des Rois de France & d'Angleterre, qui font la paix à S. Germain-en-Laye. Rotrou Archevêque de Rouen, & Bernard Evêque de Nevers, sont envoyés par le Pape vers le Roi d'Angleterre, avec ordre de mettre son Royaume en interdit, s'il ne veut pas se reconcilier avec l'Archevêque de Cantorbery, & donner la paix à l'Eglise. Ce Prince se rend à leurs remontrances, & les prie de travailler à cet accommodement, qui est enfin terminé. S. Thomas retourne à Cantorbery ; il n'y est pas plutôt arrivé, qu'il est martyrisé dans son Eglise, au pied de l'Autel, où cet Archevêque célébroit l'Office Divin, le vingt-neuf Décembre, âgé de cinquante-trois ans.
Naissance de S. Dominique, Fondateur des Frères Prêcheurs, à Calarvega, dans le Diocèse d'Osma en Castille.
Manuel Comnène fait proposer au Pape la réunion de l'Eglise Grecque avec la Latine, en cas qu'il veuille le couronner Empereur d'Occident. Le Pape le refuse, & cet Empereur envoie Théorianus en Arménie pour la réunion : il y gagne le Patriarche des Arméniens.
Mosthadi devient Calife des Sarrasins, à Bagdet.
1171.	Henri II. Roi d'Angleterre, fait la conquête de l'Irlande, & y établit une Colonie Angloise dans la Lagénie : Roderick, Monarque de cette Isle, & les Rois Provinciaux, se soumettent à Henri sans en venir aux mains, & le reconnurent pour leur Seigneur, en s'engageant à lui payer un tribut annuel.

DE L'HISTOIRE MODERNE. 175

Depuis J. C. Le Roi d'Angleterre avoit député à Rome pour s'y justifier touchant le meurtre de S. Thomas de Cantorbery. Le Pape lui envoye deux Légats, sçavoir le Cardinal Albert & le Cardinal Théodore, pour l'obliger de faire satisfaction à l'Eglise, & il excommunie les meurtriers. Le Roi se soumit à la pénitence que lui imposèrent les Légats, cassa les Coutumes publiées à Clarendon, & reçut enfin l'absolution à la porte de l'Eglise. Les assassins de S. Thomas de Cantorbery allèrent à Rome pour s'y faire absoudre. Le Pape leur ordonna d'aller à Jérusalem, l'un d'eux mourut en chemin, deux autres y passèrent le reste de leur vie en pénitence, enfermés dans un lieu appellé Mocenigo.

Mort d'Adhed dernier Prince Fatimite d'Egypte: le fameux Saladin devient le maître de ce pays, & y fait reconnoître l'autorité spirituelle de Calife de Bagdet.

1172. S. Thomas de Cantorbery est canonisé le Mercredi des Cendres, par le Pape Alexandre III.

1173. Le jeune Roi d'Angleterre se révolte contre son père, qui va au tombeau de S. Thomas de Cantorbery, pour implorer son assistance.

La ville de Catane, & plus de quinze mille personnes sont englouties par un tremblement de terre.

1174. Canonisation de S. Bernard, le dix-huit Janvier.

Henri Roi d'Angleterre, continue de persécuter son père, avec lequel le Roi de France l'oblige de se reconcilier.

Amauri I. Roi de Jérusalem, meurt le 11 Juillet: Baudouin IV. son fils, lui succéde.

1175. L'Empereur Frideric fait la guerre en Italie. Le Pape Alexandre III. approuve l'institution de l'Ordre des Chevaliers de S. Jacques en Espagne, & celui des Religieux de S. Sauveur.

1176. L'armée de l'Empereur Frideric est entièrement défaite par les Milanois: ce Prince est obligé d'envoyer des Ambassadeurs au Pape Alexandre, pour faire la paix.

Le Pape approuve l'Ordre des Chartreux.

1177. Frideric fait la guerre aux Vénitiens; il est prisonnier, & obtient une entrevue du Pape Alexandre, au mois de Juillet. Ce Prince demande l'absolution au Pape, & la reçoit devant les portes de l'Eglise S. Marc à Venise. Le Pape retourne à Rome, & l'Empereur en Allemagne avec des conditions de paix peu avantageuses.

1178. Le Pape envoye un Légat à un Roi d'Asie, vulgairement appellé le Prêtre Jean, dont on ignoroit le pays, mais qui étoit en Tartarie: on l'a confondu dans la suite avec l'Empereur d'Abissinie.

Le village d'Hanover obtient les priviléges des villes.

Le Pape est rappellé d'Anagnia à Rome par les Romains.

Depuis   L'Empereur Frideric se fait couronner Roi de Bourgogne
J. C.   ou d'Arles.

    On découvre à Toulouse un grand nombre d'Hérétiques, qui sont excommuniés & bannis du pays, par le Légat du Pape, assisté de quelques Evêques, & qui se retirent dans l'Albigeois, où Roger Comte d'Albi les protege, & se sert d'eux pour tenir l'Evêque de cette ville en prison. C'est de-là que ces Hérétiques ont porté le nom d'Albigeois.

    L'Antipape Calixte obtient son pardon du Pape Alexandre III.

1179.   Le deux Mars, commence le *troisième Concile Général de Latran, onziéme œcuménique*, composé de plus de trois cent dix Evêques, qui condamnent les Hérétiques Albigeois, à qui ils donnent le nom de Cathares, Patariens, Publicains, & plusieurs autres noms. Guillaume Archevêque de Tyr, en rédige les actes.

    Louis VII. Roi de France, passe en Angleterre, pour y revérer le tombeau de S. Thomas de Cantorbery; ce Prince débarque à Douvres le vingt-deux Août, arrive le lendemain à Cantorbery, & s'embarque pour repasser en France, dès le vingt-six du même mois.

    Il fait sacrer & couronner à Rheims son fils Philippe, le jour de la fête de tous les Saints. Les douze Pairs de France, dont six sont Ecclésiastiques, prirent séance à ce Sacre; & la prérogative de sacrer les Rois jusques-là indécise, fut attribuée pour toujours à l'Archevêque-Duc de Rheims.

    Joritomo, Général des troupes du Japon, en devient le premier Empereur séculier; les *Dairis*, qui régnoient depuis l'an 660 avant l'Ere-Chrétienne, sont réduits à n'avoir que la première autorité spirituelle.

1180.   Mort du Calife Mosthadi: son fils Naser lui succéde, & régne près de quarante-sept ans.

    L'Empereur Manuel Comnène meurt, le six Octobre, après avoir gouverné l'Empire d'Orient pendant 36 ans & 5 mois. ALEXIS II. son fils, lui succéde, sous la tutelle de sa mère, Marie, fille de Raymond, Comte d'Antioche.

    Louis VII. ou le Jeune, Roi de France, meurt de paralysie, à Paris, le dix-huit Septembre, dans la soixantième année de son âge, & la quarante-troisième de son régne; il fut enterré dans l'Abbaye de Barbeaux ou Sain-Port (*Sanus Portus*) qu'il avoit fondée auprès de Melun. Son fils Philippe II. surnommé Auguste, lui succéde.

1181.   Henri Evêque d'Albi, ayant assemblé des troupes, va en Gascogne pour en chasser les Hérétiques Publicains; mais ils feignent d'abjurer leurs erreurs, puis ils recommencent à les enseigner.

1182.   Naissance de S. François, Patriarche des Frères Mineurs, à Assise, ville d'Ombrie en Italie.

DE L'HISTOIRE MODERNE. 177

Depuis J. C.   Henri le Lion, Duc de Saxe, &c. le plus grand Terrien d'Allemagne, est privé de la plupart de ses États : de ce Prince vient la Maison de Brunswick.

1183. C'est à ce temps qu'il faut rapporter la ligue des Pacifiques, composée de Seigneurs qui exterminent les Barbançons.

Henri, le plus jeune des trois fils du Roi d'Angleterre, meurt.

ANDRONIC COMNÈNE fait étrangler Alexis Empereur d'Orient, & s'empare de l'Empire.

Les habitans du Berry tuent plus de sept mille Albigeois.

1184. Guillaume II. Roi de Sicile, prend plusieurs places sur les Grecs.

Les Sarrasins viennent d'Afrique en Espagne, avec une nombreuse armée, & sont repoussés.

1185. Contestation entre le Pape Urbain & l'Empereur Frideric, touchant les terres laissées par la Princesse Mathilde à l'Eglise de Rome, du temps de Grégoire VII, sur la dépouille des Evêques après leur mort, que l'Empereur prétendoit lui appartenir, & sur les taxes que l'on faisoit payer aux Abbesses. Frideric, de l'aveu des Princes Allemands, fait déclarer son fils Roi des Romains.

ISAAC L'ANGE tue Andronic, & s'empare de l'Empire d'Orient.

Baudouin IV. de Jérusalem, meurt le 16 Mars : on met en sa place Baudouin V. fils de sa sœur Sibylle.

1186. Les Bulgares se révoltent sous la conduite de Pierre & d'Asan son frère, issus des anciens Rois de Bulgarie, & ils recommencent un nouveau Royaume en chassant les Romains, & les allant attaquer chez eux. Cet État a subsisté jusqu'aux Turcs qui en ont fait la conquête en 1396.

La Livonie embrasse la Religion Chrétienne.

Frideric fait épouser à son fils, Constance fille de Roger Roi de Sicile, qui lui donne en dot la Sicile, la Calabre & la Pouille.

On tient une assemblée à Geinlenheusem, dans laquelle on écrit au Pape touchant les prétentions de l'Empereur. Le Pape Urbain III. peu content de cette lettre, veut excommunier l'Empereur. Les habitans de Vérone l'en détournent.

Baudouin V. Roi de Jérusalem, meurt : son beau-père Gui de Lusignan se fait couronner Roi.

1187. Le Pape sort de Vérone dans le dessein d'excommunier l'Empereur, mais il meurt le dix-sept Octobre, avant que de le faire. Grégoire VIII. lui succéde ; il exhorte tous les Fidéles à secourir la Terre Sainte, & leur ordonne de jeûner, pendant cinq ans, tous les Vendredis de l'Avent, & de

II. Partie.   M

Depuis J. C.	s'abstient de viande tous les Mercredis & Samedis. Il meurt au mois de Décembre.
	Gui de Luzignan Roi de Jérusalem, est défait à la bataille de Tibériade. La ville de Jérusalem est prise le deux Octobre par Saladin Sultan d'Egypte & de Syrie. Ce Royaume finit ainsi après quatre-vingt-huit ans : cependant les Chrétiens conservèrent quelques places sur la côte, avec Antioche, &c. jusqu'en 1291.
1188.	Philippe Roi de France, de l'avis des Seigneurs ecclésiastiques & séculiers de son Royaume, fait une Ordonnance, par laquelle il commande à tous ceux qui ne prendroient point la Croix, de payer une fois la dixme de tous leurs biens, pour subvenir aux frais du voyage d'Orient. Il n'y eut que les Bernardins, les Chartreux, les Religieux de Font-Evrauld & les Hôpitaux des Lépreux, que le Roi exempta de cette taxe, à laquelle on donna le nom de *Dixme Saladine*.
	Les Hollandois & les Zélandois viennent par mer en Espagne, contre les Arabes, & en tuent plus de soixante mille. Avec leur secours, Sanche Roi de Portugal, s'empare de plusieurs villes.
	Le Royaume de Portugal est augmenté, vers le même temps, par la conquête de celui des Algarves.
1189.	Henri II. Roi d'Angleterre, meurt à Chinon, le six Juillet, âgé de soixante-un ans, après en avoir régné trente-quatre, sept mois & cinq jours. Dès qu'il fut mort, tous ceux qui étoient auprès de lui abandonnèrent son corps sans songer à l'ensevelir, ne s'occupant qu'à piller tout ce qu'il avoit de plus précieux. Richard son fils, surnommé Cœur-de-Lion, lui succéde, se fait couronner au commencement de Septembre, & fait faire des obseques magnifiques à son père, qui est inhumé à Font-Evrauld, en Poitou.
	Les Rois de France & d'Angleterre partent pour l'expédition de la Terre Sainte. La Reine mère & Guillaume de Champagne, Cardinal-Archevêque de Rheims, furent chargés de la régence du Royaume pendant l'absence du Roi Philippe.
	Guillaume Evêque d'Eli & Légat du Pape, est fait Régent du Royaume d'Angleterre en l'absence de Richard.
	Les deux armées marchent ensemble jusqu'à Lyon, où elles se séparent pour la commodité des vivres, & s'embarquent pour éviter les difficultés du voyage par terre.
	Guillaume III. ou le Bon, Roi de Sicile, meurt sans enfans. Constance sa tante, femme de Henri fils de l'Empereur, veut lui succéder ; mais Tancrède frère naturel de cette Princesse, s'empare du Royaume.
	L'Empereur Frideric passe en Grece, pour aller à la Terre Sainte, avec une nombreuse armée, dont une partie périt par la perfidie des Grecs.

# DE L'HISTOIRE MODERNE. 179

Depuis J. C.	
1190.	Friderìc défait deux fois le Sultan Seljoucide d'Iconium dans l'Asie mineure, & parvient en Cilicie, où son cheval le jette dans le fleuve Salphet, le même que le Cydnus où Alexandre pensa périr pour s'y être baigné. On en retire l'Empereur Friderìc, & il meurt extrêmement regretté. Son fils HENRI VI. lui succéde : il avoit été élu Roi des Romains dès 1169.
	Philippe Roi de France, arrive à Messine, le seize Septembre. Richard ne s'y rendit que huit jours après.
1191.	Henri VI. est couronné Empereur par le Pape Célestin III., & sa femme Constance Impératrice. Il fait valoir ses droits sur le Royaume de Sicile contre Tancrède ; mais il est obligé de remettre cette affaire à un autre temps.
	Philippe s'embarque, le trente Mars, & arrive à Ptolémaïde ou Acre, le deux Avril. Richard ne s'y rendit que quelque temps après, ayant été retardé par la conquête qu'il fit de l'Isle de Cypre sur les Grecs. Ces deux Rois entreprennent le siége de la ville d'Acre, qui se rend à composition. Philippe est attaqué d'une maladie, qui lui fit tomber les cheveux, les ongles des pieds & des mains, & toute la peau du corps ; il laisse le commandement des troupes de Palestine à Eudes de Bourgogne ; & part le trois Août pour revenir en France. Il passe par Rome, & arrive à Fontainebleau aux fêtes de Noël.
	La ville de Berne en Suisse est fondée par Berthold Duc de Zeringen.
	Richard Roi d'Angleterre, abandonne à Guy de Luzignan le Royaume de Cypre pour celui de Jérusalem, dont Luzignan étoit Roi, & que Richard espéroit conquérir sur les Infidéles. La postérité de Guy de Luzignan posséda le Royaume de Cypre jusqu'en 1489.
1192.	Richard, Roi d'Angleterre, est arrêté prisonnier en revenant de la Terre Sainte, par Léopold Duc d'Autriche, & mis entre les mains de l'Empereur Henri VI. qui le retient pendant quatorze mois. Son frère Jean, depuis surnommé Sans-terre, s'empare du Royaume d'Angleterre. Le Pape excommunie Henri, parce qu'il retient Richard prisonnier.
1193.	Philippe, Roi de France, épouse, au commencement d'Août, Ingerburge sœur de Canut VI. Roi de Danemarck ; mais il s'en sépare quelque temps après sous prétexte de parenté. Ce Prince s'empare de plusieurs places en Normandie, pendant la prison de Richard.
1194.	Henri VI. prend la Sicile, la Calabre, la Pouille, &c : c'est ce qu'on a appellé le Royaume des deux Siciles, qui avoit été fondé par les Princes Normands. Henri se fit couronner Roi à Palerme le 23 Octobre, après avoir dépouillé Guillaume, fils de Tancrède.

Depuis *J. C.*	Richard obtient sa liberté le deux Février, arrive en Angleterre le treize Mars, se fait sacrer & couronner de nouveau; passe en Normandie avec une nombreuse flotte, & reprend plusieurs places, dont Philippe s'étoit rendu maître.
	Mort de Saladin Sultan d'Egypte & de Syrie, où ses enfans continuèrent à régner environ soixante ans : les Orientaux les appellent Ayoubites.
1195.	Les Arabes ou Sarrasins, avec une nombreuse armée, viennent d'Afrique en Espagne, défont Alfonse VIII. Roi de Castille, & lui tuent plus de cinquante mille hommes.
	Le Roi de France fait la paix avec celui d'Angleterre.
	Isaac l'Ange est déposé par son frère ALEXIS L'ANGE qui lui fait crever les yeux, & s'empare de l'Empire d'Orient.
1196.	L'Empereur Henri passe en Italie avec une puissante armée, & se rend maître de la Sicile, qui lui appartenoit par sa femme. Il traite si cruellement les Siciliens, que cette Princesse, touchée de leurs malheurs, contraint par force son mari de leur accorder une paix favorable.
	Une guerre civile ravage la Pologne.
	Au mois de Mars de cette année, le débordement des eaux de la Seine, l'un des plus grands qui ait été, fut si considérable, que Paris & une grande partie de l'Isle de France en furent inondés.
1197.	Henri VI. envoye en Palestine une armée de soixante mille hommes, qui défait les Sarrasins dans plusieurs batailles. Ce Prince meurt à Messine : l'Empire d'Occident est contesté entre PHILIPPE frère de Henri, & *Othon* Duc de Saxe.
	Le Pape Célestin III. consent que Frideric fils de l'Empereur Henri, soit couronné Roi de Sicile, moyennant mille marcs d'argent, qui lui seroient donnés, & autant aux Cardinaux.
1198.	Le Pape Innocent III. envoye en France le Cardinal Pierre de Capoue, pour négocier la paix entre Philippe & le Roi d'Angleterre. Ces deux Rois ont ensemble une entrevue, dans laquelle ils choisirent le Cardinal de Capoue pour médiateur.
	Institution de l'Ordre de la Sainte Trinité, pour la Rédemption des Captifs, par S. Jean de Matha. On a donné à cet Ordre le nom de Mathurins en France, à cause du nom d'une chapelle de S. Mathurin, cédée à ces Religieux dans la rue S. Jacques à Paris.
	Le Cardinal de Capoue Légat du Pape, met le Royaume de France en interdit, & excommunie Philippe, parce qu'il ne vouloit pas reprendre sa femme Batilde qu'il avoit répudiée, ni quitter Marie fille du Duc d'Aquitaine, qu'il avoit

Depuis J. C.	
	épousée. La publication de cette sentence est remise après Noël.
1199.	Richard Roi d'Angleterre, assiége le château de Châlus près de Limoges ; ceux qui le défendoient offrent de se rendre, pourvu que ce Prince leur accordât la liberté, la vie & leurs armes. Richard ne veut point les écouter, ils se défendent avec vigueur ; un d'entr'eux nommé Gourdon, lui perça le bras d'un coup de fleche, dont Richard mourut le six Avril. Jean Sans-terre, son frère, lui succéde, au préjudice de son neveu Artus, fils de Geoffroy son aîné.

Le Roi de France se fait relever de la sentence d'excommunication portée contre lui, en quittant la fille du Duc d'Aquitaine, & reprenant sa première femme. Il ne laisse pas de la répudier quelque temps après.

L'Empereur Philippe donne le titre de Roi à Premislas, Duc de Bohême ; & depuis ce temps, cette dignité est restée attachée à la Bohême même, dont quelques Princes avoient déjà personnellement porté le titre de Roi.

1200. Philippe Roi de France, fait la paix avec Jean Roi d'Angleterre, & marie son fils Louis, âgé de treize ans, avec Blanche de Castille.

Fondation de la ville de Riga en Livonie, qui est alors environnée de murailles : on avoit commencé à y bâtir quelques années auparavant. Peu après furent institués les Chevaliers de Livonie, qui pendant un temps furent unis à ceux de Prusse, appellés Teutoniques.

1201. Jean Roi d'Angleterre, répudie Havoise sa femme, & épouse Isabeau fille du Duc d'Angoulême : ce qui cause des brouilleries dans ce Royaume, & engage les Seigneurs à avoir recours à Philippe, qui fait la guerre au Roi d'Angleterre.

Les deux prétendans à l'Empire d'Occident, ravagent la Thuringe. Le Pape envoye un Légat pour soutenir Othon.

1202. Le Roi d'Angleterre, accusé d'avoir tué son neveu Artus, est cité à l'assemblée des Pairs de France : il ne comparoît point, on le condamne, & les terres qu'il possédoit dans le Royaume sont confisquées.

1203. Philippe, Roi de France, assiége en conséquence Château-Gaillard, à sept lieues de Rouen.

La ville de Constantinople est prise le dix Juillet, par les Croisés François & Vénitiens, qui chassent l'Empereur Alexis l'Ange, & tirent de prison ISAAC L'ANGE, qu'ils remettent sur le Trône avec son fils ALEXIS (IV), qui est couronné le premier Août. Les habitans de Constantinople mécontens d'Isaac & d'Alexis, proclament Empereur Nicolas Canabé.

1204. Le Roi Philippe recommence, au mois de Février, le siége de Château-Gaillard, & s'en rend maître en trois

Depuis J. C. jours. Il soumet ensuite la Normandie, qui depuis deux cent quatre-vingt-douze ans, avoit été cédée par Charles le Simple à Rollon, qui en fut le premier Duc. Le Roi de France s'empare ensuite du Maine, de l'Anjou, de la Touraine, &c.

L'Empereur Philippe se fait couronner une seconde fois à Aix-la-Chapelle, par Adolphe, Archevêque de Cologne.

Alexis l'Ange attaque les Latins Croisés, par les conseils de MURZULPHE, qui se défait d'Alexis, prend le titre d'Empereur, continue la guerre, & enfin s'évade de Constantinople toujours assiégée.

Constantinople est prise le 13 Avril, par les Latins, qui élisent pour Empereur de cette Ville BAUDOUIN, Comte de Flandre, & se rendent maîtres de la plus grande partie des terres de l'Empire Grec en Europe. Les Grecs conservent quelques portions en Europe, & ce qu'ils possédoient en Asie.

Théodore Lascaris s'établit à Nicée en Bythinie, & aux environs.

Les Princes de la Maison des Comnènes s'emparent de quelques terres ; sçavoir, Michel d'une partie de l'Epire ; David d'Héraclée, du Pont & de la Paphlagonie ; & Alexis, son frère, de la ville de *Trebizonde*, où il établit un Empire, qui fut toujours séparé de celui de Constantinople, jusqu'à ce que Mahomet II. Sultan des Turcs Ottomans, les conquit l'un & l'autre, en 1453 & 1461.

1205. L'Empereur Baudouin marche contre les Bulgares, par qui son armée est mise en piéces proche d'Andrinople, & lui fait prisonnier ; il meurt en prison quelque temps après.

Adolphe Archevêque de Cologne, est déposé par le Légat du Pape, pour avoir couronné Philippe de Souabe, & Brunon est mis en sa place. Philippe s'empare de Cologne, d'où Othon eut peine à se sauver pour passer en Angleterre.

A la fin de cette année, ou au commencement de la suivante, THÉODORE LASCARIS est couronné Empereur à Nicée, par les Grecs d'Asie.

1206. HENRI frère de Baudouin, est élu Empereur de Constantinople, le vingt Août ; il régne dix ans.

Etienne de Langton met le Royaume d'Angleterre en interdit, parce que le Roi ne vouloit pas le reconnoître pour Archevêque de Cantorbery, ce qu'il fut obligé de faire.

Genghizkan commence en Tartarie le grand Empire des Mogols ou Tartares.

1207. Paix conclue entre Philippe & Othon. L'Empire reste à Philippe, & sa fille est promise en mariage à Othon, qui est déclaré son successeur.

Depuis J. C.	Adolphe Archevêque de Cologne, est absous par les Légats, & Brunon mis en liberté.
1208.	Raymond VI. Comte de Toulouse, fait massacrer Pierre de Château-neuf, Moine de Cîteaux, qui exerça le premier la fonction d'Inquisiteur. Le Pape irrité de ce meurtre, leve des troupes, fait excommunier Raymond, & donne ses terres au premier occupant. Raymond demande pardon au Pape & obtient l'absolution à des conditions humiliantes.

L'Empereur Philippe est tué à Bamberg, par Otton de Witelpasch. OTHON IV. Duc de Saxe, son compétiteur est universellement reconnu Roi de Germanie ou Empereur en sa place. |
| 1209. | Institution de l'Ordre des Frères Mineurs, ou Franciscains.

Othon est couronné Empereur par le Pape Innocent III. Le peuple Romain se révolte contre Othon.

Les Croisés contre les Albigeois, avec une armée de plus de cinquante mille hommes, sous la conduite du Comte de Montfort, attaquent & prennent la ville de Beziers, à la fin de Juillet, & y font périr plus de trente mille personnes! d'autres disent soixante mille. Les Croisés se rendent maîtres de Carcassonne & d'autres places.

On tient une assemblée à Wirtsbourg.

Les livres de Physique & de Métaphysique d'Aristote (apportés de Constantinople, & traduits en latin) sont condamnés & brûlés par un Concile de Paris, qui en défend la lecture sous peine d'excommunication.

La ville de Lubeck est réduite en cendres. |
| 1210. | Othon se venge des Romains par des actes d'hostilité, qui obligent le Pape de l'excommunier & de le déclarer déchu de l'Empire, dans un Concile tenu à Rome.

Jean Roi d'Angleterre, exige de grosses contributions des Juifs qui demeuroient dans ses Etats; quelques-uns ayant refusé de les payer, il leur fait arracher chaque jour une dent, jusqu'à ce qu'ils eussent satisfait à leur taxe. |
| 1211. | Le Pape fait publier en Allemagne, la Sentence d'excommunication contre l'Empereur Othon, par Sifroy Archevêque de Mayence.

Assemblée de Nuremberg, où *Friderie* II. fils de Henri VI. est élu Empereur en la place d'Othon. |
| 1212. | Othon revient d'Italie en Allemagne, il ravage la Thuringe, & fait la cérémonie de ses noces. Fridéric II. accourt en Allemagne, fait fuir Othon; passe à Mayence, est proclamé Empereur, & est couronné à Aix-la-Chapelle.

Jean Roi d'Angleterre, sçachant que Philippe Auguste équipoit une flotte pour envahir ses Etats, sollicite son absolution du Pape, à qui il promet de faire relever son Royaume du S. Siége, & de payer chaque année un tribut de mille livres sterling, outre le Denier de S. Pierre. |

Depuis J. C.
1213.   Philippe Roi de France, assemble une flotte de dix-sept cent vaisseaux & une armée de soixante mille hommes pour l'expédition d'Angleterre. Ferrand, Comte de Flandre, ayant manqué de venir joindre l'armée Françoise, le Roi marche contre lui, & prend plusieurs places de ce Comté. Les Anglois viennent à son secours avec une flotte de cinq cent voiles, qui attaque celle des François, enlevent plus de trois cent vaisseaux chargés de munitions, en font échouer plusieurs, & débarquent pour mettre le feu au reste. Philippe, qui faisoit le siège de Gand, accourt, surprend les ennemis, & les oblige de se rembarquer; mais comme il désespéroit de sauver le reste de ses vaisseaux, il en fit retirer les munitions & y fit mettre le feu, aussi-bien qu'à la ville de Damme.

Pierre II. Roi d'Aragon, assiége la ville de Muret en Languedoc, avec une armée de près de cent mille hommes.

Le Comte de Montfort entre dans cette ville pour la défendre; il fait une sortie avec huit ou neuf cent cavaliers, tue le Roi d'Aragon, & défait plus de vingt mille hommes de son armée.

1214.   Le Roi d'Angleterre débarque à la Rochelle au commencement du printemps, prend Angers & plusieurs autres villes. Philippe l'oblige de se retirer. Après cette expédition, Philippe attaque Othon près du village de Bovines en Flandre, & défait l'armée de cet Empereur, qui étoit venu au secours du Comte de Flandre révolté; plus de trente mille hommes restèrent sur la place. Louis, fils de Philippe Auguste, en reconnoissance de cette victoire, fonde l'Abbaye de Notre-Dame de la Victoire, près de Senlis.

Henri, fils d'Alfonse, Roi de Castille, succéde à son père.

1215.   Naissance de S. Louis, le vingt-cinq Avril.

Simon Comte de Montfort, Général des Croisés contre les Albigeois, prend le titre de Comte de Toulouse, ce Comté lui étant adjugé par le Concile de Montpellier & par le Pape.

Le Légat du Pape, Robert de Courcon, réforme l'Université de Paris, & renouvelle la défense de lire les livres d'Aristote sur la Métaphysique; mais il permet d'enseigner la Dialectique de ce Philosophe.

Le Pape approuve l'Ordre des Frères Mineurs, qui commence cette année à s'établir à Paris.

Les Dominicains s'établissent aussi en cette ville, dans la rue S. Jacques, ce qui les a fait nommer Jacobins en France.

Quatrième Concile de Latran douzième œcuménique, tenu au mois de Novembre. Plus de quatre cent Evêques, & plus de mille Abbés assistent à ce Concile.

Depuis J. C.	
	Le Roi d'Angleterre est forcé de donner ce qu'on appelle la grande Chartre, Ordonnance qui est le fondement de la liberté de la nation Angloise, & qu'on a beaucoup fait valoir depuis.
1216.	Mort de l'Empereur Othon à Brunswick : FRIDERIC II. reste seul, & est reconnu de tous.
	Les Barons d'Angleterre se révoltent contre leur Roi ; ce Prince en porte ses plaintes au Pape, qui excommunie les Barons. Ceux-ci élisent pour Roi Louis fils de Philippe Auguste. Louis passe en Angleterre, fait la guerre à Jean Sans-Terre, qui meurt le dix-neuf Octobre, après avoir régné dix-huit ans, cinq mois & quatre jours. Henri III. son fils lui succéde.
	Henri, Empereur de Constantinople, meurt le onze Juin. PIERRE DE COURTENAY, Comte d'Auxerre, qui avoit épousé sa sœur Yolande, est élu en sa place.
1217.	Henri Roi de Castille, meurt, laissant ses Etats à sa sœur Bérengere Reine de Léon ; cette Princesse les dohne à son fils Ferdinand, qui succéde à son père Alfonse dans le Royaume de Léon.
	Pierre de Courtenay est couronné Empereur de Constantinople, le dix-huit Avril, par le Pape Honoré III. dans un fauxbourg de Rome. Il est pris en allant à Constantinople, par Théodore Comnène Prince d'Epire. Sa femme Yolande gouverne l'Empire pendant trois ans.
1218.	Simon de Montfort, Général des Croisés contre les Albigeois, ayant mis le siége devant Toulouse, y est tué de cinq coups de fléches ; son fils Amaury hérite de ses terres.
	Théodore Comnène Prince d'Epire, renonce au schisme des Grecs, pour se réunir à l'Eglise Latine.
1219.	Les Chrétiens passent en Egypte, & assiégent la ville de Damiette, dont ils se rendent maîtres ; plus de quatre-vingt mille Sarrasins sont tués pendant ce siége.
1220.	Frideric ayant pacifié les troubles d'Allemagne, vient en Italie, & se fait couronner Empereur à Rome, par le Pape Honoré III.
	Pierre de Courtenay Empereur de Constantinople, étant mort, ROBERT son fils est déclaré Empereur d'Orient, & régne sept ans.
1221.	Frideric fonde ou augmente l'Université de Padoue. Ce Prince se brouille ensuite avec le Pape, qui l'excommunie.
	S. Dominique, Fondateur des Frères Prêcheurs, meurt à Boulogne, en Italie, le six Août, âgé de cinquante-un ans.
1222.	L'Empereur Frideric fait élire son fils Henri Roi de Germanie, dans une assemblée tenue à Wirtsbourg, & le fait couronner à Aix-la-Chapelle.
	Théodore Lascaris étant mort, JEAN DUCAS, surnom-

Depuis	mé *Vatace*, son gendre, lui succéde dans l'Empire des Grecs à Nicée.
J. C.	

Les Chrétiens entreprennent la guerre contre le Sultan d'Égypte ; ils sont défaits & obligés de rendre Damiette.

Un imposteur, qui se disoit le Messie, & qui montroit des marques à ses mains, à ses pieds & à son côté, comme les cicatrices de la Croix, est brûlé à Oxfort.

1223. Philippe, Roi de France, surnommé Auguste à cause de ses victoires, meurt à Mante, le quatorze Juillet, âgé d'environ cinquante-huit ans, après avoir régné quarante-trois ans huit mois & quatorze jours. Son fils Louis VIII. lui succéde, & signale le commencement de son règne par l'affranchissement des Serfs, espèces d'Esclaves dont il y avoit encore grand nombre en France.

Fondation de l'Ordre de la Merci, par S. Pierre Nolasque, à Barcelone, sous l'autorité de Jacques I. Roi d'Aragon, par le conseil de Raymond de Pegnafort.

Frideric veut faire la guerre au Pape ; mais Jean de Brienne, Roi de Jérusalem, étant venu à Rome solliciter du secours, ménage un accommodement entre cet Empereur & le Pape. Ce Roi épouse Yolande, veuve de Pierre de Courtenay ; passe en France & en Angleterre, pour en tirer du secours contre les Infidéles.

1224. Mort d'Alfonse, Roi de Portugal ; son fils Sanche II. lui succéde. Son frère Alfonse est déclaré Régent.

Raymond, Comte de Toulouse, étant mort, son fils, de même nom, lui succéde, se soumet à l'Eglise Romaine, & fait sa paix dans le Concile que l'on tient à Montpellier.

Louis VIII. Roi de France, entre dans le Poitou, y gagne une bataille sur les Anglois, & se rend maître de toutes les Places que cette Nation possédoit jusqu'à la Garonne. Ensuite il assiége & prend la Rochelle.

1225. Dhaher, Calife des Sarrasins, succéde à son père Naser ; mais ne règne que neuf mois. Ainsi l'année suivante, Mostanser, fils de Dhaher, fut reconnu Calife à Bagdet.

1226. Dès le mois de Février, le Roi de France & un grand nombre de Prélats & de Seigneurs, se liguent contre les Albigeois, & prennent la Croix des mains du Légat. La ville d'Avignon ayant refusé de laisser passer l'armée, est assiégée, & se rend après trois mois de siége. Louis, Roi de France, en fait abbatre les murailles & combler les fossés. La santé de ce Prince s'affoiblissant chaque jour, il prend le parti de revenir à Paris, & meurt en Auvergne, au château de Montpensier, le huit Novembre, âgé de quarante ans trois mois & vingt-quatre jours.

Son fils, Louis IX. dit le Saint, âgé de onze ans & six mois, lui succéde, sous la Régence de la Reine Blanche, sa mère : Louis est couronné à Rheims, le vingt-neuf Novembre, par l'Evêque de Soissons, le Siége de Rheims étant vacant.

Raymond, Comte de Toulouse, est excommunié dans un Concile que l'on tient à Paris, & ses terres données à Louis Roi de France, & à ses successeurs, auquel Amaury, Comte de Montfort, avoit cédé ses droits.

Mort de S. François d'Assise, le quatre Octobre, âgé de quarante-cinq ans.

1227. Grégoire IX. renouvelle l'excommunication portée contre Frideric, parce qu'il n'étoit point allé en Syrie avec les Croisés. Cet Empereur fait publier des manifestes contre le Pape & contre les Cardinaux.

Raymond, Comte de Toulouse, & les habitans de cette ville, sont de nouveau excommuniés dans un Concile tenu à Narbonne pendant le Carême.

Assemblée d'Aix-la-Chapelle, tenue au commencement de l'année, dans laquelle le voyage de l'Empereur & des Croisés pour la Terre-Sainte est résolu.

Mort de Genghizkan, Empereur des Mogols & Tartares: ses enfans achevèrent de conquérir la Chine, la Perse, l'Asie Mineure, la Russie, & ravagèrent jusqu'à la Hongrie & la Bohême : les Kans de la Petite Tartarie d'aujourd'hui en descendent, & une partie de ceux de la Grande.

1228. Frideric passe en Syrie : le Pape s'empare de plusieurs Villes de la Pouille pendant l'absence de Frideric. Les Romains chassent de Rome le Pape, qui se retire à Viterbe.

Mort de Robert, Empereur de Constantinople. Son frère BAUDOUIN II. lui succéde. Mais comme il étoit jeune, on lui donna pour Régent & Associé JEAN DE BRIENNE, qui avoit été Roi de Jérusalem, & qui gouverna Constantinople, en qualité d'Empereur, jusqu'en 1237.

1229. Frideric fait un traité avec le Sultan d'Egypte, & se couronne lui-même Roi de Jérusalem, le 18 Mars. Il revient aussi-tôt en Italie, & reprend les Villes qui lui avoient été enlevées en son absence.

Théodore Comnène s'étant rendu maître de Thessalonique, & ayant pris le titre d'Empereur de Constantinople, est excommunié par le Pape.

L'Université de Paris, ne pouvant avoir justice de la mort de quelques-uns de ses Ecoliers tués par des Soldats, cesse les leçons publiques, & se retire en partie à Rheims & en partie à Angers. Les Dominicains profitent de cette absence pour se faire graduer, & obtiennent la permission d'enseigner, ce qui est cause des différends qu'ils ont dans la suite avec l'Université.

1230. Frideric est absous par le Pape, & se réconcilie avec lui, à Anagnia.

Mort d'Alfonse, Roi de Léon. Il laisse son Royaume à ses

Depuis	deux filles; mais son fils Ferdinand III. qui étoit Roi de Castille, s'en empare: & depuis ce temps les deux Royaumes sont toujours restés unis.
J. C.	
1231.	Frideric se défiant de son fils Henri, le relégue en Sicile.
	Le Pape Gregoire IX. renouvelle la défense de lire les livres d'Aristote, jusqu'à ce qu'ils fussent corrigés.
1233.	Le Pape écrit à Germain, Patriarche de Constantinople, pour la réunion des deux Eglises, & lui envoye des Légats.
	L'Université de Paris est rétablie & réformée. Elle fait quelque temps après, un Décret pour empêcher les Réguliers d'avoir plus d'une Chaire de Théologie à Paris.
	Statuts de Raymond, Comte de Toulouse, contre les Albigeois, ordonnés par le Concile de Melun, de l'année précédente, & publiés le quatorze Février de cette année.
1234.	Les Statindgs, hérétiques d'Allemagne, s'étant attroupés, sont défaits & taillés en piéces par les troupes de l'Archevêque de Brême, du Duc de Brabant & du Comte de Hollande, qui exterminent entièrement cette secte.
	S. Louis, Roi de France, âgé de vingt ans, épouse Marguerite, fille de Raymond Bérenger, Comte de Provence. La solemnité du mariage se fait à Sens le vingt-sept Mai.
	Thibaut I. Comte de Champagne, devient Roi de Navarre.
1235.	Guerre de Frideric en Lombardie. Son fils Henri se ligue contre lui, avec les Villes de Lombardie. Frideric le fait arrêter & déposer, & le relégue dans la Pouille, où il meurt en prison l'année suivante.
	Commencement du Royaume de Grenade, en Espagne, dont le premier Roi est Mehemed Abou Saïde, de la Tribu des Alhamares. Ce Royaume fut le dernier que les Sarrasins possédèrent en Espagne, & qui dura jusqu'en 1492.
1236.	Conrad, second fils de Frideric, est élu Roi de Germanie.
	Les Mogols ou Tartares commencent à faire des irruptions en Russie, dont les Grands-Ducs sont plus de cent cinquante ans sous leur dépendance.
1237.	Frideric passe en Italie, où il reprend presque toutes les Villes de Lombardie.
	Le Roi S. Louis fait son frère Robert premier Comte d'Artois.
	L'Empereur Baudouin vient en Occident demander du secours contre l'Empereur des Grecs.
1238.	Frideric est excommunié & déposé par le Pape, qui offre l'Empire à Robert, frère de S. Louis: ce Prince le refuse.
	La Faculté de Théologie de Paris condamne la pluralité des Bénéfices.
	Frideric jette les premiers fondemens de l'Université de Vienne en Autriche.
1239.	Guerre entre les Guelphes & les Gibelins, qui désolent

DE L'HISTOIRE MODERNE. 189

Depuis J. C. l'Italie. Frideric campe devant Rome, il est repoussé. Le Pape forme une ligue contre lui, & s'empare de Ferrare.

Gautier Cornu Archevêque de Sens, & Bernard Evêque d'Annecy, vont recevoir par ordre du Roi S. Louis, la Couronne d'épines de Notre-Seigneur, que ce Prince avoit retirée des mains des Venitiens, auxquels elle avoit été engagée par Baudouin II. Empereur de Constantinople.

1241. Frideric prend un château de Campanie, où il y avoit des Parens du Pape Grégoire IX. qu'il fait pendre.

On rapporte à cette année le commencement de la Société des Villes *Anséatiques* d'Allemagne, unies entr'elles pour le commerce.

1242. Mostaasem devient Calife des Sarrasins, & ce fut le dernier à Bagdet.

Léon ou Livon, Roi de la Petite Armenie, est couronné par l'Archevêque de Mayence : il avoit envoyé faire hommage à l'Empereur Othon IV. & au Pape.

1244. Il naît un fils à S. Louis, à qui on donne le nom de Louis.

Le Pape Innocent IV. se retire en France, & indique un Concile à Lyon.

1245. Tenue du *premier Concile général de Lyon, treizième œcuménique*, le 26 Juin ; dans lequel le Pape prononce, le 17 Juillet, une Sentence de déposition contre l'Empereur Frideric II. en présence, mais non avec l'approbation du Concile.

En conséquence, une partie des Allemans élit pour Roi des Romains *Henri*, Landgrave de Hesse & de Thuringe. Le Pape léve des taxes sur le Clergé, & on donne l'argent à Henri pour faire la guerre à Frideric.

1246. Henri, qui avoit été élu Roi des Romains, meurt le six Février ; on élit l'année suivante en sa place, *Guillaume*, Comte de Hollande. L'Empereur demande inutilement d'être absous, le Pape le refuse.

Pierre des Vignes, accusé d'avoir voulu empoisonner Frideric, a les yeux crevés, & est mis en prison à Capoue.

1247. L'Empereur Frideric assiége & prend la ville de Parme, qui s'étoit révoltée.

1248. Guillaume, Comte de Hollande, se rend maître d'Aix-la-Chapelle, & s'y fait couronner.

S. Louis part le vingt-cinq Août pour la Terre-Sainte, arrive dans l'Isle de Cypre le vingt-cinq Septembre, & y passe l'hiver.

1249. Ce Prince arrive à Damiette, en Egypte, le quatre Juin, & prend cette Ville.

1250. S. Louis bat les Sarrasins. Peu de jours après, il est battu & fait prisonnier. Il obtient une tréve de dix ans, & passe en Palestine, où il fortifie plusieurs Villes, & délivre douze mille prisonniers. Alors les Sarrasins d'Égypte changèrent

Depuis J. C.	de Maîtres : la Famille de Saladin fut exclue du Trône, & les Mameluks Baharites commencent à régner en Égypte & en Syrie : ce qui a duré jusqu'en 1382.
	L'Empereur Frideric meurt le treize Décembre, dans la Pouille. Il laisse ses États à son fils CONRAD IV. le Pape néanmoins confirme l'Empire à *Guillaume*, Comte de Hollande.
	La Faculté de Théologie de Paris fait une décision qui porte qu'il n'est pas permis de se confesser à qui que ce soit, sans le consentement du Curé. Les Frères Prêcheurs ou Dominicains, n'ayant pas voulu déférer à cette défense, ni se conformer aux Statuts de l'Université, sont exclus de son Corps.
1251.	Conrad vient dans la Pouille, & prend possession du Royaume de Sicile.
	Le Pape Innocent IV. revient en Italie, & excommunie Conrad & ses adhérens.
	Les Florentins se mettent en République.
1252.	L'Empereur Conrad est empoisonné ; mais il évite la mort par les soins de ses Médecins. Le Pape se rapproche de ce Prince, offre de l'absoudre, pourvu qu'il épouse une de ses parentes. L'Empereur rejette ces conditions.
	Mort de Ferdinand, Roi de Léon & de Castille, le premier Juin : son fils Alfonse lui succède.
	La Reine Blanche, mère de S. Louis & Régente de France pendant l'absence de son fils, meurt à Melun, le vingt-six Novembre, âgée de plus de soixante-cinq ans.
1253.	Lettre circulaire de l'Université de Paris à tous les Evêques, pour la secourir contre les Frères Prêcheurs.
	Fondation du Collège de Sorbonne, par Robert de Sorbon, Confesseur de S. Louis.
	L'Empereur Conrad meurt, le vingt-deux Mai, ayant été empoisonné par Mainfroy, son frère naturel. Il laisse son fils Conradin héritier de ses États. GUILLAUME, Comte de Hollande, fut alors universellement reconnu empereur en Allemagne & en Italie. Le Pape Innocent IV. veut s'emparer de la Sicile : Mainfroy s'y oppose, au nom de Conradin, dont il usurpa dans la suite les droits.
	Le Pape défend aux Réguliers de faire aucune fonction Hiérarchique, sans la permission des Ordinaires ; ce qui est révoqué par son successeur.
	S. Louis revient de Palestine, & est à Vincennes le cinq Septembre. Henri, Roi d'Angleterre, le vient voir.
	Quelques Religieux du Mont-Carmel, en Palestine, viennent avec S. Louis en France : telle est l'origine de l'Ordre des Carmes, qui la font remonter bien plus haut, regardant le Prophète Elie comme leur Patriarche.
	On commence, dit-on, cette année à bâtir la Ville de Stockholm, en Suède.

Depuis J. C. 1255.	Mainfroy défait les troupes du Pape Alexandre IV. & se rend maître de la Pouille & de la Sicile. Le Pape donne l'investiture de ce Royaume à Edmond, fils du Roi d'Angleterre, qui ne paroît pas s'en soucier.

Bulle du Pape pour le rétablissement des Frères Prêcheurs dans l'Université de Paris. L'Université écrit au Pape pour l'engager à révoquer cette première Bulle, dont le Roi suspend & arrête l'exécution.

Jean Ducas ou Vatace, Empereur des Grecs à Nicée, meurt, après avoir régné trente-trois ans. Son fils THÉODORE LASCARIS lui succède.

Guillaume, Comte de Hollande, meurt au mois de Décembre. Il y eut alors un Interrègne en Allemagne, les Princes ne pouvant s'accorder sur son successeur. |
| 1256. | Concordat du premier Mars, pour terminer les contestations de l'Université de Paris & des Frères Prêcheurs. Le Pape écrit plusieurs Bulles contre ce Concordat & contre ceux que l'on en croyoit Auteurs. Le livre intitulé l'*Evangile Eternel*, est condamné au feu par le Pape. |
| 1257. | Les Electeurs de l'Empire se trouvant partagés, les uns élisent pour Empereur à Francfort, le 13 Janvier, RICHARD, frère du Roi d'Angleterre ; & les autres élisent, deux mois après, Alfonse, Roi de Castille, qui ne vint point en Allemagne. Il ne fut pas question de Conradin, Duc de Souabe, le Pape ayant défendu, sous peine d'anathème, de le mettre au nombre des Candidats.

Sanche II. Roi de Portugal, étant mort, son frère Alfonse III. lui succède. |
| 1258. | Houlagou Mogol, petit-fils de Ginghizkhan, prend la ville de Bagdet, & fait mourir Mostaasem, qui fut ainsi le dernier Grand Calife ou Prince des Sarrasins. Alors finit ce puissant Empire, qui avoit subsisté pendant 656 ans ; mais depuis long-temps il étoit affoibli par la révolte des Gouverneurs de Provinces. Les Abbassides l'avoient possédé 524 ans, quoique les derniers n'eussent pas tant d'autorité que les premiers. Un de cette Famille se sauva en Égypte, & y fut reconnu Calife pour le spirituel seulement : ses descendans y eurent le même rang jusqu'en 1517, que les Turcs Ottomans s'emparèrent de l'Égypte ; & depuis ce temps il n'y a plus eu de Califes. |
| 1259. | Théodore Lascaris meurt, laissant un fils, nommé JEAN, âgé de six ans, sous la tutelle d'Arsénius, Patriarche de Constantinople, & de Georges Muzalon ; mais Michel Paléologue, qui descendoit par les femmes, d'Alexis Comnène, prend l'autorité en main, & se fait déclarer Régent.

Le Pape engage plusieurs membres de l'Université de Paris à recevoir les Religieux Mendians. |
| 1260. | MICHEL PALÉOLOGUE se fait associer à l'Empire. Il |

Depuis J. C.	fait déposer Arsénius, & mettre en sa place Nicéphore d'Ephèse. La Secte des Flagellans commence à s'établir à Pérouse, en Italie.
1261.	Alexis Stratégopule, Général de Michel Paléologue, reprend Constantinople sur les Latins, par l'intelligence des Grecs qui étoient dans la Ville. Ainsi finit l'Empire des Latins à Constantinople, qui avoit duré cinquante-sept ans. Michel Paléologue revient demeurer dans cette Ville, avec Jean Lascaris.
1262.	Le Pape Urbain IV. investit du Royaume de Sicile, moyennant une espéce de tribut, Charles, frére de S. Louis, qui étoit Comte d'Anjou & de Provence. Ce Prince eut la foiblesse d'y consentir, & fit les plus grands préparatifs pour se rendre maître de ce Royaume. Jayme ou Jacques I. Roi d'Aragon, ayant repris sur les Sarrasins l'Isle Majorque, la donne à titre de Royaume, à son second fils Jayme. Ce petit Royaume n'a eu que quatre Rois, après lesquels il a été réuni à celui d'Aragon en 1349. Michel Paléologue fait créver les yeux à Jean, fils de Théodore Lascaris, & s'empare de l'Empire, pour le gouverner seul.
1263.	Guerres civiles en Angleterre, excitées par le Comte de Leicester, fils de Simon de Montfort le fléau des Albigeois. Les Princes d'Allemagne profitent de l'absence de Richard, qui étoit retourné en Angleterre, pour augmenter leur autorité, & se rendre indépendans.
1264.	Henri III. Roi d'Angleterre, est forcé par ses Barons de consentir à un nouveau plan de Gouvernement; & c'est l'origine du Parlement d'Angleterre & de l'Assemblée des Communes. Institution de la fête du Saint Sacrement, par le Pape Urbain IV. le 8 Septembre.
1265.	Charles Comte d'Anjou & de Provence est couronné à Rome, Roi de Sicile, le vingt-huit Juin. Simon Légat du S. Siége, réforme l'Université de Paris & confirme le réglement de 1215 sur les livres d'Aristote.
1266.	Mainfroy qui avoit usurpé la Couronne de Sicile, est défait & tué dans une bataille, le 26 Février. Charles d'Anjou se rend maître du Royaume.
1267.	Conradin fils de Conrad, vient en Italie avec une armée, pour reprendre le Royaume de Sicile. Il se rend maître de la Toscane & de la Romagne, & entre dans Rome, où il est proclamé Empereur par le peuple, que les Gibelins avoient excité en sa faveur. Le Pape Clément IV. étoit alors à Viterbe.
1268.	Antioche est prise sur les Chrétiens Croisés, par Bibars, Sultan d'Égypte.

Depuis J. C.	En Italie, Conradin est défait & pris prisonnier, le vingt-sept d'Août, par Charles, Roi de Sicile.
	Ce Prince fait faire le procès à Conradin, & il est exécuté à mort à Naples, le vingt-sept Octobre, avec Frideric de Bade, Duc d'Autriche.
1270.	S. Louis passe en Afrique près de Tunis, où il meurt, le vingt-cinq Août, âgé de cinquante-cinq ans & quatre mois, après avoir régné quarante-trois ans neuf mois & dix-huit jours. Philippe III. son fils aîné, surnommé le Hardi, lui succéde, & bat les Infidéles.
1271.	Ce nouveau Roi revient en France, après avoir fait une tréve avec les Afriquains.
	Richard, qui avoit été élu Empereur, meurt en Angleterre, le deux Avril.
1272.	Alfonse, frère de S. Louis, qui avoit épousé Jeanne, héritière de Raymond VII. dernier Comte de Toulouse, meurt le vingt-un Août, & sa femme quelques jours après. Le Comté de Toulouse, ou la plus grande partie du Languedoc, fut ensuite réuni à la Couronne de France, comme l'on en étoit convenu lors du mariage.
	Henri III. Roi d'Angleterre, meurt à Londres, le quinze ou seize Novembre. Son fils Edouard I. (ou IV.) lui succéde.

CINQUIÈME ÉPOQUE
DE
L'HISTOIRE MODERNE.

CETTE *Période commence à l'Élévation de Rodolphe d'Hapsbourg sur le Trône Impérial, en 1273, & finit en 1589, que la Branche Royale de Bourbon succéda de droit au Trône des François. Elle dure ainsi trois cent seize ans, & est remplie des plus grands Événemens. Le S. Siège est transporté de Rome à Avignon ; ce qui occasionne dans la suite un Schisme dans l'Église. Des Sectes nouvelles l'attaquent jusques dans ses Dogmes. L'Empire d'Orient, presque anéanti, est totalement abbatu ; l'Empire d'Occident ne laisse pas d'avoir ses troubles domestiques : la France & quelques autres Royaumes, quoique plus tranquilles, souffrent aussi quelques agitations.*

Depuis J. C.	
1273.	RODOLPHE, Comte d'Hapsbourg, est élu Empereur au mois d'Octobre, & couronné à Aix-la-Chapelle : il est le Chef de l'illustre Maison d'Autriche, qui vient de la même souche que la Maison de Lorraine, réunie à elle depuis 1736.
1274.	Assemblée de Nuremberg, où Rodolphe est reconnu pour Empereur par tous les Princes Allemands, à l'exception d'Ottocar, Roi de Bohême, qui n'avoit pas voulu s'y trouver.
	Tenue du *deuxième Concile général de Lyon*, quatorzième œcuménique, où l'on traita, entre autres choses, de la Procession du Saint-Esprit, principal objet du Schisme des Grecs, en présence des Evêques & Ambassadeurs envoyés de Constantinople pour la réunion.
1275.	Henri, surnommé le Gras, Roi de Navarre, meurt à Pampelune, le vingt-un Juillet.
1276.	Rodolphe ayant déclaré la guerre à Ottocar, Roi de Bohême ; celui-ci est obligé par les Princes de l'Empire, de céder à Rodolphe, l'Autriche & les autres Provinces dont il s'étoit emparé, & de lui prêter serment. Rodolphe donna

Depuis J. C.	
	ensuite l'Archiduché d'Autriche à son fils Albert, & sa postérité en a porté le nom.
1277.	Mort de Jacques I. Roi d'Aragon, Murcie, Valence, &c. Son fils Pierre III. lui succéde.
	La ville de Lubeck est consumée par le feu.
1278.	L'Empereur Rodolphe en vient aux mains contre Ottocar, le vingt-sept Août. Ce dernier est tué dans le combat avec plus de quatorze mille hommes de son armée. Vinceslas son fils, âgé de huit ans, lui succéde, & régne vingt sept ans en Bohême.
1279.	Mort d'Alphonse III. Roi de Portugal : Denys son fils lui succéde.
1280	Année remarquable par une grande abondance de vivres en Europe.
	En Asie, les Mogols ou Tartares, achevent de se rendre maîtres de la Chine sous Kublai, petit-fils de Genghizkhan, qui, de son vivant, s'étoit emparé d'une partie de ce grand pays. On y connoît cette famille Impériale sous le nom des *Yuen*, qui succédèrent à la famille des *Sum*, & qui occupèrent la Chine jusqu'en 1368 sous dix Empereurs.
1281.	Fondation de la ville de Marienbourg en Prusse, par les Chevaliers Teutoniques.
	L'Empereur Rodolphe ordonne à l'assemblée de Nuremberg, qu'on cesse d'écrire les actes publics en Latin, & qu'on se serve de la langue Allemande.
1282.	Les Siciliens, excités par Pierre d'Aragon, égorgent, le jour de Pâques, les François qui étoient dans leur Isle, sans épargner ni les femmes enceintes, ni les enfans à la mammelle ; & parce que le premier coup de Vêpres servit de signal aux conjurés, on appella ce massacre *les Vêpres Siciliennes*.
	Pierre Roi d'Aragon, s'empare de la Sicile, qui ainsi pendant plus de trois cens ans, fait un Royaume distingué de celui de Naples.
	Alfonse X. Roi de Castille, est dépossédé par son fils Sanche.
	Le pays de Galles, où s'étoient cantonnés les anciens Rois Bretons dans le cinquième siécle, est enfin soumis aux Anglois : depuis ce temps, les fils aînés d'Angleterre sont nommés Princes de Galles.
	Jean Comnène, Prince de Trebizonde & des environs, prend le titre d'Empereur de Trebizonde.
	Mort de Michel Paléologue Empereur d'Orient, le 11 Décembre ; ANDRONIC II. son fils lui succéde. Le Patriarche Veccus qui entretenoit l'union, est chassé, & Joseph rétabli.
	L'Empereur Rodolphe d'Hapsbourg, investit, le vingt-sept Décembre, dans la Diette d'Ausbourg, Albert son

Depuis J. C.	
	fils, de l'Autriche & pays dépendans, qu'il avoit enlevés à Ottocar Roi de Bohême.
1283.	Rupture entière de la réunion des Grecs & des Latins, après la mort de Michel.
1284.	Charles Roi de Sicile, est défait par le Roi d'Aragon, & son fils Charles le Boiteux pris prisonnier.
	Alfonse X. Roi de Castille meurt; son fils Sanche IV. demeure possesseur du Royaume.
1285.	Charles Roi de Sicile meurt, le sept Janvier. Son fils Charles le Boiteux lui succéde de droit.
	Philippe le Hardi Roi de France, revenant d'une expédition en Aragon, meurt à Perpignan, le six Octobre. Son fils Philippe IV. surnommé le Bel, lui succéde.
	Pierre III. Roi d'Aragon, meurt le neuf Novembre. Son fils Alfonse III. lui succéde.
1287.	Charles le Boiteux recouvre sa liberté.
	Les Mogols ou Tartares, font de grands ravages en Pologne.
	Eric IX. Roi de Danemarck, régne trente-quatre ans.
1289.	Charles le Boiteux se fait couronner Roi de Sicile à Rome, le vingt-huit Mai. Mais la couronne lui est contestée par Frederic Prince d'Aragon.
	La ville de Tripoli est prise sur les Chrétiens de Syrie, par Kelaoun Sultan d'Egypte, de la Dinastie des Mameluks.
	L'Isle de Corse se soumet à la République de Gènes, malgré celle de Pise, qui prétendoit en être la maîtresse.
1291.	L'Empereur Rodolphe meurt, le quinze Juillet, âgé de soixante-treize ans & cinq mois, après un régne de dix-huit ans. Ce Prince ne voulut point aller à Rome pour s'y faire couronner Empereur, & la plûpart de ses successeurs l'ont imité: cependant leur autorité n'a pas laissé d'être reconnue en Italie.
	Mort d'Alfonse Roi d'Aragon: son fils Jacques II. lui succéde.
	Prise de la ville d'Acre, &c. les Chrétiens Francs ou Croisés furent ainsi entiérement chassés de la Syrie, par les Mameluks Sultans d'Egypte.
1292.	ADOLPHE Comte de Nassau, est élu Empereur d'Occident le premier Mai.
	Edouard Roi d'Angleterre, fait la guerre à Philippe le Bel.
1294.	Pierre Moron célèbre Hermite, est élu Pape, & nommé Célestin V. Benoît Cajétan lui persuade de se démettre du Pontificat; il le fait le treize Décembre, & Cajétan se fait élire, le vingt-quatre du même mois, sous le nom de Boniface VIII. Ce Pape ajouta une seconde couronne à sa Tiare, & la troisième fut mise environ cinquante années après par Benoît XII. ou Urbain V.

Depuis J. C.	L'Empereur Adolphe ravage la Thuringe.
1295.	Mort de Sanche IV. Roi de Castille, qui laisse pour successeur Ferdinand IV. son fils.
	Prémislas, Duc de Pologne, se fait couronner Roi; & depuis ce temps la Pologne n'a pas cessé d'être qualifiée Royaume.
1297.	Le Roi de France Philippe le Bel, ayant réuni à la Couronne la Pairie de Champagne, par son mariage avec Jeanne qui en étoit héritiere, érige en Pairies le Duché de Bretagne, & les Comtés d'Anjou & d'Artois : ce sont les premières érigées par Lettres-Patentes.
1298.	Adolphe est déposé le vingt-trois Juin par des Princes d'Allemagne, & ALBERT Duc d'Autriche, fils de l'Empereur Rodolphe, est élu en sa place. Le premier est vaincu & tué dans un combat le deux Juillet suivant.
1299.	Tremblement de terre en Allemagne.
	Cette année, ou la suivante, commence la Maison Othomane, ou la Souveraineté des Turcs Othomans, qui, au bout de cent cinquante ans, établirent un puissant Empire, ayant renversé celui des Grecs de Constantinople.
1300.	Le Pape Boniface établit un Jubilé pour tous les cent ans, (terme qui a été ensuite abbrégé). Il paroit à Rome en habits Pontificaux & Impériaux, avec cette devise : *Ecce duo gladii.*
	Wenceslas Roi de Bohême, est élu Roi de Pologne.
1301.	Philippe le Bel rend le Parlement de Paris sédentaire cette année, selon quelques-uns, & lui donne son *Palais*, qui fut bâti par les soins d'Enguerrand de Marigny Intendant des Finances.
	Boniface VIII. excommunie Philippe le Bel, & se déclare Souverain sur le spirituel & sur le temporel.
1302.	Guillaume de Nogaret présente une Requête, le douze Mars, à Philippe le Bel, contre Boniface VIII. Philippe assemble les Etats à Paris, contre les prétentions de Boniface. Ce Pape publie la Bulle *Unam Sanctam*, le seize Novembre.
	Quelques Auteurs rapportent à ce temps, & attribuent à Flavio natif de Melfe, l'invention de la Boussole, ou aiguille Marine. Mais il paroit qu'il ne fit qu'en perfectionner l'usage ; car on a des preuves qu'on en faisoit usage long-temps auparavant en Provence.
1303.	Boniface est arrêté prisonnier à Anagnia, le huit Septembre, maltraité par Sciara Colonna, & meurt le onze Octobre. Benoît XI. est mis en sa place.
	Philippe le Bel tient une assemblée à Paris, le douze Juin, dans laquelle il appelle au futur Concile.
1304.	Le Pape Benoît XI révoque les Bulles que Boniface avoit fulminées contre la France.

Depuis J. C.	Philippe le Bel remporte une victoire célèbre sur les Flamans, à Mons en Puelle : on élève en conséquence une statue équestre de ce Prince, dans l'Eglise Cathédrale de Notre Dame de Paris : quelques Auteurs se sont mépris en l'attribuant à Philippe de Valois.
	Edouard Roi d'Angleterre, soumet l'Ecosse.
1305.	Clément V. est élu Pape & couronné à Lyon ; il fait sa résidence en France, à Avignon. Il révoque toutes les Bulles de Boniface contre la France, particuliérement la Bulle *Unam Sanctam*.
	Wenceslas II. Roi de Bohême & de Pologne, meurt ; son fils Wenceslas qui lui succéde, est tué le trois Août ; Henri de Carinthie, son proche parent, usurpe la Bohême.
	Les Templiers sont dénoncés, & Philippe le Bel entreprend de faire instruire leur procès.
	Le Parlement de Toulouse est institué. Il y avoit un Echiquier à Rouen ; & des Grands-Jours à Troyes.
1306.	L'Italie souffre par les guerres civiles & les révoltes.
1307.	Mort d'Edouard Roi d'Angleterre, le sept Juillet ; son fils Edouard II. lui succéde.
	Les Templiers sont arrêtés par toute la France, le cinq Octobre. On informe contr'eux dans le Royaume.
1308.	L'Empereur Albert est tué le premier Mai, en Suisse ; HENRI de Luxembourg, ou VII, fut élu en sa place Empereur d'Occident.
	Le Pape évoque l'affaire des Templiers au S. Siége. Avis de la Faculté de Théologie de Paris, touchant les Templiers. Le Pape interroge les Templiers qui lui sont livrés, permet aux Inquisiteurs & aux Ordinaires d'instruire leur procès, & nomme des Commissaires pour leur procès.
	L'hérétique Dulcin est arrêté près de Verceil, & y est brûlé. Ses Sectateurs sont dissipés.
	Le Parlement d'Angleterre usurpe l'autorité législative sous Edouard II.
	Commencement de la République des Suisses, par les trois Cantons de Suitz, Uri & Undervald, qui remportent alors une grande victoire sur les Autrichiens, dont ils se-couent le joug.
1309.	Les Chevaliers de S. Jean de Jérusalem s'emparent de l'Isle de Rhodes ; & en prennent le nom : depuis 1530, on les a appellés Chevaliers de Malthe, parce qu'ils s'y retirerent alors.
	Henri VII. est couronné Roi de Germanie ou Empereur à Aix-la-Chapelle, le six Janvier.
	Les Commissaires du Pape font le procès aux Templiers.
1310.	Des Templiers sont condamnés dans un Concile tenu à Paris, & plusieurs exécutés à mort, au mois de Mai. Informations faites contre tout l'Ordre des Templiers.

Depuis J. C. 1311.	Révocation solemnelle du Pape Clément V. le vingt-sept Avril, de ce que Boniface VIII. avoit fait contre la France.
Concile Général de Vienne (en Dauphiné,) *quinzième œcuménique* : il commence le seize Octobre. L'extinction de l'Ordre des Templiers y est faite. Ce Concile condamne aussi les erreurs des Begards & des Beguines.
1312.	L'Empereur Henri VII. vient en Italie, & se fait couronner à Rome le premier Mai.
Mort de Ferdinand Roi de Castille. Son fils Alfonse XI. âgé de dix-huit mois, lui succéde.
1313.	L'Empereur Henri VII. meurt près de Sienne en Toscane, le vingt-quatre Août. Il y eut, après sa mort, un Interrègne.
Le Grand-Maître des Templiers, & le frère du Dauphin de Viennois, sont exécutés à Paris le onze Mars.
1314.	Les Electeurs de l'Empire s'assemblent à Francfort, & se partagent : les uns élisent, le vingt Octobre, LOUIS de Baviére, & les autres quelques jours après choisissent Frederic d'Autriche, fils de l'Empereur Albert. Ce fut la cause d'une guerre en Allemagne, qui dura huit ans.
Philippe le Bel Roi de France, meurt le vingt-neuf Novembre, âgé de quarante-six ans, après en avoir régné vingt-neuf, un mois & vingt-trois jours : son fils Louis X. surnommé Hutin, lui succéde.
La famine & la peste ravagent l'Allemagne.
1316.	Philippe Comte de Poitiers, assemble les Cardinaux à Lyon, pour l'élection d'un Pape, deux ans après la mort de Clément V. Les Cardinaux se trouvant peu d'accord, déferent l'élection à la voix de Jacques d'Ossa, qui s'élit lui-même. Ce fut Jean XXII. qui fut couronné à Lyon, le cinq Septembre, & qui alla ensuite résider, comme son prédécesseur, à Avignon. Il érigea nombre d'Evêchés en France.
Louis X. Roi de France, meurt le cinq Juillet, à Vincennes, laissant la Reine Clémence sa femme enceinte. Elle accouche d'un fils, le quinze Novembre, à qui on donne le nom de Jean I. Il meurt quelques jours après. Philippe V. surnommé le Long, frère de Louis Hutin, est déclaré Roi de France. Louis Hutin laissoit une fille, Jeanne, qui fut héritière du Royaume de Navarre du chef de sa mère, & épousa Philippe Comte d'Evreux.
1317.	Philippe le Long fait assembler les Etats du Royaume à Paris, dont tous les membres promettent de ne point reconnoître d'autre Roi que Philippe & ses descendans mâles, à l'exclusion de ses filles.
1319.	Etablissement de l'Ordre des **Chevaliers de Christ** en Portugal.

D. J. C. 1321.	Frideric Roi de Sicile, associe son fils Pierre au Royaume.
1322.	Philippe le Long Roi de France, meurt à Vincennes, le trois Janvier, âgé de vingt-huit ans, dont il n'en avoit régné guéres plus de cinq. Cependant son régne est recommandable par un grand nombre de sages ordonnances, & par la fin des démêlés avec la Flandre. Charles IV. son frère, surnommé le Bel, lui succéde.

L'Empereur Louis de Baviére remporte près de Muldorff une grande victoire sur Fridéric d'Autriche son compétiteur, qu'il fait prisonnier. |
| 1323. | Le Mont Ethna ou Gibel, jette une si grande quantité de flammes, que toute la campagne d'alentour en est endommagée. |
| 1324. | Plusieurs troubles en Sicile. Guerre entre la France & l'Angleterre.

Etablissement des Jeux Floraux à Toulouse. |
| 1325. | Mort de Denys Roi de Portugal; Alfonse IV. lui succéde.

Fridéric d'Autriche est remis en liberté par l'Empereur Louis de Baviére, en renonçant à l'Empire: il fut fidèle à ses promesses. |
| 1326. | Mort de Jacques II. Roi d'Aragon; Alfonse IV. lui succéde.

Orchan, fils d'Othoman Sultan des Turcs, succéde à son père, après avoir pris aux Grecs la ville de Pruse, dont il fait sa résidence. |
| 1327. | Louis de Baviére passe en Italie. Le Pape Jean XXII. le dépose & l'excommunie.

Edouard II. Roi d'Angleterre, est déposé, & tué d'une maniére cruelle. Son fils Edouard III. lui succéde.

Ceccus Asulan est condamné au feu à Boulogne, pour avoir soutenu que l'influence des astres nécessite la volonté des hommes. |
| 1328. | Louis de Baviére est couronné Empereur à Rome, le dix-sept Janvier, par le Cardinal Colonne: il fait élire Pape Pierre de Corbiére, qui prend le nom de Nicolas V. Cet Antipape est intronisé le douze Mai, & chassé de Rome le quatre Août.

Charles le Bel meurt, le trente-un Janvier, dans le Château de Vincennes, âgé de près de trente-quatre ans, après en avoir régné six & trente jours. Comme ce Prince n'avoit point d'enfans mâles & que sa femme étoit enceinte, la Régence du Royaume fut d'abord donnée à Philippe fils aîné de Charles Comte de Valois. Mais la Reine n'étant accouchée que d'une fille, Philippe de Valois, VI. du nom, étant le plus proche parent de Charles le Bel, succéde au Royaume, & est sacré à Rheims le vingt-neuf Mai. |

Depuis J. C.	Mort de Castruccio Castracani, qui s'étoit fait Souverain de la République de Lucques.
	ANDRONIC le jeune, ou III. se fait reconnoître Empereur d'Orient, & oblige le vieux Andronic, son grand-père, à entrer dans un Monastère, où il mourut en 1332.
1330.	Fridéric d'Autriche meurt le treize Janvier.
1332.	Ladislas Roi de Pologne, s'empare de la Silésie.
1333.	Publication d'une Croisade générale pour la Terre Sainte.
	Philippe de Valois fait condamner par des Docteurs en Théologie de la Faculté de Paris, le sentiment de Jean XXII. touchant la vision de Dieu par rapport aux Bienheureux, & écrit à ce Pape qu'il ait à le révoquer.
1334.	Valdemar succéde à son père dans le Royaume de Danemarck, & régne quarante-deux ans.
1335.	L'Empereur Louis de Baviére envoye des Ambassadeurs au nouveau Pape Benoît XII. pour solliciter son absolution ; mais ils n'obtiennent rien.
1336.	Mort d'Alfonse Roi d'Aragon ; Pierre IV. lui succéde.
	Révocation des Décimes qui avoient été accordées au Roi Philippe de Valois, sur le Clergé de France, en considération de ce qu'il devoit passer dans la Terre Sainte.
	Edouard Roi d'Angleterre commence à faire la guerre, en soutenant la révolte des Flamans, & prétendant être Roi de France, comme petit-fils, par sa mère, de Philippe le Bel.
1337.	Les Sauterelles font un dégât considérable dans toute l'Europe, pendant l'espace de trois ans.
1338.	Ambassade de Louis de Baviére & du Roi de France vers le Pape, pour obtenir l'absolution du premier, qui est refusée.
	Protestation solemnelle de Louis de Baviére contre les procédures de Jean XXII.
	Barlaam envoyé de l'Empereur Andronic, propose au Pape des moyens pour parvenir à la réunion des Eglises Grecque & Latine, qui sont rejettés.
	Daniel de Trevisi est envoyé par Léon Roi d'Arménie, vers le Pape Benoît XII. & compose son traité pour la justification des Arméniens.
	On commence à connoître les armes à feu ; & il paroît que la poudre à canon étoit déja trouvée.
1341.	Mort d'Andronic le jeune, arrivée le quinze Juin : il laisse deux enfans, JEAN & MANUEL Paléologue, & leur donne Jean Cantacuzène pour tuteur.
	L'Impératrice Anne de Savoye, veuve d'Andronic, chasse Cantacuzène, qui se retire près d'Andrinople.
	Cantacuzène y est proclamé Empereur.
1342.	L'Impératrice Anne propose au Pape la réunion des deux Eglises. Les Palamites sont chassés de Constantinople.

Depuis J. C. 1343.	Robert surnommé le Sage, Roi de Naples, meurt le vingt-huit Janvier, & laisse ses Etats à Jeanne fille de son fils Charles, mariée à André Roi de Hongrie.
	Philippe d'Evreux Roi de Navarre par sa femme Jeanne de France, meurt le seize Septembre. Son fils Charles, depuis surnommé le Mauvais, lui succéde, sous la tutelle de sa mère.
1344.	Le Pape Clement VI. à la priére des Romains, fixe le Jubilé à cinquante ans ; il refuse de quitter Avignon pour aller à Rome.
	Croisade contre les Turcs.
1345.	André Roi de Hongrie est tué ; Jeanne sa femme épouse Louis Prince de Tarente.
1346.	Le Pape donne une nouvelle Bulle de déposition contre l'Empereur Louis de Baviére, & ordonne aux Princes d'Allemagne de procéder à une nouvelle élection.
	Les Electeurs de Cologne & de Tréves, élisent vers la fin de Juillet, Charles Comte de Luxembourg & Roi de Bohême, petit-fils de Henri VII. & ils l'opposent à Louis de Baviére. Le Pape confirme cette élection.
	Philippe de Valois ayant imprudemment combattu contre Edouard Roi d'Angleterre près de Crécy, perd plus de trente mille hommes, le vingt-six Août.
	La peste ravage la France & plusieurs autres pays.
1347.	JEAN CANTACUZÈNE se rend maître de Constantinople le 13 Février, & fait la paix avec Jean Paléologue, qui l'associe à l'Empire.
	Nicolas Gabrini, surnommé Rienzi, rétablit le Tribunat à Rome, & s'y fait reconnoître Souverain, le 19 Mai ; ce qui ne dura que sept mois.
	Edouard prend la ville de Calais, le trois Août, après un siége d'onze mois & quelques jours : les Anglois en furent maîtres jusqu'en 1558.
	Louis de Baviére Empereur d'Occident meurt, le vingt-un Octobre, après avoir régné près de trente-trois ans. CHARLES IV. Comte de Luxembourg, son compétiteur, se fait couronner Empereur à Aix la Chapelle. Cependant les Electeurs qui n'avoient pas été pour lui en 1346. élisent d'abord Edouard Roi d'Angleterre, qui refuse la couronne Impériale, ensuite Gonthier de Schwartsbourg, & deux autres, qui vendirent leur droit ; de sorte que Charles de Luxembourg n'ayant plus personne qui lui disputât l'Empire, se fit couronner de nouveau en 1349. à Aix la Chapelle, par l'Archevêque de Cologne.
	Etablissement de l'Université de Prague, par l'Empereur Charles IV.
1348.	L'Allemagne est affligée d'une peste considérable, qui fait périr plus de quatre-vingt-dix mille personnes.

Depuis J. C.	Les Juifs, soupçonnés d'avoir empoisonné l'eau de tous les puits & de toutes les citernes, sont massacrés.
1349.	Le Dauphiné est réuni à la couronne de France, en conséquence de la cession qu'en avoit faite, par différens Traités, Humbert dernier Dauphin de Viennois : depuis ce tems, les fils aînés des Rois de France portent le nom de Dauphin.
	Pédre ou Pierre IV. Roi d'Aragon, s'empare sur son parent Jayme II. du petit Royaume de Majorque.
1350.	Mort de Philippe de Valois, le vingt-deux Août, âgé de cinquante-sept ans, dont il en avoit régné vingt-trois. Jean II. son fils, lui succéde & est sacré à Rheims le vingt-six Septembre. Ce nouveau Roi établit peu après l'Ordre de l'Etoile. Charles Roi de Navarre conspire contre lui.
	Mort d'Alfonsé Roi de Castille, qui laisse ses Etats à son fils Piérre I.
	Edouard Roi d'Angleterre, établit l'Ordre des Chevaliers de la Jarretiere.
	Le Pape Clément VI. permet aux Cardinaux d'avoir avec eux deux Clercs & des Loges particulieres dans le Conclavé.
	L'Empereur Cantacuzéne envoye des Députés au Pape vers cette année, pour traiter de la réunion des deux Eglises.
1353.	On brûle deux Frères Mineurs à Avignon, pour leurs sentimens particuliers au sujet de la pauvreté de J. C.
1355.	L'Empereur Charles est couronné à Rome le cinq Avril, jour de Pâques, par le Cardinal-Evêque d'Ostie, qui en avoit eu la commission du Pape Innocent VI.
	Contestation des Grecs touchant la lumiére du Thabor, l'essence & l'opération de Dieu, jugée par le Concile qui se tient à Constantinople, contre les adversaires de Palamas.
	Cantacuzène cede l'Empire à Jean Paléologue, & se retire dans un Monastère.
1356.	L'Empereur Charles IV. fait approuver dans les Diétes de Nuremberg & de Metz, ce qu'on appelle la *Bulle d'Or*, qui depuis ce tems régle ce qui concerne l'élection de l'Empereur.
	Jean Roi de France assemble les Etats du Royaume, qui lui accordent le dixième de tous les biens, pour les frais de la guerre contre les Anglois. Il est pris à la bataille de Poitiers & conduit à Bourdeaux, & ensuite à Londres.
1357.	Mort d'Alfonse V. Roi de Portugal. Il laisse Pierre le Cruel son fils, héritier de son Royaume.
1360.	Amurath succéde à son père Otchan, Sultan des Turcs Othomans. Il fait passer des troupes en Europe, & l'année suivante elles prennent Andrinople.

Depuis J. C.	Martin Gonsalve se dit l'Ange saint Michel; il est condamné par l'Archevêque de Tolède & brûlé. Nicolas le Calabrois disciple de cet hérétique, le veut faire passer pour le fils de Dieu; il est condamné au feu à Barcelone.
	Le Roi Jean obtient sa liberté en Angleterre, & revient en France.
	Edouard Roi d'Angleterre, interdit dans tous les actes publics de son Royaume l'usage de la Langue Françoise, dont on se servoit depuis long-temps en Angleterre.
1364.	Jean Roi de France, ayant été faire un voyage en Angleterre, y meurt le huit Avril. Son fils Charles V. surnommé le Sage, lui succéde, & est couronné à Rheims le dix-neuf Mai.
1365.	Plus de cinquante mille Chrétiens se liguent pour chasser les Turcs d'Andrinople, & autres lieux dont ils s'étoient emparés.
1368.	L'Empereur Charles passe en Italie, dont il soumet plusieurs villes à l'obéissance du Pape; & vend la Souveraineté des villes d'Italie à ceux qui les gouvernoient, & des immunités aux petites Républiques qui s'étoient formées aux dépens du Domaine Impérial.
	Mort de Pierre Roi de Portugal: Ferdinand son fils lui succéde.
	Grande révolution à la Chine: les Mogols descendans de Genghizkan, qui en étoient maîtres depuis plus de quatre-vingts ans, en sont chassés par les Chinois: ainsi la Dynastie des *Mim* succéde à celle des *Yuen*, & dure deux cent soixante-seize ans sous seize Empereurs.
	Hong-vou ou Tai-t-cou, qui obligea les Mogols de retourner en Tartarie, vit venir à sa Cour des Ambassadeurs de Tamerlan & de l'Empereur de Constantinople.
	Pierre I. dit le Cruel, Roi de Castille, est tué: Henri II. Comte de Trastamare, lui succéde, avec le secours de Bertrand du Guesclin, Connétable de France.
1369.	L'Empereur Jean Paléologue vient à Rome, & y signe sa réunion avec l'Eglise Romaine. Il est arrêté quelque temps après par les Vénitiens, & délivré par Manuel son troisiéme fils, qui paye ses dettes.
1370.	La couronne d'Ecosse commence à être occupée par la Maison Stuard.
	Les François déclarent la guerre aux Anglois, & font de grandes conquêtes en Guyenne, par le moyen de Bertrand du Guesclin.
	Mort de Casimir III. Roi de Pologne; Louis son petit-fils lui succéde.
	Mort d'Edouard Prince de Galles; son père fait reconnoître Richard fils de ce Prince.
1376.	Wenceslas Roi de Bohême, fils de l'Empereur Charles, est élu Roi des Romains, le douze Juin.

Depuis J. C. 1377.	Le Pape Grégoire XI. quittant Avignon, arrive à Rome le dix sept Janvier, se retire à Anagnia, revient à Rome au mois de Novembre, & fait la paix avec les Florentins. Edouard III. Roi d'Angleterre, meurt le vingt-trois Juin, après avoir régné cinquante-un ans; son petit-fils Richard II. lui succéde.
1378.	L'Empereur Charles IV. arrive à Paris le quatre Janvier: il retourne ensuite en Allemagne, & meurt à Prague, le vingt-neuf Novembre, après un régne de trente-deux ans; son fils WENCESLAS lui succéde.
1379.	Clément VII. élu Pape après Urbain VI. se retire à Naples, & de-là passe à Avignon, où il arrive le dix Juin. Les deux prétendans à la Papauté se condamnent réciproquement. Ainsi commença le grand Schisme d'Occident, qui dura quarante ans. Mort de Henri Roi de Castille, qui laisse Jean son fils héritier de ses Etats.
1380.	Mort du fameux Connétable Bertrand du Guesclin, le treize Juillet: il fut enterré à S. Denis. Charles V. Roi de France, meurt le seize Septembre, après avoir régné près de dix-sept ans; son fils Charles VI. lui succéde, sous la Régence du Duc d'Anjou, & est sacré à Rheims le quatre Novembre. Urbain VI. déclare Jeanne Reine de Naples, déchue de son Royaume, qu'il donne à Charles de Duras. La Reine Jeanne le donne à Louis, de la seconde Maison d'Anjou. Charles de Duras se rend maître de Naples, & met en prison la Reine Jeanne, qu'il fait étrangler l'année suivante.
1382.	Louis Roi de Hongrie, meurt le treize Septembre, après un régne de quarante ans: ce Prince étoit aussi depuis douze ans Roi de Pologne. Marie fille de Louis lui succéde en Hongrie; & il y eut un Interrégne en Pologne. Fin du régne des Mameluks Baharites en Egypte: les Mameluks Circassiens ou Borgites leur succédent, & gouvernent l'Egypte & la Syrie jusqu'en 1517, qu'ils en furent dépouillés par les Turcs Othomans.
1383.	Louis Duc d'Anjou passe en Italie, & entre dans le Royaume de Naples. Mort de Ferdinand Roi de Portugal, sans enfans: Jean son frère lui succéde.
1384.	Louis d'Anjou meurt au château de Biselia près de Bari, le vingt Septembre. Urbain VI. se brouille avec Charles de Duras, qui le fait arrêter & le laisse aller ensuite. Manuel III. fils de Jean Paléologue, est associé à l'Empire par son père.

Depuis J. C. 1385.	Le Pape Urbain se retire au château de Luceria, & veut se venger de Charles de Duras, mais ce Prince assiége le château. Urbain se sauve à Gênes, ou il fait mourir cinq Cardinaux qui avoient conspiré contre lui.
1386.	Charles de Duras est tué en Hongrie : Othon Duc de Brunswick, dernier mari de la Reine Jeanne, étant délivré de prison, rentre dans Naples, & en chasse Marguerite de Duras veuve de Charles, & ses enfans.
	Andronic Paléologue prend Constantinople, & met son père & son frère en prison.
	Jagellon ou Vladislas, élu Roi de Pologne, lui unit le grand Duché de Lithuanie, qu'il possédoit auparavant.
1387.	Mort de Pierre Roi d'Aragon ; son fils Jean lui succéde.
1388.	Jean & Manuel Paléologue, sortis de prison, recouvrent l'Empire & livrent Andronic aux Turcs.
1389.	Ladislas fils de Charles de Duras, est couronné Roi de Naples par le Pape Boniface IX.
	Amurath Sultan des Turcs, après avoir fait de grandes conquêtes en Europe, & gagné la bataille de Cassovie, est tué par un soldat Chrétien. Bajazeth son fils lui succéde.
1390.	Louis le Jeune fils du Duc d'Anjou, est couronné Roi de Naples par Clement VII. Ce Prince fait en Italie des conquêtes ; mais après son retour en Provence, Ladislas reprend les places qu'il avoit conquises.
	Bajazeth assiége Constantinople, & se retire après avoir fait un traité avec l'Empereur Grec.
1391.	L'Université de Paris propose des moyens pour faire cesser le Schisme d'Occident.
	Mort de Jean Paléologue ; MANUEL II. son fils gouverne seul l'Empire d'Orient quarante-quatre ans : il avoit été associé dès 1375.
1394.	L'Université de Paris écrit à Clément VII. sur les moyens de faire cesser le Schisme : il en meurt de chagrin le seize Septembre. Les Cardinaux de son parti élisent, le vingt-six du même mois, Pierre de Lune, qui prend le nom de Benoît XIII. La voie de cession est résolue en France, & proposée aux Contendans & aux Princes de l'Europe.
1395.	L'Empereur Wenceslas crée Duc de Milan & Vicaire d'Italie Jean Galéas Visconti, son beau-frère, moyennant une somme d'argent. Les Visconti s'étoient emparés de Milan depuis plus d'un siécle, & avoient fait des conquêtes sur leurs voisins. Le Duché passa après eux aux Sforces, en 1450.
	Jean Roi d'Aragon meurt sans enfans ; Martin son frère lui succéde.
1396.	Sigismond Roi de Hongrie, perd la fameuse bataille de Nicopolis, où Bajazeth fut victorieux : nombre de Sei-

DE L'HISTOIRE MODERNE. 207

Depuis J. C.

gneurs François, commandés par le Comte de Nevers, y périrent.

Les Turcs se rendent ensuite maîtres du Royaume des Bulgares, dont ils font une Province de leur Empire.

1397. Marguerite, Reine de Danemarck & de Norvége, étant devenue aussi Reine de Suéde, fait établir à Calmar l'Union de ces trois Couronnes du Nord, qui ne subsista que jusqu'en 1448.

1398. Soustraction d'obéissance aux deux Contendans pour la Papauté, publiée en France & en d'autres endroits.

1399. Richard II. Roi d'Angleterre, est dépouillé de son Royaume ; & Henri Comte de Lancastre, son cousin, est reconnu Roi, sous le nom de Henri IV.

1400. Les Electeurs déposent l'Empereur Wenceslas, à cause de ses vices, le vingt Août, & élisent d'abord pour Empereur Fréderic Duc de Brunswick, qui est tué deux jours après, & ensuite ROBERT Comte Palatin du Rhin.

1401. Ce Prince est couronné le six Janvier, à Cologne. Wenceslas, insensible à sa déposition, continue de régner en Bohême dix-huit ans : il ne cessa cependant pas de porter le titre d'Empereur, & il avoit un petit parti.

1402. Bajazeth Sultan des Turcs, est défait près d'Angora & fait prisonnier par Timur ou Tamerlan, Khan ou Prince des Tartares, qui après avoir tout pillé, met Mousa son fils en possession de ses Etats ; mais Soliman son frère l'oblige de se sauver en Europe.

1403. Assemblée du Clergé de France, tenue à Paris le vingt-huit Mai, qui leve la soustraction d'obéissance à Benoît XIII.

Mort de Bajazeth dans sa captivité : les uns disent qu'il y fut traité avec honneur & respect, & qu'il mourut d'apoplexie ; les autres, que Tamerlan se servit de son corps, au lieu de marche-pied, pour monter à cheval, & l'obligeoit de se tenir sous sa table pendant le repas, & de se rassasier des miettes & des restes qui tomboient par terre ; qu'enfin ce Prince si fier fut mis dans une cage de fer, où il mourut de chagrin.

1404. Le Pape Benoît propose quelques voies d'accommodement à Boniface. Ce dernier meurt le premier Octobre.

Ladislas Roi de Naples, se rend maître de Rome, & en chasse Innocent VII. qui avoit été élu en la place de Boniface.

1405. Découverte des Isles Canaries, par Jean de Bethencourt, Gentilhomme Normand.

Timur ou Tamerlan meurt, après avoir fait de grandes conquêtes en Asie, & comme il se préparoit à aller faire la guerre aux Chinois : sa postérité règne encore dans les Indes, & c'est ce que nous appellons le Grand Mogol.

D. J. C. 1406.	Nouvelle fouftraction de la France à l'obéiffance de Benoît; Innocent VII. meurt le fix Novembre.

Les Cardinaux de fon parti élifent Ange de Corario, qui prend le nom de Grégoire XII. à condition de procurer la paix par la voie de ceffion.

1407. Affemblée du Clergé de France, à l'égard des deux Contendans à la Papauté, qui entrent en négociation avec le Roi de France, touchant l'extinction du Schifme. Benoît jette un interdit fur le Royaume de France.

Le Duc de Bourgogne fait affaffiner le Duc d'Orléans, la nuit du vingt-trois au vingt-quatre Novembre; ce qui fut enfuite la caufe de grands maux pour la France.

Henri III. Roi de Caftille meurt; Jean II. fon fils lui fuccéde, fous la tutelle de Ferdinand fon oncle.

Jean Hus commence à enfeigner fes erreurs en Bohême.

1408. Ladiflas fe rend maître de Rome le vingt-cinq Avril. Les Cardinaux fe fouftraient de l'obéiffance des deux Contendans, & fe retirent à Pife pour faire une nouvelle élection; ils publient un acte d'appel: Grégoire fulmine contr'eux.

Benoît écrit d'une maniére injurieufe au Roi de France; fes couriers font arrêtés & mis en prifon.

On indique trois Conciles pour éteindre le Schifme, l'un à Perpignan par Benoît XIII, le premier Novembre; l'autre à Aquilée par Grégoire XII, & le dernier à Pife par les Cardinaux.

1409. A Pife, dépofition de Benoît XIII. & de Grégoire XII. le cinq Juin. Le quinze, Alexandre V. eft élu.

Baltazar Coffa, reprend Rome fur Ladiflas Roi de Naples.

1410. Mort d'Alexandre V. le dix-fept du même mois.

Robert Empereur, meurt le dix-huit Mai. SIGISMOND frère de Wenceflas & Roi de Hongrie, eft élu par une partie des Electeurs; les autres élifent *Joffe* Marquis de Moravie, lequel étant mort le huit Janvier 1411, tous les fuffrages fe réuniffent en la perfonne de Sigifmond. Il y eut donc pendant plus de fix mois trois Empereurs, comme il y avoit trois Papes.

Mort de Martin Roi d'Aragon, après un Interrégne de deux ans; Ferdinand fils de fa fœur Eléonore, eft choifi & proclamé Roi.

Soliman fils de Bajazeth, Sultan des Turcs, ayant été tué, Moufa fon frère régna en fa place, mais il ne fut guere reconnu que dans fes Etats d'Europe, Mahomet fon plus jeune frère s'étant emparé de ceux d'Afie : ce dernier refta enfuite feul, ayant dépouillé Moufa au bout de trois ans & demi.

L'Empereur Sigifmond vend l'Electorat de Brandebourg à Frederic Burgrave de Nuremberg, qui a été ainfi le chef

DE L'HISTOIRE MODERNE. 209

Depuis J. C. de l'illustre Maison de Brandebourg, aujourd'hui si puissante en Allemagne. Sa branche cadette a produit les Margraves d'Anspach & de Bareith, aujourd'hui éteints.

1411. Le Pape Jean XXIII. fait la guerre à Ladiflas, & défait ses troupes. Ladiflas rétablit ses affaires, & mene une armée jusqu'aux portes de Rome. Le Pape fait un traité secret avec lui, mais peu après ils se brouillent.

1413. Jean XXIII. chassé de Rome par le Roi Ladiflas, va en Lombardie, traite avec l'Empereur Sigismond, indique un *Concile à Constance*, par sa Bulle du deux Novembre.

Mort de Henri IV. Roi d'Angleterre, le vingt Mars. Henri V. son fils lui succède.

Mahomet I. ayant pris & défait son frère Moufa, le fait mourir, & devient Sultan des Turcs, qui ne comptent que comme un Interrégne les temps de Soliman & de Moufa.

1414. Mort de Ladiflas Roi de Naples. Jeanne II. sa sœur lui succède.

Jean Hus arrive au Concile de Constance le trois Novembre. Il est arrêté six jours après; on lui fait son procès.

1415. Jean XXIII. abdique le Pontificat le premier Mars. Il se sauve ensuite de Constance; il est cité par le Concile, arrêté prisonnier & déposé le vingt-neuf Mai. Grégoire XII. renonce au Pontificat par ses Procureurs. Convention entre Sigismond & le Roi d'Aragon, touchant la déposition de Benoît XIII.

Jean Hus est condamné, & brûlé le quinze Juillet.

Jérôme de Prague son disciple, arrivé le quatre Avril à Constance, veut se sauver; est arrêté & se rétracte le vingt-trois Septembre.

Le vingt-cinq Octobre, bataille d'Azincourt en Artois, gagnée sur les François par Henri V. Roi d'Angleterre: une grande partie de la Noblesse de France y périt.

1416. Procès fait à Benoît XIII. Antipape.

Commencement du Duché de Savoye, auparavant Comté. L'Empereur Sigismond l'érigea en faveur d'Amédée VIII. par acte du dix-neuf Février.

Ferdinand IV. Roi d'Aragon, meurt le deux Avril; son fils Alfonse V. lui succède.

Jérôme de Prague est accusé de nouveau, condamné dans le Concile de Constance, & brûlé le trente Mai.

Troubles en Bohême pour la Religion.

1417. Déposition de Benoît XIII. au mois de Juillet. Martin V. est élu Pape le onze Novembre.

1419. Mort de Wenceslas, ci-devant Empereur, en Bohême: il est enterré à Prague auprès de son père. Son frère Sigismond, alors Empereur, lui succéda dans le Royaume de Bohême.

Le Concile de Constance, qui termina le Schisme, finit

II. Partie. O

Depuis J. C.	le vingt-deux Avril. L'Empereur Sigifmond s'étoit rendu à ce Concile.
Mort de Grégoire XII. Jean XXIII. fe fauve de prifon & va trouver Martin V. à Florence, où il meurt. Benoît XIII. demeure dans fon obftination, & eft abandonné de tous ceux de fon obédience, à l'exception des habitans de la ville de Penifcole, au Royaume de Valence.
Le Duc de Bourgogne eft tué fur le pont de Montereau.
Jean Paléologue eft affocié à l'Empire par fon père Manuel.
1421.	Martin V. entre dans Rome.
Jeanne II. Reine de Naples, appelle Alfonfe Roi de Sicile & d'Aragon à fon fecours, & l'adopte pour fon héritier.
Louis d'Anjou & Alfonfe fe font la guerre.
Amurath II. fuccède à fon père Mahomet I. chez les Turcs Othomans.
1422.	Henri V. Roi d'Angleterre, qui avoit en France un fort parti qui l'autorifoit à fe dire Régent du Royaume à caufe de la démence du Roi, meurt à Vincennes le trente-un Août, âgé de quarante ans, & laiffe un fils de Catherine, fille de Charles VI. Roi de France, nommé Henri VI.
Charles VI. Roi de France, meurt le vingt-deux Octobre, âgé de cinquante-quatre ans, dont il en avoit régné quarante-deux.
Le Duc de Betford fait proclamer Roi de France fon neveu Henri VI. Roi d'Angleterre. Mais Charles VII. fils de Charles VI. légitime héritier, lui fuccède, & eft couronné à Poitiers : il reprit dans la fuite la plus grande partie de fon Royaume, alors occupée par les Anglois.
1424.	Mort de Benoît XIII. Les Cardinaux, qui étoient auprès de ce Pape, élifent Gilles Munion, qui prend le nom de Clément VIII. Le Concile de Sienne eft transféré à Bâle.
1425.	L'Empereur d'Orient, Manuel Paléologue, meurt le vingt-un Juillet : JEAN Paléologue fon fils, lui fuccède, ou régne feul ; car il avoit été affocié par fon père.
Maffanus, envoyé du Pape à Conftantinople, traite de la réunion avec l'Empereur Grec.
1427.	Les Huffites font d'horribles ravages dans la Siléfie, la Moldavie & l'Autriche.
1429.	Clément VIII. abdique le Pontificat, & le Schifme ceffe.
Jeanne d'Arc, furnommée la Pucelle d'Orléans, fait lever le fiége de cette ville, & conduit le Roi Charles VII. à Rheims, où il eft facré le dix-fept Juillet.
Inftitution de l'Ordre de la Toifon d'Or, par Philippe Duc de Bourgogne, à Bruges lors de fon mariage avec Elizabeth de Portugal.
1430.	Les Huffites continuent leurs ravages en Bohême.

D. J. C.
1431.
  Jeanne Reine de Naples, s'étant brouillée avec Alfonse Roi d'Aragon, adopte Louis Duc d'Anjou, & le fait Roi.
  Henri VI. Roi d'Angleterre, passe en France au mois de Novembre, & se fait couronner Roi dans l'Eglise Cathédrale de Paris, par le Cardinal de Wincester.

1432.
  Le Pape Eugène IV. est chassé de Rome par le peuple, & y rentre cinq mois après. Il veut dissoudre le *Concile de Bâle*, qui continue malgré son Décret, & procéde contre lui.

1433.
  L'Empereur Sigismond est couronné à Rome, par le Pape Eugène, le trente-un Mai.
  Jean Roi de Portugal, meurt le dix-huit Août ; son fils Edouard lui succéde.

1434.
  Mort de Louis Duc d'Anjou Roi de Naples, le vingt-quatre Novembre. Jeanne II. donne le Royaume de Naples à René d'Anjou son frère. Alfonse d'Aragon le prétend, mais il est vaincu & pris par Philippe Duc de Milan, qui le met en liberté.
  Le Pape révoque la dissolution du Concile de Bâle, & confirme ses Décrets le cinq Février.
  Négociation du Concile de Bâle & du Pape avec les Grecs, pour les faire venir en Occident.
  Ladislas V. Roi de Pologne meurt, après avoir régné quarante-huit ans : Ladislas VI. son fils lui succéde.

1435.
  Mort de Jeanne II. Reine de Naples, le deux Février. René d'Anjou est reconnu son successeur, mais Alfonse V. Roi d'Aragon lui dispute cette Couronne & enfin la lui enleve sept ans après.
  Traité d'Arras, par lequel Philippe Duc de Bourgogne se détache des Anglois, & fait la paix avec le Roi Charles VII.

1436.
  Les François chassent les Anglois de Paris.

1437.
  Mort de l'Empereur Sigismond, à Znaïm en Moravie, le neuf Décembre, âgé de soixante ans, dont il en avoit régné vingt-sept.
  L'Empereur d'Orient forme le dessein de venir en Occident avec des Evêques Grecs, & de traiter avec le Pape, plutôt qu'avec le Concile de Bâle.
  Différends touchant la translation du Concile de Bâle, dans lequel on fait un Décret touchant la Communion sous les deux espéces, & l'on procéde contre le Pape.

1438.
  Eugène transfére le Concile de Bâle à Ferrare, par sa Bulle du premier Janvier, & en fait l'ouverture le neuf Février. Le Concile de Bâle continue & déclare le Pape Eugène suspens.
  Pragmatique-Sanction arrêtée à Bourges : elle est composée de plusieurs Décrets du Concile de Bâle sur les élections, les annates, &c.

Depuis J. C. ALBERT II. Duc d'Autriche est élu Empereur à Francfort, le vingt Mars, & couronné le trente Mai. Il avoit reçu le premier Janvier la Couronne de Hongrie, & il eut celle de Bohême le vingt-neuf Juin suivant. C'est là proprement l'Epoque de la grandeur de la Maison d'Autriche, qui depuis ce temps a possédé l'Empire d'Allemagne sans interruption jusqu'en 1740.

Edouard Roi de Portugal, meurt le neuf Décembre: son fils Alfonse V. lui succéde, sous la tutelle d'Eléonore sa mère.

1439. Le Pape Eugène, ayant refusé de comparoître au Concile de Bâle, est déposé le vingt-neuf Juin. Amédée ancien Duc de Savoye, est élu en sa place le 17 Novembre, par des Electeurs nommés par le Concile, & se fait appeller Félix V.

Après bien des disputes, l'union est arrêtée entre les Grecs & les Latins, le cinq Juillet, à Florence, où le Concile de Ferrare avoit été transféré : les Grecs s'en retournent. On y fait ensuite l'union des Arméniens avec les Latins.

Mort de l'Empereur Albert II. d'Autriche, en Hongrie, le vingt-sept Octobre.

1440. Le Pape Félix se rend au Concile de Bâle, le quatorze Juin, où il est consacré & couronné.

FRIDERIC d'Autriche, IIIe. du nom, est élu Empereur d'Occident, le deux Février, à Francfort ; mais il ne fut couronné à Aix-la-Chapelle, que le 17 Juin 1442.

Le Clergé de Constantinople & la plupart des Evêques Grecs se déclarent contre l'union. L'Empereur la maintient, & fait élire Métrophane Patriarche de Constantinople.

Union des Jacobites & des Ethiopiens avec les Latins.

Assemblée de Bourges, du deux Septembre, qui reconnoît Eugène & le Concile de Bâle.

Vers ce temps, on découvre à Strasbourg & Mayence, l'art de l'Imprimerie. On fait des essais : les premiers Livres sont de 1450.

1441. Diverses négociations auprès des Princes Chrétiens de la part d'Eugène & du Concile de Bâle.

Révolte de Démétrius contre l'Empereur Jean Manuel Paléologue.

1442. Le Pape Eugène transfère le Concile de Florence à Rome.

La ville de Naples est prise par Alfonse, Roi d'Aragon & de Sicile, sur René d'Anjou, qui avoit été adopté par Jeanne, dernière Reine de Naples : depuis ce temps, les deux Royaumes de Naples & de Sicile ont été unis, sous le nom des deux Siciles.

1444. Ladislas, Roi d'Hongrie, attaque les Turcs le dix No-

Depuis J. C.	
	vembre ; son armée est défaite, & ce Prince tué dans l'action. Ladiflas, dit le Posthume, lui succéde.
1446.	L'Empereur Frideric déclare la guerre aux Suisses.
	La mer rompt les digues en Hollande, près de Dordrecht : il périt cent mille personnes, &c.
1448.	Mort de l'Empereur Jean Paléologue, le trente-un Octobre. Son fils CONSTANTIN lui succéde, & ce fut le dernier Empereur Romain Grec, à Constantinople : il régna un peu plus de cinq ans & demi.
	Christiern premier du nom, est élu Roi de Danemarck, de Norvége & de Suéde ; mais Charles Canutson se fait proclamer en Suéde, & alors l'Union de Calmar (de 1397) fut rompue.
	Par le Concordat passé entre le Pape Nicolas V. & l'Empereur, l'Empereur Frideric jouit du droit d'élection aux Evêchés.
1449.	Felix V. abdique le Pontificat, à la sollicitation de l'Empereur Frideric.
1450.	Beaucoup de Fidéles viennent à Rome pour le Jubilé ; plus de cinq cent sont noyés dans le Tibre, en voulant passer le Pont.
	Sforce se rend maître du Duché de Milan.
	Vers ce temps, Jean Van-Eyck, Peintre de Bruges, trouva le secret de la Peinture à l'huile.
1451.	Amurat II. Sultan des Turcs, meurt le dix Février, après avoir régné trente-un ans. Le fameux Mahomet II. son fils, lui succéde, & régne trente-un ans.
	Les Anglois perdent la Ville de Rouen & presque toutes les Places qu'ils possédoient en France.
1452.	L'Empereur Frideric III. reçoit à Rome, de la main de Nicolas V. la Couronne de Lombardie, contre l'usage de ses prédécesseurs, le 15 Mars ; & trois jours après il est couronné Empereur.
	Commencement des Duchés de Modéne & de Reggio, avec celui de Ferrare, par concession en partie de l'Empereur & en partie du Pape, en faveur de Borso & Hercule d'Este.
	Première alliance des Suisses avec la France, sous Charles VII.
1453.	L'Empereur expédie le six Janvier, des lettres-patentes pour l'érection de l'Autriche en Archiduché.
	Les Turcs, sous la conduite de Mahomet II. prennent Constantinople, le vingt-neuf Mai. L'Empereur Constantin y est tué, & l'Empire des Romains Grecs finit en sa personne. Nombre de Sçavans Grecs se réfugient en Italie, & donnent lieu au rétablissement des Lettres en Occident.
1454.	Jean II. Roi de Castille, meurt le dix Juillet. Henri IV. son fils, lui succéde.

Depuis J. C. 1456.	Mahomet II. fait investir la Ville de Belgrade par une armée de cent cinquante mille hommes. Les troupes du Pape débarrassent la Ville, & tuent plus de quarante mille Turcs.
	Le Pape impose les décimes, pour la guerre des Turcs.
1457.	Ladislas, Roi de Hongrie & de Bohême, meurt à Prague, le vingt-deux Novembre, âgé de dix-huit ans, pendant les préparatifs de son mariage avec la fille de Charles VII. Roi de France.
1458.	Matthias est tiré de prison & élu Roi de Hongrie, le vingt-deux Janvier.
	George Pogebrac est proclamé Roi de Bohême, le deux Mars.
	Alfonse V. Roi d'Aragon, meurt à Naples, le vingt-sept Juin : Jean II. son frère, lui succéde.
1460.	Henri VI. Roi d'Angleterre, est vaincu par Richard, Duc d'Yorck, qui se fait déclarer Roi d'Angleterre. Ce dernier est battu & tué par la Reine Marguerite, fille de René Duc d'Anjou. Ce fut-là le commencement des différends que la Maison de Lancastre eut avec la Maison d'Yorck. Celle-ci portoit pour armes la Rose blanche, & celle de Lancastre la Rose rouge.
1461.	Charles VII. Roi de France, ayant refusé de prendre aucune nourriture pendant plus de huit jours, dans la crainte d'être empoisonné, meurt le vingt-deux Juillet, à Méhun-sur-Yévre en Berry, âgé de soixante ans, dont il en avoit régné trente-neuf. Louis XI. son fils, lui succéde.
	Edouard IV. fils de Richard, chasse Henri VI. & est déclaré Roi d'Angleterre, au mois de Juin. On croit que c'est alors que les Communes usurperent le pouvoir législatif en Angleterre.
	Mahomet II. s'empare du petit Empire de Trébizonde, fondé vers 1204, par des Princes de la Famille des Comnènes. David fut le onzième & dernier. On l'emmena à Constantinople, puis à Andrinople, où il fut massacré avec toute sa famille.
1462.	Louis XI. fait mourir un grand nombre de Seigneurs.
1463.	La peste ravage la Thuringe & la Saxe.
1467.	Institution de l'Ordre des Minimes, par S. François de Paule, que Louis XI. fit venir en France.
	Mort de Scanderberg, Roi d'Albanie, qui fit long-temps la guerre avec succès contre les Turcs.
1468.	Charles, Duc de Bourgogne, prend Liége, en fait brûler presque toutes les maisons, renverser les murailles, & jetter plus de six cens petits enfans dans la Meuse, le trente Octobre.
	Uzun-hassan, Chef des Turkomans du Mouton blanc, succéde à ceux du Mouton noir, & devient maître de la

DE L'HISTOIRE MODERNE. 215

Depuis J. C.	Perse. Les Chrétiens firent alliance avec lui contre Mahomet II. & nos Auteurs l'appellent *Usumcassan*. Sa famille fut dépouillée en 1508 par les Sophis.
1469.	Louis XI. institue l'Ordre de S. Michel, le premier Août, & limite le nombre des Chevaliers à trente-six.
1471.	George Pogebrac, Roi de Bohême, meurt le vingt-deux Mars. Ladislas, fils de Casimir, Roi de Pologne, lui succéde.
	Henri VI. Roi d'Angleterre, est rétabli : bientôt après il est chassé & tué par Edouard IV.
	Commencement de l'union des Ligues Grises, qui firent dans la suite alliance avec les Suisses.
1474.	Mort de Henri IV. Roi de Castille. Ferdinand V. Roi d'Aragon, qui avoit épousé Isabelle, sœur de Henri, réunit les Royaumes de Castille & d'Aragon.
	L'Empereur Friderique III. érige le Holstein en Duché, en faveur de Christiern Iᵉʳ. Roi de Danemarck.
1475.	Une si grande quantité de sauterelles infestent la Hongrie, la Moravie & la Pologne, que le soleil en fut obscurci.
1477.	Le Duc de Bourgogne est tué dans une bataille que le Duc de Lorraine lui avoit livrée, le cinq Janvier. Son corps est trouvé & inhumé honorablement à Nancy, dont il faisoit le siège. Par sa mort fut éteinte la seconde & derniere Maison des Ducs propriétaires de Bourgogne, qui possédoient aussi la Franche-Comté & la plus grande partie des Pays-Bas. Charles de Bourgogne ne laissa qu'une fille, nommée Marie, qui épousa Maximilien, fils de l'Empereur Fridéric III. & qui porta ainsi à l'Autriche les Pays-Bas & la Franche-Comté. Ce fut la cause des longues & sanglantes guerres qu'il y a eu depuis entre la France & la Maison d'Autriche.
	Louis XI. recouvre le Duché de Bourgogne.
1478.	Ce Prince établit l'usage des Postes.
	Conjuration des Pazzi & Salviati contre les Médicis, qui devinrent dans la suite plus puissans à Florence qu'ils n'étoient auparavant. Julien de Médicis fut massacré dans l'Eglise.
	Le Grand-Duc de Russie, Iwan ou Jean III. secoue le joug des Tartares, qui les avoient assujettis en 1236; & jetta le fondement du puissant Empire de Russie. Ayant réuni ou soumis nombre de Duchés particuliers de ce Pays, & voyant l'Empire de Constantinople renversé, il prend le titre d'Empereur : il avoit épousé Sophie Paléologue. Il remporta de grands avantages sur la Pologne, en Livonie & sur la Suéde.
1479.	Ferdinand V. surnommé le Catholique, déjà Roi de Castille par sa femme Isabelle, devient Roi d'Aragon : depuis son petit-fils Charles-Quint, qui lui succéda, ces deux Royaumes d'Espagne ont été entièrement unis.

Depuis J. C. 1481.	Mahomet II. meurt, le trois Mai, âgé de cinquante-trois ans, après en avoir régné trente-un. Ses deux fils Bajazet II. & Zizim, disputent l'Empire des Turcs Othomans : le premier en reste maître, & le second se retire chez les Chrétiens.
	Alfonse, Roi de Portugal, meurt le vingt-huit Août. Jean II. son fils, lui succéde.
	Famine considérable en France. Le Comté de Provence est réuni à la Couronne.
1482.	Christiern, Roi de Danemarck, meurt : Jean lui succéde.
	Mort de Marie de Bourgogne, femme de Maximilien d'Autriche.
	Mathias Corvin, Roi de Hongrie, fait la guerre à l'Empereur Frideric III. & ayant pris Vienne & l'Autriche l'année suivante, oblige cet Empereur de mener une vie errante.
1483.	Louis XI. Roi de France, étant malade, on employe inutilement plusieurs remédes extraordinaires ; ce Prince meurt au Plessis-les-Tours, le trente Août, âgé de soixante ans, dont il en avoit régné vingt-trois. Charles VIII. son fils, âgé de quatorze ans, lui succéde.
	Edouard IV. Roi d'Angleterre, meurt le neuf Avril. Son fils Edouard V. lui succéde. Mais Richard III. Duc de Glocester, l'ayant fait mourir, s'empare du Royaume.
1485.	Henri de Richemont, fils de Jean frère de Henri VI. Roi d'Angleterre, fait mourir Richard, Roi d'Angleterre ; & ayant épousé Elizabeth, fille d'Edouard IV. il réunit en sa personne les droits des Maisons de Lancastre & d'Yorck. On donne à ce Prince le nom de Henri VII.
1487.	Les Portugais continuant leurs découvertes par mer pour aller aux Indes, arrivent au Cap le plus méridional de l'Afrique, que l'on nomme *de Bonne-Espérance*.
1489.	Mathias, Roi de Hongrie, meurt le six Avril, âgé de quarante-sept ans. Ladislas lui succéde.
	Catherine Cornaro, dernière Reine de Cypre, céde cette Isle aux Vénitiens, qui la gardent quatre-vingt-douze ans.
	Zizim, frère de Bajazet, meurt, selon nos Auteurs, avec soupçon de poison de la part du Pape Alexandre VI. mais les Turcs soutiennent qu'il fut tué à Naples, par un Barbier que son frère y avoit envoyé.
1490.	Innocent VIII. veut imposer les Décimes sur le Clergé de France ; mais l'Université de Paris s'y oppose.
	L'Empereur Frideric III. rentre dans Vienne, après la mort de Mathias, Roi de Hongrie.
1491.	Mort de Casimir IV. Roi de Pologne, le sept Juin. Son fils Jean lui succéde.
1492.	Ferdinand, Roi de Castille & d'Aragon, prend Grenade le deux Janvier ; & par-là cessa en Espagne la domination des Maures ou Sarrazins, qui y avoit subsisté sept cens quatre-vingt ans.

DE L'HISTOIRE MODERNE. 217

Depuis J. C.	Christophe Colomb, Génois, fait la découverte du Nouveau-Monde ou de l'Amérique, pour les Espagnols.
1493.	Bulle du Pape Alexandre VI. qui partage entre l'Espagne & le Portugal, les terres à découvrir ; de manière que le Portugal a les Indes Orientales avec les Côtes d'Afrique, & l'Espagne a les Indes Occidentales ou l'Amérique. Mort de l'Empereur Frideric III. à Lintz, en Autriche, le dix-neuf Août, âgé de soixante-dix-huit ans, après avoir gouverné l'Empire cinquante-trois ans quatre mois & quatre jours. Son fils MAXIMILIEN I. lui succéde : il avoit été élu Roi des Romains en 1466.
1495.	Charles VIII. se rend maître, en personne, du Royaume de Naples, qu'il perd aussi-tôt. Jean II. Roi de Portugal, meurt d'une chute de cheval, après avoir régné quatorze ans. Emmanuel, son cousin-germain, fils de Ferdinand son oncle, lui succéde.
1497.	Améric Vespuce, Florentin, à l'imitation de Colomb, aborde le Continent du Nouveau-Monde, & par ses mensonges, lui fait donner son nom.
1498.	Les Walaques enlévent de Pologne près de cent mille hommes, qu'ils vendent aux Turcs. Charles VIII. Roi de France, meurt à Amboise, sans enfans, le sept Avril, âgé de vingt-sept ans & neuf mois, dont il en avoit régné quatorze & demi. Louis XII. Duc d'Orléans, le plus proche héritier du côté de la ligne masculine, lui succéde : on lui donne le surnom de Père-du-Peuple.
1500.	Naissance de Charles-Quint à Gand, le vingt-quatre Février : il étoit fils de Philippe d'Autriche, & petit-fils de l'Empereur Maximilien. On croit que cette année, le Royaume des Schérifs a commencé à Maroc, en Barbarie.
1501.	Les François, après avoir fait la conquête du Milanès, font celle du Royaume de Naples, conjointement avec le Roi d'Aragon. Jean Albert, Roi de Pologne, meurt le dix-sept Juillet ; son frère Alexandre, Prince de Livonie, lui succéde. Ismaël Sophi, restaurateur de la secte d'Ali en Perse, en s'emparant de Tauris, commence l'élévation de sa famille dans ce Royaume.
1503.	Griefs de la Nation Germanique contre la Cour de Rome, dressés par ordre de l'Empereur Maximilien. Ferdinand, Roi d'Aragon, &c. s'empare entièrement des Royaumes de Naples & de Sicile, qui depuis furent unis à la Monarchie d'Espagne jusqu'en 1713.
1504.	Morts de Frédéric III. Roi de Naples, & d'Isabelle de Castille, femme de Ferdinand V. ou le Catholique. Philippe, Archiduc d'Autriche, père de Charles-Quint,

Depuis J. C.	hérite de la Castille, du droit de sa femme Jeanne (dite la Folle,) fille de Ferdinand & d'Isabelle.
1506.	Alexandre, Roi de Pologne, meurt : Sigismond, son frère, est mis en sa place.
1507.	L'Empereur Maximilien I. va en Italie, pour se faire couronner à Rome ; les Venitiens s'opposent à son passage.
1508.	Le Pape & l'Empereur se liguent avec le Roi de France, contre les Venitiens, par un Traité nommé *la Ligue de Cambray*.
1509.	Henri VII. Roi d'Angleterre, meurt le vingt-deux Avril, son fils Henri VIII. lui succéde, & épouse Catherine d'Aragon, le sept Juin. Les Espagnols, sous la conduite du Cardinal Ximenès, enlévent Oran aux Infidéles du Royaume d'Alger.
1510.	Catherine Cornaro, Reine de Cypre, meurt à Venise, ayant abandonné son Royaume à cette République.
1511.	L'Empire d'Allemagne est partagé en plusieurs Cercles ou Provinces ; par une assemblée qui se tient à Trèves.
1512.	Ferdinand, Roi d'Aragon, s'empare du Royaume de Navarre, sur Jean d'Albret. Sélim devient Empereur des Turcs, ayant empoisonné son père Bajazet II. le neuf Avril : il fait mourir ses frères & ses neveux.
1513.	Jacques IV. Roi d'Écosse, meurt dans un combat contre les Anglois : son fils Jacques V. lui succéde. Jean, Roi de Danemarck, meurt après avoir régné trente-deux ans ; Christiern II. lui succéde. Cette année fut remarquable par la longueur & la rigueur de l'hiver.
1515.	Louis XII. meurt à Paris, le premier Janvier, âgé de cinquante-trois ans, en ayant régné dix-sept. François I. lui succéde, & est sacré à Rheims le vingt-cinq Janvier. Ce Prince va ensuite en Italie, où il fait un Concordat avec Léon X. dont on convient au mois de Décembre à Boulogne, & par lequel est abolie la Pragmatique. François I. en vient aux mains avec les Suisses, qu'il défait à la Bataille de Maragnan, qui dura deux jours consécutifs, & qui fut suivie de la prise du Duché de Milan, de Parme & de Plaisance.
1516.	Mort de Ferdinand V. ou le Catholique, Roi d'Aragon, &c. le vingt-deux Février ; il avoit épousé Isabelle, Reine de Castille. Charles-Quint, fils de Philippe d'Autriche & petit-fils de Ferdinand, par sa mère, entre en possession des Royaumes d'Espagne. Ladislas VI. Roi de Hongrie, meurt ; son fils Louis II. âgé de dix ans, lui succéde.
1517.	Léon X. publie des Indulgences, & crée en une seule promotion 31 Cardinaux, ce qui ne s'étoit point encore fait.

DE L'HISTOIRE MODERNE. 219

Depuis J. C. — Martin Luther soutient en Saxe, des Thèses contre les Indulgences.

Le huit Novembre, meurt le Cardinal François Ximenès, Archevêque de Tolède, principal Ministre d'Espagne, & l'un des plus grands hommes de son siécle.

Sélim, Empereur des Turcs, s'empare de l'Egypte & de la Syrie sur les Mameluks, & fait pendre Toumanbai, leur dernier Sultan : depuis ce temps, ces Pays sont Provinces de l'Empire Turc.

Fernand Perez d'Andrade, Portugais, arrive par mer à la Chine, dans la ville de Canton ; ce fut le premier des Occidentaux qui y vint depuis le rétablissement du commerce.

Publication du Concordat en France, par ordre du Roi François I. malgré les oppositions du Parlement, des Universités, &c.

1518. Les Espagnols défont quatre mille Maures.

Luther soutient des Thèses sur la Pénitence ; il est déféré au Pape ; il lui écrit : il est cité à Rome, & à l'assemblée que Maximilien avoit indiquée à Ausbourg ; il paroît à cette assemblée le douze Octobre, devant le Légat du Pape. Il fait afficher un acte d'appel au Pape, le seize Octobre. L'Électeur de Saxe prend le parti de Luther ; Léon X. condamne sa doctrine, par une Bulle du neuf Novembre. Luther appelle de ce jugement au futur Concile, le vingt-huit Novembre.

1519. L'Empereur Maximilien meurt, à Wels, près de Lintz, en Autriche, le douze Janvier, âgé de près de soixante ans, dont il en avoit régné vingt-cinq, quatre mois & vingt-six jours. CHARLES-QUINT, son petit-fils, est élu en sa place, le vingt-huit Juin ; alors fut introduite la Capitulation, suivant laquelle l'Empereur élu se soumet aux conditions que l'Empire lui impose.

Zuingle commence à prêcher ses erreurs en Suisse.

1520. Léon X. excommunie Luther, par une Bulle datée du quinze Juin, dans laquelle il condamne quarante articles de Luther.

Luther écrit à l'Empereur & au Pape, & fait brûler cette Bulle & les Décrétales, dans la Ville de Wittemberg, en Saxe, le dix Décembre.

Charles-Quint est couronné Empereur à Aix-la-Chapelle, le vingt-trois.

Soliman II. est Empereur des Turcs, après son père Sélim.

1521. Première Dietre de Wormes : Luther y comparoît le dix-sept ou dix-huit Avril. Il est exilé & obligé de se cacher.

Henri VIII. réfute les sentimens de Luther, & compose ou fait composer sous son nom, un Livre pour la défense des Sacremens. La Faculté de Théologie de Paris censure plusieurs propositions de Luther.

Depuis J. C.	Gustave Wasa devient Roi de Suéde, qui est alors entiérement séparée du Danemarck, & il ne fut plus question de l'union faite à Calmar en 1397.
Commencement des guerres entre François I. & Charles-Quint.
Les Espagnols s'emparent du Royaume ou de l'Empire du Mexique, par Fernand Cortès.
Henri VIII. Roi d'Angleterre, déclare la guerre à François I. gagné par Charles-Quint, neveu de sa femme.
1522.	Luther revient à Wittemberg, le six Mars, & traduit le Nouveau-Testament en Allemand.
Les Espagnols s'emparent du Duché de Milan.
Soliman, Empereur des Turcs, se rend maître de l'Isle de Rhodes, sur les Chevaliers de S. Jean de Jérusalem.
1523.	Frideric, Duc de Holstein, déclare la guerre à Christstiern II. Roi de Danemarck, le chasse de ses Etats, & s'en fait couronner Roi.
Guerres des Anabaptistes en Allemagne.
Le Luthéranisme s'introduit en Suéde & en Danemarck.
Thamas est Roi de Perse, après son père Ismael Sophi.
1525.	Les paysans de Franconie se soulévent & se déclarent pour Luther. Guillaume de Furstemberg marche contr'eux, & en tue plus de cinquante mille, selon quelques Auteurs, & plus de cent mille, selon d'autres. Luther se marie à Catherine de Born, qui avoit été Religieuse.
François I. Roi de France, assiége Pavie ; il est fait prisonnier, le vingt-quatre Février, & est conduit en Espagne.
Albert de Brandebourg, Grand-Maître de l'Ordre Teutonique, qui résidoit en Prusse, ayant embrassé le Luthéranisme, se fait reconnoître, par la Pologne, Duc de la Partie Orientale, à titre d'hommage : ainsi commence le Duché de Prusse (qui depuis 1700 a le titre de Royaume.)
1526.	Charles-Quint permet à François I. de sortir de sa prison de Madrid : François donne ses deux fils en ôtage.
Les Chevaliers Teutoniques d'Allemagne, qui étoient Catholiques, élisent pour leur Grand-Maître Walther de Cronberg, qui est confirmé par l'Empereur, & est néanmoins obligé d'abandonner la Prusse.
Projet d'une ligue entre les Anglois & les Princes d'Italie. François I. en fait une avec le Pape, les Venitiens & les Florentins ; Rome est prise, le vingt Septembre, par les Colonnes.
Louis, Roi de Hongrie & de Bohême, est défait à la bataille de Mohacz, par les Turcs, qui se rendent maîtres d'une grande partie de la Hongrie. Jean de Zapoli prétend en être Roi, malgré les droits de Ferdinand, frère de Charles-Quint, qui est reconnu Roi de Bohême.

DE L'HISTOIRE MODERNE.

Depuis J. C.

Henri VIII. Roi d'Angleterre, prend des mesures pour répudier Catherine sa femme, tante de Charles-Quint.

1527. Rome est prise une seconde fois, le six Mai, par les troupes de Charles de Bourbon, Général de Charles-Quint, & qui fut tué dans l'attaque : le Pape est fait prisonnier.

Ferdinand d'Autriche, chasse Jean de Zapoli du Royaume de Hongrie, & s'en fait couronner Roi, le vingt-quatre Février. Zapoli, par désespoir, se met sous la protection des Turcs, & leur donne lieu de s'établir en Hongrie.

Henri VIII. continue ses poursuites pour faire déclarer son mariage nul.

1528. Gustave Wasa ou Ericson, est couronné Roi de Suéde, le douze Janvier : il y introduit le Luthéranisme.

Nouvelle forme de Gouvernement établie à Gênes, & qui a toujours subsisté depuis. On élit un Doge tous les deux ans.

1529. Diette tenue à Spire, dans laquelle on fait un Décret peu favorable aux Luthériens. Jean, Electeur de Brandebourg, & plusieurs autres Princes, protestent contre ce Décret, d'où l'on donne à ces Princes le nom de Protestans, qui depuis est passé aux partisans de Luther. Ces Princes s'assemblent à Smalkade, & forment une ligue pour le Luthéranisme.

Les Turcs viennent assiéger Vienne en Autriche, mais ils sont obligés de se retirer au bout de cinq semaines.

L'affaire du divorce de Henri VIII. se plaide en présence des Légats ; elle est évoquée à Rome.

1530. Horrible tremblement de terre en Portugal, au mois de Janvier, précédé d'une grande inondation en Hollande. La Ville de Lisbonne & plusieurs autres sont presqu'entièrement renversées.

Charles-Quint se fait couronner à Boulogne, le vingt-quatre Février, par le Pape Clément VII.

Cet Empereur érige le Duché de Mantoue, & céde l'Isle de Malte aux Chevaliers de S. Jean de Jérusalem, chassés de Rhodes : depuis ce temps on les appelle Chevaliers de Malthe.

Mort de Mirza Babour, descendant de Tamerlan, qui s'étoit rétabli dans l'Indostan, & y avoit fondé ce que nous appellons l'Empire du Grand Mogol : son fils Houmaïoun lui succéde.

On assemble une Diette à Ausbourg. Les Luthériens y présentent, le vingt-cinq Juin, leur Confession de foi qui avoit été composée par Mélanchton ; les Sacramentaires ou Zuingliens, présentent aussi la leur. Les Catholiques & les Protestans ou Luthériens, conférent ensemble, la Diette se sépare le treize Novembre.

1531. Ferdinand d'Autriche, est élu Roi des Romains, le cinq Janvier, par les soins de Charles-Quint, son frère.

Depuis J. C.	Guerre des Suisses, dans laquelle Zuingle est tué, âgé de quarante-quatre ans.
	La Toscane est érigée en Duché, pour la famille de Médicis, par Charles-quint.
1532.	L'Empereur fait la paix avec les Princes d'Allemagne, le treize Juillet. Il a une entrevue avec le Pape, à Boulogne.
	Christiern II. chassé de Danemarck, rentre dans ses États ; est arrêté & mis en prison, où il reste vingt-sept ans.
	Calvin enseigne secrètement ses erreurs à Paris ; il ne laisse pas d'être recherché, & s'enfuit.
	François I. Roi de France, réunit le Duché de Bretagne à son Royaume.
1533.	Le Pape propose un Concile aux Princes Allemands & au Roi de France.
	Les Anabaptistes, sous la conduite de Storck & de Muntzer, se rendent maîtres de Munster.
	Les Suisses & les Bohêmiens, font des Confessions de foi.
	Le Parlement d'Angleterre fait un Décret pour se soustraire à l'obéissance du Pape, & déclare le Roi Souverain de l'Eglise Anglicane.
	Cranmer, que Henri VIII. avoit fait Archevêque de Cantorbery, prononce une sentence pour le divorce de ce Prince avec Catherine. Anne de Boulen accouche d'Élisabeth.
	Les Espagnols s'emparent du riche Empire du Pérou, dans l'Amérique Méridionale.
1534.	Sentence définitive du Pape pour la validité du mariage du Roi d'Angleterre avec Catherine, rendue le vingt-trois Mars.
	Henri VIII. fait schisme, & favorise en Angleterre l'établissement des nouvelles erreurs qu'il s'étoit auparavant fait gloire d'attaquer.
1535.	Christiern III. frère de Frideric, lui succéde dans le Royaume de Danemarck, & y introduit le Luthéranisme.
	Paul III. offre de tenir un Concile à Mantoue ; les Protestans le refusent.
	Les Frères de Bohême & de Moravie, se réunissent avec les Luthériens. La Ville de Munster est prise, & la secte des Anabaptistes dissipée.
	Procession solemnelle à Paris, à laquelle François I. assiste en personne, pour réparation des injures faites au S. Sacrement dans quelques affiches mises à Paris.
	Commencement de la Société de Jesus, par S. Ignace de Loyola, Espagnol.
	Charles-Quint fait une expédition en Afrique, où il rétablit le Roi de Tunis. Il assiége en vain, l'année suivante, la Ville de Marseille.
1536.	Mort de Catherine, Reine d'Angleterre, le huit Janvier.
1537.	Bulle d'indiction du Concile de Mantoue, du deux Juin.

| D. J. C. | Le Concile qui avoit été indiqué à Mantoue, est pro- |
| 1538. | rogé. |

Le Pape donne une Bulle contre Henri VIII. Roi d'Angleterre.

1539. La Misnie & la Thuringe changent de Religion, après la mort du Prince George, Duc de Saxe.

Ordonnance de François I. pour cesser d'écrire les actes en latin, & pour se servir de la Langue Françoise.

Incendie à Constantinople, dans lequel un grand nombre de personnes périssent.

1540. Charles-Quint passe par la France pour aller dans les Pays-Bas, où la Ville de Gand s'étoit révoltée. François I. lui fait une réception magnifique.

Le Pape Paul III. ménage une entrevue entre François I. & Charles-Quint.

Ce Pontife approuve la Société des Jésuites, instituée par S. Ignace de Loyola.

1543. Marie, Reine d'Écosse, succéde à Jacques V. qui meurt le treize Décembre.

Indiction du Concile de Trente, pour le premier Novembre, par une Bulle du vingt-deux Mai.

1544. Paix de l'Empereur & de la France, le quatorze Septembre.

Les Etats de Suéde déclarent ce Royaume héréditaire.

Indiction nouvelle du Concile de Trente, pour le quinze Mars de l'année suivante, par une Bulle du dix-neuf Novembre.

1545. Légats envoyés à Trente; le Concile est différé, & enfin ouvert à Trente le treize Décembre.

Parme & Plaisance sont érigées en Duché par le Pape Paul III. en faveur de la famille de Farnèse, qui étoit la sienne.

1546. Luther meurt à Islebe, le dix-huit Février.

On tient la seconde Session du Concile de Trente, le sept Janvier, & l'on indique la troisième, qui se tient le quatre Février; la quatrième se tient le huit Avril; la cinquième le dix-sept Juin; la sixième, qui avoit été indiquée au vingt-neuf Juillet, ne se tint que le treize Janvier suivant.

1547. Henri VIII. Roi d'Angleterre, meurt le vingt-huit Janvier, âgé de cinquante-sept ans, après en avoir régné environ trente-huit. Edouard VI. son fils, lui succéde.

François I. Roi de France, protecteur des Lettres, meurt le trente-un Mars; son fils Henri II. lui succéde, & est sacré à Rheims le vingt-six Juillet.

Bataille de Mulberg, où Charles-Quint fait prisonnier Jean Frideric Electeur de Saxe, qu'il prive de son Electorat, lequel est donné au Prince Maurice de la branche Al-

Depuis J. C.	
	bertine de Saxe : ainsi la branche Ernestine qui étoit l'aînée, en fut privée, & la ligue de Smalkade fut dissipée.
1548.	Sigismond I. Roi de Pologne, meurt le jour de Pâques, âgé de quatre-vingt-un ans, dont il en avoit régné quarante-deux. Sigismond II. son fils, lui succède.
	Interim publié en Allemagne, & son exécution ordonnée par un Edit de l'Empereur du quinze Mai.
1550.	L'Empereur sollicite vivement le rétablissement du Concile ; le Pape, par une Bulle du quinze Décembre, indique le Concile à Trente pour le premier Mai suivant.
	Diette d'Ausbourg ; Charles-Quint rend un Edit contre les Luthériens, qui commencent à s'établir dans les Pays-bas.
	Le Pape confirme la Société des Jésuites ; cette Compagnie obtient des Lettres-Patentes pour s'établir à Paris, & ne peut les faire vérifier au Parlement.
1551.	L'Empereur déclare la guerre au Duc de Parme ; il l'entreprend aussi contre le Roi de France.
	Seconde ouverture du Concile à Trente, le premier Mai.
	Ordonnance du Roi de France, qui défend de rien porter à Rome : autre Ordonnance contre les Hérétiques.
1552.	Changement de Religion en Angleterre.
	Paix de Passaw, qui accorde aux Protestans d'Allemagne la liberté de Religion.
	Les François s'emparent en Lorraine des trois Evêchés : Charles-Quint assiége en vain Metz.
	Jean Wasilowitz II. Grand Duc de Russie, se rend maître du Royaume de Casan.
	Mort de Houmaïoun successeur de Babour dans l'Empire du Grand Mogol, aux Indes : son fils Akbar lui succède.
	S. François Xavier ayant entrepris de porter le Christianisme dans la Chine, meurt à la vue des côtes, dans l'Isle de Sancian.
1553.	Edouard VI. Roi d'Angleterre, meurt le six Juillet ; Marie sa sœur, lui succède, & rétablit la Religion Catholique en Angleterre.
	Michel Servet est brûlé à Genève, pour ses erreurs sur le Mystère de la Sainte Trinité. Calvin démentit alors les principes qu'il avoit établis sur la tolérance des Hérétiques.
	Paul de Termes, depuis Maréchal de France, s'empare d'une partie de l'Isle de Corse.
1554.	Jean Wasilowitz, Grand Duc de Russie, s'empare d'Astracan, & depuis ce temps il prend le nom de Tzar.
	La guerre continue dans les Pays-bas & en Italie, entre les François & Charles-Quint.
1555.	On assemble une Diette à Ausbourg, & l'on propose un Concile national en Allemagne ; les Catholiques de l'Empire s'accommodent avec les Protestans sur quelques articles.

DE L'HISTOIRE MODERNE.

Depuis J. C.

Le Socinianisme se répand en Pologne & en Transylvanie, par Lelio & Fauste Socin, & par leurs partisans.

1556. L'Empereur Charles V. renonce à ses Etats d'Espagne en faveur de Philippe son fils, & il laisse l'Empire le vingt-cinq Octobre, à FERDINAND son frère, qu'il avoit fait élire Roi des Romains. Il se retire ensuite dans le Monastère de S. Just, dans l'Estramadure, où il passe le reste de sa vie.

1557. Le Duc de Guise s'empare de Naples, mais il ne peut s'y maintenir.

Bataille de S. Quentin, où les François sont défaits par les Espagnols, commandés par le Duc de Savoye.

1558. Ferdinand est reconnu Empereur le vingt-quatre Février.

Charles-Quint meurt, le vingt-un Septembre, âgé de cinquante-neuf ans, & près de sept mois.

Mort de Marie Reine d'Angleterre, le dix-sept Novembre. Sa sœur Elisabeth lui succède : elle étoit fille d'Anne de Boulen, seconde femme de Henri VIII.

Les François, sous le commandement du Duc de Guise, prennent Calais, dont les Anglois étoient maîtres depuis deux cent dix ans. La paix se traite avec Philippe Roi d'Espagne.

Troubles en Flandre, pour les nouveaux Evêchés.

1559. Mort de Christiern III. Roi de Danemarck, le douze Janvier, Frédéric II. se fait couronner Roi, le vingt Août.

Paix conclue entre la France & l'Espagne au Câteau-Cambresis.

Henri II. Roi de France, est blessé dans un tournois d'un éclat de lance, par le Comte de Montgommery, & meurt le dix Juillet, âgé de quarante ans & quatre mois, après avoir régné treize ans. François II. son fils aîné, lui succède, & est sacré à Rheims le vingt-cinq Septembre.

La Reine Elisabeth révoque les Edits favorables à l'Eglise Catholique.

1560. Les Prétendus-Réformés se révoltent en plusieurs endroits de France, & forment le dessein de se saisir de François II. dans le temps qu'il étoit à Amboise, & de faire mourir le Cardinal & le Duc de Guise. C'est ce qu'on appelle *la Conjuration d'Amboise*, qui fut découverte peu avant son exécution. Le Roi assemble un grand nombre de Seigneurs à Fontainebleau, le vingt-un Août, & accorde un Edit de Tolérance, en faveur des Prétendus Réformés.

François II. Roi de France, meurt à Orléans le cinq Décembre, âgé de dix-sept ans, dix mois & quinze jours, après un an & demi de régne. Charles IX. son frère, âgé de dix ans & demi, lui succède ; & Catherine de Médicis, sa mère, gouverna sans avoir été déclarée Régente. On tient les Etats à Orléans, le treize Décembre.

II. Partie. P

Depuis *J. C.*	On propose de recommencer le Concile de Trente. Pie IV. l'indique au jour de Pâques de l'année prochaine, par une Bulle du trente Décembre.
Ligue des Gueux en Flandre : on y donna ce nom à ceux qui étoient pour les nouvelles Religions. Il y avoit néanmoins des Catholiques qui s'opposoient comme eux à l'établissement de l'Inquisition, &c.
Le Grand Duc de Toscane, Cosme I. établit l'Ordre des Chevaliers de S. Etienne.
Eric XIV. devient Roi de Suéde.
1561.	Marie Reine d'Ecosse, veuve de François II. retourne en Ecosse, & y épouse ensuite Henri Comte d'Arley.
Charles IX. qui fut sacré à Rheims le quinze Mai, donne un Edit, au mois de Juillet, en faveur des Prétendus-Réformés. Colloque de Poissy.
Maximilien fils de l'Empereur Ferdinand, est couronné Roi de Bohême à Prague, le vingt Septembre, & Roi des Romains, le trente Novembre, à Francfort.
Les gens du Duc de Guise massacrent un grand nombre de Huguenots à Vassy, ville de Champagne. Cet accident fut comme le signal des guerres civiles en France.
Troisiéme ouverture du *Concile de Trente*, qui devient alors général. Le dix-huit Janvier, on tient la dix-septième Session.
1562.	La Curlande devient un Duché, vassal de Pologne : Gothard Ketler, ci-devant Maître des Chevaliers de Livonie, s'en fait déclarer le premier Duc.
1563.	Le Duc de Guise meurt, le vingt-quatre Février, assassiné par Poltrot, lorsqu'il assiégoit Orléans. La Reine mère accorde la paix aux Huguenots, le dix-neuf Mars.
Les Suédois & les Danois se font la guerre.
1564.	Edit de Charles IX. donné à Roussillon en Dauphiné, entre autres choses, pour faire commencer l'année au premier Janvier, au lieu qu'elle ne commençoit en France auparavant que le Samedi saint ou à Pâques.
L'Empereur Ferdinand I. meurt à Vienne, le vingt-cinq Juillet, âgé de soixante-un ans, après avoir gouverné l'Empire environ huit ans. MAXIMILIEN II. son fils aîné, lui succéde.
1565.	Les Turcs viennent assiéger Malthe, mais ils sont obligés de se retirer, lorsqu'elle eut reçu un secours des Espagnols, de Naples ou de Sicile : on bâtit ensuite la Cité Valette, ainsi nommée du Grand-Maître qui s'étoit vaillamment défendu.
1566.	Soliman I. Empereur des Turcs, meurt le sept Septembre, au siége de Sigeth en Hongrie ; Selim II. son fils, monte sur le trône des Othomans.
1567.	Le Comte d'Arley, mari de la Reine d'Ecosse, se tue ou est tué : la Princesse épouse Boduel ; les peuples d'Ecosse

| Depuis J. C. | se soulevent par les intrigues d'Elisabeth, Reine d'Angleterre.

Seconde guerre de Religion en France : Bataille de S. Denis, où le Connétable Anne de Montmorency fut blessé à mort.

1568. Eric Roi de Suéde est privé de ses Etats, par son frère Jean III. qui s'en fait mettre en possession, le treize Octobre.

La Reine d'Ecosse est obligée de quitter ses Etats, & de se réfugier en Angleterre, où elle est arrêtée. Jacques VI. son fils, âgé de deux ans, est reconnu Roi d'Ecosse, le vingt-cinq Juillet.

Paix avec les Huguenots en France; renouvellement de guerre, où les Protestans d'Allemagne prennent parti. On accorde l'exercice de la Religion Prétendue-Réformée dans les Pays-bas.

1569. Batailles de Jarnac & de Montcontour, où les Huguenots sont défaits : Louis I. Prince de Condé, est tué par Montesquiou dans la première.

Charles IX. épouse Elisabeth d'Autriche, fille de l'Empereur Maximilien.

1570. Le Pape Pie V. donne à la Toscane le titre de Grand Duché : l'Empereur s'y oppose d'abord, comme Roi d'Italie.

Les vents sont si considérables en Hollande, en Frise & en Zélande, que plusieurs bourgs & villages sont entièrement renversés, d'autres submergés.

1571. Edit de la Reine d'Angleterre contre les Catholiques.

Les Turcs enlevent aux Vénitiens l'Isle de Cypre.

Bataille navale de Lépante, où les Turcs sont entièrement défaits.

1572. Charles IX. Roi de France, à la sollicitation de la Reine sa mère, & de l'avis de plusieurs Seigneurs de sa Cour, ordonne le massacre de l'Amiral de Châtillon & de tous les Huguenots ; ils le font avec tant de cruauté, qu'il y eut en tout plus de soixante-dix mille hommes de tués, & parce que ce massacre commença la nuit de la fête de S. Barthelemi, on l'a depuis appellé *le Massacre de la S. Barthelemi*.

Rodolphe fils aîné de l'Empereur Maximilien, est couronné Roi de Hongrie, le vingt-six Septembre.

Mort de Sigismond II. Roi de Pologne, le 7 Juin.

1573. Henri frère du Roi de France Charles IX. est élu Roi de Pologne.

Mort de Michel de Lhospital, qui avoit été Chancelier de France, & à qui on est redevable de nombre d'excellentes loix.

1574. Selim II. Empereur des Turcs, meurt de débauche, le quinze Décembre. On cache sa mort jusqu'à l'arrivée d'Amurath III. son fils, qui pour s'assurer l'Empire, fait mourir cinq de ses frères.

Depuis J. C.	Charles IX. meurt à Vincennes le trente Mai, âgé de vingt-quatre ans, après en avoir régné treize & quelques mois. Son frère Henri III. revient de Pologne, pour lui succéder en France.
	Etienne Battori Prince de Transylvanie, est élu Roi de Pologne, & épouse la Princesse Anne sœur du Roi Sigismond.
1575.	Rodolphe fils de Maximilien II. est couronné Roi de Bohême, le vingt-deux Septembre, élu Roi des Romains le vingt-sept Octobre, & couronné le premier Novembre.
	L'Empereur consent enfin au titre de Grand Duché de Toscane, à la charge qu'il seroit tenu en fief de l'Empire. La Famille des Médicis l'a possédé jusqu'en 1737.
	Henri III. fait arrêter son frère le Duc d'Alençon : ce Prince trouve moyen de s'échapper, joint le Prince de Condé, & se met à la tête des Huguenots.
	Ismaël II. fils de Thamas, Roi de Perse, règne après son père.
1576.	L'Empereur Maximilien II. meurt à Ratisbonne le douze Octobre, âgé de cinquante ans, après en avoir régné douze & plus de deux mois. Son fils RODOLPHE II. lui succéde.
	Henri III. découvre & fait avorter une conspiration tramée contre lui.
	Paix conclue en France avec les Huguenots, & confirmée par un Edit du neuf Mai, vérifié en Parlement le quinze. Les avantages accordés aux Huguenots, servent de prétexte aux mécontens qui se déclarent contre Henri III. ce qui donna lieu à cette fameuse LIGUE, qui fit tant de ravage dans la suite. Cette Ligue fait révoquer l'Edit favorable aux Huguenots, dans les Etats que l'on tient à Blois.
	Grande peste à Milan, où S. Charles Borromée Archevêque de cette ville, fait voir l'étendue de sa charité : il avoit été fait Cardinal par le Pape Pie IV. son oncle.
1577.	Les Huguenots recommencent la guerre en France : on fait la paix avec eux.
	L'Archiduc Matthias, frère de l'Empereur Maximilien II, va dans les Pays-bas, pour en être Gouverneur. Sa conduite ne lui faisant pas d'honneur, il revint en Allemagne l'an 1581.
	Sébastien Roi de Portugal, passe en Afrique, est pris & tué par les Maures. Le Cardinal Henri son grand oncle, lui succéde.
	En Perse, Mohamed Khodabendé règne après son frère Ismaël II.
1579.	Union des provinces septentrionales des Pays-bas, faite à Utrecht : Guillaume I. de Nassau, Prince d'Orange, est déclaré Stadhouder ou Gouverneur.

DE L'HISTOIRE MODERNE. 229

Depuis J. C.	
	Le Roi Henri III. inſtitue l'Ordre des Chevaliers du S. Eſprit.
	Fauſte Socin s'établit en Pologne, & y affermit ſa ſecte.
1580.	Philippe II. Roi d'Eſpagne, s'empare du Royaume de Portugal, après la mort de Henri, arrivée le trente-un Janvier.
	Les Huguenots recommencent la guerre en France.
1581.	Les Provinces-Unies des Pays-bas renoncent expreſſément à l'obéiſſance de Philippe Roi d'Eſpagne : de-là ſont venus les Etats Généraux ou de Hollande.
1582.	Réforme du Calendrier par le Pape Grégoire XIII.
1584.	Le Duc d'Anjou, qui avoit porté d'abord le nom de Duc d'Alençon, & qui étoit héritier préſomptif de la couronne de France, meurt le dix Mai.
	Guillaume de Naſſau Prince d'Orange, Fondateur de la République de Hollande, eſt aſſaſſiné à Delft par un émiſſaire des Eſpagnols : le Prince Maurice ſon frère, lui ſuccéde dans la charge de Stadhouder des Provinces-Unies, & eſt regardé comme le plus grand Capitaine depuis les Romains.
1585.	Les Guiſes, à la tête des Ligueurs, recommencent la guerre contre les Huguenots, & ſe révoltent contre le Roi.
	Mohamet Khodabendé, Sophi de Perſe, meurt. Hamzé ſon fils aîné, n'ayant régné que quelques mois, auſſi-bien qu'Iſmaël III. leur frère Schah Abas ſuccéde, & régne quarante-cinq ans ; il rétablit les affaires de la Perſe, envahie par les Turcs & les Tartares.
1586.	Mort d'Etienne Roi de Pologne, le deux Décembre.
1587.	Marie Stuart, Reine d'Ecoſſe, eſt décapitée le dix-huit Février, après qu'Eliſabeth l'eut tenue en priſon dix-neuf ans.
	Bataille de Coutras, où le Roi de Navarre (depuis Henri IV.) alors chef des Huguenots, eſt vainqueur.
	Sigiſmond III. depuis Roi de Suéde, eſt couronné Roi de Pologne, le dix-ſept Décembre.
1588.	Philippe Roi d'Eſpagne, équipe une flotte, (à qui on donna le nom d'*Invincible*, à cauſe du grand nombre de vaiſſeaux, que l'on fait monter à plus de quatre cent vingt-cinq voiles) pour envahir l'Angleterre. Cette flotte vient juſqu'à l'embouchure de la Tamiſe, & eſt entièrement diſſipée, en partie par la tempête, & en partie par l'adreſſe de François Drack, Vice-Amiral d'Angleterre, qui s'étoit déja rendu célèbre par ſon voyage autour du monde, fait dix ans auparavant.
	Pluſieurs perſonnes ayant rangé des tonneaux dans quelques rues de Paris, à deſſein d'empêcher le paſſage des troupes que le Roi avoit fait entrer dans cette Ville, on donne à ce jour le nom de *Journée des Barricades*. Le Roi eſt obligé de ſe retirer à Chartres.

Depuis J. C.

Les Ligueurs deſtituent quelques Officiers de la ville de Paris, & s'emparent de pluſieurs autres villes. Le Duc de Guiſe, à la perſuaſion de la Reine, demande pardon au Roi, & l'obtient. Henri accorde la paix aux Ligueurs, par l'Edit de Réunion ; il va à Blois pour y tenir l'aſſemblée des Etats, dont l'ouverture ſe fait le ſeize du mois de Septembre.

Le Duc de Guiſe eſt tué le vingt-trois Décembre, dans le Palais de Henri III. Le Cardinal de Guiſe, ſon frère, eſt auſſi tué à coups d'halebardes. Leurs corps ſont brûlés, & leurs cendres jettées au vent. Preſque toutes les villes de France ſe ſoulevent contre Henri III. Le Duc de Mayenne frère du Duc de Guiſe, ſe met à la tête de la Ligue ; Henri III. appelle le Roi de Navarre à ſon ſecours.

Friderîc II. Roi de Danemarck, meurt le quatre Avril, âgé de cinquante-quatre ans ; Chriſtiern IV. lui ſuccéde.

Jérémie Patriarche de Conſtantinople, étant allé en Ruſſie, y érige le Métropolitain de Moſcou en Patriarche : Job fut le premier, & il y en a eu dix juſqu'à Adrien, qui mourut en 1703, & après lequel il n'y en a plus eu.

1589.

Catherine de Médicis meurt à Blois le cinq Janvier, âgée de ſoixante & onze ans.

Le Conſeil des Seize propoſe à la Faculté de Théologie de Paris, un cas de conſcience, ſçavoir, *ſi les François ne pouvoient pas prendre les armes contre Henri III.* Nombre de Docteurs ſe retirent à cauſe des troubles ; & les Ligueurs eurent une déciſion conforme à leurs deſirs.

Buſſi le Clerc, Procureur au Parlement de Paris, a la témérité d'aller avec une troupe de ſoldats, enlever & conduire à la Baſtille Achille de Harlay, Premier Préſident du Parlement de Paris, & pluſieurs Conſeillers attachés au ſervice de Henri III.

Le Duc de Mayenne entre dans Paris : les Ligueurs lui donnent la qualité de Lieutenant Général de l'Etat Royal & Couronne de France ; ce Duc s'attribue une ſouveraine autorité. Les Sermons & les diſcours ſéditieux des Partiſans de la Ligue, font révolter la plûpart des villes de France.

Le Roi transfère le Parlement de Paris à Tours, & une autre partie à Chaalons ſur Marne.

Henri de Bourbon Roi de Navarre, vient au ſecours de Henri III. & aide ce Prince à faire le ſiége de Paris.

Jacques Clément Religieux Dominicain, natif du village de Sorbonne, près de Sens, âgé de vingt-deux ans, vient à S. Cloud, & y perce Henri III. d'un coup de couteau au-deſſous du nombril, dont ce Prince meurt le deux Août, âgé de trente-huit ans dix mois & treize jours, après avoir régné quinze ans & deux mois. En ſa perſonne finit la Branche des Valois, qui avoit régné deux cent ſoixante-un ans, à compter depuis Philippe VI. qui monta ſur le Trône en 1328.

SIXIÈME ÉPOQUE
DE
L'HISTOIRE MODERNE.

CETTE Époque commence l'an 1589, lorsque la Branche Royale de Bourbon monta sur le Trône des François : sa Période a duré [jusqu'à la fin de 1775, cent quatre-vingt-seize ans.] L'Eglise y reprend sa tranquillité. Elle conserve toujours inviolablement ses mêmes Dogmes & la pureté de sa Morale, malgré les attaques que l'on a faites sur ces deux parties. Elle se trouveroit heureuse, si les Fidèles la suivoient dans ses mœurs, aussi exactement qu'ils font dans la foi. Les Infidèles, qui sous la cinquième Epoque se sont rendus maîtres de l'Empire d'Orient, attaquent les Chrétiens, mais non pas toujours avec un égal succès pour eux : d'ailleurs les autres États ne sont agités que par les guerres excitées, tantôt par les justes prétentions des Princes, tantôt par l'ambition des autres, & quelquefois même par le mauvais conseil de leurs Ministres. Les Sciences & les Arts sont portés à leur perfection.

Depuis J. C. 1589.
HENRI III. eut pour successeur Henri IV. Roi de Navarre, parent du feu Roi au vingt-deuxième dégré, descendant de Robert de France, Comte de Clermont, Seigneur de Bourbon par sa femme, & qui étoit le septième & dernier fils du Roi S. Louis. Le Duc de Mayenne & les Ligueurs se déclarent ouvertement contre Henri IV. & font proclamer Roi de France, le vingt-un Novembre, le Cardinal de Bourbon, sous le nom de Charles X.

Henri IV. après avoir été victorieux au combat d'Arques, approche de Paris, le trente-un Octobre, attaque le fauxbourg S. Germain, le premier Novembre, & se retire.

1590. Bataille d'Ivri gagnée par Henri IV. Ce Prince fait ensuite une nouvelle tentative sur Paris : les habitans réduits à une extrême disette de vivres, refusent de se rendre, & le Roi fut obligé de se retirer, à l'approche du Duc de Parme,

Depuis J. C. Gouverneur des Pays-bas pour l'Espagne. Le Comte de Châtillon tente de la surprendre ; deux Religieux qui faisoient sentinelle, empêchent cette entreprise.

Le Cardinal de Bourbon meurt d'une rétention d'urine le huit Mai, âgé de soixante-sept ans.

Maurice Prince d'Orange & Stadhouder de Hollande, prend Breda sur les Espagnols, avec l'aide des François.

Tremblement de terre considérable à Vienne, dans la Moravie & dans la Bohême, le cinq Septembre.

1591. Le Pape excommunie Henri IV. Les Parlemens du Royaume reconnoissent l'injustice de cette excommunication.

1592. Le Roi assiége Rouen : le Duc de Parme revient une seconde fois en France, au secours des Ligueurs.

Institution des Prêtres de la Doctrine Chrétienne, dont le Fondateur César de Bus, à Avignon.

Jean III. Roi de Suéde, meurt : son fils Sigismond, Roi de Pologne, est reconnu son successeur ; mais Charles Duc de Sudermanie, son oncle, s'empare du Gouvernement de Suéde.

1593. Les Partisans de la Ligue, tiennent une assemblée à Paris. Cependant l'Archevêque de Bourges & l'Abbé du Perron travaillent avec succès à la conversion de Henri IV. qui fait son abjuration à S. Denis, le Dimanche vingt-cinq Juillet.

1594. Henri IV. est sacré à Chartres, le vingt-sept Février. Le Comte de Brissac & plusieurs autres, ménagent son entrée dans Paris : il y entre sans aucune opposition, le vingt-deux Mars.

Ce Prince reçoit, le 27 Décembre, à la levre, un coup de couteau, qui lui rompt une dent. L'assassin nommé Jean Châtel, est arrêté sur le champ. Le Parlement rend un Arrêt, le vingt-neuf Décembre, contre cet assassin, dans lequel on comprend aussi les Jésuites, chez qui il avoit étudié, & à qui il est ordonné de sortir de Paris & des autres villes du ressort du Parlement, trois jours après que cet Arrêt leur aura été signifié. Presque tous les Parlemens du Royaume font la même chose. La maison de Jean Châtel, qui étoit devant l'une des grandes portes du Palais à Paris, est démolie, & une pyramide érigée dans l'endroit où étoit cette maison.

1595. Réconciliation de Henri IV. avec le S. Siége.

Antoine Roi Titulaire de Portugal, meurt à Paris le vingt-cinq Août.

Amurath III. Empereur des Turcs, meurt le huit Janvier. Son fils aîné Mahomet III. fait mourir dix-neuf enfans de son père, & monte ensuite sur le Trône des Othomans.

1596. Le Duc de Mayenne fait sa paix avec Henri IV. Les Espagnols continuent la guerre du côté de la Flandre.

1597. Ils surprennent Amiens : le Roi la reprend.

Depuis J. C.	Extinction de la ligne des premiers Ducs de Modène, Reggio & Ferrare, par la mort d'Alfonse d'Este. Le Duché de Ferrare est réuni au domaine du S. Siége ; & l'Empereur donne une nouvelle investiture des Duchés de Modène & de Reggio à César d'Este, dont la postérité subsiste aujourd'hui.
1598.	Paix de Vervins entre la France & l'Espagne.
	Edit de Nantes en faveur des Prétendus-Réformés.
	Philippe II. Roi d'Espagne, meurt à l'Escurial le treize Septembre ; son fils Philippe III. lui succéde.
	Sigismond Battori céde la Transylvanie à Maximilien, & s'en repent peu de temps après.
	Féodore ou Théodore Czar de Russie, meurt : il fut le dernier de la race de Rurik, qui gouvernoit ce grand pays depuis près de huit cens ans. Boris Gudenow, qui est soupçonné d'avoir empoisonné le Czar & fait tuer son fils, s'empare du gouvernement de la Russie.
1599.	La Transylvanie est enlevée à André Battori par l'Empereur.
	Sigismond Roi de Suéde & de Pologne, est obligé de céder la Suéde à son oncle Charles IX.
1600.	Bataille de Nieuport gagnée par le Prince Maurice Stadhouder de Hollande, contre Albert d'Autriche, Gouverneur ou Prince des Pays-bas Espagnols.
	Mariage du Roi Henri IV. avec Marie de Médicis, fille de François Grand-Duc de Toscane.
	Réforme de l'Université de Paris, faite par l'autorité de Henri IV.
	Vers ce temps, les Hollandois s'emparent aux Indes, des Isles de l'Epicerie ou des petites Moluques, sur les Portugais.
1601.	La paix est conclue entre la France & la Savoye ; la Bresse est cédée au Roi en échange du Marquisat de Saluces.
	Henri IV. interdit le commerce d'Espagne à ses sujets.
	Louis Dauphin, depuis Roi de France sous le nom de Louis XIII, naît à Fontainebleau le vingt-sept Septembre.
1602.	Conspiration du Maréchal de Biron punie.
	Entreprise manquée du Duc de Savoye sur la ville de Genève.
1603.	Elisabeth Reine d'Angleterre, meurt sans postérité, le trois Avril, âgée de plus de soixante-neuf ans, après en avoir régné quarante-quatre. Elle avoit nommé pour son successeur, son plus proche parent, Jacques VI. Roi d'Ecosse, qui réunit en sa personne les Royaumes d'Ecosse & d'Angleterre, & fut le premier qui prit le nom de Roi de la Grande-Bretagne.
	Décrets du Sénat de Venise, portant défenses d'établir de nouvelles Communautés Religieuses, & de bâtir de nouveaux Hôpitaux ou Monastères.

Depuis *J. C.*	Etablissement des Manufactures de soie, de tapisseries, de fayance, de cristal, &c. en France.
	Mort de Mahomet III. Empereur des Turcs : son fils Achmet lui succéde.
1604.	Dès le deux Janvier, on vérifie au Parlement de Paris, l'Edit que le Roi avoit accordé pour le rétablissement des Jésuites, qui depuis dix ans avoient été chassés.
	Etablissement des François dans le Canada.
	Prise d'Ostende sur les Hollandois, après un siége de plus de trois ans.
1605.	Le Sénat de Venise défend aux séculiers de donner aucuns fonds aux Ecclésiastiques ; il fait mettre en prison deux Clercs, dont Paul V. demande inutilement la liberté : ce refus donne lieu à de grandes contestations entre la République & le Pape. Paul V. publie plusieurs monitoires contre la République de Venise & les Décrets du Sénat.
	Henri IV. Roi de France, fait abbatre la pyramide dressée devant le Palais, en la place de la maison de Jean Châtel.
	Plusieurs particuliers conspirent contre le Roi d'Angleterre, & contre les Seigneurs du Royaume ; cette trahison est nommée *Conspiration des poudres*, parce que les complices devoient s'en servir pour faire sauter le Parlement, dans le temps que le Roi & tous les Seigneurs y seroient.
	En Russie, Démétrius imposteur, se disant fils de Féodore, se fait reconnoître Grand-Duc ; mais il ne régne qu'environ un an, son imposture ayant été découverte.
	Mort d'Akbar, troisième Empereur de l'Indostan ou Grand Mogol : ce Prince, par ses conquêtes, avoit beaucoup augmenté son Empire : son fils Gehanghir lui succéde.
1606.	Leonardo Donato est élu Doge de Venise. Le Sénat de cette ville persiste à soutenir les Décrets qu'il avoit faits, ne voulant pas relâcher les deux Ecclésiastiques emprisonnés.
	Le Pape Paul V. interdit tous les Etats de Venise par une Bulle du dix-sept Avril. Le Sénat défend de publier & d'observer l'interdit, & proteste contre la Bulle.
	Le feu prend au quartier des Juifs à Constantinople, & brûle plus de huit cent maisons : plus de quinze cent personnes y périrent.
	Première élection libre d'un Grand-Duc en Russie après le faux Démétrius : Basile Schuiski est élu.
1607.	Accord entre le Pape & la République de Venise, au sujet de l'interdit, par la médiation du Roi de France. Le Cardinal de Joyeuse est employé & réussit dans cette commission.
	Inondation considérable en Angleterre, vers la fin du mois de Janvier.
1608.	Il fait un froid si extrême, que l'on a nommé cette année, celle du grand hiver ; les rivières & les fleuves les plus rapi-

Depuis J. C. des furent gelés, jusqu'à porter des chariots chargés ; les vignes, les cyprès & les noyers gelèrent jusqu'à la racine.

Le vingt-cinq d'Avril, la Reine accouche à Fontainebleau de Monseigneur le Duc d'Anjou, appellé depuis Duc d'Orléans, & nommé Gaston : il n'a eu qu'une fille connue sous le nom de Mademoiselle de Montpensier.

L'Archiduc Mathias est proclamé Roi de Hongrie, le quatorze Novembre, & couronné le dix-neuf.

Le Prince Charles de Lorraine, meurt au mois de Mai.

1609. Trêve de douze ans entre les Espagnols & les Hollandois, qui pendant le fort de la guerre avoient fait des établissemens considérables dans les Indes.

Mort de Jean-Guillaume, dernier Duc de Cleves, &c. dont la succession donne lieu à bien des querelles.

1610. Le quatorze Mai, Henri IV, surnommé le Grand, est tué dans Paris, par François Ravaillac, natif d'Angoulême : Louis XIII. son fils lui succède. Dès le quatorze Mai, le Parlement reconnut Régente la Reine-mère Marie de Médicis. Le Roi tient son lit de Justice le quinze Mai, & de l'avis des Princes du sang Royal, des Ducs & grands Seigneurs du Royaume, il confirme l'Arrêt qui avoit été rendu le jour précédent, touchant la Régence : il est couronné à Rheims, le dix-sept Octobre, par le Cardinal de Joyeuse Archevêque de Rouen, parce que celui de Rheims n'étoit pas encore consacré.

Philippe III. Roi d'Espagne, fait exécuter l'Edit qu'il avoit rendu contre les Morisques ou descendans des Mores, le neuf Décembre 1609, par lequel il leur ordonnoit de sortir de ses Etats dans le terme de trente jours, qui fut restreint à vingt. Plus de neuf cent mille personnes se trouvent dans le cas de l'Edit, & sont obligées d'abandonner la plus grande partie de leurs biens.

Grande guerre entre la Russie & la Pologne : une partie des Russiens reconnoissent pour Tzar Uladislas fils de Sigismond Roi de Pologne.

1611. L'Archiduc Mathias est élu Roi des Romains, le vingt-trois Mai.

Plus de deux cent mille personnes meurent de la peste à Constantinople.

Le Roi de Danemarck déclare la guerre au Roi de Suède Charles IX, qui meurt le vingt-neuf Octobre ; son fils Gustave-Adolphe lui succède.

1612. L'Empereur Rodolphe II. meurt de chagrin le vingt Janvier, âgé de soixante ans, dont il en avoit régné trente-sept sans avoir été marié. MATHIAS son frère, est élu en sa place : il s'étoit fait élire Roi de Bohême & de Hongrie, sans consulter son frère : ce qui pensa causer une guerre entr'eux.

Depuis J. C.

Les vents du midi sont si violens, & un si grand nombre de vaisseaux périrent sur mer, que l'on repêcha plus de deux mille corps morts sur les côtes de France & d'Angleterre, & plus de mille deux cent en Hollande.

Les Hollandois s'efforcent en vain d'aller dans les Indes Orientales par le détroit de Vaigats.

Les Anglois tentent aussi le voyage de la Chine par le Nord, du côté de la Baye de Hudson.

Les François, sous le commandement du sieur Rasilly, s'établissent dans l'Isle de Maragnan au Brésil, & y annoncent la Foi par le ministère de quelques Capucins.

Fondation des Prêtres de l'Oratoire de France, par M. de Berulle, depuis Cardinal.

1613. Le onze Mars, plus de cent vingt maisons d'Osnabruck sont réduites en cendres, par accident. Le feu consume, le dix-huit Avril, une grande partie des bâtimens de Magdebourg. Un particulier ayant mis le feu à dix endroits différens de Gnesne en Pologne, causa par ce moyen l'embrâsement général de cette ville & de ses fauxbourgs. Il tomba une si grande abondance de grêle pendant le mois de Mai, qu'il y en avoit dans quelques endroits jusqu'à douze pieds d'épaisseur: les bleds & les vignes en furent entièrement perdues. Des débordemens d'eaux sont suivis d'une prodigieuse quantité de sauterelles, qui mangèrent en Provence toutes les plantes.

Pour mettre fin aux troubles de la Russie, les Grands s'assemblent, & élisent Grand-Duc ou Tzar, Michel Romanow, qui n'étoit âgé que de quinze ans : tel fut le commencement de l'illustre Maison qui a occupé le Trône Impérial de Russie, jusqu'à la Princesse Elizabeth, fille de Pierre le Grand, (morte en 1762.)

1614. Le Prince de Condé & plusieurs autres Princes & grands Seigneurs sortent de Paris & se retirent de la Cour. Le Duc de Vendôme est arrêté prisonnier dans le Louvre ; il s'échappe & se retire à Ancenis en Bretagne. Le Marquis d'Ancre est fait Maréchal de France, après la mort du Maréchal de Fervaques.

Assemblée des Etats Généraux à Paris : c'est la dernière qui ait été tenue en France.

1615. La Reine Marguerite de Valois, dernière Princesse de cette Branche, meurt à Paris le vingt-sept Mars. Elle avoit été la première femme du Roi Henri IV, & son mariage avoit été déclaré nul en 1599.

Lettres-Patentes de Louis XIII. du vingt-trois Avril, qui ordonnent à tous les Juifs résidens en France, de sortir de ce Royaume, un mois après la publication des Lettres-Patentes.

Le Prince de Condé & d'autres Seigneurs, levent des trou-

DE L'HISTOIRE MODERNE. 237

Depuis J. C. pes contre le Roi : les Prétendus-Réformés font la même chose.

On fait à Bordeaux la cérémonie du mariage de Louis XIII. avec Anne d'Autriche, Infante d'Espagne; Elisabeth sœur de ce Prince, épouse dans le même temps Philippe III. Roi d'Espagne.

1616. Le Roi accorde une trève au Prince de Condé, qui est ensuite arrêté & conduit à la Bastille, le vingt-cinq Septembre.

1617. Le Maréchal d'Ancre est tué, le vingt-quatre Avril. La populace exhume son corps, le traîne par la ville & lui fait mille infamies. La Galigay, femme de ce Maréchal, est brûlée en Grève par Arrêt du Parlement de Paris du huit Juillet. La Reine-Mère quitte la Cour & se retire à Blois, le quatre Mai.

La République de Venise fait la guerre à l'Archiduc Ferdinand de Grâts.

Achmet Empereur des Turcs, meurt le quinze Novembre, âgé de trente ans, après un règne de quatorze ans & quatre mois. Son frère Mustapha est mis en sa place, mais on le dépose au bout d'environ quatre mois, & l'on met sur le Trône de Constantinople Othman ou Osman, fils d'Achmet.

1618. Le Roi de Suède fait la paix avec le Tzar de Moscovie.

Guerre de Bohême à cause de l'élection de Frideric V. Electeur Palatin à cette Couronne.

Ferdinand cousin de l'Empereur, qui avoit été couronné l'année précédente Roi de Bohême, est couronné Roi de Hongrie, le premier Juillet.

Le Cardinal de Clesel est arrêté prisonnier par l'ordre du Roi Ferdinand, enlevé par les Comtes de Colalte & de Dampierre, & mené dans le Comté de Tirol.

Les Jésuites ouvrent à Paris le Collége de Clermont, & commencent à y enseigner.

1619. Le Prince de Piedmont épouse, le dix Février, Chrétienne, seconde fille de France, âgée de treize ans.

L'Empereur Mathias meurt à Vienne, le vingt Mars, âgé de soixante-deux ans: FERDINAND II. est élu; il étoit petit-fils de Ferdinand I.

Entrevue de Louis XIII. avec la Reine-Mère près de Tours, & une autre à Brissac, le treize Août. Le Prince de Condé sort de prison, le vingt Octobre, & est favorablement reçu du Roi à Chantilly.

Synode de Dordrecht, qui fut suivi de la mort violente de Barneveldt, Grand Pensionnaire de Hollande, par un effet de l'ambition du Stadhouder le Prince Maurice.

1620. Edit de Louis XIII. pour la réunion du Béarn à la Couronne, &c.

Depuis J. C.	Bataille de Prague, le huit Novembre, où l'Electeur Palatin est défait & obligé d'abandonner la Bohême, & ensuite ses Etats. L'Empereur donne sa dignité d'Electeur au Duc de Bavière, qui étoit de la branche cadette Palatine; & la Lusace fut cédée à l'Electeur de Saxe.
1621.	Philippe III. Roi d'Espagne, meurt à Madrid le trente-un Mars. Philippe IV. son fils aîné, lui succéde.
	L'Archiduc Albert meurt, le treize Juillet.
	Grotius, qui avoit été enveloppé dans la disgrace de Barneveldt, se sauve de la prison de Louvestein, par l'adresse de sa femme Marie Regesberg: il se retire à Paris, où il compose son Livre *du Droit de la guerre & de la paix*, & son Traité de la Vérité de la Religion Chrétienne.
	Les Hollandois fondent la ville de Batavia, aux Indes Orientales.
1622.	La Rochelle arme contre le Roi Louis XIII.
	Les Polonois défont trois cent mille Turcs. Les Janissaires, irrités, se soulévent peu après à Constantinople, & demandent la déposition de leur Empereur.
	Le Duc de Rohan & les Prétendus-Réformés du bas Languedoc & de Béarn, se soumettent à Louis XIII. Ce Prince assiége la Rochelle, qui étoit comme le Chef-lieu des Prétendus-Réformés de France.
	L'Evêché de Paris est érigé en Archevêché : il dépendoit auparavant de Sens.
	Heidelberg, capitale du Palatinat, est prise par les troupes de l'Empereur : sa fameuse Bibliothèque est transportée à Rome.
	Othman Empereur des Turcs, est déposé le dix-neuf Mai, & Mustapha son prédécesseur est remis en sa place. On dépose celui-ci le dix-neuf Septembre de l'année suivante, & on lui substitue Amurath IV. frère d'Othman, qui régne dix-sept ans.
1624.	Richelieu, depuis Ministre de France, commence à entrer au Conseil d'Etat.
	Guerre de la Valteline, où les François attaquent les Espagnols.
1625.	Jacques I. Roi d'Angleterre, meurt le six Avril, âgé de cinquante-neuf ans, après avoir régné vingt-deux ans en Angleterre. Son fils Charles I. lui succéde, & épouse Henriette-Marie fille de Henri IV. le onze Mai.
	Débordemens d'eaux, qui submergent plusieurs villes d'Espagne, & inondent Séville & Salamanque.
	Breda est pris par Spinola & les Espagnols, la trève avec les Hollandois étant finie. Le Prince d'Orange, Maurice, meurt de chagrin : Frederic-Henri son frère lui succéde dans le Stadhouderat de Hollande.
	Peste considérable en Angleterre.

DE L'HISTOIRE MODERNE. 239

Depuis J. C. — Les Turcs assiégent Bagdet avec 150000 hommes, mais ils ne prirent cette Ville qu'en 1638.

1626. Ligue de la Suéde, de Danemarck, de la Hollande & des Protestans, contre l'Empereur, dont les troupes gagnent les batailles de Dessau & de Lutter.

1627. Le fils aîné de l'Empereur est couronné Roi de Bohême.
Louis XIII. se rend au siége de la Rochelle.
Mort de Gehanghir Empereur de l'Indostan : son fils Schah-Ochan lui succéde.

1628. Les habitans de la Rochelle font une ligue offensive & défensive avec le Roi d'Angleterre, le vingt-huit Janvier. Le Roi part de la Rochelle le quatre Février, revient à Paris, & laisse au Cardinal de Richelieu le soin du siége. Sa Majesté revient le trois Avril au camp de la Rochelle. Le Roi s'en rend maître, y fait chanter le *Te Deum*, le premier Novembre, en part le dix-huit. Les Anglois étoient venus trois fois à son secours.
La peste ravage la ville de Lyon pendant près de quatre mois, & fait mourir plus de soixante mille habitans.
Mort du Grand Schah Abbas, Roi de Perse ; Schah Sophi, son petit-fils, lui succéde, & ne se signale que par sa cruauté.

1629. Le Duc de Nevers est soutenu par la France pour être Duc de Mantoue : Louis XIII. marche en Italie, & force le Pas de Suze, à l'entrée du Piémont.

1630. Gaston de France, frère de Louis XIII. & la Reine-Mère, sortent du Royaume.
Gustave Adolphe Roi de Suéde, entre en Allemagne : la France fait alliance avec lui, pour diminuer la puissance de l'Empereur.
Les Hollandois s'établissent dans le Brésil, pendant que les Espagnols en étoient maîtres.

1631. Le Mont Vésuve, près de Naples, vomit du feu en abondance & fait de terribles ravages : on regarde cette éruption comme l'une des plus considérables qu'il y ait eu.
Mort de Sigismond Roi de Pologne, le vingt-neuf Avril, après avoir régné quarante-cinq ans, & fait d'inutiles efforts pour rentrer en Suéde : Ladislas-Sigismond son fils aîné, est élu en sa place, le treize Novembre.
Gustave gagne la bataille de Leipsick, le sept Septembre.

1632. Les Danois se brouillent avec les Suédois. Gustave livre, près de Lutzen, une bataille aux Impériaux, qui sont vaincus, mais où ce Roi de Suéde est tué, à l'âge de trente-huit ans, le seize Novembre. Il avoit défait les Danois & les Impériaux, il avoit soumis la Poméranie, la Basse Saxe, la Franconie, la Baviére, le Palatinat, l'Electorat de Mayence. Sa fille Christine, âgée de sept ans,

Depuis J. C. lui succéde en Suéde : on donne à cette Princesse cinq des principaux Seigneurs du Royaume pour gouverner, jusqu'à ce qu'elle eût atteint l'âge de majorité.

Le Roi de Bohême ou l'Electeur Palatin Frederic V. meurt en exil à Mayence, le vingt-neuf Novembre. Son fils Charles-Louis fut remis en possession du Bas Palatinat en 1648, & on créa alors un huitième Electorat en sa faveur.

Le Mont Vésuve jette tant de flâmes, que plus de quatre mille personnes sont consumées, & un grand espace de pays ruiné.

Traité de paix de Louis XIII. avec le Duc de Lorraine. Gaston, frère de Louis XIII. revient en France, & leve des troupes ; le Duc de Montmorency prend son parti, & le Languedoc se déclare pour ce Prince. Le Roi envoye le Maréchal de Schomberg & le Maréchal de la Force contre ces troupes. Louis XIII. se rend en Languedoc, son armée en vient aux mains & remporte l'avantage sur celle du Duc de Montmorency, qui reçoit plusieurs coups dans le combat ; il est fait prisonnier & condamné : il est décapité le trente Octobre 1632. Gaston fait sa paix avec le Roi son frère, & sort ensuite une quatrième fois du Royaume.

1633. Le Duc de Lorraine leve des troupes, refuse de rendre hommage à Louis XIII. pour le Duché de Bar. Le Roi part pour aller en Lorraine ; assiége la ville de Nancy, & accorde enfin la paix au Duc de Lorraine.

L'Empereur fait tuer Walstein, l'un de ses plus anciens Généraux, qui conspiroit contre lui pour se faire Roi de Bohême.

1634. Le Duc de Lorraine Charles III. pour éluder les engagemens pris avec le Roi, donne par collusion ses Etats au Cardinal François son frère, le dix-neuf Janvier. Ce Cardinal renvoye le chapeau de Cardinal à Rome, se marie avec dispense du Pape, & prend la fuite ; le Roi envoye des troupes en Lorraine, & établit un Conseil à Nancy.

Bataille de Nortlingue, où les Impériaux sont vainqueurs des Suédois ; ce qui donna occasion aux François de mettre garnison dans plusieurs places de l'Alsace, &c.

Assemblée de Sçavans tenue à Paris, en conséquence de laquelle le Roi Louis XIII. donne un Edit qui fixe le premier Méridien à la partie occidentale de l'isle de Fer, l'une des Canaries.

1635. Commencement de l'Académie Françoise.

Guerre de la France contre l'Espagne, qui dure vingt-cinq ans, & celle contre l'Empereur treize ans. On envoye cette année des troupes en Allemagne, en Picardie, en Italie & dans la Valteline. Gaston frère du Roi, revient en France.

DE L'HISTOIRE MODERNE.   241

Depuis	Trève entre la Pologne & la Suéde.
J. C.	Thomas Parck Anglois, meurt âgé de cent cinquante-deux ans : il avoit vu dix Rois d'Angleterre.
1636.	La guerre est très-animée en Allemagne, en Italie & en France.
	Banier Général des Suédois, gagne la bataille de Vistock, & ravage la Misnie.
1637.	L'Empereur Ferdinand II. meurt à Vienne, le huit Février, âgé de cinquante-neuf ans, après en avoir régné près de dix-neuf. Son fils FERDINAND III. lui succéde ; il avoit été élu Roi des Romains l'année précédente.
1638.	Le Duc de Veimar Général des Suédois, & allié de la France, remporte plusieurs avantages considérables sur les Impériaux, dont il fait prisonnier quatre Généraux.
	Don Christophe fils d'Antoine, Roi titulaire de Portugal, meurt à Paris, âgé de soixante-six ans.
	Naissance de Louis XIV. Roi de France, le cinq Septembre. La Reine, mère de Louis XIII. vient à Amsterdam, le quatorze Août : elle passe en Angleterre.
	Louis XIII. met sa personne & son Royaume sous la protection de la Sainte Vierge par un vœu solemnel. Depuis ce temps il se fait à Paris une Procession solemnelle le jour de l'Asomption.
	Les Turcs attaquent les Persans, & leur prennent Bagdet, qu'ils ont toujours conservé depuis.
1639.	Tromp Amiral des Hollandois, défait une flotte Espagnole sur les côtes d'Angleterre.
	Sédition en Ecosse, appaisée par la prudence du Roi Charles.
1640.	Les François enlevent aux Espagnols la ville d'Arras, le dix Août.
	Naissance de Philippe de France, le vingt-un Septembre : il a été depuis appellé Duc d'Orléans, & c'est le chef de la Maison qui subsiste aujourd'hui.
	Révolution de tous les Etats de la Couronne de Portugal, que l'on prétend avoir été ménagée par le Cardinal de Richelieu. Jean IV. Duc de Bragance, est proclamé Roi de Portugal, le premier Décembre, comme le plus proche héritier de cette Couronne, que les Espagnols avoient usurpée en 1580.
	Mort d'Amurath IV. Empereur des Turcs : Ibrahim son frère lui succéde.
	Les Hollandois s'emparent dans les Indes, de la Ville de Malaca.
1641.	Louis XIII. fait un traité avec Charles III. Duc de Lorraine, le vingt-neuf Mars, & il est rétabli dans ses Etats, en faisant hommage pour le Duché de Bar, ancien fief de

II. Partie.   Q

Depuis J. C.	

Depuis J. C. France; mais ce Prince se révolte au bout de quelques mois.

Différend du Maréchal d'Estrées Ambassadeur de France à Rome, à l'occasion des Franchises.

Le Roi de Portugal fait sa paix avec les Hollandois, le treize Juin, & se prépare à soutenir la guerre d'Espagne.

Les Impériaux & les Suédois commencent la guerre.

Le Prince de Monaco en Italie, qui étoit de l'ancienne famille des Grimaldi, se met sous la protection de la France, & en reçoit garnison dans sa ville : on lui donne des terres en France sous le titre de Duché de Valentinois.

1642. Le Duc Charles de Lorraine prend les armes contre la France. Il se marie avec la Comtesse de Cantecroix, quoique sa première femme fût encore vivante; le Pape excommunie ce Duc & sa femme, le treize Avril.

La Reine Marie de Médicis, mère de Louis XIII. meurt à Cologne, le huit Juillet, dans la plus grande misère.

Messieurs de Cinq-Mars & de Thou sont exécutés à Lyon. Le Duc de Bouillon est privé de sa Principauté de Sédan, pour laquelle on lui donna dans la suite un dédommagement.

Les François se rendent maîtres du Roussillon, qui depuis ce temps a toujours été à la France.

Ils sont vaincus à la bataille de Dutlingen, le vingt-six Novembre, & par-là perdent tout ce qu'ils avoient conquis en Souabe.

Le Cardinal de Richelieu meurt, le quatre Décembre : le Cardinal Mazarin lui succéde dans le Ministère.

Guerres civiles en Irlande & en Angleterre entre les Protestans & les Catholiques. Le Parlement se déclare contre ces derniers, & demande l'abolition des Evêques en Angleterre : la Reine d'Angleterre passe en Hollande, le sept Mars. Le Roi Charles son époux part de Witehall, se retire à Yorck, & forme le dessein d'aller en Irlande, appaiser les troubles, qui désoloient ce pays. Le Parlement s'oppose à ce voyage, léve des troupes contre le Roi & assiége Plymouth, qui avoit pris le parti de ce Prince. Plusieurs provinces se déclarent en faveur du Roi.

Mort de Schah Sophi Roi de Perse : son fils Abbas II. qui étoit d'un caractère bien différent, se fait aimer de ses sujets & redouter de ses voisins ; il régne vingt-quatre ans.

L'Empereur Ferdinand III. fait sa paix avec le Turc.

1643. Les Parlementaires d'Angleterre continuent la guerre contre le Roi Charles.

Louis XIII. surnommé le Juste, fait assembler les Princes & principaux Seigneurs du Royaume, & déclare qu'en cas de mort la Reine Anne d'Autriche son épouse sera Régente

DE L'HISTOIRE MODERNE. 243

Depuis J. C. du Royaume : il meurt le quatorze Mai. Son fils Louis XIV. lui succéde, âgé de cinq ans.

Le Duc d'Anguien, connu depuis sous le nom de Prince de Condé, bat les Espagnols à Rocroi, le dix-neuf Mai, & s'empare ensuite de Thionville.

Grands troubles à la Chine : les Tartares Orientaux ou Mantchéous, qui y étoient entrés, s'en rendent bientôt entièrement maîtres ; ils la possédent encore actuellement, & c'est ce qu'on appelle la XXIIe. Famille Impériale, ou des *Tcim*.

1644. Traité de la France avec le Roi de Portugal, où l'on renouvelle & confirme celui de 1641.

Le Maréchal de Turenne commence à commander en Allemagne : de concert avec le Prince de Condé, il bat les Impériaux près de Fribourg, en Souabe ; & prend ensuite Binghen, Landau, &c.

1645. Mort de Michel Tzar de Russie ; son fils Alexis lui succéde.

Bataille de Nortlingue, où le Prince de Condé & M. de Turenne battent les Impériaux, dont le fameux Général Mercy fut tué. M. de Turenne finit cette campagne par la prise de Tréves, le neuf Novembre. Au même temps, le Duc d'Orléans & autres Généraux, prennent plusieurs villes en Flandre.

Les rébelles d'Angleterre sont victorieux à la bataille de Naerbi, le vingt-quatre Juin : ce qui devint une affaire décisive contre le Roi Charles.

Les Turcs se rendent maîtres sur les Vénitiens d'une grande partie de l'Isle de Candie.

1646. Les troupes de Louis XIV. s'emparent de Piombino & de Portolongone en Italie, & de Dunkerque, en Flandre.

1647. Troubles & révolte du Royaume de Naples par la faction de Mazaniel : le Duc de Guise entre dans la ville de Naples : & soutient les révoltés, mais il est bientôt obligé de se retirer.

Frederic-Henri, troisième Stadhouder de Hollande, meurt : son fils Guillaume II. lui succéde.

1648. Paix de Munster entre la France, l'Allemagne & la Suéde, le vingt-quatre Octobre. L'Alsace est cédée à la France & la garnison Françoise est maintenue dans Philisbourg. On y céde à la Suéde une partie de la Poméranie, Vismar, Bremen, Ferden. On établit un huitiéme Electorat dans le bas Palatinat, en faveur de Charles-Louis, fils de Frederic V. dépouillé en 1620. La Souveraineté de la République des Suisses y est reconnue par l'Autriche, & celle de Hollande, ou des Provinces-Unies, par l'Espagne, qui d'un autre côté se résolut à continuer la guerre contre les François.

Q ij

| Depuis J. C. | Guerre civile en France. Barricades de Paris, à l'occasion de l'emprisonnement du Président Potier de Blancmenil & de Broussel Conseiller au Parlement. De-là l'origine de la *Fronde* ou du parti opposé au Cardinal Mazarin.

Ladislas Sigismond Roi de Pologne, meurt le vingt-neuf Mai ; son frère Jean-Casimir lui succéde, & épouse sa veuve la Princesse Marie de Gonzague, qu'on avoit menée de France en Pologne l'an 1645.

Christiern IV. Roi de Danemarck, meurt le vingt-huit Février, âgé de soixante & onze ans ; Christiern, fils de sa fille, est mis en sa place. Mais étant mort avant que de monter sur le Trône, son fils Frederic III. lui succéde.

1649. Charles I. Roi d'Angleterre, est décapité le neuf Février. Charles II. son fils ayant été battu, se réfugie en France, le dix Juillet. Olivier Cromwel se rend maître du Gouvernement d'Angleterre, qu'il érige en une espece de République dont il se dit le Protecteur.

La Cour se retire de Paris à S. Germain-en-Laye. Guerre de Paris. Le Prince de Condé bloque cette ville avec sept mille hommes ; le Parlement déclare le Cardinal Mazarin ennemi de l'État; les troubles de Paris sont appaisés le trois Avril.

Mort d'Ibrahim Empereur des Turcs : son fils Mahomet IV. lui succéde.

Christine, fille de Gustave Adolphe, est couronnée Reine de Suéde.

1650. Le Prince d'Orange Guillaume II. Stadhouder de Hollande, meurt de chagrin, avant fait de vains efforts pour se rendre Souverain. Son fils, connu depuis sous le nom de Guillaume III. Prince d'Orange, ne vint au monde que huit jours après sa mort. Les Hollandois prirent alors la résolution de n'avoir plus de Stadhouder, mais cela ne dura que vingt-deux ans.

Emprisonnement des Princes de Condé, de Conti & de Longueville, le dix-huit Janvier. Continuation de la guerre civile en France.

Le fameux Descartes né à la Haye en Touraine, & Auteur de la nouvelle Philosophie, meurt à Stokholm le onze Février : son corps fut dans la suite apporté secrettement en France & enterré dans l'Eglise de Sainte Geneviéve de Paris.

1651. Les Princes sont mis en liberté.

Le Cardinal Mazarin se retire à Liége & ensuite à Cologne.

Le Roi Louis XIV. tient un Lit de Justice, où il déclare sa majorité, le sept Septembre.

1652. Le Cardinal Mazarin revient à la Cour. La Guerre civile continue. Bataille de la Porte S. Antoine, à Paris, entre le

DE L'HISTOIRE MODERNE.

Depuis J. C. Prince de Condé, & M. de Turenne qui commandoit les troupes du Roi. Le Cardinal Mazarin se retire de nouveau à Bouillon. Les troubles s'appaisent ; le Roi revient à Paris, & fait arrêter le Cardinal de Retz, Coadjuteur de l'Archevêché de Paris, & chef des Frondeurs : ce Prélat trouva ensuite le moyen de se sauver de sa prison de Nantes, à Rome.

Pendant ces troubles, les Espagnols reprennent Barcelone, Casal, Dunkerque, &c.

Les Hollandois établissent une Colonie près du Cap de Bone Espérance.

1653. Le Cardinal Mazarin revient à Paris, le trois Février : tout le monde s'empresse de lui faire sa cour. Les troubles de Guyenne sont appaisés. Guerre entre les Hollandois & les Anglois.

1654. Le Roi Louis XIV. est sacré à Rheims le sept Juin, par l'Evêque de Soissons, Simon le Gras, le Siége de Rheims vacant.

Christine Reine de Suéde abdique la Couronne le seize Juin, en faveur de Charles Gustave son cousin : elle se retire à Rome, ayant embrassé la Religion Catholique. Elle est morte dans cette Ville en 1689. En quittant le trône de Suéde, elle y fit établir Charles-Gustave, Duc des Deux-Ponts, son cousin.

Louis XIV. reconcilie les Vaudois des Vallées avec le Duc de Savoye.

1655. Cromwel fait un Traité avec la France, & se déclare contre les Espagnols, à qui il enlève dans l'Amérique l'Isle Jamaïque, qui est restée aux Anglois.

Les Vénitiens accordent le rétablissement des Jésuites, à la prière de Louis XIV. & du Pape Alexandre VII.

L'Archiduc Léopold, fils de l'Empereur Ferdinand est couronné Roi de Hongrie, & l'année suivante de Bohême.

1656. La paix se rétablit entre les Suisses des deux Communions, par la médiation du Roi.

Jean IV. Roi de Portugal, meurt à Lisbonne le six Novembre ; Alphonse VI. son fils aîné, lui succéde.

1657. Dunkerque est prise le quinze Janvier, par M. de Turenne vainqueur des Espagnols & du Prince de Condé : on la remet aux Anglois.

L'Empereur Ferdinand III. meurt à Vienne, le deux Avril, âgé de quarante-neuf ans, après en avoir régné vingt. Son fils LÉOPOLD I. est élu Empereur en sa place, le dix-huit Juillet 1658.

Frederic-Guillaume Electeur de Brandebourg, dont le grand-père étoit devenu Duc de Prusse, engage la Pologne à n'en plus exiger d'hommage, & à l'en reconnoître Duc Souverain & indépendant.

Depuis J. C.	Olivier Cromwel, après avoir gouverné l'Angleterre pendant neuf ans, meurt le treize Septembre : son fils Richard succéde à son autorité, mais il ne put s'y maintenir.
Les Hollandois se rendent maîtres dans les Indes de l'Isle de Ceylan, d'où vient la canelle.
1658.	Aureng-zeb, fils de Schah-gehan, Empereur de l'Indostan ou Grand Mogol, fait la guerre à ses frères, emprisonne son père, & se fait déclarer Empereur : il régne quarante-neuf ans.
1659.	Paix des Pyrenées entre la France & l'Espagne, conclue le sept Novembre. Louis XIV. est médiateur pour la paix de Suéde & de Danemarck.
1660.	Le vingt-trois Février, meurt à Stockholm Charles Gustave, Roi de Suéde, qui étoit de la Maison Palatine & de la Branche des Deux-Ponts : son fils Charles XI. lui succéde.
Gaston de France, frère de Louis XIII. Duc d'Orléans & oncle du Roi, meurt à Blois, le deux Février.
Louis XIV. se marie par procureur à Fontarabie, le trois Juin. Les Rois de France & d'Espagne jurent la paix dans l'Isle de Bidassoa, le six Juin. Le Roi d'Espagne Philippe IV. remet sa fille Marie-Thérèse au Roi son époux, le sept du même mois : le neuf, les cérémonies se font à S. Jean de Luz ; & le vingt-six Août, la Reine fait son entrée dans Paris.
Charles II. fils de Charles I. Roi d'Angleterre, est rappellé par ses sujets, & fait son entrée à Londres le huit Juin ; il est couronné solemnellement l'année suivante. C'est lui qui a fondé par Lettres-Patentes la Société Royale de Londres (ou l'Académie des Sciences d'Angleterre.)
1661.	Le Cardinal Mazarin meurt le neuf Mars ; le premier Avril, Monsieur, frère de Louis XIV. & Duc d'Orléans, épouse Henriette d'Angleterre, sœur de Charles II.
Traité conclu le six Août entre les Hollandois & Portugais, par lequel la Hollande renonce à ses prétentions sur le Brésil, où les Portugais venoient de reprendre ce que les Hollandois y avoient conquis pendant que le Portugal étoit soumis à l'Espagne.
Naissance de Monseigneur le Dauphin, le premier Novembre.
Le Roi d'Espagne consent enfin que ses Ambassadeurs cedent le rang à ceux de France : cette dispute duroit depuis plus de cent ans.
Chi-tçu ou Chun-tchi, premier Empereur de la Chine de la famille des Tartares Mantchéous, meurt après avoir régné dix-huit ans. Kam-hi son fils lui succéde, & régne soixante-un ans ; il favorisa le Christianisme & les Missionnaires.

DE L'HISTOIRE MODERNE. 247

Depuis J. C. 1662.	Louis XIV. vient au Parlement, & y fait enregistrer la donation que le Duc Charles III. lui fait de la Lorraine; mais cela fut sans effet. La France convient d'une ligue défensive avec les Hollandois. Dunkerque est rachetée des mains des Anglois. Les Hollandois s'emparent aux Indes de Cochin, & de plusieurs autres Places, sur les Portugais.
1663.	Etablissement de l'Académie des Inscriptions & Belles-Lettres, à Paris. Le Roi renouvelle l'alliance avec les Suisses, le vingt-huit Novembre. Le Duché de Prusse est reconnu indépendant de la Pologne, en faveur de la Maison de Brandebourg.
1664.	Traité de Pise entre la France & le Pape; le Cardinal Chigi neveu du Pape Alexandre VII. & le Cardinal Impérialé viennent en France, faire satisfaction au Roi, au sujet de l'insulte faite par les Corses à son Ambassadeur. Le dix Septembre, le Roi établit l'Académie de Peinture & Sculpture. Le huit Novembre, on commence le canal de Languedoc pour la jonction des deux mers. Bataille de Saint-Gothard en Hongrie, où les François, comme troupes auxiliaires de l'Empereur, battent les Turcs. Guerre entre les Hollandois & les Anglois, au sujet de la côte de Guinée.
1665.	Etablissement du Journal des Sçavans à Paris, le cinq Janvier; des Manufactures de laines, toiles peintes & autres établies en France. Rétablissement de l'Ordre de S. Michel, le douze du même mois. On bâtit l'Observatoire, & l'on commence à élever la façade du Louvre. Bataille de Villaviciosa, où les Portugais furent vainqueurs des Espagnols. Philippe IV. Roi d'Espagne, meurt le dix-sept Septembre; son fils Charles II. lui succéde.
1666.	Mort d'Anne d'Autriche, mère de Louis XIV. le vingt Janvier. Ce Prince déclare la guerre aux Anglois, en faveur des Hollandois. Etablissement de l'Académie Royale des Sciences de Paris, au mois de Décembre. Incendie de Londres, qui détruit une grande partie de cette Ville, le deux Septembre. Le vingt-cinq Septembre, mort d'Abbas II. Roi de Perse: son fils Soliman qui étoit d'un caractère bien différent, lui succéde & se signale par sa cruauté.
1667.	La paix est conclue à Bréda, le vingt-six Janvier, entre l'Angleterre, la Hollande, la France & le Danemarck. Ordonnance civile de Louis XIV. publiée au mois d'Avril, après nombre de conférences des plus habiles gens du Royaume.

Q iv

| Depuis J. C. | Le Roi marche en Flandre, ayant sous lui le Maréchal de Turenne, pour faire valoir les droits de la Reine sur les Pays-Bas. Prise de Tournai, Douai, &c. enfin de Lille.
Alphonse VI. Roi de Portugal, est déposé & conduit dans l'isle Terçere : son frère Dom Pedre ou Pierre II. est mis en sa place, mais ne prend que la qualité de Régent tant qu'Alphonse vécut, c'est-à-dire jusqu'en 1683. |
|---|---|
| 1668. | Casimir V. Roi de Pologne, abdique volontairement, ayant perdu Marie de Gonzague sa femme, Princesse de grand mérite.
On dresse le premier plan de la triple alliance entre l'Angleterre, la Suéde & la Hollande, le vingt-trois Janvier : cette alliance est conclue & terminée le vingt-cinq Avril. L'Espagne fait la paix avec le Portugal, & reconnoît cette Couronne libre & indépendante de celle de Castille ; les Portugais cédent aux Espagnols la ville de Ceuta en Afrique, &c.
Louis XIV. fait la conquête de la Franche-Comté sur les Espagnols.
Traité de paix conclu à Aix-la-Chapelle ; la France retient seulement les conquêtes qu'elle avoit faites en Flandre.
M. de Turenne abjure le Calvinisme, & se fait Catholique : ce fut en partie pour lui que M. Bossuet fit l'*Exposition de la foi*, &c. |
| 1669. | Le Roi oblige l'Electeur Palatin & le Duc de Lorraine de terminer leurs différends.
La triple alliance s'engage à la conservation des Pays-Bas.
Casimir Roi de Pologne passe en France ; Louis XIV. lui donne l'Abbaye de S. Germain-des-Prez.
Les Etats de Pologne élisent, le dix-neuf Juin, Michel Koribut Wiesnoviski.
Les Turcs prennent enfin la ville Capitale de Candie, après vingt-quatre ans de guerre contre les Vénitiens : les Turcs perdirent en Candie deux cent mille hommes. |
| 1670. | L'Empereur, l'Espagne & la Hollande, font un Traité le vingt-six Janvier.
Frideric III. Roi de Danemarck, meurt le neuf Février, âgé de soixante-un ans ; son fils Christiern V. lui succéde.
Les Algériens sont obligés de faire la paix avec la France.
Le Roi procure celle de Savoye avec les Génois.
On renouvelle à la Haye, le quatre Mai, la triple alliance.
Le Duc de Lorraine brouille la France avec ses Alliés ; le Maréchal de Créqui le dépouille de ses Etats, le vingt-sept Août.
Ordonnance Criminelle de Louis XIV. publiée au mois d'Août. Edit portant que le commerce de mer ne dérogera point à la Noblesse. |

DE L'HISTOIRE MODERNE. 249

D. J. C. La Princesse Palatine se réunit à l'Eglise Catholique, le
1671. quinze Novembre.

Philippe de France frère du Roi, épouse cette Princesse à Châlons, le vingt-un du même mois.

Etablissement de l'Académie Royale d'Architecture, à Paris. Commencement de l'Hôtel Royal des Invalides.

Incendie à Constantinople.

1672. L'Empereur, l'Espagne, le Brandebourg & la Hollande, se liguent contre la France.

Le Roi déclare la guerre à la Hollande, le six Avril, & nomme la Reine Régente pendant son absence. Fameux passage du Rhin, le douze Juin. Conquête d'une partie de la Hollande.

Alors le Prince d'Orange Guillaume III. fils de Guillaume II. fut fait Stadhouder : c'est le même qui, seize ans après, se fit reconnoître Roi d'Angleterre.

Casimir Roi de Pologne, meurt à Nevers le quatre Décembre.

1673. Trêve entre la France & le Brandebourg.

Le Duc de Lorraine traite avec l'Empereur, contre la France.

Le Gouvernement des Pays-bas Espagnols, déclare la guerre à la France, en faveur des Hollandois, le quinze Octobre : la France déclare la guerre à l'Espagne, le vingt du même mois.

Michel Koribut Roi de Pologne, meurt le dix Novembre.

1674. L'Electeur Palatin s'engage avec l'Empereur, contre la France.

Le Prince Guillaume de Furstemberg est enlevé à Cologne, par ordre de l'Empereur : cette action fait discontinuer les conférences pour la paix.

L'Angleterre fait sa paix particuliére avec les Hollandois.

Le Roi se rend maître de la Franche-Comté, qui est depuis restée à la France.

Jean Sobieski est élu Roi de Pologne, le vingt Mai, avec le secours de la France.

M. de Turenne gagne plusieurs batailles en Allemagne : le Prince de Condé est victorieux à celle de Senef en Flandre.

L'Archevêque de Paris est fait Duc & Pair de S. Cloud.

Quebec, capitale du Canada ou de la Nouvelle France, est érigée en Evêché.

1675. Troubles à Messine, ville de Sicile : le Roi de France y envoye des troupes.

M. de Turenne est tué en Allemagne d'un coup de canon.

Le Roi accepte Nimegue pour y traiter de la paix.

Depuis J. C.	Mort du Duc de Lorraine Charles III. le dix-huit Septembre : son neveu Charles IV. lui succéde, dans l'espérance de recouvrer ses Etats.
1676.	La France déclare la guerre au Danemarck, en faveur de la Suéde, le vingt-huit Août.
	Mort du Czar Alexis : son fils aîné Féodore ou Théodore, lui succéde ; Jean, & Pierre qui s'est rendu depuis si illustre, étoient les autres fils d'Alexis.
1677.	Monsieur, frère unique de Louis XIV, défait le Prince d'Orange & l'armée des Alliés près de Cassel en Flandre, le onze Avril.
	La France prend Cambrai, Valenciennes, Saint-Omer, &c. enfin Fribourg en Souabe.
1678.	Le Roi régle les conditions de la paix, qui est signée à Niméque, le dix Août, entre la France & la Hollande.
	Le Prince d'Orange, qui avoit le Traité de paix signé, ne laisse pas d'attaquer près de Mons les François, commandés par le Maréchal de Luxembourg ; & ce Prince est battu.
1679.	Tous les Princes de l'Empire, excepté l'Electeur de Brandebourg, signent la paix avec la France & la Suéde, le cinq Février : cet Electeur ne la signé que le vingt-neuf Juin suivant, & rend à la Suéde tout ce qu'il avoit pris. Le Danemarck fait la même chose le deux Septembre.
	Le Pays du Mississipi, nommé ensuite Louisiane, au Sud-Ouest du Canada, est découvert par les François.
	Le Roi d'Espagne épouse la fille aînée de Monsieur, Philippe de France, frère de Louis XIV.
1680.	On donne à Louis XIV. le surnom de Grand, de l'aveu même des Etrangers. Ce Prince fait restituer au Duc de Holstein les Etats qui lui avoient été enlevés par le Roi de Danemarck.
	Premier établissement des François dans les Indes Orientales, par la confirmation de l'acquisition qu'ils avoient faite de Pondicheri cinq ou six ans auparavant.
	Mariage de Monseigneur le Dauphin avec la Princesse Marie-Anne-Victoire de Baviére, le sept Mars.
1681.	La ville de Strasbourg se rend au Roi Louis XIV. qui y fit son entrée le vingt-trois Octobre.
1682.	Assemblée du Clergé de France, qui accorde au Roi la régale dans toutes les Eglises du Royaume, & sur tous les Bénéfices auxquels le Roi a droit de nomination. On y dresse les quatre Articles, à qui l'on a donné le nom de Propositions du Clergé sur l'indépendance des Rois, &c. Edit du Roi en conséquence, enregistré au Parlement le vingt-trois Mars.
	Même mois, Déclaration en faveur de la Souveraineté de Dombes.

DE L'HISTOIRE MODERNE. 251

Depuis J. C. Naiſſance de Monſeigneur le Duc de Bourgogne, le ſix Août.

Bombardement d'Alger, par une Eſcadre Françoiſe, commandée par M. Duqueſne.

Tekeli excite des troubles dans la Hongrie.

Mort du Czar Féodore: ſes deux frères Jean & Pierre lui ſuccédent enſemble, par un effet des intrigues de leur ſœur Sophie, qui ſe fit reconnoître Co-Régente, & qui pendant un temps gouverna ſeule la Ruſſie ou Moſcovie.

1683. Marie-Thérèſe d'Autriche, épouſe de Louis XIV. meurt le trente Juillet.

Monſeigneur le Duc d'Anjou, qui a été depuis Roi d'Eſpagne, vient au monde le dix-neuf Décembre.

Alphonſe VI. Roi de Portugal, détrôné ſeize ans auparavant, meurt le douze Septembre: ſon frère Pierre II. prend alors le titre de Roi.

Les Turcs aſſiégent Vienne pour la ſeconde fois: Jean Sobieski Roi de Pologne, accourut à ſon ſecours, & contribua beaucoup à repouſſer les Barbares.

Mort de M. Colbert, le ſix Septembre: ce Miniſtre, le plus grand que la France ait eu, fit monter les Arts à ce dégré de ſplendeur qui a rendu ſi illuſtre le régne de Louis XIV.

1684. Les Ambaſſadeurs d'Alger viennent à Paris, le quatre Juillet, implorer la clémence du Roi.

Priſe de Luxembourg par les troupes de France: le Roi étoit préſent, & couvroit le ſiége.

Tréve de Ratisbonne, le dix Août, entre la France & l'Eſpagne; le quinze du même mois, tréve de la France avec l'Empire.

Des Ambaſſadeurs du Roi de Siam viennent rendre leurs hommages à Louis XIV.

1685. Charles II. Roi d'Angleterre, meurt ſans poſtérité, le ſeize Février. Jacques II. ſon frère lui ſuccéde.

Louis XIV. à la priére d'Innocent XI. accorde la paix aux Génois, le vingt-deux Février. Le Doge & quatre Sénateurs viennent à Paris, le quinze Mai, faire leurs ſoumiſſions pour la République.

Tripoli eſt bombardée par une Eſcadre Françoiſe, commandée par le Maréchal d'Eſtrées: Tunis fait ſa paix avec la France.

En France, révocation de l'Edit de Nantes, & ſuppreſſion de l'exercice de la Religion Prétendue-Réformée, par un Edit du vingt-deux Octobre.

Molinos Prêtre Eſpagnol, enſeigne les erreurs des Quiétiſtes, eſt arrêté à Rome, & mis dans les priſons de l'Inquiſition.

1686. Bude & Neuhauſel en Hongrie, priſes ſur les Turcs, par les troupes de l'Empereur Léopold, commandées par le

Depuis J. C.	Duc de Lorraine Charles IV. qui rendit de grands services à l'Empereur.
	Le Maréchal de la Feuillade éleve une statue au Roi, dans la place des Victoires, à Paris.
	Terrible inondation en Hollande, la mer ayant rompu les digues.
	Seconde Ambassade du Roi de Siam à Louis XIV.
	Commencement de la Ligue d'Ausbourg contre la France.
	Naissance du Duc de Berry, le trente-un Août.
	Louis II. Prince de Condé, surnommé le Grand, meurt à Fontainebleau, le onze Décembre.
	Etablissement de la Maison Royale de Saint-Cyr, pour trois cent jeunes demoiselles Nobles.
	Cette année & la suivante, les Vénitiens font la conquête de la Morée sur les Turcs.
1687.	Carnaval de Venise, où le Duc de Savoye, le Duc de Baviére, &c. prennent des liaisons contre la France.
	Bataille de Mohacz, le douze Août, en Hongrie, où les Turcs sont entiérement défaits par le Duc de Lorraine, Général de l'Empereur ; ce qui fut suivi de la conquête de l'Esclavonie.
	Le Royaume de Hongrie est reconnu héréditaire dans la Maison d'Autriche, & l'Archiduc Joseph est couronné Roi le neuf Décembre.
	Mahomet IV. Empereur des Turcs, est déposé, après trente-huit ans de régne ; & son neveu Soliman III. est mis en sa place.
1688.	Louis XIV. fait marcher des troupes en Allemagne, qui prennent Philisbourg, Manheim, Tréves, &c. La guerre est déclarée à la Hollande, le trois Décembre.
	Belgrade est enlevée aux Turcs par les Allemans, le six Septembre.
	Troubles en Russie ou Moscovie ; le Czar Pierre I. régne seul.
	Révolution à Siam : mort de Constance, Ministre du Roi Chaou-Naraye, qui, après avoir régné trente-deux ans, fut détrôné par Pitracha, son parent. Celui-ci obligea les François qui s'étoient établis à Siam, de se retirer.
1689.	La Reine d'Angleterre & le Prince de Galles, s'étant retirés de Londres, arrivent à Paris le six Janvier.
	Jacques II. Roi d'Angleterre, arrive le sept du même mois, au château de S. Germain-en-Laye.
	Guillaume Prince d'Orange & Marie sa femme, fille du Roi Jacques, sont couronnés Roi & Reine d'Angleterre, après qu'on eût déclaré le trône vacant.
	L'Allemagne déclare la guerre à la France, le vingt-quatre Janvier; le Roi déclare la guerre à l'Espagne, le

DE L'HISTOIRE MODERNE. 253

Depuis J. C. quinze Avril, aux Anglois & au Prince d'Orange, le vingt-cinq Juin.

Chriſtine Reine de Suéde, meurt à Rome, le dix-neuf Avril.

Les Turcs ſont forcés de céder à la Maiſon d'Autriche la Tranſilvanie, qui depuis eſt jointe au Royaume de Hongrie.

1690. Bataille de Stafarde en Italie, où M. de Catinat défait l'armée commandée par le Duc de Savoye, le dix-huit Juin.

Bataille de Fleurus en Flandre, dans laquelle M. de Luxembourg défait l'armée des Alliés, le premier Juillet.

Combat naval près de Dieppe, où M. de Tourville bat les flottes Angloiſe & Hollandoiſe, le dix Juillet.

Le Roi Jacques, qui l'année précédente étoit paſſé en Irlande pour s'oppoſer au Prince d'Orange, lui fait lever le ſiége de Limeric, le dix Septembre; mais il perd enſuite, le 11 Juillet, la bataille de la Boyne, & revient en France, où il eſt mort.

Le Pape Alexandre VIII. accorde des Bulles aux Evêques de France qui avoient été nommés par le Roi, & auxquels on les refuſoit depuis l'Aſſemblée du Clergé de 1682.

Paix de Nipchou, dans la Tartarie orientale, pour régler les limites des Etats du Tzar de Ruſſie & de l'Empereur de la Chine. Quand on apprit cette nouvelle dans l'Europe occidentale, on ne pouvoit s'imaginer comment la Ruſſie confinoit avec la Chine.

1691. Louis XIV. prend Mons en perſonne, le neuf Avril.

Mort de Soliman III. Empereur des Turcs, le vingt-deux Juin. Achmet II. ſon frère, fut mis en ſa place.

Bataille de Kilconnel, ou d'Ahgrim, en Irlande, le vingt-deux Juillet: elle fut déciſive contre le parti du Roi Jacques.

Le Prince de Bade, Général de l'Empereur, bat les Turcs à Salankemen en Hongrie, le dix-neuf Août.

Bataille de Leuze, gagnée en Flandre par le Maréchal de Luxembourg, le dix-huit Septembre.

1692. Combat naval contre les Anglois, le vingt-neuf Mai; les François perdent quatorze vaiſſeaux à Cherbourg & à la Hogue.

Louis XIV. en perſonne, prend Namur, le cinq Juin.

Le Duc de Savoye ravage le Dauphiné.

Les Vénitiens remportent de grands avantages contre les Turcs.

Le Duc de Luxembourg gagne, ſur les troupes du Prince d'Orange, la bataille de Steenkerque, en Hainaut, le trois Août.

Depuis *J. C.*	Le Duché d'Hanover est érigé en Electorat par l'Empereur : c'est le neuvième. Il ne fut reconnu par les Etats de l'Empire qu'en 1708. Le premier Electeur d'Hanover fut Ernest, père de George, depuis Roi d'Angleterre.
1693.	Louis XIV. établit l'Ordre Militaire de S. Louis, le dix Mai, pour récompenser les Officiers de ses troupes.
	Les François se rendent maîtres du Palatinat.
	Le Maréchal de Luxembourg défait le Prince d'Orange à Nervinde en Brabant, le vingt-neuf Juillet ; ce Prince perd son camp, son canon, & plus de douze mille hommes.
	Le Maréchal de Catinat défait le quatre Octobre, près de la Marsaille (ou Marsaglia) aux environs de Pignerol, l'armée du Duc de Savoye.
	Les Hollandois prennent dans les Indes, aux François, la Ville ou le Fort de Pondicheri, qui fut rendu en 1697.
	Les Anglois bombardent la Ville de Saint-Malo, le vingt-neuf Novembre.
1694.	Le Maréchal de Noailles a de grands avantages en Catalogne, où il prend Girone.
	Les Anglois font une descente à Camaret en Bretagne ; ils sont taillés en piéces, ou faits prisonniers. Ils bombardent la ville de Dieppe, les vingt-deux & vingt-trois Juillet.
	Les Polonois remportent une victoire sur les Turcs, près du Niester, le six Octobre.
	Soliman, Roi de Perse, meurt ; on lui substitue son second fils Hussein, au lieu d'Abbas son aîné.
1695.	Le Maréchal de Luxembourg meurt, le quatre Janvier.
	Marie Stuart, fille de Jacques II. & femme de Guillaume Prince d'Orange, meurt à Londres le sept Janvier.
	Le Prince d'Orange prend Namur, le quatre Août.
	M. (Louis-Antoine) de Noailles est fait Archevêque de Paris ; & M. (François de Salignac de la Motte) de Fenelon, de Cambrai.
	Achmet II. Empereur des Turcs, meurt le vingt-sept Janvier : on met en sa place Mustapha II. son neveu, qui étoit fils de Mahomet IV.
1696.	La paix entre la France & le Duc de Savoye, est signée à Turin le quatre Juillet, & publiée le dix Septembre ; le quinze, fut signé à Paris le contrat de mariage de la fille du Duc de Savoye, Marie-Adélaïde, avec Monseigneur le Duc de Bourgogne ; & de ce mariage, qui ne fut célébré que l'année suivante, est né Louis XV.
	Jean III. Sobieski Roi de Pologne, meurt à Warsovie le dix-sept Juin, âgé de soixante-douze ans.
	Le Tzar Pierre I. seul Souverain de Russie, son frère Jean étant mort, prend sur les Turcs la ville d'Azof, le vingt-sept Juin.

DE L'HISTOIRE MODERNE.

Depuis J. C.
1697. On commence les conférences pour la paix générale, qui est conclue à Riswic en Hollande, au mois de Septembre. Le Duc Charles de Lorraine est rétabli.

Le vingt-sept Juin, François-Louis de Bourbon, Prince de Conti, & Frideric Auguste, Electeur de Saxe, sont élus chacun Roi de Pologne par différens partis : Frideric Auguste est couronné, le quinze Septembre, & l'emporte sur son concurrent.

Charles XI. Roi de Suéde, meurt le quinze Avril ; son fils Charles XII. lui succéde.

Le onze Septembre, Bataille de Zenta en Hongrie, où le Prince Eugène de Savoye remporte une grande victoire sur les Turcs : ce fut la première fois que ce Héros eut le commandement de l'armée Impériale.

1698. Les Anglois & les Hollandois font un arrangement pour partager les Etats de la couronne d'Espagne, quoique Charles II. qui en étoit Roi, fût encore vivant ; ce qui donne lieu au testament de ce Prince, en faveur d'un Prince de la Maison de France.

Le Tzar Pierre voyage *incognito* en Hollande & en Angleterre, puis il passe à Vienne.

1699. Ambassadeur du Roi de Maroc auprès de Louis XIV. dont il a audience, le six Février.

Christiern V. Roi de Danemarck, meurt le quatre Septembre ; son fils Frideric IV. lui succéde.

Paix de Carlowitz, pour les bornes des deux Empires d'Allemagne & d'Orient, ou des Turcs : ces derniers cédent à l'Empereur la Transilvanie, aux Polonois Caminiec, &c. aux Russiens Azof, & aux Vénitiens la Morée, qu'ils avoient conquise.

1700. Commencement de la guerre du Nord contre Charles XII. Roi de Suéde, par les Rois de Pologne & de Danemarck, & par le Tzar de Russie.

Le Roi de Suéde, âgé de dix-huit ans, va en Danemarck, assiége Copenhague, & après y avoir accordé la paix au mois d'Août, il passe en Livonie, où il bat, le trente Novembre, les Russiens près de Narva, qu'ils assiégeoient.

Mort de Charles II. Roi d'Espagne, le premier Novembre, après avoir institué, par son testament, le Duc d'Anjou, petit-fils de Louis XIV. son héritier. Ce Prince lui succéde, sous le nom de Philippe V. Ainsi finit la branche aînée de la Maison d'Autriche en Espagne.

L'assemblée générale du Clergé de France, reçoit la condamnation du Livre *des Maximes des Saints* de M. de Fenelon, Archevêque de Cambrai, & condamne en même temps plusieurs propositions de la Morale relâchée.

1701. L'Empereur, l'Angleterre, la Hollande, le Duc de Sa-

Depuis J. C. voye & le Portugal, déclarent la guerre à la France & à l'Espagne.

L'Electeur Frideric de Brandebourg, avec un Diplôme de l'Empereur, se couronne lui-même Roi de Prusse, & se fait reconnoître en cette qualité par plusieurs Puissances.

Le Prince Eugène, Général de l'Empereur, commence à avoir quelques avantages en Italie.

Jacques II. Roi d'Angleterre, âgé de soixante-huit ans, meurt à S. Germain-en-Laye, le seize Septembre ; son fils Jacques III. succéde à ses droits.

Le Roi de Suéde, Charles XII, bat le Roi de Pologne près de Riga, que ce Prince avoit inutilement tenté d'enlever aux Suédois l'année précédente. Prise de Mittau, capitale de Courlande : la Lithuanie se soumet au Vainqueur, qui poursuit le Roi de Pologne.

Les mécontens de Hongrie commencent à remuer contre les Autrichiens.

Cette année, les Russiens font la découverte & la conquête du pays de Kamtschatka, à l'extrémité orientale de l'Asie, vers le Nord : il n'est séparé de l'Amérique que par quelques Isles.

1702. Guillaume III. Prince d'Orange, qui régnoit en Angleterre, meurt le dix-neuf Mars. Anne Stuart, seconde fille de Jacques II, lui succéde.

Les Hollandois prennent une seconde fois la résolution de n'avoir plus de Stadhouder, après la mort du Roi Guillaume ; & il n'y en a eu qu'en 1747.

Bataille de Luzara en Italie, dont les Impériaux sont obligés de céder l'honneur aux troupes Françoises, commandées par M. de Vendôme. Le Roi d'Espagne y étoit en personne.

Bataille de Fridlingue, près de Huningue, en Souabe, où M. de Villars défait les Impériaux.

Arrêt du Conseil, du douze Mai, qui juge que l'Archevêque de Rouen est indépendant de la Primatie de Lyon, laquelle d'ailleurs est reconnue par les Archevêques de Sens, de Tours & de Paris.

Les François, du consentement du Roi d'Espagne, négocient dans la mer du Sud : ils envoyent des Colonies dans la Louisiane ou le Pays du Mississipi.

Charles XII. Roi de Suéde, défait le Roi de Pologne Auguste, près de Cracovie, & déclare qu'il ne sortira pas du pays qu'il ne l'ait détrôné.

1703. Mustapha II. Empereur des Turcs, est déposé au mois de Septembre : son frère Achmet III. est mis en sa place, & régne vingt-sept ans.

Prise de Brisac par le Duc de Bourgogne, le sept Septembre. Bataille de Spire, le quinze Novembre, gagnée par les François sur les Impériaux.

DE L'HISTOIRE MODERNE.

Depuis J. C. Soulévement des Camisars dans les Cévennes, qui fut appaisé l'année suivante par M. de Villars.

Ragotski, élu Prince de Transilvanie, se met à la tête des mécontens de Hongrie.

Le Tzar Pierre, à la mort d'Adrien, dixième Patriarche de Russie, supprime cette importante charge, dont l'autorité lui faisoit ombrage ; il établit dans la suite un Synode perpétuel pour le gouvernement de cette Eglise.

1704. Les Anglois prennent, le quatre Août, Gibraltar, qu'ils possédent encore aujourd'hui.

Bataille d'Hochstet en Bavière, le treize Août : les Impériaux, commandés par le Prince Eugène & Milord de Malbouroug, y ont l'avantage sur les François, dont l'armée se trouve obligée de revenir en France : la perte de cette bataille cause celle de toute la Bavière.

Stanislas Lecksinski, est élu Roi de Pologne, le douze Juillet, par les soins de Charles XII. Roi de Suéde : il est sacré & couronné à Warsovie, le quatre Octobre.

Le Tzar Pierre prend, sur les Suédois, la ville de Narva. Dans le même temps, ce Prince fait bâtir Saint-Petersbourg, il y fit depuis sa résidence.

1705. L'Empereur Léopold I. meurt à Vienne, le six Mai, âgé de soixante-cinq ans, après en avoir régné près de quarante sept : son fils aîné JOSEPH I. lui succéde, ayant renoncé à ses droits sur la Monarchie d'Espagne, en faveur de son frère Charles, qui va débarquer à Lisbone avec des troupes Angloises & Hollandoises.

Bataille de Cassano en Italie, gagnée sur le Prince Eugène par le Duc de Vendôme, le seize Août.

Le Parlement d'Angleterre fixe la couronne dans la ligne Protestante.

Le Roi de Suéde remporte deux victoires sur les Russiens près de Mittau & de Warsovie, au mois de Juillet.

1706. Bataille de Ramillies dans le Brabant, où les François sont défaits par les Alliés, qui prennent ensuite la meilleure partie des Pays-bas.

L'Archiduc Charles a de grands avantages en Espagne : il est proclamé Roi à Madrid ; mais le Maréchal de Berwick donne la chasse à ses troupes.

Pierre II. Roi de Portugal, meurt le neuf Décembre ; Jean V. son fils, lui succéde.

Bataille de Frawstadt gagnée par les Suédois, contre les troupes du Roi Auguste.

Le Roi de Suéde entre en Saxe, & s'en empare. Auguste fait sa paix, en renonçant à la couronne de Pologne. Le Tzar entre dans ce Royaume.

Les nouvelles Philippines sont découvertes par les Espagnols.

II. Partie.

Depuis J. C. 1707.	Bataille d'Almanza, sur les frontières du Royaume de Valence, le vingt-cinq Avril : l'armée de Philippe V. Roi d'Espagne, commandée par le Maréchal de Berwick, y remporte une victoire complette sur l'Archiduc Charles.

Après la bataille de Turin, gagnée par le Prince Eugène, les François perdent la Lombardie.

Les Impériaux se rendent maîtres du Royaume de Naples.

Siége de Toulon entrepris & levé par le Duc de Savoye.

Anne Reine d'Angleterre, unit à l'Angleterre l'Ecosse, qui de Royaume, devient seulement une province asservie aux Anglois. Cette Princesse assure la succession de la couronne d'Angleterre, dans la ligne Protestante, en faveur de la Princesse Sophie, Douairière de Brunswick-Hanover.

Mort d'Aurengh-zeb, surnommé Alemguir, Empereur de l'Indostan ou Grand Mogol : il étoit âgé de plus de cent ans, & en avoit régné cinquante : son fils Schah-Alem lui succéde, après avoir vaincu ses deux frères. |
| 1708. | Action ou bataille d'Oudenarde, perdue par les François, le onze Juillet, ce qui occasionne la levée du siége de Bruxelles, entrepris par l'Electeur de Bavière, Maximilien-Emmanuel.

La ville de Lille est prise par les Alliés, commandés par le Prince Eugène & Malbouroug, après quatre mois de siége : elle fut vigoureusement défendue par M. le Maréchal de Boufflers.

Les Anglois se rendent maîtres de Port-Mahon, dans l'Isle de Minorque, qu'ils ont gardé à la paix.

L'Empereur s'attribue le Duché de Mantoue, après la mort de son dernier Duc. Il céde le Duché de Montferrat au Duc de Savoye.

Le Roi de Suéde chasse les Russiens de Pologne, en remportant sur eux plusieurs victoires : il entre ensuite en Russie, dans le dessein de détrôner le Tzar.

Oran ville d'Afrique, qui appartenoit à l'Espagne depuis l'an 1509, est prise par les Algériens. |
| 1709. | Le Père de la Chaize, Confesseur de Louis XIV. depuis trente-cinq ans, meurt à Versailles, le vingt Janvier : le Père Tellier, aussi Jésuite, lui succéde.

Charles XII. Roi de Suéde, est entièrement défait par le Tzar Pierre I. près de Pultowa en Ukraine, le onze Juillet; le Général Levenhaupt & plus de seize mille Suédois sont obligés de se rendre au Général Russien Menzikow ; & le Roi de Suéde se retire à Bender, sous la protection du Grand Seigneur, où il resta quatre ou cinq ans.

Auguste Roi de Suéde, proteste contre son abdication & rentre en Pologne, dont il jouit jusqu'à sa mort. Le Roi Stanislas se retire dans le Duché de Deux-Ponts, qui appar- |

DE L'HISTOIRE MODERNE. 259

Depuis J. C. tenoit au Roi de Suéde, & après la mort de ce Prince, il vint demeurer en France, à Weissembourg.

Le Comte du Bourg, Lieutenant-Général & Commandant à Strasbourg, défait, dans la haute Alsace, un corps de troupes Allemandes de neuf mille hommes, commandé par le Général Merci, qui fut blessé dans l'action où les Allemands perdirent plus de deux mille cinq cent hommes, & deux mille prisonniers.

La ville de Tournai, place importante sur l'Escaut, est investie par le Prince Eugène & Milord Malbouroug. Cette ville se rend après trois semaines de défense, & la citadelle tient encore plus d'un mois, & capitule.

Bataille de Malplaquet, nommée par les Alliés la Bataille le Téniers, où ils gagnèrent le champ de bataille, au moyen de trente mille hommes qu'ils laissèrent sur la place, & les François en perdirent près de dix mille. La Hollande est en pleurs pour cette victoire. Le Maréchal de Villars y fut blessé ; ce qui occasionna la retraite de l'armée de France, qui se fit dans un bel ordre & avec beaucoup de dignité, sous les ordres du Maréchal de Boufflers, qui voulut bien servir alors comme volontaire sous le Maréchal de Villars. La ville de Mons fut ensuite prise par les Alliés.

Philippe V. Roi d'Espagne, fait assembler les Etats Généraux à Madrid, & l'on y reconnoît son fils aîné, le Prince des Asturies, pour héritier présomptif de la couronne.

La ville & le château d'Alicante, le seul poste qui restoit dans le Royaume de Valence à l'Archiduc Charles, est pris par le Roi d'Espagne, à la vue de la flotte Angloise.

Le dix-huit Juin, meurt à Macao, dans la Maison des Jésuites, le Cardinal de Tournon, Légat du S. Siége.

1710. Girone en Catalogne, se rend, dans le mois de Janvier, au Duc de Noailles, après un Siége très-difficile.

Le quinze Février, naissance de Louis Duc d'Anjou, depuis Roi de France sous le nom de Louis XV.

La ville de Douai en Flandre, est investie par les Alliés, & ne se rend qu'après cinquante-deux jours d'une défense très-vigoureuse.

Les négociations de la paix que l'on traitoit à Gertruydenberg, place du Brabant Hollandois, sont rompues par les Etats de Hollande.

La défaite des troupes du Roi d'Espagne près d'Almenar & ensuite près de Sarragosse, oblige Philippe V. d'abandonner Madrid sa capitale, & de se retirer à Valladolid. L'Archiduc Charles se rend à Madrid, où la tristesse des habitans lui fait sentir qu'il n'étoit pas reconnu pour légitime Souverain.

Sur la fin de l'année, le Roi d'Espagne rentre dans Madrid ; il attaque & bat ensuite, près de Villaviciosa, l'armée

Depuis J. C. des Alliés, commandée par le Comte de Staremberg, l'un des plus habiles Généraux des troupes Impériales. Le gain de cette Bataille confirme la Couronne d'Espagne au Roi Philippe. Presque toutes les places révoltées de l'Espagne se soumettent; & Philippe V. fait son entrée à Sarragosse, qui fut regardée comme une ville conquise, aussi bien que le Royaume d'Aragon, qui perdit tous ses priviléges.

Les troupes du Tzar Pierre prennent sur les Suédois, Wibourg en Finlande, Revel & Riga en Livonie. Combat naval des Suédois & des Danois, à la vue de Coppenhague, avec perte égale.

Frédéric Guillaume Ketler, Duc de Curlande, étant mort le vingt-un Janvier, le Tzar Pierre y fait entrer ses troupes, & donner la Régence du pays à la Princesse Anne, Duchesse douairière, qui étoit sa niéce.

L'Empereur donne le Duché de la Mirandole en Italie, au Duc de Modène, qui le possède encore aujourd'hui.

Monseigneur le Dauphin fils de Louis XIV, meurt à Meudon de la petite vérole, le quatorze Avril, âgé de quarante-neuf ans, cinq mois & quatorze jours. M. le Duc de Bourgogne, père de Louis XV. a le titre de Dauphin.

L'Empereur Joseph I. meurt le dix-sept Avril, âgé de près de trente-trois ans, dans la sixième année de son régne. CHARLES VI. son frère, est élu Empereur le douze Octobre.

1711. Le Tzar Pierre investi par les Turcs, près du Pruth, au mois de Juillet, est sauvé par l'adresse de l'Impératrice sa femme, & par l'avarice du Grand Visir: la paix se fait entre les Russiens & les Turcs, malgré le Roi de Suéde.

Milord Malbouroug, malgré les défenses de la Reine Anne, investit Bouchain sur l'Escaut, & la prend, le treize Septembre, après vingt & un jours de tranchée ouverte; cette désobéissance du Général Anglois, fit accélérer la paix entre la France & l'Angleterre.

Les Anglois font, le trois Septembre, une tentative inutile sur Québec capitale du Canada.

M. du Gué-Trouin, chef d'Escadre, fait une expédition à Rio-Janeiro dans le Brésil, qui cause un dommage de plus de 25 millions aux Portugais, qui étoient unis aux Alliés.

La guerre de Hongrie, commencée en 1701, finit par la prise de Montgasch.

1712. Marie-Adélaïde de Savoye, épouse de M. le Dauphin (ci-devant Duc de Bourgogne,) meurt à Versailles, le douze Février, âgée de vingt-six ans. M. le Dauphin son mari, meurt à Marli, le dix-huit du même mois, âgé de trente ans. Le Duc de Bretagne déclaré Dauphin, & fils du précédent, meurt le huit Mars. M. le Duc d'Anjou, son frère (depuis Louis XV.) fut alors en grand danger.

DE L'HISTOIRE MODERNE.

Depuis J. C.

Le congrès d'Utrecht pour la paix générale, commence le vingt-neuf Janvier. La suspension d'armes entre la France & l'Angleterre est publiée à Paris, le vingt-quatre Août, & prolongée jusqu'à la paix : on consigne Dunkerque aux Anglois.

L'armée de France, commandée par le Maréchal Duc de Villars, force & prend le camp des ennemis à Denain, le vingt-quatre Juillet. Le Comte d'Albemarle, qui le commandoit & plusieurs Officiers Généraux sont faits prisonniers. Cet avantage est suivi de la levée du siége de Landrecies par le Prince Eugène, de la prise de Douay, par les François, de celle du Quesnoy, & de celle de Bouchain. On prit dans l'Abbaye de Marchiennes une nombreuse artillerie & beaucoup de munitions de guerre & de bouche. Les Alliés hors d'état de continuer la guerre, pensent à faire une paix générale.

M. le Duc de Vendôme meurt en Espagne, le onze Juin.

Traité d'Araw en Suisse, du deux Août, qui met fin aux troubles excités entre les Cantons Protestans & Catholiques : il fut fait par l'entremise du Comte du Luc, Ambassadeur du Roi Louis XIV.

1713.

Le Roi d'Espagne renonce solemnellement à la Couronne de France, par un acte du cinq Novembre.

Le Roi de Suède, renvoyé par les Turcs, refuse de partir : il soutient avec sa Maison un siége contre une armée de Turcs & de Tartares, le treize Février : on le conduit à Démotica près d'Andrinople. Le Roi Stanislas vient de Pologne pour le voir.

Le dix-sept Mars, l'armée de Suède qui étoit dans le Holstein ci-devant victorieuse, est dissipée, & le Général Steinbrok obligé de se rendre. Le Roi de Danemarck prive le Duc de Holstein de ses États, & enleve aux Suédois Bremen & Verden qu'ils possédoient depuis la paix de Munster : il vendit ensuite ces Duchés à l'Electeur d'Hanover, qui en est encore aujourd'hui le maître.

Le Tzar Pierre rend Azof aux Turcs.

Frideric, Electeur de Brandebourg & premier Roi de Prusse, meurt à Berlin le vingt-cinq Février. Frideric-Guillaume son fils, lui succéde.

La paix est conclue à Utrecht par la France & l'Espagne avec l'Angleterre, la Savoye, le Portugal, la Prusse, & avec les Hollandois, le onze Avril, & publiée à Paris le vingt-deux Mai.

Le Roi de Prusse est reconnu Roi par le Traité d'Utrecht, & on lui cede la Gueldre Espagnole, excepté Ruremunde. De son côté, il renonce à tous droits sur la Principauté d'Orange.

| Depuis J. C. | Louis XIV. pour le bien de la paix, sacrifie aux Anglois le port & les fortifications de la ville de Dunkerque, qu'il fait ensuite démolir.

L'Acadie & l'Isle de Terre-neuve, l'une & l'autre en Amérique, sont cédées aux Anglois, qui en Europe restent en possession de Gibraltar, & de l'Isle de Minorque où est le Port-Mahon. Ils gagnent encore le contrat de l'*Assiento*, ou le Commerce des Negres en Amérique, que les Portugais faisoient avant cette guerre & qui leur étoit d'un grand avantage.

Landau & Fribourg sont pris sur l'Empereur Charles VI. qui avoit refusé de conclure la paix à Utrecht.

Les Impériaux abandonnent entièrement la Catalogne, & le Comte de Staremberg se retire de Barcelone le trente Juin, & s'embarque le dix-huit Juillet avec les troupes de l'Empereur. Toute la Catalogne est soumise par le Roi d'Espagne, à l'exception de Barcelone & de Cardone.

Pragmatique Sanction de l'Empereur Charles VI. du treize Avril, par laquelle il assure la possession de tous ses Etats héréditaires, à Marie-Therese d'Autriche sa fille aînée, au défaut d'hoirs mâles.

Le Duc de Savoye, reconnu Roi de Sicile par la cession que lui en fit Philippe V. se fait couronner à Palerme, Capitale de cette Isle, le vingt-quatre Décembre.

L'Empereur vend à la République de Gênes, le Marquisat de Final, qui avoit été pris sur les Espagnols dans le courant de la guerre; & la République en prend possession.

Les Russiens prennent Abo & presque toute la Finlande sur les Suédois. Ils gagnent aussi sur eux une victoire navale, près des Isles d'Aland, au milieu de la Mer Baltique.

1714. Le Traité de paix entre la France & l'Empereur, est signé le six Mars à Rastadt, dans la Principauté de Bade, par le Prince Eugène de Savoye au nom de l'Empereur, & par le Maréchal de Villars au nom du Roi; mais ce Traité ne fut entièrement ratifié que le sept Septembre suivant, dans la petite ville de Baden en Suisse, où se tiennent ordinairement les Assemblées générales des Treize Cantons.

L'Empereur a de la succession d'Espagne le Milanès, &c. Naples, & les Pays-bas Espagnols.

Les Electeurs de Bavière & de Cologne sont rétablis dans leurs Etats & dignités. Le Roi reconnoît la dignité Electorale dans la Maison d'Hanover, & il garde Landau avec l'Alsace.

L'Empereur commence à Anvers un Traité de Barrière avec les Etats de Hollande; conclu le quatre Octobre 1715.

Mort de M. le Duc de Berry, à Versailles, le quatre Mai.

Depuis J. C. Marie-Louise-Gabrielle de Savoye, Reine d'Espagne, meurt à Madrid le quatorze Février. Philippe V. épouse ensuite Elizabeth Farnèse Princesse de Parme, le seize Septembre.

Le six Juin, naissance de Don Joseph Prince du Brésil, ou fils aîné de Jean V. Roi de Portugal ; (ce Prince régne depuis 1750.)

Après plus de six mois d'une défense très-obstinée, après un siége difficile, la ville de Barcelone qui soutenoit toujours sa révolte, quoiqu'abandonnée par les Impériaux, se rend enfin à discrétion le douze Septembre. La ville de Cardone autre ville de Catalogne, se rend aussi.

Anne Reine d'Angleterre, meurt à Londres le douze Août, d'une troisième attaque d'apoplexie.

Les Anglois appellent à la Couronne Georges-Louis Electeur d'Hanover, qui est couronné Roi le trente-un Octobre. Il est reconnu en cette qualité par la France, en vertu du Traité d'Utrecht. Le Parlement d'Angleterre promet une somme considérable à quiconque arrêtera Jacques III. nommé depuis le Prétendant. (Ce Prince, après quelques tentatives, fut obligé de se retirer à Rome.)

Acte du même Parlement, qui promet vingt mille livres sterling à celui qui trouvera le secret des Longitudes.

Charles XII. Roi de Suéde, après avoir passé onze mois à Démotica, où il en fut dix couché, contrefaisant le malade, pour ne point aller chez le Grand-Visir qui l'avoit invité, demande enfin à s'en retourner dans ses Etats, qui étoient alors en fort mauvaise disposition. Il part le premier Octobre, traverse l'Allemagne déguisé, & arrive le vingt-un Octobre à Stralsund en Poméranie, qu'on se préparoit à lui enlever.

1715. La paix entre les Couronnes d'Espagne & de Portugal, est signée à Utrecht le treize Février, & ce fut par là que finit ce fameux Congrès.

Le Roi d'Espagne soumet, par M. d'Asfeld, l'Isle de Mayorque, qui tenoit encore le parti de l'Empereur Charles VI. L'Isle entière & Palma, sa capitale, ressentirent avec les autres, l'effet de la clémence du Roi Philippe V.

Un prétendu Ambassadeur de Perse fait son entrée à Paris au mois de Février, & eut quelques jours après une célèbre audience dans la Galerie de Versailles, où le Roi & toute sa Cour parurent avec beaucoup d'éclat.

La peste se fait sentir à Vienne, en Autriche, & y fait périr plus de quinze mille personnes.

L'Electeur d'Hanover est mis en possession par le Roi de Danemarck, des Etats de Brême & de Ferden enlevés à la Suéde.

Le premier Juin, Jacques III. est proclamé Roi à Lan-

Depuis J. C.	castre : on se déclare pour lui en plusieurs endroits du Nord de l'Angleterre. Le Comte de Marr prend les armes en Ecosse en sa faveur.

Les Turcs enlevent en deux mois la Morée aux Vénitiens ; & ils leur prennent sur la fin de l'année les deux petites places qu'ils possédoient encore en Candie, sçavoir Spinalonga & Suda.

Le premier Septembre, mourut après une assez courte maladie Louis XIV. l'un des plus grands Rois non-seulement de la Monarchie Françoise, mais encore de toute l'Europe. Il avoit régné soixante-douze ans, trois mois & dix-huit jours. Sa mort fut celle d'un Héros Chrétien, qui quitte les grandeurs du monde sans les regretter. Il fut aussi estimé après sa mort, qu'il avoit été respecté & redouté pendant sa vie : l'Empereur Charles VI. lui fait faire de magnifiques funérailles.

A la mort de Louis XIV; Louis XV. son arrière petit-fils monte sur le trône, & Philippe Duc d'Orléans est déclaré Régent du Royaume, le deux Septembre.

Le quinze Novembre, Traité de barrière pour les Pays-bas, signé entre l'Empereur & les Hollandois : on céde à ces derniers Venlo & Stevensvert, dans le haut quartier de Gueldre.

Le vingt-quatre Novembre, les partisans du Roi Jacques, dans le Nord d'Angleterre, sont forcés de mettre bas les armes à Preston, au Pays de Lancastre : même jour, combat de Dumblain en Ecosse, entre le Comte de Marr & le Duc d'Argile Général du Roi George, dont les suites sont funestes au parti du Roi Jacques.

Stralsund, alors la Capitale de la Poméranie Suédoise, étoit assiégée par les Rois de Danemarck & de Prusse, dès le mois d'Octobre : le Roi de Suéde en sort le vingt-deux Décembre, & la ville se rendit le lendemain. L'isle de Rugen avoit été prise le seize Novembre.

Commencement du différend sur la Monarchie de Sicile, entre les Officiers du Pape & ceux du nouveau Roi.

1716.	Naissance de Don Carlos, Infant d'Espagne, le vingt Janvier. (Ce Prince est Roi depuis 1759.)

Le Chevalier de S. Georges ou Jacques III. qui étoit passé en Ecosse, voyant son parti diminué par la désertion de plusieurs Seigneurs, &c. se retire, & passe à Avignon, puis en Italie. On fait à Londres le procès à ses Partisans, qui s'étoient rendus à Preston sur la promesse qu'on leur avoit donnée de la clémence du Roi George.

Charles XII. Roi de Suéde, entre en Norwege au mois de Mars, avec une armée de vingt mille hommes : ses troupes y prennent plusieurs places sur les Danois.

Lettres-Patentes du deux Mai, accordées au sieur Law &

Depuis
J. C.
sa Compagnie, pour l'établissement d'une Banque générale en France.

L'Empereur s'étant ligué avec les Vénitiens pour faire la guerre aux Turcs, les Princes de l'Empire lui accordent des secours considérables.

Bataille de Peterwaradin, ou de Salankemen, en Hongrie, gagnée sur les Turcs le cinq Août, par le Prince Eugène, Généralissime de l'Empereur : le Grand Visir y fut tué, & plus de trente mille des Infidèles ; leur camp fut pris, plus de cent cinquante canons, &c.

Les Turcs levent le siége de Corfou, le vingt-deux Août : le Général de Schuylembourg défendoit, pour les Vénitiens, cette place, qui est le rempart de l'Italie du côté du Levant ; & le Roi d'Espagne avoit envoyé aux Vénitiens nombre de vaisseaux.

Expédition de M. de Louvigny contre les Renards, ou Otagamis, peuples Sauvages de la Nouvelle France : ils se soumettent, le vingt-quatre Août, à l'obéissance du Roi ; & c'est la première expédition du régne de Louis XV. pendant la minorité duquel la France jouit d'un grand calme, & fut exempte de ces funestes divisions qui ont agité si souvent les Royaumes sous les Rois mineurs.

Le treize Octobre, la forte ville de Temeswar, la seule que les Turcs tenoient encore en Hongrie, est obligée de se rendre au Prince Eugène. Le Pape Clément XI. lui envoye le bonnet & l'estoc bénits, que le Prince reçut en cérémonie le sept Novembre, dans l'Eglise de Raab ou Javarin.

Les Danois font sur Gottembourg, ville de Suéde, une entreprise qui ne leur réussit point.

1717. Le Prince de Conti, le Comte de Charolois, le Prince de Dombes, & autres Seigneurs François, vont servir en Hongrie.

Le huit Mai, le Tzar Pierre arrive de Hollande à Paris, y séjourne quarante-quatre jours, & voit tout ce qu'il y a de beau & d'utile. La Sorbonne lui présente un Mémoire pour la réunion de l'Eglise de Russie. Ce Prince, retournant en Russie passe à Spa, dont les eaux lui procurent un effet salutaire, qui a donné lieu à l'érection d'un Monument.

Le deux Juin, Lettres-Patentes de l'Empereur, pour encourager le commerce de Trieste, sur le Golfe de Venise.

Dans le même mois, combat naval des Dardanelles, entre les Vénitiens & les Turcs, sans avantage marqué de part ni d'autre : il y en eut encore trois, qui ne firent pas perdre aux Turcs un pouce de terre ; mais les Vénitiens firent quelques conquêtes dans la Dalmatie & au voisinage.

Le cinq Juillet, naissance de Don Pedro, second Infant

Depuis J. C.	de Portugal, (aujourd'hui époux de la Princesse du Brésil, fille du Roi régnant.)
	Découverte d'une conjuration tramée par des Officiers Saxons, contre le Roi Stanislas, alors à Deux-Ponts, le quinze Août: trois des conjurés arrêtés sont condamnés le dix-sept. Le Prince leur fait grace.
	Bataille de Belgrade, gagnée sur les Turcs par le Prince Eugène, le seize Août: plus de vingt mille des Infidèles restent sur la place. La ville de Belgrade se rend le dix-huit. La Bosnie & la Servie sont ensuite ravagées: Zwornic fait une si vigoureuse défense, que les Impériaux ne peuvent s'en rendre maîtres.
	Le Cardinal Albéroni, principal Ministre d'Espagne, pour se faire un nom, forme le projet de recouvrer les anciens domaines de cette Couronne, & tâche d'exciter des troubles en France & en Angleterre.
	Une flotte Espagnole, commandée par le Marquis de Lede, aborde en Sardaigne, s'empare de Cagliari, le premier Octobre, & en peu de jours de toute l'Isle. Le Marquis de Rubi, qui y commandoit pour l'Empereur, se sauve avec peine.
	En Octobre, les Pays-bas, ci-devant Espagnols, prêtent serment de fidélité à l'Empereur Charles VI. Le Duché de Limbourg est uni à celui de Brabant.
	A la fin d'Octobre & en Novembre, les Vénitiens prennent aux Turcs, en Albanie, la Prévesa, Voniza & Larta.
	Dans le même tems que les Protestans de Saxe, &c. célébroient la fête du Jubilé qu'ils avoient institué cent ans auparavant, en mémoire de l'établissement du Luthéranisme, l'Electeur publia une Déclaration pour donner avis que son fils avoit embrassé la Religion Catholique à Vienne, & pour laisser la même liberté à ses sujets qu'il avoit donnée à son fils, sçachant bien, ajoutoit-il, que la foi est un don de Dieu.
	Cette année & les suivantes, les Russiens font la conquête de la Géorgie, du Schirvan, &c. sur les Perses.
1718.	Incendie du Petit-Pont à Paris, le vingt-sept Avril.
	Le sept Mai, Marie-Béatrix-Eléonore d'Este, veuve du Roi d'Angleterre Jacques II. meurt à S. Germain-en-Laye.
	Les Espagnols, commandés par le Marquis de Lede, débarquent en Sicile le premier Juillet. La ville de Palerme se rend à eux le treize de ce mois, & peu après les autres villes.
	Le Tzar Pierre fait faire le procès à son fils aîné Alexis, qui meurt de chagrin, le huit Juillet: ce Prince laisse un fils en bas âge, qui monta dans la suite sur le trône de Russie.

Depuis J. C.

Paix de Paſſarowitz, ſignée le vingt-un Juillet, entre l'Empereur & les Turcs : ceux-ci abandonnent Temeſwar, Belgrade & une partie de la Servie, & conſentent à une Trève de vingt-cinq ans.

Suite de la guerre d'Italie, entrepriſe par les Eſpagnols : la ville de Meſſine ſe ſoumet à eux le vingt-quatre Juillet, mais la citadelle ne ſe rendit qu'au mois de Septembre.

L'Amiral Bingh vient dans la Méditerranée, avec une flotte Angloiſe, pour ſeconder l'Empereur.

Le Duc de Savoye abandonne ſes droits ſur la Sicile à l'Empereur, qui en échange lui céde les ſiens ſur la Sardaigne.

Le trois Août, Traité conventionnel de Londres entre l'Empereur, la France & l'Angleterre, pour maintenir les Traités d'Utrecht & de Bade, & pour pacifier l'Italie : les Hollandois ſont invités d'y accéder ; ce qui l'a fait nommer le Traité de la Quadruple Alliance. L'Empereur y conſent de reconnoître le Roi d'Eſpagne (ce qu'il n'avoit pas voulu faire juſqu'alors) à condition qu'on lui remettroit la Sicile, & que la Sardaigne ſeroit donnée en indemnité à S. A. R. de Savoye. On y convient auſſi d'aſſurer à Don Carlos la ſucceſſion des Duchés de Parme & de Plaiſance, & du Grand-Duché de Toſcane.

Combat naval entre les Anglois, commandés par l'Amiral Bingh, & les Eſpagnols, qui perdent preſque tous leurs vaiſſeaux à la hauteur de Syracuſe, le onze Août.

Paix & Traité du Roi d'Eſpagne avec le Roi de Maroc, Muley-Iſmaël.

Traité entre l'Abbé de S. Gal en Suiſſe, & les Cantons de Berne & de Zurich : on reſtitue à cet Abbé le Tockembourg, pour lequel il y avoit eu depuis dix ans de grandes diviſions entre les Suiſſes.

Les Ruſſiens font une deſcente en Suéde, & y cauſent de grands ravages.

En Octobre, le Roi de Suéde, Charles XII. entreprend une ſeconde fois la conquête de la Norwege, & gagne deux batailles ſur les Danois. Ce Prince eſt enſuite tué d'un coup de fauconneau devant Frederiks-hall, le onze Décembre, âgé de trente-ſix ans & ſix mois. La Princeſſe Ulrique-Eléonore ſa ſœur lui ſuccéde : les Etats de Suéde l'ayant reconnue par forme d'élection, elle eſt couronnée le vingt-huit Mars de l'année ſuivante à Upſal.

Cette année meurt Cha-Alem, Empereur de l'Indoſtan ou Grand Mogol, après avoir régné onze ans. Mahamet-Cha ſon fils lui ſuccéde : il devoit porter vingt & un ans après la peine des forfaits de ſon père & de ſon grand-père, par la plus forte humiliation que puiſſe avoir un Souverain.

Depuis J. C.	Commencement du démêlé entre les Hollandois & l'Empereur, au sujet de la nouvelle Compagnie d'Ostende, à qui il avoit accordé un privilége pour le commerce des Indes Orientales, & dont le principal établissement étoit à Sadraspatan, au Nord de Pondicheri : ses succès firent ombrage aux Anglois & Hollandois, qui prétendirent que l'érection de cette Compagnie étoit contraire aux anciens Traités.
1719.	La France & l'Angleterre, voyant l'Espagne rejetter toute voye d'accommodement, lui déclarent la guerre.

Une furieuse tempête disperse la flotte Espagnole, sur laquelle on avoit embarqué des troupes pour faire une descente en Ecosse, en faveur de Jacques III. qui vint alors d'Italie en Espagne. Il n'arriva en Ecosse qu'environ douze cens hommes, qui peu après furent battus & contraints de se rendre prisonniers de guerre.

Les Danois s'emparent de Sundbourg, de Stromstad & de Maestreland, sur les Suédois.

Le quatorze Avril, Lettres-Patentes du Roi Louis XV. enregistrées au Parlement & à la Chambre des Comptes, les huit & douze Mai, en faveur de l'Université de Paris, & pour y établir l'instruction gratuite ; le Roi ayant cédé une somme pour les Professeurs, sur le produit des Postes & Messageries, dont cette Université est l'inventrice.

Le vingt-deux Mai, M. Charles Coffin, alors Recteur, va faire ses harangues de remerciement au Roi & à M. le Duc d'Orléans Régent.

Le dix-neuf Avril, les Etats provinciaux de l'Autriche, adoptent & approuvent la Pragmatique-Sanction, ou le Réglement que l'Empereur Charles VI. avoit fait par rapport à sa succession en cas de mort sans enfans mâles. Il y appelle sa fille aînée (Marie-Thérèse) & ses descendans, ensuite ses autres filles & leurs descendans, selon le droit d'aînesse ; enfin les Archiduchesses ses niéces, filles de l'Empereur Joseph, & au défaut de toutes, la Reine de Portugal & les filles de l'Empereur Léopold ; les terres de la Maison d'Autriche restant toujours sans être divisées.

Les Impériaux venus au secours de la Sicile, livrent, le vingt Juin, une bataille aux Espagnols, près de Francavilla : l'action est très-sanglante, & chaque parti s'attribue la victoire ; le Comte de Mercy Général des Impériaux, y est blessé.

Le Duc de Berwick, Maréchal de France, prend aux Espagnols Fontarabie, le seize Juin, & ensuite S. Sebastien, avec les pays voisins de la côte de Biscaye, tels que le Guipuscoa. Un autre corps de François ayant de l'autre côté pénétré en Catalogne, se saisit de diverses petites places jusqu'à Urgel. |

Depuis   Le vingt-deux Juillet, Traité de l'Electeur d'Hanover,
J. C.   Roi d'Angleterre, avec la Suéde, qui lui abandonne
Brême & Ferden.

    Le Prince Electoral de Saxe (depuis Electeur & Roi de Pologne sous le nom d'Auguste II.) épouse à Vienne Marie-Josephe, Archiduchesse d'Autriche, fille aînée de l'Empereur Joseph, le vingt Août : ils renoncent l'un & l'autre aux Etats héréditaires d'Autriche, selon la Pragmatique dont on vient de parler.

    Les Conférences qui se tenoient depuis longtemps dans les Isles d'Aland, entre les Suédois & les Russiens, ne pouvant rien terminer, les Russiens vont faire de nouveaux ravages en Finlande, province de Suéde, & y exercent de grandes cruautés, pour forcer d'accepter les conditions qu'ils proposoient.

    Le Chevalier de S. Georges ou Jacques III. épouse, le trois Septembre, la Princesse Marie Casimire, petite-fille de Jean Sobieski Roi de Pologne : de ce mariage sont venus deux fils ; Charles-Edouard, qui s'est rendu célèbre par son expédition en Ecosse, & Henri-Benoît, connu sous le nom du Cardinal d'Yorck.

    Le Pape Clément XI. envoye M. Charles-Ambroise de Mezzabarba, Légat du S. Siége à la Chine, avec de magnifiques présens pour l'Empereur Kam-hi : il part de Rome le trois Octobre.

    Le dix, une escadre Angloise fait une descente en Galice, & pille Vigos.

    Le dix-huit Octobre, le Comte de Mercy, Général des Impériaux en Sicile, prend la citadelle de Messine sur les Espagnols ; la ville s'étoit rendue le dix-neuf Août.

    En Novembre, les Impériaux débarquent à Trapani, pour aller assiéger Palerme.

    Le cinq Décembre, le Cardinal Jules Albéroni, principal Ministre d'Espagne, est disgracié & obligé de se retirer en Italie.

1720.   En France, le sieur Law Ecossois, est nommé Contrôleur général, le cinq Janvier, & le quatorze il entre au Conseil de Régence ; six mois après il est disgracié. Il fait ensuite divers voyages en Angleterre, en Brabant, en Allemagne, en Italie, en Danemarck ; enfin il se retira à Venise, & y mourut, le vingt-un Mars 1729.

    Le premier Février, paix de Stockolm, entre la Suéde & l'Electeur de Brandebourg Roi de Prusse, à qui l'on céde en Poméranie, le territoire de Stettin & les Isles d'Usedom & de Wollin : il rend à la Suéde Stralsund & ses environs jusqu'à la riviére de Penne, avec l'Isle de Rugen.

    Le Roi d'Espagne accéde, le vingt-cinq Janvier, au Traité de Londres, dit la Quadruple Alliance. En consé-

| Depuis J. C. | quence il est reconnu par l'Empereur, & les Espagnols évacuent la Sicile & la Sardaigne : cette dernière Isle est remise, au nom de l'Empereur, au Duc de Savoye, qui en prend possession, avec titre de Roi, au mois d'Août ; la France rend à l'Espagne Fontarabie, S. Sébastien, &c.

Naissance de Don Philippe, Infant d'Espagne, le quinze Mars ; (ce Prince a été dans la suite Duc de Parme & de Plaisance.)

Le vingt-six, en conséquence du jugement de la Chambre Royale établie à Nantes en Bretagne, on tranche la tête à quatre Gentilshommes du pays ; & l'on en exécute plusieurs autres en effigie, pour divers complots contre le Gouvernement, & des projets de Traités avec une Puissance étrangere.

Le quatre Avril, Frederic I. (fils de Charles Landgrave de Hesse-Cassel, mort le vingt-trois Mars 1730) est élu Roi de Suéde par les Etats du Royaume, sur l'abdication de la Princesse Ulrique Eléonore son épouse. Il est couronné, le quatre Mai, après avoir renoncé au Calvinisme, & fait profession du Luthéranisme, qui est la Religion dominante de Suéde.

Jonction des flottes Angloise & Suédoise. Les Russiens font néanmoins une nouvelle descente en Suéde, & y commettent encore de grands ravages.

Le vingt-un Juin, mariage de la Princesse Charlotte-Aglaé d'Orléans, avec François-Marie d'Este, Duc de Modène.

Paix de la Suéde avec le Danemarck, signée à Friderichsbourg le trois Juillet. On se rend de part & d'autre toutes les conquêtes ; la Suéde est obligée de payer le péage du Sund, & le Roi de Danemarck garde la partie du Holstein, qui avoit appartenu au Duc de Sleswick.

Peste considérable à Marseille, surtout au mois d'Août.

En Octobre, une armée Espagnole est envoyée en Afrique à Ceuta, qui étoit assiégée ou bloquée depuis trente ans par les Maures.

Variation des actions de la Compagnie des Indes, & discrédit des Billets de Banque en France : la même yvresse pour des Actions cause de grandes ruines en Angleterre & en Hollande.

Le vingt-trois Décembre, incendie très-considérable à Rennes en Bretagne.

Naissance de Charles-*Edouard*-Louis-Philippe-Casimir, fils aîné de Jacques III. à Rome, le trente-un Décembre. |
| 1721. | L'Evêché de Vienne en Autriche est érigé en Archevêché par le Pape Clément XI.

Ce Pape, dont le nom de famille étoit Albani, meurt le dix Mars, après vingt ans, quatre mois & trois jours de |

Pontificat. On élit en sa place, le huit Mai, le Cardinal Conti, qui prend le nom d'Innocent XIII.

Le Tzar Pierre I. fait prendre possession du Duché de Courlande à sa niéce (Anne) veuve du dernier Duc : (elle a été depuis Impératrice de Russie.)

Mehemet Effendi Ambassadeur Turc en France ; le Sultan Achmet III. l'avoit envoyé pour complimenter le Roi sur son avénement au Trône. Cet Ambassadeur & son fils qui l'accompagnoit, y prirent tellement le goût des sciences & de la politesse, que retournés en Turquie, ils y ont causé à ce sujet une espece de révolution.

Traité de Nystad en Finlande, entre la Russie & la Suéde, pour la paix du Nord, conclu le onze Septembre. En conséquence, la Livonie, l'Ingrie & une partie de la Carélie, sont cédées aux Russiens, qui s'en étoient emparés, & ils rendent à la Suéde le reste de leurs conquêtes en Finlande.

Le Sénat de Russie décerne au Tzar Pierre I. le titre d'Empereur, & il est proclamé en cette qualité au mois de Novembre. Les Puissances de l'Europe consentent à ce titre, les unes plutôt, les autres plus tard.

Les Espagnols, sous la conduite du Marquis de Lede, remportent trois victoires sur les Maures, près de Ceuta.

1722. La Princesse Marie-Anne-Victoire, Infante d'Espagne, arrive à Paris le deux Mars, pour épouser dans la suite le Roi Louis XV. Elle n'avoit encore que quatre ans, étant née le trente-un Mars 1718. (Ce mariage n'a pas eu lieu.)

Le vingt-trois Octobre, grande révolution en Perse : le Sophi Huffein est obligé de se démettre de la Couronne ; & Myr Maghmoud, chef des Aghwans, ou habitans de Candahar, qui avoient fait une irruption en Perse, se fait reconnoître à Ispahan.

Louis XV. est sacré & couronné, le vingt-cinq Octobre, à Rheims, par l'Archevêque Armand-Jules de Rohan-Guemené.

Les Etats de Hongrie & de Transilvanie acceptent la Pragmatique-Sanction de l'Empereur Charles VI.

Le vingt Décembre, meurt Kam-hi Empereur de la Chine, après avoir régné soixante-deux ans : il déclare son quatrième fils pour son successeur. Ce nouveau Monarque prend le nom d'Yum-tchim, & reçoit les hommages des Grands de l'Empire Chinois : il ne tarda pas à persécuter les Chrétiens, que son père avoit beaucoup favorisé.

Tremblement de terre fort violent dans les Algarves, en Portugal.

1723. Le vingt-deux Février le Roi Louis XV. vient déclarer sa majorité au Parlement, en Lit de Justice.

Depuis J. C. 1723.

Le vingt-huit Mars, grand incendie à Bude en Hongrie, qui est presque toute consumée: autre à Stockholm le douze Mai: en France, la ville de Châteaudun est presque réduite en cendres le vingt Juin.

La Pragmatique-Sanction de Charles VI. est reçue par les Etats des Pays-bas Autrichiens le sept Avril.

M. de Mezzabarba, Légat du S. Siége à la Chine, arrive à Rome le vingt-un Avril, rapportant le corps du Cardinal de Tournon, qui est enterré dans l'Eglise de la Propagande, avec une épitaphe fort glorieuse à sa mémoire.

Le dix Août, mort du Cardinal Dubois, principal Ministre de France, âgé de près de soixante-sept ans.

Couronnement de l'Empereur Charles VI. & de l'Impératrice, à Prague, en qualité de Roi & de Reine de Bohême, par l'Archevêque de cette ville, le cinq & le huit Septembre.

Grande inondation à Madrid le quinze Septembre; plusieurs personnes de qualité y périssent.

Acceptation de la Pragmatique-Sanction de Charles VI. par les Etats de Bohême, & ensuite par ceux de Moravie & de Silesie.

Le trente-un Octobre, meurt à Florence Cosme III. de Médicis, Grand Duc de Toscane, âgé de quatre-vingt-deux ans, après un régne de cinquante-quatre ans: il avoit obtenu du Pape & de l'Empereur le titre d'Altesse Royale. Son fils Jean-Gaston lui succéde.

Mort de Philippe II. Duc d'Orléans Régent, arrivée subitement à Versailles le deux Décembre: on sçait que c'étoit un Prince d'un génie supérieur.

Investiture éventuelle pour les Duchés de Parme & de Plaisance, accordée par l'Empereur, le neuf Décembre, aux enfans de la Reine d'Espagne, à défaut de la ligne masculine des possesseurs qui étoient de la Maison Farnése, comme cette Princesse. Le Pape s'y oppose, & prétend que ces Duchés relevant du S. Siége, devoient y être réunis.

Pendant que la Perse étoit toute en trouble par l'usurpation de Maghmud & des Aghwans, & que le Prince Thamas, le seul fils du Sophi Hussein qui fut en liberté, se maintenoit encore du côté de l'Arménie, les Turcs attaquent la Perse, lui enlevent la Géorgie & la ville de Tauris; mais le Prince Thamas remporte sur eux une grande victoire, & reprend Tauris.

Traité d'alliance entre Pierre le Grand, Empereur de Russie, & le Prince Thamas, qui abandonne à la Russie les villes de Derbent & de Backu, avec les provinces de Schirvan, Ghilan, Mazanderan & Asterbath, qui sont le long de la mer Caspienne: ce qui étoit favorable au commerce que Pierre le Grand vouloit faire en Perse.

Depuis J. C.	
1724.	

Le Roi de Sardaigne, Duc de Savoye, &c. (Charles-Emanuel) fait publier le Recueil des Loix & Constitutions qui doivent être observées dans ses Etats pour le Civil & le Criminel, en Italien & en François, *in-fol.*

Philippe V. Roi d'Espagne, âgé seulement de quarante-un ans, remet, le quinze Janvier, sa Couronne & le Gouvernement de ses Etats à son fils aîné du premier lit, le Prince des Asturies, qui le dix-sept est proclamé Roi sous le nom de Louis I.

Le Calendrier Grégorien annonçoit la Pâque pour le seize Avril, & celui des Protestans pour le neuf. Comme on n'avoit pu convenir dans la Diette de l'année précédente de se réunir, il y eut pour la première fois deux Pâques célébrées en Allemagne, & l'on fut quinze jours sans rien faire dans la Diette de Ratisbonne & la Chambre Impériale de Wetzlar, composées de Membres des deux Religions; les Protestans ayant célébré les premiers huit jours de Fêtes, & les Catholiques la semaine suivante. La même chose arriva en 1744; (mais depuis, les Protestans se sont réunis aux Catholiques.)

L'Impératrice de Russie, Catherine d'Alfendey, épouse de l'Empereur Pierre I. est couronnée à Moscou, le sept Mai, par les soins de ce Prince.

Le Pape Innocent XIII. étant mort le sept Mars, Benoît XIII. (Pierre-François Orsini) est élu le 29 Mai.

L'Empereur restitue au S. Siége Comachio (après vingt ans de possession) sauf les droits de l'Empire, & de quelque autre Puissance que ce soit.

Les anciens sujets de querelle entre la Russie & les Turcs, sont assoupis par le Traité de paix du huit Juillet, conclu par la médiation de la France.

Le trente-un Août, mort de Louis I. Roi d'Espagne, âgé de dix-sept ans & six jours, après un régne de sept mois & demi. Il ne laisse point d'enfans de Louise-Marie-Elisabeth d'Orléans, qu'il avoit épousée en 1721 (& qui revint en France, où elle est morte en 1742.)

Philippe V. son père reprend la Couronne avec peine le six Septembre, pressé par tous les Ordres du Royaume: il fait proclamer Prince des Asturies, & héritier présomptif de la Monarchie d'Espagne Don Ferdinand, son autre fils du premier lit.

Traité entre les Turcs & Pierre I. Empereur de Russie, pour le partage des provinces de Perse dont ils s'étoient emparés. Les Turcs venoient encore de se rendre maîtres d'Erivan, en Arménie.

Etablissement d'une Académie des Sciences à Saint-Petersbourg: elle tient sa première assemblée le sept Janvier de l'année suivante.

Depuis J. C.	Le Mont Hekla, en Islande, fait une irruption semblable à celle du Vésuve, qui avoit précédé.

Tempêtes considérables dans la plûpart des pays de l'Europe, mais surtout à Lisbonne.

Le cinq Décembre, on fait à Saint-Petersbourg la cérémonie des fiançailles de la Princesse Marie-Anne Petrovna, c'est-à-dire, fille (aînée) de Pierre I. avec Charles-Frederic Duc de Holstein-Gottorp & de Sleswick. |
| 1725. | Le huit Février meurt à Saint-Petersbourg Pierre I. surnommé le Grand, Empereur de Russie, âgé de cinquante-trois ans, en ayant régné seul vingt-neuf, & quatorze auparavant avec son frère Jean. En conséquence de son testament, qui dispose du Trône Impérial de Russie en faveur de Catherine son épouse, avec un pouvoir absolu de choisir ensuite son successeur ; cette Princesse est proclamée le même jour. Elle travaille à mettre à exécution la suite des projets que Pierre le Grand avoit formés pour le bien de ses vastes Etats, qu'il a renouvellé en civilisant ses sujets, & leur inspirant du goût pour les Arts & les Sciences. Cette Impératrice institue l'Ordre de S. Alexandre Nevski, l'un des anciens Grands-Ducs de Russie (mort en 1262.)

Naissance de Henri-Benoît-Marie-Clément, second fils de Jacques Stuart III. à Rome, le six Mars. Ce jeune Prince qui a embrassé l'état Ecclésiastique, a été connu depuis sous le nom du Cardinal d'Yorck.

Le Roi Louis XV. de l'avis de son Conseil, ayant jugé qu'il étoit du bien de l'Etat de se procurer incessamment des successeurs, la jeune Infante, Marie-Anne Victoire, retourne de France en Espagne, & part de Paris le cinq Avril (c'est la Reine de Portugal d'aujourd'hui.) Le vingt-sept, le Roi déclare son mariage futur avec la fille de Stanislas Lezczinski, ci-devant Roi de Pologne.

On désarme la Noblesse & les Clans ou Montagnards d'Ecosse, en conséquence d'un Acte du Parlement Britannique. Le Roi d'Angleterre rétablit l'Ordre des Chevaliers du Bain.

Le cinq Septembre Louis XV. épouse à Fontainebleau la Princesse Marie, fille unique de Stanislas Lezczinski, née le vingt-trois Juin 1703. Ce mariage a donné à la France deux Princes & huit Princesses.

Tauris, ville considérable de Perse, est prise par les Turcs, qui continuent à faire du progrès contre les Persans toujours divisés. |
| 1726. | Maximilien Electeur de Bavière, qui avoit été proscrit par l'Empereur en 1706, & rétabli en 1714, meurt le vingt-six Février. Son fils Charles-Albert (depuis Empereur) lui succéde.

Escadre Angloise envoyée dans la mer Baltique, sous la |

conduite de l'Amiral Wager, pour empêcher le rétablissement du Duc de Holstein, dont la Russie sembloit être occupée.

Louis XV. déclare, le seize Juin, qu'il veut gouverner par lui-même, ayant supprimé pour toujours la charge & le titre de premier Ministre, que le Duc de Bourbon avoit eu après la mort de M. le Duc d'Orléans.

Le Comte Maurice de Saxe, fils naturel du Roi de Pologne, est élu Duc éventuel de Courlande : la Diette de Pologne s'y oppose, & le Comte de Saxe est forcé l'année suivante, par les Russiens, de sortir de Courlande.

Traité d'alliance défensive signé à Vienne, le six Août, entre l'Empereur & la Russie.

L'Evêque de Londres, en qualité de Patriarche d'Angleterre, par les Patentes du Roi, étend sa jurisdiction sur les Colonies Angloises d'Amérique.

La ville de Palerme, capitale de Sicile, est presque abîmée par un tremblement de terre, le premier Septembre.

Imprimerie établie à Constantinople, malgré les obstacles qu'y oppose le Mufti.

1727. Le vingt-trois Février, les Espagnols commencent à attaquer Gibraltar : les Anglois y envoyent du secours, & les Espagnols trouvent plus de difficultés qu'ils n'avoient pensé.

Le trente Mars, mort d'Isaac Newton, Philosophe & Mathématicien, l'un des plus grands génies que l'Angleterre ait produit : il étoit âgé de quatre-vingt-cinq ans.

Le vingt-deux Avril, Maghmud, Usurpateur de la Perse, est déposé par ses troupes, & l'on met en sa place Ashraf son neveu, qui le fait mourir pour venger la mort de son père.

L'Impératrice de Russie, Catherine I. qui avoit succédé en 1725 à son mari Pierre le Grand, meurt le dix-sept Mai, après avoir réglé la succession au Trône de Russie, & désigné pour son successeur immédiat Pierre II. petit-fils du Tzar Pierre, & fils du Tzarewitz, à qui son père avoit fait faire le procès.

La France ayant travaillé à prévenir la guerre dont l'Europe étoit menacée, on signe à Paris, le trente-un Mai, des préliminaires de paix. Les Puissances liées par les Traités de Vienne & d'Hanover, confirment tous ceux qui étoient antérieurs à l'année 1725. L'Empereur promet de suspendre pour sept ans l'Octroi qu'il avoit accordé à la Compagnie d'Ostende ; & les prétentions de l'Espagne sont renvoyées à un Congrès, qui s'assembla ensuite à Soissons.

George I. Roi d'Angleterre, étant allé visiter ses Etats d'Hanover, meurt, le vingt-deux Juin, à Osnabruck :

Depuis J. C. avoit régné treize ans, & étoit âgé de soixante-sept ans. Son fils George II. est proclamé à Londres le vingt-six Juin, & à Edimbourg & Dublin le trente : il est couronné à Westminster le vingt-deux Octobre.

Réparation de la Tour de Cordouan à l'embouchure de la Garonne : elle avoit été bâtie en 1558 par le célèbre Architecte Louis de Foix, qui a bâti l'Escurial en Espagne.

Les Turcs sont défaits par les Persans, & forcés de penser à faire la paix : le Grand Seigneur reconnoît Ashraf Roi de Perse.

Guerres civiles dans le Royaume de Maroc, qui durent plusieurs années, entre les fils de Muley Ismaël.

Embrasement du Mont Vésuve, & grandes tempêtes sur les côtes de Naples.

1728. Les Persans attaquent les Russiens dans le Ghilan, & sont défaits.

Le sept Mars, Pierre II. Empereur de Russie, est couronné à Moscou. Ses Ministres conviennent avec ceux du Grand Seigneur sur les limites des deux Empires, du côté de la mer Caspienne.

Le Comte Sawa est envoyé Ambassadeur extraordinaire de Russie vers l'Empereur de la Chine, pour établir solidement le commerce entre ces deux Nations, qui sont voisines l'une de l'autre, dans les parties Septentrionale & Orientale de l'Asie.

Le dix-sept Mars, Muley Hamet Roi de Maroc est arrêté dans son Palais par des Eunuques révoltés, & son frère Abdelmelec est reconnu Roi. Hamet s'échappe de prison & remonte sur le Trône, son frère lui ayant été livré.

Tunis satisfait la France sur les insultes faites à ses vaisseaux. Tripoli est bombardée par ordre de Louis XV. & elle envoye des Députés en France pour demander pardon au Roi.

Le Grand Seigneur fait déclarer au Ministre de l'Empereur qu'il n'a rien à craindre pour le Traité de Passarowitz, des mouvemens de ses armées, dont il doit se servir pour secourir le Sultan de Perse Ashraf.

Thamas fils de Hussein dernier Roi de Perse, travaille à chasser ce nouvel Usurpateur.

Horrible tremblement de terre à la Chine, surtout à Pekin, le dix Octobre. Le Tibet est réuni à la Chine par le fils de l'Empereur.

Grande incendie à Coppenhague, le vingt Octobre : une partie considérable de cette ville est entièrement consumée.

1729. Le treize Février, Traité entre la Russie & le Sultan Ashraf, qui céde les provinces que les Russiens avoient sur la mer Caspienne.

Depuis J. C. — Mort de Leopold-Joseph, Duc de Lorraine & de Bar, le vingt-sept Mars. Son fils aîné, François-Etienne, lui succéde : (ce Prince a été depuis Empereur.)

Le vingt-trois Avril, on tient à Munich en Baviére, la première grande assemblée de l'Ordre des Chevaliers de S. George, nouvellement institué.

La Servie est repeuplée par les soins du Duc de Wirtemberg (Charles-Alexandre) Gouverneur de Belgrade pour l'Empereur.

Le quatre Mai, meurt Louis-Antoine de Noailles, Cardinal & Archevêque de Paris. M. de Vintimille est nommé en sa place.

Le Roi de Maroc, Muley Hamet, meurt après avoir fait périr son frère Abdelmelec. Abdallah leur frère monte sur le Trône ; mais comme il affectionnoit les Noirs, la plûpart des Blancs se révoltent, & de nouvelles guerres civiles recommencent dans ce pays.

Naissance de Monseigneur le Dauphin, fils de Louis XV. le quatre Septembre.

Tempêtes qui font de grands ravages aux environs de Saint-Petersbourg, en Octobre & Novembre.

Le Prince Thamas devient en Perse, supérieur à Ashraf, par le moyen de Thamas-Kouli-kan, qu'il fait son Général.

Traité de paix & d'alliance conclu à Séville, le neuf Novembre, entre la France, l'Angleterre & l'Espagne. On y confirme la quatruple Alliance & les anciens Traités. L'Espagne y renonce à Gibraltar & Port-Mahon, & l'Angleterre consent que les Places fortes de Toscane, de Parme & de Plaisance, soient gardées par six mille Espagnols. L'Empereur s'oppose à cette dernière clause.

Colonie des François dans l'Isle de Tabago, en Amérique. Les Négocians Anglois en ont dans la suite de l'inquiétude, & cela devient un sujet de contestation entre les deux Nations, ainsi que quelques autres Isles.

Les Natchès, Nation Sauvage de la Louisiane, massacrent tous les François qui étoient établis chez eux, à la fin de Novembre.

Le onze Décembre, Pierre II. Empereur de Russie, est fiancé avec une Princesse Dolgorouki ; mais le mariage n'eut pas lieu à cause de la mort du jeune Empereur.

Cette année, les Protestans commencent à être vexés dans les Pays de l'Archevêque de Saltzbourg. Après bien des difficultés il en est sorti trente mille familles, dont vingt mille ont été s'établir dans la Prusse.

Les Corses se révoltent contre la République de Gènes, à l'occasion de l'impôt mis pour le remboursement des grains qu'elle leur avoit fournis. Pompiliani, à la tête de vingt mille

Depuis Montagnards, fait battre de verges les Commissaires de la
J. C. République, & offre la Royauté au Sénateur Veneroso,
qu'il reconnoît avoir bien gouverné ci-devant la Corse.
Depuis ce temps, la révolte a continué plusieurs années
dans cette Isle ; & les Génois, malgré les troupes que leur
ont fourni, tantôt l'Empereur, tantôt la France, n'ont pu
parvenir à réduire les Rébelles.

1730. Ashraff, usurpateur de la Perse, est tué au mois de Janvier, dans un combat qu'il livra aux troupes de Thamas-Kouli-kan. Thamas II. rentre dans Ispahan, & remonte sur le Trône de ses pères.

La nuit du vingt-neuf au trente Janvier, mort de Pierre II. Empereur de Russie, âgé de quatorze ans trois mois & sept jours. La Princesse Anne Ivanovna, seconde fille de Jean, frère de Pierre le Grand, & Duchesse Douairière de Curlande, lui succède, malgré le Réglement de Pierre I. & de sa femme Catherine, qui appelloit à la Couronne la Princesse Elisabeth, fille de Pierre le Grand. Au reste, la fille aînée de Jean, Duchesse de Mecklenbourg, vivoit encore. Les Seigneurs de Russie qui firent monter la Duchesse de Curlande sur le Trône, mirent des bornes à son autorité, mais elle sçut bientôt les faire disparoître.

Le premier Février, le nouveau Duc de Lorraine (François-Etienne, depuis Empereur) fait en personne foi & hommage pour le Duché de Bar, au Roi Louis XV.

Le Pape Benoît XIII. si illustre par sa piété, meurt, le vingt-un Février, après avoir occupé le S. Siége cinq ans & près de neuf mois.

Le premier Mars, le Capitaine Beering, qui avoit été envoyé en 1725 à l'extrémité des Etats de Russie, au Nord de l'Asie, par Pierre le Grand, arrive à Saint-Petersbourg de son voyage, & apprend que l'Asie est séparée de l'Amérique. L'année suivante, des Russiens du Kamtschatka, furent poussés par les vents près de Côtes qu'ils crurent être de l'Amérique, mais que l'on a sçu depuis n'être que des Isles, au-delà desquelles est l'Amérique.

Election du Pape Laurent Corsini, qui prend le nom de Clément XII. le douze Juillet.

Le trente Août, naissance de M. le Duc d'Anjou, second fils du Roi Louis XV.

Le deux Septembre, Victor-Amédée, Roi de Sardaigne, Duc de Savoye, &c. abdique sa Couronne, & la remet au Prince de Piémont son fils, Charles-Emmanuel III. qui lui succède ainsi dans le gouvernement des Etats de la Maison de Savoye.

Révolte des Nègres dans la Jamaïque.

Le trente Septembre, tremblement de terre considérable à la Chine, où il périt cent mille personnes.

Depuis J. C. Mort de Frederic IV. Roi de Danemarck & de Norvége, le douze Octobre. Son fils Christiern VI. lui succéde.

Les Turcs ayant eu un mauvais succès dans la guerre entreprise contre les Persans, il arrive une grande sédition à Constantinople. Au mois d'Octobre, le Sultan Achmet III. prévient sa déposition, & reconnoît le premier pour Empereur Mahmoud ou Mahomet V. son neveu, fils de Mustapha, âgé de trente-quatre ans. Ce Prince, contre l'usage barbare de ses prédécesseurs, conserve la vie à son oncle Achmet, qui mourut en 1736, âgé de soixante-quatorze ans.

L'Empereur Charles VI. prend des mesures pour faire fleurir le commerce dans le Port de Trieste, en Istrie, & il lui accorde divers priviléges.

Tunis & Tripoli sont bombardées par une Escadre de France, parce que leurs Régences avoient permis à leurs Armateurs de croiser sur ses Côtes.

1731. Antoine Farnèse, dernier Duc de Parme & de Plaisance, meurt, le vingt Janvier, sans postérité. L'Empereur, cinq jours après, fait entrer des troupes dans Parme. Cependant Elisabeth Farnèse, Reine d'Espagne, en étoit héritière, & avoit assuré ses droits par son contrat de mariage avec Philippe V. en 1714, aux enfans à naître d'elle & de ce Monarque. L'aîné, Dom Carlos, après bien des difficultés, prit enfin possession de ces Duchés, au mois d'Août.

Second Traité de Vienne, conclu le seize Mars, entre l'Empereur, l'Angleterre & la Hollande : l'Espagne y accéde le vingt-deux Juillet. On y rappelle les anciens Traités; l'Empereur promet de révoquer l'Octroi accordé à la Compagnie d'Ostende, & consent à l'entrée de six mille Espagnols en Italie : les autres Contractans se chargent de la garantie de la Pragmatique-Sanction, qui fut la même année portée à la Diette de l'Empire.

Le Roi d'Espagne émancipe son fils, l'Infant Don Carlos (né le vingt Janvier 1716), pour le mettre en état de prendre possession des Etats de Parme & de Plaisance.

A la fin d'Octobre, six mille Espagnols débarquent en Toscane, pour y être distribués en garnisons dans les places fortes, & Don Carlos en est reconnu Prince héréditaire : il part au même tems d'Espagne par terre pour l'Italie, s'embarque à Antibes, & arrive en Toscane à la fin de Décembre.

La Princesse Anne, Impératrice de Russie, exécute un projet de Pierre I. pour le rétablissement de l'Université de Dorpt en Livonie.

Thamas-kouli-kan, Général des Persans, reprend sur les Turcs une partie des villes de Perse qu'ils avoient conquis pendant les troubles. Babylone ou Bagdet est assiégée.

Depuis J. C.	Les Persans ayant été vaincus auprès d'Erivan, le Roi de Perse est disposé à faire la paix que les Turcs desiroient.

Les Portugais de Goa remportent plusieurs avantages sur les Indiens voisins, qui les avoient attaqués.

Le vingt-neuf Décembre, mort de Louise-Hyppolite de Grimaldi, héritière de la Principauté de Monaco, qui a passé dans la Famille de Matignon, avec laquelle cette Princesse s'étoit alliée : en conséquence Honoré-Camille-Léonor de Matignon, son fils, devient Prince de Monaco, & ensuite Duc de Valentinois, après la mort de son père, en 1751.

1732. Le onze Janvier, la Diette de l'Empire se charge enfin de la garantie de la Pragmatique-Sanction de Charles VI. dressée en 1713, par rapport à l'indivisibilité & la succession des États de la Maison d'Autriche. Les Electeurs de Bavière & de Saxe protestent contre cette garantie.

Traité de Riatscha, entre la Perse & la Russie, signé le vingt-un Janvier. Les Persans y abandonnent le Schirvan & les Villes de Derbent & de Baku, & les Russiens leur rendent le Ghilan, &c. où ils ne s'étoient point fortifiés.

Traité de Coppenhague, conclu le vingt-sept Mai, entre l'Empereur, la Russie & le Roi de Danemarck, qui garantit la Pragmatique-Sanction, & auquel on assure la possession du Sleswick Ducal, pour lequel il donnera la somme d'un million au Duc de Holstein-Gottorp.

Au commencement de Juillet, les Espagnols, sous la conduite du Duc de Montemar, reprennent sur les Algériens la Ville d'Oran & le Château de Mazarquivir. D'un autre côté, les Maures qui bloquoient Ceuta sont plusieurs fois battus par la garnison Espagnole.

Schah Thamas Roi de Perse, après avoir remporté divers avantages sur les Turcs, est battu deux fois, & il fait la paix avec eux. Son Général & Ministre Thamas-kouli-kan s'éleve contre ce Traité, au mois d'Août ; & ayant fait déposer le Prince, il met sur le Trône de Perse son fils, qui n'étoit qu'un enfant au berceau. Après l'avoir fait proclamer sous le nom de Schah-Abbas (II.) il gouverne comme Régent. La guerre recommence avec les Turcs, qui ont d'abord l'avantage.

L'Ordre de Chevalerie de la Fidélité est établi en Danemarck, le sept Août, pour des Seigneurs & des Dames.

Le trente-un Octobre, meurt à Montcallier, Victor-Amédée, Roi de Sardaigne, qui avoit fait l'abdication de ses États en 1730. Il étoit ayeul maternel de Louis XV. & âgé de soixante-six ans cinq mois & seize jours.

La Hollande se trouve dans un grand danger pour ses digues, à cause de nombre de vers d'une espèce particulière, apportés par des vaisseaux revenus des Indes.

DE L'HISTOIRE MODERNE. 281

Depuis J. C.

Une partie de l'Escadre que les Algériens avoient équipée pour aller attaquer Oran, est battue par les vaisseaux de Malthe.

1733. Auguste I. Roi de Pologne & Electeur de Saxe, meurt le premier Février. Cette mort & ses suites mirent bientôt en mouvement une grande partie de l'Europe.

Les Maures & les Algériens viennent assiéger Oran : les Espagnols remportent sur eux divers avantages, & les obligent de se retirer.

Il se fait un accommodement en Corse, au sujet des Rebelles, sous la garantie de l'Empereur ; mais cela ne fut pas de longue durée, puisque vers la fin de la même année les mécontentemens & la rébellion recommencèrent.

En Juillet, Thamas-kouli-kan remporte une grande victoire sur les Turcs, ce qui augmente son autorité en Perse.

Le Roi Stanislas est élu de nouveau, & proclamé Roi de Pologne à Warsovie, le douze Septembre ; il se retire ensuite à Dantzick, où il est assiégé pendant cinq mois par les Russiens.

Les opposans à son Election ayant à leur tête le Comte de Lasci, Général de Russie, élisent, le cinq Octobre, Auguste II. Electeur de Saxe, qui est couronné à Cracovie, le dix-sept Janvier suivant.

Le Roi de France voyant que l'Empereur soutenoit ce Prince, lui déclare la guerre le dix Octobre, & fait entrer ses troupes en Allemagne : le fort de Kell est pris, le vingt-huit de ce mois, par le Maréchal de Berwick.

Le Roi de Sardaigne & celui d'Espagne se joignent au Roi de France contre l'Empereur, & font connoître dans des Manifestes leurs sujets particuliers de plainte.

La guerre commence en Italie au mois de Novembre, le Roi de Sardaigne étant dans le Milanès à la tête des François & de ses propres troupes ; les Villes de Pavie & de Milan se rendent à ce Prince : le Château de Milan ne fut pris que le trente Décembre par le Maréchal de Villars.

Le neuf Décembre, reddition de Pizighitone. Dans le même temps, le Château de Crémone est pris par M. de Contade, Novarre & le Fort d'Arona par M. de Coigny, & un corps de troupes Françoises entre dans Guastalla, le vingt-huit Décembre.

1734. Les Alliés continuent de prendre en Italie, Novarre le sept Janvier, & Tortonne le cinq Février. Il ne reste à l'Empereur que la Ville de Mantoue, qui servit de Place d'armes pour l'armée qu'il envoya en Italie, sous les ordres du Comte de Merci.

Le vingt-cinq Mars, Guillaume-Charles-Henri Frison de Nassau-Diest-Orange, Stadhouder de Frise & de Gueldre, épouse à Londres Anne d'Angleterre, fille du Roi George II.

Depuis J. C. 1734.

L'armée de France, commandée par le Maréchal de Berwick, se met en mouvement, & le Comte de Belle-Isle s'empare de Trèves le huit Mai, pendant que le Chevalier, son frère, se rend maître de Traerbach.

Don Carlos, à la tête des Espagnols qu'on avoit transportés en Italie, est proclamé Roi de Naples, le quinze Mai.

Bataille de Bitonto, dans la Pouille, où les Impériaux furent défaits, le vingt-cinq Mai, par les Espagnols, commandés par le Comte de Montemar, fait Duc en conséquence.

Thamas-kouli-kan, usurpateur du Trône de Perse, remporte une seconde victoire sur les Turcs, qui perdent cinquante mille hommes & tous leurs bagages & artillerie.

Le douze Juin, le Maréchal de Berwick, Duc de Fitz-James, est tué devant Philisbourg, qu'il assiégeoit.

Le dix-sept Juin, mort du Maréchal de Villars à Turin: il étoit âgé de quatre-vingt-quatre ans.

Bataille de Parme gagnée, le vingt-neuf Juin, par les François & les Piémontois, commandés par les Maréchaux de Coigny & de Broglie. Le Comte de Mercy, Général des Impériaux, y fut tué.

Le Comte de Munich, Général des Russiens, qui assiégeoit Dantzick depuis cinq mois, oblige les troupes Françoises, qui étoient venues en Pologne, de se retirer, & la ville se rend le neuf Juillet: le Roi Stanislas en étoit sorti le vingt-sept Juin, & s'étoit retiré à Konigsberg, d'où il revint ensuite en France.

La ville de Philisbourg est prise, le dix-huit Juillet, par le Maréchal d'Asfeld, après quarante-huit jours de tranchée ouverte: les troupes Françoises souffrirent beaucoup à ce siége, mais donnèrent de grandes marques de valeur. L'armée Impériale étoit en présence, commandée par le Prince Eugène: ce grand Général couvrit ensuite Mayence & Fribourg, d'une manière qui lui fit beaucoup d'honneur, & ce fut sa dernière campagne.

En Italie, le Marquis de Maillebois reçoit à composition Modène & son château, le vingt Juillet.

Descente des Espagnols en Sicile le vingt-neuf Août: tout le Royaume se soumet à Don Carlos, excepté Messine & Syracuse, où il y avoit garnison Impériale.

Le Comte de Seckendorf, l'un des Généraux de l'Empereur, passe le Rhin le trente-un Août, & fait diverses marches, auxquelles s'oppose le Maréchal de Coigny.

En Italie, Bataille de Guastalla, gagnée le dix-neuf Septembre par le Roi de Sardaigne & les Maréchaux de Coigny & de Broglie sur les Impériaux, commandés par le Comte de Konigsegg.

Le Royaume de Naples est entièrement soumis à Don Carlos, par la prise de Capoue, le vingt-quatre Novembre.

D. J. C.
1735.

Le vingt-deux Février, Messine se rend aux Espagnols; le Prince de Lobkowitz y commandoit pour l'Empereur.

Don Carlos passe d'Italie en Sicile, le neuf Mars, pour en achever la conquête.

Vers ce tems, l'Impératrice de Russie fait un Traité avec la Perse, à qui elle céde tout ce qui avoit été conquis par les Russiens, qui gardent Terki, pour assurer leur commerce & navigation sur la mer Caspienne.

François Ragotski, fils de George Ragotski Prince de Transilvanie, meurt à Rodosto près de Constantinople, le huit Avril, après une retraite consacrée à la piété: il avoit demeuré quelque tems en France.

Au mois de Mai, une partie de l'Etat *del Presidii* ou des Garnisons, sur la côte de Toscane, se rend aux Espagnols, & Orbitello est pris, le premier Juillet, par le Duc de Montemar.

En Sicile, le premier Juin, Syracuse est prise, & le trente Don Carlos entre dans Palerme, où il est couronné, le trois Juillet, Roi des deux Siciles. La ville de Trapani s'étant renduë le douze, tout fut soumis aux Espagnols.

Frideric-Guillaume, Roi de Prusse, fait bâtir la ville de Friderischstad dans le Brandebourg.

La campagne se passe sur le Rhin en marches & contremarches de la part des François & des Impériaux: l'Empereur avoit dans ses troupes des Russiens auxiliaires & des Calmoucs, dont on fit venir trois à Versailles, pour voir leur figure étrange.

Le neuf Juillet, finit la Diette de Pacification en Pologne: le calme fut alors rétabli dans ce Royaume, qui étoit fort troublé depuis quatre ans. On y révoque le Décret de 1726 au sujet de la réunion de la Courlande, & l'on permet à ses Etats de se choisir un Duc: ils nommèrent le Duc Biren, favori de l'Impératrice de Russie.

Le trente-un Août, les Espagnols continuant leurs expéditions dans la haute Italie, prennent la Mirandole, & forment ensuite le blocus de Mantoue.

Le trois Octobre, les préliminaires de la paix, qui ont ensuite formé le Traité même, sont signés à Vienne par les soins de Louis XV. Il s'agissoit d'y régler les intérêts des Rois de Pologne, des deux Siciles & de Sardaigne, de l'Empereur & du Duc de Lorraine, qui alloit devenir son gendre.

On y arrêta que le Roi Stanislas abdiqueroit la Couronne de Pologne en faveur d'Auguste II. mais qu'il conserveroit le titre de Roi, & qu'il seroit mis en possession des Duchés de Lorraine & de Bar, dont la propriété appartiendroit après sa mort à la France: que le Duc de Lorraine auroit en échange le grand Duché de Toscane: que l'Infant Don Carlos garderoit le Royaume des deux Siciles, & l'Etat des

Depuis J. C. Garnisons : que le Roi de Sardaigne auroit Tortone, Novare & les Langhes : que l'Empereur rentreroit dans le Duché de Milan & les Etats de Parme & de Plaisance ; enfin que la France garantiroit la Pragmatique-Sanction.

En conséquence il y eut une suspension d'armes, excepté de la part de l'Espagne, qui peu contente de ces conditions, continua encore quelque tems la guerre en Italie, & enfin accéda au Traité.

L'Empereur de la Chine, Iong-tchin, fils du célèbre Kam-hi, meurt la nuit du sept au huit Octobre, âgé de cinquante-huit ans, après en avoir régné treize. Son fils Kien-lung lui succéde, & gouverne actuellement ce grand Empire : il est le quatrième Empereur de sa famille, connue sous le nom des *Trim*, qui sont des Tartares Orientaux Man-tcheous.

Thamas-kouli-kan ayant conquis la Géorgie & l'Arménie sur les Turcs, ceux-ci se déterminent à faire la paix avec les Persans, qui redemandent toutes les conquêtes que le Sultan Achmet avoit faites sur eux pendant les troubles de Perse ; mais le Traité ne fut conclu que l'année suivante.

Cette même année 1735, Louis XV. envoye des Académiciens, les uns sous l'Equateur au Pérou, les autres sous le cercle Polaire en Laponie, pour déterminer la figure de la Terre par leurs observations.

1736. On commence à exécuter les préliminaires de paix arrêtés à Vienne. Le vingt-huit Janvier, le Roi Stanislas fait son abdication de la Couronne de Pologne, en se conservant le titre & les honneurs de Roi. Peu après les Espagnols se préparent à quitter la Lombardie. Don Carlos est reconnu Roi de Naples & de Sicile par toutes les Puissances.

Le douze Février, François-Etienne, Grand-Prince ou héritier de Toscane, & auparavant Duc de Lorraine & de Bar, épouse à Vienne Marie-Thérèse d'Autriche, fille aînée de l'Empereur Charles VI. & son unique héritière en vertu de la Pragmatique-Sanction.

Au mois de Mars, le jeune Roi de Perse, Abbas II. étant mort, le Régent Thamas-kouli-kan se fait déclarer Roi, & prend le nom de Schah-Nadir, qui signifie le Roi victorieux. Il venoit de réunir à la Perse tous les pays qui en avoient été démembrés depuis la dernière révolution, à l'exception de Candahar.

Le Prince Eugène meurt à Vienne, le vingt-sept Avril, âgé de soixante-douze ans, six mois & trois jours. Ce grand Général étoit fils du Comte de Soissons de la Maison de Savoye, & d'Olympe Mancini, nièce du Cardinal Mazarin.

Le vingt-huit Avril, en conséquence du Traité préliminaire, le Prince de Lobkowitz prend possession, au nom

Depuis J. C. de l'Empereur, de Parme, & quelques jours après de Plaisance. Le vingt-quatre Mai, le Duc de Modène rentre dans ses Etats.

Le seize Mai, la Diette de l'Empire approuve les préliminaires de Vienne, & fait remercier le Duc de Lorraine du sacrifice qu'il avoit fait pour la paix, en lui conservant le suffrage dont il avoit joui jusqu'alors en qualité de Marquis de Nomeny, qui a été depuis attaché au Comté de Falkenstein, lequel n'a pas été compris dans la cession de la Lorraine.

Théodore Baron de Neuhoff, Westphalien, étant venu en Corse, se met à la tête des Rébelles, qui lui donnent le titre de Roi : son parti étant affoibli, il disparoît le douze Novembre.

Guerre entre la Russie & la Turquie. Le Comte de Munich, Général des Russiens, s'empare des principales places de la Crimée ou petite Tartarie & des environs d'Oczakow, pendant que le Général Lasci soumet d'un autre côté Asoph à la Russie.

En Juillet, Traité de paix entre Schah-Nadir & les Turcs, qui le reconnoissent pour Roi de Perse, & lui abandonnent leurs conquêtes, à l'exception de Bagdet.

Les différends qui duroient depuis long-temps entre la ville de Hambourg & le Roi de Danemarck, sont enfin terminés.

Auguste II. Roi de Pologne, institue l'Ordre des Chevaliers de S. Henri, & s'en déclare Grand-Maître.

Courses des Petits Tartares en Pologne : elles continuent encore l'année suivante ; mais le Grand-Seigneur, à la prière des Polonois, travaille à les arrêter.

En Amérique, découverte d'une conspiration des Négres formée contre les Blancs, à Antigoa, Isle Angloise, au mois d'Octobre.

A la fin de Décembre, les Espagnols évacuent la Toscane, & des troupes Impériales y viennent. Le Duc de Lorraine est reconnu Grand-Prince de Toscane, avec l'agrément du Grand-Duc, qui mourut l'année suivante.

Congrès de Pontremoli, au sujet de la succession de Toscane : il finit par la cession & garantie de l'Espagne, le huit Janvier.

1737. Le dix-huit, Lettres-Patentes du Roi Stanislas, en forme d'Edit, pour que le sieur de la Galaizière prenne possession, au nom de ce Prince, du Duché de Bar & du Marquisat de Pont-à-Mousson. La prise de possession du Duché de Lorraine se fait, le 21 Mars, pour le Roi Stanislas, après la cession faite par François-Etienne Duc de Lorraine ; & ensuite, le même jour, prise de possession éventuelle pour le Roi de France, & serment de fidélité en conséquence.

Depuis
J. C.
1737.

Le huit Février, les François évacuent la ville de Philisbourg.

Ferdinand, dernier Duc de Courlande de la famille des
Ketlers, meurt à Dantzick le quatre Mai : il n'avoit jamais
été tranquille possesseur de son Duché depuis 1711, qu'il
avoit succédé de droit à son frère. Les Etats de Courlande
élisent pour leur Duc Jean Ernest Biren, favori de l'Impératrice de Russie, qui leur avoit fait connoître ses
desirs.

L'Empereur Charles VI. après avoir fait tout son possible
pour réconcilier la Turquie & la Russie, prend les armes
contre les Turcs, en conséquence de l'alliance qu'il avoit
faite avec la Russie en 1726. Son armée se partage en plusieurs corps.

Le neuf Juin, mort de Jean-Gaston, Grand-Duc de
Toscane, le dernier des mâles descendans de Cosme I. de
Médicis, qui commença à être Souverain de cet Etat en
1537. François-Etienne de Lorraine succéde à Jean-Gaston,
le dix-neuf Juillet, en conséquence des nouveaux Traités,
& de la cession faite par l'Espagne.

Le Comte de Munich, Général des Russiens, prend sur
les Turcs la ville d'Ockzakow le treize Juillet.

Les Impériaux, commandés par le Comte de Seckem-
dorf, s'emparent de la ville de Nissa en Servie, le vingt-
huit Juillet, & ils s'avancent ensuite jusqu'a Widin en Bulgarie, dans le dessein de se joindre à une armée Russienne
qui devoit entrer en Valachie ; mais ce projet ne put être
exécuté. Le Prince de Hildbourghausen qui assiégeoit Ban-
jaluca en Bosnie, reçoit un échec, qui l'oblige de lever le
siége le trois Août.

Le Général Lasci, à la tête d'une armée Russienne, entre
en Crimée & la ravage.

Renaud d'Est, Duc de Modène, meurt, le vingt-six
Octobre, âgé de quatre-vingt-deux ans, six mois & un
jour. Son fils, François Marie, lui succéde ; ce Prince
avoit épousé en 1720, Charlotte-Aglaé d'Orléans.

Cette année arrivent à Paris les incendies de l'Hôtel-
Dieu & de la Chambre des Comptes.

Le premier Décembre meurt à Londres la Reine d'Angleterre, femme de George II. Elle se nommoit Willel-
mine-Charlotte-Dorothée de Brandebourg-Anspach, &
étoit âgée de cinquante-quatre ans, huit mois & dix-huit
jours. Cette Princesse fut fort regrettée, à cause de la protection qu'elle accordoit aux Sciences & aux Arts. Le Roi
ordonne qu'on continue de payer toutes les pensions
qu'elle faisoit.

Les Aghwans du Candahar s'étant soulevés contre la
Perse, sous la conduite de Hussein fils de Myrweis, Tha-

Depuis mas-kouli-kan va les attaquer; mais il est un an à assiéger
J. C. la forte ville de Candahar, qui ne se rendit qu'en 1738.
1738.   Les Corsaires de Salé, au Royaume de Maroc, sont
bloqués dans leur Port par une escadre Hollandoise.

Le huit Mai, les différends qui étoient depuis quelques années entre les Magistrats & les Citoyens de Genève, sont terminés par les soins du Marquis de Lautrec, Ambassadeur de France, & des Députés de Zurich & de Berne.

Traité des Rébelles de Corse avec M. de Boissieux, Commandant des troupes Françoises, qui y vinrent cette année pour les soumettre.

Les Turcs assiégent Orsowa: l'armée Impériale, commandée par François-Etienne de Lorraine, marche au secours, & défait, le quatre Juillet près de Cornéa, un corps de troupes Turques; elle ne peut cependant aller jusqu'à Orsowa, & se retire sous Belgrade.

Le six Juillet, est institué à Naples l'Ordre des Chevaliers de Saint Janvier.

Le siége d'Orsowa est repris par les Turcs, qui s'en emparent le neuf Août. Ils évitent dans cette guerre d'en venir à une action générale, & ne combattent que par des corps détachés. D'un autre côté, l'armée Impériale fut ruinée par les marches, la peste & la famine.

Les Russiens rentrent en Crimée avec le Général Lasci, & y font un grand butin de bestiaux, &c. Les Turcs attaquent le Comte de Munich, mais ils sont repoussés par les Russiens qu'il commandoit. Ils remportent quelque avantage sur une partie de la Flotille que la Russie avoit envoyée du Don dans la mer Noire.

Le fils aîné du feu Prince de Ragotski se prépare à faire une invasion en Hongrie à la tête de trente mille Turcs, mais elle n'eut pas lieu; ce Prince étant mort l'année suivante en Turquie, & son frère ayant disparu, de manière que l'on n'en a plus eu de nouvelle. Cette famille, anciennement souveraine en Transilvanie, fut ainsi éteinte, & délivra la Cour de Vienne de toute inquiétude.

Irza-kuli-mirsa, fils de Thamas-kouli kan, fait divers exploits dans la Bukharie & le long du fleuve Gihon ou Oxus, du côté de Balk.

Thamas-kouli-kan, ou Schah-Nadir, ayant soumis le Candahar, déclare la guerre au Grand-Mogol, Mahamet-Cha, & entre dans l'Indostan où il avoit des intelligences: il s'empare cette année de Gasna, de Kabul & de Pichaiver, où il trouva de grandes richesses qui le mirent en état de continuer ses conquêtes.

Frederic I. Roi de Suéde, fait un Traité d'alliance avec la France, le dix Novembre.

| Depuis J. C. | Le dix-huit Novembre, Traité définitif de paix entre la France & l'Empire, sur le pied des préliminaires de 1735. L'Espagne y accède enfin le vingt-un Avril de l'année suivante.

Les Russiens ayant détruit les fortifications d'Ockzakow, les Turcs y reviennent & les rétablissent.

En Amérique, les Anglois attaqués par les Espagnols, qui se plaignoient depuis long-temps d'eux par rapport au commerce, usent de représailles.

1739. François-Etienne de Lorraine & son épouse Marie-Thérèse d'Autriche viennent en Italie, & font leur entrée à Florence le vingt Janvier.

En Avril, les François établis à Pondicheri, prennent possession de Karical, que le Prince de Tanjaor leur avoit donné.

Bataille de Croska, livrée le vingt-un Juillet entre les Turcs commandés par le Grand Visir, & les Impériaux sous les ordres du Comte Wallis : ces derniers la perdent, avec six mille hommes.

L'avantage qu'ils remportèrent le trente du même mois à Panzowa, ne put empêcher les Turcs de faire le siége de Belgrade, qui continua jusqu'à la paix.

Le Comte de Munich & les Russiens pénétrent en Moldavie, battent les Turcs, le huit Août, près de Choczim, prennent cette ville, & ensuite Jassi, capitale de la Moldavie.

La Princesse Louise-Elisabeth de France, fille aînée de Louis XV. épouse l'Infant d'Espagne Don Philippe, depuis Duc de Parme. Célébration de son mariage à Versailles le vingt-six Août, le Duc d'Orléans ayant la procuration de Don Philippe : en Octobre, elle arrive en Espagne, & la bénédiction nuptiale est donnée à Alcala le vingt-cinq.

Le Marquis de Villeneuve, Ambassadeur de France à Constantinople, va négocier la paix à Belgrade entre les Turcs & l'Empereur : elle est signée le premier Septembre dans le camp des Turcs, qui exigèrent la restitution de Belgrade comme un préalable du Traité, & la cession leur en fut accordée en rasant les fortifications. Il fut aussi réglé qu'Orsowa leur resteroit, dans l'état où ils s'en étoient emparés ; qu'on leur céderoit la Walachie Impériale & la Servie ; enfin, que les rives du Danube & de la Save seroient désormais les frontières de la Hongrie & de l'Empire Othoman. Ainsi l'Empereur perdit une partie de ce qu'il avoit acquis en 1718.

Le dix-sept Octobre, le Cardinal Albéroni, Légat de la Romagne, prend possession des terres de la petite République de S. Marin, & fait prêter serment de fidélité au |

DE L'HISTOIRE MODERNE. 289

Depuis Pape : plusieurs citoyens s'y opposent, & quelque tems
J. C. après le Pape les laisse à leur ancienne liberté.

La tranquillité est établie dans l'Isle de Corse, par les troupes Françoises, sous le commandement du Marquis de Maillebois.

L'Amiral Haddock, Anglois, croise avec une escadre dans la Méditerranée devant Gibraltar & Port-Mahon.

Déclaration de guerre du Roi d'Angleterre contre l'Espagne le trente Octobre : Contre-Déclaration du Roi d'Espagne le vingt-huit Décembre.

Thamas-kouli-kan continue ses conquêtes dans les Indes, & ayant défait le Grand-Mogol, conclut avec lui un Traité de paix. Il invite ce Prince à le venir voir, & il le fait arrêter dans un festin. Il met ensuite la ville de Delli sa capitale au pillage. Enfin il rend à Mahamet-Cha le Trône de l'Indostan, moyennant un tribut, & en gardant pour lui les provinces voisines de la Perse. Son expédition ne dura que vingt mois, comme celle d'Alexandre, qui lui est semblable ; mais les deux chefs ne le sont pas, Thamas-kouli-kan ayant tout pillé & emporté avec lui les richesses de l'Indostan.

Les Indiens voisins de Goa s'assemblent au nombre de cinquante mille, dans le dessein de chasser les Portugais de la côte des Indes : ils sont entièrement vaincus l'année suivante.

Les Négres révoltés de la Jamaïque se soumettent, en obtenant la permission de former des plantations.

L'Amiral Vernon, Anglois, après avoir fait quelque tentative sur Cuba, tourne vers Portobelo, & prend cette ville sur les Espagnols le trois Décembre : il en détruit les fortifications, & retourne à la Jamaïque d'où il étoit parti.

Le Capitaine Spangenberg, Commandant d'un vaisseau Russien, découvre trente-quatre nouvelles Isles, depuis le Kamtschatka jusqu'au Japon, où il aborde en deux endroits.

1740. Le Pape Clement XII. (Laurent Corsini) meurt le six Février, âgé de quatre-vingt-sept ans, neuf mois & vingt-neuf jours, après en avoir été sur le S. Siége neuf ans & six mois.

Le trente-un Mai, meurt à Postdam Frederic-Guillaume, second Roi de Prusse & Electeur de Brandebourg : Frederic II. son fils lui succéde, & institue peu après, pour ses Officiers Militaires, l'Ordre du Mérite, en place de l'Ordre de la Générosité, qui avoit été établi en 1685.

Destruction de la citadelle de Belgrade, qui est remise aux Turcs avec la ville le sept Juin.

Benoît XIV. (Prosper Lambertini) est élu Pape le dix-sept Août. Il rétablit par un Bref du cinq Novembre l'Ordre des Chevaliers de S. Etienne pour la Hongrie.

Depuis J. C. 1740.

Révolte des Tartares Baskirs & d'Ufa, dans le pays de Cafan, contre les Ruffiens.

Le vingt-trois Août, naiffance de Jean, fils d'Antoine-Ulric de Brunfwick-Bevern & d'Anne de Mecklenbourg, niéce de l'Impératrice de Ruffie. Ce Prince fut peu après déclaré l'héritier du Trône.

L'Empereur Charles VI. meurt la nuit du 19 au 20 d'Octobre, dans la cinquante-cinquiéme année de fon âge, & la vingt-neuviéme de fon régne. Il avoit fait fon Teftament le dix-fept, conformément à fa Pragmatique-Sanction. En lui finit la race mafculine d'Autriche, qui avoit eu l'Empire fans interruption depuis l'an 1438. Sa fille aînée, Marie-Thérèfe d'Autriche, prend poffeffion de fes Etats héréditaires, en conféquence de la Pragmatique-Sanction; & elle affocie au gouvernement fon époux, François-Etienne de Lorraine, Grand-Duc de Tofcane. Elle trouve bientôt un obftacle à la jouiffance de fa fucceffion dans les Maifons de Baviére & de Saxe, & d'un autre côté le Roi de Pruffe prétend faire valoir des prétentions fur le Duché de Siléfie.

L'Amiral Haddock, Anglois, fait des tentatives inutiles fur Maillorque & Barcelone.

Le vingt-huit Octobre, mort de la Princeffe Anne Ivanovna, Impératrice de Ruffie: elle déclare pour fon Succeffeur Jean de Brunfwick, petit-fils de fa sœur, fous la Régence du Duc de Biren fon favori. Le vingt-neuf, ce jeune Prince qui n'avoit que trois mois, eft proclamé Empereur de Ruffie, fous le nom de Ivan III. Environ un mois après, le Duc Biren fut deftitué, & la Régence déférée à la Princeffe Anne de Brunfwick-Bevern, mère du jeune Empereur.

Thamas-kouli-kan ou Shah Nadir fait la guerre aux Tartares Ufbeks, & s'empare de Bocara & des pays connus autrefois fous le nom de Sogdiane.

Les Marattes, Indiens voifins de Goa, fe répandent dans le Coromandel, & menacent Pondicheri.

Le Baron de Troft, neveu de Théodore de Neuhof, qui étoit venu exciter les Rebelles de Corfe, rend la tranquillité à cette Ifle par fon départ, au mois de Décembre.

Le Roi de Pruffe entre le feize Décembre dans la Siléfie, à la tête de trente mille hommes, fans déclaration de guerre à Marie-Therèfe d'Autriche, dont il avoit garanti toute la fucceffion: il donne une déclaration aux Miniftres Etrangers, par laquelle il revendique les anciens droits de fa Maifon fur le Duché de Siléfie, prend Weichow le dix-fept Décembre, & bloque le Grand-Glogaw le vingt-trois.

Depuis Le dix-huit Janvier, élection du Grand-Maître de Mal-
J. C. the, Dom Emmanuel Pinto, Portugais, après la mort de
1741. Don Raymond Despuig.

Le Grand-Glogaw & son château se rendent le neuf Mars
au Roi de Prusse.

Inondations considérables en Hollande, en France & en
Italie.

Auguste II. Electeur de Saxe & Roi de Pologne, entre
les armes à la main dans les Etats de l'Archiduchesse-Reine,
& publie les droits qu'il prétend avoir sur la succession de
Charles VI.

Le Roi d'Espagne fait aussi part des siens aux Princes
d'Allemagne, & se prépare à entrer en Italie.

Le Roi de Prusse gagne en Silésie, le dix Avril, la Bataille de Molwitz sur le Comte de Neuperg, Général de
l'armée Autrichienne, & prend la ville de Brieg le cinq Mai.

Le vingt-cinq Juin, Marie-Therèse d'Autriche se fait
couronner Reine de Hongrie à Presbourg; & par un discours Latin engage les Hongrois à la secourir de toutes
leurs forces.

Le vingt-sept, les Etats de Courlande élisent pour leur
Duc Ernest Ferdinand de Brunswick frère d'Antoine-
Ulric, époux de la Régente de Russie; le Duc Ernest-Jean
Biren ayant été dégradé en Russie, & exilé en Sibérie,
après avoir été condamné à mort.

L'Amiral Vernon, Anglois, est obligé le vingt-sept
Avril de lever le siége de Carthagène en Amérique: les
Espagnols, par une généreuse défense, lui font perdre
beaucoup de monde, & une partie de son escadre.

Frederic I. Roi de Suéde, déclare la guerre à la Russie
le vingt-quatre Juillet.

L'Electeur de Baviére fait occuper Passaw par ses troupes, pour assurer ses projets: il prétendoit à la succession
entiére d'Autriche, dont l'Archiduchesse-Reine de Hongrie & de Bohême s'étoit mise en possession avec l'agrément de ses sujets.

Le Roi Louis XV. envoye à l'Electeur de Baviére quarante mille hommes de troupes auxiliaires.

Le Roi de Prusse s'empare de Breslau, capitale de la Silésie, le dix Août.

En Amérique, mauvais succès de l'Amiral Vernon &
des Anglois dans l'attaque de l'Isle de Cuba sur les Espagnols, depuis le mois de Juillet jusqu'en Septembre.

Le Général Lasci commande les Russiens en Finlande,
& gagne sur les Suédois la Bataille de Willamstrand le trois
Septembre.

L'Electeur de Baviére, aidé par les François, s'empare
de la basse Autriche, & se fait prêter serment de fidélité à

Depuis J. C. Lintz sa capitale le deux Octobre. La Cour de Vienne sort de cette ville, & en donne le commandement au Comte de Kevenhüller. L'Electeur de Bavière entre en Bohême avec les François.

La ville de Neiss en Silésie, est prise le trente-un Octobre par les Prussiens, qui par-là sont maîtres de la Silésie : les Députés de ce grand Duché rendent hommage au Roi de Prusse le sept Novembre à Breslau.

Le vingt-six Novembre, le Comte Maurice de Saxe, à la tête de l'armée Françoise, prend la ville de Prague par escalade pour l'Electeur de Bavière, aux troupes duquel celui de Saxe avoit joint les siennes, ainsi que le Roi de Prusse. Les Etats de Bohême reconnoissent pour leur Roi l'Electeur de Bavière le dix-neuf Décembre. Le Grand Duc de Toscane & le Comte de Neuperg, avec l'armée Autrichienne, se contentent de couvrir la Moravie.

La nuit du cinq au six Décembre, il se fait une révolution subite en Russie : l'Empereur Ivan ou Jean est détrôné avec sa mère, & la Princesse Elisabeth Petrovna (ou fille de Pierre le Grand) est proclamée Impératrice de Russie, en vertu des dispositions testamentaires de ce Prince : elle est couronnée à Moscou le six Mai suivant.

Le cinq Décembre, mort de la Reine de Suéde, Ulrique-Eléonore, qui avoit fait élire son mari Roi en 1720. Cette Princesse avoit succédé à Charles XII. son frère.

Saïd Mehemet Effendi, Ambassadeur Turc, arrive à Paris le seize Décembre ; il y étoit déja venu en 1721 avec son père Mehemet Pacha, alors Ambassadeur : il part de Paris le trente Juin 1742, pour retourner à Constantinople (où il a été depuis deux fois Grand-Visir.)

Des troupes Espagnoles débarquent en Italie, & le Duc de Montemar est nommé leur Général, sous les ordres de l'Infant Don Philippe.

Cette année il y eut en Perse une révolte contre Thamas-kouli-kan, excitée par son fils aîné, qui fut défait & condamné à mort. Ensuite les Tartares Daghestans se soulevèrent, & défirent Thamas-kouli-kan.

Les Indiens de Goa se révoltent contre les Portugais, qui les battent ensuite.

1742. Le vingt-trois Janvier le Comte de Segur rend Lintz par capitulation au Comte de Kevenhuller, Général Autrichien.

Charles Albert, Electeur de Bavière, est élu Empereur le vingt-quatre Janvier à Francfort, & y est couronné le vingt-deux Février. On l'appelle CHARLES VII.

Les Autrichiens se mettent en possession de presque toute la Bavière, qu'ils abandonnent peu après.

Le vingt-sept Mars, le Roi de Prusse se rend maître d'I-glaw en Moravie : il quitte ensuite ce pays, où il laisse dix

Depuis J. C. huit mille hommes sous la conduite du Prince d'Anhalt-Deſſau ; il paſſe en Bohême, dans le Comté de Glatz, dont il prend la ville & le château le vingt-ſix Avril.

La ville d'Egra en Bohême eſt inveſtie par le Comte Maurice de Saxe Général François, le trois Avril : elle ſe rend le dix-neuf.

Bataille de Czaſlaw, gagnée par le Roi de Pruſſe le dix-ſept Mai ſur les Autrichiens, qui étoient commandés par le Prince Charles de Lorraine.

Vingt jours après, le Roi de Pruſſe fait ſa paix avec la Reine de Hongrie, qui lui céde la Siléſie (à la réſerve d'une petite partie,) & auſſi le Comté de Glatz. Le Traité préliminaire fut ſigné à Breſlau le onze Juin, & le définitif à Berlin le vingt-huit Juillet : cette paix fut publiée le vingt-deux Août.

Déclaration de guerre du Roi de France contre la Reine de Hongrie, l'Angleterre & la Hollande, du trois Juillet.

Deſcente du Chef d'eſcadre Martin, Anglois, dans le Royaume de Naples, au mois d'Août : en conſéquence le Roi des deux Siciles ſe déclare neutre dans la guerre d'Italie.

Le Roi de Sardaigne ayant abandonné la France, fait ſes conventions avec la Reine de Hongrie, pour s'oppoſer de concert avec elle aux entrepriſes des Eſpagnols en Italie : on lui promet une partie du Milanès, qu'il a eu en effet. En conſéquence il déclare la guerre au Roi d'Eſpagne, au ſujet des Duchés de Parme & de Plaiſance : il ſe rend maître de Modéne le vingt-huit Juin & de la Mirandole le vingt-deux Juillet.

Traité de paix entre la Reine de Hongrie & l'Electeur de Saxe Roi de Pologne, publié le dix-ſept Septembre.

Don Philippe entrant dans les Etats du Roi de Sardaigne, publie contre lui un Manifeſte daté de S. Jean de Maurienne en Savoye, le ſix Septembre.

Le treize Septembre, le Prince Charles de Lorraine, avec les Autrichiens, leve le ſiége qu'il avoit mis devant Prague, que les François défendoient ; & il va pour diſputer l'entrée de la Bohême à une nouvelle armée Françoiſe, commandée par le Maréchal de Maillebois.

Les Autrichiens qui étoient rentrés en Bavière, ſont forcés par le Comte de Seckendorff, Général de l'Empereur, d'abandonner ce pays une ſeconde fois.

Au même tems, le Roi de Sardaigne pénétre en Savoye par le Mont S. Bernard & le Mont Cenis : les Eſpagnols ſe retirent le quinze Octobre en Dauphiné, attendant des renforts.

Le ſix Novembre, la Diette de Suéde élit & proclame ſucceſſeur éventuel de leur Roi, Charles-Pierre-Ulric de

Depuis J. C. Holstein-Gottorp. Ce jeune Prince étoit alors en Russie, où l'Impératrice Elisabeth sa tante l'avoit fait venir, & il faisoit profession de la Religion Grecque : ce qui l'excluoit du trône de Suède, s'il y vouloit persévérer. On croyoit en Suède que la démarche de la Diette au moins contribueroit à la paix avec les Russiens, qui venoient d'achever de se rendre maîtres de la Finlande.

Le dix-huit Novembre, l'Impératrice de Russie déclare le Duc de Holstein-Gottorp son héritier présomptif, & son successeur au Trône. On lui donne le titre de Grand-Duc de Russie.

Cette année, Thamas-kouli-kan viole le Traité de paix fait entre la Perse & la Russie en 1732, & il entre sur les Etats de la Russie près la mer Caspienne, d'où il sort bien tôt pour reprendre ses projets de guerre contre les Turcs. Il remporte ensuite sur eux plusieurs victoires.

Les Indiens Marattes, qui étoient sortis depuis plus d'un an de leurs montagnes, à l'Orient de Goa, ravagent la côte de Coromandel, & menacent en vain Pondicheri & d'autres villes.

En Décembre, les Espagnols rentrent en Savoye, & s'en rendent maîtres de nouveau.

Belle retraite du Maréchal de Belle-Isle, qui sort de Prague avec l'armée Françoise, la nuit du seize au dix-sept Décembre, & arrive à Egra le vingt-six. Il avoit laissé à Prague pour garnison 1800 hommes commandés par M. de Chevert.

Le trente-un Décembre, le Prince de Sultzbach, Charles-Théodore, devient Electeur Palatin.

1743. La garnison de Prague obtient une capitulation honorable, & sort le deux Janvier, pour être conduite à Egra, aux dépens de la Reine de Hongrie.

Le vingt-neuf Janvier, André-Hercule de Fleuri, ancien Evêque de Fréjus & Précepteur du Roi Louis XV. Cardinal & principal Ministre d'Etat en France, meurt à Issi près de Paris, âgé de quatre-vingt-neuf ans & sept jours.

Bataille de Campo-Santo en Italie, près le Panaro, livrée le huit Février, entre les Espagnols commandés par le Comte de Gages, & les Autrichiens qui avoient pour Général le Comte de Traun.

Le onze Mai, Marie-Therese, Archiduchesse d'Autriche, Reine de Hongrie, &c. est couronnée Reine de Bohême à Prague, où elle étoit venue, le vingt-neuf Avril, avec le Grand-Duc de Toscane son mari. Le lendemain se célébra le jour anniversaire de cette Princesse, qui entroit alors dans sa vingt-septième année.

Un Envoyé de Tunis a audience, le dix-sept Mai, du

Depuis J. C. | Roi Louis XV. qu'il remercie au nom de sa République du dernier Traité de paix conclu avec elle.

Nouvelles tentatives, sans succès, du Baron de Neuhof, qui reparoît sur les côtes de Corse.

L'Amiral Matthews, qui étoit depuis deux ans avec une flotte Angloise dans la Méditerranée, commet diverses violences contre les Génois, sous prétexte qu'ils favorisoient les Espagnols.

Les Autrichiens s'emparent une troisième fois de la Bavière, principalement de Munich, au mois de Juin; & en Juillet de Braunaw & de Straubingen, ayant pour Général le Prince Charles de Lorraine.

Le treize Juin, Bataille d'Ettingen sur le Mein, entre les François commandés par le Maréchal Duc de Noailles, & les Alliés (Autrichiens, Anglois, Hessois, Hollandois), sous les ordres du Comte de Stairs, Anglois. Le Roi d'Angleterre, Georges II. y étoit présent, & donna des preuves de sa valeur. L'action fut violente, sans qu'aucun pût s'attribuer l'avantage.

Le vingt-sept Juin, Traité préliminaire de paix, convenu à Abo entre la Russie & la Suède.

Le quatre Juillet les Etats de Suède, pour se conformer aux desirs de la Russie, élisent le Prince Adolphe-Frédéric de Holstein Evêque de Lubeck, successeur au trône de Suède. Ce Prince, qui étoit tuteur & administrateur des biens du jeune Grand-Duc de Russie, vient à Stokholm à la fin d'Octobre.

Le Prince de Lobkowitz, Général des Autrichiens en Italie, marche contre les Espagnols, qui étoient commandés par le Duc de Modène, & qui étant inférieurs, se retirent.

Le Prince Charles tente deux fois en vain de faire passer le Rhin à l'armée des Autrichiens, pour pénétrer en Alsace. Une autre armée des Alliés le passe à Mayence, mais ne peut rien faire.

Le deux Septembre, Ingolstadt est forcée de se rendre aux Autrichiens, qui s'étant emparé pour la troisième fois de la Bavière, y font prêter serment à la Reine de Hongrie, le seize Septembre.

Egra, la seule ville de Bohême qui leur restoit à soumettre, est rendue, le sept Décembre, au Comte de Collowrath, par le Marquis d'Herouville.

Cette année, Thamas-kouli-kan attaque les Turcs du côté de l'Arménie & d'Erzerum: il assiège en vain Mosul, en Octobre: enfin il attaque de nouveau Bagdet.

Gomera, l'une des Isles Canaries, est envahie sans succès par les Anglois, qui attaquent de même plusieurs places Espagnoles d'Amérique.

Depuis
J. C.
1744.

Combat naval livré, le vingt-deux Février, dans la Mediterranée, à l'Amiral Matthews Anglois, par les Escadres combinées d'Espagne & de France : cette dernière étoit commandée par M. de Court. Quoique ce combat ne parût guères décisif, les projets des Anglois furent en conséquence dérangés, surtout par rapport à Naples.

Déclaration de guerre du Roi de France contre le Roi d'Angleterre, du quatre Mars : Contre-Déclaration de l'Angleterre, du vingt-neuf.

Le dix-huit Mars, en Italie, l'armée Espagnole poursuivie par les Autrichiens, se retire dans le Royaume de Naples : le Roi se joint aux Espagnols avec son armée : ils arrêtent ensemble les Autrichiens commandés par le Prince de Lobkowitz, qui tâche en vain de faire soulever les Napolitains.

Le vingt-cinq Avril, Nice s'étant rendue à Don Philippe & aux Espagnols, aidés par les François, Ville-Franche est prise par le Prince de Conti.

Le vingt-six, Déclaration de guerre du Roi de France contre la Reine de Hongrie : Contre-Déclaration de cette Princesse, du seize Mai.

Le quatre Juin la ville de Menin, & le vingt-cinq celle d'Ypres, se rendent au Roi Louis XV. qui étoit venu se mettre à la tête de son armée de Flandre.

Prise du Château Dauphin en Piémont, le dix-neuf Juillet : les troupes Françoises, commandées par le Prince de Conti, firent dans l'attaque des prodiges de valeur. Le dix-sept Août, ces mêmes troupes, unies à celles de Don Philippe, prirent le fort de Démont, magnifique forteresse qui défendoit l'entrée du Piémont, & que les François détruisirent entièrement au mois de Novembre.

Le vingt-neuf Juillet, les Autrichiens commandés par le Prince Charles, passent le Rhin & entrent en Alsace. Le Roi Louis XV. suivi du Maréchal de Noailles, y accourt de Flandre, avec un détachement de son armée, & tombe dangereusement malade à Metz le huit Août. » Le Maré-
» chal conduit le détachement en Alsace, où il trouve le
» Maréchal de Coigny qui commandoit l'armée du Rhin :
» il fut question de sçavoir à qui resteroit le commande-
» ment de cette armée, & cette décision fut portée au Roi
» qui étoit à Metz dans les bras de la mort. Ce Prince rap-
» pelle ses forces, décide en faveur du Maréchal de
» Noailles, & se survivant à lui-même, ordonne à son
» Ministre (M. d'Argenson) de mander au Maréchal qu'il
» se souvienne que le Prince de Condé gagna la bataille de
» Rocroi cinq jours après la mort de Louis XIII. « *Le Président Jean-François Henault*, Ab. Chron. de l'Hist. de France, Ve Edit. pag. 662.

« A la nouvelle de la maladie du Roi, Paris (comme
» toute la France) parut dans sa terreur une ville prise d'as-
» saut : on entendit retentir les Eglises de vœux & de gé-
» missemens ; les prières des Prêtres & du Peuple étoient
» interrompues à tout moment par leurs sanglots, & c'est
» d'un intérêt si cher & si tendre (qu'est venu à Louis XV.)
» le surnom de BIEN-AIMÉ. *Ibid. pag.* 656. «

Ce Prince est entièrement hors de danger le 19 Août.

Les Maréchaux de Noailles & de Coigny forcent, le vingt-quatre Août, le Prince Charles de repasser le Rhin.

Le Roi de Prusse fait alliance, conjointement avec l'Electeur Palatin, &c. avec l'Empereur Charles VII. & ses troupes rentrent en Bohême.

Le Général Comte de Bathiani, Welt-Maréchal de la Reine de Hongrie, est battu près de Prague à Beraun, le cinq Septembre, par M. Hacke Général-Major de l'armée Prussienne.

La nuit du douze au treize Septembre, la tranchée est ouverte devant Coni en Piémont, par Don Philippe & le Prince de Conti.

Le seize Septembre, la ville de Prague est prise par le Roi de Prusse, qui s'empare ensuite de plusieurs autres villes de Bohême.

Le trente, combat de Coni, entre les Espagnols & les troupes du Roi de Sardaigne, qui ont du dessous. Les Espagnols, auxquels étoient joints les François, abandonnent ensuite le siége de Coni, à cause des neiges & de la saison, le vingt-deux Octobre.

Le Comte de S. Germain reprend Munich en Bavière ; le quatorze Octobre, & remet cette ville à l'Empereur Charles VII. qui s'y rend le vingt-deux Novembre.

La garnison Hollandoise, qui étoit depuis nombre d'années à Embden en Oostfrise, en sort au commencement de Novembre, en conséquence de la convention conclue avec le Roi de Prusse, qui venoit de se mettre en possession de la Principauté d'Oostfrise, dont la ligne des anciens possesseurs de la Maison de Gretsiel avoit cessé. Il y avoit depuis long-temps une grande mésintelligence entre ces Princes & leurs Etats provinciaux, qui y avoient attiré les Hollandois.

Fribourg en Souabe, se rend le sept Novembre au Roi Louis XV. qui étoit en personne à ce siége, commencé sous ses ordres par le Maréchal de Coigny : les châteaux se rendent le vingt-huit. On fit ensuite sauter en l'air toutes les fortifications.

Le vingt-sept Novembre, le Roi de Prusse retire ses troupes de Prague, dans l'intention de couvrir & défendre la Silésie, que les Autrichiens vouloient reconquérir.

Depuis J. C.   Le Comte Maurice de Saxe, Général de l'armée Françoise qui étoit restée en Flandre, quoiqu'inférieur aux Autrichiens & à leurs Alliés, sçait tenir avantageusement la campagne.

En Novembre, les Espagnols & les Napolitains poursuivent les Autrichiens à travers l'Etat Ecclésiastique.

Le dix-huit Décembre, Monseigneur le Dauphin épouse par Procureur à Madrid, la Princesse Marie-Thérèse Infante d'Espagne, fille de Philippe V. du second lit : le vingt cette Princesse part pour venir en France.

Le trente-un, les troupes du Roi de Sardaigne abandonnent Oneille dans le Comté de Nice : le Marquis de Castellar s'en saisit pour Don Philippe.

Thamas-kouli-kan reçoit un échec considérable de la part des Turcs, en assiégeant la ville de Kars. Schah-Radé, Prince Persan, soulevé contre lui, demande du secours aux Turcs qui lui en accordent.

1745.   Le huit Janvier, Traité de Varsovie, par lequel l'Electeur de Saxe Roi de Pologne, s'engage de donner à la Reine de Hongrie trente mille hommes : ce que le Roi de Prusse considére comme un acte d'hostilité contre lui.

Charles VII. Empereur & Duc de Bavière, meurt le huit Janvier à Munich, âgé de quarante-huit ans. Son régne, qui ne dura que trois ans moins quatre jours, ne fut qu'une guerre continuelle, qui l'obligea de demeurer la plus grande partie du tems à Francfort. Son fils Maximilien-Joseph-Léopold-Ferdinand lui succéde dans l'Electorat de Bavière.

Action de Pfaffenhoven entre M. de Segur & le Comte de Bathiani, le seize Mars : belle retraite des François.

Le quinze Avril, les Autrichiens rentrés dans la Bavière, se rendent maîtres de Munich : le nouvel Electeur fait le dix-huit son accommodement avec la Reine de Hongrie, & demeure neutre le reste de la guerre.

Louis XV. se met de nouveau en campagne, & va joindre son armée en Flandre, avec M. le Dauphin.

Bataille de Fontenoi près Tournai, gagnée le onze Mai par le Roi en personne, ayant sous ses ordres le Maréchal Comte Maurice de Saxe : les Alliés, Autrichiens, Anglois & Hollandois, commandés par le Duc de Cumberland, perdent plus de quinze mille hommes.

Tournai se rend au Roi le vingt-deux Mai, & la citadelle le vingt-neuf Juin.

Le Roi de Prusse gagne le quatre Juin la bataille de Friedberg à l'entrée de la Silésie, sur les Autrichiens commandés par le Prince Charles de Lorraine.

Le vingt-six Juin, en Amérique, les Anglois prennent aux François Louisbourg & l'Isle Royale ou du Cap-Breton, à l'entrée du Canada.

En Flandre, Gand est prise par les François sous les ordres du Comte de Loewendahl, le onze Juillet; Bruges le dix-huit par le Marquis de Souvré; Oudenarde le vingt-un par le Comte de Loewendahl; Dendermonde le douze Août par le Duc d'Harcourt; Ostende le vingt-trois, & Nieuport le cinq Septembre par le Comte de Loewendahl.

Don Philippe & les Espagnols, avec une armée Françoise commandée par le Maréchal de Maillebois, pénétrent en Italie par l'Etat de Gênes, qui se détermine à leur joindre ses troupes. D'un autre côté, l'armée combinée d'Espagne & de Naples, commandée par le Duc de Modène malgré les Autrichiens sous les ordres du Comte de Schullembourg, joint celle de Don Philippe La ville de Tortone est prise la nuit du huit au neuf Août, & la citadelle le trois Septembre; Plaisance se rend le douze Septembre; à cette nouvelle, les Autrichiens abandonnent Parme; & la nuit du vingt-un au vingt-deux, Pavie est prise.

Le treize Septembre, François-Etienne de Lorraine, Grand Duc de Toscane, & ci-devant Duc de Lorraine & de Bar, est élu Empereur à Francfort, & couronné le quatre Octobre sous le nom de FRANÇOIS-ETIENNE.

Le Prince Edouard Stuard, fils aîné de Jacques III. étant débarqué en Ecosse à la fin du mois d'Août, & nombre d'Ecossois s'étant déclarés en sa faveur, il fait proclamer son père Roi d'Ecosse & d'Irlande à Perth le dix-neuf Septembre.

Combat du Tanaro en Piémont le vingt-sept Septembre, où Don Philippe remporte la victoire sur le Roi de Sardaigne & les Autrichiens.

La côte de Gênes est bombardée par les Anglois à cause du Traité de cette République avec l'Espagne, la France & le Roi des deux Siciles. Les Anglois soutiennent aussi les Rébelles de Corse.

Bataille de Prandnitz en Bohème, gagnée le trente Septembre par le Roi de Prusse sur les Autrichiens, commandés par le Prince Charles.

Le deux Octobre, en Ecosse, le Prince Edouard gagne la bataille de Preston-bans sur le Général Cope Anglois. Les Sauvages des isles Hebrides & Orcades viennent s'offrir à lui: il entre ensuite avec son armée en Angleterre, où il prend la ville de Carlisle le vingt-six Novembre; mais à la fin de Décembre il est forcé par le Duc de Cumberland de rentrer en Ecosse.

Les Hollandois envoyent des troupes auxiliaires au Roi d'Angleterre, selon les Traités; la France se plaint de ce qu'elles étoient en grande partie de celles qui s'étant rendues à elle dans les places de la Barrière prises en Flandre, s'étoient engagées à ne point servir pendant dix-huit mois; les Hollandois les font revenir.

Depuis J. C. Le trente-un Octobre, M. de Lestanduere, Chef-d'Escadre de France, arrive de S. Domingue à Brest avec une nombreuse flotte de vaisseaux Marchands : il avoit pris en route plusieurs vaisseaux Anglois.

Ath en Hainaut, se rend au Roi de France, le huit Novembre.

En Italie, la ville de Casal, après la prise d'Alexandrie & de Valence, est investie le quatre Novembre par les troupes Espagnoles & Françoises; les Piémontois l'abandonnent, & le château se rend le vingt-neuf du même mois. Asti en Piémont est prise pour Don Philippe, par les François sous les ordres de M. de Chevert, le neuf Novembre; & le château se rend le dix-sept.

Le dix-sept Novembre, une escadre Angloise aide les Rébelles de Corse à se rendre maîtres de la ville de la Bastie, d'où les troupes de la République de Gènes les obligent peu après de se retirer.

Le Roi de Prusse, qui étoit entré en Saxe le quatre Décembre, défait le Prince Charles ou plutôt les Saxons; se rend maître le dix-huit de Dresde, abandonnée par l'Electeur Roi de Pologne; y conclut le vingt-cinq avec ce Prince & l'Impératrice Reine de Hongrie un Traité de paix, par lequel la Silésie lui est de nouveau assurée, conformément aux Traités faits à Breslau & Berlin en 1742; & il reconnoît le Grand-Duc de Toscane pour Empereur.

Le seize Décembre, en Italie le Comte de Gages, Général des Espagnols, se rend maître de Milan : Don Philippe y fait son entrée le dix-neuf.

Le trente Décembre, prise de Valence en Piémont.

Cette année la ville d'Astracan dans la Tartarie Russienne, est presque entièrement réduite en cendres par un incendie.

1746. Le vingt-huit Janvier, le Prince Edouard gagne en Ecosse la bataille de Falkire, & prend ensuite la ville d'Invernesse.

Ce même mois, Traité de paix entre les Turcs & Thamas-kouli-kan, avantageux aux premiers : il régle les limites des deux Empires sur le pied de celui qui fut conclu sous le régne du Sultan Amurath IV. en 1638.

Prise de Bruxelles, capitale des Pays-bas Autrichiens, le vingt Février, par le Maréchal Comte de Saxe. Le Roi Louis XV. étant allé en Flandre au mois de Mai, fait son entrée dans cette Ville le quatre de ce même mois.

Le treize Mars, mort de M. de Vintimille, Archevêque de Paris, âgé de quatre-vingt-dix ans & près de quatre mois.

En Italie, Asti est repris par le Roi de Sardaigne; Guastalla, Casal & Parme le sont par les Autrichiens, en Mars & Avril.

Depuis J. C. Le vingt-sept Avril, le Prince Edouard perd en Ecosse la bataille de Culloden, près d'Invernesse : depuis ce tems, son parti étant affoibli, il se retire d'Ecosse, vient en France & retourne en Italie.

Le dix-neuf Mai, Anvers se rend aux François, & la citadelle capitule le trente-un.

Bataille de Plaisance, ou de San-Lazarro, livrée le quinze Juin, & où les troupes Autrichiennes eurent l'avantage sur celles d'Espagne & de France.

Le neuf Juillet, Philippe V. Roi d'Espagne & petit-fils de France, meurt à Madrid, âgé de soixante & trois ans, & la quarante-sixiéme année de son régne. Ferdinand IV. son fils du premier lit, lui succéde, & est proclamé le dix Août : il fit son entrée solemnelle à Madrid le dix Octobre.

Les François continuent de faire des conquêtes en Flandre. Mons se rend au Prince de Conti le dix Juillet; aussi-bien que Charleroi le deux Août.

Le vingt Juillet, mort de M. Gigault de Bellefonds, Archevêque de Paris, successeur de M. de Vintimille : le Roi nomme en sa place M. de Beaumont du Repaire, qui étoit Archevêque de Vienne, & auparavant Evêque de Bayonne.

Le vingt-deux Juillet, Madame la Dauphine, Marie-Thérèse Infante d'Espagne, meurt à Versailles, âgée de vingt ans & quelques jours.

Le six Août, mort de Christiern VI. Roi de Danemarck : Frédéric V. son fils lui succéde, & n'est couronné que le quatre Septembre de l'année suivante.

Combat du Tidon en Italie, gagné par les Espagnols & les François sur les Autrichiens, le dix Août.

Le vingt-neuf Août, on exécute à Londres le Lord Balmerino & le Comte Kilmarnock Pair d'Ecosse, comme partisans du Prince Edouard. On continue de faire le procès à plusieurs autres Seigneurs : le Comte de Derwenwater fut exécuté le dix-neuf Décembre, & le Lord Lovat le dix Avril de l'année suivante.

Le six Septembre, les Autrichiens, commandés par le Marquis de Botta, s'emparent de Gènes, & font payer de fortes contributions. Vers le même temps, le Roi de Sardaigne se rend maître, sur les Génois, de Savonne & de Final.

Le Prince de Conti prend Namur le dix-neuf Septembre : les châteaux se rendent le trente.

Dans les Indes Orientales, M. de la Bourdonnais, après avoir battu une escadre Angloise, prend le vingt-un Septembre, sur les Anglois, la ville de Madras, la plus forte & la plus célèbre de celles qu'ils possédent aux Indes. Le Prince d'Arcatte, gagné par les Anglois, vient assiéger cette ville, mais les François le mettent aisément en fuite.

Depuis J. C.

Le premier Octobre, les Anglois, commandés par le Général Sinclair, font une descente en France près du Port de l'Orient : ils sont repoussés par le Comte de Volvire, & obligés de se rembarquer le huit.

Bataille de Raucoux, près de Liége, gagnée le onze Octobre, par le Maréchal de Saxe, sur les Autrichiens, Anglois & Hollandois, commandés par le Prince Charles.

Tremblement de terre effroyable au Pérou, le vingt-huit Octobre ; Lima est très-endommagée ; le Callao, son port, est submergé par le retour violent des vagues de la mer, & cinq mille personnes y périssent.

En Novembre, Conférences à Breda pour la paix.

Les Espagnols & Piémontois, commandés par le Général Browne, passent le Var & entrent en Provence, le trente Novembre. Les Anglois s'emparent des Isles de Sainte-Marguerite & de Saint-Honorat.

Le Prince Charles de Lorraine perd, le quinze Décembre, la Bataille de Kesseldorff, près de Dresde, qui fut gagnée par le Prince d'Anhalt-Dessau, Général du Roi de Prusse.

Les Génois chassent les Autrichiens de leur Ville, en Décembre : il leur eût fallu succomber sous une Puissance formidable, que leur courage n'avoit fait qu'irriter, si le Roi de France ne les eût puissamment secourus.

Le Baron Samuel de Cocceji, Ministre d'Etat du Roi de Prusse & son grand Chancelier, est chargé cette année par ce Prince de la réformation de la Justice dans ses Etats, & forme le *Code de Frédéric*.

1747.

Le dix Janvier, à Dresde, célébration du mariage de Monseigneur le Dauphin, par procureur, avec la Princesse Marie-Josephe de Saxe, fille cadette d'Auguste II. Roi de Pologne, née le quatre Novembre 1731 : cette Princesse étant partie aussitôt pour la France, reçoit la bénédiction nuptiale à Versailles, le neuf Février.

A la fin de Janvier, le Maréchal de Belle-Isle oblige les Autrichiens de se retirer de Provence.

Le dix-neuf Mars, mort de Catherine Opalinska, Reine de Pologne & Duchesse de Lorraine, femme du Roi Stanislas, & mère de la Reine de France.

Les Génois reçoivent au mois de Mars, quelques secours de France, qui les mettent en état de commencer à se défendre contre les Autrichiens. Le Duc de Boufflers leur amène, au mois de Mai, de nouvelles forces, & met Gênes à couvert de toute insulte : c'étoit le fils de celui qui avoit si généreusement défendu Lille en 1708.

Le Roi Louis XV. fait déclarer aux Hollandois, que comme ils favorisent de toutes façons ses ennemis, & qu'il doit assurer ses conquêtes, il va faire entrer ses troupes dans leur Pays. En conséquence, l'Ecluse & le Sas de Gand sont attaqués, & se rendent au Comte de Loewendahl, les vingt-un & trente Avril; Hulst & Axel, les neuf & dix-sept Mai, à MM. de Broglie & de Contades, ce qui acheva la conquête de la Flandre Hollandoise.

Le vingt-cinq Avril, Guillaume-Charles-Henri Frison de Nassau-Diets, Prince (titulaire) d'Orange, est élu Stadhouder dans la Ville de Veere en Zelande, ensuite dans plusieurs autres, & enfin le quatre Mai par les Etats-Généraux des Provinces-Unies. Il n'y avoit point eu de Stadhouder-Général depuis la mort du Roi Guillaume, en 1702.

Le quatorze Mai, combat naval donné à la hauteur du Cap de Finisterre, entre l'Amiral Anson, Anglois, & M. de la Jonquière, Chef-d'Escadre de France, qui est victorieux.

Les vingt-cinq & vingt-six Mai, les François reprennent les Isles de Sainte Marguerite, &c.

Le Maréchal de Belle-Isle prend la Citadelle de Ville-Franche & le Château de Vintimille dans le Comté de Nice, les onze & trente Juin. La Ville de Tortone se rend dans le même temps au Comte de Mante, Général du Roi de Sardaigne.

L'Infant Don Philippe & les Espagnols deviennent de nouveau maîtres du Comté de Nice.

Le vingt Juin, Thamas-kouli-kan, ou le Schah-Nadir, qui s'étoit fait Roi de Perse en 1736, ayant indisposé par ses cruautés la plupart des Seigneurs, est assassiné, en Khorasan, par son neveu, qui tâche de gagner l'affection de la Nation. Cependant une partie s'attache à un Prince qui se prétendoit descendu des Sophis, & qui envoye une ambassade à Constantinople.

Le vingt-trois Juin, Naissance du fils aîné de Don Carlos Roi des deux Siciles, & de Marie-Amélie de Saxe : il est nommé Don Philippe-Antoine-Janvier-Pascal-François de Paule.

Le Duc de Boufflers meurt à Gênes le deux Juillet ; & ce jour même, les Autrichiens commandés par le Comte de Schullembourg, lévent le siége qu'ils avoient mis devant cette Ville.

Le Roi Louis XV. étant venu en Flandre se mettre à la tête de son armée, concerte les opérations à faire avec le Comte de Saxe, qui venoit d'être déclaré Maréchal-Général, comme l'avoient été MM. de Turenne, Villars, &c.

Bataille de Lawffelt près de Tongres, au pays de Liége, où le Roi en personne, ayant sous ses ordres le Maréchal de Saxe, bat, le deux Juillet, les Alliés qui étoient commandés par le Duc de Cumberland, & qui perdirent à cette journée environ dix mille hommes. L'infanterie

Depuis J. C. 1747. Françoise y acquit beaucoup de gloire. Berg-op-zoom, très-forte place du Brabant Hollandois, fut inveitie quelques jours après.

Dans les Indes Orientales, le sept Juillet, une Escadre Françoise gagne un combat naval sur les Anglois, près de Madras.

Le huit Juillet, l'Electeur de Bavière épouse Marie-Anne-Sophie, seconde fille du Roi de Pologne Electeur de Saxe.

Le dix-neuf Juillet, les retranchemens d'Exilles, en Piémont, sont attaqués par les François, commandés par le Chevalier de Belle-Isle, qui y est tué.

On découvre en Suéde, un complot qui tendoit à faire changer la forme du Gouvernement: le Docteur Blacwal, Anglois & Médecin du Roi, est décapité le neuf Août. La Diette de Suéde approuve le Traité que le Roi venoit de faire avec le Roi de Prusse, pour assurer la succession au Prince Adolphe, & celui qu'il venoit de renouveller avec la France, aux mêmes conditions.

Le seize Septembre, prise de la Ville de Berg-op-zoom, par le Comte de Loewendalh, après deux mois de travaux infatigables.

Le vingt-trois Août, l'Université de Paris commence à distribuer, pour l'élite de ses dix Colléges, des prix annuels sur les fonds laissés par M. l'Abbé le Gendre, qui ont été depuis augmentés par MM. Coffin & Collot. M. Coignard a dans la suite fondé un prix pour un discours à faire par un Maître-ès-Arts.

Sur la fin de Septembre, le Duc de Richelieu vient commander les troupes Françoises à Gènes.

Le douze Octobre, le Fort de Lillo est pris sur les Hollandois.

Le vingt-cinq, M. de Lestanduère, Chef-d'Escadre de France, qui conduisoit en Amérique une flote de deux cent cinquante vaisseaux marchands, bat une Escadre Angloise, qui lui étoit supérieure, à la hauteur du Cap Finisterre: il arrive enfin heureusement à Saint-Domingue.

Le vingt-deux Novembre, les Etats-Généraux des Provinces-Unies rendent le Stadhouderat héréditaire, même dans les filles du Prince de Nassau-Diets-Orange.

L'Impératrice Elisabeth de Russie établit une Université à Saint-Petersbourg.

En Pologne, les Comtes de Zaluski, dont l'aîné étoit Evêque de Cracovie & l'autre Grand-Référendaire ou Chancelier, forment à Varsovie, pour ranimer l'amour des Sciences dans leur Nation, une immense Bibliothéque de Livres choisis en toute langue, & font bâtir un Palais pour les placer à l'usage de tout homme de Lettres.

Depuis J. C. 1748. Le Duc de Richelieu continue jusqu'en Juillet de remporter divers avantages sur les Autrichiens, qui tentoient d'investir l'Etat de Gênes pour recommencer le siège de cette Ville.

Le quatre Février, mort d'Ibrahim, Dey & Pacha de la Régence d'Alger, qui est généralement regretté à cause de ses bonnes qualités. Mahomet Chayla Effendi est élu en sa place, comme digne de lui succéder.

Un corps de Troupes Allemandes & Piémontoises passe dans l'Isle de Corse au secours des Rebelles, qui assiégent en vain la Bastie.

Au mois de Mars, commence le Congrès d'Aix-la-Chapelle, pour la paix. Les articles préliminaires ayant été arrêtés en Mai & Juin, les actes d'hostilité cessent dans les Pays-bas.

Le Roi de Suéde renouvelle les Ordres de Chevalerie des Seraphins, de l'Epée & de l'Etoile du Nord.

Le douze Octobre, en Amérique, combat naval entre l'Amiral Knowles, Anglois, & l'Amiral Reggio, Espagnol, près de la Havane.

Les seize & dix-sept Octobre, les Anglois sont obligés, dans les Indes Orientales, de lever le siége de Pondicheri, qu'ils avoient entrepris au mois d'Août, sous la conduite de l'Amiral Boscawen. Les Princes de l'Indostan en félicitent M. Dupleix, Gouverneur de cette Ville, & le Grand-Mogol dans le même temps lui donne un titre honorable, avec de grands priviléges.

Le dix-sept Octobre, le Sénat de Gênes, pour donner des preuves de sa reconnoissance, déclare le Duc de Richelieu, qui venoit d'être fait Maréchal de France, Noble Génois, ainsi que le Duc d'Agénois, son fils, & leurs descendans : leurs noms furent en conséquence inscrits dans le Livre d'or; & de plus il fut ordonné qu'on érigeroit au Duc de Richelieu une statue de marbre.

Le dix-huit Octobre, le Traité définitif de paix est signé à Aix-la-Chapelle, par les Ministres de France, d'Angleterre & de Hollande. Louis XV. rend généreusement toutes ses conquêtes : on convient d'un établissement en Italie pour Don Philippe, &c. Les vingt & vingt-trois, les Ministres d'Espagne & de l'Impératrice Reine, signent le Traité; les vingt-cinq & vingt-huit, ceux de Modène & de Gênes. En conséquence, Acte de l'Impératrice Reine de Hongrie, &c. pour la cession des Duchés de Parme, de Plaisance & de Guastalla, faite à l'Infant Don Philippe ; avec restriction à la ligne masculine & légitime, & la clause de reversion de Parme & de Guastalla à l'Impératrice ou ses enfans, & de Plaisance au Roi de Sardaigne, en cas de mort sans enfans mâles, ou de vocation à la Couronne des deux Siciles ou à celle d'Espagne.

Depuis J. C.

L'Empereur donne en même temps l'investiture éventuelle de Plaisance au Roi de Sardaigne, qui le sept Novembre accéde au Traité d'Aix-la-Chapelle.

Le vingt-cinq Octobre, on célèbre à Hambourg la centième année de la paix de Westphalie : il y eut à cette occasion un jour de jeûne, de prières & d'actions de graces.

Au mois de Novembre, se fait à Aix-la-Chapelle l'échange des ratifications du Traité de paix, signé par les cinq principales Puissances dont on vient de parler.

Les Rebelles de Corse se soumettent tous à mesure qu'il passe des troupes Françoises dans leur Isle : on n'employe pas moins à leur égard la persuasion que la force. M. de Cursai, qui commande ces troupes, fait construire des chemins, & rétablit l'Académie des Belles-Lettres de la Bastie, qui avoit interrompu ses exercices depuis vingt-cinq ans.

Mahamet-Cha, Grand-Mogol, est assassiné dans son Palais par ses Ministres, après un régne de trente ans, rempli de foiblesse & de disgraces : son fils Amet-Cha lui succéde ; il venoit de vaincre les Patanes révoltés.

Bulle du Pape Benoît XIV. du vingt-trois Décembre, qui octroye & affecte au Roi de Portugal le titre de *Roi Très-Fidèle*.

1749. En Janvier & Février, les troupes Françoises évacuent la Flandre & le Brabant.

Le Comté de Nice est rendu au Roi de Sardaigne par les François & Espagnols.

Le Duché de Modène, &c. est remis par les Impériaux aux troupes du Duc : ils évacuent aussi les Duchés de Parme, de Plaisance & de Guastalla, dont le Marquis d'Ahumada, Général des Espagnols, prend possession pour l'Infant Don Philippe.

Ce Prince arrive à Plaisance le sept Mars, & fait son entrée à Parme le vingt-sept Mai. L'Infante son épouse y vient d'Espagne au mois de Novembre, avec l'Infante Isabelle leur fille.

Le sept Juin, le Mont Vésuve commence à vomir des torrens de flammes avec une prodigieuse quantité de pierres & de cendres : ce qui continue près de deux mois.

Au mois de Juin, l'on découvre à Malthe une conjuration, qui ne tendoit pas à moins qu'à massacrer tous les Chevaliers & livrer l'Isle aux Turcs.

En Juillet, découverte d'une conspiration à Berne, en Suisse, où l'on se proposoit d'égorger les Magistrats, & de renverser le Gouvernement de ce Canton.

Le vingt-trois Juin, les Anglois remettent à la France l'Isle Royale ou du Cap-Breton, dans l'Amérique Septentrionale ; & au mois de Septembre, on leur rend Madras & le Fort S. George, qu'on leur avoit pris aux Indes Orientales.

Depuis J. C.

Le trois Août, les François de Pondicheri remportent une grande victoire sur le Prince d'Arcatte. Le Souba ou Général du Grand-Mogol, au secours duquel ils étoient venus, leur donne de nouvelles terres avec la Ville de Masulipatan.

Le vingt-six Octobre, on célèbre en Danemarck une fête de Jubilé, en mémoire du troisième siécle écoulé depuis que la Maison d'Oldembourg est sur le Trône.

Découverte de l'ancienne ville d'Héraclée ou *Herculanum*, ensévelie il y a plus de seize cens ans: on y trouve beaucoup de beaux monumens & d'antiquités.

L'Isle de Gozze, près celle de Malthe, est fortifiée par le Bailli de Chambray.

Les différentes factions qui divisent la Perse depuis la mort de Thamas-kouli-kan, sont réduites à deux: celle d'Ali-koulikan ou Ibrahim-Schah, qui est couronné à Ispahan; & celle de Schah-Couh, qui est couronné à Casbin.

Le Grand-Mogol, voulant se venger de l'expédition de Thamas-kouli-kan contre son pere, fait des préparatifs contre Ali-kouli-kan, & excite des troubles en Perse.

Le douze Décembre, les François de Pondicheri forcent le Prince de Tanjaor de faire la paix avec les Mogols.

1750.

Le seize Janvier, Traité entre les Cours d'Espagne & de Portugal, au sujet des limites de ce qu'on appelle les Conquêtes ou des possessions des deux Couronnes dans l'Amérique Méridionale.

Le trente-un Mai, mariage de l'Infante d'Espagne Marie-Antoinette, avec Victor-Amédée, Duc de Savoye ou Prince Royal de Sardaigne (aujourd'hui Roi.)

Jean V. Roi de Portugal, meurt le trente-un Juillet, après huit années d'infirmité: Don Joseph son fils lui succéde, & est proclamé solemnellement, le sept Septembre suivant: (il régne encore.)

Aux Indes, le trente-un Juillet & le premier Août, M. de la Touche qui commandoit l'armée Françoise de Pondicheri, bat deux fois les Indiens & les Anglois. Autres batailles avantageuses, le premier Septembre, près de Tiravady, & le onze près de la ville de Gingy, qui est ensuite emportée l'épée à la main par les François.

En Novembre, Edit du Roi Louis XV. portant création d'une Noblesse Militaire. Ce Prince y montre le cas qu'il fait de la Noblesse, & il l'a encore prouvé peu après par l'établissement de l'*Ecole Militaire*.

Le trente Novembre, mort du Comte Maurice de Saxe, fils légitimé d'Auguste I. Roi de Pologne & Electeur de Saxe. Ce Prince n'étoit âgé que de cinquante-quatre ans, & il mourut à Chambord avec la réputation de l'un des plus grands Capitaines. Son corps fut porté à Strasbourg pour y

Depuis J. C. être inhumé dans l'Eglise neuve des Luthériens, où on lui a élevé un magnifique Mausolée.

On acheve le beau pont de Westminster à Londres, qui a été onze ans & neuf mois à bâtir, & qui a couté trois cens trente milles livres sterling. Divers Seigneurs Anglois ouvrent une souscription pour ériger, dans l'Eglise Royale de Westminster, un monument à la mémoire du célèbre Poëte Alexandre Pope.

Le quinze Décembre, dans les Indes Orientales, les François de Pondicheri commandés par le sieur de la Touche, battent près de Ginzy, Nazersingue, usurpateur du Royaume de Golconde & du Décan, qui est tué dans l'action, & ils rétablissent ensuite son neveu Muzafersingue, qui accorde plusieurs avantages aux François, entre autres le droit de battre monnoie.

Le vingt-un, meurt à Vienne en Autriche, Elizabeth-Christine de Brunswick - Blankembourg - Wolfembutel, Impératrice Douairiere, épouse de l'Empereur Charles VI.

En Perse, les troubles continuent : Schah-Couh bat son rival Ibrahim-Schah, & lui ayant fait crever les yeux, l'enferme dans une forteresse. Heraclius Prince de Géorgie, fait ensuite de grandes conquêtes en Perse.

1751. Le vingt Janvier, naissance de Don Ferdinand-Marie-Philippe-Louis, Prince héréditaire de Parme (aujourd'hui Duc.)

M. Daguesseau, qui avoit été Chancelier de France quarante-huit ans, meurt à Paris le neuf Février, âgé de quatre-vingt-deux ans : il avoit donné sa démission le vingt-sept Novembre précédent, & M. de Lamoignon de Blancmenil avoit été mis en sa place.

Le trente Mars, Frédéric-Louis de Brunswick-Hanover, Prince de Galles, fils aîné de George II. Roi d'Angleterre, meurt à Londres, & laisse trois fils, dont l'aîné George-Guillaume-Frederic a succédé à ses droits de Prince, héritier du trône, & y est monté en 1760 à la mort de son grand-père, sous le nom de George III.

Le cinq Avril, Fréderic I. Roi de Suéde & Landgrave de Hesse-Cassel, meurt à Stockholm âgé de près de soixante-quinze ans. Son frère Guillaume lui succéde dans la Hesse ; & en Suéde Adolphe-Frederic de Holstein-Gottorp ou Sleswick-Eutin, qui avoit été élu successeur au trône en 1743. Ce Prince est proclamé le six à Stockholm, & couronné le sept Décembre suivant.

Le douze Avril, les François dans les Indes Orientales mettent à Ederabad, Salabetsingue frère de Nazersingue qui avoit été tué, en possession du Royaume de Golconde, & ensuite du Décan dans Aureng-abad sa capitale.

Le Roi Stanislas établit en Lorraine plusieurs nouveaux Bailliages.

Naissance de M. le Duc de Bourgogne, fils aîné de Monseigneur le Dauphin & de Marie-Josephe de Saxe, la nuit du treize au quatorze Septembre.

Le vingt-deux Octobre, le Prince Guillaume-Charles Frison de Nassau-Diest-Orange, sixième Stadhouder des Provinces-Unies ou de Hollande (depuis 1747), meurt à la Haye âgé de quarante ans un mois & vingt-deux jours : son fils Guillaume V. âgé de trois ans & demi, lui succède, sous la tutelle & régence de sa mère Anne d'Angleterre, fille aînée du Roi George II. (Il occupe encore cette place importante.)

La Hollande renouvelle son Traité de commerce avec la France, & fait un Traité de paix avec l'Empereur ou le Roi de Maroc.

Le quatorze Novembre, les Anglois admettent, par Arrêt du Parlement, le Calendrier Grégorien, ou ce qu'ils appelloient le nouveau style. Les autres Etats Protestans qui par une haine ridicule pour le S. Siége, ne l'avoient pas voulu recevoir en 1582, avoient la plûpart précédé de quelques années les Anglois. Il ne restoit que les Suédois, qui commencèrent à suivre le Calendrier Grégorien en 1752. La Russie seule suit aujourd'hui en Europe l'ancien Calendrier, dans l'usage ordinaire.

Heraclius Prince de Géorgie, entre en Perse, & y remporte divers avantages contre les Prétendans à cette Couronne.

Conversion du Roi de Gilolo au Christianisme : il se dispose à envoyer une ambassade au Pape, & à lui demander des Prêtres pour instruire ses peuples.

1752. La trop fameuse Thèse de l'Abbé de Prades est condamnée par la Sorbonne le vingt-six Janvier, & le trois Février par M. l'Archevêque de Paris. Bref du Pape à ce sujet du deux Mars. Dans le même tems, Arrêt du Conseil, qui supprime les premiers volumes de l'Encyclopédie ou Dictionnaire raisonné.

Le quatre Février, Louis Duc d'Orléans, fils de M. le Régent, meurt à Paris en l'Abbaye de Sainte Geneviève, où il vivoit depuis plusieurs années dans la plus grande piété : il étoit âgé de quarante-huit ans & six mois.

Edit du Roi de Suède, le vingt-quatre Février, pour faire part de la résolution prise dans la Diette des Etats au sujet du Calendrier Grégorien : pour s'y conformer, l'on a fait à la fin de ce mois, en 1753, le retranchement des onze jours de trop.

Elisabeth-stadt, ville nouvelle bâtie dans une isle du Dnieper ou Boristhène, par une Colonie Grecque de la nou-

Depuis J. C. velle Servie, dans les Etats de l'Impératrice Elisabeth de Russie.

Le Royaume de Prusse est partagé en dix Cercles ou petites Provinces.

Grand incendie à Constantinople, qui consume trois mille six cent maisons.

En Perse, le Prince Héraclius défait entièrement Schah-Doub, qui étoit auparavant maître d'Ispahan, & qui se retire vers les Indes.

1753. En Février, commencement de la révolte des Indiens du Paraguai.

Pyramide élevée à Torneo dans la Laponie Suédoise, en mémoire des observations faites en 1736 par MM. de l'Académie de Paris, pour déterminer la figure de la terre.

Le Roi Louis XV. établit à Paris, dans le Collége de Navarre, une Chaire de Physique Expérimentale : le célèbre Jean-Antoine Nollet en est nommé Professeur.

Naissance d'un second fils de M. le Dauphin, le huit Septembre : le Roi lui donne le nom de Duc d'Aquitaine.

Les landes de Poméranie sont remplies de cultivateurs.

Heraclius Prince de Géorgie, se fait couronner Roi de Perse à Ispahan : trois nouveaux concurrens s'élèvent contre lui, entre autres le Prince des Aghwans, qui après avoir gagné une bataille se rend maître d'Ispahan : ce dernier remporte ensuite une grande victoire sur Karini-kan près de la ville d'Hamadan.

Les Portugais prennent aux Indes la ville de Piro sur le Roi de Sunda, qui avoit manqué aux Traités faits avec eux.

Les Espagnols de Ceuta en Afrique, remportent un avantage sur les Maures, qui sont obligés de lever le siége qu'ils faisoient de cette ville.

1754. Le vingt-deux Février, le Duc d'Aquitaine, second fils de M. le Dauphin, meurt à Versailles, âgé de cinq mois & quatorze jours.

Espéce de révolution en Suéde par rapport à l'usage du cuivre, qui est banni des cuisines comme dangereux : on lui substitue des ustensiles de fer.

En Avril, les Indiens du Paraguai attaquent la forteresse que les Portugais ont sur la rivière du Pardo ; ils sont battus & mis en fuite. Le Général Portugais est ensuite obligé de faire tréve avec eux, aussi bien que celui d'Espagne du côté de la rivière de Plata.

Au mois de Juin, le Grand Mogol Amet-Cha est détrôné, & l'on met en sa place un de ses parens, petit-fils d'Aureng-zeb, & qui prend le nom d'Alemgüir II.

Le vingt-trois Août, naissance de M. le Duc de Berry, alors second fils de Monseigneur le Dauphin : (c'est le Roi de France d'aujourd'hui.)

Depuis J. C. Nouveau Code de Droit Civil dreſſé en Bavière : on en fait auſſi un à Naples, nommé le *Code Carolin* ; & en Portugal on publie une collection de toutes les Loix & Ordonnances du Royaume.

Le premier Octobre, naiſſance de Paul Petrowitz, nommé le dix-huit, Grand Prince de Ruſſie, fils du Grand Duc (Pierre Foederowitz,) neveu & ſucceſſeur déſigné de l'Impératrice Eliſabeth.

M. Godeheu, nouveau Gouverneur de Pondicheri, conclut le onze Octobre avec celui de Madras, un Traité à l'effet de ne prendre aucune part aux querelles des Naturéls du pays, & de s'aider mutuellement en cas d'attaque.

Affreux tremblement de terre à Conſtantinople & au Caire : cette dernière ville eſt plus d'à moitié ruinée, & elle éprouve enſuite un grand incendie. Autre tremblement conſidérable à Cachan, ville de l'Iraque Perſienne.

Les troubles ſont toujours conſidérables en Perſe : deux nouveaux prétendans à la Couronne s'élèvent, Azad & Kerim ; le premier ſe rend maître d'Iſpahan, & défait Mehemet-kan chef des Aghwans.

Le Prince héréditaire de Heſſe-Caſſel (Frederic) embraſſe la Religion Catholique, & eſt déclaré inhabile à la ſucceſſion : il fait une déclaration au Landgrave ſon père & aux Etats, où entre autres choſes il promet que ſes enfans ſeront élevés dans la Religion Luthérienne.

Mahmoud ou Mahomet V. Empereur des Turcs, meurt le treize Décembre, âgé de cinquante-huit ans, après avoir régné quatorze ans : Othman ou Oſman III. fils de Muſtapha II. lui ſuccéde.

1755. Le neuf Mars, éruption violente du Mont Gibel en Sicile. Dans le même tems, éruption du Mont Véſuve près de Naples : il s'y forme une nouvelle bouche, d'où ſortent, cette année & la ſuivante, des matières bitumineuſes.

Etabliſſement d'une Univerſité à Moſcou : ſon ouverture le ſept Mai. On commence à faire paroître à Saint-Petersbourg deux Journaux, l'un en langue Ruſſienne, l'autre en François. L'Impératrice de Ruſſie fait travailler à un nouveau Code de Loix, qui doit être appellé le *Code Eliſabeth*.

En Amérique au Nord de la Virginie, les François ſont attaqués par les Anglois ſans Déclaration de guerre : ils battent ſur l'Ohio le Général Braddock Anglois, qui eſt tué dans l'action le neuf Juillet. Les Anglois remportent enſuite divers avantages ſur les François établis au Canada.

L'Amiral Boſcawen Anglois, prend dans le même tems ſur les côtes de ce pays, deux vaiſſeaux François : ce qui eſt ſuivi d'un grand nombre de pirateries de la part de la Nation Angloiſe, au mépris des Traités & des uſages établis

Depuis J. C. parmi les peuples policés. M. le Marquis de Mirepoix se retire de Londres le vingt-deux Juillet.

Les Magistrats de la ville de Dantzick font frapper des médailles en mémoire de ce qu'ils se sont mis en 1454 sous la protection des Rois & de la République de Pologne.

Le premier Novembre, horrible tremblement de terre à Lisbonne : il renverse la plus grande partie de cette ville, & est suivi de diverses secousses dans presque toute l'Europe, en Afrique & en Amérique.

Naissance de M. le Comte de Provence, troisième fils de Monseigneur le Dauphin, le dix-sept Novembre.

Statue pedestre de Louis XV. érigée à Nancy, le vingt-six Novembre, par le Roi Stanislas Duc de Lorraine.

Le deux Décembre, incendie affreux au Caire, causé par la jalousie d'une des femmes du Beglierbey ou Gouverneur.

La Régence de Tunis est en guerre avec celle d'Alger : la Régence de Tripoli se joint aux Tunisiens.

Achmet, nouveau Souverain des Aghwans, entre en Perse avec cent mille hommes, & y fait de grandes conquêtes.

Cette année & la suivante, les Indiens d'Amérique voisins du Rio Negro & du Grand Para des Portugais, s'opposent de diverses manières au Réglement des limites entre les Portugais & les Espagnols.

Les Rébelles de l'Isle de Corse reprennent de nouvelles forces, étant commandés par le sieur Paoli, ancien Officier Napolitain.

1756. La France, à la prière des Génois, fait passer des troupes dans cette Isle. Les Rébelles venoient de faire proposer au Roi de Prusse de se soumettre à lui, & de le regarder comme leur Souverain, ce que ce Prince avoit refusé.

Le dix Février, les Rébelles du Paraguai sont battus par les troupes combinées d'Espagne & de Portugal, qui continuent ensuite à remporter sur eux divers avantages.

Le deux Mai, Traité d'alliance signé à Versailles entre le Roi & l'Impératrice Reine de Hongrie & de Bohème.

Déclaration de guerre de l'Angleterre contre la France, du dix sept Mai. Le Roi y oppose, le neuf Juin, sa Contre-Déclaration, où il se plaint des déprédations que les Anglois ont exercées depuis deux ans sans déclaration de guerre, sur les vaisseaux & les Colonies de France.

Combat naval dans la Méditerranée aux environs de Port-Mahon, entre l'escadre de France commandée par M. de la Galissonniere, & l'escadre Angloise commandée par l'Amiral Byng, qui est battue le vingt Mai sans pouvoir secourir Port-Mahon.

Horrible incendie arrivé à Berghen en Norvége.

Depuis J. C. Le vingt-huit Juin, les François commandés par le Duc de Richelieu prennent, après environ deux mois de siége, Port-Mahon, que l'on regardoit comme une place imprenable. Les Anglois la possédoient avec l'Isle Minorque depuis 1713 ou plutôt 1708.

Belle conduite du Marquis de Vaudreuil Gouverneur du Canada, au sujet des projets des Anglois. Le Marquis de Montcalm attaque les forts de Choueguen ou Oswego, qu'ils avoient bâti sur le Lac Ontario, & il s'en rend maître le quatorze Août : ce que les Anglois regardèrent comme une perte considérable, tant pour leur commerce que relativement aux entreprises qu'ils projettoient contre les François.

Le vingt-neuf Août, irruption subite du Roi de Prusse en Saxe : il se rend maître de Leipsick & ensuite des autres villes ; les années suivantes, il épuise ce pays d'hommes & d'argent.

L'Electeur de Saxe Roi de Pologne, sort de Dresde avec les Princes Xavier & Charles ses fils, & se rend à son camp de Pirna, où il est assiégé par le Roi de Prusse. L'Electrice Reine étant restée à Dresde avec le Prince Royal, les jeunes Princes & les Princesses, eut toutes sortes de mauvais traitemens à essuyer de la part du Roi de Prusse, qui se rendit maître de Dresde le dix Septembre.

Le sept Septembre, Lettres-Patentes du Roi Louis XV. pour les grandes Cartes de la France, levées Géométriquement sous la direction de M. Cassini de Thuri, &c. Elles doivent être au nombre de cent soixante-treize feuilles de grand Aigle, sur une Echelle d'une ligne pour cent toises.

Bataille de Lowositz, village de Bohème près de Leitmeritz, livrée le premier Octobre entre le Roi de Prusse & le Maréchal Comte de Browne, Général des Autrichiens : les deux partis s'attribuent la victoire ; les Prussiens y ont perdu plus de monde.

L'armée Saxone, qui avoit quitté le camp de Pirna, n'avant pu entrer en Bohème pour se joindre au Maréchal de Browne, est obligée, le quinze Octobre, de capituler & de se rendre au Roi de Prusse. Le Roi Auguste se retire en Pologne, & arrive le trente Octobre à Varsovie. L'Impératrice de Russie le fait assurer qu'elle le secourera.

En Novembre, de nouvelles troupes Françoises arrivent en Corse sous les ordres du Marquis de Castries.

Le Baron de Neuhoff (prétendu Roi de Corse) meurt au mois de Décembre dans la plus grande misère, en prison à Londres, où il étoit depuis deux ans pour dettes.

Les Algériens joints à ceux de Tripoli, attaquent la ville de Tunis, la prennent & y exercent de grandes cruautés. Le

Depuis *J. C.*	Bey s'étoit sauvé à Malthe avec ses trésors. Celui qui lui avoit succédé, fut tué avec son fils.
	Les Armateurs François, dont le nombre étoit considérable, firent cette année & les suivantes, de très-grandes prises sur les Anglois.
1757.	Le cinq Janvier, un misérable assassin porte à Louis XV. un coup de couteau. Toute la France dans l'effroi & dans les larmes implore le secours du Ciel. La blessure est guérie en peu de jours. Des actions de graces en furent rendues, même chez les Etrangers.

Le Grand Mogol est détrôné, & un de ses parens prend possession du trône de l'Indostan.

Le quatorze Mars, l'Amiral Byng est exécuté à mort en Angleterre, pour n'avoir pas réussi à faire lever le siége de Port-Mahon.

Le quinze, M. le Duc de Berry est pourvu par le Roi, avec la confirmation du Pape, de la dignité de Grand-Maître des Ordres de Notre-Dame du Mont Carmel & de S. Lazare: M. le Comte de Saint Florentin est Administrateur pour le tems de la minorité de ce Prince, (qui a depuis cédé cette dignité à Monsieur le Comte de Provence, son frère.)

Le vingt-quatre, la garnison Françoise de Chandernagor en Bengale, est forcée de capituler par une escadre Angloise.

Sur la fin de Mars, le Prince de Soubise vient se mettre à la tête des troupes Françoises qui étoient sur le bas Rhin, & il fait prêter aux Magistrats de la Gueldre Prussienne, serment de fidélité à l'Impératrice Reine.

M. de Vaudreuil, Gouverneur du Canada, fait attaquer le fort George que les Anglois avoient nouvellement bâti sur le Lac du S. Sacrement, pour envahir la Colonie Françoise par son centre: on brûle tous les environs de ce fort, plusieurs vaisseaux, &c.

En Avril, le Comte d'Estrées vient commander l'armée du bas Rhin.

Le vingt-un Avril, les Prussiens pénétrent en Bohême, & défont un corps d'Autrichiens près de Reichenberg, vers les sources de la Neisse.

Le six Mai, le Roi de Prusse gagne en Bohême à Ziscaberg près de Prague, une bataille sur les Autrichiens commandés par le Maréchal Comte de Browne, sous les ordres du Prince Charles de Lorraine: les Prussiens y perdent beaucoup de monde, sur-tout des Officiers.

Dans le même tems, plusieurs vaisseaux Russiens bloquent les Ports de Prusse, & leur armée s'avance par terre vers la Pologne sous la conduite du Général Apraxin.

Aux Indes Orientales, les François s'emparent de tous

Depuis J. C. les établissemens que les Anglois possédent au Nord de Madras.

Le dix-huit Juin, les Autrichiens commandés par le Maréchal Comte de Daun remportent une grande victoire sur le Roi de Prusse, qui les avoit attaqués près de Chorzemitz en Bohème, à l'Orient de la ville de Kaurzim.

A cette occasion, l'Impératrice Reine institue l'Ordre Militaire des Chevaliers de Marie-Thérèse.

Le Roi de Prusse est obligé de lever le siége de Prague qui duroit depuis quarante-deux jours. On le force ensuite d'évacuer la Bohème & de se retirer en Saxe, où il continue d'exiger des contributions exorbitantes.

Les Espagnols chassent les Anglois de tous les établissemens qu'ils avoient faits dans le Golfe de Honduras, & y bâtissent des forts pour empêcher un commerce frauduleux.

Le trois Juillet, un détachement François se rend maître d'Embden dans l'Oostfrise.

Le cinq, les Russiens prennent Memel à l'entrée du Royaume de Prusse.

Le seize, le Marquis de Pereuse, avec un détachement François, s'empare de la ville de Gottinguen dans le pays d'Hanover.

Au mois de Juillet, tremblement considérable aux Isles Açores.

Le vingt-six Juillet, le Maréchal d'Estrées remporte près de Hastembecke & de Hamelen au pays d'Hanover, une victoire complette sur le Duc de Cumberland, qui commandoit les Hanovriens, Anglois & Hessois.

Hamelen se rend aux François le vingt-huit Juillet, & Minden le trois Août.

Le Maréchal Duc de Richelieu étant arrivé le trois Août à cette armée Françoise, en prend le commandement comme l'ancien du Maréchal d'Estrées. Le Prince de Soubise va dans le même tems commander l'armée du Mein.

Le Marquis de Montcalm, avec un corps de dix mille Canadiens & Sauvages, assiége le fort George ou de Guillaume-Henri, & commence à le battre le trois Août. Les Anglois se rendent le neuf. Le fort est ensuite rasé: il avoit été bâti depuis peu, & c'étoit une de ces usurpations que les Anglois avoient faite pendant la paix.

Le six Août, affreux tremblement en Sicile: plus de la moitié de la ville de Syracuse est renversée.

Le neuf Août, les François se rendent maîtres de la ville d'Hanover, & ensuite de Brunswick, de Wolfembutel, & de Zell.

Une partie des troupes Russiennes s'avance en Prusse, & l'autre marche vers l'Oder.

Depuis
J. C.
1757.

Les Autrichiens remportent en Siléfie divers avantages sur les Prufsiens.

Les Rébelles de Corfe reprennent courage, & attaquent la Tour de San-Pelegrino. La République envoye du fecours de Gènes, & les Rébelles font repouffés avec grande perte.

Le trente Août, en Prufse, action entre les Ruffiens & les Pruffiens, à l'avantage des premiers, qui néanmoins fe retirent peu après faute de vivres & de munitions.

Le fept Septembre le Comte Nadafti, l'un des Généraux Autrichiens, attaque en Luface un corps de Pruffiens, qui eft mis en déroute. D'autres Autrichiens s'emparent de Baudiffin, ville confidérable de Luface.

En Septembre les Suédois fe rendent maîtres d'une partie de la Poméranie Pruffienne.

Dans le même mois, capitulation de Clofterhoven conclue entre le Maréchal de Richelieu & le Duc de Cumberland, pour une fufpenfion d'armes. Cette capitulation eft rompue peu après par les Hanovriens, commandés par le Prince Ferdinand de Brunfwick.

A la fin de Septembre, une flotte Angloife fous les ordres de l'Amiral Hawke, s'approche des côtes de Poitou & de la Rochelle; mais après s'être emparé feulement de l'Ifle d'Aix & en avoir fait fauter le Fort, elle fe retire en Angleterre.

Même tems, une autre flotte Angloife commandée par l'Amiral Holbourne, vient pour attaquer Louifbourg dans l'Ifle Royale près du Canada; mais une violente tempête la diffipe, & en fait périr quelques vaiffeaux.

Le neuf Octobre, naiffance de M. le Comte d'Artois, cinquième fils de Monfeigneur le Dauphin.

Le feize, le Général Haddick, avec un corps d'Autrichiens, pénétre dans le Brandebourg, entre dans Berlin fa capitale, & la met à contribution.

Le vingt-un combat naval près de l'Ifle S. Domingue, entre une efcadre Françoife & une Angloife. M. de Kerfaint qui commandoit la première, ayant réparé fes vaiffeaux au Cap, revient en France en efcortant nombre de navires Marchands.

Le vingt-neuf Octobre, mort du Sultan Ofman III. Empereur des Turcs, qui régnoit depuis trois ans. Muftapha III. fils du Sultan Achmet, qui fut détrôné en 1730, eft mis en fa place.

Les Anglois, vers ce tems, penfent à réparer les dommages qu'ils leur avoient fait, fur les côtes d'Afrique, une efcadre Françoife.

Le cinq Novembre, action de Rofbach en Saxe, au Nord-Ouest de Weiffenfels, entre l'armée du Prince de

Depuis J. C. Soubife & celle du Roi de Pruffe, qui a l'avantage. Le Duc de Richelieu approche fon armée du Prince de Soubife, pour le renforcer.

Le vingt-deux, les Autrichiens commandés par le Prince Charles, défont les Pruffiens près de Breflau, qui fe rend en conféquence le vingt-cinq. Les Autrichiens y trouvent une grande quantité de munitions de toute efpèce.

Muley Abdalla Roi de Maroc meurt, après s'être rendu redoutable par fes cruautés. Sidy Mahomet fon fils & fucceffeur, fait bientôt connoître qu'il eft d'un caractère plus humain, quoique guerrier.

Le cinq Décembre, Bataille de Liffa ou Leuthen près de Breflau, entre le Roi de Pruffe & le Prince Charles qui a du défavantage.

La ville de Breflau eft obligée de fe rendre aux Pruffiens, qui reprennent enfuite une bonne partie de la Siléfie, dont les Autrichiens s'étoient rendu maîtres.

1758. Le Marquis de Voyer, avec un corps de François, s'empare de la ville de Halberftat, où les Pruffiens avoient divers magafins : ils évacuent Quedlinbourg.

Le quinze Janvier, le Duc de Broglie met garnifon Françoife dans la ville de Brême.

Le vingt-deux, les Ruffiens prennent poffeffion de Konigfberg, capitale du Royaume de Pruffe.

Le vingt-neuf, le Maréchal Duc de Richelieu ayant demandé fon rappel d'Allemagne, le Comte de Clermont part de Verfailles pour aller prendre le commandement de l'armée Françoife dans le pays d'Hanover.

Le Duc de Deux-Ponts embraffe la Religion Catholique Romaine, & le déclare à fes fujets (Proteftans) en leur laiffant la liberté de confcience.

Eruptions confidérables du Mont Vefuve.

Le vingt-trois Février, les François qui étoient dans Hoyà, obtiennent une capitulation honorable; & ceux qui étoient à Brême évacuent cette place. Le vingt-fix, on en fait autant à Zell, Brunfwick & Wolfembutel.

En Mars, les Ruffiens commencent à faire des courfes dans la Poméranie.

Le quatorze, les François qui étoient à Minden capitulent.

Le premier Avril, le Pape Benoît XIV. établit le Cardinal Saldanha (depuis Patriarche de Lifbonne) Vifiteur & Réformateur des Jéfuites en Portugal.

Le quatre, l'Amiral Hawke revient aux rades de la Rochelle. Une partie des Anglois débarque dans l'Ifle d'Aix. L'Efcadre Angloife fe retire le fept, ne voyant rien à faire d'avantageux.

L'armée du Comte de Clermont arrive à Wefel le huit Avril.

Depuis J. C. 1758.

La nuit du seize au dix-sept Avril, Schweidnitz en Silésie se rend aux Prussiens.

Le vingt-neuf, combat naval près de Pondicheri entre une escadre Angloise & une Françoise, commandée par le Comte Daché.

Le quatre Mai, mort du Pape Benoît XIV. Prosper Lambertini, âgé de quatre-vingt trois ans un mois & deux jours. Il avoit été élevé sur le siége de S. Pierre le dix-sept Août 1740.

En Mai, le Roi de Prusse fait irruption en Moravie & assiége Olmutz.

Au même tems, une escadre Angloise prend en Afrique, sur les François, le fort Louis du Sénégal, & assiége l'Isle de Gorée.

Le deux Juin, les François prennent sur les Anglois, dans les Indes Orientales, le fort S. David, à Goudelour près de Pondicheri.

Le cinq, les Anglois débarquent en Bretagne, à Cancale près de S. Malo ; mais cinq ou six jours après apprenant la marche des troupes de Brest, &c. ils font une retraite précipitée.

Le douze, mort de Guillaume-Auguste, frère du Roi de Prusse, dit le Prince Royal. Il laisse de Louise-Amélie de Brunswick-Wolfembutel son épouse, trois fils, dont l'aîné Frederic-Guillaume, né le vingt-cinq Septembre 1744, doit succéder à la Couronne & à l'Electorat, le Roi de Prusse étant sans enfans.

Le vingt-trois Juin, les Hanovriens ayant passé le Rhin au pays de Clèves, il se donne une bataille entre eux & l'armée Françoise commandée par le Comte de Clermont, à Crewelt ou Anrad.

Le deux Juillet, le Roi de Prusse est forcé en Moravie par le Maréchal Comte de Daun, de lever le siége d'Olmutz, & il est poursuivi dans sa retraite : il perd plus de quinze mille hommes.

Le six, élection du Cardinal Charles Rezzonico Vénitien, pour Pape : il prend le nom de Clément XIII.

Le huit, le Comte de Clermont se démet du commandement de l'armée Françoise sur le bas Rhin, & le Roi nomme en sa place le Marquis de Contades.

Ce même jour, au Canada, le Marquis de Montcalm bat les Anglois près du Lac Champlain ou du S. Sacrement, & leur fait perdre quatre mille hommes.

Le seize, le Duc de Broglie avec un détachement François, se rend maître de Marpurg dans la Hesse.

Le vingt-trois, ce Général, sous les ordres du Prince de Soubise, attaque les ennemis à Sandershausen près de Cassel, & remporte sur eux la victoire.

Depuis J. C.

Le vingt-six Juillet, Louisbourg dans l'Isle Royale ou du Cap-Breton en Amérique, est forcé de se rendre aux Anglois.

Le Prince Ferdinand de Brunswick avec les Hanovriens, repasse le Rhin près d'Emmerick. Le Marquis de Contades le harcele.

Le trois Août, second combat naval aux Indes Orientales, entre les François & les Anglois sur la côte de Coromandel.

Le sept, les Anglois font une descente près de Cherbourg en Normandie, & se rendent maîtres de cette ville : ils sont obligés de se rembarquer la nuit du quinze au seize.

Les Suédois prennent le fort de Pennemunde sur les Prussiens, en Poméranie.

Le Maréchal de Daun s'avance en Lusace avec autant d'habileté que de bonheur, & ensuite en Saxe vers Dresde.

Eruption du Mont Vésuve.

Le vingt-un Août, Arrêté du Conseil Aulique, qui déclare la peine du Ban de l'Empire encourue par le Roi de Prusse.

Le vingt-cinq & le vingt-six Août, les Russiens commandés par le Comte Fermer se battent à deux reprises contre les Prussiens avec beaucoup de valeur, près de Zorndorf, au Nord de la ville de Custrin, qui fut presque réduite en cendres par les Russiens.

Le vingt-sept, meurt à Madrid Marie-Magdeleine-Josephe-Therese-Barbe de Bragance, fille de Jean V, Roi de Portugal, Reine d'Espagne & épouse du Roi Ferdinand VI. La tendresse de ce Prince le fit aussitôt tomber dans une mélancolie qui le mena au bout d'un an au tombeau.

Le vingt-huit, en Canada, les Anglois se rendent maîtres du fort de Frontenac sur le Lac Ontario.

En Septembre, l'armée du Prince de Soubise s'avance de Cassel dans le pays d'Hanover.

Le trois, Don Joseph Roi de Portugal, est attaqué par des assassins, mais il n'est blessé qu'au bras.

Le quatre, les Anglois font une seconde descente en Bretagne, à S. Briac près S. Malo. Le onze, ils sont forcés à S. Cast par le Duc d'Aiguillon, de se rembarquer, & ils perdent quatre mille hommes.

Le dix Octobre, l'armée du Prince de Soubise bat celle des Hessois & Hanovriens, commandée par le Prince d'Isembourg, à Lutternberg près de Cassel, & à l'entrée du pays d'Hanover.

Le quatorze, le Maréchal Comte de Daun remporte une grande victoire sur le Roi de Prusse, à Hoch-Kirchen en Lusace, près la ville de Bautzen.

Dans ce mois d'Octobre, le Pape renouvelle par un

Depuis J. C. Bref la concession de l'ancien titre de *Roi & de Reine Apostolique*, en faveur de l'Impératrice Reine de Hongrie & de ses successeurs à ce Royaume.

Le dix Novembre, le Comte de Daun s'étant approché de Dresde, le Gouverneur pour le Roi de Prusse fait mettre d'une maniere cruelle le feu aux fauxbourgs : le Comte de Daun, pour ne pas exposer cette ville à de nouvelles horreurs, ni la famille Royale & Electorale à quelque accident fâcheux, se retire le vingt en Bohême pour y prendre ses quartiers d'hiver.

Le vingt-quatre, les François du Canada abandonnent le fort du Quesne sur l'Ohio, & en font sauter les fortifications.

Le quatre Décembre, tremblement de terre à Constantinople, & le vingt-deux grand incendie.

Le treize, le Roi de Portugal informe ses sujets de la conspiration tramée contre lui, promet de grandes récompenses aux dénonciateurs, & fait arrêter le même jour plusieurs personnes qualifiées.

Le vingt-huit, les Anglois prennent aux François l'Isle de Gorée sur la côte d'Afrique.

L'anarchie continue en Perse, & les divers prétendans au Trône s'y font une guerre cruelle, qui est accompagnée de la peste & de la famine.

1759. Le deux Janvier, le Maréchal de Soubise, pour mettre ses quartiers en sûreté & protéger en même tems le Cercle Electoral, fait entrer des troupes Françoises dans la ville de Francfort.

Le trois, Ordonnance du Pape pour chanter dans tout le monde Chrétien la Préface de la Trinité à la Messe du Dimanche.

Autre, qui fait défenses aux Ecclésiastiques d'assister aux représentations qui se font sur les théâtres publics.

Le huit Janvier, l Prince Charles-Christian-Joseph de Saxe, troisième fils du Roi de Pologne, reçoit de son père l'investiture des Duchés de Courlande & de Sémigalle.

Le onze, résolution prise par les Etats de Hollande & de Westfrise d'équiper vingt-cinq vaisseaux de guerre pour se garantir des violences des Anglois.

Le treize, meurt à la Haye Anne de Brunswick-Hanover, Gouvernante des Provinces-Unies, fille aînée du Roi d'Angleterre, & veuve de Guillaume-Charles-Henri Frison de Nassau-Diest-Orange, Stadhouder, mort en 1751. Plusieurs Seigneurs des Etats Généraux sont nommés pour la tutele du jeune Prince Stadhouder, par rapport au Gouvernement des Provinces-Unies.

Ce même jour, on exécute à Lisbonne dix des conjurés de l'attentat du trois Septembre, du nombre desquels

Depuis étoient le Duc d'Aveyro, le Marquis de Tavora & sa fem-
J. C. me, &c.

Les Prussiens qui étoient entrés l'année précédente dans le Duché de Mecklenbourg, quoiqu'il gardât la neutralité, le traitent en pays ennemi. Le Duc & la Duchesse se retirent à Hambourg.

Le Mont Vésuve jette des torrens de feu par une nouvelle ouverture.

Aux Indes Orientales, les François levent le dix-huit Février le siége de la ville de Madras, qu'ils faisoient depuis plus d'un mois ; & d'un autre côté, les Anglois prennent la ville de Surate le deux Mars.

Les Autrichiens se rendent maîtres, au mois de Mars, de la ville de Greiffenberg en Silésie.

Dans ce même mois, six mille Juifs de Pologne, (que l'on prétend être Caraïtes) firent demander au Primat le baptême & la protection du Clergé.

Le vingt-neuf Mars, le nouveau Duc de Courlande fait son entrée solemnelle à Mittau sa capitale.

Le treize Avril, le Duc de Broglie remporte une victoire à Berghen près de Francfort, sur les Hessois & Hanovriens commandés par le Prince Ferdinand de Brunswick.

En Amérique, les Anglois prennent sur les François l'Isle de la Guadeloupe.

Le Roi de Prusse fait diverses tentatives pour entrer en Moravie, mais inutilement, par les soins du Comte de Daun, le Fabius de ce siécle.

Un corps de Prussiens reprend le fort de Pennemunde sur les Suédois, en Poméranie. Un autre corps entre en Pologne pour aller au devant des Russiens.

En Mai, aux Indes Orientales, la ville d'Arcatte se rend aux François, commandés par M. de Lally.

Le six Juin, Sebastien-Joseph de Carvalho, Ministre du Roi de Portugal, est fait Comte d'Oeiras, & comblé d'honneurs avec sa famille. Dans le même tems, on rebâtit la ville de Lisbonne ; & le Roi de Portugal établit de nouveaux Colléges, en réglant la manière d'enseigner.

Le Roi Louis XV. institue, au mois de Juin, un Ordre de Chevalerie sous le nom du *Mérite Militaire*, en faveur des Officiers étrangers qui font profession de la Religion Protestante.

Dans ce même mois de Juin, Jacques Sheile, fermier en Irlande, est mort âgé de cent trente-six ans.

Depuis le trois jusqu'au six Juillet, une flotte Angloise jette quantité de bombes sur le Havre, où l'on bâtissoit de grands bateaux plats pour faire une descente en Angleterre : ces bombes ne firent pas grand dommage.

II. *Partie.* X

Depuis J. C. 1759.

Le huit, la ville de Minden, en Allemagne, est prise par les François l'épée à la main.

Déclaration du Roi Louis XV. pour une Poste intérieure dans la ville de Paris & environs : elle ne commence que le neuf Juin de l'année suivante.

Les Russiens commandés par le Comte Soltikow, ayant poursuivi les Prussiens qui étoient en Pologne, remportent sur eux une grande victoire près de Palzig ou de Zulichau, le vingt-trois Juillet.

Le vingt-cinq, les François s'emparent de Munster. Le même jour, les Anglois leur prennent, en Amérique, le fort de Niagara.

Le premier Août, à Todenhausen près de Minden en Westphalie, il y a une action assez considérable entre l'armée des Alliés commandée par le Prince Ferdinand de Brunswick, & celle de France sous les ordres du Maréchal de Contades, qui se retire ensuite vers Cassel.

Les Amiraux Hawke & Hardy, Anglois, viennent à la hauteur de Brest pour arrêter les vaisseaux François qui en sortiront.

Le cinq Août, un détachement de l'armée de l'Empire, commandée par le Prince de Deux-Ponts, prend en Saxe la ville de Leipsick, & ensuite Torgau & Wirtemberg.

Le dix, mort de Ferdinand VI. Roi d'Espagne, après treize ans de régne. La Reine Douairiere de Philippe V. prend en mains le Gouvernement jusqu'à l'arrivée de Don Carlos son fils, Roi des deux Siciles.

Le douze, les Russiens auxquels s'étoit joint un corps d'Autrichiens, remportent une victoire sur le Roi de Prusse près de Cunersdorf, au voisinage de Francfort sur Oder.

A la fin d'Août, un corps d'Hanovriens, &c. assiége Munster : le Marquis d'Armentieres, venu de Wesel, les oblige de se retirer.

Le trois Septembre, Edit du Roi de Portugal au sujet des Jésuites, qu'il fait sortir de ses Etats.

Le cinq, le Duc de Deux-Ponts prend Dresde sur les Prussiens.

Le dix, aux Indes Orientales, combat naval près de la côte de Coromandel, entre l'Amiral Pocock Anglois, & une escadre Françoise venue de l'Isle de France, & commandée par M. Daché, qui va ensuite débarquer des troupes & des munitions à Pondicheri.

Le même jour, en Allemagne, les Hanovriens & Hessois prennent Marpurg sur les François.

Le onze, le nouveau Roi d'Espagne est proclamé à Madrid, sous le nom de Charles III.

Les Suédois se rendent maîtres de l'Isle de Wollin, le seize Septembre, & ensuite d'Usedom, &c. en Poméranie.

Depuis J. C.

Le dix-sept, combat naval près du Détroit de Gibraltar, entre l'Amiral Boscawen, Anglois, & M. de la Clue, Commandant d'une escadre Françoise venue de Toulon, qui se retire ensuite dans les ports d'Espagne & de Portugal.

Le dix-huit Septembre, Quebec se rend aux Anglois, après avoir été battu soixante-quatre jours. Les François se maintiennent quelque tems en corps d'armée à l'Occident de cette ville, & près de Mont-réal.

Les Prussiens ayant repris Torgau & Leipsick, sont battus le vingt-un près de Meissen, par l'armée de l'Empire sous les ordres du Duc de Deux-Ponts.

Les Russiens mettent à contribution les frontières du Brandebourg.

Le trente Septembre, aux Indes Orientales, les François battent les Anglois à Vandavachi près d'Arcatte, à trente lieues de Pondicheri dans les terres.

Le premier Octobre, combat au Paraguai entre les troupes Espagnoles & Portugaises combinées, & les Indiens révoltés de la Province du S. Sacrement, qui sont vaincus.

Le cinq, l'incapacité du Prince Royal des deux Siciles ayant été décidée, le Prince Ferdinand, troisième fils de Don Carlos, est proclamé Roi de Naples & de Sicile, & on établit un Conseil de Régence, ce Prince n'ayant pas encore huit ans, & étant né le dix-huit Janvier 1751.

Le lendemain, Don Carlos s'embarque pour se rendre en Espagne, & y prendre possession du Trône vacant par la mort de son frère: il arrive le dix-sept à Barcelone, & à Madrid le neuf Décembre.

En Octobre & Novembre, tremblemens de terre effroyables en Syrie & en Palestine; les villes de Tripoli, Damas, Safet, Naplouse, &c. sont presque entièrement ruinées.

Le vingt Novembre, le Comte de Daun remporte une grande victoire sur les Prussiens à Maxen en Saxe, au Midi de Dresde.

Le même jour, à la hauteur de Belle-Isle, combat naval entre l'Amiral Hawke, Anglois, & M. de Conflans, Commandant d'une flotte Françoise venue de Brest.

Le vingt-quatre, éruption considérable du Mont Vésuve par cinq nouvelles ouvertures.

Le six Décembre, meurt à Versailles Madame première de France, Louise-Elisabeth, Duchesse de Parme: elle étoit née le quatorze Août 1727.

1760.

Dans le Nord de l'Europe le froid est très-considérable, & plus violent qu'en 1740. Le Détroit du Sund est gelé entièrement, ainsi que la Vistule.

Le vingt-sept Janvier, les Suédois remportent quelques avantages en Poméranie sur les Prussiens; ce qui décon-

Depuis J. C. 1760.	certe, les projets de ces derniers par rapport au Mecklenbourg.

Le vingt-neuf, meurt à Cassel le Prince Guillaume, Landgrave de Hesse, qui avoit succédé en 1751 à son frère Fréderic, lequel étoit en même tems Roi de Suéde. Guillaume de Hesse étoit âgé de soixante-dix-huit ans : son fils Frederic lui succéde.

Le Maréchal de Daun rend inutiles en Saxe les tentatives du Roi de Prusse.

En Perse, le Prince Kherid-kan, l'un des deux Prétendans au Trône, remporte une grande victoire sur Afladkan, qui se retire avec les débris de son armée vers Hamadan, ou peu après il est tué.

Vers le même tems, le Grand-Mogol perd la vie par la trahison de son Visir, qui met sur le Trône de l'Indostan un autre descendant d'Aureng-Zeb. Mais les Patanes s'étant présentés devant Delhi, mettent la Couronne sur la tête d'un des fils de leur Roi, qui avoit épousé la fille d'un des derniers Grands-Mogols.

Le vingt-quatre Mars, Traité entre le Roi de France & le Roi de Sardaigne, au sujet des limites de leurs Etats, depuis le Rhône à la sortie des terres de Genève, jusqu'à l'embouchure du Var. Ce Traité n'est ratifié par le Roi Louis XV. que le dix Juillet.

En Avril, M. le Gentil, de l'Académie des Sciences, part de Paris avec l'agrément du Roi, pour aller observer le passage de Venus devant le disque du Soleil, le six Juin 1761 à Pondicheri.

Au même tems, le Roi de Danemarck envoye trois personnes dans l'Arabie Heureuse, pour observer ce qu'il y a d'utile & de curieux dans ce pays. C'est à ce même Prince qu'on est redevable d'une connoissance détaillée des Antiquités d'Egypte, dressée par le Capitaine Norden.

Le vingt-trois Juin, Bataille de Landshut (village de Silésie dans le Duché de Schweidnitz) entre les Autrichiens commandés par le Général Laudon, & les Prussiens sous les ordres du Général Fouquet. Ces derniers sont vaincus, & leur chef est fait prisonnier avec la plûpart des Officiers.

Le six Juillet, mariage de la Princesse de Brésil, fille aînée du Roi de Portugal & héritière du Trône, avec Don Pedre oncle de cette Princesse.

Le dix, action de Corbach près de Waldeck, entre une partie de l'armée Françoise du Maréchal de Broglie, & une partie de celle du Prince de Brunswick : les François y ont l'avantage. Il y eut ensuite plusieurs autres petites actions, où ils se firent beaucoup d'honneur.

Le dix-neuf, le Prince Don Carlos-Antonio, second fils

Depuis J. C. du Roi d'Espagne Charles III. est reconnu héritier présomptif de la Couronne.

Le vingt-six, le Général Laudon avec ses Autrichiens, prend la ville de Glatz sur les Prussiens.

Le trente-un Juillet, le Comte de Lusace détaché de l'armée du Maréchal de Broglie, s'empare de la ville de Cassel.

Le même jour, action de Warbourg, au Sud-Est de Paderborn, où un corps de François commandé par M. de Muy, a du désavantage.

Le Roi de Prusse assiége la ville de Dresde inutilement, & se retire ensuite avec grande perte en Silésie.

Le quinze Août, Bataille entre le Général Laudon & les Prussiens commandés par le Prince Henri frère du Roi de Prusse, à Lignitz en Silésie.

Le vingt, action entre le Prince de Deux-Ponts & le Général Hulsen Prussien, près de Strhla, à deux lieues de Troppau, où les Prussiens sont obligés de se retirer.

Le vingt-six Septembre, l'armée de l'Empire commandée par le Duc de Wirtemberg, s'empare de Torgau en Saxe.

Le deux Octobre, les Hanovriens se rendent maîtres de Clèves.

Dans ce mois, deux Académiciens de Paris se préparent à aller observer le passage prochain de Venus devant le disque du Soleil, &c. le Père Pingré Genovesain à l'Isle Rodrigue (près Madagascar), & l'Abbé Chappe en Sibérie. On joint ensuite au premier M. Thuillier.

Le neuf Octobre, un corps d'Autrichiens & de Russiens se rend maître de Berlin, dont la garnison est faite prisonnière de guerre.

Le treize, le Prince de Deux-Ponts s'empare de Wirtemberg, & en fait raser les fortifications.

Le seize, Bataille de Rhinberg près de la ville de Wesel, entre les François commandés par le Marquis de Castries, & les Hanovriens, &c. sous les ordres du Prince de Brunswick, qui est forcé de se retirer avec une perte considérable : il repasse ensuite le Rhin après avoir levé le siége de Wesel.

Le vingt-cinq, George II. Roi d'Angleterre & Electeur d'Hanover, meurt âgé de soixante-dix-sept ans, après en avoir régné trente-trois. George-Guillaume-Frederic, son petit-fils, âgé de vingt-deux ans, lui succède sous le nom de George III.

La Société Royale de Londres envoye deux de ses Membres, l'un à l'Isle de Sainte Helène, & l'autre à Sumatra, pour observer le passage de Venus, &c.

Les François fortifient Gottinguen dans le pays d'Hanover.

Depuis J. C.	Le trois Novembre, Bataille des plus sanglantes à Torgau ou Suptitz en Saxe, où le Maréchal Comte de Daun remporte la victoire sur le Roi de Prusse. Les Prussiens mettent de nouveau le Mecklenbourg à des contributions excessives.
1761.	Le Prince Heraclius, l'un des prétendans à la Couronne de Perse, remporte des avantages considérables sur ses Compétiteurs. Assad-kan & sa famille viennent se rendre à lui : il les envoye sous une sûre garde au château de Teflis. Eruptions du Mont Vésuve, dès le mois de Décembre précédent, avec tremblement de terre dans le voisinage. Le quinze Janvier, la ville de Pondicheri, que les Anglois bloquoient par mer depuis neuf mois, & depuis deux par terre, se rend à eux faute de subsistances. Le dix-neuf, meurt à Paris la Princesse Charlotte-Aglaé d'Orléans, Duchesse de Modène, âgée de soixante ans & près de trois mois. Le Maréchal de Broglie fait attaquer avec avantage divers postes des ennemis. Le six Février, mort du Prince Clément-Auguste de Bavière, Archevêque & Electeur de Cologne, Evêque & Prince de Hildesheim, de Paderborn, de Munster & d'Osnabruck, Grand-Maître de l'Ordre Teutonique, âgé de soixante ans. On travaille avec ardeur au rétablissement de la ville de Lisbone. Le dix Février, les Anglois s'emparent de Mahé, établissement François sur la côte de Malabar. Le dix-sept, les François entrent à Gottinguen & autres places de Westphalie. Depuis le vingt-cinq Février jusqu'au premier Mai, suspension d'armes entre les Russiens & les Prussiens. Le sept Mars, la garnison Françoise de Cassel fait une sortie vigoureuse sur les ennemis qui bloquoient cette ville. Le vingt un, Bataille de Grunberg, où les François remportent un avantage considérable sur le Prince de Brunswick, qui est obligé en conséquence le vingt-huit Mars de lever le siège de Cassel. Le vingt-deux Mars, meurt à Versailles le Duc de Bourgogne, âgé de neuf ans, six mois & neuf jours. On commençoit à voir dans ce jeune Prince les qualités qui forment les plus grands & les meilleurs Rois. Ce Prince étoit l'aîné des enfans de M. le Dauphin. Le six Avril, Maximilien Frederic Comte de Konigsegg, est élu Archevêque & Electeur de Cologne. Le trois Mai, le Prince Charles de Lorraine, frère de l'Empereur, est élu Grand-Maître de l'Ordre Teutonique.

DE L'HISTOIRE MODERNE.

Depuis J. C.

Le sept, les Anglois ouvrent la tranchée devant la citadelle de Belle-Isle, qui se rend le sept Juin : les ennemis même donnent des éloges à la belle défense du Chevalier de Sainte-Croix, Commandant.

Le six Juin, les Anglois prennent aux François la Dominique, l'une des petites Isles Antilles, dans l'Amérique Septentrionale.

Incendie considérable à Saint-Petersbourg : l'Impératrice Elisabeth procure toute facilité pour en réparer les dommages.

Le trois Juillet, action très-vive entre un corps d'Hanovriens, & une partie des troupes Françoises commandée par le Prince de Croy. Autres, les quinze & seize, entre l'armée du Maréchal de Broglie & celle du Prince de Brunswick ; aux environs de Paderborn.

Le quinze Août, Traité d'amitié & d'union sous la dénomination de *Pacte de Famille*, conclu entre le Roi de France & le Roi d'Espagne.

La nuit du trente Septembre au premier Octobre, les Autrichiens, commandés par le Baron de Loudon, attaquent la ville de Schweidnitz en Silésie, & la prennent d'assaut.

Le seize Décembre, les Russiens se rendent maîtres de la ville de Colberg, en Poméranie.

Cette année, le Prince Héraclius de Géorgie s'empare d'Ispahan, & est reconnu Roi de Perse.

Le Roi de Ceylan se souleve contre les Hollandois établis dans cette Isle, & leur cause beaucoup de dommages.

1762.

Le deux Janvier, Déclaration de guerre du Roi d'Angleterre contre le Roi d'Espagne.

Le cinq, meurt à Saint-Pétersbourg l'Impératrice de Russie Elisabeth Petrovna, ou la fille de Pierre le Grand. Le Duc de Holstein-Gottorp, son neveu, lui succéde sous le nom de Pierre III. Ce Prince, après avoir déclaré d'abord aux Cours de France & d'Autriche qu'il tiendra les engagemens de sa tante, fait néanmoins peu après sa paix avec le Roi de Prusse. Il rappelle les Exilés, entre autres, le fameux Biren, ci-devant Duc de Courlande.

En Février, les Anglois enlevent aux François l'Isle de la Martinique.

Le dix neuf Mars, mort du Doge de Venise, François Lorédano. Le trente-un, Marc Foscarini fut élu Doge unanimement.

En Avril, Armistice entre les Suédois & les Prussiens, qui font ensuite leur paix.

En Mai les Autrichiens, commandés en Saxe par le Comte Serbelloni, remportent divers avantages sur les Prussiens.

Depuis
J. C.
1762.

Les Espagnols, avec quelques troupes Françoises, étant entrés dans le Portugal qui vouloit conserver son ancienne union avec les Anglois, s'emparent de Miranda, Chavanes, Bragance, &c.

Le neuf Juillet, arrive une Révolution subite en Russie; tous les Ordres de l'Etat étant mécontens, Pierre III. est détrôné, & l'Impératrice sa femme (de la Maison Allemande d'Anhalt-Zerbst,) est reconnue Souveraine de Russie, sous le nom de Catherine II. Le Prince, son mari, meurt huit jours après, d'un accident hémorrhoïdal auquel il étoit sujet, selon la Déclaration qu'a faite à ce sujet l'Impératrice sa femme. Leur fils, Paul-Petrovitz (né le premier Octobre 1754,) est déclaré Grand-Duc de Russie, c'est-à-dire, l'héritier du Trône.

Le six Août, Arrêt du Parlement de Paris, qui, selon son intitulé, juge l'appel comme d'abus interjetté (un an auparavant) par M. le Procureur Général, des Bulles, Brefs, Constitutions & autres Réglemens de la Société, dite de Jésus; fait défense aux soi-disans Jésuites de porter l'habit de la Société & de vivre sous l'obéissance au Général & aux Constitutions, &c. leur enjoint de vuider les Maisons de ladite Société, &c. Les autres Parlemens de France donnent ensuite de pareils Arrêts, & le Roi un Edit (au mois de Février suivant,) portant Réglement pour les Colléges qui ne dépendent pas des Universités (& qui étoient gouvernés par les Jésuites.)

Le trente Août, les François commandés par le Prince de Condé, avec les Maréchaux d'Estrées & de Soubise, remportent une victoire sur les Alliés, près de Friedberg, au Nord de Francfort.

Le trente-un, en Amérique les Anglois se rendent maîtres de la Havane, dans l'Isle de Cuba, sur les Espagnols.

En Septembre, les Espagnols qui avoient avec eux un corps de François, prennent en Portugal Salvatierra & Penamancor.

Le neuf Octobre, la Ville de Schweidnitz, en Silésie, se rend au Roi de Prusse, qui l'assiégeoit depuis long-tems.

Le premier Novembre, les Alliés s'emparent de Cassel.

Le trois, les Articles préliminaires de la Paix sont signés à Fontainebleau, par le Duc de Praslin pour le Roi de France, par le Marquis de Grimaldi pour le Roi d'Espagne, & par le Duc de Bedfort pour le Roi d'Angleterre. Ces Articles, au nombre de vingt-six, sont bientôt ratifiés; & en conséquence le quinze Novembre, il y a une Convention arrêtée en Allemagne entre l'armée Françoise & l'armée Angloise, pour cesser toute hostilité.

Le Roi de Prusse entre en négociations avec la Maison d'Autriche.

Depuis J. C. 1763.

Le vingt-deux Janvier, Ernest-Jean de Biren est remis par la Russie en possession du Duché de Courlande, qu'il avoit perdu avec sa liberté en 1741. Le Duc Charles de Saxe est obligé quelque tems après de se retirer du Pays, quoique le Roi de Pologne, Seigneur suzerain du Fief de Courlande, s'oppose à la prise de possession du Comte de Biren, avec une partie des Seigneurs de ce Duché.

Le dix Février, le Traité définitif de Paix est signé à Paris, par les Ministres Plénipotentiaires qui avoient signé les Préliminaires ; & l'Ambassadeur de Portugal, Don Mello de Castro, fait un Acte d'Accession au nom de son Prince.

En conséquence les anciens Traités sont confirmés ; & les Espagnols se retirent de Portugal, en rendant les Villes prises, & cédant aux Anglois la Floride ; les François cèdent aux mêmes le Canada & la Louisiane Orientale, leur rendent l'Isle Minorque, & abandonnent leurs conquêtes au Pays d'Hanover, &c. Les Anglois de leur côté rendent aux Espagnols la Havane & l'Isle Cuba ; aux François, Belle-Isle, la Martinique, la Guadeloupe, Marie-Galante, la Désirade, l'Isle Goerée & ce qu'ils avoient pris aux Indes : de plus ils cèdent à la France, les Isles de Saint-Pierre & Miquelon, pour la pêche de la Morue.

Le quinze Février, Traité de Paix signé à Hubersbourg (Maison de plaisance de l'Electeur de Saxe,) entre l'Impératrice Reine de Hongrie & de Bohème, & le Roi de Prusse : les choses sont remises sur le même pied où elles étoient avant la guerre, par rapport à la Silésie, & le Comté de Glatz lui est rendu.

Le même jour, autre Traité à Hubersbourg, entre le Roi de Prusse & l'Electeur de Saxe, Roi de Pologne, à qui les Etats héréditaires de Saxe sont rendus.

Le vingt-trois Février, on élève sur son pied-estal la Statue équestre de Louis XV. à Paris, dans la nouvelle Place en face du Pont-tournant des Thuilleries : cette Statue ne fut découverte que le vingt Juin, jour où l'on en fit solemnellement l'inauguration.

Schah-Zadah, fils d'Allemghir II. s'échappe des mains de ses ennemis, s'empare de Dély, & est reconnu Grand-Mogol dans les Provinces Septentrionales de l'Indostan ; mais Cassim-Ali-Kan, au midi, se rend maître du Bengale, &c.

Le dix-neuf Avril, Aloyse Mocenigo est élu Doge de Venise, Marc Foscarini étant mort.

Le dix-huit Juillet, Action entre les Rébelles de Corse & les Génois, qui attaquent en vain leurs retranchemens à Furiani.

Le cinq Octobre, Frédéric-Auguste III. Roi de Pologne, & Electeur de Saxe, meurt à Dresde.

Depuis J. C.	Le même jour, en Asie, Adams Commandant des Anglois dans le Bengale, remporte une victoire sur le Nabab Cossim-Ali-Kan, & fait proclamer à sa place Nabab des Provinces de Bengale, Bahar & Orixa, Jaffier-Ali-Kan.

Cette année, les Hollandois courent le plus grand risque de se voir enlever leurs Etablissemens de l'Isle de Ceylan, par le Roi de Candy, qu'ils tenoient au centre de cette isle.

Ils éprouvent aussi une révolte considérable de la part des Négres, dans leur Colonie de Berbice, dans l'Amérique méridionale. |
| 1764. | Les Sauvages de l'Amérique Septentrionale s'indisposent contre les Anglois, qui ont assez de peine à les soumettre ou à les gagner.

Le vingt-sept Mars, l'Archiduc Joseph, fils aîné de l'Empereur, est élu Roi des Romains, & couronné le trois Avril.

Rétablissement de l'ancien Ordre de S. Etienne de Hongrie.

En Russie, le Clergé qui jouissoit de domaines très-considérables, les remet à l'Impératrice : en conséquence, Sa Majesté Impériale a assigné sur le Gouvernement des pensions pour les Evêques & les autres Ecclésiastiques. Les épargnes qui proviendront de ce plan d'économie, sont destinées à l'entretien des soldats invalides, & à d'autres objets d'utilité publique.

Le seize Août, le Prince Ivan (de Brunswick Bévern,) qui avoit été exclus du Trône de Russie en 1741, est tué dans la forteresse de Schlusselbourg, assiégée par des Rébelles qui vouloient le mettre à leur tête.

Le six Septembre, le Roi Louis XV. vient à Paris, poser la première pierre de la nouvelle Eglise de Sainte Geneviève.

Le même jour, Stanislas Poniatowski est élu Roi de Pologne, après plusieurs Diettes tumultueuses : il est couronné le vingt-cinq Novembre, sous le nom de Stanislas-Auguste.

En Novembre, Edit du Roi Louis XV. envoyé à tous les Parlemens, qui supprime la Société des Jésuites dans toute l'étendue du Royaume, & cependant permet à tous ceux qui la composoient d'y vivre en particulier, en se conformant aux Loix. |
| 1765. | Kerim-kan gouverne enfin tranquillement la Perse, après de grands troubles, & sans avoir (dit-on) pris le nom de Roi. Il n'y a que le Corasan qui obéit à Ahmeth-Chah, Roi Agvan, depuis dix ans, avec une partie de l'Inde : c'est le Roi de l'Asie le plus riche, les Trésors de Thamas-Kouli-kan & du Dély lui étant tombés entre les mains. |

DE L'HISTOIRE MODERNE. 331

Depuis J. C.	Des Escadres Françoises bombardent Salé & Larache, à cause des Corsaires de Maroc, en Juin & Juillet.

Le dix-huit Juillet, l'Infant Don Philippe, Duc de Parme, &c. meurt à Alexandrie de la Paille : son jeune fils Ferdinand-Marie lui succéde.

Le dix-huit Août, meurt à Inspruck, François-Etienne de Lorraine, Empereur & Grand-Duc de Toscane.

JOSEPH II. son fils, déjà Roi des Romains, devient Empereur. L'Impératrice Reine le fait Co-Régent de ses Etats héréditaires, & se démet en sa faveur de la Grande-Maîtrise de l'Ordre de S. Etienne de Hongrie.

Le second Archiduc, Pierre-Léopold, est Grand-Duc de Toscane, par le Testament de son père.

Le vingt Décembre, meurt à Fontainebleau, Louis IX. Dauphin, fils du Roi Louis XV, âgé de trente-six ans & quatre mois : son corps est porté dans la Cathédrale de Sens.

Le Roi de France renvoye des troupes en Corse, pour aider les Génois à soumettre les Rébelles, qui avoient pour Général Pascal Paoli.

Le trente-un Décembre, le fils aîné du Duc de Biren vient à Varsovie, & le nouveau Roi de Pologne lui donne l'investiture des Duchés de Courlande & de Semigalle, qu'il reçoit en son nom & en celui de son père.

1766.	Le deux Janvier, meurt à Rome Jacques Stuart, fils de Jacques II. Roi d'Angleterre : il y demeuroit depuis près de cinquante ans, & étoit âgé de soixante-dix-sept ans & six mois.

Le quatorze Janvier, Fréderic V. Roi de Danemarck, meurt à Coppenhague, âgé de quarante-trois ans. Son fils Christiern VII. (ou Christian, selon la prononciation Allemande,) lui succéde.

Le vingt-trois Février, Stanislas Leszczinski, Roi de Pologne (titulaire), Duc de Lorraine & de Bar, meurt à Luneville, âgé de quatre-vingt-huit ans, près de six mois.

Le huit Mars, Guillaume V. de Nassau, Prince d'Orange (titulaire,) Stathouder des Provinces-Unies, &c. est installé dans ses dignités, par les Etats Généraux.

Le cinq Juillet, mort d'Elisabeth Farnèse, Reine Douairière d'Espagne, âgée de soixante-quatorze ans : elle gouvernoit en quelque sorte ce Royaume depuis plusieurs années.

Le Lord Clive, étant arrivé avec des troupes Angloises dans le Bengale, remporte des avantages considérables sur les Indiens.

Les Hollandois forcent le Roi de Candy de leur abandonner la Souveraineté de l'Isle Ceylan, & de souscrire aux conditions qu'ils lui prescrivent.

Depuis J. C. 1767.	Le treize Mars, Marie-Josephe de Saxe, Dauphine, meurt à Versailles, victime de l'amour conjugal : son corps est porté à Sens, auprès de celui de Monseigneur le Dauphin.

Le deux Avril, Sanction du Roi d'Espagne, qui éteint dans ses Royaumes l'Ordre des Jésuites, & les fait tous transporter en Italie.

Le quinze Mai, Traité de la République de Gènes avec le Roi de France, à qui elle céde l'Isle de Corse.

Violences des Russiens en Pologne, dont plusieurs Membres illustres de la Diette sont enlevés & transportés en Russie.

L'Impératrice de Russie, Catherine II. publie au mois de Juillet, des Instructions préliminaires, pour le Code de Loix qu'elle fait dresser par une Commission, composée des Députés de tous ses sujets. |
| 1768. | En Janvier, Bref du Pape Clément XIII. contre l'Infant Don Philippe Duc de Parme, au sujet des immunités Ecclésiastiques, qui a de grandes suites, les Cours de France, d'Espagne & de Naples s'y étant intéressées.

Le vingt-quatre Juin, mort de la Reine de France, Marie-Charlotte-Sophie-Félicité Leszczinska, âgée de soixante-cinq ans.

Le vingt-neuf Juin, mort d'Hélene de Courtenai, veuve du Marquis de Baufremont, & la derniere de l'ancienne Maison Royale de Courtenai, issue du Roi Louis le Gros.

L'Archiduc Ferdinand-Charles-Antoine (aujourd'hui Gouverneur du Duché de Milan,) épouse Marie-Béatrix d'Est, héritiere des Etats de Modène ; ce qui pourroit les unir un jour à la Maison d'Autriche.

Le vingt-un Octobre, Christiern VII. Roi de Danemarck, arrive à Paris, dans le cours des voyages qu'il faisoit pour s'instruire, sous le nom de Comte de Travendalh : il partit le Paris le neuf Décembre, pour retourner dans ses Etats.

Cette année, les troubles continuent en Pologne, & il s'y forme diverses Confédérations, dont les troupes sont battues par les Russes unis au parti de la Cour & de la Diette. Pendant ce tems, le Comte Aginski fait faire à ses frais, pour le bien du commerce un Canal, qui doit joindre le Niémen avec le Przipiec, & ainsi la Mer Baltique avec la Mer Noire.

Les Turcs mécontents de ce qui se passoit en Pologne, déclarent la guerre à la Russie. Ils remportent des avantages considérables sur les Monténegrins, attachés au parti de Stéphano, qui se donne pour le feu Pierre III. Empereur de Russie.

L'Espagne prend possession de la nouvelle Orléans, la France lui ayant cédé la Louisiane Occidentale. |

Depuis	Les Jésuites sont expulsés des Etats de Naples, aussi-bien
J. C.	que de Malte & de Parme.

Commencement des troubles des Colonies Angloises d'Amérique, qui refusent de se soumettre aux nouvelles impositions faites en Angleterre.

1769. Le trois Février, mort du Pape Clément XIII. Election de Clément XIV. Laurent Ganganelli, le dix-neuf Mai.

Le treize Juin, Pascal Paoli, Chef des Rébelles de Corse, abandonne cette Isle : ce qui contribue à son entière réduction à la France.

Le vingt-deux Août, Lettres-Patentes du Roi Louis XV. pour confirmer la Convention faite entre Sa Majesté & l'Archiduchesse d'Autriche, Impératrice-Douairière, & qui régle les limites des possessions de ces deux Puissances aux Pays-Bas.

Le trois Octobre, l'Archiduc Maximilien est élu Coadjuteur du Grand-Maître de l'Ordre Teutonique.

Cette année, les Russiens prennent Azof & Choczim, après avoir défait deux corps d'armées Turques : ils s'emparent de la Moldavie & de la Valachie. Une flotte vient de Saint-Petersbourg dans la Méditerranée.

Le Roi de Maroc s'empare après un long siége de Mazagan, sur les Portugais, qui sont peu touchés de cette perte ; parce que l'entretien de cette place leur occasionnoit des dépenses considérables, sans leur être de grande utilité.

1770. Suite des troubles en Pologne, & nouvelle Confédération.

Escadre Danoise, envoyée dans la Méditerranée, contre Alger.

Le huit Avril, Extinction de la Compagnie des Indes de France, & liberté du Commerce maritime.

Le onze Avril, Madame Louise de France se retire aux Carmelites de Saint-Denis, & y fait sa Profession Religieuse l'année suivante.

Le douze Avril, Jeudi Saint, le nouveau Pape ne publie point la Bulle *In cana Domini*, (qui ne l'a point été depuis.) Il termine ensuite les différends de la Cour de Rome avec celle de Portugal.

Le seize Mai, Monseigneur le Dauphin (ci-devant Duc de Berry,) épouse la Princesse Marie-Antoinette-Josephe-Jeanne, Archiduchesse d'Autriche, née à Vienne le 2 Novembre 1755.

Les Turcs avoient commencé la campagne contre les Russiens d'une manière brillante, ayant remporté sur eux deux avantages considérables, & repris la Moldavie & la Valachie ; mais le sept Juillet, le Comte Alexis Orlove détruit la flotte Ottomane dans le Port de Chisme, au Nord de Scio, après l'avoir battue le cinq. Le dix-huit du même

| Depuis J. C. | mois, le Général Russien Romanzove bat un corps considérable des troupes Ottomanes, & le premier Août, il mit en déroute l'armée du Grand-Vizir, composée d'environ 150000 hommes ; ce qui fut suivi de la prise de plusieurs Places, voisines du Danube. |

Ali-Bey s'empare de l'Egypte.

1771. Le douze Février, Adolphe-Fréderic, Roi de Suéde, meurt à Stockholm, âgé de soixante ans neuf mois. Son fils aîné, Gustave III. lui succéde : il étoit alors à Paris, dans un cours de Voyages.

En Avril, Edit de Louis XV. pour suppression & création d'Offices dans le Parlement de Paris, & ensuite dans les autres du Royaume.

Le quatorze Mai, Monseigneur le Comte de Provence, frère de Monseigneur le Dauphin, épouse à Versailles Marie-Josephe-Louise Princesse de Savoye.

Les Confédérés de Pologne ont plusieurs succès contre les Russiens, qui défont néanmoins le Comte Oginski.

En Turquie, les Russiens remportent divers avantages sur les troupes Ottomanes, & s'emparent de la Krimée ou petite Tartarie. Mais leur flotte qui tient les Dardanelles bloquées, échoue dans ses entreprises sur les Isles de l'Archipel, à l'exception d'Imbros.

Le trois Novembre, le Roi de Pologne est enlevé de Varsovie : l'un de ses ravisseurs se repent & le remet en liberté.

L'Espagne remet aux Anglois le Fort d'Egmond, dans l'Isle Falkland, l'une des Malouines, près du Détroit de Magellan.

Dans l'Amérique septentrionale, plusieurs Peuples Sauvages de la Presqu'isle de Californie, qui infestoient les Colonies Espagnoles, sont soumis.

1772. En Avril, Jugement porté en Danemarck, qui déclare le divorce de la Reine (Caroline-Mathilde d'Angleterre) avec le Roi : cette Princesse se retire dans les Etats d'Hanover, (& meurt à Zell en 1775.)

Le neuf Août, Traité de partage fait au sujet de diverses portions de la Pologne, par l'Impératrice de Russie, la Maison d'Autriche & le Roi de Prusse. La Nation Polonoise, après avoir éprouvé les calamités d'une guerre civile, est obligée de consentir au démembrement de plusieurs de ses Provinces, sur lesquelles on fait valoir d'anciens droits.

Le dix-neuf Août, Révolution en Suéde, par laquelle l'autorité rentre dans les mains du Roi, & la forme du gouvernement observée depuis Gustave Adolphe jusqu'à Charles XI. est rétablie, l'anarchie détruite, &c.

DE L'HISTOIRE MODERNE. 335

Depuis J. C. Aly Bey, défait en Egypte par Aboudaab, se retire en Palestine.

Dans l'Indostan ou les Etats du Grand-Mogol, Schah Alum est remis sur le thrône de ses pères.

En Allemagne, l'Impératrice Reine prend (pour sa part de la Pologne) le titre de Reine de Galitie & de Ludomirie, Duchesse d'Oswieczim.

1773. Le vingt-un Janvier, meurt à Constantinople, le Sultan Mustapha, Empereur des Turcs : son fils Achmet IV. lui succéde.

Le vingt-quatre Janvier, mort du Grand-Maître de Malthe, Emanuel Pinto ; & le vingt-huit, François-Ximenès de Texada est élu en sa place : (il ne l'a occupé que deux ans, & son successeur est N. de Rohan de Poldux, qui a été élu en Novembre 1775.)

Le vingt-deux Février, meurt à Turin, Charles-Emanuel III. Roi de Sardaigne : son fils aîné lui succéde sous le nom de Victor-Amédée III.

La Russie céde au Roi de Danemarck, le Holstein Ducal.

Le trente Avril, Aly Bey est battu en Palestine, & meurt le trente Mai.

Le vingt-un Juillet, le Pape Clément XIV. supprime l'Ordre des Jésuites.

Les Turcs après avoir perdu la Moldavie, sont obligés d'évacuer la Valachie ; mais ils remportent quelques avantages sur mer près de Patras, le vingt-six Octobre ; & aux environs de Varna, le douze Novembre.

Le seize Novembre, Mariage de Monseigneur le Comte d'Artois & de Marie-Thérèse de Savoye, (dont est né en 1775, un Prince nommé Duc d'Angoulême.)

Le vingt-huit Décembre, mort d'Ernest-Jean de Biren, Duc de Courlande, âgé de quatre-vingt-deux ans.

1774. Le dix Mai, Louis XV. meurt à Versailles, après un régne de cinquante-neuf ans, sept mois & dix jours : il étoit âgé de soixante-quatre ans, trois mois, moins cinq jours.

Louis XVI. son petit-fils, lui succéde, & signale le commencement de son régne par des actes de bonté.

Suite des troubles & Confédération des Colonies Angloises d'Amérique, pour ne pas se soumettre aux Actes du Parlement d'Angleterre, faits à leur désavantage & sans les avoir consultés. L'Angleterre envoye des troupes contr'eux : (ces troubles durent encore en 1776.)

En Juillet, Traité de paix entre la Russie & les Turcs : en conséquence la Krimée est indépendante, la Navigation de la Mer Noire est libre aux Russiens, qui restent maîtres des Villes de Keretsch & de Jenikalé, & qui rendent aux Turcs la Bessarabie, la Moldavie, la Valachie, les Isles de l'Archipel dont ils s'étoient emparé, & les Places de Mingrelie,

Depuis J. C. 1774.

à condition que ce Peuple ne fera plus affujetti au tribut de filles & de jeunes garçons pour le Serrail, &c.

Le vingt-deux Septembre, mort du Pape Clément XIV. (Laurent Ganganelli,) âgé de près de soixante-neuf ans : il avoit occupé le S. Siége cinq ans quatre mois & trois jours. (Il a eu l'année suivante pour succeffeur Jean-Ange Braschi, qui a pris le nom de Pie VI.)

En Octobre, le Roi de Maroc affiége Ceuta ; & en Décembre, Melille. Ce Prince Mahométan, avoit déclaré que sa Religion ne lui permettoit pas de laisser aucun Chrétien sur les côtes de ses Etats. (Il a cependant été forcé de se tenir tranquille.)

Le douze Novembre, Louis XVI. vient à Paris tenir un Lit de Justice, & rétablit les anciens Magistrats du Parlement, supprime les nouveaux Conseils Supérieurs, & rétablit le Grand Conseil. (Les Parlemens de Provinces sont ensuite remis comme ils étoient.)

Le quatorze Décembre, Louis XVI. vient poser la première pierre du nouveau bâtiment de la fameuse Ecole de Chirurgie de Paris.

TABLETTES
POUR
L'HISTOIRE
ECCLÉSIASTIQUE;

Où se voyent les Suites des Papes, des Conciles, des Ecrivains Ecclésiastiques, des Rits & Religieux, des Grands-Hommes de l'Église, des Héréfies & Perfécutions.

AVIS.

La Croix marquée dans la colomne des *Papes*, désigne leur mort.

a. m. j. signifient *ans, mois, jours*, pour marquer le temps qu'a siégé un *Pape*, ou un *Prince* (dans les *Tablettes de l'Histoire Civile.*)

* Cette Etoile dans la colomne des *Conciles*, désigne que tel Concile n'est pas reçu.

Dans la même colomne, on trouve souvent en abrégé R. IV. L. III. H. I. c'est-à-dire, par la lettre R. *Collectio Conciliorum Regia*, imprimée au Louvre en 1644, en 37 vol. *in-fol.*

L. ou *Lab.* signifie *Collectio Magna Conciliorum à Philippo Labbe*, imprimée en 1672, en 18 vol. *in-fol.* C'est la plus estimée.

H. ou *Hard.* veut dire *l'Edition des Conciles* donnée par le Père Hardouin, Jésuite, en 12 vol. *in-fol.*

Dans toutes ces citations, le Chiffre Romain marque le Volume.

Ang. désigne la dernière Collection des Conciles d'*Angleterre*, imprimée sous le titre suivant : *Concilia Magnæ Britanniæ & Hiberniæ, à Synodo Verolamensi, anno Domini 446, ad annum 1717, à Davide* Vilkins, *in-fol.* Londini 1737, 4 vol.

Aguirre, marque la *Collection des Conciles d'Espagne* du sçavant Cardinal d'*Aguirre*.

Martene Thesaur. ou *Martene Collectio Noviss.* sont deux Collections d'anciens Monumens Ecclésiastiques publiées par le Père *Martene*, Bénédictin de la Congrégation de S. Maur, dans lesquelles il a imprimé des Conciles qui manquent aux grandes Collections.

Baluz. signifie trois choses : ou le premier volume de sa nouvelle *Collection des Conciles*, le seul qui ait paru ; ou la *Collection des Conciles de la Gaule Narbonnoise* ; ou enfin ses *Miscellanea:* on a soin de les distinguer en les citant.

Bessin veut dire *Concilia Normanniæ*, que le sçavant Bénédictin de ce nom a fait imprimer *in-fol.* *Rouen*, *1717.*

G. C. ou *Gall. Chr.* désigne les Conciles dont il est fait mention dans le *Gallia Christiana* des Pères Bénédictins.

Mansi, désigne le *Supplément* que ce Père Servite Italien a publié pour les différents Recueils des Conciles, *in-fol. Venetiis*, *1743*, 6 vol.

Les autres citations sont assez claires, pour n'avoir pas besoin d'explication.

PAPES.

PREMIER SIÉCLE.

JESUS-CHRIST Pontife éternel selon l'ordre de Melchisedech, *meurt l'an 4 de sa Prédication, & l'an 33 de l'Ere Vulgaire.*

I.

33. S. PIERRE siége à Jérusalem.
Puis à Antioche.
En tout 8 ans.

41. à *Rome.*
Il y gouverne 25 a. 2 m. 7 j.
Martyr le 29 Juin 66.
Le S. Siége ne vaque pas.

II.

66. *S. Lin* fait Coadjuteur le 11 Juin 55.
Devient Pape le 29 Juin 66.
Gouverne 1 a. 2 m. 24 j.
Martyr le 23 Septembre 67.
Le S. Siége ne vaque pas.

RITS ET RELIGIEUX.

PREMIER SIÉCLE.

Célébration du *Dimanche*, qui pendant quelque tems a été observé avec le Sabbat ou Samedi.

Les *biens* sont communs entre les fidéles ; ce qui dure peu.

Institution des *Agapes* ou *festins de charité*, qui se célébroient ordinairement dans l'Eglise.

L'Imposition des mains pour le Sacerdoce, & pour donner la grace du S. Esprit.

Le *Baptême* fait par *immersion.*

Le nom de *Chrétiens* pris par les fidéles d'Antioche, & ensuite par le reste de l'Eglise.

Célébration des *Fêtes des Mystéres*, Noël, Pâques, Ascension, Pentecôte.

Le *Chant* de l'Eglise établi.

60. On parle vers ce temps du nom de *Therapeutes*, comme de Religieux, ce qui néanmoins est très-douteux.

CONCILES.

PREMIER SIÉCLE.

33. CONCILE de Jérusalem I. où S. Matthias fut élu Apôtre en la place de Judas, *aux Actes des Apôtres*, cap. 1. *Regia, Lab.* T. I. Ce Concile & les quatre suivans manquent dans *Hardouin.*

33. De *Jérusalem* II. où l'on établit les sept Diacres pour secourir les Apôtres dans la distribution des aumônes & dans la Prédication, *aux Actes*, ch. VI. *Regia & Labbe*, Tome I.

49. De *Jérusalem* III. où l'on dispense les Chrétiens de l'observation de la Loi Mosaïque, à l'exception des viandes immolées aux Idoles, des animaux suffoqués & de la fornication, *aux Actes*, chap. XV. *Regia & Lab.* Tom. I.

58. De *Jérusalem* IV. où les cérémonies légales furent permises pour un tems, *aux Actes*, chap. XXI. *Regia & Lab.* Tome I.

56. D'*Antioche* ; on dit que dans ce tems les Apôtres tinrent un Concile à Antioche, mais on le croit supposé, aussi bien que ses neuf Canons : il est néanmoins cité dans le second Concile de Nicée, *Regia & Lab.* Tome I. manque dans *Hard.*

Canons des Apôtres *Græc. Lat.* au nombre de 84, ou seulement de 50 selon Denys le Petit, *Regia, Lab. & Hard.* Tome I.

GRANDS-HOMMES. | HÉRÉS. ET PERS. 341

PREMIER SIÉCLE.

31. S. *Jean-Baptiste* est décollé à l'âge de 35 a, 2 m. 5 j.
33. Jesus-Christ ressuscite *Lazare*.
S. *Etienne* premier Martyr, *le 26 Décembre.*
34. S. *Paul* converti *le 25 Janvier.*
44. S. *Jacques* fils de Zébédée ou le Majeur, souffre le Martyre.
44. Ravissement de S. *Paul.*
45. Conversion de sainte *Thécle*, Vierge & Martyre.
53. *Gamaliel*, chef de Synagogue, meurt *le 3 Août.*
Mort de *Silas*, l'un des Disciples.
62. Martyre de saint *Jacques* le Mineur, Evêque de Jérusalem.
63. Mort de *Lazare*, déjà ressuscité par J. C. *le 17 Déc. 33.*
64. S. *Gervais* & S. *Protais*, Martyrs à Milan *le 19 Juin.*
66. S. *Paul* Martyr à Rome.

PREMIER SIÉCLE.

33. Iere *Persécution des Juifs.*
34. IIe *Persécution des Juifs.*
38. *Simon*, le Magicien, chef des Simoniaques, veut acheter le don des miracles.
44. IIIe *Persécution des Juifs.*
45. *Ebion*, chef des Ebionites, attaque la divinité de J. C. & la Virginité.
Cérinthe attaque aussi la divinité de Jesus-Christ.
50. *Osséens*, disoient qu'on pouvoit &, devoit dissimuler sa foi.
50. *Hymenée* prétend que la Résurrection étoit déjà faite, & ne se feroit plus.
55. *Philétus* nioit la résurrection des corps.
56. *Alexandre* excommunié par S. Paul, pour avoir dogmatisé contre la foi.
64. Iere *Persécution des Payens* sous l'Empereur *Néron.*

ÉCRIVAINS.

PREMIER SIÉCLE.

44. S. *Matthieu* est le premier Ecrivain sacré qui a publié l'Evangile. On croit que ce fut en Hébreu : nous ne l'avons qu'en Grec.
45. S. *Marc* écrit l'Evangile : il abrège celui de S. Matthieu, où S. Pierre fit ajouter des circonstances particulières.
52. S. *Paul* écrit sa première lettre ou Epitre : c'est celle aux *Thessaloniciens.*
53. S. *Paul* écrit sa deuxième lettre aux *Thessaloniciens.*
55. S. *Luc* écrit l'Evangile sur le rapport de ceux qui avoient vu J. C.
57. S. *Paul* écrit sa première lettre aux *Corinthiens*, & celle aux *Galates.*
58. S. *Paul* écrit sa deuxième lettre aux *Corinthiens*, & celle aux *Romains.*
59. S. *Jacques*, Evêq. de Jérusalem, écrit sa lettre à tous les *Fidéles.*
60. S. *Pierre* écrit sa première lettre.
62. S. *Paul* écrit quatre lettres, 1°. aux *Philippiens* ; 2°. aux *Ephésiens* ; 3°. aux *Colossiens* ; 4°. à *Philemon.*
63. S. *Paul* écrit sa lettre aux *Hébreux.*
65. S. *Paul* écrit sa première lettre à *Timothée*, & celle à *Tite.*
66. S. *Paul* écrit sa deuxième lettre à *Timothée*, & S. *Pierre* sa deuxième lettre.

PAPES.	RITS ET RELIGIEUX.
III. 67. *Clément* le 24 Septembre. Siége 9 a. 2 m. 10 j. Abdique le 3 Décembre 76. Le Siége vaque 2 mois 14 j. IV. 77. *S. Clet* le 16 Février. Gouverne 6 a. 2 m. 10 j. Martyr le 26 Avril 83. Le Siége vaque 4 m. 12 j. V. 83. *S. Anaclet* le 7 Septembre. Gouverne 12 a. 10 m. 7 j. Martyr le 13 Juillet 96. Le Siége ne vaque pas. *Quelques Modernes ont confondu ce Pape avec* S. Clet. VI. 96. S. *Evariste* est fait Coadjuteur le 25 Mars 95. Succéde le 13 Juillet 96. Gouverne 12 a. 3 m. 13 j. Martyr le 26 Octobre 108. Le Siége vaque 1 m. 8 j.	On défend aux Chrétiens de manger le *sang* des animaux, pour ne pas offenser les Juifs convertis, qui suivoient toujours cette pratique de l'ancienne Loi. *Luminaire* dans les Eglises pendant le Service divin, parce que souvent les Fidèles s'assemblant, ou de nuit ou dans des lieux obscurs, avoient besoin de lumière ; ce que l'Eglise a depuis conservé dans toutes ses Cérémonies. L'*Onction* des Infirmes ou l'Extrême-Onction pratiquée dès le premier siécle. S. *Jacques* en parle dans son Epitre. L'*Exorcisme* en usage dans le premier siécle. *Notaires* publics, établis par les Evêques pour recueillir les actes des Martyrs. Il nous reste quelques-uns de ces Actes.

CONCILES.

76. Lettre de saint *Clément* aux Corinthiens. Lettre admirable : *Lab.* Tome I. manque *in Regia & Hard.*

Constitutions Apostoliques, dans la seule Collection de *Labbe*, Tome I. manquent dans les deux autres : se trouvent *in Bibliothecis Patrum* & in Cottelerii *Patribus Apostolicis*, in-fol. *Antuerpiæ* 1698 & 1724, 2 vol.

S. Clementis Recognitiones & Epistolæ, se trouvent aussi dans quelques éditions de la *Bibliothèque des Pères :* mais on convient aujourd'hui parmi les Sçavans que ces Ouvrages de S. *Clément* sont supposés. On ne reconnoît de ce saint Pape que la *Lettre aux Corinthiens*, qui avoit été égarée depuis le tems de Photius, Patriarche de Constantinople, jusqu'en 1633 que Junius la publia in-4°. à Oxford en Angleterre, l'ayant retrouvée à la fin d'un très-ancien manuscrit Grec de la Bible, qui avoit appartenu à *Cyrille Lucar*, Patriarche de Constantinople, & dont il fit présent à *Jacques I.* Roi de la Grande-Bretagne ; il faut avoir l'édition de Junius, qui a marqué en rouge ce qui étoit rongé dans le manuscrit.

Quant aux *Constitutions Apostoliques*, les Sçavans reconnoissent qu'elles ne sont pas des Apôtres ; mais on convient qu'elles sont du moins des temps Apostoliques, aussi bien que les Canons qui portent le nom des Apôtres. Sur quoi voyez *Bevegerius* dans les *Patres Apostolici* de Cottelier.

GRANDS-HOMMES. | HÉRÉS. ET PERS.

68. Martyre de *S. Marc* Évangéliste, *le 25 Avril.*
69. Martyre de *S. André* Apôtre, *le 30 Novembre.*
71. Martyre de saint *Barthelemi* Apôtre, *le 24 Août.*
79. Mort de *S. Apollinaire*, premier Evêque de Ravenne, *le 23 Janvier.*
80. Conversion de *S. Polycarpe*: il devint Evêque d'Ephèse.
86. *S. Anien*, prem. Evêq. d'Alexandrie, meurt *le 25 Avril.*
95. *S. Jean* est mis à Rome en une chaudière d'huile bouillante.
95. *S. Denys* l'Aréopag. Martyr à Athènes *le 3 Octobre*. *S. Clément*, Consul Rom. Martyr.
97. *S. Timothée*, Disciple de saint Paul, meurt *le 25 Janvier.*
100. Mort du Pape *S. Clément*, *le 23 Novembre.*
Mort de *S. Jean* l'Evangéliste *le 27 Décembre.*

66. *Nicolas*, Diacre d'Antioche, chef des *Nicolaïtes*, vouloit que tout jusqu'aux femmes fût commun entre les Chrétiens. Ils se livroient dans leurs assemblées aux crimes les plus infâmes.
74. *Ménandre*, né en Samarie, adopta les erreurs de Simon le Magicien & des Nicolaïtes; il soutenoit que le monde avoit été créé par les Anges; & que lui-même étoit la toute-puissance de Dieu le Père, & l'unique Sauveur des Elûs, qui ne pouvoient obtenir le salut que par son art magique. D'ailleurs ses Disciples étoient fort déréglés comme la plûpart des premiers Hérétiques.
93. IIe *Persécution des Payens*, sous *Domitien*, où S. Jean est jetté dans une chaudière d'huile bouillante.

ÉCRIVAINS.

71. *S. Jude* écrit sa lettre.
92. *S. Jean* écrit ses trois lettres.
96. *S. Jean* écrit l'Apocalypse.
98. *S. Jean* écrit l'Evangile.
} *Ces Ecrits & ceux qui précédent, composent le N. Testament.*

71. *S. Barnabé* compagnon de S. Paul, écrit une lettre aux Fidèles. *Cum Ignatii Epistolis ex edit.* Vossii, *in-*4°. *Lugd. Batavor.* 1646, & *in Patribus Apostolicis* J. B. Cotteleri.
71. *Hermas*, qu'on croit avoir été Disciple de S. Paul, a fait un livre intitulé *le Pasteur*, *in Patribus Apostolicis* Cotteleri.

──── *Ouvrages supposés du premier siècle.*

1°. Lettre de Jesus-Christ au Roi *Abgare*. *In Euseb. Hist. Eccl.*
2°. Lettres de la sainte Vierge. *In Codice Apocryph. N. T. Fabricii.*
3°. Plusieurs faux Evangiles, *apud Fabricium.*
4°. Plusieurs Actes des Apôtres, *ibidem.*
5°. *S. Paul* aux Laodicéens, *ibidem.* ... 6°. Liturgies des Apôtres.
7°. Le *Symbole* n'est pas des Apôtres, mais contient leur doctrine.
8°. Les livres des *Sybilles* ... 9°. Epitres de *Seneque* à S. Paul.
10°. *Abdias* de Babylone: *Certamen Apost. in Biblioth. PP.*
11°. Actes de *S. André*, *in Bibliothecis Patrum.*
12°. *S. Denys* Aréopagit. *Græc. Lat.* fol. *Antuerp.* 1634, 2 vol.

40. Philon, Juif. *Ejus opera Gr. Lat.* fol. *Paris* 1640. *Londini* 1742.
74. *Josephe*, Histor. Juif. *Opera*, fol. *Gr. Lat. Amstel.* 1726, 2 vol.

PAPES. | RITS ET RELIGIEUX.

SECOND SIÉCLE.

VII.
108. *S. Alexandre I.* 3 Décemb.
Siége 8 a. 5 m.
Martyr le 3 Mai 117.
Le siége vaque 1 m. 5 j.

VIII.
117. *Sixte I.* le 7 Juin.
Siége 9 a. 9 m. 26 j.
Martyr le 3 Avril 127.
Le siége vaque 2 j.

IX.
127. *Telesphore* le 5 Avril.
Gouverne 10 a. 9 m.
Martyr le 5 Janvier 138.
Le siége ne vaque pas.

X.
138. *Hygin* le 6 Janvier.
Siége 4 a. 3 j.
Martyr le 8 Janvier 142.
Le siége vaque 3 m. 1 j.

XI.
142. *Pie I.* le 9 Avril.
Gouverne 8 a. 3 m. 3 j.
Martyr le 11 Juillet 150.
Le siége vaque 1 j.

SECOND SIÉCLE.

Le *signe de la Croix* fort usité alors parmi les Fidèles, tant pour se reconnoître que pour se sanctifier eux-mêmes.

Les *Fêtes* anniversaires sont établies dans l'Eglise.

Les *Jeûnes* établis, soit dans le *Carême*, soit en d'autres temps & conjonctures, pour fléchir la colère de Dieu.

Les Fidèles se tournent vers l'*Orient* pour prier le Seigneur, d'où vient l'usage ancien de mettre toujours au Levant le chevet des Eglises: cet usage s'abolit peu à peu.

Lettres nommées *Lettres formées*, accordées par les Evêques aux Fidèles voyageurs, afin de se faire connoître & recevoir par les autres Fidèles.

L'usage ordinaire de faire souffrir les *Martyrs*, étoit de les condamner à être dévorés des bêtes, ou à avoir la tête coupée.

CONCILES.

SECOND SIÉCLE.

On trouve dans la plûpart des Editions des Conciles, des *Lettres des Papes* depuis *S. Lin* premier successeur de S. Pierre, jusqu'au Pape *Siricius*, qui a commencé à siéger l'an 385. Elles renferment beaucoup de régles de discipline inconnues aux premiers Chrétiens. Aussi les Sçavans conviennent aujourd'hui que ces Lettres sont supposées; cependant jusqu'au milieu du XVIIe siécle, les Auteurs les avoient adoptées comme véritables. Elles sont même citées dans le Décret de *Gratien*, comme des monuments authentiques de ces premiers temps. C'est une attention qu'il faut faire quand on lit les anciens Théologiens & les Canonistes. Le seul des premiers Papes dont nous ayons quelque lettre certaine, est S. Clément, troisième Pape, dont nous avons une lettre aux Corinthiens: on en produit une seconde, mais qui est douteuse. Voy. *Epistolæ Pontif.* du P. Coutant, Bénédictin de la Congrégat. de S. Maur, Paris 1721, *fol.*

125. Concile *de Sicile*, contre les erreurs des Héracléonites & de Valentin. *Baluze* seul, *in nova Collectione*. On le croit supposé.

146. De Rome, contre Théodote le Corroyeur. *In Synodico Veteri*, *Fabricii Bibliothecæ Græcæ*, Tom. XI. p. 186.

GRANDS-HOMMES. | HÉRÉS. ET PERS.

SECOND SIÈCLE.

103. Naissance de *S. Justin*, Philosophe, puis Martyr.
107. Mart. de *S. Simeon*, second Evêque de Jérusalem, âgé de 120 ans.
Fin des *Temps Apostoliques*.
107. *S. Ignace* Evêque d'Antioche, est Martyr à Rome.
120. Naissance de *S. Irenée* en Asie : il fut depuis Evêque de Lyon dans les Gaules.
121. Martyre de *S. Faustin* & de *S. Jovite*, à Bresse dans la Gaule Cisalpine, ou haute Italie.
124. *S. Eustache* & ses Compagnons, Martyrs.
126. *Quadratus* fait une Apologie de la Religion Chrétienne.
128. Mort de *S. Hieron*, Evêque d'Antioche.
133. Conversion de *S. Justin*, Auteur Ecclésiastique & Martyr.
136. Les *Chrétiens* Juifs d'origine cessent de joindre la loi de Moyse à l'Evangile.

SECOND SIÈCLE.

105. *Basilidès* disciple de Simon le Magicien & des Nicolaïtes, établit une secte particuliere.
106. *Elxaï* nie la divinité de J. C. & prétend que c'est un crime de souffrir le Martyre.
107. IIIe *Persécution*, de *Trajan*.
115. *Saturnin* adoptoit les anciennes hérésies.
Gnostiques, c'est-à-dire éclairés, nom que prirent les premiers Hérétiques.
120. *Papias* Millénaire, croit que les Saints régneront 1000 ans sur la terre avec J. C. avant que d'entrer dans la gloire.
Carpocrate adopte les erreurs de Simon le Magicien & des Nicolaïtes.
130. *Prodicus* chef des *Adamites*, étoit nud pendant la prière.
134. *Marcion* admet trois Dieux.
141. *Cerdon* admet 2 principes.
142. *Valentin* admet plusieurs Dieux, & d'autres erreurs.

ÉCRIVAINS.

SECOND SIÈCLE.

107. *S. Ignace* Evêque d'Antioche, puis Martyr à Rome l'an 107 ; peu avant son Matyre écrivit plusieurs *Lettres* ; nous en avons sept, qui sont aujourd'hui incontestables. Elles avoient été égarées depuis le tems de Photius ; mais *Usserius* les retrouva en Latin l'an 1642, & il les publia à *Oxford* en Angleterre l'an 1644 & 1647... Isaac *Vossius* eut le bonheur de les retrouver en Grec dans la Bibliothèque du Grand-Duc de Florence, & les publia in-4°. à *Amsterdam* en 1646 & 1680... Sont *in Patribus Apostolicis* Cottelerii, in-fol. *Antuerpiæ* (*Amstelodami*,) 1698 & 1724, 2 vol. Ces lettres sont d'une simplicité Apostolique, & admirables pour l'onction & pour les sentimens. Il y a d'autres lettres du même Saint, mais ou interpolées ou supposées.
120. *Papias* Evêque d'Hiéraples en Phrygie, disciple de saint Jean l'Evangéliste ; nous n'avons de lui que des fragmens, *apud Eusebium*.
126. *Quadratus* Evêque d'Athènes ; Apologie de la Religion Chrétienne, dont un fragment *apud Eusebium*.

PAPES. | RITS ET RELIGIEUX.

XII.
150. *Anicet* le 13 Juillet.
Siége 10 a. 9 m. 5 j.
Martyr le 17 Avril 161.
Le siége vaque 8 m. 13 j.
XIII.
162. *Soter* premier Janvier.
Gouverne 9 a. 3 m. 22 j.
Martyr le 22 Avril 171.
Le siége vaque 10 j.
XIV.
171. *Eleuthere* 3 Mai.
Gouverne 14 a. 23 j.
Martyr le 26 Mai 185.
Le siége vaque 1 m. 22 j.
XV.
185. *Victor I.* 18 Juillet.
Siége 12 a. 10 j.
Martyr le 28 Juillet 197.
Le siége vaque 1 m. 27 j.
XVI.
197. *Zephirin* le 25 Septembre.
Gouverne 19 a. 10 m. 2 j.
Martyr le 26 Juillet 217.
Le siége vaque 7 j.

Les *Confesseurs* de la foi étoient envoyés aux mines ou aux travaux publics, & la plus douce peine étoit celle de l'exil.

Les Juifs chassés de Jérusalem, avec défense d'y revenir : ce qui vraisemblablement s'étend aussi aux Chrétiens.

On établit des *Catéchismes* dans les grandes villes, pour instruire les Cathécumenes & les Fidèles nouvellement convertis à la Religion Chrétienne.

Le *Baptême* donné communément dans le temps des fêtes de Pâques & de la Pentecôte, ce qui dure plusieurs siécles.

L'*Eucharistie* donnée aux enfans & conservée pour être portée aux malades & aux absens.

Sépulture des Martyrs avec la Tunique sans manche, couleur de pourpre.

La *Priére pour les morts* étoit en usage dans ce siécle.

CONCILES.

152. *De Pergame* en Asie, contre les Colorbasaniens. *Baluze* seul.
160. Tenu en *Orient*, contre les erreurs de Cerdon. *Ibidem*.
170. *De Rome*, contre les Quartodécimans. *In Synodico Veteri, apud Fabricium*, Tome XI. page 186.
173. *D'Hiéraples* en Asie, contre Montan, les Montanistes, & Théodote le Corroyeur. *Baluzius ex Eusebio. Fabricius, ibid.* Dans le même temps, on croit qu'il s'est tenu d'autres Conciles en Asie sur le même sujet.
197. *De Lyon* sous S. Irenée, sur la Pâque. *Baluze* seul.
197. * *D'Ephése* sous Policrate, sur la célébration de la Pâque, a été rejetté à Rome. *Baluz. in nova Collect. ex Eusebio*.
197.* *Du Pont* province d'Asie.
197.* *D'Oshroëne* en Asie.
197.* *De Corinthe* en Grèce.
197.* *De Césarée* en Palestine.

\} * Cette étoile marque que ces Conciles ne sont pas reçus.

Ces quatre Conciles regardent la célébration de la Pâque. *In Regia, Labbe & Hard.* Tome I.
197. *De Rome* par le Pape Victor, sur la célébration de la Pâque. *Regia & Labbe*, Tome I.
198. *De Rome*, sur la Pâque. *Fabricius, ibidem*.
198. *De Mésopotamie*, sur la Pâque. *Fabricius ibidem*.
199. *De Lyon*, contre les erreurs de Valentin. *La Lande*, pag. 12.

GRANDS-HOMMES. | HÉRÉS. ET PERS. 347

150. *S. Juſtin* Philoſophe, preſente à l'Empereur Antonin ſon Apologie pour les Chrétiens.
150. Mort de *S. Papias*, Evêque d'Hiéraples en Phrygie.
158. *S. Polycarpe*, Evêque de Smyrne, vient à Rome.
164. Mart. des *ſept Fils*, & enſuite de Ste *Félicité* elle-même.
166. Martyre de *S. Polycarpe* & de S. Pionius.
167. Martyre de *S. Juſtin*, Philoſophe.
177. *Athénagore* fait ſon Apologie pour la Religion Chrétienne.
182. Mort d'*Egéſippe*, Hiſtorien Eccléſiaſtique.
189. Miſſion en Ethiopie par *S. Pantène*, Prêtre Philoſophe & Catéchiſte d'Alexandrie.
190. *S. Sérapion*, Evêq. d'Antioc.
198. *S. Narciſſe* quitte ſon Evêché de Jéruſalem pour ſe retirer dans la ſolitude.

162. *Théodote* le Corroyeur & le *Banquier*, nient l'exiſtence du Verbe Eternel.
150. *Colorbaſe* ſuit Valentin.
158. *Quartodécimans* célèbrent la Pâque le même jour que les Juifs.
164. IVe *Perſécution*, de *Marc-Aurèle*.
165. *Bardeſanès* ſuit Valentin.
170. *Tatien* chef des *Abſtinens*, ſuit Saturnin & Valentin.
Lucien admet deux principes.
175. *Apellès* veut que J. C. n'ait eu un corps qu'en apparence.
184. *Montan* ou les *Montaniſtes*, *Phrygiens, Cataphrygiens, Encratites* & *Catarres*, ſont les mêm. ils attaquent le mariage.
187. *Ophites* adorent le ſerpent.
189. *Caïnites* révèrent Caïn.
190. *Séthiens*, veulent que Seth ait été le véritable Chriſt.
195. *Patrice* veut que l'homme ait été produit par le Démon.

ÉCRIVAINS.

150. *S. Juſtin* Martyr, deux Apologies, *in-fol.* Paris 1742.
160. *Militon* Evêque de Sardes, des fragmens, *apud Euſeb.*
165. *Egéſippe* de Juif ſe fait Chrétien : une Hiſtoire de l'Egliſe, perdue ; une Hiſtoire de la deſtruct. de Jéruſalem, *in Bibliot. PP.*
167. *S. Polycarpe* de Smyrne, *Ejus Epiſtola cum Ignatianis.*
167. Lettre de l'Egliſe de Smyrne ſur le Martyre de *S. Polycarpe*, leur Evêque, *cum Ignatii Epiſtolis.*
169. *Bardeſanès*, Sect. de Valentin, m. vers 190. *ap. Aſſeman.*
170. *Tatien* diſciple de *S. Juſtin*, *Oratio contra Græcos*, *cum Juſt.*
176. *Athenagoras* Philoſ. d'Athènes, *Apol. Chr. Rel. cum Juſtino.*
176. *Theodotion*, le V. Teſt. en Grec, *in Exaplis Origenis.*
177. Lettre de l'Egliſe de Lyon ſur les Martyrs.
177. *Hermias* Philoſophe, *Irriſio Gentilium*, *cum Juſtino.*
178. *S. Irenée* né à Smyrne en Aſie, Evêque de Lyon, diſciple de *S. Polycarpe. Ejus Opera à Benedictinis*, in-fol. Paris 1710.
180. *Theophile* Evêque d'Antioche, *Apol. Rel. Ch. cum Juſtino.*
Apollinaire Evêque d'Hiéraples, dont il ne reſte rien.
Denys Evêque de Corinthe, des fragmens, *in Euſebio.*
181. *Pantenus*, Catéchiſte d'Alexandrie, il n'en reſte rien.
184. *Ezechiel* Juif ou Chrétien, *Tragædia*, *in Bibliot. PP.*
190. *Polycrate* Evêque d'Ephèſe, *Epiſtola*, *apud Euſebium.*

PAPES. | RITS ET RELIGIEUX.

TROISIÈME SIÈCLE.

XVII.
217. *Calixte I.* 2 Août.
Gouverne 5 a. 2 m. 10 j.
Martyr le 12 Octobre 222.
Le siége ne vaque pas.

XVIII.
222. *Urbain I.* le 13 Octobre.
Gouverne 7 a. 7 m. 11 j.
Martyr le 23 Mai 230.
Le siége vaque 3 m. 5 j.

XIX.
230. *Pontien* le 29 Août.
Gouverne 5 a. 2 m. 2 j.
Martyr le 30 Octobre 235.
Le siége vaque 22 j.

XX.
235. *Anthere* le 22 Novembre.
Gouverne 1 m. 12 j.
Martyr le 3 Janvier 236.
Le siége ne vaque pas.

XXI.
236. *Fabien* le 4 Janvier.
Gouverne 14 a. 1 m. 25 j.
Martyr le premier Mars 250.
Le siége vaque 3 m. 1 j.

TROISIÈME SIÈCLE.

On permet aux Juifs de retourner dans la Palestine.

Bénédiction des *Cimetières* pour enterrer les Fidèles.

Je n'ai point mis de date précise aux Rits & Cérémonies, parce qu'ils se sont établis insensiblement dans chaque siécle, sans qu'on puisse en savoir précisément l'année.

228. Naissance de *S. Paul* premier Hermite de la Thébaïde.

Quoique les Fidèles fussent zélés à soutenir la foi qu'ils avoient reçue, cependant les mœurs commençoient à dégénérer : le grand nombre de *Conciles* que l'on tint dans ce siécle en est une preuve. On ne fait des Loix que pour les opposer aux vices & aux déréglemens ; on établit aussi dans la plûpart de ces Conciles l'ordre & les cérémonies de l'Eglise.

CONCILES.

TROISIÈME SIÈCLE.

215.* *De Carthage* en Afrique, par Agrippinus, contre le Baptême des Hérétiques. *Regia, Labbe & Hard.* Tome I.

217. *De Carthage II.* sur la discipline. *Hard. seul*, Tome I.

230. *D'Alexandrie*, où Origène est dégradé pour s'être mutilé. *Baluz. in nova Collectione*, manque dans les autres.

235. *D'Alexandrie* contre Ammonius, qui avoit abandonné la foi. *Lab. seul en parle*, Tome I.

235.* *D'Iconium & de Synade* en Asie, contre le Baptême des Hérétiques & contre les Montanistes. *Regia, Lab.* Tome I.

237. *De Rome*, contre Origène. *In Regia & Lab. seuls*, Tome I.

240. *De Lambese* en Afrique, contre l'Hérétique Privat. *Regia, Lab. & Hard.* Tome I. —— Pagi, *Hist. Pontificum*, le met en 245.

242. *De Philadelphie* ou *Bostra* en Arabie, contre les erreurs de Berille Evêq. de Bostra. *L. & H.* Tome I. manque *in Regia*.

245. *D'Ephèse* en Asie, contre l'Hérét. Noët. *Baluz. H.* seul, T. I.

246. *D'Arabie*, contre les Arabes qui faisoient mourir & ressusciter l'ame avec le corps. *Regia, Lab.* Tome I. omis par *Hard.*

GRANDS-HOMMES. | HÉRÉS. ET PERS.

TROISIÉME SIÉCLE.

202. Martyre de *S. Léonide*, Philosophe d'Alexandrie & père d'Origène.
203. Martyre de *S. Irenée* Evêque de Lyon.
213. Mort de *S. Pantène* Apôtre des Indes.
216. Mort de *S. Clément*, Catechiste d'Alexandrie.
219. *Jules Afriquain* va en ambassade vers l'Empereur pour les Chrétiens.
231. Conversion de *S. Grégoire Taumaturge* à Céfarée en Capp.
235. Mort de *S. Hyppolyte* Evêq. & Docteur de l'Eglise.
240. *S. Grégoire Taumaturge* est Evêque de Néocéfarée.
242. Conversion de *S. Cyprien*.
245. *S. Denis* vient à Paris: six autres Miffionnaires en Gaule.
247. Naiffance de fainte *Helene*. *S. Cyprien* eft Evêq. de Carth.
249. Mort de *S. Trophime* Evêq. d'Arles.

TROISIÉME SIÉCLE.

202. Ve *Perfécution*, de *Sévere*.
204. *Apoftoliques* refufent d'obéir à l'Eglife; Théodofe fit enfuite des loix contre eux.
205. *Tertullien* fuit Montan, croit Dieu corporel; condamne les deuxièmes noces, la Pénitence, & a d'autres erreurs.
207. *Praxéas* nie les trois perfonnes en Dieu.
208. *Hermogènes* fuit Praxéas, & dit la matière éternelle.
230. *Origène* a eu quelques erreurs, mais fans opiniâtreté; il fe foumet à l'Eglife.
235. VIe *Perfécut*. de *Maximin*.
240. *Noët* nie qu'il y ait trois perfonnes en Dieu, mais reconnoît diverfes opérations & dénominations.
241. *Berylle* de Boftra vouloit que J. C. fût un pur homme.
246. *Arabes* croyent que l'ame & le corps meurent & reffufcitent enfemble.

ÉCRIVAINS.

TROISIÉME SIÉCLE.

215. *S. Clément* d'Alexandrie, Prêtre. *Ejus Opera Gracè & Latinè*, in-fol. *Oxonii* 1715, 2 vol.
217. *Tertullien*, Prêtre de Carthage en Afrique, fut d'abord Catholique très-zélé, puis devint outré Montanifte. *Ejus Opera*, in-fol. *Paris* 1664, a écrit quelquefois en Grec, & il s'en trouve un manufcrit dans la Bibliothèque de l'Efcurial en Efpagne.
221. *S. Hyppolite* Evêque, ou d'Italie ou d'Afie. *Ejus Opera ab Alberto Fabricio, Gracè & Latinè*, in-fol. *Hamburgi* 1719.
230. *Jules Africain*, né en Paleftine, a fait une Chronologie, qui eft perdue, mais d'où Eufebe & le Syncelle ont tiré la leur. On en trouve des Fragmens dans l'Eufebe de *Scaliger*, en Grec.
235. *Minucius Felix*, Africain d'origine & Avocat à Rome. *Ejus Octavius contra Gentilium Religionem*, in-8°. *Amftelod*. 1672.
236. *Ammonius*, Philofophe d'Alexandrie. *Ejus Harmonia Evangeliftarum Græco-Lat. in Bibliothecis Patrum*.

PAPES.

XXII.
250. *S. Corneille* le 2 Juin.
Gouverne 2 a. 3 m. 12 j.
Martyr le 14 Septembre 252.
251. *Novatien* est le premier Antipape.
Le siége vaque 1 m. 3 j.

Dans le milieu de ce siécle le S. Siége envoye des Missionnaires en diverses contrées, surtout dans la Gaule, dont quelques parties pouvoient avoir reçu l'Evangile dès le premier siécle de l'Eglise.

XXIII.
252. *Luce I.* le 18 Octobre.
Gouverne 1 a. 4 m. 17 j.
Martyr le 3 Mars 254.
Le siége vaque 1 m. 3 j.

XXIV.
254. *Etienne I.* le 10 Avril.
Gouverne 3 a. 3 m. 23 j.
Martyr le 2 Août 257.
Sans vacance.

RITS ET RELIGIEUX.

250. *S. Paul* premier Hermite, se retire dans les déserts d'Egypte, pour éviter la persécution de l'Empereur Décius. *S. Jérôme* a écrit sa vie.

251. Naissance de *S. Antoine*, le père des Solitaires d'Egypte; sa vie est écrite par *S. Athanase*, qui l'a visité plusieurs fois dans le désert.

270. Premier *Monastère* fondé cette année, où se retire la sœur de S. Antoine.

271. *S. Antoine* âgé de 21 ans, se retire en solitude, & devient le père & le chef d'un grand nombre de Religieux & de Solitaires; mais il n'entre dans les deserts que près de quatorze ans après.

276. Naissance de *S. Pacôme*, Abbé de Tabenne, Instituteur de la vie Religieuse & Cénobitique dans la Haute Thébaïde, 25 ans après la naissance de S. Antoine.

CONCILES.

250. D'*Achaye*, contre les Valésiens ou Eunuques. *Baluz. in Collect.*

250. De *Rome*, pour recevoir ceux qui étoient tombés dans la persécution. *Regia & Labbe seuls*, Tome I.

251. De *Rome* par Corneille, contre Novatien. *Regia*, *Hard*. T. I.

251. De *Carthage* en Afrique, pour recevoir ceux qui étoient tombés dans la persécution, & contre Félicissime, Schismatique. *Ibid.*

252. De *Rome* sous saint Corneille, où l'on approuve le Concile de Carthage de l'année précédente. *Ibidem.*

252. De *Carthage*, contre Privat, Félicissime & Novatien. *Ibidem.*

253. D'*Antioche*, contre Novat. *Baluz. in Collect. Lab.* Tome I.

253.* De *Carthage*, sur le Baptême des Hérétiques. *Regia*, Tome I. *Baluze*, *in nova Collect. Lab. & Hard.* Tome I.

253. De *Carthage*, contre Basilides Evêq. de Léon, & Martial Evêq. d'Astorga, pour avoir été Libellatiques, c'est-à-dire, avoir pris des billets comme ayant sacrifié. *Regia*, *L. & H.* Tome I.

254.* De *Carth.* sur le Bapt. des Hérétiq. *Regia*, *L. & H.* Tome I.

255.* De *Carthage* sur le Baptême des Hérétiques. *Ibidem.*

256.* De *Carthage*, 1er IIe IIIe, sur le Bapt. des Hérétiq. *Ibidem.*

256. De *Rome* sur le Bapt. des Hérétiques, contre le sentiment des Evêques d'Afrique. *Regia, Lab. & Hard.* Tom. I. *Baluze.*

GRANDS-HOMMES. | HÉRÉS. ET PERS. 351

250. Premier bannissement de S. Denis Evêque d'Alexandrié.

S. *Saturnin* vient à Toulouse & en devient le premier Evêque.

251. Martyre de *S. Babylas* Evêque d'Antioche.

Martyre de *sainte Agathe*, Vierge, à Catane en Sicile.

Mort de *S. Alexandre* Evêque de Jérusalem, & Protecteur d'Origène.

252. Martyre de *S. Hyppolyte* Prêtre de Rome, tiré par des chevaux indomptés.

Les *Tombés* sont reçus à la pénitence, après avoir satisfait à l'Eglise.

253. Mort d'*Origène* Prêtre & Auteur Ecclésiastique.

253. *S. Cyprien* corrige l'abus de ceux qui disoient la Messe avec de l'eau.

253. La dispute du *Baptême des Hérétiques* commence à s'élever dans l'Eglise.

250. *Novat* Prêtre de Carthage, détruit avec *Montan* la pénitence & les secondes noces ; fait un schisme contre S. Cyprien, & en fomente un à Rome contre le Pape Corneille.

250. VIIe *Persécution* sous l'Empereur *Decius*.

250. *Esquinistes*, secte peu suivie, adopte en même tems les erreurs de *Montan*, de *Novat* & de *Sabellius*.

250. *Valesius* Philosophe Arabe, croit que la concupiscence ôte à l'homme sa liberté, & que pour être sauvé il faut se faire Eunuque.

251. *Novatien* Prêtre de Rome, fait schisme contre le Pape Corneille, refuse la pénitence à ceux qui sont tombés après le Baptême, & proscrit les secondes noces. Condamné en plusieurs Conciles sur-tout à Nicée en 325.

ÉCRIVAINS.

251. *S. Corneille* Pape, dont il y a deux lettres parmi celles de S. Cyprien.

251. *Novatien* Prêtre de l'Eglise de Rome : une lettre parmi celles de S. Cyprien, & *liber de Trinitate*, avec le Tertullien.

252. *S. Grégoire Taumaturge*, Evêque de Néocésarée en 240. *Ejus opera Gr. & Lat.* in-fol. Paris 1621 & 1622.

252. *S. Denis* Evêque d'Alexandrie, en 247, dont il ne reste que quelques Fragmens, *apud Eusebium & Balsamonem*.

252. *Origène* Prêtre de l'Eglise d'Alexandrie, né l'an 181, a été l'un des plus sçavans Pères de l'Eglise Grecque, & des plus laborieux. *Ejus opera Græc. Lat. ex recensione D. Caroli* de la Rue, *Monachi Benedictini*, in-fol. Paris 1733, 1740 & 1759, 4 vol. *Origenis Exapla à D. Bernardo* de Monfaucon, in-fol. Paris 1713, 2 vol. Ce dernier Ouvrage, dont il ne reste que des Fragmens, contenoit les Versions Grecques de l'Ancien Testament sur différentes colonnes.

254. *S. Etienne* Pape : lettre à S. Cyprien & à Firmilien sur le Baptême des Hérétiques, mais qui est perdue.

255. *Eusebe* Diacre d'Alexandrie, qui a fait quelques Homélies.

PAPES.

XXV.
257. *Sixte II.* Coadj. le 2 Sept. 255.
Succède le 2 Août 257.
Gouverne 2 a. 5 j.
Martyr le 6 Août 259.
Le siége vaque 1 m. 12 j.

XXVI.
259. *Denis* le 19 Septembre.
Gouverne 9 a. 3 m. 10 j.
Meurt le 29 Décembre 268.
Le siége vaque 4 j.

XXVII.
269. *Felix I.* le 3 Janvier.
Gouverne 4 a. 11 m. 29 j.
Meurt le premier Janvier 274.
Le siége vaque 1 j.

XXVIII.
274. *Eutichien* le 3 Janvier.
Gouverne 9 a. 11 m. 6 j.
Meurt le 8 Décembre 283.
Le siége vaque 7 j.

XXIX.
283. *Caïus* le 16 Décembre.
Gouverne 11 a. 4 m. 12 j.
Martyr le 27 Avril 295.
Le siége vaque 7 m. 24 j.

RITS ET RELIGIEUX

276. Les Asiatiques abandonnent la coutume où ils étoient de tems immémorial de célébrer la *Pâque* le XIVe de la lune de Mars & non le Dimanche suivant ; cet usage passe en Syrie, où il étoit inconnu, & y reste jusqu'au Concile Général de Nicée, qui ordonna que la Pâque seroit célébrée le Dimanche qui suit le XIVe de la lune de Mars ; ce qui s'est toujours pratiqué depuis.

284. Cette année commence l'*Ere de Dioclétien* ou des *Martyrs*, à cause de la persécution que cet Empereur commença dès-lors en Egypte. Cet Epoque a servi long-temps dans l'Eglise d'Alexandrie.

285. Naissance de *S. Ammon*.
S. Antoine, âgé de 35 ans, se retire dans le désert.

291. Naiss. de *S. Hilarion*, Patriarche des Cénobites ou Religieux de la Palestine.

CONCILES.

257. ou 258. *De Rome*, contre Noët, Sabellius & Valentin. *Regia, Lab. & Hard.* Tom. I.

257. *De Narbonne* en Languedoc, pour Paul Evêque de cette ville, accusé d'incontinence. *Lab. & Hard.* Tome II.

258. *D'Alexandrie*, contre Novat. *Fabricius, ibidem.*

260. *De Rome*; Denis d'Alexandrie y est justifié de l'hérésie de Sabellius. On le croit supposé. *Regia, Lab. & Hard.* Tome I.

262. *D'Afrique*, en faveur du Baptême des Hérétiques. *Ibidem.*

263. *D'Alexandrie*, contre Népotien & Cérinthe Millénaires, qui favorisoient l'Idolâtrie. *Ex vet. Synod. apud. Fabr.* T. XI. p. 292.

264. *D'Antioche I* contre Paul de Samosate, qui soutenoit que J. C. étoit un pur homme. *Regia, Lab. & Hard.* Tome I.

268. *De Rome*, sur le Baptême des Hérétiques. *Fabricius, ut suprà.*

268. *D'Antioche II.* où Paul de Samosate fut de nouveau condamné. *Labbe & Hardouin*, Tome I.

269. *D'Antioche III.* Paul de Samosate est déposé. *Regia, Labbe & Hardouin*, Tome I. *& Baluz. in nova Collectione.*

273. *D'Ancyre* en Galatie, sur la Discipline. *Pithou in Collectione.*

277. *D'Ancyre* en Célésyrie, sur la Discipline. *Ibidem.*

277. *De Mésopotamie*, contre Manès. *Regia, L. & H.* T. I.

GRANDS-HOMMES. | HÉRÉS. ET PERS. 353

257. *S. Polieucte* Martyr.
258. *S. Cyprien*, E. de Cart. Martyr.
259. *S. Sixte* & *S. Laurent* Mart.
264. Mort de *S. Denis* d'Alexand.
265. Naissance d'*Eusebe* Evêque de Césarée.
270. Mort de *S. Grégoire Taum.* après 30 ans d'Episcopat.
273. Naissance de *Constantin* Empereur.
286. Martyre de *S. Genez* Comédien.
  Martyre de *S. Maurice* & de la Légion Thébéenne.
287. Martyre de *S. Firmin* prem. Evêq. d'Amiens, de *S. Crepin*, *S. Crepinien* à Soissons, de *S. Quentin* en Vermandois, de *S. Lucien* à Beauvais, de *S. Rieule* à Senlis.
  Mart. de *S. Sebastien* à Rome.
287. Martyre de *S. Albans* prem. Martyr d'Angleterre.
290. Martyre de *S. Victor*, Offic. des troupes, à Marseille.
  S. Denis de Paris, Martyr.

257. VIIIe *Persécution* sous l'Empire de *Valerien*.
257. *Sabellius* de Ptolemaïde en Egypte, disciple de Noët, prétend qu'il n'y a qu'une personne en Dieu.
262. *Paul* Evêque de Samosate, chef des Paulianistes, nie la divinité de J. C.
272. IXe *Persécution* sous l'Empereur *Aurelien*.
277. *Manés* chef des *Manichéens*, secte fort étendue, Payen & Persan de nation, se fait baptiser, mais rejette ensuite tous les Sacremens, même le Baptême ; soutient qu'il y a deux principes, un bon & un mauvais ; refuse l'obéissance aux Puissances, comme dangereuse ; prétend que l'ancienne loi vient du mauvais principe, qu'elle est mauvaise, & que tous les Prophétes sont damnés. Les Manichéens ont été terrassés par *S. Augustin*.

ÉCRIVAINS.

257. *Basilides*, Egyptien, Evêque de la Pentapole en Lybie, dont on a des Fragmens. *Apud Zonarum & Balsamonem.*
257. *S. Cyprien* Evêque de Carthage en Afrique, depuis 248 jusqu'en 258, Martyr. *Ejus opera per Nicol. Rigaltium & Priorium edita in-fol. Paris 1666*, & à *Steph. Baluz.* & *PP. Benedictin.* in-fol. *Paris è Typog. Regia 1726.*
259. *S. Denis* Pape, plusieurs lettres, dont il ne reste que des Fragmens. *Apud Euseb. in Histor. Ecclesiast.*
260. *Ponce* Diacre de Carthage sous *S. Cyprien* ; Vie de ce S. Martyr, *cum S. Cypriani operibus.*
265. *Theognostus* d'Alexandrie, disciple d'Origéne, sur lequel voyez Photius, *in Bibliotheca*, Codice 106.
266. *Malchion* : lettre contre les erreurs de Paul Evêque de Samosate.
269. *Methodius* Evêque de Tyr en Palestine, & Martyr en 302. *Ejus opera à Combesis Græc. Lat. in-fol. Paris 1644*.... *Ejus Convivium Virginum*, in-fol. *Paris 1657 è Typogr. Regia.*
270. *Anatolius* Philosophe d'Alexandrie. *De Paschate*, voy. *Ægidium Bucherium, de Doctrina temporum*, fol. *Antuerpiæ 1634.*
277. *Archelaüs* Evêq. de Cascare en Mésopotamie : Conférence avec Manès. Voy. *Zacagni monumenta Græca*, in-4°. *Romæ 1698.*

II. Partie.

PAPES.

XXX.
295. *Marcellinus* 22 Décembre.
Gouverne 8 a. 2 m. 23 j.
Martyr le 16 Mars 304.
Le siége vaque 2 m. 24 j.

QUATRIÈME SIÈCLE.
XXXI.
304. *Marcellus I.* élu le 21 Mai.
Gouverne 5 a. 7 m. 26 j.
Martyr le 16 Janvier 310.
Le siége vaque 2 m. 17 j.
Des Modernes ont confondu ce Pape avec Marcellin.

XXXII.
310. *Eusebe* le 2 Avril.
Gouverne 4 m. 16 j.
† Le 17 Août 310.
Le siége ne vaque pas.

XXXIII.
310. *Melchiade* Coadj. le 4 Juin.
Succède le 17 Août.
Gouverne 3 a. 4 m. 29 j.
† Le 15 Janvier 314.
Le siége vaque 15 j.

RITS ET RELIGIEUX.

296. Conversion de *Saint Pacôme*.
300. On croit que *sainte Synclétique* établit cette année un Monastère de Religieuses.
Naissance de *S. Macaire*.

QUATRIÈME SIÈCLE.
305. Origine de la *vie Cénobitique* dans les Monastères, sous *S. Antoine*, en Egypte.
306. *S. Hilarion* établit la vie Cénobitique, âgé de 15 ans; se retire dans le désert au midi de la Palestine.
311. *S. Antoine* quitte le désert d'Egypte, & vient exhorter les Martyrs d'Alexandrie dans le fort de la persécution.
314. *S. Pacôme* entre dans la solitude de Tabenne, dans la haute Egypte.
314. Naissance de *S. Théodore* le Sanctifié, disciple de S. Pacôme & depuis Abbé de Tabenne.

CONCILES.

QUATRIÈME SIÈCLE.

303. *De Sinuesse* dans la Campanie. Le Pape Marcellin se confesse d'avoir offert de l'encens aux Idoles. Mais on croit ce Concile supposé par les Donatistes. *Regia*, *Lab. & Hard.* Tome I.
305. *De Cirtes* en Numidie, où l'on absout les Evêques, qui, dans la persécution avoient remis aux Payens les Livres Saints. *Regia*, *Lab. & Hard.* Tome I.
305. ou 308. *D'Alexandrie*, contre le Schismatique Meletius Evêq. de Lycopolis en Egypte. *Baluz. in Collect.*
311. *De Carthage*, pour donner un Evêque à cette ville. *Baluz.*
311.* *De Carthage*, des Donatistes contre Cécilien. *Reg. L. H. T. I.*
312. *De Carthage*, où Cécilien, qui en étoit Evêq. fut absous. *Ibid.*
313. *De Rome*, sur Cécilien Evêque de Carthage. *Ibidem.*
313. *D'Elvire* (Illiberitanum) dans le Royaume de Grenade, en Espagne. On croit que c'est plutôt un recueil de Canons Pénitentiaux des Eglises d'Espagne & d'Afrique, qu'un Concile. Sa discipline est rigide contre ceux qui étoient tombés dans la persécution. Il contient 81 Canons, & se trouve avec beaucoup de commentaires & de notes dans l'édit. du P. Labbe, *T. I. Reg. & H. T. I.* & *d'Aguirre, in Concil. Hispaniæ.* D'autres le mettent en 305.

GRANDS-HOMMES. | HÉRÉS. ET PERS.

299. Naiſſance de *S. Athanaſe*, Docteur de l'Egliſe & Patriarche d'Alexandrie.
300. Mort de *S. Gatien*, prem. Evêque de Tours.

QUATRIÈME SIÉCLE.

303. Martyre des *Chrétiens* de la Cour de Dioclétien.
304. Martyre de *S. Vincent* à Valence en Eſpagne, de *S. Janvier* à Benevent en Italie, & de *S. Peregrin* pr. Ev. d'Auxerre.
304. Mort de *ſainte Eulalie* Vierge de Barcelone, de *S. Juſte* & *S. Paſtour* enfans, à Complute ou Alcala en Eſpagne.
Mart. de *ſainte Juſte* & de *ſainte Rufine* à Seville en Eſpag. & de *ſainte Luce* à Syracuſe en Sicile
306. *Conſtantin* Empereur fait ſon prem. Edit pour les Chrétiens.
307. Martyre de *ſainte Euphémie* Vierge, à Chalcédoine.

236. *Hierax* Philoſophe Egyptien, chef des *Hiéraciens*, qui croyoient que Melchiſedech étoit le S. Eſprit & qui nioient la Réſurrection.

QUATRIÈME SIÉCLE.

302. Xe *Perſécut.* de *Dioclétien.*
306. *Mélece* Evêque de Lycopolis en Egypte, chef des *Méleciens*, fit ſeulement un ſchiſme contre l'Evêque d'Alexandrie.
112. *Donat* Evêque de Caſenoire en Numidie province d'Afrique, chef des *Donatiſtes*, ne fut d'abord que Schiſmatique; nie la validité du Baptême donné par les Hérétiques, rejette l'infaillibilité de l'Egliſe. Ses erreurs ſe ſont fort étendues en Afrique, & ont été très-fortement combatues par *S. Auguſtin*, & condamnées par pluſieurs Conciles.

ÉCRIVAINS.

285. *Arnobe* Africain : *Eius Libri VII. adverſus Gentiles*, in-fol. *Romæ* 1542. Edit. magnifiq. *Idem cum Notis diverſorum*, in-4°. *Lugd. Batav.* 1651 & 1657. Ecrivain ſavant, mais très-dur.
295. *Victorin* Evêque de Pettau en Styrie. Un Commentaire ſur l'Apocalypſe, *in Bibliot. Patr.* & autres ouvrages perdus.
297. *S. Pamphyle* Martyr : Apologie d'Origène, *inter* Ruffini *opera.*

QUATRIÈME SIÉCLE.

304. *Lucius Cælius Lactantius Firmanus*, de Fermo en Italie, a écrit élégamment en faveur de la Religion Chrét. *Ejus opera* in-8°. *Lypſiæ* 1715, bonne édition. *De mortibus Perſecutorum, cum Notis Variorum*, in-8°. *Ultrajecti* 1692. *Epitome inſtitutionum*, in-8°. *Paris* 1712. Il faut remarquer que l'édit. de Hollande des *Variorum* 1660, eſt falſifiée ſur la matière de l'uſure. On en a une belle édition de feu M. le Brun Deſmaretes, qui avoit déja donné le S. Paulin *in-4°*. (C'eſt l'Abbé Lenglet lui-même qui y a mis la dernière main, *Paris* 1747, 2 vol. *in-4°*.)
305. *Commodianus* a écrit en ſtyle Poétique contre les Payens. *Inſtructiones adverſus Paganos, cum Cypriano*, in-fol. *Paris.*
311. *Alexandre* Evêque d'Alexandrie, mort en 325, quelques Lettres, *apud Socratem & Theodoret. in hiſt. Eccleſ. & Cottelerium in monumentis Eccleſiæ Græcæ*, in-4°. *Paris* 1675, &c.

PAPES.

XXXIV.
314. *Sylvestre* le 31 Janvier.
Gouverne 21 a. 11 m.
† Le 31 Décembre 335.
Le siége vaque 17 j.

XXXV.
336. *Marc* le 18 Janvier.
Gouverne 8 m. 20 j.
† Le 6 Octobre 336.
Le siége vaque 4 m.

RITS ET RELIGIEUX.

314. *S. Pacôme* se convertit.
321. *Constantin* fait *chomer le Dimanche* dans tout l'Empire.
325. *S. Pacôme* établit la *vie Monastique* à Tabenne.
Religieuses de S. Hilarion.
327. *Croisiers* de Syrie ; douteux.
328. *Carmes*, très-douteux.
333. *S. Athanase* visite les Moines de la Thébaïde.

CONCILES.

314. *D'Arles*, contre les Donatistes. *Regia*, II. *Labbe & Hard.* I. avec plusieurs Actes dans *Labbe*.

314. *D'Ancyre* : on y reçoit les Tombés à la pénitence, & l'on en distingue de plusieurs sortes. *Regia*, Tome II. *Labbe, Hard.* Tome I.

314. *De Néocesarée*, sur la Discipline Ecclésiast. *Ibid.* & *Beveregius*.

314. *De Seleucie* en Perse, contre Papas Evêque. *Mansi*, I.

315. *D'Alexandrie* en Egypte, contre Arius. *Reg.* Tome II. *Lab.* Tome I.

318.* *De Palestine*, en faveur d'Arius. *Baluz. in Collect.*

319. *D'Alexandrie*, contre les Méléciens, Collutiens & les Sabelliens. *Regia* Tome II. *Labbe* Tome I.

320. *De Rome*, contre les Juifs & sur la Discipline ; les Prêtres & les Docteurs des Juifs y assistent. *Reg.* Tom. II. *Lab. & Hard.* Tom I.

320. *De Laodicée* en Lydie, sur la Discipline. *Reg.* Tome II. *Labbe* Tome I. *Hard.* Tome I. qui le renvoye à l'an 372.

321. *D'Alexandrie*, contre Arius. *Regia & Lab.* T. II. *Hard.* T. I.

321. *D'Alexandrie*, par les Prêtres d'Alexandrie & de la Maréote. *Hard.* seul, Tome I.

324. *De Rome*, pour la paix de l'Eglise. *Regia & Labbe* Tome II. comme supposé.

325. *DE NICE'E*, premier Concile général, 318 Pères qui le composent, y reconnoissent contre les Ariens le Verbe consubstantiel au Père Eternel. *Regia & Labbe* T. II. *Hard.* T. I. *Beveregius.*

325. *De Rome*, pour la Discipline. *Regia & Lab.* T. II. *Hard.* T. I.

326. *D'Alexandrie*, pour l'élection de S. Athanase : *Mansi.*

328 ou 329.* *De Nicomédie* ou *Antioche*, par les Ariens contre Eustathius, faussement accusé d'adultère. *Baluz. Hard.* Tome I.

330. *D'Alexandrie*, contre Ischyras Arien. *Hard.* seul, Tome I.

333. *De Carthage*, sur les Libellatiques. *Hard.* seul, Tome I.

334.* *De Césarée* en Palestine, contre S. Athanase. *Hard.* seul, T. I.

335.* *De Tyr*, contre S. Athanase. *Reg. & L.* T. II. *Hard.* T. I.

335.* *De Jérusalem*, par les Eusébiens. *Reg. & Lab.* T. II. *H.* T. I.

335.* *De la Maréote*, en Egypte, contre S. Athanase. *Fabricius in Synodico*, Tome XI. *Biblioth. Græca.*

336.* *De Constantinople*, par les Ariens. *Reg. & Labbe* seul, T. II.

GRANDS-HOMMES. | HÉRÉS. ET PERS.

316. Naiss. de *S. Martin* à Sabarie en Pannonie (auj. Hongrie.)
326. *S. Athanase* est Ev. d'Alex. Sainte *Helene* trouve la Croix de J. C. sur le Calvaire.
328. Naiss. de *S. Grégoire* de Nazianze & de *S. Basile*.
330. Naiss. de *S. Grégoire* de Nysse.
332. Naissance de *sainte Monique*, & de *S. Jerôme*.

315. *Arius* prétendoit que J.C. n'étoit pas Dieu, mais un pur homme.
316. *Coluthe* chef des *Coluthiens*, nioit la Providence.
318. Com. de la *Persec.* de *Licinius* (Assemani.)
320. *Eunomius* & les *Eunoméens*, Ariens très-furieux.
326. *Eusébiens* ou Ariens, disciples d'*Eusebe* de Nicomédie.

ÉCRIVAINS.

314. *Eusebe* Evêque de Césarée en Palestine en 315, le plus savant Ecrivain de son siécle, a composé des ouvrages en tout genre. Sa conduite fut équivoque dans l'Histoire de l'Arianisme.
Ejus Historia Ecclesiastica Gracè & Latinè, in-fol. Paris 1672, & in-fol. Oxonii 1720, 3 vol. Cette dernière Edit. est la meilleure.
Ejus præparatio & demonstratio Evangelica Græc. & Lat. in-fol. Paris 1628, 2 vol.
Ejusdem Chronicon ab Arnaldo Pontaco, in-fol. Burdigalæ 1604, & à *Josepho Scaligero*, in-fol. Lugduni-Batavorum 1657.
Commentarii in Isaïam in Collectione Græco-Lat. Patrum, Bernardi de Montfaucon, fol. Paris 1706, 2 vol.
325. *Constantin* Empereur, Discours & Lettres: *Euseb. in Hist. Eccl.*
330. *Juvencus*, Poëte Chrétien & Prêtre Espagnol. *Ejus Historia Evangelica, in Biblioth. Patrum.*
331. *Rheticius* Evêque d'Autun, dont il ne reste rien.
331. *Eustathius* Evêq. d'Antioche en 323, a écrit contre les Ariens, il ne reste que des Fragmens.
331. *S. Athanase* Evêque d'Alexandrie en 326, mort en 373, défenseur de la Divinité de J. C. *Ejus opera Græc. Lat.* in-fol. Paris 1698, 3 vol. C'est le premier des quatre Docteurs Grecs.
332. *S. Jacques* Evêque de Nisibe en Mésopotamie, divers *Traités* dont il ne reste rien.
332. *Marcel* Evêque d'Ancyre, a écrit contre les Ariens : il n'en reste que des Fragmens.
333. *Osius* Evêque de Cordoue en Espagne, qui a présidé au Concile de Nicée au nom du Pape Sylvestre, contre les Ariens : il ne reste de lui qu'une Lettre.
333. *Julius Firmicus Maternus* Evêque de Milan : *De errore Prophanarum Religionum*, apud *Cyprianum*, edit. 1666.
334. *S. Pacôme* chef des Solitaires : une Régle monastique & onze Lettres, *in Regulis Benedicti Anianensis*.
334. *Orsiede* Moine sous S. Pacôme ; de l'instruction des Moines.
335. *Theodore* Moine sous S. Pacôme ; plusieurs Lettres, dont une *in Regulis Benedicti Anianensis*.
336. *S. Antoine*, Instituteur de la Vie monastique, meurt l'an 356 : une Régle & sept Lettres, *in Bib. Patrum & in Codice Regularum*.

PAPES.	RITS ET RELIGIEUX.
XXXVI.	337. Religieuses de S. Antoine
337. *Jules I.* le 6 Février.	en Syrie.
Gouverne 15 a. 2 m. 6 j.	Religieuses de S. Macaire en
† Le 12 Avril 352.	Egypte.
Le siége vaque 1 m. 12 j.	341. Dieu fait connoître S. Paul
XXXVII.	Hermite à S. Antoine; & S.
352. *Liberius* le 24 Mai.	Paul meurt âgé de 113 ans.
Siége en tout 14 a. 4 m.	349. Mort de S. Pacôme, âgé de
† Le 24 Septembre 366.	73 ans.
356. *Felix* deuxième Antipape.	356. Mort de S. Antoine, à 105
358. *Liberius* abdiq. 29 Août.	ans.
Le siége ne vaque pas.	357. S. *Basile*, âgé de 28 ans, se
XXXVIII.	retire dans la solitude, & devient le père des Moines Grecs.
358. *Felix II.* devient Pape légitime le 29 Août 358.	358. Religieuses de S. *Basile*, par
Gouverne 1 a. 3 m. 2 j.	sainte *Emilie* mère de S. Basile,
Mart. ou abd. le 11 Nov. 359.	& sainte *Macrine* sa sœur.
Le siége vaque 1 m. 10 j.	360. S. *Martin* bâtit auprès de
359. *Liberius* de rechef le 21 Déc.	Poitiers le premier Monastère
† Le 24 Septembre 366.	qui ait été dans les Gaules.
Siége la deux. fois 6 a. 9 m. 3 j.	Religieuses de S. *Ambroise*, par
Le siége vaque 6 j.	sainte *Marcelline* sa sœur.

CONCILES.

337. *De Rome*, contre les Ariens, en faveur de la foi de Nicée. *Reg. & Lab.* Tom. II. *Hard.* Tome I. On le croit supposé.

340.* *D'Alexandrie* par les Ariens, contre S. Athanase. *Regia & Labbe* Tome II. *Hardouin* Tome I.

340.* *De Constantinople*, contre Paul Evêque Catholique de cette ville. *Fabricius in Synodico.*

Vers 340. *De Gangres*, en Paphlagonie, sur la Foi & la Discipline. *Regia & Labbe* Tome II. *Hard.* I. Voy. *Cave & Beveregius*.

341.* *De Constantinople*, contre S. Athanase. *Ibidem.*

341. *D'Antioche*, sur la Discipline Ecclésiast. *Reg. & Lab.* Tom. II. *Hard.* Tome I. Emmanuel Schelstrate a donné sur ce Concile un Commentaire assez ample, imprimé *in-*4°. à Anvers.

341.* *D'Antioche*, autre Concile tenu par les Ariens contre Saint Athanase, *Reg. & Lab.* Tome II. manque *in Harduin*.

342. *De Rome*, où S. Athanase est justifié. *Regia & Labbe* Tome II. manque *in Harduin*.

344.* *D'Antioche*, deux Conciles par les Ariens, contre la foi du Concile de Nicée. *Reg. & Lab.* Tome II. *Harduin*. Tome I.

344. *De Milan*, en faveur de la Divinité du Verbe, par les Catholiques. *Regia & Labbe* Tome II. manque *in Harduin*.

345. *D'Antioche* en Célésyrie, sur la Discipline Ecclésiastique, *Pithou in Codice Canon.* manque dans les autres Collections.

346. *De Cologne*, pour déposer Euphratas Evêque de cette ville, qui nioit la Divinité de J. C. *Regia & Labbe* Tome II. *Harduin*. T. I. Ce Concile est regardé comme supposé, par plusieurs Ecrivains.

GRANDS-HOMMES. | HÉRÉS. ET PERS. 359

337. L'Empereur *Constantin* est baptisé, & meurt.
340. Naissance de *S. Ambroise*, depuis Evêque de Milan. Mort de *S. Jacques* Evêque de Nisibe.
342. Martyre de *S. Potamon*, Ev. d'Héraclée en Egypte, mis à mort par les Ariens.
347. Naiss. de sainte *Paule* & de *S. Jean Chrysostôme*.
350. Naiss. de *S. Arsène*, qui fut Précepteur de l'Emp. Arcadius.
353. Naiss. de *S. Paulin* à Bordeaux ou auprès, & depuis Evêq. de Nole.
354. Naiss. de *S. Augustin* à Tagaste en Afrique.
355. *S. Hilaire* Evêq. de Poitiers.
358. Mort d'*Osius*, de Cordoue.
362. Martyre de *S. Basile* d'Ancyre.

337. XIe *Persécution*, des *Ariens* sous *Constance*.
338. *Audée* chef des *Antropomorphites*, fait Dieu corporel.
340. Com. de la *Persécution* de *Sapor*, (40 ans.)
341. *Acaciens* ou *Demi-Ariens*, disciples d'Acace.
342. *Basile* Evêque d'Ancyre, chef des *Demi-Ariens*.
342. *Photin* suit les erreurs de Noët & de Paul de Samosate.
350. *Aerius* égaloit les Prêtres aux Evêques.
356. *Aetius* disciple d'Arius, écrit contre la Sainte Trinité, & déclame contre Jésus-Christ.
360. *Macedonius* rejette la Divinité de Jésus-Christ & du Saint Esprit.
361. XIIe *Persécution*, sous *Julien* surnommé l'*Apostat*.

ÉCRIVAINS.

337. Le Pape *Jules* : des Lettres, dont deux *apud Athanasium*.
337. *Basile* Evêque d'Ancyre en 336, quelques Traités de Théologie & de Religion, dont il ne reste que quelques Lettres.
353. Le Pape *Libère* : quelques Lettres, qui sont dans *S. Hilaire*, in-fol. *Paris* 1693, *& in Epistolis Summ. Pontificum*.
341. *Eusebe* Evêque d'Emese, en Syrie : plusieurs Traités perdus. Ses Homelies sont supposées.
342. Trois *Macaires*, l'un Moine de Sceté, l'autre Abbé dans la Thébaïde d'Egypte, & le troisième disciple de S. Antoine : une Régle & quelques Homelies & Opuscules, *in Bibliothecis Patrum & in Codice Regularum S. Benedicti Anianensis*.
355. *S. Hilaire* Evêque de Poitiers, grand défenseur de la Divinité du Verbe, pour laquelle même il fut exilé & persécuté. *Ejus opera*, in-folio, *Paris* 1693. C'est une des meilleures éditions des Pères Bénédictins.
355. *Lucifer* Evêque de Cagliari en Sardaigne ; *Ejus Libri contra Arrianos, in Bibliothecis Patrum*.
356. Marius *Victorin* Africain. *Ejus Libri contra Arrianos, in Bibliothecis Patrum*.
356. *S. Pacien* Evêque de Barcelone : quelques Lettres contre les Novatiens, & sur le Baptême & la Pénitence, *in Bibliothecis Patrum* ; il y a peu d'éditions séparées.
359. *Phebadius* Evêque d'Agen ; *Liber contra Arrianos*, in-4°. *Paris* 1570, *& in Bibliothecis Patrum*.
360. *Zenon* Evêque de Verone ; Sermons, *Roma* 1739, in-4°.

347. *De Sardique* en Illyrie, contre les Ariens; on en attribue souvent les Canons au Concile Général de Nicée. *Regia* Tome III. *Lab.* T. II. *Hard.* T. I. *Bevereg.* in *Pandectis Canonum*.

347.* *De Sardique* en Illyrie, par les Demi-Ariens; quelques personnes qui avoient confondu ce Concile avec le précédent, parce qu'il étoit de la même année, ont dit que le Concile de Sardique étoit en partie Catholique & en partie Hérétique. *Regia* Tome III. *Lab.* Tome II. *Harduinus* Tome I.

347. *D'Hadrumette* en Afrique, sur la Discipline. *Harduin* seul, Tome I.

347. *De Latopolis* en Egypte, *Ex sola vita S. Pachomii;* manque dans les Collections des Conciles.

347. *De Milan*, où Ursace & Valens reconnoissent la foi de Nicée. *Reg.* Tome III. *Lab.* Tome II. *Hard.* Tome I.

347.* *De Philippopolis*, contre S. Athanase. *Fabricius*.

347. *De Cordoue* en Espagne, par Osius. *Ibidem*.

347.* *D'Antioche*, par les Ariens. *Ibidem*.

348. *De Carthage*, sur la Discipline Ecclésiastique. *Reg.* Tome III. *Lab.* Tome II. *Hard.* Tome I.

348.* *Des Donatistes*, mais dont on ignore le lieu; on en a la connoissance sans en avoir les actes.

348. *De Jérusalem*, en faveur de S. Athanase. *Reg.* Tome III. *Lab.* Tome II. *Hard.* Tome I.

349. *De Sirmich* par les Catholiques, contre Photin, où Ursace & Valens sont reçus à la Communion de l'Eglise Catholique. *Reg.* Tome III. *Lab.* Tome II.

349. *De Rome*, contre l'hérésie de Photin: Ursace & Valens y reconnoissent la foi de Nicée. *Baluz.* seul.

349. *De Jérusalem*, pour S. Athanase. *Fabricius*.

350.* *De Jérusalem*, contre S. Athanase. *Ibidem*.

351. *De Malatia* (Melitinense) en Arménie, dont on ne sçait que peu de choses. *Baluz.* & *Hard.* Tome I. seuls.

351.* *De Sirmich* par les Ariens, contre l'hérésie de Photin. *Lab.* Tome II. *Hard.* Tome I.

351. *De Bazas* dans les Gaules, contre l'hérésie des Ariens. *Reg.* Tome III. *Lab.* Tome II. *Hard.* qui l'indique *in Indice Tomo II*. *La Lande* le met en 358.

352. *De Rome*, pour S. Athanase. *Reg.* Tome III. *Lab.* Tome II. seuls.

353.* *D'Arles* en Provence, par les Ariens, contre S. Paulin Evêq. de Tréves, défenseur de S. Athanase. *Reg.* Tome III. *Lab.* T. II. *Hard.* Tome I. D'autres le mettent l'an 355.

355. *De Poitiers*, sur les Ariens. *La Lande*, page 2.

355. *De Milan*, pour la foi de Nicée. *Fabricius*.

355.* *De Milan*, par les Ariens, sous la protection de l'Empereur Constance. *Reg.* Tome III. *Lab.* Tome II. *Hard.* Tome I. *Baluz. in nov. Collect.*

356.* *De Beziers* dans les Gaules, par les Ariens, contre S. Hilaire. *Reg.* Tome III. *Lab.* Tome II. *Hard.* Tome I.

356.* *D'Antioche*, par les Ariens. *Baluz. in nova Collect.* seul.
357.* *De Sirmich*, par les Ariens, qui dressèrent une nouvelle formule de foi, qui a fait beaucoup de bruit dans l'Eglise. *Reg.* Tome III. *Lab.* Tome II. *Hard.* Tome I.
357.* *D'Antioche*, par les Ariens. *Baluz.* seul.
358. *D'Ancyre*, contre la formule hérétique du Concile de Sirmich assemblé par les Ariens l'année précédente. *Reg.* Tome III. *Lab.* Tome II. *Hard.* Tome I. & *Baluz. in nova Collect.*
358. *De Rome*, contre les Ariens. *Baluz.* seul.
359. *De Sirmich*, par les Demi-Ariens, contre les Ariens. *Reg.* Tome III. *Lab.* Tome II. *Hard.* Tome I.
359. *De Rimini*, contre les Ariens, en faveur de la foi du Concile de Nicée. *Ibid.* & *Baluz. in nova Collect.*
359.* *De Rimini*, par les Ariens, qui se séparèrent du Concile des Evêques Catholiques. *Reg.* T. III. *Lab.* T. II. *Hard.* Tome I.
359.* Deux Conciles tenus cette même année à *Nicée* en Bythinie, par les Ariens. *Baluz.* seul *in nova Collect.*
359.* *De Seleucie*, par les Demi-Ariens, contre les Aëtiens & les Acaciens. *Reg.* T. III. *Lab.* T. II. *Hard.* T. I.
359.* *De Constantinople*, par les Acaciens & les Ariens, contre les Demi-Ariens. *Ibid.* & *Baluz. in nova Collect.*
359. *D'Achaïe* province d'Asie, contre les Acaciens & Demi-Ariens. *Baluz. in nova Collect.* Manque dans les trois autres Collections.
360. *De Paris*, où l'on rejette la formule hérétique dressée dans le Concile de Rimini, assemblé l'an 359 par les Ariens. *Reg.* T. III. *Lab.* Tome II. *Hard.* Tome I.
360. *D'Antioche*, où Melèce est élû Evêque de cette ville. *Reg.* Tome III. *Lab.* Tome II. *Hard.* Tome I.
360.* *D'Antioche*, par les Ariens, qui déposent Melèce, Evêq. Catholique de cette ville. *Reg.* T. III. *Lab.* T. II. *Hard.* Tome I.
362. *D'Alexandrie* en Egypte, sur la foi, & où l'on reçoit les Evêq. Apostats, avec différens dégrés de pénitence. *Reg.* Tome III. *Lab.* Tome II. *Hard.* Tome I. *Baluz. in nova Collect.*
362. *De Constantinople*, où l'on dépose Macedonius Evêque de cette ville, pour ses erreurs sur le S. Esprit. *Hard.* seul, Tome I.
362. *De Paris*, contre Saturnin Evêq. d'Arles. *G. Chr.* T. I. p. 524.
363. *D'Alexandrie*, où S. Athanase fait dresser une confession de foi. *Reg.* Tome III. *Lab.* Tome II. *Hard.* Tome I.
363. *D'Antioche*, où les Evêques Ariens assemblés avec Melèce reçoivent la foi de Nicée. *Ibidem.*
363.* *De Tevest* en Numidie, par les Donatistes. *Hard.* seul. T. I.
364. *De Laodicée* en Phrygie, sur la Discipline. *Pithou.*
364.* *De Lampsaque*, par les Demi-Ariens. *Reg.* Tome III. *Lab.* Tome II. *Hard.* Tome I.
365. *D'Illyrie*, où l'on confirme la foi de Nicée. *Reg.* Tome III. *Lab.* T. II. *Hard.* T. I. Ce dernier le recule jusqu'à l'an 374.
365. *De Césarée* en Cappadoce, pour la foi de l'Eglise. *Fabricius in Synodico Veteri.*

PAPES.

XXXIX.
366. *Damase* le prem. Octobre.
Siége 18 a. 2 m. 10 j.
† Le 11 Décembre 384.
Le siége vaque 20 j.
366. *Ursicin* troisième Antip.

XL.
385. *Siricius* le prem. Janvier.
Gouverne 15 a. 8 m. 19 j.
† Le 19 Septembre 399.
Le siége vaque 19 j.

XLI.
399. *Anastase* le 9 Octobre.
Gouverne 2 a. 25 j.
† Le 3 Novembre 401.
Le siége vaque 23 j.

RITS ET RELIGIEUX.

366. Religieuses de *S. Basile* en Occident, à Naples, puis à Rome.
371. *S. Hilarion* Instituteur des *Solitaires* en Palestine, meurt dans l'Isle de Cypre.
372. S. Martin bâtit le Monastère de *Marmoutier* près de Tours.
377. La *Fête de Noël* passe de Rome dans l'Orient.
386. Le chant à *deux Chœurs* établi par S. Ambroise.
387. Hermites de *S. Augustin* : ils ne sont en régle qu'en 1256.
390. S. *Arsene* entre en solitude.
391. S. *Honorat* se retire dans l'Isle de Lérins en Provence.

CONCILES.

366. *De Rome*, ou l'on reçoit les Macédoniens qui abjurent leurs erreurs. *Reg.* Tome III. *Lab.* Tome II. *Hard.* Tome I.
366. *De Sicile*, pour la foi de Nicée. *Ibid.*
366. *De Thyane*, pour la foi de Nicée. *Ibid.*
367.* *D'Antioche*, où l'on rejette le terme de *Consubstantiel. Ibid.*
367.* *De Singedun* en *Mésie*, par Ursace & Valens, Ariens. *Ibid.*
367. *De Rome*, contre les Ariens. *Baluz. in Collect.*
367. Autre *de Rome*, pour justifier le Pape Damase. *Baluz. Ibid.*
368. *De Rome*, contre les Ariens. *Reg.* III. *Lab.* II. *Hard.* I.
368.* *De Puza* en Phrygie, par les Aëtiens, sur la Pâque. *Fabric.*
370. *De Rome*, en la cause d'Auxence. *Ibidem.*
373. *De Rome*, contre Apollinaire, Vital & Timothée ses Disciples. *Reg.* III. *Lab.* II. *Hard.* I.
374. *De Valence* en Dauphiné, touchant les Ordinations. *Ibidem.*
375. *De Gangres*, pour la foi de l'Eglise. *Fabricius.*
376.* *De Cyzique*, en faveur des Demi-Ariens, Macédoniens & Eunoméens, *Hard.* seul, Tome I.
377. *D'Antioche*, sur la foi & la discipline, & contre le schisme de Meletius. *Ibidem & Baluz.* D'autres le mettent en 372.
378. *De Rome*, pour la Foi Catholique. *Fabricius.*
379. *D'Antioche*, pour la Foi Catholique. *Ibid.*
380. *De Milan*, pour Indica, Vierge calomniée. *Baluz. Hard.* T. I.
380. *De Sarragoce*, contre les Priscillianistes. *Reg.* III. *Lab.* II. *Hard.* I.
381. DE CONSTANTINOPLE, second Concile général, assemblé sous le Pape Damase & sous l'Empereur Théodose, pour confirmer le Concile de Nicée, & reconnoître la Divinité du Saint Esprit attaquée par Macédonius. Il s'y trouva 150 Evêques. Ce Concile donne à l'Evêque de Constantinople le premier rang après celui de Rome. *Ibid. & Beveregius.*

GRANDS-HOMMES. | HÉRES. ET PERS. 363

366. *S. Epiphane* est Evêq. de Salamine dans l'Isle de Cypre.
373. Mort de *S. Athanase*.
375. *S. Ambroise* est Ev. de Milan.
379. Mort de *S. Basile* le Grand.
379. Mort de *S. Ephrem*.
380. Mort de *S. Melèce*.
381. *S. Grégoire* est Ev. de Nazia.
385. *S. Jérôme* va en Palestine.
386. Mort de *S. Cyrille* de Jérus. Conversion de *S. Augustin*.
389. Mort de sainte *Monique*.
395. Mort de *S. Amphiloque*.
396. *S. Augustin* est Ev. d'Hipp
397. *S. Ambroise* & *S. Martı.* meurent.
398. *S. Jean-Chrysostôme* est Evêque de Constantinople.
399. Naiss. de sainte *Pulcherie* Vierge & ensuite Impératrice.

370. *Apollinaire* disoit que J. C. a pris un corps céleste.
377. *Airas* soutenoit que le Saint Esprit n'étoit pas consubstantiel au Pere & au Fils ; réfuté par S. Athanase. Voyez *Nicéphore*.
378. *Dadoës* admettoit deux principes.
380. *Helvidius* attaque J. C. & la pureté de la sainte Vierge.
382. Les *Collyridiens* l'adoroient.
380. *Priscillien* Espagnol, suit les Manichéens.
382. *Jovinien* Moine de Milan, nie la virginité de la sainte Vierge.
398. *Ci concellions*, Donatistes.
400. *Pélage* chef des *Pélagiens*, nie le péché originel, la nécessité de la grace, &c.

ECRIVAINS.

368. *Optat* Evêque de Milève en Numidie : *de Schismate Donatistarum*, *Libri VII*. in fol. *Paris* 1679.... & 1700.

370. *Apollinaire*, père & fils, le premier Prêtre & le second Evêque d'Antioche, une Version Poétique des Pseaumes, en grec.

370. *S. Grégoire* de Nysse, mort en 396. *Ejus opera*, in-fol. *Paris* 1638, 3 vol.

370. *Tite*, fait Evêque de Bostre en Arabie, l'an 362 : Traité contre les Manichéens. *In Biblioth. Patrum*.

371. *Didime* d'Alexandrie, surnommé l'aveugle : Traité sur le S. Esprit, sur les Epitres Canoniques. *In Biblioth. Patrum*, & *liber adversf. Manichaos*, ap. *Combesis*. Voy. *Mingarelli*, *Romæ* 1764.

373. *Pierre* Evêq. d'Alexandr. après S. Athanase, quelques Lettres, *apud Theodoretum lib.* 4. *Hist.* & *apud Facundum Hermianensem*.

374. *S. Cyrille* de Jérusalem : ses Catéchèses ou Instructions. *Opera Græc. Lat.* in-fol. *Paris* 1720.

375. *S. Ephrem* Syrien, Diacre de l'Eglise d'Edesse : *Ejus opera Græcè* in-fol. *Oxonii* 1704, & *Romæ* 1732 & 1737, 6 vol.

375. Le Pape *Damase* savant Ecrivain, dont on a des Lettres, *apud S. Hieronimum*, outre plusieurs écrits supposés ou douteux.

375. *S. Basile* Evêq. de Césarée, né en 318, Evêq. en 369 ; beaucoup de Lettres, des Commentaires & des Homélies sur l'Ecriture Sainte ; quelques Traités dogmatiques. *Ejus opera*, in-fol. *à Benedict. Græc.* & *Lat.* Paris 1721, 3 vol.

376. *S. Grégoire* Evêque de Nazianze, le plus sublime des Peres Grecs; des Homélies, des Discours, des Lettres & quelques Poésies Chrétiennes. *Ejus opera*, in-fol. Gr. Lat. *Paris* 1609... 1630, 2 vol.

381. *D'Aquilée*, par S. Ambroise, contre Palladius & Secundianus, Evêques Ariens. *Reg.* Tome III. *Lab.* Tome II. *Hard.* Tome I.
382. *De Rome*, sur la Discipline. *Ibidem.*
382. *De Constantinople*, contre Eunomius. *Hard.* seul, T. I. *& Baluz.*
383. *De Sida* en Pamphilie, contre les Messaliens, dits Euchaïtes & Saccophores. *Baluz. in Collect. & Hard.* seul, Tome I.
383. *De Constantinople*, pour rendre la paix à cette Eglise. *Ibidem.*
383. *D'Antioche*, contre les Messaliens. *Baluz. in Collect.*
383. *De Nismes* dans les Gaules, en faveur de la foi Catholique. *Reg.* III. *Lab.* II. *Hard.* I.
385. *De Bordeaux*, contre les Priscillianistes & sur-tout Instantius & Salvianus. *Ibidem.*
386. *De Rome*, sur la Discipline, *Ibidem.*
386. *De Trêves* en Allemagne, où l'on absout Ithacius Evêq. d'Espagne, accusé d'avoir poursuivi la mort de Priscillien. *Ibidem.*
386. *De Zelle*, sur la Discipline. *Hard.* seul, Tome I.
388. *D'Antioche*, sur la mort de Marcel. *Ibidem.*
388. *De Tolède. Hard.* I. *ex Concilio Toletano*, anni 400.
389. *De Capoue* en Italie, sur les différends de l'Eglise d'Antioche, renvoyés à Théophile Patriarche d'Alexandrie. *R.* III. *L.* II. *H.* I.
389. *De Carthage*, pour disposer les matières d'un Concile général. *Ib.*
390. *De Rome*, & *de Milan* contre Jovinien. *Ibidem.*
390. *De Carthage*, sur la Discipline. *Lab.* II. *Hard.* I.
390. *De Constantinople*, pour la foi Catholique. *Fabricius.*
390. Vers ce tems, fut fait le *Codex Canonum Ecclesiæ Africanæ*; dans *Justel & Hard.* Tome I.
391.* *D'Angari*, par les Novatiens. *Reg.* III. *Lab.* II. *Hard.* I.
393. *De Nismes*, dans *Sulpice Sever.* Dialog. 1. cap. 15.
393. *De Carthage*, pour la paix de l'Eglise. *Ibidem.*
393. *D'Hippone* ou *Bonne* en Afrique, sur la Discipline. *Ibidem.*
393. *De Cabarsussita* en Afrique, sur Primianus Evêque de Carthage. *Baluz. in Collect. & Hard.* Tome I.
394. *De Constantinople*, sur le différend de deux Evêques qui concouroient à l'Evêché de Bostra. *Reg.* III. *Lab.* II. *Hard.* I.
394. *De Carthage*, sur la Discipline. *Ibid.*
394. *D'Hadrumette* en Afrique, sur la Discipline. *Ibid.*
394. *De Caverne* près de Carthage en Afriq. sur l'Ev. Primianus. *Ib.*
394. *D'Hippone* en Afrique, sur la Discipline. *Ibidem.*
394.* *De Baga* en Numidie, contre Maximianus. *Ibid. & Baluz.*
395. *D'Hippone*, sur la Discipline. *Reg.* III. *Lab.* II. *Hard.* I.
397. (ou 401.) *De Turin* en Piémont, pour la Réforme des mœurs. *Ib.*
397. & 398. *De Carthage* 1er 2e 3e & 4e pour la Discipline. *Ibid.*
399. *D'Afrique* ou *Carthage*, pour l'immunité des Eglises. *Ib. & Bal.*
399. *D'Alexandrie* en Egypte, contre les erreurs d'Origène. *Ibid.*
399. *De Cypre*, contre Origène. *Baluz. in Collect. & Hard.* T. I.
400. *De Constantinople*, sur les crimes d'Antonin Evêque d'Ephèse. *Reg.* III. *Lab.* II. *Hard.* I.
400. *De Rome*, *de Milan*, & *de Tolède*, sur la Discipline. *Ibid.*
400. *De Seleucie* en Perse, sur la Discipline : *Assemani.*

379. *Amphiloque*, élû en 379 Evêque d'Iconium ou Cogni en Asie, plusieurs Ouvrages dogmatiques sur la Sainte Trinité & le S. Esprit *Ejus opera Græc. & Lat.* in-fol. *Paris* 1644.

379. *Eusebe* de Verceil, quelques Lettres, *in Fragmentis Hilarii*.

379. *Melèce* Evêque d'Antioche en 361 ; une Homélie sur un endroit des Proverbes, *apud. S. Epiphanium hæresi* 63.

379. *Diodore* Prêtre d'Antioche, Evêque de Tarse en Cilicie l'an 375 ; divers Traités dogmatiques, dont on a des fragmens, *apud Suidam & Photium in Biblioth.*

380. *Hilaire* Diacre de l'Eglise de Rome ; on lui attribue un Commentaire sur S. Paul, *apud S. Ambrosium*; & des Questions sur l'Ancien & le Nouveau Testament, *apud S. Augustinum.*

380. *Priscillien* chef des Priscillianistes, plusieurs Questions, dont il ne reste rien.

380. *Matronien*, Priscillianiste, avoit fait quelques Poèmes.

380. *Tibérien*, de la même secte, avoit fait une Apologie.

380. *Dictinius*, de la même secte, avoit donné quelques Traités.

} *Il n'en reste rien.*

381. *Ithacius* ou *Idacius* Espagnol : contre les Priscillianistes.

381. *Faustin* Lucifèrien ; Traité contre les Ariens & Macédoniens.

381. *Philastre* Evêque de Bresse : Traité des Hérésies. *In Bibl. PP.*

382. *Timothée* Ev. d'Alexand. ; Loix Canoniques, *apud Balsamonem*.

385. Le Pape *Siricius* ; quelques Lettres, *in Conciliorum Collectionib.*

385. *S. Ambroise*, Evêque de Milan, mort en 397, a donné plusieurs ouvrages sur l'Ecriture Sainte ; quelques Traités dogmatiques contre les Hérésies ; des Livres de morale & des Lettres. *Ejus opera à Benedictinis*, in-fol. *Paris*, 1686 & 1690. 2 vol.

386. *S. Epiphane* Evêq. de Salamine, mort l'an 403, a écrit l'Histoire & la Réfutation des hérésies, & plusieurs autres ouvrages. *Ejus opera Græc. Lat.* in-fol. 2 vol. *Paris*, 1622.

390. *Evagre* de Pont, Archidiacre de Constantinople, mort en 406 ; Instructions pour des Moines, & autres ouvrages. *In Bibliothecis Patrum, in Cottelerii Tom. III. & apud Bigottum.*

391. *Marc* Hermite ; Discours sur la morale. *In Biblioth. Patrum.*

392. *Simplicien* Evêque de Milan ; Lettres, *apud S. Augustinum.*

393. *Vigile* Evêque de Trente, Martyr l'an 400 ; Lettres sur des Martyrs, *apud Surium* 23 *Maii.*

394. *Aurele Prudence Clément*, de Sarragoce en Espagne, Poéte Chrétien. *Ejus opera ab Heinsio*, in-12. *Amstelodami*, *Elzevir* 1667, *& ad usum Serenissimi Delphini*, in-4°. *Paris* 1687.

398. *S. Jean Chrysostôme* Evêque de Constantinople l'an 398. Le plus éloquent des Pères Grecs, & l'un des quatre Docteurs de l'Eglise Grecque ; beaucoup d'Homélies sur l'Ecriture Sainte. *Ejus opera Gr. Lat.* in-fol. à *Bern.* de Montfaucon, *Paris* 1718, &c. 13 vol.

398. *Asterius* Evêque d'Amasée ville du Pont ; plusieurs Homélies, *in Auctario Biblioth. Patr.* 1624, *& Cottelerii monumentis* T. III.

PAPES.

CINQUIÈME SIÈCLE.
XLII.
401. *Innocent I.* élu le 24 Nov.
Gouverne 15 a. 2 m. 20 j.
† Le 14 Février 417.
Le siége vaque 22 j.
XLIII.
417. *Zozime* le 9 Mars.
Gouverne 1 a. 9 m. 4 j.
† Le 13 Décembre 418.
Le siége vaque 16 j.
XLIV.
418. *Boniface I.* le 30 Décembre.
Gouverne 3 a. 8 m. 5 j.
† Le 4 Septembre 422.
Le siége vaque 8 j.
428. *Eulalius* Antipape.
XLV.
422. *Celestin I.* le 13 Septembre.
Gouverne 9 a. 10 m. 8 j.
† Le 21 Juillet 432.
Le siége vaque 20 j.

RITS ET RELIGIEUX.

CINQUIÈME SIÈCLE.
405. Mort de Ste *Paule* Dame Romaine, à Bethléem en Palestine. Mort de *S. Macaire* Solitaire.
409. Fondation du Monastère de *Lérins* sur les côtes de Provence, par *S. Honorat*.
410. Mort de *S. Maron* Solitaire de Syrie, chef des *Maronites*.
413. Fondation de l'Abbaye de S. *Victor de Marseille* par Jean *Cassien*, venu d'Orient. Il y introduit les pratiques des Pères de l'Orient.
419. Mort de sainte *Eustoquie* Vierge, fille de sainte Paule, à Bethléem.
420. Anciennes Religieuses de S. *Augustin*.
425. *S. Romain* établit le Monastère *de Condat*, aujourd'hui *S. Claude* en Franche-Comté.

CONCILES.

CINQUIÈME SIÈCLE.

401. *D'Afrique* ou *Carthage*; on s'adresse au Pape & à l'Evêque de Milan pour avoir des Missionnaires. *Regia* III. *Lab.* II. *Hard.* I.
401. Autre *d'Afrique* ou *Carthage*, pour la réunion des Donatist. *Ib.*
402. *D'Ephèse*, contre les crimes d'Antonin Evêq. d'Ephèse. *Baluz.*
402. *De Milève* en Afrique, contre Cresconius & Quod-vult-Deus. *Regia* IV. *Lab.* II. *Hard.* I.
403.* *Du Chêne*, fauxbourg de Calcédoine en Asie, contre S. Jean Chrysostôme. *Ibidem & Baluze in Collect.*
403. *De Constantinople*, pour S. Chrysostôme. *Fabricius.*
403. *De Carthage* ou *d'Afrique*, pour la réunion des Donatist. *Ib.*
404. *De Carthage* ou *d'Afrique*, contre les Donatistes. *Ibidem.*
405. *D'Afrique*, sur quelques plaintes faites contre les Evêques. *Ib.*
406. *De Tolède* en Espagne, sur le même sujet. *Ibidem.*
407. *D'Afrique*, contre les Donatistes. *Ibidem.*
408. Deux Conciles *d'Afrique*, contre les Donatistes. *Ibidem.*
409. *D'Afrique*, contre les Donatistes. *Ibidem.*
410. *D'Afrique*, contre la liberté accordée aux Donatistes. *Ibidem.*
411. *De Ptolemaïde*, contre Andronicus. *Ibidem & Baluz.*
411. Conférence *de Carthage*, des Catholiq. & Donat. *Ibid. & Baluz.*
411. *De Braga* en Portugal. *Lab.* II. *Hard.* I. manque *in Regia.*
412. *De Carthage*, contre Celestius Pélagien. *Reg.* IV. *L.* II. *H.* I.

GRANDS-HOMMES. | HÉRÉS. ET PERS.

CINQUIÈME SIÈCLE.

403. Ier *Exil* de S. Chryſoſtôme. Mort de S. *Epiphane*.
404. IIe *Exil* de S. Chryſoſtôme.
407. Mort de S. *Jean Chryſoſtôme* allant à ſon dernier exil.
409. S. *Paulin* eſt fait Evêque de Nole en Italie.
412. S. *Cyrille* eſt fait Evêque d'Alexandrie.
414. Sainte *Pulchérie* eſt déclarée Auguſte ou Impératrice.
420. Mort de S. *Jérôme* à 80 ans environ.
422. Naiſſ. de ſainte *Geneviève* à Nanterre près de Paris.
429. S. *Germain* d'Auxerre va en Angleterre pour s'oppoſer aux Pélagiens : il voit ſainte *Geneviève* en paſſant à Nanterre.
430. Mort de S. *Auguſtin*, durant le ſiége d'Hippône par les Vandales.

CINQUIÈME SIÈCLE.

404. *Vigilance* Prêtre Eſpagnol, attaque le culte des Saints & de leurs Reliques, le célibat & la vie Monaſtique.
406. *Célicoles*, eſpèce d'Hérétiques qui adoroient le Ciel.
415. *Victor Vincent* Prêtre Africain, croit que l'ame eſt une portion de la Divinité.
418. *Perſéc. d'Iſdegerde* en Perſe.
420. *Vitalis* Prêtre Afriquain, croit que la foi n'eſt pas un don de Dieu.
420. *Paterne* croit que l'homme eſt l'ouvrage du Démon.
420. *Semi - Pélagiens*, aſſurent que l'homme peut commencer de lui-même ſon ſalut, & que la grace n'eſt néceſſaire que pour perſévérer.
429. *Neſtorius* ſoutient deux perſonnes en Jéſus-Chriſt.

ÉCRIVAINS.

CINQUIÈME SIÈCLE.

401. S. *Gaudence* Ev. de Breſſe ; Sermons & Traités. *In Bibl. Patr.*
401. *Maruthas*, Evêq. de Martyropolis, en Meſopotamie, mort vers 415. Liturgie ſyrienne, au tom. 2. de l'Abbé Renaudot ; Actes des Martyrs d'Orient, publiés par Evod. *Aſſemani*, in-fol. 2 vol.
402. *Jean de Jéruſ.* ouvrages ſuppoſés : *in-fol.* Bruxel. 1643, 2 vol.
404. *Théophile* d'Alexandrie, 3 Lettres Paſchales, *apud Balſamonem.*
407. *Théodore de Mopſueſte* l'an 407, célèbre dans les trois Chapitres.
407. *Palladius* : ſon *Hiſtoria Lauſiaca, in vitis Patr.* in-fol. *Antuerp.*
407. Le Pape *Innocent I.* des Lettres : *in Collect. Conciliorum.*
408. S. *Jérôme* Prêtre : *Opera à Benedictinis*, in-fol. *Paris* 1693, &c. 5 vol. C'eſt un des quatre grands Pères Latins.
410. *Ruffin* Prêtre d'Aquilée : *opera*, in-fol. *Paris* 1580 ; rares.
410. *Sévère Sulpice* Prêtre d'Agen en France ; Abrégé de l'Hiſt. Ste & Eccléſiaſt., la Vie de S. Martin. *Ejus opera* in-8°. *Lipſiæ.* 1705.
411. *Syneſius* Philoſophe & Evêque en Egypte ; divers ouvrages. *Opera Græc. Lat.* in-fol. *Paris* 1612---1613 & 1640.
411. S. *Paulin* ; Poéſies & autres ouvrages, *in-4°. Paris* 1685.
411. *Pélage* Moine d'Angleterre, chef des Hérétiques Pélagiens ; un Commentaire ſur S. Paul, *apud S. Hyeronimum.*
411. *Celeſtius* diſciple de Pélage ; quelques Fragmens.
414. *Iſaac* Juif converti ; Traité de la Trinité & de l'Incarnation.

412. *De Cirthe* en Afrique, contre les Donatistes. *R.* IV. *L.* II. *H.* I.
414*. Des Donatistes en *Afrique. Ibidem.*
414. *De Macédoine*, confirmé par Innocent I. *Ibidem.*
415. *De Jérusalem*, contre Pélage. *Lab.* II. *Hard.* I, manq. *in Reg.*
415. *De Diospolis* en Palestine, où Pélage feint de renoncer à ses erreurs. *Ibidem & Baluz. in Collect.*
416. *De Jérusalem*, en conséquence duquel Pélage fut obligé de sortir de cette ville. *Regia* IV. *Labbe* II. *Hard.* I.
416. *De Carthage*, contre Pélage & Celestius. *Ibidem.*
416. *De Milève* en Afrique, contre Pélage & Celestius. *Ibidem.*
417. *De Thusdrit* (Thusdritanum) en Afrique, sur la Discipline. *Baluz. in Collect. Hard.* Tome I.
Vers le même tems, on tint plusieurs Conciles en Afrique, dont on ignore les années ; savoir, *Suffetulense, Macrianense, Septimunicense, Thenitanum, Marazanense*, d'Hippône, *Bal. & Hard.* I.
417. *De Rome*, contre Pélage & Celestius. *Reg.* IV. *Lab.* II. *Hard.* I.
417. *De Carthage*, sur le même sujet. *Ibidem.*
418. *D'Afrique*, contre Pélage & Celestius & sur la Discipline. *Ibid.*
418. *De Tusdrit*, sur la Discipline. *Ibidem & Baluz.*
418. *De Carthage* ou Concile général d'Afrique, sur les appellations au S. Siége. *Regia* IV. *Labbe* II. *Hard.* I.
418. Autre de *Carthage*, dans la cause d'Apiarius. *Ibidem.*
418. *De Rome*, sur la Discipline. *Ibidem.*
419. *De Carthage*, sur la Foi, la Discipline & les appellations. *Ibid.*
419. Autre de *Carthage*, sur la Discipline. *Ibidem.*
419. *De Ravenne*, sur l'élection d'un Pape. *Baluz. in Collect.*
419. *De Corinthe*, sur l'Evêq. de cette Ville : *Mansi.*
420. *De Carthage*, contre les Manichéens. *Ibidem.*
420. *De Ctesiphon & d'Arque*, en Perse, sur la Discipline : *Mansi.*
423. *De Cilicie*, sur Théodore de Mopsueste & Julien Pélagien. *Bal.*
424. *D'Afrique*, sur les appellations au S. Siége. *R.* IV. *L.* II. *H.* I.
426. *D'Afrique*, au sujet du Moine Léporius. *Ibidem.*
426. *D'Hippône*, pour un Coadjuteur à S. Augustin. *Baluz.*
426. *De Constantinople*, sur Sisinius Evêq. de Constant. *Baluz.* seul.
427. *D'Orient*, contre les Messaliens.
428. *De Constantinople*, pour donner un Evêq. à cette ville. *Baluze.*
429. *Des Gaules*, sur le Pélagianisme. *Regia.* IV. *L.* II *H.* I.
430. *De Rome*, contre Nestorius. *Ibidem & Baluz. in Collect.*
430. *D'Alexandrie*, par S. Cyrille contre Nestorius. *Ibidem.*
431. D'EPHÈSE, IIIe Concile général : il étoit composé de plus de 200 Evêques, qui condamnent Nestorius, lequel admettoit deux personnes en J. C. & qui vouloit que la sainte Vierge ne fût pas la mère de Dieu; on y condamne Pélage. *R.* V. *L.* III. *H.* I. *& Bal.*
431*. *D'Ephèse*, par Jean d'Antioche partisan de Nestorius, contre le Concile général d'Ephèse. *Ibidem.*
431. *De Constantinople*, pour l'ordination de Maximian. *Ib. & Bal.*
431*. *De Tarse* en Cilicie, où S. Cyrille est condamné. *Bal. in Coll.*
431*. *D'Antioche*, où l'on confirme le Concile de Tarse. *Bal. Ibid.*
431*. *D'Anazarbe* en Cilicie, contre S. Cyrille. *Baluz. Ibidem.*

ECRIVAINS.

415. *Helvidius*, contre la virg. de la Ste Vierge.
416. *Vigilance* Prêtre Espagnol, a écrit sur la Discipline. } quelques fragmens.
416. *Paul Orose* Prêtre Espagnol, a écrit une Histoire contre les Payens, & quelques ouvrages contre les Pélagiens, *in-4°. Lug. Bat.* 1738.
416. *Lucien*, sur les Reliques de S. Etienne, *apud S. Augustinum*.
417. *Evodius* Evêque d'Usale en Afrique; Lettre contre Pélage, *apud S. Augustinum*.
417. *S. Augustin*, né à Tagaste en Afrique l'an 355, baptisé à Milan en 388, fait Prêtre à Hippône en Afrique l'an 391, fut fait Evêq. d'Hippône en 395 & mourut l'an 430, est un des Pères de l'Eglise qui a écrit avec le plus d'esprit & d'élévation : des Lettres excellentes, des Commentaires moraux sur l'Ecriture Sainte, des Homélies ou Sermons au peuple, des Traités dogmatiques, & la Cité de Dieu. *Ejus opera*, in-fol. *Paris* 1679, &c. 8 ou 10 vol.
417. Le Pape *Zozime* ; plusieurs Lettres, *in Collectionib. Concilior.*
418. *Boniface I.* Pape ; quelques Lettres, *in Collectionib. Concilior.*
418. *Polychronius*, des fragmens, *apud Joannem Damascenum*.
418. *Atticus* Evêque de Constantinople l'an 406 ; Lettre à S. Cyrille, & quelques autres Traités, dont il ne reste que des fragmens.
418. *Tichonius* Donatiste ; Régles pour expliquer l'Ecriture Sainte.
420. *S. Isidore* de Peluse ou de Damiette en Egypte, Prêtre, a écrit beaucoup de Lettres. *Opera Gr. Lat.* in-fol. *Paris* 1633 & 1638.
420. *Jean Cassien* Scythe de nation, prem. Abbé de S. Victor de Marseille ; divers ouvrages sur la manière de vivre des Moines ; des Conférences, un Traité de l'Incarnation. *Ejus opera*, in-8°. *Roma* 1580 & 1611. & in-fol. *Atrebati* 1628.
421. *S. Nil*, disciple de S. Jean Chrysostôme, mort en 451 ; des Lettres & des Traités de morale. *Ejus opera, Gr. Lat.* in-fol. *Roma* 1668 & 1673, 2 vol.
423. Le Pape *Celestin I.*, diverses Lettres, *in Collect. Conciliorum*.
430. *Possidius* ou *Possidonius* Diacre, disciple de S. Augustin, dont il a écrit la Vie & le Catalog. de ses ouvrages, *apud S. Augustinum*.
430. *Uranius* Prêtre ; Vie de S. Paulin, *apud S. Paulinum*.
430. *S. Cyrille* Evêque d'Alexandrie, mort en 444 ; outre des Commentaires sur l'Ecriture, il a écrit sur l'Incarnation de J. C. contre Nestorius & contre les Ariens, & même contre Julien l'Apostat Empereur. *Ejus opera Gr. Lat.* in-fol. *Paris* 1638, 7 vol.
430. *Marius Mercator* a écrit sur l'Histoire & contre la Doctrine des Pélagiens & des Nestoriens. *Ejus opera*, in-fol. *Paris* 1673 & in-8°. *à Baluz. Paris* 1684.
430. *Julien*, disciple de Pélage, a fait des ouvrages, dont il ne reste que des fragmens. Voyez *S. Augustin* qui a écrit contre lui.
430. *Nestorius* Patriarche de Constantinople en 428, Hérésiarque, dont il reste plusieurs Lettres.
430. *Jean* Patriarche d'Antioche, mort en 439 ; plusieurs Lettres dans les Actes du Concile d'Ephèse, & dans la Collection des Epitres du P. *Lupus*, Augustin des Pays-bas.

II. Partie.

PAPES. | RITS ET RELIGIEUX.

XLVI.
432. *Sixte III.* le 10 Août.
Gouverne 7 a. 11 m. 12 j.
† Le 22 Juillet 440.
Le Siége vaque 1 m. 9 j.

XLVII.
440. *S. Léon* le Grand le pr. Sept.
Gouverne 21 a. 2 m. 2 j.
† Le 3 Novembre 461.
Le Siége vaque 17 j.

XLVIII.
461. *Hilaire* le 21 Novembre.
Gouverne 6 a. 3 m.
† Le 21 Février 468.
Le Siége vaque 2 j.

XLIX.
468. *Simplicius* le 24 Février.
Gouverne 16 a. 6 j.
† Le 2 Mars 483.
Le Siége vaque 3 j.

---

440. Chanoinesses de *Latran* sous la régle de S. Augustin, mises en Congrégation l'an 1060.

445. Mort de *S. Arsène* Solitaire d'Egypte qui avoit été Précepteur de l'Empereur Arcadius.

448. Mort de *Jean Cassien*, premier Abbé de S. Victor de Marseille.

451. Mort de *S. Nil* Prêtre & Solitaire en Arabie, âgé de 90 ans.

460. Mort de *S. Romain* premier Abbé de Condat ou S. Claude en Franche-Comté.

462. Mort de *S. Siméon Stylite.*

469. Institution des trois jours des *Rogations* par S. Mamert Evêque de Vienne.

CONCILES.

432. L'*Antioche*, qui condamne Nestorius. *R.* VI *Lab.* III. *Hard.* I.
432*. De *Zeugma* en Syrie, contre le Concile précédent. *Baluz.*
433. D'*Anazarbe* en Cilicie, sur le même sujet. *Baluz. Ibid.*
433. De *Rome*, pour justifier Sixte III. *Reg.* VII. *Lab.* III. *Hard.* I.
434. De *Tarse* en Cilicie, sur la paix entre S. Cyrille & Jean d'Antioche. *Baluz. in Collect. Hard.* Tome I. manque aux deux autres.
434. D'*Antioche*, contre Nestorius. *Fabricius.*
435. D'*Antioche*, contre les Nestoriens. *Baluz. in Collect.*
435. D'*Arménie*, contre les Nestoriens. *Baluz.* & *Hard.* seul. T. I.
435. De *Thessalonique. Baluz.*
438. D'*Illyrie*: Tome I. de *Mansi.*
438. De *Constantinople*, pour la foi Catholique. *Fabricius.*
438. D'*Antioche*, sur Théodore de Mopsueste. *Fabricius.*
439. De *Constantinople*, sur la primauté prétendue par l'Eglise d'Antioche. *Hard.* seul, Tome I.
439. De *Riez* en Provence, sur la Discipline. *Baluz.*
440. D'*Ephèse*, sur l'Evêque de cette ville. *Baluz.*
441. D'*Orange* sur la Discipline. *Reg.* VII. *Lab.* III. *Hard.* I.
442. De *Vaison* & de *Bazas*; leurs Canons sont confondus. *Ibidem.*
443. D'*Arles*, indiqué seulement au Tome I. du *Gall. Chr.* p. 525.
444. De *Rome*, contre les Manichéens. *Ibidem.*
444. De *Vienne* en Dauphiné, sur Celidonius Evêque. *Ibidem.*
445. De *Rome*, contre Hilaire Evêque d'Arles. *Ibidem.*
445. D'*Antioche* dans la cause d'Athanase Evêque de Perrhé.
445. D'*Hieraple* en Syrie, sur un Evêque à Perrhé. *Baluz.*
446. De *Verlam-Castel* ou *S. Albans*, contre Pélage. *R.* VII. *L.* III. *Hard.* I. *Wilkins* Tome I. c'est le premier Concile d'Angleterre.

GRANDS-HOMMES. | HÉRÉS. ET PERS.

432. *S. Patrice* va en Irlande.
437. Naiss. de *S. Remy* E. de Reims.
444. M. de *S. Cyrille* d'Alexandr.
446. *S. Germain* d'Auxerre retourne en Angleterre.
449. Mort de *S. Germain* d'Auxerre, à Ravenne en Italie.
456. M. de *S. Prosper* d'Aquitaine.
457. Mort de *Théodoret*.
459. *S. Remy* est Ev. de Reims.
460. Mort de *S. Patrice* Apôtre d'Irlande, à 83 ans.
468. Naissance de *S. Fulgence*.
472. Translation du corps de *S. Martin* dans la nouvelle Eglise de son nom, à Tours.
478. Mort de *S. Loup* Evêque de Troyes, après 52 ans d'Episcop.
481. *S. Eugène* Ev. de Carthage.
482. Mort de *S. Sidoine* Apollinaire. Evêq. d'Auvergne.

439. *Persécution des Vandales*.
447. *Eutychés* chef des Eutychéens, prétend qu'il n'y a qu'une nature en Jesus-Christ.
449. *Dioscore* d'Alexandrie protege les Eutychéens.
457. *Persécution des Vandales* en Afrique, sous *Genseric*.
470. *Prédestinatiens*, établis par Lucide Prêtre Gaulois, croient qu'il y a une prédestination à la damnation comme à la vie éternelle : plusieurs Ecrivains doutent de leur existence.
482. *Zénon* d'Isaurie, Empereur & Auteur de l'*Hénoticon*, prétend unir les Catholiques & les Eutychéens.
482. *Pierre le Foulon* ou *Gnaphée*, faux Evêque d'Antioche, Eutychéen.

ÉCRIVAINS.

432. *Théodore* d'Ancyre ; Homélies au Concile d'Ephèse & un Discours sur le Symbole, par *Holstenius & Combefis*.
433. *Sixte III*. plusieurs Lettres, *in Cottelerii monumentis*.
433. *Proclus*. Patriarche de Const. divers Sermons, *in Bibl. Patrum*.
433. *Capriolus* Evêq. de Carthage ; Traité de l'Incarnation, *in Sirm*.
434. *Vincent* Moine de Lérins, publie son *Commonitorium* contre les Hérésies.
440. Antonius *Honoratus* Evêque de Constantine en Afrique ; Lettre à Arcadius, *in Bibliot. Patrum*.
440. *Victor* d'Antioche ; Comment. sur S. Marc, *in Bibl. Patrum*.
440. *Victorin* de Marseille ; Poëme sur la Genèse, *in Biblioth. PP*.
440. *Sedulius* ; Poëme de la vie de J. C. *in Bibliothecis Patrum*.
440. *Nicée* Ev. d'Aquilée ; Traité à une Vierge. *Inter S. Hieron. op*.
440. *Isaac* le Grand, Prêtre d'Antioche, m. vers 460. Ecrits Ascétiques, non imprimés (Assemani.)
441. *Philostorge* ; Histoire de l'Eglise, des fragmens, *in Photii Bibl*. & in-4°. Genevæ 1643.
441. *Théodoret* Ev. de Cyr, l'un des plus sav. Pères de l'Egl. Grecque : *Ejus opera Græ. Lat*. in-fol. Paris 1642 & 1684, 5 vol.
441. Le Pape *S. Léon* élu en 440 ; des Lettres, Sermons, Traités dogmatiques. *Ejus opera*, *studio P. Quesnel*, in-4°. Paris 1675, 2 vol. *Studio Ballerini*, in-fol. *Romæ*, 1762, 3 vol.
442. *S. Hilaire* élu Evêque d'Arles, l'an 429 & mort l'an 454, quelques Traités, *apud S. Leonem editionis Quesnelliana*.

447. *D'Ephèse*, sur Baffian Evêque de cette ville. *Baluz.* seul.
447. *D'Espagne*, deux Conciles, c. les Prifcillianiftes. *Ibid.*
448. *De Conftantinople*, contre Eutychés. *Reg.* VII. *L.* III. *H.* I.
448. *D'Antioche*, fur Ibas Evêque d'Edeffe. *Ibidem.*
448. *De Tyr* & un de *Berythe*, où l'on abfout Ibas. *Ibidem.*
449.* *De Conftantinople*, en faveur d'Eutychés. *Ibidem.*
449.* *D'Ephèse*, appellé *Latrocinium Ephesinum*, où l'on abfout Eutychés Héréfiarque, & l'on condamne S. Flavien Evêque de Conftantinople, Catholique. *Ibidem.*
449. *De la Grande-Bretagne*, contre Pélage. *Ibidem, & Angl.* T. I.
449. *De Rome*, où le faux Concile d'Ephèse eft condamné. *Ibidem.*
450. *De Conftantinople :* Anatolius y figne une formule de foi. *Ibid.*
451. *De Milan*, où Eufebe reçoit la Lettre de S. Léon à Flavien, fur l'Incarnation du Verbe. *Regia* VII. *Labbe* III. *Hard.* I.
451. DE CALCÉDOINE, IVe Concile général, de 630 Evêques & quatre Légats du Pape S. Léon. L'Empereur Marcien & l'Impératrice Pulchérie s'y trouvent avec beaucoup de Sénateurs. On condamna le Concile d'Ephèse de 449, auffi-bien que Diofcore & Eutychés. *Reg.* VIII. *Lab.* IV. *Hard.* II. *& Baluz. in Colleft.*
451. *D'Alexandrie*, fur la converfion des Eutychéens. *Ibidem.*
451. Autre *d'Alexandrie*, un de *Theffalonique*, de *Conftantinople*, deux de *Rome*, un *d'Antioche*, fur le même fujet. *Ibidem.*
452. *D'Arles*, fur la Difcipline. *Ibidem.*
452. *De Narbonne*, fur de fauffes accufations d'adultère. *Baluz.*
453. *D'Angers*, fur la Difcipline. *Regia* VIII. *Lab.* VI. *Hard.* II.
453. *De Jérufalem*, pour la confervation de la vraie foi.
454. *De Bourges*, indiqué par *Hard.* Tome II.
455. *D'Arles*, fur Faufte de Lerins. *Reg.* VIII. *Lab.* IV. *Hard.* II.
456. *D'Irlande*, fur la Difcipline. *Wilkins in Concil. Anglia.* I.
459. *De Conftantinople*, contre les Eutychéens & les Simoniaques. *Ibidem & Baluz. in Colleft.*
460. *De Lyon. Lab.* feul, Tome IV. *ex Syrmundo.*
461. *De Tours. Gall. Chr.* Tome II. page 8.
463. *D'Arles*, contre Mamertin. *Reg.* IX. *L.* IV. *Ha.* l'indique. T II.
465. *De Vannes* en Bretagne, fur la Difcipline. *R.* IX. *L.* IV. *H.* II.
465. *Cambricum. Reg.* IX. *Lab.* IV. manque dans *Hard. Angl.* T. I.
465. *De Rome*, où l'on définit que les caufes des Evêques appartiennent au S. Siége. *Regia* IX. *Labbe* IV. *Hard.* II.
465. *De Terragone*, fur la Difcipline. *Baluz. in Colleft.*
470. *De Châlons* fur Saone, où l'on élit un Evêque. *Labbe* feul IV.
472. *D'Antioche*, on dépofe Pierre le Foulon. *R.* IX. *L.* IV. *Har.* II.
472. *De Bourges*, pour l'élection de Simplicius. *Labbe* feul IV.
474. *De Valence. Gall. Chr.* Tome IV. page 862.
474. *De Vienne*, l'on établit les Rogations. *Reg.* IX. *Lab.* IV. feuls.
475. *D'Arles*, contre les Prédeftinatiens. *Reg.* IX. *L.* IV. *Hard.* II.
475. *De Lyon*, fur le même fujet. *Ibidem.* Ces deux font douteux.
478. *D'Antioche*, contre Pierre Gnaphée. *Reg.* IX. *L.* IV. *H.* II.
478. *De Conftantinople*, contre le même. *Ibidem.*
482. *De Tours*, fur la Difcipline. *Ibidem.*

445. *S. Eucher* de Lerins, élu Evêque de Lyon l'an 454. Sermons & Traités de piété : *in Biblioth. Patrum.*

450. *S. Maxime*, Evêque de Turin, mort en 466 ; plusieurs Homélies : *in Biblioth. Patrum.*

450. *S. Pierre*, surnommé *Chrysologue*, mort en 451 ; divers Sermons : *in Biblioth. Patrum.*

450. *Valere* ou *Valerien*, Evêque de Nicée ; quelques Homélies : *in Biblioth. Patrum.*

450. *Victor*, Evêque *de Cartenne* en Afrique ; Traité de la pénitence : *in operibus S. Ambros.*

450. *S. Prosper* ; Ouvrages sur la grace. *Opera*, in-fol. Paris 1711.

450. *Euthalius*, Diacre d'Alexandrie, sur les Epitres de S. Paul : *in Zacagni monumentis Ecclesi. Græcæ*, in-4°. *Romæ* 1698.

451. *Flavien* de Constantinople ; trois Lettres : *in Conciliis & in Cottelerii monumentis.*

456. *Anatolius* de Constantinople ; deux Lettres : *in Conciliis & apud S. Leonem.*

457. *S. Loup* de Troyes ; deux Lettres : *in Conciliis & Spicilegio.*

457. *S. Basile de Seleucie* ; quarante Homélies : *in Bibl. Patrum.*

457. *Victor* d'Aquitaine ; un Cycle Paschal : *apud Bucherium de Doctrina temporum*, in-fol. *Antuerpiæ* 1633.

460. *S. Remy*, Evêque de Reims ; quelques Lettres : *in Conc. Galliæ.*

460. *Vigile* Diacre ; une Regle pour des Moines, par *Holstenius.*

460. *Fastidius* Anglois ; Traité de la vie Chrétienne : *inter opera S. Augustini.*

460. *Draconce* Espagnol ; Poéme sur la Création : *in Bibliothecis Patrum.*

465. *S. Simeon Stylite*; Discours de la mort & des Lettres : *in Bibliothecis Patrum.*

465. *Salvien* de Marseille ; ouvrages de morale. *Ejus opera*, in-8°. à *Baluz.* Paris 1684, bonne édition, où est aussi *Vincentii Lirinensis Commonitorium*, in-4°. 1731, avec S. Hilaire d'Arles.

465. *Arnobe* le jeune ; sur les Pseaumes : *in Biblioth. Patrum.*

465. *Honorat* de Marseille ; vie de S. Hilaire d'Arles.

466. *Claudianus Mamertus* ; de l'état de l'ame : *in Bibl. Patrum.*

467. *Idacius* Evêque de Lugo ; Chronique : *in Eusebio Scaligeri*, in-folio.

467. Le Pape *Hilaire* ; quelques Lettres : *in Conciliis.*

468. *Simplicius* Pape ; Lettres : *in Collect. Conciliorum.*

470. *Fauste* Evêque de Riez ; sur l'Incarnation & la Grace ; il est Semi-Pélagien : *in Biblioth. Patrum.*

480. *Sidoine* Evêque de Clermont ; des Lettres, des Panégyriques & des Poésies. *Ejus opera studio J. Syrmundi*, in-4°. Paris 1652.

480. *Eugène* Evêque de Carthage ; Discours à Hunneric Roi des Vandales : *apud Victorem Vitensem de Persecutione Vandalica.*

482. *Victor* Evêque *de Vite* en Afrique ; Histoire de la Persécution des Vandales. *Edita per Theodoricum* Ruinart, in-8°. Paris 1693. Elle a été traduite en François.

L.
483. *Félix III.* le 6 Mars.
Gouverne 8 a. 11 m. 19 j.
† Le 25 Février 492.
Le siége vaque 4 j.

L I.
492. *Gélase* le premier Mars.
Gouverne 4 a. 8 m. 19 j.
† Le 19 Novembre 496.
Le siége vaque 4 j.

L I I.
496. *Anastase II.* le 24 Novemb.
Siége 1 a. 11 m. 25 j.
† Le 17 ou 18 Novemb. 498.
Le siége vaque 3 ou 4 j.

L I I I.
498. *Symmaque* le 22 Novembre.
Gouverne 15 a. 6 m. 28 j.
† Le 19 Juin 514.
Le siége vaque 5 m. 6 j.
498. *Laurent* IVe Ant-p. 13 m.

---

490. *S. Fulgence* se fait Religieux, & mort de *S. Daniel Stylite*, âgé de 80 ans.
Chanoines Réguliers de saint *Maurice de Sion* dans les Alpes; l'Abbaye fut rétablie par Charlemagne.
493. *S. Sabas* est fait Supérieur général des Anachorétes de Palestine.
494. *S. Benoît*, âgé de 16 ans, se retire dans un Désert.
495. Chanoines Réguliers de *Latran* ou de *S. Sauveur*, qu'on croit fondés par le Pape Gélase I.
498. Fondation de la célèbre Abbaye de *Galliata* au bas des Monts de l'Apennin, aux extrémités de la Toscane & de la Romagne.

CONCILES.

483. *De Rome*, contre Acacius & Pierre Gnaphée. *Ibidem.*
484. *De Rome*, où l'on condamne Vital & Misenus Légats du saint Siége, pour avoir favorisé Acacius & Pierre le Foulon. *Ibidem.*
484.* *De Carthage*, en faveur des Ariens, par ordre d'Hunneric Roi des Vandales, qui exile plus de 400 Evêq. Catholiques. *Ibidem.*
487. *De Rome*, sur les Apostats d'Afrique reçus à la pénitence. *Ibid.*
492. *De Constantinople*, pour recevoir le Concile de Calcédoine. *Ibid. & Baluz. in Collect.*
494. *De Rome*, pour la conservation de la foi & reconnoître les Livres Canoniques de l'Ecriture Sainte. *Ibidem.*
495. *De Rome*, où Misenus, condamné en 484 est absous. *Ibidem.*
495. *De Reims*, indiqué par *Hard.* Tome II.
496.* *De Constantinople*, contre le Concile de Calcédoine. *Baluz.*
497.* *De Constantinople*, contre le Concile de Calcédoine. *Ibidem.*
497. *De Constantinople*, pour recevoir les Actes du Concile de Calcédoine. *Reg.* IX. *Lab.* IV. *Hard.* II.
499. *De Constantinople*, où l'on condamne Nestorius & Eutichès. *Ib.*
499.* *De Constantinople*, contre le Concile de Calcédoine. *Baluz.*
499. Conférence des Catholiques & des Ariens en présence de Gondebauld Roi Arien de Bourgogne; le Chef des Catholiques étoit Avitus Evêque de Vienne. *Dacheri in Spicilegio.*
499. *De Rome*, contre l'ambition, les intrigues & les abus qui se commettoient en l'élection des Papes. *Reg.* IX. *Lab.* IV. *Hard.* II.
500. *De Rome*, contre le schisme de Laurent & en faveur du Pape Symmaque. *Ibidem.*

484. Naiſſance de *S. Claude* Evêq. de Beſançon.	483. *Banniſſement* de 4976 Martyrs & Confeſſeurs d'Afrique, preſque tous infirmes, par Hunneric Roi Arien.
487. *Boëce* Philoſophe Chrétien, eſt fait Conſul, ſans Collegue quoique jeune.	
492. *S. Céſaire* Moine de l'Abbaye de Lerins, eſt ordonné Prêtre à Arles.	484. *Perſécution des Catholiques*, par l'Edit de *Hunneric* Roi Arien des Vandales d'Afrique. Cette Perſécution, qui a été violente, a été décrite par Victor de Vite. Quoiqu'elle ait peu duré, elle a donné beaucoup de Martyrs à l'Egliſe.
493. Sainte *Clotilde* épouſe Clovis, Roi des François.	
496. Naiſſance de *S. Germain* Evêque de Paris, dans le territoire d'Autun.	
497. *S. Remy* Evêque de Reims, établit l'Evêché de Laon.	485. La mort de Hunneric fait rallentir la Perſécution contre les Catholiques.
498. *S. Vannes* eſt fait Evêque de Verdun.	496. *Traſamond* Roi des Vandales en Afrique, recommence la Perſécution.
499. *S. Vaaſt* eſt ordonné Evêque d'Arras par S. Remy de Reims, & envoyé dans l'Artois, pour y établir la foi de Jeſus-Chriſt.	498. *S. Eugène* Evêque de Carthage eſt banni dans les Gaules.

ECRIVAINS.

485. *Vigile* Evêque de Tapſe en Afrique; divers ouvrages contre les Neſtoriens & les Eutychéens. *Ejus opera*, in-4°. *Divione* 1664, & *in Biblioth. Patrum*.

485. Le Pape *Felix*, élu Pape l'an 483; diverſes Lettres : *in Collect. Conciliorum.*

490. *Eleuthere* Evêque de Tournay ; Sermon ſur la Sainte Trinité : *in Biblioth. Patrum*.

492. Le Pape *Gelaſe*, très-ſçavant; ſes Lettres & autres Opuſcules : *in Collectionibus Conciliorum;* a beaucoup travaillé pour former le Canon des Saintes Ecritures & pour diſtinguer les Livres Canoniques des apocryphes.

496. Le Pape *Anaſtaſe II.* quelques Lettres : *in Collect. Conciliorum.*

496. *Paſcal* Diacre de l'Egliſe Romaine ; deux Livres ſur la Divinité du S. Eſprit : *in Collect. Conciliorum.*

496. *Julien Pomere*, né en Mauritanie, ordonné Prêtre à Arles dans les Gaules ; il ne reſte de lui qu'un Traité de la vie contemplative attribué à S. Proſper : *in Biblioth. Patrum*.

498. *Gennade* Prêtre de Marſeille ; il ne reſte de lui que ſon Catalogue des Ecrivains Eccléſiaſtiques, & un des dogmes Eccléſiaſtiques : *in Biblioth. Patrum*.

499. *Enée* de Gaze ; ſur l'Immortalité de l'ame & la Réſurrection : *in Biblioth. Patrum*.

500. *Gelaſe* de Cizyque ; une Hiſtoire, mais peu exacte, du premier Concile de Nicée : *in Collect. Conciliorum*, imprimée auſſi *in-fol.* ſéparément.

PAPES.

SIXIÈME SIÈCLE.
L I V.
514. *Hormisdas* le 26 Novembre.
Gouverne 8 a. 8 m. 10 j.
† Le 6 Août 523.
Le siége vaque 6 j.
L V.
523. *Jean I.* le 13 Août.
Gouverne 2 a. 9 m. 13 j.
† Le 27 Mai 526.
Le siége vaque 1 m. 26 j.
L V I.
526. *Felix IV.* le 24 Juillet.
Gouverne 4 a. 2 m. 2 j.
† Le 25 Septembre 530.
Le siége vaque 2 j.
L V I I.
530. *Boniface II.* le 28 Septemb.
Gouverne 2 a. 1 m. 11 j.
† Le 8 Novembre 532.
Le siége vaque 2 m. 14 j.
Dioscore V.e Antipape 29 j.

RITS ET RELIGIEUX.

SIXIÈME SIÈCLE.
506. *S. Mary* est 1.er Abbé de Bodan ou *Val Benoît* près Sisteron.
508. Monastère de *Micy* près d'Orléans, fondé par le Roi Clovis.
512. *Le Grand Monastier* ou S. Césaire d'Arles, est fondé.
515. L'Abbaye d'*Agaune* dans la Valais, fondée par S. Sigismond Roi de Bourgogne.
521. Naissance de *S. Siméon Stylite*, le jeune.
528. *S. Benoît* établit son Ordre au Mont-Cassin.
529. Mort de *S. Théodose* chef des Religieux de Palestine.
Les *Litanies* établies dans l'Eglise de France.
530. Religieuses de S. Benoît, par sainte *Scholastique* sa sœur.
531. Mort de *S. Sabas*, Supérieur des Solitaires de Palestine.

CONCILES.

SIXIÈME SIÈCLE.
501. *De Rome*, contre le schisme de Laurent. *R. X. L. IV. H.* II.
501. *D'Orange*, douteux, *Gall. Chr.* Tome I. page 922.
502. *De Rome*, en faveur du Pape Symmaque. *Ibidem.*
503. *De Rome*, contre les Schismatiques. *Ibidem.*
504. *De Rome*, contre les Usurpateurs des biens de l'Eglise. *Ibid.*
504. *De la Byzacène* en Afrique, contre le Roi Trasimond ennemi de la Religion Catholique, qui vouloit supprimer les Evêchés. *Regia* X. *Lab.* IV. manque dans *Hard.*
506. *D'Agde*, pour la Discipline. *Regia* X. *Lab.* IV. *Hard.* II.
507. *De Toulouse*, indiqué par *Hard.* Tome II.
511. *D'Orléans*, sur la Discipline & touchant les Criminels qui se retiroient dans les Eglises. Clovis premier Roi Chrétien fit assembler ce Concile. *Regia* X. *Lab.* IV. *Hard.* II.
512.* *De Sidon* ou *Seïde* en Palestine, par les Eutychéens Acephales, contre le Concile de Calcédoine. *Ibidem & Baluz. in Collect.*
512. *De la Grande-Bretagne. Regia* X. *Labbe* IV. seuls, *& Angl.* I.
515. *D'Illyrie*, contre les Eutychéens. *Baluz.*
515. *D'Agaune*, pour la Fondation de ce Monastère. *L.* IV. *H.* II.
516. *D'Epire*; on y reçoit les 4 premiers Conciles Généraux, & l'on y condamne les Conciles Hérétiques. *Reg.* X. *Lab.* IV. *Hard.* II.
516. *De Lyon*, dont on ignore le sujet. *Baluz. in Collect.*
516. *De Terragone* en Espagne, sur la Discipline. *R. X. L.* IV. *H.* II.

GRANDS-HOMMES. | HÉRÉS. ET PERS. 377

SIXIÈME SIÉCLE.

502. *S. Céfaire* est Evêq. d'Arles.
505. Les *Evêques* d'Afrique *exilés* par Trafamond portent le corps de S. Auguftin en Sardaigne.
508. *S. Fulgence* est fait Evêque de Ruspe en Afrique.
509. *Martyre d'Anachorètes* en Palestine par les Sarrasins.
512. Mort de sainte *Genevieve*, Patrone de Paris : elle est inhumée dans l'Eglise des Apôtres S. Pierre & S. Paul, qui porte ensuite son nom.
522. Naissance de *S. Cloud*, petit fils du Grand Clovis.
523. Mort de Ste *Brigide* Vierge, Patrone d'Irlande, à 70 ans.
525. Mort de *S. Avit*, Evêque de Vienne, & de *Boéce* qui avoit été Consul, condamné par le Roi Théodoric Arien.

SIXIÈME SIÉCLE.

513. *Severe* Evêque d'Antioche, Arien, déclame avec tant de fureur contre J. C. que l'Empereur Justin lui fit couper la langue. Il vouloit que le Corps de J. C. eût été soumis aux passions, de même que celui des autres hommes.
516. *Pierre d'Apamée* se joignit aux Iconoclastes, brisa les Images des Saints.
519. *Julien* Evêque d'Halicarnasse en Asie, suit Eutychés & prétend que le Corps de J. C. n'avoit pas souffert.
530. *Themistius* Diacre de l'Eglise d'Alexandrie, chef des *Agnoètes*, veut que J. C. n'ait pas eu connoissance des Mystères, non plus que du jour du Jugement.

ÉCRIVAINS.

SIXIÈME SIÉCLE.

501. *Symmaque* Pape ; plusieurs Lettres : *in Collect. Conciliorum*.
501. *S. Céfaire* Evêque d'Arles depuis l'an 501 jusqu'en 543 ; des Homélies & des Traités de piété : *in Biblioth. Patrum & Baluz. in Homeliis S. Cefarii*, in-8°. *Paris* 1669.
502. *Alcimus Ecdicius Avitus* Evêque de Vienne, mort en 525 ; plusieurs Lettres, quelques Traités & Homélies : *in Biblioth. Patrum & apud Sirmundum*.
504. *Ennodius* Evêque de Pavie ; diverses Lettres & quelques morceaux d'Histoire : *in Biblioth. Patrum & apud Sirmundum*.
504. Le Pape *Hormifdas* ; plusieurs Lettres : *in Collect. Conciliorum*.
510. *Timothée* de Constantinople, sur les Hérétiques qui se convertissent : *Combefis, & Cottelier* Tome III. *Monument. Græcor.*
514. *S. Fulgence*, élu Evêq. de Ruspe en 508, mort en 533 ; Lettres sur la Grace & l'Incarnation : *ejus opera*, in-4°. *Paris* 1685.
514. *Eugippius* Abbé dans le Royaume de Naples ; la vie de S. Severin : *apud Bollandum 28 Januar*. Un Abregé de la doctrine de S. Auguftin, *Thefaurus*, &c. *Bafileæ* 1542. très-rare.
515. *Ferrand* Diacre de Carthage, a fait une Collection des Canons : *in Bibliotheca Juris Canonici Justelli*, in-fol. *Paris* 1661, *& ejus opera* in-4°. *Divione* 1649.
515. *Pierre* Diacre ; de l'Incarnation & de la Grace : *apud Fulgentium, & in Biblioth. Patrum*.

517. *De Girone* en Espagne, sur la Discipline. *Ibidem.*
517. *D'Epaone* ou *d'Yenne*, en France; on y regle les divers états de l'Eglise. *Ibidem. On dispute sur le lieu de ce Concile.*
517. *De Lyon*, sur la Discipline. *Ibidem.*
517. *De Reims*, à ce qu'on croit sur la foi. *Regia* X. *Lab.* IV. seuls.
518. *De Constantinople*; ce Concile est en partie Catholique & en partie Hérétique, en ce qu'il reçoit le Concile de Calcédoine, &c. que d'une autre part il s'y est fait plusieurs choses contre l'Eglise Romaine. *Regia* X. *Lab.* IV. *Hard.* II.
518. *De Jérusalem*, moitié Catholique & moitié Hérétique, étant conforme au Concile précédent. *Ibidem.*
518. *De Tyr*, comme les précédens. *Ibidem.*
518. *De Rome*; on y conclut la réunion de l'Orient avec l'Occident, à condition que le schismatique Acacius sera condamné. *Ibid.*
519. *De la Grande-Bretagne*, contre les Pélagiens. *Reg.* X. *Lab.* IV. manque dans *Hard. Anglic.* Tome I.
520. *De Constantinople*, par Epiphane touchant son ordination. *Ib.*
521. *De Sardaigne*, sur la Grace. *Lab.* IV. *Aguirre* II.
524. *De Lerida*, sur la Discipline. *Regia* XI. *Lab.* IV. *Hard.* II.
524. *De Valence* en Esp. touchant quelques Cérémonies de l'Egl. *Ib.*
524. *D'Arles*, touchant les Ordinations. *Ibidem.*
524. *De Junke* (Juncense) en Afrique, sur la Discipline. *Ibidem.*
524. *De Suffet* (Suffetanum) en Afrique.... *Ibidem.*
525. *De Carthage*, sur la Discipline. *Ibidem.*
525. *De Clermont*, *Gall. Chr.* Tome IV. page 519.
527. *De Tolède*, sur la Discipline. *Aguirre* Tome II.
527. *De Carpentras*, contre l'Evêque Agricius, qui avoit fait des Ordinations contre les regles. *Reg.* IX. *Labbe* IV. *Hard.* II.
529. *D'Orange*, premier & deuxième contre les Messaliens & Demi-Pélagiens. Le deuxième Concile d'Orange est un de ceux où l'on a le mieux examiné les matières de la Grace. *Ibidem.*
529. *De Bazas*, *Gall. Chr.* Tome I. page 293.
529. *De Vaison*, deuxième & troisième pour la Discipline. *R.* XI. &c.
529. *De Valence* en Dauphiné, sur les matières de la Grace. *Ibid.*
529. *D'Angers*, sur la Discipl. dans *Lab.* seul T. IV. On le dit douteux.
530. *D'Angers*, il en est parlé dans *Hard.* Tome II.
530. *De Reims*, sur la réformation des mœurs. *Reg.* XI. *L.* IV. *H.* II.
530.* *De Rome*, où le Pape Boniface élit son successeur contre les saints Canons. *Ibid.*
530. *De Rome*, où le Pape Boniface casse cette élection en présence du Clergé & du Sénat Romain. *Ibidem.*
531. *De Tolède*, sur la Discipline. *Ibidem.*
531. *De Larisse* en Thessalie, pour y ordonner un Evêq. *Baluz.* seul.
531. *De Constantinople*, sur les droits du Patriarchat de Constantinople. *Baluz. in Collect.*
531. *De Rome*, sur le Gouvernement de l'Illyrie. *Lab.* IV. *Hard.* II. manque *in Regia.*
532. *De Rome*, sur les matières de la foi, contre les Eutychéens. *Regia* XI. *Lab.* IV. *Hard.* II.

517. *Jean* Patriarche de Constantinople ; trois Lettres au Pape Hormisdas : *in Collect. Conciliorum.*

517. *Epiphane* Prêtre de Constantinople ; quelques Lettres au Pape Hormisdas : *in Collect. Conciliorum.*

517. *Possessor* Evêque en Afrique ; Lettre à Hormisdas : *in Collect. Conciliorum.*

520. *Jean Maxence* Moine de Scythie & Diacre d'Antioche ; diverses Lettres, Profession de foi & Traités contre les Nestoriens & Eutychéens. *in Biblioth. Patrum.*

520. *Trifolius* Prêtre ; Epitre en vers contre les Eutychéens : *in Collectione Conciliorum, Lab. T. IV.*

520. *Laurent* Evêque de Novarre ; quelques Homélies : *in Biblioth. Patrum & Analectis Mabillonii.*

521. *Orientius* Evêque d'Elvire en Espagne ; Avertissement aux Fidèles en vers héroïques : *in Biblioth. Patrum, & apud* Martène, *in Thesauro Anecdotorum*, in-fol.

521. *Boëce* ou Anicius Manlius Torquatus Severinus Boëthius. Tel est le nom de cet Ecrivain, qui a donné divers écrits de Philosophie & de Théologie, & un Livre célèbre de morale : De la consolation de la Philosophie. *Ejus opera*, in-fol. *Basileæ* 1570, *& Venetiis* 1571, *de consolatione*, in-8°. *cum Notis Variorum* 1671, *& ad usum Serenissimi Delphini*, in-4°. *Paris* 1680. assez rare.

522. *Théodore* Lecteur de Constantinople ; Histoire Ecclésiastique, dont il ne reste que des fragmens, *apud Valesium in Hist. Eccles.*

523. *S. Ephrem* Evêque d'Antioche, avoit fait plusieurs Traités de Religion contre l'hérésie des Eutychéens, dont il ne reste que des fragmens, *apud Photium in Bibliothecâ.*

523. *Procope* de Gaze ; un Commentaire sur le Pentateuque & quelques autres Livres de l'Ecriture Sainte, a été imprimé séparément.

525. Le Comte *Marcellin* ; Chroniques jusqu'à l'an 535, *apud Sirmundum & in Eusebio Scaligeri.*

527. *Justinien*, fait Empereur en 527 ; plusieurs Edits sur des matières Ecclésiastiques, & plusieurs autres Traités sur des matières de Religion, qu'il fit faire & qu'il adopta : *in corpore Juris Civilis, & in Collectionibus Conciliorum.*

527. *Agape* Diacre de Constantinople ; Traité sur le gouvernement des Etats : *in auctario Combeficii* T. II.

527. *Denys le Petit* Moine de Scythie ; Collection des Canons & des Lettres des Papes : *in Bibliotheca Juris Canonici Justelli*, in-fol. Paris 1661.

530. *Cassiodore*, nommé Magnus Aurelius Cassiodorus, se fit Moine & mourut Abbé l'an 565 ; plusieurs Lettres très-instructives, une Histoire Tripartite, quelques Commentaires sur l'Ecriture Sainte & divers Traités sur les Sciences & l'Histoire. *Ejus opera*, in-fol. *Rothomagi* 1679, 2 vol.

530. *S. Benoît*, le Patriarche de tous les Moines d'Occident, mort en 543. Voyez *Mabillon*, Annales Benedict. Tome I. Sa *Regle*, qui se trouve traduite & commentée par ses Disciples.

530. *Montanus* Evêque de Tolède ; Lettres, *in Labbæi* T. IV. *Conc.*

PAPES.

LVIII.
533. *Jean II.* le 23 Janvier.
Gouverne 2 a. 4 m. 6 j.
† Le 28 Mai 535.
Le siége vaque 5 j.

LIX.
535. *Agapet* le 3 Juin.
Gouverne 10 m. 19 j.
† Le 22 Avril 536.
Le siége vaque 1 m. 7 j.

LX.
536. *Sylvere* le 30 Mai.
Gouverne 2 a.
Meurt au mois de Juin 538.
Le siége ne vaque pas.
537. *Vigile* VIe Antipape.

LXI.
538. *Vigile* devient Pape légitime au mois de Juin.
Gouverne 16 a. 7 m.
† Le 15 Janvier 555.
Le siége vaque 3 m. 7 j.

LXII.
555. *Pélage I.* le 18 Avril.
Gouverne 4 a. 10 m. 14 j.
† Le 2 Mars 560.
Le siége vaque 4 m. 30 j.

LXIII.
560. *Jean III.* le prem. Août.
Gouverne 12 a. 11 m. 22 j.
† Le 3 Juillet 573.
Le siége vaque 10 m. 3 j.

RITS ET RELIGIEUX.

533. Mort de *S. Lié* Solitaire en Berry.
538. *S. Leonard* établit une Communauté de Solitaires à Vanvre au Maine; il meurt en 570.
540. Religieuses de *S. Céfaire* d'Arles.
542. Fête de la *Purification* de la Sainte Vierge, établie.
543. Mort de *S. Benoît* père & chef des Moines d'Occident, & de sainte *Scholastique* sa sœur.
544. Sainte *Radegonde* Reine de France, quitte le monde & le Roi son mari, à 25 ans, & reçoit des mains de S. Medard le voile sacré.
555. Fondation de l'Abbaye de *S. Vincent* lès Paris, aujourd'hui *S. Germain des Prés*, par le Roi Childebert.
557. Mort de *S. Cyriaque* ou *Quiriace* Solitaire en Palestine.
559. Fondation du Monastère de *Sainte Croix* de Poitiers, par sainte Radegonde femme du Roi Clotaire I.
569. Sainte Radegonde obtient de l'Empereur Justin II. un morceau de la vraie Croix pour son Abbaye de Poitiers, dédiée sous le titre de *Sainte Croix*.

CONCILES.

533. *Conférence* entre les Catholiques & les Severiens. *Reg.* T. XI. *Lab.* Tome IV. *Hard.* Tome II.
533. *D'Orléans*, sur la Discipline. *Ibidem.*
534. *D'Afrique* ou *Carthage*, pour recouvrer les biens de l'Eglise, usurpés par les Vandales. *Ibidem*, & Mabillon *in Analectis*.
535. *D'Auvergne* ou *de Clermont*, sur la Discip. Ecclés. *Regia* XI. *Lab.* IV. *Hard.* II. *Gall. Chr.* T. II. pag. 12 A. & III. p. 624 B.
536. *De Constantinople & de Jérusalem*, contre Antime & Severe, Eutychéens Acéphales. *Reg.* XI. *Lab.* V. *Hard.* II.
536.* *De Thibe* en Arménie, des Eutychéens. *Pagi ad Baron.*
536.* *De Constantinople*, par les Eutychéens. *Fabricius in Synod.*
536. *D'Orléans*, *Gall. Chr.* Tome IV. pag. 342.
538. *De Syrie*, contre les Origénistes. *Ibidem.*
538. *De Constantinople*, contre les Origénist. *Garnier de V. Synodo.*

533. Mort de S. *Fulgence* Evêque de Ruspe en Afrique, & de S. *Remy* Evêque de Reims.

538. S. *Malo* passe de la Grande-Bretagne sur les côtes de la petite Bretagne avec quelques Missionnaires, & devient premier Evêque d'Aleth, aujourd'hui S. Malo.

543. Mort de sainte *Clotilde* Reine de France, âgée d'environ 66 ans: d'autres néanmoins reculent cette mort jusqu'à 548.

543. Le Roi *Childebert* rapporte d'Espagne l'étole de S. *Vincent* Martyr; elle est mise à Paris dans l'Eglise qui fut bâtie sous son nom, & depuis appellée S. Germain des Prés.

544. Naissance de S. *Grégoire* de Tours, qui est né en Auvergne & fut depuis Evêque de Tours.

545. Mort de S. *Medard* Evêq. de Noyon & de Tournai, Evêchés réunis en sa personne.

551. S. *Cloud* petit-fils du Grand Clovis, est ordonné Prêtre à l'âge de 29 ans; il se retire en solitude, & l'on ignore le tems de sa mort.

555. S. *Germain* est fait Evêque de Paris.

535. *Barsaniens*, publioient que Jesus-Christ n'avoit souffert qu'en apparence.

535. Jacques Barduc *Zanzale*, Syrien & faux Evêque, après avoir été Eutychéen, enseigne de nouvelles erreurs; que le baptême d'eau étoit inutile, & qu'il falloit baptiser par le feu, ou l'application d'un fer rouge. Ses Disciples, nommés *Zanzaliens* ou *Jacobites*, ont fait plusieurs branches qui ont augmenté leurs erreurs.

538. Les *Origénistes* font beaucoup de bruit.

540. *Monothélites*; qui faisoient une branche des Eutychéens; ne reconnoissoient qu'une volonté en J. C. qui étoit la volonté divine. *Théodore* Evêque de Pharan en Arabie, est auteur de cette Hérésie, qui a fait beaucoup de bruit dans l'Eglise, & qui a été condamnée par le Concile général de Constantinople en 680.

560. Les *Tritheites*, dont l'auteur fut Jean *Philoponus* Grammairien, qui soutenoit dans la Sainte Trinité trois Dieux, & nioit la Résurrection.

ÉCRIVAINS.

536. *Zacharie* le Scholastique, Evêque de Mitilène; Dissertation contre l'éternité du monde: *in Bibliothecis Patrum.*

538. Le Pape *Vigile*; quelques Lettres: *in Collect. Conciliorum.*

540. *Nicetius* Evêque de Trêves; un Traité des Veilles & de la Psalmodie, & deux Lettres: *in Spicilegio Dacherii.*

540. *Cosme* Egyptien; Cosmographie Chrétienne: *in Collect. Veterum Patr. Græcor. D. Bernardi* de Montfaucon, *Paris* 1706.

542. *Arator* Intendant des Finances d'Athalaric; les Actes des Apôtres en vers, & une Lettre: *Bibliothecis Patrum.*

544. *Juste* Evêque d'Urgel; une Lettre & un Commentaire sur le Cantique des Cantiques: *in Spicilegio.*

546. *Cyrille* Moine de Scythople; vie de l'Abbé Euthime: *in Surio.*

550. *Facundus* Evêque d'Hermiane en Afrique; un Ouvrage pour défendre les trois Chapitres: *in Bibl. Patr. & apud. Sirmundum.*

538. *D'Orléans*, pour la Discipline. *Reg.* T. XI. *Lab.* V. *Hard.* II.
540. *D'Orléans*, sur la Discipline. *Ibidem.*
540. *De Barcelone*, sur la Discipline. *Ibidem.*
541. *De la Byzacène* en Afrique, pour députer vers l'Emp. Justinien. *Ibidem.*
541. *D'Orléans*, sur la Discipline. *Ibidem.*
545. *D'Auvergne*, pour la conservation des anciens droits de l'Eglise. *Regia* Tome XI. *Labbe* Tome V. *Hard.* Tome II.
545. *D'Orléans*, pour le rétablissement de l'Evêque Marc. *Ibidem.*
546. *De Lerida & de Valence*, sur la Discipline. *Aguirre* II.
548. *De Constantinople*, où l'on condamne les trois Chapitres, c'est-à-dire, les Ecrits de Théodore Evêque de Mopsueste, Ibas Evêque d'Edesse, & Théodoret Evêque de Cyr. *R.* XI. &c. Dispute qui a fait beaucoup de bruit dans l'Eglise, même dans ces derniers tems.
549. *D'Orléans*, sur la Discipline. *Ibidem & Baluz. in Collect.* manque dans les trois autres Collections.
549. *D'Auvergne* ou *de Clermont*, où l'on reçoit le Concile d'Orléans de la même année. *Regia* XI. *Lab.* V. *Hard.* II. *Gall. Chr.* Tome II. page 13. *& III.* page 1236.
550. *Mopsueste*, contre la mémoire de l'Ev. Théodore. *Ibidem.*
550. *De Tulles* en Limosin, sur la Discipline Ecclésiast. *R.* T. XI. *Lab.* T. V. *Hard.* T. II.
550. *De Metz*, où l'on sacre Caurinus Evêque d'Auvergne. *Ibid.*
550. *D'Illyrie*, sur les trois Chapitres. *Baluz.* seul.
551.* *D'Afrique*, où l'on excommunie le Pape Vigile. *Baluz. in Collect.* manque dans les autres Collections.
551. *De Paris*, *Gall. Chr.* Tome VI. page 612.
552. *D'Orléans*, contre les Nestoriens & Eutychéens. *Regia* XI. *Labbe* V. *Hard.* II.
553. DE CONSTANTINOPLE, Ve Concile général, assemblé sous le Pape Vigile & sous l'Empereur Justinien. On y condamne les erreurs d'Origène & les trois Chapitres. *Regia* XII. *Labbe* V. *Hard.* III. & *Baluz. in nova Collect. Conciliorum.*
553. *De Jérusalem*, qui reçoit le Concile général de Constantinople. Dans les mêmes Collections.
553.* *D'Aquilée*, où les Evêques d'Occident se déclarent contre le cinquième Concile général de Constantinople, qu'ils prétendent contraire à celui de Calcédoine, ce qui occasionna une division qui dura environ un siècle.
553. & 554. *D'Arles* en Provence, sur la Discipline. *Reg.* T. XII. *Lab.* T. V. *Hard.* T. II. *Gall. Chr.* T. I. p. 394, & III. p. 113.
555. *De Paris*, où l'on dépose Saffaracus Evêque de cette ville. *Ibid.*
555. *De la petite Bretagne*, contre Maclou Evêq. de Vannes. *Lab.* V. *Hard.* III. manque *in Regia.*
557. *De Paris*, contre ceux qui perdoient le respect dû aux Eglises & qui la troubloient par leur ambition. *R.* XII. *Lab.* V. *H.* III.
560. *De Landaff* en Angleterre, où l'on excommunie Mouric Roi de Clamorgan, pour assassinat. *Ibidem*, & *Anglic.* Tome I.

La suite page suivante.

CONCILES.

560. Autre de *Landaff*, où le Roi Mouric reçoit l'absolution d'un meurtre par lui commis. *Ibidem*, & *Anglic.* Tome I.

560. Troisième de *Landaff*, où l'on excommunie Guinerth, pour avoir assassiné son frère pour parvenir à la Couronne. *Ibidem*, & *Anglicana Collect.* Tome I.

560.* *De Constantinople*, par les Eutychéens, Sectateurs de Julien d'Halicarnasse. *In Synodico Veteri, apud Albertum Fabricium* T. XI. *Bibl. Græc.* Ce Concile manque dans les autres Collections.

560. *D'Antioche*, pour la défense du Concile de Calcédoine. *In Synodico Veteri, ibidem.*

561. *De Braga* en Portugal, contre les Priscillianistes & quelques autres Hérétiques. *R.* XII. *L.* V. *H.* III.

562. ou 563. *De Saintes*, où Emmerius Evêq. Intrus fut déposé. *Ib.*

566.* *De Seleucie* en Perse, sur la Discipline. *Mansi.*

567. *De Lyon & de Tours*, sur la Discipline. *in Collect. Reg. &c.*

569. *De Lugo* en Espagne, pour la division des dioces. d'Espagne. *Ib.*

570. *De Lyon*, pour la paix & la conservation de l'Eglise. *Ibidem.*

572. *De Braga*, pour la Discipline. *R.* XII. *L.* V. *H.* III.

572. *De Lugo*, sur la Discipline. *R.* XII. *L.* V. manque dans *Hard.*

573. *De Paris*, sur un différend de l'Evêque de Chartres. *R.* XII. *L.* V. *H.* III.

575. *De Lyon* : ce fut une assemblée des Etats. *Ibidem.*

576. *De Paris*, sur un différend des Rois Gontram & Chilperic. *Ib.*

577. *De Paris*, contre Prétextat Evêque de Rouen. *Ibidem.*

578. *D'Auxerre*, sur la Discipline. *Ibidem.*

579. *De Châlons* sur Saone *Ib. Gall. Chr.* Tome IV. page 866.

579. *De Saintes*, au sujet du Comte d'Angoulême. *Ibidem.*

579. *De Mâcon*, *Gall. Chr.* T. IV. page 957.

ECRIVAINS.

550. *Prædestinatus* : c'est le titre d'un Ouvrage publié par le P. Sirmond Jésuite en 1643, & non d'un Auteur sujet à critique.

550. *Paul Silentiaire* ; Description du Temple de sainte Sophie de Constantinople.

553. *Liberat* Diacre de Carthage, a donné une Histoire abrégée des Nestoriens & des Eutychéens. *Liberati Breviarium*, 8°. Par. 1675.

555. Le Pape *Pélage I.* plusieurs Lettres : *in Collect. Conciliorum.*

558. *Agnellus* Evêque de Ravenne ; une Lettre touchant la foi : *in Bibliothecis Patrum.*

560. *Bandoninie* Religieuse ; suite de la vie de Ste Radegonde : *in Surio.*

560. *S. Germain* Evêque de Paris ; Lettre à la Reine Brunehaut : *in Collect. Conciliorum.*

560. *Jean le Scholastique* Patriarche de Constantinople ; Collection des Canons : *apud Justellum Biblioth. Juris Canonici.*

560. *Victor* Evêque de *Tunnone* en Afrique ; une Chronique qui commence l'an 444 & finit l'an 565, il est mort en 569 : *in Euf. Scalig.*

PAPES.

LXIV.
574. *Benoît I.* le 27 Mai.
Gouverne 4 a. 1 m. 28 j.
† Le 25 Juillet 578.
Le siége vaque 4 m. 3 j.

LXV.
578. *Pélage II.* le 27 Novembre.
Gouverne 11 a. 2 m. 16 j.
† Le 12 Février 590.
Le siége vaque 6 m. 22 j.

LXVI.
590. *S. Grégoire* le Grand 3 Sept.
Gouverne 13 a. 6 m. 19 j.
† Le 12 Mars 604.
Le siége vaque 5 m. 17 j.

RITS ET RELIGIEUX.

581. *S. Claude* Evêque de Bezançon retiré à *Condat*, dont il devient Abbé : c'est l'Abbaye de *S. Claude*, aujourd'hui Ev.
587. Mort de sainte *Radegonde*, Religieuse à Poitiers, âgée de 68 ans.
590. *S. Colomban* passe d'Irlande en France, & se retire dans les déserts d'Austrasie.
592. La regle de S. Colomban est observée à *Luxeul*, au Nord de la Franche-Comté.
597. Religieuses de *S. Isidore* de Seville en Espagne.

CONCILES.

580. *De Brenne*; Grégoire de Tours y est absous. R. XII. L. V. H. III.
581. *De Lyon*, sur les Mœurs. *Ib.* En 583. *Gall. Chr.* T. IV. page 37.
581. *De Macon*, sur les Mœurs. *Ib.* En 583. G. *Chr.* T. IV. p. 1041.
584. *De Macon*, sur les Mœurs. *Ib.* En 585. *Gall. Chr.* Tome II. page 15, & III. page 163.
584. *De Rouen*, sur l'Abbaye de S. Lucien de Beauvais. *Bessin.*
584. *De Valence*, *Gall. Chr.* Tome I. page 394.
586. *D'Auvergne* ou *de Clermont*, sur l'Evêq. de Rhodez. R. XIII. L. V. H. III. Le *G. Chr.* T. II. p. 15, le met en 584.
587. *De Lyon*, en faveur des Pauvres Ladres. *Reg. &c.*
588. *De Constantinople*, en faveur de Grégoire d'Antioche. *Ibidem.*
588. En *Normandie*, sur Prétextat Evêque de Rouen. *Bessin.*
588. *D'Embrun*, *Gall. Chr.* Tome III. page 1063.
589. *De Valence*, sur les biens d'Eglise. R. XIII. L. V. H. III.
589. *De Tolède*, où les Goths abjurent l'Arianisme. *Ibidem.*
589. *De Narbonne*, sur la Discipline. *Ibidem.*
589. *De Saurci* (*Sauriacum*). *Ibid.* & *Grégoire de Tours*, lib. IX.
589. *De Poitiers* & *de Châlons*, contre des Religieuses. *Ibidem.*
590. *De Seville*, pour la Discipline. R. XIV. L. V. H. III.
590. *De Rome*, pour la réunion des Schismatiques. *Ibidem.*
590. *De Metz*, contre Gilles Evêque de Reims. *Ibidem.*
590.* *De Numidie*, rejetté par S. Grégoire. *Ibidem.*
590. *D'Autun*, contre des Religieuses réfractaires. Mabillon, *Annal. S. Benedict.* Tome I. page 196.
592. *De Poitiers*, contre deux Religieuses rebelles. R. XIV. &c.
592. *De Sarragoce*, contre le reste des Ariens. *Ibidem.*
594. *De Châlons* sur Saone, sur l'Office Divin. *Ibidem.*
595. *De Rome*, pour Jean Prêtre de Calcédoine. *Ibidem.*
597. *De Tolède*, pour la Discipline. *Ibid.* On le croit supposé.
598. *D'Huesca*, pour tenir des Synodes. R. XIV. L. V. H. III.
599. *De Barcelone*, contre la Simonie. *Ibidem.*

GRANDS-HOMMES. | HÉRÉS. ET PERS.

576. Mort de *S. Germain* Evêque de Paris.

580. Naiss. de *S. Arnould* Evêq. de Metz, & qui selon plusieurs Auteurs, fut chef de la seconde Race des Rois de France.

590. *S. Prétextat* Ev. de Rouen, est assassiné dans son Eglise.

596. Mort de *S. Grégoire* Evêque de *Tours*; âgé de 51 ans.

598. Etablissement du Siége Episcopal de *Cantorberi* en Angleterre, par *S. Augustin* Moine venu de Rome.

577. *Contestation* en France & en Espagne pour savoir quel jour on devoit célébrer Pâques, ou le 18 ou le 25 Avril.

580. *Leuvigilde* Roi Goth d'Espagne & Arien, commence à persécuter les Catholiques; mais le fort de la persécution fut l'an 584. Elle fut si violente, que ce Prince n'épargna pas même son propre fils Hermenigilde, qu'il fit mourir, soit en haine de la foi, soit pour avoir pris les armes.

ÉCRIVAINS.

565. *Venantius Fortunatus* Evêque de Poitiers; des Poésies, plusieurs vies des Saints. *Ejus opera*, in-4°. *Paris* 1624.

570. *Grégoire* Evêq. de *Tours* l'an 574; l'Histoire des François, huit livres des miracles & autres ouvrages. *Ejus op.* in-fol. *Paris* 1699.

570. *Ferreolus* Evêque d'Uzès, fils d'Ansbert & de Blitilde; Regle pour les Moines: *Holstenius in Codice Regularum*.

578. Le Pape *Pélage II.* quelques Lettres: *in Collect. Conciliorum*.

578. *Anastase Sinaïte* Moine du Mont Sinaï, puis Evêq. d'Antioche en 561, a écrit contre les Acéphales, &c. *In Biblioth. Patrum*.

579. *Evagre* le Scholastique; une Histoire Ecclésiast. *apud Valesium in Hist. Eccles.*

579. *S. Jean* surnommé *Climaque*, du titre de son principal Livre, traduit en François par M. Arnaud d'Andilly. *Ejus op. Gr. Lat.* in-fol. *Paris* 1633.

580. *Jean le Jeûneur* Patriarche de Constantinople; des Homélies: *apud Chrysostom.* & deux Pénitentiels, *apud Morinum de Pœnit.*

580. *Eustratius* Prêtre de Constantinople, sur l'ame de ceux qui sont morts & la vie du Patriarche Eutychius: *Allatius de Concordia Occidentalium & Orientalium, & Bollandus in Apr. mense die 6.*

590. *S. Grégoire* savant Pape, & l'un des quatre Docteurs de l'Eglise Latine, a laissé beaucoup d'Ouvrages, où il s'attache sur-tout à la Morale. *Ejus opera*, à Benedict. in-fol. *Paris* 1705, 4 vol.

590. *S. Léandre* Evêque de Seville; des divers Traités qu'il avoit faits il ne reste qu'une Regle pour les Vierges, & un Discours sur la conversion des Goths: *in Biblioth. Patrum*.

590. Jean *Philoponus*, mis page 381 au nombre des Trithéïtes, a écrit sur l'Hexameron in-4°. *Vindobonæ* 1630; aussi de l'éternité du monde contre le Philosophe Proclus, in-fol. *Venetiis.* 1535. Il a fait encore d'autres ouvrages.

593. *S. Simeon Stylite* le jeune, mort en 595; une Lettre: *in Concilio II. Nicæno, & in Collect. Conciliorum.*

PAPES. | RITS ET RELIGIEUX.

SEPTIEME SIÉCLE.

LXVII.
604. *Sabinien* le 30 Août.
Gouverne 1 a. 5 m. 4 j.
† Le 2 Février 606.
Le siége vaque 11 m. 17 j.

LXVIII.
607. *Boniface III.* le 19 Janvier.
Gouverne 8 m. 22 j.
† Le 20 Octobre 607.
Le siége vaque 10 m. 3 j.

LXIX.
608. *Boniface IV.* le 23 Août.
Gouverne 6 a. 8 m. 15 j.
† Le 7 Mai 615.
Le siége vaque 5 m. 11 j.

LXX.
615. *Deusdedit* 19 Octobre.
Gouverne 3 a. 20 j.
† Le 7 Novembre 618.
Le siége vaque 1 m. 16 j.

SEPTIEME SIÉCLE.
606. Mort de *S. Jean Climaque*, Abbé du Mont Sinaï.

607. Consécration du *Panthéon* à Rome par le Pape Boniface, en l'honneur de la sainte Vierge & des Saints Martyrs.

S. Colomban chassé par Thierry Roi de Bourgogne, se retire dans les Etats de Clotaire II. puis de Théodebert.

612. Après la mort de Théodebert Roi d'Austrasie, S. Colomban se retire à *Bobio* en Italie & y fonde une Abbaye.

614. *S. Gal* établit une Abbaye dans le Diocèse de Constance.

615. *S. Colomban* meurt à Bobio en Lombardie.

617. Sainte *Fare* fonde *Farmoutier* en Brie, & en est Abbesse.

CONCILES.

SEPTIEME SIÉCLE.

601. *De Rome* dit de *Latran*, en faveur des Religieux. *R.* XIV. *L.* V. *H.* III.

601. *De Rome*, où l'on condamne André imposteur. *Ibidem*.

601. *De Worchester* en Angleterre, sur la Discipline, assemblé par Augustin prem. Archevêque de Cantorberi. *Ibid. & Anglic.* I.

602. *De la Byzacène*, contre Clementius accusé de crimes. *Ibid.*

603. *De Châlons sur Saone*, pour la déposition de Didier Evêque de Vienne. *Ibidem*.

604. *De la Numidie*, contre la Simonie, &c. *R.* XIV. *L.* V. seuls.

605. *De Cantorberi*, pour confirmer la fondation de l'Abbaye de S. Pierre & S. Paul, la première qu'on ait bâtie en Angleterre. *R.* XIV. *L.* V. *Angl.* I. *Mansi* le met en 606.

605. *De Londres*, pour l'Evêque Augustin. *Angl.* Tome I.

606. *De Rome*, sur l'élection des Papes. *R.* XIV. *L.* V. seuls.

610. *De Rome*, en faveur des Moines & de l'Eglise d'Angleterre. *R.* XIV. *L.* V. *H.* III.

610. *De Tolède* en Espagne, sur la Primatie de cette Eglise. *Ibid.*

614. *De Terragone*, pour la Discipline. Ce Concile est aussi nommé *Egarense*. *Ibidem*.

615. *De Paris*, sur les différends des Evêques. *Ibidem*.

616. De la Province de *Kent* en Angleterre, contre la barbarie des Saxons. *Ibidem*.

619. *De Seville*, sur la Discipline & contre les Eutychéens Acéphales. *R.* Tome XIV. *L.* Tome V. *H.* Tome III.

623. *De Macon.* *Gall. Chr.* Tome IV. page 1039.

GRANDS-HOMMES. | HÉRES. ET PERS.

SEPTIÈME SIÉCLE.

601. Mort de *S. Léandre* Evêque de Seville en Espagne.
604. Mort de *S. Augustin* Missionnaire Apostolique en Angleterre & prem. Evêq. de Cantorberi. *S. Juste* Missionnaire, est fait Evêque de Rochester en Angleterre, puis de Londres & de Cantorberi.
608. *S. Jean l'Aumônier* est fait Patriarche d'Alexandrie en Egypte.
609. Mariage de *S. Arnould*, chef de la deuxième Race des Rois de France, avec la Bienheureuse Dode.
614. *S. Arnould* veuf, est élu Evêque de Metz.
616. Mort de *S. Jean l'Aumônier* Patriarche d'Alexandrie.

SEPTIÈME SIÉCLE.

609. *Mahomet* a fait une Religion nouvelle du Judaïsme & du Christianisme, avec les idées qu'il y a jointes. Il n'admet qu'une personne en Dieu ; que Dieu prédestine les hommes au bien & au mal ; que Jesus-Chr. étoit le Prophète du Seigneur, crucifié seulement en apparence ; que quoique J. C. ne soit pas mort, cependant il mourra & ressuscitera ; que les Démons seront sauvés ; que la seule Circoncision est nécessaire ; enfin que Mahomet est le plus grand des Prophètes & l'Envoyé de Dieu. Il permet toute volupté des sens, la polygamie & le divorce. *L'Alcoran* contient sa Religion.

ECRIVAINS.

SEPTIÈME SIÉCLE.

601. *S. Isidore*, élu Evêque de Seville en 601, mort en 636, dont on a l'*Etymologicon* ou origines sur les sciences profanes, quelques Traités de Grammaire & de Philosophie, une Chronique jusqu'en 625 ; une Histoire des Goths & des Vandales ; quelques Commentaires sur l'Ecriture Sainte ; des Traités de morale, & des vies des Saints. *Ejus opera*, in-fol. *Paris* 1580. 1601 *à Jacobo du Breul Benedict. & Coloniæ* 1617.
601. *Nicéphore* d'Antioche ; vie de S. Simeon Stylite le jeune : *apud Bollandum, Maio mense*.
603. *S. Colomban* Abbé de Luxeul & de Bobio ; des Poésies & des Epitres ; une Regle & un Pénitentiel pour les Moines, avec quelques autres Traités de Doctrine : *in Bibliothecis Patrum*.
610. *Hesychius* Prêtre de Jérusalem ; Commentaire sur le Lévitique & quelques Sermons : *in Bibl. Patrum*, imprimé aussi séparément.
617. *Sophronius* Evêque de Jérusalem ; une Lettre Synodique & quelques Sermons : *in Auctario Combeficii*.
617. *Paul* Diacre de Merida ; vie des Pères de Merida, *in-4°. Antuerpiæ* 1635.
617. Jean *Moschus* Prêtre & Moine ; le Pré spirituel, sur la vie des Pères des Déserts ; mais où M. Arnaud d'Andilly a retranché beaucoup de choses en le traduisant en François : *Rosweidus in Vitis Patrum*, in-fol. *Antuerpiæ* 1615.

PAPES.

LXXI.
618. *Boniface V.* 24 Décembre.
Gouverne 5 a. 10 m.
† Le 24 Octobre 624.
Le siége vaque 1 a. 3 j.

LXXII.
625. *Honoré I.* 27 Octobre.
Gouverne 12 a. 11 m. 16 j.
† Le 12 Octobre 638.
Le siége vaque 1 a. 7 m. 17 j.

LXXIII.
640. *Severin* 28 Mai.
Gouverne 2 m. 5 j.
† Le 2 Août 640.
Le siége vaque 4 m. 22 j.

LXXIV.
640. *Jean IV.* 24 Décembre.
Gouverne 1 a. 9 m. 18 j.
† Le 12 Octobre 642.
Le siége vaque 1 m. 12 j.

RITS ET RELIGIEUX.

620. *S. Romaric* fonde deux maisons à *Remiremont* en Lorraine, l'une pour des Dames, dont la Bienh. *Maclefelde* est la premiere Abbesse, & l'autre pour des hommes, dont *S. Amat* est premier Abbé.

622. Mort de *S. Valery* reclus au pays de Vimeux en Picardie.

627. Abbaye de *S. Valery* fondée par *S. Blimond* son disciple.

629. *S. Arnould* quitte l'Evêché de Metz & le ministère de l'Etat, pour se retirer dans la solitude.

631. *S. Eloy* fonde l'Abbaye de S. Martial ou sainte Aure à Paris.

635. Le corps de *S. Antoine* Patriar. des Cénobites, porté d'Alexandrie à Constantinople.

CONCILES.

627. *De Macon*, en faveur de la Regle de S. Colomban. *R.* XIV. &c.

628. *De Clichi* près Paris (Clipiacum). *L. V. H.* III. manque *in R. Le Gall. Chr.* T. I. p. 394, le met en 625. *ex Flodoardo.*

630. *De Reims*, pour la Discip. Ecclés. *R.* XIV. *L. V. H.* III.

630.* *D'Ecosse*, où l'on veut que la Pâque se célèbre le XIV. de la Lune de Mars. Voyez *Pagi, ad. an.* 633.

633.* *De Constantinople*, par les Monothél. *R.* XIV. *L. V. H.* III.

633.* *D'Alexandrie*, par Cyrus Monothélite. *Ibidem.*

633. *De Tolède*, sur la Discipline. *Ibidem.*

636. *De Tolède*, on y regle le tems des Litanies & les Prières pour la prospérité du Roi Chintilla. *Ibidem.*

636. *De Clichy* près Paris. *H.* III. manque *in R. & L.*

637. *De Tolède*, où le Roi Chintilla ou Suintilla détermine de chasser les Infidèles de ses Etats. *R.* XIV. *L. V. H.* III.

638. Autre *de Tolède*, sur la Discipline. *R.* XIV. *L. V. H.* III.

638. *De Jerusalem*, pour envoyer à Rome les Reliques de S. Ignace Martyr. Tillemont, *Mémoires Ecclésiast.* Tome II.

639.* Deux *de Constantinople*, où l'on confirme l'Ecthèse ou l'Edit de l'Empereur Héraclius en faveur des Monothélites. *Reg.* XIV. *Lab.* V. *Hard.* III.

640. *De Rome*, où l'on condamne le Concile précédent. *Ibidem.*

642. *D'Orléans*, contre les erreurs que l'on répand en France. *Ibid.* On le marque en 645, mais il est de 642. *Mansi.*

643. *De Cypre*, contre les Monothélites. *Ibidem.*

645.* *De Misibe*, par les Nestoriens. *Mansi.*

646. *De Numidie* & de la *Byzacène*, contre les Monothélites. *Ibid.*

GRANDS-HOMMES. | HÉRÉS. ET PERS. 389

622. *S. Arnould* Evêque de Metz est premier Ministre de Dagobert Roi d'Austrasie.

626. Naissance de sainte *Vaudru*.

628. L'Empereur Héraclius ayant recouvré la vraie Croix, la porte à Jérusalem, d'où elle avoit été enlevée par les Perses 14 ans auparavant, & il rétablit le Patriarche *Zacharie*.

636. *Mort de S. Isidore* Evêque de Seville, âgé de 80 ans.

640. Mort du Bienh. *Pepin* deLanden ou de Brabant, Maire du Palais d'Austrasie : ce fut l'un des ancêtres de Pepin le Bref, chef de la deuxième Race des Rois de France.

641. Mort de *S. Arnould* Evêque de Metz, retiré à Remiremont.

622. Fuite de *Mahomet*, où commence l'*Hégire* ou l'Epoque des Arabes, Turcs, Maures, Persans & généralement de tous les Mahométans. Mais leur année est lunaire, ainsi d'onze jours plus courte que l'année des autres nations. C'est vers ce tems-ci que les *Mahométans* commencent à faire de grands progrès, & qu'ils étendent leur Religion par la voie des armes.

629. *Sergius* Patriarche de Constantinople, est un des plus zélés défenseur des *Monothélites*, dont les erreurs font dans ce siécle beaucoup de ravages dans l'Eglise : il trompa par ses lettres le Pape *Honorius*.

ÉCRIVAINS.

620. *Boniface V.* Lettres sur la conversion des Anglois.

620. *Martin* Evêque *de Brague*, fait une Collection des Canons & des Conciles d'Espagne.

620. *George*, Patriarche d'Alexandrie ; vie de S. Jean Chrysostôme & autres ouvrages : *in operibus S. Joan. Chrysostomi.*

625. Le Pape *Honorius*, plusieurs Lettres : *in Collect. Conciliorum.*

638. *Braulion* Evêque de Sarragoce, a fini les Etymologies de S. Isidore, a fait l'éloge de ce Saint & la vie de quelques autres. On a supposé sous son nom quelques autres ouvrages.

640. *George* Diacre de Constantinople ; l'Histoire de la création du monde en vers ; Traité de la vanité du monde aussi en vers. On lui attribue le *Chronicon Alexandrinum*, & quelques Sermons.

640. *Eugène* Evêque de Tolède ; quelques Poésies & deux Traités de la Trinité, l'un en vers & l'autre en prose.

640. *S. Eloy* Evêque de Noyon ; quelques Instructions & des Homélies : *in Biblioth. Patrum.*

641. *Apollonius* Evêque de Novare, Poéme sur la ruine de Jérusalem par les Empereurs Tite & Vespasien. *Ibidem.*

641. Le Pape *Jean IV.* quelques Lettres : *in Collect. Conciliorum.*

641. *George* Eleusius Prêtre de Constantinople ; vie de S. Théodore Abbé de Sicé & depuis Evêque.

641. *Thalasius* Moine Grec ; quelques Traités de piété : *in Auctario Græc. Lat. Bibliothecis Patrum. Frontonis Ducæi*, in-fol. Paris 1624.

641. *Fredegaire* : Chroniq. de l'Hist. de Fr. *cum Greg. Tur.*

PAPES.

LXXV.
642. *Théodore* 24 Novembre.
Gouverne 6 a. 5 m. 19 j.
† 13 Mai 649.
Le siége vaque 1 m. 22 j.

LXXVI.
649. *Martin I.* 5 Juillet.
Gouverne 6 a. 2 m. 11 j.
† 16 Septembre 656.
Le siége ne vaque pas.

LXXVII.
654. *Eugène I.* élu du vivant de Martin, peut-être par démission.
Gouverne 2 a. 9 m. 24 j.
† 2 Juin 657.
Le siége vaque 1 m. 28 j.

LXXVIII.
657. *Vitalien* 30 Juillet.
Gouverne 14 a. 5 m. 29 j.
† 27 ou 29 Janvier 672.
Le siége vaque 2 m. 13 j.

RITS ET RELIGIEUX.

645. Mort de *S. Riquier*, qui a fondé l'Abbaye de son nom.
647. Ste *Gertrude* fille du B. Pepin, est faite Abbesse de Nivelle.
652. *S. Guilhain* fonde l'Abbaye qui porte son nom, en Hainaut.
654. Fondat. de *Jumiege* Abbaye.
656. Ste *Bathilde* Reine de France, fonde l'Abbaye de Chelles.
660. Les *Reliques de S. Benoît* portées du Mont-Cassin à l'Abbaye de Fleury ou S. Benoît sur Loire ; & celles de sainte Scholastique sa sœur au Mans.
662. Fondation de l'Abbaye de *Hautvillers* en Champagne.
664. Mort de sainte *Gertrude*.
665. Ste *Bathilde* quitte la Cour & se fait Religieuse à Chelles.
670. M. de sainte *Amalberge* chez les Dames de Maubeuge.

CONCILES.

646. *De Mauritanie & de Carthage*, contre les Monot. R. XIV, &c.
646. *De Tolède*, sur les accidens pendant le S. Sacrifice. *Ibidem*.
648. *De Rome*, contre Paul & Pyrrhus Monothélites. *Ibidem*.
649. *De Rome*, contre les Monothélites, *R. XV. L. VI. H. III.*
650. (ou 644.) *De Châlons sur Saone*, pour la Discipl. *Ibid.* Le *Gall. Chr.* T. I. p. 898, le met en 644 ou 648. & *Mansi* en 644.
650. *De Rouen*, sur la Discipline. *Bessin*, *in Conc. Normaniæ*.
650, & 54.* *De Seleucie*, par les Nestoriens. *Mansi*.
653. *De Clichy*; Clovis II. confirme l'exemption de S. Denis. *Ib.*
653. *De Tolède*, sur la Foi & la Discip. *R. XV. L. VI. H.* III.
655. *De Tolède*, touchant les biens des Prêtres après leur mort. *Ib.*
656. *De Tolède*, sur la Discipline. *D'Aguire*, Tome II.
657. *De Sens* ; voyez le Cointe, *Annal. Francor.* ad. an. 657.
658. *De Nantes*, contre la pluralité des Bénéfices *R. XV.* &c.
659. *De Tolède*, sur la fête de l'Annonciation. *Ibidem*.
661. ou 663. *D'Autun* en Bourgogne, sous S. Léger Evêq. *Mabill. Annal.* Tome I. page 636. & *Gall. Chr.* Tome IV. page 350.
664. *De Phare*, sur la Pâque. *R. XV.* & *L. VI.* seuls, *Anglic.* I.
666. *De Merida* en Espagne, sur la Discip. *R. XV. L. VI. H.* III.
667. *De Rome*, pour Jean Evêq. de Lappa en Crete ou Candie. *Ibid.*
670. *D'Autun*, sur la Discipline. *R. XV. L. VI. H.* III.
(Ce Concile est de 676 selon J. Bouhier, *œuvres post. de D. Mab.* l. 526 & 531.)
670. *De Sens*, pour l'exemption de l'Abbaye de S. Pierre le vif à Sens. *Dacheri Spicileg. L. T. VI. H.* III. manque *in R.*

646. *S. Eugéne* est fait Evêque de Tolède en Espagne.
652. Mort de *S. Emmeran*, qui d'Evêque de Poitiers, devint Missionnaire en Bavière.
656. Martyre de *S. Lievin*, Apôtre du Brabant.
659. *S. Léger* est Evêq. d'Autun. Mort de *S. Eloy* Ev. de Noyon. A cette année finit la Période Victorienne de 532 ans, inventée par *Victorius* d'Aquitaine.
662. Mort de *S. Maxime*, persécuté par les Monothélites.
667. Mort de *S. Ildefonse* Evêq. de Tolède en Espagne.
669. *S. Léger* est fait Ministre d'Etat de Childeric II.
670. Conversion des Pictes ou Ecossois à la foi de J. C. par les prédications de *S. Colomban*.

648. Cette année parut un Edit de l'Empereur Constant, nommé le *Type*, donné en faveur des Monothélites; mais qui défendoit seulement d'agiter la question des deux volontés en Jesus-Christ. Cet Edit confirmoit l'*Edit* ou *Ecthèse* d'Héraclius, composé par le Patriarche Sergius l'an 638, qui défendoit pareillement de parler d'une ou deux opérations ou volontés en Jesus-Christ. Ce Type ou Ordonnance fut condamné par divers Conciles, & surtout par le sixième Concile général de l'an 680.
650. *Agionites*, branche des Abstinens, qui se disoient plus parfaits que les autres; mais cette hérésie est à peine connue & n'a eu que très-peu de suite.

ÉCRIVAINS.

642. Le Pape *Théodore*; quelques Lettres : *in Collect. Conciliorum*.
646. *Tayon* Ev. de Sarragoce; Instructions tirées du Pape S. Grég.
649. Le Pape *Martin I*; quelques Lettres : *in Collect. Conciliorum*.
650. *Antiochus*; Pandectes de l'Ecriture Sainte sur les devoirs des Chrétiens : *in Biblioth. Patrum*.
650. *Pantaléon*; des Sermons : *in Biblioth. Patrum*.
651. *Geafride* ou *Godefrid* Abbé en Angleterre; Traités sur la Pâque & la tonsure des Clercs : *apud Bedam*.
651. *Adelme* Abbé de Malmesburi en Angleterre; Traités sur la Pâque & la Virginité en vers & en prose : *in Bibl. Patrum*.
651. *Adaman* Abbé en Angleterre; Histoire de la Terre Sainte, & la vie de S. Colomban. *Mabillon*.
652. *Aponius*, sur le Cantique des Cantiques : *in Bibl. Patrum*.
652. *Cresconius* Evêque en Afrique; Collection des Canons : *in Bibliotheca Juris Canonici Justelli*.
652. *S. Ouen* Evêque de Rouen; vie de S. Eloy Evêque de Noyon.
652. *S. Maxime*, né à Constantinople l'an 580, fut Abbé du Monastère de Chrysople, a fait divers ouvrages, tant sur l'Ecrit. Sainte, que sur la vie spirituelle, & contre les Ariens & les Monothélites. *Ejus opera Græc. Lat.* in-fol. *Paris* 1675, 2 vol.
656. *S. Fructuose* Evêque de Brague; deux Regles : *apud Holstenium*.
657. Le Pape *Vitalien*; quelques Lettres : *in Collect. Conciliorum*.
658. *S. Ildefonse* Evêque de Tolède; sur les Ecrivains Ecclésiastiques, Lettres & des Sermons : *in Bibliot. Patrum, & in Spicilegio*.

PAPES.	RITS ET RELIGIEUX.
LXXIX.	673. Fondation de l'Abbaye de *Montirendé* ou *Montierender*, Diocèse de Châlons par *S. Bercaire*.
672. *Adeodat* 11 Avril. Gouverne 4 a. 2 m. 6 j. † 17 Juin 676. Le siége vaque 4 m. 15 j.	
LXXX.	675. Martyre de *S. Ayou* Abbé de Lerins & de plusieurs Religieux près de l'Isle de Sardaigne.
676. *Donus* 2-Novembre. Gouverne 2 a. 5 m. 10 j. † 11 Avril 679. Le siége vaque 2 m. 14 j.	
LXXXI.	679. Mort de *S. Dié* Evêque de Nevers, puis Abbé de *Jointure* en Lorraine.
679. *Agathon* 26 Juin. Gouverne 2 a. 6 m. 13 j. † 10 Janvier 682. Le siége vaque 7 m. 6 j.	680. Mort de sainte *Bathilde* Reine de France, & Religieuse à Chelles.
	680. Mort de *S. Guilhain*, Fondateur & premier Abbé du Monastère de son nom en Hainaut.
LXXXII.	
682. *Leon II.* 17 Août. Gouverne 10 m. 17 j. † 3 Juillet 683. Le siége vaque 11 m. 22 j.	683. *S. Ansbert* Abbé de S. Vandrille ou de *Fontenelle*, est fait Evêque de Rouen.

CONCILES.

673. *D'Herford*, sur la Discipline Anglicane & la Pâque. *R.* XV. *L.* VI. *H.* III. *Angl.* I.

675. *De Tolède*, sur la Discipline. *Ibidem*.

675. *De Brague*, contre la superstition de certains Prêtres, qui vouloient consacrer avec du lait. *Ibidem*.

678. *De Rome*, sur Wilfrid Evêque d'Yorck. *Ibid*.

678. *Marlacense* (Morlay en Champagne). *Gall. C. T.* III. p. 1064. & *Mabillon*, *Annal. T.* I. p. 541. *Mansi* le met en 677.

679. *D'Herfeld* en Angleterre, contre les Eutychéens & Monothélites. *R.* XVI. *L.* VI. *H.* III.

679. *De Milan*, contre les Monothélites. *Ibidem*.

679. *Des Gaules*, contre les Monothélites. *Ibidem*.

679. *De Rome*, contre les Monothélites. *R.* XVI. *L.* VI. *H.* III.

680. *De Rome*, *Gall. Chr.* Tome I. page 743.

680. *Romano-Britannique*, sur l'état de l'Eglise d'Angl. *R.* XVI. &c.

680. DE CONSTANTINOPLE, VIe Concile général, finit l'an 681. On y décida, contre les Monothélites, qu'il y avoit deux volontés en Jesus-Christ. *Ib.*

680. *D'Herfeld* en Angleterre, contre Eutychés & les Monothélites. *Angl.* Tome I.

680. *De Northumberland* en Angleterre. *Angl.* I.

681. *De Tolède*, sur la Discipline; Ervige est reconnu Roi. *Reg.* &c.

682. *De Rouen*, voyez ci-après 693, c'est le même Concile.

683. *De Tolède*, pour la famille Royale. *R.* XVII. *L.* VI. *H.* III.

684. *De Tolède*, contre les Monothélites. *Ib.*

684. De la province de *Cantorberi*, au *Monasticon Angl.* T. I.

GRANDS-HOMMES. | HÉRÉS. ET PERS. 393

673. *S. Léger* est dépouillé de son Evêché, condamné à mort par Childeric II. & renfermé à Luxeuil.

674. Ebroin chasse *S. Lambert* de l'Evêché de Mastreicht.

675. *S. Léger*, quoique rétabli dans son Evêché d'Autun, est persécuté, & a les yeux crevés par ordre d'Ebroin.

676. Naiss. de *S. Jean Damascène*, que l'on croit avoir vécu 104 ans.

678. Ebroin fait assassiner *S. Léger* en Artois.

679. Mort de *S. Amand* Ev. de Mastreicht, Apôt. des Pays-bas.

681. Le corps de *S. Léger* est transféré d'Artois en Poitou.

683. Mort de *S. Ouen* Ev. de Rouen.

680. *Ejectes*, Moines de Syrie, qui prétendoient que la Priere, pour être agréable à Dieu, devoit être faite en dansant ; ces Hérétiques sont peu connus.

Les deux fléaux dont Dieu afflige son Eglise dans ce siécle, sont le Mahométisme & le Monothélisme : les *Mahométans* qui prêchoient leur Relig. à main armée, s'emparent de l'Egypte, d'une grande partie de l'Afrique, & de plusieurs provinces de l'Asie.

Les *Monothélites* ne firent pas moins de ravage, surtout parce qu'ils étoient protégés par les Empereurs, & même par quelques Evêques des grands Siéges.

ÉCRIVAINS.

671. *S. Dorothée*; Instructions sur la vie Religieuse ; ont été traduites de Grec en François par M. de Rancé Abbé de la Trappe.

672. *Anastase* Moine & disciple de S. Maxime ; Lettres contre les Monothélites : *apud Sirmundum.*

672. *Anastase* Prêtre de l'Eglise de Rome ; quelques Lettres : *apud Sirmundum.*

672. *Marculphe* Moine François ; des formules Ecclésiastiques, ou modeles de Lettres & autres Actes : *in-4°. Paris 1666, & in calce Capitulariorum Baluxii*, in-fol.

672. *Théodose* & *Théodore* frères, disciples de S. Maxime ; Traité sur la mort de leur maître & sur Anastase, imprimé *in Collectaneis Anastasii Bibliothecarii per Sirmundum.*

673. *Adeodat* Pape ; Lettre aux Evêques de France sur le Privilége du Monastère de S. Martin : *au Tome VI. des Conciles du P. Labbe.*

679. *Agathon* Pape ; plusieurs Lettres, dont une à l'Empereur Constantin Pogonat, très-importante au sujet du VIe Concile général, est imprimée Tome VI. *Collect. Conciliorum Labbaana.*

679. *Mansuetus* Archevêque de Milan ; Lettre à l'Empereur Constantin sur la foi Catholique, imprimée Tome VI. *Collect. Labbaana.*

682. Le Pape *Léon II*; quelques Lettres : *in Collect. Conciliorum.*

682. *S. Julien*, élu Evêque de Tolède en 680, a fait plusieurs Traités dont il nous en reste quelques-uns, tant sur la Morale que sur l'Histoire : *in Biblioth. Patrum.*

682. *Théodore* Evêque de Cantorbéri, dont on a un Pénitentiel, le plus ancien de ceux de l'Eglise Latine, *in-4°. Paris 1677*, 2 vol.

PAPES.

LXXXIII.
684. *Benoît II.* 26 Juin.
Gouverne 10 m. 12 j.
† 8 Mai 685.
Le siége vaque 2 m. 14 j.
LXXXIV.
685. *Jean V.* 23 Juillet.
Gouverne 1 a. 9 j.
† 2 Août 686.
Le siége vaque 2 m. 18 j.
Pierre & *Théodore* 8ᵉ Antipap.
LXXXV.
686. *Conon* 21 Octobre.
Gouverne 11 m.
† 21 Septembre 687.
Le siége vaque 2 m. 23 j.
LXXXVI.
687. *Sergius* 15 Décembre.
Gouverne 13 a. 8 m. 24 j.
† 8 Septembre 701.
Le siége vaque 1 m. 21 j.
Théodore & *Paschal* 9ᵉ & 10ᵉ Antipapes.

RITS ET RELIGIEUX.

684. Mort de sainte *Aldegonde*, première Abbesse de Maubeuge en Hainaut.
685. L'Abbaye de *Jarrou* dans la province de Northumberland en Angleterre, est fondée.
687. Mort de S. *Achard* Abbé de Jumiege.
688. Mort de Ste *Ristrude* Abbesse de *Marchiennes*, âgée de 74 a.
689. *Plestrude*, femme répudiée par Pepin de Héristel, se retire dans une Abbaye de filles.
690. *Beguines* en Flandre, fondées par sainte *Begghe*. Ce sont proprement des Chanoinesses roturieres.
696. Mort de S. *Hadelin* Abbé de *Celles*, près Dinant au Diocèse de Liége.
697. Théodon Duc de Baviére, fonde l'Abbaye de S. *Emmeran* à Ratisbonne.

CONCILES.

685. De *Twifford*, pour l'élection de Cuthbert. *Ib. Angl.* I.
685. *Des Gaules* ; on dépose S. Léger & d'autres Evêques, par les intrigues d'Ebroin. *R.* XVII. *L.* VI. *H.* III.
685. *De Rome*, contre l'Arch. de Cagliari. *Mansi.*
687.* *De Manaschiert* en Arménie, pour les Acéphales. *Galanus.*
688. *De Tolède*, sur les deux volontés en Jesus-Christ, & l'on y reçoit les sermens du Roi Egica. *Regia* XVII. &c.
688. *Des Gaules* dans le Palais de Thierry. *Lab.* T. VI. *Hard.* T. II.
691. *De Sarragoce*, sur la Consécration des Egl. *R.* XVI. *L.* VI. *H.* III.
692.* *De Constantinople*, nommé le *Quint-Sexte* ou le Concile *in Trullo*, au Palais de Constantinople. Les Evêques y firent 105 Canons, comme un Supplément des V & VIᵉ Conciles Généraux. Ce Concile est rejetté. *Regia* IX. *Lab.* VI. *Hard.* III.
692. *De Baccanceld*, sur les biens de l'Eglise. *Angl. Collect.* I.
693. *De Rouen*, sur l'exemption de Fécamp. *Bessin.*
693. *De Tolède* ; on y dépose l'Evêq. Sisbert. *R.* XVII. *L.* VI. *H.* III.
694. *De Tolède*, sur la Discipline. *Ibidem.*
696. *De Berghamsted*, sur la Discipline. *Anglic.* I.
697. *D'Auxerre*, sur l'Office Divin. *Hard.* Tome I. seul.
697. *De Baccanceld* en Angleterre : sur les immunités de l'Egl. *Ibid.*
697. ou 719. *D'Utrecht* aux Pays-bas, pour envoyer des Missionnaires dans le Nord. *Reg.* XVII. *Lab.* VI. *Hard.* III. douteux.
698.* *D'Aquilée*, où se fait un schisme sur la condamnation des trois Chapitres, contre le Concile de Calcédoine. *Ibidem.*

GRANDS-HOMMES. | HERES. ET PERS. 395

686. Mort de sainte *Vaudru*, Patrone de la ville de Mons en Hainaut.

687. Translation du corps de S. *Ouen* Evêque de Rouen.

689. Martyre de S. *Kilien*, Apôtre de Franconie en Allemagne, & de quelques-uns de ses Compagnons.

690. Mort de S. *Julien* Evêque de Tolède en Espagne.

691. S. *Willebrod*, est envoyé Missionnaire dans la Frise ou la Hollande, alors Idolâtre.

696. Mort de S. *Cloud* Evêque de Metz & fils de S. Arnould, âgé de plus de 90 ans.

S. *Willebrod* est sacré à Rome Evêque pour toute la Frise, avec le droit de Métropolitain.

698. Mort de S. *Ansbert* Evêq. de Rouen, & de sainte *Angadreme* Vierge & Abbesse près la ville de Beauvais.

684. *Polychronius*, Prêtre & Moine, après avoir été interrogé & ensuite condamné dans le VIe Concile général, persiste dans l'Hérésie des Monothélites.

688. Les *Pauliciens*, nouvelle secte, qui tire son nom de Paul Evêque de Samosate en Arménie. Il suivoit les erreurs des Manichéens sur les deux principes, l'un bon & l'autre mauvais; nioit que la Ste Vierge fût la mère de Dieu: attaquoit le mystère de l'Eucharistie; rejettoit le Baptême; prétendoit qu'on pouvoit dissimuler la foi; recevoit quelquefois la Communion avec les Fidèles. Ces Hérétiques faisoient baptiser leurs enfans dans les Eglises Catholiques.

690. *Baanes*, chef d'une Secte de Manichéens sortie des Pauliciens.

ECRIVAINS.

685. *Anastase* Moine du Mont Sinaï; plusieurs Traités sur la Religion; *in Bibl. Patrum*. D'autres sont restés en manuscrit.

685. Le Pape *Benoît II*; quelques Lettres: *in Collect. Conciliorum*.

686. *André* Archevêque de Crete; on lui attribue un Commentaire sur l'Apocalypse & quelques Sermons.

688. *Valere* Moine, puis Abbé dans la province des Asturies en Espagne; la vie de S. Fructuose, *sæculo II. Benedictin. à Mabillonio*; a fait encore quelques autres ouvrages.

690. *Ceolfrid* Abbé de Veremuth en Angleterre, qui fut le maître du vénérable Bede; plusieurs Lettres: *in Collect. Conciliorum*.

690. *Baudemond* Abbé de Blandin près de Gand; vie de S. Amand Evêque de Mastreicht.

690. *Ursin* Prêtre & Moine François, a fait la vie de S. Léger Evêq. d'Autun, & Martyr du bien public, qu'Ebroin Maire du Palais fit massacrer: elle se trouve, *sæculo II. Benedictinor. à Mabillonio*.

691. *Babolen* Prêtre & Moine Allemand; la vie de S. Germain premier Abbé de Grandval, au Diocèse de Basle; se trouve T. III. *Februarii apud Bollandum, & sæculo II. Benedictin. à Joanne Mabillonio*.

693. *Felix*, d'abord Evêque de Seville, puis Archevêque de Tolède; la vie ou éloge de S. Julien Pomere, Archevêque de Tolède.

PAPES.	RITS ET RELIGIEUX.
HUITIÈME SIÈCLE. **LXXXVII.** 701. *Jean VI.* 3 Octobre. Gouverne 3 a. 2 m. 12 j. † 11 Janvier 705. Le siége vaque 1 m. 20 j. **LXXXVIII.** 705. *Jean VII.* prem. Mars. Gouverne 2 a. 7 m. 18 j. † 18 Octobre 707. Le siége vaque 3 m. **LXXXIX.** 708. *Sisinnius* 19 Janvier. Gouverne 20 j. † 7 Février 708. Le siége vaque 1 m. 17 j. **XC.** 708. *Constantin* 25 Mars. Gouverne 7 a. 15 j. † 9 Avril 715. Le siége vaque 1 m. 9 j. **XCI.** 715. *Grégoire II.* 19 Mai. Gouverne 15 a. 8 m. 25 j. † 12 Février 731. Le siége vaque 1 m. 5 j.	**HUITIÈME SIÈCLE.** 702. Mort de sainte *Bertille* première Abbesse de Chelles près Paris, âgée de 74 ans. 707. Mort de *S. Landelin*, fondateur des Abbayes de Lobbes, d'Aulne & de Crepin en Hainaut. 707. Mort de *S. Hidulfe*, qui d'Evêq. de Trèves se fait Solitaire & devient Abbé de Moyenmoutiers en Lorraine. 708. Mort de *S. Bertin* Abbé de Sithiu à S. Omer en Artois. 717. Mort de *S. Vinox* pr. Abbé de Vormhout en Flandre. 720. Rétablissement de l'Ordre de S. Benoît à l'Abbaye du *Mont-Cassin*, qui avoit été détruite par les Lombards. Mort de sainte *Odille* Vierge & première Abbesse de Hohenbourg près de Strasbourg. 721. Fondation de l'Abbaye de *S. Gal* en Suisse, sous la protection de Charles Martel.

CONCILES.

HUITIEME SIÈCLE.

701. D'*Angleterre*, sur la Discipline. *Ibidem*, & *Anglic.* Tome I.
701. ou 704. De *Tolède*, *Regia* XVII. *Lab.* VI. *Hard.* III.
703. D'*Estrevald* en Angleterre. *Mabill. Annal.* Tome II. pag. 5.
705. De *Rome*, sur le Concile *Quini-Sexte*, & pour Wilfrid. *R.* &c.
705. De la Province de *Mercie* en Anglet., sur la Pâque. *Ib. Ang.* I.
705. De *Nidde* en Northumberland, sur Wilfrid d'Yorck. *Ib. Ang.* I.
705. D'*Addebourn. Angl.* I. ——Autre d'Angleterre. *Ibidem.*
709. D'*Alne* en Angleterre, sur le Monast. d'Evesham. *Angl.* I.
712.* De *Constantinople*, par les Monothél. *R.* XVII. *L.* VI. *H.* III.
712. De *Londres*, pour les Images : ---- & autre national, pour la paix. *Ibid. & Anglic.* I.
713. De *Constantinople*, contre les Monothél. *R.* XVII. *L.* VI. *H.* III.
721. De *Rome*, sur la Discipline. *Regia* XVII. *Labbe* VI. *Hard.* III.
724. De *Rome*, contre Corbinien de Frisingue. *Ibid.*
726. De *Rome*, contre les Iconoclastes. *Ibidem.*
731. De *Rome*, contre Grégoire Légat prévaricateur. *Ibidem.*
732. De *Rome*, deux Conciles pour les Images. *Ibidem.*
738. De *Vorchester*, sur la Discipline. *Anglic. Collect.* T. I.
740. De *Bavière*, Hartzheim, *Conc. Germ.* Tome I.

GRANDS-HOMMES. | HERES. ET PERS. 397

HUITIÈME SIÈCLE.

706. Apparition de *S. Michel* sur un rocher dans la mer aux côtes de Normandie, à *Aubert* Ev. d'Avranches; de-là l'Abbaye.

708. *S. Lambert* Evêque de Maftreicht, eft tué dans le village de Liége. *S Hubert* mis en fa place.

709. Mort de *S. Wilfrid* Evêque d'Yorck, dont la vie a été traverfée par beaucoup de perfécutions.

711. Mort de fainte *Gudule* Vierge & Patrone de Bruxelles.

718. M. de *S. Rupert* Ap. de Bavière, Evêque de Saltzbourg.

719. Première Miffion de *S. Boniface* en Allemagne.

721. *S. Hubert* Ev. de Maftreicht, transporte le corps de S. Lambert au village de Liége, où il établit fon Siége Epifcopal.

723. Seconde Miffion de *S. Boniface* Apôtre d'Allemagne.

727. Mort de *S Hubert* premier Evêque de Liége.

HUITIÈME SIÈCLE.

701. *Agoniclites*, efpece de fanatiques qui ne faifoient leurs prières qu'en danfant, & ne vouloient pas qu'on priât à genoux; mais cette Héréfie n'a pas eu beaucoup de fuite ni de Sectateurs.

711. *Philippique Bardanes* Ufurpateur du trône Impérial, perfécute les Catholiques & fe déclare zélé défenfeur des Monothélites. Il fait brûler les Actes du fixième Concile général.

724. *Leon d'Ifaurie*, devenu Empereur en 716, détruifit toutes les Saintes Images qui étoient dans les Eglifes. Il eft le chef des *Iconoclaftes*, ennemis du culte qui leur eft rendu. Ces Hérétiques ont caufé beaucoup de troubles dans l'Eglife. Ils furent principalement condamnés par le fecond Concile de Nicée en 787, & celui de Conftantinople en 814, &c.

ECRIVAINS.

HUITIÈME SIÈCLE.

707. *Felix* Archevêque de Ravenne; Sermons, quelques-uns font attribués à S. Pierre Chryfologue.

710. *Jean* Patriarche de Conftantinople; Lettre au Pape Conftantin: *in Collectionibus Conciliorum.*

713. *Germain* Evêque de Conftantinople; quelques Lettres, *in Collect. Conciliorum*, fur les fix Conciles Généraux: *apud Juftellum, Bibliotheca Juris Canonici*; & quelques autres Traités, *in Bibl. Patrum.*

720. & 730. Les Papes *Grégoire II. & III.* quelques Lettres: *in Conciliis.*

720. *Cofme* de Jérufalem; quelques Hymnes: *in Biblioth. Patrum.*

730. *Liber diurnus Pontificum Romanorum*, où font les formules des Lettres des Papes; eft anonyme, in-4°. *Paris* 1680.

730. *George Syncelle* a laiffé une Chronique Grecque & Latine, in-fol. *Paris è Typogr. Regia* 1655.

730. *Ordo Romanus de Divinis Officiis*, anonyme: *in Bibl. Patr.*

730. *Egbert* Evêque d'Yorck en Angleterre; de l'Inftruction Eccléfiaftique: *in Collect. Conciliorum.*

PAPES.

XCII.
731. *Grégoire III.* 18 Mars. Gouverne 10 a. 8 m. 11 j.
† 28 Novembre 741.
Le siége vaque 4 j.

XCIII.
741. *Zacharie* 3 Décembre. Gouverne 10 a. 3 m. 13 j.
† 15 Mars 752.
Le siége vaque 11 j.
Quelques *Auteurs* mettent ici Etienne II. *élu Pape au mois de Mars 752, & qui n'a siégé que 4 j. sans avoir été consacré, c'est ce qui fait la différence du nombre dans les* Etiennes.

XCIV.
752. *Etienne II. ou III.* 26 Mars. Gouverne 5 a. 1 m.
† 26 Avril 757.
Le siége vaque 1 m. 1 j.

RITS ET RELIGIEUX.

730. Près de cinq cens Religieux de l'Abbaye de *Lérins* massacrés par les Sarrasins.
737. *Fête de tous les Saints* à Rome, établie par le Pape Gregoire III.
744. Fondation de la célèbre Abbaye de *Fulde*, la première & la plus puissante de l'Allemagne, par le Prince Carloman, & saint Boniface. Saint Sturme en est fait le premier Abbé. Elle est auj. Evêché.
747. Le Prince *Carloman* renonce au monde, se retire au Mont Soracte en Italie, puis se fait Moine au Mont Cassin.
750. Naissance de *S. Benoît d'Anian*, Restaurateur de la Discipline Monastique dans l'Eglise Latine.

CONCILES.

742. De *Cloveshowen* d'Angleterre, sur la liberté de l'Eglise. *Ang.* I.
742. De *Ratisbonne*, sur la Discipline Ecclésiastique. *Regia* XVII. *Lab.* VI. *Hard.* III.
742. D'*Allemagne*, *Gal. Chr.* T. III. p. 630. On le croit de *Cologne*.
743. De *Leptine* ou Listines, Maison Royale près de Binche en Cambresis. On accorde au Roi des revenus Ecclésiastiques pour les frais de la guerre, & contre Aldebert Hérétique. *Reg.* XVII. &c.
743. De *Rome*, sur la Discipline. *Ibidem*.
744. De *Soissons*, pour l'extirpation de l'Hérésie. *Ibidem*.
744. D'*Allemagne*, contre Aldebert & Clément Hérétiq. *Ibidem*.
745. De *Rome*, contre les mêmes. *Ibidem*.
747. De *Cloveshowen* en Angleterre, sur la Discipline Ecclésiastiq. *Ibidem* & *Angl. Collect.* Tome I.
748. De *Duren*. *Reg.* XVII. *Lab.* VI. manque dans *Hard*.
752. De *Verberie*, sur la Discipline. *Reg.* XVII. *Lab.* VI. *Hard.* III.
753. De *Metz*, sur la Discipline. *Ibidem*.
754.* De *Constantinople*, contre les Images, appellé faussement le septième Concile Ecuménique. *Ibidem*.
755. De *Verneuil*, Palais de Pepin, sur la Discipline. *Ibidem*.
755.* De *Sarug* en Mésopotamie. *Mansi*.
755.* D'*Hiéraple* en Syrie, par les Jacobites. *Ibid*.
756. De *Cantorberi*, *Anglic.* I.
756. De *Leptine*, sur la Discipline. *Regia* XVII. *Lab.* VI. *Hard.* l'indique Tome I.
756. De *Compiegne*, sur la Discipline. R. XVII. L. VI. *Hard.* III.

GRANDS-HOMMES. | HERES. ET PERS. 399

730. Mort de *S. Corbinien* prem. Evêq. de Freifing en Bavière.

739. M. de *S. Willebrod* Apôt. de la Frife & prem. Ev. d'Utrecht.

742. *Burckard* eft fait premier Evêq. de Wirtsbourg en Franconie par S. Boniface l'Apôtre de l'Allemagne.

743. *Côme* Pat. d'Alex. & fon peuple abjurent le Monothélifme.

744. *S. Boniface* eft fait Archevêque de Mayence.

748. Différend entre *S. Boniface* & *S. Virgile* Miffionnaire, surtout parce que ce dernier difoit qu'il y avoit des Antipodes.

755. Martyre de *S. Boniface* Apôtre de l'Allemagne, avec 52 Miffionnaires ou Fidèles.

755. Le Bienh. *Carloman* frère aîné du Roi Pepin, & Religieux du Mont Caffin, meurt à Vienne (en Dauphiné.)

742. *Aldebert*, Prêtre François, condamné au Concile de Leptine en 743, puis au Concile de Soiffons en 744, & de Rome en 745, décrioit les Eglifes ou Affemblées publiques des Fidèles ; fe difoit Prophète ; excufoit la fornication & l'adultère, & cependant vouloit paroître d'une morale très-auftère.

Clément, Prêtre Ecoffois, parut en même-tems qu'Aldebert, foutint à peu près les mêmes erreurs, & fut condamné dans les mêmes Conciles ; mais ces deux Héréfiarques firent peu de progrès & eurent très-peu de difciples. Leur vie corrompue les fit regarder avec horreur.

766. *Perfécut.* de l'Emp. *Conftantin Copronyme*, contre les défenfeurs des Saintes Images.

ECRIVAINS.

731. *Barthelemy* Moine d'Edeffe en Syrie ; Réfutation de l'Alcoran de Mahomet, imprimée *per Stephanum* le Moine, *in Variis Sacris*, in-4°. *Lugduni Batavorum* 1685.

731. *S. Jean Damafcène* ou de *Damas*, eft le Théologien de l'Eglife Grecque ; zélé défenfeur des faintes Images, a écrit auffi plufieurs Traités contre les Héréfies. *Ejus opera à P.* le Quien *Dominicano, Græc. Lat.* in-fol. *Parifiis* 1712, 2 vol.

735. *S. Boniface* Archevêque de Mayence, l'Apôtre de l'Allemagne ; quelques Vies de Saints, des Sermons & des Lettres. In-4°. *Moguntiæ edita per Nicolaum Serrarium Soc. Jefu* 1605.

736. *Bede* Prêtre & Moine Anglois, furnommé *le Vénérable*, a compofé un grand nombre d'Ouvrages, fur la Grammaire, la Philofophie, l'Hiftoire, l'Ecriture Sainte, un Martyrologe en vers. *Ejus opera*, in-fol. *Coloniæ* 1612, 4 vol.

750. *S. Ifidore*, Pacenfis, a donné la fuite de la Chronique d'Efpagne commencée par *Idacius*.

752. *Anaftafe* Abbé en Paleftine ; Traité contre les Juifs : *in Bibl. Patrum.*

755. *S. Willebaut* Evêque d'Aichtèt en Allemagne ; vie de *S. Boniface* Archevêque de Mayence : *cum S. Bonifacii operibus.*

756. *Gottefcalq*, Diacre & Chanoine de Liége : vie de S. Lambert, publiée par *Chapeauville*.

PAPES.

XCV.
757. *Paul I.* 28 Mai.
Gouverne 10 a. 1 m. 1 j.
† 29 Juin 767.
Théophilacte, onzième
Constantin, douzième
Philippe, treizième Antipap.
Le siège vaque 1 a. 1 m. 6 j.

XCVI.
768. *Etienne III*, ou *IV.* 5 Août.
Gouverne 3 a. 5 m. 27 j.
† 1 Février 772.
Le siège vaque au plus 7 j.
Constantin XIVe Antipape.

XCVII.
772. *Adrien I.* 9 Février.
Gouverne 23 a. 10 m. 18 j.
† 26 Décembre 795.
Le siège ne vaque pas.

XCVIII.
795. *Leon III.* 26 Décembre.
Gouverne 20 a. 5 m. 18. j.
† 12 Juin 816.
Le Siège vaque 10 j.

RITS ET RELIGIEUX.

757. Réformation des *Chanoines Réguliers* dans les Eglises Cathédrales, par la Régle de saint *Chrodegand*.

758. Mort de S. *Pyrmin*, Abbé & Réformateur de l'Ordre Monastique en Allemagne.

759. Mort de S. *Othmar* premier Abbé de S. Gal en Suisse.

760. Quelques Auteurs placent ici les Religieuses *Acemetes*, marquées à l'an 420.

766. Mort de saint *Chrodegand*, Réformateur des Chanoines.

770. Mort de sainte *Opportune* Abbesse de Montreuil Diocèse de Seez.

779. Mort de saint *Sturme* premier Abbé de Fulde en Allemagne.

790. Mort de saint *Sol*, Solitaire en Allemagne.

799. S. *Théodore* est fait Abbé de Stude à Constantinople.

CONCILES.

758. *De Compiègne*, sur la Discipline. *Regia* XVII. *Lab* VI. manque dans *Hardouin*.

759.* *D'Allemagne*, contre Othmar Abbé de S. Gal. *Reg.* XVII. *Lab.* VI. *Hard.* III.

761. *De Rome*, sur le Monastère de S. Hilaire. *Reg.* XVII. *Lab.* VI. manque dans *Hard*.

761. *De Volvic* près de Riom en Auvergne. *Lab.* VI. seul.

761. Assemblée de *Duren*, dans le pays de Juliers, par le Roi Pepin sur les affaires de l'Etat. *Reg.* XVII. *Lab.* VI. *Hard.* III.

D'Ascheim, en Bavière, près Munich, dont le P. Foster, Abbé de S. Emmeran a publié les Actes en 1763.

763. Assemblée de *Nevers* par le Roi Pepin, où il est résolu de punir les infidélités de Gaïfre Duc d'Aquitaine, &c.

764. *De Vormes*, où Pepin prend la résolution de punir les infidélités de Gaïfre & de Tassillon. *Reg.* XVII. *Lab.* VI. *Hard.* III.

765. *D'Atigni*, sur la Discipline & quelques autres matières Ecclésiastiques. *Ibidem.*

766. *D'Orléans*, dans lequel Pepin détermine la guerre contre Gaïfre Duc d'Aquitaine & marche contre lui. *Ibidem.* Ces trois derniers Conciles sont des Assemblées des Etats, aussi-bien que celles de Duren & de Nevers de 761 & 763.

767. *De Jérusalem*, contre les Iconoclastes, en faveur des saintes Images. *Ex Epistola Adriani I. Papæ.* Voy. *Mansi*, Suppl. T. I.

GRANDS-HOMMES. | HÉRÉS. ET PERS.

762. L'Empereur *Constantin Copronyme* persécute les *Moines* défenseurs des *saintes Images*.

771. *S. Sturme* Abbé de Fulde, fait la paix entre Charlemagne & Tassillon Duc de Bavière.

780. Mort de *S. Jean de Damas* P. de l'Eglise Grecque, & grand défenseur des saintes Images.

780. *S. Virgile* Ev. de Saltzbourg convertit la Carinthie.

785. *Wittikind* Prince des Saxons, embrasse la Religion Chrét. & permet aux Missionnaires de prêcher l'Evang. dans ses Etats.

790. On prétend que l'Université de Paris fut établie cette année ; d'autres la remettent au douzieme siécle, où elle étoit en régle.

799. Naissance de *S. Ignace* fils de l'Empereur Michel I. & depuis Patriarche de Constantinople.

790. *Pauli-Joannistes*, disciples de Paul & Jean, Arméniens, suivoient les erreurs de Valentin & de Manès.

792. *Felix d'Urgel* Espagnol, prétendoit que Jesus-Christ n'étoit que fils adoptif de Dieu : de plus il attaquoit le culte des saintes Images : il fut condamné au Concile de Ratisbonne l'an 792 ; à celui de Rome en 799 & en d'autres. Il renonça extérieurement à ses erreurs, & l'on doute de la sincérité de sa conversion.

798. *Elipand* Evêque de Tolède tomba dans les mêmes égaremens, & les soutint avec plus d'obstination. On croit qu'il se convertit sincérement. Leurs Hérésies furent condamnées en divers Conciles.

ÉCRIVAINS.

760. *S. Chrodegand* Ev. de Metz ; Régle pour les Chanoines : *in Spic.* & mieux dans les Conc. *Lab.* T. VII. & *Annal.* de le *Cointe*, T. V.

760. *Athanase* le jeune ; Questions *in Scripturam : apud Athanas.*

760. *Ambroise Autbert*, Abbé de Benevent, mort en 778 ; Commentaire sur l'Apocalypse : *in Biblioth. Patrum.*

770. *Paul* Warnefrid, Diacre d'Aquilée, ou *Paul Diacre* : Hist. des Lombards ; Vie de S. Grégoire & autres ouvrages Historiques.

771. *Alcuin* Diacre de l'Eglise d'Yorck en Angleterre ; plusieurs Commentaires sur l'Ecriture Sainte, Traité de la Trinité & contre Felix d'Urgel, un Sacramentaire. *Ejus opera*, in-fol. *Paris* 1617.

785. *Tarasius* Patriarche de Constantinople en 785 ; quelques Lettres : *in Collect. Conciliorum.*

785. *George* Syncelle du Patr. de C. P. & *Théophane* : une Chronique jusq. 775. *in-fol. Paris. è Typograph. Regia* 1655. *Venetiis*, 1729.

787. *Elie* Archevêque de Crete ; des Commentaires Grecs sur saint Grégoire de Nazianze, *cum Gregorio Nazianzeno.*

794. *Paulin* Evêque d'*Aquilée*, a écrit contre l'erreur de Felix & de l'Evêque Elipand, imprimé avec *Alcuin.*

794. *Beatus* & *Etherius*, Espagnols ; deux Livres contre Elipand.

797. *S. Benoît* d'Aniane, n. 821. *Concord. Regularum; Paris* 1658.

797. *Théodulphe* Evêque d'Orléans ; son Capitulaire pour le gouvernement de son Diocèse, & autres Ouvr. *in Coll. Concil.* & *ap. Sirm.*

798. *Leidrade* Archevêque de Lyon ; Traité sur le Baptême & quelques Lettres : *in Biblioth. Patrum*, & *Annal. Mabill.* Tome III.

II. Partie.

767. *De Gentilly* près Paris, par le Roi Pepin, sur la Sainte Trinité & sur la particule *Filioque*, & les Images. *Ibidem.*

767.* *De Rome*, par l'Antipape Constantin, mais dont les Actes furent brûlés par le Concile de l'an 769.

767. *De Bourges* : *Lab.* seul, Tome VI.

768. Assemblée de *S. Denis*, où Pepin partage son Royaume à ses enfans Charles & Carloman. *Reg.* XVII. *Lab.* VI. *Hard.* III.

769. *De Bourges*, indiqué par *Hard.* Tome I.

769. *De Rome*, touchant l'élection du Pape & le culte des Images. *Ibidem*; imprimé *in-fol.* à Rome *ex Codice Veronensi* 1735.

770. *De Wormes*, sur le Rhin, par Charlemagne, sur la Discipline Ecclésiastique, & dont on ne sçait que le nom & la date. *Regia* XVI. *Lab.* II. *Hard.* III.

771. *De Valenciennes*, par Charlemagne, mais dont les Actes sont perdus. *Ibidem.*

772. *De Wormes*, sur la Discipline, avant que Charlemagne commençât la guerre de Saxe. *Reg.* XVII. *Lab.* VI. *Hard.* III.

772. *De Bavière* (à Dingelfind. On accorde divers droits à l'Eglise. Ce Concile fut assemblé par Tassillon Duc de Bavière, avec quelques réglemens faits par ce Duc. *Ibidem.*

773. *De Rome*, où le Pape Adrien accorde, dit-on, à Charlemagne le droit de nommer l'Evêque de Rome; mais quoiqu'il soit rapporté dans le Décret de Gratien, *distinct.* 63. *cap. Adrianus*, on le croit au moins douteux.

773. *De Genève*, par Charlemagne, dans le voyage qu'il fit en Italie pour défendre l'Eglise Romaine contre Didier Roi des Lombards. *Ibidem.*

775. *De Duren*, lorsque Charlemagne alla faire la guerre aux Saxons. *Ibidem.*

776. *De Wormes*, dans la guerre que Charlemagne fit contre les Saxons. *Ibidem.*

777. *De Paderborn*, pour établir la foi dans la Saxe, indiqué seulement par *Hardouin*, *in Indice*, Tome III.

777. *De Duren*, dans la guerre de Charlemagne contre les Saxons. *Ib.*

780. *De Lipstad*, en Allemagne, pour établir des Evêchés dans la Saxe. *Reg.* XVIII. *Lab.* VI. manque dans *Hardouin.*

780. ou env. *De Rome*, sur les Reliq. de S. Candide. *Mansi.*

781. *D'Antioche*, pour les saintes Images. *Hard.* seul, Tome III.

782. *De Cologne*, sur la Discipline, assemblé par ordre de Charlemagne & tiré de l'Historien *Eginhart*. *Regia* XVIII. *Lab.* VI. manque dans *Hard.*

782. *De Lipstad*, sur la Discipline. *Ibidem*, manque dans *Hard.*

785. *De Paderborn*, pour l'établissement de la Religion en Saxe. *Regia* XVIII. *Lab.* VI. *Hard.* III.

785. *De Lichefeld*, pour faire un Archevêque. *Anglic.* I.

786. *De Wormes*, en faveur des Saxons convertis, & de Wittikind leur Duc, mais dont on n'a point les actes. *Ibidem.*

787. *De Chelchyth* en Cumberland province d'Angleterre, sur la Discipline. *Ibid. Anglic.* I.

CONCILES.

787. DE NICÉE IIe, septième Concile général, composé de 350 Évêques. On y affermit le culte des saintes Images, contre les Iconoclastes. *Reg.* XIX. *Labbe* VII. *Hard.* IV.

787. *De Wormes*, sur Tassillon Duc de Bavière. *Reg.* XX. *Lab.* VII. *Hard.* IV.

788. *D'Ingelheim* en Allemagne, où Tassillon Duc de Bavière convaincu de perfidie envers Charlemagne Roi des François, est obligé d'entrer dans un Monastère. *Ibidem.*

788. *De Narbonne*, contre l'Hérésie de Felix Evêque d'Urgel. *Ibid.* douteux : voyez *Pagi ad ann.* 788.

788. *De Finckley* en Angleterre. *Anglic.* I.

789. *D'Aix-la-Chapelle*, par ordre de Charlemagne ; sur la Discipline. *Labbé* seul ; Tome VII.

790. *De Wormes.*

791. *De Narbonne*, *Lab.* Tome VII.

791. *De Friuli* ou Ciudad de Friuli (Foro Julienfe) ; sur le mystère de la Sainte Trinité, l'Incarnation du Verbe, & la Discipline. *Regia* XX. *Lab.* VII. *Hard.* IV. Plusieurs le mettent en 796.

792. *De Rome*, où Félix abjure son Hérésie. *Ed. Venet.* T. 9.

792. *De Ratisbonne* en Allemagne, contre l'Hérésie de Felix. *Ibid.*

793. *De Verlam-Caster*, sur la sépulture de S. Albans. *Ibidem.*

794. Au même lieu, pour fonder l'Abbaye de S. Albans. *Ibidem.*

794. *De Francfort* en Allemagne, contre Felix d'Urgel. *Ibidem.* Le deuxième Canon de ce Concile souffre quelque difficulté ; parce qu'il paroît contraire au Concile de Nicée.

794. *De Celchyth* en Angleterre, pour doter le Monastère de saint Albans. *Anglic.* I.

796. *De Cantorberi*, pour les immunités Ecclésiastiques. *Ibidem.*

797. Capitulaire de *Théodulphe* Evêque d'Orléans, pour le gouvernement de son Diocèse. *Reg.* XX. *Lab.* VII. *Hard.* IV.

798. *D'Aix la Chapelle*, pour la fondation du Monastère de saint Paul à Rome. *Ibidem.*

799. *De Finckley*, sur la célébration de la Pâque. *Ibidem.*

799. *De Bacanceld* pour la conservation des biens de l'Eglise. *Ibid.* & *Anglic.* I.

799. *D'Yorck*, sous l'Archevêque Eambauld.

799. *D'Urgel*, contre l'Hérésie de Felix. *Baluz. in Notis ad Agobardi.*

799. *De Rome*, contre Felix d'Urgel & Elipand de Tolède. *Ibidem.*

799. *D'Aix-la-Chapelle*, où Felix d'Urgel est déposé. *Ibidem.*

800. *D'Urgel. Gall. Chr.* Tome VI. page 16.

800. *De Mantes*, sur la Discipline. *Reg.* XX. &c.

800. *De Cloveshow* en Angleterre, pour les biens de l'Eglise. *Ibid.* & *Anglic.* I.

800. *Des Gaules*, sur la justification des Prêtres. *Ibidem.*

800. *De Tours*, où Charlemagne partage ses Etats à ses enfans. *Regia* XX. *Lab.* IV. *Hard.* l'indique Tome II.

800. *De Rome*, où le Pape se justifie solemnellement. *Regia* XX. *Lab.* VII. *Hard.* IV.

PAPES.

NEUVIEME SIÉCLE.
XCIX.
816 *Etienne IV.* ou *V.* 22 Juin.
  Gouverne 7 m. 1 j.
  † 22 Janvier 817.
  Le siége vaque 2 j.
C.
817. *Pascal I.* 25 Janvier.
  Gouverne 7 a. 3 m. 17 j.
  † 11 Mai 824.
  Le siége vaque 14 j.
CI.
824. *Eugène II.* 5 Juin.
  Gouverne 3 a. 2 m. 23 j.
  † 27 Octobre 827.
  Le siége vaque 4 j.
824. *Zizimus* XVe Antipape.
CII.
827. *Valentin* prem. Septembre.
  Gouverne 40 j.
  † 10 Août 827.
  Le siége vaque 2 m. 25 j.
CIII.
828. *Grégoire IV.* 5 Janvier.
  Gouverne 16 a. 7 j.
  † 11 Janvier 844.
  Le siége vaque 15 j.

RITS ET RELIGIEUX.

NEUVIEME SIÉCLE.
Le Symbole chanté à l'Eglise.
Les Clercs en Occident se rasent la barbe : on la conserve en Orient.
805. *S. Benoît* Abbé d'*Aniane*, Diocèse de Montpellier, réforme les Moines ; meurt en 821.
812. Mort de *S. Guillaume* Duc d'Aquitaine, & Religieux à *Gelonne*.
813. On rétablit la fête de l'Assomption de la sainte Vierge. L'Empereur Michel I. renonce à l'Empire & se fait Religieux ; il est suivi par son épouse & ses enfans, entr'autres par *S. Ignace.*
822. *Raban* est fait Abbé de Fulde.
822. Nouvelle *Corbie* ou *Corwei*, Abbaye en Allemagne, fondée.
827. Mort de *S. Adelard* Abbé de Corbie.
830. Chanoines Réguliers de saint Jacques de la Spada, par Ramire Roi de Léon ; approuvés depuis par Alexandre III.

CONCILES.

NEUVIÈME SIÉCLE.
802. D'*Altino*, par S. Paulin Evêq. d'Aquilée. *R.* XX. *L.* VII. *H.* IV.
802. D'*Aix-la-Chapelle*, sur la Réformation, & sur le serment à l'Empereur. *Lab.* VII. *Hard.* IV. *Baluz. in Capitular.* manq. *in Regia*.
803. De *Ratisbonne*, sur les Corévesques. *R.* XX. *L.* VII. *H.* IV. *Mansi* met ce Concile en 768.
803. De *Cloveshow*, sur l'Eglise de Cantorberi, &c. *Ibid. Anglic.* I.
804.* De *Perse*, par les Nestoriens. *Mansi.*
806. De *Saltzbourg*, sur le partage des Dîmes. *Ibidem.*
806. De *France*, où Charlemagne partage son Royaume. *Ibidem.*
807.* De *Constantinople* ; on y rétablit le Prêtre Joseph, justement interdit par le Patriarche Tarasius. *Reg.* XX. *Lab.* VII. *Hard.* IV.
808*. De *Constantinople*, où l'on confirme le mariage de Constantin avec Théodora sa concubine. *Ibidem.*
809. D'*Aix-la-Chapelle*, sur la Procession du S. Esprit. *Ibidem.*
809. Conférence de Rome, sur la particule *Filioque. Ibidem.*
811. De *Mercie*, pour la consécration d'une Eglise. *Angl.* I.
813. D'*Arles*, sur la Discipline. *Reg.* XX. *Lab.* VII. *Hard.* IV.
813. De *Tours*, sur la Discipline. *Ibidem.*

GRANDS-HOMMES. | HÉRÉS. ET PERS. 405

NEUVIÈME SIÈCLE.
802. Mort de *S. Paulin* Évêque d'Aquilée.
804. Mort du Bienh. *Alcuin*, âgé de 67 ans, dans l'Abbaye de saint Martin de Tours.
806. Mort de S. Taraise (*Tarasius*) Patriarche de Constantinople.
807. Les Reliques de *S. Cyprien* de Carthage, sont apportées à Compiégne par Isaac Ambassadeur de Charlemagne.
809. Mort de *S. Lutger* premier Évêque de Munster.
821. Mort de *S. Théophanes* & de *S. Théodore*, Martyrs des saintes Images.
824. Des Grecs venus en France avec les Ambassadeurs de Michel le Begue, y apportent les ouvrages attribués à *S. Denis* l'Aréopagite.
S. Théodore Studite est martyrisé pour les saintes Images.
826. Missions de *S. Anschaire*, Moine de Corbie, dans les P. du Nord : il est 1er Archevêq. de Hambourg en 832.

NEUVIÈME SIÈCLE.
820. &c. *Persécution* en Orient, contre les défenseurs de saintes Images.
825. *Claude Clément* Espagnol, Évêque de Turin, suivoit les mêmes erreurs que Felix d'Urgel, & prêchoit contre les Images. Il s'emporta même avec fureur contre les représentations de la Croix : il fut d'abord refuté par l'Abbé *Théodomir*, auquel il répondit. Sa réponse fut dénoncée à l'Empereur Louis le Débonnaire, qui l'avoit fait Évêque de Turin. L'Empereur la fit examiner par les Évêq. qui la condamnèrent. *Jonas* Évêq. d'Orléans, & *Dungale* Diacre, écrivirent contre cet Hérétique.
Clément avoit fait plusieurs Commentaires sur l'Ecriture Sainte. Ce qu'il a écrit sur l'Epitre aux Galates est imprimé *in Bibl. Patrum*. Ses autres Ouvrages sur l'Ecriture Sainte, sont restés en manuscrit.

ÉCRIVAINS.

NEUVIÈME SIÈCLE.

801. *Charlemagne*, né en 747, devient Roi de France en 768, Empereur l'an 800, meurt en 814, fit faire beaucoup de Loix Ecclésiastiques, sous le nom de *Capitulaires*, donnés par M. *Baluze*, in-fol. *Paris* 1677, 2 vol. & le *Codex Carolinus* ou Lettres écrites au nom de ce Prince, publiées à Ingolstadt en 1634, fort imparfaitement, par Gretzer. Autre Ed. par Heuman, in-8°. *Hanover* 1731.
806. *Nicephore*, Patriarche de Constantinople ; un Abrégé d'Histoire, *Græc. Lat.* in-fol. *Paris* 1648 ; quelques Traités contre les Iconoclastes, *in Biblioth. Patrum*, & d'autres Ouvrages.
806. *Théodore Studite*, Abbé l'an 800, & mort l'an 826 ; plusieurs Sermons & des Lettres, un Traité sur le culte des Images : *in Bibliothecis Patrum & apud Baronium*.
809. *Théodore* défenseur des saintes Images ; deux piéces sur le culte des Images : *Combefis in Auctario Biblioth. Patrum*.
810. *Symphosius Amalarius* Corévêq. de Mets : Traité sur les cérémonies du Baptême, *apud Canisium* : Lettres, *in Spicileg*. T. XIV.
810. *Jesse* Évêque d'Amiens, sur les cérémonies du Bapt. *Bibl. Patr.*

Cc iij

813. De *Tours* & de *Chalon* sur Saône, pour la Discipline. *Ibid.*
813. De *Mayence* & de *Reims*, sur la Discipline. *R.*XX.*L.*VII. *H.* IV.
813. D'*Aix-la-Chapelle*, où Charlem. publie un Capitul. *Baluz.*
813. De *Rouen*, sur la Discipline. *Bessin in Conciliis Norman.*
814. De *Constantinople*, pour les saintes Images. *R.*XX. *L.*VII.*H.* IV.
814. De *Thionville*, en faveur des Prêtres maltraités. *Ibidem.*
814. De *Noyon* & de *Troyes*. *Ibidem.*
815.* De *Constantinople*, par les Iconoclastes, où l'on dépose le Patriarche S. Nicéphore. *Ibidem & in Synodico Veteri Fabricii.*
816. De *Lyon*, où Agobard est élu Archevêque. *Hard.* Tome II.
816. De *Celchyth* en Angl. sur les mœurs. *Angl.* I. *L.* VII. *H.* IV.
816. D'*Aix-la-Chapelle*, sur les Chan. & Relig. *R.*XX.*L.* VII.*H.*IV.
817. D'*Aix-la-Chapelle*, sur la R. de S. Benoît. *R.*XXI.*L.*VII.*H.*IV.
817. D'*Ingelheim*, contre les Usurpateurs des biens d'Eglise. *Ibid.*
818. De *Vannes*, sur la fondation de l'Abbaye de Rédon. *Ibidem.*
818. De *Venise*, sur Jean usurp. du Siège de Grado. *Mansi.*
821. De *Thionville*, sur la Discipline. *Reg.* XXI. *L.* VII. *Hard.* IV.
821. Assemb. de *Nimègue*. *Chifflet seul, in quatuor opus.* 8. Par. 1679.
821. D'*Oslavehlen* en Angleterre. *R.* XXI. *L.* VII. *H.* IV. *Angl.* I.
822. D'*Attigni*, où Louis le Débonnaire se repent d'avoir maltraité Bernard & d'avoir mal régi ses Etats. *Ibidem.*
822. De *Cloveshow*, sur les mœurs & sur Wilfrid. *Ibidem. Angl.* I.
823. De *Compiègne*, sur le mauvais usage des choses Saintes. *Ibid.*
823. Du *Port* près de *Nismes*. *Gall. Chr.* Tome VI, page 735.
824. De *Cloveshow*, sur les mœurs & sur Wilfrid. *Ibid. Angl.* I.
825.* De *Paris*, touchant les Images, contraire au septième Concile général. *Goldast, in Decretis Imperialibus de imaginibus,* in 8°. *Francof.* 1608, manque dans les trois Collections des Conciles.
825. D'*Aix-la-Chapelle*, sur le corps de S. Aubert. *G. C. T.* III. p. 833.
826. D'*Ingelheim. Reg.* XXI. *Lab.* VII. *Hard.* IV.
826. De *Mantoue*, sur les Patriarches d'Aquilée & de Grado. *Ibid.*
826. De *Rome*, pour la réformation du Clergé. *Ibid.*
828. De *Lyon. Gall. Chr.* Tome II. page 21.
828. De *Toulouse. Gall. Chr.* Tome II. page 21.
828 ou 829, De *Mayence. Gall. Chr.* Tome III. page 637.
828. D'*Aix-la-Chapelle. Reg.* XXI. *Lab.* VII. *Hard.* IV.
829. De *Paris*, sur la Discipline. *Ibid.* En 828. *G. C. T.* III. p. 637.
829. De *Wormes*, contre le divorce. *Reg.* XXI. *Lab.* VII. *Hard.* IV.
829. De *Lyon. Gall. Chr.* Tome IV. page 57.
829. De *Toulouse. Ibid.* Tome VI. page 16.
830. De *Langres*, sur la fond. de l'Ab. de Beze. *L.* VII. *H.* IV.
831. De *Noyon*, contre Jessé Ev. d'Amiens. *Ibid.* manque *in Regia.*
832.* De *Constantinople*, contre les saintes Images : *apud Fabric.*
832. De *Paris*, sur les Moines de S. Denis. *Lab.* VII.
833. De *Wormes*, ou plutôt de *Sens*, sur l'Abbaye de S. Remy de Sens. *Lab.* VII. *Hard.* IV. *Gall. Chr.* Tome VI. page 399.
833. De *Londres* en Angleterre, sur les déprédations des Danois, & sur l'Abbaye de Croyland. *R.* XXI. *L.* VII. *H.* IV. *Angliæ.* I.
833.* De *Compiègne*, où l'Empereur Louis fut déposé. *Ibid.*

CONCILES.

834. Assemblée de *S. Denis*, où Louis le Débonnaire est admis à la Communion de l'Eglise & rétabli dans ses-Etats. *Reg.* XXI. *Lab.* VII. *Hard.* IV.

834. *De Metz*, où l'Empereur excommunié par Ebbon Archevêque de Reims, est absous. *Regia* XXI. *Labbe* VII. seuls.

834. *D'Attigny*, sur Louis le Débonnaire. *Labbe* seul, Tome VII.

835. *De Metz*, indiqué par *Hard.* Tome II.

835. *De Mantoue*, sur le Patriar. de Grade. *Le Cointe*, VIII. p. 368.

835. *De Thionville*, où Ebbon est dépouillé de l'Archevêché de Reims, pour conspiration contre Louis le Débonnaire. *Reg.* XXI. *Lab.* VII. *Hard.* IV.

836. *D'Aix-la-Chapelle*, sur la Discipline. *Ibidem.*

836. *De Straminiat* (ou *Crémieu*,) près de Lyon, sur les différends des Eglises de Lyon & de Vienne. *Ibidem.*

837. *De Chiersi* (Carisiacum). *Ib.* En 838. G. C. T. VI. pp. 17 & 299.

838. *D'Aix-la-Chapelle*. *Gall. Chr.* Tome IV. page 531.

838. *De Kingston* en Angleterre, sur les biens d'Eglise. *Ib. Anglic.* I.

839. *De Châlon sur Saone*, sur quelques matières Ecclésiastiques, & sur Louis le Débonnaire. *Ibidem.*

841. *D'Auxerre*, où l'on prescrit un jeûne de trois jours pour les affaires présentes de l'Etat. *Ibidem.*

842. *D'Aix-la-Chapelle*, contre Lothaire. *Ibidem.*

842. *De Constantinople*, en faveur des Images. *Ibidem.*

842. *De Germigny* dans le territoire d'Orléans, sur les besoins de l'Eglise & de l'Etat. *Ibidem.*

842. *De Bourges*, où l'on approuve la déposition d'Ebbon. *L.* VII. *Hard.* IV. manque in *Regia.*

843. *De Germigny*: *Mabillon*, *sæculo* IV. *Benedict.* Tome II.

843. *De Coulaine & de Loire*. *Lab.* VII. *Hard.* IV.

844. *De Thionville*: les enfans de Louis le Débon. s'y trouvent. *Ib.*

844. *De Verneuil*, Palais des Rois, sur la Discipline. *Ibidem.*

ECRIVAINS.

820. *Amalarius*, Diacre de Metz: Traité sur les Offices de l'Eglise, &c.

821. *Claude Clément* Hérétique, Evêque de Turin; Comment. sur l'Ep. aux Galates, &c. *in Biblioth. Patr. in Analect. Mabill.*

822. *Dungale* Moine de Saint Denis, écrit pour les Images, contre Claude de Turin: *in Biblioth. Patrum*, Tome XIV.

822. *Jonas* Evêque d'Orléans, écrit contre Claude de Turin; plus un Traité de morale: *in Biblioth. Patr. & Spicilegio.*

823. *Ansegise* Abbé de S. Vandrille, a recueilli les Capitulaires de Charlemagne & de ses prédécesseurs. *Capitular. Regum Francor.*

823. *Halitgaire* Evêque de Cambrai; un Pénitentiel: *in Bibl. Patr. & apud Morinum de Pænitentia, & Canisium.* Tome II.

824. *Hilduin* Abbé de S. Denis; les Aréopagitiques: *in Bibl. Patr.*

830. *Agobard* Archev. de Lyon, mort en 840, écrit contre les Juifs & Felix d'Urgel, &c, in-8°. Paris 1666, 2 vol.

PAPES. | RITS ET RELIGIEUX.

C I V.
844. *Sergius II.* 27 Janvier.
   Gouverne 3 a. 1 j.
   † 27 Janvier 847.
   Le siége vaque 2 m. 15 j.
Jean Diacre, cause des troubles.

C V.
847. *Léon IV.* 12 Avril.
   Gouverne 8 a. 3 m. 6 j.
   † 17 Juillet 855.
   Le siége vaque 1 m. 14 j.
Entre Léon IV. & Benoît III plusieurs Auteurs, même Catholiques, ont placé la fable de la Papesse Jeanne.

C V I.
855. *Benoît III.* prem. Sept.
   Gouverne 2 a. 6 m. 10 j.
   † 10 Mars 858.
   Le siége vaque 14 j.
Anastase XVIe Antipape.

C V I I.
858. *Nicolas I.* 25 Mars.
   Gouverne 9 a. 7 m. 19 j.
   † 12 Novembre 867.
   Le siége vaque 1 m. 2 j.

C V I I I.
867. *Adrien II.* 14 Décembre.
   Gouverne 4 a. 11 m. 12 j.
   † 25 Novembre 872.
   Le siége vaque 18 j.

---

844. *S. Pascase Ratbert* est fait Abbé de Corbie en France.
845. Mort de *S. Joannice* Solitaire en Bithynie.
846. Translation du corps de S. *Bertin* Fondateur de l'Abbaye de Sithiu à S. Omer en Artois.
849. *Gottescalc* Moine d'Orbais, est dégradé de la Prêtrise & fouetté publiquement devant le Roi Charles le Chauve, à la sollicitation d'Hincmar de Reims, qui l'envoie prisonnier dans l'Abbaye d'Hauvillers, comme ayant semé des erreurs sur la Grace.
857. Religieuses de *S. Laurent* à Venise.
859. *S. Adon* Moine de Ferrières en Gâtinois, est fait Archevêque de Lyon.
865. Mort de saint *Pascase Ratbert.*
866. L'Abbaye de *Casaure* en Italie, fondée par l'Emper. Louis.
868. Mort de *S. Nicolas* Abbé de Stude à Constantinople & défenseur des saintes Images.
On croit que dans ce tems on commença à porter la *Croix* devant le Pape.

CONCILES.

845. *De Beauvais*: Hincmar y est élu Archevêque de Reims. *Ibidem.*
845. *De Meaux*, sur la Discipline. On y trouve les Canons des Conciles de Cologne, *Loire*, Thionville & Beauvais. *Ibidem.*
846. *De Paris*, où le Concile de Meaux fut achevé & publié. *Ibid.*
846. *De Lyon. Gall. Chr.* Tome IV. page 60.
846. *De Vannes*, par Noménoé Prince des Bretons. R. XXI. L. VII.
846. *De Constantinople*: S. Méthodius est élu Patriarche. *Mansi.*
847. *De Paris*, sur Hincmar & l'exemption de l'Abbaye de Corbie en France. *Reg.* XXI. *Lab.* VII. *Hard.* IV.
847. *De Mayence. Lab.* VIII. *Hard.* V.
848. *De Rome*, sur la Simonie des Bret. *sac.* IV. *Bened.* pag. 221.
848. *De Mayence*, contre Gottescal. *Ibid.* & *G. Chr.* T. II. p. 26.
848. *De Lyon*, où l'on absout le Prêtre Godelcaire. *Ibidem.*
848. *De Limoges*, où les Chanoines de S. Martial demandent à être mis en régle. *Ibidem.*

GRANDS-HOMMES. HERES. ET PERS. 409

840. Mort d'*Agobard* de Lyon.
846. S. *Ignace* est fait Patriarche de Constantinople.
847. Le B. *Raban* est fait Archev. de Mayence, & meurt l'an 856.
848. *Noménoé* Prince Breton, ayant pris la qualité de Roi, veut établir de son autorité une Métropole à l'Abbaye de Dol ; ce qui occasionne divers mouvemens.
850. Martyre de S. *Parfait*, Prêtre à Cordoue, par les Sarrasins.
859. Mart. de S. *Euloge*, Prêtre de Cordoue, par les mêmes.
861. Mort de S. *Prudence* Evêq. de Troyes.
864. On transporte les Reliques de sainte *Reine*, Vierge & Martyre, de son tombeau près d'Alise, au Monastère de Flavigny.
865. Le corps de sainte *Helene* mère de Constantin, est apporté secrettement de Rome en France, & mis dans l'Abbaye d'Hauvillers en Champagne.
866. S. *Cyrille* & S. *Méthodius* convertissent les *Slaves*.
867. *Photius* faux Patriarche de Constantinople, a la témérité d'excommunier le Pape.

847. *Thiota* fausse Prophètesse de Constance, attira le peuple & même des Ecclésiastiques, auxquels elle annonçoit que la fin du monde alloit arriver cette même année ; mais déférée au Concile de Mayence, elle y fut condamnée & fustigée par ordre des Evêques.
850. *Persécution en Espagne*, de la part des Sarrasins, qui font mourir nombre de Chrétiens à Cordoue, capitale de leur nouvelle conquête. Plusieurs Chrétiens s'offrirent alors d'eux-mêmes au Martyre.
858. *Photius* Patriarche intrus de Constantinople, forme le schisme, qui subsiste encore aujourd'hui entre les Eglises Grecque & Latine, en refusant l'obéissance dûe au S. Siége, & en accusant l'Eglise Latine d'erreur & de superstition, sur la Procession du S. Esprit, le jeûne du Samedi, le célibat des Prêtres. Il a été condamné par le Concile général de Constantinople de l'an 869.

ECRIVAINS.

840 *Kennet*, Roi d'Ecosse : Loix Ecclésiastiques, *in Collect. Concil.*
840. *Isidore Mercator*, Auteur des fausses Décrétales.
844. *Smaragdus* Abbé de S. Mihel ; un Traité du devoir des Princes, un autre sur la Procession du S. Esprit, & autres ouvrages : *in Spicilegio*, Raban. Maur. Collect. Conciliorum, *& in Biblioth. Patrum.*
844. *Amolon* ou *Amulon*, Archevêque de Lyon : sur la Grace & la Prédestination, & quelques autres ouvrages : *in Agobardo Baluzii in-8°. & in Biblioth. Patrum.*
844. *Haymon* Moine de Fulde, puis Evêque d'Halberstat en Allemagne, sur les Pseaumes & sur S. Paul, un Traité du Corps & du Sang de Notre-Seigneur. *Spicileg.* Un Abrégé de l'Hist. de l'Eglise.
844. *Eginhart* : Vie de Charlemagne, & Annales. *In Scrip. Franc.*

849. *De Paris*, contre Noménoé, rebelle à l'Eglise & au Roi, *Reg.* XXI. *Labbe* VIII. *Hard.* V.

849. *De Chartres*, où l'on donne la tonfure à Charles, frère cadet de Pepin Roi d'Aquitaine. *Ibidem.*

849. *De Querfy* aujourd'hui *Tierfy* (Carifiacum) Maifon Royale fur l'Oife Diocèfe de Soiffons, contre Gottefcalc. *Ibidem.*

850. *De Pavie* (Regia-Ticina) pour la réformation des mœurs. *Ib.*

850. *De Moret*, dans le Diocèfe de Sens. *L.* VIII. *H. V.* feuls.

850. *De Benningdon* en Angleterre. *R.* XXI. *L.* VIII. *H.V. Angl.* I.

851. *De Kingsbury*, fur l'exempt. de l'Ab. de Croyland. *Ib. Angl.* I.

851. *De Soiffons*, où Pepin le jeur e Roi d'Aquitaine, eft dépouillé & enfermé au Monaftère de S. Médard. *Ibidem.*

852. *De Cordoue*, contre les Martyrs volontaires & leur culte. *Ibid.*

852. *De Mayence*, fur la Difcipline. *Ibidem.*

853. *De Sens*, fur l'exemption de l'Abbaye de S. Remy de Sens, *Ibid.*

853. *De Sens*, pour l'ordination de l'Evêque de Chartres. *Ibidem.*

853. *De Paris*, fur la Difcipline. *Ibidem.*

853.* *De Soiffons*, on y rejette les ordinations faites par Ebbon. *Ib.*

853. *De Querfy*, contre Gottefcalc. *Lab.* VII. *Hard.* V. feuls.

853. *De Verberie*, fur la Difcipline. *Lab.* VIII. *Hard.* V.

853. *De Rome*: on y dépofe Anaftafe Cardinal de S. Marcel. *Ibidem.*

854. *De Conftantinople*: on dépofe Grégoire Evêq. de Syracufe. *Ib.*

855. *De Bonnœuil* fur la Marne, trois lieues au-deffus de Paris, fur la Difcipline. *Martene* Tome IV. *Thefauri*, pages 59, 63, 64.

855. *De Valence* en Dauphiné, au fujet de la Prédeftination, & fur la Difcipline. *Regia* XXI. *Labbe* VIII. *Hard.* V.

855. *De Pavie*, fur la Difcipline. *Ibidem.*

855. *De Winchefter*, fur les Dixmes, &c. *Ibid. & Angl.* I.

857. *De Querfy* (Carifiacum), fur la Difcipline. *Lab.* VIII. *Hard.*V.

857. *De Mayence*, pour les droits de l'Egl. *R.* XXII. *L.* VIII. feuls.

858.* *De Conftantinople*, Photius eft inftallé Patriarche par le Schifmatique Grégoire. *Regia* XXII. *Lab.* VIII. *Hard*, V.

858. *De Soiffons*, par Louis Roi de Germanie. *Ibidem.*

858. *De Querfy*, voyez les *Capitulaires* & *Pagi*, ad hunc annum.

858. *De Tours*, fous l'Archevêque Hérard. *Lab.* VIII.

858. *De Mayence*. *Gall. Chr.* T. III, p. 638, peut-être celui de 857.

858. *De Sifteric* (Siftericenfe), fur le Privilége d'une Abbaye. *Mabillon fæculo* IV. *Bened.* part. II. p. 500.

859. *De Savoniere*, près Toul, contre Venillon Ev. de Sens. *Reg.* &c.

859. *De Metz*, pour reconcilier Louis de Germanie & Charles le Chauve. *Ibidem.*

859. *De Langres*, fur la Difcipline. *Ibidem.*

860. Deux Conciles *d'Aix-la-Chapelle*, dans la caufe de Thietberge femme de Lothaire. *Regia* XXII. *Lab*, VIII. *Hard.* V.

860. *De Touffi*, près de Toul en Lorraine, fur la Difcipline. *Sirmundus*, T. III. *Concil. Galliæ*. Mabillon in *Analectis*.

860. *De Coblents* : la paix y fut conclue entre Louis de Germanie, Lothaire, & les fils de Charles le Chauve. *R.* XXII. *L.* XIII. *H. V.*

860. *De Milan*, contre Ingeltrude, femme de Bofon. *Manfi*.

845. *Raban Maur*, Abbé de Fulde, puis Archevêque de Mayence en 847; plusieurs ouvrages sur l'Ecriture Sainte, sur la Doctrine & la Discipline: *in-fol. Coloniæ* 1627, 3 vol.

846. *Methodius* Moine & Patriarche de Constantinople; des Canons de la Pénitence: *apud Zonaram.*

846. *Walfride Strabon* Moine de Fulde, mort Abbé de Reichnaw, Diocèse de Constance, en 847. La glose ordinaire sur l'Ecriture Sainte, quelques vies de Saints, & autres ouvrages. *Ejus opera*, in-fol. *Paris* 1624, 10 Tomes.

848. *Pascase Radbert*, Abbé de Corbie en Picardie, l'an 844: quelques Commentaires sur l'Ecriture Sainte, un Traité du Corps & du Sang du Seigneur, quelques vies de Saints & un Traité *de Partu Virginis. Ejus opera*, in-fol. *Paris* 1618, *& in Spicilegio.*

848. *Ratramne* ou *Bertram* Moine de Corbie, puis Abbé d'Orbais en 840, a écrit sur la Prédestination, contre les Grecs, sur la Nativité de Jesus-Christ, & un Traité célèbre du Corps & du Sang du Seigneur: *in Biblioth. Patrum, & Spicileg.*

850. *Gottescalc*, Moine d'Orbais, m. 868. Deux Professions de foi, *ap. Mauguin.* Écrit sur le *Trina Deitas*, *in Hincm.* Tome I.

850. *Jean Scot* ou *Erigène*, Ecossois de naissance, retiré en France, a écrit du Corps & du Sang du Seigneur, sur S. Matthieu & autres ouvrages, ou perdus ou non imprimés; Traité de la Prédestination: *apud Mauguinum*; de la nature des choses, *in-fol. Oxonii* 1681.

850. *S. Prudence*, fait Evêque de Troyes en 840, écrit sur la Prédestination; *apud Mauguinum*, & autres Traités, *in Biblioth. Patrum.*

850. *Florus* Diacre de l'Eglise de Lyon, a écrit sur la Prédestination; une explication du Canon de la Messe, & un Commentaire sur S. Paul: *apud Bedam, Mauguinum, & Biblioth. Patrum.*

850 *Remy* Archevêque de *Lyon* en 853, a écrit sur la Prédestination & autres Traités: *apud Mauguinum, & in Bibl. Patrum.*

850. *Loup*, élu Abbé de *Ferriere* en 843; Lettres & Traités de doctrine. *Ejus opera studio Baluzii*, in-8°. *Lipsiæ* 1710.

850. *André* Archevêque de Crete; le Grand Canon de l'Eglise Grecque. *Græc. & Lat. apud Combefis.* in-fol. *Paris* 1644.

850. *Vandalbert* Moine de l'Abbaye de Pruym; un Martyrologe en vers, & quelques vies de Saints.

853. *Angelome* Moine de Luxeul; Commentaire sur les Livres des Rois: *in-fol. Romæ* 1565, & autres ouvrages.

854. *Enée* Evêque de Paris; Réponse aux objections des Grecs: *in Spicilegio, & in Collectionibus Conciliorum.*

857. *Hincmar* Evêque de Laon, neveu d'Hincmar de Reims, a fait quelques écrits, qui sont imprimés avec ceux d'Hincmar de Reims.

858. *Euloge* de Cordoue: Livre des Martyrs: *in Bibl. Patrum.*

854. *S. Ignace* Patriarche de Constantinople; quelques Lettres aux Papes: *in Collectionib. Concilior.*

860. *Nicétas David*; vie de S. Ignace Patr. de Const. & plusieurs Sermons: *à Combefisio, in auct. noviss. Bibl. Patr.* in-fol. *Par.* 1672.

860. *Pierre* de Sicile; Histoire des Manichéens: *in Bibl. Patrum.*

861.* *De Constantinople ;* où Photius est confirmé Patr. *Reg.* &c.
861. *De Rome,* contre Jean Ev. de Ravenne, qui maltr. ses Dioc. *Ib.*
361. *De Soissons ,* Kothard est déposé, indiqué par *Hard.* T. II.
861. *De Senlis. Gall. Chr.* Tome III. page 854.
862.* *D'Aix la-Chapelle ,* qui favorise le mariage de Lothaire & de Valdrade. *Reg.* XXII. *Lab.* VIII. *Hard.* V. & XI.
862. *De Sens ,* sur la dépos. d'Heriman Evêque de Nevers. *Ibidem.*
862. *De Pistes* (Pistense) en Normandie, près le Pont de l'Arche ; sur les maux de l'Eglise & de l'Etat. *Bessin in Conc. Norman.*
862. *De Savoniere* près de Toul, où la paix est conclue entre Louis, Charles & Lothaire, en présence des Evêques. *Ibidem.*
862. *De Soissons ,* contre Baudouin Comte de Flandre, ravisseur de Judith, fille de Charles le Chauve. *Ibidem.*
862.* Autre de *Soissons ,* où l'on excommunie Rothard. *Ibidem.*
863.* *De Metz ,* où les Légats du Pape approuvent le mariage de Lothaire avec Valdrade sa concubine. *Ibidem.*
863.* *De Senlis ;* Hincmar dépose Rothard Evêque de Soissons. *Ib.*
863. *De Rome ;* on y dépose les Archevêques Gontaire & Theudgaud, qui avoient reconnu le mariage de Lothaire & de Valdrade. *Ibid.*
863. *De Rome,* où Zacharie Légat du S. Siége est excommunié comme prévaricateur, Photius condamné & S. Ignace rétabli sur le Siége de Constantinople. *Ibidem.*
863. *De Schirwan* en Arménie, où l'on condamne Nestorius, Eutychés, Dioscore & d'autres Hérétiques. *Hard.* seul Tome V.
863. *D'Aquitaine,*contre Etienne Comte d'Auverg.*R.*XXII.*L.*VIII.
863. *De Verberie,* sur un différend de l'Evêque du Mans. *Ibidem.*
863. *De Rome ;* Rothard y est rétabli dans son Siége. *Ibidem.*
864. *De Pistes ,* pour les affaires de l'Eglise & de l'Etat. *Bessin.*
864. *De Rome ,* où l'on confirme la déposition de Guntarius Evêque de Cologne. *Pagi ad hunc annum.*
865. *De Rome ,* où Rothard est rétabli une seconde fois. *Reg.* &c.
866. *De Soissons ,* dans l'affaire de Vulfrad Evêque de Bourges & sur les ordinations faites par Ebbon, Evêque déposé. *Ibidem.*
866. *De Toul* ou *Tousi. Gall. Chr.* Tome II. page 797.
866. ou 869. *De Verberie. Ibid.* T. II. p. 30. T. III. p. 13.
867.* *De Constantinople,* supposé par Photius, qui a la témérité d'excommunier le Pape Nicolas. *Reg.* XXII. *Lab.* VIII.
867. Autre de *Constantinople ,* où Photius est déposé & S. Ignace rétabli sur le Siége Patriarcal. *Pagi ad hunc annum.*
867. *De Troyes* en Champagne, sur Wulfrad & Ebbon. *Reg.* &c.
868. *De Rome ,* contre Photius. *Ibidem.*
868. *De Querst* (Carisiacum), pour l'examen de Willebert pour l'Evêché de Châlons. *Ibidem.*
868. *De Wormes ,* sur la Discipline Ecclésiastique. *Ibidem.*
869. DE CONSTANTINOPLE, VIIIe Concile général, convoqué sous le Pape Adrien II & l'Empereur Basile, contre le Schismatique Photius, qui fut déposé & envoyé en exil, & S. Ignace rétabli dans le Siége Patriarcal de Constantinople. *Ibidem.*
869. *De Pistes ,* sur une donation. *Ibidem & Bessin.*

CONCILES. 413

869.* *De Metz*, on y défére la Couronne à Charles au préjudice de Louis II. *Ibidem.*
869. * *De Verberie* : Hincmar Ev. de Laon déposé. *L.* VIII. *H.* V.
870.* *D'Attigny* : Hincmar se soumet, &c. *Ibidem.*
870. *De Cologne*, sur la Discipline. *Ibidem.*
870. *De Vienne* en Dauphiné, sur les priviléges Monastiques. *Ib. & Mabillon sæc.* IV. *Benedict.* Part. II. page 296.
871.* *De Douzi* : Hincmar est de nouveau déclaré déposé. *Ibidem.*
872. *De Rome*, dans l'affaire de l'Empereur Louis, contre Adelgise Duc de Benevent : *Pagi, ad ann.* 873.
873. *D'Oviedo* en Espagne (Ovetense), pour l'Archevêché. *Ibid.* & *d'Aguirre, in Concil. Hisp.* Ferreras le met en 900.
873. ou 883. *De Toulouse*, au sujet des plaintes des Juifs contre les Chrétiens. *Lab.* IX. *Hard.* VI. manque *in Regia.* Paroît suspect.
873. *De Châlon* sur Saône, touchant l'Eglise de saint Marcel. *Reg.* XXIV. *Lab.* IX *Hard.* VI.

ECRIVAINS.

861. *Théodore Abucara* ; Traité de la Religion contre les Mahométans : *in*-4°. *Ingolst. per Gretzerum* 1606.
861. *Usuard* Moine de S. Germain des Prés à Paris ; un Martyrologe : *in*-4°. *Paris* 1718.
863. *Photius*, faux Patriarche de Constantinople, mort en exil, en 886 ; Bibliothéque, où il a conservé beaucoup de Fragmens anciens ; des Lettres ; un recueil de Canons : *in Bibl. Jur. Can. Justelli*, in-fol. *& apud Balsamonem*; & autres Traités dogmatiques. *Biblioth. Græc. Lat.* in-fol. *Rothomagi* 1653. *Epist.* in-fol. *Londini* 1651, & *ap. Canis.*
867. *Basile* le Macédonien Empereur : Exhortations à son fils, *in*-4°. *Græc. Lat. Hamburgi* 1633 : divers autres Ouvrages, *in Collect. Concilior. & in Jure Græco Romano.*
870. *Michel Psellus*, *de operationibus Dæmonum*, &c. Manuscrits.
870. *Métrophanes* Evêque de Smyrne, opposé a Photius ; une Lettre très-estimée dans les Collections des Conciles.
870. *Aelfred* Roi d'Angleterre, surnommé le Grand ; une Paraphrase en Langue Saxone de l'Hist. Eccl. de Bede, & plusieurs Loix, *in-fol. Cantabrigiæ* 1644. Version Saxone d'Orose, restée en manuscrit. Le Pseautier en Saxon, *in*-4°. *Londini* 1640.
870. *Epiphane* Archevêque de Constance dans l'Isle de Cypre ; plusieurs Sermons, avec les œuvres de S. Epiphane données par le Père Petau, in-fol. *Paris* 1622, 2 vol.
871. *Notkerus* le Begue, Moine de S. Gal ; un Martyrologe & quelques vies de Saints, imprimées en plusieurs recueils.
871. *Hincmar* Moine Bénédictin, puis Archevêque de Reims, mort l'an 882, grand Canoniste & mauvais Théologien, a écrit sur beaucoup de matières. *Ejus opera studio Jacobi Sirmundi*, in-fol. *Paris* 1645, 2 vol. Autres Ouvrages encore manuscrits.

C IX.
872. *Jean VIII.* 14 Décembre.
Gouverne 10 a. 2 j.
† 15 Décembre 882.
Le siége vaque 7 j.

C X.
882. *Marin* ou *Martin II.*
Elu le 23 Décembre.
Gouverne 1 a. 2 m. 1 j.
† 23 Février 884.
Le siége vaque 6 j.

C XI.
884. *Adrien III.* prem. Mars.
Gouverne 1 a. 4 m. 8 j.
† 8 Juillet 885.
Le siége vaque 6 j.

C XII.
885. *Étienne V.* ou *VI.* 25 Juillet.
Gouverne 6 a. 14 j.
† 7 Août 891.
Le siége vaque 1 m. 11 j.
885. *Anastase* XVIIe Antipape.

C XIII.
891. *Formose* 19 Septembre.
Gouverne 4 a. 9 m. 17 j.
† 4 Avril 896.
Le siége vaque 6 j.
Sergius Antipape.

---

876. Fondation de l'Abbaye de sainte Marie de Compiégne, nommée depuis S. Corneille. Les *Cloches* commencent à être en usage dans l'Eglise Grecque.

884. Fondation de l'Abbaye d'*Aurilhac*, aujourd'h. dans le Diocèse de S. Flour, par *S. Géraud* Seigneur de ce lieu.

886. L'Abbaye & l'Eglise de faint *Médard* de Soissons brûlée par les Normands, qui renversent & saccagent plusieurs autres Monastères.

En ce siécle, l'abus de donner des *Abbayes à des Laïcs*, est fréquent.
Les *Appels au S. Siége* deviennent très-communs.
On joint des *peines temporelles* aux spirituelles; dans l'imposition de la *pénitence*.
Les *Evêques* & les *Abbés* commencent à aller *à la guerre*.
On vole les Reliques.

CONCILES.

873. *De Cologne*, sur la Discipline Ecclésiast. *Labbe* IX. *Hard.* VI. manque *in Regia*.

873. *De Senlis*, où Carloman fils du Roi Charles, & qui étoit Diacre, fut réduit à la Communion Laïque. R. XXIV. *Lab.* IX. *Hard.* VI.

874. *De Douzi*, contre les mariages incestueux, & les déprédations des biens de l'Eglise. *Ibidem.*

874. *De Reims*, sur la Discipline des Curés. *Ibidem.*

874. *De Ravenne*, sur les contestations du Patriarche de Grado & du Doge de Venise. *Ibidem.*

875. *De Châlon sur Saône*, touchant les biens de l'Abbaye de Tournus. *Lab.* IX. *Hard.* VI. manque *in Regia*.

876. *De Pavie*; Charles fils de Louis le Débonnaire y est proclamé Empereur; & on y publie quelques Capitulaires de ce Prince. *Ib.*

876. *De Pontyon*, Diocèse de Châlons sur Marne, où l'Election de Charles le Chauve fut confirmée. *Ibidem.*

877. *De Cologne*, pour une fondation. *Mansi.*

877. *De Rome*, où Charles le Chauve est reconnu Empereur. L. &c.

GRANDS-HOMMES. | HÉRÉS. ET PERS. 415

875. Mort de *S. Remy* Archevêq. de Lyon.

875. La *Russie*, alors idolâtre reçoit l'Evangile par les Missionnaires qu'y envoye S. Ignace Patriarche de Constantinople.

878. Mort de *S. Ignace* Patriarche de Constantinople. Photius qui lui succéde, commence le schisme qui subsiste encore aujourd'hui entre l'Eglise Grecq. & la Latine.

880. Mort *d'Adon* Archevêq. de Vienne en Dauphiné.

884. *S. Bertaire* Abbé du Mont Cassin, est martyrisé par les Sarrasins.

887. Le corps de saint *Martin* est reporté d'Auxerre à Tours. La crainte des Normands qui avoient ravagé la France, l'avoit fait porter à Auxerre l'an 856.

894. *Borivoi*, Duc de Bohême, reçoit le baptême.

878. *Jean Scot, Erigène* ou Ecossois, écrit contre la présence réelle de Jesus-Christ dans le Sacrement de l'Eucharistie. *Berenger* se servit dans la suite du Livre de Jean Scot pour se confirmer dans ses égaremens. Ce Livre fut solidement réfuté par *Adrevalde*, Moine Bénédictin de l'Abbaye de Fleury ou saint Benoît sur Loire, & son Ouvrage a été publié par Dom Luc d'Acheri dans son *Spicilege*. Les erreurs de Scot Erigène sur la Prédestination n'étoient pas moins grandes; non-seulement il ôtoit le péché originel & l'éternité des peines; mais il établissoit encore une Prédestination absolue. Il fut réfuté par tous les grands Evêques de son tems. Quoiqu'il n'ait aucune autorité, nous l'avons mis page 411, parmi les Ecrivains Ecclésiastiques.

ECRIVAINS.

875. *Drutmare* de Corbie; Commentaire sur saint Matthieu: *in Bibl. Patrum.*

876. *Herric* Moine d'Auxerre; Miracles de saint Germain, &c. *Ldb. Bibl.* T. I. Il étoit Philosophe, & il poussa ses réflexions jusqu'à établir le doute méthodique de Descartes.

877. *Reginon* Abbé de Pruym; une Collection de Canons: *in-8°*. Paris 1671, & une Chronologie jusqu'en 907: *in Scriptorib. Germanicis.*

877. *Adrevaldé* Moine de Fleury; du Corps & du Sang de Jesus-Christ, contre Jean Scot; *in Spicilegio.*

878. *Adon* Archevêque de *Vienne*, a fait un Martyrologe, *in-fol.* Antuerpiæ 1613, une Chronique, &c. *in Bibliothecis Patrum.*

880. *Anastase* Abbé & *Bibliothécaire* de l'Eglise Romaine, a fait quelques traductions de Grec en Latin, a donné plusieurs piéces sur les Monothélites, & l'Histoire des Papes. *Ejus opera*, in-fol. Romæ 1718, &c. 4 vol.

881. *Aimon*, Religieux de S. Germain des Prés à Paris, a écrit sur les miracles de S. Germain; & quelques vies de Saints. *Tome III. & IV. Sæculorum Benedictinorum*, in-fol.

877. *De Ravenne*, par le Pape Jean VIII. sur la Discipline Ecclésiastique. *Reg.* XXIV. *Lab.* IX. *Hard.* VI.
877. *De Pavie. Gall. Chr.* Tome IV. page 367.
877. *De Compiegne*, pour une Dédicace. *Lab.* IX. *Hard.* VI.
878. *De Neustrie* ou Normandie, contre Hugues fils naturel de Lothaire. *Ibidem.*
878. *De Troyes* en Champagne ; le Pape qui s'y trouva, excommunia les ennemis du S. Siége, & rétablit Hincmar Evêque de Laon. *Ibid.*
878. *De Rouen*, sur la Discipline. *Hard.* seul, Tome VI.
879. *De Rome*, pour l'élection d'un Empereur après la mort de Louis le Begue, élection qui n'eut point lieu alors. *Regia* XXIV. *Lab.* IX. *Hard.* VI.
879. Autre de *Rome* ; d'où l'on envoie Pierre pour absoudre Photius Patriarche de Constantinople. *Ibidem.*
879.* *De Constantinople*, nommé faussement huitième Concile général ; Photius y est rétabli sur le Siége de Constantinople après la mort de S. Ignace. On y condamne la particule *Filioque* du Symbole. *Ibidem* ; mais plus exactement dans *Hard.* Tome VI.
879. *De Mentala* Diocèse de Vienne, où l'on accorde à Boson le titre de Roi. *Ibidem.*
879. *De Reims. Lab.* Tome IX.
879. *De Toulouse. Gall. Chr.* Tome VI. page 20.
880. *De Châlon* sur Saône. *Ibidem*, Tome IV. page 66.
881. *De Fimes*, (*apud Sanctam Macram*) Diocèse de Reims, sur l'autorité des Princes & des Evêques. *Lab.* Tome IX.
881. *De Rome*, où l'on excommunie Athanase Evêque de Naples, qui avoit fait alliance avec les Sarrasins : indiqué par *Hardouin*, Tome VI.
881 & 882. *De Ravenne. Mansi.*
883. *De Toulouse*, contre les plaintes des Juifs ; ci-dessus 873.
886. *D'Italie*, au sujet des biens de l'Eglise de S. Martin de Tours. *Martène in Thesauro*, Tome IV.
886. *De Châlon* sur Saône ; pour l'exemption de l'Abbaye de Charlieu. *Reg.* XXIV. *Labbe* IX. *Hard.* VI.
886. *Du Port*, près de Nismes, contre Selva Espagnol, qui insultoit l'Archevêque de Narbonne. *Ibidem.*
887. *De Cologne*, contre les Usurpateurs des biens Ecclésiastiques, & les mariages incestueux. *Ibidem.*
887. *De Châlon* sur Saône, touchant les biens & les immunités de l'Eglise. *Martène in Thesauro*, Tome IV, page 67.
887. *De Landaff*, où l'on excommunie Teudur. *Anglic.* I. Autres Conciles de la même année. *Anglic.* I.
888. *De Mayence*, sur la Discipline. *Regia* XXIV. *Labbe* IX. *Hard.* VI.
888. *Du Port & d'Urgel* : déposition de deux Evêq. *Hist. de Lang.*
888. *De Metz*, sur la Discipline. *Ibidem.*
888. *D'Agaune* ou S. Maurice, dans lequel Rodolphe est élu & couronné Roi de Bourgogne. *Labbe* IX. *Hard.* VI.

CONCILES.

890. *De Valence*, où l'on reçoit Louis fils de Boson pour Roi d'Arles. *Reg.* XXIV. *Labbe* IX. *Hard.* VI.

890. *De Wormes*, sur la contestation de l'Archevêque de Cologne & de l'Evêque d'Hambourg, au sujet de l'Evêché de Brême, dont la supériorité étoit prétendue par ces deux Métropolitains. *Ibid.*

890. *De Forcheim* en Allemagne, où l'on confirme un Monastère. *Gall. Chr.* T. III. p. 643. & *Mabill. Annal.* T. III. p. 276.

891. *De Cantorberi*, sur la Discipline, mais douteux. *Labbe.* IX. *Hard.* VI.

891. *De Meun* sur Loire, sur la bénédiction de l'Abbé de S. Pierre de Sens. *Lab.* IX. *Hard.* VI. manque *in Regia.*

892. *De Vienne* en Dauphiné, sur la Discipline. *Regia* XXIV. *Labbe* IX. *Hardouin* VI.

892. *De Reims*, en faveur de Charles le Simple, fils de Louis le Begue, que l'on déclare Roi de France. *Ibidem.*

893. *De Rome*, sur les troubles de l'Eglise. *Ibid.*

894. *De Reims. Gall. Chr.* Tome III. page 14.

894. *De Châlon* sur Saône, où le Moine Gerfroy se purge de l'accusation d'assassinat. *Lab.* IX. *Hard.* VI.

894. *De Jonquieres*, Diocèse de Montpellier. *Hist. de Languedoc.*

895. *De Nantes*, sur la Discipline Ecclésiastique. *Lab.* Tome IX. *Hard.* Tome VI.

895. ou 897. *De Tribur* près de Mayence, sur la Discipline. *Ibidem.*

897. *Du Port* près de Nismes, au sujet de la Paroisse de S. Jean. *Baluz. in Conciliis Gall. Narbon. Hard.* Tome IV.

899. *De Rome*, pour Argrim, Evêque de Langres. *Mansi.*

ÉCRIVAINS.

882. *Georges* Archevêque de Nicomédie, ami de Photius; divers Sermons; *Auct. Noviss. Bibl. Patrum. Combefisii*, in-fol. Paris 1648, Tome I.

886. *Leon le Sage*, Empereur d'Orient; quelques Discours sur divers Saints & sur les Mystères, avec quelques Lettres: *apud Combefis.*

887. *Abbon* Moine de S. Germain des Prés; Histoire du siége de Paris par les Normands en 887, & quelques autres ouvrages: *du Breul, in edit. Aimonii; in Script. Franc.*, & avec les Annales de Paris, in-4°. 1753.

899. *Asser*, Moine Anglois: Vie du Roi Aelfred, &c. *in Hist. Angl.*

890. *Guillaume* Bibliothécaire de l'Eglise Romaine; Vies des Papes depuis Nicolas I. jusqu'à Etienne V. *cum Anastasio Bibliothec.*

894. *Auxilius* Prêtre de Rome, ordonné par le Pape Formose; un Traité sur les ordinations de ce Pape: *apud Morinum de ordinationibus; Biblioth. Patrum*, & *Mabillon in Analectis.*

895. *Formose* Pape, nommé auparavant Damase, Evêque de Porto; vies des Papes, *in quibusdam Conciliorum edit.* & in-8°. Venetiis 1547.

II. Partie.

CXIV.
896. *Boniface VI.* 11 Avril.
Gouverne 15 j.
Est regardé par quelques-uns comme Antipape.
† 25 Avril 896.
Le siége vaque 6 j.

CXV.
896. *Etienne VI.* ou *VII.* 2 Mai.
Gouverne 3 m.
Etranglé en prison au mois d'Août 897.
On ignore combien le Siége a été vaquant.

CXVI.
897. *Romain* Antip. 17 Sept.
Usurpe pendant 4 m. 23 j.
† 8 Février 898.
Le siége vaque 3 j.

CXVII.
898. *Théodore II.* 12 Février.
Gouverne 20 j.
† 3 Mars 890.
Le siége vaque 8 j.

CXVIII.
898. *Jean IX.* 12 Mars.
Gouverne 2 a. 15 j.
† 26 Mars 900.
Le siége vaque 10 j.

898. Les Frères servans les infirmes à Sienne en Italie, mais approuvés en 1191.

900. Baudouin le Chauve Comte de Flandre, fait transporter le corps de *S. Vinox* de l'Abbaye de saint Bertin au château de Berg, qui en porte le nom. On prétend que les *titres des Cardinaux* ont commencé à être en usage vers le milieu de ce siécle.

900. *Grimlaïc* fait une régle pour les Solitaires, tirée pour la plus grande partie de la Régle de saint Benoît ; qui étoit regardée comme la plus sage qu'il y eut alors dans l'Eglise.

907. On établit en ce siécle beaucoup de *jeûnes de trois jours*, quelquefois par les Evèques & quelquefois par les Rois mêmes, avec des Litanies, des Prières & des Processions. Ces jeûnes ne se pratiquoient pas seulement dans les tems de pénitence & de calamités, mais encore dans les tems de prospérité & de joie.

CONCILES.

897.* *De Rome*, où le Pape Etienne condamne injustement la mémoire du Pape Formose. *Regia* XXIV. *Labbe* IX. *Hardouin* VI.

898. *De Rome*, où l'on casse tout ce qui a été fait dans le Concile de l'année précédente : *Pagi, ad hunc Annum.*

898. *De Ravenne*, sur le même sujet. *Ibidem.*

899. *De Constantinople*, contre les quatrièmes noces. *Lab.* IX.

899. *De Soissons. Gall. Chr.* Tome VI. page 531.

900. *De Reims*, où l'on excommunie les assassins de l'Archevêque Foulques. *Lab.* IX. *Hard.* VI. manque *in Regia.*

900. *De Compostelle*, en Espagne, pour la dédicace de l'Eglise de S. Jacques. *Regia* XXIV. *Lab.* IX. *Hard.* VI.

900. ou environ, *de Normandie*, dont le lieu & le tems sont incertains, mais que l'on croit du neuvième au dixième siécle, sur la Discipline. *Bessin in Conc. Normaniæ.*

GRANDS-HOMMES. | HÉRÉS. ET PERS. 419

896. Les *Bulgares* Chrétiens remportent une grande victoire sur les Avares.

Arnoul Empereur d'Allemagne, vient pour la seconde fois en Italie, prend Rome, & met en liberté le pape *Formose*, persécuté par Sergius.

898. *Eudes* ou *Odo* Roi de France, meurt après un régne de dix ans, & déclare à sa mort que le Sceptre devoit être remis à Charles le Simple, à qui il appartenoit : ce qui fut exécuté unanimement par la nation.

Translations des Reliques de S. *Marcoul*, de Nanteuil au Diocèse de Coutance, à Corbigny dans le Diocèse de Laon.

899. *S. Ratbod* est fait Evêque d'Utrecht & gouverne 19 ans.

899. Naissance de Constantin fils de Léon Empereur Grec.

900. Les *Hongrois* rentrent en Italie & y font des ravages.

896. Quoique l'Eglise n'ait pas été affligée par de nouvelles Hérésies, cependant le saint Siége fut agité par des schismes & des persécutions, aussi fâcheuses que l'Hérésie même, causées par l'ambition de l'Antipape Sergius, qui rompit l'unité Ecclésiastique. Il fallut que l'Empereur Arnoul vint à Rome pour faire cesser les divisions, soutenues par Lambert, qui tyrannisoit Rome & l'Italie. Mais le Pape Formose ne jouit pas longtems de la paix qu'Arnoul lui avoit procurée, étant mort le quatre Avril 896, & l'on croit même que cet Empereur fut empoisonné d'un poison lent, à la sollicitation d'Engeltrude, veuve de Guy qui se disoit Roi d'Italie.

900. Une armée de *Sarrasins*, vient d'Afrique en Calabre, & y cause beaucoup de désordre.

ÉCRIVAINS.

895. *Grimlaïc* : Régle des Solitaires, *in-16. Paris* 1653 & *in Holsten. Cod. Regularum.*

896. *Herempert* Moine du Mont Cassin ; Histoire des Lombards, in-4°. *Neapoli* 1626, *& apud Muratori*, & autres ouvrages.

896. *Nicolas le Mystique* Patriarche de Constantinople ; quelques Lettres : *in Conciliis, Jure Græco-Romano, & apud Baronium.*

896. *Etienne VI.* Pape, quelques Lettres : *in Conciliis.*

897. *Grégoire* Moine Grec ; vie de saint Basile surnommé le Jeune, dont il fut disciple : *Bollandus*, Tome III. *Martii.*

897. *Remy* Moine de saint Germain d'Auxerre, mort vers l'an 904. Plusieurs Commentaires sur l'Ecriture Sainte, dont quelques-uns ont été imprimés : les autres sont restés en manuscrit.

897. *Alman* Moine d'Hauvillers en Champagne ; quelques vies de saints Evêques & de saints Moines ou Solitaires : *Mabillonii sæculo VI. Benedict. & in Analectis.*

898. *Nicéphore* Philosophe & Rhéteur ; vie de saint Antoine de Caulée, Patr. de Constantinople. Voyez *Bollandi Februar.*

898. *Jean IX.* Pape, quelques Lettres : *in Conciliis.*

DIXIÈME SIÈCLE.
CXIX.
900. *Benoît IV.* 6 Avril.
Gouverne 4 a. 6 m. 15 j.
† 20 Octobre 904.
Le siége vaque 7 j.
CXX.
904. *Leon V.* 28 Octobre.
Gouverne 39 j.
† 6 Décembre 904.
Le siége vaque 6 m. 2 j.
904. *Christophe* 19e Antipape, le 9 Déc. *usurp.* 6 m. † Juin 905.
Le siége non rempli.
CXXI.
905. *Sergius III.* 9 Juin.
Gouverne 7 a. 5 m. 27 j.
† 6 Décembre 912.
Le siége vaque 9 m. 28 j.

DIXIÈME SIÈCLE.
902. Fondation de l'Abbaye de saint *Trutpert* en Brisgau, par Lutfrid Comte d'Habsbourg.
905. Culte de saint *Marcoul* à Corbigny en Laonois : nos Rois y vont ou y envoient un de leurs Aumôniers, pour obtenir le don de toucher les malades des écrouelles.
906. Naiss. de S. *Mayeul* quatrième Abbé de Clugny & de saint *Nil* Abbé Grec de Grotta-Ferrata, près Frescati en Italie.
910. Guillaume le *Pieux*, Duc d'Aquitaine, Comte d'Auvergne, fonde l'Abbaye de *Clugny*, & y établit pour premier Abbé *Bernon*.

CONCILES.

DIXIÈME SIÈCLE.
901. *D'Oviedo*; cette Eglise fait Métropole. *Pagi, ad h. an.* douteux.
902. *De Narbonne*, sur l'Eglise de Quarante. *Mart. in Thes.* T. IV.
902. *D'Attilli. Gall. Chr.* Tome VI. p. 192.
904. *De Rome*, pour Formose. *Reg.* XXIV. *Lab.* IX. *Hard.* VI.
904. *De Ravenne*, pour rétablir la mémoire de Formose. *Ibidem.*
904. *D'Angleterre*, pour de nouveaux Evêchés. *Pagi, ad ann.* 894.
905. *D'Angleterre*, pour le Roi Edouard. *Anglic.* I.
906. Jugement sur les Chanoines de S. Vincent de Mâcon, & les Moines de S. Oyant. *Lab.* IV. *Hard.* VI. manque *in Regia.*
906. *De Barcelone*, sur la prétention de l'Archevêque de Narbonne. *Lab.* IX. *Hard.* VI. manque *in Reg.* Martène, *Coll. nova*, T. VII.
906. *De Scoan* en Ecosse, sur la Discipline. *Angl.* I.
906. *De Narbonne*, contre l'Archevêque Arnoul. *Lab.* Tome IX.
906. *De Rome*, où l'on rétablit l'Evêque de Langres. *Ibidem.*
907. *De Vienne*, sur la Discipline. *Martène, Coll. nova*, T. VII.
907. *De S. Tibery*, contre l'Archevêque de Narbonne. *L.* IX. *H.* VI.
907. *De Vienne*, sur des différends entre Abbés. *Hard.* seul, T. VI.
907. *De Cesseron*, Diocèse d'Agde. *Gall. Chr.* Tome VI. page 23.
909. *De Soissons*, sur la Discipline. *Reg.* XXIV. *Lab.* IX. *Hard.* VI.
909. *De Maguelone*, contre Arnoul Arch. de Narbonne. *L.* IX. & *Bal.*
909. *De Trosley* Diocèse de Soissons. *Reg.* XXIV. *Lab.* IX. *Hard.* VI.
909. *De Jonchières. Gall. Chr.* Tome VI. page 531.
911. *De Narbonne*, contre l'Arch. Arnoul. *Mariana, L.* VIII. *C.* V.
911. *De Fontcouverte*, Di. de Narbonne. *G. Chr.* VI. p. 23 & 531.
912. *De Tours*, sur la fête de S. Martin. *Lab.* Tome IX.

GRANDS-HOMMES. | HERES. ET PERS. 421

DIXIÈME SIÈCLE.

902. *Nicolas le Mystique* refuse la Communion à l'Empereur Leon, pour avoir épousé successivement quatre femmes.

904. *Ramire* Roi de Castille, défait & prend Banaïa Roi des Maures de Sarragosse.

909. Mort de saint *Géraud* Baron d'Orilhac, Fondateur de l'Abbaye de ce nom.

910. *S. Bernon* premier Abbé de Clugny, projette l'établissement de sa Congrégation.

911. *Wimon* Moine de Corbie en Saxe, est élu Archevêque de Brême, & va prêcher la foi aux Goths ou Suédois.

DIXIÈME SIÈCLE.

901. Ce siécle est qualifié de siécle d'*ignorance*, parce qu'il y a eu plus de désordres, & moins de grands hommes & de savans, que dans les autres siécles : il n'a pas produit de nouvelle *Hérésie*.

904. Le S. Siége affligé par l'Antipape Christophe, qui met le Pape Leon V. en prison, où il le fait mourir.

905. *Sergius III.* fait déterrer le corps du Pape Formose, contre lequel il commet beaucoup de cruauté.

ÉCRIVAINS.

DIXIÈME SIÈCLE.

902. *Valerius* Archiprêtre d'Astorga en Espagne ; Vies des Saints Pères, fort différentes de celles qui sont imprimées, se trouvent manuscrites dans la Bibliothèque de l'Eglise de Tolède.

904. *Jean Cameniata* Lecteur de Thessalonique ; Hist. de la prise de cette ville par les Sarrasins. *Allat. in Symmict.*, in-8°. *Colon.* 1653.

904. *Siméon Métaphraste*, Officier du Palais de l'Empereur Léon, a fait beaucoup de vies de Saints, non pas telles qu'elles ont été, mais telles qu'il a cru qu'elles devoient être : ainsi ce sont plutôt des éloges que des vies : *in Menæis Græcorum*, & *Lipomano*.

904. *Etienne*, fait Abbé de Lobes l'an 903 ; vie de S. Lambert, *apud Surium*.

910. *Jean Malela* d'Antioche, Chronique Universelle, in-8°. *Græc. & Lat. Oxonii* 1691.

911. *Hugbaldus* Moine de l'Ab. d'Annon ; vie de Ste Rictrude, Ab. de Marchiennes, & autres vies de Saints : *Mab. sæculo II. Bened.*

611. *Bertharius* Prêtre de l'Eglise de Verdun ; Histoire des Evêques de Verdun : *Dachery in Spicilegio*.

911. *Constantin* Porphyrogenète Empereur ; Histoire de l'image de Jesus-Christ : *apud Combeficium in Auctario*, & autres ouvrages.

912. *Bouvon* ou *Bavon* Abbé de Corbie ; Histoire de son tems.

915. *Jean* Archidiacre de Capoue, puis Abbé du Mont Cassin ; des Persécutions du Mont Cassin, & des miracles qui s'y sont faits ; Chronique des Comtes de Capoue. Voyez *Chronicon Cassinense & Peregrinus de Principibus Longobardicis*, in-4°. *& in Muratori*.

PAPES.

CXXII.
913. *Anastase III.* 4 Octobre.
Gouverne 8 m. 3 j.
† 6 Juin 914.
Le siége vaque 5 m. 27 j.

CXXIII.
914. *Lando* 4 Décembre.
Gouverne 4 m. 22 j.
† 25 Avril 915. Vacance de 4 j.

CXXIV.
915. *Jean X.* 30 Avril.
Gouverne 13 a. 2 m. 3 j.
† 2 Juillet 928. Vac. de 3 j.

CXXV.
928. *Leon VI.* 6 Juillet.
Gouverne 6 m. 15 j.
† 20 Janvier 929. Vac. de 11 j.

CXXVI.
929. *Etienne VII.* ou *VIII.* 1 Fév.
Gouverne 2 a. 1 m. 12 j.
† 11 Mars 932. Vac. de 7 j.

CXXVII.
931. *Jean XI.* 20 Mars.
Gouverne 4 a. 10 m. 15 j.
† 5 Février 936. Vac. de 8 j.

RITS ET RELIGIEUX.

917. Transport du corps de saint *Gildas* de Ruys, qui se fait de la Bretagne en Berry, où on le dépose près du Bourgdieux sur Indre, & il s'y forme une autre Abbaye de son nom.

921. Translation du corps de Ste *Marie de Bethanie* (nommée Ste Magdeleine) par Baidilon Abbé de Leuse en Hainaut.

925. Fondation de l'Abbaye de *Gemblours* en Brabant.

927. Mort du bienh. *Bernon* premier Abbé de Clugny, S. Odon lui succéde.

931. *Alphonse* Roi d'Espagne, laisse la Couronne à son frère Don Ramire, au préjudice de son fils Ordonio, mais depuis il se repent de sa générosité.

932. Les Reliques de *S. Venceslas* Duc de Bohême & Martyr, sont transférées dans l'Eglise de Prague.

CONCILES.

925. *De Châlon* sur Saône, sur les différends de quelques Curés. *R.* XXV. *Lab.* IX. *Hard.* VI. & *Martène in Thesauro*, Tome IV.

916. *D'Altheim* dans la Rhétie ou en Alsace : *Conc. Germ.* T. II.

918. *De Constantinople*, contre le Schisme. *Mansi.*

922. *De Coblentz*, sur la Discipline. *Reg.*, &c.

923. ou 924. *De Reims*, sur Charles le Simple & Robert. *Ibid.* & *Gall. Chr.* T. III. p. 15.

924. *De Trosley*, en faveur de l'Evêque de Cambrai. *Reg.* &c.

925. *De Tours*, sur les dixmes. *Martène in Thesauro*. Tome IV. & *Hard.* Tome VI.

926. *De Charlieu*, pour les Eglises détruites, &c. *R.* XXV. *Lab.* IX. *Hard.* VI.

926. *De Duysburg*, pour Bennon Evêque de Metz. *Ibidem.*

927. *De Trosley*, contre la pluralité des femmes. *Ibidem.*

928. *De Gratlei* en Angleterre, sur la Discipline. *Ibidem* Angl. I.

931. ou 936. *D'Altheim. Pagi, Mabill. Annal.* Tome III. p. 427.

932. *D'Erford* en Allemagne, sur la Discipline.

932. *De Ratisbonne*, sur la Discipline. *Martène in nov. Col.* T. VII.

933. *De Château-Thierry* en Champagne. *R.* XXV. *L.* IX. *H.* VI.

935. *De Fismes* près Reims, c. les usurp. des biens Eccl. *Ibidem.*

937. *De Poitiers. Gall. Chr.* Tome II. page 1212.

GRANDS-HOMMES. | HÉRÉS. ET PERS. 423

918. *Gilles* Evêque de Tusculane & Légat du Pape, fait une mission en Pologne, & convertit le Duc Mieciſlas.

921. Les *Bohemiens* embraſſent la Religion Chrétienne.

922. Martyre de ſainte *Ludmille* Ducheſſe de Bohême, par ordre de ſa belle-mère, idolâtre.

924. *S. Ulric*, âgé de 31 ans, eſt fait Evêque d'Augſbourg.

925. Naiſſ. du bienh. *Brunon*, fils du Roi Henri l'Oiſeleur, & qui devient enſuite Archevêque de Cologne & Duc de la Lorraine Haute & Baſſe.

927. Mort de *Guillaume* Duc d'Aquitaine, Fondateur de l'Abbaye de Clugny.

929. *Venceſlas* Duc de Bohême, eſt tué par ſon frère Boleſlas, en haine de la Religion.

930. Mort de *Nicolas le Myſtique* Patriarche de Conſtantinople.

932. L'Empereur *Henri* porte les Rois de Danemarck & de Norwege à embraſſer le Chriſtianiſme.

913. Les *Hongrois* reviennent en Italie & y cauſent beaucoup de ravages; & l'an 914 ils déſolent l'Allemagne.

920. L'Empereur Henri, pour ſe venger des habitans de la Pouille & de la Calabre, appelle les *Sarraſins*, qui reſtent en Italie, & y commettent beaucoup de déſordres.

921. Les *Sarraſins* qui s'étoient fixés en Italie, vinrent juſques à *Rome*, mais ils furent battus, & reſtent néanmoins en Italie.

923. Les *Hongrois*, appellés en Italie par Alberic Marquis de Toſcane, & en 914 par Berenger, y commettent beaucoup de déſordres; mais ils furent battus au deça des Alpes.

927. Les *Sarraſins* font de nouveaux ravages en Italie; mais ils ſont battus par le Pape.

928 & 929. Guy Marquis de Toſcane & ſa femme Marozia, perſécutent les Papes pour mettre leur fils ſur le S. Siége.

ÉCRIVAINS.

926. *Odon* Abbé de Clugny, vie de S. Geraud Comte d'Orilhac, & autres ouvrages. Voyez *Bib. Cluniacenſis*, in-fol. *Paris* 1614.

931. *Hippolyte de Thèbes*, fragmens d'une Chronique. Voy. *Caniſium in Lectionibus Antiquis*, *To. III. èditionis Baſnagii*, in-fol. *Amſtælodami* 1725, *Lambecius*, *Lib. III. Biblioth. Vindobon. & Emmanuelem Schelſtrate in Appendice ad opus Chronolog.*

932. *Gerard* Moine de S. Médard de Soiſſons, à ce que l'on croit: vie de S. Romain, dont le Père Mabillon a donné le Prologue.

932. *Ratherius* Evêque de Verone & de Liége; Traité ſur les Canons & une Lettre du Corps & du Sang du Seigneur: *in Spicilegio*. Ses Œuvres, *Verona* 1764, *in-fol.*

932. *Odillon* Moine de S. Médard de Soiſſons, ſur les tranſlations des Reliques des Saints: *apud Surium*.

936. *Nicolas* Patriarche de Conſtantinople; pluſieurs Lettres.

937. *Eutychius* Patriarche d'Alexandrie; Hiſt. de ſon Egliſe, & une Hiſt. univerſelle, in-4°. *Londini* 1642.—*& Oxonii* 1659.

940. *Flodoard* Chanoine de Reims, mort en 966; Hiſtoire de Reims & une Chronique: *in Biblioth. Patrum, apud Sirmundum*, &c.

| PAPES. | RITS ET RELIGIEUX. |

CXXVII.
936. *Leon VII* 14 Février.
Gouverne 3 a. 6 m. 10 j.
† 23 Août 939.
Le siége vaque 8 j.
CXXIX.
939. *Etienne VIII*. ou *IX*. 1 Sept.
Gouverne 3 a. 4 m. 15 j.
† 15 Janvier 943.
Le siége vaque 6 j.
CXXX.
943. *Marin* ou *Martin III.*
Elu le 22 Janvier.
Gouverne 3 a. 6 m. 14 j.
† 4 Août 946.
Le siége vaque 4 j.
CXXXI.
946. *Agapet II.* 9 Août.
Gouverne 9 a. 7 m. 10 j.
† 18 Mars 956.
Le siége vaque 4 j.

936. Origine de la ville de *S. Pons* de Tomieres en Languedoc, par la fondation d'un Monastère du nom de ce Martyr.
940. Réformation de l'Ordre de S. Benoît dans les Pays-bas, la Picardie & le bas Rhin, par *S. Gérard.*
942. Mort de faint *Odon* second Abbé de Clugny.
947. *Odon* Moine de faint Benoît fur Loire, mais Anglois, est fait Archevêque de Cantorberi, & projette la réforme de l'Ordre Ecclésiastique.
950. Hugues Duc de France & père de Hugues Capet, fait transférer de Normandie beaucoup de Corps Saints.
952. Fondation de l'Abbaye de *S. Vannes.*

CONCILES.

940. *De Narbonne*, pour les limites de quelques Diocèses.
940. *De Cambridge*. Spelman, Tome I.
941. *De Soissons*, sur les prétendans à l'Eglife de Reims.
942. *De Bonne*, sur la Discipline. *L. IX. H. VI.* manque *in Regia.*
944. *De Londres*, sur la Discipline. *R. XXV. L. IX. H. VI. Angl. I.*
944. *De Tournus* (Trenorchianum), en faveur de cette Abbaye. *Ib.*
944.* *De Constantinople*, contre Tryphon véritable Patriarche. *Ib.*
944. *D'Elne*, sur les Evêques de Gironne & d'Urgel. *Aguire*, T. III.
947. *De Fontanis* Diocèse d'Elne, sur la Discipline. *L. IX. H. VI.*
947. *De Verdun*, au sujet de l'Eglife de Reims. *R. XXV. L. IX. H. VI.*
947. *De Narbonne*, pour une Election. *G. Chr.* T. VI. page 303.
947. *D'Astorga* en Espagne, dont les actes sont perdus.
948. *De Mouson*, sur la Discipline. *Reg.* XXV. *Lab.* IX. *Hard.* VI.
948. *Ingelheim*, pour Artaud Archevêque de Reims. *Ibidem.*
948. Assemblée de S. Vincent de *Laon*, contre le Comte Hugues. *Ib.*
948. *De Trêves*, contre le Comte Hugues, qu'on excommunie. *Ib.*
948. *De Londres*, sur la Discipline. *Ibidem*, & *Angl.* I.
948. ou 949. *De Tournus. Gall. Chr.* Tome IV. page 374.
949. *De Rome*, où l'on confirme les Conc. d'Ingelheim & de Trêves.
950. *De Landaff*, sur les biens de l'Eglife. *Ibidem*, & *Angl.* I.
952. *D'Augsbourg*, sur la Discipline. *Reg.* XXV. *Lab.* IX. *Hard.* VI.
953. *De Reims*, sur les biens de l'Eglife. *Ibidem.*
954. *De Ravenne*, sur les biens de l'Eglife. *L. IX. Hard. VI.* seuls.
955. *De Landaff*, sur un homicide. *R. XXV. L. IX. H. VI. Angl. I.*
955. *De Bourgogne*, sur les biens de l'Eglife. *Ibidem.*

GRANDS-HOMMES. | HÉRÉS. ET PERS. 425

939. L'Empereur *Othon* établit la ville de Magdebourg pour capitale de la Vandalie.
Don *Ramire* Roi de Léon, défait entierement les Maures à Simancas.
944. *Théophilacte* fils de l'Empereur Romain, est fait Patriarche de Constantinople.
949. L'Empereur *Constantin* fait revivre les sciences en Grece.
950. *Louis d'Outremer* Roi de France, par la médiation de l'Empereur Othon, fait la paix avec le Duc *Hugues le Blanc*, père de Hugues Capet, contre qui il faisoit la guerre depuis long-tems.
953. Le B. *Brunon* frere de l'Emp. Othon, est Archevêque de Cologne & Duc de Lorraine.

937. Les *Hongrois* pénétrent jusques dans la Bourgogne & y font beaucoup de désordres.
939. Une troupe de *Normands* descendent en Galice, y causent beaucoup de ravages; mais sont défaits par le Comte de Castille.
948. Les *Hongrois* battus en Baviére veulent entrer en Italie, d'où on les fait sortir, soit par argent, soit par des victoires remportées sur eux.
949. Dispute arrivée en Angleterre sur la doctrine de l'*Eucharistie*, mais sans aucune suite.
950. Haliatan chef des *Sarrasins* d'Espagne, persécute les Chrétiens pour les obliger de renoncer au Christianisme.

ÉCRIVAINS.

940. *Grégoire*, Prêtre de Césarée ; vie de S. Grégoire de Nazianze, & autres piéces : *apud Combefisium, & in operibus Greg. Nazianzeni*.

940. *Jean* Moine de Cluny; vie d'Odon de Cluny : *in Bibliothecâ Cluniacensi, & Mabillonii sæculo V. Benedictinorum*.

940. *Joseph Genesius* ou de *Byzance* ; Histoire de l'Empire Grec depuis le commencement de Léon d'Arménie, jusqu'à la mort de Basile le Macédonien, in-4°. *Venetiis* 1570, extrêmement rare & qu'on devoit réimprimer en Hollande dans une Edition nouvelle de l'Histoire Byzantine.

942. *Odon*, Archevêque de Cantorberi ; Constitutions Ecclésiastiques.

948. *Luitprand*, Evêque de Cremone; une Histoire de son tems & quelques Ambassades. *Ejus opera* in-fol. *Antuerp*. 1640.

950. *Atton*, Evêque de Verceil ; Régles pour son Clergé : *in Spicilegio*.

950. *Bernerus*, Moine de S. Remy de Reims ; vie & translation de Ste Hunnegonde. Voy. *Mabillonium sæculo II. & V. Benedictinorum*.

955. *Epiphanes*, Moine de Jérusalem, Syria & Urbs sancta *in Symmictis Allatii* ; avoit fait aussi la vie de la Ste Vierge & de S. André Apôtre.

960. *Abbon*, Abbé de Fleury sur Loire ; un Apologétique & quelques Lettres, & un recueil de Canons : *apud Baluzium in Miscellaneis, & Mabillonium in Analectis*.

PAPES. | RITS ET RELIGIEUX.

CXXXII.
956. *Jean XII.* 23 Mars.
Gouverne 7 a. 8 m. 13 j.
† 5. Déc. 963. Vac. 5 m. 13 j.
963. *Leon Antipape* élu le 6
Déc. chaſſé le 25 Février 964.

CXXXIII.
964. *Benoît V.* 19 Mai.
Gouverne 18 jours.
Chaſſé 5 Juin 964.
Le ſiége vaqua 18 j.

CXXXIV.
964. *Leon VIII.* 24 Juin.
Gouverne 9 mois.
† Avril 965.
Le ſiége vaque peu de jours.
Quelques-uns le regardent comme Antipape.

CXXXV.
965. *Benoît V.* de rechef en Mai.
Gouverne environ 1 mois.
† 5 Juillet 965.
Le ſiége vaque 2 m. 25 j.

CXXXVI.
965. *Jean XIII.* 1 Octob.
Gouverne 6 a. 12 m. 6 j.
† 6 Septemb. 972.
Le ſiége vaque 15 j.

956. Jean XII. eſt, dit-on, le premier qui a changé ſon nom : il s'appelloit Octavien.
956. Naiſſance de *S. Romuald* Fondateur des Camaldules.
959. Mort de *S. Gerard*, Fondateur & premier Abbé de Brogne près Namur.
962. Naiſſ. de *S. Odillon* Abbé de Cluny. Et mort de *S. Guibert* ou Wibert Moine de Gorze en Lorraine.
962. Rétabliſſement de l'Abbaye de *Fontenelle*, brûlée depuis 100 ans par les Normands.
963. *S. Ethelwold* Evêque de Winchester en Angleterre, chaſſe les Chanoines Séculiers, & met en leur place des Moines Bénédictins dans ſa Cathédrale.
967. Fondation de l'Abbaye de J. *Vincent de Metz*, par Thierry qui en étoit Evêque.
970. Réformation générale du Clergé d'Angleterre. Les *Chanoines* ſont chaſſés des Cathédrales, & l'on y met des Moines.

CONCILES.

958. *D'Ingelheim*, pour l'Archev. de Saltzbourg. *Manſi.*
959. *De Brandfort* en Angleterre ſur les biens d'Egliſe. *Angl.* I.
962. *De Meaux*, ſur l'Egliſe de Reims. *R.* XXV. *L.* IX. *H.* VI.
963.* *De Rome*, pour l'Antipape Léon. *Ibidem.*
963. *De Conſtantinople*, ſur le mariage de Nicephore Phocas, avec Theophane Veuve de Romain, Empereur d'Orient. *Ibidem.*
964. *De Rome*, contre l'Antipape Leon. *Ibidem.*
964. *De Brandsford* en Anglet. contre Eduin, frère d'Edgar. *Ibid.*
965.* *De Rome*, par l'Antipape Leon contre le Pape Benoît V. *Ib.*
965. *De Cologne*, en faveur du Chapitre de S. Martin de Liége. *Martène Collectio nova*, Tome VII.
967. *De Ravenne*, ſur la Diſcipline. *Reg.* XXV. *Lab.* IX. *Hard.* VI.
969. *D'Angleterre*, contre l'incontinence des Prêtres. *Ib. Angl.* I.
969. *De Rome*, l'Evêché de Bénévent eſt érigé en Archevêché. *Lab.* IX. *Hardouin* VI. manque *in Regia.*
971. *De Londres*, ſur les Priviléges de l'Abbaye de Glaſton. *Regia* XXV. *Labbe* IX. *Hardouin* VI. *Angl.*
971. *De Rome*, pour confirmer les Priviléges de Glaſton. *Ibidem.*
971. *De Compoſtelle*, en Eſpagne : Voyez *Pagi ad an.* 900.

GRANDS-HOMMES. | HÉRÉS. ET PERS. 427

956. Les Reliques de sainte *Afre* sont découvertes par *S. Ulric* Evêque d'Ausbourg, sous les ruines de sa ville, ravagée par les Hongrois.

959. *Helene* ou Olga, Reine de Russie, envoie des Ambassadeurs à l'Empereur Othon pour avoir des Missionnaires pour instruire son peuple. Elle avoit été baptisée à Constantinople, & nommée Helene. Les Russes la regardent comme une Sainte, & célèbrent sa fête le 11 Juillet.

962. Mission dans la Russie par *S. Adelbert*, qui a été Archev. de Magdebourg.

Mission de *S. Nicon* d'Arménie en l'Isle de Crete, après qu'on l'eut reprise sur les Sarrasins.

964. Mort du B. *Brunon* frère de l'Empereur Othon I. Archevêque de Cologne & Duc de Lorraine.

968. *Magdebourg* est érigée en Métropole par le Pape Jean XIII.

958. *Constantin* Emp. de Grece, envoie une armée qui défait entièrement les *Sarrasins* : mais d'autres troupes des Chrétiens sont battues dans l'Isle de Crete.

959. Les *désordres des Moines* sont si grands en Angleterre, que Serlon écrivit contre eux de fortes invectives.

961. *Dunstan* Archevêq. de Cantorberi, chasse des Cathédrales les *Prêtres mariés*, & met des Moines en leur place.

963. L'Empereur *Othon* fait inutilement des remontrances au Pape Jean XII. qui commet même des cruautés à Rome, en faisant crever les yeux à un Cardinal & couper les mains à un autre, puis se retire à Capoue ; & l'Empereur fait élire un Antipape.

966. *Almansor* Roi Maure de Cordoue, fait des conquêtes sur les Chrétiens d'Espagne.

967. Les *Sarrasins* brûlent vif le Patriarche de Jérusalem.

ÉCRIVAINS.

961. *S. Dunstan*, Archevêque de Cantorberi, une concorde des Régles : *in-8°. Duaci* 1626.

963. *S. Ulric* Evêque d'Augsbourg ; quelques Sermons & une Lettre sur le célibat des Prêtres.

967. *Edgar* Roi d'Angleterre ; Constitutions Ecclésiastiques.

968. *Wittekind*, Moine de Corbie en Saxe ; l'Histoire des Saxons & quelques vers, *in-folio*, *Francofurti* 1577 *& in Collect. Scriptorum Germaniæ*.

968. *Rosweide*, Religieuse Allemande ; des Poésies sur l'Empereur Othon, & sur quelques Saints : *in Collectione Historicorum Henrici Meibomii*.

968. *Notker*, Evêque de Liége ; Histoire des Evêques de Mastreick ou Liége, *in-4°. Leodii* 1612.

969. *Leonce de Byzance* ; une Chronographie : *Gracè & Latinè*, in-fol. *Parif. è Typographia Regia, cum Theophane*.

976. *Fulcuin* ou *Folcoin* Abbé de Lobbes ; Histoire de son Abbaye & les Vies de quelques Saints : *in Spicilegio*.

PAPES.

CXXXVII.
972. Benoît VI. 22 Septembre.
Gouverne 1 a. 6 m.
† 19 Mars 974. Vac. env. 1 m.
974. Boniface VII. Antipape 1
Mars, chassé 21 Juillet 975.

CXXXVIII.
974. Donus, Domnus ou Domnio II. 5 Avril.
Gouverne 1 a. 6 m.
† Octob. 975. Vac. env. 2 m.

CXXXIX.
975. Benoît VII. 19 Décemb.
Gouverne 8 a. 6 m. 23 j.
† 10 Juillet 984. Vac. 3 m. 8 j.

CXL.
984. Jean XIV. 19 Octob.
Gouverne 8 mois.
† Juin 985. Vac. env. 10 m.
985. Boniface de rechef Antipape en Janvier, meurt en Décemb. 985.
985. Joan. fr. Robert.... Décembre, gouverne 4 mois; n'a pas été sacré & n'est pas compté; mort le 9 Avril 986.

RITS ET RELIGIEUX.

973. Mort du B. Jean, Abbé de Gorze en Lorraine.
974. Conversion de S. Romuald.
975. S. Edouard Roi d'Anglet. bâtit beaucoup de Monastères.
977. Abbaye du Mont S. Quentin près Perone, rétablie.
On bâtit beaucoup de Monastères en Gascogne & dans les Provinces voisines.
978. S. Romuald entre dans la Solitude sur les terres de Venise.
979. Abbaye de S. Magloire fondée près le Palais à Paris, par Hugues Capet Duc de France & Comte de Paris.
980. S. Nil Abbé Grec de Calabre, quitte cette province & son Abbaye, va au Mont Cassin, dont l'Abbé lui donne un territoire pour s'y retirer avec quinze Moines.
982. Consécration & Dédicace de l'Abbaye de Clugny, sous l'Abbé saint Mayeul, qui meurt l'an 991.

CONCILES.

972. Du Mont Sainte Marie, Diocèse de Reims, sur la réformation de l'Abbaye de Mouson. Reg. XXV. Lab. IX. Hard. VI.
972. D'Ingelheim, dont on ne trouve pas les Actes. Ibidem.
973. De Marzaille, sur les différends de plusieurs Evèques d'Italie. Ib.
973. De Bath en Angleterre; on y couronne Edgar. Anglic. I.
973. De Modene; sur quelques différends. R. XXV. L. IX. H. VI.
973-979. De Rome, plusieurs Conciles. Mansi.
975. De Reims, contre l'Usurpateur de l'Evêché d'Amiens. Reg. &c.
975. De Constantinople, contre le faux Patriar. Basile. R. XXV. L. XI.
975. De Winchester, en faveur des Moines. Regia, &c. Anglic. I.
976. De Ravenne, sur la Simonie. Mansi.
977. De Kirtington, pour les Pélerinages de dévotion. Ibid. Angl. I.
977. De Ripoll, en Catalogne. Aguirre Tome III.
978. De Caln, contre les Moines, en faveur des Prêtres Sécul. Angl. I.
978. D'Ambresbury, dans le Diocèse de Winchester. Ibid. Angl. I.
980. De Sens; sur les biens de S. Pierre le Vif. Ibidem.
980. D'Ingelheim en Allemagne, Mabill. Annal. Tome VI. p. 662. & Gall. Chr. Tome III. p. 944.
982. De Landaff, sur les mœurs. Anglic. Selon Labbe, est de 988.
983. De Rome, contre les Simoniaques. R. XXV. L. IX. H. VI.
983. De Charroux; Gall. Chr. Tome II. p. 511.

GRANDS-HOMMES. | HERES. ET PERS. 429

973. Mort de Sainte *Mathilde*, mere de l'Empereur Othon, à Halberstat, le 7 Mai.

973. Mort de S. *Ulric*, Evêque d'Augsbourg, le 4 Juillet.

974. L'Empereur *Zimiscès* triomphe des Bulgares, des Russes & des Sarrazins.

976. Le Doge de Venise *Orseolo*, quitte le gouvern. & se retire dans une solitude en Aquitaine.

977. Mort de S. *Edouard* le Mart. Roi d'Angleterre, assassiné par les ordres de sa belle-mère. *S. Dunstan* Archevêque de Cantorberi, en couronnant le jeune Roi Ethelrede, lui annonce & à sa race de grands maux, à cause du meurtre de S. Edouard.

981. S. *Adelbert* premier Archevêque de Magdebourg, meurt en pleine campagne dans le cours de ses visites.

984. On léve publiquement le corps de S. *Burchard*, premier Evêque de Wirtsbourg : c'étoit alors la forme de la Canonisat.

988. Mort de S. *Dunstan*, Archevêque de Cantorberi.

974. Le Pape *Benoît VI.* est persécuté & emprisonné dans le château S. Ange, où Cinthius, l'un des plus puissans de Rome, le fait mourir de misere le 19 Mars à ce qu'on croit, & l'*Antipape Boniface*, monstre de cruauté, se met en sa place ; mais il s'enfuit peu après, emportant les trésors de S. Pierre ; & dans la suite il revient & persécute le S. Siége.

975. Le différend des *Prêtres mariés* & des Moines recommence en Angleterre : les premiers sont condamnés dans plusieurs Conciles.

975. Plusieurs *Martyrs* à Cordoue, par les Sarrasins.

985. Le Pape *Jean XIV.* saint personnage, est persécuté par l'Antipape Boniface, qui rentre dans Rome à main armée ; le Pape est tiré du Château S. Ange & mis dans une affreuse prison, où on lui créve les yeux & on le fait mourir misérablement.

ÉCRIVAINS.

977. *Severe* Egyptien ; Histoire des Sarrasins & de l'Eglise d'Alexandrie. Voyez *Abraham Echellensem.*

978. *Romerius* ; suite de l'Histoire de Reginon, *ab an.* 907. *ad* 977.

979. *Suidas* Grammairien ; un Lexicon ou Dictionnaire, dans lequel on trouve beaucoup de fragmens sur les matières Ecclésiastiques, *in-folio, Græco-Latinè : Cantabrigiæ.* 1705. 3 vol.

980. *Aimoin*, Moine de Fleury ; l'Histoire des François, Vie d'Abbon de Fleury, Miracles de S. Benoît, avec des Poésies : *in Collect. Historicor. Francorum, & in sæculo* III. *& IV. Benedictinor.*

980. *Olympiodore* ; Commentaire sur l'Ecclésiaste & sur Jérémie : *in Bibliot. Patr. & inter Origenis opera.*

981. *Moyse Bar Cepha* Evêque en Syrie ; Traité du Paradis terrestre : *in Biblioth. Patrum.*

982. *Ecumenius* ; Commentaires sur les Actes, & sur les Epitres de S. Paul, & les Canoniques, *in-fol. Gr. Lat. Paris* 1631. 2 vol.

430 PAPES. | RITS ET RELIGIEUX.

CXLI.
986. *Jean XV. ou XVI.* 25 Avril.
Gouverne 10 a. 5 j.
† 30 Avril 996. Vac. 16 j.
CXLII.
996. *Gregoire V.* 17 Mai.
Gouverne 2 a. 9 m. 2 j.
† 18 Février 999.
999. *Jean* Antipape.
CXLIII.
999. *Sylvestro II.* 19. Février.
Gouverne 4 a. 2. 22 j.
† 12 Mai 1003. Vac. 23 j.

993. Canonisation de S. *Ulric*, Evêque d'Ausbourg, au Concile de Rome : on prétend que c'est le premier Saint canonisé hors de son pays.

995. Le Roi Hugues Capet fait mettre la *Réforme à S. Denis*.

998. Commémoration des *Trépassés*, d'abord dans l'Abbaye de Clugny, par S. *Odillon*.

1000. Moines de la Congrégation de Sainte *Colombe*, en Italie. Chan. de S. *Ruf*, près Avignon.

CONCILES.

986. *De Sens*; sur la discipline. Voy. la *Chroniq*. *de S. Pierre le vif*.
989. *De Rome*; en faveur de S. Adelbert Evêque de Prague. *Ibid*.
989. *De Charroux*, Diocèse de Poitiers; en faveur de ce Monastère. *Labbe* IV. *Hardouin* VI. manque *in Regia*.
989. *De Reims*; on élit Archevêque Arnoul fils de Lothaire. *Ibid*.
990. *De Narbonne*; contre les Usurpateurs des biens de l'Eglise. *Regia* XXV. *Labbe* IX. *Hardouin* VI.
990. *De Senlis*; pour Arnoul Archevêque de Reims. *Ibidem*.
990. *D'Anse* sur la Saône, entre Lyon & Mâcon; sur les biens de l'Abbaye de Clugny. *Martene in Thesauro* Tome IV.
991. *D'Urgel*; sur la Discipline. *Aguirre* Tome III.
991. *De Cantorberi*, sur la Discipline. *Anglic*. I.
992. * *De Reims*, dans l'Abbaye de S. Basle; on dépose Arnoul, & l'on élit Gerbert. *Regia* XXV. *Labbe* IX. *Hardouin* VI.
993. *De Rome*; Canonisation de S. Ulric d'Ausbourg. *Ibidem*.
994. *De Narbonne*, contre les Usurpateurs des biens de l'Eglise.
994. *D'Anse*, sur la Discipline. *Martene in Thesauro* Tome IV.
994. *Du Puy*; *Gall. Chr.* Tome VI. page 618.
995. *De Vérone*, sur le Patriarche d'Aquilée. *Mansi*.
995. *De Mouson*, contre Gerbert Archevêque de Reims. L. X. H. VI.
995. *De Reims*, contre Gerbert de Reims. R. XXV. L. IX. H. VI.
995. *De Sens*, en faveur des Chan. de Paris. *Mansi*.
996. *De Rome*, sur les affaires de l'Eglise : Autre, douteux. *Ibidem*.
997. *De Ravenne*, sur la Discipline. *Ibidem*.
997. *De Pavie*, contre Crescentius, ennemi du Pape. *Ibid*.
997. *De S. Denis*, sur les Dixmes. *Lab*. IX. *Hard*. VI. seuls.
997. *De S. Paul de Cormery*, sur la Disc. *Mab*. *Ann*. T. IV. p. 108.
997. *De Constantinople*, sur les mariages. *Mansi* II. Append. p. 58.
998. *De Rome*, sur Robert Roi de France. R. XXV. L. IX. H. VI.
998. Autre de *Rome*, sur la Discipline. *Baluz*. T. VII. *Miscellan*.
999. *De Gnesne*; sept nouv. Evêchés. *Conc. Germ*. II.
999. *De Rome*, contre Gisser Ev. de Mersbourg. R. XXV. L. IX. H. VI.
1000. *De Poitiers & Compiègne*, sur la Discipline. L. IX. H. VI. & *Ed. Venet*.

GRANDS-HOMMES. | HÉRÉS. ET PERS. 431

987. *Wladimire* Prince de Ruſſie, baptiſé par un Evêq. Grec, devient l'Apôtre de ſa Nation.
991. Mort de *S. Mayeul* de Clugny.
996. *S. Adelbert* renonce à ſon Evêché de Prague, va prêcher l'Evangile en Pruſſe, & y ſouffre le Martyre l'an 997.
999. Mort de la B. *Adélaïde* Impératrice d'Allemagne, femme de Lothaire Roi d'Italie, puis de l'Empereur Othon I.
1000. *S. Etienne*, fils de Geyſa, Duc de Hongrie, reçoit du Pape Sylveſtre II. la Couronne de Roi.

986. Les *Sarraſins* cauſent de grands déſordres dans la Càlabre.
989. Les *Soudans de* Damas, de Tyr, de Tripoli & de Baruth, informés des guerres civiles des Grecs, attaquent la ville d'Antioche, mais ils ſont obligés d'en lever le ſiége.
996. *Creſcence* riche citoyen de Rome, remplit cette ville de troubles & établit l'Antipape Jean, L'Empereur Othon III. vient le réprimer.
1000. Les *Sarraſins* déſolent la Syrie & l'Afrique.

ÉCRIVAINS.

990. *Hériger*, Abbé de Lobbes ; Livre du Corps & du Sang du Seigneur : *in Hiſtoria Gotteſchalchi à Cellotio*, in-fol. *Paris* 1665. Hiſtoire des Evêques de Liége, in-4°. *Leodii* 1613. & quelques vies des Saints.

990. *Alfric*, Archevêque de Cantorberi ; quelques Lettres & Sermons : *in Collectionibus Conciliorum.*

990. *Thomas Syrien*, & Monothélite ; quelques écrits en faveur de ſa ſecte : *apud Echellenſem.*

990. *Jean*, Abbé de Gorze ; vie de Ste Glodeſinde, Abbeſſe à Metz.

991. *Odillon*, Abbé de Clugny ; vies de S. Mayeul, & de l'Impératrice Adélaïde, avec quelques Lettres & Sermons : *in Bibliothecâ Cluniacenſi*, in-fol. *Paris* 1614, *& in Bibliothecâ Patrum.*

992. *Gerbert*, Archevêque de Reims, puis de Ravenne, & enfin Pape l'an 999 : pluſieurs Lettres & Diſcours : *in Collectione Andreæ Ducheſne, Bibliothecâ Patrum & Collect. Conciliorum.*

992. *Oſwalde*, Moine Bénédictin d'Angleterre ; vie de S. Oſvald, Archevêque d'Yorck.

992. *Jean Smera Poloweſchi* ; Lettre ſur la Converſion de la Ruſſie à la Religion Chrétienne. *Sandius in appendice ad Hiſt. Eccleſiaſticam*, pag. 61. Cette Lettre eſt ſuppoſée.

993. *Dudon*, Chanoine, puis Doyen de S. Quentin en Vermandois ; Hiſtoire des premiers Ducs de Normandie. *Ducheſne, in ſcriptoribus Normanicis.*

994. *Siſinnius*, Patriarche de Conſtantinople ; un Traité du Mariage entre couſins : *apud Leunclavium, in Jure Græco-Romano*, in-fol.

996. *Brunon*, Pape, ſous le nom de *Grégoire V.* pluſieurs Lettres : *in Collectionibus Conciliorum.*

996. *Burchard*, Evêque de Wormes ; une Collection des Canons ou Décrets, tant des Conciles que des Papes ; mais dans laquelle il y a des fautes : *in-fol. Coloniæ* 1548, & *Paris* 1549.

PAPES.

ONZIÈME SIÈCLE.
CXLIV.
1003. *Jean XVII.* ou *XVIII.* 6 Juin.
Gouverne 4 m, 26 j.
† 31 Octob. 1003. V. 4 m. 18 j.

CXLV.
1004. *Jean XIX.* ; mais *XVIII*, suivant ses propres Bulles ou Diplomes.
Le 19 Mars. Gouv. 5 ans 4 m.
† Le 18 Juillet 1009.
Le Siége vaque 2 mois 23 j.

CXLVI.
1009. *Sergius IV.* 11 Octob.
Gouverne 2 ans 9 m. 3 j.
† 13 Juillet 1012. Vaq. 6 j.

RITS ET RELIGIEUX.

ONZIÈME SIÈCLE.
1007. Chanoines Réguliers de S. Jean de Chartres. Ives, Evêque de Chartres, y fait venir ensuite des Chanoines de S. Quentin de Beauvais.

1007. Fondation de l'Abbaye de *Beaumont*, près Tours, pour des Religieuses, par Hervé Trésorier de S. Martin de Tours. Fondation de l'Abbaye de *Beaulieu*, près de Loches, par Foulques, Comte d'Anjou.

1007. Abbaye de *Polirone*, ou *San-Benedetto*, près de Mantoue, fondée par le Marquis Teudald.

CONCILES.

ONZIÈME SIÈCLE.

1001. *De Rome*, sur les plaintes de l'Evêque d'Hildesheim. *Regia* XXV. *Lab.* IX. *Hard.* VI. Voy. les *Conc. Germanic.* T. II. 975

1002. *De Tudert* (ou *Todi*), sur le même sujet, dont on n'a ni Actes, ni Canons. *Hardouin* seul, Tome VI. *Ed. Venet.* Tome XI.

1002. *De Rome*, sur l'exemption de l'Abbaye de Perouse. *Regia* XXV. *Labbe* IX. *Hardouin* VI.

1002. *De Bamberg* : différend des Evêq. & Seign. *Conc. Germ.* II.

1002. Divers Conciles de *France*, sur les jeûnes de la Pentecôt, sur l'Hymne *Te Deum*, & autres matières Ecclésiastiques. *Regia*, &c.

1005. *De Dortmond*, ou *Trotmont*, sur la Discipline, mais sans aucun Acte. *Hardouin* Tome VI.

1005. *De Toulouse*; *Gall. Chr.* T. VI. pag. 31. *Hist. de Lang.*

1006. *De Paris*, pour une donation. *Mansi.*

1007. *De Francfort*, pour ériger l'Eglise de Bamberg en Siége Episcopal. *Reg.* XXV. *L.* IX. *H.* VI. —— *De Rome*, même sujet.

1008. *Du Palais de Chelles* (*Kalense*), pour l'Ab. de S. Denis. *Labbe* IX. *Hard.* VI.

1009. *De Barcelone*, sur les Donations faites à cette Eglise. *Regia* XXV. *Labbe* IX. *Hardouin* VI.

1009. *D'Enham* en Angleterre, sur la Discipline. *Ibid.* & *Angl.* I.

1009. *De Milan* : déposition de l'Evêq. d'Asti. *Mansi.*

1010. ou 11. *De Poitiers*, *Gall. Chr.* Tome II. pag. 513.

1011. *De Bamberg*, sur les différends de quelques Evêques. *Reg.* &c.

1012. *De Léon* en Espagne, sur la Discipline. *Ibid.*

1012. *De Pavie*, sur la continence des Clercs. *Lab.* IX. *Hard.* VI.

1012. *Abamense* en Angleterre, sur la Discipline. *Labbe* IX.

1012. *De Coblentz*, au sujet de l'Evêché de Metz, *Mab. Ann.* IV. 230.

GRANDS-HOMMES. | HÉRES. ET PERS. 433

ONZIÈME SIÈCLE.

1002. Naissance de saint *Leon* à Dapsbourg sur les frontières de la Lorraine, du Palatinat & de l'Alsace. Il fut depuis Pape sous le nom de Leon IX.
1003. Mission Apostolique en Prusse, par saint *Brunon*.
1004. S. *Abbon* Abbé de Fleury, est mis à mort par les Gascons, au Monastere de la Réole en Gascogne.
1006. Mort de S. *Fulcran* Evêque de Lodève.
1007. Naiss. de *Pierre Damien*, célèbre Moine, & ensuite Cardinal.
1009. Martyre de S. *Brunon*, Apôtre de la Prusse.

ONZIÈME SIÈCLE.

1001. Il n'y eut point d'Hérésies jusques vers l'an 1015.
1003. *Giula* Duc de Transylvanie & idolâtre, se révolte contre son oncle Etienne Roi de Hongrie, en haine de la Religion Chrétienne que professoit Etienne : mais Giula fut battu & fait prisonnier.
1008. Les *Sarrasins* d'Afrique vinrent en Italie, assiégèrent les villes de Capoue & de Bari, prirent la première, & furent contraints par les Vénitiens de lever le siége de la seconde.
1010. Les *Maures* de Cordoue, défont entièrement les Chrétiens d'Espagne.

ECRIVAINS.

ONZIÈME SIÈCLE.

1001. *Godehart*, fait Evêque d'Hildesheim en Allemagne l'an 993, cinq Lettres : *in Analectis Mabillonii*.
1002. *Othlon* Moine de Fulde ; vie de S. Pyrmin, Réformateur de l'ordre Monastique en Allemagne ; *Mabill. sæculo III. Benedictin.*
1003. *Golbert* Abbé de Tergerusée ; quelques Lettres : *in Analectis Mabillonii*.
1005. *Erchenfroy* Abbé de Melck en Autriche sur le Danube, vie de S. Coliman : *apud Lambecium*, Tom. II. *Bibliot. Vindob.*
1007. *Fulbert* Evêque de *Chartres* ; des Lettres & autres ouvrages, in-8°. Paris 1608. *& in Bibliothecis Patrum*.
1008. *Adelbord* Evêque d'Utrecht, vie de l'Empereur Henri II. *apud Canisium & Surium*.
1010. *Syrus* Moine de Clugny ; Vie de S. Mayeul Abbé de Clugny. *Mabillon sæculo V. Benedictinorum.*
1010. *Maginfroid* Moine de Fulde ; Vie de S. Emmeran de Ratisbon.
1011. *Arnoul* Moine Allemand ; des miracles de S. Emmeran.
1011. *Tangmar* Prêtre d'Hildesheim ; Hist. des Evêq. d'Hildesheim : *in Syderibus Germaniæ à Browero*, in-4°. Moguntiæ 1605.
1013. *Leon* le Grammairien ; Chronique depuis l'an 813 jusqu'en 1013. In-fol. Græco-Latin. *cum Theophane*, Paris 1655.
1014. *Brunon* Moine de S. Gal ; Traité de l'Office de la Ste Messe & autres ouvrages : *in Biblioth. Patrum*.
1014. *Dithmar* Evêque de Mersbourg, Hist. de son tems : *in-folio Francofurti* 1588 *& in Collectionibus Scriptorum Germaniæ*.

II. Partie.

PAPES.

CXLVII.
1012. *Benoît VIII.* 20 Juillet.
Gouverne 11 a. 11 m. 21 j.
† 10 Juillet 1024.
Le siége vaque 8 j.
1012. *Leon* ou *Grégoire* Antip.

CXLVIII.
1024. *Jean XIX.* ou *XX.* 19 Juill.
Gouverne 9 a. 3 m. 19 j.
† 6 Novembre 1033.
Le siége vaque 1 m. 2 j.

CXLIX.
1033. *Benoît IX.* âgé de 10 ans.
Elu 9 Décembre.
Siége 10 a. 4 m. 20 j.
Abdiq. ou est déposé le premier Mai 1044.
Le siége vaque 1 a. moins 2 j.
1044. *Sylvestre* & *Jean* Antip. pendant 99 j.

CL.
1045. *Grégoire VI.* 28 Avril.
Gouverne 1 a. 7 m. 20 j.
Abdique le 17 Décemb. 1046.
Le siége vaque 7 j.

CLI.
1046. *Clément II.* 25 Décemb.
Gouverne 9 m. 15 j.
† 9 Octob. 1047. Vac. 29 j.

CLII.
1047. *Benoît IX.* de rechef.
Elû le 8 Novemb.
Gouverne 8 m. 10 j.
† 17 Juillet 1048.
Le siége ne vaque pas.

RITS ET RELIGIEUX.

1012. Fondation de l'Ordre des Hermites *Camaldules* par saint *Romuald*, approuvé en 1072 par Alexandre III.

1020. Chanoines Réguliers de *S. Lo* de Rouen, mis en régle seulement en 1114.

1026. Ordre de *Grammont*, d'abord établi à Muret en Limosin, puis à Grammont par S. Etienne noble Auvergnat, sous la Régle de saint Benoit. Saint *Etienne de Grammont* mourut en 1076. Son Ordre a été réformé au commencement du XVe. siécle par le Pape Jean XXIII.

1027. Mort de *S. Romuald* Fondateur des Camaldules.

1030. Chevaliers de *S. Jacques* en Espagne, pour s'opposer aux Maures.

1031. Moines de *Vallombreuse*, sous la Régle de S. Benoit par S. Jean Gualbert de Florence, & approuvés en 1070 par Alexandre III. & en 1090 par Urbain II.

1040. Chevaliers du *Lys* en Espagne, par Sanche Roi de Navarre.

1047. *S. Pierre Damien* est obligé, par l'ordre du Pape Clément II, de sortir de sa solitude pour servir l'Eglise. Il est fait ensuite Evêque d'Ostie & Cardinal.

CONCILES.

1014. De *Ravenne*, contre ce qui s'étoit passé sous l'Archevêque Adelbert. *Lab.* IX. — De *Vérone*, sur Grado. *Mansi*.
1015. De *Rome*, sur les immunités d'une Abbaye. *Labbe* IX.
1015. De *Reims*, sur les biens de l'Eglise, en faveur de l'Abbaye de Mouson. *Martène in Thesauro* Tome IV.
1015. D'*Aquilée*, sur une donation. *Mansi*.
1018. De *Nimégue*, sur un Mariage. *Ibid.*
1020. D'*Airy* Diocèse d'Auxerre, en présence du Roi Robert. On y apporte des Reliques de Saints de divers endroits. *L.* IX. *H.* VI.
1020. De *Pavie*, sur la Discipline. *Labbe* IX.

1014. *S. Henry*, Roi de Germanie & d'Italie, avec Ste *Cunegonde* son épouse, couronné Empereur à Rome par Benoît.
1016. *Fulbert* est élu Evêque de Chartres.
1016. *S. Etienne*, premier Roi de Hongrie, publie des Loix fort utiles pour la Religion & le bien de l'Etat.
1017. *S. Olaf* est établi Roi de Norwége, & en devient le Missionnaire & le Catéchiste.
1023. Entrevue de l'Empereur *S. Henry* & de *Robert*, Roi de France, sur les Frontières de Champagne.
1024. Mort de *S. Henry*, Empereur d'Allemagne.
1026. *Brunon*, depuis Pape Leon IX. est fait Evêque de Toul.
1028. *S. Olaf*, Roi de Norwége, mis à mort par Canut Roi de Danemarck.
1029. *Fulbert* de Chartres meurt.
1030. Mort de *S. Emmeri*, fils d'Etienne Roi de Hongrie.
1038. Mort de *S. Gothard* ou *Godard* Evêq. d'Hildesheim dans la Basse-Saxe.
1038. Mort de *S. Etienne*, premier Roi de Hongrie & l'Apôtre de son Royaume, âgé de 60 ans.
1040. Mort de Ste *Cunegonde* Impératrice d'Allemagne, veuve de S. Henry.

1015. Nouveaux *Manichéens* en France & en Italie; les Chefs furent *Etienne*, Ecolâtre de S. Pierre le Puellier, & *Lisoius* Chanoine de Ste. Croix d'Orléans. Ils rejettoient l'Ancien Testament: nioient que J. C. fût né de la Sainte Vierge, qu'il eût souffert pour les hommes, qu'il fût mort & ressuscité; n'admettoient pas l'efficacité du Baptême; nioient la Transsubstantiation, l'invocation des SS. le mérite des bonnes œuvres: s'assembloient nuitamment & en secret; enfin ils se livroient à toutes sortes d'impuretés. Robert Roi de France en sollicita la condamnation l'an 1022, au Concile d'Orléans; ils furent livrés au bras séculier & brûlés.
1025. Hérésie publiée dans le Diocèse de Cambrai, par *Gandulfe* qui rejettoit tous les Sacremens, le culte des Saints, des Images & de la Croix, & prétendoit que pour être justifié & sauvé, il suffisoit d'avoir une justification particulière, qu'il s'attribuoit, indépendamment de toutes les pratiques reçues universellement dans l'Eglise. Il fut condamné par le Concile d'Arras de l'an 1025.

ECRIVAINS.

1029. *Ademar* ou *Aimar* de Chabanois, Moine de S. Cibar d'Angoulême; Chronique depuis 829, jusqu'en 1029. *Apud Labbeum* Tome II. *Bibliothecæ manuscript.*
1030. *Gui Aretin* Moine d'Italie; a inventé les notes de la Musique, & a, dit-on, écrit contre l'Hérétique Bérenger.
1032. *Odéran* Moine de S. Pierre le Vif à Sens: une Chronique, qui finit l'an 1032. *In Collectione Andreæ Duchesne.*
1033. *Eugésippe*; Traité Géographique de la Terre Sainte: *in Allatii Symmictis.*
1043. *Brunon* de Wirtsbourg; sur les Pseaumes: *in Bibl. Patr.*

1020. De *Dijon*, de *Beaulne* & de *Lyon*. Ces Conciles sont cités dans l'Histoire des Evêques d'Auxerre.
1020. Assemblée de *Toulouse*, contre quelques Enchanteurs.
1021. D'*Aix-la-Chapelle*, sur le Mon. de Borcet, *G. C.* T. III. p. 656.
1021. De *Winchester*, pour confirmer l'exemption de l'Abbaye de S. Edmon. *Regia* XXV. *Labbe* IX. *Hardouin* VI. *Anglic.* I.
1022. De *Seligenstad*, ou *Mayence*, sur la Discipline. *Ibidem*.
1022. De *Rodès*, *Gall. Chr.* Tom. VI. pag. 672.
1022. D'*Orléans*, contre deux Hérétiques. *Lab.* IX. *Hard.* VI.
1022. De *Leyra* en Navarre, sur les Priviléges de l'Abbaye de S. Sauveur. *Aguirre* Tome III.
1023. D'*Aix-la-Chapelle*, sur le différend de l'Archevêque de Cologne & de l'Evêque de Liége. *R.* XXV. *L.* IX. *H.* VI.
1023. De *Mayence*, dans la cause du Comte Hanistein. *Ibidem*.
1023. De *Poitiers*, au sujet de S. Martial. *Pagi ad hunc annum*.
1024. De *Paris*, sur le même sujet. *Pagi ad hunc annum*.
1025. Du *Puy*, *Gall. Chr.* Tom. VI. pag. 618.
1025. D'*Anse*, sur les Moines de Clugny. *L.* IX. *H.* VI.
1025. D'*Arras*, sur la Discipline. *Hardouin* seul Tom. VI.
1027. De *Rome*, sur l'Ev. de Naumbourg. *Mansi*.
1027. De *Francfort*, où l'on donne la tonsure Clericale à Godhard, frère de l'Empereur Conrard. *Labbe* IX. *Hardouin* VI. seuls.
1027. D'*Elne* en Roussillon, sur la Discipline. *Labbe* IX. *Har.* VI.
1027. *Ausonense*, *Aguirre* Tom. III.
1028. De *Mayence*, sur l'assassinat du Comte Sigefroy. *Reg.* XXV. *Labbe* IX. *Hardouin* VI.
1028. De *Carrosé*, sur la foi Catholique. *Ibidem*.
1029. De *Limoges*, sur l'Apostolat de S. Martial. *Ibidem*.
1029. Assemblée d'*Orléans*, pour la Dédicace de l'Eglise de S. Aignan. *Regia*, &c.
1029. De *Palith* : réconciliation de l'Archev. de Mayence avec l'Ev. d'Hildesheim. *Ibid.* Voy. ci-dessus à 1001.
1030. De *Vienne*, en Dauphiné, pour une Eglise. *Mansi*.
1030. De *Poitiers*, sur les biens Ecclésiastiq. *Martene Thes.* T. VI.
1031. De *Limoges*, sur S. Martial & la Discipline. *Reg.* &c.
1031. De *Narbonne*, en faveur de l'Abbaye de S. Martin du Mont Canigou en Roussillon. *Martene Collectio nova* Tom. VII.
1031. De *Bourges*, sur l'Apostolat de S. Martial & sur la Discipline. *Labbe* IX. *Hardouin* VI. manque *in Regia*.
1031. De *Beaulieu* près Limoges, dont on n'a pas les Actes. *Ibidem*.
1031. De *Tribur*, près Mayence, sur le jeûne du Carême. *Ibidem*.
1031. De *France*, il se tint divers Conciles sur divers sujets. *Ibidem*.
1031. De *Compostelle*, sur la Discipline. *R.* XXV. *L.* IX. *H.* VI.
1032. De *Narbonne*, *Gall. Chr.* Tom. VI. pag. 307.
1032. De *Poitiers*, sur la foi Catholique, & sur la conservation des biens Ecclésiastiques. *Labbe* IX. *Hardouin* VI. manque *in Regia*.
1032. De *Pampelune*, sur le rétablissement du Siége de cette Egl. *Ib.*
1032. Assemblée des Evêques à *Ripol* en Catalogne, pour la Dédicace de cette Eglise. *Ibidem*.

1034. De *S. Jean de Pena* en Espagne. *Mabillon. Annal. S. Bened.* Tome IV. page 296. *ex Aguirrio.*
1034. De *Landaff*, où l'on excommunie le Roi Mouric. *Anglic.* I.
1034. De *Bourges*, pour l'Ab. de S. Satur. *Manst.*
1035. De *Tribur*, sur la Discipline. *R.* XXV. *L.* IX. *H.* VI.
1035. De *Tremeaigues*, (Inter-Ambas-Aquas) en Roussillon, sur l'Abbaye de S. Michel de Cuxa. *Mab. Ann.* T. IV. p. 730 & 731.
1036. De *Poitiers*, sur la Discipline, *Reg.* XXV. *L.* IX. *H.* VI.
1037. De *Rome*, sur l'exemption d'une Abbaye. *Ibidem.*
1038. Assemblée des Evêques de la *Gaule Narbonnoise*, pour la Dédicace de l'Eglise de Gironne. *Ibidem.*
1038. De *Rome*: déposition d'Aribert, A. de Milan. *Manst.*
1040. De *Venise*, sur la Discipline. *Hard.* Tom. VI.
1040. Assemblée des Evêques, pour la Dédicace de l'Eglise d'Urgel. *Ibidem.*
1040. Assemblée d'Evêques, pour la Dédicace de l'Eglise de la Trinité de Vendôme. *Ibidem.*
1040. De *Bourges*, pour l'Abbaye de S. Sulpice; *Gall. Chr.* T. II. page 41.
1040. De *Venise*, sur la Discipline. *Regia* XXV. *Labbe* IX. *Hardouin* VI.
1041. De *Cesene* en Italie, pour l'établissement d'une Communauté de Clercs. *Labbe* IX. *Hardouin* VI. manque *in Regia*. *Ughellus* Tome II.
1041. Divers Conciles des Gaules, sur la paix du Royaume. *Ibid.*
1041. De *Tulugès* en Roussillon, *Gall. Chr.* Tom. VI. pag. 34.
1042. De *S. Gilles*, *Ibidem*. Tome VI. page 34.
1043. De *Narbonne*, sur les biens de l'Abbaye de S. Michel de Cuxa en Roussillon. *L. H. & Martene in Thesauro.* Tome VI.
1043. Autre de *Narbonne*, de la même année, sur une donation faite à l'Eglise de Carcassone. *Martene in Thesauro.* Tome IV. Voy. le P. Bourges, Hist. de Carcassone 1741. page 525.
1044. De *Constance*, pour établir la paix. *Labbé* IX. *Hardouin* VI. manque *in Regia*.
1045. De *Narbonne*, sur les Priviléges de l'Abbaye de S. Michel de Cuxa. *Hard.* VI.
1046. De *Sutri* près de Rome, où Grégoire VI. abdiqua le Pontificat & Clément II. fut élu. *Regia* XXV. *Labbe* IX. *Hardouin* VI.
1046. Assemblée d'Evêques en l'Abbaye d'*Arles* en Roussillon, pour la Dédicace de son Eglise. *Labbe* IX. *Hardouin* VI. seuls.
1046. De *Pavie*, dont on n'a point les Actes. *Ibidem.*
1046. De *Rome*, sur le rang des Evêques de Ravenne, de Milan & d'Aquilée. *Ibid.* — Autre, pour une Abbaye. *Manst.*
1047. De *Rome*, contre la Simonie, &c. *R.* XXV. *L.* IX. *H.* VI.
1048. De *Sens*, pour confirmer la Fondation de l'Abbaye de Provins. *Ibidem.*
1048. De *Senlis*, en faveur de S. Médard de Soissons. *Martene in Collectione nova* Tome VII.
1049. De *Rome*, contre les Simoniaques. *R.* XXV. *L.* IX. *H.* VI.

PAPES.

CLIII.
1048. *Damase II.* 17 Juillet.
Gouverne 21 j.
† 8 Août 1048.
Le siége vaque 6 m. 3 j.

CLIV.
1049. *Leon IX.* 11 Février.
Gouverne 5 a. 2 m. 8 j.
† 19 Avril 1054.
Le siége vaque 11 m. 25 j.

CLV.
1055. *Victor II.* 13 Avril.
Gouverne 2 a. 3 m. 16 j.
† 28 Juillet 1057. Vac. 4 j.

CLVI.
1057. *Etienne IX.* ou *X.* 2 Août.
Gouverne 7 m. 27 j.
† 29 Mars 1058.
Le siége vaque 10 mois 1 j.
1058. *Benoît* Ant. 9 m. 20 j.

CLVII.
1058. *Nicolas II.* 9 Décembre.
Mais sacré le 31 Janv. 1059.
Gouverne 2 a. 4 m. 26 j.
† 24 Juin 1061.
Le siége vaque 3 m. 5 j.

CLVIII.
1061. *Alexandre II.* 30 Septemb.
Gouverne 11 a. 6 m. 22 j.
† 20 Avril 1073. Vac. 1 j.
1061. *Cadalous*, dit *Honoré II.* Antipape.

RITS ET RELIGIEUX.

1048 Abbaye de *S. Salve* près Florence, fondée.
1049. Rétablissement de l'Abbaye d'*Hirsauge* en Allemagne.
1049. Abbaye de *Westminster* près Londres, rétablie.
1050. Abbaye de *Troarn* Diocèse de Bayeux, fondée.
1052. Fondation de l'Abbaye de la *Chaise-Dieu*, en Auvergne.
1054. Mort d'*Hermannus Contractus*, Moine d'Auge-la-riche.
1056. Fondation du Prieuré de la *Charité* sur Loire.
1059. Ce fut, dit-on, cette année que l'on mit la réforme dans les Chapitres des Cathédrales.
1060. Le Monastère de *S. Martin des Champs* à Paris, est transporté dans le lieu où il est.
1063. Abbayes de S. *Etienne* & de la *Trinité* à Caen, fondées par Guillaume Duc de Normandie & Mathilde son épouse.
1066. Chanoines Réguliers de S. *Aubert* de Cambray, établis dans cette ville.
1069. Chanoines Réguliers de S. Jean-Baptiste de *Coventri* en Angleterre, autorisés par Bulles de Martin V. l'an 1425.

CONCILES.

1049. De *Reims*, sur la Discipline. *Reg.* XXV. *L.* IX. *H.* VI.
1049. De *Mayence*, contre la Simonie. *Ibidem.*
1049. De *Pavie*, sur la Discipline. *Labbe* IX. *Hardouin* VI. seuls.
1049. De *Rouen*, sur la Discipline. *Bessin in Conciliis Norman.*
1049. De *Rome*, mais l'année incertaine. *Labbe* IX. *Hardouin* VI.
1050. D'*Avignon*, *Gall. Chr.* Tome VI. page 483.
1050. De *Saint-Tiberi*, *Ibid.* VI. page 35, & *Ed. Conc. Ven.* XI.
1050. De *Rome*, pour la Canonisation de S. Gérard de Toul. *Mab. Annal.* Tome IV. page 738.
1050. De *Narbonne*, pour les biens de l'Ab. d'Arles en Roussillon.
1050. De *Rouen*, sur la Discipline. *Labbe* IX. *Hardouin* VI. seuls.
1050. De *Rome*, contre l'Hérésie de Bérenger. *Regia* XXV. *Labbe* IX. *Hardouin* VI.

1048. Mort de *S. Odillon* Abbé de Clugny, à la fin du dernier jour de Décembre.

1050. *S. Gerard* Evêq. de Toul, mort en 994, canonifé par le Pape S. Léon, qui étoit en même-tems Evêque de Toul.

1052. Le Pape *S. Léon* reconcilie André Roi de Hongrie, avec l'Empereur Henri IV.

1055. *S. Maurille* eſt fait Archevêque de Rouen.

S. Annon eſt fait Archevêque de Cologne, & reçoit l'inveſtiture de Henri III. Empereur.

Le B. *Pierre Damien* Légat du S. Siége en France, tient un Concile à Châlon fur Saône.

1066. *S. Edouard* le Confeſſeur & Roi d'Anglet. déclare ſon ſucceſſeur Guillaume Duc de Normandie, & meurt.

1068. *Guillaume* Roi d'Angleterre réforme ſes Egliſes.

1071. *S. Stanislas* eſt fait Evêque de Cracovie en Pologne.

1048. Michel *Cérularius*, Patriarche de Conſtantinople, confirme les Grecs dans le *Schiſme*, commencé par Photius; il accuſa même l'Egliſe Latine de pluſieurs erreurs imaginaires, par exemple, de ce que les Latins faiſoient raſer leur barbe, de jeûner le Samedi, de prononcer à haute voix quelques paroles du Canon de la Ste Meſſe, de ſe donner le baiſer de paix dans l'Egliſe, de ne pas chanter l'*Alleluia* dans le Carême, &c.

1048. *Berenger*, Archidiacre d'Angers, eſt regardé comme le Chef des *Sacramentaires*; il prétendoit que le Sacrement de l'Euchariſtie n'étoit qu'une figure du Corps & du Sang de Jeſus-Chriſt, & qu'il n'y avoit pas de changement dans la ſubſtance du pain & du vin. Enfin il ſe rétracte.

1065. *Simoniaques* en Italie.

ÉCRIVAINS.

1035. *Alexis* Patriarche de Conſtantinople; Décrets ſur des matières Eccléſiaſtiques: *in Jure Græco-Romano Leunclavii*, in-fol.

1040. *Herman* le raccourci, ou *Contractus*; reſte de lui une Chronique: *in Biblioth. Patr. & in Scriptoribus Germanicis*, in-fol.

1040. *Dominique* Patriarche de Grado; ſur les différends de l'Egliſe Latine & de la Grecque: *apud Cottelerium & Allatium*.

1045. *Michel Cérularius* Patriarche de Conſtantinople en 1050. Lettres & Traités contre l'Egliſe Romaine.

1045. *Pierre* Patriarche d'Antioche; Lettre à Dominique de Grado & à Cérularius ſur les différends de l'Egliſe Grecque. *Ibidem*.

1048. *Hugues de Breteuil* Evêq. de Langres; Traité du Corps & du Sang du Seigneur, contre Bérenger: *ap. Lanfranc. & in Bibl. PP.*

1048. *Eufebe* Brunon, Evêque d'Angers.
Adelman, Evêq. de Breſce.
Aſcelin, Moine de S. Evroul.
Hugues, Evêque de Langres.
} Ont écrit chacun une Lettre à Bérenger ſur la préſence réelle. *In Bibliothecis Patrum*.

1048. *Glaber Radulphe*, ou Raoul, Moine de Clugny; une Hiſtoire depuis l'an 900 juſqu'en 1045. *In Collectione Andreæ du Cheſne*.

1049. *Deodvin* Ev. de Liége; ſur l'Euchariſtie. *Mab. in Analectis*.

1050. De *Brionne* en Normandie, contre Bérenger. *Labbe* IX. *Hardouin* VI. manque *in Regia*.
1050. De *Verceil* en Italie, contre Berenger & Jean Erigène, dit Scot. *Regia* XXV. *Labbe* IX. *Hardouin* VI.
1050. De *Paris*, contre Berenger. *Lab.* IX. *Hard.* VI. manque *in Regia*.
1050. De *Coyace*, dans le Diocèse d'Oviedo en Espagne, sur la Discipline. *Regia* XXV. *Labbe* IX. *Hardouin* VI.
1050. De *Siponto*, (Sipontinum) contre deux Archevêques Simoniaques. *Labbe* IX. *Hardouin* VI. manque *in Regia*.
1051. De *Rome*, contre Grégoire Evêque de Verceil adultère, & contre les Simoniaques. *Regia* XXV. *Labbe* IX. *Hardouin* VI.
1051. De *Mayence*, contre le Mar. des Prêtres. *Bouq. Scr. Franc.* X¹, 427.
1052. De *Limoges*, sur l'ordination d'un Evêque. *Lab.* Tome IX.
1052. De *Mantoue*, interrompu par des Evêques réfractaires. *Lab.* IX. *Hardouin* VI. manque *in Regia*.
1053. De *Rome*, contre Berenger & pour la Canonisation de S. Gérard Evêque de Toul. *Regia* XXV. *Lab.* IX. *Hardouin* VI.
1053. *Assemblée de S. Denis*, pour reconnoître les Reliques de ce Saint. *Labbe* IV. *Hardouin* VI. manque *in Regia*.
1054. De *Narbonne*, sur la Discipline. *Ibidem*.
1054. De *Barcelonne*, pour les biens de cette Eglise. *Ibidem*.
1054.* De *Constantinople*, contre l'Eglise Romaine. *Hard.* seul VI.
1055. De *Mayence*, où l'on élit le Pape Victor II. *Ibidem*.
1055. D'*Autun*, sur Robert Duc de Bourgogne. *Mabillon, Annal.* Tome IV. page 551. Selon *Mansi*, il est de 1063.
1055. De *Narbonne*; *Gall. Chr.* Tome VI. page 35.
1055. De *Florence*, contre Berenger & contre les aliénations des biens de l'Eglise. *Regia* XXV. *Labbe* IX. *Hardouin* VI.
1055. De *Lyon*, pour déposer plusieurs Evêques. *Ibidem*.
1055. De *Tours*, contre Berenger. *Ibidem*.
1055. De *Cologne*, au sujet du Comte de Flandre. *Ibid.*
1055. D'*Angers*, contre Berenger. *Pagi ad hunc annum.*
1055. De *Rouen*, sur la Discipline. *Bessin in Conciliis Normaniæ.*
1055. De *Lizieux*, contre Malgerius Archevêque de Rouen. *Ibid.*
1056. De *Toulouse*, contre la Simonie de l'Archevêq. de Narbonne. *Reg.* XXV. *Lab.* IX. *Hard.* VI. *& Baluz. in Conc. Gall. Narb.*
1056. De *S. Gilles* en Languedoc, sur la Paix & la Trêve. *Lab.* IX. *Hardouin* VI. manque *in Regia*.
1056. De *Landaff* en Angleterre, où l'on excommunie la famille Royale, pour avoir insulté un Medecin, neveu de l'Evêque de Landaff. *Regia* XXV. *Labbe* IX. *Hardouin* VI.
1056. De *Compostelle* en Espagne, sur la Discipline. *Ibidem*.
1056. De *Toulouse*, en faveur de l'Abbaye de Clugny. *Martene in Thesauro* Tome IV.
1056. De *Châlon* sur Saône, pour les Chanoines de Romans. *Ibid.*
1057. De *Rome*, sur l'Evêché de Marsi en Italie, Evêché qui n'est plus. *Regia* XXV. *Labbe* IX. *Hardouin* VI.

1058. Assemblée de la Province de Narbonne, à *Elne* en Roussillon, pour la Dédicace de son Eglise. *Lab.* IX. *Hard.* VI. seuls.
1058. Autre à *Barcelonne*, sur la Discipline. *Ibidem.*
1058. De *Sarragoce*, sur une ligue contre les Maures. *Aguir.* T. III.
1058. De *Grado*, sur divers droits. *Mansi.*
1059. De *Sutri*, on dépose l'Antip. Benoît. *R.* XXV. *L.* IX. *H.* VI.
1059. De *Rome :* Berenger y abjure son Hérésie pour la troisiéme fois, & sur la Discipline. *Ibid. & Martene in Collect.* T. VII.
1059. De *Melse* dans la Pouille, l'Evêque de Terni est déposé. *Ibid.*
1059. De *Landaff*, où l'on excommunie la famille Royale. *Angl.* I.
1059. De *Reims*, pour le Couronnement de Philippe I. Roi de France. *Ibidem.* Il est mal qualifié Concile de *Paris*, par Binius.
1059. D'*Arles ; Gall. Chr.* Tome VI. pages 32 & 36.
1059. De *Benevent*, en faveur de l'Abbaye de S. Vincent. *Lab.* IX. *Hardouin* VI. manque *in Regia.*
1060. De *Tours*, sur la Discipline. *Reg.* XXV. *Lab.* IX. *Hard.* VI.
1060. De *Vienne* en Dauphiné, contre les Simoniaques. *Ibidem & Martene Thesauri* Tome IV.
1060. De *Jacca* en Espagne, où l'on abroge le rit Ecclésiastique des Goths, pour adopter celui de Rome & pour transferer le Siége de Huesca à Jacca. *Lab.* IX. *Hardouin* VI. manque *in Regia.*
1061. D'*Avignon*, sur l'Egl. de Sisteron. *Bouche*, *Hist. de Provence.*
1061. De *Benevent*, pour les droits de quelques Abbayes. *R.* XXV. *Lab.* IX. *Hardouin* VI.
1061.* De *Basle* en Suisse, qui prétendoit que le Pape devoit être Lombard. *Ibidem.*
1061. De *Caen* en Normandie, sur la Discipline. *Bessin.*
1061. De *Rome*, & d'*Autun*, sur la Discipline. *Pagi ad hunc. an.*
1061. De *Slesvic*, pour des Evêq. en Danemarck. *Conc. Germ.* III.
1062. D'*Angers*, contre Berenger. *Bouq. Scr. Franc.* XI. p. 529.
1062. De *Benevent*, en faveur de l'Abbaye de S. Vincent. *Regia* XXV. *Labbe* IX. *Hardouin* VI.
1062. D'*Osbori* en Allemagne, sur la question de l'Election du Pape, si le consentement de l'Empereur y étoit nécessaire. *Ibidem.*
1062.* De *S. Jean de la Rocca* en Arragon, qui prétend que les Evêques d'Arragon soient tirés de ce Monastère. *Ibidem.*
1062. De *Pavie* & de *Florence*, contre l'Antipape Cadalous.
1063. De *Rome*, contre Pierre Evêque de Florence. *Ibid.*
1063. De *Châlon* sur Saône, en faveur de l'Abbaye de Clugny. *Lab.* IX. *Hardouin* VI. manque *in Regia.*
1063. De *Rouen*, sur Bérenger & la Discipline. *Hard.* VI. & *Bessin.*
1063. Assemblée des Evêques, pour la consécration de l'Eglise de *Moyssac*, dans le Quercy. *Lab.* IX. *Hard.* VI. manque *in Regia.*
1063. De *Jacca* en Espagne, où l'on reconnoît le Pape Alexand. II.
1064. De *Bari*, sur Arnoul, Vicaire du Pape Alexandre II.
1064. De *Châlon* sur Saône, *Gall. Chr.* Tome IV. page 443.
1064. De *Cambrai*, *Ibidem.* Tome III. page 92.
1064. De *Mantoue*, contre l'Antipape Cadalous. *Regia* XXV. *Labbe* IX. *Hardouin* VI.

1064. De *Barcelonne*, où l'on quitte les Rits & Cérémonies des Chrétiens Goths, pour prendre celles de Rome. *Ibidem & Pagi.*

1064. De *Bari*, sous l'Archevêque André. *Anonym. Barrensis.*

1065. De *Rome*, 1. & 2. contre les Incestueux, c'est-à-dire contre les Jurisconsultes, qui vouloient compter les dégrés de consanguinité par le Droit Civil & non par le Droit Canonique. *Ibidem.*

1065. D'*Autun*, pour la réconciliation de l'Evêque de cette Ville, avec le Duc de Bourgogne. *L.* IX. *H.* VI. manque *in Regia.*

1065. D'*Elne* en Roussillon, pour la confirmation de la Paix. *Ibid.*

1066. De *Westminster* près Londres, pour les Priviléges de cette Abbaye. *Regia* XXV. *Labbe* IX. *Hardouin* VI. *Anglic.* I.

1066. De *Lillebonne* en Normandie, avant l'expédition de Guillaume le Bâtard en Angleterre. *Bessin in Conciliis Normaniæ.*

1067. De *Melfe*, contre les usurp. de Guillaume. *Ed. Venet.* XII.

1068. D'*Ausch*, pour les Dixmes. *Lab.* IX. *Hardouin* VI.

1068. D'*Ausch*, autre que le précédent. *Mab. An.* T. V. p. 13. & 14.

1068. De *Toulouse*, pour rétablir l'Evêché de Lectoure. *Labbe*, &c.

1068. Divers Conciles tenus en *Espagne*, pour abroger les Cérémonies Ecclésiastiques des Chrétiens Goths. *Ibidem.*

1068. De *Gironne* en Espagne, sur la Discipline. *Hard.* seul T. VI.

1068. De *Bourdeaux*, en faveur de l'Abbaye de la Trinité de Vendôme. *Martene in Thesauro* Tome IV.

1069. De *Mayence*, sur la répudiation que l'Empereur Henri IV. vouloit faire de Berthe. *Harduinus* Tome VI.

1069. De *Rouen*, pour l'Election d'un Archevêque de cette Ville, *Bessin in Conciliis Norman.*

1070. De *Leyra* en Espagne, sur les Priviléges de cette Abbaye, *Mabill. Annal.* Tome V. page 31.

1070. De *Winchester*, contre Stigand, Usurpateur du Siége de Cantorbery. *Regia* XXV. *Labbe* IV. *Hardouin* VI. *Angl.* I.

1070. De *Rome*, sur l'Abbaye de Vissegrad. *Pagi ad hunc annum.*

1070. D'*Anse*, sur une Donation faite à l'Abbaye de l'Isle-barbe. *Labbe* IX. *Hardouin* VI. manque *in Regia.*

1070. De *Windsor* en Angl. sur la dégr. de quelques Prélats. *Ibidem.*

1070. De *Normandie*, sur la consécration de Lanfranc nommé Archevêque de Cantorbery. *Bessin in Conciliis Norman.*

1070. De *Londres*, sous Lanfranc, pour rétablir dans les villes des Siéges Episcopaux. *Labbe* IX. *Hardouin* VI. manque *in Regia.*

1071. De *Pedredan* en Angleterre, pour la nomination de quelques Evêques. *Ibidem & Angl.* I.

1071. D'*Autun*, *Gall. Chr.* IV. p. 1062. —— De *Sens. Mansi.*

1071. De *Mayence*, contre Charles Evêque de Constance accusé de Simonie & de Sacrilége. *Regia* XXV. *Labbe* IX. *Hardouin* VI.

1072. D'*Angleterre*, où l'Archevêque de Cantorberi est déclaré Primat de celui d'York. *Ibidem.*

1072. De *Rouen*, sur la Discipline. *Ib. & Bessin in Conc. Norman.*

1072. De *Châlon* sur Saône, en faveur des Chanoines de Romans. *Martene in Thesauro* Tome IV.

1072. De *Rome*, sur l'Eglise de Milan. *Pagi ad hunc annum.*

ÉCRIVAINS.

1049. *Nicetas* Moine de Constantinople; contre les Latins : *in Lectionibus Antiquis Canisii.*

1050. *Nilus* Doxopatrius, Archimandrite, ou Abbé; un Traité sur les grands Patriarchats, *apud Stephanum le Moine, Varia sacra*, in-4°. *Lugduni Batavorum* 1685.

1051. *Siméon*, le jeune, Abbé du Monastère de Clerocerce, à Constantinople, auteur des Moines Taborites de la Grece; plusieurs Traités de Spiritualité extrêmement Métaphysiques.

1051. *Léon* Archevêq. d'*Acride*, en Bulgarie; quelques Lettres contre les Latins. Voyez *Leon Allatius de consensu Ecclesiæ Latinæ & Græcæ*, in-4°. *Coloniæ* 1648.

1052. *Jean Jeannolin* Abbé d'Ebrestein; prières tirées des SS. Peres *Mabillon in Analectis.*

1055. *Helgauld* Moine de Fleury; Vie du Roi Robert : *in Collectione Andreæ Duchesne, & Bouq. Script. Franc. Hist.*

1057. *Pierre Damien*, Cardinal Evêque d'Ostie; huit Livres de Lettres, plus de 60 opuscules sur des matières de Religion & de Piété, avec quelques vies des Saints. *Ejus opera*, in-fol. *Romæ* 1606. 1608-1615.——*Lugduni* 1623.——*& Par.* 1642. *&* 1663.

1057. *Alfanus* Moine du Mont-Cassin & Archevêque de Salgine; Poésies sur divers sujets de Piété. *Ughellus T. II. Italia Sacra.*

1058. *Wippo* Chapelain de l'Empereur Henry III. a fait la vie de l'Empereur Conrad & le Panegyrique de Henry III. *Apud Canisium & in Scriptoribus Germaniæ.*

1060. *Guitmond* Evêque d'*Averse*, en Italie; sur le Corps & le Sang du Seigneur en trois Livres; une exposition de la foi sur la Trinité & l'Incarnation. *In Bibliotheca Patrum.*

1060. *Alberic* Moine du Mont-Cassin, a écrit contre Berenger & sur plusieurs autres matières Ecclésiastiques.

1060. *Michel Psellus*, le jeune, Sénateur de Constantinople; une Paraphrase Poétique & un Commentaire sur le Cantique des Cantiques; questions sur la Trinité & l'Incarnation; Dialogue de l'opération des Démons, & quelques autres Ouvrages.

1063. *Lanfranc* Abbé du Bec & de S. Etienne de Caen, enfin Archevêque de Cantorberi en 1070; plusieurs Lettres, un Commentaire sur S. Paul; un Traité du Corps & du Sang du Seigneur contre Bérenger. *Ejus opera* in-fol. *Paris*, 1648.

1068. *Manassés* Archevêque de Reims; une Lettre & son Apologie. *in Collect. Conciliorum & apud Mabillonium in Diario Italico.*

1069. *Guilbert* Archid. de Toul; vie du Pape Leon IX. *in Sirmund.*

1070. *Theophylacte* Archevêque d'Acride, en Bulgarie, Commentaires sur le Nouveau-Testament & sur quatre petits Prophétes, in-fol. Paris, 1631. *In-fol. Londini* 1636, & autres Ouvrages.

1071. *Anselme* de Lucques en Italie; a écrit contre l'Antipape Guibert : *apud Canisium & in Biblioth. Patrum.*

1072. *Samours* Archevêque de Gaza; dispute où il est prouvé que le Pain & le vin sont changés au Corps & au Sang de J. C. *In Auctario Biblioth. Patrum Frontonis Ducæi.*

1072. *Durand* de Troarn; Traité contre Bérenger.

PAPES. | RITS ET RELIGIEUX.

CLIX.
1073. *Grégoire VII.* 22 Avril.
Gouverne 11 a. 10 m. 26 j.
† 25 Mai 1085. Vac. 2 a.
1080. *Guibert* ou *Clément* Ant.
Le Schisme dure 40 ans.

CLX.
1086. *Victor III.* 24 Mai.
Sacré le 9 Mai 1087.
Gouverne 4 m. 7 j.
† 15 Sep. 1087. Vac. 5 m. 26 j.

CLXI.
1088. *Urbain II.* 12 Mars.
Gouverne 11 a. 4 m. 18 j.
† 29 Juillet 1099. Vac. 15 j.

CLXII.
1099. *Pascal II.* 14 Août.
Gouverne 18 a. 5 m. 5 j.
† 18 Janvier 1118. Vac. 6 j.
Albert & *Theodoric* Antipap.
après Guibert.

1077. Etablissement de l'Abbaye de *Schiren* en Bavière.
1079. Fondation de l'Abbaye d'*Anchin* en Flandre.
1080. Religieuses Hospitalières de *Jérusalem.*
1084. Ordre des *Chartreux*, par S. Bruno, approuvé par Alexandre III. l'an 1178.
1086. Religieuses *Camaldules*, par Raoul Prieur de Camaldoli.
1095. Chanoines de *S. Antoine* de Viennois, pour secourir les Infirmes, n'ont été autorisés que l'an 1297, par Boniface VIII.
1098. Ordre de *Citeaux* par S. Robert Abbé de Molesme.
1100. Ordre de *Fontevrauld*, par le B. Robert d'Arbrissel.
1100. Religieuses de *Vallombreuse* en Italie.

CONCILES.

1073. De *Prague*, contre son Evêque. *Mansi* II.
1073. De la *Gascogne*, (Novem populonia) sur diverses plaintes portées vers le Pape. *Reg.* XXV. *Lab.* IX. *Hard.* VI.
1073. D'*Orrea* dans le Bigorre, pour l'Abbaye de Simorra. *Mab. Annal.* Tom. V. pag. 71.
1073. De *Châlon* sur Saône, pour un Evêq. *Hard.* VI.
1074. De *Rouen*, sur la Discipline. *Bessin.*
1074. De *Rome*, pour la Discipline, contre la Simonie & l'incontinence des Clercs. *Ibidem.*
1074. * D'*Angleterre*, où l'on dépose injustement S. Ulstan. *Ib.*
1074 ou 71. De *S. Maixant*, où Bérenger se rétracte. *Gall. Chr.* Tom. II. pag. 804. *Labbe*, &c. le mettent en 1075.
1074 ou 1073. De *Poitiers*, contre Bérenger. *Lab.* X. *Hard.* VI.
1075. De *Rome*, sur la réformation des mœurs. *Regia*, &c.
1075. De *Mayence*, pour y publier le Concile de Rome de l'an 1074. *Ibidem.* (En 1074. *Mab. Annal.* Tom. V. pag. 72.)
1075. De *Benevent*, en faveur de l'Abbaye de Ste Sophie. *Ibid.*
1075. D'*Angleterre*, sur les femmes & les Vierges, à qui la crainte avoit fait prendre le voile de la Religion. *Ibidem. Anglic.* I.
1075. De *Londres*, sur les mœurs du Clergé. *Ibidem. Anglic.*
1075. De *Toulouse*, cont. des Evêq. Simoniaques. *Mansi* II.
1076. De *Winchester*, contre l'incontinence des Chan. *Ib. Ang.* I.
1076. De *Burgos*; *Gall. Chr.* Tom. VI. pag. 44.
1076. De *Cologne. Ibid.* Tom. III pag. 669.
1076. De *Winchester. Anglicana Collectio*, Tom. I.
1076. De *Salone*, sur la Discipline, &c. *Mansi* II.

GRANDS-HOMMES. | HÉRÉS. ET PERS. 445

1075. Mort de S. *Annon* Archevêque de Cologne.

1079. S. *Stanislas* Evêq. de Cracovie, tué par Boleslas II. Roi de Pologne.

1080. Naiss. de S. *Norbert*, Archevêque de Magdebourg.

1087. Mort de S. *Canut*, Roi de Danemarck, tué par ses Sujets rebelles.

1089. Mort de S. *Lanfranc*, Archevêque de Cantorberi, & Ecrivain Ecclésiastique.

1091. *Ives* est Evêq. de Chartres Naissance de S. *Bernard*, Abbé de Clervaux.

1092. Naiss. de *Pierre* le Vénér. de l'illustre Maison de Montboissier en Auvergne, & ensuite Abbé de Clugny.

1093. Mort de Ste. *Marguerite* Reine d'Ecosse.
S. *Anselme* est fait Archevêque de Cantorberi.

1095. Mort de S. *Ladislas* Roi de Hongrie.

1081. *Jean* Philosophe, surnommé l'Italien, a voulu soutenir la Métempsicose ou la transmigration des ames selon Pytagore, & introduire les idées de Platon dans la Religion. Il fut condamné à Constantinople en 1084.

1085. *Wecelin*, nommé Archevêque de Mayence, soutint qu'on ne pouvoit excommunier ceux qui n'avoient aucuns biens temporels : fut condamné par le Concile de Quedlimbourg en Saxe l'an 1085, mais il n'a pas fait de Secte.

1090. *Roscelin*, Philosophe, Chef des Nominaux, a semé des erreurs sur la Ste Trinité, en soutenant que les trois personnes étoient trois Dieux. Il fut condamné au Concile de Soissons en 1092, où il se retracta & retomba depuis dans ses erreurs. Ce fut le maître d'*Abailard*.

ÉCRIVAINS.

1073. Le Pape *Grégoire VII.* beaucoup de Lettres : *in Collectionibus Conciliorum.*

1074. *Hugues* Evêque de Die en 1074. & Archevêque de Lyon en 1085 ; plusieurs Lettres au Pape Grégoire VII. *In Collection. Conciliorum.*

1075. *Bennon* Cardinal ; deux Livres contre le Pape Grégoire VII. in-4°. *per Goldastum*, *Hanoviæ*, 1612, peu commun.

1078. *Samuel* de Maroc, Juif converti, un Traité de la venue du Messie. *In Bibliotheca Patrum.*

1078. S. *Anselme* Abbé du Bec & Archevêque de Cantorberi en 1093 ; plusieurs Lettres, des Traités dogmatiques, & Ouvrages de spiritualité. —— *Ejus opera*, in-folio, *Paris* 1675, —— & 1721. Voy. *Spicilegium & Miscellanea Baluzii.*

1079. *Eadmer* Disciple de S. Anselme ; une Histoire de son temps & quelques Ouvrages de Piété : *cum Anselmo anni* 1675. &c.

1079. *Gaunillon* Moine Anglois ; a écrit sur l'existence de Dieu.

1079. *Nicetas* Serron, Archevêque d'Héraclée : Commentaire sur S. Grégoire de Nazianze.

1080. *Bonison*, Evêque de Plaisance en Italie ; écrit en faveur du Pape Grégoire VII. & autres Ouvrages.

1076. * De *Wormes*, de *Mayence* & de *Maſtreicht*, contre le Pape Grégoire VII. *R.* XXVI. *L. X. H.* VI.
1076. De *Tribur*, (Oppenheim) où l'on prétend qu'il fut queſtion de la dépoſition de l'Empereur Henry IV. *Ibidem.*
1076. De *Rome*, où Grégoire VII. excommunie Henry IV. *Ibid.*
1076. * De *Pavie*, où l'on excommunie Grégoire VII. *Ibidem.*
1077. D'*Anſe* près Lyon, ſur la Diſcipline. *L. X. H.* VI. ſeuls. *Baluze* Tom. VI. *Miſcellaneorum.* ——*De Dijon. L. X. H.* VI.
1077. D'*Autun*, ſur la Diſcipline. *Hard.* Tom. VI. *& Pagi.*
1077. De *Clermont*, ſur la Diſcipline. *Baluz. L. X. H.* VII.
1077. De *Weſtminſter*, ſur cette Abbaye. *Anglic.* I.
1078. De *Poitiers*, ſur la Diſcipline. *L. X. H.* VI. manque *in R.*
1078. De *Rome. Regia* XXVI. *Labbe* IX. *Hardouin* VI.
1078. Autre de *Rome*, contre les Simoniaques. *Ibidem.*
1078. De *Rome*, où Bérenger abjure. *Mabillon in Analectis.*
1078. De *Bordeaux*, ſur la Diſcipline, *Hardouin* ſeul, Tom. VI.
1078. De *Londres*, où l'on établit des Evêques en pluſieurs Villes, *Labbe* X. *Hardouin* VI. manque *in Regia.*
1078. De *Gironne*, contre la Simonie. *Hardouin* VI.
1079. De *Rome*, où Bérenger abjure ſon héréſie pour la quatriéme fois. *R.* XXVI. *L. X. H.* VI. *& Martene in Theſauro* Tom. IV.
1079. De la *Bretagne* Armorique en France, contre la fauſſe Pénitence. *Ib.* ——*De Toulouſe*, c. la Simonie. *Manſi*, II.
1079. De *Bordeaux*, où Bérenger s'explique ſur ſa créance *Ibid.*
1079. De *S. Genès*, près Lucques, contre les Chanoines de Lucques. *R.* XXVI. *L. X. H.* VI. *Manſi* II.
1080. De *Rome*, où l'on excommunie les Partiſans de Henry IV. *Regia* XXVI. *Lab.* X. *Hard.* VI.
1080. De *Wirtsbourg*, où l'Empereur Henry IV. eſt reçu à la Communion de l'Egliſe. *Ibidem.*
1080. * De *Mayence*, en faveur de l'Empereur. *Ibidem.*
1080. * De *Breſſanon* ou *Brixen*; on élit l'antip. Guilbert. *Ib.* & P.
1080. De *Lyon*, contre Manaſſés intrus dans l'Egliſe de Reims. *Ib.*
1080. De *Sens*, dont on n'a plus les Actes. *Ibidem.*
1080. De *Meaux*, où Arnoul eſt fait Evêque de Soiſſons. *Ibidem.*
1080. D'*Avignon*, où Hugues eſt fait Evêque de Grenoble. *L. X. H.* VI. manque *in Reg.* (En 1079. *Mab. Ann.* T. V. p. 189.)
1080. De *Langres*, contre les Inveſtitures des Laïcs. *Ibidem.*
1080. De *Burgos*, où l'on abroge les Cérémonies Gothiques, *Ib.*
1080. De *Saintes*, en faveur de l'Abbaye de Fleury. *Ibidem & Martene in Theſauro* Tom. IV.
1080. De *Lillebonne*, ſur la Diſcipline & la Politique. *Ib. & Martene Theſauri* Tom. IV. *& Beſſin in Conciliis Norman.*
1080. De *Bordeaux; Gall. Chr.* Tom. II. pag. 805.
1081. De *Rome*, contre l'Empereur Henry. *Regia* XXVI. *Lab.* X. *Hardouin* VI. *& Martene in Collectione* Tom. VII.
1081. D'*Iſſoudun*, (Exoldunenſe) près Bourges. *Lab.* X. *H.* VI.
1082. De *Caroffé* ou *Charroux*, au Dioceſe de Poitiers, contre Boſon Evêque de Saintes, que l'on dépoſe. *Ibidem.*

1082. De *Meaux*, pour l'ordination de l'Evêque Robert. *Ibidem*.
1082. D'*Oiſſel*, (Oxella) près de Rouen, ſur le différend de l'Archevêque de Rouen & de l'Abbé de Fontenelles. *Beſſin*.
1083. De *Rome*, contre l'Emp. Henry & l'Antip. Guibert. *R*. &c.
1083. Autre de *Rome*, ſur la Diſcipline. *Ibidem*.
1083. De *Saintes*, pour ordonner un Evêque de cette Ville, en la place de Boſon. *Lab*. X. *Hard*. VI. manque *in Regia*.
1084. De *Rome*, contre l'Antip. Guibert & Henry IV. *Regia* &c.
1085. De *Quedlimbourg*, contre Henry & ſes Partiſans. *Ibidem*.
1085. * De *Mayence & Rome*, pour Guibert. *Ibid.* & *Manſi* II.
1085. De *Compiegne*, en faveur des Abbay. de S. Corneille de cette Ville & de S. Acheul d'Amiens. *L*. X. *H*. VI. manque *in Regia*.
1085. De *Gloceſter*, en Anglet. pour l'Election d'un Evêq. *Ang*. I.
1085. Divers Conciles tenus (*en Angleterre*) par Lanfranc. *Angl*. I.
1086. * De *Ravenne*, pour cette Egliſe, *Reg*. XXVI. *L*. X. *H*. VI.
1086. De *Tolede*, pour l'élection d'un Arch. *D'Aguirre*, III.
1087. De *Capoue*, pour rétablir Victor III. Pape. *Ibidem*.
1087. De *Benevent*, où l'on excommunie l'Antipape Guibert. *Ib*.
1088. De *Bordeaux* à *Saintes*, en faveur de l'Abbaye de S. Maixant. *Gall*. *Chr*. Tom. II. pag. 806.
1089. De *Rome*, où l'on confirme ce qui avoit été fait contre l'Antipape Guibert & l'Empereur Henry. *R*. XXVI. *L*. X. *H*. VI.
1089. De *Troye*, dans la Pouille, ſur les dégrés de Parenté. *Ibid*.
1089. De *Melfe*, dans la Pouille, ſur la Diſcipline. *Ibid*.
1089. De *Saintes*, pour donner un Archevêque à Bordeaux. *Lab*. X. *Hardouin* VI. manque *in Regia*.
1090. De *Narbonne*, en faveur de l'Abbaye de Graſſe & contre la Simonie. *Labbe* X. *Hard*. VI. *Baluz*. *in Concil*. *Gall*. *Narbon*. Le *Gall*. *Chr*. le marque en 1091. Tom. VI. pag. 41.
1090. De *Toulouſe*; *Gall*. *Chr*. Tom. VI. pag. 41.
1090. De *Tolede*, mal qualifié Toulouſe en quelques Collections, ſur la Diſcipline. *Reg*. XXVI. *Lab*. X. *Hard*. VI.
1090. De *Beziers*, ſur les biens de l'Egl. *Martene Theſauri* T. IV.
1091. De *Leon*, en Eſpagne, pour ſuivre dans les Cérémonies le Rit de S. Iſidore de Seville. *Lab*. X. *H*. VI. manque *in Regia*.
1091. De *Rouen*, pour l'Election d'un Evêque de Séez. *Beſſin*.
1091. De *Benevent*, ſur la Diſcipline, & contre l'Antipape Guib. *Reg*. XXVI. *Lab*. X. *Hard*. VI.
1092. De *Soiſſons*, contre le Trithéiſme de Roſcelin de Compiégne. *Lab*. X. *Hard*. VI. manque *in Regia*.
1092. De *Reims*, contre Robert Comte de Flandre, qui s'emparoit du bien de tous les Eccléſiaſtiques qui décédoient. *Ibidem*.
1092. D'*Etampes*, contre l'Ordination d'Ives de Chartres. *Ibid*.
1092. De *Paris*, ſur l'Abbaye de S. Corneille de Compiégne. *Ib*.
1092. De *Vorcheſter*, ſur le Priv. de l'Egliſe. de Ste Helene. *Ang*. I.
1093. De *Rome*, *Gall*. *Chr*. Tom. III. pag. 168. *in Inſtrumentis*.
1093. De *Bordeaux*, *Ibid*. Tom. II. pag. 807. & *Manſi* II.
1093. Aſſemblée des Evêques d'*Angleterre*, pour ordonner S. Anſelme Archevêque de Cantorberi. *Angl*. I.

1094. De *Reims*, sur la Discipline. *Hard.* Tom. VI.
1094. De *Brives*, sur l'Abbaye de Marmoutiers près Tours. *Ibid.*
1094. De *Dol*, sur le même sujet. *Reg.* XXVI. *Lab.* X. *Hard.* VI.
1094. De *Poitiers*; *Gall. Chr.* Tom. II. pag. 1064.
1094. D'*Autun*, sur la Disc. *Bal.* T. VI. *Miscel.* & *R.* XXVI. *L.* X.
1094. De *Roquingham*, en Angleterre, où l'on décide qu'Anselme Archevêque de Cantorberi, ne sauroit sans le consentement du Roi demander le Pallium au Pape Urbain II. que le Roi n'avoit pas encore reconnu, *Regia* XXVI. *Lab.* X. *Hard.* VI. *Angl.* I.
1094. De *Constance*, sur la Discipline. *Ibidem.*
1095. De *Plaisance* en Italie, contre Henry IV. & pour donner du secours à l'Empereur d'Orient, &c. *Ibidem.*
1095. De *Clermont*, en Auvergne, sur la Discipline; contre le Roi Philip., la Crois. y est résolue. *Ib.* En 1094. *G. C.* T. II. p. 354.
1095. De *Glocester*, sur les libertés Ecclésiastiques. *Mansi* II.
1095. De *Compiégne*; Hugues excommunié. *Mansi* II.
1095. De *Limoges*, pour la Croisade. *L.* X. *H.* VI. manque *in Reg.*
1095. D'*Auvergne*, pour établir une trêve dans le Royaume. *Martene Thes.* Tom. IV. En 1097. *G. C.* Tom. III. pag. 495.
1096. De *Tours*, le Roi Philippe y est absous, & la Croisade résolue. *Reg.* XXVI. *Lab.* X. *Hard.* VI.
1096. De *Rouen*, sur la Discipline. *Labbe* X. *Hard.* VI. & *Bessin in Concil. Norman.* manque *in Regia.*
1096. De *Saintes*, sur les jeûnes de la veille des Fêtes des Apôtres, &c. *Ibidem.* En 1097. *Gall. Chr.* Tom. II. pag. 807.
1096. De *Nismes*, sur une donation faite à l'Abbaye de Clugny, & sur la Discipline. *Ib.* & *Baluz.* Tom. VII. *Miscellaneorum.*
1096. De *Clermont*; sur la Discipl. Monastique. *Baluz.* VII. *Misc.*
1097. D'*Irlande*, on demande qu'Anselme de Cantorberi, ordonne l'Evêque de Waterford. *L.* X. *H.* VI. manque *in R. Angl.* I.
1097. De *Gironne*, pour la liberté Ecclésiastique. *Ibid.*
1098. De *Rome*, sur une trêve dans la cause de S. Anselme. *Regia* XXVI. *L.* X. *H.* VI. —— De *Milan*: Evêq. intrus. *Mansi* II.
1098. Autre de *Rome*, contre l'Antipape Guibert. *Ib.* Pagi prétend qu'il n'y eut qu'un Concile à Rome cette année.
1098. De *Bari*, sur la réunion des Grecs. *R.* XXVI. *L.* X. *H.* VI.
1098. De *Bordeaux*, dont on n'a point d'Actes. *Lab.* X. *Hard.* VI.
1098. De *Lyon* à *Pierre-Encise*, *Gall. Chr.* T. IV. p. 107. & 888.
1099. De *Rome*, contre les Simoniaques & contre l'Antipape Guibert. *Reg.* XXVI. *Lab.* X. *Hard.* VI.
1099. De *Jerusalem*, où l'on établit Patriarche de cette Ville Theodebert, en la place d'Arnoul Usurpateur. *Ibidem.*
1099. De *S. Omer*, pour la conservation de la paix. *L.* X. *H.* VI.
1099. D'*Etampes*, sur la Discipline. *H.* VI. *ex Jvone Carnot.*
1100. De *Valence*, contre les Simoniaques, *Ibidem.*
1100. De *Soissons*, sur la Discipline. *Mansi* II.
1100. De *Poitiers*, sur la Discipline & contre Philippe Roi de France, qui avoit repris Bertrade. *Ibidem.*
1100. D'*Anse*; *Lab.* X. *Hard.* VI.

ÉCRIVAINS.

1080. *Osbenne*, Moine & sous-Chantre de Cantorberi; Vie & Miracles de S. Dunstan, Arc. de Cantorberi & autres Ouvrages.

1080. *Jean Scylitzes*, Curopalastes; Hist. depuis l'an 813. jusqu'en 1081. *Græc. Lat.* in-fol. *Paris è Typogr. Reg.* 1648.

1080. *Jean Xiphilin*, Patriarche de Constantinople; quelques Décrets *in Jure Græco-Romano*, & plusieurs Homélies.

1080. *Antonius Melissa* Moine Grec; des Sermons, *In Biblioth. P.* & autres Ouvrages de piété.

1080. *Berthold* de Constance; Traités en faveur de Grégoire VII.

1081. *Pierre Cardinal* & Bibliothécaire de l'Eglise Romaine; Vie du Pape Grégoire VII.

1082. *Nicetas*, Archidiacre de l'Eglise de Constantinople, a écrit contre Jean le Philosophe, placé p. 445 au rang des Hérétiques. Voyez *Lambecius Lib. III. Bibliothecæ Vindobonensis.*

1082. *Grégoire & Deus-dedit*, tous deux Cardinaux; une Collection des Canons, qui sont l'un & l'autre parmi les manuscrits du Vatican.

1083. *Cosme*, Doyen de l'Eglise de Prague; une Chronique du Royaume de Bohême: *in Scriptoribus Hist. Bohemicæ*, in-folio, *Hanoviæ* 1602.

1083. *George*, Moine Grec; Chronique depuis Adam jusques à l'an 1081. in-fol. *Paris in Script. Bysant. post Theophanem* 1685.

1084. *Paul*, Prevôt de Benriede de l'Ordre de S. Augustin; Hist. du Pape Grégoire VII. *in-*4°. à *Gretzero Ingolstadii* 1610.

1085. *Robert* Abbé de S. Vigor de Bayeux; Commentaire sur le Cantique des Cantiques: *apud Casimir Oudin.* Tom. II. *Scriptor. Ecclesiastic.* in-folio, *Lypsiæ* 1722.

1088. *Urbain II.* un grand nombre de Lettres: *in Collect. Conciliorum & apud Martene* Tom. II.

1088. Le *Micrologue, Micrologus*, ouvrage célèbre, mais anonyme, sur l'Office de l'Eglise: *in Biblioth. Patrum.*

1089. *Nicolas* Evêq. de *Methone* ; Traité de la vérité du Corps & du Sang de Jesus-Christ dans l'Eucharistie: *in Auctario Bibl. Patr.* in.fol. 1623. & un Traité de la Procession du S. Esprit: Voy. *Allatium.*

1090. *S. Bruno*, Fondat. des Chartreux; deux Lettres, & une Confession de foi: voy. *Mab. in Analect.* On lui attribue d'autres Ouvrages, un Comment. sur les Pseaum., & sur S. Paul, &c. mais ils sont de *Bruno Ev. de Segni*, qui vivoit alors (ci-après 1102.)

1090. *Jean* Patriarche d'*Antioche* ; Traité sur les Donations faites à des Moines: *apud Cottelerium in Monumentis Ecclesiæ Græcæ* ; Questions sur l'Ancien & le Nouveau-Testament, *apud S. Athanasium*, & plusieurs autres Ouvrages.

1090. *Anastase* Archevêque de Césarée en Palestine; divers Traités sur le jeûne: *apud Cottelerium in Monumentis Græcis.*

1093. *Irène Ducas*, femme de l'Emp. Alexis Comnène; Regle pour des Religieuses: *Montfaucon Anal. Græc.* in-4°. *P.* 1688.

1099. *Nagold*, Moine de Clugny; Vie d'Odon & de S. Mayol de Clugny. *Mabillon & Bollandus.*

PAPES. | RITS ET RELIGIEUX.

DOUZIÈME SIÈCLE.
CLXIII.
1118. *Gelase II.* 25. Janvier.
Gouverne 1 a. 4 j.
† 29 Janvier 1119.
Le siége vaque 2 j.
Maurice Burdin, dit *Grégoire*, Antipape.

CLXIV.
1119. *Calixte II.* 1 Février.
Gouverne 5 a. 10 m. 13 j.
† 12 Décembre 1124.
Le siége vaque 8 j.

DOUZIÈME SIÈCLE.
1101. Mort de *S. Bruno*, à 50 a.
1112. Guillaume de Champeaux fonde *S. Victor* de Paris.
1113. Religieuses de *Cîteaux*, établies par S. Bernard.
1113. Ordre de *S. Jean* de Jérusalem, depuis à Malthe.
1118. Ordre des *Templiers*, mais aboli en 1311.
1120. Chanoines Réguliers de *Premontré*, par S. Norbert, à Premontré en Picardie.

CONCILES.

DOUZIÈME SIÈCLE.
1101. De *Milan*, contre l'Arch. de Milan Simoniaque. *R.* XXVI. *L. X. H.* VI. — De *Girone*, pour S. Victor de Marseille. *Mansi.*
1101. De *Vindsor*, sur l'Eglise de Norwich. *Anglic.* I.
1102. De *Latran* ou de *Rome*, contre l'Emp. Henry IV. *Regia,* &c.
1102. De *Londres*, I. sur la Discipline. *Ibidem. Angl.* I.
1102. De *Londres* II. pour réformer la Discipline. *Ibidem.*
1103. De *Rome*, où l'on maintient l'Archevêque de Milan dans son Siége, quoique réputé Simoniaque. *R.* XXVI. *L. X. H.* VI.
1103. De *Marseille*, au sujet de Clugny : *Martene Thes.* Tom. IV.
1103. De *Londres*, sur les Investitures. *Angl.* I.
1104. De *Troyes* ; l'Evêque de Senlis s'y justifie du crime de Simonie. XXVI. *Lab.* X. *Hard.* VI.
1104. De *Latran* ou de *Rome*, dans lequel on excommunie les fauteurs des Investitures Laïques. *Lab.* X. *Hard.* VI.
1104. De *Ratisbone*, pour la déf. du Clergé. *Mansi,* II.
1104. De *Beaugenci* sur la Loire, dans la cause de Philippe Roi de France & de Bertrade. *Reg.* XXVI. *Lab.* X. manque *in Hard.*
1104. De *Huffel*, en Espagne, sur les limites des Diocèses de Burgos & d'Osma. *Dans Hard.* VI. *& d'Aguirre.*
1105. De *Rome*, contre les Investitures. *Eadmer Lib.* IV. *Hist.*
1105. De *Florence*, contre l'Evêque de cette Ville, qui prétendoit que l'Ante-Christ étoit déja né. *Regia* XXVI. *Lab.* X. *Hard.* VI.
1105. De *Quedlimbourg*, pour la réformation des mœurs. *Ibidem.*
1105. Assemblée de *Mayence*, où Henry IV. se démet *Ibid.*
1105. De *Northuse*, pour la réf. des mœurs. *Mansi,* II.
1105. De *Reims*, pour donner un Evêque à Cambray ; *Mabill. Annal.* Tom. V. p. 480. & *Gall. Chr.* Tom. III. p. 273.
1105. De *Paris*, où l'on absout Philippe Roi de Fr. & Bertrade. *L. X. H.* VI. — De *Sens*, cont. l'Ab. de S. Pierre le Vif. *Mansi.*
1106. De *Poitiers*, pour du secours en Palestine. *Regia,* &c.
1106. De *Guastalla*, contre les Investitures. *Ib. & Mart. Th.* IV.

GRANDS-HOMMES. | HERES. ET PERS. 451

DOUZIÈME SIÈCLE.

1100. Mort de *S. Bennon*, Evêq. de Meissen en Saxe, à 96 ans.
1109. Mort de *S. Anselme*, Archevêque de Cantorberi.
1113. Mort de Ste *Ide*, mere de Godefroi de Bouillon.
1114. Conversion de *S. Norbert*.
1116. Mort d'*Yves* de Chartres.
1117. M. de *Robert d'Arbrissel*. Naiss. de *S. Thomas* de Cantor.
1122. Le B. *Pierre Maurice* est fait Abbé de Clugny.

DOUZIÈME SIÈCLE.

1110. *Basile* Medecin, Chef des Bogomiles, Manichéen, brûlé à Constantinople, en 1118.
1122. *Pierre de Bruys*, de Dauphiné, Chef des Petrobrussiens, attaque le Baptême, l'Eucharistie, les Eglises & la Croix; brûlé vif en 1146.
1124. *Arnaud de Bresse* soutenoit les erreurs des Petrobrussiens, & attaquoit surtout l'Ordre Hiérarchique de l'Eglise.

ÉCRIVAINS.

DOUZIÈME SIÈCLE.

1101. *Lambert* Evêque d'Arras en 1093. Histoire des Evêques d'Arras. *Baluzius* Tom. V. *Miscellaneorum*.

1101. *Geoffroy* Abbé de *Vendôme*, dès l'an 1093 ; Lettres & divers Traités. *Ejus Epistolæ*, in-8°. *Paris* 1610 *& apud Sirmundum*.

1101. *Yves de Chartres*; des Lettres, une Collection des Décrets & des Conciles, &c. *Ejus opera* in-fol. *Paris*, 1647.

1101. *Radulphus Ardens*; la guerre Ste. & Sermons : *Coloniæ* 1602.

1102. *Hildebert* Evêque du Mans & Archevêque de Tours, Lettres & divers autres ouvrages : *Ejus opera*, in-fol. *Paris* 1708.

1102. *Brunon* Moine d'Ast en Italie, puis Evêque de Segni : Comm. & divers Traités, attrib. à S. Bruno. *Ejus opera*, in-fol. *Venetiis*.

1105. *Odon*. Abbé de S. Martin de Tournay, Evêque de Cambray en 1105. Exposition du Canon de la Messe : *in Bibl. Patrum*.

1105. *Guibert*, fait Abbé de *Nogent* ; Histoire de la premiere Croisade ; Traité des Reliques. *Ejus opera*, in-fol. *Paris* 1651.

1106. *Gilbert* ou *Gilesbertus*, Abbé de Westminster l'an 1106. Traité de la foi contre les Juifs : *inter opera S. Anselmi. Paris* 1675.

1106. *Hugues* Abbé de *Flavigny*; Chronique de Verdun.

1107. *Euthymius Zigabenus* Moine Grec; Panoplie, *in Bibl. PP*.

1108. *Lietbert*, Ab. de S. Ruf, *Flores Psalmorum*, attribuées par quelques-uns à *Gaultier* Ev. de Maguelone, qui l'envoya aux Chan. de Lille.

1112. *Sigebert* de Gemblours, une Chronique.

1120. *Etienne* d'Autun ; du Corps & du Sang de J. C. *In Bib. P.*

1120. *Michel Glycas*; Annales jusqu'en 1118. *In-f. Paris* 1660. &c.

1120. *Nicephore Brienne* ; Hist. de son temps. *In-fol. Paris* 1661.

1120. *George Cedrenus* Moine ; Hist. Univers. *In-fol. Paris* 1661.

1120. *Jean Zonare* Moine Grec, Annales du Monde, *in-fol. Paris* 1686. 2. vol. Commentaires sur les Canons, *in-fol. Oxon.* 1672.

1121. *Guigues* Prieur de la Grande Chartreuse ; Statuts de son Ordre. *In-fol. Basileæ*, 1510. très-rare.

1106. De *Lixieux*, pour la paix de Normandie. *Ibid. Beſſin.*
1107. De *Jeruſalem*, pour le Patr. Daibert. *R.* XXVI. *L.* X. *H.* VI.
1107. De *Londres*, contre les Inveſtitures des Laïcs. *Ibid. Angl.* I.
1107. De *Troyes*, ſur la Diſcipline & contre les Simoniaques. *Ibid.*
1107. De *Leptines*, & du *Pont de Sorges*, ſur la Diſcipl. *Manſi* II.
1107. Aſſemblée des Evêques à l'*Abbaye de Fleury*, ſur la Loire, pour y recevoir le Corps de S. Benoît. *L.* X. *H.* VI. manq. *in Reg.*
1108. De *Londres*, contre l'incontinence des Clercs. *Ibid. Angl.* I.
1108. De *Rouen*, ſur les néceſſités de l'Egliſe. *Harduinus* VI.
1108. De *Benevent*, contre les Inveſtitures des Laïcs. *Regia* XXVII. *Lab.* X. *Hard.* VI.
1109. De *Londres*, ſur l'Archevêque d'Yorck. *Ibid. Angl.* I.
1109. De *Reims*, dans la cauſe de Godefroy Evêque d'Amiens. *Ib.*
1109. De *Loudun*, pour l'Egliſe de Tornus. *L.* X. *H.* VI. ſeuls.
1109. De *Poitiers*, où Robert d'Arbriſſel ſoumet à l'Evêque de Poitiers les Monaſt. de ſon nouvel Ordre. *Jean de la Mainferme, Clypeus Fontebrald.* in-8°. T. I. part. 2. pag. 128-129.
1110. De *Rome* ou de *Latran*, en fav. de l'aut. Epiſcopale. *L. &c.*
1110. De *Clermont*, pour l'Egliſe de Mauriac. *Ibidem.*
1110. De *Fleury*, ſur le même ſujet. *Ibidem.*
1110. De *Touloufe*, dont les Actes ſont perdus. *Ibidem.*
1111. De *Jeruſalem*, contre les Inveſtitures. *Regia, &c.*
1111. De *Latran* ou de *Rome*, ſur le même ſujet. *Ibidem.*
1112. De *Reims* & de *Jeruſalem*, ſur des différends. *Manſi* II.
1112. D'*Angoulême*, ſur la Diſcipline. *Ibid.*
1112. De *Vienne*, en Dauphiné, ſur le même ſujet. *Ib. & Martene. in Collect.* Tom. VII. *Mabill. Annal.* Tom. V. pag. 569.
1112. D'*Anſe*, contre les Inveſtitures. *Lab.* X. *Hard.* VI. ſeuls.
1112. D'*Aix* en Provence, ſur la Diſcipline. *Martene Theſ.* T. IV.
1112. D'*Uſneach* en Irlande, ſur les mœurs. *Angl.* I.
1113. De *Benevent*, en faveur de l'Abbaye du Mont-Caſſin. *Regia* XXVI. *Lab.* X. *Hard.* VI.
1114. De *Beauvais*, contre l'Empereur Henry V. *Ibidem.*
1114. De *Ceperano*, dans la Campagne de Rome (Ciperanum) pour caſſer les vœux Monaſtiques faits par violence. *Ibidem.*
1114. De *Windſor* en Angleterre, pour l'Election de Raoul Archevêque de Cantorberi. *Lab.* X. *Hard.* VI. manque *in Regia.*
1114. De *Dalone*, en Limoſin. *Mabill. Ann.* Tom. V. pag. 595.
1114. De *Palentia* en Eſpagne ; où l'on choiſit un Evêque pour le Siége de Lugo. *Hardouin* ſeul, Tom. VI.
1114. De *Compoſtelle*, ſur la Juriſdiction. *Hardouin* ſeul Tom. VI.
1114. D'*Elne* en Rouſſillon, ſur le différend qui étoit entre les Abbayes de S. Michel de Cuxa & d'Arles. *Mart. in Theſauro* T. IV.
1114. De *Strigonie*, ſur la Diſcipline. *Peterfy, Conc. Hung.*
1115. De *Syrie* ou *Paleſtine*, pour la dépoſition d'Arnoul Patriarche de Jeruſalem. *Reg.* XXVI. *Lab.* X. *Hard.* VI.
1115. De *Troye* dans la Pouille, pour la paix & la Trêve. *Ibidem.*
1115. De *Reims*, contre Henri V. Empereur & pour obliger Godefroy Evêque d'Amiens à rentrer dans ſon Diocèſe. *Ibidem.*

CONCILES. 453

1115. De *Soiſſons*, ſur l'Evêque d'Amiens. *Lab.* X. *Hard.* VI. ſeuls.
1115. De *Cologne*, contre Henri V. *Ibidem.*
1115. De *Châlons* ſur Marne, contre Henri V. *Ibidem.*
1115. De *Tournus*, (Trenorcienſe) ſur les différends des Egliſes de S. Jean & de S. Etienne de Beſançon. *Ibidem.*
1115. De *Dijon*, ſur le même ſujet. *Pagi ad hunc annum.*
1115. De *Châteauroux*, ſur la Diſcipline. *Ed. Concil. Ven.* T. XII.
1115. D'*Oviedo* en Eſpagne, ſur la Diſcipline. *Hard.* ſeul T. VI.
1116. De *Cologne*, Henri V. eſt excommu. *R.* XXVI. *L.* X. *H.* VI.
1116. De *Cologne*, ſur l'Archevêq. de Mayence. *Uſperg. in Chron.*
1116. De *Latran*, où l'on confirme celui de l'an 1111. *Ibidem.*
1116. De *Rome*, qui permet à l'Abbé du Mont-Caſſin de ſe nommer l'Abbé des Abbés, *Ibidem.*
1116. De *Salisbery* en Angleterre. *Lab.* X. *Hard.* VI. ſeuls.
1116. De *Langres*, ſur diverſes matières Eccléſiaſtiques. *Ibidem.*
1117. De *Tornus*, en faveur de l'Egliſe de S. Etienne de Dijon. *Ib.*
1117. De *Dijon*, au ſujet des Chan. de S. Et. *Lab.* X.
1117. De *Milan*. *Pagi ad hunc annum.* Voy. *Ed. Conc. Ven.* XII.
1117. De *Benevent*, cont. l'Antip. Burdin. *R.* XXVI. *L.* X. *H.* VI.
1118. De *Capoue*, *Reg.* XXVII. *Lab.* X. *Hard.* VI.
1118. De *Cologne* & De *Fritſlar*, contre Henri V. *Ibidem.*
1118. De *Rouen*, pour la Diſcipline. *Lab.* X. *H.* VI. *Beſſin* ſeuls.
1118. De *Toulouſe*, pour une Croiſade en Eſpagne, &c. *Ibidem.*
1118. D'*Angoulême*, pour la Confirmation de quelques Evêq. *Ib.*
1119. De *Toulouſe*, Pierre de Bruys livré au bras ſéculier & brulé, & ſur la Diſcipline, *Ib.*; mais les Canons manquent *in Regia.*
1119. De *Reims*, contre les Inveſtitures, la Simonie & l'Empereur Henri V. *Labbe* X. *Hardouin* VI. manque *in Regia.*
1119. De *Rome*, *Ibidem.*
1119. De *Rouen*, contre l'incontinence des Prêtres. *Ibidem.*
1119. De *Benevent*, contre les voleurs. *Ibidem.*
1119. De *Beauvais*, ſur la Diſcipline. *Ibidem.*
1120. De *Napoli*, en Samarie, ſur la Diſc. *R.* XXVII. *L.* X. *H.* VI.
1120. De *Soiſſons*, contre Abailard. *Labbe* X. *Hard.* VI.
1120. De *Nantes*, ſur l'Abbaye de Marmoutier, *Mabillon. Annal.* Tom. VI. p. 52.
1121. De *Quedlinbourg*, ſur l'Etat de l'Empire & les inveſtit. *R.* &c.
1122. De *Worms*, ſur les Inveſtitures, &c. *Ibidem.*
1122. De *Rome*, en faveur du Mont-Caſſin. *R.* XXVII. *L.* X. *H.* VI.
1122. DE LATRAN, neuviéme Concile Général, ſous le Pape Calixte II, pour le recouvrement de la Terre Sainte & ſur la Diſcipline. *Ibid.*, *& Martene in Collectione* Tom. VII.
1122. De *Gloceſter*, pour faire un Archev. de Cantorbery, *Angl.* I.
1123. De *Rome*, le Pape & l'Empereur ſe reconcilient.
1123. De *Bourges*, Simeon de Dunelm de geſt. *Ang.* I.
1124. De *Toulouſe*, ſur les Sacremens. *Hard.* l'indique Tom. IX.
1124. Divers Conciles, *de Chartres, Clermont, Beauvais.* En 1123. *Mab. Annal.* Tom. VI. 99 & 646. & *Gall. Chr.* III. 261.
1124. De *Vienne* en Dauphiné, *Martene Theſauri*, Tom. IV.

454　*PAPES*.　|*RITS ET RELIGIEUX*.

C L X V.
1124. *Honoré II.* 21. Décemb.
Gouverne 5 a. 1. m. 25 j.
† 16 Février 1130.
Le siége ne vaque pas.
Calixte Antipape.

C L X V I.
1130. *Innocent II.* 17 Février.
Gouverne 13 a. 7 m. 8 j.
† 24 Septembre 1143.
Le siége ne vaque pas.
Pierre Leon ou *Anaclet* &
Victor Antipapes.

C L X V I I.
1143. *Celestin II.* 25 Septembre.
Gouverne 5 m. 15 j.
† 9 Mars 1144.
Le siége vaque 2 j.

C L X V I I I.
1144. *Luce II.* 12 Mars.
Gouverne 11 m. 14 j.
† 25 Février 1145.
Le siége vaque 1 j.

C L X I X.
1145. *Eugene III.* 27 Février.
Gouverne 8 a. 4 m. 11 j.
† 6 Juillet 1153.
Le siége vaque 4 m. 27 j.

1124. Chevaliers de S. Lazare de Jérusalem, par le Roi Baudouin II.
1130. Chanoines Réguliers de *Chancelade* près Cahors, par Guillaume de Rocheblanche Evêque de Perigueux.
1131. Chanoines Réguliers de *Ste Croix de Conimbre* en Portugal, établis par Tellez Chanoine Régulier de cette Eglise.
1136. Chanoines Réguliers de *Ste Marie du Rhin*.
1140. Chanoines Réguliers de *Closterneubourg* près de Vienne en Autriche, par Leopold Marquis d'Autriche.
1147. Chanoines Réguliers de *Ste. Genevieve* à Paris, mis en la place des Chanoines Séculiers, & tirés de l'Abbaye de S. Victor, réformés en 1612, sous le titre de Congrégation de France, qui s'est fort étendue.
1148. Chanoines Régul. de *Sempingam* en Angleterre.
1150. Religieuses de *Sempingam*.

C O N C I L E S.

1125. De *Londres*, sur la réformation des mœurs. *Regia*, &c.
1126. De *Rocheborough* en Ecosse, pour la paix de l'Eglise. *Angl.* I.
1126. De *Lyon*; déposition de l'Ab. de Clugny. *Mansi* II.
1126 & 27. De *Rome*, pour des Evêq. *Ed. Concil. Ven.* XII.
1127. De *Nantes*, sur la Discipline. *Labbe* X. *Hard.* VI. seuls.
1127. De *Londres*, sur les mœurs. *R.* XXVII. *L.* X. *H.* VI. *Ang.* I.
1127. D'*Orleans*, sur la Discipline. *Pagi ad an.* 1126.
1127. De *Nantes*, sur le mariage entre parens.
1128. D'*Arras* & de *Reims*, pour une Abb. *Ed. Ven.* XXII.
1128. De *Troyes*, on donne l'habit blanc aux Templiers. *Ibidem.*
1128. De *Ravenne*: les Arch. de Venise & d'Aquilée déposés. *Ib.*
1128. De *Rouen*, sur la Discipline. *Bessin in Conciliis Normaniæ.*
1128. De *Dol* en Bretagne. *Baluz.* Tom. I. *Miscellan.*
1128. De *Bordeaux*, *Baluz.* T. I. *Miscell.*
1129. De *Paris*, sur le Prieuré d'Argenteuil. *Lab.* X. *Hard.* VI.
1129. D'*Orleans*, on en ignore le sujet. *Ibidem.*
1129. De *Londres*, *Reg.* XXVII. *Lab.* X. *Hard.* VI. *Angl.* I.
1129. De *Placentia*; Merida donnée à l'Egl. de Compostelle, *Ed. V.*

GRANDS-HOMMES. | HÉRÉS. ET PERS. 455

1126. *S. Norbert* est fait Archevêque de Magdebourg.
1127. Charles le Bon Comte de Flandres, est assassiné.
1130. Mort de *S. Isidore* Laboureur & Patron de Madrid. Le B. *Thomas* de S. Victor, assassiné à Gournay sur Marne.
1132. Mort de *S. Hugues* Evêque de Grenoble.
1134. Mort de *S. Norbert*.
1135. Mort de *Ste. Raingarde*, mere du B. Pierre le Vénérable.
1136. Mort de *S. Leopold* Marquis d'Autriche.
1138. Mort de *Guillaume* dernier Duc de Guyenne, Pénitent.
1141. *S. Heric* ou *Henri* est élu Roi de Suede pour son mérite.
1142. Mort édifiante de Pierre *Abailard* à Châlon sur Saône.
1148. Mort de *S. Malachie*.
1151. *S. Heric* Roi de Suede, tué par les Rébelles.
1153. Mort de *S. Bernard* Abbé de Clervaux, âgé de 62 ans.

1124. *Tanchelin* ou *Tanquelin* parut dans les Pays-Bas, d'une vie déréglée ; rejettoit le Sacrifice de la Sainte Messe, & le Sacrement de l'Ordre ; il fut assommé dans les Pays-Bas. C'est de lui que sont venus les nouveaux *Adamites* & *Multiplians*.
1139. Pierre *Abailard* ou *Abelard*, de Professeur en l'Université de Paris, se fit Bénédictin : il hazarda quelques propositions singulieres sur la Trinité ; se soumit & mourut l'an 1142, à S. Marcel près de Châlon sur Saône.
1140. *Gilbert Porretan*, ou de *la Porrée*, Evêque de Poitiers, disoit que les trois personnes de la Ste Trinité ne sont pas une seule substance. Gilbert se rétracta.
1146. *Eon* Gentilhomme Breton, se disoit le Messie, qui devoit juger tous les hommes.
1147. *Henriciens* viennent d'Henri l'Hermite, Pétrobrussien.

ÉCRIVAINS.

1124. *Pierre Alphonse*, Juif converti ; Dialogue contre les Juifs. *In Biblioth. Patrum.*
1124. *Pierre de Honestis*; Regle pour les Chanoines, *inter opera S. Petri Damiani, in-folio Paris* 1642.
1124. *Pierre* surnommé le *Vénérable*, élu Abbé de Clugny en 1123. Traité contre les Juifs : un autre contre l'Alcoran, plusieurs Lettres & Traités. *In Bibliotheca Cluniacensi, in-fol. Paris* 1614.
1124. *Anaclet* Antip. ses Let., après le Conc. d'Ephese du P. *Lupus*.
1125. *Gislebert* d'Auxerre, Ev. de Londres ; Comm. sur l'Ecri. Ste.
1128. *Dreux* ou *Drogo*, Abbé de S. Jean de Laon, Cardinal & Evêque d'Ostie en 1136; un Traité de l'Office Divin, un des sept dons du S. Esprit, & quelques autres Traités.
1129. *Albert* ou *Alberic*, Chanoine d'Aix, Histoire de la première Croisade. *Gesta Dei per Francos, in-fol. Hanoviæ* 1611.
1130. *Foucher*, de Chartres ; Histoire de la Croisade. *Ibidem.*
1130. *Gautier*, Hist. de la Croisade, depuis 1115 jusqu'en 1124. *Ib*
1130. *Alger*, Diacre de l'Eglise de Liége, puis Moine de Clugny Mort en 1130. Traité du Corps & du Sang de Notre-Seigneur contre Bérenger : *in Bibliotheca Patrum.*

1129. De *Châlons*, contre Henri Evêq. de Verdun. *Pagi ad hunc an.*
1129. De *Rome* : dépof. de l'Evêq. d'Halberftat. *Conc. Germ.* III.
1129. De *Narbonne* ; *Gall. Chr.* Tom. VI. p. 48.
1129. De *Reims*, douteux ; *Ibidem* Tom. III. p. 86.
1130. De *Wirtzbourg*, contre l'Antipape Anaclet. *Pagi ad hunc an.*
1130. De *Clermont*, fur la Difcipline, *Baluz.* T. VII. *Mifcellan.*
1130. Du *Puy* & d'*Etampes*, cont. l'Antip. Anaclet. *L.* IX. *H.* VI.
1130. De *S. Gilles* & de *Reims*, pour Innocent II. *Manfi* II.
1131. De *Reims*, contre l'Antipape Anaclet. *Lab.* & *Hard.* mais manquent *in Regia* les Canons fur la Difcipline.
1131. De *Liege*, en faveur d'Otton Evêque d'Halberftadt, & contre l'Antipape Anaclet. *Ibidem.*
1131. De *Mayence*, contre Bruno Evêque de Strafbourg. *Ibidem.*
1132. De *Creffi*, près Narbonne. *Labbe* IX. *App.*
1132. De *Placentia*, contre l'Antipape Anaclet. *Ibidem.*
1132. De *Reims*, en faveur de Marmoutier. *Mart. Thef.* T. IV.
1132. De *Thionville*, en faveur du Chapitre de S. Dié en Lorraine. *Martene Thefauri* Tom. IV.
1132. De *Londres*, pour la paix de l'Eglife. *Angl. I.*
1133. De *Jouarre*. R. XXVII. *L.* X. *H.* VI. *Pagi ad an.* 1135.
1133. De *Redon* en Bretagne, il n'en refte aucun Acte.
1134. De *Pife*, contre l'Antipape Anaclet. *Ibidem.*
1134. De *Narbonne*, fur les courfes des Sarrafins en Rouffillon. *Lab.* X. *Hard.* VI. Il eft de 1140. dans l'*Hift. du Lang.* II. 640.
1134. De *Montpellier*, fur l'Ab. de S. Tibéri. *Gall. Chr.* T. VI. p. 49.
1135. De *Rome* ou *Latran*, dans le *Gall. Chr.* Tom. I. p. 986.
1135. De *Nantes*, en faveur de quelques Monafteres.
1136. De *Northampton* en Angleterre. *R.* XXVII. *L.* X. *H.* VI.
1136. D'*Antioche*, contre Radulphe. *Lab.* &c.
1136. De *Jérufalem*, fur les Arméniens. *Ibidem.*
1136. De *Burgos* en Efpagne ; *Hardouin*, feul Tom. VI.
1136. De *Weftminfter*, pour élire un Evêque de Londres. *Angl. I.*
1137. D'*Herford* en Angleterre. *Angl. I.*
1137. De *Valladolid* en Efpagne. *Regia* XXVII. *Lab.* X. *Har.* VI.
1137. De *Bourdeaux*, fur la Difcipline. *Martene in Collect.* T. VII.
1138. De *Londres*, fur la Difcipline. *Regia* XXVII. *Lab.* X. *Hard.* VI. mais *in Regia* manquent les Canons. *Angl. I.*
1138. De *Weftminfter*, fur la Difcipline. *Angl. I.*
1138. De *Northampton*, fur la Difcipline. *Ibidem* ; mais d'autres le rapportent à l'an 1133. *Angl. I.*
1138. De *Karlil* en Ecoffe. *Angl. I.*
1138. Autre *de Weftminfter*, fur la Canonifat. de S. Edward. *Ang. I.*
1139 DE LATRAN. X.^{e}. Concile Général affemblé par Innocent II. contre l'Antipape Anaclet & pour la confervation des biens Eccléfiaftiques. *Reg.* XXVII. &c. *Martene Thefauri* Tom. IV.
1139. De *Winchefter*, pour l'immunité des Eglifes. *Reg. L.* & *H.*
1139. D'*Uzès. Gall. Chr.* Tom. VI. p. 440.
1140 De *Sens* : contre Pierre Abailard. *Reg.* XXVII. &c.
1140. De *Narbonne*, pour les Captifs. *Gall. Chr.* T. VI. p. 316.

1130. *Hugues de Fleury*, de la Puissance Royale & Sacerdotale. *Baluz.* Tome IV. *Miscellan.*

1130. *Domnizon*, Prêtre ; Vie de la Comtesse Mathilde en vers. *A Tengnagelio*, in-4°. *Ingolstad* 1612.

1130. *Herman*, Abbé de S. Martin de Tournay ; Chronique de son Abbaye, *in Spicilegio.*

1130. *Baldric de Dol*, en Bretagne ; Hist. de la guerre Sainte. *In Gest. Dei per Francos*, *in fol. Hanov.* fol. 1611.

1130. *Etienne Harding*, Anglois, Abbé de Cîteaux ; Constitutions de son Ordre. *In Menologio Cisterciensi*, in-fol. *Antuerp.* 1635.

1130. *Hugues Metel*, Abbé de S. Leon de Toul, Prémontré ; des Lettres publiées par l'*Abbé Hugo*, in-fol.

1130. *Bernard de Compostelle* ; Cartulaire, dont on a imprimé quelque chose *in Hispania illustrata* Tome IV.

1130. *Hariulphe*, Moine de S. Riquier : sa Chronique, *in Spicilegio.*

1130. *Siméon*, Moine de Durham en Angleterre ; Histoire de son Abbaye. *Inter Scriptores Historiæ Anglicanæ*, in-fol. 1652.

1130. *Hervé*, Moine du Bourg de Déol ; Commentaire sur S. Paul. *Inter opera S. Anselmi.*

1130. *Hugues*, Chanoine *de S. Victor* de Paris ; des Commentaires sur l'Ecriture, & autres Traités. *Ejus opera*, in-fol. *Rothomagi* 1648.

1131. *Honorius d'Autun* ; divers ouvrages, *in Bibl. Patrum.*

1132. *Anne Comnène*, fille de l'Empereur Alexis Comnène, a écrit l'Histoire de son père. *Gracè & Latinè*, in-fol. *Paris* 1651.

1132. *Isaac*, Evêque Catholique d'Arménie ; deux Traités contre les Arméniens. *Apud Combefisium in Auctario*, Tome II.

1135. *Rupert*, Abbé de Duits, Commentaires sur l'Ecriture ; Traités de la Trinité, &c. *Ejus opera*, in-fol. *Paris* 1638, 2 vol.

1140. *Philippe de Harving*, Abbé de Bonne Espérance ; Lettres, Commentaires sur le Cantique des Cantiques. *Ejus opera*, in-fol. *Duaci*, 1620.

1140. *Nilus* ou *Nicolaus*, Moine, puis Secrétaire du Patriarche de Constantinople ; Traité des Patriarchats. *Allatius de Concordia & Steph. le Moine varia sacra*, Tome I.

1140. *Theophanes* ; des Homélies, *in-fol. Gr. Lat.* Paris 1644.

1140. *Benoît*, Chanoine de S. Pierre de Rome ; des Cérémonies de l'Eglise Romaine, *Tom. II. Musai Italici Mabillonii*, in-4°. 1689.

1141. *Anselme de Gemblours*, continue la Chronique de Sigébert.

1142. *Pierre Abailard*, Moine de S. Denis, puis de Clugny, mort en 1142. des Lettres, un Traité sur la Trinité, & quelques autres Ouvrages. —— *Ejus opera*, in-4°. *Paris* 1616.

1142. *S. Bernard*, Moine de Cîteaux, puis Abbé de Clervaux en 1115. *Ejus opera*, in-fol. *Paris* 1690, &c. 2 vol.

1142. *Orderic Vital* ; une Histoire Ecclésiastique : *apud Andream du Chesne*, *in Scriptoribus Hist. Normaniæ*, in-fol. *Paris* 1619.

1142. *Suger*, Abbé de S. Denis, & Ministre d'Etat ; ses Lettres & son Histoire : *in Collect. Scriptorum Francic.*

1142. *Samson*, Archevêque de Reims ; Lettres au Pape Innocent II.

1140. De *Constantinople*, contre quelques Hérétiques. *Allatius de Consensione Eccles. Græc. & Lat.* Lib. II. cap. 11.
1140. De *Veroli*, Campagne de Rome (Verulense), sur l'obéissance Ecclésiastique, *Hard.* seul Tome VI. *Mabillon in Diar. Italico* T. I.
1141. De *Londres*, *Angl.* I.
1141. De *Vienne* : élection de l'Evêque de Valence. *Mansi.*
1142. De *Winchester*, pour la liberté du Roi Etienne. *Reg.* XXVII. *Labbe* X. *Hardouin* VI.
1142. De *Westminster*, sur les plaintes du Roi Henri. *Angl.* I.
1142. D'*Antioche*, contre le Patriarche Radulphe. *Ibidem.*
1142. De *Lagni*, sur les différends de l'Evêque d'Arras & de l'Abbaye de Marchienne. *Labbe* X. *Hardouin* VI. manque *in Regia.*
1142. De *Westminster*, où le Roi Etienne se plaint des vexations de son Peuple. *Ibidem.*
1143. De *Jérusalem*, contre les Arméniens. *Hard.* seul Tome VI.
1143. De *Constantinople*, où l'on dépose deux Evêques ordonnés contre les Canons ; & contre les Bogomiles. *Ibidem.*
1143. De *Londres*, *Reg.* XXVII. *Labbe* X. *Hardouin* VI. *Angl.* I.
1143. De *Winchester*, sur l'Eglise de Cantorbery. *L. & H. Angl.* I.
1144. De *Rome* : Dol soumis à Tours. *Mansi* II.
1145. Assemblée de *Bourges*, on indique le Concile de Vezelay. *Ib.*
1146. De *Vezelay*, en Bourgogne, pour la Croisade contre les Turcs. *Regia* XXVII. *Labbe* X. *Hardouin* VI.
1146. Assemblée en *Bavière* pour le même sujet.
1146. De *Laon* en Picardie, pour le même sujet.
1146. De *Chartres*, pour le même sujet. *Ibidem.*
1146. De *Terragone*, dont nous n'avons pas les Actes. *Lab. & Hard.*
1147. De *Salzbourg & Ratisbonne*, sur la Discipline. *Mansi* II.
1147. De *Reims*, sur Gilbert de la Porrée. *Gall. Chr.* T. II. p. 1464.
1147. D'*Etampes*, sur la Croisade. *Lab.* X. *Hard.* VI.
1147. De *Paris*, contre Gilbert Porretan ou Porrée Evêque de Poitiers. *Regia* XXVII. *Labbe* X. *Hardouin* VI.
1147. De *Constantinople*, contre les Bogomiles. *Hard.* seul T. VI.
1148. De *Reims*, contre Gilbert de la Porrée, & sur la Discipline. *Ibidem*, & *Martène Thesauri* Tome IV.
1148. De *Trèves*, où le Pape permet à Ste Hildegarde de mettre par écrit ses révélations. *Regia* XXVII. *Labbe* X. *Hardouin* VI.
1148. De *Lincoping* en Suéde, pour l'établissement de l'Evêché de Lunden en Archevêché. *Labbe* X. *Hardouin* VI. manque *in Regia.*
1149. De *Bordeaux*. *Gall. Chr.* Tome II. p. 911.
1149. D'*Erford*, sur la Discipline. *Mab. Annal.* T. VI. p. 466.
1151. De *Beaugenci*, où l'on casse le mariage de Louis le jeune Roi de France, & d'Eleonor. *Reg.* XXVII. *Lab.* X. *Hard.* VI.
1151. De *Londres*, sur la Discipline. *Baluz.* Tome VII. *Miscellaneorum*, & *Labbe* X. *Hardouin* VI. manque *in Regia*. *Angl.* I.
1151. D'*Hibernie* : quatre Métropolitains. *L. & H. Angl.* I.
1151. De *Reims*. *Gall. Chr.* Tome III. page 675.
1152. De *Trèves*, pour Remiremont. *Martène. Collect.* Tome VII.
1152. De *Milfort*, en Irlande. *Pagi ad hunc an.*

1143. *Guillaume de Sommerset*, Moine de Malmesburi ; Histoire d'Angleterre jusqu'en 1143, & l'Histoire des Evêq. de ce Royaume. *Inter Scriptores Angliæ*, in-fol. *Londini* 1596. *& Francof.* 1601.

1144. *Eugène III.* Pape ; beaucoup de Lettres : *in Collect. Concilior.*

1144. *Robert Pullus* ou *Pulleynus*, Anglois, Cardinal ; il ne reste de lui qu'un Livre des Sentences ou Théologie Scholastique, & quelques Sermons. —— *Ejus opera*, in-fol. *Paris* 1655.

1146. *Othon*, Evêque *de Freisingue*, une Chronologie jusqu'à l'an 1146, & l'Histoire de Frédéric Barberousse : *in Script. Germaniæ.*

1149. *Nicétas* de Constantinople ; Apologie du Concile de Calcédoine, contre les Arméniens : *Allatii Græcia Ortod. & de Consensu.*

1150. *Philippe*, Evêque de Tarente ; Lettres : *in Bibliothec. Cisterc.*

1150. *Constantin Herménopule*, Juge de Thessalonique ; Profession de foi & un Traité des Sectes des Hérétiques.

1150. *Pierre Lombard*, Evêque de Paris ; Commentaire sur les Pseaumes & sur S. Paul ; & le Livre des Sentences en quatre parties, qui a servi de base à tous les Scholastiq. in-4°. *Paris* 1564 & 1577.

1150. *Gratien*, Moine Bénédictin à Boulogne en Italie ; a fait la Collection des Décrets des Papes & des Conciles, qui fait la première partie du Corps du Droit Canonique, imprimé plusieurs fois, sur-tout à *Rome* en 1582.—— & à *Paris* en 1685.

1150. *Arnoul* ou *Arnulphus*, Evêque de Lizieux ; un Recueil de Lettres très-utiles, *in-8°. Paris* 1585. —— *& in Spicilegio.*

1151. *Anselme*, Evêque *d'Havelberg* en Brandebourg ; Dialogues sur les différends des Grecs & des Latins : *in Spicilegio.*

1151. *Arnauld* de Bonneval, au Diocèse de Chartres ; quelques Traités de Spiritualité : *in Editione S. Cypriani*, in-fol. *Oxonii* 1602.

1151. *Gilbert*, Abbé d'Hoiland, a continué le Comment. de S. Bernard sur le Cantiq. &c. *in operibus S. Bernardi* 1690.

1151. *Etienne*, Evêque de Paris ; plusieurs Lettres, *in Spicilegio.*

1152. *Ste Elizabeth*, Abbesse de Schonaw ; des Lettres & ses visions : *in-fol. Coloniæ* 1628.

1152. *Ekbert*, Abbé de S. Florin ; vie de Ste Elizabeth de Schonaw, qui étoit sa sœur.

1152. *Hugues*, Archevêque de Rouen ; trois Livres contre les Hérétiques de son tems.

1153. *Nicolas*, Moine de Clervaux, Secrétaire de S. Bernard ; Sermons & Lettres : *in Biblioth. Cisterc. & in Baluzii Miscellaneis.*

1154. *Henri de Huntington*, Chanoine de Lincoln : Histoire d'Angleterre & un Traité du mépris du Monde : *in Spicilegio, & in Collect. Histor. Angliæ*, in-fol. *Londini* 1596 *& Francofurti* 1601.

1154. Le Pape *Adrien IV* ; plusieurs Lettres : *in Collect. Conciliorum.*

1154. *Robert*, Moine de S. Remy ; Histoire de la première Croisade depuis 1095 jusqu'en 1099. *in Gest. Dei per Francos*, in-fol. 1611.

1155. *Lucas* Chrysoberge, Patriarche de Constantinople ; Statuts sur la Discipline : *apud Leunclavii Jus Græco-Romanum.* Institutions Ascetiques, en manuscrit, à la Bibliothéque de Vienne.

1160. *Baudry* (*Baldericus*) Evêque de Noyon ; Chronique des Evêques de Cambray & d'Arras : *in-8°. Duaci* 1655.

PAPES.

C L X I X. *
1153. *Anastase IV.* 9 Juillet.
Gouverne 1 a. 4 m. 24 j.
† Décembre 1154. vaque peu.

C L X X.
1154. *Adrien VI.* 4 Décembre.
Gouverne 4 a. 8 m. 29 j.
† 1. Sept. 1159. vaque 5 j.

C L X X I.
1159. *Alexandre III.* 7. Sept.
Gouverne 21 a. 11 m. 21 j.
† 27 Août 1181. vaque 1 j.
Victor, Pascal, Calixte & Innocent Antipapes.

C L X X I I.
1181. *Luce III.* 29 Août.
Gouverne 4 a. 2 m. 28 j.
† 25 Nov. 1185. ne vaque pas.

C L X X I I I.
1185. *Urbain III.* 25 Novemb.
Gouverne 1 a. 10 m. 25 j.
† 19 Oct. 1187. ne vaque pas.

RITS ET RELIGIEUX

1155. Ordre de *S. Guillaume*, par S. Guillaume, uni aux Augustins dans le XVIe Siécle.
1156. Chevaliers d'*Alcantara*, pour s'opposer aux Maures d'Espagne, approuvés en 1177.
1158. Ordre Militaire de *Calatrava*, pour s'opposer aux Maures d'Espagne.
1162. Ordre Militaire d'*Avis* en Portugal, par le Roi Alphonse.
1170. L'Ordre des *Humiliés* établi à Milan par Jean de *Meda*, confirmé par Innocent III. l'an 1200, & aboli en 1571. pour un attentat contre S. Charles.
1171. Ordre des *Carmes*, tiré des Solitaires du Mont-Carmel, par le Bienh. Albert.
1171. Chevaliers de S. Michel de Portugal.

CONCILES.

1152. De *Kenn*, en Irlande, sur la Discipline. *Anglic.* I.
1152. De *Bourgueil*, sur les affaires de Tours. *Mansi* II.
1152. De *Metz* & *Cologne*, sur la Discipline. *Lab.* & *Hard.*
1153. De *Mâcon*, *Gall. Chr.* Tome IV. page 894.
1154. De *Londres*, où l'on confirme diverses Loix d'Angleterre, tant Ecclésiastiques que Politiques. *L. X. H.* VI. seuls. *Anlg.* I.
1154. De *Soissons*, sur la paix de l'Etat. *Ibidem.*
1154. De *Constantinople*, contre quelques Prêtres d'Antioche, qui étoient dans l'erreur. *Hardouin* seul Tome VI.
1155. De *Valladolid*, Provincial. *Pagi ad hunc an.*
1157. De *Northampton*, contre l'Ab. de Cantorbery. *Anglic.* I.
1157. De *Chester*, sur l'exemption de quelques Abbayes. *Labbe* IX. *Hardouin* VI. manque *in Regia. Angl.* I.
1157. De *Reims*, sur la Discipline. *Martène Collect. novæ* T. VII.
1158. De *Waterford*, en Irlande, sur l'arrivée des Anglois dans cette Isle. *Lab.* X. *Hard.* VI. manque *in Reg. & in Angl.*
1158. De *Roscoman*, en Irlande, sur la Discipline. *Ibidem. Angl.* I.
1158. De *Reims*, sur un différend de l'Evêque de Laon. *Lab.* &c.
1158. De *Château-Morel*, en Aragon, sur l'Ab. de S. Ruf. *Ed. Conc. Ven.* XIII. Ce Concile est daté de l'an 22 de Louis le Jeune.
1159. D'*Embrun. Gall. Chr.* Tome III. page 1073.
1159. De *Pavie. Ibidem.* T. III. p. 678. peut-être le suivant.
1160.* De *Pavie*, de l'Antipape Victor. *R.* XXVII. *L. X. H.* VI.
1160. De *Nazareth*, en Palestine, où les Orientaux reconnoissent la Primatie du Siége Apostolique de Rome. *L. X. H.* VI. seuls.

GRANDS-HOMMES. | HÉRÉS. ET PERS. 461

1156. Mort du B. *Pierre Maurice* Abbé de Clugny.
1159. *S. Eberard* Arc. de Saltzbourg, s'oppose au Schisme.
1161. *S. Edouard* Roi d'Angleterre est canonisé.
1162. *S. Thomas* Becquet est fait Archevêque de Cantorbery.
1163. Mort de *S. Eberard* Archevêque de Saltzbourg.
1166. Translation du corps de *Charlemagne* à Aix-la-Chapelle par l'Archevêque de Cologne.
1170. Naissance de *S. Dominique*. *S. Thomas* de Cantorbery est assassiné dans son Eglise.
1173. *S. Thomas* de Cantorbery est canonisé.
1177. *S. Benezet* se présente pour bâtir le pont d'Avignon, & meurt l'an 1184.
1182. Naiss. de *S. François* d'Assise.

1160. *Albigeois*, ainsi nommés de la Province d'Albi, où ils se distinguèrent le plus : espèce de Manichéens qui admettoient la Metempsicose, rejettoient l'Ancien Testament, les prières pour les Morts, la présence de J. C. dans l'Eucharistie, l'autorité de l'Eglise, avec plusieurs autres erreurs.
1167. *Niquinta*, prétendu Pape des Albigeois, ordonne des Evêques de sa Secte, & tient la même année un Concile. *Le P. Bouges, Hist. de Carcassonne.*
1170. *Pierre Valdo*, né au Bourg de Vaud, en Dauphiné, Chef des Vaudois ou Pauvres de Lyon, vouloit obliger tous les Chrétiens à ne rien posséder en propre ; égaloit les Laïcs aux Evêques, & abolissoit le Baptême.

ECRIVAINS.

1160. *Aelrede* ou *Aethelvede*, Anglois, mort en 1166 ; Sermons, & Traités de Doctrine : *in Bibliothecâ Patrum.*
1160. *Leon de Marsy*, Cardinal & Evêque d'Ostie.
1160. *Richard*, Chanoine *de S. Victor* à Paris ; Livres sur la vie spirituelle, Commentaires sur l'Ecriture Sainte, &c. *Ejus opera*, in-fol. *Rothomagi* 1650.
1170. *Pierre de Poitiers*, Chancelier de l'Eglise de Paris, a fait un Livre des Sentences. Ce Théologien est Scholastique.
1170. *Sylvestre Girauld*, Evêque de S. Davids ; sur la conquête de l'Irlande : *inter Scriptores Angliæ*, in-fol. *Francofurti* 1601.
1170. *Sainte Hildegarde*, Abbesse du Mont S. Rupert, sur le Rhin ; des Lettres & Visions, *in Biblioth. Patrum ; & Colon. in-4°.* 1566.
1170. *Adam de Prémontré* ; Traités sur la Vie spirituelle & la Morale. *Ejus opera*, in-fol. *Antuerpiæ* 1659.
1170. *Pelage*, Evêque d'*Oviedo* ; une Chronique générale du Monde, *ad an.* 1170. *Concil. Hispan. Card. Aguirre*, in-fol. *Romæ.*
1170. *S. Thomas* de Cantorbery. *Ejus Epistolæ*, in-4°. *Brux.* 1682.
1178. *Jean de Salisbery*, Evêque de Chartres ; Lettres, in-4°. *Paris* 1611. *Policraticus*, in-4°. *Lugduni Batavorum* 1639.
1179. *Geoffroy*, Abbé de Clervaux ; le troisième Livre de la Vie de Saint Bernard, Traités contre Gilbert de la Porrée, & autres ouvrages. *Inter opera S. Bernardi.*
1179. *Constantin Manassés*, Chronique, *ad* 1081. *In-fol. Paris* 1655.

1161.* De *Lodi*, pour l'Antipape Victor. *Regia* XXVII. &c.
1161. D'*Oxfort*, contre les erreurs des Vaudois. *L. X. H.* VI.
1161. De *Toulouse*, pour le Pape Alexandre III. *L. X. H.* VI. seuls. Le *Gall. Chr.* Tome VI. page 752. le met en 1160.
1161. De *Neufmarché*, en Normandie, contre l'Antipape Victor. *Reg.* XXVII. *Labbe* X. *Hard.* VI. *Angl.* I.
1161. De *Beauvais*, contre le même. *Ibidem.*
1161. De *Francfort*, pour une élection. *Concil. Germ.* III.
1161. De *Toulouse*, contre l'Antipape Victor. *Labbe* X.
1162. De *Londres* ; Thomas Becquet est élu Archev. de Cant. *Ibid.*
1162. De *Montpellier*, contre l'Antipape Victor. *L. X. H.* VI. seuls.
1162. De *Besançon*. *Mansi* II.
1163. De *Tours*, même sujet. *Regia*, &c. *Martene Thes.* T. IV.
1163. De *Clermont*, contre l'Antipape.
1164. De *Clarendon*, où l'on établit des maximes conformes au droit d'Angleterre, qui sont désapprouvées par le Pape. *Angl.* I.
1164.* De *Northampton*, contre S. Thomas de Cantorbery. *Ibid.*
1164. De *Reims*, pour secourir la Palestine. *Pagi ad hunc an.*
1165. De *Lombez*. *Gall Chr.* Tom. VI. p. 54.
1165.* De *Wirtsbourg* en Allemagne, pour l'Antipape Pascal. *Pagi.*
1166. De *Constantinople*, sur des calomnies avancées par quelques Théologiens. *Hardouin* seul, Tome VI.
1166. D'*Oxford*, contre les Vaudois. *Angl.* I.
1167.* Assemblée de *Chinon* en France, sur le différend d'Henri II. Roi d'Angleterre & de S. Thomas de Cantorbery. *Labbe* IX. *Hardouin* VI. manque *in Regia. Pagi.*
1167. D'*Angleterre*, où les Evêques veulent poursuivre S. Thomas de Cantorbery devant le Pape. *Ibidem. Pagi.*
1167.* De *S. Felix*, en Lauragais, assemblé par Niquinta prétendu Pape des Albigeois. *Le P. Bouges Hist. de Carcassonne* p. 541.
1167. De *Latran*, où l'Empereur Frédéric est excommunié. *Regia* XXVII. *Labbe* X. *Hardouin* VI.
1167. *Pelicianse*, ou *de S. Felix de Carman*, Diocèse de Toulouse. *Gall. Chr.* Tome VI. page 876.
1168. De *Lavaur*. *Ibidem*. Tome I. page 1269.
1168.* De *Constantinople*, où le Schisme des Grecs est entièrement formé. *Hardouin* seul, Tome VI.
1169. De *Strigonie*, sur les biens Ecclésiastiques. *Mansi* II.
1170. De *Paris*, contre une prop. de P. Lombard. *L.X.H.*VI. seuls.
1170. Assemblée pour la Dédicace de l'Egl. de S. Amant de *Bresse.Ib.*
1170. D'*Angoulême*, sur une Donation faite à cette Eglise. *Ibidem.*
1170. De *Londres. Angl.* I.
1171. D'*Armach*, en Irlande, sur la Discipline. *Ibidem. Angl.* I.
1172. De *Cashel*, en Irlande, pour la Discipline. *Ibidem. Angl.* I.
1172. D'*Avranches*, où Henri II. Roi d'Angleterre est absous de l'assassinat de S. Thomas de Cantorbery. *Regia*, &c. *Bessin.*
1173. De *Westminster*, pour un Archevêque à Cantorbery. *Angl.* I.
1173. De *Caen*, sur Henri II. Roi d'Angleterre. *Bessin.*
1175. De *Londres* ou *Westminster*, sur la Discipline. *Regia* XXVII. *Labbe* X. *Hardouin* VI. *Anglic.* I.

CONCILES.

1175. De *Windsor*, en Angleterre, où le Roi d'Jrlande se soumet au Roi d'Angleterre. *Lab.* X. *Hard.* VI. manque *in Reg. Angl.* I.
1176. De *Dublin & Northampton. Angl.* I.
1176. De *Westminster*, où l'on termine le différend des Archevêques de Cantorbery & d'Yorck. *Lab. & Hard. Angl.* I.
1176. De *Lombez*, contre les Albigeois. *R.* XXVII. *L.* X. *H.* VI.
1276. D'*Albi. Gall. Chr.* Tome II. page 1180.
1177. De *Northampton*, sur la Discipline, &c. *L. & H. Angl.* I.
1177. De *Tarse* : réconciliation des Arméniens. *Galanus.*
1177. De *Londres* ou *Westminster*, sur la guerre des Rois de Castille & de Navarre. *Lab.* &c. *Angl.* I.
1177. D'*Edimbourg* ou d'*Ecosse* : on suspend un Evêq. *Ib. Angl.* I.
1177. De *Venise*, pour régler l'accommodement du Pape Alexandre III. & de l'Empereur Frédéric. *Reg.* XXVII. *Lab.* X. *Hard.* VI.
1178. De *Toulouse*, contre les Albigeois.
1178. De *Hohenaw*, en Allemagne, sans Actes. *L.* X. *H.* VI. seuls.
1179. DE LATRAN, XIe Concile Général, assemblé par le Pape Alexandre III. contre les Vaudois & Albigeois, & contre les Schismatiques ordonnés par l'Antipape Victor III. *Reg.* XXVII. *Lab.* X. *Hardouin* VI. *& Martene in Collectione* Tome VII.
1181. D'*Aquilée*, sur ses Chanoines. *Mansi* II.
1181. Du *Puy* & de *Limoges. Hist. de Lang.* III. page 58.
1182. De *Caen*, pour maintenir la paix en Angleterre & en Normandie. *Bessin.* ── De *Bazas. Hist. de Lang.*
1182. De *Marleberg. Anglic.* I.
1182. De *Segni*, où l'on canonise l'Ev. S. Brunon. *Pagi ad an.* 1125.
1183. D'*Angleterre*, & de *Dublin*, en Irlande. *Angl.* I.
1184. De *Windsor. Angl.* I.
1184. De *Verone*, en Italie, pour reconcilier ceux qui avoient été ordonnés par les Antipapes. *L.* X. *H.* VI. manque *in Regia.*
1184. D'*Aquilée*, contre les Incendiaires & les Sacriléges. *Ibidem.*
1185. De *Londres.* Voyez *Pagi ad hunc annum.*
1186. De *Paris*, pour la Croisade. *R.* XXVIII. *L.* X. *H.* VI.
1186. De *Charroux*, sur la Discipline. *L.* X. *H.* VI. manque *in Regia.*
1186. D'*Egenesham.* ── D'*Irlande* ou *Dublin*, sur la Disc. *Angl.* I.
1186. De *Mouson* : déposition de deux Evêques. *Pagi.*
1187. De *Parme*, contre les violences des Laïcs, faites à des Ecclésiastiques. *Reg.* XXVIII. *Labbe* X. *Hardouin* VI.

ÉCRIVAINS.

1179. *Pierre de Celles*, Abbé de Celles à Troyes, Evêque de Chartres en 1182. *Apud Sirmundum, & in-8°. Paris* 1611.
1180. *Arsenius*, Moine Grec, Collection de Canons : *Justel. & Cott.*
1180. *George*, Archevêque de Corfou : Traité contre les Latins. *Baronius ad hunc annum.*
1180. Theodore *Balsamon*, sur les Canons. *In-fol. Oxonii* 1672.
1182. Jean *Cinnamus*, Hist. des Emper. Grecs. *In-fol. Paris* 1670.
1182. *Guillaume* de Tyr, Hist. de la Croisade. *In-fol. Hanov.* 1611.

PAPES.

CLXXIV.
1187. *Grégoire VIII.* 20 Octob.
Gouverne 1 m. 26 j.
† 15 Décembre 1187.
Le siége vaque 3 j.

CLXXV.
1187. *Clément III.* 19 Décembre.
Gouverne 3 a. 3 m. 7 j.
† 25 Mars 1191.
Le siége vaque 2 j.

CLXXVI.
1191. *Célestin III.* 28 Mars.
Gouverne 6 a. 9 m. 11 j.
† 7 Janvier 1198.
Le siége ne vaque pas.

RITS ET RELIGIEUX.

1188. Religieuses de *Malthe*, filles Nobles, par Sanchia, Reine d'Arragon.
1190. Ordre de *Cîteaux* de la Réforme de *Flores* en Italie, par l'Abbé Joachim, approuvé en 1220, réuni à Cîteaux dans le XVe Siécle.
1191. Chevaliers *Teutons* ou *Teutoniques* en Allemagne, s'étendent ensuite en Prusse.
1194. Chanoines Réguliers de *Saint Marc*, par Albert Spinola, confirmés en 1204 & 1218.

CONCILES.

1188. De *Salzbourg*, sur la Discipline. *Conc. Germ.*
1188. Assemblée de *Gisors*, pour la réconciliation des Rois de France & d'Angleterre, & les faire croiser. *L. X. Hard. VI.* seuls.
1188. Assemblée du *Mans*, où les Evêques & les Seigneurs d'Angleterre décident de donner du secours pour la Terre-Sainte. *Ibidem.*
1188. De *Lanciski*, en Pologne, Décimes pour la guerre Sainte. *Ib.*
1188. D'*Angleterre*, à *Guntington*, dans le Northampton, pour les levées nécessaires à la guerre Sainte. *Ibidem. Angl.* I.
1188. De *Paris*, pour le même sujet. *R. XXVIII. L. X. H. VI.*
1189. De *Rouen*, sur la Discipline. *Hardouin* seul, *T. VI. & Bessin.*
1189. De *Pipewel*, en Angleterre, sur quelques différends entre les Evêques. *Regia XXVIII. Labbe X. Hard. VI. Angl.* I.
1189. De *Cracovie*, en Pologne, pour la guerre Sainte. *Ibidem.*
1189. De *Cantorbery. Angl.* 1.
1190. De *Westminster*, & de *Glocester. Angl.* I.
1190. De *Rouen*, pour la Croisade. *Pagi ad hunc ann.*
1191. De *Londres*, pour un Archevêque à Cantorbery. *Reg.* &c.
1193. De *Cantorbery. Ibidem.*
1195. D'*Yorck*, en Angleterre, sur la Réformation. *Ibidem. Angl.* I.
1195. De *Montpellier*, sur la Discipline, & pour déterminer la guerre contre les Sarrasins. *Lab. X. Hard. VI.* manque *in Regia.*
1195. De *Reims*, sur le mariage de Philippe Auguste. *Mansi.*
1196. De *Paris*, sur le même sujet. *Lab. & Hard.*
1197. De *Lanciski*, sur l'incontinence des Clercs & les mariages. *Ib.*
1198. De *Sens*, contre les Publicains, espéce d'Albigeois. *Ibidem.*
1199. De *Westminster, Anglic.* I.
1199. Assemblée pour la paix en France. *R. XXVIII. L. XI H. VI.*
1199. De *Dioclée*, en Dalmatie, sur la Discipline. *Ibidem.*
1199. De *Dijon* & de *Vienne*, sur le mariage de Philippe Auguste. *Mart. Thes.* Tome IV.
1200. De *Londres*, sur les mœurs. *R. XXVIII. L. X. H. V. Angl.* I.
1200. De *Nivelle*, sur l'Interdit de France. *L. XI. H. V.* seuls.

GRANDS-HOMMES. | HÉRÉS. ET PERS.

1185. *S. Etienne* de Muret, Fondateur de *Grammont*, canonisé.
1186. Evêché établi à *Riga*, en Livonie, ville nouvelle, peuplée de Marchands Allemands, & de *Livoniens* qui avoient quitté le Paganisme & s'étoient faits Chrétiens.
1192. *Lauro Malipiero* Doge de Venise, se fait Moine.
1193. *S. Jean Gualbert*, Chef de *Vallombreuse*, canonisé.
1195. Naissance de *S. Antoine de Pade*, à Lisbonne; célèbre depuis dans l'Ordre de S. François.
1195. *Joachim*, Abbé de Flores dans la Calabre, au Royaume de Naples, sans être hérétique, a publié quelques erreurs; savoir, que comme il y avoit trois personnes dans la Ste Trinité, il devoit y avoir trois essences.
1197. *Tiric*, François, Chef d'une bande d'Albigeois ou *nouveaux Manichéens*, fut arrêté & brûlé, aussi-bien que deux femmes qui le suivoient: à l'une il avoit donné le nom de Sainte Vierge, & à l'autre celui de Sainte Eglise.

ÉCRIVAINS.

1185. *Baudouin*, Archev. de Cantorbery; Traités de piété. *Bib. Pat.*
1187. *Jean Phocas*, Moine Grec, Voyage de la Terre-Sainte. *In Symmictis Leonis Allatii*, in-8°. *Coloniæ* 1653.
1190. *Pierre Comestor*, Doyen de Troyes en Champagne, mort en 1198, a fait une Histoire Scholastique, ou Ecclésiastique. *In-8°. Lugduni* 1543.
1190. *Etienne*, Abbé de Ste Geneviève de Paris, élu Evêque de Tournay l'an 1192, nombre de Lettres. *In-8°. Paris* 1682.
1190. *Geoffroi de Viterbe*; une Chronique Universelle, nommée *Panthéon*, depuis la Création jusqu'en 1186. *In-fol. Francofurti* 1584, *& inter Scriptores Germaniæ.*
1191. *Waultier* ou *Gaultier*, Chanoine de S. Victor de Paris; contre les quatre Labyrinthes de France, savoir Pierre Abailard, Pierre Lombard, Pierre de Poitiers & Gilbert de la Porrée. Voyez *Mabillon in Analectis.*
1192. *Othon de S. Blaise*; continuation de la Chronique d'Othon de Frisingue jusqu'à l'an 1190.
1192. *Gautier de Châtillon*; l'Alexandreïde & Dialogues contre les Juifs. *Oudin in opusculis Sacris*, in-8°. *Lugduni Batav.* 1692.
1192. *Guillaume de Neubrige* en Angleterre; Histoire d'Angleterre depuis 1066 jusqu'à 1198. *in-8°. Paris* 1610.
1193. *Pierre de Blois*, mort en Angleterre l'an 1200; des Lettres, des Sermons, quelques Traités de piété & de Doctrine. *Ejus opera*, in-fol. *Paris* 1667.
1194. *Gervais*, Moine de Cantorberi; une Chronique des Archev. de Cantorberi, depuis 1122 jusqu'à 1199.
1194. *George Xiphilin*, Patriarche de Constantinople; Ordonnances Ecclésiastiques: *in Jure Græco-Romano.*
1195. *Jacques de Vitry*, Curé d'Argenteuil, puis Cardinal; Etat des Eglises d'Orient & d'Occident. —— *In-8°. Duaci* 1597. *& in Gest. Dei per Francos*, in-fol. *Hanoviæ* 1611. pour les Egl. d'Orient.

II. Partie.

PAPES.

CLXXVII.
1198. *Innocent III.* 8 Janvier.
Gouverne 18 a. 6 m. 13 j.
† 20 Juillet 1216.
Le siége ne vaque pas.

TREIZIÈME SIÉCLE.
CLXXVIII.
1216. *Honoré III.* 21 Juillet.
Gouverne 10 a. 7 m. 26 j.
† 18 Mars 1227.
Le siége vaque 1 j.

CLXXIX.
1227. *Grégoire IX.* 20 Mars.
Gouverne 14 a. 5 m. 3 j.
† 22 Août 1241.
Le siége vaque 28 j.

CLXXX.
1241. *Célestin IV.* 20 Septemb.
Gouverne 19 j.
† 8 Octobre 1241.
Le siége vaque 1 a. 8 m. 16 j.

RITS ET RELIGIEUX.

1197. Chevaliers de Livonie (*Ensiferi*) qui s'unissent peu après aux Teutoniques.
1198. Ordre de la *Trinité*, Rédemption des Captifs, par S. Jean de Matha & Felix de Valois.

TREIZIÈME SIÉCLE.
1201. Chanoines Réguliers du *Val des Ecoliers*, Diocèse de Langres, approuvés en 1218.
1204. *Hospitaliers du S. Esprit*, à Rome, par Innocent III.
1207. Religieuses de *S. Dominique* en Languedoc.
1207. Religieux du *Val des Choux*. en Bourgog. Régle de Citeaux.
1209. Ordre de *S. François*, par S. François d'Assise en Italie, confirmé en 1210 & 1223.
1212. Religieuses de *Ste Claire*.
1215. Ordre des *Frères Prêcheurs* par S. Dominique.

CONCILES.

TREIZIÈME SIÉCLE.

1201. De *Soissons*, sur le mariage de Philippe Auguste Roi de France. *Labbe* XI. *Hardouin* VI. manque *in Regia*.
1201. De *Paris*, contre Elgaud, Vaudois. *Ibidem*.
1201. De *Perth*, en Ecosse, sur la réformation du Clergé. *Ib. Ang.* I.
1202. De *Londres*, sur la Discipline. *Ibid*.
1204. De *Meaux*, sur la paix entre les Rois de France & d'Angleterre. *Lab.* XI. *Hard.* VI. manque *in Regia*.
1204. D'*Antioche*, contre le Roi d'Arménie. *Raynaldi ad an.* 1210.
1205. D'*Arles*, sur la Discipline. *Gall. Chr.* Tome I. page 565.
1206. De *Perth*. *Angl.* I.
1206. De *Lambeth* & de *S. Albans*. *Ibidem*.
1206. De *Rading* en Angleterre, sans Actes. *Anglic.* I.
1207. De *Narbonne*. *Gall. Chr.* Tome VI. p. 61. *Ed. Ven.* XIII.
1207. De *Londres* & d'*Oxfort*. *Angl.* I.
1208. De *Laval* & *S. Sever*. *Mansi* II.
1208. De la Prov. de *Narbonne*, sur les Albigeois. *Lab.* &c. *ut supr*.
1209. De *Montelimar*, (Montiliense), où l'on impose une pénitence au Comte de Toulouse, Protecteur des Albigeois. *Ibid*.
1209. De *S. Gilles*, suite du précédent. *Hist. du Lang.* III. 560.
1209. D'*Avignon*, sur la foi & la discipline. *Ibidem*.
1209. De *Paris*, contre les erreurs d'Amauri. *Ibidem*.
1209. De *Montelimar*, contre les Albigeois. *Hist. de Lang.* III. 161.

RITS ET RELIGIEUX. | HERES. ET PERS.

1198. S. *Ladiſlas* Roi de Hongrie eſt canoniſé.
1200. *Hoſpitalières* du S. Eſprit *in Saſſia*, ſous Innocent III.
1200. Ste *Cunégunde* canoniſée.

TREIZIÈME SIÉCLE.

1218. Ordre de la *Mercy*, pour la Rédemption des Captifs.
1219. Religieuſes de *Calatrava* en Eſpagne, Régle de Cîteaux.
1221. Religieuſes du *Tiers Ordre* de S. François.
1226. Mort de S. *François d'Aſſiſe*: il fut canoniſé en 1228.
1231. Mort de S. *Antoine de Pade*.
1233. Ordre des *Servites* d'Italie.
1233. Ordre des *Croiſiers* d'Italie.
1234. Moines *Sylveſtrins* par Sylveſtre Guzzolini.
1236. Religieuſes *Trinitaires*.

1198. *Orbibariens*, eſpéce de Vaudois, libertins ou vagabonds.
1198. *Gazares*, eſpéce de Vaudois & Albigeois, qui parurent en Dalmatie.

TREIZIÈME SIÉCLE.

1204. *Amaury* ou *Almaric*, Profeſſeur en l'Univerſité de Paris, fut condamné en 1206, & au Concile de Latran en 1215: attaquoit la préſence de Jeſus-Chriſt dans l'Euchariſtie, la réſurrection des morts, le culte des Images, la pénitence ; & vouloit que toutes les Créatures rentraſſent en Dieu d'où elles étoient ſorties.
1204. *David de Dinant*, Sectateur d'Amaury, dit que Dieu eſt la matière de tous les Etres.
1230. *Stadings*, ſorte d'Albigeois.

ECRIVAINS.

TREIZIÈME SIÉCLE.

1201. L'Abbé *Joachim*; Concorde de l'Ancien & du Nouveau Teſtament, & Commentaires ſur l'Ecriture Ste. *In-fol. Venetiis* 1519.
1202. Jean de *Citri*, Evêque en Macédoine l'an 1203, ſur les Rits & Uſages Eccléſiaſtiq. *apud Leunclavium, in Jure Græco-Romano*.
1202. *Demetrius Chomatenus*, Archevêque de Bulgarie l'an 1203. Traité ſur le mariage : *in Jure Græco-Romano*.
1203. *Marc*, Patriarche d'Alexandrie ; Queſtions & Réponſes ſur le Droit Canonique : *in Jure Græco-Romano*.
1206. *Michel Choniat*, Evêque d'Athènes ; Hiſtoire d'Orient depuis l'an 1118 juſqu'en 1206. *Græcè & Latinè*, in-fol. Paris 1647.
1207. *Joël*, Hiſtorien Grec ; Chronique juſqu'à l'an 1204. *Græcè & Latinè*, in-fol. Paris è *Typographia Regia* 1651.
1207. *Guillaume de Seignelai*, fait Evêque d'Auxerre en 1206, mort à S. Cloud en 1223 ; Somme Théologique. *In-fol.* Paris 1500. & Commentaire ſur le Maître des Sentences.
1207. *Gervais*, Evêque de Séez ; ſes Lettres, *in-4°. Montib.* 1662.
1207. *Etienne de Langton*, Chancelier de l'Egliſe de Paris, en 1206, Divers Commentaires ſur l'Ecriture Ste : Tranſlation de S. Thomas de Cantorberi. *Cum Epiſtolis S. Thomæ Bruxell.* in-4°. 1682. Conſtitutions Synodales : *in Collectionibus Conciliorum*.
1208. *Gervaſius Tilberienſis* : Chronique de tous les Rois de l'Europe, &c. *In-4°. Helmſtad* 1678.
1209. *Gunthier*, Moine de Cîteaux : Hiſtoire de la priſe de Conſtantinople par les François. *Apud Caniſium*.

1210. De *S. Gilles*, contre Raymond Comte de Toulouse. *L.* XI.
1211. De *Londres*. *Anglic. Collect.* I.
1210. D'*Arles*, sur les propositions faites inutilement à Raymond Comte de Toulouse, pour son absolution. *L.* XI. *H.* VI.
1210. Assemblée de *Narbonne*, dans la cause des Comtes de Toulouse & de Foix. *Ibidem.*
1210. De *Rome*, l'Empereur Othon déposé. *R.* XXVII. *L.* XI. *H.* VI.
1210. De *Gnesne*, sur la Discipline. *Mansi* II.
1210. De *Kermoelloc*, en Irlande : même sujet. *Ibid.*
1211. De *Northampton* : le Roi Jean excommunié. *Angl.* I.
1211. De *Perth*, en Ecosse. *Angl.* Tome I.
1212. De *Paris*, sur la Discipline, pour les différens ordres de l'Egl. *Lab.* XI. *Hard.* VI. *Martene Collect.* Tome VII. manque *in Reg.*
1212. Assemblée de *Pamiers*, où les Evêques & les Grands se soumettent à Simon Comte de Montfort. *Ibidem.*
1212. De *Narbonne*. *Gall. Chr.* Tome VI. page 62.
1212. De *Lavaur*. *Ibid.* Tome VI. page 444.
1213. *Albanense*, de S. Albans. *Anglic.* I.
1213. De *Londres*, de *Westminster* & de *Rading*. *Anglic.* I.
1213. De *Lavaur*, dans la cause de Pierre Roi d'Arragon, Protecteur de Raymond Comte de Toulouse. *Lab.* XI. *Hard.* VI.
1214. De *Dunstable* en Angleterre, où l'on appelle du Légat au Pape. *Ibidem. Angl.* I.
1214. De *Londres* : le Roi Jean absous. *Regia*, &c.
1214. De *Montpellier*, sur la Discipl. *Baluz. Conc. Gall. Narbon.*
1214. De *Rouen*, sur la Discipline Ecclésiastique. *Bessin.*
1215. De *Bourdeaux*. *Gall. Chr.* Tome II. page 862.
1215. De *Bourges*, sur la Discipline. *Ed. Ven.* XIII.
1215. De *Montpellier*, Simon Comte de Montfort y est déclaré Comte Souverain des Terres dont il avoit chassé les Albigeois. *Baluz.*
1215. D'*Espagne*, sur la Discipline. *Martene Thesauri* Tome IV.
1215. DE LATRAN : XIIe Concile Général, sous le Pape Innocent III. & l'Empereur Frederic II, contre les erreurs des Albigeois & de l'Abbé Joachim. C'est le premier Concile où l'on trouve le terme de Transubstantiation, quoiqu'il soit en des Auteurs cent ans avant ce Concile. *R.* XXVIII. *L.* XI. *H.* VII.
1216. De *Bristol*, sur la Discipline. *Angl.* I.
1217. De *Melun*, sur la Discipline. *Reg.* XXVIII. *Lab.* XI. *Har.* VI.
1219. De *Toulouse*, sur la Discipline. *Martene Collectionis.* T. VII.
1220. De *Cantorberi*, Translation du Corps de S. Thomas. *Angl.* I.
1220. De *Durham*, sur la Discipline. *Anglic.* I.
1220. De *Maguelone*. *Gall. Chr.* Tome VI. page 763.
1221. De *Perth*, en Ecosse. *Angl.* I.
1222. De *Cantorberi* & d'*Oxfort*, sur la Discipline. *Angl.* I.
1222. De *Salisbury*, sur la Discipline. *Lab.* XI.
1222. Du *Puy*. *Gall. Chr.* Tome VI. page 130.
1223. De *Rouen*, on reçoit le Concile Général de Latran. *Hard.* seul VII. *Martene Thesauri* Tome IV. *Bessin.*
1223. De *Toulon*. *Gall. Chr.* Tome I. page 746.

CONCILES.

1223. De *Paris*, contre les Albigeois. *L.* XI. *H.* VII. seuls.
1224. De *Paris*, dans la cause de Raymond, Comte de Toulouse, Protecteur des Albigeois. *Ibid. & Baluz. Concil. Gall. Narbon.*
1224. De *Montpellier*, sur le même sujet. *Ibid. & Baluz. in Conc.*
1224. De *Vaucouleurs*, où Henri se réconcilie avec l'Empereur Frideric son père. *Ed. Ven.* XIII.
1224 & 1225. Trois Conciles de *Paris*, sur les Albigeois & sur les différends de la France avec l'Angleterre. *L.* XI. *Hard.* VII. seuls.
1225. De *Beziers & Mayence*. *Gall. Chr.* VI. 407. III. 690.
1225. De *Melun*, sur la Jurisdiction Ecclésiastique. *L.* XI. *H.* VII.
1225. De *Bourges*, en faveur du Comte de Toulouse. *Ibidem.*
1225. D'*Allemagne*, contre la Simonie. *Ibidem.*
1225. De *S. Quentin*, sur les Reliques de ce St. *Rayn. ad hunc ann.*
1225. De *Londres* & de *Westminster*, sur la Discipline. *Anglic.* I.
1226. Deux Conciles de *Paris*, contre les Albigeois. *L.* X. *H.* VII.
1226. De *Cremone*, sur l'extirpation des Héréfies en Italie, & sur les Croisades de la Terre-Sainte. *Ibidem.*
1226 De *Liege*, contre les frères de l'Empereur Frédéric, qui avoient tué l'Archevêque de Cologne. *Ibidem.*
1226. De *Foix*, où l'on absout d'Hérésie Bernard Comte de Foix, qui feint de faire pénitence. *Ibidem.*
1226. De *Westminster*, le Pape y fait demander le revenu de deux prébendes dans chaque Cathédrale, & de deux places Monacales dans chaque Abbaye. *Reg.* XXVIII. *Lab.* XI. *Hard.* VII. *Angl.* I.

ECRIVAINS.

1212. *Pierre des Vaux de Cernay*, Histoire des Albigeois & de la Croisade. *In-8°. Trecis* 1615. *& in Biblioth. Cisterciensi*, T. VII.
1213. *Roger de Croyland ;* Martyre de S. Thomas de Cantorberi. M.S.
1213. *Robert d'Auxerre ;* Chronique, jusqu'à 1212. *Trecis* 1608.
1214. *Pierre Moneta*, Dominicain ; Traité contre les Cathares & Vaudois, *Romæ* 1743.
1215. *Alain des Isles* (*de Insulis*) Docteur de Paris, puis Moine de Citeaux ; Commentaire sur le Cantique des Cantiques, Traité contre les Vaudois, & autres. *Ejus opera*, in-fol. *Antuerpiæ* 1653.
1215. *Giorgi*, Maronite : deux Conférences, en Arabe, traduites sous ce titre : Controverse sur la Religion Chrétienne & celle des Mahométans, par M. le Grand, in-12. *Paris* 1767.
1217. *S. Antoine de Pade*, ou Padoue, Ordre de S. François, Sermons & Commentaire sur l'Ecriture Sainte. *Ejus opera*, in-fol. *Paris* 1641.
1220. *Germain*, Patriarche de Constantinople ; plusieurs Discours : *apud Combefisium, & Frontonem Ducæum.*
1220. *Guillaume d'Auxerre ;* Somme Théologique, &c.
1223. *Jourdain*, de l'Ordre de S. Dominique & le premier Général après le S. Fondateur ; l'Histoire de son Ordre & un Traité de Piété. *In-8°. Placentiæ* 1599. *& in-4°. Romæ* 1587.

1226. De *Liége* & de *Londres*. *Manſi.* II.
1227. De *Narbonne*, contre Raymond Comte de Toulouſe. *Labbe* XI. *Hardouin* VII. manque *in Regia*.
1227. De *Tréves*, ſur la Diſcipline. *Martene in Collectione* T. VII.
1228. De *Rome*, contre l'Empereur Frederic II. *L.* XI. *H.* VII. ſeuls.
1228. Aſſemblée de *Baſſege*, continuée à *Meaux*, terminée à *Paris*, où Raymond Comte de Toulouſe eſt admis à la Communion. *Ib.*
1228. De *Sens*, au ſujet des Albigeois. *Martene Anecd.* III.
1228. De *Bourges*, au ſujet de l'Archevêque. *Ibidem.*
1229. De *Toulouſe*, contre les Hérétiques & ſur la Diſcipline. *Ibid.*
1229. D'*Orange*, pour admettre à la pénitence les Albigeois, ou ceux qui ſont ſuſpects d'Héréſie. *Ibidem.*
1229. De *Lerida. Aguirre*, Tome III.
1229. De *Tarraçona*, en Arragon, ſur le mariage de Jean Roi d'Arragon & de Léonore de Caſtille. *Ibidem.*
1229. De *Weſtminſter. Anglic.* I.
1229. De *Terragone*, où il ſe tint pluſieurs Conciles dans ce tems. *Hardouin* ſeul Tome VII.
1230. De *France*, ſur les guerres du Royaume. *Raynaldi ad hunc an.*
1231. De *Reims*, tenu à *S. Quentin*, ſur la Diſcipline & dans la cauſe de Milon Evêque de Beauvais. *Hardouin* ſeul Tome VII.
1231. *Albanenſe*, de S. Albans en Angleterre. *Anglic.* I.
1231. De *Rouen*, ſur la Diſcipline. *Hard.* ſeul Tome VII. *Martene Theſauri*, Tome IV. *Beſſin in Conciliis Norman.*
1231. De *Château-Gontier*, ſur la Diſcipline. *L.* XI. *H.* VII. ſeuls.
1231. De *Tours*, ſur la Diſcipline.
1232. De *Melun* ; contre Raymond C. de Toulouſe. *L.* XI. *H.* VII.
1233. De *S. Quentin*, de *Laon* & de *Noyon*, en faveur de Milon Evêque de Beauvais. *Ibidem.*
1233. De *Mayence*, contre une ſorte de Manichéens ou Albigeois, nommés Stadings de la Ville de Stade en Allemagne. *Ibidem.*
1233. De *Terragone*, ſur la Diſcipline. *Mart. Collect. novæ.* T. VII.
1234. De *Beziers*, contre les Hérétiques Albigeois. *Ibidem.*
1234.* De *Nymphée*, en Bythinie, pour la réunion des Grecs & des Latins. *Ibidem.* Mais ſans ſuccès. — D'*Erfort. Manſi* II.
1234. De *Rome* ou *de Spolette*, pour l'expédition de la Terre-Sainte. *Reg.* XXVIII. *Labbe* XI. *Hard.* VII.
1234. D'*Arles*, en Provence, ſur la Diſcipline, & l'on y reçoit le Concile Général de Latran de 1215. *Labbe* XI. *Hard.* VII. ſeuls.
1234. De *Francfort* : abſolution du C. de Seyn. *Manſi* II.
1235.* De *Mayence* : abſolution des Stadings. *Ibid.*
1235. De *Narbonne*, où l'on prend des meſures pour détruire l'Héréſie des Albigeois. *Ibidem.*
1235. De *Scherung*, en Danemarck, ſur la Diſcipline. *Olaüs Mag. Hiſt. Got. Lib.* 19.
1235. De *Reims* à *S. Quentin*, en Vermandois, ſur la liberté des Egliſes ; ce qui occaſionna une Aſſemblée à Melun. *Ibidem.*
1235. De *Reims*, à *Compiègne*, pour des remontrances au Roi. *Ibid.*
1235. De *Reims*, à *Senlis. Ibidem.*

CONCILES.

1236. D'*Arles*, sur la Discipline. *Gall. Chr.* Tome I. page 568.
1236. De *Reims*, à *S. Quentin*, pour les immunités. *L.* XI. *H.* VII.
1236. De *Tours*, sur la Discipline. *Ibidem.*
1237. De *Londres*, pour la réformation des mœurs. *Ibid. Angl.* I.
1238. De *Londres. Anglic.* I.
1238. De *Cognac*, en Angoulmois, sur la Discipline. *L.* XI. *H.* VII.
1238. De *Trêves*, sur la Discipline. *Mart. Collect.* VII. *Thes.* IV.
1239. De *Sens*, sur la Discipline. *Martene Collectionis* Tome VII.
1239. De *Londres. Anglic.* I.
1239. De *Tours*, sur la Discipline. *Labbe* XI. *Hard.* VII. seuls.
1239. De *Reims*, à *S. Quentin*, pour les immunités de l'Eglise. *Ib.*
1239. D'*Edimbourg. Anglic.* I.
1239. De *Terragone*, sur la Discipline. *Aguirre* Tome III.
1240. De *Rome. Gall. Chr.* Tome IV. page 995.
1240. De *Terragone*, sur l'Archevêque de Tolède. *Aguirre* T. III.
1240. Assemblée de *Paris*, on y condamne des propositions erronées.
1240. De *Vorchester*, en Angleterre. *R.* XXVIII. *L.* XI. *H.* VII.
1240. De *Meaux*, contre l'Empereur Frederic.
1240. De *Senlis*, pour accorder au Pape des secours d'argent. *Ibid.*
1240. De *Rading* & de *Northampton. Anglic.* I.
1240. De *Valence* en Espagne, sur la Discipline. *Mart. Thes.* T. IV.
1241. D'*Oxfort. Anglic.* I. —— 1242. De *Perth* en Ecosse. *Ibidem.*
1242. De *Terragone*, contre les Vaudois. *R.*XXVIII. *L.* XI. *H.* VII.
1242. De *Laval* au Mans, sur la Discipline. *L.* XI. *H.* VII. seuls.
1243. De *Beziers. Gall. Chr.* Tome VI. page 234.

ÉCRIVAINS.

1225. *Cesarius*, Moine de Cîteaux; un Traité des Miracles & des Visions de son tems; plein de Fables. *In-*8°. *Coloniæ* 1591.
1225. *Rigord*, Moine de S. Denis; Histoire de Philippe Auguste: *in Collectione Andreæ Duchesne & D. Mart. Bouquet.*
1225. *Guillaume le Breton*, Hist. de Philippe Auguste en vers. *Ibid.*
1227. Le Pape *Gregoire IX.* un grand nombre de Lettres. *In-folio, Antuerpiæ* 1572. *& in Collect. Concil. apud Wadingum, &c.*
1228. *Guillaume d'Auvergne*, Evêque de Paris; divers Traités de Doctrine. *Ejus opera*, in-fol. *Paris* 1674, 2 vol.
1228. *S. Raymond de Pegnafort*; une Somme de Droit Canonique, sur la Pénitence & sur le mariage. *In-folio.*
1230. *Alexandre de Halès*, Docteur de Paris & de l'Ordre de S. François; Comment. sur l'Ecrit. Ste. Somme de Théologie, 4 vol. *fol.*
1230. *Pierre des Vignes*, Chancelier de l'Emper. Frederic II. un vol. de Lettres. *In-*8°. *Basileæ* 1566. Les mss. sont plus amples.
1231. *Thomas de Spalatro*, Histoire des Evêques de cette Ville. *in Hist. Dalmatiæ Lucii*, in-fol. *Amstelod.* 1666.
1231. *Edmond Rich*, Archevêque de Cantorberi: *Speculum Eccles. in Biblioth. Patrum.*
1240. Jean de *Plancarpin*, Frère *Ascelin* & Guillaume de *Rubruquis.* Voyages en Tartarie, *in-*8°. *Paris* 1634. *La Haye* 1735, *in-*4°.

PAPES. | RITSETRELIGIEUX.

CLXXXI.
1243. *Innocent IV.* 24 Juin.
Gouverne 11 a. 5 m. 20 j.
† 13 Décembre 1254.
Le siége vaque 11 j.

CLXXXII.
1254. *Alexandre IV.* 25 Décemb.
Gouverne 6 a. 5 m. 1 j.
† 25 Mai 1261.
Le siége vaque 3 m. 3 j.

CLXXXIII.
1261. *Urbain IV.* 29 Août.
Gouverne 3 a. 1 m. 4 j.
† 2 Octobre 1264.
Le siége vaque 4 m. 2 j.

CLXXXIV.
1265. *Clément IV.* 5 Février.
Gouverne 3 a. 9 m. 25 j.
† 29 Novembre 1268.
Le siége vaque 2 a. 9 m. 2 j.

CLXXXV.
1271. *Grégoire X.* 1 Septembre.
Gouverne 4 a. 4 m. 11 j.
† 11 Janvier 1276.
Le siége vaque 8 j.

CLXXXVI.
1276. *Innocent V.* 20 Janvier.
Gouverne 5 m. 3 j.
† 22 Juin 1276.
Le siége vaque 11 j.

CLXXXVII.
1276. *Adrien V.* 4 Juillet.
Gouverne 19 j.
† 22 Juillet 1276.
Le siége vaque 1 m. 13 j.
1276. *Vicedominius* 5 Septembre.
† 6 Sept. non compté. Vac. 6. j.

1243. *S. Bonaventure*, entre dans l'Ordre de S. François.
1244. *S. Thomas*, entre dans l'Ordre de S. Dominique.
1245. Religieuses *Urbanistes*.
1248. Les *Polonois* quittent le *Rit Grec* & suivent le Latin.
Chevaliers de la *Pénitence* des SS. Martyrs en Palestine, sous la Régle de S. Augustin.
1253. Mort de *Ste Claire*, Fondatrice de Religieuses Francisc.
Chevaliers Hospitaliers de S. Lazare, Régle de S. Augustin, approuvés en 1355.
Ste Claire canonisée.
1256. Mort de *S. Pierre Nolasque* Fondateur de la Mercy.
1256. Religieuses *Augustines* par Alexandre IV.
1260. *Religieuses de la Mercy* en Espagne, approuvées en 1265.
1264. Institution générale de la *Fête du S. Sacrement* ; établie à Liége dès 1246.
1267. Mort de *S. Sylvestre Guzzolin*, Fondateur des Sylvestrins.
1268. Ordre de l'*Etoile*, fondé par Charles Roi de Sicile.
1268. Chevaliers du *Croissant* par René d'Anjou Roi de Naples & de Sicile.
1274. Mort de *S. Thomas* d'Aquin.
Mort de *S. Bonaventure*.
1274. *Célestins* par Pierre Moron, Pape Célestin en 1294.

CONCILES.

1244. De *Terragone*, sur la Discipline. *Aguirre* Tome III. *Martene Thesauri* Tome IV.
1244. De *Rochester*, & de *Londres*, sur la Discipline, &c. *Angl.* I.
1244. De *Narbonne*. *Gall. Chr.* Tome VI. page 70.
1245. *Othomense*, en Danemarck, contre les Usurpateurs des biens de l'Eglise. *Hardouin* seul, Tome VII.
1245. DE LYON, XIIIe Concile Général, sous Innocent IV. pour l'expédition de la Terre-Sainte : on y veut déposer l'Empereur Frédéric, & l'on y accorde le Chapeau rouge aux Cardinaux. *Reg.* XXVIII. *Lab.* XI. *Hard.* VII.

GRANDS-HOMMES. | HÉRÉS. ET PERS. 473

1243. *Azon*, célèbre Jurisconsulte vivoit alors : c'est depuis Azon qu'est venu cette foule de Juristes, qui n'ont fait qu'obscurcir les loix Romaines.

1244. On fait brûler à Paris tous les Exemplaires du *Talmud*.

1248. *Ferdinand* Roi de Castille se rend maître de *Seville*.

1251. *Ste Marguerite* Reine d'Ecosse canonisée.

1252. Le Pape Innocent reprouve les *duels*, autorisés alors juridiquement en France.

1253. Les *Juifs* sont poursuivis en France par ordre du Roi Saint Louis.

1259. *Albert* le Grand, élu Evêque de Ratisbonne.

1263. *Albert* le Grand quitte volontairement l'Evêché de Ratisbonne.

1271. Mort de la Bienheureuse *Isabelle* de France sœur de S. Louis, au Monastère de Longchamp qu'elle avoit fondé.

1248. *Nouveaux Circoncellions* qui parcouroient l'Allemagne pour semer leurs erreurs, les mêmes que celles des Vaudois & des Albigeois; ils étoient protégés par Conrad fils de Frédéric II. & publioient que le Pape étoit Hérétique & les Prélats Simoniaques & Hérétiques, &c. qu'eux seuls pouvoient prêcher la vérité, & accorder de véritables Indulgences.

1250. Paroit alors le Livre de l'*Evangile Eternel*, où l'on avançoit que la loi de J. C. étoit imparfaite, qu'elle devoit finir en 1260, qu'après paroîtroit la Loi du S. Esprit plus parfaite que toutes les autres : il fut condamné & brûlé à Rome.

1260. Les *Flagellans* paroissent & prétendent que le Baptême d'eau est inutile, & qu'il faut employer la flagellation, qui est le Baptême de Sang, en quoi consiste toute la Religion.

ECRIVAINS.

1240. *Jean Colonne* Archevêque de Messine; Mer des Histoires jusqu'en 1250.

1241. *Roger Bacon*, de l'Ordre de S. François; beaucoup d'Ouvrages de Morale Mss. & autres.

1242. *Odo* ou *Eudes de Châteauroux*, Cardinal, mort en 1273. Divers Traités & Sermons.

1243. *Conrad*, Archevêque de Mayence; Histoire de son Eglise : *in Scriptoribus Moguntinis*, in-folio.

1243. Le Pape *Innocent IV*. Commentaire sur les cinq Livres des Décrétales. *In-folio, Venetiis* 1570. — 1578. & *Lugduni* 1578. Quelques Lettres, *in Collectionibus Conciliorum & apud Wadingum*.

1243. *Jean de Sancto Geminiano*; une Somme ou Collection d'exemples. *In-folio, Lugduni & Antuerpiæ*; Sermons, in-8°. *Coloniæ* 1612.

1244. *Roderic Ximenès*, Archevêque de Tolède, mort en 1245; Histoire d'Espagne, *Tome II. Hispan. illustratæ*; & Histoire des Arabes, *cum Golii Elmacino. Lugd. Bat.* 1625. in-4°.

1244. *Alberic* des trois Fontaines, Moine de Cîteaux; Chronique Universelle, in-4°. *Hanoveræ* 1698.

1246. De *Lanciski* en Pologne, contre Conrad Duc de Mazovie, Usurpateur des biens de l'Eglise. *Lab.* XI. *Hard.* VII. seuls.
1246. D'*Arles*, sur la Discipline. *Ibid. Hardouin* l'indique T. XI.
1246. De *Beziers*, pour l'extirpation de l'Hérésie. *Ibidem.*
1246. De *Londres*. *Angl.* I.
1246. De *Lerida*, en Espagne, où l'on absout le Roi d'Arragon, excommunié pour avoir fait couper la langue à l'Evêque de Gironne. *Hard.* seul Tome VII. *Aguirre* Tome III. *Marca Hisp.*
1246. De *Terragone*. *Aguirre* Tome III.
1247. De *Terragone*, sur la Discipline. *Martene Thesauri* T. IV.
1248. De *Terragone*, sur la Discipline. *Martene Ibidem.*
1248. De *Paris*, sur la Discipline. *Martene Collect.* Tome VII.
1248. De *Provins*, sur la Discipline. *Mansi* II.
1248. De *Scheningen*, en Suéde, contre le mar. des Prêtres. *L. & H.*
1248. De *Valence* en Dauphiné, sur la Foi & les Immunités. *Ibid.*
1248. De *Breslau*, en Silésie, où l'on accorde au Pape la cinquiéme partie des revenus Ecclésiastiques de Pologne. *Ibidem.*
1248. D'*Embrun*. *Gall. Chr.* Tome III. page 1079.
1250. D'*Oxford*, sur la liberté des Chapelles Royales. *Angl.* I.
1251. De *Lille*, Province d'Arles. *R.* XXVIII. *L.* XI. *Hard.* VII.
1251. De *Provins*, sur l'excommunication. *Mart. Collect.* T. VII.
1251. De *Reims.*——1251. De *Narbonne*. *Gall. Chr.* T. VI. p. 685.
1252. De *Sens*, pour obliger le Comte Thibaud de Champagne à restituer les biens de l'Eglise. *Lab.* XI. *Hard.* VII. seuls.
1252. De *Londres*. *Angl.* I.
1252. D'*Yorck*, sur la Discipline. *Labbe* XI.
1253. De *Ravenne*, pour les Immunités des Eglises. *Ibidem.*
1253. De *Paris*, sur le Chapitre de Chartres. *Martene Collect.* VII.
1253. De *Saumur*, sur la Discipline. *R.* XXVIII. *L.* XI. *H.* VII.
1253. De *Châteaugontier*, sur la Discipline. *Ibid.*
1253. De *Terragone*, sur la Discipline. *Aguirre* Tome III.
1254. D'*Albi*, sur l'extirpation de l'Hérésie. *Reg.* &c.
1254. De *Coignac*, sur la Discipline. *Labbe* XI.
1255. De *Paris*, sur l'assassinat du Chantre de l'Eglise de Chartres. *Ibidem. & Martene Collectionis* Tome VII.
1255. De *Bordeaux*, sur la Discipline. *R.* XXVIII. *L.* XI. *H.* VII.
1255. De *Beziers*, pour l'extirpation de l'Hérésie des Albigeois & sur la réformation des mœurs. *Ibidem & Baluz. in Concil. Gal. Narbonensis.* Le *Gall. Chr.* Tome VI. p. 888. le met en 1256.
1255. De *Norwic* & de *Londres*, sur le revenu des Eglises, &c. *Angl.* I.
1256. De *Compiegne*, *Gall. Chr.* T. III. page 89. *in Instrumentis.*
1256. De *S. Quentin. Ibidem.* III. 332.——De *Westminster. Angl.* I.
1256. De *Strigonie*, sur la Discipline. *Conc. Hung.*
1256. De *Durham*, sur la Discipline. *Labbe* XI.
1256. De *Sens*, sur l'homicide d'un Ecclésiastique. *Martene Collectionis* Tome VII.—— De *Melun. Ibidem.*
1257. De *Lerida*, pour les Priviléges des Evêques. *Aguirre* T. III.
1257. De *Ponteaudemer*, en Normandie, sur la Discipline. *Bessin.*
1257. De *Reims*, à *Compiegne. Gall. Chr.* Tome III. page 352.

1245. *Vincent de Beauvais*, Dominicain né en Bourgogne, mais demeurant ordinairement à Beauvais, où il est mort en 1256. Quatre Miroirs, le premier Historial ou Histoire du monde jusques à son tems ; le second, Physique traitant de la Philosophie. Le 3ᵉ. Moral où il traite des passions, mais qui n'est pas tout de lui ; le 4ᵉ. Doctrinal sur les Sciences. *In-fol. Duaci* 1624, 4 vol.

1245. *Hugues de S. Cher*, ou de Thiers, Dominicain, Docteur de Paris ; Notes & Concordance de la Bible. *Ejus opera*, in-fol.

1247. *Jean de Dieu*, Espagnol, Chanoine de Bologne ; un Pénitentiel avec celui de *Théodore*. *In-4°. Paris* 1677, 2 vol.

1248. *Thibaud d'Estampes*, Prêtre Anglois ; cinq Livres. *In Spicil*.

1248. *David d'Augsbourg*, Cordelier ; plusieurs Traités sur les Religieux. *In Bibliotheca Patrum*.

1248. *Jean Serveca* ou *Teutonicus* ; Glose sur le Décret de Gratien.

1250. *Ste Gertrude*, Abbesse en Allemagne ; Traités de piété avec les œuvres de Louis *Blosius*, in-fol. *Antuerp*. 1632.

1250. *Albert le Grand*, Allemand de Nation, de l'Ordre de S. Dominique & Evêque de Ratisbonne ; Commentaires sur l'Ecriture Sainte, Sermons, Commentaires sur les Sentences, & autres Traités. *Ejus opera*, in-fol. *Lugduni* 1651, &c. 21 vol.

1251. *Pantaléon*, Diacre de Constantinople ; Traité contre les erreurs des Grecs : *in Bibl. Patr. anni* 1677.

1252. *Robert Sorbon*, né au Village de Sorbonne, Diocèse de Sens, Chanoine de l'Eglise de Paris, Fondateur de la Sorbonne, a fait quelques Opuscules, *in Bibliotheca Patrum*.

1254. *Guillaume de S. Amour*, écrit contre les Religieux. *Ejus opera*, in-4°. *Constantiæ* 1632.

1254. *Humbert des Romans* (*de Romansis*) Général des Dominicains, plusieurs Traités sur l'Etat Religieux. *In Biblioth. Patr.*

1254. *Théodore Lascaris* le jeune, écrit contre les Latins sur la Procession du S. Esprit, & autres Traités Dogmatiques.

1255. *Nicéphore Blemmidas*, Moine Grec, a écrit contre les Latins sur la Procession du S. Esprit. *Rainaldus in Continuatione Baronii*.

1256. *S. Thomas d'Aquin*, le plus grand Théologien, & le plus fertile Ecrivain de son Siécle. Docteur de Paris & de l'Ordre de S. Dominique, surnommé le Docteur Angélique, a donné beaucoup d'Ouvrages de Théologie, de Philosophie & de Morale ; mais son chef-d'œuvre est sa Somme Théologique. *In-fol. Paris, la Noue* 1638. 2 vol. in-fol. *cum Notis Nicolai*, in-fol. *Paris* 1663. *Ejus opera*, in-fol. *Romæ* 1570. 17 vol. édition très-estimée. D'autres depuis, plus amples, à Venise, Anvers, Paris.

1256. *S. Bonaventure*, de l'Ordre de S. François, nommé le Docteur Séraphique & Cardinal : Commentaires sur la Théologie, & autres ouvrages. *In-fol. Romæ* 1588, 6 vol. bonne édition.

1257. *Thomas Cantimpré*, Dominicain, Recueil d'Exemples. *Bonum universale de Apibus*, in-8°. *Duaci* 1597-1605-1627.

1257. *Richer*, Moine de S. Pierre le Vif à Sens, a fait la Chronique de l'Eglise de Sens. *In Spicilegio D'Acheri*.

1257. *Bonaventure Brocard*, de Strasbourg, Dominicain ; Description de la Terre-Ste. *In-8°. Ingolstadii* 1604. *& Coloniæ* 1624.

1257. De *Danemarck*, pour les Evèques du Royaume. *Labbe* XI. *Hardouin* VII. seuls.
1257. De *Londres*, & de *Cantorberi*, sur la Discipline. *Angl.* I.
1257. De *Lanciski*, contre Boleslas Duc de Silésie, qui tenoit prisonnier l'Evêque de Breslau. *L.* XI. *H.* VII.
1258. De *Montpellier*, sur la liberté de l'Eglise. *Labbe* XI.
1258. De *Merton*, en Angleterre, pour révoquer les Dixmes accordées au Pape. *Ibidem & Anglic.* I.
1258. De *Ruffec*, sur la Discipline. *Ibidem.*
1258. D'*Oxford. Angl.* I. — 1259. D'*Ecosse. Ibidem.*
1260. De *Cologne*, sur la Discipline. *Lab.* XI.
1260. De *Coignac*. (Copriniacum) sur la Discipline. *Ibidem.*
1260. De *Paris*, pour s'opposer aux Tartares. *Labbe* XI.
1260. D'*Arles*, contre l'Abbé Joachim & sur la Discip. *L.* XI. *H.* VII.
1260. De *Cypre. Hard.* seul Tome VII.
1260. De *Bordeaux*, pour s'opposer aux Tartares. *Mart. Coll.* VII.
1261. De *Lambeth*, sur la Discipline. *L.* XI. *H.* VII. *Angl.* I.
1261. De *Ravenne*, sur les Ordres de S. Dominique & S. François. *Ib.*
1261. De *Londres. Angl.* I. — *Pontanum, Ibidem.*
1261. On tint plusieurs Conciles, pour s'opposer aux courses des Tartares, savoir à *Londres*, à *Beverlac*, à *Mayence* & ailleurs.
1261. De *Mayence.*
1261.* De *Constantinople*, on y dépose injustement le Patriarche Arsenius, *Pachimer.* Lib. III. Voy. *Mansi*, à 1265.
1262. De *Coignac*, sur la Discipline. *Lab.* XI. *Hard.* VII.
1263. De *Bourges. Gall. Chr.* Tome II. page 70. douteux.
1263. De *Clermont. Ibidem.* Tome II. page 340.
1263. De *Paris*, pour secourir la Terre Sainte. *Lab.* XI. *Hard.* VII.
1263. De *Viterbe*, le Pape Urbain accorde le Royaume de Sicile à Charles d'Anjou frère de S. Louis. *S. Antonin* Hist. 3ᵉ part. tit. 19.
1263. De *Bordeaux*, sur les Rits Ecclésiastiques. *Labbe* Tome XI.
1264. De *Nantes*, sur la Discipline. *Ibidem.*
1264. De *Paris*, contre les Juremens & les Blasphêmes. *Ibidem.*
1264. De *Boulogne* sur mer, pour Henri Roi d'Angleterre. *Ibidem.*
1265. De *Londres*, où l'on excommunie les Ennemis du Roi. *Ibid.*
1265. De *Northampton. Angl.* I. —1266. De *Breme. Ed. Ven.* XIV.
1266. De *Cologne*, sur la réformation des mœurs. *Labbe* XI.
1266. De *Terragone*, sur la Discipline. *Martene Collectionis* T. VII.
1266. De *Monluçon. Gall. Chr.* Tome II. page 71.
1267. De *Seden* (Sedenense) Province d'Arles. *L.* XI. *H.* VII. seuls.
1267. De *Seines* en Dauphiné, sur la Discipline. *Mart. Thes.* IV.
1267. De *Pontaudemer* en Normandie, sur la Discipline. *Lab.* XI. *Hard.* VII. *& Bessin in Conciliis Norman.* manque *in Regia.*
1267. De *Northampton*, où l'on excommunie les ennemis du Roi d'Angleterre Henri III. *Lab.* XI. *Hard.* VII. manque *in Regia.*
1267. De *Breslau*, en Silésie, pour accorder quelques secours aux Chrétiens de la Terre Sainte. *Ibidem.*
1267. De *Vienne* en Autriche, sur la réformation. *Regia* XXVIII. *L.* XI. *H.* VII. Lambecius en donne quelques corrections.
1267. De *Danemarck* : le Royaume mis en interdit. *Mansi.*

CONCILES.

1268. De *Château-Gontier*, sur la Discipline. *Ibidem.*
1268. De *Perth*, en Ecosse. *Angl.* l. —— 1269. De *Cantorberi. Ibid.*
1269. D'*Angers*, sur la correction des mœurs. *Regia*, &c. *ut suprà.*
1269. De *Sens. Ibidem.* —— De *Belleville. Gall. Chr.* T. IV. p. 611.
1269. De *Montpellier. Gall. Chr.* Tome VI. page 391.
1270. De *Ravenne*, contre les Usurpateurs de l'Evêché de Cesenne.
1270. De *Compiégne*, contre les Usurpateurs des biens d'Eglise. *Ib.*
1270. D'*Avignon*, sur la Discipline. *Ibidem.*
1271. De *S. Quentin*, sur la Discipline. *R.* XXVIII. *L.* XI. *H.* VIII.
1271. De *Noyon*, sur la Discipline. *Ibid.*
1271. De *Beziers. Gall. Chr.* Tome VI. page 338.
1272. De *Cantorberi*, & de *Norwick. Angl.* I.
1272. De *Narbonne. Gall. Chr.* Tome VI. page 408.
1273. De *Rennes*, sur la Discipline. *Labbe* XI. *Hardouin* VII. seuls.
1274. DE LYON: XIVe. Concile Général, sous Grégoire X, contre les erreurs des Grecs, pour la réunion & pour la Terre-Sainte. *Reg.* XXVIII. *Lab.* XI. *Hard.* VII. *Martene Collect.* VII.
1274. De *Saltzbourg*, où l'on reçoit le Concile de Lyon. *Ibid.*
1274. De *Narbonne*, & *Beziers*. Tome VI. page 80.
1275. D'*Arles*, sur la Discipline. *Labbe* XI. *Hard*. VII. seuls.
1275. De *Perth*, en Ecosse, sur la Discipline. *Angl.* I.
1276. De *Durham*, sur les Immunités Ecclésiastiques. *Ibid.*

ECRIVAINS.

1258. *Albert*, Moine Bénédictin ; une Chroniq. *Wittenbergi* 1608.
1258. *Jean de Galles*, Moine Anglois, & Docteur de Paris : *Margarita Doctorum*, *Lugd.* 1612 : *Collectio Decretal.* 1570.
1259. *Matthieu Paris*, Anglois, Moine de S. Albans, qui fut envoyé à Stockholm, pour en réformer les Moines ; une Histoire d'Angleterre, depuis 1066, jusqu'en 1246. *In-fol. Londini* 1640.
1260. *Gilbert* ou *Guibert*, Cordelier, Docteur de Paris ; du devoir des Evêques, & quelques Traités de Morale : *in Biblioth. Patrum.*
1261. *George Acropolite* ; Histoire de Constantinople, depuis 1203, jusqu'en 1261. *Græcè & Latinè*, in-fol. *Paris* 1651. rare.
1262. *Henri de Segusio*, Evêque d'Embrun, fut Cardinal-Evêque d'Ostie ; une Somme Canonique. *Summa Aurea Hostiensis*, in-fol. *Lugd.* 1588. & 1597. & sur les Décretales, *in-fol. Venetiis* 1580.
1263. *Bernard*, Moine & Abbé *de Lerins*, puis du Mont-Cassin ; a écrit sur l'Etat Monastique. *Speculum Monachorum*, *Venetiis* 1520. —— Commentaire sur la Régle de S. Benoît, &c.
1270. *Joannes Beccus* ou *Veccus*, Carthophilace de l'Eglise de Constantinople ; sur l'union des deux Eglises : *apud Allatium.*
1273. *Simon*, Moine d'Orient, & depuis Dominicain ; Traité de la Procession du S. Esprit, contre les Grecs : *apud Allatium.*
1274. *Martin*, Polonois, Dominicain & Archevêque de Gnesne, en Pologne, l'an 1277 ; a écrit une Somme du Droit Canonique, une Chronique depuis J. C. jusqu'à l'an 1271. *In-8°. Antuerpiæ* 1574, *& Coloniæ* 1616. Chronique célèbre, connue sous le nom de Chronique Martinienne.

PAPES.

CLXXXVIII.
1276. *Jean XXI*. 13 Septembre.
Gouverne 8 m. 4 j.
† 16 Mai 1277.
Le siége vaque 6 m. 8 j.

CLXXXIX.
1277. *Nicolas III*. 25 Novembre.
Gouverne 2 a. 8 m. 28 j.
† 22 Août 1280.
Le siége vaque 6 m.

CXC.
1281. *Martin IV*. 22 Février
Gouverne 4 a. 1 m. 8 j.
† 29 Mars 1285.
Le siége vaque 3 j.

CXCI.
1285. *Honoré IV*. 2 Avril.
Gouverne 2 a. 2 j.
† 3 Avril 1287.
Le siége vaque 10 m. 18 j.

CXCII.
1288. *Nicolas IV*. 22 Février.
Gouverne 4 a. 1 m. 14 j.
† 4 Avril 1292.
Le siége vaque 2 a. 3 m. 2 j.

CXCIII.
1294. *Célestin V*. 7 Juillet.
Gouverne 5 m. 7 j.
Abdique le 13 Décemb. 1294.
† 19 Mai 1296. Vaq. 10 j.

CXCIV.
1294. *Boniface VIII*. 24 Décemb.
Gouverne 8 a. 8 m. 18 j.
† 11 Octob. 1303. Vaque 9 j.

RITS ET RELIGIEUX.

1280. Chevaliers de *S. George*, établis par l'Emper. Rodolphe.
1280. Chevaliers de *S. Jacques* en Portugal, par le Roi Denis.
1284. Religieuses *Servites*, en Italie.
1284. Religieux du *Tiers Ordre des Servites*, en Italie.
1286. Mort de S. Philippe Béniti, Fondateur des *Servites*.
1291. Origine de la Dévotion à la Sainte Chapelle de N. D. de *Lorette*, d'abord dans la Dalmatie, puis en 1294, dans la Marche d'Ancône, en Italie.
1292. Le Pape Nicolas IV. approuve le *Tiers-Ordre* des Pénitens de S. François.
1296. Religieuses *Sylvestrines*, en Italie.
1297. Commencement de l'Ordre des Religieux ou Chanoines *de S. Antoine* en Dauphiné, Régle de S. Augustin.
1300. Frères de *S. Alexis* en Flandres, approuvés seulement en 1450.
1300. Etablissement du *Jubilé* parmi les Chrétiens, institué par le Pape Boniface VIII. sur la fin de chaque siécle : il fut mis depuis à cinquante ans, puis enfin à vingt-cinq ans, où il est aujourd'hui fixé.

CONCILES.

1276. De *Saumur*, sur l'Abbé de S. Florent.
1276. De *Saumur*, sur la Discipline. *Labbe* XI. *Hard.* VII.
1276. De *Bourges*, sur la Discipline Ecclésiastique. *Ibidem*.
1276. De *Tribur*, sur la Discipline. *Lambert d'Aschaffenburg*.
1277. De *Beziers*. *Gall. Chr.* Tome VI. page 447.
1277. De *Narbonne*. *Ibid.* Tome VI. page 195.
1277. De *Compiegne*, sur les Chan. des Cathéd. *L.* XI. *Hard.* VII.
1277. De *Constantinople*, pour l'extinction du Schisme. *Ibidem*.
1277.* De *Constantinop.* par les Schismatiques. *Pachimer*, Lib. V.
1277. De *Tréves*, sur la Discipline. *Mansi* II.
1277. De *Constantinople*, où l'on excommunie ceux qui rejetteront l'union de l'Eglise Grecque avec la Romaine. *L.* XI. *Hard.* VII.

GRANDS-HOMMES. | HERES. ET PERS. 479

1282. *Albert* le Grand, Dominicain, meurt à 75 ans ; il avoit quitté l'Evêché de Ratisbonne, pour reprendre les exercices des Universités & du Cloître.

1284. Mort de *Roger Bacon*, Cordelier Anglois, & grand Philosophe.

1286. Raymond *Lulle*, né dans l'Isle Maïorque, est alors estimé pour sa piété & ses lumières sur la Religion & la Philosophie.

1290. *Juifs* chassés d'Angleterre.

1293. *Humbert*, Dauphin de Viennois, quitte sa Principauté, & se retire dans un Monastère de Chartreux.

1295. On croit que cette année commencent les disputes des *Scotistes*, qui étoient de l'Ordre de S. François, & des Thomistes, de l'Ordre de S. Dominique.

1296. *S. Pierre Célestin*, meurt dans la prison où Boniface VIII. l'avoit resserré.

1297. Mort de *S. Louis*, Evêque de Toulouse, & neveu du Roi S. Louis.

S. Louis, Roi de France, IXe. de ce nom, est canonisé par Boniface VIII.

1298. Boniface VIII. publie le *Sexte*, ou 6e. Livre des Décrétales ; mais il n'est point reçu.

1277. Etienne Evêque de Paris, condamne la proposition, qui marque qu'il y a des choses vraies, selon la Philosophie, qui ne le sont point selon la foi.

1285. Les *Apostoliques*, espéce de Fanatiques, ont pour Auteur Gerard *Sagarel* de Parme, qui ayant été refusé dans l'Ordre de S. François, s'habilla comme il prétendoit qu'étoient les Apôtres, & disoit que le tems du S. Esprit & de la Charité étoit enfin arrivé : *Dulcino* fut un de ses Disciples. C'étoit une espéce d'Albigeois ou Vaudois. *Sagarel* fut brûlé vif, l'an 1300.

1294. Les *Fratricelles* commencent par deux Religieux de S. François Apostats, qui prétendoient que le Pape même ne pouvoit interpréter la Régle de S. François ; qu'eux seuls faisoient la vraie Eglise, que nul autre ne se pouvoit dire ni Pape, ni Evêque. Ils étoient une branche des Vaudois.

1297. Les *Begards* & autres Hérétiques sortis des Apostoliques & des Fratricelles, prétendent que l'on peut arriver en ce monde à une si grande perfection qu'on devient impeccable, & autres erreurs renouvellées par Molinos.

ÉCRIVAINS.

1276. *Geofroi de Beaulieu*, Dominicain ; Vie de S. Louis, Roi de Fr. Tome V. *Andreæ du Chesne*, & après le *Joinville* de 1761.

1276. *Raymond Martin*, Dominicain, savant dans la Langue Hébraïque : Traité contre les Juifs, intitulé *Pugio fidei*, in-fol. Paris 1651. & in-fol. *Lypsiæ*, 1686.

1276. *Henri de Gand*, Docteur de Paris ; Somme Théologique sur le Maître des Sentences, &c. *In-fol. Paris* 1518-1520.

1280. *Grégoire* ou *George de Cypre*, Patriarche de Constantinople, en 1284. Une Histoire, des Lettres & des Décrets. *Vide Allatium.*

1280. *Sainte Mechtilde*, Religieuse Bénédictine ; plusieurs révélations. *In-fol. Paris* 1513 —— *& Coloniæ* 1536.

1278. De *Langès*, sur la Discipline. *Lab.* XI. *Hard.* VII.
1278. D'*Aurillac*, contre les exemptions. *Martene Thes.* Tom. IV.
1278. De *Windsor*, en Angleterre, sur la Discipline. *Angl.* I.
1278. D'*Ausch*, sur les droits de l'Eglise de Bazas. *Labbe*, &c.
1279. De *Beziers*, pour la tenue d'un Parlement. *Labbe* XI. *Hard.* VII. *Baluz. Conc. Gall. Narbon.*
1279. De *Londres. Angl.* I.
1279. De *Pontaudemer*, sur la Discipline. *Ibidem & Besin.*
1279. D'*Avignon*, sur la Croisade & les Priviléges des Religieux. *Ib.*
1279. De *Reding*, sur la Discipline & les Etudes d'Oxfort. *Ib. Ang.* I.
1279. De *Bude*, sur la Discipline, & qui fut interrompu par Ladislas, Roi de Hongrie. *Ibidem.*
1279. D'*Angers*, sur la Discipline. *Ibidem.*
1279. De *Terragone*, pour canoniser S. Raymond de Pegnafort, & sur la Discipline. *Regia* XXVIII. *Labbe* XI. *Hardouin* VII.
1280. De *Narbonne. Gall. Chr.* Tome VI. page 630.
1280. De *Cologne*, sur la Discipline. *Labbe* XI. *Hard.* VII.
1280. De *Lambeth*, sur la Discipline Ecclésiastique. *Ibid. & Angl.* I.
1280. De *Beziers*, sur la Métropole de Narbonne. *Ibidem & Baluze Conc. Gall. Narbon.* En 1281. *Gall. Chr.* Tome VI. page 148.
1280. De *Constantinople*, sur la Procession du S. Esprit. *Ibidem.*
1280. De *Ravenne*, dont on n'a point les Actes. *Ibidem.*
1280. De *Saintes*, sur diverses matières Ecclésiastiques. *Ibidem.*
1280. De *Poitiers*, sur la Discipline. *Ibidem.*
1280. De *Noyon*, sur la Discipline. *Hardouin* seul, Tome VII.
1280. De *Sens*, sur quelques violences faites. *Mart. Coll. Tomo* VII.
1280. De *Bourges*, contre les Clercs exerç. des mét. vils. *Ed. Ven.*
1280. De *Perth. Angl.* I.
1281. De *Saltzbourg*, sur la Discipline. *R.* XXVIII. *L.* XI. *H.* VII.
1281. De *Lambeth*, sur la Discipline & la liberté des Eglises. *L.* XI. *Hardouin* VII. manque *in Regia & Angl.* I.
1282. D'*Avignon*, sur la Discipline. *Ibidem.*
1282. De *Saintes* & de *Tours*, sur la Discipline. *Ibidem.*
1282. De *Terragone*, sur la Discip. *Martene Thes.* IV. *& Coll.* VII.
1282. D'*Aschaffenbourg*, sur la Discipline. *Conc. Germ.* IV.
1282. De *Bourges. Gall. Chr.* Tome II. page 73.
1284. De *Paris*, sur la Discipline. *Lab.* XI. *Hard.* Tome VII.
1284. De *Nismes*, sur les Sacremens & la Discipline. *Ibidem.*
1284. De *Poitiers*, sur la Discipline. *Ibidem.*
1284. De *Passau*, sur la Discipline. *Ed. Venet.* XIV.
1284.* De *Constantinople*, par les Schismatiques. *Rayn. ad h. ann.*
1284. De *Melfe* sur la particule Filioque. *Martene Collect.* VII.
1285. De *Lanciski*, sur les Immunités de l'Egl. *L.* XI. *H.* VII. seuls.
1285. De *Constantinople*, *Hardouin* VII. & *Ed. Venet.*
1285. De *Riez* en Provence, sur la Discip. *Martene Thes.* T. IV.
1286. De *Macon*, sur la Discipline. *Gall. Chr.* IV. 613. *Ed. Ven.* XIV.
1286. De *Ravenne*, sur les mœurs. *R.* XXVIII. *L.* XI. *Hard.* VII.
1286. De *Bourges*, contre les exemptions. *Martene Thesauri*, T. IV.
1287. D'*Oxfort*, sur la Discipline, les usages & les Fêtes de l'Eglise. *Labbe* XI. *Hardouin* VII. manque *in Regia. Angl.* I.

1280. *Jean* Métropolitain d'*Ephese*; Traité contre les Schismatiques Grecs : Mss. dans la Bibliothéque de Vienne en Autriche.

1280. *Pierre Ducros*, ou d'*Auvergne*, Evêque de Clermont, & Dominicain; le Supplément de la Somme de S. Thomas, dont il étoit Disciple.

1281. *Gautier de Bruges*, Evêque de Poitiers; Commentaire sur le Maître des Sentences, est resté, en manuscrit, à Bruges.

1281. *Richard*, ou *Ricold de Florence*, Dominicain; Réfutation des erreurs des Mahométans, in-4°. *Venetiis* 1607.

1281. *Jean Peckam*, Archevêque de Cantorberi; Office de la Sainte Trinité; Constitutions pour son Diocèse, & plusieurs autres Ouvrages.

1281. *Joannes Januensis de Balbis*, Dominicain; Catholicon ou Dictionnaire, *in-fol. Moguntiæ* 1460 : Ouvrage très-rare.

1281. *Gui Colomne*, de Messine en Sicile; Histoire de Troye, qui a été traduite en François.

1281. *Pierre Jean d'Olive*, Cordelier; un Commentaire sur l'Apocalypse, où l'on a trouvé quelques erreurs.

1286. *Guillaume Durand*, Evêque de Mende; Miroir & Répertoire de Droit.... Un Traité sur l'Office Divin.

1287. *Thieri de Apoldia*, Dominicain Allemand; Vie de Ste Elisabeth, Reine de Hongrie, *apud Canisium*; & Vie de S. Dominique, *apud Surium*.

1287. *Augustin Triumphus*, Hermite de l'Ordre de S. Augustin; Traité de la Puissance Ecclésiastique. —— In-fol. *Romæ* 1474 —— & 1582. Extrait des Ouvrages de S. Augustin, *Milleloquium S. Augustini*, in-folio.

1288. *Jean de Paris*, Dominicain & Docteur de Paris; Traité de la Puissance du Roi & du Pape, où il défend l'autorité de l'un & de l'autre. —— *In-8°. Paris* 1506. —— & in *Goldasti Monarchia Imperiali*. Traité de la maniere dont J. C. est dans l'Eucharistie, *in-8°. Londini* 1686. —— & des Remarques sur la Doctrine de S. Thomas. *In-8°. Coloniæ* 1524.

1290. *Raoul de Colonne*, Chanoine de Chartres; de la Translation de l'Empire des Grecs aux Latins. Voy. *Goldastum in Monarchia Imperiali*, in-fol. Tome II.

1290. *Jacques de Voragine*, Dominicain & Archevêque de Gênes; une Legende ou Vie des Saints, remplie de Fables. *Historia Longobardica*, seu *Legenda Aurea Sanctorum*, in-fol. *Norimbergæ* 1478. —— & 1493. —— *Venetiis* 1483. —— *Basileæ* 1486 —— *Argentorati* 1496. Ce sont-là les meilleures Éditions. Un Ouvrage sur les Louanges de la Ste Vierge : *Mariale Aureum de Laudibus Matris Dei*, in-folio, *Venetiis* 1497. Sermons, 1589. —— 1602. Sa Legende a été traduite en Italien & en François.

1290. *Richard de Mediavilla*, ou *Midleton*, de l'Ordre de S. François, & Docteur de Paris; un Commentaire sur le Maître des Sentences, quelques Commentaires sur l'Ecriture Sainte, & autres Traités de Théologie.

1287. De *Reims*, en faveur des Dominicains & Francifc. *Ibidem.*
1287. De *Wirfbourg*, fur les contributions. *R.*XXVIII.*L.*XI.*H.*VII.
1287. De *Milan*, fur la Difcipline. *Ibidem & T.* VIII. *Muratori.*
1287. De *Reims. Martene Thefauri*, Tome IV.
1288. De *Lille*, en la Province d'Arles, fur la Difcipline. *Lab.* XI. *Hardouin* VII. manque *in Regia.*
1289. De *Chefter* (Ciceftrenfe) fur la Difcipline. *Ibidem.*
1289. De *Vienne* en Dauphiné, fur la Difcipline. *Ibidem.*
1290. De *Nougaro*, Diocèfe d'Aufch, contre les Ufurpateurs des biens Eccléfiaftiques. *Ibidem.*
1290. De *Paris*, fur la Difcipline, dont on n'a point les Actes. *Ib.*
1290. D'*Embrun*, en Dauphiné, fur la Difcipline. *Martene Thef.* T. IV. En 1289. *Gall. Chr.* Tome III. page 1163.
1290. De *S. Léonard le Noblat* (Nobiliacum), Diocèfe de Limoges, fur les revenus Eccléfiaftiques. *Martene Thefauri*, T. IV.
1291. De *Terragone*, fur la Difcipline. *Martene Collectionis Novæ*, T. VII. — De *Lyon*, *Gall. Chr.* Tome III. page 222.
1291. De *Saltzbourg*, pour réunir les Templiers & les Chevaliers Teutoniques. *Regia* XXVIII. *Labbe* XI. *Hardouin* VII.
1291. De *Londres*, pour chaffer les Juifs d'Angleterre. *Ib. Angl.* I.
1291. De *Milan*, pour fecourir les Chrétiens de la Terre-Sainte. *Ib.*
1292. D'*Afchaffenbourg* & *Brême*, fur la Difcipline. *Ib. & Ed. Ven.*
1292. De *Lyon*, pour la Difcipline.
1292. De *Terragone*, fur la Difcipline. *Martene Thefauri*, T. IV.
1292. De *Chefter*, fur la Difcipline. *Labbe* XI. *Hardouin* VII. feuls.
1293, 94, 95. De *Terragone*, fur la Difcipline. *Ed. Ven.* XIV.
1293. De *Spalatro*, fur la Difcipline. *Manfi* III.
1294. De *Saumur*, fur la Difcipline. *Ibidem.*
1294. D'*Aurillac*; même fujet. *Martene Thef.* Tome IV.
1294. De *Beziers. Gall. Chr.* Tome VI. page 83.
1294. De *Pont*, près *Saintes*, pour accorder une Décime à Philippe le Bel. *Ibid.* Tome II. page 1076.
1295. De *Clermont*, en Auvergne. *Martene Thefauri*, Tome IV.
1295. De *Beziers. Gall. Chr.* Tome VI. page 83.
1296. De *Paris. Ibidem.* Tome II. page 284.
1297. De *Londres*, contre les Ufurpateurs des biens Eccléfiaftiques. *Labbe* XI. *Hardouin* VII. manque *in Regia. Angl.* I.
1297. De *Lyon*, contre les Princes qui mettent des impofitions fur le Clergé. *Regia* XXVIII. *Labbe* XI.
1298. De *Saintes*, fur la Difcipline. *Labbe* XI. *Hard.* VII. feuls.
1299. De *Rouen*, fur la Difcipline. *Ibidem.*
1299. De *Beziers*, fur la Difcipline. *Ibid. Baluz. Mart.* T. VII.
1299. De *Lyon* & d'*Anfe. Gall. Chr.* Tome IV. pages 408 & 267.
1299. De *Mâcon. Ibidem.* Tome IV. page 408.
1299. De *Toulon*, fur la fin du fiécle. *Ibidem.* T. I. page 748.
1300. De *Melun*, fur les mœurs. *Labbe* XI. *Hard.* VII. feuls.
1300. De *Merton*, en Angl. fur la Difcipline. *Ibidem. Angl.* I.
1300. De *Cologne*, fur la Difcipline. *Lab.* XI. *Hard.* VII. feuls.
1300. De *Bayeux* & d'*Aufch*, fur la Difcipline. *Ibidem.*

ÉCRIVAINS.

1291. *Gui*, Moine de S. Germain d'*Auxerre*; Histoire de son Abbaye, depuis 1189 jusqu'en 1277. Au T. I. de *Bibliotheca Manuscriptorum Philip. Labbæi*, in-folio. *Paris* 1657.

1291. *Henri Suso*, Dominicain, mort en 1365, a fait plusieurs Traités mystiques, des Lettres & des Sermons.

1291. *Pierre de Belleperche*, Chancelier de France, mort en 1308 Commentaire sur le Droit.

1291. *Gui de Castres*, Abbé de S Denis en France, l'an 1294. Une vie de SS. mais qui est de peu d'autorité; restée en manuscrit.

1291. *Richard de S. Ange*, Moine du Mont-Cassin; Commentaire sur la Régle de S. Benoît; manuscrit, à S. Germain-des-Prés.

1292. *Nicolas de Fractura*, Abbé de S. Vincent de Volturno: Commentaire sur la Régle de S. Benoît, Manuscrit dans la Bibliothéque de S. Germain-des-Prés.

1292. *Athanase de Macédoine*, fait Patriarche de Constantinople. Plusieurs Lettres sur la résidence des Evêques : *in Biblioth. Patrum*, & autres Ouvrages. Voyez *Banduri: in Imperio Orientali & Boivin ad Nicephorum Gregoram*.

1293. *Suffridus*, Prêtre Allemand; Chronique Universelle, *ad an.* 1307. *Georg. Fabric. Hist. Saxon. Lipsiæ* 1519 & 1598.

1293. *Constantin Acropolite*, Grand Logothéte de Constantinople, fils de l'Historien George Acropolite; Eloge de Sainte Théodosie, Vierge & Martyre de Constantinople. Tome VII. *mensis Maii Actorum Bollandi*. Voyez *Lambecium*, Lib. IV. *Biblioth. Vindobonensis*.

1294. *Barthelemi Cotton*, Moine de Norwick; Histoire d'Anglet. Normandie & Norwick. *Warton in Anglia Sacra*, Tome I.

1294. *Sozomene*, Prêtre Italien; une Chronique Universelle jusques à son tems, manuscrite, chez les Chanoines Réguliers de Fisoli, près Florence. Voyez *Mabillon in Itinere Italico*.

1294. Le Pape *Boniface VIII.* plusieurs Lettres : *In Collectione Conciliorum & apud Bzovium*; des Statuts pour les Docteurs & les Etudians en Théologie, *Romæ* 1579. Le sixiéme Livre des Décrétales du Droit Canonique, *in-8°*. & en quelques Editions du Droit Canonique.

1295. *Grégoire* d'Arménie; Lettre sur l'Eglise d'Arménie, & Cantiques à l'usage de son Eglise. Voy. *Galani Conciliatio Ecclesiæ Armenæ*, Parte I.

1295. *Engelbert*, Moine de S. Benoît en Styrie, de l'origine du progrès & de la fin de l'Empire Romain, *in-8°. Basileæ* 1553, *in-8°. Offenbachii* 1610, & *Tomo* XXV. *Bibliot. Patrum.* Panégyrique de l'Empereur Rodolphe d'Habsbourg : *in Scriptorib. Germanicis*.

1295. *Gilles Colomne*, de l'Ordre des Hermites de S. Augustin & Docteur de Paris, a écrit contre Boniface VIII. en faveur de Philippe le Bel, sur la Puissance du Pape & du Roi : *in Monarchia Imperiali Goldasti*, in-fol. T. II. Un Commentaire sur le Maître des Sentences. *In-fol. Romæ* 1523, & plusieurs autres Traités.

1299. *Thomas Wicke*, Anglois, Moine Augustin, Chronique d'Angleterre : *in Scriptoribus Historicor. Angliæ*.

PAPES. | RITS ET RELIGIEUX.

QUATORZIÈME SIÈCLE.
CXCV.
1303. *Benoît XI.* 21 Octobre.
Gouverne 8 m. 17 j.
† 7 Juillet 1304.
Le siége vaque 1 a. 13 j.
Les Papes suivans siégent à AVIGNON, jusqu'à Grégoire XI. qui rentre à Rome le 17 Janv. 1377.

CXCVI.
1305. *Clément V.* 21 Juillet.
Gouverne 8 a. 9 m.
† 20 Avril 1314.
Le siége vaque 2 a. 3 m. 17 j.

CXCVII.
1316 *Jean XXII.* 7 Août.
Gouverne 18 a. 3 m. 29 j.
† 5 Décemb. 1334 vaque 13 j.
1328. Pierre de *Corbario*, Antipape, qui meurt en Sept 1333.

QUATORZIEME SIÈCLE.
1307. Les Chevaliers *Templiers* accusés d'abominations, sont tous arrêtés en France.
1312. Religieuses de S. Jacques de *la Spada*, en Espagne.
1318. Chevaliers de *Montèse*, au Royaume de Valence.
1319. Ordre du *Mont Olivet*, près de Monte Alcino, par le B. Bernard, de la famille des Toloméi de Sienne, sous la Régle de S. Benoît.
1320. Chevaliers de l'*Echarpe* par Alphonse XI. Roi de Castille,
1320. L'Ordre Militaire de *Christ*, en Portugal, par le Roi Denis.
1321. Franciscains du *Tiers-Ordre* ou *Pénitens*.
1324. Religieuses du *Mont Olivet* en Italie.

CONCILES.
QUATORZIEME SIÈCLE.
1301. De *Compiegne*, sur la Discipline. *Lab.* XI. *Hard.* VII.
1301. De *Bergame*, sur la Discipline, T. IX *Collection. Muratorii.*
1301, 2, 3. De *Reims*, sur la Discipline. *Mansi* III.
1302. De *Paris*, sur le différend de Boniface VIII. *Regia*, &c.
1302. De *Pannasiel. Ibid.* — De *Nismes Gall. Chr.* T. VI. p. 85.
1302. De *Rome*, contre Philippe le Bel. *Reg.* XXVIII. *Hard.* VII.
1303. De *Nougaro*, sur la Discipline. *Lab.* XI. *Hard.* VII. seuls.
1303. D'*Huesca*, pour réparer les désordres des Sarrasins. *Aguire* III.
1303. De *Montpellier*, assemblé de toute l'Eglise de France. *Gall. Chr.* Tome VI. pages 595 & 604.
1303. D'*Ausch. Ibid.* Tome I. page 994. — De *Merthon. Mansi* III.
1304. De *Ruffec*, sous Bertrand Got, depuis Pape Clément V. *L.* XI.
1304. De *Compiegne*, sur la réformation des mœurs. *Ibidem.*
1304. De *Pinterville*, en Normandie, sur la Discipline. *Bessin.*
1304. De *Beziers* & de *Poitiers. Gall. Chr.* T. VI. p. 43. & T. II. p. 1187. — 1305. De *Terragone. Ed. Ven.* XV.
1305. De *Ponteaudemer*, sur la Juridiction Ecclésiastique. *Bessin. Ib.*
1305. De *Londres. Angl.* I. — 1306. De *Rippon. Ibidem.*
1306. De *Cologne*, cont. les Begards. — 1307. D'*Aquilée. Mansi* III.
1307. De *Sise*, en Arménie, pour la réunion. *Galan. Concil. Armen.*
1307. De *Terragone*, sur la Discipline. *Martene Thesauri.* T. IV.
1307. D'*Yorck. Angl.* I. — De *Vienne. Gall. Chr.* T. IV. p. 617.
1307. De *Ravenne*, sur la Discipline. *Lab.* XI. *Hard.* VII. seuls.
1308. D'*Ausch*, sur la Discipline. *Ibidem.* — D'*Ecosse. Angl.* I.

HÉRÉSIES ET PERSÉCUTIONS.

QUATORZIÈME SIÉCLE.

1305. *Dulcin*, né à Novarre en Italie, sous un extérieur composé, donnoit dans les plus grands excès de libertinage; & prétendoit que sa Doctrine étoit une troisiéme Loi, qui perfectionnoit celle de J. C.

1309. *Arnaud de Villeneuve*, Médecin célèbre, soutenoit que la nature humaine de J. C. étoit égale à la nature Divine, & rejettoit l'obéissance dûe au S. Siége.

1310. *Marguerite Porrete*, née en Haynaut, vint à Paris, où elle publia plusieurs erreurs, surtout, que, quand on étoit en ce monde parvenu à l'amour parfait, on ne péchoit plus, quelque mauvaise action que l'on commît. Elle fut brulée à Paris, en 1310.

1311. Cette année les *Begards* sont condamnés par le Concile Général de Vienne.

1315. *Waltero* ou *Gautier*, Laïc, soutenoit que Lucifer avoit été chassé injustement du Ciel; attaquoit presque tous les Sacremens de l'Eglise; & l'Eglise même, tant dans son Chef que dans les autres Pasteurs. Il renouvella l'hérésie des *Lollards*, & fut brûlé, à Cologne, en 1322.

1318. *Henri Ceva*, Franciscain Apostat, établit une Eglise Charnelle & une Spirituelle.

1327. *François Ceccus*, ou *Asculan*, Calabrois, Astrologue, qui regloit la Religion par l'Astrologie, condamné & brûlé en 1327.

1328. *Jean de Polieu*, dont quelques propositions furent condamnées par Jean XXII.

ÉCRIVAINS.

QUATORZIÈME SIÉCLE.

1301. *Jean le Moine*, Cardinal; Commentaire sur le Sexte des Décrétales, *in-fol. Paris* 1535 & *in-fol. Venet.* 1586.

1301. *Gervais Ricobold* de Ferrare, Chanoine de Ravenne; Chronique du monde, jusqu'à son tems, restée en manuscrit.

1302. *Mathieu de Westminster*; Histoire d'Angleterre. *in-fol. Londini* 1567. & *in-fol. Francofurti* 1601.

1302. *Jean Scot*, ou *Jean Duns*, Ecossois, de l'Ordre de S. François & Docteur de Paris; nommé *le Docteur subtil*, a écrit sur la Théologie & sur la Philosophie d'Aristote. Ses Commentaires sur l'Ecriture Sainte n'ont pas été imprimés. *Ejus opera*, in-fol. *Lugduni* 1639. 12 *Vol* rares. Il mourut l'an 1308.

1302. *André de Neucastle*, Dominicain Anglois, d'autres le font du Neuf-Château en Lorraine: un Commentaire sur le Livre des Sentences, *in-fol. Paris* 1514.

1303. *Reinier de Pise*, Dominicain; une somme Théologique ou Pantheologia seu summa universæ Theologiæ, *in-fol. Tiguri* 1574. *in* 4°. *Brixiæ* 1581. 2. *Vol.*

1303. *Théodore Metochita*, Grand Logothéte de l'Empereur Andronique, a fait un Abrégé de l'Histoire Romaine, *in-*4°. *Lugduni Batavorum* 1618.

1309. D'*Udine*, sur la Discipline. *Mansi* III.
1309. De *Narbonne*. *Gall. Chr.* Tome VI. page 86.
1309. De *Londres*, Provincial, sur la Discipline. *Ibid. Angl.* I.
1309. De *Presbourg*, approuvé par Clément VI. en 1346. *L.* XI.
1310. De *Saltzbourg I.* sur les Dixmes accordées au S. Siége. *Regia* XXVIII. *Labbe* XI. *Hardouin* VII.
1310. De *Saltzbourg II.* pour réformer les mœurs du Clergé. *Ibid.*
1310. De *Cologne*, sur les Immunités. *Lab.* XI. *Hard.* VII.
1310. De *Ravenne*, 1 & 2.
1310. De *Salamanque*. } Dans l'affaire des Templiers. *Ibid.*
1310. De *Paris*.
1310. De *Mayence*, sur le même sujet. *R.* XXVIII. *L.* XI. *H.* VII.
1310. De *Senlis*, sur le même sujet. *Raynaldi ad hunc an.*
1310. De *Trêves*, on absout les Templiers. *Serr. Hist. Mogunt. L.* V.
1310. De *Rouen*, sur les Templiers.
1310. De *Beziers*, sur la Discipline. *Martene Thesauri*, T. IV.
1310. De *Trêves*, sur les biens d'Eglise. *Martene Thesauri*, T. VI.
1311. DE VIENNE en Dauphiné, XVe. Concile Général, sous le Pape Clément V. qui en fut le Président. Il y assista plus de 300 Evêques, aussi-bien que les Rois de France & d'Aragon. On y abolit l'Ordre des Templiers ; on y condamna les Hérésies des Fratricelles, des Dulcinistes & Begards, & l'on institua la Procession solemnelle du S. Sacrement. *R.* XXVIII. *Lab.* XI. *H.* VII.
1311. De *Bourges*, *Gall. Chr.* Tome II. page 77.
1311 & 12. De *Londres*, *Cant.* & *Yorck*, contre les Templiers, *Angl.*
1312. De *Terragone*, en faveur des Templiers. *Hard.* seul. T. VII.
1312. De *Ravenne*, sur les mœurs. *R.* XXVIII. *L.* XI. *H.* VII.
1312. De *Salamanque*, pour son Université. *Aguirre*, T. III.
1312. De *Bourges*, on reçoit le Concile de Vienne.——De *Nougaro*.
1313. De *Nicosie* en Cypre, sur la Discipline. *Labbe* XI.
1313. De *Rouen*, sur la Discipline. *Bessin, in Concil. Norman.*
1313. De *Senlis*, sur la condamnation des Templiers.
1314. De Paris, sur la Discipline. *Lab.* XI. *Hard.* VII. *Martene Thes.* T. IV. manque *in Regia.*
1314. De *Ravenne*, sur la Discipline. *R.* XXVIII. *L.* XI. *H.* VII.
1315. De *Saumur*, sur la Jurisdiction. *Lab.* XI. *Hard.* VII. seuls.
1315. De *Nougaro*, en faveur des Ecclésiastiques. *Ibidem.*
1315. De *Senlis*, dans la cause de Pierre de Latilli, Evêque de Châlons-sur-Marne, soupçonné de la mort de Philippe le Bel. *Ibid.*
1315. D'*Ausch* & de *Beziers*. *G. C.* T. I. p. 994. & T. VI. p. 347.
1316. De *Westminster*, sur la Discipline. *Labbe* XI.
1316. D'*Adan* en Arménie, sur la réunion. *Galan. Conc. Armen.*
1317. De *Senlis*.——De *Beziers*. *Gall. Chr.* T. VI. p. 149.
1317. De *Ravenne*, assemblé à *Boulogne*, sur la Foi & la Discipline. *Regia* XXIX. *Labbe* XI. *Hardouin* VII.
1317. De *Terragone*, contre les Begards, & sur la Discipline. *Mart. Coll.* T. VII. —— 1318. De *Cantorberi*. *Angl.* I.
1317. De *Toulouse* ; *Hist. de Lang.* IV. 169. *L.* XI. *H.* VII.
1318. De *Saragoce*, sous Pierre de Lune. *Aguirre* III.

1304. *Raymond Lulle*, Maïorcain, a beaucoup écrit sur la Philosophie & sur la Chymie; a donné aussi des Livres de Doctrine, de Morale & de Piété, sçavoir, une explication des Articles de la Foi : des différens états des hommes; des Méditations & Contemplations : de l'Immaculée Conception de la Sainte Vierge ; Traités contre les Grecs & les Juifs. Il fut martyrisé par les Maures d'Afrique.

1304. *Georges Pathimeres* ; Histoire des Empereurs de Constantinople, Michel & Andronique Paléologue, depuis l'an 1258, jusqu'en 1308. *Græcè & Latinè*, in-folio, *Romæ* 1666 & 1669. De la Procession du S. Esprit, *Græcè & Latinè apud Allatium*. Paraphrase de S. Denys l'Aréopagite, *in-fol. Paris* 1644.

1305. *Guillaume de Nangis*, Moine de S. Denys ; Chronologie depuis le comm. du Monde, jusqu'en 1301 : *in Spicilegio*. Vie de S. Louis & de ses enfans : *in Collect. Script. Franc.*

1305. *Henri Stero*, Bénédictin Allemand ; Histoire d'Allemagne, depuis l'an 1152, jusqu'en 1273 : *apud Canisium*.

1305. *Guillaume Mandagote*, Archevêque d'Embrun, en 1295. Traité des Elections des Prélats. *Coloniæ* 1573.

1306. *Jacques de Benedictis*, Cordelier Italien; a écrit des Hymnes, entr'autres *Stabat Mater*, & un Traité du mépris du monde.

1306. *Dinus Mugellanus*, Professeur en Droit à Boulogne, Commentaire sur le sixième Livre des Décrétales ; sur les Regles du Droit Canonique, & quelques Ouvrages sur le Droit Civil, *in-fol. Lugduni* 1617.

1306. *Evrard*, Moine Bénédictin de Ratisbonne : Annales des Ducs d'Autriche, de Bavière & de Souabe, depuis 1273, jusqu'en 1305 : *apud Canisium*.

1306. *Ptolomée de Lucques*, en Italie, Dominicain ; des Annales, depuis l'an 1060, jusqu'en 1303. *In Biblioth. Patrum*. Chronique des Papes & Empereurs, *in-4°. Lugduni* 1619. Il prêcha, à Mantoue, que J. C. avoit été formé dans le cœur de la Sainte Vierge & non dans ses entrailles.

1306. *Jean de Fribourg*, Dominicain, puis Evêque en Hongrie, l'an 1302 ; une somme pour les Prédicateurs, une autre pour les Confesseurs, des gloses sur la Somme de S. Raymond de Pegnafort, & sur le Décret de Gratien, avec un Commentaire sur le Maître des Sentences.

1308. *Nicephore Calixte*, une suite des Patriarches de Constantinople, & une Hist. Ecclésiastique, *in-fol. Paris* 1630. 2 Vol.

1310. Le Pape *Clément V*. Plusieurs Lettres & Décrets : *in Collectionibus Conciliorum, apud Bzovium & Wadingum*, &c. Un septième Livre des Décrétales.

1310. *Thomas Joysius*, Dominicain ; divers Commentaires sur l'Ecriture Sainte, dans les Œuvres de S. Thomas.

1310. *Guillaume de Paris*, Dominicain, Inquisiteur de la Foi ; Traités sur les Sacremens, attribués à Guillaume Evêque de Paris.

1310. *Nicolas Triveth*, Dominicain Anglois ; Chronique d'Angleterre de 1135 à 1307. *Spicileg*. Commentaire sur la Cité de Dieu & de S. Augustin, *in-fol. Tolosæ* 1488. *Venetiis* 1489.

1318. De *Terragone* sous Ximénès de Lune. *Aguirre.*
1318. De *Senlis. Gall. Chr.* Tome III. page 224.
1320. De *Sens*, sur la Discipline. *Labbe* XI. *Hardouin* VII.
1320. De *Beziers*, *Gall. Chr.* Tome VI. page 347.
1320. De *Nicosie*, sur la Discipline. *Labbe* XI.
1320. D'*Adan*, en Arménie, pour confirmer le Conc. de Sise. *Gal.*
1321. De *Lizieux*, sous Hugues d'Harcourt.——*De Lond. Angl.* II.
1321. De *Cantorberi*, & de *Perth* en Ecosse. *Angl.* II.
1321. De *Rouen*, sur la Discipline. *Bessin in Concil. Norman.*
1321. De *Montpellier. Gall. Chr.* Tome VI. page 449.
1321. De *Valladolid*, sur la Discipline. *R.* XXIX. *L.* XI. *H.* VII.
1322. D'*Yorck*, en Angleterre. *Anglic.* II.
1322. De *Cologne*, sur la Discipline. *R.* XXIX. *L.* XI. *H.* VII.
1323. De *Paris*, sur la Discipline. *Labbe* XI. *Hardouin* VII. seuls.
1323. De *Terragone*, sur la Discipline. *Mart. Collectionis*, T. VII.
1323. De *Tolede*, sur la Discipline. *Aguirre*, T. III.
1323. De *Cantorberi*, & d'*Yorck. Angl.* II.
1324. De *Schone*, en Ecosse. *Angl.* II.——*De Tolede Reg.* &c.
1324. De *Compiegne*, sur la Discipline. *Gal. Chr.* T. VI. p. 554.
1325. De *Lodeve* (Leutevense) *Gall. Chr.* IX. 123.
1325. De *Westminster*, près Londres. *Angl.* II.
1325. D'*Alcala*, sur les mœurs des Ecclésiastiq. *Aguirre*, T. III.
1326. De *Tolede. Aguirre*, T. III.——De *Lambeth*, *Angl.* II.
1326. D'*Avignon*, sur la Discipline. *Lab.* XI. *Hard.* VII. seuls.
1326. De *Marsiac*, en Guienne, sur la Discipline. *Ibidem.*
1326. De *Senlis*, sur la réformation des mœurs. *Ibidem.*
1326. De *Beziers. Gall. Chr.* Tome VI. page 604.
1326. De *Cantorberi. Angl.* II.
1326. D'*Alcala*, sur les Immunités de l'Eglise. *Lab.* XI.
1326. De *Ruffec*, en Guyenne. *Ibidem.* & *Gall. Chr.* T. II. p. 863.
1327. De *Toulouse*, où l'on défend de se faire faire des funérailles avant sa mort. *Hardouin* seul T. VII.
1327. De *Beziers Gall. Chr.* Tome VI. page 173.
1327. D'*Avignon. Regia* XXIX. *Labbe* XI. *Hardouin* VII.
1327. De *Mayence*, sur la Discipline. *Conc. Germ.* IV.
1328. De *Londres*, ou *Cantorberi*, sur les Fêtes de l'Eglise. *L.* XI. *Hardouin* VII. manque *in Regia. Angl.* II.
1328. De *Narbonne Gall. Chr.* T. VI. page 88.
1329. De *Compiegne*, sur la Discipline. *Lab.* & *Hard.*
1329. Assemblée de *Paris*, sur la Jurisdiction Ecclésiastique. *Ib.*
1329. De *Marsiac*, sur l'assassinat de l'Evêque d'Aire. *Ibidem.*
1329. De *Terragone*, sur divers points de Discipline. *Martene Thesauri*, T. IV. *Les dérangemens de l'Eglise de Terragone ont occasionné beaucoup d'autres Conciles, dont les dates sont inconnues.*
1329. De *Winchester* ou *Vintoniense. Angl.* II.
1330. De *Lambeth*, sur la Discipline. *Lab.* XI. *Hard.* VII. seuls.
1331. D'*Yorck. Angl.* II.——1331. De *Terragone. Ed. Ven.* XV.
1331. De *Benevent*, contre la Simonie. *Synodicon Benevent.*
1332. De *Magfeld*, sur les Fêtes & autres matiéres. *Ibid. Angl.* II.

1310. *Hayton*, Arménien; Hist. des Tartares, *in-4°. Basil. & Leyd.*
1311. *Antoine André*, Commentaire sur le Maître des Sentences.
1311. *Guillaume Durand* le jeune, Evêque de Mende ; manière de célébrer le Concile, in-8°. *Paris*, 1671.
1311. *Marin Sanutus*, Venitien ; Traité sur la manière de recouvrer la Terre Sainte : *in Gestis Dei per Francos*, T. II.
1312. *Alexandre de S. Elpide*; Traité de la Puissance des Rois & de l'autorité du Souverain Pontife, *Lugduni* 1498.
1312. *Jean de Naples*, Dominicain ; Questions Philosophiques & Théologiques, *in-fol. Neapoli* 1618.
1312. *Philippe Evêque d'Eischtet*; Histoire des Saints de son Eglise, *in-4°. à Gretzero, Ingolstadii*.
1312. *Jean Vital du Four* (à *Furno*) ; des Commentaires Moraux sur l'Ecriture Sainte, in-fol. *Venetiis* 1594.
1315. *Noël Hervé*, Docteur de Paris & Général des Dominicains ; Commentaire sur le Maître des Sentences, & plusieurs Questions Théologiques, la défense de son Ordre, & deux Traités, l'un de la Puissance du Pape, in-8°. *Paris* 1647, l'autre de la Puissance du Pape & du Roi, in-8°. *Venetiis* 1513 —— & 1516.
1315. *Hugues du Pré-Fleuri*, Dominicain ; un Traité contre les Juifs, *Victoria contra Judaïcam perfidiam*, in-fol. *Parisiis* 1520. & des Sermons.
1315. *François Mayron*, Cordelier, Docteur de Paris ; un Commentaire sur le Maître des Sentences, *in-fol. Venetiis* 1567, & plusieurs autres Traités Dogmatiques.
1315. *Ubertin de Casal*, Cordelier ; Questions sur la Pauvreté de J. C. *apud Wadingum*, des sept Etats de l'Eglise, *Venetiis*.
1316. *Jean Glycas*, Patriarche de Constantinople : son Ambassade en Arménie & son Testament, *apud Nicephorum Gregoram*, L. 6.
1316. Le Pape *Jean XXII*. Plusieurs Lettres, *in Collectionibus Conciliorum, apud Bzovium & Wadingum, & in Epistolis Pontificum*; des Constitutions nommées Extravagantes dans le Droit Canonique ; sa rétractation, *apud Joan. Villanum, Hist. Florent. Lib.* II.
1316. *Albert de Padoue*, de l'Ordre de S. Augustin, & Docteur de Paris ; Commentaire sur le Maître des Sentences.
1318. *Michel de Cesene*, Cordelier, a écrit contre le Pape Jean XXII. & sur les biens Ecclésiastiques, T. II. *Goldasti, in-fol.* Un Commentaire sur le Maître des Sentences & des Sermons.
1318. *Astesanus,*, Cordelier d'Italie ; une somme des Cas de Conscience, *in-fol. Venetiis* 1519.
1318. *Jacques de Lausanne*, Dominicain, Docteur de Paris ; un Livre de Moralité.
1319. *Bertrand de la Tour*, Cordelier, Docteur de Paris ; Commentaire sur le Maître des Sentences & des Sermons.
1319. *Maxime Planude*, Moine Grec, Grammairien, Philosophe & Théologien ; divers Traités de Théologie, sur-tout contre les Latins, sur la Procession du S. Esprit, *apud Arcudium* ; & plusieurs autres Livres de Littérature ; a traduit, en Grec, les Livres de la Cité de Dieu de S. Augustin.

1320. *Durand de S. Porcien*, Dominicain ; Commentaire sur le Maître des Sentences, *in-folio*, *Venetiis* 1571, où sont des singularités qui font rechercher son Ouvrage ; a fait un Traité de la Jurisdiction Ecclésiastique & des Loix, in-8°. *Paris* 1506.

1320. *Nicolas de Lira*, Cordelier, Docteur de Paris ; a fait des Notes très-estimées sur toute l'Ecriture Sainte, *in-fol.* Duaci 1617. *In Biblia Maxima*, in-fol. *Paris* 1660, & quelques autres Traités de Doctrine ; sur-tout un contre les Juifs : lui-même l'avoit été.

1321. *Pierre de Aquilla*, Cordelier ; Commentaire sur le Maître des Sentences, *in-4°. Spiræ* 1480. Questions sur le Livre des Sentences, *Venetiis* 1584. *& in-8°. Parisiis* 1585.

1321. *Albertinus Mussatus*, Italien, a écrit l'Histoire de l'Empereur Henri VII. *in-fol. Venetiis* 1639.

1321. *André Horne*, Anglois ; un Traité des Loix & des Jugemens, ou *Speculum Justitiariorum*, *Londini* 1642.

1321. *Jean Bassolis*, Cordelier ; Commentaire sur le Maître des Sentences, *in-folio Paris* 1617.

1321. *Pierre Aureolus de Verberie*, Cordelier ; d'autres disent qu'il étoit Religieux du Val des Ecoliers, Docteur de Paris ; Commentaire sur le Maître des Sentences, *in-fol. Romæ* 1595, & Traité de l'Immaculée Conception, *Tolosæ* 1514.

1322. *Landulphe Colomne*, Chanoine de Chartres ; Chronique jusqu'au Pape Jean XXII. *apud Labbæum*, *in Bibliotheca manuscriptorum*, *in-fol.*

1322. *Orderic de Forli*, dans le Frioul ; ses Voyages ou Traités des Merveilles du Monde : *ad 24 Januarii Bollandi*.

1322. *Jean de Paris*, Chanoine Régulier de S. Victor de Paris ; Mémorial Historique, *in Collectione Andreæ du Chesne*.

1323. *Bernard Guido*, Dominicain de Limoges, Histoire de l'Ordre de Grammont : *apud Labbeum*, *in Bibliotheca manuscriptorum*, T. II. & plusieurs Traités de Doctrine & d'Histoire.

1323. *Marsile de Padoue*, Jurisconsulte ; Traité de la Puissance du Pape & des Princes, & autres Traités : *Defensor Pacis*, in-fol. *Idem*. in-8°. *& T. I. Monarchiæ Goldasti*.

1324. *Jean Canon*, Cordelier, Docteur de Paris ; Commentaire sur le Maître des Sentences.

1324. *Gerard Odon*, Cordelier ; Commentaire sur le Maître des Sentences, & un Office des Stigmates de S. François, qui est dans le Bréviaire des Cordeliers.

1325. *Jean Calécas*, Patriarche de Constantinople ; Traité sur les Patriarches de son Eglise, Concile de Constantinople contre Barlaam, & autres Ouvrages du Droit Canonique des Grecs, en manuscrit, *in Bibliothecâ Vindobonensi*.

1325. *Manuel Philes*, Grec, Philosophe, Poëte & Théologien. La plûpart de ses Ouvrages sur l'Ecriture Sainte sont restés en manuscrit, dans la Bibliothéque du Roi, & ailleurs.

1325. *Grégoire Palamas*, qui est devenu Archevêque de Thessalonique ; a écrit contre les Latins, & a donné dans quelques erreurs.

ÉCRIVAINS. 491

1325. *Jean Bacon*, Anglois, Carme & Docteur de Paris; Commentaire sur le Maître des Sentences, *in-folio*, *Cremonæ* 1618, quelques Questions Théologiques, & Traités d'Histoire.

1325. *Andronique*, de Constantinople; Dialogue contre les Juifs: *in Bibliotheca Patrum*.

1326. *Pierre de Duisbourg*, Chevalier Teuton; Histoire de l'Ordre Teutonique, depuis 1190, jusqu'en 1326, in-4°. *Jenæ* 1679.

1326. *Pierre Bertrand*, Evêque d'Autun, Fondateur du Collége d'Autun à Paris; deux Traités de la Jurisdiction Ecclésiastique, contre Pierre de Cugnéres: *in Bibliotheca Patrum*.

1327. *Guillaume Ockam*, Cordelier Anglois, Docteur de Paris; Dialogues, *Paris* 1476. 2 vol. *in-fol. Lugduni* 1495. Livres rares; Traité sur les deux Puissances temporelle & spirituelle, *in-fol. Paris* 1498, & *Tomo* I. *Goldasti*. Il a beaucoup écrit, tant contre le Pape Jean XXII. que pour l'Empereur Louis de Baviére.

1328. *Ludolphe Saxon*, Chartreux, a écrit la Vie de J. C. tirée des quatre Evangiles, *in-folio*, *Paris* 1490. &c. Il a été traduit & imprimé à Paris, sous le titre de *Grand Vita Christi*.

1329. *Gui de Perpignan*, Carme & Docteur de Paris, a fait une Histoire, mais peu exacte, de toutes les hérésies, & une Concorde des Evangiles, *in-folio*, *Coloniæ*, 1631. & autres Ouvrages.

1329. *Armand de Beauvoir* (de Bellovisu), Dominicain; Notes sur les Pseaumes. *Moguntiæ* 1503. Sermons, in-4°. *Brixiæ* 1610.

1330. *Jacques Cajétan*, Cardinal; Traité du Jubilé, T. XXV. *Biblioth. Patrum*: Vie du Pape S. Célestin, *Papebroch*. T. IV. *Maii*. Le Rituel de l'Eglise de Rome, & autres Ouvrages.

1330. *Bonagratia*, Cordelier, Elève de Michel de Cesene: quelques Traités, *apud Baluz*. T. I. *Miscellaneor*.

1330. *Jacques de Viterbe*, Archevêque de Naples; Commentaire sur le Maître des Sentences, & autres Ouvrages.

1330. *Pierre de Palude* (*Paludanus*), Dominicain & Docteur de Paris; un Commentaire sur le Maître des Sentences. *in-fol. Paris* 1530. des Sermons, un Traité de la Puissance Ecclésiastique, & quelques autres.

1330. *Monaldus*, Cordelier; une Somme des cas de conscience, in-fol. *Lugduni* 1616.

1330. *Barthélemi de Sainte Concorde*, Dominicain; une Somme des cas de conscience, in-fol. *Lugduni* 1519.

1331. *Pierre de Sittavia*, Abbé, près de Prague, en Bohême; Voyage de la Terre-Sainte. Voy. le Recueil de *Canisius*.

1333. *Richard Buri*, Evêque Anglois: un Traité sur l'amour des Livres. *Philobiblon*, in-4°. *Spiræ* 1485. — & *Paris*, 1500. & ailleurs.

1333. *Arnaud de Cescomes*, Archevêque de Terragone; deux Lettres sur les Sarrasins: *vide Miscellanea Baluzii*.

1333. *Simon de Cremone*, Augustin d'Italie; Sermons sur les Epitres des Dimanches, in-4°. *Reutlingæ* 1484. & autres Ouvrages.

1334. *Guillaume Balde*, Cardinal; Voyage de la Terre-Sainte; *apud Canisium*.

PAPES.

CXCVIII.
1334. *Benoît XII.* 20 Décemb. Gouverne 7 a. 4. m. 6 j.
† 25 Avril 1342. vaque 13 j.

CXCIX.
1342. *Clément VI.* 9 Mai. Gouverne 10 a. 6 m. 23 j.
† 1 Décembre 1352. Le siége ne vaque pas.

CC.
1352. *Innocent VI.* 1 Décemb. Gouverne 9 a. 9 m. 11 j.
† 11 Sept. 1362. Vaque 15 j.

CCI.
1362 *Urbain V* 27 Septembre. Mais son Election ne lui est déclarée que le 27 Octob. 1362. Gouverne 8 a. 1 m. 23 j.
† 19 Déc. 1370. Vaque 10 j.

CCII.
1370. *Grégoire XI.* 30. Décemb. Rentre à Rome le 17 J. 1377. Gouverne 7 a. 2 m. 27 j.
† 28 Mars 1378. Vaque 10 j.

RITS ET RELIGIEUX.

1349. Chanoines Réguliers *Vallis Viridis*, près Bruxelles.
1350. Chevaliers de la *Jarretiere*, par Edouard III. Roi d'Angl.
1352. L'Ordre Milit. de l'*Etoile*, par Jean Roi de France.
1355. Ordre des *Jésuates* en Italie, par S. Jean Colombin, supprimé en 1668.
1366. Ordre de S. *Jérôme* en Espagne, par Pierre Fernandez.
1366. Chevaliers de *Ste Brigitte* en Suéde.
1367. Religieuses *Jésuates* en It.
1375. Religieuses de S. *Jérôme* en Espagne.
1375. Ordre de *Ste Brigitte*, approuvé par Urbain VI.
1376. *Freres de la vie Commune*, approuvés par Grégoire XI. dans les Pays-Bas.
1376. Ordre de S. Ambroise au bois, très-ancien, mais réformé.

CONCILES.

1333. D'*Alcala*, sur la Discipline. *Aguirre*, T. III.
1334. D'*Avignon*, sur les Décimes. *Gall. Chr.* T. III. p. 1165.
1335. De *Rouen*, en faveur des Religieux Mandians. *Bessin.*
1335. De *Salamanque*, sur la réformation des mœurs. *H.* seul. VII.
1336. De *Rouen*, sur la Discipline. *Labbe* XI.
1336. De *Bourges. Ibidem & Baluzius in Historia Tutelensi.*
1336. De *Château-Gontier*, sur les Immunités Ecclésiastiques. *Ib.*
1337. D'*Avignon*, sur la Discipl. *Ib. & Bal. in Conc. Gal. Narb.*
1338. De *Spire*, sur Louis de Baviere. *Raynald. ad hunc an.*
1339. De *Montpellier. Gall. Chr* T. VI. p. 784.
1339. De *Barcelone. Aguirre*, T. III.
1339. De *Tolede*, sur divers points de réformation. *Ibidem.*
1340. De *Nicosie*, dans l'Isle de Cypre, sur la Foi & la Discipline. *Regia* XXIX. *Labbe* XI. *Hardouin* VII.
1340.* De *Constantinople*, pour Grégoire Palamas. *Ibidem.*
1341. * De *Constantinople*, en faveur des Palamites. *Rayn. ad an.*
1341. D'*Angleterre*, ou *Cantorberi*, contre ceux qui briguent les Bénéfices du vivant des possesseurs. *L.* XI. *H.* VII. seuls *Angl.* II.
1342. De *Londres* I. & II. sur la Discipline. *Ibid. Angl.* II.
1342 De *Beziers. Gall. Chr.* T. VI. p. 382.
1342. De *Rouen*, sur la réform. des mœurs. *Mansi* III.

GRANDS-HOMMES. | HÉRÉS. ET PERS.

1336. Mort de *Sainte Elisabeth*, Veuve & Reine de Portugal, âgé de 65 ans.

1336. Le Soudan d'Egypte donne la garde du S. Sépulchre aux *Franciscains*, qui l'ont encore sous la protection du Roi de France.

1340. *Guillaume*, Evêque de Paris, condamne les erreurs des Arméniens & de Grégoire de Palamas.

1347. Canonisation solemnelle de *S. Yves*, Official & Curé en Bretagne, 44 ans après sa mort, le 19 Mai, par Clément VI. à Avignon.

1349. *Humbert*, Prince du Dauphiné, ayant cédé son Etat au Roi de France, se fait Dominicain & meurt en 1355.

1350. Second *Jubilé*, parmi les Chrétiens, réduit à 50 ans par le Pape Clément VI.

1376. Les Florentins excommuniés par le Pape, députent vers le S. Siége, *Ste Catherine de Sienne*, Dominicaine.

1337. *François de Pistoie*, de l'Ordre de S. François, brûlé à Venise, pour ses erreurs.

1340. *Regnier*, Hermite né à Perouse en Italie, fut une espéce d'enthousiaste, & suivoit la Doctrine des *Flagellans*, marqués ci-dessus, pag. 473.

1340. *Hésicastes*, Moines Grecs contemplatifs, qui demeuroient dans une perpétuelle oisiveté. Ils croyoient après Palamas, Archevêque de Thessalonique, que la lumière vû sur le Tabor par les Apôtres étoit Dieu même, condamnés plusieurs fois à Constantinople.

1359. Le Pape Innocent VI. fait enfermer *Jean de Rupescissa*, Cordelier, qui faisoit le Prophète, & donnoit dans les erreurs de Fratricelles.

1359. *Martin Gonzalve & Nicolas de Calabre*, disent que Martin étoit frere de S. Michel & le fils immortel de Dieu, & que leurs priéres sauveront les Démons, &c.

ÉCRIVAINS.

1335. *Jean André*, Jurisconsulte; Commentaire sur les cinq Liv. des Décrétales, *in-f. Venetiis*, 1581. Gloses sur le Sexte & les Clementines, *in-f. Lugduni* 1572. & autres Ouvrages du Droit Canonique.

1335. *Nicephore Calixte*, Moine de Constantinople; Histoire de l'Eglise en Grec & en Latin, *in-fol. Paris*, 1648 2. Vol.

1335. *Matthieu Blastares*, Moine Grec & Canoniste; Table Alphabétique des Canons, *in Collect. Beveregii*, *in-fol. Oxonii* 1672. Causes & Questions sur le Mariage, *in Jure Gr. Rom.*

1336. Le Pape *Benoît XII*. Docteur de Paris; plusieurs Lettres; deux Livres de Constitutions ou Extravagantes, *Paris*. 1517; Vie de S. Jean Gualbert: *apud Surium & Bollandum ad 12 Julii. Collect. Concil. Bzov. Wading, & Baluz. Miscellanea.*

1336. *Jean de Gand*, Docteur, écrit en faveur de Louis de Bavière, Empereur, T. I. *Monarch. Melchior. Goldasti.*

1336. *Gaulthier Burley*, Docteur d'Oxfort; Commentaire sur le Maître des Sentences, & autres ouvrages de Philosophie.

1344. De *Noyon*, pour empêcher qu'on ne publie de nouveaux Miracles sans approbation des Evêques. *Lab.* XI. *Hard.* VII. seuls.
1344. De *Cantorberi*, & d'*Yorck*, sur la Discipline. *Angl.* II.
1345. De *Cantorberi*, sur la Discipline. *Angl.* II.
1345. De *Constantinople*, contre les erreurs de Grégoire de Palamas. *Boivin in notis ad Nicephorum Gregoram*, manq. dans les Concil.
1346. D'*Yorck*, sur la Discipline. *Angl.* II.
1346. De *Paris*, sur quelques pratiques de piété. *L.* XI. *H.* VII. seuls.
1346. De *Prague*, sur la Discipline. *Mansi* III.
1347. De *Tolede*, sur les Immunités de l'Eglise. *R.* XXIX. *L.* XI.
1347. De *Cantorberi*, sur la Discipline. *Angl.* I.
1347. * De *Constantinople*, le Patriarche Calecas déposé, on approuve les erreurs de Grégoire de Palamas. *H.* seul, Tom. VII & *Lambecius*, Tom. VI. *Biblioth. Imperialis Vindobon.*
1347. * Autre de *Constantinople*, en faveur des Palamites: *Cantacusen. Lib.* III. *Histor. & Allacius de Consensione.*
1348. D'*Yorck*, sur la Discipline. *Angl.* II.
1349. De *S. Quentin. Gall. Chr.* Tome III. page 366.
1350. * De *Constantinople*, on approuve les erreurs de Grégoire de Palamas. *H.* seul, T. VII. & XI. & *Combesis in Auctario*.
1350. De *Padoue*, sur la Discipline. *Lab.* XI. *Hard.* VII. seuls.
1351. De *Beziers*, sur divers points & contestations de Discipline. *Ib. & Baluz. in Concil. Gall. Narbon. & Mart. Thes.* T. IV.
1351. De *Constantinople*, contre Grégoire de Palamas. *H.* seul VII.
1351. De *Lambeth*, sur l'exemption des Clercs. *L.* XI. *H.* VII. seuls.
1351. De *Seville*, en Espagne. *Aguirre*, T. III.
1351. D'*Yorck*, sur la Discipline. *Angl.* III.
1355. De *Tolede*, sur les Constitutions Synodales. *R.* XXIX. *L.* XI.
1356. De *Cantorberi* & *Londres*, sur la Discipline. *Angl.* III.
1356. 57. & 59. D'*Yorck*, trois. *Angl.* III.
1362. De *Magfeld*, en Angleterre, sur la célébration des Fêtes. *Ib.*
1362. De *Lambeth*, sur l'honoraire des Prêtres. *Ibidem.*
1363. De *Reims*, sous l'Archevêque Jean de Craon.
1363. De *Marseille Gall. Chr.* Tome I. page 358.
1364. De *Nismes* & d'*Ausch*, sur la Discipline. *Ib.* VI. 92. & I. 995.
1365. D'*Angers*, sur la réformation des mœurs. *Reg.* &c. *ut suprà.*
1365. D'*Apt*, en Provence, sur la Discipline. *Mart. Thes.* T. IV.
1365. De *Perigueux. Gall. Chr.* T. II. p. 837.
1366. D'*Agen*, sur la Discipline. *Mansi* III.
1367. De *Poitiers*, ——D'*Yorck*, sur quelques abus. *Lab.* XI.
1368. De *Lavaur*, sur la Foi. *R.* XXIX. *L.* XI. *H.* VII. *Baluz.*
1368. De *Lambert*, où l'on condamne 30 propositions erronées. *Ib.*
1369. De *Terragone*, sur la Discipline. *Martene Collect.* T. VII.
1369. De *Beziers. Gall. Chr.* T. VI. p. 350.
1370. De *Beziers. Ibid.* T, VI. p. 350.
1371. De *Cantorberi* à *Londres*, & d'*Yorck. Angl.* III.
1374. De *Benevent*, sur la Discipline. *Synodicon Beneventan.*
1374. De *Narbonne*, sur les mœurs. *L.* XI. *H.* VII. seuls. & *Baluz.*
1374. D'*Aix*, en Provence, sur la Discipline.

1336. *Barlaam*, Moine Grec de S. Basile, a écrit pour la Primauté du Pape, & sur la Procession du S. Esprit contre les Grecs, *apud Bzovium;* & depuis il a écrit contre la Primauté du Pape, in-4°. *Lugduni Batavorum* 1645.

1337. *Thomas de Galles* (Gallensis ou Wallensis), célèbre Théologien, Commentaire sur le premier Livre des Sentences, *in-fol. Venetiis* 1523. & autres Ouvrages manuscrits.

1337. *Guillaume de Baldensel*; Voyage de la Terre-Sainte, *in Canisio.*

1338. *Gui de Montrocher* (de Monterocherio) : *Manipulus Curatorum*, in-folio, *Venetiis* 1491, & autres Ouvrages.

1340. *Grégoire Acyndinus*, Moine Grec, a écrit contre les erreurs de Grégoire de Palamas, *apud Gretzerum.*

1340. *Arnauld de Verdala*, Evêque de Montpellier; Histoire des Evêques de cette Ville, *in Bibliotheca manuscriptorum Labbæi.*

1340. *Nicolas Cabasilas*, Archevêque de Thessalonique : Explication de la Liturgie; Traité des trois premiers Sacremens ; de la vie en J. C. *in Auctario Biblioth. Patrum.* Traité contre la Primauté du Pape, in-4°. *Lugduni Batavorum* 1645.

1341. *Richard Hampolus*, Anglois, de l'Ordre de S. Augustin; quelques Commentaires sur l'Ecriture Sainte, & des Traités de Morale, *in Bibliotheca Patrum.*

1341. *Robert Holkot*, Dominicain Anglois, a écrit sur le Maître des Sentences & quelques Commentaires sur l'Ecriture Sainte, qui ont été imprimés plus d'une fois à Lyon & à Paris.

1341. *Henri de Urimaria*, Hermite de S. Augustin, Docteur de Paris, a écrit sur les Sentences, Sermons & Traités de Doctrine.

1341. *Lupolde*, ou *Ludolphe de Bebemberg*, Evêque de Bamberg ; Traités sur les Empereurs d'Allemagne & les Rois de France : *in Bibliotheca Patrum*, & un Traité des Droits de l'Empire, *in-8°. Paris* 1540 *& ailleurs.*

1342. *Alvarus Pelagius*, Cordelier, Evêque de Sylves en Portugal, a fait un Livre de *Planctu Ecclesiæ*, in-fol. *Ulmæ* 1474 & ailleurs ; une somme Théologique, & Bouclier de la Foi : *Collyrium fidei adversus hæreses.*

1342. Le Pape *Clément VI*. Lettres contre les Hérétiques Flagellans, autre sur l'Evêché d'Ostie, & plusieurs autres lettres. *Vide Collect. Conciliorum, Bzovium, Wading, Epistolas Pontificum, Baluz. in Miscellaneis & Vitis Paparum Avenionens.*

1343. *Barthélemi d'Urbin*, Hermite de S. Augustin, Evêque d'Urbin, a fini le *Milleloquium* de S. Augustin & celui de S. Ambroise.

1343. *Nicephore Gregoras*, Carthophilace de l'Eglise de Constantinople, a écrit l'Histoire de l'Empire Grec, depuis 1204, jusqu'en 1341. *in-fol. Græcè & Latinè* 1702. 2. Vol. *è Typographia Regia*, & plusieurs autres Traités & Lettres, restés en manuscrits.

1345. *Thomas de Strasbourg*, Hermite de S. Augustin, Docteur de Paris ; un Commentaire sur le Maître des Sentences, in-fol. *Argentinæ* 1490.

1347. *Théophanes*, Archevêque de *Nicée*, a écrit contre les Juifs, & fait quelques Poésies, Lettres, & autres Traités.

1347. *Thomas Bradwardin*, Cordelier & Archev. de Cantorberi; *De causa Dei*, ou de la grace contre les Pélagiens, *in-folio Oxonii*. 1618.

1347. *Richard* ou *Radulphus* Arch. d'Armach: *Defenforium Curatorum contra Mendicantes*, in-8°. *Paris* 1496. Traité contre les erreurs des Arméniens, *in-fol. Paris* 1512. Rares.

1347. *Alberic de Rofate* sur les Décrétales, *in-fol. Venetiis* 1573. & 1584.

1350. *Jean Taulere*, Dominicain Allemand; Traités de Spiritualité, *in-8°. Coloniæ* 1548 & 1603.

1352. Le Pape *Innocent VI*. beaucoup de Lettres: *in Collect. Concil.*

1355. *Pierre de Collombario*, Evêque d'Ostie; son Voyage à Rome, pour couronner Charles IV. *Labb. in Bibl. Manuscript.*

1355. *Nicolas Eymeric*, Dominicain & grand Inquisiteur; a fait le Directoire des Inquisiteurs, Livre assez curieux: *Directorium Inquisitorum*, in-folio, *Romæ* 1587.

1357. *Demetrius Cydonius*, qui d'Officier de la Cour Impériale de Constantinople, se fit Moine; a écrit contre Grégoire de Palamas; quelques Traités en faveur des Latins, sur la Procession du S. Esprit, & autres Ouvrages. Voy. *Arcudium & Biblioth. Patrum*.

1357. *Jean Cantacusene*; Histoire des deux Androniques, Empereurs de Constantinople, *in-fol. Græcè & Latinè* 1645, 3 Vol. Traité contre l'Alcoran & les Sarrasins, in-folio. *Basileæ* 1555.

1360. *François Pétrarque*, de Florence, des Lettres; plusieurs Traités de Morale; un Voyage en Syrie, & autres Ouvrages. *Ejus opera Latina*, in-folio, *Basileæ*, &c.

1360. *Grégoire de Rimini*, Hermite de S. Augustin, & Docteur de Paris; Commentaire sur le Maître des Sentences, qui est estimé, & plusieurs autres Traités.

1360. *Alphonse de Vargas*, Augustin Espagnol, Docteur de Paris & Archevêque de Seville; un Commentaire sur le Maître des Sentences, in-fol. *Paris* 1545. & autres Ouvrages.

1360. *Nilus*, Métropolitain de Rhodes; Abrégé des Conciles Généraux, *apud Justell. Bibliotheca Juris Canonici.*

1362. *Jean Wiclef*, Docteur d'Oxfort en Angleterre; Hérétique condamné en plusieurs Conciles, a fait plusieurs Ouvrages, qui presque tous sont restés manuscrits; quelques-uns ont été imprimés, & sont très-rares, in-4°.

1362. *Jean Calderinus*, Canoniste Italien, Réponses & Consultations Canoniques, in-fol. *Venetiis* 1582. Commentaire sur les Décrétales, *in-folio, Spiræ*, 1481.

1362. *Pierre Berchorius*, Moine Bénédictin & Prieur de S. Eloi à Paris; Répertoire ou Dictionnaire de Morale: *Repertorium Morale Biblicum*, in-fol.

1363. *Jean Cyparissote*, Grec, a fait quelques Traités de Théologie, *in Biblioth. Patrum*, & des Sermons, *in Combefisii Auctario*.

1363. *Manuel Calecas*, Auteur Grec & Dominicain ; Traités sur la Procession du S. Esprit, *in Biblioth. Patrum*, & plusieurs autres Traités de Théologie, *in Auctario Combefisii.* 1672.

1363. *Philotheus*, Moine Grec du Mont Athos : Traité sur la Liturgie & l'Ordination des Diacres, & quelques Sermons, *in Biblioth. Patrum & in Auctario Frontonis Ducæi* ; & autres Traités.

1363. *Amaulry Auger*, Augustin de Beziers ; Chronique des Papes, *apud Baluzium in Vitis Paparum Avenion.*

1364. *Nicolas Oresme*, Docteur de Paris, & depuis Evêque de Lisieux ; Traité du changement des Monnoies, *in Biblioth. Patrum* ; une Version Françoise de la Bible, & plusieurs autres Traités de Philosophie & de Théologie.

1364. *Jean Rusbrock*, Chanoine Régulier ; divers Traités de spiritualité, contre lesquels Gerson a écrit. Ils ont fait du bruit dans l'affaire du Quiétisme. *Ejus opera*, in-4°. *Coloniæ* 1609.

1364. *Ste Brigitte*; Révélations, in-fol. *Nurimb.* 1521. *Romæ* 1557.

1365. *Jean de Lignano*, sur la pluralité des Bénéfices & autres Traités, in-fol. *Lugduni* 1649, *& in Tractatu Tractatuum.*

1367. *Ste Catherine de Sienne*, de l'Ordre de S. Dominique ; Lettres ; Traités dogmatiques, & Révélations, recueillies par son Confesseur.

1368. *Philippe Ribot*, Carme Espagnol ; l'Histoire de son Ordre, in-fol. *Antuerpiæ*, 1680, imprimée avec de pareils Ecrivains.

1370. *Gerardus Magnus*, ou de *Groot*; manière d'étudier l'Ecriture.

1370. *Philothée Achillinus*, ou *Charles de Louviers* (& non Philippe de Maisieres) a fait un Traité sur les deux Puissances Royale & Sacerdotale, *T. 1. Goldasti in Monarchia*, & dans la derniere *Edition des Libertés de l'Eglise Gallicane*, in-fol. 4 Vol. *Il est aussi imprimé, en François, sous le titre de* Songe du Vergier, *in-fol. Paris, très-rare.*

1371. Le Pape *Grégoire XI.* dont on a beaucoup de Lettres dans les différens Recueils, sçavoir, *in Collection. Concilior. apud Bzovium, Wading, & in Epistolis Pontificum.*

1371. *Jordan de Quedlinbourg*, Augustin Allemand ; Histoire des Religieux de son Ordre, & autres Ouvrages.

1372. *Jean d'Hildesheim*, Carme Allemand ; Histoire de la Translation des trois Mages, *Coloniæ* ; & autres Ouvrages manuscrits.

1373. *Barthélemi Albici*, de Pise, Cordelier, a fait deux Ouvrages, l'un des conformités de S. François avec J. C. & l'autre des conformités de la Ste. Vierge avec J. C. *Conformitates S. Francisci, cum Vita D. N. Jesu-Christi*, in-fol. *Mediolani* 1510. C'en est la bonne Edition, & qui est très-rare : *Conformitates Virginis cum D. N. Jesu-Christo*, in-fol. *Venetiis* 1596.

1373. *Thomas Stubbs*, Dominicain Anglois ; Histoire des Archevêques d'Yorck, jusques à l'an 1373, *inter Scriptores Anglicanos*, in-fol. *Londini* 1652.

1374. *Matthieu de Cracovie*, Docteur de Prague, a écrit sur la célébration de la Messe & la Communion, in-4°. *Memminghen* 1494.

PAPES.	PAPES D'AVIGNON.
Les Papes suivans siégent à Rome; mais sur ceux d'Avignon. Voy. la Colon. qui est ci à côté.	Papes qui siégent à Avignon, & reconnus par une partie de l'Eglise.
CCIII.	1378. *Clément VII.* élu à Fundi en Italie, le 20 Septembre, par les mêmes Cardinaux, qui ont élu Urbain VI. Tient 15 a. 11 m. 28. j. † le 16 Septembre 1394.
1378. *Urbain VI.* 18. Avril. Gouverne 11 a. 5 m. 28 j. † le 15 Octobre 1389. Le siége vaque 17 jours.	
CCIV.	1394. *Benoît XIII.* à Avignon, le 28 Septemb.
1389. *Boniface IX.* 2 Novembre Gouverne 14 a. 11 m. † 1. Octobre 1404. Le siége vaque 15 j.	1398. L'obédience de Benoît est suspendue.

CONCILES.

1375. De *Winuwski*, en Pologne, sur la Discipline. *L.* XI. *H.* VII.
1375. De *Beziers*. *Gall. Chr.* Tome VI. page 352.
1376. De *Cantorberi*, sur la Discipline. *Angl.* III.
1377. Deux d'*Yorck*, sur la Discipline. *Angl.* III.
1377. De *Cantorberi*, sur la Discipline. *Angl.* III.
1378. De *Glocester*, en Angleterre, sur les mœurs. *Angl.* III.
1379. De *Cantorberi* à Londres, deux contre Wiclef, &c. *Ibidem.*
1379. De *Paris*, en faveur d'Urbain VI. *Paul Emil. in Carolo V.*
1379. D'*Alcala*, sur le Schisme, *Aguirre*, T. III.
1379. De *Tolede*, sur le Schisme. *Aguirre*, T. III.
1379. D'*Illescas*, & de *Burgos*, sur le Schisme. *Aguirre*, T. III.
1380. De *Cantorberi* & d'*Yorck*. *Anglic.* III.
1380. De *Medina del Campo*, contre le Schisme. *Aguirre*, T. III.
1381. * De *Salamanque*, pour l'Antipape Clément. *Aguirre*, T. III.
1381. * De *Santaren* en Portugal, sous Pier. de Lune. *Rayn. ad an.*
1382. D'*Oxfort*, contre Wiclef. *Henri Knyton de Eventib. Angl.*
1382. De *Londres*, contre les erreurs de Wiclef. *Ibidem.*
1383. De *Cambray*, sur le Schisme. *Gall. Chr.* T. II. p. 1193.
1384. De *Lille* en Flandre, sur le Schisme. *Hist. de l'Univ. de Paris*, Tom. III. p. 64.
1385. D'*Yorck*. *Angl.* III.
1386. De *Saltzbourg*, sur les mœurs. *R.* XXIX. *L.* XI. *H.* VII.
1387. De *Navarre* & de *Barcelonne*, pour l'Antip. *Aguirre*, T. III.
1387. De *Poitiers*. *Reg.* &c. *ut suprà.*
1388. De *Palentia*, sur la Discipline. *Aguirre*, T. III.
1389. De *S. Tibery*, sur la Discipline. *Martene Thesauri*, T. IV.
1391. De *Londres*, contre les Prêtres Mercenaires. *L.* XI. *H.* VII.
1391. De *Paris*, pour l'extinction du Schisme. *Ibidem.*
1391. D'*Utrecht*, contre Jacques de Juliers, Cordelier. *Chron. Belg.*
1394. De *Paris*. *Raynaldi ad hunc annum.*
1395. De *Paris*, contre l'Antipape Benoît. *Raynaldi ad hunc an.*
1396. De *Poitiers*, sous Thierri de Montreuil.

1380. *Hermues de Montebello*, par Pierre Gambacurta.
1382. Ordre Militaire *de la Navire*, par Charles III. Roi de Naples.
1383. Mort de *S. Jean Népomucène*, à Prague.
1386. Congrégation de *Windeseim*, établie par Gerard Groot.
1390. Ordre Militaire *de la Colombe*, par Jean I. Roi de Castille.
1393. Congrégat. *d'Avellana*.

1371. *Raymond Lulle*, de Terragone en Catalogne, différent de Raymond Lulle, Philosophe, de Juif fut mauvais Chrétien ; dit qu'on pouvoit renier Dieu en public, pourvû qu'on l'adorât dans le cœur, que la Loi de Mahomet étoit aussi bonne que celle de J. C.
1372. Jean *Dabantonne*, Auteur des *Turlupins*, suivoit les erreurs des Begards.
La suite page 501. *col.* 1.

ÉCRIVAINS.

1374. *Isaac Agirus*, Moine Grec ; Traités de la Vie Monastique, Quelques Sermons, & deux Computs, ou manière de compter la Pâque, *apud Scaligerum*.
1375. *Albert de Strasbourg* ; Chronique des Empereurs, depuis 1270, jusqu'en 1378. *inter Scriptores Germanicos*.
1380. *Jean Fabri*, Evêque de Chartres : Traité de ce qui se passa en France, en 1378, avec un Discours au Pape Grégoire XI.
1380. *Baldus-Ubaldus*, Jurisconsulte Italien ; sur les Décrétales, le Code, le Digeste, & autres Traités, in-fol. *Venetiis* 1595 & 1600.
1381. *Michel Angrianus*, Carme Italien, Docteur de Paris ; sur le Maître des Sentences, sur la Conception de la Ste Vierge ; sur les Pseaum. *Incognitus in Psalmos*, in-fol. *Lugd*. 1652.
1382. *Marsile ab Ingen*, Docteur de Paris, & Trésorier de S. André de Cologne, sur le Maître des Sentences, in-fol. *Argentor*. 1501.
1382. *Jean Tambac*, Dominic. de Strasbourg, Miroir de Patience.
1382. *Raymond Jordan*, ou *Idiota*, Chanoine Régulier d'Uzès ; Traités sur la Contemplation, & autres ouvrages de spiritualité, *in Biblioth. Patrum*, & in-fol. *Paris* 1654.
1383. *Jacques de Theramo*, Archidiacre d'Aversa ; Commentaire sur le Maître des Sentences, & de la Monarchie du Pape.
1383. *Jean de Burgo*, Anglois ; explication des sept Sacremens, & autres Traités dogmatiques, *Paris* 1510.
1384. *Manuel Chrysoloras*, Grec, Paralléle de Rome & de Constantinople, & sur la Procession du S. Esprit.
1385. *Raoul de Rivo*, Doyen de Tongres, près de Liége, écrit sur l'Office Divin, *in Biblioth. Patrum* ; & sur les Evêques de Liége.
1390. *Guillaume Wilfort*, Cordelier Anglois, écrit contre Wiclef.
1396. *Pierre D'Ailli*, Docteur de Paris, Grand-Maître du Collège de Navarre, Evêque de Cambrai & Cardinal, sur le Maître des Sentences, & sur quelques Livres de l'Ecriture Sainte, &c. *Ejus opera*, in-fol. *Paris* 1498, & *Venetiis* 1508, & quelques-uns *int. opera Gersonii*.

PAPES. | PAPES D'AVIGNON.

QUINZIÈME SIÉCLE.

CCV.
1404. *Innocent VII.* 17 Octobre. Gouverne 2 a. 21. j.
† 6 Novembre 1406.
Le siége vaque 23 j.

CCVI.
1406. *Grégoire XII.* 30 Novemb. Gouverne 2 a. 6 m. 5 j.
est déposé le 5 Juin au Concile de Pise, en 1409.
(Il s'est réconcilié à l'Eglise, le 4 Juillet 1417.)
Le siége vaque 20 j.

CCVII.
1409. *Alexandre V.* élu au Concile de Pise, le 26 Juin. Gouverne 10 m. 8 j.
† 3 Mai 1410.
Le siége vaque 13 j.

CCVIII.
1410. *Jean XXIII.* 17 Mai. Gouverne 5 a. 15 j.
Abdique au Concile de Constance, le 31 Mars 1415, pour la paix de l'Eglise.
Le siége vaque 2 a. 5 m. 8 j.
(Il mourut l'an 1419, réconcilié à l'Eglise.)

CCIX.
1417. *Martin V.* élu le 11 Nov. au Concile de Constance. Gouverne 13 a. 3. m. 12 j.
† Le 20 Février 1431.
Le siége vaque 11 j.

QUINZIÈME SIÉCLE.
1403. Le 28 Mai on reprend l'obédience de Benoît.
1405. *Benoît*, ou Pierre de Lune, est déposé au Concile de Pise.
1413. Le 18 Mars, *Benoît* est déposé au Concile de Constance.
1423. Le 23 Mai, *Benoît* meurt dans le Schisme.
1424. *Clément VIII.* élu ; mais n'est pas reconnu.
1429. Le Schisme est éteint.

RITS ET RELIGIEUX.
1403. Chevaliers du *Chardon* de la Ste. Vierge, en France.
1406. Religieuses de Ste *Claire*, réformées par la Bienheureuse Colette.
1408. *Bénédictins* de Ste *Justine* de Padoue, unis au Mont-Cassin, en 1504.
1409. Congrégation de *S. Jérôme* de Fiesoli, supprimée en 1669.
1409. Ord. Mili. de l'*Annonciade* de Savoye, par Amédée VIII.
1413. *Carmes de Mantoue*, par le B. Ange Augustin.
1415. *Religieuses Oblates*, par Ste Françoise, Dame Romaine.
1426. Ord. de *S. Jérôme* réformé.
1429. Chevaliers *de la Toison d'or*, par Philippe le Bon, Duc de Bourgogne.

CONCILES.
1395. De *Londres*, contre dix-huit Articles des erreurs de Wiclef. *Ib.*
1397. De *Rome*, on répond à des Ambassadeurs. *Rayn. ad hunc an.*
1398. De *Paris*, contre l'Antipape. *Raynaldi ad hunc an.*
1398. De *Londres*, pour la Fête de S. Thom. de Cant. &c. *Angl.* III.
1399. De *Cantorberi*, sur les plaintes du Clergé opprimé. *Ibid.*
1400. D'*Angleterre*, sur une Décime & demie, accordée au Roi. *Ib.*

QUINZIÈME SIÉCLE.
1401. De *Londres*, pour la punition des hérétiq. *Angl.* III.
1402. D'*Angleterre* à Londres, sur des contributions, contre les Révoltés. *Lab.* XI. *Hard.* VII. & *Angl.* III.
1402. D'*Yorch*. *Angl.* III.
1402. De *Senlis*, sur le Schisme.

HÉRÉSIES ET PERSÉCUTIONS.

SUITE DU XIVᵉ SIÈCLE.

1377. *Jean Wiclef*, Prêtre, Docteur en Théologie de l'Université d'Oxford en Angleterre; avança un grand nombre de propositions dangereuses contre l'Eglise, le Pape, les Ordres Religieux, & contre la Hiérarchie Ecclésiastique. Il n'est pas Orthodoxe sur la Puissance de Dieu, sur les Sacremens & sur d'autres sujets. Le Concile de Constance, en 1414, condamna les plus pernicieuses de ses propositions, particulièrement celles qui étoient contre la Transubstantiation, contre le pouvoir de l'excommunication qui réside dans l'Eglise & dans ses Chefs. Il soutenoit que Dieu doit obéir au Diable; que toute Puissance supérieure est interdite, quand elle est en péché mortel; que toutes choses arrivent par une absolue nécessité.

1384. Mort de l'Hérétique *Wiclef* : ses Ecrits furent brûlés en Angleterre, & lui-même déterré & brûlé, en 1428.

1399. *Abbati*, espéces de Vaudois qui s'étoient répandus en Italie, & qui se livroient à toute sorte de brutalité, furent détruits en peu de tems.

QUINZIÈME SIÈCLE.

1410. *Jean Hus*, né en Bohême, a soutenu un grand nombre d'erreurs contre l'Eglise, qu'il ne composoit que des Prédestinés, & contre le Chef de l'Eglise & les autres Pasteurs; il anéantissoit les Loix Ecclésiastiques, l'excommunication & les Censures; soutenoit les erreurs de Wiclef. Jean Hus fut cité au Concile de Constance, en 1414, & condamné, en 1415 : il persista dans ses erreurs, & fut brûlé.

1415. *Jérôme de Prague*, soutenoit les erreurs de J. Hus, fut brûlé à Constance, en 1416.

1415. *Picard*, ou *Pikard*, Laïc des Pays-Bas, a renouvellé les impuretés des Adamites & des Nicolaïtes, prétendoit que les femmes devoient être communes: ses Disciples furent détruits en Bohême, en 1420.

1420. *Calixtins*, sortes de Hussites : *Roquesanne* leur Chef, & les autres Députés souscrivirent au Concile de Basle, où on leur permit la communion sous les deux espèces.

1420. *Jean Ziska*, de Bohême, se fait Chef armé des Hussites, nommés *Taborites* de la Ville de *Tabor*.

ÉCRIVAINS.

1399. *Nicolas de Gorham*, Dominicain; Commentaire sur le Nouveau Testament, & Sermons, in-fol. *Antverpiæ* 1.617-1623.

1400. *Antoine de Butrio*, Canoniste Italien; Commentaire sur les Décrétales, & Traité du Patronage, in-fol. *Venet.* 1575. & 1582.

1400. *François Zabarella*, Canoniste Italien, mort Cardinal & Archevêque de Florence, en 1417, a écrit sur les Décrétales & sur les Clémentines, avec un Traité sur le Schisme, &c.

QUINZIÈME SIÈCLE.

1401. *Paulus Anglicus*, Docteur en Droit; écrit contre les abus de la Cour de Rome, dans la distribution des Bénéfices, des Indulgences, & contre la Simonie.

1403.* De *Valladolid*, en faveur de l'Antipape. *Aguirre*, T. III.
1404. D'*Angleterre*, fur le même fujet. *Angl.* III.
1404. De *Langres*, fous Louis de Bourbon. *Raynald. ad hunc an.*
1404. De *Paris*, fur les Priviléges dans le tems du Schifme. *Ibid.*
1404. D'*Yorck*, fur le même fujet. *Angl* III.
1405. De *Prague*, cont. Pier. de Lune, ou Ben. Antip. *L.*XI.*H.*VII.
1405. De *Poitiers*, fur la Difcipline Ecclésiastique.
1406. Affemblée de Paris, *dans les libertés de l'Eglife Gallicane.*
1408. De *Prague*, on brûle les Ecrits de Wiclef. *Cochlæus Hift. Huff.*
1408. D'*Arragon*, en faveur de Pierre de Lune, Antipape.
1408. De *Reims*, fur la Difcipline. *Mart. Collect.* VII. *Hard.* VII.
1408. De *Paris*, pour envoyer au Concile de Pife. *Manfi* III. *Gall. Chr.* Tome II. page 1307.
1408. De *Londres*, pour l'extinction du Schifme. *Angl.* III.
1408. D'*Oxfort*, contre Wiclef. *Labbe* XI. *Hardouin* VII. feuls.
1409. D'*Aquilée*, contre le Schifme. *R.* XXIX. *Lab.* XI. *Hard.* VII.
1409.* De *Perpignan*, en Rouffillon, par Pierre de Lune. *Ibidem.*
1409. De *Francfort*, pour l'extinct. du Schifme. *L.*XI. *H.*VII. feuls.
1409. DE PISE, pour l'extinction du Schifme. On dépofe Grégoire XII. & Benoît XIII. on élit Alexandre V. qui indique le Concile de Constance. *R.* XXIX. *L.* XI. *H.* VIII. & *Mart. Collect* VII.
1409. De *Beziers*, *Gall. Chr.* T. VI. p. 355. — D'*Aix. Manfi* III.
1409. De *Londres*, contre les Wiclefiftes & le fchifme. *Angl.* III.
1409. D'*Autriche*, contre le Concile de Pife. *Lab.* XI.
1410.* De *Salamanque*, en faveur de Pierre de Lune. *Aguirre* T. III.
1411. D'*Orléans*, contre Jean Duc de Bourgogne, fur la mort du Duc d'Orléans. *Juvenal des Urfins*, *Histoire de Charles* VI.
1412. De *Petricovie*, en Pologne, fur la Difcipline.
1412.* De *Seville*, en Efpagne, pour Pierre de Lune.
1412. & 13. Quelques Conciles contre Wiclef & les Huffites, par Jean XXIII. rappellés dans la Bulle *in Eminenti* de Martin V.
1413 D'*Yorck* & de *Londres*, contre les Lolards, Difciples de Wiclef. *Regia* XXIX. *Labbe* XI. *Hardouin* VIII. *Angl.* III.
1414. De *Paris*, pour envoyer au Conc. de Constance. *Manfi* III.
1414. DE CONSTANCE. XVIIᵉ. Concile Général, affemblé par Jean XXIII. fucceffeur légitime d'Alexandre V. Jean XXIII. fe démet du Pontificat pour rendre la paix à l'Eglife. On y élit Martin V. qui approuve tout ce qui s'étoit fait dans ce Concile ; on y condamne les héréfies de Wiclef & de Jean Hus. Il dure, depuis 1414, jufq. 1418. *Regia* XXIX. *Labbe* XII. *Hard.* VII. *Herman Vonder Hardt*, *Acta Concil. Conftantienfis*, 6 vol. *in folio*, 1698. M. Bourgeois du Chaftenet en a donné quelques-uns dans fon Histoire du Concile de Constance, in-4°. *Paris* 1718, & le Père *Martene*, Tome IV. *Thefauri Anecdotorum.*
1414. De *Digne. Gall. Chr.* Tome III. page 1127.
1414. D'*Yorck. Angl.* III.
1415. De *Bourges*, fur l'impofition fur le vin. *L.*XII.*H.* VIII. feuls.
1415. De *Londres*, pour députer au Concile de Constance. *L.* XIII.
1415.* De *Penifcola*, en Efp. par Pierre de Lune. *Rayn. ad hunc an.*

CONCILES.

1416. De *Londres*, & de *Perth*, sur la Jurisd. Ecclés. *L.* XII. *Ang.* III.
1416. D'*Aix. G. C. T.* I. p. 507. pour député. au Conc. de Constance.
1417. De *Londres*, sur les Priviléges des Universités. *Angl.* III.
1417. Assemblée de *Paris*, contre les réserves. *Mémoires du Clergé.*
1417. D'*Yorck. Anglic.* III.
1419. De *Cantorberi*, contre un Magicien. *R.* XXIX. *L.* XII. seuls.
1420. De *Saltzbourg*, sur la foi & les mœurs. *R.* XXIX. *L.* & *H.*
1420. De *Kalisch*, Diocèse de Gnesne en Pologne, sur l'élection de l'Evêque de Strigonie, en Hongrie. *L.* XII. *H.* VIII. seuls.
1420. De *Mayence*, sur la Discipline. *Servar. Hist. Moguntina.*
1420. De *Riga*, en Livonie. *Lab.* seul XII. & *Crantzii Vandalia.*
1421.* De *Prague*, par les Hussites. *R.* XXIX. *L.* XII. seuls.
1421. D'*Yorck*, sur la Discipline. *Angl.* III.
1422. De *Vernon*, pour députer au Concile de Pavie. *Bessin.*
1423. De *Pise. Gall. Chr.* Tome III. page 705.
1423. De *Gnesne*, contre les Hussites. *R.* XXIX. *L.* XII. seuls.
1423. De *Mayence*, de *Cologne*, & de *Trêves*. *Labbe* XII.
1423. De *Lanciski*, en Polog. cont. les Hussit. *Cochlæus, Hist. Huss.*
1423. De *Pavie*, indiqué à Constance, transferé à *Sienne*. *Regia* XXIX. *Labbe* XII. *Harduin* VIII.
1424. De *Sienne*, suite de celui de Pavie. *Ibidem.*
1424. De *Lyon*, contre quelques impostures. *Raynald. ad hunc an.*

ECRIVAINS.

1402. *Jean Charlier*, dit *Gerson*, du lieu de sa naissance au Diocèse de Reims, Docteur & Chancelier de l'Université de Paris ; a travaillé sur un grand nombre de sujets de Doctrine & de Piété. On lui a attribué à tort le Livre de l'Imitation de J. C. *Ejus opera*, in-folio, *Antuerpiæ* 1706, 5 vol.
1403. *Herman de la Pierre* (de *Petra*), Chartreux près de Bruges ; sur l'Oraison Dominicale & sur l'Immaculée Conception. *Ejus opera Aldenardæ & Lovanii* 1480 & 1484. rares.
1404. *Thierri de Niem*, Evêque de Cambray, en 1408. Histoire du Schisme d'Occident, depuis 1378, jusqu'en 1410. in-fol. *Norimbergæ* 1532. Vie du Pape Jean XXIII. in-8°. *Fraycofurti* 1620. Droits de l'Empire sur les Investitures, in-8°. *Basileæ* 1557.
1405. *Thomas Valdensis*, Carme Anglois, a écrit contre Wiclef & les Hussites. *Doctrinale antiquitatum fidei Catholicæ Ecclesiæ*, in-fol. *Paris* 1532, 3 vol. & *Venetiis* 1571, 3 vol. & ailleurs, rare.
1409. Le Pape *Alexandre V.* Commentaire sur le Maître des Sentences, des Questions Théologiques, des Sermons & des Lettres.
1409. *Siméon*, Archev. de *Thessalonique*; sur la Liturgie, *in Bib. P P.*
1410. *Henri de Balma*, Cordelier ; quelques Traités sur la vie Mystique, *inter S. Bonaventuræ opera*, in-fol.
1412. *Jean Capreolus*, Dominicain ; sur le Maître des Sentences & Apologie de S. Thomas, in-fol. *Venetiis* 1484-1514-1558.
1419. *Vincent Ferrier*, Dominicain Espagnol ; plusieurs Sermons, in-4°. *Venetiis* 1485-1537 & 1606.

PAPES.

CCX.
1431. *Eugène IV.* 3 Mars.
Gouverne 15 a. 11 m. 20 j.
† 23 Février 1447.
Le siége vaque 10 j.
En 1439, *Amédée VIII. Duc de Savoye*, ou *Felix V.* est élu le 17 Novembre, au Concile de Basle, abdique le 7 Avril 1449, meurt en 1451.

CCXI.
1447. *Nicolas V.* 6 Mars.
Gouverne 8 a. 19 j.
† 24 Mars 1455.
Le siége vaque 14 j.

CCXII.
1455. *Calixte III.* 8 Avril.
Gouverne 3 a. 3 m. 29 j.
† 6 Août 1458.
Le siége vaque 12 j.

RITS ET RELIGIEUX.

1435. Ordre de *Minimes*, établis par S. François de Paule, né en Calabre, approuvés en 1474 & 1492.
1436. Chevaliers de l'*Hermine*, par Ferdinand Roi d'Aragon.
1440. Chevaliers de *S. Maurice* & *S. Lazare*, par Amédée VIII.
1445. Chevaliers de *S. Hubert*.
1445. Chevaliers de l'*Eperon d'or*.
1448. Chevaliers du *Croissant*, par René d'Anjou.
1450. Le Pape Nicolas réforme les Chevaliers de *Rhodes*, depuis à *Malthe*.
1450. Ordre de l'*Hermine*, par François I. Duc de Bretagne.
1452. Chevaliers de *S. George*, à Gênes.
1453. Le *S. Suaire* porté à Turin.

CONCILES.

1425. De *Coppenhague*, sur les mœurs. L. XII. H. VIII. seuls.
1426. De *Beziers*. *Gall. Chr.* Tome VI. page 357.
1426. D'*Yorck*, sur la Discipline. *Angl.* III.
1428. De *Cantorberi* à *Londres*, sur les mœurs. *Angl.* III.
1429. De *Paris*, ou de *Sens*, sur la réformat. *Lab.* XII. *Hard.* VIII.
1429. De *Tortose* (Dertusanum), pour l'extinction du Schisme : l'Antipape Clément VIII. se démet, & l'on reconnoît Martin V. pour Pape. *Labbe* XII. *Hardouin* VIII. seuls.
1430. De *Cantorberi*. *Reg.* XXIX. *Lab.* XII. *Hard.* VIII.
1430 De *Terragone*, sur la liberté de l'Eglise. *Raynaldi ad hunc an.*
1430. De *Narbonne*, sur la Discipline. *Martene Thesauri*, Tom. V.
1431. DE BASLE, XVIIIe. Concile Général, commence à Pavie, puis à Sienne : assemblé à Basle par Eugène IV. qui en approuva les XVI. premières Sessions. Quoiqu'il y en ait XLV, on n'a reconnu en France que les XXVI premières, qui regardent presque toutes la condamnation des Bohémiens. Le Pape Eugène transféra ce Concile à Ferrare, puis à Florence : on dépose, à Basle, Eugène, & l'on élit Felix V. *Reg.* XXX. *Lab.* XII. *Hard.* VIII.
1431. De *Nantes*, sur la Discipline. *Conc. Prov. Turon.*
1432. De *Bourges*; on y soutient le Concile de Basle. *Rayn.*
1434. De *Prague*, pour la réunion des Hussites.
1436. De *Perth*, en Ecosse. *Angl.* III.
1438. De *Ferrare*, auquel se trouverent l'Empereur d'Orient, Jean Paléologue, le Patriarche de Constantinople, aussi-bien que les Arméniens. *Regia* XXXII. *Labbe* XIII. *Hardouin* IX.
1439. De *Mayence*, au sujet du Concile de Basle.

GRANDS-HOMMES. HÉRÉS. ET PERS. 505

1433. *S. Laurent Justinien* est fait Evêque de Venise.
1440. Mort de *Ste Françoise*, Dame Romaine.
1440. L'Imprimerie est trouvée à Mayence, par Jean *Guttemberg* & Jean *Faust*, selon l'Abbé Trithéme.
1444. Mort de *S. Bernardin de Sienne*, Religieux de S. François, Réformateur de son Ordre, en 1439.
1447. *S. Nicolas* de Tolentin, canonisé.
1450. *S. Bernardin* de Sienne, canonisé.
1455. Mort de *S. Laurent Justinien*, premier Patriarche de Venise.
1455. *S. Vincent Ferrier*, canon.

1434. Le Pape *Eugene IV*. persécuté par les Colonnes, abandonne Rome.
1435. *Augustin de Rome* dit que J. C. péche tous les jours, parce que ses membres péchent, & que les seuls élus sont membres de J. C. il est condamné au Concile de Basle.
1440. *Marc*, Evêque d'*Ephese*, rompt l'union des Grecs, faite au Concile de Florence.
1446. *Laurent Valla*, évite le feu à Naples, en abjurant ses erreurs.
1448. Les *Hussites* se soulevent de nouveau en Bohême.
1452. *Juifs* brûlés, en Silésie, pour avoir outragé l'Eucharistie.

ECRIVAINS.

1420. *Gobellinus Persona*, Allemand; Chronique du Monde, intitulée, *Cosmodromium*, in-fol. *Francofurti* 1599.
1431. *Pierre de Ancharano*, Jurisconsulte Italien ; sur les Décrétales, les Clementines, in-fol. *Lugduni* 1549 & 1553, & ailleurs.
1431. *Nicolas de Clemengis*, Docteur de Paris; Lettres & Traités sur le Schisme & les mœurs. *Ejus opera*, in-4°. *Lugd. Batav.* 1613.
1431. *Henri de Hesse* ou *Langestein*, Chartreux ; Traités sur l'Immaculée Conception & sur la Morale, in-4°. *Mediolani* 1480.
1431. *Thierri Urias*, Allemand; Histoire du Concile de Constance, sous le titre *de Consolatione Ecclesiæ*.
1432. *S. Bernardin de Sienne* ; Traités Spirit. in-fol. *Paris* 1636.
1432. *Nicolas Tudesque* ou *Panorme*, Cardinal en 1440 ; sur les Décrétales, &c. in-fol. *Venetiis* 1617. 9 Vol.
1432. *Jordan de Bresse*, contre le Conc. de Basle. *Miscellan. Baluz.*
1433. *S. Laurent Justinien* ; Traités Spirituels, in-fol. *Venet.* 1606.
1433. *Gilles Charlier* ; Traités de Doctrine & Morale, in-fol. *Bruxellis* 1478.
1434. *Alphonse Tostat*, Evêque d'Avila, en Espagne ; Comment. sur l'Ecrit. Ste & autres Ouvrages : in-fol. *Venetiis* 1596. 17 Vol.
1434. *Jean Patriarche d'Antioche* ; de la supériorité du Concile sur le Pape , *in Collectionibus Conciliorum*.
1434. *Nicolas Plaw*, Evêque de Posnanie, en Pologne ; Sermons, Traités des Sacremens, & autres Ecrits, in-4°. *Argentorati* 1498.
1436. *Marc d'Ephese*; Lettres sur le Concile de Florence, & autres Traités, *in Collect. Conciliorum*.
1436. *Bessarion*, Moine Grec, puis Cardinal ; Traités pour les Latins.

1439. De *Cantorberi*, sur la Discipline. *Labbe* XIII.
1439. DE FLORENCE, réputé par plusieurs Concile Général, & suite de celui de *Ferrare*; on y continue le dessein de la réunion des Grecs & des Arméniens. Néanmoins l'accord se fit, (mais ne dura pas.) Il donna lieu à plusieurs Grecs célèbres, de rester en Europe. *Ibidem*.
1439.* De *Moscovie*, l'on y fait prisonnier l'Evêque de Kiovie, Isidore, Légat du Pape. *Raynaldi ad hunc annum*.
1440. De *Frisingue*, en Allemagne, sur la réformation. *Labbe*.
1441. De *Mayence*, sur le Concile de Basle.
1441. D'*Avignon*, sur les mœurs.
1442.* De *Constantinople*, sur la réunion des Grecs. Il est supposé.
1442. De *Beziers*. *Gall. Chr.* Tome VI. page 359.
1443.* De *Constantinople* : le Patriarche Métrophane y est déposé, *Allatius in Consensione*, Lib. III.
1444. De *Latran*, on dépose l'Evêq. de Grenoble. *Rayn. ad hunc an.*
1445. De *Rouen*, sur la Discipline. *Lab.* XIII. *Hard.* IX. & *Bessin*, manque *in Regia*.
1448. De *Lausanne*, sur le Schisme. *Ibidem*.
1448. D'*Angers* ou de *Tours*, sur les mœurs. *Regia* XXXIV. *Labbe* XIII. *Hardouin* IX.
1449. De *Lyon*, d'autres disent de *Lausanne*; l'Antipape Felix V. abdique. *Ibidem & Martene Thesauri*, Tome IV.
1450.* De *Constantinople*, contre l'union avec l'Eglise Latine. *Lab.* XIII. *Hardouin* IX.

ÉCRIVAINS.

1438. *Georges Scholarius*, Grec ; contre le Concile de Florence.
1438. *Georges Gemistus* ; contre la Procession du S. Esprit.
1440. *Jean de Turrecremata*, Dominicain Cardinal ; sur le Décret de Gratien, in-folio, *Venetiis* 1578. Plusieurs Traités de Doctrine très-curieux, in-fol. *Augustæ Vindelicorum* 1471.
1440. *Georges de Trebisonde*; Traité de la Procession du S. Esprit, & traductions de quelques Pères Grecs.
1440. *Joseph de Methone*, Grec ; a écrit contre Marc d'Ephese, & a fait l'Apologie du Concile de Florence : *in Collect. Concilior.*
1440. *Gregoire Melissene*, surnommé *Mammas*, Pénitencier de Constantinople : Apologie du Concile de Florence, *in Collect. Concil.*
1442. *Jean de Anania*; Commentaire sur les Décrétales, in-fol. *Lyon* 1492, & autres Ouvrages.
1443. *S. Jean Capistran*, de l'Ordre de S. François ; de l'autorité du Pape, in-4°. *Venetiis* 1584.
1444. *Laurent Valla*, a écrit contre la prétendue donation de Constantin, & autres Ouvrages.
1444. *Ambroise*, Général des *Camaldules*, a traduit en Latin beaucoup de Pères Grecs.
1445. *Jean de Ségovie*, Chanoine de Tolede ; Concordance de la Bible ; Actes du Concile de Basle, & autres Ouvrages.

ÉCRIVAINS. 507

1445. *François de la Place*, Cordelier Italien ; une Somme de la Religion, des Sermons & Traités de la restitution, de l'usure, &c.

1445. *Regnauld Pavo*, Evêque de S. Asaph, en Angleterre ; Dialogues sur la Foi, & un autre Ouvrage contre Wiclef.

1446. *Léonard de Utino*, Dominicain Italien, a écrit beaucoup de Sermons, in-4°. *Parisiis* 1478, &c.

1446. *Pierre de Polichdorf* ; Traités contre les Vaudois & les Pauvres de Lyon : *in Biblioth. Patrum*.

1446. *S. Antonin*, Archevêque de Florence ; une Somme Historique, in-fol. *Lugduni* 1586. Une Somme Théologique très-estimée & rare, *in-fol. Venetiis* 1571, 1592 & 1596, & autres Traités.

1448. *Maphée Vegius*, Chanoine de Rome ; plusieurs Traités de Morale, *in Biblioth. Patrum*.

1448. *Nicolas de Cusa*, Cardinal & Evêque de Brixen ; des Lettres, une réfutation de l'Alcoran, des Traités de Théologie, & autres Ouvrages. *Ejus opera*, in-fol. *Paris* 1514 & *Basileæ* 1565.

1450. *Thomas à Kempis*, Chanoine Régulier, plusieurs Traités de Spiritualité, paroît avoir traduit de François en Latin le Livre de l'Imitation de J.C. *Ejus opera*, in-8°. *Duaci* 1635.

1450. *Antonius de Roselis*, Italien ; a écrit en faveur de l'autorité Royale. *Ejus Monarchia*, in-fol. *Venetiis* 1483, & *Goldasti*, Tome II. *Monarchiæ*.

1450. *Denis Rickel* ou le *Chartreux* ; Commentaire sur le Maître des Sentences, sur l'Ecriture Ste. Traité assez rare contre l'Alcoran, & autres Ouvrages. *Ejus opera*, imprimés nombre de fois, *in-fol*.

1451. *Jean Canales*, Cordelier de Ferrare ; divers Traités de Morale, *Venetiis* 1492.

1451. *Guillaume Vorilongus*, Cordelier Breton ; Commentaire sur le Maître des Sentences.

1451. *Jean Plusiadensis*, Grec ; Apologie du Concile de Florence, *apud Allatium*, & autres Traités.

1452. *Ducas* ; Histoire Byzantine, depuis 1411, jusqu'en 1462, assez rare. *Græcè & Latinè*, in-folio, *Paris* 1649.

1453. *Benoît de Accoltis*, Florentin ; Histoire des Croisades, in-fol. *Florentiæ* 1623.

1453. *Georges Scholarius*, ou *Gennadius*, Patr. de Constantinople. Traités en faveur des Latins : *in Collect. Concilior. & apud Allat.*

1455. *Nicolas de Orbellis*, Cordelier, Docteur de Paris ; Commentaire sur le Maître des Sentences, & plusieurs Sermons.

1457. *Guillaume de Houpelande*, Docteur & Curé de S. Severin de Paris ; de l'Immortalité de l'ame & de l'état de l'autre vie. *Paris* 1499.

1457. *Æneas Sylvius* Picolomini, ou le Pape *Pie II*. a été un très-savant Pape, avoit été Secrétaire du Concile de Basle, dont il a fait l'Histoire & l'Apologie, & depuis s'en est retracté ; a donné beaucoup de Lettres, divers Traités de Doctrine contre les Hérétiques de Bohême ou Taborites, un autre contre les Mahométans, aussi-bien que plusieurs autres Ouvrages de Littérature. *Ejus opera*, in-fol. *Basileæ* 1532 & 1575.

PAPES.

CCXIII.
1458. *Pie II.* 19 Août.
Gouverne 5 a. 11 m. 29 j.
† 16 Août 1464.
Le siége vaque 14 j.

CCXIV.
1464. *Paul II.* 31 Août.
Gouverne 6 a. 10 m. 26 j.
† 28 Juillet 1471.
Le siége vaque 12 j.

CCXV.
1471. *Sixte IV.* 9 Août.
Gouverne 13 a. 4 j.
† 12 Août 1484.
Le siége vaque 11 j.

CCXVI.
1484. *Innocent VIII.* 24 Août.
Gouverne 7 a. 11 m. 2 j.
† 25 Juillet 1492.
Le siége vaque 15 j.

CCXVII.
1492. *Alexandre VI.* 11 Août.
Gouverne 11 a. 8 j.
† 18 Août 1503.
Le siége vaque 1 m. 4 j.

RITS ET RELIGIEUX.

1465. *Fontevraud* réformé.
1467. *Carmelites* de France, par Françoise d'Amboise, Duchesse de Bretagne.
1469. Chevaliers de *S. Michel* en France, par Louis XI.
1484. Religieuses de la *Conception*, par Beatrix de Sylva, Portugaise, approuvées en 1489.
1491. Filles de *Ste Agnès*, à Dordrecht, Régle de S. Augustin.
1492. Chevaliers de *S. Georges*, par Alexandre VI.
1494. Chevaliers de *S. Georges* en Allemagne, par l'Empereur Maximilien I.
1495. Religieuses de l'Ordre des *Minimes*, approuvées par Alexandre VI. & réformées par Jules II. en 1506.
1496. Ord. des *Apôtres* Ancien, mais autorisé seulement cette année par Alexandre VI. uni aux Barnabites, en 1589.

La suite page suivante.

CONCILES.

1451. De *Magdebourg*, sur la Discipline. *Chron. Belg. & Raynald. ad an.* 1450.
1452. De *Cologne*, sur la Discipline. *Lab.* XIII. *Hard.* IX. seuls.
1452. De *Langres*, sous Philippe de Vienne. *Labbe* XI.
1453. D'*Yorck*, sur la Discipline. *Angl.* III.
1453. De *Cashel*, en Irlande, sur la Discipline. *Angl.* III.
1455. De *Langres*, sur la Discipline.
1455. De *Vannes* ou *Tours*, sur la Translation de S. Vincent Ferrier.
1456. De *Petricovie*, en Pologne, sur la Discipline.
1456. De *Soissons*, sur les mœurs. *Labbe* XIII. *Hardouin* IX. seuls : d'autres le mettent en 1455.
1457. De *Lambeth*; on y dépose l'Evêque de Chester pour erreur. *Harpsfeld, Hist. Wiclef. c.* 6.
1457. D'*Avignon*, sur la Discipline. *Ibid. & Martene Thes.* IV.
1459. Assemblée de *Mantoue*, sur la guerre contre les Turcs. *Ibidem.*
1461. De *Sens*, sur la Discipline & les mœurs. *Ibidem.*
1462. De *Lenciski*, en Pologne, sur la Discipline.
1463. D'*Yorck*, sur la Discipline. *Angl.* III.
1463. De *Cantorberi*, tenu à *Londres* sur les mœurs. *Ib. & Ang.* III.
1466. D'*Yorck*, sur la réformation des mœurs. *Ibid. Angl.* III.
1466. De *Lenciski*, en Pologne, sur les mœurs.

RITS ET RELIGIEUX. | HÉRÉS. ET PERS.

1459. Mort de *S. Antonin*, Archevêque de Florence.
1461. *Ste Catherine* de Sienne est canonisée.
1472. La dévotion de l'*Angelus*, établie en France par Louis XI.
1472. Mort du Cardinal *Bessarion*, à Ravenne.
1473. La dévotion du *Rosaire*, rétablie par le Bienheureux *Alain*, Dominicain.
1474. *Augustins déchaussés* établis.
1475. La Fête de *S. Charlemagne*, rétablie en France.
1476. La Fête de la *Conception* de la Ste Vierge, établie dans toute l'Eglise.
1482. Canonisation de *S. Bonaventure*, mort en 1274.
1485. Canonisat. de *S. Léopold*, Marquis d'Autriche.
1488. *Ferdinand*, Roi de Castille, devient Grand-Maître des trois Ordres d'Espagne.

1459. *Zannin Solcia* de Bergame, disoit que tous les Chrétiens seroient sauvés.
1459. Quelques *Vaudois* paroissent au Diocèse d'Arras.
1478. *Jean de Wesel*, aux Pays-Bas, Prêtre, soutient que l'Eglise & les Conciles Généraux ne sont pas infaillibles, & qu'on n'est pas obligé de leur obéir : attaque l'autorité du Pape & des autres Pasteurs ; nioit le péché originel, rejettoit les Cérémonies de l'Eglise, la continence des Prêtres, le Carême & les Indulgences : il se rétracta.
1499. *Herman de Ryswick*, Hollandois, attaquoit Moyse & l'Ancien Testament, aussi-bien que J. C. & son Incarnation ; disoit que Dieu n'avoit point créé les Anges, & qu'il n'y avoit pas d'Enfer. Il fut brûlé, à la Haye, en 1512.

ÉCRIVAINS.

1457. *Jacques de Paradis* (*de Paradiso*), Chartreux Anglois ; de l'autorité de l'Eglise & de sa réformat. *In Gold. Monarchia*, T. II.
1458. *Benoît de Accoltis* ; Traité sur la guerre pour le recouvrement de la Terre-Sainte. in-8°. *Florentia* 1623.
1459. *Léonard Justinien*, de l'Isle de Chio ; Lettres sur la prise de Constantinople, par les Turcs, en 1453. *in reb. Turc. Leoniceri.*
1460. *Jean Gobelin*, Romain, a fait l'Histoire de ce qui s'est passé en Europe, sous le Pontificat de Pie II. in-fol. *Roma* 1524.
1460. *Alphonse de Spina*, Cordelier Espagnol ; un Ecrit contre les Juifs & les Mahométans, *Fortalitium fidei*, &c. in-fol. *Noriberga* 1494, qui n'est pas commun, & a des sentimens singuliers.
1460. *Jacques Picolomini*, Evêque de Pavie, a écrit l'Histoire, depuis 1364, jusqu'en 1469. *cum Joan. Gobelino, Francofurti* 1614, nombre de Lettres, *Mediolani* 1521, & *Francofurti* 1614.
1460. *Claude Rapine*, Célestin ; quantité d'Ouvrages manuscrits. *Voyez* Lebeuf, H*stoire d'Auxerre*, Tome II. page 500.
1461. *André Barbatus*, Canoniste Italien ; Commentaire sur les Décrétales, & autres Ouvrages imprimés à Venise.
1461. *Théodore Lelio*, Evêque Italien, a réfuté le Traité de Grégoire de Heimbourg, & soutenu l'autorité des Papes sur le temporel des Rois : *apud Goldastum*, Tome II. *Monarchia*.

CONCILES.

1460. De *Cologne*, sur la Jurisdiction Ecclésiastique. *Lab.* XIII. &c.
1470. De *Benevent*, sur les mœurs. *Synodic. Benevent.*
1473. De *Tolede*, sur la Discipline. *R.* XXXIV. *L.* XIII. *H.* IX.
1473. De *Madrid*, contre les désordres du Clergé. *Aguirre*, T. III.
1473. De *Tolede*, contre l'ignorance du Clergé. *Ib. & Aguirre*, T. III.
1475. De *Sens*, sur l'Eglise. *Regia* XXXIV. *Lab.* XIII. *Hard.* IX.
1476. De *Lambeth*, contre les erreurs de Regnault, Evêque de Chester. *Labbe* XIII. *Hardouin* IX. manque *in Regia*.
1476. De *Londres*, sur les Funérailles des Evêques. *Ibidem.*
1480. D'*Yorck*, sur les mœurs. *Angl.* III.
1485. De *Petricovie*, en Pologne.
1486. De *Londres*, contre les Prédicateurs séditieux. *Anglic.* III.
1487. De *S. André*, en Ecosse, sur la Discipline. *Anglic.* III.
1488. D'*Yorck*, sur la Discipline. *Anglic.* III.
1490. De *Toulouse*, sous le Cardinal de Joyeuse.
1490. D'*Arras*, sous l'Evêque Pierre de Ranchicourt.
1491. De *Cologne*, sous l'Archevêque Herman de Hesse.
1491. De *Petrieovie*, sous Fréderic, Cardinal de Gnesne.
1493. De *Strigonie*, sur la Discipline. *Conc. Hung.*
1495. De *Besançon*, sous Charles de Neufchâtel.
1498. De *Talaga*, sous le Cardinal Ximenès, sur les mœurs. *Raynaldi ad hunc annum.*
1499. De *Burgos*, sous l'Evêque Pascal. *Aguirre*, T. III.

ÉCRIVAINS.

1461. *Grégoire de Heymbourg*, Allemand; contre l'autorité du Pape en faveur des Rois: *apud Goldastum*, T. II. *Monarchiæ.*
1461. *Théodore Lelio*, contre Grégoire de Heimbourg. *Ibid.*
1462. *Henri de Gorcum*, Hollandois; divers Traités sur les Fêtes & les Cérémonies, &c. in-fol. *Coloniæ* 1502, & *Venetiis* 1506.
1461. *George Codin*, Grec; une Description de l'Eglise de Constantinople & de ses Officiers, &c. in-fol. *Paris* 1655.
1462. *Jacques Guytrodius*, Chartreux; divers Ouvrages sur la Vie Spirituelle. *Coloniæ* 1577.
1462. Augustin *Dathus* de Sienne, Secret. de Nicolas V. Plusieurs Traités de Morale, des Lettres, & une Histoire de Sienne, &c. *Opera*, in-fol. *Senis*, 1503, *Venetiis* 1516.
1463. *Jean-Antoine Campanus*; plusieurs Traités de Doctrine & de Morale; neuf Livres de Lettres assez curieuses; la Vie du Pape Pie II. & autres Ouvrages. —— *Ejus opera*, in-fol. *Romæ* 1495. rares.
1464. *Jean Dlugossus*; Histoire de Pologne, Vies de Saints, &c.
1465. *Dominique de Dominicis*, Venitien, Evêque de Bresce; Traité du Sang de J. C. *Venetiis* 1557.
1466. *Roderic Sancius de Arevalo*, Evêque de Zamora; Histoire d'Espagne, depuis son origine, jusqu'en 1469. in-fol *inter Scriptores Hispanicos*; autres Ouvrages, dont le Miroir des conditions humaines, *Speculum vitæ humanæ*, in-fol. 1468. Livre très-rare

ÉCRIVAINS.

1467. *Alexandre de Imola*, Jurisconsulte & Canoniste Italien; Commentaires de Droit, &c. *Opera* sur le Sexte & les Clémentines, aussi-bien que sur le Dig. in-fol. *Venetiis* 1571 & 1597.

1467. *Henri Harphius*, Cordelier de l'étroite Observance, à Malines; Traité sur la Théologie Mystique, in-4°. *Coloniæ* 1555.

1469. *Jacques Perez*, Augustin Espagnol; un Traité contre les Juifs, & Commentaires sur les Pseaumes & Cantiques, in-fol. *Paris* 1498. *Lugduni* 1513.

1469. *Albert Crummedick*, Evêque de *Lubec*; Histoire des Evêques de son Eglise, *inter Script. Germaniæ*.

1470. *Pierre de Natalibus*, Evêque de Chiosa, sous le Patriarche de Venise; Vies de Saints, in-4°. *Argentorati* 1502.

1470. *Eltwin Herdman*, d'Osnabruc; Histoire des Evêques de cette Ville, *inter Scriptores Germaniæ*.

1472. *Barthelemi*, ou *Baptiste Platina*, a fait l'Histoire des Papes & d'autres Ouvrages. Il faut avoir son Hist. imprimée en 1500.

1473. *Pierre Niger*, Dominicain, contre les Juifs, & le Bouclier des Thomistes. *Venetiis* 1481.

1475. *Ambroise Coriolan*, Hermite de S. Augustin; Commentaire sur la Régle de S. Augustin, & autres Traités. *Romæ* 1481.

1475. *Jean de Cyrcyo*, Moine de Cîteaux; Abrégé de la Vie des Saints de son Ordre, & ses Priviléges, in-fol. *Divione* 1491.

1476. *Jean de Wesel* (*de Wesalia*); a écrit plusieurs Traités sur la Religion, &c. avec des sentimens singuliers. *Ejus opera*, in-4°. 1525, 1614 & 1617.

1477. *Jean Raulin*, Docteur de Paris, puis Moine de Clugny, en 1479; a fait beaucoup des Sermons, plusieurs Lettres, & autres Traités de Morale.

1480. *Gabriel Biel*, Docteur de Tubinge en Souabe; Commentaires sur le Maître des Sentences & l'explication du Canon de la Messe, & autres Ouvrages.

1480. *Hermolaus Barbarus*, Patriarche d'Aquilée; outre divers Ouvrages de Littérature, a donné des Sermons & des Lettres.

1481. *Baptiste de Salvis*, Cordelier; une Somme de cas de conscience, in-fol. *Paris* 1499.

1481. *Pacificus*, Cordelier,
1481. *Ange de Clavasio*, Cordelier, } Des Sommes de cas de
1481. *Baptiste de Trovamala*, Cordelier. } Conscience.

1482. *Bernardin d'Aquilée*, Cordelier; Traités de Doctrine, & Ouvrages Historiques.

1482. *Bernardin de Bustis*, Cordelier; Sermons sur la Ste Vierge, Traités sur les Monts de Piété, *Mediol.* 1503, & autres Ouvrages.

1482. *Robert Caraccioli*, Cordelier; un grand nombre de Sermons, in-4°. *Venetiis* 1490.

1482. *Michel de Milan*, Cordelier; Traité de Morale, in-4°. *Basileæ* 1479.

1483. *Etienne Brulefer*, Cordelier; Commentaires sur les quatre Livres des Sentences de S. Bonaventure, & plusieurs autres Traités de Doctrine.

1483. *André Cardinal de S. Sixte*; des Lettres, in-8°. *Tiguri* 1654, & plusieurs Traités sur la réformation de la Cour de Rome.

1483. *Jérôme Savonarole*, Dominicain de Ferrare; le triomphe de la Foi, de la simplicité de la Vie Chrétienne, divers autres Traités de Morale, & un très-grand nombre de Sermons. Il fut brûlé pour avoir déclamé contre le Pape Alexandre VI.

1484. *Marcile Ficin*, Chanoine de Florence, & grand Philosophe Platonicien; a fait plusieurs Lettres, un Commentaire sur S. Paul, un Traité de la Religion Chrétienne, & autres Traités de Doctrine. Ejus opera, in-fol. *Venetiis* 1516, *Basileæ* 1561, & *Paris*, 1641.

1484. *Wernier de Laer*, Chartreux de Cologne, une Chronique, intitulée *Fasciculus temporum*, *inter Scriptores Germanicos*, a été traduite en François, sous le titre de *Fardelet des tems*.

1484. *Jean Trithème*, Bénédictin Allemand, & Abbé d'Hirsauge; un Catalogue des Ecrivains Ecclésiastiques, plusieurs Lettres, des Traités de Piété, de Doctrine & de Morale, & autres Ouvrages Historiques, & la Chronique d'Hirsauge, in-fol. *Paris* 1601— *Moguntiæ* 1604— 1605. & *Coloniæ* 1625, &c. *Sancti Galli in Helvetia*, 1690. 2 vol.

1485. *Felix Fabri*, Dominicain Allemand; Voyage de Jérusalem, in-4°. *Moguntiæ* 1486.

1485. *Jean Pic*, Prince de la Mirandole; sur les six jours de la Création, Traités de Morale, Lettres, & Ouvrages de Philosophie. Ejus opera, in-fol. *Venetiis* 1498, *Basileæ* 1573.—1601.

1485. *Pierre Brutus*, Evêque dans l'Etat de Venise; a écrit contre les Juifs, *Victoria pro Christianis*, in-fol. *Vicentiæ* 1489.

1486. *Charles Fernandez*, Professeur à Paris; Traité de l'Immaculée Conception, & quelques Ouvrages de Morale, *Paris* 1512-1516.

1486. *Antoine de Lebrixa* (*Nebrissensis*), premier Professeur d'Alcala; des Notes sur les Epitres des Apôtres, quelq. Vies de Saints, Hist. des Rois Ferdinand & Isabelle, & Ouvrages de Littérature.

1487. *Aurelius Brandolinus*, Augustin Italien; Paradoxes Chrétiens, & autres Traités de Morale, in-folio, *Basileæ* 1498.

1487. *Arnoldus Borstius*, Carme de Gand; a écrit sur les hommes illustres des Chartreux & Carmes, in-8°. *Coloniæ* 1609, rare.

1488. *Geofroy Boussard*, Docteur & Chancelier de l'Université de Paris; du célibat des Prêtres, & autres Ouvrages Canoniques, *Paris* 1505-1511-1519.

1488. *Donatus Bossius*, Milanois; Chronique des Evêques de Milan, in-folio, *Mediolani* 1492.

1489. *Marcus Coccius Sabellicus*; une Chronique générale, une Histoire de Venise, & autres Ouvrages. in-fol. *Basileæ* 1560. 4 volumes.

1489. *Boniface Simonetta*, Moine de Citeaux; Histoire des Persécutions arrivées dans l'Eglise, in-fol. *Mediolani* 1492.

1490. *Jean Caroli*, Dominicain de Florence; des Grands Hommes de son Ordre, *Bononiæ*.

1490. *Matthieu Bossus*, Chanoine Régulier d'Italie; divers Traités de Morale, in-fol.

ÉCRIVAINS.

1491. *Conrard Summenhart*, Allemand ; divers Traités de Morale. *Hagenoæ*, 1615.

1492. *Alexandre VI.* Pape ; outre plusieurs Lettres, a donné un Bouclier de la Foi : *Clypeus defensionis fidei*, *Argentorati* 1479.

1492. *Robert Gaguin*, Général des Trinitaires ; Poësies, Lettres, de l'Immaculée Conception, in-4°. *Paris* 1498, & Hist. de Fr.

1493. *Felinus Sandeus*, Jurisconsulte Italien ; Commentaires sur les Décrétales, sur le Décret, & plusieurs autres matières Canoniques.

1493. *Jean Galerus*, de Kayserwert, en Allemagne, des Sermons & plusieurs Traités de Doctrine. *Argentorati* 1509-1518.

1494. *Jacques Wimphelingius*, Théologal de Spire : Grief de la Nation Allemande contre la Cour de Rome ; Vies des Evèques de Strasbourg, & une Chronique des Empereurs.

1494. *Jacques Philippi*, Curé de S. Pierre de Bâle : *Reformatorium vitæ morumque & honestatis Clericorum*, Livre très-rare, imprimé à Bâle, sous la fausse date de 1444, & où l'on trouve les Constitutions des Frères de la Vie commune, qui n'ont point été mises dans les Recueils que l'on a faits des différentes Régles.

1494. *Jean Reuchlin*, dit *Capnio*, du Marquisat de Bade, l'un des plus savans hommes de l'Allemagne ; Traités contre la Cabale, sur le Talmud, *de verbo mirifico*, & autres Traités de Doctrine.

1495. *Olivier Maillard*, Cordelier ; un grand nombre de Sermons, imprimés en plusieurs endroits, & qui sont très-recherchés des Curieux, à cause de leurs singularités.

1495. *Jacques-Philippe Forestus*, Augustin de Bergame ; une Histoire Universelle, sous le titre de *Supplementum Chronicorum*, in-fol. *Brixiæ* 1496. Une Histoire des Femmes Illustres, in-fol. *Paris* 1521, & un Directoire des Confesseurs.

1496. *Antoine Bonfinius*, Italien ; Histoire de Hongrie, & un Traité de la Virginité, in-fol. *Francofurti* 1587.

1496. *Jovianus Pontanus*, célèbre Littérateur Italien ; a écrit sur les Belles-Lettres, la Morale, les matières Ecclésiastiques, & sur l'Histoire de Naples. —— *Ejus opera*, in-8°. *Venetiis*, *Aldi* 1519. 3 Vol. —— *Ejus Poëmata*, in-8°. *Venetiis* 1520.

1497. *Nicolas de Simons*, (Simonis), Carme Hollandois : des Sermons, Commentaires sur les Décrétales, & un Traité de la Puissance du Pape, de l'Empereur & du Concile.

1497. *Jacques Sprengerus*, Dominicain de Cologne ; a écrit contre les femmes qui se mêlent de maléfices, in-8°. *Venetiis* 1576. *Lugduni* 1620.

1498. *Henri Institor*, Dominicain ; un Traité sur la Puissance du Pape, contre celui de Rosellis, in-8°. *Venetiis* 1499.

1498. *Pierre Dorlandus*, Chartreux de Cologne, sur les Hommes Illustres de son Ordre, in-8°. *Coloniæ* 1608.

1498. *Vincent de Bandellis*, Dominicain d'Italie & Général en 1501, a écrit sur la Conception de la Sainte Vierge, in-4°. *Bononiæ* 1481, & in-12. *Rothomagi* 1679, & d'autres Traités.

1499. *Jean Palinodorus*, Carme de Malines ; des Traités Historiques sur son Ordre.

II. Partie.

PAPES.

SEIZIÈME SIÈCLE.
CCXVIII.
1503. *Pie III.* 23 Septembre. Gouverne 28 jours.
† 18 Octob. 1503. vaque 13 j.
CCXIX.
1503. *Jules II.* 1 Novembre. Gouverne 9 a. 3 m. 21 j.
† 21 Février 1513. vaque 21 j.
CCXX.
1513. *Léon X.* 15 Mars. Gouverne 8 a. 8 m. 17 j.
† 1 Décembre 1521.
Le siége vaque 1 m. 7 j.
CCXXI.
1522. *Adrien VI.* 9 Janvier. Gouverne 1 a. 8 m. 16 j.
† 14 Septembre 1523.
Le siége vaque 1 m. 25 j.

RITS ET RELIGIEUX.

SEIZIÈME SIÈCLE.
1501. Religieuses *Annonciades*, établies à Bourges par la Bienheureuse Jeanne, Reine de France, Duchesse de Berry.

1503. Religieux de S. François *Recollets*, approuvés en 1531.

1516. On défend aux *Religieux Mendians* de prêcher sans l'approbation de l'Ordinaire.

1520. Hermites *Camaldules*, réformés du Mont Corona, en Italie, approuvés la même année.

1520. *Chevaliers de l'Eléphant*, en Danemarck, par le Roi Christiern II. d'autres disent qu'ils furent établis, en 1478, par Christiern I.

CONCILES.

SEIZIÈME SIÈCLE.

1510. De *Tours*, sur les mauvais traitemens que les François recevoient du Papes Jules II. *Reg.* XXXIV. *Lab.* XIII. *Hard.* IX.

1511. De *Pise*, en Italie, assemblé contre le Pape Jules II. par les Cardinaux de Carvajal & Briçonnet. Il fut continué à Milan. *Ib.* Ce Concile n'est point reçu en Italie; non plus que par quelques Théologiens François, quoique M. Dupuy en ait donné les actes.

1511. Du *Mans*, *Gall. Chr.* Tome VI. page 249.

1511. De *Lyon*. *Ibid.* Tome III. page 368.

1511. De *Florence*, sur la Discipline. *Mansi Tome* V.

1511. Assemblée d'*Augsbourg*, contre le Concile de Pise.

1512. De *Seville*, sur la Discipline. *Aguirre*, Tome IV.

1512. DE LATRAN, XIXe. Concile Général, commencé le 10 Mai 1512, par Jules II. & fini sous le Pape Léon X. le 16 Mars 1517; contre le Concile de Pise, pour la guerre Sainte, & pour supprimer la Pragmatique Sanction de France. Plusieurs Théologiens ne reconnoissent pas ce Concile comme Général, & Bellarmin laisse même la liberté d'en douter. *Reg.* XXXIV. *Lab.* XIV. *Hard.* IX.

1515. De *Rome*. *Gall. Chr.* Tome IV. page 991.

1515. Assemblée de *Vienne* en Autriche, pour la paix entre les Princes Chrétiens. *Raynaldi ad hunc an.*

1517. De *Florence*, sous le Cardinal Jules de Medicis, depuis Pape.

1518. De *Dublin*, en Irlande, sur la réformation des mœurs.

1522. De *Rouen*, sur la Discipline. *Bessin in Conciliis Normaniæ.*

1523. De *Lanciski*, contre Luther. *Raynaldi ad hunc an.*

SEIZIÈME SIÈCLE.

1504. Mort de la Bienheureuse Jeanne de Valois, fille, sœur & femme de Rois de France.
1507. S. François de Paule, m. en France, où le Roi Louis XI. l'avoit fait venir de Calabre.
1514. Le Cardinal *Ximenés*, l'un des plus grands hommes que l'Espagne ait produit, fait travailler à une Bible selon les Langues orientales.
1514. *S. Bruno*, Fondateur des Chartreux, est canonisé.
1519. Canon. de *S. François de Paule*, Fondat. des Minimes.
1528. *S. Ignace de Loyola*, vient à Paris, âgé de 37 ans.

SEIZIÈME SIÈCLE.

1517. Martin *Luther* d'Islebe, en Saxe, Augustin, condamné par Léon X, par les Universités, & depuis enfin par le Concile de Trente, attaque l'autorité de l'Eglise & la Prééminence du Saint Siége ; nie le Purgatoire, les Indulgences, & l'efficace des Sacremens, dont il n'admet que deux ; prive l'homme de sa liberté ; supprime le Culte & l'Invocation des Saints ; met dans l'Eucharistie J. C. avec le pain ; rejette les Vœux Monastiques.

ÉCRIVAINS.

SEIZIÈME SIÈCLE.

1501. *Jean Blerus*, Bénédictin de Liége ; Histoire de la Fête-Dieu, *apud Bzovium, ad an.* 1320.
1501. *Michel Lochmayer*, Chanoine de Passau ; des Sermons, & Traités sur les devoirs des Curés, in-4°. *Hagenoæ* 1497, & *Moguntiæ* 1616.
1501. *Jean Nauclere*, Allemand ; Chronique Universelle, in-fol. *Coloniæ* 1564 & 1579.
1501. *Augustin de Pavie*, (*Ticinensis*) ; une Histoire des Ordres Religieux, & autres Ouvrages, in-fol. *Brixiæ* 1511.
1501. *Guillaume Pepin*, Dominicain d'Evreux ; un grand nombre de Sermons assez estimés, in-4°. *Antuerpiæ* 1656, 9 Vol.
1501. *Claude de Seyssel*, Evêque de Marseille, puis Archevêque de Turin ; Traités contre les Vaudois, & autres Ouvrag. de Morale, &c.
1502. *Jean du Pin*, Evêque de Rieux ; Vie de Sainte Catherine de Sienne, & autres Femmes Illustres, in-fol. *Paris* 1521.
1502. *Paul Cortez*, Protonotaire Apostolique ; Commentaires sur le Maître des Sentences, un Traité du Cardinalat, & autres Ouvrages Dogmatiques, in-fol. *Basileæ*, 1548.
1502. *Jean Stella*, Prêtre Venit. Vies des Papes, in-8°. *Ven.* 1507.
1503. *François Ximenès*, Cordelier & Archevêque de Tolede ; a donné une Bible Polyglotte, *in-fol. Compluti* (Alcala) 1517.
1504. *Albert Crantzius*, Chanoine de Hambourg ; Histoire Ecclésiastique des Peuples du Nord, in-fol. *Francofurti* 1574, & aut. Ouvrag.
1504. *Alphonse Zamora*, Juif Espagnol, converti ; Grammaire & Critique de la Langue Hébraïque.
1506. *Jean-Louis Vivaldus* de Piémont, Evêque en Esclavonie ; plusieurs Traités de Théol. & de Morale. *Papiæ* 1507. & *Lugd.* 1548.

PAPES.

CCXXII.
1523. *Clément VII.* 29 Novemb.
Gouverne 10 a. 10 m. 7 j.
† 25 Septemb. 1534. vaq. 17 j.
CCXXIII.
1534. *Paul III.* 13 Octobre.
Gouverne 15 a. 28 j.
† 10 Novembre 1549.
Le siége vaque 2 m. 28 j.
CCXXIV.
1550. *Jules III.* 8 Février.
Gouverne 5 a. 1 m. 16 j.
† 23 Mars 1555. vaque 17 j.
CCXXIV.*
1555. *Marcel II.* 9 Avril.
Gouverne 22 j.
† 1 Mai 1555. vaque 22 j.
CCXXV.
1555. *Paul IV.* 23 Mai.
Gouverne 4 a. 2 m. 27 j.
† 18 Août 1559. vaq. 4 m. 7 j.
CCXXVI.
1559. *Pie IV.* 26 Décembre.
Gouverne 5 a. 11 m. 15 j.
† 9 Décemb. 1565. vaque 28 j.

RITS ET RELIGIEUX.

1524. *Théatins*, par S. Gaëtan.
1525. *Capucins*, par le P. Matthieu de Baschi, approuvés en 1526.
1530. *Somasques*, par Jérôme Emiliani, Noble Venitien.
1532. Franciscains de *l'Etroite Observance*.
1537. *Carmelites*, par Ste Thérèse.
1533. ou 1474. *Augustins Déchaussés*.
1534. Société de Jesus, par *S. Ignace*, approuvée en 1540.
1535. Chevaliers de S. André de Bourgogne, par Charles-quint.
1536. *Barnabites*, par Antoine-Marie Zacharie, Milanois.
1537. Religieuses *Ursulines*.
1542. *Capucines*, par Marie Longa, de Naples.
1546. Chevaliers de la Fleur de Lys, par Paul III.
1552. *Hermites du Mont Colorico*, au Royaume de Naples.
1554. *Freres de la Charité*, ou de S. Jean de Dieu.

CONCILES.

1523. De *Meaux*, sous Guil. Briçonnet, contre Luther. *Spondanus*.

1524. Assemblée de *Ratisbonne*, où l'Archiduc Ferdinand publie un Edit contre les Luthériens. *Raynaldi ad hunc annum*.

1525. De *Mexique*, sur la Discipline. *Raynaldi ad hunc annum*.

1527. De *Lyon*, contre l'Hérésie de Luther, sur la Discipline, & pour accorder au Roi un subside, pour délivrer d'Espagne les enfans de France, en ôtage pour François I. *Martene Thesauri*, T. IV.

1527. De *Rouen*, sur la Doctrine & la Discipline. *Bessin. Ibidem*.

1528. De *Bourges*, contre les erreurs de Luther, sur la réformation des mœurs, &c. *Labbe*, Tome XIV. *Hardouin* IX. seuls.

1528. De *Sens*, ou de *Paris*, contre les Luthériens, & pour la réformation-des-mœurs. *Reg*. XXXIV. *Lab*. XIV. *Hard*. IX. & imprimé séparément à Paris, *in-folio*, en 1529.

1535. D'*Agde*. *Gall. Chr.* Tome VI. page 251.

1536. De *Cologne*, sur la Doctrine & la Discipline, par Herman, Archevêque de Cologne, qui depuis se fit Luthérien. *Reg*. XXXV. *Labbe* XIV. *Hardouin* IX. *Idem*. in-folio, *Coloniæ*. 1537.

1538. *Consilium delectorum Cardinalium & aliorum Prælatorum de emendandâ Ecclesiâ*. Manque dans les trois grandes Collections, ne se trouve que dans l'Edition de Crabbe, de l'an 1551.

GRANDS-HOMMES. | HERES. ET PERS. 517

1541. S. *François-Xavier*, part pour la Miſſion des Indes.

1547. Mort de S. *Gaëtan* de Thiéne, Fondateur des Théatins.

1550. Mort de S. *Jean de Dieu*, Fond. des Freres de la Charité.

1552. Mort de S. *François-Xavier*, dans l'Iſle de Sancian, près de la Chine.

1555. Mort de S. *Thomas* de *Villeneuve*.

1556. Mort de S. *Ignace* de *Loyola*.

1523. Philippe *Melancthon*, Luthérien modéré.

1523. Martin *Bucer*, établit la Religion Proteſtante à Strasbourg.

1523. André *Bodenſtein*, dit *Carloſtad*, eut de grands différends avec Luther, ſur la préſence de J. C. dans l'Euchariſtie, rejettée par Carloſtad.

1523. J. P. *le Clerc*, à Meaux.

1523. Balthazar *Pacimontan*, Chef d'Anabaptiſtes, brûlé à Vienne en Autriche, en 1528.

ÉCRIVAINS.

1506. Jacques *Almain*, Docteur de Paris; divers Traités ſur la Puiſſance & les matières Eccléſiaſtiques: *cum Gerſon. Operibus. & Goldaſti*, & ſur les Sentences.

1507. Jean-Baptiſte *Hiſpaniolus*, ou *Spagnoli*, dit le *Mantouan*, Général des Carmes, en 1513; pluſieurs Traités de Religion & des Poëſies. *Ejus opera*, 4 Vol.

1510. *Adrien VI.* Pape; Queſtions Théologiques, & Comment. ſur le Maître des Sentences, compoſé à Louvain, in-fol. *Romæ* 1522.

1511. Pierre *du Mont* (de Monte) Vénitien, Evêque de Breſſe; de la Monarchie du Pape & de l'Empereur, *Lugduni* 1512.

1512. François *Aubertin*, Prêtre Florentin; Deſcription de l'ancienne & nouvelle Rome, & quelques Ouvrages de Morale.

1516. *Léon X.* Pape; pluſieurs Conſtitutions & autres Bulles, avec le Concordat fait entre le S. Siége & François I.

1517. Sylveſtre *Mozolin*, ou *Prieras* Dominicain, Maître du Sacré Palais; Traités contre Luther, & pluſieurs Ouvrages de Doctrine.

1517. Iſidore *de Iſolanis*, Dominicain d'Italie: quelques Ouvrages fort rares: *de Imperio militantis Eccleſiæ, & de Igne Inferni, Purgatorio*, &c.

1518. Albert *Pighius*, né dans l'Overiſſel, mort à Utrecht, en 1543: Traité de la Hiérarchie, du ſacrifice de la Meſſe, &c. contre les Luthériens & Calviniſtes, &c. Il avoit dès ſentimens particuliers ſur le péché originel, la grace & la prédeſtination.

1518. Philippe *Decius*, Docteur en Droit à Piſe; de la ſupériorité de l'Egliſe ſur le Pape, *in Goldaſti* Tom. III. & autres Ouvrages de Droit.

1519. Jacques le *Fevre* d'Eſtaples, ou *Faber*; Traductions & Commentaires de l'Ecriture Sainte, & autres Ouvrages dogmatiques.

1520. Thomas *Illyricus*, Cordelier d'Italie; Bouclier de la Foi contre Luther, de la Puiſſance du Pape, & autres Traités de Doctrine & de Morale.

1520. Michel *Menot*, Cordelier François; Sermons pour deux différens Carêmes, recherchés des Curieux pour leurs ſingularités.

1520. *Gabriel* Grec, Archevêque *de Philadelphie*; Traité sur la Foi de l'Eglise Orientale.

1521. Pierre *Galatin*, Italien, Juif converti, puis Cordelier, mort en 1532. *Arcana veritatis Catholicæ fidei*, copié sur le *Pugio fidei* de Raymond Martin.

1521. Didier *Erasme*, de Roterdam, mort à Basle, en 1536, a donné plusieurs Editions des Pères de l'Eglise, des Commentaires sur l'Ecriture Sainte, & Traités de Doctrine & de Piété, &c. *Opera* in-fol. *Lugduni Batavorum* 1703. &c. 11 Vol.

1521. *Henri VIII*. Roi d'Angleterre; défense des Sacremens de l'Eglise contre Luther, in-fol. *Londini* 1521.

1522. Jean-Louis *Vivès* de Valence, en Espagne, mort en 1540; Commentaires sur la Cité de Dieu de S. Augustin, Vérité de la Religion, & autres Ouvrages.

1523. Sanctès *Pagninus*, Dominicain; Version de la Bible, &c.

1523. Léon de *Castro*, Docteur de Salamanque, en Espagne; Commentaire sur les Prophétes, & une Apologie de la Vulgate.

1523. Guillaume *Briçonnet*, Evêque de Meaux; Apologie de Louis XII. contre le Pape Jules II. & autres Ouvrages.

1524. Matthias *Ugonius*, Evêque de Famagouste, en Cypre; *Synodia Ugonia*, ou Traité des Conciles, *in fol.* 1563. *Venetiis*, très-rare & curieux; de la dignité Patriarchale, *Bressiæ* 1510.

1524. Thomas de Vio *Caïetan*, Dominicain & Cardinal; Commentaires sur une partie de l'Ecriture Sainte, sur S. Thomas, &c.

1524. *Paul de Middelbourg*, en Zélande, Evêque de Fossembrone; Traité (rare) de la célébration de la Pâque; & contre l'usure.

1524. Dominique *Jacobatius*, Cardinal; Traité sur les Conciles, *in Collectione Concil. Labbe.* Tome XVIII.

1525. Jacques *Hocstrat*, Dominicain de Cologne; quelques Traités contre Luther, & autres Ouvrages de Doctrine.

1525. *Bernard de Luxembourg*, Dominicain; Catalogue des Hérétiques, & autres Traités de Doctrine.

1526. Jean *Driedo*, Brabancon, Docteur de Louvain, mort en 1535; Traité de la Grace & des Saintes Ecritures.

1528. Ambroise *Catharin* de Sienne, Dominicain: Commentaire sur l'Ecriture Sainte, & Traités de Doctrine, assez estimés, *in-fol.*

1529. Gaspar *Contarini*, Cardinal; Traités de Religion.

1529. Josse *Clictou* (Clictoveus); plusieurs Traités de Controverse.

1530. Laurent *Campege*, Cardinal; décisions de la Rotte, & autres Ouvrages de Discipline.

1536. Jean *Faber*, Suisse, Evêque de Vienne en Autriche; plusieurs Homélies & Ouvrages de Doctrine.

1531. *Ortwin Gratius*, de Munster, Professeur à Cologne: *Fasciculus rerum expetendarum*, ou Recueil sur l'autorité de l'Eglise, des Rois, &c.

1531. Jean *Eckius*, Professeur à Ingolstad; plusieurs Traités de Controverses contre Luther, & autres Ouvrages.

1532. Leandre *Alberti*, Dominicain; une Histoire de son Ordre, & une Description de l'Italie.

HÉRÉSIES ET PERSÉCUTIONS.

1525. Thomas *Muntzer*, de Zwikaw, en Saxe, de Luthérien se fit Chef des *Anabaptistes*, & ajouta aux erreurs de Luther les suivantes. Il s'opposoit aux Supérieurs temporels, se croyant lui & les siens indépendans de toute Puissance ; soutenoit que l'Ecriture Sainte n'étoit pas régle de foi ; qu'il falloit rebaptiser les enfans qui l'avoient été avant l'âge de raison ; que le Corps de J. C. n'étoit pas dans la Cêne ; que J. C. n'avoit pas pris chair dans la Vierge Marie ; qu'on devoit admettre l'opinion des Millénaires. Ses Disciples se livroient à toute sorte de cruautés & d'excès.

1525. Ulric *Zuingle*, Curé de Zurich, en Suisse, suivit d'abord les erreurs de Luther, mais tomba depuis en d'autres égaremens ; soutenant qu'il n'y avoit dans le Sacrement de l'Eucharistie que le pain & le vin, qui étoient la figure de Jesus-Christ, sans aucune efficace, ni aucune grace ; que l'homme étoit redevable à lui seul de tout le mérite de ses bonnes œuvres ; que le péché originel avoit été entièrement effacé par l'Incarnation & les souffrances du fils de Dieu. Il mourut les armes à la main, l'an 1531. Ses Disciples sont nommés *Zuingliens*, & même *Sacramentaires*, parce qu'ils ne conservent que le nom des Sacremens.

1525. *Quintin*, Tailleur d'habits de la Province de Picardie, embrassa d'abord les erreurs de Luther, & devint ensuite Chef des *Libertins*, qui soutenoient que J. C. étoit Satan ; que tout l'Evangile étoit faux ; qu'il n'y avoit dans l'Univers qu'un seul esprit qui étoit Dieu ; qu'on ne doit pas punir les méchans ; qu'on peut professer toutes sortes de Religions ; enfin que l'on peut sans péché se laisser aller à toutes ses passions. Il fut brûlé à Tournai, en 1530.

1525. *Jean Oecolampade*, zélé Disciple de Zuingle, fut le premier Ministre-Prédicant de Basle, où il mourut l'an 1531.

1532. PERSÉCUTION aux *Indes*, contre la Religion Chrétienne.

1534. *Jean de Leyde*, Chef des *Anabaptistes*, de Munster, se livre à toutes sortes d'excès, d'erreurs & de violences.

1535. PERSÉCUTION en *Angleterre*, contre les Catholiques, dans le Schisme de *Henri VIII.* qui fait briser les Tombeaux & les Chasses des Saints.

1535. *Jean Calvin*, Chef des *Calvinistes*, ou *Réformés*, ainsi qu'eux-mêmes se qualifient, commença cette année à semer sa Doctrine en France. Elle s'est étendue en Hollande, en Angleterre, en Suisse, & dans quelques parties de l'Allemagne. Il mourut à Geneve, en 1564. Ses erreurs attaquent presque toutes les parties de la Doctrine Catholique. Il rejette l'infaillibilité de l'Eglise & des Conciles Généraux ; établit chaque particulier Juge de la Foi, & interpréte souverain du sens des Écritures ; nie l'invocation & le Culte des Saints, le Libre Arbitre, la possibilité de pratiquer les Commandemens de Dieu ; ne reconnoît que deux Sacremens, le Baptême & l'Eucharistie ; il ôte même la nécessité & l'efficace du premier, nie la présence réelle de J. C. dans le S. Sacrement, &c. soutenant d'ailleurs plusieurs autres erreurs.

1538. De *Mayence*, d'*Osnabrug*, de *Munster*, &c. contre les Hérétiques : *Laurent Surius in Commentariis*.
1539. De *Petricovie*, en Pologne, pour le maintien de la Foi.
1540. De *Petricovie*, contre les erreurs de Luther.
1542. De *Petricovie*, contre les Hérésies. *Raynaldi ad hunc annum*.
1545. De *Benevent*, sur les mœurs. *Synodicon Beneventanum*.
1547. De *Gnesne*, pour députer au Concile de Trente. *Raynaldi*.
1548. D'*Augsbourg*, au sujet du Clergé. *Reg*. XXXV. *Labbe* XIV. *Hardouin* IX.
1548. De *Tréves*, sur la Doctrine de la Foi & la Discipline. *Ibidem*.
1548. De *Boulogne*. *Gall. Chr*. Tome VI. page 251.
1549. De *Cologne*, sur la Discipline. *Reg*. &c. *ut suprà*.
1549. De *Mayence*, sur la Foi & les mœurs. *Ibidem*.
1549. De *Tréves*, sur la Foi & les bonnes mœurs. *Ibidem*.
1549. DE TRENTE, XXe, ou seulement XVIIIe. Concile Général, indiqué à Mantoue, puis à Vicence, & enfin commencé à Trente, le 16 Décembre 1543, & finit en 1563, contre les erreurs de Luther, de Zuingle & de Calvin, & pour la réformation de la Discipline & des mœurs. Il est reçu en France pour le Dogme, & non pour la Discipline. R. XXXV. L. XIV. H. X. *Les plus belles Editions séparées de ce Concile, sont celle de Rome*, in-folio, *par Paul Manuce, en 1564. Cette Edition est l'original que le Saint Siége fit envoyer dans toutes les Eglises particulières, avec un Certificat du Secrétaire du Concile. J'en ai vu plusieurs Exemplaires avec ce Certificat. Idem*, in-8°. *Antuerpiæ* 1564, Edition rare & curieuse. *Idem*, in-folio, *Lovanii* 1567. *Idem*, *curâ Philippi Chiffletii Abbatis Balernensis*, in-12. *Antuerpiæ Plantin* 1640, belle Edition. *Idem*, in-fol. *Paris* 1667. *curâ Philip. Lab*.
1551. De *Narbonne*, sur la Discipline. *Labbe* XV. *Hard*. X. seuls.
1551. De *Petricovie*, contre l'Hérésie. *Florimond de Rémond*.
1552. De *Verone*, sous l'Evèque Jean Matthieu Gisbert.
1552. De *Novare*, sous le Cardinal Jean de Moron.
1555. De *Westminster*, sur la Doct. & Discipl. *Angl*. IV. & *Mansi* V.
1556. National d'*Angleterre*, sous le Cardin. Polus, Légat du S. Siége.
1556. De *Lovitz*, ou de *Léopold*, pour la Foi. *Raynaldi*.
1557. De *Vienne*, en Dauphiné, sur les mœurs. *Mart. Thes*. T. IV.
1559. D'*Edimbourg*, d'*Utrecht*, de *Ravenne*. *Mansi* V.
1559. De *Florence*, sur la Doctrine & Discipline. *Ibid*.
1564. De *Reims*, sur la réformation des mœurs. *Lab*. XV. *Hard*. X.
1564. De *Terragone*. *Gall. Chr*. Tome VI. page 1092.
1565. De *Tolede*, pour l'observation du Conc. de Trente. *Lab*. XV.
1565. De *Constantinople*, où Joseph, Patriarche de cette Ville, fut déposé pour Simonie. *Ibidem*.
1565. De *Cambray*, sur la Foi & la correction des mœurs. *Ibidem*.
1565. De *Milan*, I. Concile par S. Charles Borromée, sur la Doctrine & la Discipline. *Regia* XXXV. *Labbe* XV. *Hardouin* X.
1565. Divers Conciles en *Espagne*. Voyez d'*Aguirre*, Tome IV.
1567. De *Naples*, sous le Cardinal Alfonse Caraffe. *Lab. in Synops*.
1567. De *Siponto*, sur la Discipline. *Mansi* V.

HÉRÉSIES.

1540. Jean *Brentius*, qui, de Chanoine de Wittemberg, se fit Luthérien, ajouta aux erreurs de Luther, que J. C. depuis son Ascension étoit par-tout ; ce qui a produit la branche des *Ubiquitaires*, qui néanmoins sont en petit nombre.

1542. Bernardin *Okin*, de Sienne, en Italie, de Capucin se fit Apostat, embrassa les sentimens de Calvin ; & dans la suite, il attaqua le péché originel, & soutint la Polygamie.

1546. André *Osiander*, Bavarois, se jetta dans l'Hérésie, suivit quelques-uns des sentimens de Luther, & ajouta que J. C. avoit été Médiateur, non comme homme, mais comme Dieu, que l'homme n'est justifié ni par la Foi, ni par la grace ; mais par une seconde nature communiquée à l'humanité.

1553. Michel *Servet*, Espagnol, nioit la Trinité des personnes en Dieu, regardoit J. C. comme un pur homme, &c. Calvin le fit brûler cette année, à Genève.

Antitrinitaires ; c'est ainsi qu'on a nommé les Disciples de Servet, dont les principaux furent George *Blandrat*, & *Gentilis Valentin*, Italiens, qui répandirent leurs erreurs en Pologne & en Transilvanie.

1560. *Huguenots*, nom qui fut donné aux Calvinistes, ou Réformés François. Ce mot vient de l'Allemand *Eygnossen*, qui signifie Associés, nom que prirent les Prétendus-Réformés en Suisse, d'où il a passé en France.

1567. Condamnation de LXXI. Propositions attribuées à *Michel Bayus*, Docteur de Louvain : il se soumit à la Bulle de Pie V.

1569. *Puritains* ; c'est un nom que se donnent en Angleterre les Calvinistes qui prétendent pratiquer l'Evangile d'une manière plus pure que les autres Réformés.

ÉCRIVAINS.

1532. Jean *Groper*, Archidiacre de Cologne, nommé au Cardinalat ; Institutions Catholiques, &c.

1532. Antoine *Guevara*, Cordelier Espagnol, & mort Evêque de Mondonedo ; plusieurs Ouvrages de Piété & de Morale.

1532. François *Victoria*, Espagnol ; Questions sur la Puissance Ecclésiastique, sur les Sacremens, & autres Traités.

1533. Jean de *Medina*, Docteur Espagnol ; Traité de la Pénitence, & autres Ouvrages de Discipline.

1533. Jacques *Sadolet*, de Modène, Cardinal ; Commentaires sur l'Epître de S. Paul aux Romains, & autres Ouvrages de Doctrine.

1533. Louis *Lippoman*, Venitien, Evêque de Verone ; a donné plusieurs Sermons, & huit Tomes de Vies des Saints.

1534. Grégoire *Cortèse*, Modénois & Cardinal : Institutions Théologiques, & sur les Sentences, avec plusieurs autres Traités de Doctrine.

1534. Jean *Gagnée*, Docteur de Paris ; Notes sur les Evangélistes, les Actes & sur S. Paul, & autres Ouvrages.

1534. Claude *Guillaud*, Docteur de Paris ; Commentaire sur S. Matthieu, S. Jean, S. Paul, & les Epîtres Canoniques.

1534. Jean *Cochlée*, de Nuremberg, mort Doyen de l'Eglise de Breslau; plusieurs Ouvrages contre Luther, & grand nombre d'autres Traités de Controverse, estimés.
1534. *Alphonse de Castro*, Cordelier Esp. Hist. des Hérésies, 1534.
1534. *Pierre Crabbe*, Franciscain de Malines; Collect. des Conciles.
1535. Thomas *Morus*, Chancelier d'Angleterre, décapité à Londres, cette année: Traité contre Luther, & autres Ouvrag. de Doctrine.
1535. François *Titelman*, Cordelier d'Hassel, près de Liége; plusieurs Commentaires sur l'Ecriture Sainte.
1535. Jean *Fischer*, Evêque de Rochester, en Angleterre, décapité cette année par ordre d'Henri VIII. Réfutation de Luther, Traités des Sacremens, & de l'Eucharistie, avec d'autres Ouvrages.
1536. *Ruard Tapper*, Docteur de Louvain, a écrit contre Luther.
1536. Jean *Viguier*, Espagnol & Dominicain; Institutions Théologiques, & Commentaire sur l'Epitre aux Romains.
1536. Albert *Pio*, Italien, Prince de Carpi; plusieurs Ouvrages contre Erasme, in-fol. *Paris* 1591.
1536. Augustin *Justinien*, Dominicain, puis Evêque de Nebio, en Corse; les Pseaumes à huit colonnes, in-fol. *Genuæ* 1516.
1537. *François Vatable*, Professeur de la Langue Héb. à Paris; Notes sur l'Ecriture, imprimées en 1545, par Robert Etienne; & 1729.
1537. Jacques *Lopez Stunica*, Docteur Espagnol; Itinéraire d'Espagne, à Rome; Traités contre Erasme, & autres Ouvrages.
1537. Pelbart *Osvalde de Temesvar*, Cordelier: Rosaire de la Théologie & Sermons.
1538. Pierre *Cousturier*, plus connu sous le nom Latin de *Sutor*, Chartreux, près de Troyes; de la Puissance de l'Eglise, des Vœux Monastiques, & autres Traités.
1538. Jérôme *Hangest*, de Compiégne, & Docteur de Paris; divers Traités contre Luther.
1538. Jean *Lansperge*, Bavarois, Chartreux; Paraphrase sur les Epîtres & Evangiles, & autres Ouvrages.
1538. François de *Quignonès*, Cordelier Espagnol & Cardinal; un Bréviaire tiré de l'Ecriture Sainte.
1539. Jean *Major*, Ecossois; Commentaires sur les Sentences & sur les Evangiles, avec plusieurs autres Ouvrages, *inter opera Gersonis*.
1539. Jacques *Merlin*, Docteur de Paris; Edition des Conciles, *Paris* 1524, 2 vol. & autres Ouvrages d'Auteurs Ecclésiastiques.
1540. André *Véga*, Cordelier Espagnol; Traité de la Justification, & Commentaires sur les Pseaumes.
1540. Augustin *Steuchus d'Eugubio*, Evêque de Chisame; plusieurs Commentaires sur l'Ecriture Sainte, & autres Traités.
1545. Pierre *Lizet*, Premier Président au Parlement de Paris; plusieurs Traités de Controverse, peu estimés.
1545. Barthélemi *Caranza*, Dominicain, Confesseur de l'Empereur Charle-quint: Traités des Sacremens; Somme des Conciles.
1546. Michel *Medina*; Traité considérable sur la Religion.
1547. Antoine de *Mouchi* (*Demochares*), Docteur de Paris; sur l'Eucharistie & le Sacrifice de la Sainte Messe.

ÉCRIVAINS.

1548. Claude *Despense*, Docteur de Paris ; Traités de Théologie.
1548. Onuphrio *Panvini*, Augustin de Verone ; une Chronique des Papes, & plusieurs Traités sur les matières Ecclésiastiques.
1550. Fréderic *Nausea*, mort au Concile de Trente, en 1552 ; des Sermons, des Commentaires sur l'Ecriture Sainte, & autres Traités.
1550. Isidore *Clarius*, Bénédictin du Mont Cassin, Evêque de Foligno ; une Version de l'Ecriture Sainte, avec quelques Notes, *in-fol.*
1550. *Sixte de Sienne*, Juif converti & relaps, puis Dominicain ; une Bibliothéque sainte, ou Introduction à l'Ecriture Sainte.
1550. Nicolas *Sanderus*, Anglois ; Traité du Schisme d'Angleterre, & autre de la Monarchie visible de l'Eglise.
1550. Dominique *Soto*, Docteur de Salamanque, & Dominicain ; quelques Traités de Controverse.
1550. Jean *Arboreus*, Docteur de Paris ; plusieurs Commentaires, &c.
1550. Jérôme *Oleaster*, Dominicain Portugais ; Commentaire sur le Pentateuque & sur Isaïe.
1550. Adam *Sasbouth*, Cordelier de Delft, en Hollande ; Commentaire sur les Sentences, & sur plusieurs Livres de l'Ecriture Sainte.
1550. Jean *Ferus*, Cordelier Allemand ; plusieurs Commentaires sur l'Ecriture Sainte, & Sermons.
1550. Etienne *Gardiner*, Evêque de Winchester en Angleterre ; plusieurs Traités de Controverse, contre les Luthériens & Calvinistes.
1550. *S. Ignace de Loyola*, Fondateur des Jésuites : Exercices Spirituels, Constitutions, & des Lettres.
1550. *S. François Xavier*, Jésuite ; plusieurs Lettres.
1550. François *Duaren*, Jurisconsulte François : Traités sur les Ministres de l'Eglise, & Défense des libertés de l'Eglise Gallicane.
1551. Jean-Baptiste *Folengio*, Moine Bénédictin de Padoue ; Commentaire sur les Pseaumes, & sur les Epîtres Canoniques.
1551. Regnauld *Polus*, Anglois & Cardinal ; Traité de la Puissance Ecclésiastique, & autres Ouvrages de Doctrine.
1551. Jean le *Mercier* (*Mercerus*) ; Commentaires sur l'Ancien Testament.
1552. Guillaume *Lindanus*, Evêque de Ruremonde ; Traité de Controverse, sous le titre de *Panoplia*.
1552. Robert *Cenalis*, ou Cénaux, Evêque d'Avranches ; Traités contre Calvin, & autres Ouvrages de Doctrine.
1553. Thomas *Stapleton*, Anglois ; divers Traités de Controverse.
1554. Jean *Molanus*, Docteur de Louvain ; Martyrologe, & quelques Traités de Théologie.
1555. Chrétien *Adricomius*, de Delft, Géographie & Chron. Sainte.
1555. Thomas *Campége*, Evêque de Feltri ; Traité sur l'autorité des Conciles, du Pape, résidence des Evêques, & autres.
1555. Pierre *Soto*, Dominicain Espagnol ; trois Livres de l'Institution des Prêtres, & autres Ouvrages.
1555. Georges *Cassander*, Flamand ; Traités des Liturgies, Offices de l'Eglise, & autres Ouvrages de Doctrine.
1555. *Paul IV.* Pape ; Traité de la Basilique de S. Pierre au Vatican autre de la réformation de l'Eglise, &c.

1556. Jean-Albert de *Widmanstad*, Hongrois, Chancelier de Ferdinand I. Empereur. Edition Syriaque du Nouveau Testament, & Notes contre Mahomet.

1557. André *Masius*; un Commentaire sur Job, & a travaillé à la Polyglotte d'Anvers.

1559. Melchior *Cano*, Dominicain, Evêque des Canaries; Traités sur les Préliminaires de la Théologie, ou *de Locis Theologicis*, &c.

1559. Conrard *Clingius*, Cordelier Allemand; Catéchisme Romain, lieux communs de l'Ecriture Sainte, & autres Traités.

1560. Jérôme *Séripand*, Cardinal; Explication du Symbole, & autres Traités de Doctrine.

1560. François de *Vargas*, Espagnol; de la Jurisdict. des Evêques & du Pape. On a de lui des Lettres & Mém. sur le Concile de Trente.

1560. Charles *Sigonius*; Histoire des Evêques de Boulogne, & autres Traités.

1560. Jacques *Naclantus*, Evêque de Chiozza; Traités de Théologie, & Commentaire sur l'Ecriture Sainte.

1560. Marianus *Victorius*, Evêque d'Amelia; Traité du Sacrement de Pénitence, une Edition de S. Jérôme, & autres Ouvrages.

1560. Albert *Ferrarius*, Italien; Traités des Heures Canoniales, & de la célébration des Fêtes, & sur les Décrétales.

1560. Jean du *Tillet*, Evêque de Meaux; Edition du Nouv. Testam. des Canons des Apôtres, & sur les cérémonies de la Messe.

1561. Jean-Genez *Sepulveda*, Espagnol; Traités contre Luther & Erasme, & autres Ouvrages de Doctrine.

1561. Jean *Hessels*, Docteur de Louvain, Catéchisme très-estimé, in-4°.

1562. Georges *Wicelius*, rentre dans l'Eglise en 1532, meurt en 1573; sur la Liturgie & l'Ecriture Sainte, & autres Ouvrages Dogmatiques.

1565. André *Resendus* Dominicain, mort en 1573; Antiquités de Portugal, Histoire des Martyrs de Lisbonne, des SS. d'Evora, &c.

1566. Cornelius *Mussus*, Evêque de Bitunto, mort en 1573; Commentaire sur l'Epître aux Romains, Sermons, &c.

1567. François *Sonnius*, Docteur de Louvain, mort vers l'an 1575; Démonstration de la Religion Chrétienne, & autres Ouvrages.

1558. Simon *Vigor*, mort Archevêque de Narbonne, en 1575; plusieurs Sermons en François.

1569. Jacques *Ledesma*, Jésuite Espagnol, mort l'an 1575; Traités de Controverse, & autres Ouvrages de Doctrine, &c.

1570. Laurent *Surius*, Chartreux de Cologne; une Edition des Conciles, les Vies des Saints & autres Histoires.

1570. Cornelius *Jansenius*, Evêque de *Gand*, mort en 1576; Commentaire sur les Pseaumes, & sur la Concorde des Evangiles, &c.

1570. Guillaume *Canterus*; divers Leçons des Bibles Grecques, & quelques Versions des Traités de Synesius, &c.

1570. Jacques *Payva d'Andrada*, Portugais; Explications Orthodoxes; Défenses de la Foi du Concile de Trente, Livres assez rares; & autres Traités.

ÉCRIVAINS.

1570. Jean-Paul *Lancelotti* de Pérouse, Jurisconsulte; Institutions au Droit Canonique, &c.

1571. Georges *Eder*, de Frisingue, en Bavière; plusieurs Traités sur diverses matières Ecclésiastiques.

1571. Nicolas Durand de *Villegagnon*, Chevalier de Malthe; des Traités de Controverse contre les Luthériens & Calvinistes.

1572. Stanislas *Hosius*, Cardinal Polonois; Traités de Controverse.

1572. Jérôme *Gigas*, Jurisconsulte Italien; Traités de la résidence des Evêques, & des Pensions Ecclésiastiques.

1572. Barthélemi *des Martyrs*, Dominicain & Archevêque de Braga en Portugal; quelques Traités de Doctrine.

1573. Louis *Blosius*, Liégeois; plusieurs Traités de Spiritualité.

1573. Martin *Eisengrein*, Docteur à Ingolstad; Défense de l'Eglise Catholique, & autres Traités de Controverse.

1573. Fréderic *Staphyle*, Docteur d'Ingolstad; plusieurs Traités de Controverse contre les Luthériens.

1574. Jérôme *Osorio*, Evêque de Sylves, dans l'Algarve, mort en 1580: Paraphrases & Commentaires sur divers Livres de l'Ecriture Sainte & Livres Moraux, in-fol. *Romæ* 1492. 4 Vol.

1575. Antoine *Bosio*, Italien; les Monumens souterrains de Rome, ou *Roma subterranea*, traduit de l'Italien par Paul *Aringhi*.

1576. Edmond *Campian*, Jésuite Anglois: Traités de Controverse, & sur le divorce de Henri VIII.

1577. Ange *Rocca*, Augustin de Rome, a travaillé sur l'Ecriture Sainte & sur les Peres, *Ejus opera*, in-fol. *Romæ*, 1719. 2 Vol.

1578. Jean-Pierre *Maffée*, Jésuite Italien; Histoire des Indes, & la Vie de S. Ignace, en beau Latin.

1578. Jérôme *Natalis*, Jésuite, mort en 1581; Notes & Méditations sur les Evangiles, in-fol. *Antuerpiæ cum figuris* 1594.

1578. Pierre *Ciacconius* de Tolede, mort à Rome, en 1581; Observations sur quelques Livres de Peres de l'Eglise, & autres Ouvrages.

1579. *S. Charles Borromée*, Cardinal & Archevêque de Milan; diverses Instructions aux Curés, & Actes de l'Eglise de Milan.

1579. Louis de *Grenade*, Dominicain Espagnol; Catéchisme fort étendu; plusieurs Livres de Piété & Morale, avec Sermons: traduits en François, in-8°. *Paris*, 1685, &c. 10 vol.

1579. Jacques de *Billy* de Prunai, mort en 1581; Traduction des Œuvres de S. Grégoire de Nazianze, & autres Traductions.

1579. *Henri-Emmanuel*, Cardinal & Roi de Portugal, mort en 1580; Homélies tirées des Peres de l'Eglise.

1580. Jean-Etienne *Duranti*, Président au Parlement de Toulouse, mort en 1589; Traité des Rits Sacrés de l'Eglise, attribués par quelques-uns à Pierre *Danès*, Evêque de Lavaur.

1580. Jérôme *Osorio*, Chanoine d'Evora, & neveu de l'Evêque de Sylves; Commentaires sur les Livres de Salomon, avec les Ouvrages de l'oncle.

1580. Barthélemi *Medina*, Dominicain Espagnol, mort en 1581; Commentaire sur la Somme de S. Thomas.

PAPES.

CCXXVII.
1566. *Pie V.* 7 Janvier.
Gouverne 6 a. 3 m. 24 j.
† 1 Mai 1572. Vaque 12 j.

CCXXVIII.
1572. *Grégoire XIII.* 13 Mai.
Gouverne 12 a. 10 m. 29 j.
† 10 Avril 1585. Vaque 1 j.

CCXXIX.
1585. *Sixte V.* 12 Avril.
Gouverne 5 a. 4 m. 16 j.
† 27 Août 1590. Vaque 18 j.

CCXXX.
1590. *Urbain VII.* 15 Septemb.
Gouverne 13 j.
† 27 Septembre 1590.
Le siége vaque 2 m. 7 j.

CCXXXI.
1590. *Grégoire XIV.* 5 Décemb.
Gouverne 10 m. 10 j.
† 15 Octobre 1591.
Le siége vaque 14 j.

RITS ET RELIGIEUX.

1560. Chevaliers de *S. Etienne* de Florence, par Côme de Médicis, Grand Duc.
1562. Carmes *Déchauff.* d'Espag.
1562. Cheval. *de S. Marc*, à Ven.
1572. *Doctrine Chrétienne* d'Ital.
1578. Prêtres *Oblats* de S. Ambroise à Milan, par *S. Charles*.
1579. Ordre Milit. du *S. Esprit*, par Henri III. Roi de France.
1580. *Théatines* de la Conception.
1583. *Feuillantines*, par Marguerite de Polastron.
1584. Les *Clercs* pour les *Infirmes*, par Charles de Lellis.
1584. *Augustines Déchauff.* d'Esp.
1585. *Hermites* Réformés de *S. Augustin*, approuvés en 1586.
1587. *Feuillans*, près Toulouse, par Jean de la Barriere.
1589. *Clercs Mineurs*, par Augustin Adorne, Génois.

CONCILES.

1569. De *Milan*, II. par S. Charles Borromée, sur la Discipline, l'Administration des Sacremens, & le devoir des Ecclésiastiques. *Lab.*
1569. D'*Avignon*, sur la Discipline. *Gall. Chr.* Tome I. page 833.
1569. D'*Urbin* & de *Capoue*, sur la Doctrine. *Mansi V.*
1570. De *Malines*, sur la Foi, &c. *Lab.* XV. *Hard.* X.
1573. De *Milan*, III. par S. Charles Borromée, sur la Discipline. *Reg.* XXXVI. *Lab.* XV. *Hard.* X.
1574. De *Malines*, à Louvain, sur la Discipline. *Mart. Thes.* T. IV.
1575. De *Tortose*, sur la Discipline.
1576. De *Milan*, IV. sous S. Charles Borromée, sur la Foi & la Correction des mœurs. *Regia*, &c. — De *Naples. Mansi V.*
1577. De *Capoue*, & 1579. De *Cosence*, sur la Discipline. *Mansi V.*
1579. De *Milan*, V. sous S. Charles, sur la Foi & les mœurs. *Reg. &c.*
1581. De *Rouen*, sur la Discipline. *Labbe* XV. *Hardouin* X. seuls.
1582. De *Milan*, VIe. sous S. Charles. *R.* XXXVI. *L.* XV. *H.* X.
1582. De *Memphis*, ou *du Caire*, pour concilier les Coptes avec l'Eglise Romaine, *Lab.* XV. *Hard.* X. manque *in Regia.*
1583. De *Reims*, pour la Discipline & le Concile de Trente. *Ibid.*
1583. De *Bordeaux*, sur les Séminaires. *R.* XXXVI. *L.* XV. *H.* X.
1583. De *Tours*, transféré à *Angers*, sur la Foi, &c. *Ibidem.*
1583. D'*Embrun. Gall. Chr.* Tome III. page 1095.
1584. De *Bourges*, sur la Foi & les mœurs. *L.* XV. *H.* X. seuls.
1585. D'*Aix*, sur la réformation des mœurs. *Ibidem.*
1585. De *Mexico*, sur la Discipline, & les Indiens convertis. *Ibid.*
1586. De *Cambray*, sur la Foi & les mœurs. *Hard.* X. seul.

GRANDS-HOMMES. | HÉRÉS. ET PERS. 527

1567. Naissance de *S. François de Sales*, depuis Evêq. de Genève.

1568. Travaux de *S. Charles Borromée*, Archevêque de Milan: un Religieux attente à sa vie.

Sainte *Thérèse* réforme l'Ordre des Carmes, en Espagne, avec *S. Jean de la Croix*.

1573. Mort de Michel de *l'Hôpital*, Chancelier de France.

1574. M. du Cardin. de *Lorraine*, (Charles) Archevêq. de Reims.

1578. M. de Laur. *Surius*, Chart. qui recueille les Vies des Saints.

1579. Mort du Card'nal *Hosius*, Evêq. de Warmie, en Pologne.

1582. Mort de *Ste. Thérèse*, la nuit du 4 Octobre au 15, selon la réformation du Calendrier Grégorien qui commença alors.

1584. Mort de *S. Charles*.

1585. Mort de Louis de *Grenade*, Dominicain d'Espagne.

1590. M. de Don *Barthélemi des Martyrs*, Archev. en Portug.

1570. 77, &c. *Persécution* en *Angleterre* contre les Catholiques.

1574. Fauste *Socin*, Chef des *Sociniens*, attaque le Mystére de la Ste. Trinité, nie la Divinité de J.C. & sa médiation; soutient que les peines de l'Enfer ne seront pas éternelles, suit d'ailleurs Zuingle & Calvin.

1575. *Illuminés*, Hérétiques d'Espagne, donnoient dans une Spiritualité outrée, accordant à la Priére plus d'efficace qu'aux Sacremens; rejettoient l'obéissance aux Supérieurs Ecclésiastiques, à moins qu'ils ne fussent illuminés; soutenoient que dans le degré de perfection on ne doit plus faire attention aux œuvres commandées par l'Eglise. Ces erreurs ont reparu, en Espagne, en 1623, & ont précédé les Quiétistes, qui en tenoient.

1582. On fait, en Angleterre, des Loix très-sévères contre tous les Catholiques.

ÉCRIVAINS.

1581. *Sainte Thérèse*, Fondatrice des Carmelites, morte en 1582; Œuvres Spirituelles, traduites en François. *Paris* 1670.

1582. Jean *Maldonat*, Jésuite Espagnol, mort à Rome, en 1583; Commentaire sur les Evangiles; Notes sur la Bible, in-4°. &c.

1582. Pierre *Rebuffe*, Jurisconsulte, mort en 1583; Pratique des Bénéfices; Traité sur le Concordat, & autres matières Canoniq.

1583. Gentien-*Hervet*, mort en 1584; plusieurs Traités de Controverse & Traduction du Concile de Trente, & autres Ouvrages.

1583. Diego *Stunica*, Augustin de Salamanque; Commentaires sur Job & sur Zacharie.

1583. Théodore *Peltanus*, Jésuite Liégeois, mort en 1584; divers Traités de Controverse.

1583. François *Turrianus*, Jésuite Espagnol, mort en 1584; divers Traités Dogmatiques; Canons des Apôtres & des Conciles.

1584. Antonio *Augustino*, Archevêque de Terragone, mort en 1588; divers Traités sur les matiéres Canoniques & sur le Droit Civil.

1584. Henri *Gravius* de Louvain, où il professa la Théologie, mort à Rome en 1591, Directeur de l'Imprimerie du Vatican & Bibliothéquaire. Divers Ouvrages Théologiques.

1584. François de *Beaucaire de Peguilion*, Evêque de Metz, mort en 1591; Traités contre les Calvinistes.

1584. Claude de *Sainctes*, Evêque d'Evreux, mort en 1591, dans la prison, où il avoit été condamné à perpétuité, pour avoir approuvé le parricide de Henri III. plusieurs Traités de Controverse & de Liturgie: le plus considérable de l'*Eucharistie*, in-fol.

1584. François de *Gonzague*, de la Maison des Ducs de Mantoue, Cordelier, Général de son Ordre, & Evêque de Mantoue, Histoire de l'Ordre de S. François, & autres Ouvrages.

1585. Gabriel *Prateolus*, ou du Preau, Docteur de Paris, mort cette année; divers Traités d'Histoire Ecclésiastique, de Doctrine, &c.

1585. Alphonse *Salmeron*, Jésuite Espagnol, mort cette année; Commentaires sur l'Ecriture Sainte.

1585. Antoine *Caraffe*, Cardinal, mort en 1591, a donné, à Rome, en 1587, le Texte Grec des Septante, quelques Ouvrages des Peres, & les Epîtres des Papes.

1585. Jérôme *Platus*, Jésuite Milanois, mort en 1591; de l'avantage de l'Etat Religieux, & de la dignité des Cardinaux.

1586. Louis *Molina*, Jésuite Espagnol, mort en 1600; a écrit sur la Grace, &c.

1586. Jean *Leunclavius*, de Westphalie, mort en 1593; a donné le Droit Canonique des Grecs; Versions des Œuvres des SS. Grégoire de Nazianze & de Nysse, &c.

1586. Martin *Azpilcueta*, dit *Navarre*, Jurisconsulte, mort en 1586; plusieurs Traités sur les matiéres Canoniques.

1586. Jean *Lensée*, Docteur de Louvain; mort en 1593, divers Traités sur la Religion, & Ouvrages de Controverse.

1587. Jacques *Pamelius*, Chanoine de Bruges, mort cette année; Livres Liturgiques, & les Œuvres de Tertullien & S. Cyprien.

1587. Nicolas *Harpsfeld*, Anglois, Archidiacre de Cantorberi, mort en 1593; Histoire Ecclésiastique d'Angleterre.

1587. François *Panigarole*, Cordelier Milanois, Evêque d'Ast, mort en 1594; quelques Traités de Controverse, Sermons, & Paraphrase de quelques Livres de l'Ecriture Sainte.

1588. Gerard *Mercator*, de Ruremonde, mort en 1594; Harmonie Evangélique; Commentaire sur l'Epître aux Romains, & Chronologie Universelle.

1588. Guillaume *Alanus*, Anglois & Cardinal, mort en 1594; Traités des Sacremens, & autres Ouvrages de Doctrine & de Controverse.

1589. Michel *Baïus*, Docteur de Louvain, mort cette année; divers Traités de Doctrine, in-4°. *Coloniæ* 1696.

1589. Pierre *Opmer*, d'Amsterdam, mort en 1595; Ouvrage de Chronologie, Histoire des Martyrs de Gorcum.

1589. Pierre *Pithou*, Avocat, mort en 1596; Libertés de l'Eglise Gallicane; quelques Traités sur l'Ecriture Sainte, & autres Ouvr.

1590. François *Tolet*, Jésuite Espagnol & Cardinal, mort en 1596; Commentaire sur Saint Jean, Saint Luc, & l'Epître aux Romains, Somme de Cas de Conscience.

ÉCRIVAINS.

1590. *Emmanuel Sa*, Jésuite Portugais, mort l'an 1596; courtes Notes sur toute l'Ecriture Sainte.

1590. François *Ribera*, Jésuite Espagnol, mort en 1591; Commentaire sur les Prophétes; sur l'Épître aux Hébreux; l'Evangile de S. Jean, & l'Apocalypse, avec un Traité du Temple de Salomon.

1590. Gilbert *Genebrard*, Docteur de Paris; une Chronique, & un Commentaire sur les Pseaumes.

1591. Josse *Coccius*, Chanoine de Juliers; Trésor Catholique, ou Recueil des passages des Peres & des Conciles sur les Controverses de la Religion, in-fol. *Coloniæ* 1598 & 1600. 2 Vol.

1591. Suffridus *Petri*, de Leuwarde en Frise, mort en 1597; a publié les Ecrivains Ecclésiastiques de S. Jérôme & Gennadius; Chronique de Martin Polonus; Notes sur Eusebe, & autres Ouvrages.

1591. Gabriel *Paleotti*, Prêtre de l'Oratoire & Cardinal, mort en 1597; divers Ouvrages de Discipline & de Doctrine.

1591. Cæsar *Baronius*, de l'Oratoire d'Italie, & Cardinal, mort en 1607; Annales Ecclésiastiques, en 12 Vol. *in-fol.* jusqu'en l'année 1198. On en a donné, il y a quelques années, une Edition à Lucques, avec les corrections des Savans. Baronius a aussi publié le Martyrologe.

1592. Robert *Bellarmin*, Jésuite & Cardinal, mort en 1621; Traités de Controverse, &c.

1592. Pierre *Canisius*, de Nimégue, Jésuite, mort en 1597: Somme de la Doctrine Chrétienne, & autres Traités de Religion & de Piété.

1592. Marc-Antoine *Marsile Colonne*, Cardinal, mort en 1597; Traités sur les revenus Ecclésiastiques, & sur l'Eau-bénite, assez recherchés.

1593. Benoît *Arias Montanus* de Seville, mort en 1598; a donné l'Edition de la Bible Polyglotte d'Anvers, Commentaires, & autres Ouvrages sur l'Ecriture Sainte.

1594. Nicolas de *Thou*, Evêque de Chartres, mort en 1598; de la maniere d'administrer les Sacremens, & autres Ouvrages.

1594. Garcias *Loaysa*, Chanoine & Archidiacre de Tolede, mort en 1599; Notes & Collection des Conciles d'Espagne.

1595. Alphonse *Ciacconius*, Dominicain Espagnol, mort en 1599; Vies des Papes, Traité des Jeûnes, &c.

1595. Boëtius *Epo*, Jurisconsulte de Frise, mort en 1599; Traités des Antiquités Ecclésiastiques, & autres matières Canoniques.

1596. Joseph *Pamphile* de Verone, Augustin. Evêque de Segni; Chronique de son Ordre, & autres Ouvrages de Doctrine.

1596. Josse *Lorichius*, de Fribourg, en Brisgaw; divers Traités de Doctrine, de Controverse, de Discipline & de Morale.

1597. Alexis *Porrus*, Carme Vénitien; divers Traités de Doctrine & de Piété.

1598. Arnould de *Wion*, Bénédictin de Douai; l'Histoire de son Ordre, sous le titre de l'*Arbre de Vie*, & autres Ouvrages.

II. Partie.

PAPES.

CCXXXII.
1591. *Innocent IX.* 30 Octobre.
Gouverne 2 m. 2 j.
* 31 Décembre 1591.
Le siége vaque 29 j.

CCXXXIII.
1592. *Clément VIII.* 30 Janvier.
Gouverne 13 a. 1 m. 7 j.
* 5 Mars 1605.
Le siége vaque 26 j.

DIX-SEPTIÈME SIÈCLE.

CCXXXIV.
1605. *Léon XI.* 1 Avril.
Gouverne 26 j.
* 27 Avril 1605.
Le siége vaque 18 j.

CCXXXV.
1605. *Paul V.* 16 Mai.
Gouverne 16 a. 8 m. 13 j.
* 28 Janvier 1621.
Le siége vaque 11 j.

CCXXXVI.
1621. *Grégoire XV.* 9 Février.
Gouverne 2 a. 5. m.
* 8 Juillet 1623.
Le siége vaque 28 j.

RITS ET RELIGIEUX.

1593. Franciscains du Tiers-Ordre Réformés, ou *Picquepus*.
1593. Prêtres de l'*Oratoire* de Rome, par S. Philippe de Néri.
1598. *Doctrine Chrétienne*, en Provence, par César de Bus.
1599. *Trinitaires Déchaussés* de la Rédemption des Captifs.
1599. *Chanoinesses de Lorraine* Par Pierre de Mattaincourt.

DIX-SEPTIÈME SIÈCLE.

1601. Filles du *Calvaire*, par Antoinet. d'Orléans-Longueville.
1604. *Annonciades Célestes* d'Italie.
1608. Cheval. de *S. Lazare* & de Notre-Dame du Mont Carmel.
1612. *Chanoines* Réguliers de *Lorraine*, par Pierre Fourrier de Mattaincourt.
1613. Prêtres de l'*Oratoire* de France, par M. de Berulle.
1616. Religieuses de la *Visitation*, par S. François de Sales.
1616. *Hospitalieres* de S. Gervais, Ste. Cathérine & la Roquette.

CONCILES.

1590. De *Toulouse*, sur la Discipline. *Hardouin* X. seul.
1594. D'*Avignon*, pour le Concile de Trente. *Hard.* X. seul.
1596. De *Salerne*, & du *Mont Liban*, *Mansi* V.
1596. D'*Aquilée*, pour le Concile de Trente, &c. *Hard.*
1597. De *Melfe*, sur la Discipline. *Mansi* V.
1599. De *Diamper*, aux Indes Orientales, par l'Archevêque de Goa, contre les Nestoriens, *Hard.* X. seul.

DIX-SEPTIÈME SIÈCLE.

1606. D'*Avignon*, sur la Discipline. *Gall. Chr.* Tome I. page 836.
1606. De *Malines*, sur la Discipline Ecclésiastique. *Hard.* X.
1609. De *Narbonne*, sur la Foi & les mœurs. *Ibidem.*
1610. De *Grasse*, ou d'*Embrun. Gall. Chr.* Tome III. page 1096.
1612. De *Sens*, ou de *Paris* & d'*Aix*, contre le Traité de la Puissance Ecclésiastique d'Edmond Richer. *Hard.* X. seul.
1612. De *Mésopotamie*, par Elie, Patriarche de Babylone, pour recevoir la Profession de Foi de Paul V.
1618. * De *Dordrecht*, Synode, ou Assemblée générale des Eglises Réformées & Anglicanes, contre les sentimens d'Arminius, opposés à ceux de Luther & de Calvin : in-fol. *Dordraci* 1620.

GRANDS-HOMMES. | HERES. ET PERS. 531

1595. Mort de *Saint Philippe de Néri*, Inſtituteur de la Congrégation de l'Oratoire d'Italie (dès l'an 1576.)

DIX-SEPTIÈME SIÉCLE.

1602. Saint *François de Sales* eſt ſa ré à Anneci, Evêque de Genève.
1607. Mort du vénérable *Céſar de Bus*, Inſtituteur de la Doctrine Chrétienne.
1607. Mort du Cardinal *Baronius*, Auteur des Annales Eccléſiaſtiques.
1608. Edmond *Richer*, eſt élu Syndic de Sorbonne.
1613. Mort de Guillaume *Eſtius*, Chancelier de l'Univerſité de Douai.
1618. Mort du Cardinal *du Perron*, Archevêque de Sens.
1621. Mort du Cardinal Robert *Bellarmin*.
1622. Mort de *Saint François de Sales*, canoniſé en 1665.
1623. Mort de Didier *de la Cour*, Réformateur des Bénédictins de S. Vannes.

1591. *Epiſcopaux*; c'eſt le nom de ceux qui ſuivent la réformation d'Angleterre, telle que l'a introduite la Reine Eliſabeth.

DIX-SEPTIÈME SIÉCLE.

1602. *Lélio Socin*, plus habile & plus dangereux que Fauſte Socin ſon oncle, ſe fit Chef des Sociniens, qui furent auſſi nommés *Antitrinitaires*, ou *Unitaires*, & *Freres Polonois*.
1608. *Arminius* Chef des *Arminiens*, ou *Remontrans*, Calviniſtes mitigés, en particulier ſur la Grace & la Prédeſtination, qui ont ajouté une tolérance générale des autres Religions; ſont condamnés, en 1618, au Synode de Dordrecht. Les *Gomarites*, ou rigides Calviniſtes, furent leurs adverſaires.
1619. Lucilio *Vanini*, Athée, eſt brûlé, à Toulouſe, le 9 Fév.
1620. Robert *Broun*, Anglois, Chef des *Brouniſtes*, ou *Indépendans*, qui rejettent toute ſubordination dans l'Egliſe; peu connus hors de l'Angleterre.

ÉCRIVAINS.

1599. Pierre *Lopez*, Eſpagnol; Concorde des Editions ſacrées, & autres Traités ſur l'Ecriture Sainte.
1599. Thomas *Boſſius*, Prêtre de l'Oratoire d'Italie; des ſignes de l'Egliſe, ruine des Nations, & autres Traités de Diſcipline.
1600. Joſeph *Acoſta*, Jéſuite Eſpagnol, mort cette année; Concile de Lima, & autres Ouvrages ſur l'Hiſtoire du Nouveau-Monde.

DIX-SEPTIÈME SIÉCLE.

1601. Lelio *Zecchi*, Juriſconſulte, Chanoine & Pénitencier de Breſſe; divers Traités de Diſcipline, de Morale & de Doctrine.
1601. *Gabriel Severe*, Archevêque de Philadelphie; divers Traités ſur les Sacremens, & ſur les différends des Grecs & des Latins, publiés par Richard Simon.
1601. Jacques *Boſio*, Milanois, de l'Ordre de S. Jean de Jéruſalem; Hiſtoire de l'Ordre de S. Jean de Jéruſalem, ou de Malthe, en Italien; la Croix triomphante, en Italien & en Latin.

1602. Pierre *Thyrée*, de Nuys, près Cologne, Jésuite; Traités des apparitions des Spectres, & autres Traités curieux, comme plusieurs de Controverse.

1602. François *Cartagena*; Traité de la Prédestination des Hommes & des Anges.

1602. Nicolas *Serrarius*, Jésuite; Commentaires sur l'Ecriture, & autres Théologiques & Historiques, in-fol. 3 vol. *Moguntia* 1611.

1602. Jérôme *Vecchietti*; Chron. ou *Annus primitivus*, in-f. 1620. Ouvrage singulier & rare.

1602. Ferdinand de *Mendoza*, Espagnol, Commentaire sur le Concile d'Elvire, imprimé à Alcala, *in-folio*, 1594, & dans la Collection du Pere Labbe.

1602. Barthélemi *Ugolin*, Jurisconsulte Italien; beaucoup de Traités sur les matières de Morale & de Discipline.

1602. Jean *Azor*, Jésuite Espagnol: Institutions Morales, *in-folio* trois Volumes.

1602. Antoine-Marie *Gratien*, Evêque d'Amelia; Traités des Sacremens; Vie du Cardinal Commendon; la guerre de Cypre, & autres Traités.

1602. Diego de la *Véga*, Cordelier Espagnol; Sermons & autres Ouvrages de la Vie Spirituelle.

1602. Emmanuel *Rodrigue*, Cordelier Portugais; Somme de cas de Conscience, & autres Ouvrages de Morale & de Discipline.

1602. Grégoire de *Valentia*, Jésuite Espagnol: Commentaires Théologiques sur la Somme de S. Thomas, & plusieurs Traités estimés sur la Controverse; en tout, cinq Vol. *in-folio*.

1602. Gui *Coquille*, de Nevers, mort cette année: Traités sur les libertés de l'Eglise Gallicane & autres matières Canoniques.

1603. Pierre le *Charron*, mort cette année: les trois Vérités, ou preuves de la Religion; Traité de la Sagesse, & autres de Doctrine, &c.

1603. Antoine *Gallonius* de l'Oratoire de Rome, *de Cruciatibus Martyrum*, in-4°. Paris 1659. in-12. *Antuerpiæ* 1668, cum fig.

1603. Thomas *Zérola*, Evêque de Minori, au Royaume de Naples, Canoniste, mort cette année; Pratique Episcop. & autres Ouvr.

1603. Henri *Canisius*, de Spire, Professeur à Ingolstad; Somme du Droit Canonique, Recueil de plusieurs Piéces d'Auteurs Ecclésiastiques, & autres Ouvrages de Doctrine.

1603. Jean *Bélarini*, Clerc Régulier Italien; Doctrine du Concile de Trente, & autres Ouvrages de Doctrine.

1603. François *Davila*, Dominicain Espagnol; Traité de la Confession & Absolution, & Traité de la Grace.

1603. Grégoire-Nugnez *Coronelli*, Augustin Portugais; de la vraie Eglise, traditions Apostoliques & Actes des Congrégations de Auxiliis.

1603. Arnaud de *Pontac*; Chronique d'Eusebe, & autres Ouvrages.

1604. Corneille *Schulting*, Chanoine de Cologne; divers Traités sur les Offices de l'Eglise, sur les Antiquités & la Discipline Ecclésiastiques.

ÉCRIVAINS.

1604. Gabriel *Vasquès*, Jésuite Espagnol; Commentaire sur Saint Thomas.

1604. Dominique *Bannès*, Dominicain Espagnol ; Commentaire sur une partie de la Somme de S. Thomas, & sur le Droit & la Justice.

1604. Jean *Marsile*, Napolitain ; plusieurs Traités sur le différend du Pape avec la République de Venise.

1604. Antoine *Agellius*, Evêque d'Acerno, au Royaume de Naples ; Commentaires sur les Pseaumes, & autres Livres de l'Ecriture Sainte.

1604. Diego *Alvarès*, Dominicain ; Traité sur la Grace.

1604. Thomas *Lemos* ; Traités sur la Grace, contre Molina.

1604. Juste *Lipse*, Brabançon, grand Littérateur, mort en 1606 ; excellens Traités sur la Croix, & sur la dévotion de la Ste. Vierge.

1605. Martin-Antoine *Del-Rio*, Jésuite en 1580, meurt en 1608 ; Disquisitions magiques, ou avec de bonnes choses il y a beaucoup de contes, *Moguntiæ* 1601, *in-fol.* & autres Ouvrages de Piété.

1605. *Clément VIII.* Pape ; plusieurs Bulles & autres Ecrits sur la Grace & la Prédestination.

1605. Ascanius *Colonne*, Cardinal, mort en 1606; Jugement sur la Monarchie de Sicile, & sur l'interdit de Venise.

1605. Augustin *Valerius*, Evêque de Vérone, Cardinal, mort en 1607 ; plusieurs Traités sur la Discipline ; Rhétorique des Prédicateurs ; Traité *de cautione adhibendâ in edendis Libris*, &c.

1605. Guillaume *Barclai*, Jurisconsulte Ecossois; Traités de la Puissance du Pape ; autre, de la Puissance Royale.

1605. Nicolas *Orlandin*, de Florence, Jésuite ; Histoire de la Compagnie de Jesus.

1605. Paolo *Sarpi* Servite; Histoire du Concile de Trente, & autres Ouvrages.

1606. Jacques *Davy du Perron*, Cardinal; Traités de Controverse, &c.

1606. Jean *Pistorius*, Chanoine de Constance ; Recueil des Ecrivains d'Allemagne, & plusieurs Traités de Controverse.

1606. René *Benoît*, Docteur de Paris & Curé de S. Eustache ; Traduction Françoise de la Bible, & plusieurs Traités de Controverse.

1606. Jean-Gerard *Vos* ou *Vossius*, Prévôt de l'Eglise de Tongres ; Edition de S. Ephrem, & autres Ouvrages.

1606. François *Feuardent*, Cordelier ; Edition des Œuvres de Saint Irenée, & plusieurs Traités de Controverse.

1606. *Paul V.* Pape, Bulles & Décrets sur le différend avec la République de Venise, & autres.

1606. Henri *Sedulius*, de Cleves, Cordelier; Apologétique contre l'Alcoran des Franciscains, & autres Ouvrages.

1606. Benoît *Pererius*, Jésuite, mort à Rome en 1610 ; excellent Commentaire sur la Genese, *in-fol. Antverpiæ.*

1607. Antoine *Possevin*, Jésuite, mort à Ferrare en 1611 ; Apparat sacré sur les Auteurs Ecclésiastiques, & Bibliothéque des Etudes, Négociations dans le Nord. Sa Vie a été imprimée.

1607. Thomas *Sanches*, Jésuite Espagnol; Traités sur le Mariage, *Antuerpiæ* 1607, & plusieurs autres Ouvrages de Morale.
1607. Jean *Busée*, de Nimégue, Jésuite; des Méditations, & plusieurs autres Traités de Controverse & de Spiritualité.
1607. Pierre *Ribadeneyra*, Jésuite Espagnol; Vie des Saints; Vie de S. Ignace, du Pere Laynez, & autres Ouvrages.
1607. Nicolas le *Févre*, Jurisconsulte de Paris; Fragmens de Saint Hilaire, & autres Ouvrages de Doctrine.
1608. François *Pégna*, Espagnol, Doyen de Rote à Rome; Lettres des Papes sur l'Inquisition, & autres Traités sur le même Tribunal.
1608. Jean-Baptiste *Villalpand*, de Cordoue, mort Jésuite en 1608; sur Ezechiel, Commentaire, 1596, excellent.
1608. Louis *Alcasar*, Jésuite Espagnol; Commentaire assez estimé sur l'Apocalypse.
1608. Pierre de *Villars*, Archevêque de Vienne; Traités de la Simonie, de la Résidence, & autres.
1608. Augustin *Torniel*, Barnabite, mort en 1622; Annales Ecclésiastiques de l'Ancien Testament, in-fol. *Antuerpiæ*, 2 Vol.
1609. Fronton du *Duc*, de Bordeaux, Jésuite, mort à Paris en 1623; Plusieurs Editions des Peres & Auteurs Ecclésiastiques.
1609. Sébastien *Barradius*, Jésuite Portugais; Commentaire sur la Concorde des Evangélistes, & sur le Voyage des Israëlites dans le Désert.
1609. Léonard *Coquée*, Augustin; Commentaire sur la Cité de Dieu de S. Augustin, & autres Ouvrages de Doctrine.
1609. Christophe de *Castro*, Jésuite Espagnol; Commentaire sur Jéremie, & autres Livres de l'Ecriture Sainte.
1609. Jean *Fillesac*, Docteur de Sorbonne; Dissertations Ecclésiastiq.
1610. Heribert *Rosweide*, Jésuite; Vies des Peres des Déserts.
1610. Alphonse *Rodriguès*, Jésuite Espagnol; de la Perfection de la vie Chrétienne.
1610. Jean *Chapeauville*, Chanoine de Liége; Explication du Catéchisme Romain, de la Fête du S. Sacrement, Historiens de Liége.
1611. Christophe *Brouverus*, d'Arnhem, Jésuite; Antiquités de l'Abbaye de Fulde; Histoire de Tréves, & autres Ouvrages.
1611. Martin *Bécan*, Jésuite du Brabant, mort en 1624; une Théologie Scholastique, & plusieurs Traités de Controverse.
1611. Jean *Carthagene*, Jésuite Espagnol; Homélies, défense de la liberté de l'Eglise, & autres Ouvrages de Doctrine.
1611. François *Suarès*, Jésuite Espagnol; Commentaires sur la Théologie, 22 Vol. *in-folio*: les plus considérés sont les Volumes *de Legibus*, & ceux *de Religione*.
1611. Antoine *Molina*, Chartreux Espagnol; de l'instruction des Prêtres.
1611. Jacques *Gillot*, Chanoine de la Sainte Chapelle de Paris; Mémoires sur le Concile de Trente, Edition des Œuvres de S. Hilaire.
1612. Mélece *Syrigue*, Patriarche d'Alexandrie; Confession Orthodoxe de l'Eglise Grecque.

ECRIVAINS.

1612. Michel *Gislerus*, Chanoine Régulier, Commentaire sur le Cantique, Chaîne des Peres sur Jéremie.

1612. *Thomas à Jesu*, Carme Déchaussé; sur les moyens de procurer le salut de tous, & autres Traités de Doctrine & de Discipline.

1613. Prosper *Farinacius*, Jurisconsulte Italien, mort cette année; plusieurs Traités sur le droit Canon & les Décisions de la Rote.

1614. Benoît *Justiniani*, Jésuite, mort en 1622, sur S. Paul & les Epîtres Canoniques.

1614. Jean *Mariana*, Jésuite Espagnol, mort en 1624; Notes sur l'Ecriture Sainte: *Opera Theologica*, & autres Ouvrages.

1614. Samuel *Loyaerts*, Docteur de Louvain, mort cette année; Commentaire sur le Cantique des Cantiques & sur les Evangiles de l'année.

1614. Flaminius *Parisius*, Jurisconsulte Italien, mort cette année; Traité de la Résignation des Bénéfices, & autres matières Canoniques.

1614. François du *Monceaux* (Moncæus), Jurisconsulte d'Arras, Traité sur Aaron, & sur d'autres endroits de l'Ecriture Sainte.

1615. Jean *Barclay*, fils de Guillaume, mort à Rome, en 1621; Défense des Rois, & autres Ouvrages.

1615. François *Pithou*, mort en 1621; Corps du Droit Canonique, revu sur les Manuscrits, publié à Paris long-tems après sa mort, & autres Ouvrages.

1615. Pierre *Stévart*, Liégeois, Docteur en Théologie, mort en 1621; Explication de quelques endroits des Epîtres de S. Paul, & Recueil d'Auteurs Grecs & Latins.

1615. *S. François de Sales*, Evêque de Gêneve; Œuvres Spirituelles.

1615. François *Agricola*, Curé dans le Pays de Juliers, mort en 1621; divers Traités de Controverse.

1615. Marius de *Calasio*, Cordelier Italien, mort en 1620; Canons de la Langue Sainte, & Concordances Hébraïques de la Bible.

1616. Louis *Sotélo*, Cordelier Espagnol, Martyr au Japon, en 1624; Lettre au Pape Paul V.

1616. George *Colveneer*, Docteur de Douai; Notes sur Flodoard, & sur d'autres Ecrivains Ecclésiastiques.

1616. Pierre *Strozza*, de Florence; Disputes sur les Dogmes des Chaldéens, & autres Ouvrages.

1616. Claude *Dausqueius*, Jésuite de S. Omer; Version de S. Basile de Seleucie, & autres Ouvrages.

1617. Jean *Ximénès*, Cordelier Espagnol; plusieurs Traités des cas de Conscience.

1617. Nicolas *Coeffeteau*, Dominicain, puis Evêque nommé de Marseille, mort en 1623; divers Traités de Controverse, &c.

1617. Pierre *Cotton*, Jésuite, mort en 1626; plusieurs Traités de Controverse en François.

1618. Charles de la *Saussaye*, Docteur de Paris, mort en 1621; Annales d'Orléans.

1618. André *Victorelli*, Prêtre Italien; divers Traités de Doctrine & d'Histoire.

PAPES. | RITS ET RELIGIEUX.

CCXXXVII.
1623. *Urbain VIII.* 6 Août.
Gouverne 20 a. 11, m. 22 j.
† 29 Juillet 1644.
Le siége vaque 1 m. 15 j.
CCXXXVIII.
1644. *Innocent X.* 14. Septembre.
Gouverne 10 a. 3 m. 25 j.
† 7 Janvier 1655. Vaque 3 m
CCXXXIX.
1655. *Alexandre VII.* 7 Avril.
Gouverne 12 a. 1 m. 16 j.
† 22 Mai 1667. Vaque 28 j.
CCXL.
1667. *Clément IX.* 20 Juin.
Gouverne 2 a. 5 m. 19 j.
† 9 Décembre 1669.
Le siége vaque 4 m. 19 j.
CCXLI.
1670. *Clément X.* 29 Avril.
Gouverne 6 a. 2. m. 23 j.
† 22 Juillet 1676.
Le siége vaque 1 m. 29 j.
CCXLII.
1676. *Innocent XI.* 21 Septemb.
Gouverne 12 a. 10 m. 23 j.
† 12 Août 1689. Vaq. 1 m. 23 j.
CCXLIII.
1689. *Alexandre VIII.* 6 Octob.
Gouverne 1 a. 3 m. 27 j.
† 1 Fév. 1691. Vaq. 5 m. 10 j.
CCXLIV.
1691. *Innocent XII.* 12 Juillet.
Gouverne 9 a. 2 m. 16 j.
† 27 Septembre 1700.
Le siége vaque 1 m. 26 j.

1624. Ordre de *Saint Basile*, en Pologne, &c. Réforme de l'Ab. de *Ste Geneviéve* à Paris.
1625. *Peres de la Mission*, institués par S. Vincent de Paule.
1638. Le Roi Louis XIII. met la France sous la protection de la Sainte Vierge.
1640. *Chanoin. d'Uzès*, en régle.
1647. Chanoinesses de *Ste Geneviéve* à Nanterre.
1653. Freres de *Bethléem* au Mexique, par Pierre de Béthancourt.
1654. Religieuses du *Saint Sacrement* ou de l'Adoration perpétuelle, par la Reine Anne d'Autriche.
1662. Réforme de Citeaux à l'Abbaye de la *Trappe*, Diocèse de Sées, par Armand-Jean Bouthillier de Rancé.
1665. *Augustines Déchaussées* de Portugal.
1668. *Hospitaliéres* d'Italie, fondées sur les biens des Jésuates.
1671. Religieuses des *sept Douleurs*, en Italie.
1675. Congrégation des Prêtres de l'hospice *de la Trinité* des Pellerins à Rome.
1676. Filles Solitaires de *S. Pierre d'Alcantara*, en Italie.
1690. *Saint Jean de Dieu*, canonisé.
1690. Religieuses du *Corpus Domini*, en Italie.

CONCILES.

1624. De *Bourdeaux*, sur la Discipline. *Lab.* XV. *Hard.* X. seuls.
1635. De *Narbonne. Gall. Chr.* Tome VI. page 120.
1638. De *Constantinople*, par Cyrille de Berhoé, Patriarche de cette Ville, contre Cyrille de Lucar, & la Confession de Foi que ce dernier avoit publiée. *Hard.* seul, Tome X.
1642. De *Gias*, ou *Jassi* en Moldavie, contre Cyrille de Lucar. H. X.
1668. D'*Avignon*, sur la Discipline. *Gall. Chr.* T. I. p. 838.
1671. De *Narbonne*, *Ibid.* Tome VI. page 122.
1672. De *Jérusalem*, par le Patriarche Dosithée, contre Cyrille de Lucar. *Hardouin* seul, Tome X.

GRANDS-HOMMES. | HERES. ET PERS. 537

1629. Mort du Cardinal Pierre de Berulle, Instituteur de la Congrégation de l'Oratoire de Fr.
1639. Nicolas *Pavillon*, est sacré Evêque d'Alet: meurt en 1677.
1643. Jean *Bollandus*, Jésuite, commence à publier à Anvers, le Recueil des Vies des Saints.
Mort de J. B. *Gault*, Evêque de Marseille, dont le Clergé de France a demandé la canonis.
1644. Mort de Charles *Faure*, Réformateur des Chanoines Réguliers de Ste Geneviéve.
Mort de François *Gallaud* de *Chasteul*, Solit. au M. Liban.
1659. Mort de Dom Jean de *Palafox*, Evêque d'Osma, en Espagne.
1660. Mort de *Vincent de Paul*, Instituteur de la Congrégation de S. Lazare ou de la Mission, canonisé en 1737.
1662. Arm. J. *de Rancé*, réforme l'Abbaye de la Trappe, & meurt en 1700.
1670. Jacques-Bénigne *Bossuet*, sacré Evêque de Condom, ensuite Evêque de Meaux, illustre par ses Œuvres de Controverse.
1672. Mort d'Antoine *Godeau*, Evêque de Vence.
1680. Mort de Félix *Vialart*, Ev. de Chaalons, de Ste. mémoire.
1686. Mort de Nicolas *Stenon*, Vicaire Apostolique dans les pays Septentrionaux.
1690. Claude *Fleuri* commence à publier son Histoire Ecclésiastique en François.

1635. Persécution au *Japon*.
1637. Persécution à la *Chine*.
1645. *Menno Simonis*, Frison, Chef des Memnonites, espéce d'Anabaptistes en Hollande.
1653. Premiere condamnat. des cinq *Propositions* de Jansénius.
1655. George *Fox*, espéce d'Anabaptistes, Auteur des *Quakers* ou *Trembleurs*, en Angleterre.
1655. Isaac de *la Peyrere*, Chef des *Préadamites*: meurt converti en 1677.
1656. Deuxiéme condamnat. des cinq *Propositions*, de Jansénius.
1662. Persécution à la *Chine*.
1670. Bénoît de *Spinosa*, Déïste, soutient que Dieu n'est autre chose que l'Univers, qui pense dans les hommes, qui sent dans les Animaux, qui végete dans les Plantes, qui est inanimé dans la Terre, &c.
1680. Mort d'Antoinette de *Bourignon*, qui enseigne des vertus chimériques, & admet une tolérance générale de toutes Rel.
1685. Michel *Molinos*, Prêtre de Saragoce, dit que l'anéantissement des fonctions de l'ame suffit pour la béatitude; rejette la prière & les bonnes œuvres, &c. est le Chef des *Quiétistes* impurs.
1688. Persécution à *Siam*.
1689. *Camisars* des Cevennes, Calvinistes, feignent de prétendues prophéties, & prennent ensuite les armes.
1690. Madame *Guyon* publie une espéce de *Quiétisme* en France.

ECRIVAINS.

1618. Hyacinthe *Choquet*, Dominicain de Lille en Flandres; de la Confession par Lettres, & autres ouvrages de Doctrine.
1618. François *Labata*, Jésuite Espagnol; Traité de la Morale.
1618. Victorius *Scialac*, Maronite; Version du Livre de Job, du Chaldéen & du Syriaque, Liturgie des Coptes, traduite de l'Arabe, Pseaumes traduits de l'Arabe, &c.

1618. Antoine *Rufca*, Milanois du Collége Ambrosien ; Traité de l'Enfer & de l'état des Démons, *in*-4°. à Milan 1621, rare.

1618. Marc-Antoine *Capelli*, Italien ; Dissertations sur le différend de Rome & des Vénitiens.

1619. Pierre *Binsfeld*, Evêque Suffragant de Tréves ; Traités sur diverses matières de Théologie & de Morale.

1619. Louis de *Téna*, Evêque de Tortose; Commentaire sur l'Epitre aux Hébreux, & Introduction à l'Ecriture Sainte.

1619. Michel *Roussel*, Canoniste François ; Histoire de la Jurisdiction du Pape & l'Antimariana.

1620. Antoine *Pérez*, Bénédictin Espagnol ; *Pentateuchus fidei*, très-rare.

1620. Jacques *Gretzer*, Jésuite Allemand, mort en 1625; plusieurs Traités de Controverses & des Disputes particulières, qu'on a réimprimés à Ratisbonne en 1739. 17 Volumes *in-fol.*

1620. Léonard *Lessius*, Jésuite du Brabant, mort en 1621 ; Traités du Droit & de la Justice, de la Grace, &c.

1620. Louis *du Pont*, Jésuite Espagnol, mort en 1624; Méditations sur les mystères de la Foi.

1620. Antoine *le Clerc de la Forest*, d'Auxerre; Explication de quelques endroits de l'Ecriture, &c. *Voyez le Beuf, Histoire d'Aux.* Tome II. pag. 508 & *suivantes*; fut M^e des Requêtes de la Reine Marg. de Valois, & favorisa toutes bonnes œuvres de son temps.

1621. Philippe *Gamache*, Docteur de Sorbonne, mort en 1625 ; une Somme Théologique. *in-fol. Paris* 1627, 3 Vol.

1621. Jacques *Jansonius*, Docteur de Louvain, mort en 1625; Commentaires sur plusieurs Livres de l'Ecriture Sainte.

1621. Paul *Layman*, Jésuite Tirolois, mort en 1625 ; Théologie Morale, & autres Ouvrages sur la Discipline.

1621. Jacques *Bonfrerius*, Jésuite, mort à Tournai en 1642 ; Commentaire sur le Pentat. & sur Josué ; plusieurs autres sont restés manuscrits à Tournai.

1621. Jean *Pinéda*, Jésuite Espagnol, mort en 1621 ; Commentaire sur Job, sur Salomon, sur quelques Livres Sapientiaux.

1622. Gabriel de *Laubépine*, Evêque d'Orléans, mort en 1639 : observations sur la Discipline.

1622. André *Eudæmon-Jean*, Jésuite de la Canée, dans l'Isle de Crete, mort en 1625 ; plusieurs Traités de Controverse, & autres Ouvrages peu recherchés.

1623. Paul *Comitolus*, Jésuite de Pérouse, mort en 1626 ; Traités de Morale & de Cas, estimés, & autres Ouvrages Ecclésiastiques.

1623. Thomas *Dempster*, Ecossois, mort en Italie, en 1625 ; Histoire Ecclésiastique d'Ecosse, & autres Ouvrages historiques.

1623. François de *Mendoza*, Jésuite Portugais, mort en 1626; Commentaire sur les livres des Rois, & autres Ouvrages.

1623. Joseph *Vicecomes*, Milanois ; *de Ritibus Ecclesiæ*, 4 Vol.

1623. Théodore *Smising*, Cordelier Allemand, Docteur de Louvain, mort en 1626 ; Traité assez estimé sur les attributs de Dieu, *in-fol. Antuerpiæ.*

ÉCRIVAINS.

1623. François *Lanoue*, Minime Parisien ; Histoire des SS. Chanceliers de France, & Chronique de son Ordre.

1623. Michel *Paludanus*, Augustin de Gand ; sur S. Thomas, & autres Ouvrages.

1622. Aloysius *Novarinus*, Chanoine Régulier de Verone ; Adages des Peres, & autres Ouvrages de Spiritualité.

1623. François *Coriolan*, Capucin ; Somme de Conciles, &c.

1624. Prosper *Stellartius*, du Haynaut, Augustin, mort en 1626 ; divers Traités sur l'Etat Monastique.

1624. Jean *Barnés*, Bénédictin Anglois, meurt prisonnier à Cambrai, en 1626 ; Dissertation contre les équivoques.

1624. Laurent *Beyerlinck*, Chanoine d'Anvers, mort en 1627 : Promptuaire Moral, Sermon & Théâtre de la vie humaine, en plusieurs Volumes *in-folio*.

1624. Ferdinand de *Castélio*, Dominicain Espagnol ; Histoire de l'Ordre de S. Dominique. *Valladolid*, 5 Vol. *in-fol.*

1624. François *Collins*, Milanois ; *de Animabus Paganorum : de Sanguine Christi*, très-rares.

1624. Pierre *Arcudius*, Grec demeurant à Rome ; a écrit sur les Sacremens, sur le Purgatoire.

1624. Guillaume *Estius*, sur le Maître des Sentences, sur S. Paul, &c.

1624. Simon *Vigor*, Conseiller au grand Conseil, mort cette année ; divers Traités sur la Supériorité du Concile, l'autorité du Pape & des Rois, recueillis en corps, *in-4°*. 1683. *Parisiis*.

1624. Henri *Philippe*, Jésuite des Pays-Bas, mort en 1636 ; divers Ouvrages de Chronologie sur l'Histoire Sainte.

1624. Gabriel *Pennot*, Chanoine Régulier d'Italie ; Histoire des Chanoines Réguliers, & autres Ouvrages.

1624. Erasme de *Chockier*, Liégeois, mort en 1625 ; Traités sur la Jurisdiction des Evêques & sur les Religieux exempts.

1625. Thomas *Malvenda*, Dominicain Espagnol, mort en 1628 ; Version de l'Ancien Testament; Traités de l'Antechrist, & autres.

1625. Jacques *Sévert*, Docteur de Paris, mort en 1628 ; Chronologie des Archevêques de Lyon, & autres ouvrages.

1625. Gaspar *Sanctius*, Jésuite Espagnol, mort en 1628 : Commentaire sur différens Livres de l'Ecriture Sainte.

1625. Charles *Stengelius*, Bénédictin Allemand ; Traités sur l'Histoire de son Ordre, sur-tout en Allemagne, & divers Ouvrages de Piété.

1625. Willebrode *Boschaert*, de Berg-op-zoom, ordre de Prémontré ; divers Ouvrages sur l'Histoire de cet Ordre.

1625. Pierre *Lansselius*, de Gravelines, Jésuite, mort en 1633 ; Notes sur S. Denis l'Aréopagite, & autres Œuvres.

1625. Jean *Cognatus* ou *Cousin*, Chanoine de Tournai ; Histoire de cette Ville, & autres Ouvrages.

1625. Louis *Cresol*, Jésuite Breton, mort en 1634 ; quelques Traités sur les Cérémonies & la Discipline de l'Eglise.

1626. André *Schott*, d'Anvers, mort en 1629 ; la Bibliothéque de Photius, & autres Ecrivains Ecclésiastiques ; Adages sacrés.

1626. Jules-César *Boullenger*, plusieurs fois Jésuite, mort en 1628; Traités contre Casaubon & du Plessis Mornay.

1626. Charles *Scribanius*, Jésuite de Bruxelles, mort en 1629; Amphithéâtre d'honneur; Traités de Controverse & Ouvr. de Piété.

1626. Laurent *Bouchel*, Avocat au Parlement de Paris, mort en 1629; Décrets de l'Eglise Gallicane, & Bibliothéque Canonique.

1627. Basile *Ponce*, Espagnol, mort en 1629; Traités sur le Mariage, & autres Ouvrages de Doctrine.

1627. Pierre de *Berulle*, Cardinal, mort en 1629; divers Traités de Controverse & de Piété.

1627. Lelio *Besciola*, Jésuite de Modéne, mort en 1629, Observations sacrées, & digressions sur quelques endroits du Nouveau Testament.

1628. Matthieu *Marier*, Bénédictin; *Bibliotheca Cluniacensis*.

1628. Martin *Bonacina*, Milanois, mort en 1631, plusieurs Ouvrages de Droit, de Morale & de Discipline.

1628. Florent *Conrius*, Cordelier Irlandois, mort en 1631; divers Traités sur les matières de Doctrine.

1628. Frédéric *Borromée*, Cardinal & Archevêque de Milan, mort en 1628, plusieurs Traités sur la Discipline.

1628. François *Harée*, Théologien de Douai, mort en 1632, plusieurs Ouvrages Historiques sur l'Ecriture Sainte.

1628. Adam *Tannerus*, Jésuite Allemand, mort en 1632; Somme de Théologie, & Traités de Controverse.

1628. Diego *Collado*, Dominicain Espagnol & Missionnaire au Japon, mort en 1632; plusieurs Traités sur la Mission du Japon, & autres Ouvrages.

1628. Chrysostôme *Henriquès*, Espagnol, Ordre de Citeaux, mort en 1632 : Saints & Hommes Illustres de son Ordre.

1628. Jérôme *Aleandre* le jeune, mort en 1633; divers Ouvrages de Doctrine.

1628. Gilles de *Coninck*, Jésuite Flamand, mort en 1633 : Disputes de Théologie.

1628. Corneille *Curtius*, Augustin de Bruxelles, mort en 1633; divers Traités d'Histoire & d'Antiquités.

1629. Edmond *Richer*, Docteur de Paris, mort en 1633; plusieurs Ouvrages sur les Conciles & sur la puissance Ecclésiastique & autres Traités.

1629. Jean *Malderus*, Brabançon, Evêque d'Anvers, mort en 1633. Commentaires, sur S. Thomas; Traités des restrictions mentales & du secret de la Confession.

1629. Fortunat *Scacchus*, Augustin d'Italie, mort en 1633 : Traités des Onctions sacrées, Canonisation des Saints, & autres Ouvrages.

1629. Jean *Lorin*, Jésuite d'Avignon; plusieurs Commentaires fort étendus sur quelques Livres de l'Ecriture Sainte.

1629. Baudouin *Junius*, Cordelier de Dordrecht, mort en 1634; plusieurs Traités de Controverse & de Doctrine.

1629. Jérôme *Dandini*, Italien, Jésuite Missionnaire, mort en 1634; Traités de la Mission chez les Maronites, & autres.

ÉCRIVAINS.

1629. Thomas *Campanella*, Dominicain Italien, mort en France; Traités contre l'Athéisme, & autres Ouvrages.

1629. Jean-Mathieu *Cariophile* de Candie, mort vers l'an 1630; Traités contre les Grecs Schismatiques.

1629. Simon de *Muys*, mort en 1644, Professeur Royal à Paris, pour la Langue Hébraïque; un Commentaire sur les Pseaumes, & des Dissertations.

1630. Nicolas *Rigault*, Edition des Œuvres de Tertullien & de Saint Cyprien, & autres Ouvrages.

1630. Jean de *Chockier*, Liégeois, Chanoine de Liége; divers Traités sur les matières de Droit Canonique.

1630. Livius *Galantes*, Cordelier d'Italie; Traité sur la comparaison de la Théologie & de la Philosophie ancienne.

1630. Nicolas *Jansenius*, de Zélande, Dominicain; Vie de S. Dominique, & divers Traités de Controverse.

1630. Artur *Dumoustier*, Récollet de Rouen; Martyrologe de l'Ordre de S. François, & autres Ouvrages d'Histoire ou de Doctrine.

1630. Arnoul *Raissius*, de Douai; divers Ouvrages sur l'Histoire Ecclésiastique & Monastique de Flandres.

1630. Bénoît *Gonon*, Célestin; Chronique de la Sainte Vierge, & autres Ouvrages sur l'Histoire Ecclésiastique.

1630. Thomas *Henrici*, Allemand: Anatomie de la Confession d'Ausbourg.

1630. Constantin *Cajetan*, de Syracuse, Abbé Bénédictin; divers Traités Historiques sur son Ordre.

1630. Jacques *Salian*, Jésuite d'Avignon, mort en 1640: Annales de l'Ancien Testament, & plusieurs Traités de Piété.

1630. Emmanuel *Véga*, Jésuite Portugais, mort en 1640; divers Traités de Théologie & de Controverse.

1630. Aubert le *Mire*, (Miræus), Chanoine & Doyen de l'Eglise Cathédrale d'Anvers, mort en 1640; une Bibliothéque Ecclésiastique, & plusieurs Ouvrages sur l'Histoire Ecclésiastique & Monastique, dont la dern. Edition, in-fol. *Lovanii* 1733, 4 Vol.

1630. Matthieu *Raderus*, Jésuite du Tirol, mort en 1634: Editions de plusieurs Auteurs Ecclésiastiques & Hist. Eccles. de Bavière.

1630. Louis *Torrès*, Jésuite Espagnol, mort en 1635; Commentaire sur S. Thomas, & autres Ouvrages de Théologie.

1630. Adam *Contzen*, Jésuite Allemand, mort en 1635; Traités de Controverse, Commentaires sur les Evangiles & sur S. Paul, Traités de Politique, & autres Ouvrages.

1630. André *Delvaux* (Vallensis), Professeur à Louvain, mort en 1636; Commentaires sur les Décrétales.

1631. Jacques *Tirin*, Jésuite d'Anvers, mort en 1636; Commentaire sur l'Ecriture Sainte.

1631. Corneille de la *Pierre* (à Lapide), Jésuite du Pays de Liége, mort en 1637; Commentaires fort étendus sur presque toute l'Ecriture Sainte.

1631. Martin de *Roa*, Jésuite Espagnol: mort en 1637; Traités de Controverse, & quelques Ouvrages sur l'Ecriture Sainte.

1631. Zacharie *Boverio*, Capucin de Saluces, mort en 1638 ; Annales de son Ordre, & autres Ouvrages.

1631. Jéremie *Drexellius*, Jésuite Allemand, mort en 1638 ; plusieurs Ouvrages de Piété.

1631. André *Duval*, Docteur de Paris, mort en 1638 ; une Théologie, & autres Ouvrages.

1632. Jean *Wiggers*, Brabançon, mort en 1639 ; Commentaire sur la Somme de S. Thomas ; un Traité du Droit & de la Justice.

1632. François *Bivarus*, Espagnol, de l'Ordre de Cîteaux, mort en 1636 ; Traité sur l'Immaculée Conception ; Chronique de Dexter, Braulio, & autres.

1632. Barthélemi *Gavantus*, Milanois & Chanoine Régulier ; Commentaire sur les rubriques du Missel.

1633. Néophitus *Rhodinus*, de l'Isle de Cypre, Moine de S. Basile, Abrégé des Sacremens, & autres Ouvr. sur les matières Ecclésiast.

1633. Jacques *Sirmond*, Jésuite de Riom, mort en 1651 ; les Conciles des Gaules, & plusieurs Auteurs Ecclésiastiques imprimés en corps, cinq volumes *in folio*.

1633. Ascanius *Tamburin*, de Marradio, Moine de Vallombreuse en Italie ; du Droit des Abbés & des Abbesses.

1633. Nicolas *Riccardi*, Dominicain Italien ; Commentaire sur l'Ecriture Sainte ; Histoire du Concile de Trente, & autres Ouvrages.

1634. Charles de *Gondren*, Général de l'Oratoire de France, mort en 1641 ; divers Ouvrages de Piété.

1634. Claude *Tiphaine*, Jésuite de Paris, mort en 1641 ; divers Traités fort estimés sur la Grace & la Prédestination, & autres Ouvrages recherchés par les Théologiens.

1634. Nicolas *Isambert*, Docteur & Professeur de Paris, mort en 1642 ; Commentaire sur la Somme Théologique de S. Thomas.

1634. Dominique *Gravina*, Dominicain, mort en 1643 : *de Præscriptionibus Catholicis*, & autres Traités de Théologie.

1634. Louis de la *Cerda*, Jésuite de Tolède, mort en 1643 ; Edition de Tertullien, & autres Ouvrages de Doctrine.

1634. Jean du *Verger de Hauranne*, de Bayonne, Abbé de S. Cyran, mort en 1643 ; Théologie familière, Lettres Spirituelles ; Considérations sur les Dimanches & Fêtes ; Ouvrages pour la défense des Droits des Evêques, sous le nom de *Petrus Aurelius*, en partie, avec Martin *de Barcos*, son neveu, &c.

1635. Hugues *Ménard*, de Paris, Bénédictin de S. Maur, décédé en 1644 : Martyrologe des Saints de son Ordre ; Sacramentaire de S. Grégoire, & autres Ouvrages.

1635. Gui *Bentivoglio*, de Ferrare, Cardinal, mort en 1644 ; Mémoires d'Histoire Ecclésiastique ; Relation de Flandre, & Lettres.

1635. *Urbain VIII*. Pape Florentin, nommé *Maffée Barberin* ; Bulles, Constitutions & Poësies.

1635. Octave de *Bellegarde*, Archevêque de Sens, mort en 1646 ; Recueil de passages de S. Augustin, & Canons de la Pénitence.

1636. Gaspar *Hurtado*, Jésuite Espagnol, mort en 1646 ; une Théologie complette en huit Volumes.

ECRIVAINS.

1636. Ferdinand *Quirin de Salazar*, Jésuite Espagnol, mort en 1646; Commentaire sur les Proverbes de Salomon, & Traité sur l'Immaculée Conception.

1636. Jacques *Canisius*, Jésuite Allemand, mort en 1657; divers Traité de Spiritualité.

1636. Marin *Mersenne*, Minime François, mort en 1648; Explication des premiers Chapitres de la Genese, & Traité contre les Incrédules.

1636. Melchior *Inchoffer*, Jésuite Hongrois, mort en 1648; Annales Ecclésiastiques de Hongrie; Défense de la Lettre de la Sainte Vierge à l'Eglise de Messine; Monarchie des Solipses, & autres Traités.

1637. Abraham *Bzovius*, Dominicain Polonois, mort cette année; a publié nombre d'Ouvrages, dont le principal est la Continuation des Annales de Baronius.

1637. Charles *Vialart* de S. Paul, Général des Feuillans, puis Evêque d'Avranches, mort en 1644; Géographie sacrée, & quelques autres Ouvrages.

1637. Jean-Eusebe de *Nieremberg*, Jésuite Espagnol; divers Traités de Doctrine & de Piété.

1637. Jacques *Merlo Horstius*, de Gueldres; quelques Traités de Piété & une Edition de S. Bernard.

1637. François *Quaresme*, Cordelier de Lodi, en Italie; Description de la Terre-Sainte, & autres Ouvrages.

1637. Jacques *Bolduc*, de Paris, Capucin; Commentaire sur Job, & autres Ouvrages sur l'Ecriture Sainte.

1637. Antoine *Perès*, de Pampelune, Jésuite, mort à Rome en 1649; quelques Traités sur la première Partie de S. Thomas; Traité du Droit & de la Justice, & autres Ouvrages Théologiques.

1637. Augustin *Barbosa*, Canoniste Portugais, mort en 1649; grand nombre d'Ouvrages sur les matières du Droit Canonique.

1637. Joseph-Maria *Suarès*, Evêque de Vaison; plusieurs Dissertations sur les Antiquités Ecclésiastiques.

1637. Ange *Manrique*; Annales de Cîteaux, *in-fol.* 4 vol.

1638. Barthélemi *Fisen*, Jésuite Liégeois; Institution de la Fête du S. Sacrement; Histoire de l'Eglise de Liége, & autres Ouvrages Historiques.

1638. *Arsenius*, Prêtre Grec; Lettre contre Cyrille de Lucar, & Abrégé des Canons.

1638. Charles *Rapine*, Récollet; Histoire Ecclésiastique de Châlon; Histoire de la réforme des Récollets, & autres Ouvrages de Doctrine.

1638. Victorio de *Rossi*, ou Janus-Nicius *Erythræus*; Eloges Historiques des Hommes Illustres, & Traités de Piété & de Morale.

1638. Antonin *Diana*, Chanoine Régulier Sicilien; Somme de Théologie, & Résolutions Morales.

1638. Théophile *Raynaud*, Jésuite de Nice; a écrit sur toutes sortes de matières Ecclésiastiques. *Ejus opera*, in-fol. *Lugduni*, 20 Volumes.

1638. Cornelius *Jansenius*, Evêque d'Ipres, mort cette année; a donné aussi des Commentaires sur l'Ecriture Sainte, & laissé un Traité sur la Grace, imprimé en 1640.
1639. Henri *Sponde*, Evêque de Pamiers, mort en 1643; Abrégé des Annales de Baronius, & Continuation.
1639. Armand de *Richelieu*, Cardinal; Traités de Controverses, &c.
1639. Jean-Baptiste *Casalius*, Romain; plusieurs Ouvrages sur les Rits des Anciens Chrétiens, des Egyptiens, & grandeur de Rome.
1639. Hyppolite *Marracci*, de Lucques; Bibliothéque Mariane, avec la Pourpre Mariane.
1639. Jean-Jacques *Chifflet*, de Besançon, premier Médecin du Roi d'Espagne; divers Traités sur des matières Ecclésiastiq. & Politiq.
1639. Innocent *Cron*, Chancelier de l'Université de Toulouse; Commentaire sur les Décrétales de Grégoire IX. avec l'Edition de celles d'Honoré III.
1639. François-Augustin de la *Chiesa*, Evêque de Saluces; Histoire des Cardinaux, Archevêques, Evêques & Abbés de Piémont, & autres Ouvrages Historiques.
1639. François *Sylvius*, Docteur de l'Université de Douai; Commentaire sur la Somme de S. Thomas, avec plusieurs autres Ouvrages Dogmatiques.
1640. François *Véron*, Curé de Charenton; plusieurs Traités de Controverse.
1640. François *Davenport*, Cordelier Anglois; Système de la Foi, & autres Ouvrages de Doctrine & de Discipline.
1640. Matthias *Hauzeur*, Cordelier des Pays-Bas; divers Ouvrages de Controverse.
1640. Paganin *Gaudence*, Suisse & Professeur à Pise; Dogmes & Cérémonies de l'anc. Eglise, & plus. autres Traités de Doctrine.
1640. Denis *Petau*, Jésuite d'Orléans, mort en 1652; Dogmes Théologiques; Edition de S. Epiphane & de Synésius; Chronologie, & autres Traités.
1641. Odéric *Raynaldi*, Prêtre de l'Oratoire de Rome; une Continuation des Annales de Baronius.
1641. Antoine *Sanderus*, Chanoine d'Ipres; plusieurs Traités sur l'Histoire Ecclésiastique & Civile des Pays-Bas.
1641. Charles de *Mansfeld*, Doyen de Sainte Gudule de Bruxelles; plusieurs Traités sur le Droit Canonique & la Morale.
1641. Jean-Baptiste *Sinnick*, Irlandois, Docteur de Louvain; Théologie Morale, sous le titre de *Saul exrex*; Traité sur la Grace, intitulé *Trias SS. Patrum*, & autres Traités de Morale & de Doctrine.
1641. Jacques *Eveillon*, Grand-Vicaire d'Angers, mort en 1651; Traité des Excommunications & des Monitoires, &c.
1642. Zacharie *Pasqualigus*, Théatin de Verone; Questions & Décisions de Morale; Traités des Eunuques, & autres Ouvrages.
1642. Richard *Smith*, Evêque-Missionnaire en Angleterre; plusieurs Ouvrages sur la Hiérarchie Ecclésiastique.

ÉCRIVAINS.

1642. Valeré *André*, Docteur en Droit & Professeur à Louvain ; Fastes Académiques de Louvain ; Bibliothéque Belgique, & autres Traités.

1642. Rodriguès d'*Acugna*, Archevêque de Brague ; Traité contre les Confesseurs Sollicitans, & autres Ouvrages Dogmatiques.

1642. Guillaume *Gibieuf*, Docteur de Paris & Prêtre de l'Oratoire, mort en 1650 ; Traité sur la Liberté de Dieu & des Créatures.

1642. François *Florent*, Jurisconsulte & Professeur à Orléans, mort en 1650 ; plusieurs Traités sur le Droit Canonique.

1642. Georges *Stengelius*, Jésuite d'Ausbourg, mort en 1651 ; divers Traités de Controverse & de Morale.

1643. Jean *Dartis*, Docteur en Droit, & Professeur à Paris, mort en 1651 ; Traités des Conciles, de la Pénitence, des Bénéfices, & autres matières Canoniques.

1643. Jean *Plantavit* de la *Pause*, Evêque de Lodève, mort en 1651, divers Traités sur la Bible Hébraïque.

1643. Nicolas *Caussin*, Jésuite Champenois, mort en 1651 ; la Cour Sainte ; Apologie des Jésuites, & autres Ouvrages.

1643. Pierre *Frison*, Docteur de Paris, mort en 1651 ; Version Françoise de la Bible ; l'Histoire des Papes & Cardinaux François, & autres Ouvrages.

1643. Henri-Louis *Chasteignier* de la *Roche-Pozai*, Evêque de Poitiers, mort en 1651 ; Traités sur les Cardinaux, & autres Ouvrages sur l'Ecriture Sainte & sur la Morale.

1643. Jean *Bollandus*, Jésuite de Flandre, commence à publier les *Acta Sanctorum*, ou la Collection des Vies des Saints, continuée par Henschenius, Papebrock, &c. Bollandus en étoit à son sixiéme Volume, ou au commenc. de Mars, lorsqu'il mourut en 1665.

1644. Pierre *Dupuy*, mort en 1651, & Jacques *Dupuy*, mort en 1656, Freres : Recueil des Libertés de l'Eglise Gallicane ; Lettres sur le Concile de Trente ; Histoire du Grand Schisme ; Différend de Boniface VIII, & autres Ouvrages.

1644. Jean-Pierre *Camus*, Evêque de Belley, mort en 1652 ; beaucoup d'Ouvrages de Doctrine, de Piété, & de Morale.

1644. Michel *Alfort*, Jésuite Anglois, mort en 1652 ; Annales Ecclésiastiques d'Angleterre.

1644. Philippe *Alegambe*, Jésuite de Bruxelles, mort à Rome, en 1652 ; Bibliothéque des Ecrivains de sa Compagnie, &c.

1644. François de *Lugo*, Jésuite Espagnol, mort en 1652 ; Commentaire sur S. Thomas ; Traité des Sacremens, & Ouvrages de Morale.

1644. Jean de *Lugo*, Frère du précédent, Jésuite & Cardinal, mort en 1660 ; un Corps de toute la Théologie, *in-folio*, 7 Vol.

1644. Jacques *Goar*, Dominicain de Paris, mort en 1653 ; Euchologe ou Rituel de l'Eglise Grecque ; il a aussi travaillé au Recueil de l'Histoire Byzantine, imprimé au Louvre.

1644. François de *Harlay*, Archevêque de Rouen, mort en 1655 ; Commentaire sur S. Paul ; Traités sur les affaires Ecclésiastiques, & autres Ouvrages de Doctrine.

II. Partie.

1644. Jean-Etienne *Ménochius*, Jésuite de Pavie, mort en 1655 : Notes sur l'Ecriture Sainte ; République des Hébreux ; Mêlanges sacrés sur l'Ecriture Sainte, & autres matières Ecclésiastiques.

1645. Nicolas *Abram*, Jésuite de Lorraine, mort en 1655 ; le Phare de l'Ancien Testament, & autres Ouvrages de Doctrine.

1645. Olivier *Bonartius*, Jésuite d'Ipre, mort en 1655 ; Traité des Heures Canoniales ; Comment. sur l'Ecclésiastique & sur Esther.

1645. Pierre *Halloix*, Jésuite Liégeois, mort en 1656 ; Vie & Doctrine des Pères de l'Eglise Grecque, & autres Ouvrages d'érudition Ecclésiastique.

1645. Maximilien *Sandæus*, d'Amsterdam, & Jésuite, mort en 1656 ; grand nombre d'Ouvrages de Controverse, de Morale, & de Piété.

1645. Jean-Baptiste de *S. Jure* de Mets, Jésuite, mort en 1657, Traité de la Connoissance & de l'Amour de Dieu, & autres Ouvrages de Piété & de Morale.

1645. Bernard *Alderete*, Jésuite Espagnol, mort en 1657 ; plusieurs Ouvrages de Théologie.

1645. Jean *Morin*, Prêtre de l'Oratoire, mort en 1659 ; Bible en Grec ; Pentateuque Samaritain ; Dissertations sacrées ; Traités de la Pénitence, & des Ordinations.

1645. Antonin *Reginaldus*, d'Albi, Dominicain, mort en 1667 ; plusieurs Traités sur la Grace, & les Sentimens de S. Thomas.

1645. Louis *Cellot*, Jésuite de Paris, mort en 1658 ; Traité de la Hiérarchie ; Histoire de Gottescalque, & autres Ouvrages.

1646. Antoine *le Maître*, Avocat au Parlement de Paris, mort en 1658 : Vie de S. Bernard, & Traductions de quelques Ouvrages de ce Père ; de l'Aumône Chrétienne ; Traduction du Nouveau Testament de Mons, & autres Ouvrages polémiques.

1646. François *Hallier*, Evêque de Cavaillon, mort en 1659 ; Traité de la Hiérarchie, des Elections, & autres Ouvrages.

1646. Jean de *Palafox*, Espagnol, Evêque d'Osma, mort en 1659 ; Lettres & défense sur les Missions, & grand nombre d'autres Ouvrages, recueillis en 7 Vol. *in-folio*.

1646. Hilarion de *Coste*, Minime, mort en 1661 ; Eloges des Rois, Reines, Princes & Princesses illustres, & autres Ouvrages sur les matières d'Histoire Ecclésiastique.

1646. Luc *Wading*, Cordelier Irlandois, retiré à Rome ; Annales de l'Ordre de S. François, & Bibliothéque des Ecrivains de son Ordre, & plusieurs autres Ouvrages de Doctrine.

1646. Thomas de *Herrera*, Augustin Espagnol ; Histoire des Prélats, & Hommes illustres de son Ordre, & autres Ouvrages.

1646. Ferdinand *Ughelli*, Florentin & Abbé de l'Ordre de Cîteaux ; l'Italie sacrée, 10 vol. *in-fol.* & autres Ouvr. d'Hist. Ecclésiastique.

1647. Pierre de *S. Joseph*, Feuillant ; Théologie abrégée, & quelques Traités sur les matières contestées de la Grace.

1647. Gaspard *Jongelin*, d'Anvers, de l'Ordre de Cîteaux ; Notice des Abbayes de son Ordre ; Eloge de S. Bernard ; Origine de son Ordre, & autres Ouvrages.

1647. Philippe *Chifflet*, de Besançon, Abbé de Balerne; Préface & Notes sur le Concile de Trente, & autres Ouvrages de Doctrine & de Piété.

1647. Bertrand *Tissier*, de l'Ordre de Citeaux; Bibliothéque ou Collections des principaux Ecrivains de son Ordre, huit Vol. *in-folio*, & autres Ouvrages de Doctrine.

1648. Jean de *Colombi*, Jésuite; Histoire des Evêques de Viviers, de Vaison, de Die, & autres Ouvrages.

1648. Clément *Galanus*, Théatin; Réconciliation de l'Eglise Arménienne avec l'Eglise Romaine; l'Histoire Ecclésiastique d'Arménie, &c.

1648. Léon *Allatius*, de Chio, mort à Rome en 1669; a écrit sur les Dogmes & la Doctrine de l'Eglise, & a publié divers Auteurs Grecs Ecclésiastiques.

1648. Pyrrhus *Corradus*, Chanoine de Naples; Pratique des Dispenses & Pratique des Bénéfices, Ouvrages estimés.

1648. Melchior *Lottier* (Loterius); Traité des Bénéfices.

1649. François *Passerino*, Jurisconsulte; Traité de l'Election Canonique, fort estimé; de la Pollution des Eglises, & autres.

1649. Prosper *Fagnani*, grand Canoniste Italien; Commentaire fort estimé sur les Décrétales. *Romæ* 1661, 6 vol.: la Table est regardée comme un chef-d'œuvre.

1649. Luc *Holstenius*, de Hambourg, retiré à Rome, mort en 1661; divers Ouvrages ou Recueils des Antiquités & matières Ecclésiastiques.

1649. Abraham *Echellensis*, sçavant Maronite, Professeur des Langues Orientales à Rome, mort en 1664; plusieurs Ouvrages sur les sentimens des Orientaux, &c.

1649. Jean de la *Haye*, de Paris, Cordelier, mort en 1661; Commentaire sur la Génèse, l'Exode, l'Apocalypse, avec la *Biblia Magna*, cinq Vol. *in-fol.* & *Biblia Maxima*, dix-neuf Vol. *in-fol.* & autres Ouvrages.

1650. Nicolas *Bralion*, Prêtre de l'Oratoire, mort en 1672; Traités sur le *Pallium*, & autres Ouvrages d'Histoire Ecclésiastique.

1650. Jean *Fronteau* d'Angers, Chanoine Régulier de Sainte Geneviéve, mort en 1662; diverses Lettres sur les matières d'Antiquités Ecclésiastiques, & sur la Dispute de l'Auteur de l'Imitation de Jesus-Christ.

1650. François *Salgado*, Jurisconsulte Espagnol, mort en 1664; Traités de la Remontrance au Pape, & de la Protection Royale sur les Jugemens Ecclésiastiques, Ouvrages estimés.

1650. François *Bosquet*, Evêque de Lodeve, puis de Montpellier, l'un des plus savans hommes de son temps, mort en 1676: Notes sur les Epîtres d'Innocent III. Vies des Papes d'Avignon: *Synopsis Legum Mich. Pselli*, &c.

1651. Gilles *Boucher* (Bucherius), Jésuite d'Arras, mort en 1665; Traité sur les premiers Evêques de Tongres; Chronologie de l'Eglise de Liége; Commentaire sur le Canon de Victorius d'Aquitaine, & autres Ouvrages de Chronologie & d'Histoire.

1651. Armand de *Bourbon*, Prince de *Conti*, mort en 1666; des Devoirs des Grands; Traité contre la Comédie, Lettres au Père Deschamps Jésuite, sur la Grace.

1651. Sforze *Palavicini*, Jésuite, puis Cardinal, mort en 1667; Histoire du Concile de Trente, & autres Ouvrages de Théologie.

1651. Herman *Busembaüm*, Jésuite Allemand, mort en 1668; Somme des cas de Conscience, augmenté dans la suite par plusieurs de ses Confreres, qui d'un petit Livre en ont fait 2 Vol. *in-fol.*

1651. Antoine *Escobar*, Jésuite Espagnol, mort en 1669; Commentaire sur plusieurs Livres de l'Ecriture, & divers Ouvrages de la Théologie Morale, qui ont fait du bruit.

1652. Thomas le *Blanc*, Jésuite de Châlons, mort en 1669; Commentaires sur les Pseaumes, *in-folio*, six Volumes.

1652. Adrien de *Walenbourg*, Hollandois, Evêque d'Andrinople, mort en 1669; Traités de Controverse, très-estimés, 2 vol. *in-fol.* avec Pierre son frère.

1652. Henri de *Valois*; les Historiens Ecclésiastiques, Eusèbe, Socrate, Sozomène, & Théodoret, & autres Ouvrages.

1653. François *Annat*, Jésuite, mort en 1670; plusieurs Traités sur les Disputes du Jansénisme.

1653. Pierre *Labath*, Dominicain, mort en 1670; Cours de Théologie, en six Volumes.

1653. Luc d'*Acheri*, Bénédictin de la Congrégation de S. Maur, mort en 1685; Actes originaux des Saints de son Ordre, & un grand nombre d'Ecrivains Ecclésiast. sous le nom de *Spicilegium*.

1654. Louis *Bail*, Docteur de Paris, mort en 1671; Théologie affective; Examen des Ordinans; Somme des Conciles, &c.

1654. Pierre de *Marca*, Archevêque de Toulouse; *de Concordiâ Sacerdotii & Imperii*, & autres Ouvrages.

1655. Jean-François *Senaut*, Prêtre de l'Oratoire, mort en 1672; plusieurs Panégyriq. l'Homme Chrétien; l'Homme Criminel, &c.

1655. Antoine *Godeau*, Evêque de Vence, mort en 1672; Histoire de l'Eglise; Nouveau Testament & Analyses, avec divers Traités de Doctrine.

1655. Les Frères de *Sainte-Marthe*; un Etat des Evêchés de France; *Gallia Christiana*, continuée & augmentée par les Bénédictins de la Congrégation de S. Maur.

1656. Antoine *Deschamps*, Jésuite: *De Haeresi Jansenianâ*, *in-fol.*

1656. Jean de *Launoi*, Docteur de Paris; nombre d'Ouvrages sur les matières Ecclésiastiques, *in-fol.*, réunis en 1731, &c. 10 vol.

1656. Amable de *Bourzeis*, mort en 1672; Excellence de l'Eglise; Saint Augustin Victorieux, & autres Ouvrages de Controverse.

1656. François de *Combesis*, Dominicain; Ed. d'un grand nombre d'Auteurs Grecs.

1657. Noël de la *Lane*, Docteur de Paris; mort en 1673; plusieurs Dissertations sur les matières contestées de la Grace.

1658. Jean *Nicolaï*, Dominicain, Docteur en Théologie; différentes Dissertations sur les matières Ecclésiastiques; Edition de la Somme de S. Thomas, avec des notes.

ÉCRIVAINS. 549

1658. Thomas *Tambourin*, Jésuite Sicilien, mort en 1675 ; Explication du Décalogue, Morale sur les Sacremens, &c.

1659. Vincent *Baron*, Dominicain, mort en 1674 ; divers Traités sur la Théologie Morale & la Justification.

1660. Louis-Henri de *Gondrin*, Archevêque de Sens, mort en 1674 ; plusieurs Lettres Pastorales, Censures & Mandemens.

1660. Vincent *Contenson*, Dominicain, mort en 1674, Théologie de l'esprit & du cœur, selon les Principes de S. Thomas.

1660. Robert *Arnaud d'Andilly*, mort en 1674 ; Traductions d'Auteurs Ecclésiastiques, & autres Ouvrages, *in-folio*, 8 Vol.

1660. Charles *du Fresne du Cange*, mort en 1688 ; quelques Auteurs Grecs & deux Glossaires pour l'explication de termes Ecclésiastiques, &c.

1660. Blaise *Pascal*, mort en 1662 ; des Pensées sur la Religion, les Lettres Provinciales, &c.

1661. Jean de *Bona*, Feuillant & Cardinal, mort en 1674 ; Traité de la Liturgie, &c.

1661. Guillaume *Marlot*, Bénédictin, mort vers l'an 1675 ; Histoire de l'Eglise de Reims, & autres Ouvrages.

1661. Jean Erard *Foullon*, Jésuite, mort en 1668 ; Histoire des Evêques de Liége, *in-folio*, 3 Vol.

1662. André du *Saussai*, Evêque de Toul, mort en 1675 ; Martyrologe de l'Eglise de France, & autres Ouvrages de Doctrine.

1662. Nicolas *Sanson*, d'Abbeville ; Géographie sacrée, dans la Bible Latine de Vitré, & pour le Nouveau Testament dans la Concorde Latine d'Antoine Arnaud.

1663. François-Marie *Brancacio*, Cardinal Napolitain, mort en 1675 ; divers Ouvrages sur la Discipline Ecclésiastique.

1663. François *Albizzi*, Cardinal, mort en 1675 ; Traité de la Jurisdiction des Cardinaux, dans les Eglises Titulaires de Rome.

1663. Jean *Garnier*, Jésuite, mort en 1681 ; divers Auteurs Ecclésiastiques.

1664. Philippe *Labbe*, Jésuite ; a donné avec le Père *Cossart*, aussi Jésuite, une Collection des Conciles, en 18 Volumes *in-folio*, & plusieurs autres Editions d'anciens Ecrivains, &c.

1664. Alexandre *Varet*, mort en 1676 ; Recueil de Lettres, & autres Ouvrages de Doctrine.

1664. Emmanuel le *Maignan*, Minime, mort en 1676 ; Philosophie sacrée ; Traité de l'Usure, &c.

1665. Nicolas *Pavillon*, mort Evêque d'Alet en 1677 ; différens Mandemens, Lettres Pastorales & Censures.

1665. Jacques de *Sainte-Beuve*, Docteur de Paris, mort en 1677 ; Traité des Sacremens de Confirmation, &c. Résolutions de cas de Conscience.

1666. Martin de *Barcos*, Abbé de S. Cyran, mort en 1678 ; Traité de la Foi, de l'Espérance & de la Charité, & autres Ouvrages sur les contestations de la Grace.

1666. César-Egasse du *Boulai*, mort en 1678 ; Histoire de l'Université de Paris, en 6 Vol. *in-fol.*

1666. Isaac *Habert*, Docteur de Paris, Evêque de Vabres, mort en 1668; Pontifical de l'Eglise Grecque; Défense des Pères Grecs sur la Grace, & autres Ouvrages.

1667. Robert *Soutwel*, Jésuite Anglois; divers Traités de Controverse.

1667. François *Giry*, Religieux Minime, mort en 1688; divers Ouvrages de Piété, & Vies des Saints, *in-folio*, 2 Vol.

1667. Herman *Crombach*, Jésuite de Cologne; Traité sur Sainte Ursule & ses Compagnes; autre sur les trois Rois.

1667. Jean *Maan*, Docteur de Sorbonne & Précenteur de Tours; l'Histoire de l'Eglise de Tours.

1667. Claude *Lancelot*, mort en 1695; Dissertation sur l'hémine de vin, l'esprit des Fondateurs d'Ordres, &c. Tables & Chronologie de la Bible de Vitré, Mémoires historiques, &c.

1668. Athanase *Kircher*, Jésuite Allemand, retiré à Rome; l'Arche de Noé, la Tour de Babel, &c.

1668. Pierre *Poussines*, Jésuite de Narbonne; Editions de plusieurs Traités de Pères, & d'Historiens Grecs.

1668. Dominique-Ferdinand *Navarette*, Dominicain Espagnol & Missionnaire, Archevêque de S. Domingue; Traités Historiq. Moraux & Religieux sur la Chine, *in-fol.* deux Vol. 1676, rares.

1669. Pierre *Lallemant*, Chanoine Régulier de S. Augustin, mort en 1673; Mort des Justes; Testament Spirituel; les saints desirs de la Mort, &c.

1669. Chrétien *Lupus*, Augustin & Docteur de Louvain, mort en 1681; Observations sur les Conciles, & autres Ouvrages de Doctrine.

1669. Jean-Baptiste *Gonet*, Dominicain, mort en 1681; Théologie suivant la Doctrine de S. Thomas, cinq Vol. *in-fol.*

1669. Charles le *Cointe*, Prêtre de l'Oratoire, mort en 1681; l'Histoire Ecclésiastique de France, *in-fol*, 8 Vol.

1669. Antoine *Arnaud*, Docteur de Sorbonne, mort en 1694; des Traités de Controverse, & sur les matières de Doctrine & de Critique.

1670. Pierre-François *Chifflet*, Jésuite de Besançon, mort en 1682; Collection de quelques Traités d'Auteurs Ecclésiastiques, & autres Ouvrages sur l'Histoire de l'Eglise.

1670. Jacques *Giroust*, Jésuite, mort en 1689; Sermons publiés par le Père Bretonneau son Confrère, en 1704, cinq Vol. *in-12.*

1671. Jean *Caramuel Lobkowitz*, de Madrit, mort en 1682; Théologie Morale, & autres Ouvrages, qui ont fait du bruit.

1671. Antoine-Dadin d'*Hauteserre*, Jurisconsulte, mort en 1682; Origines Monastiques, sur les Décrétales d'Innocent III. Dissertations Canoniques, &c.

1671. Jule *Mascaron*, d'abord de l'Oratoire, puis Evêque de Tulles, & ensuite d'Agen, mort en 1703; Sermons, &c. On n'a imprimé que ses Oraisons funèbres.

1672. Godefroi *Henschenius*, Jésuite, mort en 1683, a travaillé avec Bollandus & Papebrock, aux Actes des Saints, à Anvers.

1672. François *Vavasseur*, Jésuite, mort en 1683 ; Commentaire sur Job ; des Miracles de J. C. & autres Ouvrages de Littérature.

1672. J. B. *Cotelier*, Professeur de Grec au Collége Royal, mort en 1686 ; les Pères des tems Apostoliques, & un Recueil d'Ecrivains Grecs.

1673. Joseph *Voysin*, Conseiller au Parlement de Bordeaux, mort vers l'an 1685 ; Théologie des Juifs, Traduction Françoise du Missel ; Défense du Traité de M. le Prince de Conti sur la Comédie, Edition du *Pugio fidei* de Raymond Martin.

1673. Ambroise *Altamura*, Dominicain, mort vers l'an 1685 ; Bibliothéque des Auteurs de son Ordre, *Romæ* 1678, in-folio.

1674. Louis *Maimbourg*, sorti des Jésuites en 1682, mort en 1686 ; plusieurs Traités de Controverse estimés, Sermons, & autres Ouvrages Historiques.

1674. Jean *Richard*, Curé de Triel, près Paris, mort en 1687 ; Pratique de Piété pour honorer le S. Sacrement ; Agneau Pascal, & autres Ouvrages.

1675. Hyacinthe *Serroni*, Archevêque d'Albi, mort le 1er Janvier 1687 ; Entretiens affectifs de l'ame avec Dieu, sur les Pseaumes.

1675. Michel *Germain*, Bénédictin de la Congrégation de S. Maur, décédé en 1694 ; a travaillé à la Diplomatique.

1676. Claude du *Molinet*, Chanoine Régulier de S. Augustin, mort en 1687 ; Histoire des Papes par les Médailles, & autres Ouvrages.

1676. Louis-Charles d'*Albert*, Duc de *Luines*, mort en 1690 ; Sentences tirées des Saints Pères, & autres Ouvrages.

1677. René *Rapin*, Jésuite, mort en 1687 ; l'Esprit du Christianisme ; de la Perfection Chrétienne ; importance du salut, & autres Ouvrages.

1678. Jean *Hamon*, Médecin, mort en 1687 ; la Prière continuelle, & autres Ouvrages de Piété.

1678. Denis *Amelote*, Prêtre de l'Oratoire, mort le 7 Octobre de cette année ; Traduction Françoise du Nouveau Testament, & autres Ouvrages de Doctrine.

1678. Jean de *Neercassel*, Evêque de Castorie, ou Archevêque d'Utrecht, mort en 1686 ; du Culte des Saints ; de la lecture de l'Ecriture Sainte ; l'Amour pénitent, &c.

1678. Gilbert de *Choiseul*, mort Evêque de Tournai, en 1690 ; Mémoires sur la Religion ; Eclaircissement touchant la Pénitence, & autres Ouvrages de Doctrine.

1679. Godefroi *Hermant*, Docteur de Paris & Chanoine de Beauvais, mort en 1690 ; Vies de S. Athanase, de S. Chrysostôme, de S. Ambroise, de S. Basile & de S. Grégoire de Nazianze, & autres Ouvrages de Doctrine.

1679. Pierre *Nicole*, de Chartres, mort en 1695 ; Traités de Controverse ; Essais de Morale & autres Ouvrages polémiques.

1679. Jules *Bartolocci*, Feuillant Italien, mort en 1687 ; la grande Bibliothèque Rabbinique, & autres Ouvr. d'érudition Hébraïque.

1679. Louis de *S. Amour*, Docteur de Paris, mort en 1687 ; Journal de ce qui s'est passé à Rome dans l'affaire des cinq Propositions.

1679. Isaac le *Maître de Sacy*, mort en 1684; a donné la Traduction de la Bible & commencé le Commentaire qui porte son nom, &c.

1679. Angélique de S. Jean *Arnaud*, Abbesse de P. R. Commentaire sur la Régle de S. Benoît; Discours appellés *Miséricordes*; & autres Ouvrages : elle est morte en 1684.

1680. Jean-Baptiste *du Hamel*, Prêtre & Secrétaire de l'Académie des Sciences, mourut en 1706; a donné une Théologie en 7 Vol. *in*-12, & un Abrégé pour les Séminaires, en 1 Vol. &c.

1680. Louise-Françoise de la *Vallière*, ci-devant Duchesse, morte Carmélite en 1710; Réflexions sur la Miséricorde de Dieu; Sentimens d'une ame pénitente.

1680. Raymond *Capisucchi*, Dominicain & Cardinal, mort en 1688; Traités sur les Controverses Théologiques.

1680. François *Courtot*, Cordelier d'Auxerre; la Science des mœurs, & un Commentaire Latin sur quelques endroits de l'Ecriture Sainte.

1680. Timoléon *Cheminais*, Jésuite, mort en 1689; Sermons, 3 Vol.

1680. Jean *Cabassut*, Prêtre de l'Oratoire, mort en 1685; Pratique du Droit Canon, & Notice des Conciles & des Canons.

1680. Pierre *Floriot*, mort en 1691; Morale Chrétienne, ou du *Pater*, in-4°. Homélies & Traité de la Messe de Paroisse.

1681. Charles *Gobinet*, Docteur de Paris, mort en 1690; Instructions de la Jeunesse, de la Pénitence, de la Religion, &c.

1681. Jean *Nithard*, Jésuite Allemand & Cardinal, mort en 1690; quelques Traités sur l'Immaculée Conception de la Sainte Vierge.

1681. Louis *Ferrand*, Avocat de Paris, mort en 1699; Réflexions sur la Religion Chrétienne, de la connoissance de Dieu; Traité de l'Eglise contre les Hérétiques; Réponse à l'Apologie pour la réformation; Commentaire sur les Pseaumes, &c.

1681. Henri de *Noris*, Augustin de Verone, puis Cardinal, mort en 1704; Histoire des Pélagiens, Dissertations sur le Ve Concile général, & autres Ouvrages, *in fol. Veronæ* 1729, cinq Vol.

1682. Louis *Abelly*, Evêque de Rhodez, mort en 1691; divers Traités de Théologie & de Piété; Vie de M. Vincent de Paul.

1682. Nicolas le *Tourneux*, mort en 1696; l'Année Chrétienne; Principes de la Vie Chrétienne, & d'autres Ouvrages de Piété.

1682. Emmanuel *Scheelstrate*, Soûs-Bibliothécaire du Vatican, mort en 1692; Antiquités Ecclésiastiques, & autres Ouvrages sur la Discipline & l'Histoire de l'Eglise.

1683. Bon de *Merbes*; Théologie Morale estimée, ou *Summa Christiana*, in-fol., 2 Vol.

1683. Louis *Bulteau*, Frère donné ou libre de la Congrégation de S. Maur, décédé en 1693; Essai d'Histoire Monastique d'Orient; Abrégé de l'Histoire de S. Benoît, & autres Ouvrages.

1683. Paul *Pellisson* de Fontanier, Maître des Requêtes, mort en 1693 : Réflexions sur les différends de la Religion, & autres Ouvrages.

1683. Joseph d'*Aguirre*, Bénédictin Espagnol & Cardinal, mort en 1699 : les Conciles d'Espagne, & leur Histoire, avec une Théologie tirée de S. Anselme.

1684. Philippe *Goibaut du Bois*, mort en 1694 : Traduction des Lettres & Confessions de S. Augustin, & autres Ouvrages.
1684. Matthieu *Feydeau*, Docteur de Paris, mort en 1694 : Méditations sur la Concorde des Evangiles, & autres Ouvrages de Piété.
1684. Antoine *Pagi*, Cordelier de Provence, mort en 1699 : une Critique de Baronius, continuée par son neveu, *in-fol* 4 Vol.
1684. Jacques-Bénigne *Bossuet*, Evêque de Meaux, mort en 1704 : beaucoup de Traités de Controverse, & autres Ouvrages de Doctrine, recueillis en 20 Vol. *in-4°. Paris*, 1743, & ann. suiv.
1684. Urbain *Cerri*, Secrétaire de la Propagande, fait pour le Pape Innocent XI, l'Etat présent de l'Eglise Romaine dans toutes les parties du monde, que Richard *Steele* a publié en 1716, avec une Lettre curieuse au Pape Clément XI, sur l'Etat de l'Anglet.
1685. Marie Grotefte *Desmahis*, Ministre converti, Chanoine d'Orléans, mort en 1694 : Vérité de la Religion Catholique, prouvée par l'Ecriture Sainte.
1685. Jacques le *Fevre*, Docteur de Sorbonne, mort en 1716 : Motifs invincibles, & autres Ouvrages de Controverse.
1686. Paul *Segneri*, Jésuite Italien, mort en 1696 : plusieurs Traités sur la Doctrine & la Morale Chrétienne.
1686. Joseph *Anthelmi*, Chanoine de Frejus, mort en 1697 : Dissertations sur S. Léon & S. Prosper, & autres matières Ecclésiastiques.
1686. Jean *Mabillon*, Bénédictin de la Congrégation de S. Maur, décédé en 1707 : Diplomatique, Œuvres de S. Bernard, Annales & Actes des Saints de son Ordre, & autres Ouvrages.
1686. Louis *Cousin*, Président de la Cour des Monnoyes, mort en 1707 : Traductions des anciens Historiens de l'Eglise, avec des Préfaces estimées, & autres Ouvrages.
1687. Pierre-Joseph d'*Orléans*, Jésuite, mort en 1698 : Sermons, & autres Ouvrages de Piété & d'Histoire.
1688. Claude *Joli*, Chanoine de Paris, mort en 1700 : Traité sur les Heures Canoniales, les petites Ecoles, & autres Ouvrages.
1688. Gummare *Huyghens*, Docteur de Louvain, mort en 1702 : un Cours de Théologie, des Conférences, un Traité sur l'Absolution.
1688. Gérard du *Bois*, Prêtre de l'Oratoire, mort en 1696 : l'Histoire de l'Eglise de Paris.
1689. Jean *Gerbais*, Docteur de Paris, mort en 1699 : Dissertations sur les Causes majeures, & autres Ouvrages sur la Discipline.
1689. Louis *Tronson*, Supérieur du Séminaire de S. Sulpice à Paris, mort en 1700 : Examens pour les Ecclésiastiques, & *Forma Cleri*.
1689. Martin *Steyaert*, Docteur de Louvain, mort en 1701 : plusieurs Ouvrages de Morale & de Controverse.
1689. Nicolas *Fontaine*, mort en 1709 : Vies des Saints, des Patriarches, des Prophétes, Figures de la Bible, Traduction de S. Jean-Chrysostôme, Mémoires Historiques, &c.
1690. Nicolas *Mallebranche*, Prêtre de l'Oratoire, mort en 1715 : Conversations & Méditations Chrétiennes, & autres Ouvrages.
1690. Jacques *Boileau*, Docteur de Paris, & Chanoine de la Sainte Chapelle, mort en 1716 : divers Traités sur la Doctrine, &c.

1690. Simon-Michel *Treuvé*, de Noyers, Théologal de Meaux, mort en 1730 : Instructions sur les Sacremens de Pénitence & d'Eucharistie : Directeur Spirituel : Discours de Piété, &c.

1690. Nicolas *Thoinard*, mort en 1706 : Harmonie des Evangiles, & Ouvrages d'érudition Ecclésiastique.

1691. Louis *Thomassin*, Prêtre de l'Oratoire, mort en 1695 : Discipline Ecclésiastique : Dogmes Théologiq. & divers autres Traités.

1691. Jean-Armand le *Bouthillier de Rancé*, Abbé de la Trappe, mort en 1700 : plusieurs Traités sur l'Etat Monastique & la Vie Spirituelle : Relations de la Vie & de la Mort de quelques Religieux de la Trappe.

1692. Dominique *Bouhours*, Jésuite, mort en 1702 : Traduction du Nouveau Testament : Vies de S. Ignace & de S. François Xavier, & autres Ouvrages.

1692. Daniel *Papebrock*, Jésuite d'Anvers, mort en 1714 : l'un des principaux Auteurs du Recueil de Bollandus.

1693. Claude *Frassen*, Cordelier, mort en 1711 : Théologie Scholastique : Dissertations sur la Bible, & autres Ouvrages.

1693. Sébastien le *Nain de Tillemont*, mort en 1698 : Mémoires sur l'Histoire Ecclésiastique, & sur celle des Empereurs, dont une partie publiée après sa mort, *in*-4°. 22 Volumes.

1694. Pierre le *Nain* (frère de M. de Tillemont), Religieux de la Trappe : Histoire de Citeaux, & Vie de M. de Rancé.

1694. Jean-Baptiste *Thiers*, Curé de Vibrai au Maine, mort en 1705 : de l'Exposition du S. Sacrement : Traités des Superstitions, & autres sur la Discipline, &c. la plupart singuliers.

1694. J. B. *Santeul*, Chanoine Régulier de S. Victor, mort en 1697 : Hymnes des Saints.

1694. Pierre-Thomas du *Fossé*, mort en 1698 : Vies de Tertullien & d'Origène : a continué les Notes sur la Bible, commencées par M. de *Saci*, & a laissé des Mémoires Historiques, &c.

1695. Dominique *Galesius*, Evêque au Royaume de Naples : Traité de la Puissance Ecclésiastique sur le Mariage.

1695. Jean-Thomas *Rocaberti*, Dominicain, Archevêque de Valence : Traités sur l'Infaillibilité du Pape, trois Volumes *in-fol.*, & *Bibliotheca Pontificia*, in-fol. 21 Volumes.

1695. François *Genet*, d'Avignon, Evêque de Vaison, mort en 1702: Théologie Morale, connue sous le nom de *Théologie de Grenoble*.

1696. Louis *Bourdaloue*, Jésuite, mort en 1704 : Sermons très-estimés, publiés après sa mort. *Paris* 1707, &c, 16 Vol. *in*-8°.

1696. Jean *Gisbert*, Jésuite de Toulouse, mort en 1710 : Théologie Chrétienne : Traité contre la Probabilité, & plusieurs Dissertations Ecclésiastiques.

1696. Bernard *Lami*, Prêtre de l'Oratoire, mort en 1715 : Apparat de la Bible : Commentaire sur la Concorde des Evangiles : Description du Temple de Salomon, & autres Ouvrages.

1696. Paul *Pezron*, de l'Ordre de Cîteaux, mort en 1706 : Histoire Evangélique, confirmée par la Judaïque & la Romaine : Essai de Commentaire sur les Prophètes, & autres Ouvrages.

ÉCRIVAINS.

1697. François de Salignac de la Mothe *Fenelon*, Archevêque de Cambrai, mort en 1715 : Traités de Spiritualité & fur la Grace.

1698. Alexandre *Sacagni*, l'un des Gardes de la Bibliothéque Vaticane ; anciens Monumens de l'Eglife Grecque & Latine.

1698. Jean *Ciampini*, Italien, attaché à la Cour de Rome : Differtations fur les Edifices de Conftantin, & autres Ouvrages d'Antiquités Eccléfiaftiques.

1699. Gabriel *Gerberon*, Bénédictin de la Congrégation de S. Maur, décédé en 1711 : Editions des Œuvres de S. Anfelme, de Marius Mercator, de Michel Baius : Hiftoire du Janfénifme, 3 Volumes *in*-8°., & autres Ouvrages.

1699. Thomas *Blampin*, Bénédictin de la Congrégation de S. Maur, décédé en 1710 : Editions des Ouvrages de S. Auguftin, 10 Volumes *in-folio*.

1699. Thierri *Ruinart*, Bénédictin de la Congrégation de S. Maur, décédé en 1709 : Actes des Martyrs : Ouvrages de Grégoire de Tours : fuite de l'Hiftoire de l'Ordre de S. Benoît, &c.

1700. Efprit *Fléchier*, Evêque de Nîmes, mort en 1710 : des Sermons & Oraifons funèbres, très-eftimées : Hiftoires de Théodofe, de Ximénès, de Commendon, &c.

1700. Richard *Simon*, mort en 1712 : divers Ouvrages fur l'Ecriture Sainte : Coutumes des Juifs, &c.

1700. Claude de *Vers*, Bénédictin de Clugny, mort en 1708 : Explication des Cérémonies de l'Eglife, &c.

1700. Adrien *Baillet*, mort en 1706 : Vies des Saints, & autres Ouvrages.

1700. Michel *Félibien*, Bénédictin de la Congrégation de S. Maur, décédé en 1704 : Hiftoire de l'Abbaye de S. Denis.

1700. Michel *Tellier*, Jéfuite, mort en 1719 : plufieurs Ouvrages polémiques, & Traductions de quelques Homélies du Pape Clément XI.

1700. Libert *Hennebel*, Docteur de Louvain, mort en 1720 : plufieurs Ouvrages de Théologie.

1700. Pafquier *Quefnel*, Prêtre de l'Oratoire, mort en 1719 : Edition des Œuvres de S. Léon, dès 1676 : Réflexions fur le Nouveau Teftament, & nombre d'autres Ouvrages.

DIX-HUITIÉME SIÈCLE.

1701. Thyrfe *Gonzalès*, Général des Jéfuites, mort en 1705 : Fondemens de la Théologie Morale : Traité contre la Probabilité, &c.

1701. Lazare-André *Bocquillot*, mort en 1728 : diverfes Homélies : Traité de la Liturgie, &c.

1701. Antoine *Beaugendre*, Bénédictin de la Congrégation de Saint Maur, décédé en 1708 : Edition d'Hildebert, Evêque du Mans, mort Archevêque de Tours ; & de Marbodus, Evêq. de Rennes.

1701. Ifaac *Papin*, de Blois, d'abord Miniftre Anglican, réuni enfuite à l'Eglife Catholique, mort à Paris en 1709 : Traité contre le Tolérantifme, & autres Ouvrages, 3 vol. *in*-12.

PAPES.

DIX-HUITIÈME SIÈCLE.

CCXLV.
1700. *Clément XI.* 29 Novemb.
Gouverne 20 a. 3 m. 25 j.
† 19 Mars 1721.
Le siége vaque 1. m. 19 j.

CCXLVI.
1721. *Innocent XIII.* 8 Mai.
Gouverne 2 a. 10 m.
† 7 Mars 1724.
Le siége vaque 2 m. 21 j.

CCXLVII.
1724. *Benoît XIII.* 29 Mai.
Gouverne 5 a. 8 m. 23 j.
† 21 Février 1730.
Le siége vaque 4 m. 21 j.

CCXLVIII.
1730. *Clément XII.* 12 Juillet.
Gouverne 9 a. 6 m. 25 j.
† 6 Février 1740.
Le siége vaque 6 m. 10 j.

CCXLIX.
1740. *Benoît XIV.* 17 Août.
Gouverne 17 a. 8 m. 19 j.
† 4 Mai 1758.
Le siége vaque 2 m. 2 j.

CCL.
1758. *Clément XIII.* 6 Juillet.
† 3 Février 1769.

CCLI.
1769. *Clément XIV.* 19 Mai.
† 22 Septembre 1774.

CCLII.
1775. *Pie VI.* 15 Février.

RITS ET RELIGIEUX.

DIX-HUITIÈME SIÈCLE.

1703. Chevaliers de S. Rupert de Saltzbourg, par l'Archevêque Jean-Ernest de Thun.

1720. Ordre de S. Antoine d'Arménie, transporté à Modon, dans la Morée, approuvé cette année par le Pape Clément XI.

1738. Chevaliers de S. Janvier, institués à Naples.

1766. Canonisation de Jeanne-Françoise Frémiot de *Chantal*, fondatrice des Religieuses de la Visitation.

1773. Suppression de l'Ordre des *Jésuites*, par un Bref du Pape Clément XIV.

CONCILES.

1725. De *Rome*, sous le Pape Benoît XIII. sur la Foi, les Mœurs, & la Discipline Ecclésiastique, in-4°. *Romæ* 1725, & *Augustæ Vindelicorum* 1726.

1727. D'*Embrun*, sur l'acceptation de la Constitution *Unigenitus*, & autres matières Ecclésiastiques, in-4°. *Ebreduni & Parisiis* 1728.

Ces deux derniers Conciles manquent dans toutes les Collections.

ÉCRIVAINS.

1701. Zeger-Bernard *Van-Espen*, Docteur de Louvain, mort en 1728 : Corps de Doctrine Canonique, & autres Ouvrages sur la Discipline.

1702. Jean-Girard de *Villethieri*, mort en 1709 ; plusieurs Ouvrages sur la Morale Chrétienne.

1702. François *Lami*, Bénédictin de la Congrégation de S. Maur, décédé en 1711 ; de la Connoissance de soi-même ; de la Vérité évidente de la Religion Chrétienne ; le nouvel Athéisme renversé ; de la connoissance & de l'Amour de Dieu, &c.

GRANDS-HOMMES. | HÉRÉS. ET PERS. 557

DIX-HUITIÉME SIÈCLE.

1704. Mort de Jacq. Ben. *Bossuet*, Evêque de Meaux.

1707. Mort de Henri de *Bentzeradt*, Réform. de l'Abb. d'Orval dans le Luxembourg. Mort de Jean *Mabillon*, Bénédictin.

1709. Mort d'Eustache de *Beaufort*, Réformateur de l'Abb. de Septfond. Mort de la Princesse *Louise* Palatine, Abbesse de Maubuisson Mort d'Etienn le *Camus*, Evêque de Grenoble, & Cardinal.

1710. Mort du Cardinal Charles-Thomas de *Tournon*, Légat Apostolique à la Chine.

1713. Le Patriarche Jacobite d'Alexandrie se réunit à l'Eglise Romaine.

1741. Mort d'Elzéar de la *Baume*, Evêque d'Halicarnasse, & Visiteur Apostolique à la Cochinchine.

1747. Martyre de Pierre *Sans*, Evêque de Mauricastre, & de trois autres Dominicains, à la Chine.

DIX-HUITIÉME SIÈCLE.

1720. Jean *Toland*, Anglois, enseigne le Déisme & nombre d'impiétés, dans son *Panthéisticon*, &c. Se joignent à lui Ant. *Collins* & Thom. *Wolston*, aussi Anglois. Le dernier a l'audace d'attaquer les Miracles de J. C. Ces incrédules ont été bien réfutés en Angleterre, comme on le peut voir par l'Abrégé & la Concorde des Ouvrages faits contre eux, avec ce titre : *Le sens de l'Ecriture Sainte défendu contre les Antiscripturaires*, 3 Vol. *in-8°.* Cependant le mal a infecté l'Eglise Catholique, & il y a paru plusieurs Livres qui favorisent l'incrédulité & le libertinage d'esprit.

1746. PERSÉCUTION à la *Chine*.

1752. Condamnation de la Thèse de Martin de *Prades*, Bachelier de Sorbonne.

1759. Condamnation du Livre *de l'Esprit*, & d'autres.

ÉCRIVAINS.

1702. François-Amé *Pouget*, Docteur de Sorbonne, & Prêtre de l'Oratoire, mort en 1723 ; Instructions ou Catechisme de Montpellier, *in-4°.* & *in-12. Paris*, 1702, &c. Lettre sur la conversion du fameux la Fontaine, dans les Mémoires de Littérature du Pere *Desmolets*, Prêtre de l'Oratoire, qui a traduit en Latin le Catéchisme, & a ajouté les passages en entier, *in-fol.* 1725. 2 Vol.

1702. Joseph-Marie *Tomasi*, Sicilien, mort Cardinal en 1713 ; anciennes Editions du Sacramentaire & du Pseautier, & autres Ouvrages estimés.

1703. Noël *Alexandre*, Dominicain, mort en 1724 : Dissertation sur l'Histoire Ecclésiastique en Latin, Théologie Morale, & autres Ouvrages.

1703. Jean-Baptiste le *Brun Desmarets*, Ecclésiastique de Rouen, retiré à Orléans, mort en 1731 : Edition des Œuvres de S. Paulin, & autres Ouvrages de Doctrine. Il se disposoit à donner Lactance, dont l'Abbé *Lenglet* a achevé l'Edition.

1703. Jean *Dez*, Jésuite, Recteur de Strasbourg, mort en 1712 : Réunion des Protestans, &c. *in*-8°. Foi des Chrétiens & des Catholiques justifiée, &c. quatre Vol. *in*-12.

1704. Gaspard *Juénin*, Prêtre de l'Oratoire, mort en 1715 : Institutions Théologiques ; Traité des Sacremens ; Résolutions de cas de Conscience : Théologie morale.

1704. Denis de *Sainte-Marthe*, Bénédictin & Général de la Congrégation de S. Maur, décédé en 1725 : le *Gallia Christiana*, Edition de S. Grégoire le Grand, & autres Ouvrages.

1704. Hyacinthe *Serri*, Dominicain, mort en 1724 : Histoire des Congrégations *de Auxiliis* : Défense de S. Augustin, & de l'Ecole de S. Thomas, &c.

1705. René *Massuet*, Bénédictin de la Congrégation de Saint Maur, décédé en 1717 : Edition des Œuvres de S. Irenée, &c.

1705. Gabriel *Héliot*, du Tiers-Ordre de S. François, mort en 1716 : Histoire des Ordres Monastiques, *in* 4°. huit Volumes.

1705. Louis Ellies *Du-Pin*, Docteur de Sorbonne, mort en 1719 : Editions d'Optat, de Gerson, &c. Bibliothéque Ecclésiastique, & plusieurs autres Traités Doctrinaux.

1706. François-Timoléon de *Choisi*, mort en 1724 : Vie de S. Louis : Histoire Ecclésiastique, & autres Ouvrages.

1706. Jean *Martianai*, Bénédictin de la Congrégation de S. Maur, décédé en 1717 : une Edition de S. Jérôme : Traités sur la Chronologie du Texte Hébreu, &c.

1706. Charles *Huré*, mort en 1717 : a eu part aux explications de la Bible de M. de *Saci*, sur le nouveau Testament : Dictionnaire de la Bible, &c.

1706. Etienne *Baluze*, mort en 1718 : plusieurs Ouvrages d'Auteurs Ecclésiastiques : Recueils & Dissertations.

1707. Augustin *Touttée*, Bénédictin de la Congrégation de S. Maur, décédé en 1718 : Edition des Œuvres de Saint Cyrille de Jérusalem, &c.

1707. Jean *Opstraet*, Théologien de Louvain, mort en 1720 : divers Traités de Théologie, estimés : tels que *De locis Theologicis*, trois Vol. *in*-12, &c.

1707. Nicolas le *Nourry*, Bénédictin de la Congrégation de S. Maur, décédé en 1724 : Edition de S. Ambroise, *Apparatus ad Bibliothec. Patrum*, in-fol. 1703 & 1715, 2 Volumes, & autres Ouvrages.

1708. *Henri de S. Ignace*, Carme Flamand, mort en 1720 : *Ethica amoris*, 3 Vol. *in-fol.*, &c.

1708. Gilles de *Witte*, ancien Curé de Malines, mort en 1721 : Traduction de la Bible en Flamand, & nombre d'Ouvrages Polémiques.

1708. Pierre Daniel *Huet*, Evêque d'Avranches, mort en 1721 ; Démonstration Evangélique, *Origenis Commentaria Græca in Scripturam*, fol. 2 Vol. Situation du Paradis Terrestre, & Navigations de Salomon, Statuts Synodaux, & plusieurs autres Ouvrages.

ÉCRIVAINS.   559

1709. Louis *Habert*, Docteur de Sorbonne, mort en 1718 : Corps de Théologie, *in*-12. 7 Vol. & autres Ouvrages.

1709. Claude *Fleuri*, Prieur d'Argenteuil, mort en 1723 : l'Histoire Ecclésiastique & Discours, 20 Vol. Institution au Droit Ecclésiastique, Mœurs des Israëlites & des Chrétiens, Traité des Etudes, &c.

1709. Le Pape *Clément XI*. (Jean-François *Albani*) mort en 1721 : Homélies & autres Ouvrages, avec beaucoup de Brefs ou de Lettres particulieres, le tout imprimé en 2 Vol. *in-fol*. 1724. *Romæ*. Ce Pape a donné trois Bulles fameuses, qui commencent par ces mots : *Vineam*, *Unigenitus*, *Ex illâ die*.

1710. Charles *Witasse*, Docteur & Professeur de Sorbonne, mort en 1716 : plusieurs Traités de Théologie.

1710. Eusebe *Renaudot*, mort en 1720 : Traités sur l'Eucharistie & les Sacremens, Liturgies Orientales, Histoire des Patriarches d'Alexandrie, &c.

1710. Joseph *Lambert*, Prieur de Palaiseau, mort en 1722 : nombre d'Ouvrages de Piété.

1710. Louis *Tiberge*, Directeur du Séminaire des Missions Etrangères, mort en 1730 : Réflexions Saintes, & diverses Retraites, avec Méditations ; il a eu part aux Ecrits sur les Cultes Chinois, avec M. *Brisacier*, Supérieur.

1711. Pierre de la *Broue*, Evêque de Mirepoix ; mort en 1720 : Défense de la Grace efficace, Mandemens, &c.

1711. Pierre *Coustant*, Bénédictin de la Congrégation de S. Maur, décédé en 1721 ; Edition des Œuvres de S. Hilaire, *Epistolæ Pontificum*, Tome I, *in-fol*. dont on souhaite la suite depuis long-tems : d'autres Bénédictins de la même Congrégation, s'en sont occupés & y travaillent.

1711. Anselme *Banduri*, Bénédictin de Raguse, mort en 1743 : Recueil sur les Antiquités de Constantinople, on *Imperium Orientale*, 2 Vol. *in-fol*.

1712. Michel *Tronchai*, mort en 1733 : publie les dix derniers Volumes des Mémoires de M. de Tillemont, & donne sa Vie avec plusieurs de ses Lettres.

1712. Jean-Jacques *Boileau*, mort Chanoine de S. Honoré en 1735 ; Vies de la Duchesse de Liancourt & de Madame de Combé ; Recueil de Lettres Spirituelles, &c.

1713. Jacques *Marsollier*, Chanoine d'Usès, mort en 1724 ; Mémoires sur l'Inquisition : Vies de S. François de Sales, de M. de Rancé, de Madame de Chantal, Apologie d'Erasme, &c.

1714. Jean-Laurent le *Semellier*, Prêtre de la Doctrine Chrétienne, mort en 1729 : Conférences de Paris sur le mariage, 5 Vol. *in*-12. sur l'Usure & la Restitution, 4 Vol. sur les Péchés, 3 Vol. On a donné encore d'après ses Manuscrits, 6 Vol. sur différens points de Morale, & 4 Vol. sur le Décalogue.

1715. Julien *Garnier*, Bénédictin de la Congrégation de S. Maur, décédé en 1715 : Edition des Œuvres de S. Basile, 3 Vol. *in-fol*. Dom Prudent Maran son Confrere a donné le dernier.

1715. Jean *Hardouin* Jésuite, mort en 1729 : donné une Edition des Conciles en 12 Vol. *in-fol.* & autres Ouvrages.

1716. Louis *Carrières*, Prêtre de l'Oratoire, mort en 1717 : Commentaire Littéral sur l'Ancien & le Nouveau Testament, Paris 1701-1716, 24 Vol. *in-12.*

1717. Guillaume *Bessin*, Bénédictin de la Congrégation de S. Maur, décédé en 1729 : publie cette année les Conciles de Normandie, déjà fort avancés par Dom Julien *Bellaise* son Confrere.

1717. François de *Bellegarde*, mort en 1734 : plusieurs Traductions d'Ouvrages des Peres de l'Eglise, & autres.

1717. Jean-Baptiste *Massillon*, Prêtre de l'Oratoire, nommé cette année à l'Evêché de Clermont, & mort en 1742 : Sermons & autres Ouvrages de Piété, 14 Vol. *in-12.*

1717. Henri-Charles de *Beaubrun*, mort en 1723 ; Edition de la Bible de Saci, avec des Notes, & les Peres Apostoliques, 4 Vol. *in-fol.* une partie des grandes Explications sur S. Paul, &c.

1717. Jean *Louail*, mort en 1724 : plusieurs Ouvrages Polémiques, & Histoire du Livre des Réflexions morales, Tom. I. Jean-Baptiste *Cadry* l'a continué.

1717. Jacques *Bouillard*, Bénédictin de la Congrégation de S. Maur, décédé en 1726 : Edition du Martyrologe d'Usuard, Histoire de l'Abbaye de S. Germain-des-Prés.

1718. Jean *Pontas*, Docteur en Droit Canon, mort en 1728 : Dictionnaire des Cas de conscience, & autres Ouvrages de Doctrine.

1718. Matthieu *Petitdidier*, Bénédictin de la Congrégation de S. Vannes, & depuis Evêque de Macra, mort en 1728 : Remarques sur la Bibliothéque des Auteurs Ecclésiastiques, & autres Ouvrages.

1718. Gabriel *Daniel*, Jésuite, mort en 1728 ; divers Traités sur la Grace, & autres.

1718. Simon *Gourdan*, Chanoine Régulier de S. Victor, mort en 1729 : plusieurs Ouvrages de Piété, & des Proses. Il a laissé en Manuscrit une Histoire de l'Abbaye S. Victor, *in-fol.* 5 Vol.

1718. Pierre de *Villiers*, d'abord Jésuite, puis de Clugny, mort en 1728 : l'Art de prêcher : Réflexions sur les défauts d'autrui, &c.

1718. Vincent *Houdry*, Jésuite, mort en 1729 : Bibliothéque des Prédicateurs, 22 Vol. *in-4°.*

1718. Ignace-Amat *Gravesen*, Dominicain, mort en Italie vers 1730 : divers Traités de Théologie & d'Histoire Ecclésiastique.

1718. François *Bianchini* de Vérone, mort en 1729 : Edition d'Anastase le Bibliothéquaire, 3 Vol. *in-fol.* Démonstration de l'Histoire Ecclésiastique, & autres Ouvrages.

1718. Honoré *Tournely*, Docteur de Sorbonne, mort en 1729 ; Cours de Théologie en Latin, & d'autres Ecrits.

1719. Jacques *Echard*, Dominicain, mort en 1724, publie la Bibliothéque des Ecrivains de son Ordre, *in-fol.* & autres Traités.

1719. Antoine *Anselme*, mort en 1738 : Sermons, &c.

ÉCRIVAINS.

1719. René-Joseph de *Tournemine*, Jésuite, mort en 1739 : donne une Edition des Commentaires de Menochius sur l'Ecriture Ste, avec des Dissertations & une Chronologie, &c.

1719. Pierre le *Brun*, Prêtre de l'Oratoire, mort en 1729 : Traités contre les Spectacles, sur les superstitions, cérémonies de l'Eglise, &c.

1720. Pierre le *Merre*, Docteur & Professeur en Droit, mort en 1729 : Actes & Mémoires du Clergé de France, 11 Vol. *in fol.* & autres Ouvrages.

1720. Robert *Morel*, Bénédictin de la Congrégation de S. Maur, décédé en 1731 ; Effusions du cœur sur les Pseaumes & le Cantique, Méditations sur les Evangiles, & la Regle de S. Benoît, &c.

1720. Jean-Joseph *Duguet*, mort en 1733 : Conférences Ecclésiastiques, Priere publique, &c. Principes de la Foi, Explication de la Genèse, d'Isaïe, de Job, des Pseaumes, de la Passion, Caracteres de la Charité, Lettres de Piété & de Morale, &c.

1721. Jean *Grancolas*, Docteur de Paris, mort en 1732 : Critique des Auteurs Ecclésiastiques, Commentaires Historiques sur le Bréviaire Romain, Traités de Liturgie, &c.

1721. Louis Dufour de *Longuerue*, mort en 1733 : Dissertation sur Tatien, & autres en très-grand nombre, qui sont restées manuscrites. Il a beaucoup aidé le Pere *Pagi*, pour sa Critique de Baronius, depuis le second Volume.

1722. Henri Pons de Thiard de *Bissy*, Evêque de Meaux, mort en 1737, Mandemens & Instructions Pastorales.

1723. Michel le *Quien*, Dominicain, mort en 1733 : Edition de S. Jean Damascène, 2 Vol. *in-fol.* Panoplia Græcorum in-4°. Oriens Christianus, 3 Vol. *in-fol.* Chr. Hébraïq. &c.

1723. François *Babin*, Docteur d'Angers, mort en 1734 ; Conférences du Diocèse d'Angers, 22 Vol. *in-12.*

1724. Jacques *Longueval*, Jésuite, mort en 1735 : Histoire de l'Eglise Gallicane, 8 Vol. *in-4°.*, & autres Ouvrages. Guillaume François *Berthier*, son Confrere, a encore donné 7 Vol. de l'Histoire.

1724. Vincent-Marie *Orsini*, Dominicain, élû Pape cette année sous le nom de *Benoît* XIII, & mort en 1740 : Homélies & autres Ouvrages sur l'Histoire Ecclésiastique.

1725. Jacques *Fouillou*, mort en 1736 : Traité de l'Equilibre de la volonté, & plusieurs autres.

1725. Jean-François *Baltus*, Jésuite, mort en 1743 : Réponse à l'Histoire des Oracles : défense des SS. Peres accusés de Platonisme, & deux Ouvrages sur les Prophéties de la Religion Chrétienne.

1726. Nicolas *Petitpied*, Docteur de Sorbonne, mort en 1747 : divers Ecrits Théologiques.

1727. René Auber de *Vertot*, mort en 1735 : Origine de la grandeur de la Cour de Rome, & de la nomination aux Evêchés & Abbayes : Histoire de l'Ordre de Malthe, &c.

1727. Jean-Pierre *Gibert*, Docteur en Théologie & en Droit, mort en 1736 : Institutions Ecclésiastiques & Bénéficiales, Tradition sur le Mariage, Consultations sur les Sacremens, *Corpus Juris Canonici*, 3 Vol. *in-folio*, &c.

1727. Joseph-François Bourgoin de *Villefore*, mort en 1737 : plusieurs Traductions d'Ouvrages des Peres, quelques Vies de Saints & Histoire des Solitaires : Vies de Madame de Longueville & de Jérôme Bignon, Anecdotes, &c.

1728. Antoine *Dorsanne*, Grand-Chantre de Notre-Dame de Paris, mort cette année ; Journal, 6 Vol. *in*-12, ou 2 *in*-4°.

1728. Laurent *Boursier*, Docteur de Sorbonne, mort en 1749 : Prémotion physique ou Action de Dieu sur la créature : Lettre sur l'espérance & la confiance Chrétiennes, Opuscules, &c.

1728. Pierre *Caussel*, Prêtre de Montpellier, mort cette année, Auteur de l'excellent Livre imprimé en 1760 : *De la connoissance de J. C.* &c. 2 Vol. *in*-12 à Paris.

1729. Charles-Louis *Hugo*, Prémontré de Lorraine, & Abbé d'Estival, mort en 1739 : Histoire de son Ordre, & Recueil de monumens Ecclésiastiques.

1729. Edmond *Martene*, Bénédictin de la Congrégation de S. Maur, décédé en 1739 : Anciens Rits de l'Eglise, & Collections d'anciens Ecrivains.

1729. Jean-César Rousseau de la *Parisiere*, Evêque de Nismes, mort en 1749 : Sermons.

1729. Charles de la *Rue*, Bénédictin de la Congrégation de S. Maur, décédé en 1739 : *Origenis opera*, 4 Vol. *in-fol.* dont son neveu Charles-Vincent de la *Rue*, du même Ordre, (mort en Mars 1762.) a donné le dernier.

1730. Louis d'*Héricourt*, Avocat célèbre de Paris, mort en 1753 : les Loix Ecclésiastiques, & divers Traités sur les matières Bénéficiales.

1730. Joseph-Vincent Bidal d'*Asfeld*, Docteur de Sorbonne, mort en 1745 : Explication des Livres des Rois, Préface des Regles pour l'intelligence de l'Ecriture, &c.

1730. Charles du Plessis d'*Argentré*, mort Evêque de Tulles en 1741 : Elémens de Théologie, & Recueil des Censures de Sorbonne, ou *Collectio Judiciorum*, 3 Vol. *in-fol.*, &c.

1730. Laurent *Blondel*, mort en 1740 ; Vies des Saints, avec Prieres, *in-fol.* & autres Ouvrages de Piété.

1731. Vidien la *Borde*, Prêtre de l'Oratoire, mort en 1748 : plusieurs Ouvrages de Piété & polémiques.

1731. Dominique de *Colonia*, Jésuite de Lyon, mort en 1741 : la Religion Chrétienne, autorisée par le témoignage des anciens Auteurs Payens, & autres Ouvrages.

1731. Bernard de *Montfaucon*, Bénédictin, de la Congrégation de S. Maur, décédé en 1741 : Edition des Œuvres de S. Athanase, 3 Vol. *in-fol.* de S. Chrysostôme, 13 Vol. *Exapla Origenis*, 2 Vol. *Palæographia Græca*, 1 Vol. & autres Ouvrages.

1732. Henri-Michel Guedier de *Saint-Aubin*, Docteur de Sorbonne, mort en 1742 : Histoire Sainte des deux Alliances, &c. Paris 1741, 7 Vol. *in-12.* & laisse plusieurs Ouvrages manuscrits.

1732. Pierre *Sabatier*, Bénédictin de la Congrégation de S. Maur, décédé en 1742 ; Ancienne Version Italique de la Bible, 3 Vol. *in-fol.* Dom Charles-Vincent de la *Rue* son Confrere a donné le troisiéme après sa mort.

1733. Pierre *Benoît*, sçavant Maronite, ensuite Jésuite, mort en 1742, donne à Rome l'Edition des premiers Volumes des Œuvres de S. Ephrem, continuée & achevée par Joseph-Simon *Assemani*, (aussi Maronite) 6 Vol. *in-fol.*

1734. Vincent-Louis *Gotti*, Dominicain & Cardinal, mort en 1742 ; divers Ouvrages, dont Théologie, 16 Vol. *in-4°.* Traité de la vérité de la Religion, 12 Vol.

1735. Charles *Coffin*, ancien Recteur de l'Université de Paris, mort en 1749 : plusieurs Hymnes du nouveau Bréviaire, &c.

1735. Louis-Antoine *Muratori*, Docteur du Collége Ambrosien à Milan, mort en 1750 : Recueil de Monumens Ecclésiastiques, & nombre d'autres Ouvrages.

1736. Charles-Joachim *Colbert*, Evêque de Montpellier, mort en 1738. On a imprimé ses *Oeuvres* en 3 Vol. *in-4°.* sous le nom de Cologne 1740.

1736. Jean-Joseph *Languet*, d'abord Evêque de Soissons, ensuite Archevêque de Sens, mort en 1753 ; Traduction des Pseaumes, & quelques autres Livres de Piété, un grand nombre de Mandemens & Instructions Pastorales, dont la Traduction Latine en 2 Vol. *in-fol.* la Vie de Marie Alacoque, *in-4°.* 1729.

1736. Louis la *Taste*, Bénédictin de la Congrégation de S. Maur, & Evêque de Bethléem, mort en 1754 : Lettres Théologiques, &c.

1737. René-Benjamin de *Gênes*, Prêtre de l'Oratoire, mort en 1748 ; divers Ouvrages Polémiques.

1737. Claude de *Visdelou*, d'abord Jésuite, puis sacré à la Chine par M. de Tournon, Evêque de Claudiopolis, meurt cette année à Rome, & laisse plusieurs Ouvrages sur les différentes Religions professées à la Chine.

1738. François Maur *Dantine*, Bénédictin de la Congrégation de S. Maur, décédé en 1746 ; les Pseaumes traduits en François sur l'Hébreu, avec des Notes, & en partie l'*Art de vérifier les Dates.*

1738. Nicolas le *Gros*, Docteur & Chanoine de Reims, mort en 1751 : Méditations sur la Concorde des Evangiles, sur S. Paul & les Epitres Canoniques ; Lettres Théologiques sur l'Usure, & autres Ouvrages.

1739. Philippe-Louis *Verhulst*, Théologien de Louvain, mort en 1753, plusieurs Ouvrages Polémiques & de Controverse.

1740. Ignace le *Mere*, Ex-Oratorien, mort en 1752 : diverses Traductions d'Ouvrages de Peres Grecs en François.

1741. Claude-François *Houtteville*, mort en 1742 ; la Religion prouvée par les faits, dont la meilleure Edition *Paris* 1741, 3 Vol. *in-*4°. La premiere en 1722, 1 Vol.

1742. Jean-Claude *Fabre*, Prêtre de l'Oratoire, mort en 1755 ; continuation de l'Histoire Ecclésiastique de M. l'Abbé Fleuri, 16 Vol.

1744. Nicolas *Lenglet* du Fresnoy, mort en 1755, Tablettes Chronologiques de l'Histoire Sacrée & Profane, Ecclésiastique & Civile ; Edition des Œuvres de Lactance, 2 Vol. *in-*4°. Nouveau Testament avec des Notes en Latin, Messe des Fidéles, &c. Imitation avec Prieres, Traité sur le secret de la Confession, autre sur les apparitions, &c.

1745. Jean Facundus *Raulin*, Espagnol ; Histoire Ecclésiastique du Malabar, *Romæ*, *in-*4°.

1746. Pierre & Jérôme *Ballerini*, freres & Prêtres de Vérone ; Edition des Œuvres de Zenon, Evêque de cette Ville au quatriéme siécle, *in-fol*. 1 Vol. Pierre est Auteur d'une Méthode d'étudier tirée des Ouvrages de S. Augustin, *in-*12.

1747. Felix *Hodin* & Etienne *Brice*, Bénédictins de la Congrégation de Saint Maur, décédés en 1755 ; Continuateurs du *Gallia Christinia*. Pierre *Henri* & Jacques *Tachereau*, leurs Confréres, poursuivent cet Ouvrage, dont on a actuellement 10 Vol. *in-fol*.

1748. Nicolas *Galeoti*, Jésuite ; Vie des Généraux de sa Compagnie, avec leurs portraits, *Romæ*, *in-fol*.

1749. Antoine *Rivet*, Bénédictin, mort cette année : Nécrologe de Port-Royal, *in-*4°. Histoire Littéraire de France, *in-*4°. 9 Vol.

1749. Jacques Chapt de *Rastignac*, Archevêque de Tours, mort l'année suivante ; Instruction Pastorale sur la Justice Chrétienne, & Mandement pour sa défense, &c.

1750. Nicolas *Cabrisseau*, ancien Théologal de Reims, mort cette année ; Panégyriques des Saints, Explication des Béatitudes, Explication du *Pater*, &c.

1751. Jacques *Martin*, Bénédictin de la Congrégation de Saint Maur, meurt cette année ; Traduction des Confessions de Saint Augustin, 2 Vol. *in-*8°. Explication de plusieurs passages de l'Ecriture, &c.

1752. François *Madrisi* d'Udine, Prêtre de l'Oratoire d'Italie ; Edition de S. Paulin d'Aquilée, in-fol. *Venetiis*.

1753. Isaac-Joseph *Berruyer*, Jésuite, mort en 1758 ; Histoire du Peuple de Dieu, &c.

1754. Charles-Daniel de *Caylus*, Evêque d'Auxerre, mort cette année ; Mandemens, Instructions Pastorales, &c. que l'on a recueillis en 10 Volumes, *in-*12. a publié un Martyrologe excellent.

ÉCRIVAINS.

1755. Bonaventure *Racine*, Chanoine à Auxerre, meurt cette année : Abrégé de l'Histoire Ecclésiastique, 13 Vol. *in*-12. & autres Ouvrages.

1755. Jean-Baptiste *Gaultier*, mort cette année : Lettres Théologiques, 3 Vol. *in*-12. & autres Ouvrages Polémiques.

1756. Daniel *Concina*, Dominicain d'Italie, mort cette année : nombre d'Ouvrages Latins & Italiens sur divers sujets de Morale & de Théologie.

1756. Jean-Baptiste *Cadry*, mort cette année ; plusieurs Traités Polémiques, & suite de l'Histoire du Livre des Réflexions Morales, 3 Vol. *in*-4°.

1757. Augustin *Calmet*, Bénédictin de la Congrégation de Saint Vannes, & Abbé de Sénones en Lorraine, meurt cette année : Commentaire sur la Bible avec des Dissertations, traduites séparément en Latin par Jean-Dominique *Mansi*, & imprimées à Venise en 1734. Histoire de l'Ancien & du Nouveau Testament : Dictionnaire de la Bible, 4 Vol. *in-fol.* & *in*-4°. Histoire Sacrée & Profane, & d'autres Ouvrages.

1758. Prosper *Lambertini*, Pape depuis 1740, sous le nom de *Benoît XIV*, meurt cette année : Traité sur la Canonisation des Saints, 4 Vol. *in-folio*, &c. Toutes ses Œuvres en 12 Vol. *in*-4°. *Romæ*, 1754. Edition déja rare.

1759. Pierre *Guibert*, mort cette année : Traduction de l'*Amor Pœnitens* de M. de Neercassel, &c. Mémoires Historiques & Chronologiques sur l'Abbaye de Port-Royal, 9 Volumes.

1759. Jacques *Deschamps*, Docteur de Sorbonne & Curé de Dangut, au Diocèse de Rouen, mort cette année : Traduction d'Isaïe, avec des Dissertations & des Remarques, *in*-12. *Paris* 1760.

1760. Jean *Lebeuf*, Sous-chantre d'Auxerre, & de l'Académie Royale des Belles-Lettres, meurt cette année : Histoire Ecclésiastique & Civile d'Auxerre ; Traité du Chant Ecclésiastique, & nombre d'autres Ouvrages sur les Antiquités.

1761. Joseph-Augustin *Orsi*, Dominicain & Cardinal, mort cette année ; Histoire Ecclésiastique, & Dissertations en Italien.

1761. Jacques *Fontaine de la Roche*, Prêtre du Diocèse de Poitiers, Auteur principal des Mémoires périodiques, ou N. E. depuis 1730, meurt cette année.

1761. Remi *Ceillier*, Bénédictin de Lorraine, mort cette année : Bibliothéque générale des Auteurs Sacrés & Ecclésiastiques, *in*-4°. 23 Vol. contenant les XII premiers siécles.

1762. Prudent *Maran*, Bénédictin de la Congrégation de S. Maur, décédé cette année : *De Divinitate Christi* : Traité sur les Miracles : Edition des Œuvres de S. Justin : il a achevé celles de S. Cyprien d'après M. *Baluze*, a donné le troisiéme Volume de S. Basile d'après le P. *Garnier*, & travailloit à une nouvelle Edition de S. Grégoire de Nazianze, continuée par Dom *Clémencet*.

1763. François-Philippe *Méfenguy*, de Beauvais, mort à Saint Germain en Laye le 19 Février de cette année : Histoire de l'ancien Testament avec Explications ; Exposition de la Doctrine Chrétienne, &c.

1763. François *Joubert*, Prêtre de Montpellier, mort à Paris le 29 Décembre. Diverses Explications de l'Ecriture Sainte, & autres Ouvrages.

1765. Antoine *Touron*, Dominicain, mort à Paris en 1775. Histoire de S. Dominique, de S. Thomas, & autres Dominicains : Histoire de l'Amérique Chrétienne, & Ouvrages de Piété.

1770. Jean-Baptiste *Bullet*, Professeur de Théologie à Besançon, mort en 1775. Divers Ouvrages sur la Religion, & autres.

1774. Pierre-Sébastien *Gourlin*, Prêtre de Paris, mort en 1776. Observations contre la Thèse de l'Abbé de Prades ; examen, &c. des Ouvrages du Père Berruyer, &c.

LISTE DES PAPES,

SUIVANT

LA CHRONOLOGIE

DU P. FRANÇOIS PAGI,

DE L'ORDRE DE S. FRANÇOIS,

DONT PLUSIEURS SÇAVANS FONT USAGE.

L'ÉTOILE marque le temps de la mort.

54. S. Pierre vient à Rome au commencement du regne de Néron, & est martyrisé le 29 Juin 65 de l'Ere Chrétienne.

55. S. Lin est fait Coadjuteur de S. Pierre.

65. S. Lin succéde à S. Pierre le 29 Juin, Martyr le 23 Septembre 67.

67. S. Clément 24 Septembre, abdique le 4 Septembre 77 ; est exilé & Martyr l'an 100 de J. C.

77. S. Clet, 9 Février, Martyr le 26 Avril 83.

83. S. Anaclet, Martyr le 12 Juillet 95.

95. S. Evariste, Martyr le 26 Octobre 108.

108. S. Alexandre, 2 Mars ; Martyr le 3 Mai 116.

116. S. Sixte, Mart. le 3 Juil. 126.

126. S. Télesphore, Martyr le 5 Janvier 137.

137. S. Hygin, meurt le 10 Janvier 141.

141. S. Pie, * 11 Juillet 151.

151. S. Anicet, Mart. 17 Avril 161.

161. S. Soter, meurt l'an 170.

170. S. Eleuthere, 1 Mai, * 25 Mai 185.

185. S. Victor, 12 Juin, * 28 Juillet 197.

197. Zephirin, 7 Août, * 12 Juillet 217.

217. S. Callixte, 17 Juillet, Martyr le 28 Septembre 222.

222. S. Urbain, 1 Octobre, Martyr le 24 Mai 230.

230. Pontien, 22 Juin, abdique le 28 Septembre 235.

235. S. Anter, 21 Novembre, Martyr le 3 Janvier 236.
236. S. Fabien, 11 Janvier, Martyr le 20 Janvier 250.
251. S. Corneille, 4 Janvier, * 15 Septembre 252.

Novatien premier Antipape.

252. S. Luce, 25 Septembre * Mars 253.
253. S. Etienne, 13 Mai, Martyr le 2 Août 257.
257. Sixte II. 25 Août, Martyr le 6 Août 258.
259. S. Denys, 22 Juillet * 27 Décembre 269.
269. Felix, 29 Décembre, * 22 Décembre 274.
275. Eutychien, 5 Janvier, * 7 Décembre 283.
283. Caius, 15 Décembre, * 21 Avril 296.
296. Marcellin, 30 Juin, * 24 Octobre 304.

Vacance de 3 ans 8 m. 3 j.

308. Marcel, 27 Juin, 17 Janvier 310.
310. Eusebe, 5 Février, * 21 Juin 310.
310. Melchiades, 2 Juillet, * 10 Janvier 314.
314. Sylvestre, 31 Janvier * 31 Décembre 335.
335. Marc, 18 Janvier, * 7 Octobre 336.
337. Jules, 6 Février, * 12 Avril 352.
352. Libere, 21 Juin, * 23 Septembre 366.
355. Felix II. déposé 29 Juillet 358.

Douteux s'il est Pape.

366. Damase, 1 Octobre, * 10 Decembre 384.
384. Siricius, 22 Décembre, * 26 Novembre 398.
398. Anastase I. 5 Décembre, * 14 Décembre 401.
401. Innocent, 21 Décembre, * 12 Mars 417.
417. Zozime, 18 Mars, * 26 Décembre 418.
418. Boniface I. 29 Décembre, * 4 Septembre 422.
422. Célestin, 10 Septembre, * 18 ou 19 Juillet 432.
432. Sixte III. 24 Juillet, * 11 Août 440.
440. Léon, 22 Septembre, * 4 Novembre 461.
461. Hilaire 12 Novembre, * 21 Février 468.
468. Simplicius, 25 Février, * 2 Mars 483.
483. Felix III. 6 Mars, * 24 Février 492.
492. Gelase, 1 Mars, * 19 Novembre 496.
496. Anastase II. 24 Novembre, * 17 Novembre 498.
498. Symmaque, 22 Novembre, * 19 Juillet 514.
514. Hormisdas, 27 Juillet, * 6 Août 523.
523. Jean I. 13 Août, * 18 Mai 526.
526. Felix IV. 12 Juillet, * 18 Septembre 530.
530. Boniface II. 21 Septembre, * 16 Octobre 532.
532. Jean II. 31 Décembre, * 26 Mai 535.
535. Agapet, 3 Juin, * 22 Avril 536.
536. Sylvere, 8 Juin, * 19 Novembre 537.
537. Vigile, 22 Novembre, * Janvier, 555.
555. Pelage I. 11. Avril, * 1 Mars 560.
560. Jean III. 18 Juillet, * 13 Juillet 573.
574. Benoît I. 3 Juin, * 30 Juillet 578.
578. Pelage II. 30 Novembre, * 8 Février 590.

SELON LE P. PAGI.

590. Grégoire I. 3 Septembre, * 12 Mars 604.
604. Sabinien, 13 Septembre, * 22 Février 606.
607. Boniface III. 19 Février, * 10 Novembre 607.
608. Boniface IV. 25 Août, * 7 Mai 615.
615. Deusdedit, 19 Octobre, * 8 Novembre 618.
619. Boniface V. 23 Décembre, * 22 Octobre 625.
625. Honoré I. 27 Octobre, * 12 Octobre 638.
640. Severin, 28 Mai, * 2 Août 640.
640. Jean IV. 24 Décembre, * 11 Octobre 642.
642. Théodore, 24 Novembre, * 13 Mai 649.
649. Martin I. 5 Juillet, * 26 Mars 654.
654. Eugene I. 5 Septembre, * 1 Juin 657.
657. Vitalien, 30 Juillet, * 27 Janvier 672.
672. Adeodat, 22 Avril, * 26 Juin 676.
676. Donus I. 1 Novembre, * 11 Avril 678.
678. Agathon, 27 Juin, * 2 Janvier 682.
682. Léon II. 17 Août, * 11 Juillet 683.
684. Benoît II. 26 Juin, * 7 Mai 685.
685. Jean V. 23 Juillet, * 1 Août 686.
686. Conon, 21 Octobre, * 21 Septembre 687.
687. Serge I. 15 Décembre, * 7 Septembre 701.
701. Jean VI. 28 Octobre, * 9 Janvier 705.
705. Jean VII. 1 Mars, * 17 Octobre 707.
708. Sisinnius, 18 Janvier, * 10 Février 708.
708. Constantin, 25 Mars, * 9 Avril 715.
715. Grégoire II. 19 Mai, * 11 Février 731.
731. Grégoire III. 18 Mars, * 28 Novembre 741.
741. Zacharie, 30 Novembre, * 14 Mars 752.
752. Etienne *élu; mais n'est ni sacré, ni compté.*
752. Etienne II. 26 Mars, * 24 Avril 757.
757. Paul, 29 Mai, * 28 Juin 767.
767. *Constantin Antipape*, 28 Juin, *est déposé le* 5 Août 768.
768. Etienne III. 7 Août, * 2 Février 772.
772. Hadrien I. 9 Février, * 25 Décembre 795.
795. Léon III. 26 Décembre, * 11 Juin 816.
816. Etienne IV. 22 Juin, * 24 Janvier 817.
817. Pascal, 25 Janvier, * 10 Février 824.
824. Eugene II. 14 Février, * Août 827.
827. Valentin, * 827.
827. Grégoire IV. * 25 Janvier 844.
844. Serge II. 10 Février, * 27 Janvier 847.
847. Léon IV. 11 Avril, * 17 Juillet 855. *Quelques-uns placent ici la Papesse Jeanne.*
855. Benoît III. 29 Septembre, * 8 Avril 858.
858. Nicolas, 24 Avril, * 13 Novembre 867.
867. Adrien II. 14 Décembre, * Novembre 872.
872. Jean VIII. Novembre, * 16 Décembre 882.
882. Martin II. Décembre, * Décembre 884.
884. Adrien III. * Septembre 885.

885. Etienne V. Septembre, * Septembre 891.
891. Formose, Septembre, * 4 Avril 896.
896. Boniface VI. *non compté par quelques-uns.*
896. Etienne VI. Août, * 897.
897. Romain, Octobre, * Janvier 898.
898. Théodore II. * Juin 898.
898. Jean IX, Juillet, * Août 900.
900. Benoît IV. Août, * Octobre 903.
903. Léon V. Octobre, * Novembre 903.
903. Christophe, Novembre, * Juin 904. *traité quelquefois d'Antipape.*
904. Serge III. Juin, * Août, 911.
911. Anastase III. Juin, * Octobre 913.
913. Lando, 16 Octobre, * 16 Avril 914.
914. Jean X. Avril, * Juin 928.
928. Léon VI. Juin, * Février 929.
929. Etienne VII. 5 Février, * 15 Mars 931.
931. Jean XI. Mars, * Janvier, 936.
936. Léon VII. Janvier, * Janvier 939.
939. Etienne VIII. Janvier, * Décembre 942.
942. Martin III. Janvier, * Juin 946.
946. Agapet II. Juin, * Août 956.
956. Jean XII. Août, * 14 Mai 964.
963. *Léon VIII. Antipape,* * Mars 965, *mais est compté.*
964. Benoît, Mai, * 965.
965. Jean XIII. Mars, * 6 Septembre 972.
972. Benoît VI. Novembre, * 974.
974. Donus II. * 975.
975. Benoît VII. Mars, * 984.
984. Jean XIV. Juillet, * 20 Août 985.
985. *Boniface VII. Antipape,* * Mars 985. *est néanmoins compté.*
985. *Jean fils de Robert est élu, mais n'est ni sacré, ni compté.*
985. Jean XV. Décembre, * 996.
996. Grégoire V. Mai, * 18 Février 999.
997. Jean XVI. *Antipape,* * Mars 998.
999. Sylvestre II. 2 Avril, * 12 Mai 1003.
1003. Jean XVII. 13 Juin, * 7 Décembre 1003.
1003. Jean XVIII. 26 Décembre, Mai 1009.
1009. Serge IV. Juin, * Juin 1012.
1012. Benoît VIII. * 1024.
1024. Jean XIX. * 1033.
1033. Benoît IX. Novembre *abdiq.* 1044.
1044. Grégoire VI. *abdiq.* Décembre 1045.
1046. Clément II. 25 Décembre, * 9 Octobre 1047.
1047. *Benoît IX. de rechef, chassé en Juillet* 1048.
1048. Damase II. 17 Juillet, * 17 Août 1048.
1049. Léon IX. 2 Février * 19 Avril 1054.
1055. Victor II. 13 Avril, * 28 Juillet 1057.
1057. Etienne IX. 2 Août, * 29 Mars 1058.
1058. *Benoît X. Antipape,* 30 Mars, *chassé le 18 Janvier* 1059.
1058. Nicolas II. 28 Décembre, * 22 Juillet 1061.
1061. Alexandre II. 1 Octobre, * 21 Avril 1073.

SELON LE P. PAGI. 571

1073. Grégoire VII. 22 Avril, * 25 Mai 1085.
1086. Victor III. 24 Mai, & sacré seulement le 21 Mars 1087, * 16 Septembre 1087.
1088. Urbain II. 12 Mars, * 29 Juillet 1099.
1099. Pascal II. 13 Août, * 21 Janvier 1118.
1118. Gelase II. 25 Janvier, * Janvier 1119.
1118. *Grégoire Antipape*, ou *Maurice Burdin*, le 19 Mars; mais est fait prisonnier en 1121.
1119. Calixte II. 1. Février, * 13 Décembre 1124.
1124. Honoré II. 21. Décembre, * 14 Février 1130.
1130. Innocent II. 15 Février, * 24 Septembre 1143.
1130. *Anaclet Antipape*, 16 Février, * Janvier 1138.
1138. *Victor Antipape*, Mars 1138. *Abdique* 29 Mai 1138.
1143. Célestin II. 26 Septembre, * 9 Mars 1144.
1144. Luce II. 12 Mars, * 25 Février 1145.
1145. Eugene III. 27 Février, * 8 Juillet 1153.
1153. Anastase IV. 9 Juillet, * 2 Décembre 1154.
1154. Adrien IV. 3 Décembre, 1 Septembre 1159.
1159. Alexandre III. 7 Septembre, * 30 Août 1181.
1181. Luce III. 1. Septembre, * 24 Novembre 1185.
1185. Urbain III. 4 Novembre, * 19 Octobre 1187.
1187. Grégoire VIII. 20 Octobre, * 17 Décembre 1187.
1187. Clément III. 19 Décembre, * 27 Mars 1191.
1191. Célestin III. 30 Mars, * 8 Janvier 1198.
1198. Innocent III. 8 Janvier, * 16 Juillet 1216.
1216. Honoré III. 18 Juillet, * 18 Mars 1227.
1227. Grégoire IX. 19 Mars, * 21 Août 1241.
1241. Célestin IV. Octobre, * Novembre 1241.
Vacance d'environ 20 mois.
1243. Innocent IV. 24 Juin, * 7 Décembre 1254.
1254. Alexandre IV. 12 Décembre * 25 Mai 1261.
1261. Urbain IV. 29 Août, * 2 Octobre 1264.
1265. Clément IV, 22 Février, * 29 Novembre 1268. *Vacance* 2 a. 9 m. 1 j.
1271. Grégoire X. Septembre, * 10 Janvier 1276.
1276. Innocent V. 21 Janvier, * 22 Juin 1276.
1276. Adrien V. 28 Juin, * 18 Août 1276.
Vicedominus : quelques-uns le mettent ici au rang des Papes.
1276. Jean XX. ou XXI. 15 Septembre, * 16 Mai 1277.
1277. Nicolas III. 24 Novembre, * 22 Août 1280.
1281. Martin IV. 22 Février, * 28 Mars 1285.
1285. Honoré IV. 1 Avril, * 3 Avril 1287.
1288. Nicolas IV. 22 Février, * 4 Avril 1292. *Vacance de* 2 a. 3 m. 1 j.
1294. Célestin V. *Abdique* le 13 Décembre, & *meurt prisonnier le* 19 *Mai* 1296.
1294. Boniface VIII. 24 Décembre, * 11 Octobre 1303.
1303. Benoît XI. 22 Octobre, * 6 Juillet 1304.
1305. Clément V. 5 Juin, * 20 Avril 1314.
1316. Jean XXII. 7 Août, * 4 Décembre 1334.
1334. Benoît XII. 20 Décembre, * 25. Avril 1342.

1342. Clément VI. 7 Mai, * 6 Décembre 1352.
1352. Innocent VI. 18 Décembre, * 12 Septembre 1362.
1362. Urbain V. 28 Septembre, * 19 Décembre 1370.
1370. Grégoire XI. 30 Décembre * 27 Mars 1378.
1378. Urbain VI. 9 Avril, * 15 Octobre 1389.
Voyez ci-dessous les Papes d'Avignon.
1389. Boniface IX. 2 Novembre, * 1 Octobre 1404.
1404. Innocent VII. 17 Octobre, * 6 Novembre 1406.
1406. Grégoire XII. 2 Décembre, * *déposé au Concile de Pise.*
1409. Alexandre V. 26 Juin, * 6 Janvier 1410.
1410. Jean XXIII. 17 Mai, * *déposé au Concile de Constance le 29 Mai 1415.*
1417. Martin V. *élu au Concile de Constance* le 11 Novembre 1417, * 20 Février 1431.
1431. Eugene IV. 3 Mars, * 23 Février 1447.

ANTIPAPES D'AVIGNON.

1378. Clément VII. 20 Septembre, * 16 Septembre 1394.
1394. Benoît XIII. ou Pierre de Lune, 28 Septembre, * 23 Mai 1423.
1424. Clément VIII. *n'est pas reconnu, puis abdique.*

Le Pere Pagi n'a pas conduit sa Chronologie plus loin que le Pape Eugene IV. étant mort même avant que de publier son quatriéme Volume.

TABLETTES
DE
L'HISTOIRE
CIVILE
MODERNE,

Ou Suite Chronologique des Empereurs, Rois & autres Princes Souverains, depuis l'Ere - Chrétienne jusqu'à présent.

ÉPOQUES
DE L'HISTOIRE MODERNE.

Ans de J. C.	

PREMIÈRE ÉPOQUE.

1. NAISSANCE de Jesus-Christ, l'an 31 d'Auguste, Empereur des Romains ; Phraates IV. régnant en Perse. C'étoient alors les deux grandes Monarchies connues dans le Monde. Depuis cette première Epoque jusqu'à la seconde, l'on compte 324 ans : on y voit l'Empire Romain affoibli par les Barbares.

SECONDE ÉPOQUE.

325. Concile Général de Nicée, tenu par ordre de l'Empereur Constantin. L'intervalle jusqu'à l'Epoque suivante est de 475 ans. Alors s'élèvent plusieurs Monarchies, dont la plupart subsistent encore.

TROISIÉME ÉPOQUE.

800. Charles-Magne Empereur d'Occident : Irène gouvernoit alors l'Empire d'Orient, & Haroun étoit Calife des Sarrasins. L'intervalle jusqu'à la quatrième Epoque n'est que de 187 ans, mais on y voit d'assez grandes révolutions.

QUATRIÉME ÉPOQUE.

987. Hugues Capet, Chef de la troisième Race des Rois de France : Othon III. étoit alors Empereur d'Allemagne. L'intervalle de cette Epoque à la suivante est de 286 ans : ce qui s'y est fait plus remarquer, ce sont les Croisades, qui ont donné lieu aux Royaumes de Jérusalem & de Cypre, & à l'établissement des Chevaliers connus aujourd'hui sous le nom de Malthe.

CINQUIÉME ÉPOQUE.

1273. Rodolphe d'Habsbourg Empereur, Chef de la Maison d'Autriche : Philippe III, fils de S. Louis, étoit alors Roi de France. L'intervalle jusqu'à la sixième Epoque est de 316 ans, & est rempli de grands événemens, dont le plus considérable est la ruine de l'Empire d'Orient par les Turcs.

SIXIÉME ÉPOQUE.

1589. Henri IV. Chef de la Maison de Bourbon, Roi de France ; Rodolphe, fils de Maximilien, étant Empereur. Depuis cette Epoque il s'est déjà passé 286 ans, où l'on a vu diverses révolutions, & en particulier un Renouvellement des Arts & des Sciences.

HISTOIRE CIVILE.

EMPIRE ROMAIN.

Avant J. C.		
31.	AUGUSTE 44 ans depuis la Bataille d'Actium, ou 36 depuis son premier Consulat. *Voyez Suétone, Appian. Guerres Civil. liv. 3. 4. 5. Plutarq. Vies d'Antoine, Cicéron, Bru-*	

Ans de J. C.		*tus: Dion. liv. 46. &c. Tacite; Larrey, Hist. d'Auguste, Hist. du 2ᵉ. Triumvirat: Tillemont, des Emper. T. I.*
14.	Tibère 22 ans 6 mois 23 jours.	Lisez les mêmes Auteurs.
37.	Caligula ... 3 a. 10 m. 8 j.	⎫ Lisez *Suétone, Tacite, Dion,*
41.	Claude ... 13 a. 8 m. 19 j.	⎬ *liv. 59, 60, 62; Xiphilin,*
54.	Néron ... 13 a. 7 m. 28 j.	⎭ *Tillemont,* Tome I.
	L. *Clodius Macer, Tyran.*	
68.	Galba ... 7 m.	
69.	Othon ... 3 m.	⎫ *Avec les Auteurs ci-dessus,*
69.	Vitellius ... 8 m. 5 j.	⎬ *lisez Joseph de bello Judaico,*
69.	Vespasien ... 9 a. 11 m. 24 j.	⎬ *& la Vie d'Agricola, par*
79.	Titus ... 2 a. 2 m. 20 j.	⎭ *Tacite.*
81.	Domitien ... 15 a. ... 5 j.	
96.	Nerva ... 16 m. 8 j.	
98.	Trajan ... 19 a. 6 m. 15 j.	⎫ Lisez *Xiphilin, Dion, Spar-*
117.	Hadrien ... 20 a. 11 m.	⎬ *tian, Jule Capitolin, Panégy-*
138.	Antonin Pius 22 a. 7 m. 26 j.	⎬ *rique de Pline, liv. 10 de ses*
161.	Marc Aurele. ⎫ 19 a. ... 10 j.	⎭ *Lettres; Tillemont,* T. II.
161.	Lucius Verus. ⎭ 9 a.	
180.	Commode ... 12 a. 9 m. 14 j.	
193.	Pertinax ... 2 m. 28 j.	
193.	Didius Julianus ... 2 m. 5 j.	⎫ Lisez *Herodien, Xiphilin,*
193.	Pescennius Niger. 1 a. & plus.	⎬ *Jules Capitolin, Spartian,*
	Clodius Albinus. 5 a.	⎬ *Zosime, Lampridius, Tille-*
193.	Septime Sevère. 17 a. 8 m. 3 j.	⎭ *mont,* Tom. II. & III.
211.	⎧ Antonin Caracalla. 6. 2. 4. ⎨ P. Septimius Géta. 1 a.	*La suite est page suivante.*

PARTHES ou ARSACIDES.
Suite du Tome I. page 441.

Avant J. C.		
37.	Phraatès IV. ... 50 a.	

De J. C.		
13.	Phraatace, *peu de mois.*	
14.	Orodès II. *quelques mois.*	
15.	Vononès I.	
18.	Artaban III.	
35.	Tiridate.	
36.	Artaban *rétabli.*	
41.	Cinname, *peu de jours.*	
41.	Artaban *rétabli.*	
43.	Vardanès ou Bardanès, *chassé.* Gotarze.	
43.	Vardanès, *rétabli.*	
47.	Gotarze, *rétabli.*	
50.	Vononès II. *peu de mois.*	
50.	Vologese. ... ⎫ 40 a.	
50.	Artaban IV. ... ⎭	
90.	Pacorus II. ... 18 a.	
108.	Cosroès. ... 26 a.	
116.	Parthamaspatès. . 1 a.	
117.	Chosroès *rétabli.*	
134.	Vologese II. ... 33 a.	
189.	Vologese III. ... 25 a.	
214.	Artaban V. *dernier des Arsacides.* ... 13 a.

La suite est page suivante.

576 EMPIRE ROMAIN.

217.	M. Opelius Severus Macrin. . . . . 1 a. 1 m. 27 j.	Lisez *Hérodien*, *Ziphilin*, *Jules*
218.	M. Aurel. Antoninus Heliogabale. . . . . 3 a. 9 m. 4 j.	*Capitolin*, *Spartien*, *Zosime*,
222.	Alexandre Severe . . 13 a. . . 9 j. Uranius, *Tyran*.	*Lampridius*, *Tillemont*, Tom. II.
235.	C. Julius Verus Maximin. . . 3 a.	& III.
237.	M. Antonius Gordien l'*ancien*. ⎫ M. Antonius Gordien le *jeune*. ⎬ 2 m.	
237.	Pupien & Balbin. . . 1 a.	
238.	Gordien III. . . . . 5 a. 8 m.	
244.	Philippe *pere*, 5 a. V. *Pagi* & *Ciampini*. Philippe *fils*. T. Jul. Mar. Pacatianus. P. Carvilius Marinus.	
249.	Decius. . . . . . . 2 a. Herennius Etruscus.	
251.	Hostilien. . . . . . 18 m. L. *Priscus*, *Tyran*. Jul. *Valens*, *Tyran*. A. *Aufidius Perpenna*, *Tyran*. Trebonianus Gallus. Vibius Volusianus.	*Zosime*, *Aur. Victor*, *Eutrop. Trebell. Pollio. Lactant. de mortib. Persecutor.*
253.	C. Julius Æmilianus. . . . 3 m. Licinius Valerien *pere*. . 7 a.	*Tillemont, Hist. des Emp.* T. III.
253.	Licinius Egnatius Gallien, *fils de Valerien*. . . . . seul 8 a. † Licinius Valérien, *fils de Valérien*. Licinius Saloninus, *fils de Gallien*. Sulpicius Antoninus.	*La suite est page suivante.*

† *Les* 30 *Tyrans que l'on met sous Gallien, sont réduits à* 18, *marqués d'une Etoile.*

1 Cyriades. 2 Ingenuus. * 3, 4 Les deux Macriens. * 5 Quietus. 6 Piso. * 7 Valens. * 8 Balista. * 9 Regillien. * 10 Æmilien. * 11 Trebellien. * 12 Celsus. * 13 Saturninus. * 14 Odenat. 15 Herodianus. 16 Zenobia. 17 Herennien. 18 Timolaüs. 19 Mœonius. * 20 Lælianus. 21, 22 Deux Posthumes. * 23 Lollianus. * 24, 25 Deux Victorin, * & 26 Victoria. 27 Maïus. * 28 Aureolus. 29 Ap. Claudius Censorinus. 30 Les deux Tetriques.

ROIS DE PERSE ou SASSANIDES.

Sur ces Rois, lisez *le Chronicon Alexandrinum*, *Cedrenus*, *Agathias*, *Bizarus hist. Persarum*; *d'Herbelot*, *Bibliothéque Orientale*.	226. Artaxare, Artaxerces, ou Ardschir, Roi des Perses & des Parthes. . . . 14 a. 241. Sapor I. . . . 31 a. *La suite est page suivante.*

EMPIRE ROMAIN. 577

268.	M. Aurelius Claude... 2 a.	
	Quintillus, frère de Claude. ... 17 j.	
270.	Domitius Aurelien. ... 4 a. 9 m.	
273.	*Firmius, Tyran en Egypte.*	
	Tétricus, Tyran dans les Gaules.	
	Athénodorus.	
	Héroïas Vabalathus.	*Zosime, Victor,*
	A. Septimius.	*Eutrop. Treb. Pollio, Lactance,*
275.	Interrégne de........ 8 m.	*Vopiscus, Tillemont,* Tomes III. & IV.
275.	Tacite .... 7 m.	
276.	Florien............ 3 m.	
276.	Probe .... 6 a. 4 m.	
	Saturninus, Proculus, Bonosus.	
282.	M. Aurélius Carus... ⎫	
	M. Aurelius Carin... ⎬ 2 ans.	
	& Numérien, *ses fils.* ⎭	
	M. Aurelius Julianus Sabinus.	
284.	Dioclétien & Maximien Hercule. ...	
	. . . . 20 a. 5 m. 13 j.	
	Selvius Amandus, Pomponius Ælianus, Caraufius, Allectus, Epidius Achilleus, Domitius Domitianus, Tyrans.	
295.	Constance Chlore, 15 mois, & Maximien Galere 6 ans.	
	Flav. Valer. Severe.	
	C. Galerius Valerius Maximin.	
	M. Aurelius Valerius Maxence.	
	Alexander, Tyran.	
	P. Val. Licinianus Licinius César, *Pere.*	
	Valerius Valens.	
	Martinianus.	
306.	Constantin le Grand, 30 a. 9 m. 28 j.	*Tillemont,* Tome IV.
	⎧ Constantin le Jeune, 3 a. *meurt en* 340.	Lisez *Zosime,*
337.	⎨ Constance..... 24 a. 5 m. 12 j.	*Eutrope, Victor,*
	⎪ *Saturninus.*	*Lactance de mort.*
	⎩ Constant..... 13 a.	*Persecutor. Euseb.*
	Magnentius & Nepotia- ⎫	*de Vit. Constantin.*
	nus. ⎬ *Tyrans.*	*Socrate, Sozomene,*
361.	*Vetranion & Sylvanus.* ⎭	*Theodoret, Ammian; du Cange,*
	Julien l'Apostat ..... 1 a. 7 m. 23 j.	*familiæ Byz. Tillemont,* T. IV. &c.
363.	Jovien............ 7 m. 20 j.	
	La suite est page suivante.	

ROIS DE PERSE.

271.	Hormisdas I. ou Hormodz.	293.	Vararanès III. ... 4 m.
	.... 1 an.	294.	Narsès. .... 8 a.
273.	Vararanès I. ou Bahram.	302.	Hormisdas II. ou Mysdatès. .... 7 a. 9 m.
	.... 3 a. 3 m.		
276.	Vararanès II. 17 a.	310.	Sapor II. ... 70 a.

La suite est page suivante.

II. Partie.   Oo

EMPIRE D'OCC.	EMPIRE D'ORIENT.
364. Valentinien I. 11 a. 8 m. 21 j.	364. Valens... 14 a. 5 m. 20 j.
367. Gratien.... 15 a. 8 m.	*Procopius, Tyran.*
Magnus Maximus, Tyran.	
375. Valentinien II. 16 a. 6 m. 21 j.	379. Théodose le Grand. 16 a.
Fl. Vict. & Eugenius, Tyrans.	*Son hist. par M. Fléchier.*
394. Théodose, *Emper. d'Or.*	
395. Honorius.. 28 a. 7 m.	395. Arcadius....... 14 a.
Constantius.	
Constans.	*Sébastianus, Tyran.*
Jovinus.	
Constantin.	408. Théodose le jeune.. 42 a.
Héraclianus & Attalus.	.... 3 m.
Jean, Tyran.	
425. Valentinien III. 30 a. 5 m.	450. Marcien.. 6 a. 6 m.
455. Pétronius Maxime. 3 m. 5 j.	
455. Avitus. .... 14 a.	
456. *Interregne de.* . 10 m.	457. Léon I........ 17 a.
457. Majorien... 3 a. 4 m.	
461. Severe.... 3 a. 9 m.	
465. *Interregne,* plus d'un an.	
467. Anthémius. . 5 a. 3 m.	468. Ardabure est fait César.
472. Olybrius.... 3 m. 12 j.	
472. *Interregne.* ... 4 m.	
473. Glycerius. . 1 a.	474. Léon le jeune. 10 m.
474. Julius Nepos. 1 a.	474. Zenon... 17 a. 3 m.
475. Romulus Augustule. 9 m. 24 j.	{ Basilisque, Marcien, } *Tyrans.*

ROIS D'ITALIE.

476. Odoacre, *Erule.* 16 a. 6 m.	
Goths.	
493. Théodoric. 33 a.	491. Anastase... 27 a. 3 m. 3 j.
526. Athalaric.. 8 a.	518. Justin I.... 9 a. 1 m.
534. Théodat. . . 2 a.	*Vitalien, Tyran.*
536. Vitigès. . . 4 a.	527. Justinien I.... 38 a. 3 m.
540. Théodebalde. 1 a.	.... 14 j.
541. Araric. . ..... 5 m.	*Théodebert Roi de France en*
541. Totila ou Baduilla. 11 a.	*Austrasie, est marqué Auguste*
552. Téïas *peu de mois, est dernier*	*dans ses Médailles.*
Roi des Goths.	
552. Narsès gouverne 15 ans.	*La suite est page 584.*

ROIS DE PERSE.

380. Artaxercès ou Ardschir II.	458. Perozès ou Phirouz.. 24 a.
.... 4 a.	482. Valens ou Obalas... 4 a.
383. Sapor III. ...... 5 a.	485. Cabadès ou Kobad. 11 a.
388. Vararanès IV..... 4 a.	496. Lambadès ou Zamasphès. 4 a.
400. Iezdegirdès I. ... 21 a.	501. Cabadès .... 30 a.
421. Vararanes V. ou Bahram-	*rétabli.*
ghour.......... 20 a.	531. Cosroès I. ou le Grand. 48 a.
441. Iezdegirdès II.... 17 a.	*La suite est page 584.*

HIST. DE FRANCE. | HIST. D'ANGLET.

Instruction.

Voyez la Collection des Hist. de France de Dom *Bouquet*; mais la France a beaucoup d'Histoires générales. Lisez l'Abbé du Bos, *Histoire de l'origine de la Monarchie Françoise*, qui est excellente: Mezeray, *Hist. de France avant Clovis*. Continuez par l'abrégé de Mezeray, plus estimable que sa grande histoire, ou par celle de l'Abbé Velly. L'Abrégé de l'Abbé le Gendre a des traits hardis.

Instruction.

L'Angleterre a beaucoup de Collections de ses premiers Historiens. L'hist. de *Larrey* est abandonnée: *Rapin de Toyras* vaut mieux. Les Révolutions du P. d'*Orléans* sont estimées, même par les Protestans. L'Abrégé de *Toyras* est très-bon: sa grande Histoire ne convient qu'à ceux qui veulent du détail. *Buchanan* a fait une hist. d'Ecosse recherchée pour le style & pour la hardiesse.

ROIS DE FRANCE.

PREMIÈRE RACE.

Pharamond. On doute s'il a existé.

414. Clodion 34 ans. Voyez *Grégoire de Tours*, *Frédégaire*, *Aimoin*, les *I. & II. Vol. de D. Bouquet & l'Abbé du Bos.*

447. ou 448. Mérovée 6 ans.

456. Childeric 23 ans. Voyez *Anastasis Childerici.*

457. *Le Comte Gilles est fait Chef de la Nation*, 7 ans.

463. Childeric, *rétabli.*

481. Clovis I. *se fait Chrétien en* 495, régne 30 ans.

Partage du Royaume.

511. Thierri à Metz 23 a.
511. Clodomir à Orléans 13 a., *meurt en* 524. ⎫
511. Childebert à Paris 47 a. *meurt en* 558. ⎬ Fils de Clovis.
511. Clotaire I. à Soissons 51 a. *meurt en Déc.* 561. ⎭

R. D'ANGLETERRE.

410. Honorius Emper. renonce à la Grande Bretagne.

426. ou 427. Les Romains quittent le Pays.

445. Vortigerne élu Roi des Bretons.

454. Vortigerne associe Vortimer, son fils, à la Couronne.

LES VII. ROYAUMES.

449. Les Saxons & Anglois ayant quitté l'Allemagne, conduits par Hengist, arrivent dans la Grande Bretagne, & y établissent 7 Royaumes, *sçavoir:*

I. L'an 455. Le Royaume de Kent, par Hengist premier Roi.

II. L'an 491. Celui de Sussex, par Ella, qui en est premier Roi.

III. L'an 519. Celui de Wessex, par Cerdick, qui en est premier Roi.

IV. L'an 527. Celui d'Essex, par Ercenwin, premier Roi.

ROIS D'ÉCOSSE.

Les premiers Rois d'Ecosse sont incertains, & nous les rapportons sur la foi de leurs Historiens: ceux d'Irlande, d'où ils sortent, ne les font commencer qu'en 503.

422. Ferguse I.	18 a.	482. Congale	19 a.
440. Eugene I.	21 a.	501. Conran.	34 a.
461. Dongard.	4 a.	535. Eugene II.	35 a.
465. Constantin I.	17 a.	*La suite est page* 585.	

HISTOIRE D'ESPAGNE.

Instruction.

ALDRETE a sçavamment décrit les Antiquités d'Espagne. L'Hispania illustrata du P. André Schotus, *in-folio*, 4 Vol. contient une partie des premiers Ecrivains de cette Nation. Mariana Espagnol est plus estimé que le Latin : Joignez-y les Observations de Pedro Mantuano. Ceux qui entendent l'Espagnol doivent s'attacher à Moralès, Garibai, Florian do Campo, Herrera, Sandoval, Castillo & Castro, Zurita & Argensola ; enfin Ferreras, traduit en François.

L'Espagne a beaucoup d'histoires particulières plus exactes & plus judicieuses que les histoires générales.

ROIS SUEVES.	GOTHS.	ALAINS.	VANDALES.
409. Herménéric I. . 18 a.	369. Athanaric. . . . . 13 a.	Les Alains entrent en Espagne avec les Suéves & les Vandales ; mais ils y sont détruits par les Goths. Ils occupoient la Lusitanie.	Les Vandales étoient entrés en Espagne vers l'an 409, & vont en Afrique vers l'an 429.
427. Hermengaire. . . 1 a.	382. Alaric. 28 a.		
428. Herménéric II. . 10 a.	410. Ataulphe. . . . . 4 a.		
Ces 2 douteux.	415. Sigeric. 7 j.		
438. Réchila. . . . . 10 a.	415. Wallia. 5 a.		406. Gunderic. . . . . 22 a.
448. Ricciarius. . . . . 9 a.	420. Theodoric I. . . . 32 a.	Respendial.	428. Genseric. . . . 37 a. 3 m.
458. Fronton . . . . . 1 a.	451. Thorismond. . . 2 a.	415. Atax.	477. Hunneric. . . 7 a. 10 m.
458. Maldras. . . . . 2 a.	453. Theodoric II. . . 13 a.	418. Les Alains détruits par Wallia, Roi des Goths.	484. Gundamund. 11 a. 9 m.
460. Frumarius. . . . . 3 a.	466. Evaric 19 a.		496. Trasamund . . . 26 a. 8 m.
463. Remismundus. . . 4 a.	484. Alaric II. . . . . 23 a.	*Ainsi il ne reste plus en Espagne que trois Dominations, sçavoir, celles des Suéves, des Goths & des Vandales; mais ces derniers passent en Afrique, vers l'an 429.*	523. Hilderic. . . . 7 a. 3 m.
Theodomundus.	507. Gesalic, *Usurpateur.*		530. Gilimer. 4 a.
466. Ricila & Theodomund *en même tems, mais douteux.*	507. Amalaric. . . . 26 a.		534. Il est défait & pris par Belisaire, Général de Justinien. *Ainsi l'Afrique est soumise aux Emp. d'Orient jusqu'au VIIe. Siècle, que les Sarrasins s'en emparent.*
	533. Theudis. . . 17 a.		
	548. Theudiselle. . . . 1 a.		
Les autres Rois sont inconnus jusqu'en	549. Agila. 3 a.		
	552. Athanagilde. 15 a. 6 m.		
550. Cariaric.	567. Liuva I. . . . . 2 a.		
559. Theodimir . . . 10 a.			

La suite est page 586.

HISTOIRE D'ITALIE. 581

Instruction.

Outre les Rois Goths & Lombards (ci-dessus, p. 578 & 84.) il y eut encore en Italie plusieurs Souverains; sçavoir des Exarques à *Ravenne*, des Ducs à *Spolette* & à *Bénévent*. Les Exarques relevoient des Emper. d'Orient ; les Ducs de Spolette & de Bénévent étoient indépendans : c'étoient les Tyrans de l'Italie. Voyez l'Abr. Chron. de M. de S. Marc.

Charles-Magne vainquit les Lombards, détruisit les Ducs de Spolette & forma un nouveau Royaume d'Italie, qui fut sujet à beaucoup de troubles ; la plupart des Empereurs Romano-Germaniques en ont été les Maîtres. Sur ces Rois marqués ci-après, page 587, colonne 1. voyez Sigonius de *Regno Italiæ*, & les Historiens de l'Empire ; & pour les Sçavans, la Compilation de Struvius, & les Annales de Muratori.

Les Historiens de Naples parlent des Ducs de Bénévent : c'est après eux que se forma le Royaume de Naples & de Sicile, qui est ci-après, pag. 593 col. 3. On peut donc avoir recours à Caraccioli, Angelo Constanzo, Summonte, Parthenius ; joignez-y pour la suite Albinus, Facius, Sandeus, Pontanus, le Gualdo, le Duc de Guise ; & pour l'Histoire particulière de Sicile, le Fasellus & les *Scriptores Siculi*, *in-folio* ; avec Buonfigli, Pyrrhus & Invegès, *in-fol.* 3 Vol. *Lisez* l'Histoire de Naples de M. Giannone, dont on a donné une traduction Françoise en Hollande ; & celle de Sicile par M. de Burigny.

L'Histoire des *Rois de Jérusalem*, à la p. 599, se peut voir dans les Auteurs qui ont traité des Croisades ; tels sont Bongars dans le *Gesta Dei per Francos*, Reineccius, le P. Maimbourg qui n'est pas tout-à-fait mauvais, l'Histoire du Chev. Jauna qui donne aussi celle de Cypre. Pour *Malthe*, à la pag. 610. Voyez Vertot.

EXARQUES de RAVENNE.	DUCS DE SPOLETTE.	DUCS DE BÉNÉVENT.	VENISE.
Sur les Exarques de Ravenne, outre Sigonius, de Regno Italiæ, lisez encore la belle Hist. de Ravenne, par Rubeus, l'Historia Insubrica de Puteanus, & les Remarques de M. de S. Marc, dans son Abregé Chronologique de l'Hist. d'Italie.	L'Histoire des Ducs de Spolette est écrite dans Sigonius de Regno Italiæ ; dans le Brusoni ; & dans Bernardino de Conti di-Campello, en son Historia di Spoleti, in-4°. Spoleti, 1635.	L'Histoire des Ducs de Bénévent se trouve, soit dans Sigonius, soit dans les Historiens de Naples; & dans S. Marc.	Lisez l'Histoire de l'Abbé Laugier, & si vous voulez le Squitinio della libertà Veneta, avec les Réponses qu'on y a faites ; J. B. Verus ; le Doglioni ; Paul Morosini ; Bembo ; Paruta ; André Morosini, & Nani.

La suite est page 587.

Instruction.

Nous avons déjà marqué que toutes les Monarchies nouvelles avoient été formées par les Peuples du Nord, sur lesquels il faut lire *Matthæi Pratorii Orbis Gothicus, in-fol.* Livre sçavant & judicieux. Joannes *Messenius* est nécessaire à ceux qui veulent approfondir. Joignez-y *Adam Bremensis*, Albert *Krantzius* & Laurent *Paulinus*. Le *Rudbeckins*, qui est rare, a plus de singularité que d'utilité. Le Recueil de *Lindenbrog* ne convient qu'à ceux qui veulent puiser dans les sources, & Olaüs Magnus fera plaisir aux esprits crédules.

Les Huns sortis de la grande Tartarie, ont établi le Royaume de Hongrie, colon. 1. On peut en étudier l'histoire avec celle de l'Empire. Commencez par la nouvelle *Histoire des Huns*, donnée par M. Deguignes, ensuite les *Origines Hungaricæ* d'Ostrockocsi, puis *Gothardus*, *Arthusius*, *Parschitius*, *Ens*, ou *Rewa*, *Bonfinius*, & *Isthuansius*, son continuateur. Lisez l'histoire de Bohême dans les Ecrivains marqués ci-dessous, colonne 2.

HONGRIE.

Les Huns sont connus par les Historiens Chinois, 200 ans avant J. C. comme étant très-puissans dans le Nord de l'Asie, & la Grande Tartarie. Ayant été défaits par les Chinois en l'an 93 de J. C. ils se réfugièrent près du Volga, & 300 ans après, ils se jettèrent sur l'Europe.

376. Attila, Roi des Huns, défait les Goths, & attaqué ensuite les deux Empires.
445. Chabas, fils d'Attila, & Roi des Huns en Asie.

Les autres Rois sont inconnus, ou la Nation ne s'en choisit pas, n'ayant que des Chefs particuliers.

BOHEME.

Les Historiens de Bohême sont en grand nombre, *Theobaldus* & *Julius Solimanni* sont d'excellens Abregés; *Dubravius* & *Balbinus* ont plus d'étendue, & sont comptés entre les meilleurs Historiens. *Goldastus* sert autant pour le Droit public que pour l'Histoire. *Cochlaus*, *Camerarius*, *Theobaldus*, & l'*Histoire du Concile de Constance*, regardent les troubles de la Religion aux XIVe. & XVe. siécles.

Les commencemens sont fort douteux.

325. Czechus . . 27 a.
352. Interrègne.
365. Cracus I. . 50 a.
418 Cracus II. . 62 a.
480. Lybissa & Premislas . . . . . 69 a.

La suite est page 588.

POLOGNE.

Si l'on veut lire son Histoire dans les Originaux, prenez *Dlugossus*, *Cromerus*, & le Recueil de *Pistorius*; mais on peut se contenter de la belle Hist. en François, par le Chevalier de Solignac, 5 Vol. in-12. jusqu'à Henri de Valois, en 1575. *Paris*, 1750.

Voyez aussi dans le *Journal de Verdun* 1764 Mars, p. 583, une *Dissertation* où l'on prouve que dès le commencement les Princes n'ont été portés sur le Trône que par voie de suffrages, & que la République a toujours existé plus ou moins.

SUÉDE. | DANEMARCK, NORW.

Instruction.

Les premiers Historiens de Suéde ont été publiés par *Vulcanius* & *Grotius*; mais *Loccenius* peut suffire, en y joignant *Ericus*, *Olaüs*, *Joannes Magnus* & l'Abbé de *Vertot*, qui a si bien peint Gustave Eric-son, le Héros de la Suéde; ajoutez-y la Laponie de *Scheffer*, ou de *Rudbeckius*: le petit Abrégé de *Pufendorff* est assez bon.

Instruction.

Les premiers Rois de Danemarck & de Norwége ne sont pas connus: ce n'est pas que ces Peuples ne s'y soient pris de bonne heure, aussi bien que les autres, pour se donner des Maîtres; mais leur Histoire ancienne est fort obscure. Commencez par la Chronologie de *Pontanus*, & les petits Traités publiés en 1629, par *Stephanius*: continuez par l'Abrégé de *Swaning*; joignez-y *Langhornius*, *Wormius* & *Winslow*, sur les Antiquités de Danemarck: lisez ensuite *Pontanus* & *Meursius*, avec les Notes de *Stephanius* sur *Saxon le Grammairien*. On doit faire suivre *Hamelman* & *Winckelman*.

Huitfeld, Historien exact & judicieux, est utile à ceux qui sçavent le Danois; mais ceux qui savent la Langue Latine, se peuvent fixer à *Krantzius* & à *Pontanus*, qui sont assez étendus.

L'on a imprimé en Hollande, & depuis à Paris, un Abrégé de l'Histoire de Danemarck, qui peut suffire pour ceux qui ne sont point obligés d'étudier cette Histoire dans un grand détail: on y a même ajouté dans l'Edition de Paris, un état du Royaume de Danemarck, qui n'est pas mauvais, avec une petite Chronologie jusqu'à ces derniers temps, qui est utile.

Il y a ici beaucoup d'incertitude.

M. *Mallet* a depuis donné une bonne Histoire de Danemarck, en deux volumes, in-4°. Et M. *de Lacombe*, un Abrégé Chronologique de l'Histoire de Danemarck, & de celles de Suéde, de Russie & de Pologne, 1762, in-8°. 2 vol. Ouvrage exact.

481. Swartmannus... ..... 28 a.

509. Tordo II.. 1 a.

510. Rodolphus. 17 a.

527. Arinus... 21 a.

548. Attila... 16 a.

564. Tordus.. 18 a.

La suite est page 589.

EMPIRE D'OCC.	EMPIRE D'ORIENT.
ROIS LOMBARDS, en Italie.	565. Justin II. 12 a. 11 m. 9 j.
	578. Tibere II. 3 a. 10 m. 8 j.
568. Alboin. . . . 3 a. 6 m.	582. Maurice. . 20 a. 3 m. 22 j.
573. Cleph . . . . 1 a. 6 m.	602. Phocas. . 8 a.
Interregne.	610. Heraclius. 30 a.
584. Autharis. . . . . 6 a.	641. Constantin . . . 3 m. 11 j.
591. Agilulfe . . . 24 a.	641. Heracléonas. . . 7 m.
615. Adaloald . 13 a. ⎫ en même	Tibere.
625. Ariovald. . 9 a. ⎭ tems.	642. Constans. 27 a.
636. Rotharis . . . . 16 a. 4 m.	*Maurice & Grégoire, Tyrans.*
652. Rodoald . . . . 6 m.	668. Constant. Pogonat. 17 a.
653. Aripert . . . . . 9 a.	*Mezzizius, Tyran.*
661. Pertharit, & Gondibert. 1 a.	685. Justinien II. 10 a. Tibere.
662. Grimoald. . . . . 9 a.	695. Léontius. 3 a.
671. Pertharit, rétabli . . 15 a.	697. Apsimare Tibere. . . . 7 a.
686. Cunibert le pieux. . . 12 a.	705. Justinien II. *rétabli* . . 9 a.
700. Liutpert . . . . . . 8 m.	711. Philippicus Bardanes.
701. Ragimbert, *Usurp.* . . 1 a.	713. Anastase II. 1 a. 3 m.
702. Aripert. . . . . 12 a.	714. Théodose. 1 a. 6 m. 21 j.
712. Asprand . . . . 3 m.	716. Léon Isaurique. 25 a. 2 m.
712. Luitprand. . . . 32 a. 7 m.	*Tibere, Tyran.*
736. Hildebrand, 8 ans avec Luitprand.	741. Constant. Copr. 35 a. 87 j. *Artavasdus, Nicephor. Léon.*
744. Ratchis. . . . . 5 a. 6 m.	775. Léon Porphyrog. 5. 2. 25 j.
749. Astolphe . . . . 7 a.	780. Constantin & Irene. 10 a.
756. Didier, *dernier.* . 17 a.	790. Constantin seul. 6 a. 10 m.
	797. Irene seule. 5 a. 2 m. 16 j.
La suite est page 590.	*La suite est page 590.*

PERSES.

579. Hormisdas III. 12 a.	630. Sarbazas . . . . 2 m.
590. Cosroès II . . . 38 a.	630. Borane Reine. 7 m. *& Inter.*
628. Siroès. . . . . 8 m.	630. Hormisdas IV. . 2 a.
629. Adeser. 7 m. *& Interregne.*	632. Iezdegirdès III. dernier Roi.

SARRASINS ET CALIFES.

622. Mahomet. 9 a. 8 m. 18 j.	714. Soliman. 2 a. 8 m.
632. Aboubeker. 2 a. 3 m. 9 j.	717. Omar II. 2 a. 5 m. 14 j.
634. Omar . . . 10 a. 6 m.	720. Yesid II. 4 a. 1 m.
644. Othman, près de 12 a.	724. Hescham. 19 a. 7 m. 11 j.
656. ⎧ Moavia en Egypte. 24 a.	743. Valid II. 1 a. 2 m. 22 j.
⎩ Ali en Arabie. . . 5 a.	744. Yesid III. . . . . 5 m.
661. Hasan. . . . . . 6 m.	744. Ibrahim. . . . . . . 69 j.
661. Moavia seul. 20 a.	744. Merouan. 5 a. 1 m.
680. Yesid. . . 3 a.	750. Aboul-Abbas. 4 a. 9 m.
683. Moavia II. 20, ou 45 j.	754. Abougiafar-Almansor. 22 a.
684. Merouan . . . 10 m.	775. Mahadi. . 10 a. 45 j.
684. Abdolmelik. . . 21 a. 15 j.	785. Mousa. . 1 a. 2 m. 22 j.
705. Valid . . 9 a. 8 m.	786. Haroun. . 22 a. 6 m.

La suite est page 590.

ROIS DE FRANCE. | ROIS D'ANGLET.

Second partage.
561. Caribert à Paris, près de 9 ans.
561. Gontran à Orléans, 32 ans.
561. Chilpéric I. à Soissons, 23 ans.
561. Sigébert à Metz, près de 14 ans.

} Fils de Clotaire I.

584. Clotaire II. 44 ans, fils de Chilperic I.
628. Dagobert I. 9 ans.
638. Clovis II. 18 a. 8 m. 13 j. *Lisez Annal. Fuldenses ab an. 614. ad an. 900.*
656. Clotaire III, 17 ans 8 mois. Childeric II. en Austrasie & Neustrie, près de 4 ans.
670. Thierri II. ou III, *déposé & rétabli.*
691. Clovis III. 4 a. quelq. mois.
695. Childebert II. ou III. 15 a. 3 m.
711. Dagobert II. ou III. 4 a.
715. Chilpéric II. 5 ans 6 mois.
717. Clotaire déclaré Roi, 2 ans.
721. Thierri III. ou IV. 16 ans.
737. *Interregne*, 2 ans.
742. Childéric III. 10 ans.

SECONDE RACE.

752. Pepin, 16 ans & plus.
768. Charlemagne 47 ans. Lisez *Eginhart, Annales Franc. dans Reuberus. Ott, Franzius, Boecler, Veinckens, Epistolæ Pontificum Gretzeri, Bollandus.*

V. L'an 547. Le Royaume de Northumberland, par Ida, 1er. Roi.

VI. L'an 571. Celui d'Estanglie, par Uffa, premier Roi.

VII. L'an 584. Celui de Mercie, par Crida, premier Roi.

505. Arthur élu Roi des Bretons.
542. Mort d'Arthur.
  Interregne de 9 ans.
551. Malgon élu Roi des Bretons.
585. Malgon meurt; *les Bretons se retirent au Pays de Galles.*
Les Rois de *Wessex* s'étant rendu Maîtres des six autres Royaumes, en voici la suite.

ROIS DE WESSEX, appellés ensuite ANGLOIS.

519. Cerdick . . . . . . 16 ans.
535. Chenrick 26
560. Ceolin Vaac 32
592. Ceolrick 15
597. Céoluf 14
611. Cinigisil 32
643. Cenowalck 29
672. Saxburge, Reine.
673. Census.
685. Cédowalla.
689. Ina 3
727. *Ina se fait Moine.*
727. Adelard 14
741. Cudred 13
754. Sigebert, *déposé.*
755. Cynulphe 19
784. Brithrich 16

ROIS D'ÉCOSSE.

568. Congale II. . . . . 10 ans.
572. Chinaule ou Cumatillus.
580. Aldan 26
606. Clenet.
606. Eugene III. 14
620. Ferchard I. 12
632. Donald I. 15
647. Ferchard II. . . . 17
668. Maldouin 20
688. Eugene IV. 4

692. Eugene V . . . . . 7 ans.
699. Amberchelet . . . 2
700. Eugene VI. 17
717. Mordac 13
730. Etfinius 31
761. Eugene VII. . . . 3
764. Fergus II. 3
767. Solvatius 20
737. Achaius 22
La suite est page 591.

ROIS SUÉVES.	GOTHS.	ALAINS.	VANDALES.
569. Miron 13 a.	569. Leuvigilde .... 16 a.		
582. Evoric. 2 a.	586. Recarede I. ... 15 a.		
583. Andeca, Usurpat.. 2 a.	601. Liuva II. .... 3 a.		
583. Ce Royaume est envahi par Leuvigilde.	603 Vitteric 6 a.		
	610 Gondemar. ... 2 a.		
	612. Sisebut 7 a.	*Les Alains étant détruits, on trouvera à cette troisième Colomne, page 592, les Comtes de Barcelone.*	*Les Vandales ne subsistant plus en Espagne ni en Afrique, on trouvera, page 592, dans cette Colomne, les Rois de Portugal.*
	620. Recarede II. ... 7 m.		
	621. Suintila .. .. 10 a.		
	631. Sisenand. .... 5 a.		
LÉON & ASTURIES.	636. Chintila.. . 3 a. 8 m.	**BARCELONE.**	
718. Pélage, en Asturies, 19 a.	640. Tulca... ... 2 a. 4 m.	*Sur les Comtes de Barcelone & de la Catalogne, qui doivent suivre à l'an 801, page 592. Voyez Pujades, Diago, le Père Tornich, Marca.*	
737. Favila, 2 a.	642. Chintasvinde. ... 6 a.		
739. Alfonse le Catholique.. .... 19 a.	649. Recesvinde, 23 a. 7 m.		
757. Froila... ... 11 a.	672. Wamba. .... 8 a.		
768. Aurelio .. .... 5 a.	680. Ervige 7 a.		
774. Silo..... .. 9 a. 1 m.	687. Egiza 13 a.		
783. Mauregat, Usurp.. 5 a.	700. Vittiza... .. 10 a.		
788. Bermude I. .... 5 a.	*Détrôné par Roderic en 710.*		
791. Alfonse le Chaste.. 51 a.	710. Roderic.. ..... 1 a.		
	711. *Interrègne.* * .....2 a.		

La suite est page 592.

---

* *Depuis l'an 711, les Maures Sarrasins, appellés en Espagne par le Comte Julien, s'y maintiennent jusqu'en 1492, que Ferdinand & Isabelle, leur enlevèrent Grenade, & mirent fin à leur Domination, qui dura en Espagne près de 800 ans, divisée en plusieurs Royaumes.*

EXARQUES DE RAVENNE.	DUCS DE SPOLETTE.	DUCS DE BENEVENT.	VENISE.
568. Longinus, 1er. Exarque, . 15 a.	571. Faroald.	571. Zotton.	
584. Smaragdus 6 a.			
590. Romain. . 7 a.		591. Arigis.	
597. Callinicus 4 a.	599. Ariulphe.		
602. Smaragdus, Rétabli. . . . 9 a.	602. Theodolapius.		
611. Jo. Lemigius. . . . . 4 a. 6 m.			
616. Eleuther. . 3 a.			DOGES.
619. Isaacius. 19 a.		641. Aio.	
638. Platon . . 9 a.		642. Radoald.	
647. Theodore Calliopas . . . 3 a.		647. Grimoald.	La suite des Doges ne commence que sur la fin du septiéme Siécle.
650. Olympius 3 a.	650. Atton.		
652. Theodore Cal. Rétabli, . 34 a.			
665. Gregoire 12 a.	665. Thrasimond.	667. Romoald.	
677. Theodore II. . . . . . 9 a.			
687. Jo. Platyn . . . . 15 a.		683. Grimoal II.	697. P. L. Anaseste.
702. Theophylactus. . . . 8 a.	703. Faroald II.	703. Gisulfe I.	
		703. Romoald II.	
710. Jo. Rizocope. . . . 1 a.			
711. Eutych. . 2 a.			
713. Scholasticus. . . . . 14 a.			717. M. Tegalliano.
727. Paulus. . 1 a.	724. Thrasimond II.		726 Orso Ipato.
728. Eutych. Rétabli. . . 24 a.		729. Gisulfe II.	
		731. Andlas.	
752. Fn des Exarques de Ravenne, par les Lombards.	740. Hilderic.	733. Grégoire.	737. Mestres de Cavalerie.
	741. Thrasimond, rétabli.	740. Godescalc.	
		741. Gisulfe II. Rétabli.	
	742. Asprandus.		742. Theodor. Ipato.
		747 ou 750 Liutprand.	752. Galla.
ROIS D'ITALIE.		758. Arigis II.	753. D. Monegario.
			758. M. Galbaio.
774. Charlemagne.			
		787. Grimoald III.	
781. Pepin. . 30 a.			

La suite est page 593.

588 LES HUNS OU L'HONGRIE.	DUCS DE BOHÉME.	DUCS DE POLOGNE.
561. Les *Abares* ou *Avares*, espèces de *Huns* ou *Tartares*, chassés de la Grande Tartarie d'Asie, s'établissent en Pannonie, appellée depuis *Hongrie*, d'où ils ravagent les terres des Grecs & des François. On les appelloit aussi *Turcs*. Leur Chefs se nommoient *Khacan*, ou selon nos Auteurs, *Cagan*. Theudon, l'un de ces Chefs. 799. *Charlemagne les détruit entièrement.*	598. Mnatha... 53 a. 651. Vogen... 38 a. 689. Wnislas.. 26 a. 715. Cizezomislas........ 42 a. 757. Neklam.. 51 a.	Vers 550. Leck I. 700. Grack ou Cracus. ... Leck II. 540. Venda, Reine. XII. Palatins gouvernent. 760. Prémislas, ou Lesko I. Interrègne.

La suite est page 594.

SUÉDE.

582. Algotus II. 24 a.

606. Godstagus. 26 a.

630. Arthus ... 19 a.

649. Hacon II. . 21 a.

670. Charles IV. 6 a.

676. Charles V. . 9 a.

685. Birger. ... 15 a.

700. Eric. .... 17 a.

717. Tordo III. 47 a.

764. Biornus III.

Alaric.

NORWÉGE.

L'Histoire de Norwége se peut lire d'abord dans *Jonas*, *Ramus* & *Starlaus* : continuez par la belle Histoire de *Torfæus*, in-fol. 4 vol. à laquelle il faut joindre les Historiens d'Islande, qui sont *Blefkenius*, *Thorlocius*, *Arngrimus Jonas*. Ceux du Groenland ont *Lyscander*, & *Torfæus*, qui a publié aussi une excellente Histoire des Isles Orcades, qui ont appartenu pendant un temps aux Norwégiens & aux Danois.

ROIS DE DANEMARCK.

714. Gormo ... 50 a.

764. Sigefridus. . 1 a.

765. Getticus . . 44 a.

La suite est page 595.

EMPIRE D'OCC.	EMPIRE D'ORIENT.
800. Charlemagne. 13 a. 1 mois. Eginhart, Annales Fuldenses, Rhegino, Bollandus.	802. Nicephore & Staurace... .... 8 a. 11 m. 2 j. en tout.
814. Louis le Débonnaire. 26 a. 5 mois. Schurtzfleisch, & l'histoire d'Occident par M. Cousin.	811. Michel Curopal. 1 a. 9 m. 9 813. Léon l'Arménien. ... 7 a. Constantin fils de Léon. 820. Michel le Begue. 8 a. 9 m. 9. 829. Théophile. 12 a. 3 m.
840. Lothaire. 15 a. 3 m. } Pagi ad 855. Louis II. 20 a. } an. 843. 875. Charles le Chauve. 2 a. 7 m. 877. Vacance. 881. Charles le Gros. 8 a. déposé. 888. Arnoul. 11 a. 891. Gui & Lambert, Usurpateurs. 899. Louis IV. 12 a. Rhegino. 916. Berenger, Roi d'Italie, Usurpateur. 912. Conrad I. 7 a. Otto Frising; Gottofred. Viterb. Conradus Ursperg. Hermannus. 918. Henri l'Oiseleur. 18 a. Wittekindus. Conrad. Ursperg. 936. Othon le Grand. 37 a. Hrosvita, Wittekind; Ditmar; Conrad Liechtenau; Otto Frisingensis. 973. Othon II. 10 a. 6 m. 983. Othon III. 18 a. Cisneros. 1002. Henri II. 22 a. Aventinus. 1024. Conrad. II. 15 a. Wippo; Guillimann. Otto Frisingensis. 1039. Henri III. 17 a. Hermann. Contractus; Lamb. Schaff. 1056. Henri IV. 50 a. Goldastus, &c.	842. Michel III. 25 a. 7 m. 24 j. 867. Basile Macédon. 18 a. 3. 7. Constantin fils de Basile. 886. Léon Philosop. 25 a. 2 m. Alexandre. 911. Constantin. 4 a. 1 m. 915. Constantin avec Romain. Christophe. Etienne & Constantin Augustes. 945. Constantin seul. 14 a. 959. Romain II. 3 a. 4 m. 5 j. 963. Nicephore Phocas. 6. 6. 1. 969. Jean Zimiscès. 6 a. 6 m. 975. Basile & Constantin. ... ... 52 a. 11 m. 5 j. Zoé. 1028. Romain Argyr. 5 a. 4. m. 1034. Michel IV. 7 a. 8 m. 1041. Michel Calaph. 4 m. 5 j. 1042. Constantin Monomaque. ... ... 12 a. 5 m. 19 j. 1054. Theodora. .. 19 m. 1056. Michel VI. ... 11 m. 18 j. 1057. Isaac Comnen. 2 a. 3 m. 1059. Constantin Ducas. 7 a. 6 m. 1067. Michel Andronic. 6 m. 1068. Romain Diogen. 3 a. 8 m. 1071. Michel Ducas. 6 a. 6 m. Constantin Ducas. 1078. Niceph. Boton. 3 a. 6 m.

CALIFES DES SARRASINS.

809. Amin .. 5 a.	908. Mostader. 24 a. 11 m. 14 j.
813. Mamoun. 20 a. 5 m. 13 j.	932. Caher ... 1 a. 6 m. 7 j.
833. Motasem. 8 a. 8 m. 8 j.	934. Radhi ... 6 a. 10 m. 10 j.
842. Wateq-billa. 5 a. 9 m. 6 j.	940. Mottaki. . 4 a. 11 m.
847. Motawakkel. 14 a. 275 j.	944. Mostacfi. . 1 a. 4 m. 2 j.
861. Mostanser. ... 6 m.	946. Mothii. . 29 a. 4 m. 12 j.
862. Mostaïn. . 2 a. 9 m.	974. Taii ... 17 a. 9 m. 6 j.
866. Motaz .. 4 a. 6 m.	991. Cader ... 41 a. quelq. m.
869. Mothadi. ... 11 m.	1031. Caïm. .. 44 a. 7 m. 28 j.
870. Motamed. 23 a. 3 j.	1075. Moctadi.. 19 a. quelques mois.
892. Motadhed. 9 a. 9 m. 4 j.	
902. Moktafi. . 6 a. 6 m. 20 j.	*La suite est page 596.*

FRANCE. | ANGLETERRE.

814. Louis le Débonn. 26 a. 5 m.	800. Ecbert . . . . 37 ans.
Thegan, Flodoard, Nithard.	837. Ethelvolf. 18
840. Charles le Chauve. 37 a. 3 m.	857. Ethelbald. 6
877. Louis le Begue. 1 a. 6 m. 3 j.	860. Ethelbert. 6
879. { Louis . . 3 a. 3 m. 25 j.	866. Ethelred 6
{ Carloman, près de 6 a.	872. Alfred, le Grand. . 29
884. Charles le Gros. 3 a.	900. Edouard l'Ancien. . 24
888. Eudes, élu. 9 a. 6 m. 21 j.	924. Adelstan 15
896. Charles le Simple. 36 a.	940. Edmond I. 4
Meurt le 7 Octobre 929.	946. Edred 9
922. Robert usurpe. 11 m. 15 j.	955. Edvy. 4
923. Raoul usurpe. 12 a. 6 m. 3 j.	959. Edgard. 16
936. Louis d'Outremer.	975. Edouard II. Martyr. 4
. . . . 18 a. 3 m. 26 j.	978. Ethelred II. 38
954. Lothaire. . 31 a. 4 m. 18 j.	1014. Suénon *Roi de Dan.* Us.
986. Louis V. . 1 a. 3 m. 20 j.	1015. Ethelred *rétabli.*, & Canut *Usurpateur.*
	1016. Edmond II. 7 mois.
	1017. Canut *Roi de Danemarck* . . . . 22 ans.
TROISIÉME RACE.	1036. *Harald Danois.* . 4
Lisez ici *Vignier, le Duc d'Epernon, & le Marquis de Saint Aubin.*	1040. Hardi-Canut, *Dan.* 2
	1042. S. Edouard III. . 25
	1066. Harald. II. *Us.* . . 9 m.
987. Hugues Capet. 10 a. 4 m.	1066. Guillaume D. de Norm.
996. Robert . . . . 33 a. 9 m. 4 j.	21 a. *Voy. Eadmer, Mathieu-Paris.*
1031. Henri I. 29 a. . . . 15 j.	
1060. Philippe I. 49 a. 2 m. 6 j.	1087. Guillaume II. 13 ans.
La suite est page 597.	*La suite est page* 597.

ÉCOSSE.

809. Congal III. . 5 ans.	973. Cullenus . . . 5 ans.
814. Dongal II. . . 6	978. Kenet III. . . 17
820. Alpin 3	994. Constantin IV. 2
823. Kenet II. . . 31	995. Crimus. . . . 8
854. Donald V. . . 4	1003. Malcome II. 30
858. Constantin II. 16	1033. Duncan. . . 7
874. Ethus I.	1040. Machabée, *Tyran.* 17 a.
875. Grégoire. . . 18	1057. Malcome III. 36
893. Donald VI. . 11	1093. Donald VII. . . . . 3 m.
904. Constantin III. 39	1094. Duncan II. . 1 6 m.
943. Malcome I. . 15	1095. Donald *rétabli.* 3 a.
958. Indulphe. . . 10	1098. Edgar. . . . 9
968. Duphus. . . . 5	

La suite est page 597.

NAVARRE.	LÉON ET ASTURIES.	COMTES DE BARCELONE.	PORTUGAL.
Sur la Navarre, Moret, Pierre Olhagaray, Marca, Pagi.	842. Ramire I. .... 7 a.	801. Béra. 18 a.	Sur le Portugal, voyez Resendius, Vasconcellos, le Brito, *in-fol.* 7 vol. Lequien de la Neuville, *in-4°.* 2 vol.
831. Aznar, Comte... 5 a.	850. Ordogno I. ... 16 a.	820. Bernard. .... 23.	
	866. Alfonse III. ou le Grand.. 44 a.	843. Alderan. .... 15 a.	
836. Sanche, Comte.. 17 a.	910. Garcias.. ... 3 a.	858. Guifroid I. .... 14 a.	
853. Garcias, Comte.. 4 a.	913. Ordogno II.. 9 a. 6 m.	872. Salomon. .... 8 a.	
857. Garcias Ximenès, premier Roi,23 a.	923. Froila II. .... 13 m.	880. Guifroid II.. 31 a.	Voyez aussi l'Histoire de Portugal par M. de la Clede, *in-4°.* 2 vol.
	924. Alfonse IV.. 3 a. 7 m.	911. Miron 17 a.	
880. Fortunio.. .... 25 a.	927. Ramire II. .... 13 a.	928. Singefroid. .... 39 a.	
905. Sanche I. .... 20 a.	950. Ordogno III... 5 a.	967. Borellus. .... 26 a.	
	955. Ordonio, *Usurpateur.*	993. Raymond. .... 24 a.	
926. Garcias I. .... 45 a.	955. Sanche le Gros... 12 a.	1017. Bérenger II.. 18 a.	
	967. Ramire III. .... 15 a.	1035. Raymond II.. 41 a.	
970. Sanche II. .... 28 a.	982. Bermude II.. 17 a.	1067. Raymond III... 6 a.	
994. Garcias II. .... 6 a.	999. Alfonse V. .... 28 a.	1081. Raymond Bérenger IV. .... 49 a.	
1000. Sanche III. ou le Grand.. 37 a.	1027. Bermude III... 10 a.	1131. Raymond Bérenger V. 31 ans, meurt en 1162.	
1035. Garcias III... 19 a.	CASTILLE.	ROIS D'ARAGON.	Les Rois de Portugal viennent d'un Prince François de la Maison des anciens Ducs de Bourgogne.
	1037. Ferdinand .... 28 a.		
1054. Sanche IV... 22 a.	1065. Alfonse VI.. 37 a.	1035. Ramire. .... 35 a.	
1076. Sanche V. fils de Ramire, déjà Roi d'Aragon... 18 a.	1065. Sanche II. .... 6 a.	1070. Sanche I. .... 24 a.	
	1072. Alfonse VI. *proclamé de rechef.*		

La suite est page 598.

ROIS D'ITALIE.	SAVOYE.	BENEVENT.	VENISE.
813. Bernard.... .... 4 a. 5 m.		806. Grimoald IV.	804. Ob. Antenorio.
818. Louis le Déb. Emp.. 26 a. 5 m.		827. Sico.	809. A. Participatio.
Lothaire & les 2 Emper. suivans.	Sur la Savoye, voyez le *Théâtre d-Savoye*, qui est très-bien exécuté; *Agostino della Chiesa*, *Paradin*, *Pingonius*, *Tesauro* & *Guichenon*; *Saint-Marc.*	832. Sicard.	827. J. Participatio.
Louis II.		840. Radelgise I.	829. J. Participatio.
Charles le Chauve.		851. Radelgaire.	836. P. Gradenigo.
879. Charles le Gros.. 8 a. 7 m.		853. Adelgise.	864. O. Participatio.
888. Gui, Duc de Spolette... 6 a.		878. Gaiderise.	881. J. Participatio.
888. Bérenger, 35 a. en même temps.		881. Radelgise II. chassé.	887. Pierre, *Tribun.*
894. Lambert.. 5 a.		884. Aio II.	909. Ors. Badoaro.
900. Louis Emp. 3 a.		890. Ursus.	932. Pierre Candien.
902. Bérenger seul.		894. Gui.	939. P. Badoaro.
922. Raoul, Roi de Bourgogne, 8 a. en troubles.		896. Radelgise, rétabli.	941. P. Candien II.
924. *Bérenger tué.*		900. Aténulfe I.	952. P. Candien III.
924. *Interrégne 3 a.*		910. Landulfe & Aténulfe II.	976. P. Orseolo.
926. Hugues, Comte d'Arles... 20 a.		943. Landulfe II.	978. Vital Candien.
945. Lothaire. 5 a. seul.	COMTES	961. Pandulfe I. & Landulfe III.	979. *Tribun Mémo.*
950. Bérenger & Adalberr, env. 2 a.	*de Maurienne*	981. Landulfe IV.	991. P. Orseolo II.
951. Othon I. Empereur.	& *Savoye*.	981. Pandulfe II.	1000. Ot. Orseolo.
973. Othon II. Empereur.	1014. Bérold, (que l'on dit de l'ancienne Maison de Saxe,) vivoit.	1014. Landulfe V.	1024. P. Barbolan.
983. Othon III. Empereur.		1033. Pandulfe III.	1034. D. Orseolo.
1002. Hardouin... ...... 14 a.		1053. Léon IX. Pape, à qui l'Emp. Henri II. avoit donné ce Duché.	1014. D. Fabianico.
1002. Henri, Emp. en même temps.			
1024. Conrad, Empereur.. 15 a.	Humbert.	1054. Pandulfe & Landulfe, rétablis.	
1039. Henri II. Empereur.. 17 a.	1048. Amédée I.	1077. *Fin des Princes Lombards.*	1044. D. Contarini.
1056. Henri, Empereur.... 50 a.			1060. D. Silvio.
1093. *Conrad, Tyr.*	1072. Humbert II.		

La suite est page 599.

II. Partie.   Pp

LES HUNS OU LA HONGRIE.	DUCS DE BOHÉME.	DUCS DE POLOGNE.
889. *Une troisième espèce de* Huns, *appellés* Madgiares *&* Hongrois, *vient s'établir dans la Pannonie, qui a été depuis nommée* Hongrie.	809. Hoſtivit ou Milchoſt.	804. Lesko II. . 6 a.
	891. Borzivoi, ſe fait Chrétien l'an 894.	810. Lesko III. . 5 a.
		815. Popiel I. . 15 a.
	Stugmir, Uſurpateur. . . . . 10 mois.	830. Popiel II.
Arpad, leur premier Chef.		*Interrégne.*
	902. Spitigne I. . 6 a.	842. Piaſte. . . 19 a.
Zoltan.	907. Vratiſlas I. . 9 a.	861. Ziemovite. 31 a.
920. Toxum, père de Geiſa.	916. Venceſlas. 20 a.	892. Lesko IV. . 21 a.
	938. Boleſlas I. 30 a.	913. Ziémomiſlas. . . . . 51 a.
Geiſa, premier Prince Chrétien.	967. Boleſlas II. 32 a.	
997. S. Etienne. 41 a. *Premier Roi.*	999. Boleſlas III. 5 a.	964. Miezko ou Miéciſlas, *ſe fait Chrétien.* . . . . 35 a.
	1002. Jaromir. . 9 a.	
1038. Pierre. . . 3 a.	1012. Udalric. . 25 a.	*Ont le titre de Rois.*
Interrégne.	1037. Brétiſlas. 18 a.	
1041. Otton. . . 3 a.	1055. Spitigne II. 5 a.	999. Boleſlas. . 25 a. *reçoit le titre de Roi, l'an* 1000.
1044. Pierre, *rétabli.* . . . . 3 a.	1061. Vratiſlas II. *eſt créé Roi en* 1086. . . . . . . 36 a.	
1047. André I. . 14 a.		1025. Miéciſlas. . 9 a.
1061. Bela I. . . 2 a.		*Interrégne.* . . 6 a.
1063. Salomon. 11 a.		1041. Caſimir. . 17 a.
1074. Geiſa I. . . 3 a.		
1077. S. Ladiſlas. 18 a.		1058. Boleſlas II. ſe *tue l'an* 1079. 23 a.

La ſuite eſt page 600.

SUÉDE.	DANEMARCK.	NORWÉGE.
813. Biorne IV. 11 a.	809. Olaus III. *ſ*. 1 a.	
	810. Hemmingus. 2 a.	
824. Bratemunder. 3 a.	812. Siwar-} 5 a. en-	
827. Siwaſt... 15 a.	dus, Ringo.} tr'eux.	
842. Heroth... 14 a.	817. Harald} 26 a. en-	
	V. Klack.} tr'eux.	
856. Charles VI. 27 a.	843. Siwarde III. 3 a.	
883. Ingelde I... 8 a.	846. Eric I.... 1 a.	
891. Olaus I.... 9 a.	847. Eric II... 16 a.	
	863. Canut I... 10 a.	
900. Ingelde II.. 7 a.	873. Frotho... 16 a.	
907. Eric VI... 18 a.	889. Gormo II.. 8 a.	
926. Eric VII.. 14 a.	897. Harald VI. 22 a.	998. Suénon... 13 a.
940. Eric VIII.. 40 a.	919. Gormo III. 11 a.	
	930. Harald VII. 50 a.	
980. Olaus II... 38 a.	980. Suénon... 34 a.	
	& Harald.	1011. Olaus I.. 20 a.
1018. Amund II. 9 a.	1015. Canut II. *dit le*	
1037. Amund III.	Grand.... 21 a.	1031. Suénon... 8 a.
1037. Hakon II. 17 a.	1036. Canut III. 12 a.	1039. Magnus.. 16 a.
	1042. Magnus... 6 a.	
1054. Stenchil... 5 a.	1048. Suénon II. 26 a.	1055. Harald.. 15 a.
1059. Ingelde III. *ſe*	1074. Harald IX. 6 a.	
fait Chrétien. . 5 a.	1080. S. Canut.. 6 a.	1070. Magnus II...
1064. Helſten.. 16 a.	1086. Olaus IV. 9 a.	.... 40 a.
1080. Philippe. 30 a.	1095. Eric III.. 11 a.	

RUSSIE.

Les noms & la ſuite de ſes Princes ne ſe trouvent exactement que dans les Monumens de la Nation, que l'on a commencé à publier il y a peu d'années, en Allemand, à Peterſbourg 1732. & années ſuivantes.
861. Rurike ...... 17 ans.
878. Igore ...... 67 ans.
945. Svetoſlave, *d'abord ſous la régence de ſa mere Olgha, qui ſe fit baptiſer à C. P.* . 27 ans.
972. Iaropolke. ..... 8 ans.
980. Vladimire, *premier Prince Chrét. & Apôtre de ſa Nation.*
1015. Iaroſlave, *Grand Duc, ſes freres ayant eû des apanages.*
1054. Isjiaſlave. ..... 24 ans.
1078. Vſevolode .... 15 ans.
1093. Sviatopolke ... 21 ans.
Kiove fut la Capitale de Ruſſie depuis Igore.

La ſuite eſt page 601.

EMPIRE D'OCC.

1106. Henri V. 19 a. *Aventin.*
1125. Lothaire II. 12 a.
1138. Conrad III. 14 a.
1152. Frideric I. *dit Barbe-rouſſe.* 38 a. *Radevicus.*
1190. Henri VI. 8 a.
1197. Philippe. 11 a.
1208. Othon IV. 4 a. *Meibomius.*
1212. Frideric II. 38 a. *Petrus de Vineis ; Matth. Paris, &c.*
1250. Conrad IV. 4 a.
1250. Guillaume. 6 a.

Troubles & Interrègne.

1273. Rodolfe d'Habſbourg. 18 a. *Cuſpinianus & Ger. de Roo.*
1292. Adolfe de Naſſau. 6 a.
1298. Albert I. d'Autriche. 10 a.

Interrègne.

1309. Henri VII. 4 a. 8 m. *Albert. Muſſatus.*

Interrègne de 14 mois.

1314. Frideric : *n'eſt pas compté.*
1314. Louis V. 33 a. *Burgundus.*
1347. Charles IV. 27 a. 5 m.
1349. Gonthier de Schwartſbourg.
1378. Venceſlas. 22 a. *dépoſé.*
1400. Robert Palatin. 10 a.
1410. Sigiſmond de Luxem. 27 a.
1438. Albert II. d'Autriche. 21 m.

EMPIRE D'ORIENT.

1081. Alexis Comnene. 36. 4 m.
1118. Jean Comn. 24. a. 8 m.
1143. Manuel Comn. 36. 5. 23.
1180. Alexis Comnene . . 3 a.
1183. Andronic Comnene . . .
. . . . 1 a. 11 m. 12 j.
1185. Iſaac Ange . . 9 a. 8. m.
1195. Alexis Ange . . 8 a. 3 m.
1203. Iſaac Ange *rappellé* 2 m.
1204. Alexis Murtzufle. 11. m.

Emp. François.	Emp. à Nicée.
1204. Baudouin . . 1 a. 4 m.	1204. Theodore Laſcaris. 18 a.
1206. Henri . . . 10 a. 9 m.	*Theodore Ange.*
1216. Pierre . . 4 a. 6 m.	1222. Jean Ducas. . . 33 a.
1220. Robert . . . . . . 8 a.	
1228. Baudouin II. . . 30 a.	1255. Theodore Laſcaris.

1259. Jean Laſcaris . . . 4 mois.
1260. Michel Paleologue. . 24 a.
1283. Andronic I. Paleol. . 46 a.
1328. Andronic II. Pal. 21 a.
1341. *Jean Cantacuzene, Uſurpateur ſous Jean Paleolog. .*
. . . . 14 a.
1341. Jean Paleolog. . . . 50 a.
Matthieu Cantacuzene.
Andronic Paléologue.
1391. Manuel II. Paleol. 44 a.

SARRASINS.

1094. Moſtadher. 24 a. 3 mois.
1118. Moſtarſched. 17 a. 7 mois.
1135. Raſched. 11 m. 18 j.
1136. Moctafi. 14. a. 2 mois.
1160. Moſtandged. 11. a. 6 j.
1170. Moſthadi. 9 a.
1180. Naſer. 46 a. 11 mois.
Genghiſcan vient en Perſe.
1225. Dhaher. 9 mois.
1226. Moſtanſer. 18 a.
1242. Moſtaaſem, *dernier Calife.* 16 ans.

OTTOMANS.

1299. Othman. 27 ans.
1326. Orchan. 33 ans.
1360. Amurath. 30 ans.
1389. Bajazet. 14 ans.
1401. *Eſt pris par Tamerlan.*
1402. Soliman. 8 ans.
1410. Mouſa 3 ans.
1413. Mahomet. 8 ans.
1421. Amurath II. 30 a. 5 m.
1451. Mahomet II. 31 ans.

La ſuite eſt page 602.

ROIS DE FRANCE. | ROIS D'ANGLET. 597

1108. Louis VI. *le Gros*. . . 29 a.	1100. Henri I. . . . . 35 a.
1137. Louis VII. *le jeune* . . . . 43 a. 1 m. 17 j.	1135. Etienne. . . . . 19 a.
1180. Philippe Auguste, ou *Dieudonné*. . . . 42. a. 9 m. 26 j. *Histoire par Bodot de Juilly.*	1154. Henri II. . . . . . . 35 a.
1223. Louis VIII. 3 a. 3 m. 24 j.	1189. Richard, Cœur de Lion. . . . . 10 a.
1226. S. Louis IX. 43 a. 9 m. 16 j. *Hist. par Joinville & la Chaize.*	
1270. Philippe III. ou le Hardi. . . . . 15 a. 1. m. 10 j.	1199. Jean, Sans-Terre. . 17 a.
1285. Philippe IV. ou le Bel . . . . 29 a. 1 m. 23 j. *Différend avec Boniface VIII. de Dupuy ou Baillet.*	1216. Henri III. . . 56 a. *Voyez Matthieu de Westmunster.*
	1272. Edouard I . . . . . 35 a.
1314. Louis X. *Hutin*. 1 a. 6 m. 6. j.	
1316. *Interrégne*. . . . 5 m. 10. Jean I. . . . . 8 j.	1307. Edouard II. . 20 a. *Voyez Thomas Valsingham.*
1316. Philippe V. *le Long* . . . . 5 a. 1 m. 14 j.	1327. Edouard III. 50 a. *Voyez Josué Barnes.*
1322. Charles IV. *le Bel*. 6 a. 30 j.	
1328. Philippe VI. ou de Valois. 22 a. 5 m. 21 j. *Froissart.*	1377. Richard II. . . . . 23 a.
1350. Jean II. 13 a. 7 m. 17 j.	
1364. Charles V. ou le Sage. 16 a. 5 m. 8 j. *Son Hist. par Choisy.*	1399. Henri IV. . . . . . 13 a.
1380. Charles VI. Bien-aimé . . . . 42 a. 1 m. 6 j. *Hist. par Juvenel des Ursins, autre par le Laboureur.*	1413. Henri V. . . . . . 19 a.
1422. Charles VII. Victorieux. 38 a. 9 m. *Monstrelet, Alain Chartier, Bodot de Juilly.*	1422. Henri VI. 39 a. *Voyez depuis 1377 jusqu'en 1509 le Biondi dans son Histoire des Guerres Civiles & Resemon.*
La suite est page 603.	*La suite est page 603.*

ÉCOSSE.

1107. Alexandre 17 ans.	1292. Jean Bailleul. 14 ans.
1124. David. 29 ans.	1306. Robert I. de Brus. 23 ans.
1153. Malcolm. IV. 12 ans.	1329. David II. } 42 ans.
1165. Guillaume I. 49 ans.	Edouard. }
1214. Alexandre II. 35 ans.	1371. Robert II. *Stuart*. 19 ans.
1249. Alexandre III. 36 ans.	1390. Robert III. 33 ans.
1285. *Interrégne*. 7 ans.	1424. Jacques I. 13 ans.

La suite est page 603.

NAVARRE.	CASTILLE.	ARAGON.	ROIS DE PORTUGAL.
1094. Pierre, R. d'Aragon. 10 a.	1109. Urraca & Alfonse VII. . . . . 17 ans.	1094. Pierre. . . . . 10 a.	1089. Henri, Comte de Portugal. . . 17 a.
1104. Alfonse d'Aragon. . 30	1126. Alfonse VIII. . . 30 a.	1104. Alfonse I. . . . . . 30 a.	1112. Alfonse . . . . . . 46 a.
1134. Garcias IV. . . 16 ans.	1157. Sanche III. . . . 1 a.	1134. Ramire II. . . . 3 a.	Roi en 1139, comme ses successeurs.
1150. Sanche VI. 43 a. 7 m. 6 jours.	1158. Ferdinand II. Roi de Léon, comme Régent.	1137. Petronilla & Raymond Bérenger. 11 a.	
1194. Sanche VII. . . 40 a.		1162. Raymond surnommé Alfonse II. 34 a.	1185. Sanche I. . . . . 26 a.
1234. Thibaut I. Comte de Champagne.	1158. Alfonse IX. . . 55 a.	1196. Pierre II. . . . . 17 a.	1211. Alfonse II. . . 21 a.
1253. Thibaut II. . . . 7 a.	1214. Henri I. . . . . . 2 a.	1213. Jayme ou Jacques, le Victorieux, aussi Roi de Valence, de Murcie, &c.	1233. Sanche II. . . . . 13 a.
1271. Henri. 4 a.			1246. Alfonse III. . . 34 a.
1274. Jeanne I. & Philippe le Bel, Roi de France. . 30 a.	1217. Ferdinand III. . . 35 a. Sous lui Léon est réuni à la Castille.		1279. Denys. . . . . . 46 a.
1305. Louis Hutin, Roi de France. . 11 a.	1252. Alfonse X. ou le Sage. . . . 32 a.	1276. Pierre III. 9 ans. Déposé.	1325. Alfonse IV. . . 32 a.
Interrègne.		1285. Alfonse III. . . 6 a.	Voyez Ruy de Pinna.
1316. Jean. 8 j.	1284. Sanche IV. . . 11 a.	1291. Jacques II. . . 36 a.	
1316 Philippe le Long, Roi de France. . . 7 a.	1295. Ferdinand IV. . . 16 a.	1327. Alfonse IV. . . 9 a.	1357. Pierre le Cruel. . 9 ans 10 mois.
1322. Charles le Bel, Roi de France. . . 6 a.	1312. Alfonse XI. 40 a. Voyez Jean Nunnez.	1336. Pierre IV. . . . . 51 a.	1367. Ferdinand 15 ans 9 mois.
1328. Jeanne & Philippe d'Evreux. . . 15 a.	1350. Pierre le Cruel. 19 a.	1387. Jean I. . . . . 8 a.	1383. Interrègne . . . 18 mois.
1349. Charles le Mauvais. 38 a.	1368. Henri II. . . . . 10 a.	1395. Martin. . . . . . 15 a.	1385. Jean I. . . . . 48 a.
1387. Charles III. . . 38 a.	1379. Jean I. . . . . 11 a.	Interrègne. 2 a.	Voyez Menezès & Lopès.
1425. Jean, fils de Ferdinand, Roi d'Aragon, ... 54 a.	1390. Henri III. . . . 16 a.	1412. Ferdinand . . . . 4 a.	
	1406. Jean II. . . . 47 a.	1416. Alfonse V. . . 42 a.	1433. Edouard. . . . . . 5 a.

La suite est page 604.

ROIS D'ITALIE.	COMTES DE SAVOYE.	ROIS DE NAPLES & SICILE.
1106. Henri Emp. 18 a. 9 mois Et les autres Emp. jusqu'en 1190, & Henri VI. qui est le dernier.		

DUCS DE LORRAINE.	ROIS DE JERUSALEM.		
958. Frederic.	1099. Godefroy de Bouillon. 1.	1108. Amédée II ou III. 40 a.	1101. Roger.
984. Thierry.		1148. Humbert III... 39 a.	1154. Guillaume I... 12 a.
Frederic II.	1100. Baudouin.		1166. Guillaume II.. 23 a.
1034. Gothelon.	1118. Baudouin.	1188. Thomas	1189. Tancrede.
1045. Albert.	1131. Foulques.	..... 45 a.	1194. Guillaume III.
	1141. Baudouin.	1233. Amédée IV.... 20 a.	
Héréditaires.	1163. Almeric.		1194 Constance & Henri. .. 3 a.
	1173. Baudouin.		
1048. Gerard d'Alsace. 22 a.	1185. Baudouin.	1253. Bonifac. .... 10 a.	1197. Frederic.
	1185. Gui. 10 a.		1250. Conrad.
1070. Thierry.	1194. Almeric.	1263. Pierre. 5 a.	1254. Conradin.
	1210. Jean de Brienne. 12 a.	1268. Philippe.	1258. Mainfroi.
1115. Simon. 23.			1266. Charles d'Anjou. 20 a.
1138. Matthieu I... 38 a.		1285. Amédée V.... 38 a.	
	R. DE CYPRE.		*Pierre, Roi d'Aragon, s'empare de Sicile.*
1176. Simon II.	1191. Gui. 3 a.	1323. Edouard.	
1194. Almeric.	1329. Aimon.	1285. Charles II. 25 a. 4 m.
1207. Ferri.	1205. Hugues.	..... 14 a.	
1213. Thibaut.	1218. Henri.	1343. Amédée VI... 40 a.	1309. Robert.. ..... 34 a.
1220. Mathieu.	1254. Hugues II.		
1250. Ferri II.	1264. Hug. III.		1343. Jeanne I. ..... 39 a.
1303. Thibaut.	1281. Jean. 2 a.		
1312. Ferri. 16.	1283. Henri. 33.	1383. Amédée VII.... 8 a.	1382. Charles III.... 4 a.
1328. Rodolfe. ..... 18 a.	1316. Hugues IV... 37 a.	*DUCS.*	1386. Ladislas. ..... 28 a.
1346. Jean I. 45.	1353. Pierre. 18.	1391. Amédée VIII... 60 a.	
	1371. Petrin. 12.		
1391. Charles I. ..... 39 a.	1383. Jacqu. 29.		1414. Jeanne II. ..... 28 a.
	1412. Janus. 28.	1451. Louis. 25.	

DOGES DE VENISE.

1083. Vital Falier.	1248. M. Morosini.	1354. M. Farlier.
1096. V. Michiele.	1252. Regn. Zeno.	1355. J. Gradenigo.
1101. Or. Falier.	1268. Lau. Tiepolo.	1356. J. Delfin.
1120. D. Michiele.	1275. J. Contarini.	1361. Laur. Celsi.
1131. P. Polani.	1280. J. Dandolo.	1365. M. Cornaro.
1148. D. Morosini.		1368. A. Contarini.
1156. V. Michiele II.	*On bat les Ducats.*	1383. M. Morosini.
1173. Seb. Ziani.	1290. P. Gradenigo.	1384. A. Venier.
1178. Or. Malipier, ou Mastropietro.	1302. M. Georgio.	1400. M. Stenon.
	1313. J. Soranzo.	1413. T. Mocenigo.
1192. H. Dandolo.	1329. F. Dandolo.	1423. F. Foscarini.
1205. Pierre Ziani.	1339. B. Gradenigo.	1457. P. Malipiero.
1228. Jacq. Tiepolo.	1342. A. Dandolo.	*La suite est page 605.*

HONGRIE.	BOHÊME.	POLOGNE.
1095. Colomannus. . . . . . . 19 ans.	1092. Conrad I. *Duc.* . . . . . 7 m. 17 j.	*Ont titre de Prince.*
	1093. Brétiflas II. 5 a.	1082. Uladiflas. 20 a.
	1100. Borzivoi II. 7 a.	1102. Bolefias III. . . . . 37 a.
1114. Etienne II. . . . . 17 a.	1107. Suatopluc. 2 a.	1140. Uladiflas II. 6a.
	1109 Borzivoi *de rechef*. . . . . 15 a.	1147. Bolefias IV. . . . . 26 a.
1131. Béla II. . 10 a.	1125. Vladiflas III. 1 a.	1174. Miécifias. 4 a. *Dépofé.*
	1125. Sobiefias I. 15 a.	
1141. Geifa II. . 20 a.	1140. Vladiflas IV. . . . . 34 a.	1178. Cafimir II. 16a.
		1194. Lesko V. . . 6 a.
1161. Etienne III. . . . . 13 a.	1174. Sobiefias II. 5 a.	1200. Miécifias, *rétabli.*
	1178. Frederic. 12 a.	
	1190. Conrad II. 1 a.	Lesko, *rétabli.*
	1191. Vencefias II. . . . . . . 3 mois.	1202. Uladiflas III. . . . . 3 a.
1174. Bela III. . 21 a.	1191. *Interrégne.*	Lesko 3°. . . 21 a.
1196. Emeric. . . 7 a.	1193. Henri Brétifias, Evêq. de Prague. 3 a.	1227. Bolefias V. . . . . 52 a.
1204. Ladiflas II. 1 a.	1196. Vladifias. 15 m.	1279. Lesko VI. 10 a.
		1289. Bolefias, Henri, Vladiflas, *ont titre de Gouverneur.*
1204. André II. 34 a.	*ROIS.*	
1235. Bela IV. . 35 a.	1197. Prémifias ou Ottocar I. . . 32 a.	*ROIS.*
1270. Etienne IV. 2 a.	1230. Vencefias. 24 a.	1295. Premifias. 8 m.
		1296. Uladiflas IV. 4 ans, *eft chaffé.*
1272. Ladifias III. . . . . 12 a.	1253. Premifias ou Ottocar II. . . 25 a.	1300. Vencefias, *de Bohême*, III. . 5 a.
1290. André III. 11 a.	1278. Vencefias IV. . . . . . . 21 a.	1305. Uladifias, *de rechef.* . . . 28 a.
1301. Vencefias. 4 a. *f. de Venc. II. de Boh.*	1305. Vencefias V. 1 a.	1333. Cafimir III. . . . . 37 a. *Fin des Piaftes.*
1305. Othon de Bavière. . . . . 6 a.	1306. Henri de Carinthie. . . . . 4 a.	1370. Louis, *Roi de Hongrie.* . 12 a. *Depuis ce temps la République paroît davantage: voyez ci-devant, page 550.*
1310. Charles Robert. . . . . . . 33 a.	1310. Jean de Luxembourg. . . 36 a.	
	1346. Charles IV Empereur. . . 32 a.	1383. *Interrégne.* 3 a.
1342. Louis I. . 40 a.		1386. Uladifias Jagellon, Duc de Lithuanie. . . . 48 a.
1382. Marie feule. 4 a.	1376. Vencefias. 53 a.	
1386. Marie & Sigifmond, Emp. 15 a.	1419. Sigifmond. 16 a.	1434. Uladifias VI. . . . . 10 a.

La fuite eft page 606.

SUÉDE. |DANEMARCK.| NORWÉGE. 601

SUÉDE	DANEMARCK	NORWÉGE
1110. Ingelde IV.	1106. Nicolas. . 28 a.	1110. Magnus III.
. . . . . . 19 ans.	1135. Eric IV. . . 4 a.	. . . . 28 a.
1129. Ragualde.	1139. Eric V. . . 10 a.	1138. Harald II. 10 a.
1129. Magnus.	1149. Suenon III. 11.	1148. Magnus III. *de*
Suercher.	1149. Canut V. 7 a. *en*	*rechef.* . . . 10 a.
1141. S. Eric. . . 19 a.	*même temps.*	1158. Ingo. . . 18 a.
1160. Charles VII. 8 a.	1157. Valdemar I. 25.	*Interrégne.* . . . 4 a.
1168. Canut ou Eric-	1182. Canut VI. 20 a.	1180. Magnus IV.
son. . . . . 24 a.	1203. Valdemar II.	. . . . 52 a.
1192. Suercher II. 18 a.	. . . . 39 a.	1232. Aquinus, *Ty-*
1210. Eric XI. . 10 a.	1241. Eric VI. . . 9 a.	*ran.* . . . . . 31 a.
1220. Jean. . . 3 a.	1250. Abel. . . 2 a.	1263. Olaus II. 17 a.
1223. Eric le Begue.	1252. Christophe. 7 a	1280. Eric. . . 20 a.
. . . . 28 a.	1259. Eric VII. . 27 a	1300. Aquinus II.
1250. Valdemar. 29 a.	1286. Eric VIII. 34 a.	. . . . 15 a.
Bâtit Stocholm.	1320. Christophe II.	1315. Magnus V. 11 a.
1279. Magnus II.	. . . . 13 a	1326. Aquinus III. 2 a.
. . . . 11 a.	1333. Valdemar III.	1328. Magnus VI. 31.
1290. Birger II. 30 a.	ou IV. . . . 42 a.	1359. Aquinus IV.
1320. Magnus III.	1375. Marguerite,	. . . . 16 a.
. . . . 35 a.	*Reine de Dane-*	1375. Olaus III. 13 a.
1365. Albert. . . 23 a.	*marck & de Nor-*	1388. Marguerite,
1388. Marguerite,	*wége.* . . . 37 a.	*Reine de Suéde &*
Reine de Dane-	1381. Olaüs, *avec sa*	*de Danemarck.* 24.
marck. . . . 24 a.	*mere Marguerite,*	1412. Eric. II. . 21 a.
1412. Eric XIII. *élu*	*meurt en* 1387.	
Roi de Suéde & de		*La Norwége est unie*
Danemarck. . 36 a.	1412. Eric IX. . 36 a.	*au Danemarck.*

RUSSIE.

1114. Wladimire II. . . . 9 ans.	1270. Vasilii *ou* Basile. . 7 ans.
1125. Mtislave. . . . . . 7 ans.	1277. Dmitri *ou Démétrius.* 4 a.
1132. Iaropolke . . . . . 6 ans.	1281. André. . . . . . . 13 ans.
1138. Viatscheslave; & Vsevolo-	1294. Daniel, *depuis lequel les*
de II. . . . . 8 ans.	*Grands Ducs demeurent à*
1146. Isjiaslave II. . . . 8 ans.	*Moskou* . . . . 8 ans.
1154. Rostislave; & Isjalave II.	1302. George III. . . . . 3 ans
1155. George, *qui l'année sui-*	1305. Michel II. . . . . 15 ans.
vante bâtit Moskou. . 5 ans.	1320. Basile II. . . . . 5 ans.
1157. André & Michel, *demeu-*	1325. George, *rétabli.* . 3 ans.
rans à Wladimire, comme les	1328. Ivane *ou* Jean . . 12 ans.
suivans.	1340. Simeon . . . . . 13 ans.
1213. George II. . . . 25 ans.	1353. Jean II . . . . . 6 ans.
1238. Iaroslave II. *soumis aux*	1359. Dmitri II. } *Démétrius.*
Tartares, comme ceux qui	1362. Dmitri III. }
suivent. . . . . 7 ans.	1389. Vasili *ou* Basile III. 36 ans.
1245. S. Alexandre *Nevski.* 22 a.	1425. Vasili Vasiliévitz . 9 ans.
1263. Iaroslave III. . . . 7 ans.	*La suite est page* 607.

EMPIRE D'OCC. | EMPIRE D'ORIENT.

1440 Frederic III. 53 ans. *Voyez Æneas Sylvius*.
1493. Maximilien I. 26 ans. *Voyez Cuspinien, Naucler, Freher, Datt, & le Teurdank*.
1519. Charles-Quint. 36 ans. *Voyez Sandoval, Sleidan, Paul Jove, de Thou, Schardius*, Tom. II. *d'Avila, &c.*
1557. Ferdinand I. 7. ans. *Voyez Lundorpius, Ulloa*.
1564. Maximilien II. 13 ans. *Lundorpius, de Thou*.
1576. Rodolfe II. 36 ans. *Lundorpius, de Thou*.
1612. Mathias. 7 ans. *Ludolphus, Lotichius*.
1619. Ferdinand II. 17 ans. *Kevenhuler, Burgus, Lansbergius*.
1637. Ferdinand III. 20 ans. *Bizaccioni, Gualdo, Chemniz, Brachelius, Tulden, Lotich*.
1658. Léopold I. 47 ans. *Gualdo, Comazzi, Menke, Reina, son Histoire en Espagnol*.
1705. Joseph I. 6 ans, *son Histoire en Allemand*.
1711. Charles VI. 29 ans 8 jours. *Fin de la Maison d'Autriche*.
1742. Ch. Alb. de Baviére. 3 a
1745. François I. de Lorr. 10 a
1765. Joseph II.

Jean Paléologue, fils d'Andronic.
1425. Jean VI. Paleol. *fils de Manuel*. 23 ans.
1448. Constantin Paleolog. 5 ans 7 mois.

OTTOMANS.

1453. Mahomet II. prend Constantinople.
1481. Bajazet II. 31 ans.
1512. Selim. 8 ans 6 mois.
1520. Soliman II. 46 ans 6 mois.
1566. Selim II. 8 ans.
1574. Amurat III. 21 ans.
1595. Mahomet III. 9 ans.
1604. Acmet I. 13 ans.
1617. Mustapha, *déposé*.
1618. Osman. 4 ans.
1622. Mustapha, *rétabli*, 1 a.
1623. Amurat IV. 17 ans.
1640. Ibrahim, 8 ans.
1649. Mahomet IV. 38 ans.
1687. Soliman II. 4 ans.
1691. Acmet II. 5 ans.
1695. Mustapha II. 8 ans.
1703. Acmet III. 27 ans, *déposé*.
1730. Mahmout. 14 ans.
1754. Osman II. 3 ans.
1757. Mustapha III.
1774. Abdoul Ahmet..

PERSE.

TAMERLAN ou TIMURLENCK occupe la Perse vers 1396, *ses descendans chassés*.
1467. Usun-Hassan. 11 ans.
1478. Iacoub. 7 ans.
1485. Iulaver. 3. ans.
1488. Baisançor. 2 ans.
1490. Rostam. 7 ans.
1497. Ahmed, *Usurp*. 6 m.
1497. Alvand. 4 ans.
SOPHIS.
1501. Ismael. 25 ans.
1523. Thamas. 54 ans.
1575. Ismael II. 2 ans.

1577. Mahomet Codabendé.
1585. Emir Hems, quelques m.
1585. Ismael III.
1586. Abas le Grand. 44. 2.
1628. Saïn Mirza. 11 ans.
1642. Abas II. 24. ans.
1666. Soliman. 28 ans.
1694. Schah Houssein. 18 a.
1721. *Mahmud, Usurpat*. 4 a.
1725. *Asraff, Usurpateur*.
1730. Thamas, *déposé en* 1732.
1732. Mirza Abas.
1736. *Thamas Kouli-kan, Us*.
1747. *Grands troubles depuis*.

ROIS DE FRANCE. | ROIS D'ANGLET.

1461. Louis XI. 22 a. 1 m. 8 j. Comines, 5 Vol. in-8°.	1461. Edouard IV. 22 ans.
1483. Charles VIII. 14 a. 7 mois 8 jours. *Voyez Jaligny, la Vigne & Godefroy.*	1483. Edouard V. 2 mois.
	1483. Richard III. 2 ans.
	1485. Henri VII. 25. a. *Voyez le Chancelier Bacon, Marsolier.*
1498. Louis XII. ou le Pere du Peuple. 16 ans 8 mois 24 jours. *Voyez Lettres de Louis XII. Seissel, d'Auton, S. Gelais.*	1509. Henri VIII. 38 ans. *Voyez Godvin, Herbert, Sanderus, Heylin, Burnet, le Grand.*
	1547. Edouard VI. 6 ans. *Sur ces trois derniers Rois voyez Wareus.*
1515. François I. 32 ans 4 mois. *Voyez le Feron, Dolet, Paradin, du Bellay, Ribier.*	
1547. Henri II. 12 ans 3 mois 10 jours. *Voyez la Popeliniere, Rabutin, Villars, de Thou.*	1553. Marie. 5 ans.
	1558. Elisabeth. 45 ans. *Voyez Camden, Jonston, Walsingham, Melvil.*
1559. François II. 1 an 4 m. 26 j.	
1560. Charles IX. 13 ans 5 mois 25 jours. *Voyez de Thou, Castelnau.*	1603. Jacques I. ou VI. Roi d'Ecosse, *Stuart.* 25 ans.
	1625. Charles I. 24 a. *Voyez Clarendon & Manlius, Ludlow, Salmonet; sur Cromwel voyez Leti, Clarendon.*
1574. Henri III. Roi de Pologne. 15 a. 9 m. 12 j. *Voyez d'Avila, Mémoires de la Ligue, de Thou, Lestoille, Villeroy.*	
	1649. Interrègne.
	1653. *Cromwel, Usurpateur, sous le titre de Protecteur.*
1589. Henri IV. ou le Grand. 20 ans 9 mois 12 jours. *Voyez Perefixe, Mornay, Nevers, Sully, Jeannin, Cayet, Satyre Menippée. Journal de son Histoire, 4 vol.*	1660. Charles II. 25 ans. *Voyez les Mémoires de Burnet.*
	1685. Jacques II. 4 ans. *Sa Vie, in-12.*
	1688. Guillaume III. & Marie Stuart. 14 ans. *Son Histoire par Sanson & Lamberti.*
1610. Louis XIII. 33 ans. *Voyez Bernard, tout le Mercure François, le Vittorio Siri, Mémoires de Richelieu, &c.*	Jacques, *Stuart*, fils de Jacques II. *Prétendant,* m. 1766. laissant deux fils.
1643. Louis XIV. ou le Grand. 72 a. 3 m. 18 j. *Voyez la Rochefoucaut, la Barde, le Siri, le Gualdo, Larrey, &c.*	1702. Anne, Reine. 12 a. *Voyez la suite de Rapin de Toyras.*
	1714. George I. 14 ans. *Son Hist.*
1715. Louis XV. 59 a. 7 m. 10 j.	1727. George II. 33 ans.
1774. Louis XVI.	1760. George III.

ÉCOSSE.

1437. Jacques II. 23 ans.	1513. Jacques V. 29 ans.
1460. Jacques III. 28 ans.	1542. Marie Stuart. 25 a. & Henri.
1488. Jacques IV. 25 ans.	1567. Jacques VI. 58 ans.

Les Successeurs de Jacques VI. sont en même temps Rois d'Angleterre & d'Ecosse jusqu'en 1707, que le Royaume d'Ecosse a été asservi par les Anglois: ainsi l'Ecosse, de Royaume, est devenue Province.

NAVARRE.	CASTILLE.	ARAGON.	PORTUGAL.
1479. Eléonore. .... 1 m.	1454. Henri IV. 20 ans 6 mois.	1458. Jean II. Roi de Navarre.... 21 a.	1438. Alfonse V. 43 ans.
1479. François Phœbus de Foix... 1 a.	1474. Isabelle & Ferdinand V. ou le Catholique, son mari.	1479. Ferdinand V. ou le Catholique. *Voy. Anton. Nebrissensis, ou Pulgar, Laur. Vallensis, Pet. Martyr.*	1481. Jean II. 14 ans 2 m. *Voyez Resende, Vasconcellos, & Ferreria.*
1481. *Interrégne.*	Isabelle *meurt en* 1504.		
1483. Catherine & Jean d'Albret, son mari, *dépouillés de la Haute-Navarre en 1512.*	1504. Jeanne & Philippe. 12 a.	Il *meurt en* 1516.	1495. Emmanuel. 26 ans. *Voyez Osorio, & Goës.*
			1521. Jean III. 36 ans.
	Les deux Royaumes sont unis.		
1516. Henri d'Albret. 39 a.	1516. Charles I. ou V. Emper. 39 ans 9 mois. *Voyez Sandoval, &c.*		1557. Sébastien. 2 ans. *Voyez Sébastien de Mesa.*
1555. Jeanne d'Albret & Antoine de Bourbon, son mari... 19 a.	1555. Philippe II. 42 ans. *Voyez Cabrera, Herrera, Campana, Guilimannus.*		1578. Henri, Cardinal. 2 a.
1572. Henri de Bourbon. *Il devient Roi de France en 1589.*	1580. *Philippe II. s'empare du Portugal, possédé par les Rois d'Espagne jusqu'en 1640. Voyez Connestaggio, Michel d'Aguirre, Herrera.*		*Le Portugal pris par Philippe II.*
	1598. Philippe III. 22 ans 6 m. *Voyez Cespedes.*		
	1621 Philippe IV. 44 ans 6 mois.		
Les Rois de France, ses descendans, héritent du Royaume de Navarre, mais ne possédent que la partie qui est au Nord des Pyrénées; ce qui est au Midi ayant été usurpé par les Espagnols en 1512, demeure uni au Royaume d'Espagne.	1665. Charles II. 35 ans.		1640. Jean, Duc de Bragance. *Voyez le Birago, de Vertot, Passarelli, Menezès.*
	1700. Philippe V. de la Maison de Bourbon. *Son Histoire par le Marquis de S. Philippe.*		1656. Alfonse VI. *déposé en 1667. meurt en 1683.*
	1723. Louis I. f. *par la démission de son père.*		
	1724. Philippe V. *de rechef.*		1667. Pierre, *Régent.*
	1746. Ferdinand VI. f.		1683. Roi.
			1706. Jean V.
	1759. Charles III. f.		1750. Joseph I.
			1777. D. Pedre.

LORRAINE.	CYPRE.	SAVOYE.	NAPLES. 605
1430. René & Isabelle. 22 a.	1432. Jean II. .... 28 a.	1465. Amédée IX. 7 ans.	1435. Alfonse d'Aragon. 23 a.
1452. Jean II. .... 18 a.	1460. Charlote.	1472. Philibert. 10 ans.	1458. Ferdinand .... 36 a.
1470. Nicolas. 3.		1482. Charles 7.	1494. Alfonse
1473. René II. .... 35 a.	1463. Jacques. .... 10 a.	1489. Charles II. 7 ans.	II. 1 an. 1495. Ferdinand
1508. Antoine. .... 36 a.	1473. Jacques. ..... 2 a.	1496. Philippe. 18 mois.	II. 1496. Frederic.
1544. François I. .... 1 a.		1497. Philibert II. 7 ans.	1506. Ferdinand
1545. Charles II. .... 63 a.	1475. Catherine Cornaro. 14 a.	1504. Charles III. 49 ans.	III. Roi d'Espagne V. 10 a.
1608. Henri. 16.		1553. Emm. Philibert. 27 ans.	Après lui les autres Rois d'Espagne,
1624. Charles III. & Nicole 51 a. Mém. de Beauvau.	1489. Elle cede son Royaume aux Vénitiens.	1580. Charles Emm. 50 ans.	(Voyez à la page précéd.)
		1630. Victor Amé I. 7 ans.	
1675. Charles IV. .... 15 a.	1571. Les Turcs prennent l'Isle de Cypre.	1637. François Hyacinthe. 1.	1700. Philippe V. Roi d'Esp.
1690. Léopold I. .... 39 a.		1638. Charles Emm. II. 37 a.	1707. Charles VI. Emper.
1729. François II. échange la Lorraine avec la Toscane.		1675. Victor Amé II. 55 ans.	1733. Charles, Infant d'Espagne, fils de
		1720. Roi de Sardaigne.	Philippe V.
1737. Stanislas de Pologne *.		1730. Charles Emm. III. 43 a.	1759. Il devient Roi d'Espagne.
* 1766. A sa mort, la Lorraine est unie à la France.		1773. Victor Amédée.	Ferdinand IV. fils.

VENISE.

1462. Ch. Moro.	1567. P. Lorédano.	1656. B. Falier.
1471. N. Trono.	1570. J. Mocenigo.	1658. J. Pezari.
1473. N. Marcel.	1577. S. Venier.	1659. D. Contarini.
1474. P. Mocénigo.	1578. N. Da Ponte.	1675. N. Sagrédo.
1475. A. Vendrammo.	1585. P. Cicogna.	1676. L. Contarini.
1477. J Mocénigo.	1595. M. Grimani.	1684. M. A. Justiniani.
1485. M. Barbarigo.	1605. L. Donat.	1688. E. Morosini.
1486. I. Barbarigo.	1612. M. A. Memmo.	1694. S. Valier.
1501. L. Lorédano.	1615. J. Bembo.	1700. Al. Mocénigo.
1521. A. Grimani.	1618. N. Donat.	1709. J. Cornaro.
1523. A Griti.	1618. A. Priuli.	1722. L. S. Mocénigo.
1539. P. Lando.	1623. A. Contarini.	1732. C. Ruzzini.
1545. F. Donat.	1625. J. Cornaro.	1735. L. Pisani.
1553. M. A. Trévisan.	1630. N. Contarini.	1741. L. C. Grimani.
1554. F. Venier.	1631. F. Erizzo.	1752. Fr. Lorédano.
1556. L. Priuli.	1646. F. Molino.	1762. M. Foscarini.
1559. J. Priuli.	1655. C. Contarini.	1763. Al. Mocénigo.

HONGRIE.	BOHÉME.	POLOGNE.
1438. Albert d'Autriche. . . . . . 3 a.	1437. Albert d'Autriche. 1 an 5 mois.	
1440. Ladiflas IV. . . . . 4 a.	1440. Ladiflas. 19 a.	1444. *Interrégne.* 3 a.
1445. *Jean Corvin Haniade, Régent.*		1447. Cafimir IV. . . . . 45 a.
1453. Ladiflas V. *de Bohême*, Roi. 15 a.		1492. Jean Albert. . . . . 9 a.
1458. Matthias Corvin. . . . 32 a.	1458. George Podiebrac. . . . 13 a.	1501. Alexandre. 5 a.
1490. Ladiflas VI. . . . . 26 a.	1471. Vladiflas. 44 a.	
1516. Louis II. 11 a.	1516. Louis. . . 10 a.	1507. Sigifmond I. . . . . 41 a.
1526. Jean de Zapolski. . . . 3 mois.	1526. Ferdinand I. Empereur. . . 38 a.	1548. Sigifmond Augufte. . . . . 24 a.
1527. Ferdinand, frère de Charles-Quint . . . . 35 a.	*De la Maifon d'Autriche, comme les fuivans.*	1574. Henri d'Anjou. . . . . . . 5 mois.
		1576. Etienne Battori, *Prince de Tranfylvanie.* . . 10 a.
Depuis ce temps la Maifon d'Autriche poffède la Hongrie.		1587. Sigifmond, *Roi de Suède.* . . 45 a.
1563. Maximilien. . . . . 12 a.	1564. Maximilien II. Empereur. . 11 a.	1632. Uladiflas VII. . . . . 17 a.
1572. Rodolfe. 36 a.	1575. Rodolfe, Empereur. . . . 36 a.	1648 Jean Cafimir. . . . . . . 21 a.
1608. Matthias. 10 a.	1611. Matthias, Empereur. . . . 8 a.	
1618. Ferdinand II. . . . . 7 a.	1619. Ferdinand II. Empereur. . . 10 a.	1669. Michel I. . 4 a.
1625. Ferdinand III. . . . . . . 12 a.	*Frederic Palatin, eft élu Roi; chaffé en 1620.*	1674. Jean Sobieski. . . . . . . 22 a.
1647. Ferdinand IV. . . . . 8 a.	1637. Ferdinand III. Empereur. . . 9 a.	1697. Fréderic-Augufte II. . . 36 a.
1655. Léopold. 31 a.	1646. Ferdinand IV. 8 a. *meurt en 1654.*	1704. Staniflas *élu Roi, mais ne poffède pas.*
1687. Jofeph. . . 24 a.	1656. Leopold, Emp.	1733. Stanislas *eft élu de rechef, & abdique enfuite.*
1712. Charles VI. Empereur. . . 29 a.	1687. Jofeph. 1711. Charles VI.	
1741. Marie-Thérèfe d'Autriche, *femme de François I. Empereur.*	1741. Charles-Albert de Bavière.	1733. Fréderic-Augufte III. . . 30 a.
	1743. Marie-Thérèfe d'Autriche.	1764. Stanislas-Augufte.

SUÉDE. | DANEMARCK, NORW. 607

1439. Christophe, Roi de Danemarck. 10 a.	1439. Christophe III. . . . . . 10 a.
1448. Charles VIII. 22. Interrègne. . . . 26 a.	1448. Christiern I. . . . . . . 32 a.
1497. Jean de Dan. 4 a. 1501. Interrègne.	1481. Jean. . . . . 32 a.
1519. Christiern II. 4 a.	1513. Christiern II. . . . . . 8 a.
1523. Gustave Vasa, Suédois. . . . . 39 a.	1523. Fréderic I. . . . . . . 11 a.
	1534. Christiern III. . . . . . 25 a.
1560. Eric XIV. . . 7 a.	1559. Frederic II. . . . . . . 29 a.
1568 Jean III. . . 24 a.	
1592. Sigismond. 14 a.	1588. Christiern IV. . . . . . 60 a.
1604. Charles IX. . 7 a.	
1611. Gustave Adolfe, ou le Grand. . . 22 a.	
1633. Christine. . 22 a.	1648. Frederic III. . . . . . . 22 a.
1654. *Christine abdique*.	
1654. Charles Gustave. 6 a. *Puf. & Oliequist.*	
1660. Charles XI. 37 a.	1670. Christiern V. . . . . . 29 a.
1697. Charles XII. 22 a. *Voy. Voltaire*.	1699. Frederic IV. . . . . . 31 a.
1718. Ulrique Eleonore & Frideric.	1730. Christiern VI. . . . . . 15 a.
1751. Adolfe Frideric. . . . . . 20 a.	1746. Frederic V. . . . . . . 10 a.
1771. Gustave III.	1766. Christiern VII.

RUSSIE.

1434. Vasili *ou* Basile IV. *détrôné & aveuglé, remonte sur le Trône.* 28 ans.	1613. Michel Romanove, *élu.* 32 ans.
	1645. Alexis Mikhailovitz. 31 a.
1462. Ivane Vasiliévitz *ou* Jean III. *qui secoue le joug des Tartares.* 43. ans 7 mois.	1676. Féodore Alexiévitz. 6 ans.
	1682. Ivane *ou* Jean V. & Pierre I. Alexiévitz, *ensemble.* 14 a. *Voyez Mémoires, & Voltaire.*
1506. Basile V. *Maximilien lui donna le titre d'Empereur.* 32 a.	
	1696. Pierre I. ou le Grand, *seul.* 28. ans. *Voltaire.*
1534. Ivane Vasiliévitz *prend en* 1547 *le titre de Tzar.* 50 ans.	
	1725. Catherine, *veuve de Pierre I.* 2 ans.
1584. Féodore Ivanovitz. 14 ans. *Fin de l'ancienne Famille.*	
	1727. Pierre II. *petit-fils de Pierre I.* 2 ans 9 mois.
1598. Borise Godounove. 7 ans.	
1605. Féodore Borisovitz, quelques mois.	1730. Anne Ivanovna. 10 ans.
	1740. Ivane *ou* Jean VI. 13 mois.
1605. Le faux Démétrius.	1741. Elisabeth Petrovna. 20 a.
1606. Vasili Chouiski, *élu & detrôné.* 4 ans.	1762. Pierre III. 6 mois, *déposé.*
	1762. Catherine II. *sa femme.*
1610. Vladislas de Pologne, *élu & rejetté.* 3 ans.	

PRUSSE & COURLANDE.

Albert de Brandebourg, Grand-Maître des Chevaliers Teutoniques, (établis en Prusse au XIIIe Siècle,) s'accorda en 1525 avec le Roi de Pologne, qui eut une partie de la Prusse; & Albert posséda l'autre à titre de Duché, Vassal de Pologne. Le Grand-Maître de Livonie, Gothard Ketler, céda aussi en 1561 la plus grande partie de son pays, & fut établi Duc de Courlande. Voyez les Histoires de Pologne.

PROVINCES UNIES.

Ces Provinces Septentrionales des Pays-Bas, secouerent en 1579 le joug de l'Espagne, en faisant entr'elles une Union, & elles se choisirent un Chef ou Gouverneur, sous le nom de Stathouder. Voyez les Livres indiqués pag. LXIX. & LXXV. du Discours, au tome I. & l'Histoire du Stathouderat.

DUCS & ROIS DE PRUSSE.	DUCS DE COURLANDE.	STATHOUDERS.
1525. Albert de Brandebourg... 43 a.	1561. Gothard Ketler. .... 26 a	1579. Guillaume I. (Prince d'Orange.) .... 6 a.
1568. Albert Frideric. .... 50 a.	1587. Frideric. 52 a.	
	1639. Jacques.. 43 a.	1584. Maurice..41 a.
1618. Jean Sigismond, Electeur de Brandebourg... 1 a.	1682. Frideric Casimir..... 16 a.	1625. Frideric Henri. .... 22 a.
1619. George Guillaume... 21 a.	1698. Frideric Guillaume... 13 a.	
1640. Frideric Guillaume... 48 a.	1711. Anne de Russie, sa veuve, gouverne.	1647. Guillaume II. .... 25 a.
1657 & 1663. Duc indépendant.	1737. Ernest Jean de Biren, élu; est ensuite dépossédé.	1672. Guillaume III. (Roi d'Angleterre.) .... 30 a.
1688. Frideric, } 25 ans. 1700. Roi.	1741. Ferdinand de Brunsvick, élu.	
1713. Frideric Guillaume, Roi II. .... 27 a.	Le Duché administré au nom du Roi de Pologne.	1702. Il meurt, & il n'y a point de Stathouder pendant 45 ans.
1740. Frideric, Roi III.	1759. Charles de Saxe, élu.	1747. Guill. Charles Frison..... 4 a.
	1763. Ernest-Jean de Biren, rétabli.	1751. Guillaume V.
	1770. Pierre s. par la démission de son pere.	1766. Il est installé âgé de 18 ans.

SUPPLÉMENT A L'HIST. D'ITALIE.

GRANDS DUCS DE TOSCANE.	DUCS DE MODÈNE.	DUCS DE PARME.
Les différens Etats de Toscane se gouvernoient depuis long-temps en forme de République, lorsqu'Alexandre de Médicis, qui avoit la plus grande autorité à Florence, en fut fait Duc par l'Empereur Charles-Quint, en 1531. Voy. Machiavel & les Historiens de Florence, tels que Varchi, traduit en François, Paris, 1765, 3 volumes.	*Ils descendent de la Famille d'Este, qui a possédé Modène, Ferrare, &c. depuis le XIIIe Siècle. Modène fut érigé en Duché l'an 1453, & Ferrare fut réuni aux Etats du Pape, à la mort d'Alfonse II. qui fut le dernier de la premiere Branche.*	*Après diverses révolutions, Parme & Plaisance étant venus au pouvoir des Papes, Paul III. les céda à titre de Duchés à la Maison de Farnèse, dont il étoit. Voyez la Dissertation sur ces Duchés, imprimée, in-4°. à Cologne (Amsterdam) 1722. &c.*
1531. Alexandre de Médicis, *fait Duc.*	1597. César d'Este, *réduit aux Duchés de Modène & de Reggio*... 31 ans.	1545. Pierre-Louis Farnèse... 2 ans.
1537. Cosme, *Duc.*		1547. Octave.. 19 a.
1569. Grand-Duc........ 37 ans.	1628. Alfonse III. 1 a. *Se fait Religieux.*	1586. Alexandre. 6 a.
1574. François-Marie........ 13 a.		1592. Rainuce. 30 a.
		1622. Odoart.. 24 a.
1587. Ferdinand. 21 a.	1629. François. 28 a.	1646. Rainuce II. 38 a.
1608. Cosme II. 13 a.	1658. Alfonse IV. 4 a.	
1621. Ferdinand II....... 49 a.	1662. François II........ 32 a.	1694. François... 37 a.
1670. Cosme III. 53 a.	1694. Renaud.. 43 a.	1731. Charles de Bourbon-Espagne.
1723. Jean-Gaston........ 14 a.	1711. *Acquiert le Duché de la Mirandole.*	1735. Charles VI. *Empereur.*
1737. François de Lorraine, *depuis Empereur.*	1737. François-Marie.	1740. Marie-Thérèse d'Autriche.
		1748. Philippe de Bourbon-Espagne.
1766. Pierre-Léopold-Joseph, *son fils.*		1765. Ferdinand, *fils.*

II. Partie.

GRANDS-MAITRES DES CHEVALIERS
DE S. JEAN DE JÉRUSALEM,
Souverains à RHODES, *& ensuite à* MALTHE.

Voyez le *Codice Diplomatico* du P. Séb. Pauli, & l'Hist. de Vertot.

1099. Le B. Gérard. 19 ans.
1120. Raymond du Pui. 30 ans.
1160. Auger de Balben. 1 an.
1161. Arnaud de Comps. 2 ans.
1163. Gerbert Assallit. 6 ans.
1169. Gaston ou Castus. 4 mois.
1169. Joubert. 8 ans.
1177. Roger de Molins. 10 ans.
1187. Garnier de Napoli. 5 ans.
1193. Ermenggard Daps. 2 ans.
1193. Godefr. de Duisson. 10 ans.
1202. Alfonse. 3 ans.
1204. Geof. le Rath. 4 ans.
1208. Guerin de Montaigu. 22 a.
1230. Bertrand de Texis, qu. m.
1231. Gerin. 14. ans.
1236. Bertrand de Comps. 5 ans.
1241. Pierre de Villebride. 3 ans.
1243. Guil. de Châteauneuf. 15 a.
1255. Hugues de Revel. 20 ans.
1278. Nicolas Lorgue. 10 ans.
1288. Jean de Villiers. 9 ans.
1297. Odon de Pins. 2 ans.
1300. Guil. de Villaret. 6 ans.
1307. Foulque de Villaret. 13 ans.
1310. *Etablissement à Rhodes, en Souveraineté.*
1319. Helion de Villeneuve. 27 a.
1346. Dieu-donné de Gozon. 8 a.
1354. Pierre de Cornillan. 1 an.
1355. Roger de Pins. 10 ans.
1365. Raimond Beranger. 9 ans.
1374. Robert de Juillac. 2 ans.
1376. J. Ferd. de Heredia. 20 a.
1396. Philib. de Naillac. 25 ans.
1421. Antoine Fluvian. 16 ans.
1437. Jean de Lastic. 17 ans.
1454. Jacques de Milli. 7 ans.
1461. Pi. Raym. Zacosta. 6 ans.
1467. J. Baptiste Ursin. 9 ans.
1476. Pierre d'Aubusson. 27 ans.
1503. Emeri d'Amboise. 9 ans.
1512. Gui de Blanchefort. 1 an.
1513. Fabrice Carretto. 8 ans.
1521. Philippe de Villiers de l'Isle-Adam. 13 ans.
1522. *Les Chevaliers perdent l'Isle de Rhodes.*
1530. *Ils s'établissent à Malthe.*
1534. Pierrin du Pont. quelq. m.
1535. Didier de S. Jaille. 1 an.
1536. Jean de Homedez. 17 ans.
1553. Claude de la Sangle. 4 ans.
1557. De la Valette Parisot. 11 a.
1568. Pierre de Monte. 4 ans.
1572. Jean de la Cassiere. 9 ans.
1582. Hug. de Loubenx de Verdale. 12 ans.
1596. Martin Gazez. 6 ans.
1601. Alof. de Vignacourt. 21 a.
1622. Aloisio Mendez Vasconcellos. 7 mois.
1623. Antoine de Paule. 13 ans.
1636. Paul Lascaris. 21 ans.
1657. Martin de Redin. 3 ans.
1660. Annet de Clermont de Chattes-Gessan. 3 mois.
1660. Raphael Cotoner. 3 ans.
1663. Nicolas Cotoner. 17 ans.
1680. Grégorio Caraffa. 11 ans.
1691. Adrien de Vignacourt. 6 a.
1697. Raym. Perellos de Rocafuld. 22 ans.
1710. M. Ant. Zondodari. 2 ans.
1722. Ant. Manoel de Villhena. 14 ans.
1736. Raimond d'Espuig. 5 ans.
1741. Eman. Pinto de Fonséca.
1775. Eman. de Rohan de Poldux.

EMPIRES EN ASIE.

On ne croit pas devoir faire mention ici de ceux des anciens Turcs Seljoucides & des Tartares, ni de leurs démembremens : on se bornera donc aux Mogols, voisins de la Perse ; & aux Chinois, dont on a déjà parlé dans le Volume précédent.

EMPEREURS MOGOLS DANS LES INDES.

Voyez l'Histoire du Mogol, par le P. Catrou ; celle des Indes, par l'Abbé Guyon ; celle de la dernière Révolution, imprimée à Paris en 1757 ; enfin le Tome XVIII. de l'Histoire Universelle, par les Anglois, in-4°.

1500.	Babour, descendant de Tamerlan.	30 ans.
1530.	Homaioun.	22 ans.
1552.	Akbar.	33 ans.
	Il conquit le Guzurat, le Décan, &c.	
1605.	Gehan-Ghir.	22 ans.
1627.	Schah-Gehan.	31 ans.
	Ses fils se révoltent contre lui & l'emprisonnent.	
1658.	Aurengh-Zeb *ou* Alemghir I.	47 ans.
	Il conquit le Visapour, le Golconde, le Carnate, &c.	
1707.	Schah-Alem.	6 ans.
1712.	Jehandar-Schah. *quelques mois.*	
1712.	Mohamed Furrukhir.	7 ans.
1719.	Rafiya-Derja.	3 mois.
1719.	Rafiya-al-Doulat. *quelques jours.*	
1719.	Mohamed-Schah.	29 ans.
	Il fut dépouillé de ses trésors en 1739, par Schah Nadir, ou Thomas-Kouli-Kan, Roi de Perse.	
1748.	Amet-Schah.	
1754.	Alemghir II.	
	Est tué, & un de ses parens mis en sa place. On ignore ceux qui ont suivi.	

SUITE
DE
L'EMPIRE DE LA CHINE.

Voyez les Tables Chronologiques de l'Histoire des Huns, Tome I. pag. 25 & suiv. & la Description de la Chine du P. du Halde.

220.	Fin de la cinquiéme Famille ou Dynastie, appellée des *Han*, qui a duré 428 ans, sous 25 Empereurs, (dont il a été parlé pag. 463 du Tome I. de ces Tablettes.) Il y eut ensuite un *San-koue*, c'est-à-dire un partage; sçavoir, trois Royaumes qui diviserent l'Empire de la Chine, ou les Dynasties des *Heou-han*, *Goei*, *Ou*.
265.	Dynastie des *Tçin* (que l'on compte pour la VIIe.) Elle eut 15 Empereurs pendant 155 ans, & sous elle se fit la Réunion, mais bientôt il s'éleva plusieurs petites Dynasties qui lui enleverent de grandes Provinces.
420.	Partage en deux Empires, ou *Nan-pe-tchao*, c'est-à-dire, Empire du Midi & du Nord. Quatre Familles presque toutes Tartares, occuperent successivement le dernier, & cinq Chinoises régnerent dans celui du midi, appellées *Tcien-ou-tai*, les cinq premieres (petites) Familles. (Le P. du Halde ne compte que celles-ci dans le nombre total de XXII. pour toutes les Familles Impériales de Chine.)
589.	La Dynastie des *Soui*, fut la derniere de ces cinq: elle réunit les deux Empires, & a eu quatre Empereurs pendant 38 ans.
618.	Dynastie des *Tam* ou *Tang*, qui fut très-puissante en Tartarie, & régna 290 ans sous 22 Empereurs.
907.	Commencement des *Heou-ou-tai*, ou cinq (petites) Familles postérieures, pendant 53 ans, sous 14 Empereurs.
969.	Dynastie des *Sum* (ou *Song*) la XIXe. Elle a été l'une des plus célébres qui ait gouverné l'Empire de la Chine, sous 18 Empereurs. Cependant les Tartares Orientaux de *Kin* ou *Niutche* lui enlevèrent les parties Septentrionales, au bout de 170 ans.
1280.	Dynastie XXe. des *Yuen*, Mogols ou Tartares Ginghizkhanides, sous 10 Empereurs.
1368.	Dynastie XXIe. des *Mim* ou *Ming*, Chinois, qui chasserent les Tartares Occidentaux, & eurent 16 Empereurs.
1644.	Dynastie XXIIe. des *Tçim* ou *Tsing*, Tartares Mantchéous ou de Niuthe, qui régnent encore actuellement en Chine & partie de la Tartarie. Voici la suite de ses Empereurs.
1644.	Chi-tçu *ou* Chun-rchi . . . . 18 ans.
1661.	Kam-hi . . . . 61 ans.
1722.	Yum-tchim . . . . 13 ans.
1735.	Kien-lung.

TABLETTE
CHRONOLOGIQUE
DES
GRANDS HOMMES
DANS LES
SCIENCES ET BEAUX-ARTS.

AVIS.

LES Noms des ECRIVAINS sont en petites capitales, & ceux des *Artistes* en caractères italiques, pour les distinguer plus aisément.

* L'étoile marque ceux des *Ecrivains* qui sont ci-devant dans la *Tablette Ecclésiastique*, mais que l'on a cru devoir répéter ici, en petit nombre, à cause de quelques Ouvrages de Littérature & d'Histoire.

N. Indique le *Tome* des *Mémoires* du P. Nicéron, (pour servir à l'Histoire des Hommes Illustres dans la République des Lettres, avec un Catalogue raisonné de leurs Ouvrages, *in-12. Paris*, 43 vol. 1729--1745,) où se trouvent les Vies de nombre de ceux dont on parle ici.

TABLETTE
CHRONOLOGIQUE
DES GRANDS HOMMES

Qui se sont distingués dans les SCIENCES & les BEAUX-ARTS, depuis le commencement de l'Ere Chrétienne Vulgaire, jusqu'au XVIIIe. Siécle.

Avec le temps de la Fondation des UNIVERSITÉS & principales ACADÉMIES.

PREMIER SIÉCLE DE L'ERE CHRÉTIENNE.

Depuis J. C.

4. TITE-LIVE, célèbre Ecrivain de l'Histoire Romaine, né à Padoue l'an de Rome 695 (avant J. C. 59.) mort l'an 770. de la fondation de cette Ville (depuis J. C. 17.) Il ne nous reste que trente-cinq Livres (& un fragment nouvellement trouvé) de cent quarante Livres qu'il avoit composés... *Historia Romana, sive Annales, ex recensione Friderici Gronovii*, in-8°. *Amstelodami*, 1693, *ex recensione Joannis Clerici*, in-12. *Amstelodami*, 1733, *ex recensione J. B. Lud. Crevier*, in 4°. *Parisiis*, 1733.

10. GERMANICUS, neveu d'Auguste, mort âgé de 35 ans, l'an de Rome 772 (depuis J. C. 19.) étoit un Prince très-éloquent : il a traduit en vers Latins, les Phénomènes Grecs d'Aratus... *Ex recensione Hugonis Grotii*, in-4°. *Lugduni-Batavorum*, 1600. & *in Mythographis Munckeri*, in-8°. *Amstelodami* 1681.

12. LABEO, très-sçavant Jurisconsulte Romain, du temps d'Auguste, avoit beaucoup écrit sur le Droit ; aussi est-il cité environ quatre cent fois dans le Digeste.

VERRIUS-FLACCUS, Grammairien Latin, dont on a un Ouvrage sur la signification des mots, in *Auctoribus Linguæ Latinæ, ex recensione Dyon. Gothofredi*, in-4°. (*Geneva*) 1585.

Depuis J. C. 14.	STRABON, d'Amasée, sçavant Géographe Grec, vivoit sous Auguste... *Geographia Græco-Lat.* in-fol. *Amstel.* 1707. 2 vol. On en prépare une nouvelle Edition.
	DENYS, de Charax ou Alexandrie entre le Tygre & l'Eulée, qui étoit du temps d'Auguste, a fait une Géographie en vers Grecs... *Orbis Descriptio*, in-8°. *Oxoniæ* 1697.
	Caius *Posthumius*, & Lucius *Cocceius* Auctus, Architectes de Rome, & plusieurs autres dont les noms ne se sont point conservés, travaillent tant, qu'Auguste disoit qu'il avoit trouvé Rome de briques, & qu'il la laissoit toute de marbre.
	Diogènes, Athénien, habile Sculpteur à Rome, décore le Panthéon.
	Ludius, célébre Peintre à Rome, du temps d'Auguste.
	On ne sçait qui furent ceux qui se distinguèrent depuis dans la Peinture, ou plutôt il n'y en eut point, & les Beaux-Arts tombèrent bientôt dans la décadence, après la mort d'Auguste.
	Solon, *Polycrète*, *Cronius*, *Appollonidès*, *Dioscoridès*, &c. Grecs établis à Rome, & fameux Graveurs en pierres fines, sous Auguste.
	Pylade & *Bathylle*, au même tems, Instituteurs de l'Art des Pantomimes, ou des représentations muettes & par gestes.
18.	PHÈDRE, né dans la Trace, affranchi d'Auguste, a survécu à l'Empereur Tibere: il a laissé cinq Livres de Fables, très-purement écrites... *Fabulæ, ex editione Burmanni*, in-4°. *Amstelodami*, 1727... in-12. *Parisiis*, 1742, &c.
25.	SÉNEQUE le père, de Cordoue en Espagne, & Rhéteur, vivoit sous Auguste & Tibère: on a de lui quelques Livres de Controverses ou Actions Oratoires, imprimés avec les Œuvres de Séneque le Philosophe son fils, (ci-après à l'an 55.)
	VALÈRE-MAXIME, Littérateur Latin, a vécu jusques sur la fin du régne de Tibère: il a laissé un Livre des Faits & Dits mémorables des Anciens, dont on soupçonne que nous n'avons que l'Abregé... *Libri novem de factis memorabilibus, cum notis Torenii*, in-4°. *Lugduni Batavorum* 1726. *Ad usum Delphini*, in-4°. *Parisiis*, 1679.
30.	VELLEIUS-PATERCULUS, parut sous Tibère, l'an de Rome 783; étoit ami de Séjan, ce qui fut cause de sa mort: a laissé un Abregé de l'Histoire Grecque & Romaine, dont il nous manque le commencement... *Historia*, in-12. *Lugduni Batavorum* 1639, & in 8°. *cum Notis Variorum* 1667. Doujat, en le traduisant, y a fait des Supplémens: *Paris* 1672, 1708, 2 vol. *in-*12.

DANS LES SCIENC. & ARTS. 617

D. J. C.
32.   CREMUTIUS, Historien Romain des guerres civiles, dont il ne reste rien.

35.   ISIDORE, de Charax, Géographe Grec, vivoit sous Tibère... *Tomo II. Geographorum*, in-8°. *Oxoniæ* 1703. Il avoit fait diverses Histoires qui sont perdues.

VOTIÉNUS, Poëte Romain Satyrique, loué par Ovide & Seneque; il fut exilé par Tibère dans les Isles Baléares.

36.   CELSUS, Philosophe & Médecin, vivoit sous Tibère & sous les premiers Empereurs; il étoit ami de Jules-César, & on le regarde comme l'Hippocrate des Latins... *Libri de re Medicâ*, in-8°. *Lugduni Batavorum* 1657 & 1663... *Roterod.* 1750 & in-12. *Amstelodami* 1687.

37.   MASSURIUS SABINUS, Jurisconsulte Romain, souvent cité dans le Digeste, &c.

DYDIME, d'Alexandrie, Auteur de quantité d'Ouvrages de Critique, qui sont perdus : il étoit infatigable au travail.

NERVA, sçavant Jurisconsulte Romain, que Tibère voulut faire Consul: il est cité dans le Digeste.

38.   *PHILON, Juif d'Alexandrie, Philosophe Platonicien, vint à Rome du temps de Caligula... *Opera Græco-Latina*, in-fol. *Parisiis* 1640. Parce qu'il fait souvent mention de l'Ecriture-Sainte dans ses Ouvrages, Eusebe & S. Jérôme l'ont mis au nombre des Ecrivains Ecclésiastiques, & ils disent qu'il a eu des liaisons à Rome avec S. Pierre.

40.   POMPONIUS MÉLA, Espagnol, né dans la Bétique ou l'Andalousie, vivoit sous Tibère & sous Claude; a laissé une Géographie abrégée.... *Libri III. de situ orbis*, in-8°. *Franeckeræ* 1071.. *Lugd. Batav. cum Notis*, 1748, 2. vol. *in-8°*.

Archélaus, fils d'Apollonius de Priène en Ionie, Sculpteur, fameux par son Apothéose d'Homere, trouvée près de Rome en 1658. Il vivoit du temps de l'Empereur Claude.

43.   COLUMELLA, de Cadix en Espagne, vécut sous Claude; on a de lui douze Livres sur l'Agriculture... *Opera de re Rusticâ*, in-8°. *ex editione Hieronymi Commelini* 1595.

44.   REMMIUS-PALÉMON, Grammairien célèbre à Rome sous Tibère & Claude : Poëme sur les poids & mesures.

APPION, vivoit encore sous l'Empereur Claude : il avoit fait une Histoire d'Egypte, & un Traité contre les Juifs que *Josephe* a réfuté.

48.   SERVILIUS MARCUS, Historien Romain, dont les Anciens font beaucoup d'éloges : nous n'en avons plus rien.

55.   SÉNEQUE, Poëte & Philosophe Stoïque, fils du Rhéteur, a fait dans Néron un fort mauvais disciple, mais ce

Depuis J. C.	n'est pas sa faute. Ce Prince le fit mourir l'an 12 de son Empire, ou 65 de l'Ere-Chrétienne.... *Opera cum Notis Variorum*, in-8°. *Lugduni Batavorum* 1672, 3 volum... *Tragœdiæ*, in-8°. *Amstelodami* 1682, & in-4°. *Delphis* 1728, 2 vol.
56.	ANNÆUS CORNUTUS, Philosophe Stoïcien, & Grammairien, fut le maître de Perse & de Lucain, sous Néron, qui l'exila : on n'a plus son Ouvrage sur la Philosophie des Grecs, ni ses Commentaires sur Virgile.
57.	LUCAIN, de Cordoue en Espagne, neveu du Philosophe Séneque, & Poéte, a décrit en vers la guerre civile de César & de Pompée : il n'avoit que 27 ans lorsque Néron le fit mourir... *Pharsalia cum Notis Variorum*, in-8°. *Amstelodami* 1669, & in-4°. *Lugduni Batavor.* 1728.
58.	ANDROMAQUE, de Crete, Poéte & Médecin de Néron... *Liber de Theriacâ*, que l'on trouve avec les Ouvrages de Gallien.
60.	PETRONE ou T. PETRONIUS ARBITER, de Marseille, homme voluptueux & ami de Néron, qui néanmoins le fit mourir l'an 67 de l'Ere-Vulgaire. Nous avons de lui une Satyre, partie Prose & partie Vers, ouvrage élégant, & qui se ressent de la mollesse de cet Ecrivain... *Ejus Satyricon editum à Petro Burmanno*, in-4°. M. Nodot y a fait des supplémens de son chef, qu'il a voulu faire passer sous le nom de Pétrone; mais on en reconnoît aisément la supposition.
62.	PERSE, né à Volterre en Italie, Poéte Satyrique très-obscur, mort l'an 9 de Néron âgé de 28 ans.. *Satyræ cum Notis Joannis Bond*, in-12. *Amstelodami* 1645, on joint ordinairement ce Poëte avec les Satyres de Juvenal.
63.	EPICTETE, Philosophe Grec, esclave, ou affranchi d'Epaphrodite, Chambellan de Néron... *Manuale cum Simplicii Commentario*, in-4°. *Lugduni Batav.* 1640.... & *cum Dissertationibus Arriani*, in-8°. *Londini* 1739.
64.	DIOSCORIDE, célèbre Médecin, vivoit sous Néron.. *Opera*, in-fol. *Francofurti* 1558.
	PAMPHILA, femme de Socratide, écrivit à Rome une Histoire mêlée en 33 Livres, &c. dont il ne nous reste rien.
66.	Zénodore, Gaulois, habile Sculpteur & Graveur, qui fit des Statues colossales de Mercure & de Néron. Il porta la gravure à ce haut point de perfection qu'elle n'avoit point eu en Italie avant lui, & que, suivant le témoignage de Pline, elle ne conserva pas après lui.
	Il faut rapporter à ce temps la *Peinture sur toile*, Néron ayant voulu se faire peindre de 120 pieds de haut.
70.	JUSTE, de Tibériade en Palestine, contemporain de l'Historien Josephe, dont il étoit ennemi, avoit fait une Chronique des Rois des Juifs, mais qui est perdue.

DANS LES SCIEN. & ARTS.

Depuis J. C.	
71.	JOSEPHE ou FLAVIUS JOSEPHUS, Grand Prêtre des Juifs, a fait en Grec l'Histoire de sa Nation & de la Guerre des Juifs avec les Romains... In-fol. *Amstelodami* 1723, 2 vol. M. Arnauld d'Andilly l'a traduite en François. La nouvelle traduction du P. Gillet Génovéfain, est plus estimée.
72.	SILIUS ITALICUS, a été plusieurs fois Consul, est mort au commencement du régne de Trajan, âgé de 75 ans ; s'est avisé de faire un Poéme Héroïque sur la guerre Punique, qui a plutôt l'air d'une Histoire que d'un Poéme... *Poemata cum Notis Claudii Dausquei*, in-4°. *Paris.* 1618, & in-4°. *Ultrajecti* 1717.
73.	VALERIUS FLACCUS, s'est distingué dans la Poësie sous le régne de Vespasien. Nous avons de lui le Poëme des Argonautes... *Argonautica à Petro Burmanno*, in-12. *Ultrajecti* 1701.
74.	PEGASUS, fameux Jurisconsulte Romain, cité plusieurs fois dans le Digeste.
	PLINE l'ancien, ou C. PLINIUS SECUNDUS, de Vérone, naquit sous Tibere, & parut avec éclat sous Vespasien ; mourut sous Tite âgé de 56 ans : il a laissé une Histoire Naturelle très-curieuse... *Historia Naturalis Libris XXXVII. ab Joanne Harduino edita*, in-4°. *Paris.* 1685. 5 vol. & in-fol. *Paris.* 1723, 2 vol.
75.	ASCONIUS PEDIANUS, Critique & Littérateur, a vécu jusqu'au temps de Domitien, & a donné quelques Commentaires très-succincts sur plusieurs Oraisons de Ciceron... *Asconius Pedianus in Ciceronem*, in-12. *Lugduni Batavorum* 1675... & *cum Cicerone Gronovii*, in-4°. 1692.
76.	*Agésandre, Polydore & Athénodore*, excellens Sculpteurs de Rhodes, font le beau groupe du Laocoon, que l'on a trouvé dans les ruines du Palais de Vespasien : selon quelques Antiquaires ce n'est qu'une belle copie.
77.	SABINIUS, habile Jurisconsulte Romain, avoit fait un Commentaire dont on se servoit souvent dans les affaires du Commerce.
80.	PLINIUS VALERIANUS, Médecin célèbre, vivoit peu de tems après Pline le Naturaliste... *Opus de re Medicâ*, in-4°. *Romæ* 1509, & *inter Medicos Antiquos*, in-fol.
82.	JUVENAL ou DECIMUS JUNIUS JUVENALIS, de la ville d'Aquino, vivoit sous Domitien, Poéte Satyrique Latin fort estimé... *Satyræ ab Henrico Christiano Henninio edita*, in-4°. *Ultrajecti* 1685.
83.	MARTIAL ou M. VALERIUS MARTIALIS, né en Espagne, a vécu sous Domitien, Nerva & Trajan ; nous avons ses Epigrammes... *Epigrammata per Petrum Scriverium*, in-12. *Lugduni Batavorum* 1619.

Depuis J. C. 84.	APOLLONIUS, de Thyane en Cappadoce, Philosophe Pythagoricien, vivoit sous Domitien. Sa vie a été écrite par Philostrate.
85.	STACE ou P. PAPINIUS STATIUS, Napolitain, vivoit du temps de Domitien qui l'estimoit ; a laissé plusieurs genres de Poësie, & sur-tout sa Thébaïde & son Achilléide.. *Poemata edita ab Emerico Cruceo*, in-4°. *Parif.* 1618.
86.	FRONTIN ou SEXTUS JULIUS FRONTINUS, a été fort distingué sous l'empire de Vespasien, Domitien, Nerva & Trajan ; a laissé divers Ouvrages sur les Aquéducs de Rome & les Stratagêmes de guerre... *Stratagemata edita per Petrum Scriverium*, in-12. *Lugduni Batavorum*, 1644.... *& à Joh. Frid. Gronovio*, in-12. *Lugduni Batavorum*, 1675. in-8°. *Vesaliæ*, 1670 (avec Vegece, &c.) *à Franc. Oudendorpio* in-8°. *Lugduni Bat.* 1731.
87.	*Rabirius*, Architecte de Rome, sous l'Empereur Domitien.
88.	QUINTILIEN ou M. FABRIUS QUINTILIANUS, né à Calahorra en Espagne, Rhéteur célèbre, enseigna à Rome, & quitta sa profession sous Domitien, l'an 88 de l'Ere Vulgaire... *Institutiones Oratoriæ, Libri XII. à Petro Burmanno*, in-4°. 1720 *&* 1732..... *A Capperonerio*, in-fol. *Parif.* 1725. Les Déclamations que nous avons sous son nom, sont supposées.
96.	DION-CHRYSOSTOME, de Pruse en Bithynie, Sophiste ou Orateur, vivoit sous l'Empereur Nerva... *Orationes*, in-fol. *Parif.* 1604 *&* 1623, 2 vol.
97.	TACITE ou CORNELIUS TACITUS, Chevalier Romain, qui vivoit sous Vespasien, Domitien & Nerva, a laissé des Annales & des Histoires, mais qui ne sont pas entières... *Annales & Historiæ ex editione Theodori Ryckii*, in-12. *Lugduni Batavorum* 1687, 2 vol... *ex editione, cum Suppl. Gabr. Brotier*, in-4°. *Parif.* 4 vol. 1771.
98.	PHLÉGON, Trallien, affranchi de l'Empereur Adrien, avoit fait une Chronique des Olympiades ; mais nous n'en avons qu'un fragment. On cite aussi de lui d'autres Ouvrages historiques.
99.	PLINE le jeune, neveu de Pline le Naturaliste, né à Côme en Italie, fut homme d'Etat & habile Littérateur, vivoit sous Trajan.. *C. Plinii Secundi Cæcilii Epistolæ*, in-4°. *Amstelodami* 1734, *& Panegyricus à Jacobo de la Baume, Societ. Jesu* in-4°. *Parif.* 1677, *&* in-4°. *Venetiis* 1728.
	SATURNINUS-POMPEIUS, Orateur & Poéte, grand ami de Pline le jeune, qui lui donnoit ses Ouvrages à revoir : il ne nous reste rien de lui.

DANS LES SCIENC. & ARTS. 621

Depuis IIe. SIÉCLE DE L'ERE-CHRÉTIENNE.
J. C.

101.   PLUTARQUE, de Chéronée en Béotie, Historien, Philosophe & Littérateur, vivoit sous Trajan... *Opera*, in-fol. *Francofurti* 1620, & *Parif.* 1624, 2 vol. La vieille traduction Françoise d'Amyot est encore goûtée, malgré les nouvelles de Tallement & de Dacier.

102.   FLORUS ou L. ANNÆUS FLORUS, que l'on croit Espagnol, & de la même famille que les Séneque & Lucain ; vivoit sous Trajan, & a laissé un Abrégé de l'Histoire Romaine... *Historia de Gestis Romanorum ab Anna Tanaquilli Fabri filiâ*, in-4°. *Parif.* 1674, & *Lugduni Batavorum*, in-8°. 1722. On en a plusieurs traductions Françoises.

103.   CELSUS, fameux Jurisconsulte Romain, très-souvent cité dans le Digeste, &c.

104.   SUÉTONE ou C. SUÉTONIUS TRANQUILLUS, Grammairien & Rhéteur, qui vivoit sous Trajan, a laissé plusieurs Ouvrages, dont le principal est la Vie des douze premiers Césars... *Vitæ XII. Imperatorum edita à Joan. Georg. Grævio*, in-4°. *Ultrajecti* 1703, & *à Samuele Petisco*, in-4°. *Leovardiæ* 1715, 2 vol.

106.   PRISCUS, habile Jurisconsulte Romain, que Trajan voulut faire son successeur : il est souvent cité dans le Digeste.

108.   *Apollodore*, de Damas, Architecte du temps de Trajan : ce fut lui qui bâtit le beau Pont du Danube, & à Rome la Place Trajane, où étoit la fameuse Colomne (historique) qui se voit encore à Rome.

110.   ARRIEN, de Nicomédie, Philosophe & Historien, disciple d'Epictete, a vécu sous l'Empereur Adrien... *De expeditione Alexandri*, in-fol. *Lugduni Batavorum* 1704, & autres Ouvrages, dont quelques-uns de Géographie, & de Tactique, *in-8°. Amstel.* 1683.

112.   ARETÉE, Médecin Grec, de Cappadoce, vivoit probablement sous Trajan... *Opera Græco-Lat. cum Notis Variorum, curante Hermanno Boerhave*, in-fol. *Lugd. Bat.* 1735.

115.   CEPHALION, Historien, qui vivoit, selon Suidas, sous Adrien, avoit écrit une Histoire Universelle, dont on a quelques fragmens.

116.   SALVIUS JULIANUS, de Milan, Jurisconsulte à Rome, composa plusieurs Ouvrages sur le Droit : l'Empereur Adrien le chargea de rédiger l'*Edit perpétuel*.

118.   FAVORINUS, d'Arles en Provence, Philosophe, contemporain de l'Empereur Adrien.

119.   ÆNOMAUS, de Palestine, Philosophe Cynique, avoit fait un Traité où il montroit que les Oracles n'étoient qu'une tromperie des hommes.

D.J.C.	
120.	ARISTIDES, Orateur Grec, a vécu sous Adrien... *Orationes*, in-4°. *Oxonii* 1722 & 1730, 2 vol.
121.	*Détrianus*, Architecte sous Adrien, rétablit le Panthéon & autres beaux Monumens de Rome.
125.	PHILON, de Biblos en Phénicie, avoit composé plusieurs Histoires, dont on n'a que des citations. Quelques Critiques l'ont accusé d'avoir forgé l'ouvrage de *Sanchoniaton* (ci-devant Tome I. pag. 468) dont il a publié une traduction.
126.	*Nicon*, de Pergame, Architecte & Géometre : ce fut le père du fameux Médecin Galien.
130.	APPIEN, d'Alexandrie, Historien Grec de l'Histoire Romaine, vivoit sous Antonin le Philosophe... *Historia*, in-fol. *Genevæ* 1592. & in-8°. *Amstelodami* 1670, 2 volumes.
138.	*Maxalas*, habile Graveur en pierres fines, dont on voit le nom sous une tête d'Antonin.
140.	HERMOGENE, de Tharse en Cilicie, fut un prodige en toute manière. A 17 ans il publia sa Rhétorique ; à 20 ans son Livre des idées ; mais à 25 il avoit oublié tout ce qu'il avoit sçu : il vivoit peu après Adrien, & sous Marc-Aurele, qui alla l'entendre.
141.	AULUGELE ou AULUS-GELLIUS, né à Rome, vivoit sous l'empire d'Antonin le pieux, Littérateur habile ; a laissé un Ouvrage de Belles-Lettres, qui contient quantité de Fragmens d'anciens Auteurs, sous le titre de *Noctes Atticæ, editæ à Jacobo Gronovio*, in-4°. *Lugduni Batavorum* 1706. On en a donné nouvellement une traduction Françoise.
142.	*Hippias*, Architecte, dont Lucien a fait l'éloge.
144.	* S. JUSTIN, Martyr & Philosophe, né à Naplouse ou Sichem en Palestine, Apologiste de la Religion Chrétienne. *Opera*, *Parif*. in-fol. 1742.
146.	MAXIME, de Tyr, Philosophe Platonicien, vint à Rome, & enseigna la Philosophie à Marc-Aurele... *Dissertationes*, in-8°, *Cantabrigiæ* 1703. & *in-4° Londiri* 1740.
	JAVELENUS, Jurisconsulte Romain, très-souvent cité dans le Digeste.
147.	CL. PTOLEMÉE, de Péluse en Egypte, célèbre Astronome & Géographe, vivoit sous Marc-Aurele Antonin... *Geographia*, in-fol. *Amstelodami* 1618, & autres Ouvrages.
148.	ARTEMIDORUS, Littérateur Latin, vivoit sous Antonin le pieux : il ne nous en reste qu'un Ouvrage sur les songes : *Oneirocritica, edente Nic. Rigaltio*, in-4°. *Parif*.
150.	FRONTO, grand Orateur Romain, qui enseigna la Rhétorique à Marc-Aurele & à L. Verus : on a quelques extraits d'un de ses Ouvrages sur la propriété des mots.

DANS LES SCIEN. & ARTS. 623

Depuis | APULÉE ou LUCIUS APULEIUS, de Madaure en
J. C. | Afrique, Philofophe & Littérateur, vivoit fous Marc-
162. | Aurele le Philofophe, & fous Vérus... *Metamorphofis de Afineo aureo, & alia ejus Opera à Juliano Florido*, in-4°. *Parif.* 1688, 2 vol.

164. GALIEN ou CL. GALENUS, très-célébre Médecin, né à Pergame en Afie l'an 131 de Jefus-Chrift, fils de Nicon, habile Architecte... *Opera Græco-Lat.* in-fol. *Parif.* 1679. 10 vol.

166. - LUCIEN, de Samofate en Syrie, Littérateur Grec très-élégant, vivoit fous Marc-Aurele... *Opera*, in-fol. *Parif.* 1615.

168. CAÏUS ou GAÏUS, très-fçavant Jurifconfulte Romain, fouvent cité dans les Livres de Droit.

170. CHRYSORE, affranchi de Marc-Aurele, avoit fait plufieurs Ouvrages de Chronologie, dont nous avons des Fragmens.

171. THEOPHILE, d'Antioche, fçavant Littérateur qui fe fit Chrétien. On a de lui un Ouvrage fur la Foi, où l'on trouve des remarques importantes fur l'Hiftoire & la Chronologie: il eft joint à plufieurs éditions de S. Juftin, *Parifiis* 1742; & à part, *Oxonii, cum Notis* 1684 & *Hamburgi* 1724.

172. NUMÉNIUS, d'Apamée, Philofophe, qui a prouvé que Platon avoit tiré de Moyfe ce qu'il difoit de Dieu; eft cité par Eufebe & S. Clement d'Alexandrie.

173. MARC-AURELE ANTONIN ou ANTONIN le Philofophe, Empereur, a compofé douze Livres de Réflexions fur fa vie... *Vita Græco-Latina à Jo. Hudfono*, in-8°. *Oxonii* 1704, dont nous avons une traduction Françoife par M. Dacier... *A Georg. Stanhope, Londini* 1707. in-4°.

174. PAUSANIAS, de Céfarée en Cappadoce, vivoit fous Antonin le Philofophe; a donné une Defcription ou un Voyage de la Grece.... In-fol. *Græco-Lat. Lipfiæ* 1711. L'Abbé Gedoyn en a publié une traduction Françoife, in-4°. *Paris*, 17..2 vol. On a perdu les Ouvrages de Paufanias fur l'Afie.

Cet Auteur curieux, en décrivant les beaux Ouvrages qui fe voyoient encore de fon temps en Grece, parle de 15 *Peintres* Grecs & de 169 *Sculpteurs*, au lieu que Pline qui écrivoit environ 80 ans auparavant, fait mention de 133 Peintres, bons ou médiocres, dit Mr. le Comte de Caylus, Tome II. de fes Antiquités, page 109. Voici le moyen que donne cet illuftre fçavant, pour concilier ces deux Auteurs. Pline n'a pas parlé feulement des *Peintres* de la Gréce proprement dite, dont Paufanias n'a vifité même qu'une partie, mais auffi de ceux de la Gréce Afiatique ou de l'Afie Mineure, comme de la Sicile, de

Depuis la Grande Gréce ; & Paufanias n'a parlé que de ceux dont
J. C. il avoit vu les ouvrages dans fon Voyage. Or le nombre de ces ouvrages étoit fort diminué en Gréce, par l'avidité des Romains, qui dévaftoient ce pays depuis environ 80 ans, à ne compter que le temps qui s'étoit écoulé depuis Pline jufqu'à Paufanias.

175. HARPOCRATION, Rhéteur d'Alexandrie, qui fut Précepteur de l'Empereur Verus, fit un excellent Lexicon fur les dix Orateurs... *Lugduni Batav.* 1683.

176. POLYÆN, de Macédoine, Auteur d'un Livre des Stratagêmes des grands Capitaines, *Lugduni* 1689 *& Lugd. Bat.* 1691. On en a une traduction Françoife, avec Frontin.

177. CELSE, Philofophe Epicurien, qui écrivit contre les Chrétiens : ce fut ce qui donna occafion au fçavant Ouvrage d'Origene d'Alexandrie qui tranfcrit fon texte par parties... *Lib. XII. contrà Celfum*, *Græco-Lat. Cantabrigiæ* 1658, *&c. in-4°.* dont nous avons une traduction Françoife, Amfterdam 1700 *in-4°.*

179. * ATHÉNAGORAS, d'Athènes, Prêtre & Philofophe Chrétien, a fait une Apologie de la Religion Chrétienne.

182. JULIUS-POLLUX, de Naucratis en Egypte, célébre Littérateur, vivoit fous Commode... *Onomafticon* in-fol. *Græco-Latinè*, *Amftelodami* 1706, 2 vol.

183. DIOGÈNE, de Laërce ville de Cilicie, Philofophe Epicurien, vivoit peu après Commode ; eft Auteur de la Vie des Philofophes, in-4°. *Græco-Latinè*, *Amftelodami* 1693, 2 vol.

ARRIA, Dame Romaine, fçavante, pour qui Diogene fit fon Ouvrage.

184. SEXTUS-EMPIRYCUS, Philofophe Pyrrhonien & Médecin, vivoit fous l'Empereur Commode : on le croit le même que Sextus de Chéronnée, petit-fils de Plutarque.. *Opera*, in-fol. *Lipfiæ* 1718. *Ed. Joan. Alb. Fabricio.*

193. ATHÉNÉE, de Naucratis en Egypte, vivoit peu après Commode ; fut célébre Littérateur... *Opera*, in-fol. *Græco-Lat. Lugduni* 1612, 2 vol.

194. SOLIN ou JULIUS-SOLINUS, Grammairien, né à à Rome : on le croit du temps d'Alexandre Sevère, fils de Mammée. Il a laiffé une Collection des chofes mémorables, fous le titre de *Polyhiftor* (où il ne fait prefque que copier Pline)... *A Jacobo Graffero*, in-8°. *Parif.* 1605.

195. PLOTIN, Philofophe Platonicien très-célébre, vivoit fous l'Emp. Sevère ; il refte de lui quelques Ouvrages.

198. PAPINIEN ou ÆMILIUS-PAPINIANUS, très-célébre Jurifconfulte ; Caracalla le fit mourir à 56 ans : il ne refte de lui que des Fragmens. Tous les Jurifconfultes le regardent comme le plus habile.

IIIe.

IIIe. SIÉCLE DE L'ERE-CHRÉTIENNE.

Depuis J. C.

201. OPPIEN, de Cilicie, Poéte Grec & Naturaliste, vivoit sous Septime Sevère... *Opera*, in-8°. *Lugd. Bat.* 1597.

204. Qu. *Cissonius*, Architecte & Ingénieur des Empereurs Sevère, Caracalla & Géta.

Depuis ce temps l'Architecture tomba (dit Félibien des Avaux, *Rec. hist. des Archit.* pag. 125.) dans une corruption dont elle n'a été tirée que 1200 ans après : cependant on peut encore faire état, parmi les Anciens, jusqu'au VIe. Siécle, de quelques Architectes (dont il sera ensuite parlé.)

205. ALEXANDRE, d'Aphrodisée en Carie, Philosophe Grec, contemporain de Sevère & de Caracalla.

210. PHILOSTRATE, de Lemnos, Littérateur, qui vivoit sous Caracalla & Geta.... *Opera*, in-fol. *Lipsiæ* 1709.

PHILOSTRATE, le jeune, neveu de ce premier, a fait les Tableaux : dans la même édition, & en François, *in-folio*.

212. Q. SERENUS SAMONICUS, vivoit sous Septime Sevère & M. Aurele Antonin surnommé Caracalla ; a laissé des Poésies, qui contiennent des préceptes de Médecine... *Sereni Carmen de re Medicà*, ed. *Roberto Keuchenio*, in-8°. *Amstelodami* 1668 & 1706.

215. * S. CLÉMENT, d'Alexandrie, grand Littérateur & Philosophe, enseignoit à Alexandrie, il a conservé beaucoup de Fragmens des anciens Auteurs Profanes.... *Opera*, in-fol. *Oxonii* 1723, 2 vol.

216. ULPIEN ou DOMITIANUS ULPIANUS, fameux Jurisconsulte Romain, qui avoit fait plusieurs Ouvrages sur le Droit, mais dont on n'a que des Fragmens ; il fut Préfet du Prétoire, mais les soldats le tuerent en 228 à cause de sa sévérité.

218. ELIEN, né à Préneste en Italie, Littérateur Grec, vivoit sous Alexandre Severe... *Æliani Historia varia*, in-8°. *Lugduni Batav.* 1701, 2 vol. & à *Jacobo Gronovio*, in-4°. *Amstelodami* 1731, 2 vol.... *Historia Animalium*, in-fol. *Tiguri* 1556. *in-4°. Londini* 1744. 2 vol. & autres Ouvrages. M. Dacier (le jeune) vient de nous donner une traduction Françoise des Histoires variées d'Elien avec des Notes.

220. PANTÆNUS, Philosophe Stoïcien, se fait Chrétien, & succede à S. Clement dans l'école d'Alexandrie.

221. * AFRICAIN ou JULIUS AFRICANUS, Philosophe & Littérateur Chrétien, composa, entr'autres Ouvrages, une ample Chronique Grecque, depuis le commencement du monde jusqu'à cette année, dont nous n'avons que des Fragmens dans Eusebe & le Syncelle, qui en ont tiré leurs Chroniques.

Depuis J. C.	
228.	DION CASSIUS, de Nicée en Bithynie, célébre Historien Grec de l'Histoire Romaine, fut Consul & ensuite Gouverneur de province. Nous n'avons qu'une partie de son Ouvrage, avec un Abrégé par *Xiphilin*, Grec du onzième siecle... *Historia*, in-fol. *Hanoviæ* 1606.
229.	HERODIEN, Historien Grec, qui a fait les vies de quelques Empereurs... *Græco-Lat. Oxonii* 1704, in-8°. dont nous avons une bonne traduction Françoise.
230.	JULIUS-PAULUS, célèbre Jurisconsulte, contemporain d'Ulpien, vivoit aussi sous Alexandre Sevère; il ne reste de lui que des Fragmens.
231.	SEXTUS-POMPONIUS, fut disciple de Papinien, & Conseiller d'Alexandre Sevère.
232.	HERENNIUS-MODESTINUS, célèbre Jurisconsulte, vivoit sous Alexandre Sevère.
234.	HERMOGENIANUS, célèbre Jurisconsulte, contemporain de Modestinus. On croit qu'il étoit Chrétien.
238.	CENSORINUS, sçavant Grammairien, nous a laissé un petit Ouvrage estimé, & très-important pour la Chronologie... *De die Natali*, ed. *Henr. Lindenbrogio*, in-8°. *Lugduni Batavorum* 1642. *cum al. Not. Cantabrigiæ* 1695.
240.	AMMONIUS, d'Alexandrie, Philosophe, qui tâcha de réunir les sentimens de Platon avec ceux d'Aristote: il fut le maître d'Origène, de Longin, &c. Il avoit beaucoup écrit, mais on n'a de lui que des Fragmens.
245.	QUADRATUS, Historien estimé, avoit écrit une Histoire Romaine & une des Parthes, mais elles sont perdues.
249.	PALLADIUS RUTILIUS TAURUS ÆMILIANUS, Romain, à ce que l'on croit, a laissé un Ouvrage en douze Livres sur l'œconomie de la campagne, imprimé avec les Auteurs qui ont traité de la même matière: il peut avoir vécu dans le troisième siècle.
250.	JUSTIN, a donné un Abrégé de l'Histoire Universelle de Trogue-Pompée: il vivoit avant les Empereurs Chrétiens, ainsi vers l'an 250 de l'Ere-Chrétienne... *Historiæ*, à *Petro-Josepho Cantelio editæ* in-4°. *Parisiis* 1677... *Idem*, à *Th. Hearne*, in-8°. *Oxonii* 1705, & in-8°. *Lugduni Batavorum* 1719.
262.	*Athénéus* & *Cleodamus*, Architectes, vivoient sous l'Empereur Gallien.
270.	LONGIN, d'Athènes, Philosophe Platonicien, & célébre Littérateur: il ne nous reste que son Traité *du Sublime*.
278.	PORPHYRE, de Tyr, Philosophe Platonicien, disciple de Plotin, grand ennemi des Chrétiens, & dont on a plusieurs Ouvrages.
282.	NEMESIEN ou M. AURELIUS OLYMPIUS NEMESIANUS, de Carthage, Poëte Latin, dont il reste seulement

Depuis J. C.	
283.	un Poéme sur la chasse, & peu d'autres choses ; est imprimé avec le *Gratius*.
	Jean STOBÉE, Auteur Grec d'un Recueil de Maximes ou Sentences ; il étoit Chrétien & paroît avoir vécu après Probus, comme l'a observé Conrad Gesner, qui l'a publié avec une traduction Latine, *Francofurti 1581, in-fol.*
284.	SPARTIEN ou ÆLIUS SPARTIANUS, a écrit les Vies des Empereurs Adrien & Ælius Verus & plusieurs autres ; vivoit du temps de Dioclétien, auquel il étoit attaché. Voyez le Recueil intitulé *Historia Augusta.*
285.	JULIUS CALPURNIUS, Sicilien, a fait quelques Eclogues, imprimées avec le *Nemesianus*, dont il fut contemporain.
290.	* ARNOBE, Africain, Grammairien & Rhéteur ; fut le maître de Lactance : devenu Chrétien, il écrivit sept Livres contre les Gentils, où il y a bien des choses qui concernent la Littérature ; imprimés à part, & avec S. Cyprien.

IVᵉ. SIÈCLE DE L'ERE-CHRÉTIENNE.

301.	HIEROCLÈS, Philosophe Platonicien, grand ennemi des Chrétiens, a commenté les *Vers Dorés* de Pythagore... *Commentaria 1709 & Londini 1742. in-8°. Cantabrigiæ, &c.*
304.	LACTANCE ou LACTANTIUS-FIRMIANUS, grand Littérateur, a fait la Défense de la Religion Chrétienne en style très-pur, où se trouvent plusieurs Fragmens des Anciens ; & a composé plusieurs autres Ouvrages... *Opera*, à *Walkio*, *in-8°. Lipsiæ 1715 ; in-4°. 2 vol. Parisiis 1747.* On a douté que le curieux Traité *de la mort des persécuteurs* fût de Lactance.
320.	IAMBLIQUE, de Chalcis en Célésyrie, Philosophe, vivoit sous Constantin... *Opus de Mysteriis Ægyptiorum, &c. in-fol. Oxoniæ 1678 & in-4°. Amstel. 1707.*
325.	CAPITOLIN ou JULIUS-CAPITOLINUS, qui vivoit du temps du grand Constantin, a fait les Vies de plusieurs Empereurs : ce que nous en avons est dans le Recueil appellé *Historia Augusta.*
	LAMPRIDE ou ÆLIUS LAMPRIDIUS, autre Historien Latin des Empereurs, dans ce Recueil. Plusieurs Critiques prétendent que c'est le même que *Spartien* (ci-dessus.)
	VOPISCUS, Historien Latin, aussi dans l'*Historia Augusta.*
328.	*Métrodorus*, de Perse, Architecte du temps de Constantin.
330.	* EUSEBE, Evêque de Césarée en Palestine, grand Littérateur, comme il paroît par sa Préparation Evangélique, son Histoire Ecclésiastique, sa Chronique Uni-

Depuis J. C.	
	verselle, & son Traité des lieux Hébraïques : ces deux derniers Ouvrages ont été traduits en Latin par *S. Jérôme*.
331.	* JUVENCUS, Poëte Chrétien, Espagnol ; a fait en vers Latins l'Histoire Evangélique.
340.	* JULIUS-FIRMICUS-MATERNUS, Sicilien, & habile Littérateur, vivoit sous Constantin & ses enfans ; a laissé un Ouvrage sur l'Astronomie, & le pouvoir des Etoiles. De Payen il se fit Chrétien dans sa vieillesse, vers l'an 358, & donna un Livre contre le Paganisme, qui est à la fin de quelques éditions de *S. Cyprien*.
342.	SERVIUS, célèbre Grammairien Latin, que l'on prétend avoir été maître de S. Jerôme. On a de lui des Commentaires sur Virgile, &c.
345.	CHALCIDIUS, habile Philosophe, que l'on croit avoir été Chrétien, a donné un Commentaire sur le Timée de Platon ; vivoit vers l'an 340... *Chalcidius in Timaum Platonis, ed. Joanne Meursio*, in-4°. *Lugduni Batav.* 1617.
350.	EUTROPE ou FLAVIUS-EUTROPIUS, Sophiste ou Littérateur, a donné un Abrégé de l'Histoire Romaine ; vivôit sous Constantin, & même sous Julien l'Apostat... *Breviarium Historiæ Romanæ ab Annâ Tanaquilli Fabri filiâ*, in-4°. *Paris*. 1683, & in-8°. *Lugduni Batavorum* 1729.
354.	DONAT, célèbre Grammairien de Rome, dont S. Jerôme fut disciple. On a de lui quelques Fragmens & des Commentaires sur Terence & Virgile.
358.	POMPONIUS FESTUS, Grammairien, dont on a quelques Fragmens.
359.	LIBANIUS, d'Antioche, fameux Rhéteur, dont il nous reste quelques Harangues : S. Basile & S. Chrysostôme, ont été ses Disciples.
360.	THÉMISTIUS, Philosophe Péripatéticien, contemporain de Julien l'Apostat... *Opera* in-fol. *Paris*. 1684.
361.	JULIEN, Empereur, surnommé l'Apostat, neveu du grand Constantin, fut Philosophe... *Opera*, in-fol. *Lipsiæ* 1696. Son Histoire, &c. par l'Abbé de la Bletterie.
362.	ORIBASE, de Pergame, Médecin de Julien, dont on a quelques Ouvrages, composés à *Lutèce*, ou *Paris*.
363.	*Alypius*, d'Antioche, Architecte sous l'Empereur Julien, entreprit par son ordre de rebâtir le Temple de Jérusalem, pour le rétablissement des Juifs ; mais des accidens imprévus & miraculeux (selon le témoignage même des Payens) l'obligent à abandonner cet Ouvrage. Voy. Ammien Marcellin. Plusieurs croyent cet Alypius Auteur d'une petite Géographie assez curieuse, dont on a une traduction barbare Latine, publiée avec le Grec restitué par Jacques Godefroy : *Vetus Orbis Descriptio*, in-4°. *Genevæ*, 1628.

D.J.C.	
366.	*DAMASE, Pape, a fait quelques Poésies, dont nous n'avons qu'une partie.
370.	AMMIEN MARCELLIN, parut sous les enfans de Constantin, & vécut jusqu'au temps de Théodose: il a laissé une partie d'Histoire assez estimée pour le fond des choses... *Historia ex editione Hadriani Valesii*, in-fol. Parif. 1681, & à *Jacobo Gronovio*, in-fol. *Lugduni Batavorum* 1693.
372.	* APOLLINAIRE, Evêque de Laodicée en Syrie, sous Valentinien & Valens, Poéte Grec, a donné une Version Poétique des Pseaumes de David.
375.	VEGECE ou FLAVIUS VEGETIUS, vivoit sous Valentinien; il a laissé un Traité sur l'Art Militaire... *Institutio Militaris*, in-8°. *Vesaliæ* 1670. On en a nouvellement donné une bonne traduction Françoise avec les Stratagêmes de *Frontin*, (ci-devant à l'an 86.)
376.	*S. GRÉGOIRE DE NAZIANZE, a fait beaucoup de Vers Grecs; vivoit & est mort sous Théodose le Grand; c'est le plus sublime des Pères Grecs.
378.	AURÉLIUS-VICTOR, que l'on croit Africain, a laissé un Ouvrage sur les Antiquités de Rome, un autre des Hommes illustres, & un troisiéme sur les Empereurs... *Historia edita ab Annâ Tanaquilli Fabri filiâ*, in-4°. *Parif.* 1681. & in-4°. *Amstelodami* 1733.
379.	PAPPUS, d'Alexandrie, Philosophe, Mathématicien & Chronologue, dont nous n'avons que quelques Fragmens.
380.	AUSONE ou DECIMUS MAGNUS AUSONIUS, de Bordeaux, Grammairien, Rhéteur & Poéte, fut Consul en 379, & mourut sous Honorius l'an 392... *Opera per Jacobum Tollium*, in 8°. *Lugduni Batavor.* 1671. & à D. Souchay, in-4°. *Parif.* 1721.
381.	NONNUS, de Panopolis, a fait un Poéme sur Bacchus; vivoit sous Théodose.
382.	HORAPOLLO, Grammairien d'Egypte, enseigna à Alexandrie & à Constantinople. On a entr'autres de lui une explication des anciens *Hieroglyphes* Egyptiens, *Ultrajecti* 1727 in-4°. *Græco-Lat.*
384.	QUINTE-CURCE ou QUINTUS-CURTIUS RUFUS, on ignore précisément le temps où il a vécu; on croit néanmoins que ce fut sous Théodose le Grand. Nous avons de lui une Histoire très-élégante d'Alexandre le Grand... *De rebus Alex. Mag.* in-4°. *Delphis* 1724. Comme les deux premiers Livres sont perdus, Jean Freinshemius y a fait un Supplément très-curieux.
385.	THÉMISTIUS, Orateur Grec & Philosophe, dont on a plusieurs Harangues & quelques Fragmens.
390.	THÉON Egyptien, Philosophe & Mathématicien, a fait plusieurs Ouvrages, entr'autres un Commentaire sur

Depuis J. C.	l'Astronomie de Ptolomée, *Basileæ* 1538; sa fille *Hypatia* se rendit célèbre par sa science.
392.	* PRUDENCE ou AURELIUS PRUDENTIUS CLEMENS, né à Calahorra, en Espagne, a laissé des Poésies estimées; il étoit Chrétien..*Opera per Nic. Heinsium, Amstelodami*, in-12. 1667.
393.	*Cyriadès*, Architecte du temps de Théodose le Grand.
394.	Julius OBSÉQUENS, Ecrivain Latin, vivoit un peu avant l'Empire d'Honorius; il a fait un Livre des Prodiges, dont il ne nous reste qu'une partie..; *Jul. Obseq. de Prodigiis, curante Fr. Oudendorpio*, in-8°. *Lugduni Batavor.* 1720. Conrad Lycosthénes, sçavant moderne, y a fait des Additions.
396.	MACROBE, Philosophe & Littérateur Latin, vivoit sous Théodose & Honorius... *Ejus opera, sive Saturnalia, cum Notis Variorum*, in-8°. *Lugduni Batavorum* 1670.

V°. SIÉCLE DE L'ERE-CHRÉTIENNE.

401.	SYMMAQUE ou QUINTUS-AURELIUS SYMMACHUS, fut Consul & Gouverneur de Rome sous Valentinien II & Théodose II. a laissé des Lettres & quelques autres Ouvrages... *Epistolæ* in-8°. *Francofurti* 1642.
402.	CLAUDIEN ou CLAUDIUS CLAUDIANUS, d'Alexandrie, vivoit sous Théodose le Grand & ses enfans; a laissé des Poésies... *Poemata edita curâ Nicolai Heinsii* in-12. *Lugduni Batavor.* 1651. *& cum Notis Variorum* in-8°. *Lugduni Batav.* 1665.
410.	AVIÉNUS, que l'on croit Espagnol, a laissé une Traduction Poétique en Latin des Phénomènes Grecs d'Aratus... *In Syntagmate Arateorum Hugonis Grotii*, in-4°. *Lugduni Batav.* 1600. Une semblable Traduction de Denys d'Alexandrie, Géographe Grec, *cum Dionysio Periegete*, in-8°. *Oxonii* 1697. Il a laissé enfin un petit Livre de Fables en Vers Latins, *post Phædri Fabulas*, in-12. *Parisiis* 1742.
411.	* SYNÉSIUS, Evêque de Ptolémaïde, dont nous avons des Vers Grecs, avec d'autres Ouv. vivoit sous Théodose.
412.	* S. PAULIN, (Pontius Paulus) né à Bordeaux fut Consul, puis Evêque de Nole; a fait aussi quantité de Vers.
416.	CLAUDIUS-RUTILIUS NUMATIANUS, né à Toulouse, vivoit sous le jeune Théodose; a laissé quelques Poésies... *Poemata per Theodorum Jansonium ab Almeloveen*, in-12. *Amstelodami* 1687.
420.	* OROSE, de Tarragone en Espagne, Prêtre, ami de S. Augustin, fit une Histoire Universelle & quelques autres Ouvrages, *Lugd. Bat.* 1738, in-4°. à Sig. *Havercamp.* 2. Vol.

Depuis J. C. 435.	EUDOXIE-ATHENAÏS, Impératrice fçavante, femme de Théodofe II. & fille du Sophifte Léonce, Athénien; compofa plufieurs Poëmes.
440.	*SEDULIUS, Auteur Eccléfiaftique, a fait un Poëme fur la vie de Jefus-Chrift, imprimé dans les Bibliothéques des Peres & ailleurs.
451.	*CLAUDIUS MAMERTUS, Evêque de Vienne, a fait quelques Vers fur la Religion, & plufieurs autres Ouvrages Philofophiques.
452.	MARTIANUS-MINEUS-FELIX CAPELLA, de Madaure en Afrique, vivoit à Rome fous Léon de Thrace; a laiffé un Ouvrage de Littérature, partie en Vers & partie en Profe... *Satyra de Nuptiis Philologiæ & Mercurii, ab Hugone Grotio*, in-8°. *Lugduni Batavorum* 1599.
460.	*SIDOINE ou C. SOLLIUS-SIDONIUS APOLLINARIS, Evêque de Clermont en Auvergne l'an 472; a laiffé des Poéfies & des Lettres... *Epiftolæ à Sirmondo edita*, in-4°. *Parif.* 1652.
469.	IDACE, de Lamégo en Galice, compofa une Chronique qui fert de fuite à celles de S. Jerôme & d'Eufebe: on croit lui être auffi redevable de la Collection des *Faftes Confulaires*.
470.	COINTUS ou QUINTUS, Poëte Grec, qui a écrit l'Hiftoire de la Guerre de Troye, depuis la mort d'Hector jufqu'au retour des Grecs, vivoit fous Léon, Zénon & Anaftafe. On l'a appellé le *Calabrois*, parce que fon Ouvrage a été trouvé en Calabre... *Cointi* ou *Quinti Paralipomena Homerica Libris XIV. ex recenfione Rhodomanni*, in-8°. *Hanoviæ* 1604. & *Lugduni Batavor.* 1734.
474.	ZOSIME, Hiftorien Grec des Empereurs; il parle mal des Chrétiens, étant Payen... *Græco-Lat. Oxonii*, in-8°. 1679.
475.	PRISCUS, de Thrace, avoit fait l'Hiftoire d'Attila, de Genferic, &c. dont on a des Fragmens.
484.	MUSÆUS, Auteur du Poëme de Léandre & Héro, vivoit fous Léon, Zénon & Anaftafe.
490.	PROCLUS, de Lycie, Philofophe Platonicien, écrivit contre la Religion Chrétienne. On a fes Commentaires fur le Timée de Platon, *Bafileæ*, 1504.
	SIMPLICIUS, de Phrygie, Philofophe Péripatéticien, dont nous avons des Commentaires fur Ariftote, imprimés à Venife.

La ruine de l'Empire d'Occident, & les établiffemens des Peuples du Nord, détruifirent prefqu'entiérement les Belles-Lettres & les Arts dans l'Europe Occidentale, & il ne s'en conferva une partie que chez les Eccléfiaftiques & les Moines. Charles-Magne fit vers la fin du VIIIe. Siécle, des efforts pour les renouveller; mais cela n'eut pas l'étendue & la durée qu'on devoit attendre.

VIᵉ. SIÉCLE DE L'ERE - CHRÉTIENNE.

Depuis J. C.

505. ETIENNE ou STEPHANUS, de Byzance, Grammairien, vivoit sous Anastase. On n'a que l'abrégé de son Dictionnaire Géographique, par le Grammairien *Hermolaüs*, qui vivoit dans le sixiéme siécle... *Lexicon de Urbibus*, in-fol. *Amstelodami* 1678... & *Lugduni Batavorum* 1684 & 1688.

513. * CASSIODORE ou MAGNUS AURELIUS CASSIODORUS, Chrétien & Sénateur Romain, fut attaché à Théodoric, Roi des Goths, en Italie : nous avons ses Ouvrages en plusieurs genres de Littérature, in-fol. *Rothomagi* 1679, 2 vol.

520. * BOECE ou ANICIUS-MANLIUS TORQUATUS-SEVERINUS BOETHIUS, Consul & Philosophe Péripatéticien, que Théodoric, Roi des Goths, fit mourir en 524... *Opera*, in-fol. *Basileæ* 1570. L'un de ses Ouvrages, *De Consolatione Philosophicà*, in-8°. *Lugduni Batavorum* 1671, & *ad usum Seren. Delphini*, in-4°. *Paris.* 1680. Nouvelle Traduction Françoise, avec des Remarques, *à Berlin* 1744, 2 volum. *in* 8°.

525. PRISCIEN, de Césarée, Grammairien en réputation à Constantinople : ses Ouvrages sur la Grammaire ont été imprimés, *Venetiis* 1596 in-fol. Il en a fait encore d'autres.

*MARCELLIN, Comte : *Chronicon ap. Scaliger.*

529. TRIBONIEN, de Side en Pamphilie, fameux Jurisconsulte, que l'Empereur Justinien chargea de mettre en ordre le Droit Romain, & qui dressa le Code de cet Empereur, &c. Son style n'eût pas été désavoué dans les beaux jours d'Auguste ; ce qui prouve qu'en Orient les Sciences se soutenoient, pendant qu'elles étoient tombées en Occident.

540. DENYS LE PETIT, Moine de Scythie, meurt à Rome cette année : on a de lui plusieurs Ouvrages, & ce fut lui qui commença à compter les années *depuis la Naissance de J. C.* mais cela ne devint commun en Occident que vers l'an 800.

542. ARATOR, Intendant des Finances d'Athalaric Roi des Goths, a mis en Vers Latin les Actes des Apôtres, *in Bibliotheca Patrum*.

545. *Anthémius & Isidore*, Architectes sous Justinien : ils firent beaucoup d'Ouvrages pour fortifier des Places, & ils bâtirent l'Eglise de Sainte Sophie à Constantinople, qui subsiste encore. *Anthémius* passoit aussi pour habile Sculpteur, & étoit excellent Mathématicien.

552. JORNANDÈS, ou plutôt JORDANUS, de la nation des Goths, & Secrétaire de plusieurs de ses Rois, puis Evê-

DANS LES SCIENC. & ARTS. 633

Depuis que de Ravenne, a écrit une Histoire générale des Goths..
J. C. *Ex editione Grotii*, *Amstelodami* 1655. Nous avons aussi de Jornandès une espèce d'Histoire Universelle, sous ce titre : *De Regnorum ac Temporum successione*, où il s'étend plus sur l'Histoire Romaine ; ce qui a fait joindre cet Ouvrage aux petits Historiens Romains abrégés, tels que *Florus*, *Velleius-Paterculus*, *Victor*, *Eutrope*, &c. imprimés ensemble en Hollande sous le titre d'*Hist. Romanæ Epitomæ*, *in-24*.

554. ALEXANDRE DE TRALLES, Médecin : *Libri XIII. de re Medica Græco-lat. edente Petro du Chastel. in-fol. Parisiis*, 1548.

555. PROCOPE, de Césarée en Palestine, Rhéteur & Historien Grec, pour la guerre des Perses, celle des Vandales en Afrique, celles des Gots ou Ostrogots en Italie : plusieurs doutent que l'*Histoire secrette* de Justinien soit de Procope... *Opera Græco-Lat. Paris.* 1662, in-fol. 2 vol.

566. AGATHIAS, de Myrine en Eolie, Historien & Poëte ; a écrit en Grec la suite de l'Histoire de Procope... *Græco-Lat. Paris. in-fol.* 1660.

568. * GILDAS, Moine Anglois, peut être mis au nombre des Historiens, à cause de son Ouvrage sur la Ruine de la Grande-Bretagne.

570. * GRÉGOIRE DE TOURS, Histoire des François, la plus ancienne que nous ayons. *Ejus Opera: in-fol. Paris.* 1690.

580. * FORTUNAT ou VENANTIUS FORTUNATUS, Prêtre Chrétien, Historien & Poëte, né en Italie, & mort à Poitiers vers 610... *Opera ex Editione Broweri, Coloniæ* 1603. in-4°.

600. HESYCHIUS, le plus célèbre des anciens Grammairiens Grecs qui nous restent, est mort en 609. *Dictionarium Græcum, edente Schrevelio*, in-4°. *Amst.* 1668, *& Joan-Alberti, Lugd. Batav.* 1746. 2 vol. cette derniere est la meilleure édition.

VIIe. SIÉCLE DE L'ERE CHRÉTIENNE.

610. * ISIDORE DE SEVILLE., Espagnol, Evêque de cette Ville, nous a conservé quantité de Fragmens des Anciens, dans son grand Ouvrage Etymologique, où il traite de presque toutes les Sciences & de tous les Arts... *Originum sive Etymolog. Libri XX inter Auctores Latinæ linguæ*, de Denys Godefroy, *Genevæ* 1585 in-4°. *Opera Isidori, Parisiis*, 1601 *& Coloniæ*, 1618 *in-fol.* on y trouve quelques Traités de Grammaire & de Philosophie.

620. Théophylacte SIMOCATTE, de Locres, a écrit l'Histoire de l'Empereur Maurice... *VIII Libri, Græco-Lat. in-fol. Parisiis*, 1647.

D. J. C.　　* EUGÈNE DE TOLEDE, Espagnol a fait quelques
640.　　Poéſies.

　　PAUL EGINETTE, ainſi nommé parce qu'il étoit de
l'Iſle d'Egine, célèbre Médecin Grec : pluſieurs l'ont
fait vivre au IIIe. & IVe. ſiécle ; mais il doit être du
VIIe. puiſqu'il a copié pluſieurs paſſages d'Alexandre de
Tralles qui vivoit dans le VIe. ſiécle. *Pauli Eginetæ
Opera*, in-fol. *Venetiis* 1534.

672.　　* MARCULFE, fait à Paris un Recueil de Formules, qui
peut faire connoître en partie l'état où étoient alors les
Lettres, &c. en France : *Formulæ*, ed. *H. Bignon*, *Par.*
1613, 1666.

VIIIe. SIÉCLE DE L'ERE CHRÉTIENNE.

730.　　* GEORGE SYNCELLE, (ainſi nommé, parce qu'il étoit
Vicaire du Patriarche de Conſtantinople,) eſt Auteur d'une
Chronique Grecque, où l'on trouve quantité de Fragmens
des Anciens : elle ne va que juſqu'à l'an 285. *Græco-Lat.*
in-fol. *Pariſiis* 1652. On a eu depuis à la Bibliothèque du
Roi, un autre Manuſcrit qui peut ſervir à corriger cette
Edition, & à remplir des lacunes : M. Perquoy y travaille.

736.　　* BEDE, Moine Breton, de la Grande Bretagne, a compoſé nombre d'Ouvrages ſur la Grammaire, la Philoſophie, l'Hiſtoire, &c. *Opera*, in-fol. *Coloniæ*, 1612, 4 vol.

750.　　ISIDORUS PACENSIS, Espagnol, Auteur d'une Chronique de ſon Pays, qui continue celle d'*Idace*, (ci-devant
page 631.)

760.　　* FREDEGAIRE, fait une Chronique pour l'Hiſtoire de
France, pour ſervir de ſuite à *Grégoire de Tours*, (ci-devant
page 633.)

780.　　* ALCUIN, né en Angleterre l'an 735, & mort à Tours,
en 804, fut choiſi par Charlemagne pour préſider au renouvellement des Sciences. On n'a fait mention ci-devant (p.
401) que de ſes Ouvrages Théologiques.

795.　　* THÉOPHANES de Conſtantinople, eſt Auteur d'une
Chronique, où il continue celle de *George Syncelle*, (ci-
deſſus à l'an 730) in-fol. *Græco-Lat. Pariſiis*, 1655.

800.　　ABOU-NAVAS, Poéte Arabe de la première claſſe, flo-
riſſoit à la Cour du Calife des Arabes Haroun (que nos
Hiſtoriens appelloient Aaron Roi de Perſe) qui favoriſoit
fort les Sciences en Orient : DAGHIL & pluſieurs autres
Poétes étoient fameux dans le même-temps, parmi les
Arabes. (Ces Peuples ont toujours eu beaucoup de Poétes,
ſur quoi l'on peut voir la *Bibliothèque Orientale de d'Herbelot*.) Les Arts étoient alors plus cultivés en Orient qu'en
Occident, & Haroun envoya à Charlemagne une Horloge
ſonnante, à roues & à reſſorts, la première que l'on ait vue
en France.

IX‌ᵉ. SIÈCLE DE L'ERE CHRÉTIENNE.

Depuis J. C.

801. ✶ CHARLEMAGNE, Roi de France & Empereur, continue de presser le Renouvellement des Etudes, & fait ou fait faire d'excellentes Loix, connues sous le nom de *Capitularia*, dont la meilleure Edition est celle de M. Baluze, in-fol. *Parisiis* 1677.

Cet Empereur, dès la fin du Siècle précédent, fit un Renouvellement dans l'Etude des Sciences, que l'irruption des Peuples du Nord avoit ruinée en Occident. Charlemagne se servit principalement pour cela d'Alcuin: il obligea les Evêques à former d'habiles Ecclésiastiques, & les Moines à avoir des Etudes réglées, à copier & revoir les Ecrits des Anciens; enfin il établit dans son Palais une Ecole qui devint célèbre, & où se formèrent divers Sçavans. De-là les Maîtres qui se succédèrent les uns aux autres, sans interruption, donnèrent lieu à ce qu'on appela ensuite l'Université de Paris, Mère de toutes les autres. Cependant les guerres & les irruptions des Normands, qui arrivèrent sous les petits-fils de Charlemagne, dérangèrent les Etudes & introduisirent de nouveau la barbarie. Quelqu'effort que l'on fît pour en sortir en Occident, les Belles-Lettres ne reprirent leur perfection que long-tems après, c'est-à-dire au XVe. Siècle, lorsque de Sçavans Grecs se réfugièrent de Constantinople en Italie, principalement après la prise de cette Ville par les Turcs.

806. ✶ NICÉPHORE, Patriarche de Constantinople, est Auteur d'un Abrégé d'Histoire universelle, in-fol. *Græco-Lat. Parisiis*, 1648.

825. MAMON, fils de Haroun, & Calife ou Souverain des Arabes, fait faire des Observations Astronomiques, & en calcule lui-même les Tables. Encore plus zélé que ses prédécesseurs pour le progrès des Sciences, car il étoit lui-même sçavant, il fit venir de Grece des Livres sur toute sorte de Sciences, & les fit traduire pour l'usage de ses Sujets. Mais ils ne cultivèrent que les Mathématiques, l'Astronomie, la Philosophie & la Médecine. On leur doit la Chymie.

828. ALFRAGAN, fameux Astronome Arabe, fut un des principaux que le Calife Mamon employa. On a de lui des Elémens de Géométrie & d'autres Ouvrages.

830. LÉON & SERGIUS, sçavans Mathématiciens Grecs: Mamon fit inutilement tout ce qu'il put, pour faire venir le premier dans ses Etats.

835. *Rumalde*, Architecte de Louis le Débonnaire, fils & successeur de Charlemagne, dirige le bâtiment de l'Eglise Cathédrale de Reims. Il y a apparence que c'étoit un Ecclésiastique; car on ne trouve des Architectes en ces temps,

Depuis J. C.	
	que de cette espéce, ainsi que des Médecins; les Ecclésiastiques seuls faisant des études, en Occident.
840.	ALBUMASAR, ou Abou-Maaschar, célèbre Mathématicien & Astronome Arabe, dont on a plusieurs Ouvrages.
842.	DODANE, Duchesse de Septimanie, sçavante Françoise, meurt vers ce temps. On a d'elle un Recueil d'Avis d'une Mère à ses fils, sous le titre de *Manuale*.
845.	* RABAN MAUR, d'abord Abbé de Fulde, ensuite Archevêque de Mayence, (ci-devant page 411.)
	Raban *fut Disciple d'*Alcuin, *& le Maître* de Loup de Ferrières: *celui-ci eut pour Disciple* Héric, *Maître de* Remi d'Auxerre, *qui enseigna à Paris avec grande réputation, & depuis lequel il y eut toujours dans cette Ville des Etudes publiques, où l'on venoit s'instruire de tous côtés.* On a des *Sçavans que nous venons de nommer, plusieurs Ouvrages de Littérature, quoiqu'ils fussent Ecclésiastiques ou Religieux: ils ne séparoient point l'étude des Sciences profanes de celle des Sciences divines, parce que bien entendues, elles se prêtent un secours mutuel. On leur reproche de ce que voulant embrasser toutes les Sciences, ils n'en approfondissoient aucune: aussi n'y eut-il que la plus importante de toutes, celle de la Religion, qui se conserva dans sa pureté.*
863.	* PHOTIUS, faux Patriarche de Constantinople, est Auteur d'une *Bibliothèque*, (ci-devant, p. 413) où il nous a conservé nombre de Fragmens d'anciens Ecrivains, &c. Il avoit beaucoup d'esprit, mais il en a bien abusé.
867.	MILON, Moine de S. Amand, Poéte, Musicien & Peintre.
870.	* AELFRED le Grand, Roi d'Angleterre, fait en Saxon, une Paraphrase de l'Histoire Bretonne de Béda, (in-fol. *Cantabrigiæ* 1644,) une Version Saxone de l'Histoire universelle d'Orose, & d'autres Ouvrages.
	Ce Prince fit venir en Angleterre nombre de personnes habiles de France, &c, pour faire fleurir dans son Royaume les Sciences & les Arts: de-là entr'autres les bâtimens d'Eglises & de Monastères, dont on peut voir les détails dans le *Monasticon Anglicanum*.
877.	* EGINHART, Auteur de la Vie de Charlemagné, & d'Annales qui vont depuis l'an 768 jusqu'en 814.
878.	* ADON, Archevêque de Vienne en Dauphiné, a fait aussi une Chronique depuis la Création du Monde, jusques vers l'an de J. C. 875.
892.	* REGINON, Germain, Abbé de Prum, Auteur d'une semblable Chronique, qui finit à l'an 907. Elle s'étend particulièrement sur les Affaires de France & d'Allemagne.
895.	Vers ce temps, fut fondée l'*Université d'Oxford*, en Angleterre, par le Roi Aelfred, à la sollicitation d'*Asserius*, Evêque de Salisbury.

DANS LES SCIENC. & ARTS.   637

Depuis J. C. 898.	MÉTHODIUS de Theſſalonique, invente les caractères Eſclavons, (qui ſont en partie Grecs,) & fait pour les Bulgares la traduction de la Bible, (en Eſclavon) dont les Ruſſes ſe ſervent.
900.	Jean MALÉLA, d'Antioche; Auteur d'une Chronique, depuis la Création du Monde juſqu'à l'an 566. *Græco-Lat. cum Notis Edm. Chilmeadi, in-8°. Oxonii,* 1691.

X^e. SIÉCLE DE L'ERE CHRÉTIENNE.

910.	RAZI, ſurnom de Mohamed-ben-Zacharia, fameux Médecin Arabe, Chymiſte & Aſtronome, mort en 922. Ses Ouvrages ont été traduits en Latin.
912.	ALBATEGNE ou *Al-Batani*, ſçavant Aſtronome Arabe, Tables céleſtes, &c.
919.	* FRODOARD, Prêtre de Reims, a fait une Chronique depuis l'an 919, juſqu'en 966.
940.	* EUTYCHIUS, Patriarche d'Alexandrie, a fait des Annales, depuis la Création du Monde, juſqu'à l'an 940 qu'il mourut : *Arab. Lat. Pocockii, in-4°. Oxonii,* 1658.
941.	* Jean CAMENIATE, de Theſſalonique, fait l'Hiſtoire de la priſe de cette Ville, par les Sarraſins ou Arabes en 904. *In Symmictis Allatii,* page 123.
942.	* Joſeph GENESIUS de Conſtantinople : Hiſtoire de l'Empire Grec, depuis 813, juſqu'en 886, in-4°. *Venetiis* 1570, très-rare.
948.	* LUITPRAND, Evêque de Cremône : Hiſtoire de ſon temps.... *Opera, in-fol. Antuerpiæ* 1640.
950.	CONSTANTIN PORPHYROGÉNÈTE, ou VIIe. Empereur Grec de Conſtantinople, fils de Léon dit le Philoſophe, mourut en 959, après avoir fait divers Ouvrages, que le P. Banduri a publiés dans ſon *Imperium Orientale* en 1711, & des Extraits de pluſieurs Auteurs anciens, dont Hæſchelius & Henri de Valois ont donné quelques Fragmens. Ce Prince étant fort ſçavant, protégea les Arts & les Sciences en Orient ; mais ſes ſucceſſeurs ne l'imitèrent pas.
	ALFRAGAN, Arabe, né en Perſe à Fargana : Elémens d'Aſtronomie, &c.
955.	* *George*, Moine Grec : Vies des derniers Empereurs de C. P. imprimées, après *Théophanes, in-fol. Pariſiis,* 1685.
960.	GEBER ou plutôt *Giaber*, célèbre Médecin & Chymiſte Arabe. Le ſçavant Boerhave de Leyde aſſure que l'on trouve dans ſes Ouvrages des expériences Chymiques, que l'on donne aujourd'hui pour nouvelles.
968.	* ROSWEIDE, Religieuſe Allemande, des Poéſies ſur l'Empereur Othon, &c, *apud Meibomium.*
969.	* LÉONCE DE BYZANCE, Auteur d'une Chronographie imprimée avec *Théophanes, in-fol. Pariſiis* 1685.

D. J. C.	*SUIDAS, Littérateur Grec, Auteur d'un Dictionnaire
979.	historique, *Græco-Lat.* in-fol. *Cantabrigiæ* 1705, 3 vol.
993.	DUDON, Doyen de S. Quentin en Vermandois : Histoire des premiers Ducs de Normandie, *apud Hist. Norman.*

XIe. SIÉCLE DE L'ERE CHRÉTIENNE.

1010. FERDOUSI, le plus célèbre des Poëtes Persiens, a fait l'Histoire des Rois de son pays, en soixante mille Vers ou Distiques. Il avoit eu pour Maître *Assedi*, dont le Poëme le plus estimé est celui où il décrit les avantages du jour sur la nuit.

1013. * LÉON le Grammairien, Auteur Grec d'une Chronique depuis l'an 813, jusqu'en 1013, *cum Theophane*.

1014. * DITHMAR, Germain : Histoire de son tems, in-fol. *Francofurti*, 1588, *& in Script. Germ.*

1022. *Buschetto*, Grec de Dulichium, fameux Architecte, & grand Méchanicien : La République de Pise, alors très-florissante en Italie, le fit venir en ce Pays, & il bâtit la Cathédrale de Pise. Il laissa des disciples qui travaillèrent à Pistoie, à Luques, &c.

1025. AVICENNE, ou Aboüali-ben-Sina, Philosophe & sçavant Médecin Arabe, mort en 1036. *Opera, Romæ* 1489, 1593, *& Lovanii* 1658.

1028. *Gui Arétin*, ou d'Arezzo en Italie, Moine Bénédictin, invente les Notes de la Musique, dont l'étude fut par-là rendue facile.

1029. * ADEMAR, ou *Aimar*, des Chabanois, Moine de S. Cibar d'Angoulême, fait une Chronique depuis 829, jusqu'en 1029. *Inter Script. Franc.*

1030. ETIENNE, premier Roi Chrétien de Hongrie, mort en 1038, composa deux Livres, l'un de Morale, l'autre de Loix.

1040. * HERMANNUS CONTRACTUS, ou le Raccourci, Moine de Richenau, Auteur d'une Chronique, depuis la Création, jusqu'en 1054. *Inter Script. German.*

1042. ABULOLA AHMED, le plus célèbre de tous les Poëtes Arabes, mort en 1057.

1045. *Azon*, Religieux, Architecte habile, qui bâtit l'Eglise Cathédrale de Seez, en Normandie.

Humbert, Archevêque de Lyon, est lui-même l'Architecte qui dirigea le Pont qui est sur la Saône au milieu de cette Ville.

1048. * GLABER RADULPHE, Moine de Cluny : une Histoire depuis l'an 900, jusqu'en 1045. *Inter Script. Franc.*

1056. HELGAUD, Moine de Fleury, ou de S. Benoît sur Loire, fait la Vie ou le Panégyrique du Roi Robert. *Inter Script. Franc.*

DANS LES SCIENC. & ARTS. 639

Depuis J. C. 1058.	* WIPPO, Auteur de la Vie de l'Empereur Conrad, & d'un Panégyrique de l'Empereur Henri III, dont il étoit Chapelain.
1060.	* Michel PSELLUS, Grec de Constantinople, Philosophe, Mathématicien, & Médecin, dont a nombre d'Ouvrages sur toutes sortes de matières. Les Grecs n'ont pas eu depuis de plus habile homme.
1080.	* Jean SCYLITZÈS, Curopalate, Auteur d'une Histoire de Constantinople, depuis 813, jusqu'en 1081. *Græco-Lat.* in-fol. *Parisiis*, 1648.
1090.	ALPHÈS, sçavant Juif de Barbarie, mort en Espagne en 1103, fait un Abrégé du Talmud, appellé *Siphra*, qui est fort estimé des Juifs.
1100.	JOSIPPON, ou le faux Josephe Historien, Juif de France : Voyez l'*Hist. des Juifs* de Basnage, Tome IX, Chapitre VI. *Gagnier* en a donné une bonne Edition en Angleterre.

XIIᵉ. SIÉCLE DE L'ERE CHRÉTIENNE.

L'*Université de Paris*, qui avoit vu dans les Siécles précédens nombre de personnes venir prendre ses leçons, d'Allemagne, d'Italie, d'Angleterre, d'Espagne, &c. étant considérable dans ce Siécle-ci, se forma en Compagnie, qui eût des Loix, & fut partagée en Provinces ou Nations, &c. Voyez l'*Histoire de l'Univ.* par J. B. L. Crevier, *Paris* 1761, 7 Vol. *in-12.*

1101.	JEAN DE MILAN compose vers ce tems, au nom des Médecins du Collége de *Salerne* en Italie, un Livre de Médecine en Vers Latins, qu'il adresse à Robert fils de Guillaume le Conquérant, Duc de Normandie. On n'en a qu'une partie, connue sous le nom de *Schola Salernitana*, dont il y a une traduction en Vers François.
1108.	ALHASEN, Arabe, qui a fait un grand Ouvrage sur l'Optique, & d'autres Traités.
1110.	HARIRI (Abou Mohamed-al-Cassem) fameux Arabe, mort en 1121. Auteur d'un Ouvrage regardé comme un chef-d'œuvre d'Eloquence Arabique, composé de cinquante Discours sur divers sujets de Morale, dont plusieurs traduits par Albert Schultens, Professeur à Leyde.
1112.	NESTOR, Moine Russe de Kiovie, finit à sa mort, arrivée en cette année, la plus ancienne Chronique de Russie que l'on ait, & qui commence en 858. C'est une Piéce curieuse, dont on a fait usage dans l'*Abrégé Chronologique de l'Histoire du Nord*, par M. de la Combe, *Paris*, 1762.
	SIGEBERT, Moine de Gemblours, (*Gemblacensis*) Auteur d'une Chronique qui finit en 1112, commençant à l'an 381.

Depuis J. C.	
1118.	* Jean ZONARE, Moine Grec, fait une Chronique universelle qui finit à cette année : dans les derniers tems, il s'étend sur l'Histoire de l'Empire de Constantinople. *Græco-Lat.* in-fol. *Parisiis*, 1686, 2 vol.
1120.	Georges EL-MACIN, ou Gergis-ben-Amid, Auteur d'une Histoire des Sarrasins ou Arabes, depuis Mahomet jusqu'en 1118, traduite de l'Arabe en Latin par Thomas Erpenius, Hollandois. *Lugd. Bat.* 1624, & en François par Vattier.
	SILVESTRE, mort Evêque de Pereslave en 1123, a continué l'ancienne Chronique de Nestor sur l'Histoire de Russie.
	Vers ce tems commencèrent à être célèbres les *Troubadours* ou Poëtes Provençaux, qui sont les Pères de notre Poësie, & qui contribuèrent beaucoup à établir la Langue Françoise. On peut voir l'Histoire qui vient d'en être donnée sur les Mémoires de M. de la Curne de Sainte Palaye, *Paris*, Durand, 1774, *in*-12, 3 vol.
	Nicéphore BRIENNE, Auteur d'une Histoire Grecque de son tems, in-fol. *Parisiis*, 1661.
1121.	*Marco Juliano*, habile Architecte Italien, bâtit l'Hôpital général de Venise.
1133.	IRNER ou *Wernier*, Allemand, qui avoit étudié à Constantinople, est chargé par l'Empereur Lothaire II. d'enseigner à Bologne en Italie, les Pandectes de Justinien qui venoient d'être trouvées à Amalfi : de-là vint la grande célébrité de l'Ecole de *Bologne* pour le Droit Civil. Les François y allèrent puiser la science des Ouvrages de Justinien ou des Loix Romaines, & l'apportèrent ensuite à *Angers*, à *Orléans*, à *Paris* où les Professeurs en Droit Canon y joignirent le Civil.
1134.	* Anne COMNÈNE a écrit l'Histoire de l'Empereur Jean son père : *Græco-Lat.* in-fol. *Parisiis*, 1651.
1135.	HÉLOISE, femme spirituelle & très-sçavante, qui épousa le fameux *Abélard* son Maître, & mourut en 1163. Abbesse du Paraclet, au Diocèse de Troyes, où elle avoit établi une Ecole de Grec & d'Hébreu. Quelques Lettres, parmi les Ouvrages d'Abélard : les traductions Françoises sont des Romans. *N.* (ou *Niceron*) tome IV.
1140.	Vers ce tems l'*Université de Cambridge* en Angleterre, fut fondée, ou augmentée : la plupart des Anglois la font remonter jusqu'au second Siècle ; & ce ne devoit être d'abord, comme ailleurs, qu'une Ecole Ecclésiastique.
1145.	* SUGER, Abbé de S. Denis, (& qui a été premier Ministre de France) fait l'Histoire de son tems. Il conduisit lui-même le Bâtiment de l'Eglise de S. Denis (qui subsiste) : les plus grands chênes que l'on put trouver en France pour y être employés, furent tirés des Bois de la Puisaye, (où

Depuis J. C.	l'on a tout lieu de croire, qu'étoit le lieu consacré au centre de la Gaule, & qui servoit à l'Assemblée générale des Druides, comme le dit César. *Inter Script. Franc.*
1148.	Arnaud DANIEL, Gentilhomme Provençal, Poéte célébre, dont Pétrarque & le Dante ont ensuite parlé avec éloge.
1149.	Le Maître VACCARIUS, Anglois, fait en faveur des pauvres Ecoliers en Droit un Extrait en neuf Livres des endroits du Code & du Digeste qui se voyoient plus communément aux Ecoles : cet Ouvrage passa bientôt en France, où l'on en fit usage.
1150.	Robert WAICE, Poéte François, de l'Isle de Jersey, Auteur du Roman de Rou, curieux pour les origines de la Langue Françoise, &c.
	NIPHON, Evêque de Novogorod, mort en 1156, continue l'Histoire de Russie, après Silvestre.
1152.	* OTHON, Evêque *de Freysingue*, fait une Chronique, depuis la Création jusqu'à cette année : il s'y étend sur l'Allemagne, son pays.
1153.	AL-EDRISSI, (Abou-Abdallah-Mohamed) Arabe, fait une Géographie pour Roger Roi de Sicile, curieuse sur les Pays Orientaux, imprimée à Rome en Arabe : la traduction Latine, *Parisiis* 1619, *in-*4°. par Gabriel Sionita & Jean Hesronita, sçavans Maronites.
1154.	*Buono*, habile Architecte & Sculpteur Italien, travaille à Venise, Ravenne, Florence, Naples, &c.
1159.	LÉONIUS, mort Chanoine Régulier de S. Victor à Paris, communément regardé comme l'Auteur des Vers Latins rimés, appellés d'après lui *Léonins* : Ancien Testament en Vers, manuscrit. M. Lebeuf a prétendu, dans une de ses Dissertations, qu'on devoit distinguer deux Léonius, &c.
1160.	Jean TZETZÈS, Grec, Littérateur & Poéte : Histoire mêlée en Vers Libres : Epigrammes & autres Poésies ; Scholies sur Hésiode, &c.
	Isaac TZETZÈS, frère du précédent, a fait d'excellens Commentaires sur le Poéte Lycophron, &c.
1162.	Abraham ABEN-ESRA, Juif Espagnol, Philosophe, Médecin, Poéte, & l'un des plus sçavans Rabbins, mort en 1174. On a de lui plusieurs Ouvrages, entr'autres sur l'Astronomie.
1165.	Salomon IARCHI, sçavant Juif, né à Troyes en Champagne, mort en 1180. Ce fut un de ceux qui fit fleurir l'Académie que les Juifs avoient à Lunel, près de Montpellier.
1168.	* Jean de SALISBURY, sçavant Anglois, qui avoit étudié dans l'Université de Paris, & qui en rapporte des choses intéressantes dans ses Ouvrages ; il mourut en 1182. *Métalogicus*, pour soutenir la belle Littérature contre la barba-

II. Partie. Sf

Depuis J. C.	rie, qui prévalut : *Policraticus*, Ouvrage contre les futilités des gens de Cour, & autres Traités.
1170.	*Hilduard*, Religieux Bénédictin, habile Architecte, bâtit l'Eglise de S. Père de Chartres, dont la structure est fort estimée.
	EUSTATHIUS, sçavant Grec, Archevêque de Thessalonique : Commentaires sur Homere, & sur le Géographe Denis.
1172.	AVERROÈS, ou Ebn-Rosch, fameux Philosophe & Médecin Arabe, né à Cordoue en Espagne, & mort en 1198. Ouvrages d'Aristote traduits en Arabe, avec d'amples Commentaires, divers Traités sur la Médecine : *Lambecius in Biblioth. Vindob. & d'Herbelot Bibliotheque Orientale*. C'est de mauvaises Versions Latines d'Aristote faites sur l'Arabe, que S. Thomas & les autres Théologiens Scholastiques se sont servi, avant que les originaux nous eussent été connus.
1173.	BENJAMIN *de Tudele*, Juif Espagnol, fameux par la Relation de ses (prétendus) Voyages, où l'on voit l'état des Juifs au XIIe Siécle par toute la Terre : on en a une bonne traduction Françoise, avec des Notes & Dissertations, par Jean-Philippe Baratier, *Amsterdam* 1734, 2 vol. in 8°.
1174.	*Bonanno* & *Guillaume* d'Allemagne, bâtissent la fameuse Tour de Pise, qui est de six brasses hors de son à-plomb.
1175.	Hugo FALCANDUS, de Palerme ; Histoire de Sicile, depuis 1152, jusqu'en 1169. *Inter Script. Siculos*.
1178.	Un *Architecte Grec* bâtit à Venise l'Eglise de S. Marc, dont le portique subsiste encore aujourd'hui, &c. Un autre fait venir de Constantinople les deux Colomnes qui se voyent vis-à-vis dans la place.
1179.	*Constantin MANASSÈS, Auteur Grec : une Chronique depuis la Création, jusqu'en 1081, in-fol. *Parisiis*, 1655.
	Fondation de l'*Université de Padoue*. Elle fut augmentée par l'Empereur Frédéric II.
1180.	Portius AZO, célèbre Jurisconsulte, Professeur en Droit à Bologne, & ensuite à Montpellier : Somme & Commentaires sur le Code.
	ANVARI, Astronome, & Poéte Persan, l'un des plus excellens, mort en 1200.
1182.	Jean CINNAME, Grammairien Grec : une Histoire de l'Empire de Constantinople depuis 1118, jusqu'en 1176, in-fol. *Parisiis* 1670.
1184.	* GUILLAUME *de Tyr*, qui a fait une grande Histoire des Croisades, imprimée avec plusieurs autres, dans le *Gesta Dei per Francos* de Bongars, in-fol. *Hanoviæ* 1611.
1190.	Moyse MAIMONIDE, Juif Espagnol, Philosophe, Médecin, Jurisconsulte, retiré en Egypte, où il meurt en

Depuis J. C.	1209. C'est le plus sçavant Rabbin que les Juifs ayent produit, & ils l'appellent l'Aigle des Docteurs. On a de lui plusieurs Ouvrages, qui ont été traduits en Latin.
1195.	FOUQUES *de Marseille*, mort Evêque de Toulouse en 1231, célèbre par ses Poésies en Langue Provençale.
	SAXON, dit *le Grammairien*, Danois, mort en 1203, fait une Histoire du Danemark.
1199.	Roger HOVEDEN, Anglois, a écrit l'Histoire de sa Nation, depuis l'an 731, où a fini *Bede*, (ci-devant page 634.) jusqu'au Roi Jean, qui commença à régner en 1199. *Inter Script. Angl. Londini* 1596, &c.
1200.	Fondation de l'*Université de Salamanque* en Espagne, par Alfonse IX. Roi de Léon. Elle y fut transportée de *Palencia*, où l'on vit la première Université d'Espagne; & fut augmentée & comme renouvellée en 1404.

TREIZIÈME SIÈCLE.

1202.	*Marchione*, d'Arrezzo, fameux Architecte & Sculpteur Italien, florissoit sous le Pape Innocent III. Félibien d'Avaux a observé à son sujet que les Architectes de ces Siécles multiplioient beaucoup les ornemens, sans s'embarrasser des proportions, &c. *Rec. hist. des Architectes*, Paris 1687.
	Mango-Capac, premier Prince du pays appellé depuis Pérou, enseigne (dit-on) à ses Sujets à bien bâtir & à exercer tous les Arts nécessaires à la vie civile. Divers Ouvrages des Péruviens, connus par des Relations authentiques, ont de quoi étonner, d'autant plus qu'on ne sçait par qui ils avoient pû être instruits, étant au milieu des Peuples Barbares de l'Amérique.
1204.	ALEXANDRE DE PARIS, né à Bernai en Normandie, long-temps regardé comme le Fondateur de la Poésie Françoise, sous le Roi Philippe-Auguste. *Vey.* à l'an 1120.
1206.	* Michel CHONIAT, Evêque d'Athènes, écrit une Histoire de l'Empire Grec, depuis 1118, jusqu'en 1206, in-fol. *Parisiis*, 1647.
1208.	Vers ce tems GILLES DE CORBEIL, Médecin ou Physicien (comme l'on disoit alors) de Philippe-Auguste, fait un Poéme de six mille Vers Latins sur la vertu des Médicamens. Il étoit Chanoine; car alors les Médecins étoient Ecclésiastiques, & ce ne fut que 250 ans après qu'il y en eut de Laïques.
1210.	Bernard DORNA, & BAGAROTUS, célèbres Jurisconsultes à Bologne.
1212.	Geofroi de VILLEHARDOIN a fait en François l'Histoire de la prise de Constantinople par les François & les Vénitiens, en 1204. Edition de du Cange, *Paris* 1657, *in-fol.*

Depuis J. C. 1218.	HELINAND, Religieux de Froidmont au Diocèse de Beauvais, mort en 1227. Une Chronique, des Vers François sur la mort, & autres Ouvrages.
1220.	François ACCURSE, de Florence, fameux Jurisconsulte & Professeur à Bologne, mort vers 1245. Commentaires sur le Corps du Droit Civil, *Aureliæ* 1625, &c.
	SIMON, Evêque de Vladimir, écrit sur l'Histoire de Russie, jusqu'en 1103, meurt en 1226.
	David KIMCHI, sçavant Juif Espagnol, mort cette année: Grammaire Hébraïque, qui a servi de modèle à toutes les autres, & nombre d'Ouvrages sur l'Ancien Testament.
1221.	L'*Université de Padoue* est considérablement augmentée par l'Empereur Frédéric II, qui pour cela en est communément regardé comme le Fondateur. *Voy.* à 1179.
	Gui de Sienne, Peintre Italien.
1225.	*RIGORD, Moine de S. Denis, Historien du régne de Philippe-Auguste, *inter Script. Franc.*
	GUILLAUME LE BRETON, l'a décrit en Vers Latins (*Philippidos Libri.*)
1228.	Fondation de l'*Université de Toulouse*, par S. Louis, confirmée par le Pape Grégoire IX, en 1233. La Faculté de Médecine n'y fut jointe qu'en 1600.
	Vers ce tems *Robert de Lusarche* commence à bâtir l'Eglise Cathédrale d'Amiens, qui est un des plus beaux Edifices de ces tems-là: il fut continué par *Thomas de Cormont*, & *Regnault* son fils, en 1288.
1229.	Conrad de LICHTENAW, Allemand, surnommé USPERGENSIS, à cause de son Abbaye près d'Augsbourg, mort vers 1240, ayant rassemblé une nombreuse Bibliothéque: Chronique ou Histoire Universelle jusqu'en 1229.
1230.	*Fuccio*, Architecte & Sculpteur, de Florence, travaille aussi à Naples, où il acheve le Château de l'Œuf, commencé par *Buono*.
	Vers ce tems, Fondation de l'*Université de Naples*, & de celle *de Salerne*, par l'Empereur Frédéric II.
1235.	Hugues *Libergier* bâtit en partie l'Eglise de S. Nicaise de Reims, dont la structure est estimée; il mourut en 1263.
1237.	Fondation de l'*Université de Vienne* en Autriche, par l'Empereur Frédéric II, renouvellée en 1365, par Albert III, Archiduc d'Autriche.
1240.	THIBAULT le Grand ou V. Comte de Champagne, Roi de Navarre, aimoit beaucoup les Lettres, & a fait des Poésies Françoises, publiées par M. de la Ravaliere.
	Jean de SACROBOSCO, Mathématicien Anglois, qui vint en France, & y mourut en 1256. *Sphæra mundi*, sur laquelle on a fait ensuite nombre de Commentaires: *De computo Ecclesiastico*, &c.

DANS LES SCIENC. & ARTS. 645

Depuis | *RODERIC XIMENÈS, Archevêque de Tolède, a fait
J. C. | une Histoire d'Espagne, (*int. Script. Hisp.*) & une des
1244. | Arabes, (*cum Elmacino, Lugd. Bat.* 1624,) &c.

1245. | *VINCENT DE BEAUVAIS, Dominicain : divers Ouvrages sur les Sciences, intitulés Miroirs, ci-devant p. 231.

1248. | ACTUARIUS, Médecin Grec, qui le premier a donné la description des purgatifs doux, tels que la casse, la manne, le séné.

1250. | JEAN de Novogorod, Prêtre Russien, écrit sur l'Histoire de Russie, & s'étend particulièrement sur la bataille que le Grand-Duc Alexandre gagna en 1241, sur les Suédois & les Chevaliers de Livonie. Il en avoit appris les circonstances du Prince même.

VITELLIO ou *Vitello*, Mathématicien Polonois : Traité d'Optique très-sçavant, imprimé en 1572.

Nicolas de Pise, Architecte & Sculpteur, qui a fait le Tombeau de S. Dominique à Bologne, & divers Edifices en plusieurs Villes d'Italie. Son fils *Jean* marcha sur ses traces, & eut pour disciples quelques Allemands.

Etienne BOYLESVE ou *Boileau*, Prévôt de Paris, & Grand-homme d'Etat, sous S. Louis, mort vers 1269. Etablissemens de Paris, ou Livre des Métiers, &c. encore Manuscrit.

Roger de Provins, Chanoine de Paris, & *Dudon*, Médecins du Roi S. Louis.

Pierre de *Montereau*, habile Architecte du tems de Saint Louis, & qui bâtit à Paris la Sainte Chapelle du Palais, mort en 1266, & enterré à S. Germain-des-Prés.

Eudes de *Montreuil*, autre Architecte du même tems, qui accompagna S. Louis dans son voyage de la Terre Sainte, où il fortifia le Port & la Ville de Japhe, &c. mourut à Paris en 1289, & fut enterré aux Cordeliers : ce qui est à observer, parce que plusieurs Ecrivains l'ont confondu avec le précédent.

Jousselin de *Courvault*, Ingénieur, accompagna aussi S. Louis, & inventa diverses machines de Guerre.

1253. | Guillaume de LORRIS, Jurisconsulte & Poëte François, mort vers 1263, a fait le Roman de la Rose, continué quarante ans après par Jean CLOPINEL ou *de Meun*.

1257. | *ALBERT le Grand, Philosophe & Mathématicien, comme Théologien, déjà ci-devant, page 475.

1258. | SAADI, fameux Poëte Persien : Gulistan, &c.

1259. | *Matthieu PARIS, Moine de S. Alban : Histoire d'Angleterre depuis 1060, ou Guillaume le Conquérant, jusqu'en 1259, in-fol. *Londini*, 1686, &c.

Jean COLONNA, mort Archevêque de Messine en 1280, Mer des Histoires, jusqu'au régne de S. Louis ; du malheur des gens de Cour, &c.

Depuis J. C. 1260.	ALFONSE IX. ou X. Roi de Castille, mort en 1284, fait travailler, & travaille lui-même à des Tables Astronomiques, qui portent son nom. Isaac HAZAN, ou Albuassin, Juif de Tolède, fut l'un des principaux Auteurs de ces Tables.
1261.	* GEORGE ACROPOLYTE, fait une Histoire de Constantinople depuis 1203, jusqu'en 1261. *Græco-Lat.* in-fol. *Parisiis*, 1651.
1262.	N. *Cimabué*, de Florence, Peintre & Architecte ; instruit par des Peintres Grecs que le Sénat de cette République avoit fait venir, (& dont le principal s'appelloit *Apollonius*,) Cimabué commença à relever en Italie l'honneur des Beaux-Arts, & mourut vers 1300. *Théodoric*, Abbé de Notre-Dame des Dunes en Flandre, en acheve l'Eglise, dont ses cinq prédécesseurs avoient dirigé l'édifice depuis l'an 1214, & ce ne furent que les Religieux de cette Maison qui en firent tous les ouvrages relatifs aux Arts : ce qui prouve qu'ils en étoient instruits.
1264.	N. *Margaritone*, d'Arezzo, près de Florence, Architecte, Peintre & Sculpteur.
1268.	André *Taffi*, de Florence, Peintre en Mosaïque, instruit par les Grecs, que le Sénat avoit fait venir ; meurt à Venise en 1294.
1269.	Pierre de FONTAINES, regardé comme le plus ancien Jurisconsulte du Droit François : c'est ce qui paroit par son *Livre de la Reine Blanche*. Il fut Maître des Requêtes du Roi S. Louis, & Membre du Parlement de Paris.
1270.	Gilles FOSCARARI, Jurisconsulte de Bologne, mort en 1289. Divers Ouvrages sur le Droit.
1272.	Brunetto LATINI, qui demeura plusieurs années en France, réveille le goût des Belles-Lettres en Italie : L'*Académie de Florence* est fondée par lui, & elle forma peu après *Cavalcanti*, & le *Dante*.
1277.	Erwin de *Steinbach*, habile Architecte, bâtit la belle Eglise de Strasbourg, & commence sa haute Tour, qui est d'une beauté singulière.
1278.	* Roger BACON, Franciscain Anglois, sçavant dans l'Astronomie, la Chymie, les Mathématiques, mort en 1294. Plusieurs de ses Ouvrages imprimés à Basle & Francfort, 1561, 1603, 1620. *Opus majus*, *Londini*, 1733, in-fol.
1280.	RODOLPHE D'HAPSBOURG, Empereur d'Occident, chef de la Maison d'Autriche : on a de lui 149 Lettres, qui sont conservées dans la Bibliothéque Impériale de Vienne.
1281.	Michel SCOT, ou l'Ecossois, sçavant dans la Médecine, la Chymie, les Mathématiques, &c, mort en 1291. Traduction d'Aristote en Latin ; Traité de la Physionomie, &c. N. XV.

DANS LES SCIENC. & ARTS. 647

Depuis J. C.	*Arnolfo-di-Lapo*, Architecte & Sculpteur, à Florence. Il étoit fils de *Jacopo* ou *Lapo*, Architecte Allemand : il mourut en 1300. Les Florentins lui avoient donné le droit de Bourgeoisie dans leur Ville.
1284.	Grégoire ABOULFARAGE, de Malatie en Arménie, Médecin, puis Evêque Jacobite : Histoire des Dynasties Orientales, Sarrasins, Mogols, &c. traduite & publiée par Edouard Pocock, *Oxoniæ* 1663. Chronique, &c. *Bibl. Or.* d'Assemani.
1287.	THÉBIT *ben Chora*, ou le fils de Chora, sçavant Arabe, Auteur de Tables Astronomiques : Voyez l'Almageste de Riccioli, dans sa Chronique.
1288.	Guido CAVALCANTI de Florence, Poéte & Philosophe, mort en 1300. Divers Ouvrages.
1289.	Fondation ou Renouvellement de l'*Université de Montpellier*, par le Pape Nicolas IV. car plusieurs Auteurs prétendent qu'elle avoit été fondée en 1196, par des Disciples d'Averroès & d'Avicenne, plûtôt par des Médecins Juifs, ou leurs Disciples.
1290.	Fondation de l'*Université de Lisbone*, par le même Pape Nicolas IV : elle a été ensuite transférée à *Coimbre*.
1291.	N. DINUS, Jurisconsulte Italien, professe avec grande réputation à Bologne, & y meurt en 1303. Divers Ouvrages dont le principal, Commentaires sur les Regles du Droit, que le sçavant Charles du Moulin a orné d'excellentes Notes.
1292.	*Jean de* MEUN, dit CLOPINEL, parce qu'il étoit boiteux ; Poéte François, qui continua le Roman de la Rose, & traduisit (ou paraphrasa) les Epîtres d'Abélard & d'Héloïse, la Consolation de Boéce, &c.
1293.	Guyar des MOULINS, Chanoine d'Aire en Artois, traduit le premier toute la Bible en Langue Françoise ; ce qu'il fit en quatre ans.
1295.	Gaddo *Gaddi*, Peintre de Florence, excelle dans la Mosaïque ; meurt en 1312.
1296.	Alexandre de *Spina*, Dominicain de Pise, Mathématicien : ayant entendu dire qu'un particulier avoit inventé les Lunettes, & ne vouloit pas en découvrir le secret, il trouva le moyen d'en faire de son invention, & le publia.
1298.	Marco POLO, Vénitien, fameux par les Relations de la Chine & de ses Voisins, qu'il dressa au retour de ses Voyages : elles sont traduites en François dans le Recueil de Bergeron, *Paris* 1634, & la *Haye* 1735.
1299.	François BARBERINI, l'un des meilleurs Poétes Italiens de son temps : le seul Poéme qui soit resté de lui, a été imprimé à Rome en 1640.
	Robert de *Coucy*, habile Architecte François, mort en 1311, acheva l'Eglise de S. Nicaise de Reims, & bâtit,

Depuis J. C. au moins en partie, la Cathédrale qui subsiste aujourd'hui: on y remarque beaucoup de délicatesse.

On voit dans l'Ouvrage de Fauchet *sur la Poésie Françoise, l'extrait de 127 Poétes qui avoient écrit avant la fin du treizième Siècle.*

QUATORZIÈME SIÈCLE.

1301. Henri de MONDEVILLE ou *Hermondaville*, Chirurgien & Médecin du Roi Philippe le Bel : il étoit Disciple de Jean *Pitard*, Chirurgien de S. Louis ; il a composé un Traité de Chirurgie, qui est Manuscrit à la Bibliothéque de S. Victor de Paris : avoit enseigné à Montpellier, & ensuite à Paris, avec réputation.

1302. Flavio *Gioia*, né près d'Amalfi, au Royaume de Naples: on lui attribue la perfection de la Boussole, peut-être à cause de la disposition des airs de vent ; car il paroît par *Guyot de Provins*, Poéte François de la fin du XII siécle, que la Boussole étoit dès-lors en usage en France.

1303. Fondation du Collége de la *Sapience à Rome*.

Fondation de l'*Université d'Avignon*, par le Pape Boniface VIII. & Charles II. Comte de Provence.

1304. * Raymond LULLE, de l'Isle Majorque, Philosophe, Médecin, Chymiste, &c. mort en Afrique l'an 1505. (déjà parmi les Ecrivains Ecclésiastiques, ci-devant page 487.)

1305. Jean de JOINVILLE, Auteur de la Vie de S. Louis : la meilleure Edition, de l'Imprimerie Royale 1761. *in-fol.* avec quelques autres Piéces.

1306. Pierre D'APONO ou *Abano*, ainsi nommé d'un Village près de Padoue, où il prit naissance ; professe le premier la Médecine avec grande réputation, en cette Ville, où il mourut en 1316. Il avoit été étudier à Constantinople, & ensuite à Paris, où il fut fait Docteur. *Conciliator differentiarum Philosophorum & præcipuè Medicorum*, *Venetiis* 1486. 1496. 1565. *in-fol.* & autres Ouvrages de Médecine, d'Astronomie, &c. N. XXVI.

1307. Fondation de l'*Université de Pérouse*, en Italie, par le Pape Clément V.

1310. DANTE *Alighierri*, de Florence, l'un des premiers & des plus célébres Poétes Italiens ; a fait quelques Ouvrages en Prose, & mourut à Ravenne en 1321. Il fut l'un des Restaurateurs de la Philosophie & des Belles-Lettres en Italie : il étoit venu étudier à Paris.

* HAYTON, Arménien : Voyage & Histoire des Tartares, *in-4°. Basileæ, & Leyde* 1735.

1311. * Marin SANUT, Vénitien : Traité Historique & politique sur la Terre Sainte, ou de la manière de la recouvrer : tome II. *Gest. Dei per Francos.*

DANS LES SCIENC. & ARTS. 649

Depuis J. C.	
1312.	Fondation de l'*Université d'Orléans*, pour le Droit, par le Roi Philippe le Bel, qui en exclut la Théologie, & cassa d'ailleurs les Bulles d'érection de Clément V. des années 1306 & 1307.
1313.	*Giotto*, Architecte & Peintre Italien, mort à Florence en 1346, plus célébre en Peinture qu'en Architecture.
1316.	CECCO *d'Ascoli*, Professeur de Philosophie à Bologne, Médecin, Mathématicien, Astronome, & Poéte ; mort en 1327. *N.* XXX.
1319.	* Maxime PLANUDES, Moine Grec, Grammairien Philosophe ; &c. a fait plusieurs Ouvrages de Littérature & autres.
1320.	* MARSILE *de Padoue*, célébre Jurisconsulte, mort en 1328. Divers Ouvrages contre la Jurisdiction des Papes, & pour la défense de l'Empereur Louis de Baviere.
	BARLAAM *de Calabre*, Moine de S. Basile, sçavant Professeur à Pise : il donna les premieres teintures des Sciences à Pétrarque.
1321.	Fondation du *Collége de Ferrare*, par Albert, Marquis d'Este, confirmée en 1391. par une Bulle du Pape Boniface IX.
	Fondation du *Collége de Florence*.
1325.	* Manuel PHILÈS, Grec, Poéte, Philosophe, &c. dont les Ouvrages manuscrits, ci-devant page 390.
1327.	CINO *de Pistoie*, Jurisconsulte Italien, qui enseigna quelques années à Montpellier ; excelloit dans la Poésie Italienne, dont il donna le goût à Pétrarque : il mourut à Bologne en 1336. Divers Ouvrages sur le Code, & une partie du Digeste.
1329.	Pierres de CUGNIERES, sçavant Jurisconsulte & Avocat du Roi Philippe de Valois, Défenseur de la Justice Séculiere contre la Jurisdiction Ecclésiastique : ce qui donna lieu à établir dans la suite l'Appel comme d'abus, dont les principes sont plus anciens que le nom (selon le Président *Henault*.)
	Albertino MUSSATI, Poéte, après un combat littéraire, est couronné de laurier à Rome, où pour ranimer les Sciences, l'on rétablit l'ancien usage de couronner les Poétes aboli dans le IVe. Siécle, par l'Empereur Théodose, parce qu'il faisoit partie des Jeux du Paganisme. Il est Auteur de l'Histoire de l'Empereur Henri VII. *int. Script. Germ.*
1330.	*Augustin & Ange de Sienne*, Architectes & Sculpteurs, Eléves de Jean de Pise.
1332.	Fondation de l'*Université de Cahors*, par le Pape Jean XXII. qui étoit né en cette Ville ; les quatre Facultés n'y furent qu'en 1422. (elle a été supprimée en 1751. & unie à celle de Toulouse.)

Depuis J. C.	LEVI, sçavant Rabbin, habile en Astronomie, dont a parlé Riccioli.
1333.	*André de Pise*, habile Architecte Italien, mort en 1345. forma plusieurs Disciples.
1335.	Jean ANDRÉ, Jurisconsulte Italien, de Mugello, près de Florence, enseigne le Droit à Montpellier, à Padoue & à Bologne, où il meurt en 1348. On a de lui plusieurs Ouvrages.
1336.	Léontius PILATO, de Thessalonique, qui le premier enseigna la Langue Grecque en Italie, & eut pour Disciples Pétrarque & Boccace : ainsi on doit le mettre au nombre de ceux à qui l'on est redevable de la Renaissance des Lettres & du bon goût, en Europe.
1337.	GENTILIS *de Foligno*, sçavant Médecin, mort en 1348. Commentaires (estimés) sur Avicenne, & autres Ouvrages.
1338.	Taddeo *Gaddi*, Peintre & Architecte de Florence, mort en 1350.
1339.	Fondation de l'*Université de Grenoble*, par le Dauphin Humbert II. transférée à *Valence* par le Roi Louis XI. en 1452.
1341.	* Nicéphore GRÉGORAS, Auteur d'une Histoire Grecque, depuis l'an 1204. jusqu'à 1341. *Græco-Lat.* in-fol. *Parisiis* 1702. 2 vol.
	Ambrosio *Lorenzetti*, de Sienne, Peintre, qui le premier représenta des tempêtes : il s'appliqua aussi à l'étude des Belles-Lettres, & de la Philosophie.
1342.	Ismael ABULFEDA, Prince Arabe de Syrie, très-sçavant : Vie de Saladin, Histoire Universelle, & Géographie disposée par Tables selon l'ordre des Climats, avec les dégrés de longitude & de latitude, dont on a quelques parties traduites.
1343.	François PÉTRARQUE, fameux Ecrivain d'Italie, d'Arezzo près de Florence, est couronné Poète à Rome immédiatement après Mussati, d'une manière très-singulière, que l'on peut voir dans *Niceron*, Tom. XXVIII. Pétrarque, l'un des plus beaux génies de son Siécle, fut l'un des Restaurateurs des Belles-Lettres, & le Fondateur de la Langue Toscane ou Italienne ; il mourut en 1374. Poésies & autres Ouvrages, tous imprimés en 4 Vol. *in-fol. Basileæ* 1581.
	LAURE de Noves, Dame de Provence, communément & mal-à-propos, nommée de Sade, du nom de son mari, est l'objet de quantité de Piéces de Pétrarque. On lui a attribué des Poésies, mais sans fondement : elle mourut en 1347.
	Les Allemands & les Espagnols suivirent bientôt l'exemple des Italiens par rapport au couronnement des Poëtes. On renouvella aussi en France les combats Littéraires,

DANS LES SCIENC. & ARTS. 651

Depuis *J. C.*	dont l'objet étoit alors la Poésie : de-là l'Institution des *Jeux Floraux*, encore en usage à Toulouse, & que l'on rapporte à sept des principaux Habitans de cette Ville en 1323. *Clémence Isaure* fit ensuite une fondation à leur sujet. *Voyez* l'Histoire du Languedoc de *D. Vaissete*, Tom. IV. pag. 566.
1345.	Jean-Pierre de FERRARIIS, Jurisconsulte, né à Pavie : Pratique du Droit, qui lui acquit une grande réputation, &c.
1346.	Fondation de l'*Université de Heidelberg*, par Rupert le Roux, Comte Palatin : Son premier Recteur fut *Marsile d'Inghen*, d'Utrecht.
	Fondation de l'*Université de Valladolid*, par le Pape Clément VI.
1347.	Arnold de VILLENEUVE, né aux environs de Narbonne, sçavant dans les Langues Hébraïque, Arabe, Grecque, &c. en Médecine, Chymie, &c.
1348.	Fondation de l'*Université de Prague*, par Charles IV. de Luxembourg, Roi de Bohême & Empereur, sur le modèle de l'Université de Paris, où ce Prince avoit étudié.
	N. BARTOLE, fameux Jurisconsulte, de Saxoferrato en Ombrie, professe le Droit avec la plus grande réputation à Pise & à Pérouse ; meurt en 1351. *Opera*, in-fol.
1349.	Fondation de l'*Université de Perpignan*, par Pierre, Roi d'Aragon.
1350.	* Pierre BERCHORIUS ou *Bercaire*, Bénédictin, & Prieur de S. Eloi à Paris, traduit l'Histoire Romaine de Tite-Live en François, par ordre du Roi Jean : Manuscrit dans la Bibliothéque de Sorbonne.
1351.	Guillaume GRISANT, Médecin, & Mathématicien Anglois, dont on a plusieurs Ouvrages.
1353.	Gui de CAULIAC, Médecin de Montpellier, Auteur d'un bon Traité de Chirurgie, qui a long-temps été le seul dont les Chirurgiens faisoient usage.
1355.	Signorollo HOMODEI, Jurisconsulte de Milan, qui a laissé plusieurs Ouvrages estimés.
1357.	Jean CANTACUSÈNE, Auteur d'une Histoire de Constantinople, sous l'Empire des deux Androniques, *Graeco-Lat.* in-fol. *Parisiis* 1645, 3 Vol.
1358.	Fondation de l'*Université de Cologne*, ou son Renouvellement.
1359.	Jean BOCCACE, de Certaldo en Toscane, l'un des plus polis Ecrivains de son temps, mort en 1375 ; est regardé par les Italiens comme celui qui a le plus perfectionné leur Langue ; a donné un grand nombre d'Ouvrages en Vers & Prose. *N.* XXXIII. Il étoit venu étudier la Philosophie & la Théologie à Paris.

Depuis J. C. 1360.	François ALBERGOTTI, Jurisconsulte d'Arezzo, mort à Florence en 1376. Commentaires sur le Digeste & le Code.
	Philippe *Calendario*, Sculpteur & Architecte à Venise, où il travailla aux ornemens de la Place de S. Marc.
	PHILIPPE DE LEYDE, Jurisconsulte, Professeur à Orléans & à Paris, mort Chanoine d'Utrecht en 1380. Traité sur l'Art de bien gouverner un Etat & une Famille, & autres Ouvrages, *Amsterdam* 1701. in-4°.
1361.	Fondation de l'*Université de Pavie*, (Ticinensis) par l'Empereur Charles IV. Charles-Magne y avoit érigé une Ecole illustre vers l'an 800. mais elle étoit ensuite tombée.
1364.	Fondation de l'*Université de Cracovie*, par Casimir III. Roi de Pologne. Elle se fait encore gloire d'être la Fille de l'Université de Paris.
	Jacques DONDUS ou *de Dondis*, Médecin, & Mathématicien de Padoue; inventa une espéce d'Horloge historiée qui fit alors grand bruit. On a de lui & de son fils *Jean*, plusieurs Ouvrages.
1365.	Fondation de l'*Université de Vienne*, en Autriche, par l'Archiduc Albert III. augmentée en 1753 & 1754.
	Fondation de l'*Université de Geneve*, par l'Empereur Charles IV.
	Fondation de l'*Université d'Orange*, en Provence, par Raimond V. Prince d'Orange.
1375.	* ALBERT DE STRASBOURG, Dominicain, Auteur d'une Chronique des Empereurs d'Occident, depuis 1270, jusqu'à 1378.
1377.	André PISANI, Peintre Italien, Sculpteur & Architecte, Disciple d'André *Orgagna*; mourut à Florence en 1389. Il étoit aussi bon Poéte, & grand Musicien.
1379.	Guillaume *Wic'am*, Architecte Anglois, mort en 1404.
1380.	Philippe de MAIZIÉRES, Chancelier des Royaumes de Jerusalem & de Cypre, mort à Paris chez les Célestins, en 1405. laissant plusieurs Ouvrages.
1382.	Jean de RAVENNE, sçavant Professeur des Belles-Lettres à Florence, & de l'Ecole duquel sont sortis plusieurs de ceux qui ont contribué au Rétablissement des Lettres en Italie.
1387.	Fondation de l'*Université de Sienne*, par le Pape Pie II.
1388.	Fondation de l'*Université de Cologne*, par Urbain VI.
	CYPRIEN, Métropolite de Moskou, Auteur des Annales Russiennes, appellées *Stépenna Kniga* ou Livre graduel (par années.)
1389.	Galfrid CHAUCER, fameux Poéte Anglois, mort en 1400. Grand nombre d'Ouvrages très-estimés en Angleterre, où il est regardé comme l'un de ceux qui a commencé à en polir la Langue.

D. J. C.
1391. L'*Académie de S. Luc* pour la Peinture est établie à Paris, avec des Réglemens & des Statuts.

1392. Fondation du *Collége* illustre *d'Erford* ; ensuite *Université*.

1395. Isaac ARGYRE, Moine Grec, habile dans les Mathématiques. Divers Ouvrages de Géodesie, &c.

1396. BALDUS *de Ubaldis*, Jurisconsulte de Pérouse, y professe avec grande réputation, ainsi qu'à Bologne & à Pavie; meurt en 1423. Grand nombre d'Ouvrages sur le Droit Civil & sur le Canonique. *Ange*, son frere, eut aussi une grande réputation dans la même profession.

1398. Fondation de l'*Université d'Angers*, par le Roi Charles V. dit le Sage, à la priere de Louis II. Duc d'Anjou. Elle prit de nouveaux accroissemens en 1432. L'étude du Droit y a presque toujours prévalu.

1399. Emmanuel CHRYSOLORAS, Grec d'Athènes, retiré en Italie, où il étoit d'abord venu pour implorer le secours des Princes Chrétiens contre les Turcs ; y enseigne les Belles-Lettres à Florence, Venise, Padoue, Rome, Pavie; fut le premier Restaurateur de la belle Littérature en Italie, où il eut d'illustres Eléves : Léonard Arétin, le Pogge, Ambroise, Philelphe, Grégoire de Tiferne. Il mourut en 1415. à Constance.

1400. Jean FROISSARD, de Valenciennes, & Chanoine de Chimai ; Chroniques ou Histoires en François, de ce qui s'est passé depuis 1326. jusqu'en 1400. *Lyon* 1559. 4 Vol. *in-fol.* & quelques Poésies.

QUINZIÈME SIÉCLE.

1402. Pierre-Paul VERGERIO, d'Istrie, sçavant Littérateur, qui avoit été étudier le Grec à Constantinople, mort en Hongrie vers 1419. Divers Ouvrages de Littérature & d'Histoire. *N.* XXXVIII.

1403. Fondation de l'*Université de Wirtzbourg* (Herbipolis) en Allemagne.

1404. * Gobelin PERSONA, de Westphalie, que l'amour des Lettres fit passer en Italie pour s'instruire ; mourut à Paderborn en 1420. *Cosmodromium*, ou Chronique universelle, dans le Tome I. de Meibomius, &c. *N.* XV. & XX.

1405. Fondation de l'*Université de Turin*, par l'Antipape Benoît XIII.

1406. Frédéric FREZZI, mort à Constance en 1416. étant Evêque de Foligno, sa patrie. Poéme Italien sur la vie humaine, estimé. *N.* VII. & X.

1407. Christine de PISAN, qui vint d'Italie en France, avec *Thomas*, son pere, habile Astronome ; a écrit en François la Vie de Charles V. des Poésies, & autres Ouvrages.

Depuis J. C. 1408.	Fondation de l'*Université de Leipsick*, par Fréderic I. Electeur de Saxe. Elle s'accrut des ruines de celle de Prague, d'où les Allemands se retirerent, dit-on, au nombre de vingt mille Etudians, parce qu'ils y avoient été insultés.
1409.	Fondation de l'*Université d'Aix*, par Louis III. Comte de Provence, & le Pape Alexandre V. rétablie en 1603.
1410.	Fondation de l'*Université d'Ingolstad* en Bavière, à qui le Pape Pie II. donna de grands Priviléges en 1459. a la priere de Louis, Duc de Baviére ; fut en régle en 1472.
1411.	Fondation de l'*Université de S. André*, en Ecosse, par l'Archevêque Henri Wardaw, confirmée l'année suivante par le Pape Jean XXII.
1415.	Hubert & Jean *Van-Eyck*, fameux Peintres, de Maseick au Diocèse de Liége, réputés Fondateurs de l'Ecole Flamande. Le premier meurt en 1426, & le second se retira à Bruges, d'où il fut connu sous le nom de *Jean de Bruges;* c'est lui qui inventa la Peinture à l'huile.
1418.	Paul de CASTRO, fameux Professeur en Droit, à Bologne, à Sienne, à Florence, à Padoue; mort en 1437. Ses Ouvrages ont été imprimés plusieurs fois.
1419.	Fondation de l'*Université de Rostock*, en Mecklenbourg.
1420.	Florissoit alors l'*Université d'Ilerda*, en Catalogne, puisque cette année Alphonse Borgia, depuis Pape sous le nom de Calixte III. y fut fait Docteur en Droit Civil & en Droit Canon, aussi-bien que S. Vincent Ferrier en Théologie. N. GASPARINI, de Bergame, Professeur des Belles-Lettres à Padoue, & à Milan, où il mourut en 1431. Commentaires sur divers Livres de Ciceron, & autres Ouvrages. Ses Epîtres furent le premier Livre imprimé en France l'an 1496. en Sorbonne. Gasparini est un de ceux à qui on est redevable du renouvellement des Lettres.
1421.	Léonard ARÉTIN (*Bruni*) d'Arezzo, près de Florence, Philosophe, Orateur, Historien, réveille en Italie le goût de la Langue Grecque; meurt en 1444. Histoire de Florence, Epîtres, Traductions de Procope, de quelques Ouvrages d'Aristote, &c. *N.* XXV.
1422.	Guillaume LYNWOOD, sçavant Anglois, laisse plusieurs Ouvrages sur le Droit.
1423.	Alain CHARTIER, Secrétaire des Rois de France, Charles VI & Charles VII. l'un des plus sçavans hommes de ce Siécle, réussissoit mieux dans la Prose qu'en Vers : il fut appellé le Pere de l'Eloquence Françoise. Ses Œuvres in-4°. *Paris* 1617.
1424.	CHEREFEDDIN-ALI, Historien Persan, dont Petis de la Croix a fait une Traduction Françoise, imprimée en 4

Depuis J. C.	Vol. *in*-12 ſçavoir, l'Hiſtoire de Timurbec ou Tamerlan, *Paris* 1722.
	ARABSCHAH, Hiſtorien Arabe de Tamerlan, dont Vattier a donné la Traduction, *Paris* 1658. *in*-4°.
1425.	Fondation de l'*Univerſité de Louvain*, par Jean IV. Duc de Brabant.
1426.	Fondation de l'*Univerſité de Dole* en Franche-Comté, par Philippe le Bon, Duc de Bourgogne. (Elle a été transférée en 1691. à *Beſançon*, par le Roi Louis XIV.)
1428.	Jean de WHETAMSTEDE, Religieux Anglois de l'Ordre de Cluni, très-ſçavant: Hiſtoire des Hommes Illuſtres, & autres Ouvrages Manuſcrits.
1430.	* AMBROISE *Camaldule*, Religieux de cet Ordre, dont il fut Général, ſçavant en Grec, & autres parties de la Littérature; a traduit pluſieurs Ouvrages des Anciens, & eſt mort à Florence en 1439. Lors du Concile Général où ſe fit la réunion des Grecs, ceux-ci avouèrent que perſonne parmi les Latins n'entendoit mieux leur Langue qu'Ambroiſe; & ce fut lui qui dreſſa le Décret d'Union. *N.* XIX.
1431.	Fondation de l'*Univerſité de Poitiers*, par le Roi Charles VII.
1433.	*Antoine de Meſſine*, Peintre alors célébre, qui apporta le premier en Italie l'Art de peindre en huile, qu'il avoit appris à Anvers de Jean Van-Eyck.
1434.	ULUGBEG, Prince Tartare de Samarcande, compoſe pluſieurs Ouvrages de Mathématique, & fait faire des Obſervations Aſtronomiques: Thomas Hyde en a publié les Tables, *Oxonii* 1665, *in*-4°.
1435.	Philippe *Brunelleſchi*, de Florence, Reſtaurateur de l'ancienne Architecture, mort en 1446.
1436.	Jacques BRACELLI, Genois: Divers morceaux de l'Hiſtoire de Genes, eſtimés. *N.* VII.
	PIETRO *della Franceſca*, Peintre Florentin & Géométre, mort en 1443. Quelques Ouvrages de Mathématique.
1437.	* George GEMISTUS, ſurnommé *Pletho*, Grec du Péloponèſe, Philoſophe, Mathématicien & Hiſtorien: Commentaires ſur les Oracles de Zoroaſtre; Traité ſur la différence de Platon & d'Ariſtote: Hiſtoire depuis la bataille de Mantinée, &c.
1438.	Le POGGE, ou *Poggio Bracciolini*, Florentin, l'un des plus beaux eſprits & des plus ſçavans hommes de ce Siécle, découvrit nombre d'Auteurs anciens; mourut en 1459. Hiſtoire de Florence, Recueils de Harangues & d'Epîtres, &c. Traduction Latine de Diodore, & autres Ouvrages. *N.* IX.
1439.	Jacques ALVAROT, de Padoue, Juriſconſulte & Profeſſeur en Droit; mort en 1452. Traité ſur les Fiefs, & autres.

Depuis J. C.	Michel GLYCAS, Grec de C. P. qui a passé la plus grande partie de sa vie en Sicile, fleurissoit vers ce temps : *Annales*, depuis la création jusqu'à l'an 1118. & des *Lettres*. On l'a cru d'abord du XII ou XIIIe. Siécle ; mais ses *Lettres* prouvent le contraire.
1440.	* Laurent VALLA, de Plaisance, sçavant Littérateur, qui contribua le plus à ressusciter en Italie la beauté de la Langue Latine ; mourut en 1457. *De elegantiis Ling. Latinæ, Libri* VI. Traité du vrai & du faux ; Histoires de Ferdinand, Roi d'Aragon : Fausseté de la Donation de Constantin, &c. Traductions de Thucydide, d'Hérodote, & d'Homére.
	Giannozo (ou Jannot) MANETTI, de Florence, sçavant en Grec & en Hébreu ; mort à Naples en 1459. Peu de ses Ouvrages ont été imprimés. *N.* XXXVI.
	GUARINO *de Vérone*, fut le premier des Italiens qui enseigna la Langue Grecque, & il fut Professeur des Belles-Lettres en diverses Villes d'Italie ; mourut à Ferrare en 1460. Traductions de plusieurs Auteurs anciens, & quelques Ouvrages de Littérature. *N.* XXIX.
	George PURBACH, de Bavière, sçavant Mathématicien & Astronome, mort en 1461. Laisse ses Ouvrages commencés à son Disciple Jean *Regiomontanus*.
	Jean Juvenel des URSINS, Historien, mort Archevêque de Reims en 1473. Histoire de Charles VI. depuis 1380. jusqu'en 1422. *Paris* 1653. *in-fol.*
	Laurent *Coster*, de Harlem, à qui les Hollandois attribuent l'invention de l'Imprimerie.
	Fondation de l'*Université de Barcelone*.
1442.	Jean *Mentel*, Gentilhomme de Strasbourg, à qui on a fait l'honneur de l'invention de l'Imprimerie, si utile aux Lettres & aux Sciences.
	Pierre *Schoiffer*, de Gernsheim, travaillant à cette recherche avec Jean *Fust* & Jean *Guttemberg*, à Mayence, inventa vers 1450. les lettres mobiles, & ainsi il peut être regardé comme le véritable inventeur de l'Imprimerie, quoique Guttemberg eût fait le premier des essais.
1445.	Fondation de l'*Université d'Avila*, en Espagne.
1446.	FERDINAND *de Cordoue*, Espagnol très-sçavant, & grand Capitaine, peignoit comme un Artiste. On lui attribue des Commentaires sur l'Almageste de Ptolémée, & sur l'Apocalypse, & un Traité *de artificio omnis scibilis*.
1448.	* Maffée VEGIO, de Lodi dans le Milanès, mort à Rome vers 1459. *De educatione liberorum*, & diverses Poésies Latines, entr'autres, Continuation de l'Enéide.
1450.	Jean FORTESCUE, Grand Chancelier d'Angleterre ; plusieurs Ouvrages sur la Loi Naturelle, & sur les Loix d'Angleterre.

Depuis J. C.	Flavio BIONDO (*Blondus*) de Forli, Secrétaire du Pape Eugène, IV. & Historien, mort à Rome en 1463.
1451.	Divers Ouvrages en Latin sur l'Histoire d'Italie, depuis la décadence de l'Empire jusqu'à son tems, *Basileæ* 1559. *in-fol.* &c. *N.* XVI. & XX.
1452.	Fondation de *l'Université de Caen*, en Normandie, par le Roi Charles VII. Elle avoit déjà été érigée en 1431 & 1437, par les Anglois & le Pape Eugène.
	Fondation de *l'Université de Valence*, en Dauphiné, par Louis Dauphin, depuis Roi de France sous le nom de Louis XI. Celle de *Grenoble*, lui fut unie vers 1570.
1453.	*L'Académie de Rome* étoit florissante : elle donna cette année la couronne Poétique à *Andrelini*, qui prit le nom de Publius Festus ; car alors les Sçavans changeoient leurs noms, en entrant dans une Société : ce qui est encore d'usage en plusieurs Académies d'Italie.
1454.	Fondation de *l'Université de Glaskow*, en Ecosse, renouvellée en 1567. par le Roi Jacques VI.
1455.	Théodore GAZA, Grec de Thessalonique, que les conquêtes de la Grèce par les Turcs avoient fait passer en Italie, fut un de ceux à qui l'on fut redevable du rétablissement des Belles-Lettres ; il mourut à Rome en 1478. Grammaire Grecque ; Traductions de l'Histoire des animaux d'Aristote, des Aphorismes d'Hippocrate, des Plantes de Théophraste, &c. *N.* XXIX.
1456.	Fondation de *l'Université de Grispswalde*, en Poméranie, par le Duc Uratislas ; renouvellée en 1547. par le Duc Philippe.
	Barthelémi FACIO, Genois, mort à Naples en 1467. Histoire d'Alphonse I. & autres Ouvrages. *N.* XXI.
1457.	ÆNEAS SYLVIUS *Picolomini*, depuis Pape sous le nom de *Pie* II. a fait plusieurs Ouvrages de Littérature, d'Histoire, &c. *Opera*, *Basileæ*, 1532, 1575. *in-fol.*
1458.	Jean ARGYROPULE, sçavant Grec de Constantinople, retiré en Italie, fut bien reçu par Côme de Médicis, & mourut à Rome vers 1474. Traductions d'Aristote, & autres Ouvrages.
	Grégoire de TIFERNE, éléve du Grec Chrysoloras, vient d'Italie à Paris, & y enseigne dans l'Université la Langue Grecque, & la Rhétorique qui y étoit négligée depuis long-tems.
	Maso, surnommé *Finiguerra*, habile Orfévre de Florence, qui trouva l'art des Estampes, en gravant sur le cuivre.
1459.	Fondation de *l'Université de Basle*, en Suisse.
1460.	Fondation de *l'Université de Fribourg* en Brisgaw, par Albert, Duc d'Autriche.
	Fondation de *l'Université de Nantes*, par le Pape Pie II. à la priere de François II. dernier Duc de Bretagne.

II. Partie.

Depuis Donat ACCIAIOLI, de Florence, célèbre Littérateur
J. C. & Philosophe, mort en 1473.
Georges CHASTELLAIN, Gentilhomme de Gand, mort en 1475. Recueil en Vers, des choses merveilleuses avenues de son tems, & autres Ouvrages.
Matthieu PALMIERI, de Florence, mort en 1475. Chronique, &c. *N.* XI. & XX.
ISOTTA *de Vérone*, Demoiselle sçavante, qu'il ne faut point confondre avec *Isotta* de Rimini : Voyez Mémoires d'Artigny, Tome V.

1461. François VILLON ou *Corbueil*, Poëte François, de Paris, qui tira le premier notre Poésie du cahos confus où nos vieux Poëtes & Romanciers l'avoient mise. Ses Œuvres réimprimées à *Paris* 1723. *in*-12. *N.* V.

1462. DUCAS, Auteur Grec, a fait une Histoire de Constantinople, depuis 1431. jusqu'en 1462, *Græco-Lat.* in-fol. *Parisiis*, 1649.
Jean CHARTIER, Religieux de S. Denis, écrit une Vie du Roi Charles VII. *Paris* 1661. *in-fol.* (avec le suivant.)
Gilles le BOUVIER ou *de Berri*, sa patrie; Chronique du Roi Charles VII.

1464. Fondation ou Renouvellement de l'*Université de Bourges*, par le Pape Paul II. à la requisition du Roi Louis XI. & de Charles, Duc de Berri, son frere. Quelques Auteurs prétendent qu'elle avoit été fondée du tems de S. Louis vers 1240.
* Jean DLUGOSS, Chanoine de Cracovie : Histoire de Pologne, in-fol. *Francofurti*, 1711. 2 Vol.
Jean MULLER, surnommé *Regiomontanus*, célèbre Astronome, mort en 1476. Abrégé de l'Almageste de Ptolémée, & autres Ouvrages. *N* XXXVIII.

1465. Elisius CALENTIUS, Napolitain, Poëte Latin, estimé par Sannazar, & autres.
Gentil & Jean *Bellin*, freres, & habiles Peintres Vénitiens : Mahomet II. fit venir le premier à Constantinople.

1466. Domizio CALDERINI, de Torri dans le Véronois, sçavant Littérateur, mort jeune à Rome en 1477. Commentaires sur des Poëtes anciens. *N.* XXX.
Galeoti MARTIO, de Narni, fut Secrétaire de Matthias Corvin, Roi de Hongrie, & mourut a Lyon en 1478. Bons mots de Corvin, & autres Ouvrages qui firent alors du bruit.

1467. Barthelemi FONTIUS, de Florence, Directeur de la Bibliothéque de Matthias Corvin à Bude : *Opera, Francof.* 1621.

1468. Enguerrand de MONSTRELET, de Cambrai : Chronique ou Histoire des choses mémorables arrivées de son temps, depuis 1400. jusqu'en 1467. (suite de Froissard,) *Paris* 1572. *in-fol.*

Depuis	Laonic CHALCONDYLAS, Athénien, a fait une Histoire
J. C.	des Turcs, *Gr. Lat.* in-fol. *Parisiis*, 1630. Typ. Reg. 2. vol.

ANDRONIC de *Thessalonique*, sçavant Grec, retiré en Italie, y enseigne la Langue Grecque à Florence, & ensuite à Paris; mort en 1478 ou 1479. *De Physicâ, Scientiâ, Fortunâ*, &c.

1469.   * Roderic Sanche D'AREVAL, Evêque de Zamora: Histoire d'Espagne jusqu'à cette année : *int. Script. Hisp.*

GEORGE DE TRÉBIZONDE (TRAPEZUNTIUS) l'un des premiers Grecs qui vint en Italie, & contribua au rétablissement des Lettres en Occident, fut Professeur de Rhétorique & de Philosophie à Rome, & mourut en 1486. Traductions de divers Auteurs Grecs, & plusieurs Ouvrages où il se déclare contre Platon, en faveur d'Aristote. *N.* XIV. & XX.

François PHILELPHE, sçavant Italien, de Tolentino dans la Marche d'Ancone, Poéte, Orateur, Philosophe, mort à Bologne en 1481. *Conviviorum libri ; De morali disciplinâ*, & nombre d'autres Ouvrages en Prose & en Vers. *N.* VI. X. & XLII.

Jean de MONTRÉAL, célébre Mathématicien, Professeur à Vienne en Dauphiné, mort en 1476. Ephémérides, estimées.

Alexandre D'IMOLA, ou *de Tartagnis*, plus connu sous le premier nom, qui est celui du lieu de sa naissance, fameux Professeur en Droit à Bologne, mort en 1477. Divers Ouvrages de Jurisprudence.

Jean-Antoine *Campani*, habile Littérateur, mort Evêque de Teramo, au Royaume de Naples, en 1477. Poésies, Epîtres, &c. *Opera, Romæ* 1495. & *Venetiis* 1502. *in-fol.* N. II.

Nicolas PEROT ou *Perotti*, mort Archevêque de Siponto, au Royaume de Naples, en 1480, l'un des plus sçavans hommes de son Siécle : *Cornucopia*, &c. *De Metris;* Traduction de Polybe, &c. *N.* IX.

1470.   Florissoit alors l'*Université de Valence*, en Espagne, qui avoit été fondée vers le XIIIᵉ siécle.

Renouvellement de l'*Université de Cambridge*, par le Roi Edouard IV. On attribue son commencement à Sigebert, Roi d'Essex, en l'an 630 ; mais il paroît que ce n'étoit qu'une Ecole Ecclésiastique ou Monastique.

Thomas LITTLETON, Jurisconsulte Anglois : Droit Coutumier d'Angleterre, ou *Tenures* : Ouvrage regardé dans le Royaume comme ceux de Justinien, par rapport au Droit Romain.

Antoine de PALERME, né à Bologne, l'un des plus sçavans Italiens de son tems, Jurisconsulte & Poéte, mort en 1498.

Depuis J. C.	Constantin LASCARIS, Grec, retiré en Italie, & l'un de ceux à qui l'on est redevable de la renaissance des Lettres ; a enseigné à Milan, à Rome, à Naples, à Messine où il mourut. Grammaire & autres Traités.
	André BARBATIUS, célébre Jurisconsulte à Bologne, mort en 1482. Divers Ouvrages sur le Droit.
	André *Verrochio*, fameux Peintre Italien, mort en 1488. étoit aussi habile dans la Sculpture, la Gravure, l'Orfévrerie, la Géométrie, la Perspective, la Musique.
	Janus PANNON (Pannonius) Poëte Latin, cultive les Belles-Lettres avec succès en Italie, & en Hongrie où il fut Evêque des Cinq-Eglises, & mourut en 1490. Elégies & Epigrammes.
	Martin de ILKUS, Polonois, sçavant dans les Mathématiques, que Mathias Corvin fit venir à Bude, où il publia le premier Almanach, selon les Ecrivains Polonois. On garde encore dans l'Université de Cracovie les Instrumens astronomiques que ce Prince lui avoit fait faire.
	Christophe PERSONA, sçavant en Grec, qu'il avoit été apprendre dans sa jeunesse en Gréce même ; fut Préfet de la Bibliothéque Vaticane, & mourut à Rome en 1486. Plusieurs Traductions d'Auteurs anciens, &c. *N.* XV. & XX.
1471.	Laurent de *Médicis*, Chef de la République de Florence, surnommé le *Pere des Lettres*, fut comme le Mecène de son Siécle, & le Protecteur des Grecs exilés ; il attira à sa Cour un grand nombre de Sçavans, par ses libéralités ; mourut en 1492.
1472.	Fondation de l'*Université de Pise*, par Laurent de Médicis.
	Junien MAGGIO (*Maius*) Gentilhomme de Naples, contribue au rétablissement des Lettres dans sa Patrie, & y enseigne : il fut le Maître de Sannazar & d'Alexandre ab Alexandro : *De priscorum proprietate verborum*, &c. *N.* XLI.
1473.	Fondation de l'*Université de Bordeaux*, par Louis XI. Quelques Auteurs la mettent sous Charles VII. son pere.
	Fondation de l'*Université de Tréves*, en Allemagne ; renouvellée en 1558.
1474.	Fondation de l'*Université de Saragoce*, (Cæsar-Augustana) en Aragon.
1475.	Fondation de l'*Université de Toléde*, en Castille.
	Gui PAPE, de Grenoble, Jurisconsulte, mort en 1487. Recueil de Décisions sur les plus belles Questions de Droit, &c.
	Bernard JUSTINIANI, noble & sçavant Vénitien, mort en 1489. *De origine Venetiarum, Epistolæ*, &c. *N.* VII.

Depuis J. C. 1476.	Diebold SCHILLING, de Soleurre ; Historien estimé de la guerre des Suisses contre Charles le Téméraire, Duc de Bourgogne : *Berne* 1743. *in-fol.* en Allemand. C'est un morceau intéressant pour l'Histoire de ce Siécle.
1477.	Fondation de l'*Université de Tubingue*, en Souabe, par Everard le Barbu, Comte de Virtemberg : elle fut mise en ordre par Jean *la Pierre*, de Bâle, Docteur de Paris.
	Fondation de l'*Université d'Upsal*, en Suéde, par le Pape Sixte IV & le Roi Christiern I. pour les trois Royaumes alors réunis. Elle a été renouvellée & augmentée en 1595, par le Roi de Suéde Charles IX.
1478.	Rodolphe AGRICOLA, de Groningue, Philosophe & Littérateur Grec & Latin, Professeur à Heidelberg ; commença à inspirer le bon goût en Allemagne, & mourut en 1485. Il s'étoit formé en France & en Italie. *Opera*, *Coloniæ* 1539, 2 Vol. in-4°. *N.* XXIII.
1479.	Léon-Baptiste de ALBERTIS, Mathématicien de Florence, écrit sur l'Architecture & la Peinture.
	Jean-Marie ANGIOLELLO, de Vicence, fait en Italien & en Turc l'Histoire de Mahomet, & la présente à ce Prince.
1480.	Antoine GALATÉO, de la Terre d'Otrante, Philosophe, Médecin, Poéte ; mort vers 1490. (ou selon d'autres en 1517.) Ses ancêtres étoient Grecs.
	Jean ANDRÉ, sçavant Italien, l'un des principaux Restaurateurs des Lettres, mort en 1493. Editions d'un grand nombre d'Auteurs anciens.
	Ange POLITIEN, de Montepulciano en Toscane, célébre Littérateur & Poéte Latin, l'un des plus doctes & des plus polis Ecrivains de ce Siécle, mort à Florence en 1494. Divers Ouvrages en Vers & en Prose : 3 Volumes *in-8°*.
	*Ermolao BARBARO, sçavant Vénitien, fut Patriarche d'Aquilée. Il rendit avec Politien, de grands services pour le rétablissement de la pureté de la Langue Latine, restitua une multitude d'endroits altérés par les Copistes, dans les Manuscrits anciens, trois cens dans Pomponius Mela, cinq mille dans Pline, &c. donna une traduction de Dioscoride avec des Notes, des Paraphrases sur Aristote, &c. mort en 1493. ou 1494. *N.* XIV. & XX.
1481.	ALEXANDRE *ab Alexandro*, de Naples, célébre Jurisconsulte, & Littérateur, mort en 1494. *Genialium dierum Libri* VI. &c. *N.* VI.
	Georges MERULA, d'Alexandrie en Milanès, Historien & Littérateur, mort en 1494. Histoire des Vicomtes de Milan, Description du Mont-Vésuve, &c. Epîtres : Commentaires sur Martial, Juvenal, Varron, Stace, Columella. *N.* VII. & X.

Depuis J. C.	Matteo-Maria BOIARDO, de Ferrare, connu par ses Poésies Italiennes & ses Eclogues Latines; mort en 1494.
1482.	Fondation de l'*Université de Mayence*. Dès le XIe. Siècle il y avoit eû une Ecole fameuse sous *Raban-Maur*, &c.
1484.	* Jean TRITHÈME, Allemand & Abbé d'Hirsauge, a fait divers Ouvrages Historiques & autres. Sa Chronique, qui est le principal a été imprimée complette, in-fol. *Francofurti*, 1690.
	Jean MICHEL, d'Angers, Médecin du Roi Charles VIII. & Auteur de Tragédies sous le titre de Mystères de la Résurrection & de la Passion de J. C. mourut en 1495. *N*. XXXVII.
1485.	Antoine MANCINELLI, de Veletri, dont on a plusieurs Ouvrages de Grammaire & de Littérature. *N*. XXXVIII.
1486.	Tite & Hercule STROZZI, pere & fils, Poétes Latins, de Ferrare, morts le premier en 1502, à quatre-vingts ans, & le second en 1508. Elégies, & autres Piéces.
1487.	Jean PIC, Prince *de la Mirandole*, l'un des plus sçavans hommes de son Siécle, mort à Florence en 1494, âgé de trente-trois ans : Grand nombre d'Ouvrages où il traite tellement des Sciences les plus sublimes, que Scaliger ce fameux Critique, l'a appellé *Monstrum sine vitio*. *N*. XXXIV.
	Boninus MONBRITIUS, de Milan, Poéte Latin, & Littérateur.
	Philippe CALLIMACO *Esperiente*, Florentin, mort à Cracovie en 1496. Divers Ouvrages sur l'Histoire de Pologne, & Discours sur la guerre contre les Turcs. *N*. VI.
1488.	Jules *Pomponius* LÆTUS, sçavant Professeur de Belles-Lettres, à Rome, mort en 1497. Plusieurs Ouvrages sur l'Histoire Romaine : Antiquités de la Ville de Rome, Epitres, &c. *N*. VII. & X.
	Barthelemi SCALA, de Toscane, fut Gonfalonier de la République de Florence, & mourut en 1497. Histoire de Florence; Apologie des Florentins (rare :) Epîtres & Discours. *N*. IX.
	Alexandra, sa fille, fut fameuse par son érudition, & elle épousa Michel Marulle (dont on parlera plus bas.)
	Baptiste FULGOSE ou Frégose, de Genes, dont il a été Doge, exilé en 1483, composé l'Ouvrage intitulé, *De dictis factisque memorabilibus*, espece de Valere-Maxime sur l'Histoire Moderne, & d'autres Ouvrages. *N*. IX. & X.
	Marsile FICIN, de Florence, Restaurateur de la Philosophie Platonicienne, mort en 1499. Traductions de Platon, de Plotin, de Jamblique, &c. & autres Ouvrages, *Parisiis*, 1641. *in fol*. *N*. V. & X.

DANS LES SCIENC. & ARTS. 663

Depuis
J. C.
1489.

Antoine URCEUS, surnommé *Codrus*, né au Territoire de Reggio, sçavant Littérateur & Professeur à Bologne, mort en 1500: Harangues, Lettres & diverses Poésies Latines, *Basileæ* 1540. *N.* IV.

Michel MARULLE, Grec, de Constantinople, réfugié en Italie, mort en 1500. Poésies Latines. *N.* XXXIX.

Olivier de la *Marche*, Gentilhomme de Bourgogne, mort à Bruxelles en 1501. Mémoires ou Chroniques, *Lyon* 1562. & autres Ouvrages.

* Robert GAGUIN, Religieux Mathurin, né à Colines, frontière de Picardie & d'Artois, mort en 1501. Histoire de France, en Latin, depuis traduite en François : Harangues, Epîtres & Poésies en Latin. *N.* XIIII.

Bernardin CORIO, Historien de Milan, mort en 1500. *N.* VII. & X.

1490.

Gabriel ALTILIUS, Italien, l'un des meilleurs Poëtes de son tems, mort en 1501. Elégies, & autres Poésies.

Guillaume CAOURSIN, de Douai, mort en 1501. à Rhodes, Vice-Chancelier de l'Ordre des Chevaliers, aujourd'hui à Malthe : Statuts de cet Ordre; Histoire du Siége de Rhodes par les Turcs en 1480. Plusieurs Discours au sujet du Prince Zizim, &c. *Opera omnia*, *Ulmæ* 1496. *in-fol.* rares.

Jean ANNIUS (ou *Nanni*) de Viterbe, mort en 1502, étoit sçavant, & avoit grande réputation de son temps; mais il s'est fait un mauvais renom dans la postérité, par la publication de ses XVII. Livres d'Antiquités, qui sont des Ouvrages supposés à d'anciens Auteurs. *N.* XI. & XX.

Jean (Jovien) PONTANUS, de Cerreto au Duché de Spolette, Littérateur, Poëte, Historien, mort en 1503. Nombre d'Ouvrages en Vers & en Prose : Histoire des guerres de Ferdinand, Roi de Naples, &c. *N.* VIII. & X.

1491.

Alamanno RANUCCINI, de Florence, mort en 1504. Traductions d'Auteurs anciens. *N.* XXX.

Pierre CRINITUS, Professeur de Belles-Lettres à Florence, mort en 1505. Poésies Latines : *De honestâ disciplinâ* : Vies des Poëtes Latins, &c.

Marc-Antoine COCCIUS, dit SABELLICUS, depuis qu'il fut couronné Poëte, fameux Ecrivain d'Italie, mort à Venise en 1506, Histoire Universelle; Histoire de Venise : Divers autres Ouvrages en Prose & en Vers. *N.* XII. & XX.

Jean MOLINET, Chanoine de Valenciennes, mort en 1507, laissant divers Ouvrages en Prose & en Vers : Dits & faits; Paraphrase du Roman de la Rose : Ses Poésies réimprimées à Paris en 1723. *in-12.*

Depuis *J. C.* 1493.	Conrad CELTÈS, de Franconie, très-habile Littérateur & Poéte Latin, mort à Vienne en 1508, fit de grandes recherches pour l'Histoire d'Allemagne : Poésies, &c. *N*. XVI. Il fut l'Auteur de deux *Sociétés Littéraires*, qui ont été très-utiles dans leur temps, & l'on nommoit l'une *du Danube*, & l'autre *du Rhin* : voyez le Tom. I. des Mémoires de l'Académie de *Munich*, in-4°. 1763. Hermic CAPADO, Portugais, Poéte Latin, pur & élégant, mort en 1508. Isaac ABRABANEL, Juif célébre de Portugal, mort à Venise en 1508, après avoir fait nombre d'Ouvrages : c'est celui de tous les Rabins dont on peut le plus profiter pour l'intelligence de l'Ecriture Sainte. *N*. XLI.
1494.	* Jacques VIMPHELING, Théologal de Spire, a fait une Chronique des Empereurs, &c. Jean ABIOSI, de Naples, Médecin & Astronome. Antoine BONFINIUS, d'Ascoli, appellé en Hongrie par Matthias Corvin, écrit l'Histoire de ce Pays, in-fol. *Francofurti*, 1687. Fondation de l'*Université d'Aberdeen*, en Ecosse, par le Pape Alexandre VI. qui à la priere de l'Evêque Elphinston, lui accorde les mêmes privileges qu'à celles de Bologne & de Paris. Il y avoit à Aberdeen dès l'an 1213 une célébre Ecole, ou *Studium generale*, d'où sont sortis plusieurs Sçavans.
1495.	Ambroise CALEPIN, Religieux Augustin d'Italie, se rend fameux par son Dictionnaire en plusieurs Langues, & quelques autres Ouvrages ; mort en 1510. Pierre-Vincent *Dante*, de Pérouse, Architecte, Mathématicien, Poéte, mort en 1512. Son fils *Jules*, & sa fille *Théora*, s'acquirent aussi une grande réputation par leur capacité dans l'Architecture & les Mathématiques.
1496.	Henri BEBEL, Jurisconsulte Allemand, Professeur d'Eloquence à Tubingue, & Poéte. Dissertation, & Poésies. MARTIAL DE PARIS, ou d'Auvergne, Poéte François, mort en 1508. Vigiles du Roi Charles VII. &c. *N*. IX. & X.
1497. 1498.	Fondation de l'*Université de Copenhague* (Hafniensis.) Philippe de COMMINES, Chambellan du Roi Louis XI. & Gentilhomme Flamand, mort en 1509. Mémoires Historiques (très-estimés) sur les regnes de Louis XI. & de Charles VIII. 5. Vol. *in-4°.* avec diverses Piéces. Ulric *Géring*, de Constance, mort en 1510, à Paris où il fut le premier Imprimeur, & commença à travailler dès 1470. dans une Salle de la Sorbonne ; dont par reconnoissance il fut ensuite bienfaiteur. Alexandre ACHILLINI, de Bologne, Professeur de Philosophie à Padoue, mort en 1512. *Opera omnia, Venetiis* 1545. *in-fol*. *N*. XXXVI.

DANS LES SCIENC. & ARTS. 665

Depuis J. C.

Démétrius CHALCONDYLE, Grec, qui enseigna en Italie, & mourut en 1513. Grammaire Grecque, Erotèmes ou Questions.

Scipion CARTEROMACO, de Pistoie en Toscane, Littérateur, mort à Rome en 1513. Discours, Lettres; Edition de la Géographie de Ptolémée. *N*. XXII.

N. *Bramante*, né au Territoire d'Urbin, célèbre Architecte, qui a commencé à bâtir l'Eglise de S. Pierre à Rome : étoit aussi bon Poëte & bon Musicien ; mourut en 1514.

1499. Jean-Baptiste PORTA, Gentilhomme de Naples, sçavant Littérateur, Mathématicien, &c. mort en 1515. *De occultis Litterarum ; de Physionomia*, &c. *N*. XLIII.

Alde MANUCE, fameux Imprimeur Italien, Chef des Manuces qui se sont extrêmement distingués, mort en 1516; a commencé le premier à imprimer le Grec correctement à Venise, & est Auteur de plusieurs Ouvrages : Grammaire Grecque, Commentaires sur Homere, sur Horace, &c.

Jean MURMELLIUS, de Ruremonde, Littérateur, mort à Deventer en 1517. Divers Ouvrages de Grammaire; Notes sur d'anciens Auteurs. *N*. XXXIV.

Marc MASURUS, Grec de Candie, Professeur à Padoue, mort en 1517. Epigrammes, &c. en Grec ; donna les premieres Editions d'Aristophane & d'Athénée.

1500. * Jean NAUCLER, Prévôt de Tubinge en Souabe : une Chronique Universelle, depuis la Création jusqu'à l'an 1500. qu'il mourut.

André *Mantégne*, Peintre Italien, né près de Padoue, mort en 1517. Plusieurs Ecrivains le disent l'inventeur de la Gravure au burin pour les Estampes.

Barthelémi *de Saint Marc*, fameux Peintre Florentin, Religieux de S. Dominique, mort en 1517.

Léonard *de Vinci*, très-célèbre Peintre Florentin, regardé comme le premier qui ait assujetti à des régles certaines l'Art de la Peinture ; étoit habile dans les Mathématiques & les Belles-Lettres. Traité de la Peinture en Italien, imprimé à Paris, &c. Il vint en France, & mourut à Fontainebleau, entre les bras de François I. en 1518.

Jason MAINUS, de Pesaro au Duché d'Urbin, fameux Professeur de Droit à Padoue, Pise, Pavie, mort en 1519. Divers Ouvrages de Jurisprudence & de Littérature. *N*. XL.

Pandolfe COLLENUCIO, de Pezaro : Histoire de Naples, & Ouvrages de Littérature.

Rodophe LANGIUS, de Munster, l'un des Restaurateurs des Lettres en Allemagne, mort en 1519. Poésies Latines, estimées, &c.

Depuis   Jean COLLET, sçavant Anglois, Maire de Londres,
J. C.   mort en 1519. Quelques Ouvrages, dont un Traité de l'éducation des enfans.

Pietro Cosimo, habile Peintre Italien, mort en 1521 âgé de quatre-vingts ans.

Abraham ZACHUT, Juif de Séville, Astronome & Historiographe du Roi de Portugal, Auteur du *Juchasin*, ou Livres des Familles, espéce d'Histoire Universelle depuis le commencement du Monde.

Vers ce temps MICHEL, Russien, Archevêque de Smolensko, composa l'Histoire de Russie, depuis l'an 1254 jusqu'en 1423. Manuscrite dans la Bibliothèque Impériale de Saint Pétersbourg.

POLYCARPE, Archimandrite du Monastère de Peschera, à Kieve, travaille à l'Ouvrage intitulé le *Patericon*.

SEIZIÈME SIÉCLE.

1501.   Laurent des MOULINS, de Chartres, Poéte François : Poéme Moral, intitulé : Catholicon des mal-avisés, autrement dit le Cimetiere des malheureux.

Le *Giorgion*, ou Georges *Barbarelli*, habile Peintre Vénitien, mort jeune en 1511. Il a connu le premier le bon coloris, & l'Ecole Vénitienne le regarde comme son Chef.

François *Francia*, Peintre de Bologne, qui excelloit à graver des coins de Médailles.

1502.   Fondation de l'*Université de Wittemberg*, par Fréderic, Electeur de Saxe.

Elie CAPREOLUS, de Brescе en Italie, habile Jurisconsulte & Historien, mort en 1519, a fait l'Histoire de sa Patrie, & autres Ouvrages.

André NAVAGERO, (Naugerius) noble Vénitien, excellent Poéte Latin, & Historien ; Ambassadeur en France, y meurt à Blois en 1519. Epigrammes, Eclogues & Elégies : Histoire de Vénise. *N*. XIII. & XX.

1503.   Léonel VICTORIUS ou de *Victoriis*, Professeur en Médecine à Bologne, mort en 1520. Traité des Maladies des enfans, & autres Ouvrages.

Louis Cælius RHODIGINUS ou *Ricchieri*, de Rovigo dans l'Etat de Venise, Littérateur & Professeur de Belles-Lettres à Milan, & à Padoue où il mourut en 1520. *Antiquarum lectionum Libri* XXX. *Lipsiæ* 1666, *in-fol.*, & autres Ouvrages.

1504   * Albert CRANTZ, Chanoine de Hambourg, Auteur de plusieurs Histoires de Saxe & des Peuples du Nord.

Jean DESPAUTERE, de Ninove en Flandre, mort en 1520. Commentaires sur la Grammaire Latine, *in-fol. Ars Epistolica*, &c.

Depuis Louis PONTICO VERUNIO, de Bellunese, Professeur
J. C. de Belles-Lettres, &c, mort en 1520. Nombre de Commentaires sur des Auteurs anciens, Poésies, & autres Ouvrages. *N.* VIII. & X.

Jean JOCONDE, de Vérone, & Dominicain, célèbre Architecte, sçavant dans les Antiquités & la Littérature ; mourut fort âgé vers 1520. C'est lui qui trouva les Epîtres de Pline le jeune ; & il a donné des Editions de César, de Vitruve, &c. Il dirigea le Pont Notre-Dame à Paris.

1505. Raphaël Maffée VOLATERRAN, fameux Littérateur, mort en 1521, à Volterre en Toscane sa patrie. *Commentariorum Urbanorum*, *Libri* XXXVIII, dédiés au Pape Jules II, & autres Ouvrages.

Guillaume BENOIT, Professeur en Droit à Cahors, ensuite Conseiller aux Parlemens de Bordeaux & de Toulouse, mort vers 1520. Traité sur les Testamens, &c.

Americ VESPUCE, Florentin, mort en 1516. Lettres & Relations sur ses Voyages & Découvertes, soit en Afrique, soit aux Indes Occidentales, auxquelles on a donné le nom d'Amérique, parce qu'il s'est attribué l'honneur d'avoir découvert ce Nouveau Monde ; Christophe *Colomb*, Génois, y avoit cependant été cinq ans avant lui.

1506. Fondation de l'*Université de Francfort*, sur Oder, par Joachim Electeur de Brandebourg.

* Jean REUCHLIN, dit *Capnion* en Grec (Fumée en François, ce qui est la signification de son nom Allemand ; (fut l'un des premiers Restaurateurs des Lettres en Allemagne, & des plus sçavans de son tems ; mourut en 1522. Il avoit étudié en France. Grand nombre d'Ouvrages, surtout pour les Langues. *N.* XXV.

Christophe de LONGUEIL (Longolius) de Malines, Littérateur & Poète Latin, mort à Padoue en 1522. *N.* XVII. & XX.

Pierre BRISSOT, de Fontenai-le-Comte en Poitou, Médecin célèbre de Paris, n'a publié qu'un Ouvrage sur la Pleurésie ; & est mort en 1522. *N.* XVI.

* ANTOINE DE LEBRIXA, (Nebrissensis) sçavant Littérateur Espagnol, mort en 1522, a beaucoup contribué à la renaissance des Lettres ; Commentaires sur les Auteurs anciens : Hist. de Ferdinand & d'Isabelle, &c. *N.* XXXIII.

François CATANÉE ou *Jaccetius*, de Florence, Philosophe & Orateur, succéda à Marsile Ficin dans sa Chaire de Philosophie, & mourut en 1522. *Opera, Basileæ* 1563.

1507. * J. Baptiste SPAGNOLI dit le *Mantouan*, qui fut Général des Carmes, a fait beaucoup de Poésies, & d'autres Ouvrages.

Ulric de HUTTEN, Gentilhomme de Franconie, mort en 1523. Poésies & nombre d'autres Ouv. *N.* XV. & XX.

Depuis J. C.	Pierre *Perugin*, Peintre de Pérouse, qui eut la gloire d'être le Maître du très-célèbre Raphaël; mourut en 1524.
	Nicolas LEONICENUS, de Vicence, Littérateur & Professeur de Médecine à Ferrare; mort en 1524. Traduction de Galien, avec des Commentaires: Erreurs des Anciens sur la Médecine; Poésies, & autres Ouvrages.
	Thomas LINACER, Anglois, Médecin & Littérateur, mort en 1524. *De emendatâ Latini sermonis structurâ*, & autres Ouvrages, *N.* IV. & X.
1508.	KHONDEMIR, fameux Historien Persan, très-estimé en Orient: Histoire Universelle, abrégé d'un plus grand Ouvrage fait par son père *Mirkhond*, dont beaucoup d'extraits dans la Bibliothéque Orientale de d'Herbelot.
1509.	Jean d'AUTON, de Saintonge, mort en 1523. Histoire de la Vie de Louis XI.
1510.	Jean TIXIER (*Ravisius Textor*) Seigneur de Ravisy en Nivernois, Littérateur, mort à Paris vers 1524. *Officinæ Epitome: Cornucopia*: Lettres, Dialogues, Epigrammes, en Latin.
	Pierre MOSELLAN, du Diocèse de Tréves, Professeur à Lipsiek, mort en 1524. Notes sur Aulugelle, Quintilien, &c.
1511.	Pierre POMPONACE, de Mantoue, fameux Philosophe, mort à Bologne en 1525. De l'immortalité de l'ame; des enchantemens, &c. *N.* XXV.
1512.	Jean RUCCELLAI, de Florence, mort vers 1526. Poéme des Abeilles; Tragédies, &c. *N.* XIII.
	Mathurin de Florence, habile Peintre, très-lié avec *Polidore* de Caravage, avec qui il travailloit de concert, de sorte qu'il est difficile de distinguer leurs Ouvrages; mort en 1526. Polidore mourut en 1543.
1513.	Samuel PURCHAS, sçavant Anglois, mort en 1526. Recueil de Voyages aux deux Indes, &c.
	Jean LÉON, de Grenade, surnommé l'*Africain*, parce qu'il avoit long-tems demeuré & voyagé en Afrique; Historien & Géographe, mort vers 1526. Description de l'Afrique, qu'il fit d'abord en Arabe, puis en Latin: elle a été traduite en François: *Lyon*, 1556, in-fol.
1514.	Marc-Antoine CASANOVA, de Rome, Poéte Latin, estimé, sur-tout pour ses Epigrammes, & ses Eloges des Hommes Illustres de Rome; mourut en 1527.
	Pierre GRAVINA, excellent Poéte Italien, né en Sicile, mort en 1528. Diverses Poésies.
	Raphael d'Urbin, dont le nom de famille étoit *Sanzio*, le plus grand Peintre qui ait paru depuis la renaissance des Beaux-Arts, & le Chef des Peintres Romains: mort à Rome en 1520, âgé seulement de 37 ans.

DANS LES SCIENC. & ARTS. 669

Depuis
J. C.

Jean-François *Penni*, habile Peintre, surnommé *Il-Fattore*, parce qu'il faisoit les affaires de Raphael son Maître, qui le fit son héritier, conjointement avec *Jules Romain* (ci-dessous.)

Albert Durer, de Nuremberg, excellent Peintre & Graveur, regardé comme le Ch. f des Peintres Allemands ; mort en 1528.

1515.
PAUL-EMILE, de Vérone, Historien & Littérateur, que Louis XII. avoit fait venir en France pour en écrire l'Histoire, y mourut en 1529. Histoire générale de France, en Latin, &c. *N.* XL.

Jean CUSPINIEN, de Sweinfort en Franconie, Historien, mort en 1529. Commentaire des Consuls, Césars & Empereurs Romains ; Histoire d'Autriche ; de l'origine des Turcs, & autres Ouvrages, tous en Latin.

1516.
Une *Société* Littéraire est établie vers ce tems à *Ingolstat* ; on conjecture que ce fut par les soins du célèbre *Aventin* : il parut à Augsbourg en 1518, un Volume de ses Mémoires, qui est fort rare. Voyez le Tome I. *des Mémoires de l'Académie de Munich*, 1763.

Quintin Matsys (Mesius) d'Anvers, qui de maréchal devint habile Peintre, & mourut vers 1529. On mit sur son Epitaphe ce Vers Latin : *Connubialis amor de Mulcibre fecit Apellem.*

Jacques SANNAZAR, qui prit le surnom d'*Actius Syncerus*, né à Naples, excellent Poéte Latin, & Italien ; mort en 1530. Poéme *de partu Virginis*, & autres. *N.* VIII. & X.

Nicolas MACHIAVEL, de Florence, Ecrivain politique, & Historiographe, mort en 1530. Le Prince (Ouvrage où il y a des principes pernicieux :) Réflexions sur Tacite : Histoire de Florence : Poésies, &c.

Balthasar CASTIGLIONI (Castellio) de Mantoue, habile Poéte Latin, mort Evêque d'Avila en Espagne, l'an 1529. Poésies, & Ouvrages en Prose, tels que le Traité du Courtisan.

1517.
Fondation de l'*Université d'Alcala* (Complutensis) par François de Ximenès, Archevêque de Tolède, Cardinal & Ministre d'Espagne, qui dans le même-tems fonda aussi l'*Université de Siguença*.

Fondation d'un Collége des trois Langues (sçavantes) à Louvain, par Jérôme *Busleiden*, docte Flamand : cette fondation donna l'idée du Collége Royal de Paris.

1518.
Nicolas EVERARD, de Zélande, Jurisconsulte, dont on a quelques Ouvrages, fut le père de Jean, connu sous le nom de *Secundus*, (ci-après.) *N.* XVI.

André-Jean LASCARIS, sçavant Grec, retiré en Italie, fut bien reçu de Laurent de Médicis, & contribua beaucoup au renouvellement des Lettres ; vint deux fois en France,

670　　　GRANDS HOMMES

D'epuis sous Louis XII, & François I. enfin, mourut à Rome en
J. C. 1535. Quelques Epigrammes Grecques & Latines; il travailla de plus à la correction des anciens Auteurs Grecs, qu'il alla chercher en Orient pour la Bibliothéque des Médicis.

　　Antoine TIBALDEI, de Ferrare, habile Poéte Latin & Italien, mort en 1537.

　　Nicolas BERAULD, d'Orléans, sçavant dans les Belles-Lettres & les Mathématiques, sur lesquelles il a donné quelques Ouvrages, & l'Edition des Œuvres de Guillaume de Paris; étoit ami d'Erasme.

　　Matthieu AUROGALL, Professeur de Langues à Wittemberg, mort en 1543, travailla avec *Luther* à la Traduction Allemande de la Bible, qui est réputée très-bien écrite.

1519.　Pierre GRINGORE, Poéte François, dont on a diverses Poésies imprimées dans le tems, & aujourd'hui rares. N. XXXIV.

　　Bilibalde PIRCKEIMER, Jurisconsulte, & Historien Allemand, mort en 1530. Divers Ouvrages. N. XVIII.

　　Pierre ALCYONIUS, de Venise, Professeur d'Eloquence à Rome, mort vers 1530. Traité *de exilio*, & Traduction d'Aristote. N. VI.

　　Thomas ELYOT, sçavant Anglois, qui vivoit du tems d'Henri VIII. Traité de l'Education des enfans, & autres Ouvrages, estimés.

　　Hector BOETHIUS, sçavant Ecossois: Histoires d'Ecosse, & des Evêques d'Aberdeen.

　　André-del-Sarto, excellent Peintre Florentin, que François I. fit venir en France; mort à Florence en 1530.

1520.　Marc-Antoine *Raimondi*, plus connu sous le nom de *Marc*, célèbre Graveur à Venise & à Rome, d'après Albert-Duret, Raphael, Jules-Romain.

　　Philippe BEROALDE, dit le Jeune, pour le distinguer de l'Ancien, qui n'étoit pas son père, étoit Bibliothécaire du Vatican sous Léon X, le grand Protecteur des gens de Lettres de son tems. Poésies assez estimées. N. XXV.

　　Nicolas LÉONIC, fameux Professeur de Philosophie à Padoue, mort en 1531. Diverses Traductions de Platon, &c.

　　Pompée COLONNA, Cardinal & Viceroi de Naples, mort en 1532, composé un Poéme *de laudibus mulierum*, en faveur de la vertueuse Dame Victoire *Colonna*, Marquise de Pescaire, qui excelloit elle-même dans la Poésie, & qui mourut en 1541.

　　Louis ARIOSTE, de Reggio, fameux Poéte Italien, mort en 1533. Poéme de Roland le Furieux, Satyres, Comédies.

　　Bernardin MAFFÉE, sçavant Cardinal Italien, mort en 1533. Commentaires sur les Epîtres de Ciceron; Traités sur les Inscriptions & les Médailles, &c.

Depuis | *Lucas de Leyde*, excellent Peintre Hollandois, & leur
J. C. | Chef, mort en 1533.

Henri-Corneille AGRIPPA, de Cologne, Littérateur & Philosophe, mort en 1534. *De vanitate Scientiarum*, &c. *Opera omnia*, *Lugduni* 1580, 2 Vol. in-8°.

Werner SCHODELER, de Bremgarten en Suisse. Chronique en Allemand, estimée.

Jean AVENTIN, d'Abensberg en Bavière, mort en 1534. *Annales Boiorum* 1580, bonne Édition, & autres Ouvrages. *N*. XXXVIII.

Herman BUSCHIUS, de Westphalie. Littérateur & Poète, mort en 1534. Grand nombre d'Ouvrages sur des Auteurs anciens, &c. *N*. XXV.

Le *Corrège*, ou Antoine *Allegri*, qui fut connu sous le nom d'un petit lieu du Modénois où il étoit né ; excellent Peintre, & le Chef de l'Ecole Lombarde : il mourut en 1534.

1521. Ulric ZAZIUS, de Constance, sçavant Jurisconsulte Allemand, & Professeur en Droit à Fribourg, mort en 1535. *Intellectus legum singulares : Epitome in usus Feudales*, &c.

Euricius CORDUS, de la Hesse, Professeur en Médecine à Marpourg, mort en 1535. Divers Ouvrages de Botanique, &c. avec des Poésies. *N*. XXXVII.

Philippe DECIUS, de Milan, célébre Jurisconsulte, Professeur à Pise, Bourges, Valence ; mort à Sienne en 1535. Commentaires sur le Code, le Digeste, &c.

Josse BADIUS, surnommé *Ascensius*, étant né à Asche, près de Bruxelles ; sçavant Imprimeur de Paris, mort en 1535, a fait plusieurs Ouvrages.

Thomas MORUS, Chancelier d'Angleterre, ami d'Erasme ; fut l'un des restaurateurs des Sciences & du goût en son Pays. Ses Ouvrages indiquent le plan d'une nouvelle Philosophie, fondée sur les expériences. Il mourut pour la foi en 1535.

Sa fille, *Marguerite*, étoit très-sçavante.

* Didier ERASME, né à Rotterdam en 1467, mort à Bâle en 1536. On lui doit beaucoup pour la renaissance des Belles-Lettres, la Critique, & le goût de l'Antiquité. La meilleure Edition de ses Œuvres, *Amsterdam* 1703, 10 Vol. *in-fol*. Elles consistent en Traités de presque tous les genres: Grammaire, Rhétorique, Philosophie, Epîtres, Commentaires, Traductions, Apologies, Livres de Piété & de Théologie. Voyez la Vie & l'Histoire d'Erasme, par M. de Burigny, *Paris* 1757, 2 Volumes.

1522. * Jean-Louis VIVÈS, de Valence en Espagne, habile Littérateur, fort lié avec Erasme ; mourut à Bruges en 1540. *Opera omnia*, *Basileæ* 1555, 2 Vol. *in-fol*. *N*. XXI.

Cuthbert TUNSTAL, autre ami d'Erasme, le plus sçavant Anglois d'alors dans les Langues Grecque & Latine.

Depuis J. C. 1523.	Le Gymnase ou Collége de *Saragoce* en Arragon, qui avoit été fondé par ses Rois, fut alors renouvellé & fait *Université*, par Charles-Quint & le Pape Adrien VI.

Ottomare LUSCINIUS ou *Nachtgal*, de Strasbourg, habile Littérateur, mort vers 1535. Traductions de quelques Ouvrages de Lucien, Plutarque, Isocrate, &c, & autres Ouvrages de Littérature. *N.* XXXII.

Augustin JUSTINIANI, Génois Evêque de Nebbio, mort en 1536. François I. le fit venir en France vers 1520, pour y enseigner l'Hébreu; il commença à y faire imprimer en cette Langue.

Balthasar PÉRUZZI, de Sienne, habile Peintre, Mathématicien & fameux Architecte, mort à Rome en 1536. Il y continua l'Eglise de S. Pierre, en diminuant le projet de Bramante.

Benoît TAGLIACARNE ou *Theocrenus*, de Sarzana au Territoire de Genes, fut Précepteur des enfans de François I, & mourut Evêque de Grasse en 1536. Poésies Latines, &c. *N.* XXXIII.

1524.	Reinier SNOY, sçavant Hollandois, mort en 1537. Histoire de Hollande, & autres Ouvrages.

Marie-Ange ACCURSE, d'Amiterne en Italie, habile Littérateur & Critique : Ses *Diatribes* en font une preuve ; il publie Ammien & Cassiodore.

Jean RUEL, de Soissons, Médecin très-sçavant, de François I, mort Chanoine de Paris en 1637. *De naturâ stirpium*, &c.

1525.	Germain BRICE (Brixius) d'Auxerre, mort en 1538, fut l'un de ceux qui apporterent en France le bon goût d'Italie; il eut de grandes liaisons avec Lascaris : Poésies Latines, & Traductions d'Ouvrages Grecs.

Alvarès GOMEZ *de Ciudad-Real*, Espagnol, célèbre Poéte Latin, mort en 1538. Poéme sur la Toison d'Or, la Thalie Chrétienne, la Muse Pauline, &c.

Jacob ben HAIIM, fameux Rabbin, qui fit imprimer la Bible en Hébreu avec des Commentaires; on y trouve le Texte de la Massore dans sa pureté.

1526.	Fondation de l'*Université de Marpourg*, en Hesse, par le Landgrave.

Propertia de *Rossi*, Dame de Boulogne, excelloit dans la Peinture, la Sculpture, & la Gravure.

Jean-François *Rustici*, de Florence, habile Sculpteur : François I. le fit venir en France.

1527.	Nicolas BOYER, sçavant Jurisconsulte François, mort Président au Parlement de Bordeaux en 1539. Plusieurs Ouvrages de Droit, estimés. *N.* XLIII.

Le *Parmesan*, ou François *Mazzuoli*, excellent Peintre de l'Ecole Lombarde, mort en 1540.

Depuis *J. C.* 1528.	Pierre de *Lescot*, Seigneur *de Clagny*, fameux Architecte François, donna les premiers desseins du vieux Louvre, qui fut commencé cette année ; il ne mourut qu'en 1578.

Jean *Gougeon*, très-habile Sculpteur, regardé comme l'un des Restaurateurs des Beaux-Arts en France.

Arius BARBOSA, Espagnol, mort en 1540, a fait plusieurs Ouvrages en Prose & en Vers : Les Belles-Lettres lui doivent en partie leur renaissance en Espagne.

Guillaume BUDÉ, de Paris, l'un des plus sçavans hommes que la France ait produits, y ressuscite l'Etude de la Langue Grecque, & engage le Roi François I. à fonder le Collége Royal, pour y faire enseigner les Langues sçavantes ; il mourut en 1540. *Opera omnia*, *Basileæ* 1557, 4 Vol. *in-fol. N.* VIII.

Guillaume COP, de Basle, Médecin de François I, a publié plusieurs Ouvrages, & est mort en 1540.

André ATHAMER, Littérateur de Souabe, mort vers 1540. Commentaire étendu sur le Traité des mœurs des Germains par Tacite, ou Description de l'Allemagne ancienne, &c.

Maître *Roux*, ou le *Rosso*, habile Peintre Florentin, & Architecte, que François I. fit venir en France, où il mourut en 1541.

N. *Donato*, de Florence, excellent Architecte & Sculpteur. |
| 1529. | François GUICHARDIN, de Florence, mort en 1540. Histoire d'Italie depuis 1494 jusqu'en 1532, traduite en François, 3 Vol. *in-*4°. *Paris* 1738, & autres Ouvrages. *N.* XVII.

Celio CALCAGNINI, de Ferrare, Littérateur, mort en 1540. *Opera omnia*, *Basileæ* 1544, *in-fol.* & autres mentionnés dans *Niceron*, Tome XXVII.

Hélius EOBAN, de Hesse, Poëte Latin, appellé l'Homére d'Allemagne, mort à Marpourg en 1540. On estime surtout ses Elégies. *N.* XXI. |
| 1530. | Cette année furent fondées à Paris les Chaires Royales pour les Langues sçavantes, & peu après le *Collége Royal*, par le Roi *François I.* Restaurateur des Lettres en France: *Danès*, qui avoit eu pour Maîtres Budé & Lascaris, fut l'un des premiers Professeurs en Grec ; & il eut pour Disciples Amyot & le Président Brisson. *Vatable* fut le premier Professeur en Hébreu, (ci-devant page 522.)

FRANÇOIS I. mort en 1547, a fait plusieurs Piéces de Poésie.

Jean GUIDICCIONE, de Lucques, Littérateur, mort en 1541. Discours, Poésies, Epîtres, dont le Recueil a été imprimé à *Naples* en 1718. *N.* XII. |

Depuis
J. C.

Simon GRYNŒUS, de Souabe, mort à Basle en 1541, publie le premier l'Almageste (ou l'Astronomie) de Ptolémée en Grec, des Notes sur Platon, Aristote, &c. Traité sur l'utilité de l'Histoire.

Auréle-Philippe BOMBAST, dit PARACELSE, né en Suisse, fameux Médecin, & Professeur à Basle, mort en 1541 ou 1534. *Opera*, 3 Vol. *in-fol.*

Nicolas CLÉNARD, de Diest en Flandre, fameux Grammairien, dont on a plusieurs Ouvrages, mourut en 1542, à Grenade en Espagne, comme il revenoit d'Afrique, où il avoit été chercher des Livres Arabes.

1531.
Fondation de l'*Université de Séville* (Hispalensis) en Espagne.

Barthelemi de CHASSENEUZ (à Chassaneo) d'Autun, Président au Parlement d'Aix, mort vers 1542. Coutumes de Bourgogne ; *Consilia : Catalogus gloriæ Mundi*, &c. *N.* III.

Jérôme ALÉANDER, né en Carniole, mort Cardinal en 1542, sçavant dès sa jeunesse dans les Langues, la Philosophie, &c. Il fut le premier qui enseigna le Grec à Paris, & on l'élut Recteur de l'Université en 1512. *N.* XXIV.

Ange *Béolcus*, ou RUZANTE, Poëte Italien, mort en 1542, a excellé dans le Comique & le Burlesque.

Adrien BARLAND, de Zélande, mort Professeur à Louvain en 1542. Divers Ouvrages d'Histoire & de Littérature. *N.* XLI.

Gilbert de LONGUEIL, (Longolius) d'Utrecht, Médecin & Littérateur, mort à Cologne en 1543. Traductions & Notes sur divers Auteurs anciens, & autres Ouvrages. *N.* XVII.

Guillaume du BELLAY, grand Capitaine sous François I. mort en 1543. Hist. de France ; Traité de l'Art Militaire,&c.

Jean du BELLAY, frere, mort Cardinal à Rome en 1560, a laissé quelques Poésies, & autres Ouvrages : *Rabelais* lui avoit été attaché. *N.* XVI. & XX.

Martin du BELLAY, autre frere, mort en 1559, se distingua dans les Armées & par ses Ambassades : Mémoires Historiques depuis 1523.

Joachim du BELLAY, de la même Famille, mort en 1560. Ses Poésies imprimées en 1561 & 1584. On estime sur-tout les Sonnets.

1532.
Fondation de l'*Université de Compostelle*, en Espagne.

Nicolas BOURBON, de Vandeuvre, près de Langres, excellent Poëte Latin, mort en 1544. Erasme a fait l'éloge de ses Epigrammes. *N.* XXVI.

Jean BOSCAN, de Barcelone, fameux Poëte Espagnol, qui a contribué à perfectionner la Langue & la Poésie de sa Nation, mourut vers 1543. *N.* XIII.

DANS LES SCIENC. & ARTS. 675

Depuis J. C.   Nicolas COPERNIC, de Thorn en Prusse, célèbre Astronome, Philosophe & Médecin, mourut en 1543. Il prouve si bien dans ses Ouvrages Astronomiques, le système de la mobilité de la Terre, qu'il a eu comme la gloire de l'invention.

Louis GOMEZ, Jurisconsulte Espagnol, mort en 1543.

1533.   Fondation de l'*Université de Baeça*, en Espagne : Quelques Auteurs la mettent en 1538.

Clément MAROT, de Cahors, Poëte François, & l'un des plus beaux esprits de son tems, mort à Turin en 1544. Ses Œuvres, & celles de son pere & de son fils, 3 Vol. in-4°. ou six in-12. *la Haye* 1731. *N.* XIX & XX.

Matthieu CURTIUS, Médecin de Paris, mort en 1544, *De curandis febribus*, & autres Ouvrages.

Valérius CORDUS, Botaniste Allemand, mort en 1544. Remarques sur Dioscoride, &c. *N.* XXXVII.

Garcias de HORTA, célèbre Médecin de Portugal : Dialogues sur les Simples que l'on trouve en Orient.

Jean-Antoine ROSSI (Rubeus) d'Alexandrie au Duché de Milan, Jurisconsulte, mort à Padoue en 1544. Divers Ouvrages de Jurisprudence

1534.   François-Marius MOLZA, de Modène, mort en 1544. Poésies Latines & Italiennes, dont les principales sont des Elégies, & une Piéce sur le divorce d'Henri VIII.

Théophile FOLENGO, de Mantoue, mort en 1544. Auteur des premières Poésies Macaroniques (composées de mots de différentes Langues) sous le nom de Merlin Coccaïe.

Antoine de ARENA, ou des *Arens*, Poëte Provençal, mort en 1544, se rend aussi fameux par ses Vers Macaroniques, *Londini* 1758, *in-12*.

Jean SECUNDUS, de la Haye, habile Poëte Latin, mort en 1536, à vingt-cinq ans. Diverses Poésies. *N.* XVI & XX.

Garcilasso de la VEGA, célèbre Poëte Espagnol, mort en 1536, âgé de trente-six ans. Ses œuvres ont été plusieurs fois imprimées, & François Sanctius a fait dessus des Observations sçavantes & curieuses, *Salamanca* 1574, &c. *N.*XIII.

1535.   Jean-Ant. Licinio de *Pordenone*, Peintre Vénitien, que l'Empereur Charles-Quint fit Chevalier; il mourut en 1540. Son neveu *Jules Licinio de Pordenono*, dit *le Jeune*, l'égala ou le surpassa selon quelques-uns, & mourut en 1561.

Jean & Olaüs MAGNUS, Store, freres, sçavans Suédois; le premier mort Archevêque d'Upsal en 1544, & le second après 1555. Histoire des Goths & des Suédois : Mœurs & Coutumes des Peuples du Septentrion, &c. *N.* XXXV.

Lazare BAYF, Conseiller au Parlement de Paris, l'un des plus sçavans hommes de son Siécle, mort en 1545. Traités sur les habillemens des Anciens, l'Art de la Navigation, &c.

Depuis J. C.	Pierre BUNEL, de Toulouse, l'un des Ecrivains les plus polis de son tems, mort à Turin en 1546. Lettres Latines, imprimées en 1581, par Henri Etienne.
Jules Romain, Pippi, excellent Peintre, & Architecte, Disciple bien-aimé de Raphaël; mort à Mantoue en 1546.
Valerio Vincentini, de Vicence dans l'Etat de Venise, Graveur en pierres fines, l'un de ceux qui a le plus approché des Anciens; mort en 1546.
Jacques TOUSSAIN, de Troyes, Professeur en Grec au Collége Royal, mort en 1546. Quelques Ouvrages.
Guillaume *le Bé*, de Paris, habile Fondeur de Caractères pour les Langues Orientales, fort employé par le Roi François I. & par Philippe II. pour son Imprimerie d'Anvers. Sa Famille a continué de se distinguer dans cette profession.
Elias LÉVITA, Juif Allemand très-sçavant, converti au Christianisme, enseigne l'Hébreu à Venise & à Rome; mort en 1547. Ses Ouvrages ont été traduits en Latin.
1536.	Fondation de l'*Université d'Oviedo*, en Espagne.
Conrad PEUTINGER, Jurisconsulte, & Littérateur d'Augsbourg, mort en 1547. Plusieurs Ouvrages sur les Antiquités, &c. *N*. XIII & XX. Son nom est illustre par la Carte des Itinéraires Romains, tirée de son Cabinet, & dont on a une belle Edition, *Vienne* 1753, *in-fol.* par Fr. Chr. de *Scheyb*.
François FLORIDUS, Littérateur Italien, mort en 1547. *Horæ subcisivæ*, & autres Ouvrages.
Pierre BEMBO, Vénitien, & sçavant Cardinal, mort en 1547. Histoire de Venise, Poésies Latines (estimées) & autres Ouvrages, *Argentinæ* 1609, 13 Vol. *N*. XI & XX.
*Jacques SADOLET, de Modène, (fils de *Jacques Sadolet*, habile Professeur en Droit à Ferrare) se distingua par son goût pour la belle Littérature, & la Latinité Cicéronienne: il fut fait Cardinal par Paul III. & mourut à Rome en 1547. Dix-sept Livres d'Epîtres, diverses Harangues, & plusieurs Poëmes: *Opera omnia*, *Veronæ*, 3 Vol. *in-*4°. *N*. XXVIII.
1537.	Fondation de l'*Université de Grenade*, en Espagne, par l'Empereur Charles-Quint.
Beatus RHENAN, de Schlestat en Alsace, Littérateur & Antiquaire, mort à Strasbourg en 1547. *Commentar. Germ. Libri* III. Notes sur divers Auteurs anciens, Vie d'Erasme, &c.
Perrin del Vaga, ou *Buonacorsi*, habile Peintre Florentin, mort en 1547.
Augustin NIPHUS, de Calabre, Professeur de Philosophie à Pise, mort en 1548. Commentaires sur Aristote & Averroës, Traité de l'immortalité de l'Ame: Opuscules de Politique, &c. *N*. XVIII.

DANS LES SCIENC. & ARTS. 677

Depuis J. C.
Matthieu de *Naſſaro*, de Vérone; excellent Graveur en pierres fines, mort en 1548.

Benoît de ACCOLTI, Florentin, & Cardinal, mort en 1549. Poéſies eſtimées. *N*. XXXVIII.

Marguerite de VALOIS, ſœur de François I, morte en 1549. Poéſies, & Nouvelles de la Reine de Navarre.

André ALCIAT, de Milan, Juriſconſulte & Littérateur, mort en 1550. Ses Emblêmes le font mettre au nombre des Poëtes. Nombre d'autres Ouvrages, 7 Vol. *in-fol. N*. XXXII.

Marc-Antoine FLAMINIO, d'Imola, bon Poëte Latin, mort à Rome en 1550. Poéſies, Epîtres, &c.

1538. Fondation de l'*Univerſité de Strasbourg* (Argentinenſis) par le Sénat de la Ville, à la perſuaſion de Jean *Sturmius*, habile Littérateur, qui en ayant été le premier Recteur, la rendit très-floriſſante.

Ange FIERENZUOLA, Littérateur de Florence, mort vers 1550. Dialogues, &c. en Italien, & des Poéſies.

Jean-Georges TRISSINO, de Vicence, Poëte Italien, mort en 1550. Ses Œuvres, *Veronæ* 1729, 2 Volumes in-4°. *N*. XXIX.

Daniel *Bomberg*, d'Anvers, fameux Imprimeur à Veniſe, ſur-tout pour les Editions Hébraïques, mort en 1550.

Paul FAGIUS, du Palatinat, très-habile dans les Langues Orientales, Profeſſeur à Strasbourg, &c. mourut en Angleterre, l'an 1550. Divers Ouvrages.

Jean DAMPIERRE, de Blois, mort en 1550. Poéſies Latines, qui lui firent alors de la réputation.

Eguinard BARON, Juriſconſulte & Profeſſeur à Bourges, mort en 1550. On a de lui pluſieurs Ouvrages.

1539. Fondation de l'*Univerſité de Coppenhague*, par Frideric, Roi de Danemarck.

Joachim VADIAN, de S. Gal en Suiſſe, Littérateur & Poëte Latin, Profeſſeur à Vienne en Autriche, mort en 1551. Commentaire ſur Méla, & autres Ouvrages. *N*. XXXVII.

François de CONNAN, Juriſconſulte, mort à Paris en 1551. Commentaires ſur le Droit Civil.

Jean-Baptiſte MONTANO, de Vérone, Profeſſeur en Médecine à Padoue, mort en 1551. *Conſultationes*, &c. 3 vol. *in-folio.*

Pierre COECH, d'Aloſt en Flandre, Peintre & Architecte de l'Empereur Charles-Quint; mourut en 1551. Traités de Géométrie, d'Architecture & de Perſpective.

Jean-Jacques *Caraglio*, originaire de Vérone, fameux Graveur en Pierres fines : Sigiſmond, Roi de Pologne, l'attira à ſa Cour.

Les *Soncini*, Juifs, fameux Imprimeurs en Hébreu, à Conſtantinople.

D. J. C. Fondation de l'*Université de Macerata*, dans la Marche
1540. d'Ancone, par le Pape Paul III.

Fondation de l'*Université de Tortose*, en Espagne.

Lilio Gregorio GIRALDI, de Ferrare, Littérateur, Mathématicien, & l'un des plus sçavans hommes que l'Italie ait produits, mort en 1552. Histoire des Dieux des Gentils, des Poétes Grecs & Latins, des Poétes de son tems, &c. Opera omnia, 2 Vol. *in-folio*. N. XXIX.

Ferdinand Nonius PINTIAN, sçavant Espagnol, qui apporta le premier d'Italie la connoissance de la Langue Grecque dans sa Patrie, l'enseigna à Salamanque, & mourut en 1552. Commentaires sur Pline, Méla, Sénéque, &c.

Antoine SCHOR, d'Anvers, habile Grammairien, mort à Lausanne en 1552. Ouvrages de Grammaire, excellens.

Sébastien MUNSTER, d'Ingelheim au Palatinat, sçavant Littérateur & Mathématicien, appellé l'Esdras & le Strabon d'Allemagne, mort à Basle en 1552. Grammaire & Dictionnaire Hébraiques, Cosmographie, & autres Ouvrages.

Pierre APIAN ou *Bienevic*, de Misnie, Mathématicien & Astronome, mort en 1552 à Ingolstat : Cosmographie, &c.

Jean SIKHARD, Professeur en Droit à Tubingue, mort en 1552, publia le premier les huit Livres du Code Théodosien.

Jacques MEYER, mort à Bruges, en 1552. Diverses Histoires sur la Flandre, en Latin. N. XXXIX.

Alfonse-Garcias de MATAMOROS, Critique Espagnol, qui contribua beaucoup au rétablissement des Lettres en Espagne : Traité des Académies & des Hommes Doctes, & autres Ouvrages.

Rodriguès COTA, fameux Poéte Espagnol, regardé comme l'un des meilleurs Ecrivains de la Nation.

Romulo AMASEO, d'Udine en Frioul, mort à Rome en 1552. Traduction du Grec de Pausanias, &c. Discours & Traités d'Eloquence. N. XXXII.

Laurent BONAMICO, de Bassano dans l'Etat de Venise, mort en 1552. Poésies Latines & Lettres publiées après sa mort. N. XXXIX.

Emile FERRETI, de Toscane, qui fut Secrétaire de Léon X, & ensuite Professeur en Droit à Valence en Dauphiné, mort à Avignon en 1552. Plusieurs Ouvrages de Jurisprudence. N. V.

Louis *Anichini*, de Ferrare, excellent Graveur en creux, au sujet duquel Michel-Ange dit que la Gravure étoit arrivée à sa perfection.

Commencement de l'Académie des *Infiammati*, à Padoue.

DANS LES SCIENC. & ARTS. 679

Depuis J. C.   Académie des *Umidi*, à Florence : c'est celle qu'on nomme aujourd'hui l'Académie Florentine, & dont on a plusieurs Histoires.

1541.   Fondation (vers ce tems) de l'*Université de Coimbre*, en Portugal, par le Roi Jean III, elle fut transportée en cette Ville, de *Lisbonne*, où elle étoit auparavant.

Laurent PILLADIUS, Chanoine de S. Dié en Lorraine, Auteur d'un Poëme Latin sur la Guerre des Paysans d'Alsace : Dom Calmet l'a fait réimprimer à la fin de sa Bibliothéque de Lorraine.

Pierre du CHASTEL (*Castellanus*) de Bourgogne, mort Evêque d'Orléans, & Grand Aumônier de France, en 1552, sçavant dans les Langues Orientales, &c. On a de lui quelques Ouvrages, & sa Vie par P. Galland.

Jean BOUCHET, de Poitiers, mort en 1552. Annales d'Aquitaine, & autres Ouvrages en Prose & en Vers. *N.* XXVII.

Paul JOVE, de Côme au Duché de Milan, Historien, mort Evêque de Nocera en 1552. Histoire générale de son tems, en XLV. Livres, jusqu'en 1544 en Latin : Eloges des Grands Hommes, & autres Ouvrages.

Benoit JOVE, frere du précédent : Histoire des Suisses, &c.

Jean IMBERT, de la Rochelle, habile Jurisconsulte, dont on a plusieurs Ouvrages sur le Droit.

Pierre MEXIA, sçavant Espagnol, mort en 1552. Divers Ouvrages de Littérature.

Jean LELAND, habile Antiquaire Anglois, mort en 1552. Quelques-uns de ses Ouvrages, *Londini* 1589 & 1645. Nombre de Mémoires dans la Bibliothéque Bodléenne. *N.* XXVIII.

1542.   Fondation de l'*Université d'Elbing*, en Prusse, par Albert I. Duc.

Jean DUBRAW, de Pilsen en Bohême, mort Evêque d'Olmutz en 1553. Histoire de Bohême, &c.

Erasme REINHOLD, de Thuringe, sçavant Professeur de Mathématiques à Wittemberg, mort en 1553. Divers Ouvrages Astronomiques, entr'autres les Tables nommées Prussiennes, parce qu'elles furent dédiées à Albert de Brandebourg Duc de Prusse.

Jean EGNATIUS, Professeur de Belles-Lettres à Venise, où il meurt en 1553. *De Romanis Cæsaribus* : Notes sur Ovide, & sur les Epîtres de Ciceron : Panégyrique de François I, &c. Il fut un des premiers à faire des Collections de Médailles.

Jérôme FRACASTOR, de Vérone, Médecin & excellent Poéte Latin, mort en 1553. Poémes du Siphilis & de Joseph, &c. Divers Traités de Médecine : *Opera omnia*, *Patavii* 1735. 2 Vol. *in-*4°. *N.* XVII.

Depuis J. C.	François RABELAIS, de Chinon en Touraine, sçavant dans les Langues, la Médecine & la Philosophie, n'a presque laissé que des Ouvrages badins; mourut à Paris en 1553. On le regarde comme le premier Satyrique François. *N. XXXII.*
1543.	Fondation de l'*Université d'Onate*, en Biscaye, Province d'Espagne.

Commencement de l'*Académie de Vérone*, qui doit son origine à une assemblée d'Amateurs de Musique, lesquels peu de tems après embrassent toutes espéces d'Etudes.

Vers le même tems Octavius PLATE, Médecin, contribua à l'établissement de l'*Académie de Pérouse*, dont il a publié l'Histoire. Ses Académiciens ont pris le nom d'*Insensati*; car les Académies d'Italie ont souvent affecté des noms assez singuliers.

Sigismond GHESLEN (Gelenius) de Prague, Littérateur, mort en 1554 à Basle, où il étoit Correcteur de la fameuse Imprimerie de *Froben* & d'*Episcopius* : Traductions de Josephe, de Denis d'Halicarnasse, de S. Justin, &c.

Michel de *Vascosan*, d'Amiens, célèbre Imprimeur à Paris.

Sixte BETULEIUS ou *Birk*, Littérateur d'Augsbourg, mort en 1554. Tragédies Latines; Commentaires sur Cicéron & Lactance. *N. XLII.*

François FRANCHINI, de Cozence au Royaume de Naples, mort Evêque de Populonia en 1554. Dialogues & autres petits Ouvrages, estimés.

Benoît VICTORIUS, ou *de Victoriis*, habile Médecin de Faenza, Professeur à Bologne : nombre d'Ouvrages de Médecine, &c.

Antoine-Musa BRASAVOLUS, Médecin, Professeur de Philosophie à Ferrare : Commentaires sur les Aphorismes d'Hippocrate, & autres Ouvrages.

Sébastien FOX, *Morzillo*, sçavant Espagnol, mort vers 1554. Commentaire sur le Timée & le Phédon de Platon, & autres Ouvrages.

Jean VAN-CUYCK, d'Utrecht, mort en 1566. Remarques sur les Offices de Cicéron : Edition estimée & rare de Cornélius-Népos, &c. Sa Famille a produit plusieurs Sçavans.

Jean *Holbein*, célèbre Peintre Allemand de Basle, mort en 1554; ami d'Erasme.

1544.	Fondation de l'*Université de Konigsberg* (Regiomontana) en Prusse, par le Duc Albert.

Jacques DUBOIS (Sylvius) d'Amiens, mort à Paris, Professeur de Médecine au Collège Royal en 1555. *Opera*, *in-folio*. *N. XXIX.*

*Depuis
J. C.*

Pierre GILLES (Gyllius) d'Alby, Littérateur, mort à Rome en 1555. *De vi & natura animalium: Bosphorus Thracius*, &c. N. XXIII.

Jean SALMON, de Loudun, surnommé *Macrinus*, parce qu'il étoit fort maigre, Poëte Latin, mort en 1555. Poésies Lyriques & Hymnes; Poëme sur Gelonis sa femme: Recueil intitulé *Naniæ*. N. XXXI.

Oronce FINÉ, de Briançon, Mathématicien & Professeur au Collége Royal de Paris, mort en 1555. Divers Ouvrages de Géométrie, Optique, Géographie, &c. N. XXXVIII.

Charles BOUELLES, né près du Ham en Picardie, & mort à Noyon en 1555. Plusieurs Ouvrages de Mathématiques, & autres. N. XXXIX.

Edward WOTTON, Médecin Anglois, mort à Londres en 1555. De la différence des Animaux, & autres Ouvrages.

Georges AGRICOLA, de Misnie, Médecin, Philosophe & Naturaliste, mort en 1555, le premier qui ait frayé le chemin aux Modernes pour l'examen de la nature. Ses Ouvrages imprimés à Basle, & autres Villes.

KATAVACIA, Moine Russien de Novogorod, Auteur d'une Chronique de Russie, qui commence à l'an 852 & va jusqu'en 1477. Elle est circonstanciée & estimée. L'Auteur écrivoit en 1544.

Wolfang LAZIUS, de Vienne en Autriche, Professeur de Belles-Lettres & de Médecine en cette Ville, mort en 1555. Nombre d'Ouvrages, dont les principaux sur l'Histoire & les Antiquités. N. XXXI.

Polydore VERGILE, d'Urbin, Littérateur, mort en 1555. *De inventoribus rerum*: *Historia Angliæ*, & autres Ouvrages.

Marc-Antoine MAJORAGIO, né près de Milan, célèbre Professeur d'Eloquence en cette Ville, mort en 1555. Commentaires sur Aristote, Ciceron, Virgile: Traités *de Senatu Romano*, *de nominibus Romanorum*, &c. N. XLI.

Sébastien *Serlio*, de Pologne, fameux Architecte Italien, que François I. fit venir en France, où il mourut. Traité d'Architecture.

Damien de GOÈS, sçavant Portugais, mort vers 1555. Plusieurs Traités historiques. N. XXVI.

1545.
Olympia Fulvia MORATA, Dame sçavante de Mantoue, morte à Heidelberg en 1555, âgée de vingt-neuf ans. Ses Œuvres Latines & Grecques, in-8°. N. XV.

Jean *Bernardi*, Italien, fameux Graveur en creux, mort en 1555, fut des premiers qui fit des Ouvrages comparables à ceux des Anciens. Il étoit aussi Architecte.

Sébastien CORRADO, né dans le Modénois, Professeur de Belles-Lettres à Reggio, où il établit l'Académie des

Depuis *Accesi*; mort en 1556. Divers Ouvrages de Littérature, &
J. C.   Notes sur Ciceron, Virgile, &c. *N.* XIX.

Pierre ARETIN, d'Arezzo près de Florence, fameux Poéte Italien, très-satyrique, se nommoit le Fléau des Princes ; mourut en 1556.

Jean de la CASA, de Mugello dans le Florentin, mort Archevêque de Benevent en 1556. Ecrivain des plus polis d'Italie. Poésies Latines & Italiennes, & autres Ouvrages en Prose : *Opera, Florentiæ* 1707. *N.* XII. & XX.

Louis ALAMANNI, Littérateur de Florence, mort en France en 1556. Poésies Italiennes, *Lyon* 1532. & 1533. Quelques Poémes, Discours, Notes sur Homere. *N.* XIII. & XX.

Sébastien *Gryphius*, Suédois, célèbre Imprimeur à Lyon, mort en 1556. Il revoyoit lui-même les Epreuves des Livres en Hébreu qu'il imprimoit parfaitement. *Antoine*, son fils, a continué sa profession avec honneur.

Charlotte *Guillard*, de Paris, femme célèbre dans l'Imprimerie, morte en 1556. *Voyez l'Origine de l'Impr. par Chevillier*, page 148 *& suiv.*

1546.   Fondation (vers ce tems) de l'*Université de Florence*, par le Grand-Duc Cosme de Médicis.

Jean SLEIDAN, né à Sleide près de Cologne, Historien, mort en 1556. Histoire de la Religion & de la République sous Charles-Quint : *De IV. summis Imperiis ;* Traduction Latine de Froissard & de Philippe de Commines, & autres Ouvrages. *N.* XXXIX.

Pierre REBUFFE, Jurisconsulte, né près de Montpellier, mort à Paris en 1557. *Opera*, 4 Vol. *in-folio.*

Pierre NANNIUS, d'Alcmaer en Hollande, Professeur à Louvain, &c, mort en 1557. Divers Ouvrages de Critique, & Traductions d'Auteurs anciens. *N.* XXXVII.

Jean-Baptiste RAMUSIO, Sécrétaire de la République de Venise, mort à Padoue en 1557. Recueil de divers Voyages, & autres Ouvrages. *N.* XXXV.

Nicolas TARTAGLIA, de Bresse, Mathématicien, mort en 1557. Commentaires sur Euclide, &c.

1547.   André GOVEA, sçavant Portugais, d'abord Principal du Collége de Sainte Barbe à Paris, & ensuite à Bordeaux, est appellé par Jean III. Roi de Portugal, pour l'établissement de l'Université de Coimbre ; il mena cette année, avec lui, de France en Portugal, les sçavans *Vinet, Buchanan, Gronchi, Guerente, Fabrice, Lacoste, Tevius* & *Mendès*, pour instruire la jeunesse ; il mourut l'année suivante 1548.

L'*Université de Glaskow*, en Ecosse, est rétablie dans son ancienne splendeur par le Roi Jacques VI.

Depuis J. C.

Jean PIERIUS VALERIANUS Bolzani, de Belluno, Littérateur & Poëte, mort à Padoue en 1558, âgé de 83 ans: *Hieroglyphica; Antiquitates Bellunenses: De litteratorum infelicitate;* Commentaires sur Virgile, &c. Diverses Poésies. N. XXVI.

Marcel PALINGENE, du Ferrarois, Poëte Latin, Auteur du *Zodiacus vitæ*, qui a été traduit en plusieurs Langues, & autres Ouvrages.

Jules-César SCALIGER, né près de Vérone, & mort à Agen en 1558. Médecin, Philosophe & Littérateur fameux: Plusieurs Commentaires sur d'anciens Auteurs: Traité de l'Art Poétique; Des causes de la Langue Latine; Exercitations contre *Cardan*, Poésies, Harangues, &c, le tout en Latin. N. XXIII.

Jean-François FERNEL, d'Amiens, Médecin du Roi Henri II. mort en 1558. Plusieurs Ouvrages estimés, dont il a vû quelques-uns mis en usage dans les Ecoles de Médecine.

Jean CHRISTOPHORSON, sçavant Anglois, mort en 1558, a traduit du Grec en Latin Philon, Eusébe, Socrate, Théodoret, Sozomene & Evagre.

André TIRAQUEAU, de Fontenai-le-Comte en Poitou, célébre Jurisconsulte, mort en 1558. Des prérogatives de la Noblesse, du Retrait lignager, des Loix du mariage, &c.

Melin de SAINT-GELAIS, Poëte François, mort en 1558. Ses Œuvres, *Paris* 1719. N. V. & X.

Reinier GEMMA, surnommé le *Frison*, Mathématicien, Astronome, & Professeur en Médecine à Louvain, mort en 1558. Divers Ouvrages.

François SA DE MIRANDA, célébre Poëte Portugais, mort en 1558.

1548.

Fondation de l'*Université de Reims*, par Charles Cardinal de Lorraine, avec l'agrément du Roi Henri III.

Fondation de l'*Université de Messine* en Sicile, en faveur des Jésuites.

Pierre GALLAND, d'Aire, Littérateur & Professeur en Grec au Collége Royal de Paris, mort en 1559. Plusieurs Harangues; Observations sur Quintilien; Vie de Pierre du Chastel.

Robert ESTIENNE, célébre Imprimeur, d'abord à Paris, ensuite à Geneve, où il mourut en 1559, étoit sçavant en Hébreu & en Grec, comme en Latin. Outre ses magnifiques Editions, il a fait entr'autres Ouvrages le Trésor de la Langue Latine, 2 vol. *in-fol*. Il a laissé trois fils qui se sont aussi distingués, *Henri*, *François*, *Robert*. N. XXXVI.

François DUAREN, Professeur en Droit à Bourges, mort en 1559. Commentaire sur le Code & le Digeste; Traité sur les Libertés de l'Eglise Gallicane, &c. Diverses Epîtres.

Depuis   Joachim PERION, de Cormeri en Touraine, Littérateur, *J. C.* mort Religieux Bénédictin vers 1559. Dialogues Latins sur l'origine de la Langue Françoise, & sa conformité avec la Grecque : Traductions de plusieurs Livres de Platon & d'Aristote, & autres Ouvrages. N. XXXVI.

    Adam SIBER, de Kemnitz en Misnie, habile Poéte Latin : Hymnes, Epigrammes, &c.

    Cutbert TONSTAL, sçavant Mathématicien Anglois, mort en 1559. pour la Foi Catholique, étant Evêque de Durham.

    Luc GAURIC, de Gifoni au Royaume de Naples, Mathématicien & Astronome, fort occupé de l'Astrologie judiciaire, mort en 1559. *Opera*, *Basileæ* 1575, 3 vol. *in-fol.* N. XXX.

    Louis NOGAROLA, de Vérone, très-habile dans la Langue Grecque, mort en 1559. Traductions de plusieurs Auteurs anciens, & autres Ouvrages. N. XII. & XX.

1549.   Fondation de l'*Université d'Iene*, par Jean-Fréderic, Electeur de Saxe : il y a des Auteurs qui la mettent quelques années plus tard.

    Fondation de l'*Université de Dillinghen*, en Souabe, par Othon de Truchses, Cardinal d'Augsbourg, suivant les ordres du Pape Jules III.

    Fondation des *Universités de Gandie & d'Ossune*, en Espagne, par les Ducs de ces Terres.

    Gaspard BRUSCHIUS, d'Egra en Bohême, Poéte & Historien Latin, mort en 1559.

    Georges SABINUS, de Brandebourg, Poéte célébre, mort en 1560. *Res gestæ Cæsarum Germanicorum*, &c. avec des Poésies Latines. N. XXVI.

    Pierre *Lotichius*, de Hanau, Médecin & Poéte Latin, mort à Heidelberg en 1560. Elégies & autres Poésies. N. XXVI.

    Jean DRYANDER, Professeur à Marpourg, mort en 1560. Plusieurs Ouvrages de Médecine & de Mathématiques.

    Gabriel MUDÉE, Jurisconsulte & Professeur à Louvain, mort en 1560. Divers Ouvrages de Jurisprudence.

    Jean VASÆUS, de Bruges en Flandre, mort à Salamanque en Espagne l'an 1560. Histoire d'Espagne, & autres Ouvrages de Littérature.

    Emanuel à COSTA, célébre Jurisconsulte Portugais, Professeur à Salamanque en Espagne. Ses Œuvres en 2 vol. *in-fol.*

    Joseph MEIR, Juif d'Avignon, mort en 1560. Annales des Rois de France & de la Maison Ottomane, Livre rare ; & autres Ouvrages.

    Lelio CAPILUPI, de Mantoue, Poéte Latin, mort en 1560, fameux par ses Centons de Virgile. Ses freres *Hyppolite*, *Camille* & *Jules*, ont aussi fait des Poésies Latines.

DANS LES SCIENC. & ARTS. 685

Depuis J. C. 1450.
Commencement de l'*Académie* des *Unanimi* à *Salo*, près du Lac de Garde, dans le Brescian, Etat de Venise : elle est devenue ensuite très-célébre, ayant embrassé toutes les Sciences.

Académie des *Innominati*, de Parme, qui a eu des Hommes célébres, tels que le Tasse, Guarini, Torelli, Marini, &c.

Basile ZANCHI, Littérateur de Bergame, Garde de la Bibliothéque Vaticane, mort en 1560. Plusieurs Ouvrages en Prose & en Vers, remplis d'érudition. *N.* XLI.

Pierre Cieca de LÉON, Espagnol : Histoire du Pérou.

Louise SIGÉE, sçavante Dame Espagnole, morte en 1560. Poéme Latin, intitulé *Sintra*, & autres Ouvrages.

Conrad LYCOSTHÉNES, Littérateur d'Alsace, Professeur à Heidelberg & à Basle, mort en 1561. Recueils d'Apophthegmes, d'Exemples, &c. Abrégé de la Bibliothéque de Gesner, &c.

Ange VERGECE, Grec de Candie, qui se retira en Italie & ensuite en France : il peignoit si-bien les caractères de la Langue Grecque, que François I. le choisit pour dresser les modèles de ceux qu'il vouloit faire faire pour l'Imprimerie Royale. On a de lui quelques Traductions.

Claude *Garamond*, de Paris, mort en 1561, célébre Graveur & Fondeur de caractères d'Imprimerie, surpassa en ce genre ceux qui l'avoient précédé, & ne l'a été par aucun de ceux qui sont venus après lui.

Hubert SUSSENEAU, de Soissons, Littérateur, mort vers 1561. Divers Ouvrages, & des Poésies. *N.* XXXVIII.

Gabriel FAERNO, de Crémone, Littérateur, mort à Rome en 1561. Notes sur Terence & Ciceron : Recueils de Fables en Latin. *N.* XXIII.

Gilles *Beys*, fameux Imprimeur de Paris, qui a distingué l'*j* & l'*v* consonnes des *i* & *u* voyelles.

1551.
Fondation de l'*Université de Mexico*, en Amérique, par l'Empereur Charles-Quint.

Jean *Amerbach*, sçavant Imprimeur de Bâle, mort en 1562. Son fils *Boniface* fut un fameux Jurisconsulte.

Jérôme *Froben* & Nicolas *Episcopius* son gendre, célébres Imprimeurs à Bâle : le premier mourut en 1563, & le second l'année suivante.

Jean STIGELIUS, de Gotha en Thuringe, Poéte Latin, dont on estime sur-tout les Elégies, mort en 1562.

Jacques HOULIER, d'Etampes, Médecin de Paris, mort en 1562. Divers Ouvrages dont M. de Thou a parlé avec éloge.

1552.
Jean-Baptiste GELLI, de Florence, mort en 1563. Quoique d'une profession basse, (Tailleur d'habits) il s'appliqua beaucoup à la Philosophie morale & à l'Histoire naturelle,

Depuis J. C. mais il excella dans sa propre langue, comme le prouvent ses *Dialogues* Italiens, faits dans le goût de Lucien. On a aussi de lui quelques Traductions, &c. N. XVIII.

Gabriel FALLOPE, de Modène, Médecin, Philosophe, Astronome, &c. s'applique sur-tout à l'Anatomie & la Botanique; mourut en 1563. *Opera*, 4 vol. *in-fol.* Voyez *Niceron*, Tom. IV. & X.

Jean ACRONIUS, Médecin & Mathématicien à Basle, mort en 1563. *De terræ motu: de Sphærâ*, &c.

Henri GLAREANUS, ou *Loris*, de Glaris en Suisse, Littérateur & Mathématicien, mort en 1563. Erasme en fait un grand éloge, & le proposa en sa place pour présider au Collége Royal de Paris. Nombre d'Ouvrages sur les Auteurs anciens, sur l'Histoire de son Pays, & des Poésies Latines.

Jean GLAZATOÏ, Prêtre Russien, a écrit l'Histoire de la Ville & de la prise de Cazan par le Tzar Jean Vasilievitzche II.

Le Prince André KOURBSKI en a aussi écrit une, d'autant plus authentique qu'il accompagnoit le Tzar.

Nicolo del Abbaté, de Modène, célèbre Peintre Lombard, vient à Paris, & y mourut dans un âge fort avancé.

1553. Etienne de la BOÉTIE, de Sarlat, sçavant Conseiller au Parlement de Bordeaux, mort en 1563. Traité de la servitude, &c. Poésies Latines & Françoises.

Jean BRODEAU, de Tours, Littérateur & Critique, mort en 1563. Editions de divers Auteurs anciens avec des Notes, particulièrement des Epigrammes Grecques.

Le Rossi, ou François *Salviati*, excellent Peintre Florentin, mort à Rome en 1563.

Michel-Ange Buonarota, de Chiusi, très-excellent Peintre Florentin, Sculpteur & Architecte, mort à Rome en 1564, âgé de 90 ans.

Matthieu GRIBALDI, de Quiers en Piémont, Jurisconsulte, qui a été Professeur en France & en Italie, mort en 1564. Divers Ouvrages de Jurisprudence. N. XLI.

Théodore BIBLIANDER, Professeur de Zurich, sçavant dans les Langues Orientales, mort en 1564. Recueil d'Ecrits sur le Mahométisme, & autres Ouvrages.

André VÉSAL, de Bruxelles, fameux Médecin, Restaurateur de l'Anatomie, mort en 1564, dans l'Isle de Zante. Cours d'Anatomie, en Latin, estimé, &c. N. V. & X.

Jean *d'Udine*, ou Nanni, habile Peintre Vénitien, mort en 1564.

Pierre BELON, né au Maine, Médecin, & sçavant dans l'Histoire Naturelle, mort en 1564. Observations faites dans ses Voyages en Gréce, Judée, Egypte, Arabie; & plusieurs Ouvrages curieux sur l'Histoire Naturelle. N. XXIV.

Depuis   Charles ESTIENNE, frère cadet de Robert, Docteur en
J. C.   Médecine, & Imprimeur, mort en 1564. Divers Ouvrages.
N. XXXVI. Il laissa une fille sçavante, nommée *Nicole*,
qui épousa Jean LIÉBAUT, Médecin habile, dont on a
quelques Ouvrages.

    Guillaume MOREL, Directeur de l'Imprimerie Royale à
Paris, mort en 1564. Dictionnaire Grec, Latin & François,
& autres Ouvrages.

1554.   Adrien TURNEBE, d'Andely en Normandie, célèbre
Littérateur & Critique, d'abord Imprimeur, ensuite Professeur en Grec au Collége Royal, mort en 1565. *Adversaria* : Notes sur divers Auteurs anciens, avec des Poésies
Latines. *N.* XXXVI.

    Benoît VARCHI, de Florence, mort en 1565, l'un des
premiers Académiciens de Padoue, nommé *Infiammati*,
& ensuite de Florence ; Philosophe, Historien, Poëte :
Traductions, Poésies Latines & Italiennes : Histoire de son
tems, &c. *N.* XXXVI.

    Conrad GESNER, de Zurich, Médecin, célèbre Naturaliste, & grand Littérateur, fut appellé le Pline d'Allemagne, & mourut en 1565. Histoire des Animaux ; Traité
des Fossiles & Métaux ; Bibliothéque Universelle, qui est
comme le premier Dictionnaire Historique Moderne ; Lexicon Grec-Latin, &c. *N.* XVII.

    Antoine GOVEA, sçavant Portugais, d'une famille illustre dans les Belles-Lettres, mort à Turin en 1565. Divers
Ouvrages sur la Philosophie & le Droit.

    Jean-Ulric ZAZIUS, Jurisconsulte Allemand, d'abord
Professeur en Droit à Bâle, ensuite Conseiller d'Etat des
Empereurs Ferdinand I. & Maximilien II. mourut en 1565.
Divers Ouvrages.

    Mathurin CORDIER, habile Grammairien, né en Normandie, & mort à Genève en 1565. Dialogues en Latin, &c.

    Guillaume PHILANDRIER, de Châtillon en Bourgogne,
Littérateur & Architecte, mort en 1565. Edition de Vitruve,
avec un Commentaire, &c.

    Charles du MOULIN, de Paris, très-célèbre Jurisconsulte, mort en 1566. Ses Ouvrages que l'on regarde comme
les plus excellens que la France ait produits en matiere de
Jurisprudence, ont été recueillis en 5 Vol. *in-fol. Paris*
1681. *N.* XXXIII.

    Léonard FUCHSIUS, célèbre Médecin du pays des
Grisons, surnommé l'Eginete d'Allemagne, mort à Tubingue en 1566. Histoire des Plantes, & grand nombre d'autres
Ouvrages de Médecine. *N.* XVIII.

    Marc-Jérôme VIDA, de Crémone, excellent Poëte Latin, &c. mort Evêque d'Albe en 1566. Diverses Poésies,
Dialogues, &c. *N.* XXIX.

Depuis J. C.

Louis CORNARO, Vénitien, fameux par son Ouvrage sur les avantages de la vie sobre, mort en 1566, âgé de plus de cent ans.

Barthelemi de LAS-CASAS, Espagnol, travaille pendant cinquante ans pour procurer la liberté aux Sauvages de l'Amérique, mort en 1566. Relation de la destruction des Indes, & plusieurs Traités en faveur des Indiens, &c.

Gomez PEREIRA, fameux Médecin Espagnol : Divers Ouvrages, entr'autres *Antoniana Margarita*, où il a soutenu le premier que les bêtes sont de pures machines.

Barthelemi LATOMUS, ou Le Masson, d'Arlon en Luxembourg, Professeur Royal en Eloquence à Paris, mort à Tréves en 1566. Nombre d'Ouvrages sur les Auteurs anciens, ou de Littérature. *N*. XLII.

Benoît TEXTOR, Médecin de Pont-de-Vaux en Bresse : Traité sur la Peste, & autres Ouvrages.

Guillaume RONDELET, de Montpellier, Professeur en Médecine, mort en 1566. Traité des Poissons ; & nombre d'Ouvrages de Médecine. *N*. XXXIII. Ce fut Rondelet qui engagea le Roi à établir le Théâtre Anatomique de Montpellier.

Michel NOSTRADAMUS, Provençal, Médecin & Astrologue, mort en 1566. Centuries, & autres Ouvrages. Son fils *Jean* a donné les Vies des anciens Provençaux, dits Troubadours, *Lyon* 1575, mais ce n'est pas un bon ouvrage : *voy*. ci-devant. à l'an 1120.

André Fricius MODREVIUS, sçavant Polonois : *De emendanda Republica*, & autres Ouvrages.

Thadée & Frédéric *Zuccharo*, du Duché d'Urbin, Peintres Romains ; le premier mort en 1566, & le second en 1609, après avoir achevé à Rome l'établissement de l'*Académie de Peinture*.

1555. Fondation de l'*Université d'Orihuela*, en Espagne.

Jean SACHSE, de Nuremberg, Poëte Allemand, mort en 1567. Grand nombre de Poésies, estimées en Allemagne.

Jean OLDENDORP, de Hambourg, Jurisconsulte, Professeur à Cologne & à Marpourg, mort en 1567. Divers Ouvrages.

Gilbert COUSIN (*Cognatus*) de Franchecomté, mort en 1567. Nombre d'Ouvrages de Littérature. *N*. XXIV.

Augustin de ZARATE, Espagnol : Histoire de la Découverte & de la Conquête du Pérou, dont on a une Traduction Françoise en 2 Vol. *in*-12.

François ROBORTELLO, d'Udine, célèbre Littérateur, mort à Padoue en 1567. Traités d'Histoire & d'Antiquités : Commentaires sur plusieurs Poëtes Grecs & Latins, & autres Ouvrages. *N*. XLII.

DANS LES SCIENC. & ARTS. 689

Depuis
J. C.

  Caſſandra FIDELE, Dame Vénitienne, morte en 1567, a laiſſé des Ouvrages dont les Sçavans de ſon tems ont fait un grand éloge : *Epiſtolæ & Orationes*, *Patavii* 1589, & 1636.

  Louiſe LABÉ, ſçavante Lyonnoiſe : Ses Œuvres ou Poéſies, *Lyon & Rouen* 1556. (rares.)

  Jérôme *Commelin*, de Douai, ſçavant Imprimeur à Heidelberg, mort en 1567.

1556.

  Aonius PALEARI, de Veroli dans la Campagne de Rome, Poéte Latin, mort en 1568 : Poéme de l'immortalité de l'Ame, & autres Ouvrages. *Amſterdam* 1696. *N.* XVI.

  * Onuphre PANVINI, Religieux Auguſtin de Vérone, célèbre Antiquaire, mort en 1568. (déjà ci-devant page 523.) Divers Ouvrages ſur l'Hiſtoire Romaine & les Antiquités. *N.* XVI. & XX.

  Guillaume GRATAROLE, de Bergame, Médecin, mort à Bâle en 1568. Ouvrages curieux, de la manière d'augmenter & conſerver la mémoire, de la conſervation de la ſanté des Magiſtrats, des Voyageurs, des Hommes d'Etude, &c. *N.* XXXI.

  Louis DOLCE, Peintre Italien, Littérateur & Poéte, mort en 1568. Nombre de Traductions d'Auteurs Grecs & Latins, &c. *N.* XXXII.

  Jean OPORIN, de Bâle, célèbre Imprimeur, habile dans les Langues & la Médecine, mort en 1568. Lettres, Scholies ſur Cicéron, &c. *N.* XXVII.

  Gilles CORROZET, Imprimeur de Paris, mort en 1568. Pluſieurs Ouvrages en Proſe & en Vers, principalement ſur les Antiquités de Paris. *N.* XXIV.

  Roger ASCHAM, Anglois, l'un des plus polis Ecrivains de ſon tems, mort à Londres en 1568. Lettres, & autres Ouvrages.

  Guillaume FOULON, ou GNAPHÆUS en Grec, de la Haye, mort en 1568. Poéſies Latines dans le genre comique. *N.* XLIII.

  Lævinus LEMME, de Ziriczée en Zélande, Médecin, mort en 1578. *De occultis naturæ miraculis*, & autres Ouvrages.

1557.

  Cœlius Secundus CURIO, né dans le Piémont, Profeſſeur d'Eloquence à Bâle, mort en 1569. Notes ſur divers Auteurs anciens, &c. *Cælius Auguſtin*, ſon ſecond fils, mort en 1567, a publié une Hiſtoire des Sarraſins. *N.* XXI.

  Jean LONICER, Littérateur Allemand, Profeſſeur à Straſbourg & à Marpourg, mort en 1569. Divers Ouvrages.

  Fridéric SYLBURGE, né près de Marpourg en Heſſe, très-habile dans les Belles-Lettres, & ſur-tout dans la

II. Partie.   Xx

Depuis J. C.

Langue Grecque, mort à Heidelberg en 1569, eut grande part au Trésor Grec d'Henri Estienne : Grammaire Grecque, & autres Ouvrages, comme Poésies Grecques, &c. Il prit soin des anciens Auteurs que *Wechel* & *Commelin* imprimoient.

Jean-Baptiste DU MESNIL, Avocat Général au Parlement de Paris, mort en 1569, fut le premier qui introduisit l'usage de faire des Harangues à l'ouverture du Parlement. Ses Ouvrages, estimés.

Nicolas FRANCHI ou *Franco*, de Benevent, Poëte Italien satyrique, mort en 1569. Le Pape Pie V. le fit pendre.

François *Primatice* ou *de Bologne*, parce qu'il étoit de cette Ville, l'un des excellens Peintres Lombards, & aussi Architecte. François I. le fit venir en France, où il mourut âgé en 1570. Il y apporta d'Italie le bon goût de la Peinture.

1558. Fondation de l'*Université de S. Domingo*, dans l'Isle de ce nom en Amérique, par le Roi d'Espagne Philippe II.

Adam de *Crapone*, Gentilhomme de Provence, fameux Ingénieur, fait le Canal de la Durance à Arles. qui a conservé son nom.

Daniel BARBARO, Vénitien & Patriarche d'Aquilée, habile Mathématicien, mort vers 1570. Traités d'Optique, &c.

Guillaume DES AUTELS, de Montcenis en Bourgogne, Poëte Latin & François, mort en 1570. Ses Ouvrages rares ne méritent cependant pas qu'on les recherche autant que quelques curieux le font. *N.* XXX.

Jacques GREVIN, de Clermont en Beauvaisis, mort à Turin en 1570. Piéces de Théâtre, & nombre de Poésies Latines & Françoises. *N.* XXVI.

Jean du TILLET, Greffier du Parlement de Paris, mort en 1570. Recueil des Rois de France, &c. Institutions du Prince Chrétien, & autres Ouvrages. Il étoit frère de l'Evêque de Meaux, dont il a été parlé page 524, & qui l'aida dans plusieurs de ses Ouvrages.

Jacques OMPHALIUS, Jurisconsulte Allemand, mort en 1560. *De officio & potestate Principis*, & autres Traités.

Jean de BARROS, de Viseo en Portugal, mort en 1570. Asie, ou Conquêtes des Portugais, en trois Décades : Dialogue moral, &c. *N.* XII. & XX.

Benevenutto *Cellini*, habile Peintre, Sculpteur & Graveur, mort à Florence en 1570, a fait quelques Ouvrages sur les Arts.

Franc-Floris, ou François *Flore*, d'Anvers, Chef des Peintres Flamands, & leur Raphaël, mort en 1570.

1559. Georges FABRICIUS, de Kemnitz en Misnie, Littérateur & Historien, mort en 1571. Art Poétique en sept

Depuis Livres, &c. *Saxonia illustrata :* Poésies Latines, estimées.
J. C. *N*. XXXII.

 Louis de CASTELVETRO, de Modène, l'un des plus subtils Ecrivains de son tems, principalement connu par son Commentaire sur la Poétique d'Aristote, &c. mort à Basle en 1571. *N*. IX. & X.

1560. Fondation de l'*Université de Pise*, par Cosme I. de Médicis, Grand Duc de Toscane, qui aimoit & protégeoit les Sçavans.

 Commencement de l'*Académie de Crémone*, qui fut renouvellée en 1607, sous le nom des *Desuniti*.

 Jérôme & Barthélemi MAGGI, freres, de Toscane : le premier, grand Littérateur & Ingénieur, mort en 1572. & l'autre Médecin : on a d'eux plusieurs Ouvrages. *N*. XVIII.

 Louis TANSILLO, de Nole, Poéte Italien, mort vers 1572. Ses Œuvres à *Bologne* 1711. Malherbe a traduit en François son Poéme des Larmes de S. Pierre. *N*. XVIII.

 Jeanne d'ALBRET, Reine de Navarre & mère de Henri IV. morte en 1572. On a de cette Princesse quelques Poésies & des Lettres.

 Pierre RAMUS, ou de la Ramée, né dans le Vermandois, Professeur Royal à Paris, fut très-opposé à la doctrine d'Aristote ; assassiné en 1572, à la Journée de S. Barthélemi ; peut être regardé comme un des restaurateurs des Belles-Lettres. Nombre d'Ouvrages, dont on recherche sur-tout *De moribus veterum Gallorum*, & *De militiâ Cæsaris*. *N*. XIII. & XX.

 Denis LAMBIN, de Montreuil en Picardie, célébre Littérateur, & Professeur Royal en Grec à Paris, mort en 1572. Commentaires sur Horace, Plaute, Lucréce ; Traduction de Démosthène ; de la Politique d'Aristote : *Orationes, Epistola, Poemata*.

 Jean de CORAS, Conseiller au Parlement de Toulouse, Jurisconsulte, mort en 1572. Ses Ouvrages Latins & François en 2 Vol. *in-folio*. *N*. XIII. & XX.

 Jean BÉGAT, de Dijon, mort Président du Parlement de Bourgogne en 1572. Commentaire sur l'Histoire de sa Province : Divers Ouvrages de Droit, &c. *N*. VI.

 Jean le MERCIER, d'Uzès, Professeur en Hébreu au Collége Royal, & successeur de Vatable ; mort à Agen en 1572. Plusieurs Ouvrages remplis d'érudition, & Traductions d'Harmenopule & des Hiéroglyphes d'Orus Apollo.

 Jean BORREL, ou *de Buteo*, né près de Romans en Dauphiné, sçavant Mathématicien, dont on a plusieurs Ouvrages, estimés ; mourut en 1572.

Depuis J. C.

Adrien *le Roi*, de Paris, Imprimeur & Muſicien, le premier homme de ſon temps pour jouer du Luth : divers Ouvrages de Muſique. Il étoit beau-frere de Robert *Ballard*, ſeul Imprimeur du Roi pour la Muſique, comme ſes Deſcendans, qui jouiſſent encore du même Privilége.

Claude *Goudimel*, de Franchecomté, excellent Muſicien, mort en 1572, a mis en Muſique les Pſeaumes de Marot.

Jean L'ARGENTIER, Médecin de Piémont, mort en 1572. *Opera*, 3 Vol. *in-folio*.

Jean-Ginès de SEPULVEDA, ſçavant Eſpagnol, mort en 1572. Diverſes Traductions d'Ariſtote : Dialogues intitulés *Démocrates* ; & autres Ouvrages. *N*. XXIII.

Corneille MUSIUS, de Delft, Auteur de diverſes Poéſies Chrétiennes, tué pour la Religion par les Calviniſtes en 1572.

Jean GOROPIUS, Médecin & Littérateur, mort à Utrecht en 1572. *Origines Antverpianæ*, &c. 2 Vol. *in-folio*.

Joſſe LOMMIUS, de Buren en Gueldre, fameux Médecin à Bruxelles : quelques Ouvrages eſtimés, dont *Obſervationes*, &c. traduit en François ſous le titre de Tableau des Maladies, *Paris* 1760.

MACARI, Ruſſien, Métropolite de Moskou, a écrit la vie du Tzar Jean II. appellé Grozenoï (le Sevère) ou plutôt ſes 25 premières années ; & il a corrigé & completté les Annales Ruſſiennes, appellées *Stépenna Kniga* commencées par Cyprien. On a imprimé en 1769, à Petersbourg, deux de ſes Lettres, dans le Livre des Tzars.

Antoine-Rodolphe LE CHEVALIER (Cevallerius) né près de Vire en Normandie, Profeſſeur en Langues Orientales à Cambridge, mort en 1572. *Rudimenta Linguæ Hebreæ*, & autres Ouvrages. *N*. XXVIII.

Jean KAYE ou *Caius*, Médecin Anglois, mort en 1572. Edition de Galien avec des Notes, & autres Ouvrages de Médecine & Hiſtoire Naturelle : Antiquités de l'Académie de Cambridge. *N*. XI. & XX.

Jean CRISPIN, ſçavant Imprimeur, d'abord à Paris & enſuite à Geneve, mort en 1572. *Lexicon*, Notes ſur Juſtinien, & autres Ouvrages.

Corneille *Cort*, l'un des plus célèbres Graveurs & Deſſinateurs que la Hollande ait produits, paſſe en Italie où il ſe fixa.

1561.

Commencement de l'*Académie des Inſenſati* à *Pérouſe*. Les plus beaux génies de l'Italie en ont été Membres ; Sannazar, Taſſo, Marini, &c. Elle ſe maintient encore avec honneur.

Depuis	Jacques Barozzio de VIGNOLE, sçavant Architecte Italien, avoit aussi l'art de jetter des statues en bosse; vint en France, & mourut à Rome en 1573. Traité des Cinq Ordres d'Architecture, &c.
J. C.	

André MASIUS, Jurisconsulte Flamand, très-Sçavant dans les Langues Orientales, & sur-tout en Syriaque. Plusieurs Ouvrages.

Joachim CURÆUS, de Freistat en Silésie, mort en 1573. Annales de Silésie & de Breslau.

Michel de L'HOSPITAL, qui fut Chancelier de France, & mourut en 1573. Harangues, & Poésies Latines, dont la meilleure Edition d'*Amsterdam* 1732. *in-8°*. Il est aussi l'Auteur de nombre d'excellentes Ordonnances.

Jean BAUDOUIN, d'Arras, Jurisconsulte & Professeur en Droit à Bourges, Angers & Paris, mort en 1573. Divers Ouvrages sur le Droit Civil, l'Histoire, &c. *N.* XXVIII.

Etienne JODELLE, de Paris, Poëte Latin & François, mort en 1573. Il passe pour le premier qui ait donné en notre Langue des Tragédies & Comédies selon la forme des Anciens.

Jean-Baptiste GIRALDI, de Ferrare, Littérateur, mort en 1573. Poésies Italiennes, & autres Ouvrages. *N.* XXIX.

Jérôme AMALTHÉE, du Trevisan dans l'Etat de Venise, Médecin & Poëte Latin, mort en 1574. Ses Poésies ont été publiées avec celles de ses deux freres, *Jean & Corneille : Venetiis* 1627. & *Amsterodami* 1689. *N.* XXXI.

1562. Jules-Paul CRASSO, sçavant Médecin de Padoue, traduit Aratæus & autres anciens Médecins Grecs; mort en 1574.

Paul MANUCE, sçavant Imprimeur d'Italie, & Auteur de plusieurs Ouvrages, mort en 1574. *De Senatu Romano, de Comitiis, de Legibus Romanis*, &c. Notes sur différens Auteurs anciens.

Etienne FORCADEL, Jurisconsulte, né à Beziers, mort vers 1574. Divers Ouvrages sur le Droit, & Poésies Latines & Françoises.

Jean GONTHIER, d'Andernach près de Cologne, fameux Médecin de Paris, où il a travaillé long-tems sur l'Anatomie : mort à Strasbourg en 1574. Divers Ouvrages d'Anatomie & de Médecine. *N.* XII. & XX. (Voyez son éloge par Louis-Antoine-Prosper Herissant, qui a remporté le prix proposé par la Faculté de Médecine de Paris en 1765.)

Herman CRUSER, de Campen, Médecin & Jurisconsulte, mort en 1574. traduit Galien, Plutarque; & fait divers autres Ouvrages.

Depuis J. C.

Martin *Heemskerk*, de Harlem, Peintre célébre, surnommé le Raphaël de Hollande; mort en 1574.

Joachim CAMERARIUS, de Bamberg, sçavant Littérateur, mort en 1574. Nombre de Traductions des Auteurs Grecs, & d'autres Ouvrages. *N.* XIX. *Joachim*, son fils, mort en 1594. a été fameux Médecin & Botaniste; a publié entr'autres, l'*Hortus Medicus*.

Paul *Ponce*, de Florence, habile Sculpteur, dont on admire les Ouvrages aux Célestins de Paris.

1563. Fondation de l'*Université de Douai*, en Flandre, par le Roi d'Espagne Philippe II. à l'instance du Pape Pie IV. & confirmation par Pie V. en 1569.

François WILLEMANN, de Fribourg en Suisse, mort vers 1575. Antiquités de la Suisse, Histoire des Comtes de Habsbourg, &c.

Adrien JUNIUS, ou *du Jon*, de Horn, sçavant Médecin, Littérateur & Historien, mort en 1575. Editions d'Auteurs anciens, Poésies, &c. *Batavia*, ou Origines de la Hollande.

Guillaume & Théodore CANTER, freres, nés à Utrecht, sçavans Littérateurs, qui ont beaucoup travaillé sur les Auteurs anciens : le premier mourut en 1575, & le second en 1617. *N.* XXIX.

Fréderic COMMANDINO, d'Urbin, célébre Mathématicien, mort en 1575, a traduit du Grec en Latin Archiméde, Apollonius de Perge, Euclide, &c. *N.* VI.

Bernardin ROTA, de Naples, habile Poëte Italien, mort en 1575. Divers Ouvrages en Prose & en Vers.

François MAUROLYCO, de Messine, mort en 1575. Ouvrages de Mathématiques, de Méchanique, &c. avec des Poésies. *N.* XXXVII.

1564. Fondation de l'*Université de Besançon*, par l'Empereur Ferdinand I.

Vincent DANTE, petit-fils de Pierre-Vincent (ci-devant page 648.) Mathématicien, Sculpteur & Peintre, mort en 1576. Vie des habiles Sculpteurs, & autres Ouvrages.

Jérôme CARDAN, de Pavie, Médecin aussi fameux par sa science que par sa folie pour l'Astrologie judiciaire, mort à Rome en 1576, *Opera omnia*, *Genevæ* 1663, 10. Vol. *in-fol.* *N.* XIV. & XX.

Le *Titien*, excellent Peintre Vénitien, dont le nom de famille étoit *Vecelli*, né à Cadore en Frioul, mort en 1576, âgé de 99 ans. Il est regardé comme le Prince de la Couleur. *Jeanne*, sa fille, excella aussi dans la Peinture.

Josias SIMLER, de Zurick, Littérateur, mort en 1576. Divers Ouvrages de Mathématiques, d'Histoire, &c. *N.* XXVIII.

| Depuis J. C. | Guillaume XYLANDER, d'Ausbourg, Littérateur, mort à Heidelberg en 1576. Traductions Latines de Dion-Cassius, Strabon, Pausanias, Psellus, &c. N. XIX. |

Conrard HERESBACH, sçavant Ecrivain, qui avoit été ami d'Erasme dans sa jeunesse ; mort en 1576. Histoire de la prise de Munster par les Anabaptistes en 1536. & autres Ouvrages. N. XXXVII.

1565. Pierre DANÈS, de Paris, l'un des premiers Professeurs en Grec au Collége Royal, & des plus sçavans hommes de son siécle ; mort Evêque de Lavaur en 1577, âgé de 80 ans. Divers Ouvrages. N. XIX.

Louis LE ROI (Regius) de Coutance, sçavant Littérateur & Professeur en Grec au Collége Royal, mort en 1577. Epîtres, Vie de Budé ; Ouvrages de politique & de morale : Traduction du Timée de Platon, &c. N. XXIX.

Viglius de ZUICHEM, de Leuwarde, fameux Jurisconsulte, fut Professeur à Bourges, Bologne, Ingolstat, &c. mourut premier Evêque de Gand en 1577. Plusieurs Ouvrages de Jurisprudence.

Jean de GORRIS, Médecin de Paris, mort en 1577. Ses Œuvres publiées par son fils *Pierre*, aussi Médecin.

Blaise de MONTLUC, Maréchal de France, mort en 1577. Mémoires sur les affaires de son temps.

Remi BELLEAU, de Nogent-le-Rotrou en Perche, Poéte François, mort en 1577. Ronsard l'appelloit le Peintre de la Nature. N. XXX.

Philibert de LORME, né à Lyon, fameux Architecte, mort en 1577. Intendant des bâtimens du Roi Henri II. & de ses fils ; a fait quelques Livres d'Architecture, estimés. Il commença le Palais des Tuilleries.

Diego COVARRUVIAS, célebre Jurisconsulte Espagnol, & l'un des plus sçavans hommes de son tems, mort en 1577. Ses Ouvrages en 2 Vol. *in-fol.*

Nicolas MONARDÈS, Médecin Espagnol, mort en 1577. Traité des Drogues de l'Amérique, & autres Ouvrages estimés.

Thomas SMITH, sçavant Anglois, mort en 1577. De la République d'Angleterre, &c.

Pierre-André MATTHIOLE, de Sienne, Médecin & fameux Botaniste, mort en 1577. Commentaires sur Dioscoride, & autres Ouvrages.

1566. Georges *Vasari*, d'Arezzo, près de Florence, Architecte & Peintre, mort en 1578. Histoire des Peintres, en Italien.

1567. Jean-Baptiste *Adriani*, de Florence, mort en 1579, Histoire de son tems, & depuis 1536, où avoit fini Guichardin.

Louis CAMOENS, de Lisbonne, fameux Poéte Portugais, mort en 1579. Poéme de la Lusiade, ou de la Conquête des Indes Orientales. N. XXXVII.

Depuis
J. C.

Jean HARTUNG, Professeur de Grec à Fribourg en Brisgaw, avec réputation, mort en 1579. Notes sur les premiers Livres de l'Odyssée, & autres Ouvrages.

1568.

Jérôme WOLPHIUS, né au Pays des Grisons, Littérateur, mort à Augsbourg en 1580. Traductions de Démosthène, d'Isocrate, de Zonare, & autres Ouvrages.

André PALLADIO, de Vicenze, Architecte Italien, & l'un de ceux qui a le plus contribué à faire revivre les anciennes beautés de l'Architecture ; mort en 1580. Traités d'Architecture en quatre Livres ; Antiquités de Rome.

François VALESIO, Espagnol, connu sous le nom de COARRUVIAS, lieu de sa naissance, dans la vieille Castille, fut l'un des plus sçavans Médecins. Controverses de Medecine & de Philosophie : Commentaires sur Galien & Hippocrate : *De methodo medendi*, &c.

Jérôme SURITA, sçavant Littérateur Espagnol, mort en 1580. Histoire d'Arragon, Notes sur l'Itinéraire d'Antonin, sur César, Claudien, &c.

Alvarez *Gomez* DE CASTRO, Espagnol, mort en 1580, Vie du Cardinal Ximenés, & autres Ouvrages en Prose & en Vers.

François GRIMAUDET, Jurisconsulte d'Angers, mort en 1580. Divers Ouvrages de Jurisprudence. *N.* XLI.

Guillaume POSTEL, de Barenton au Diocèse d'Avranches, sçavant dans les Langues Orientales & les Mathématiques, mort en 1581, âgé de 96 ans : Grand nombre d'Ouvrages sur diverses matiéres, dans plusieurs desquels l'on trouve des sentimens dangereux & déraisonnables. *N.* VIII. & X.

1569.

Hubert LANGUET, de Vitteaux en Bourgogne, sçavant Littérateur, & habile Négociateur, mort à Angers en 1581, Recueil de Lettres Latines ; Apologie de Guillaume, Prince d'Orange : *Vindiciæ contrà Tyrannos*, &c. *N.* III.

Jean ROUXEL, Professeur de Caen, mort en 1581, Poésies & Discours. *N.* XXIV.

Vers ce tems se tenoit une *Académie* à l'Italienne, ou Assemblée particuliere de Gens de Lettres à *S. Victor de Paris* ; Ronsard en étoit comme le Chef. Le Roi Charles IX. y vint plusieurs fois.

Pierre CIACONIUS ou *Chacon*, sçavant Espagnol, Mathématicien, &c. qui fut employé à la correction du Calendrier, & mourut en 1581. Notes sur divers Auteurs anciens.

Achille STATIO, Littérateur Portugais, mort à Rome en 1581. Divers Ouvrages.

François PORTUS, de Candie, sçavant Professeur en Grec à Ferrare & à Geneve, mort en 1581. Commen-

Depuis taires sur Pindare, Thucydide, &c. Son fils *Emile*,
J. C. PORTUS qui enseigna le Grec à Lausane & à Heidelberg, a donné la Traduction de Suidas & plusieurs autres Ouvrages.

Remi NANNI, de Florence, Littérateur, mort en 1581. Divers Traductions & des Poésies Italiennes. *N.* XXXIV.

Hubert FOLIÉTA, sçavant Littérateur, Génois, mort à Rome en 1581. *De Linguæ Latinæ usu & præstantiâ*, &c. *Clarorum Ligurum elogia*, &c. *N.* XXI.

Tibere DECIAN, d'Udine, fameux Jurisconsulte & Professeur à Padoue, mort en 1581. Consultations, &c.

Jean FICHARD, Jurisconsulte de Francfort, mort en 1581. Divers Ouvrages sur le Droit.

Josse de DAMHOUDERE, Jurisconsulte Flamand, mort en 1581. Défense des pupilles, &c. Pratique civile & criminelle, &c. Histoire de Flandre & de Brabant.

1570. Fondation (vers ce tems) de l'*Université de Tarragone*, par Philippe II. Roi d'Espagne.

Georges BUCHANAN, Ecossois, habile Ecrivain, & l'un des meilleurs Poétes Latins parmi les Modernes; mort en 1582. Histoire d'Ecosse; Paraphrase des Pseaumes, &c. *Opera*, *Edimburgi*, 1715, 2 Vol. *in-fol.* *N.* VII. & X.

Thomas ERASTE, de Bade-Dourlach, Médecin & Professeur à Heidelberg & à Bâle, mort en 1582. Divers Ouvrages de Médecine, principalement contre Paracelse, &c.

Laurent JOUBERT, sçavant Médecin, & Chancelier de l'Université de Montpellier, mort en 1582. *Opera*, *Lugduni* 1582, 2 Vol. *in-fol.* & autres Ouvrages à part. *N.* XXXV.

Jacques PELETIER, du Mans, Médecin, Mathématicien, &c. mort en 1582. Commentaires sur Euclide, Art Poétique, &c. *N.* XXI.

Marcus Mantua BENAVITO, Jurisconsulte de Padoue, où il enseigna avec réputation pendant soixante ans; mourut en 1582. Plusieurs Ouvrages de Droit.

André *Schiavone*, de Sébenico en Dalmatie, habile Peintre Vénitien, mort en 1582.

1571. Antoine-François GRAZZINI, surnommé *Lasca*, Poéte Italien, mort en 1583. Comédies, Stances, Poésies diverses, estimées.

Nicolas CISNER, du Palatinat, mort Professeur en Droit à Heidelberg en 1583. Divers Ouvrages de Jurisprudence, & Dissertations sur l'Histoire d'Allemagne. *N.* XXII.

Thomas FREIG, sçavant Jurisconsulte Allemand, mort en 1583. Paratitles sur le digeste, & autres Ouvrages, estimés.

Depuis J. C.	Etienne RANCHIN, habile Professeur en Droit à Montpellier, mort en 1583. *Miscellanea Decisionum Juris*, in-folio, &c.
	François de BELLEFOREST, de Comminges, Ecrivain laborieux, mort en 1583. Cosmographie, 3 Vol. *in-folio* Annales de France, & autres Ouvrages. *N.* XI. & XX.
	Hubert GOLTZIUS, de Venloo en Gueldre, célébre Antiquaire, mort à Bruges en 1583. *Opera numismatica, Antverpiæ* 1644. & 1645. *in-fol.* 5. Vol. *N.* XXXIV.
	Alexandre ARBUTHNOT, sçavant Ecossois, mort en 1583. Discours sur l'Origine & l'excellence du Droit, &c.
1572.	Balthasar AYALA, d'Anvers, mort en 1584. Ouvrages sur la Discipline Militaire.
	Jean GUILLELME, de Lubeck, mort à Bourges en 1584. *Quæstiones Plautinæ*, &c.
	Abraham BUCHOLCER, du Duché de Saxe, mort en Silésie en 1584. Plusieurs Ouvrages de Chronologie.
	Jean SAMBUC, de Tirnau en Hongrie, Médecin & grand Littérateur, mort à Vienne en 1584. Histoire de Hongrie ; Traités sur les Antiquités & les Médailles, Commentaires sur la Poétique d'Horace & sur d'autres Auteurs ; nombre d'Ouvrages en Prose & en Vers.
	*Charles SIGONIUS, ou Carlo *Sigoné*, de Modène, sçavant Littérateur & Historien, mort en 1584. Notes sur Tite-Live : Divers Traités sur les Antiquités Romaines : Histoires de l'Empire d'Occident & du Royaume d'Italie, &c. *Opera omnia, Mediolani* 1732. & 1733. 4. Volumes *in-folio*. De plus *Historia Ecclesiastica*, in-4°. *Mediolani*, 1734.
	Gui le *Fevre de la* BODERIE, né en Basse Normandie, sçavant dans les Langues Orientales, mort en 1584. Plusieurs Grammaires, & *N. T.* en Syriaque ; & autres Ouvrages. *N.* XXXVIII.
	Gui du *Faur de* PIBRAC, Avocat Général, & ensuite Président au Parlement de Paris, &c. mort en 1584. Plaidoyers, Harangues, & quelques Ouvrages en Vers, tels que ses *Quatrains* moraux. *N.* XXXIV.
	Pierre de LAMOIGNON, de cette famille si illustre dans le Parlement de Paris, excelloit à faire des Vers Latins ; mourut en 1584.
1573.	Fondation de l'*Université de Pont-à-Mousson*, (Mussipontana) par le Cardinal de Lorraine, avec l'agrément du Duc Charles II. Elle fut donnée aux Jésuites ; mais le Duc de Lorraine y joignit dans la suite des Professeurs en Droit & en Médecine.
	(Les Jésuites ayant été supprimés en France & en Lorraine, le Roi Louis XV a transféré cette Université à *Nancy*, en 1770.)

DANS LES SCIENC. & ARTS. 699

Depuis J. C.
 Marc-Antoine-François MURET, sçavant Littérateur, de Muret près de Limoges, mort à Rome en 1585. Notes sur d'anciens Auteurs : Poésies, Epitres, &c. *Opera, Venetiis*, 1727, 5 Vol. *in-8°. N.* XXVII.

 Pierre de RONSARD, du Vendômois, célèbre Poéte François, mort en 1585. Poéme intitulé la Franciade, Odes, Eclogues, Epitaphes, Sonnets, &c.

 Arnaud du FERRIER, Jurisconsulte de Toulouse, mort en 1585. Harangues, & autres Ouvrages.

 Guillaume SIRLET, sçavant Cardinal Italien, Bibliothécaire du Vatican, mort en 1585. Poésies, &c.

 Pierre VICTORIUS, de Florence, sçavant Littérateur, mort en 1585. Diverses Leçons en trente-huit Livres : Plusieurs Traductions ; Commentaires sur Aristote, Eschyle, &c. Notes sur Ciceron, Caton, Varron, Columelle, &c.

 Thomas PORCACCHI, né en Toscane, mort en 1585. Traductions, Histoires & Poésies Italiennes & Latines. *N.* XXXIV.

 Lucas *Cangiage* ou *Cambiasi*, Chef des Peintres Génois, & Sculpteur; mort l'an 1585, en Espagne, où Philippe II. l'avoit fait venir.

 Jean CRATON ou *Grafftheim*, fameux Médecin, né à Breslau, mort en 1585. Plusieurs Ouvrages de Médecine, estimés. *N.* XLIII.

 Rambert DODONÉE, né près de Malines, mort Professeur de Médecine à Leyde en 1585. Divers Ouvrages de Botanique, &c. *N.* XXXIV.

 Amadis JAMYN, célèbre Poéte François d'alors, étoit né dans le territoire de Troyes, & mourut vers 1585. Œuvres Poétiques, 2 Vol. & Discours Philosophiques en Prose. Il acheva la Traduction de l'Iliade en Vers, commencée par Hugues SALEL, de Quercy, mort en 1553. *N.* XXXVI.

1574.
 Cette année l'*Académie des Filirgiti*, (ou Amateurs du travail) établie à *Forli* depuis environ 200 ans, prit une forme fixe : elle fut renouvellée en 1652. De-là vient que nombre de Sçavans ont illustré la Ville de *Forli*.

 Adam LONICER, Médecin Allemand, mort à Francfort en 1586. Plusieurs Traités de Médecine & d'Histoire Naturelle.

 Louis DURET, de Baugé en Bresse, Médecin de Paris, mort en 1586. Commentaires sur Hippocrate, &c. *N.* XXIII.

 André BACCIO, fameux Médecin de Rome, mort en 1586. Plusieurs Ouvrages estimés.

 * Antonio AUGUSTINO, mort en 1586, l'un des plus sçavans hommes que l'Espagne ait produits, a fait plusieurs Ouvrages de Littérature, sur les Antiquités, & sur l'un & l'autre Droit. *N.* IX.

Depuis
J. C.

Matthieu WESEMBEC, d'Anvers, habile Jurisconsulte, mort Professeur à Wittemberg en 1586. Nombre d'Ouvrages, dont les plus estimés sont ses *Paratitles*.

Antoine Perrenot de GRANVELLE, Francomtois, Cardinal & Ministre d'Espagne, mort en 1586. Grand nombre de Lettres & Mémoires en manuscrit, que l'on conserve dans l'Abbaye de S. Vincent à Besançon.

Antoine LE CONTE (Contius) Jurisconsulte, né à Noyon, mort à Bourges en 1586, écrivit contre ses Confrères *Duaren* & *Hotman*. Ses Œuvres en un Volume in-4°.

Sixte de HEMMINGA, sçavant de Frise, mort vers 1586. Traité excellent contre l'Astrologie judiciaire, *Antuerpiæ* 1583.

Philippe SIDNEY, l'un des plus grands hommes que l'Angleterre ait produits, mort en 1586. Poéme d'Arcadie, & autres Ouvrages. *N. XV*.

Octavien FERRARI, célébre Professeur de Philosophie à Padoue & à Milan, mort en 1586. *De sermonibus exotericis*, sur la Philosophie d'Aristote: *De origine Romanorum*, &c. *N. V.*

François SANSOVINO, né à Rome & mort à Venise en 1586. Nombre d'Ouvrages sur différens sujets. *N. XXII*.

1575.
Fondation de l'*Université de Leyde*, en Hollande, par les Etats de la Province.

Julien GOSSELINI, Secrétaire de plusieurs Vicerois de Milan, mort en 1587. Vie de Ferdinand de Gonzague ; Conjuration de Jean-Louis de Fiesque, &c.

Adam FUMANO, de Vérone, Littérateur, mort en 1587. Poésies Latines & Italiennes, & autres Ouvrages. *N. XII*.

Elie VINET, de Barbesieux en Saintonge, sçavant Littérateur & Mathématicien, mort Professeur à Bordeaux en 1587. Grand nombre d'Ouvrages. *N. XXX*.

Germain Vaillant de GUESLIS, Littérateur, mort Evêque d'Orléans en 1587. Commentaires sur Virgile, & des Poésies.

Jean CINQ-ARBRES (Quincarboreus) d'Aurillac en Auvergne, Professeur Royal en Hébreu, mort en 1587. Plusieurs Ouvrages sur les Langues, & Traductions.

Egnatius DANTES, Dominicain, sçavant Professeur de Mathématiques & d'Astronomie à Bologne, y fait élever cette année le grand Gnomon de l'Eglise de S. Pétrone.

1576.
Fondation de l'*Université d'Helmstat*, par Jules, Duc de Brunswick, d'où elle a tiré son nom d'*Academia Julia*.

Jean DORAT, Limosin, Professeur en Grec au Collége Royal, mort en 1588. Poésies Grecques, Latines & Françoises, qui ne répondent pas à sa réputation : on dit qu'il a inventé les Anagrammes. *N. XXVI*. *Sybillarum oracula*, avec les belles Figures de Jean *Rabel*.

Depuis J. C.

Théodore ZWINGER, de Bâle, Professeur de Politique, mort en 1588. *Theatrum vitæ humanæ*, perfectionné par son fils, qui portoit le même nom que lui. Ses descendans ont été aussi de sçavans hommes.

Le *Véronese*, ou Paul *Cagliari*, de Vérone, excellent Peintre Vénitien, mort en 1588.

Speron SPERONÉ, de Padoue, Littérateur Italien, mort en 1588. Dialogues : Discours sur la prudence des Princes ; Tragédies, &c. *N*. XXXIX.

Bernardin TELESIO, de Cosence en Calabre, Philosophe, mort en 1588. Divers Ouvrages sur l'Histoire Naturelle, &c. Il avoit été formé par son oncle *Antoine Telesio*, excellent Philosophe & Humaniste. *N*. XXX.

Michel AGUIRRE, célébre Jurisconsulte Espagnol, mort en 1588.

Joseph MOLEZIO, de Messine, Philosophe, Médecin & Professeur de Mathématiques à Padoue, travailla pour la réformation du Calendrier sous Grégoire XIII. & mourut en 1588. Ephémérides, Tables, & autres Ouvrages.

Jacques DALECHAMPS, de Caen, Médecin à Lyon, mort en 1588. Histoire des Plantes : Notes sur Pline : Traduction d'Athénée, &c.

Martin AKAKIA, Médecin & célébre Professeur de Chirurgie à Paris, mort en 1588, publie quelques Ouvrages de Médecine.

Jean WIER, de Grave en Hollande, fameux Médecin, mort en 1588. *Observationes & Epistola Medica : De præstigiis dæmonum*, &c.

1577.

Pierre PECK, de Ziriczée en Zélande, Professeur en Droit à Louvain, mort en 1589. Divers Ouvrages de Jurisprudence.

Jean STURMIUS, de Sleida près de Cologne, célébre Littérateur & Recteur du Collége de Strasbourg, mort en 1589. Divers Ouvrages sur la manière d'étudier & d'enseigner, & nombre d'autres. *N*. XXIX.

Martin CROMER, Evêque de Warmie en Prusse, mort en 1589. Histoire de Pologne, & autres Ouvrages.

Melchior GUILANDIN, de Konigsberg en Prusse, Démonstrateur des Plantes à Padoue, mort en 1589. Traité de Botanique : autre sur le *Papyrus*, &c. *N*. XIII.

Jacques ZABARELLA, Professeur de Philosophie à Padoue, mort en 1589. Commentaires sur Aristote, & autres Ouvrages.

Thomas GARZONI, de Romagne, Littérateur & Philosophe, mort en 1589. Divers Ouvrages Philosophiques. *N*. XXXVI.

Louis GUICHARDIN, neveu du fameux Historien de Florence, mort à Anvers en 1589. Description des Pays-

Depuis J. C. — Bas, & Histoire de ce qui s'est passé en Europe depuis 1530. jusqu'en 1560.

Jean *Cousin*, habile Peintre François, né près de Sens, mort vers 1589, fut le premier Peintre de notre Nation qui ait eu du talent pour l'Histoire, ses prédécesseurs s'étant bornés au portrait. Il a fait quelques Ouvrages de Géométrie, de Perspective, & sur les proportions du corps humain.

1578. Louis de *Vargas*, célébre Peintre Espagnol, mort en 1590, à Séville sa patrie.

Jérôme *Mutian*, excellent Peintre Vénitien, mort en 1590. à Rome, où il avoit fondé l'*Académie de S. Luc*, confirmée par les Papes Grégoire XIII. & Sixte V.

Fondation de l'*Université de Vilna*, en Lithuanie, par le Pape Grégoire XIII. dans le Collége des Jésuites : les Etats du Pays y donnèrent leur consentement.

Guillaume Saluste du BARTAS, d'Auch, Poëte François, mort en 1590. Le plus connu de ses Ouvrages est la Semaine ou la Création du Monde, Poëme en sept Livres.

Robert GARNIER, du Maine, Poëte François, qui faisoit les délices de son tems ; mort en 1590. Tragédies, & autres Poésies. N. XXI.

Guillaume PARADIN, de Cuisseaux en Bourgogne, mort vers 1590. Divers Ouvrages historiques, & autres. N. XXXIII.

Bertrand D'ARGENTRÉ, Grand Sénéchal de Rennes, mort en 1590. Histoire de Bretagne : Commentaire sur la Coutume.

Jacques CUJAS, de Toulouse, l'un des plus célébrès Jurisconsultes, mort à Bourges en 1590. *Opera*, 10 Vol. *in-folio*. N. VIII. & X.

François HOTMAN, de Paris, sçavant Jurisconsulte & Antiquaire, fut à Bourgés le rival de Cujas, ensuite Professeur à Genève, & mourut à Basle en 1590. Ses Ouvrages en 3 Vol. *in-folio*. N. XI. & XX.

Jean PAPON, de Montbrison, Jurisconsulte, mort en 1590. Recueil d'Arrêts, & autres Ouvrages.

Jacques *Faye*, mort Président au Parlement de Paris en 1590. Harangues, estimées.

Jean WAMESE, de Liége, habile Jurisconsulte & Professeur à Louvain, mort en 1590. Remarques curieuses sur l'un & l'autre Droit.

Ambroise PARÉ, de Laval, célébre Chirurgien, mort en 1590. Divers Traités de Chirurgie, estimés.

Nicodeme FRISCHLIN, Professeur de Belles-Lettres en Allemagne, & Poëte Latin, mort en 1590. Notes sur divers Auteurs anciens, Elégies, Comédies, &c. N. XIX.

DANS LES SCIENC. & ARTS. 703

Depuis   Bonaventure VULCANIUS, de Bruges, sçavant Littéra-
J. C.   teur, Professeur de Grec à Leyde, où il mourut en 1590.
Editions d'Auteurs anciens, &c. *N.* XXXIV.

Jean FOX, sçavant Anglois, mort en 1590. Histoires & Poésies.

François WALSINGHAM, Ministre d'Etat en Angleterre, mort en 1590. Mémoires pour les Ambassadeurs, Lettres & Négociations, Maximes politiques, &c.

Ambroise MORALÈS, d'Alcala, sçavant Espagnol, mort en 1590, l'un de ceux qui a le plus travaillé à rétablir le bon goût en Espagne. Divers Ouvrages sur les Antiquités de ce Pays, & autres Livres estimés.

Jason DENORES, de Cypre, Professeur de Philosophie à Padoue, mort en 1590. Divers Ouvrages de Philosophie & de Littérature. *N.* XL.

François JUNCTINI, de Florence, célèbre Mathématicien & Astronome, mort vers 1590. Commentaires sur la Sphère de Sacrobosco, & autres Ouvrages. *N.* XLI.

Jacques *Androuet du Cerceau*, fameux Architecte François, bâtit le Pont-Neuf à Paris.

1572.   Fondation de *l'Université d'Altorf*, près Nuremberg, en Franconie: ce ne fut d'abord qu'une École illustre. Mais en 1622. l'Empereur Ferdinand II. lui accorda le titre & les priviléges d'Université.

Fondation (vers ce tems) de *l'Université d'Evora*, en Portugal, par le Cardinal Henri. (Elle ne subsiste plus depuis l'expulsion des Jésuites, qui la possédoient.)

Pelegrino *Tibaldi*, de Bologne, célèbre Peintre Lombard & Architecte, mort à Milan en 1591.

Jacques AMYOT, de Melun, mort en 1591. Evêque d'Auxerre, & Grand Aumônier de France: Traduction Françoise des Œuvres de Plutarque; & dans sa jeunesse, de la Pastorale de Longus & de l'Histoire d'Héliodore. *N.* IV.

Barnabé BRISSON, de Fontenai-le-Comte, Président au Parlement de Paris, tué par les Ligueurs en 1591. Divers Ouvrages de Droit & de Littérature. *N.* IX.

Hugues DONEAU, de Challon-sur-Saône, Professeur de Droit à Bourges, mort à Altorf en 1591. Nombre d'Ouvrages: les plus estimés sont ceux qui traitent des Testamens & dernières volontés. *N.* XXXIII.

Jean Antoine BAYF, fils de Lazare, Poéte François, qui tint une Académie de Musique, jusqu'à sa mort en 1692, malgré l'opposition de l'Université de Paris.

Michel de MONTAGNE, de Périgord, fameux Philosophe, mort en 1592. Essais, & Traduction de la Théologie naturelle de Raimond de *Sebonde*, Espagnol. *N.* XVI.

Depuis J. C. François Grudé de la CROIX DU MAINE, mort vers 1592. Bibliothéque Françoise, & autres Ouvrages. N. XXIV.

Auger Giſſen BUSBEQ, de Comines en Flandre, célébre par ſa ſcience & ſes Ambaſſades à Conſtantinople : mourut en Normandie en 1592. Relations de ſes Voyages, en forme de Lettres. N. XXII.

Michel de CASTELNAU, mort en 1592, fameux par ſes Négociations & ſes Mémoires depuis 1559 juſqu'en 1570, belle Edition en 1659, 2 Vol. in-folio.

Angeli de COSTANZO, de Naples, Hiſtorien & Poéte Italien, mort vers 1592. Hiſtoire de Naples, depuis 1250 juſqu'en 1489. N. XI. & XX.

Modeſta POZZO, plus connue ſous le nom de FONTÉ-MODERATA, Dame Vénitienne, célébre par ſon eſprit & ſes Poéſies, morte en 1592. N. XVII.

Le *Baſſan*, ou Jacques de *Ponté*, habile Peintre Vénitien, mort en 1592. Deux de ſes fils, *François & Léandre*, ſe ſont auſſi diſtingués dans la Peinture.

Balthazarini, célébre Muſicien Italien, qui vint en France, à la Cour du Roi Henri III.

1580. Clément *Birague*, de Milan, Graveur en pierres fines, fleurit à la Cour de Philippe II. Roi d'Eſpagne : il trouve le moyen de graver ſur le diamant.

Louis de *Foix*, fameux Architecte François, va en Eſpagne, & y bâtit le magnifique Palais de l'Eſcurial.

Latino LATINI, de Viterbe, célébre Critique, mort à Rome en 1593. *Bibliotheca ſacra & profana; Epiſtolæ*, &c. N. XLI.

Michel MERCATI, Médecin de Toſcane, mort en 1593. Divers Ouvrages de Médecine, & ſur les Métaux. N. XXXVIII.

* Jean LEUNCLAVIUS, de Weſtphalie, Littérateur & Hiſtorien, mort à Vienne en 1593. (déjà ci-devant page 528) Traduction de Xenophon, de Dion-Caſſius, de Zoſime, de l'Abrégé des Baſiliques ou Ordonnances des Emp. de C. P. Hiſtoire Muſulmane & Annales des Turcs, &c. N. XXVI.

Louis de MERCADO, habile Médecin Eſpagnol, mort en 1593. *Opera*, 5 Vol. *in-folio*.

Chriſtophe A COSTA, Portugais, Médecin & ſçavant Botaniſte, dont on a pluſieurs Ouvrages.

Jean HUARTE, Navarrois, ſe fait connoître par un Ouvrage Eſpagnol, intitulé l'Examen des eſprits (pour les Sciences) qui a été traduit en Latin & en François.

Sophoniſbe de Crémone, Dame Italienne, célébre par ſes talens pour la Peinture : elle fut attirée en Eſpagne par Philippe II.

* Gérard

DANS LES SCIENC. & ARTS.

Depuis J. C.

* Gérard MERCATOR, de Ruremonde, fameux Mathématicien, Géographe & Graveur, mort en 1594. Recueil de Cartes, & Édition de la Géographie de Ptolémée, &c.

Roland LASSÉ ou *Orlando Laſſo*, de Mons, célébre Muſicien, mort à Munick en 1594. Nombre de Piéces de Muſique en pluſieurs Langues.

François de FOIX, mort Evêque d'Aire en 1594. ſçavant dans les Mathématiques : Commentaire ſur Euclide, &c.

Corneille-Bonaventure BERTRAM, de Thouars en Poitou, Profeſſeur d'Hébreu à Genève & Lauſane, mort en 1594. Traité de la République des Hébreux, & divers Ouvrages ſur les Langues.

Jean FRATTA, Poéte Italien, de Vérone ; Eclogues, Paſtorales, & le Poéme de la *Maltéide*, dont le Taſſe faiſoit grand cas.

Le *Tintoret*, ou Jacques *Robuſti*, excellent Peintre Vénitien, mort en 1594. Il a eu un fils & une fille habiles dans le même Art : *Dominique*, mort en 1637. & *Marie*, morte en 1590.

Chriſtophe *Schwartz*, d'Ingolſtad, Peintre Allemand, célébre, mort à Munick en 1594. On l'a appellé le Raphael d'Allemagne.

1581. Torquato TASSO, célébre Poéte Italien, de Sorrento au Royaume de Naples, mort à Rome en 1595. Poéme de la Jéruſalem délivrée (traduite en François par M. Mirabaud, *Paris* 1724.) & autres Poéſies, recueillies à *Florence*, 6 Vol. *in-folio*. N. XXV.

Jean-Baptiſte CRISPO, de Gallipoli dans la Terre d'Otrante, Littérateur & Poéte, mort en 1595. Traité rare *de Ethnicis Philoſophis cautè legendis* ; Vie de Sannazar, & autres Ouvrages. N. XXVII.

Thomas CORREA, Littérateur Portugais, mort à Bologne en 1595. Pluſieurs Ouvrages ſur l'Eloquence, & les Auteurs anciens.

Antoine GAMA, ſçavant Juriſconſulte, & Grand Chancelier de Portugal, mort en 1595. *Deciſiones ſupremi Luſitaniæ Senatus*, &c.

Lævinus TORRENTIUS, de Gand, mort Evêque d'Anvers en 1595. Commentaires ſur Horace, Suétone, &c. Poéſies Latines, eſtimées.

Reinier REINECCIUS, du Diocèſe de Paderborn, ſçavant Littérateur, mort en 1595. *Methodus legendi Hiſtorias*, in-4°. *Syntagma Hiſtoricum*, ou (pour la ſeconde & meilleure Edition) *Hiſtoria Julia*, qui comprend la Généalogie & l'Hiſtoire des Princes des anciennes Monarchies, non compris la Romaine, excellent Ouvrage, &c.

Depuis J. C.   Guillaume FOURNIER, habile Critique, & Professeur en Droit à Orléans. Edition de Cassiodore, & divers autres Ouvrages.

Anutius FOES, de Metz, sçavant Médecin de Paris, mort en 1595. Traduction excellente d'Hippocrate, & autres Ouvrages.

1582.   L'Académie de la *Crusca*, à Florence, est rendue stable par Antoine-François *Grazzini*, & le Chevalier *Salviati*. Elle s'occupe de la perfection de la Langue Italienne, dont elle a établi un Professeur, & a publié après environ quarante ans de travail, un excellent Dictionnaire.

Léonard BOTAL, d'Asti en Piémont, célébre Médecin, qui vint s'établir à Paris, où il mit en usage la Saignée fréquente. Ses Œuvres ont été réimprimées à Leyde en 1660.

* Pierre PITHOU, de Troyes, célébre Jurisconsulte & Littérateur, mort en 1596. Traité des Libertés de l'Eglise Gallicane ; nombre d'Opuscules, & d'Editions de plusieurs monumens anciens : c'est à lui, entr'autres, que l'on est redevable de la publication de Phédre. N. V.

Jean BODIN, d'Angers, Ecrivain politique, &c. mort en 1596. De la République : *Methodus ad facilem Historiæ cognitionem* : La Démonomanie, &c. N. XVII.

Florent CHRÉTIEN, d'Orléans, habile dans les Langues & les Belles-Lettres ; fut Précepteur d'Henri IV. & mourut en 1596. Plusieurs Ouvrages en Prose & en Vers, quelques-uns en Grec. N. XXXIV.

Nicolas VIGNIER, de Bar-sur-Seine, Médecin & Historien, mort en 1596. Bibliothéque Historiale, 4 Vol. *in-fol.* & autres Ouvrages. N. XLII.

Blaise de VIGÉNERE, de S. Pourçain en Bourbonnois, Littérateur, mort en 1596. Traductions (avec Notes) de César, de Tite-Live, de Chalcondyle, des Tableaux de Théophraste, des Chroniques de Pologne, &c. Traités des Chiffres, des Cometes, du feu, du sel, de l'or, &c. N. XVI. & XX.

Pierre BARBOSA, célébre Jurisconsulte, & Chancelier de Portugal, mort vers 1596. Divers Ouvrages de Droit, estimés.

Laurent GAMBARA, de Bresce dans l'Etat de Venise, Poëte Latin, mort à Rome en 1596. Poéme sur la découverte du Nouveau Monde, &c.

Pierre ANGELI, de Toscane, mort en 1596. Diverses Poésies, dont la plus estimée est le Poéme sur la Chasse.

1583.   François PATRIZI (Patritius) d'Istrie, fameux Philosophe & Littérateur, mort à Rome en 1597. Discussions Péripatéticiennes, ou comparaison de Platon & d'Aristote ; Dialogues sur l'Histoire ; Parallèles militaires, & autres Ouvrages.

Depuis J. C.   Pierre GRÉGOIRE, Jurisconsulte de Toulouse, mort à Pont-à-Mousson en 1597. *Syntagmâ Juris : de Republicâ*, & autres Ouvrages, estimés.

    Jean BACQUET, de Paris, Jurisconsulte, mort en 1597. Divers Traités de Jurisprudence, dont nouvelle Edition par Claude de *Ferriere*, Paris 1688, *in-folio*.

    François RAPHELING, de Lannoi en Flandre, sçavant Littérateur & Professeur en Hébreu à Leyde, mort en 1597. Plusieurs Ouvrages sur les Langues Orientales, &c. *N. XXXVI*.

    Pierre FOREST, célébre Médecin Hollandois, mort en 1597. *Opera*, 6 Vol. *in-folio*.

1584.   Elbert LEONINUS ou *Leew*, sçavant Jurisconsulte, d'abord Professeur à Louvain, puis Chancelier de Gueldre, mort en 1598. *Centuria consiliorum*, & autres Ouvrages.

    * Benoît ARIAS-MONTANUS, sçavant Espagnol, qui demeura long-temps dans les Pays-Bas, & mourut à Seville en Espagne en 1598. *N. XXVIII*.

    Abraham ORTELIUS, d'Anvers, habile Géographe & Littérateur, mort en 1598. *Theatrum Orbis : Parergon veteris Geographiæ : Thesaurus Geographicus*, &c.

    Christophe *Plantin*, né en Touraine, célébre Imprimeur à Anvers, où il porta au plus haut degré de perfection l'Art de l'Imprimerie ; mourut en 1598. Les sçavantes Préfaces qui se trouvent dans plusieurs de ses Editions, étoient de Juste *Lipse*, (ci-après.)

    Jérôme COMMELIN, sçavant Imprimeur, né à Douai, & établi à Heidelberg ; mort en 1598. On a de lui, & des autres *Commelins* ses parens, plusieurs Ouvrages.

    Henri ESTIENNE, digne fils de Robert, sçavant Imprimeur, établi à Genève, mort à Lyon en 1598. Il a enrichi le Public d'un grand nombre de bonnes Editions, & a donné le Trésor de la Langue Grecque, 4 Vol. *in-fol.* en 1572. Conformités de la Langue Françoise avec le Grec, Apologie d'Hérodote, & autres Ouvrages. *N. XXXVI*.

    Jean de COMBES, Avocat du Roi au Présidial de Riom, a fait un excellent Traité des Tailles & des Offices de Finances.

    Germain AUDEBERT, d'Orléans, Poéte Latin, mort en 1598. Poémes de Venise, de Rome & de Naples, &c. *N. XXIV*.

    Jean de SERRES (*Serranus*,) du Vivarais, Historien & Littérateur, mort en 1598. Histoire de France, & autres Ouvrages Historiques : Edition de Platon, en Grec & en Latin, avec des Notes, & autres Ouvrages. *N. IV. & X*.

    Publio FONTANA, né près de Bergame dans l'Etat de Venise, habile Poéte Latin, mort en 1598. Sa principale Piéce est le Poéma de la Delphinide.

Depuis J. C.	Edmond SPENCER, célèbre Poéte Anglois, mort en 1598. Eclogues, &c.
	Théodore de *Bry*, Liégeois, Dessinateur & Graveur célébre, établi à Francfort, & mort en 1598. ses deux fils, & Matth.eu *Merian*, son gendre, lui ont succédé.
	Fréderic *Jenibelli*, de Mantoue, fameux Ingénieur, qui se distingua au Siége d'Anvers par les Espagnols.
1585.	Fondation de l'*Université de Franeker*, en Frise, par les Etats de la Province.
	Fondation de l'*Université de Bamberg*, en Franconie.
	Fondation de l'*Université de Gratz*, en Stirie, par l'Archiduc d'Autriche.
	Antoine RICCOBONI, de Rovigo dans l'Etat de Venise, Professeur d'Eloquence à Padoue, mort en 1599. Divers Ouvrages de Littérature. *N*. XXVIII.
	Paul PARUTA, de Venise, sçavant fort employé dans les Négociations, mort en 1599. Divers Ouvrages de politique, & Histoire de Venise. *N*. XI.
	Gui PANCIROLE, de Reggio, fameux Jurisconsulte & Antiquaire, mort en 1599. Professeur en Droit à Padoue. *Thesaurus variarum Lectionum utriusque Juris*, &c. *Commentarius in Notitiam Imperii : De Rebus inventis & perditis*, & autres Ouvrages *N*. IX. & X.
	Louis de MONT-JOSIEU, de Rouergue, Mathématicien & Antiquaire : Traité de la Peinture & Sculpture des Anciens : Cinq Livres d'Antiquités.
	Philippe *Hurault* de CHEVERNY, Chancelier de France, mort en 1599. Mémoires de son tems, imprimés depuis.
1586.	Fondation de l'*Université de Quito*, au Pérou, par le Roi d'Espagne Philippe II.
	André *Wechel*, célébre Imprimeur d'abord à Paris, & ensuite à Francfort, mort vers 1600.
	Jean NICOT, de Nismes, Littérateur, qui rapporta de Portugal, où il avoit été envoyé en Ambassade, la plante appellée d'abord *Nicotiane*, & ensuite *Tabac*; mourut à Paris en 1600. Dictionnaire François & Latin : Traité de la Marine, &c.
	Antoine du VERDIER, de Montbrison, mort en 1600. Bibliothéque des Auteurs François, & autres Ouvrages. *N*. XXIV.
	Fulvius URSINUS, de Rome, Littérateur & Antiquaire, mort en 1600. Notes sur un grand nombre d'Auteurs anciens : *De familiis Romanis : Imagines & Elogia*, &c. *N*. XXIV.
	Scipion AMMIRATO, de Florence, mort en 1600. Dialogues Italiens, Discours sur Tacite, Histoire de Florence, & autres Ouvrages. *N*. IV. & X.

Depuis J. C.

Jules-César BAGNIOLI, de la Romagne, habile Poéte Italien, mort vers 1600. Tragédies, &c.

François SANCTIUS ou *Sanchès*, sçavant Littérateur Espagnol, mort en 1600. *Minerva*, ou *de Causis Linguæ Latinæ*; l'Art de parler, & d'interpréter les Auteurs, & autres Ouvrages de Littérature.

Pierre du FAUR DE S. JORRI, mort premier Président au Parlement de Toulouse en 1600. Plusieurs Ouvrages de Jurisprudence, où il se trouve bien de la science des Antiquités: Semestres en trente-trois Livres; les Agonistiques; Traité des Magistrats Romains.

Antoine FONTANON, Avocat, publie une Collection des Edits & Ordonnances des Rois de France, depuis l'an 1270. & autres Ouvrages.

Pierre du BELLOI, Jurisconsulte de Montauban, mort vers 1600. Divers Ouvrages de Droit.

Jean BASMAISON, Jurisconsulte, mort vers 1600. Paraphrase sur la Coutume d'Auvergne, & Discours sur les Fiefs & arriere-Fiefs.

Jean Edouard DU MONIN, de Franchecomté, Poéte François, regardé comme l'un des beaux génies de son tems, est assassiné cette année, âgé de trente-six ans. Diverses Poésies. *N*. XXXI.

Nicolas Raymar URSUS, Mathématicien & Astronome, Danois, mort a Prague en 1600. Divers Ouvrages de Mathématiques, &c.

1587.

TYCHO-BRAHÉ, Danois, très-célébre Astronome, &c. mort à Prague en 1601. *Historia Cælestis*; *Astronomiæ instauratæ mechanica*, *Tabulæ Rudolphinæ*, & autres Ouvrages, avec des Poésies *N*. XV. *Sophie*, sa sœur, étoit habile dans les Mathématiques & l'Astronomie; elle mourut en 1646.

Jean HEURNIUS, d'Utrecht, Médecin, qui enseigna le premier l'Anatomie à Leyde, mort en 1601. Divers Ouvrages sur les maladies; Commentaires sur Hippocrate, &c. *Othon* Heurnius, son fils, lui succéda à Leyde; a fait *Antiquitates Philosophiæ Barbaricæ*, & est mort vers 1650.

Edouard GRAUNT, Littérateur Anglois, mort en 1601. Plusieurs Ouvrages sur la Langue Grecque.

Claude FAUCHET, de Paris, Président en la Cour des Monnoies, mort en 1601. Antiquités Gauloises & Françoises, Recueil de l'origine de la Langue & Poésie Françoise, &c. *N*. XXV.

Pierre AYRAULT, Jurisconsulte d'Angers, mort en 1601. De l'ordre judiciaire; de la puissance paternelle, &c. *N*. XVII.

Vincent FRANCHI, Jurisconsulte de Naples, mort en 1601. *Decisiones sacri Regii Consilii*, &c.

Depuis J. C.	Vincent PINELLI, sçavant Italien, estimé & recherché de tous les gens de Lettres de son temps ; mort en 1601. Quelques Ouvrages Manuscrits dans la Bibliothéque Ambrosienne de Milan.
1588.	Jean-Antoine GELMI, Boulanger de Vérone, excellent Poëte Italien : Sonnets & autres Poésies.

Massimo MARGUNIO, de Candie, Poëte Lyrique, mort en 1602. Hymnes Anacréontiques, & autres Ouvrages.

Jacques TYPOT, de Brabant, Professeur de Droit en Italie, puis en Suéde, mort à Prague en 1602 : *De Monarchiâ : de salute Reipublicæ ; de Justo*, &c. *Historia rerum in Suecia gestarum*, &c.

Pontus HEUTER, de Delft, mort au Pays de Liege en 1602. Diverses Histoires de Bourgogne & des Pays-Bas.

Nicolas CRAGIUS, Professeur en Grec & en Histoire à Coppenhague, mort en 1602. *De Republicâ Lacedæmoniorum*, Annales de Danemarck, &c.

Chrétien Severin LONGOMONTAN, Danois, sçavant Astronome, qui travailla pendant un temps avec Ticho-Brahé.

Gaspard PEUCER, de Lusace, Médecin & Mathématicien, mort en 1602. *Comment. de Divinationibus*, plusieurs Ouvrages d'Astronomie ; & autres. *N. XXVI.*

Nicolas REUSNER, de Lemberg en Silésie, Littérateur, &c. mort à Iene en 1602. Divers Ouvrages d'Histoire, de Droit, &c. *N. XXVII.*

Paul-Mélisse SCHEDIUS, de Franconie, Poëte Latin, & l'un des meilleurs que l'Allemagne ait produits, mort à Heidelberg en 1602. Diverses Poésies Latines & Allemandes.

Jean PASSERAT, de Troyes, Littérateur & Professeur d'Eloquence au Collége Royal, mort en 1602. Commentaires sur Catulle, Tibulle, Properce : *De litterarum inter se cognatione* : Poésies Latines & Françoises, &c. Il eut part à la Satyre Ménippée, dite Catholicon d'Espagne. *N. II. & X.*

Jean-Jacques BOISSARD, de Besançon, Antiquaire, mort en 1602. Antiquités Romaines, avec figures, 4 Vol. *Theatrum vitæ humanæ*, avec les portraits de 198 personnes illustres, &c.

1589.	Fondation de l'*Université de Sigen*, auparavant à *Herborn*, par Jean Comte de Nassau.

Fondation de l'*Université de Zamoysk*, en Pologne, par les soins du fameux Jean Zamoyski, Grand Chancelier & Général de Camp.

Claude MIGNAUT (*Minos*) né près de Dijon, Professeur en Droit à Paris, mort en 1603. Editions d'anciens Auteurs, & divers Ouvrages en Prose & en Vers. *N. XIV.*

Depuis J. C.	Pierre DANIEL, d'Orléans, Littérateur, mort en 1602. Editions des Commentaires de Servius fur Virgile, &c.
Gui COQUILLE, du Nivernois, mort en 1603. Divers Ouvrages de Jurisprudence & d'Histoire, 2 Vol. *in-folio.* N. XXXV.
François VIÉTE, de Fontenai en Poitou, l'un des plus grands Mathématiciens que la France ait produits, mort en 1603. *Harmonicon cæleste*: Commentaires fur Apollonius Gallus, &c. Corrections fur le Calendrier Grégorien, &c. *Opera mathem. Lugd. Batav.* 1646.
Jérôme FABRICIUS, fameux Médecin Italien, né à *Aquapendente*, nom fous lequel il est plus connu, fut difciple & successeur de Fallope à Padoue, où il professa quarante ans, & mourut en 1603. Divers Ouvrages de Chirurgie & d'Anatomie.
Jacques MAZONI, de Cefene en Romagne, Philosophe, mort à Ferrare en 1603. *De triplici hominum vitâ*, & autres Ouvrages.
André CÉSALPIN, d'Arezzo en Toscane, sçavant Médecin, mort à Rome en 1603. Divers Ouvrages, dont plusieurs fur l'Histoire Naturelle. N. XLIII.
1590.	Commencement de l'*Académie des Gelati* de Bologne, qui s'occupent de toute espéce d'érudition & de science.
Noel le COMTE (*Natalis Comes*) de Venise, Littérateur, Poéte & Historien: Mythologie en IX. Livres: Poéme Latin en IV. Livres fur la Chaffe, &c. Histoire de fon temps.
François PICOLOMINI, Philosophe Italien, mort à Sienne en 1603. Il s'efforce dans ses Ouvrages de faire revivre la Philosophie de Platon. N. XXIII.
Isabelle ANDRÉINI, de Padoue, morte à Lyon en 1603. Poésies Italiennes, estimées.
Arnaud D'OSSAT, né près d'Auch, habile Ecrivain politique, mort en 1604. Cardinal & Evêque de Bayeux. Recueil de Lettres, *Paris* 1708, *in-12.* 5 Vol. N. XXXIV.
Janus DOUSA, ou *Vander Does*, de Norwick en Hollande, Poéte Latin & Littérateur, mort à la Haye en 1604. fut l'Auteur de l'*Académie* ou *Université de Leyde*. Commentaires fur divers Auteurs; Annales de Hollande en Vers, & autres Poésies. Il laissa quatre fils, qui se font distingués dans la Littérature, *Janus*, *Georges*, *François* & *Théodore*. Le premier a fait des Poésies plus estimées que celles de fon pere, & l'a aidé dans ses Annales: il mourut en 1597. N. XVIII.
Hubert GIFANIUS ou *Giffen*, de Buren en Gueldre, Professeur en Droit à Strasbourg, Altorf, Ingolstad, appellé le Cujas d'Allemagne, mort à Prague en 1604. Divers Ouvrages de Jurisprudence & de Littérature.

Depuis   Everard FEITHIUS, d'Elbourg en Gueldre, sçavant dans
J. C. les Langues Grecque & Hébraïque : Antiquités (tirées)
d'Homère, &c. en Latin.

     Louis MARMOL, de Grenade, Historien Espagnol,
dont les principaux Ouvrages sont la Description générale
de l'Afrique, qui a été traduite en François par Perrot
d'Ablancourt, 3 Vol. *in*-4°. *Paris* 1667, & l'Histoire de
la rébellion des Morisques de Grenade.

     Enée *Vico*, de Parme, Graveur & Antiquaire ; a gravé
proprement les Médailles des Empereurs.

     N. *Coldoré*, fameux Graveur François, en pierres fines.

1591.   Edmond ANDERSON, Jurisconsulte Anglois, mort en
1605.

     Jean ZAMOYSKI, sçavant Chancelier de Pologne, habile Général, & Protecteur des Sciences dans ce Royaume,
mort en 1605. Traité du Sénateur parfait : Du Sénat Romain, &c.

     Pontus de THYARD *de Bissi*, mort Evêque de Châlon en
1605. Poésies Françoises, & divers Ouvrages Philosophiques. Il introduisit les Sonnets en France.

     François RAGUEAU, sçavant Professeur en Droit à
Bourges, mort en 1605. Commentaire étendu sur les Coutumes de Berry, & autres Ouvrages.

     Jean RIOLAN, d'Amiens, habile Médecin, mort à Paris
en 1605. *Opera* 1610. *in-fol.* Son fils, qui portoit le même
nom, se distingua par des Ouvrages d'Anatomie, & mourut
en 1657.

     Robert CONSTANTIN, de Caen, Littérateur & Médecin,
mort en Allemagne l'an 1605. Bon Dictionnaire Grec, &
quelques Ouvrages de Médecine. *N*. XXVII.

     Ulysse ALDROVANDI, de Bologne, Professeur de Philosophie & de Médecine en cette Ville, célébre par ses recherches sur l'Histoire Naturelle, mort en 1605. *Opera*, 13
Volumes *in-folio*. *N*. XXXIII.

1592.   Fondation de l'*Université de Paderborn*, sous l'Evêque
Théodore de Furstenberg.

     Fondation de l'*Université de Dublin*, en Irlande, par la
Reine Elisabeth.

     Jérôme MERCURIALIS, de Forli, Professeur en Médecine à Bologne & à Pise, mort en 1606. *Medica practica*
in-fol. De arte gymnasticâ, & autres Ouvrages estimés.
N. XXVI.

     Sertorio QUATROMANNI, Littérateur de Naples, mort
vers 1606. Poésies, &c. *N*. XI.

     Paul *Farinato*, Peintre Italien & Architecte, mort à
Vérone en 1606.

     René CHOPIN, d'Anjou, Jurisconsulte, dont les Ouvrages sont estimés : *Opera*, 6 Vol. *in-folio*. *N*. XXXIV.

Depuis J. C.   Henri de MONANTHEUIL, de Reims, Professeur de Mathématiques au Collége Royal, mort en 1606. Divers Ouv. de Mathématiques, & quelques Discours. N. XV. & XX.

Philippe DESPORTES, de Chartres, Poëte François, qui a beaucoup contribué aux progrès & à la pureté de notre Langue, mort en 1606. Diverses Poésies, & les Pseaumes en Vers. N. XXV.

* Juste LIPSE, sçavant Critique & Littérateur, né près de Bruxelles, Professeur à Iene, à Leyde, à Louvain, où il mourut en 1606. (déjà ci-devant page 533.) *Opera*, *Antuerpiæ*, 6 Vol. *in-folio*. N. XXIV.

Laurent RHODOMAN, né dans le Comté de Stolberg en Haute Saxe, & mort à Wittemberg en 1606. Poésies Grecques, estimées; Traductions de Diodore, de Cointus, &c. N. XLII.

1593.   Martin CRUSIUS, Professeur de Belles-Lettres à Tubingue, mort en 1607. *Annales Suevici* (rare) *Turco-Græcia*, & autres Ouvrages. N. XIV.

Jean-Guillaume STUCKIUS, de Zurick, Littérateur, mort en 1607. Traité des festins des Anciens, & autres.

Paul MERULA, de Dort en Hollande, Professeur d'Histoire à Leyde, mort à Rostock en 1607. Cosmographie, 3 Vol. *in-folio*. Commentaires sur quelques Auteurs anciens, &c. N. XXVI.

Charles *Vermander*, Peintre Flamand, Poëte, &c. mort en 1607. Traité de la Peinture; Vie des Peintres Flamands; Comédies, & autres Poésies.

Georges BASTA, fameux Général Espagnol, mort en 1607. Deux Traités Italiens sur la Discipline Militaire.

Dominique *Fontana*, de Côme, célébre Architecte Italien, mort à Naples en 1607.

Jacques MÉNOCHIUS, de Pavie, Professeur en Droit à Padoue, mort en 1607. *De possessione recuperandâ & adipiscendâ : De Præsumptionibus*, & autres Ouvrages.

Pierre le ROY, Chanoine de Rouen, publie la Vertu du Catholicon d'Espagne, ou la Satyre Ménippée, Piéce ingénieuse, à laquelle eurent part Jacques Gillot, Nicolas Rappin & Jean Passerat.

Jean DÉE, Astronome & Mathématicien Anglois, mort en 1607. *Opera*, *Londini* 1659. *in fol.* avec une Préface & des Notes de Casaubon.

1594.   Thomas CRAGIUS, Jurisconsulte Ecossois, mort en 1608. Divers Ouvrages de Droit, &c.

Alberic & Scipion GENTILIS, frères, de la Marche d'Ancône ; le premier, Médecin & Professeur en Droit à Oxford, mort en 1608 ; le second, Professeur en Droit à Heidelberg & à Altorf, mort en 1616. Divers Ouvrages de Jurisprudence, &c. N. XV.

Depuis
J. C.   Pierre MORIN, de Paris, sçavant Critique, qui demeura plusieurs années en Italie, & mourut à Rome en 1608. Traité du bon usage des Sciences, & autres Ouvrages. *N.* XXV.

Georges LOUET, Jurisconsulte François, mort en 1608. Recueil d'Arrêts notables: Régles de la Chancellerie, &c.

Lancelot Voesin de la POPELINIERE, né en Guyenne, mort à Paris en 1608. Histoire de France, & autres Ouvrages. *N.* XXXIX.

Germain *Pilon*, de Paris, excellent Sculpteur & Architecte; fut l'un de ceux qui fit renaître en France le bon goût des Arts; mourut en 1608.

Jean BOTERO, né en Piémont, mort en 1608. Divers Ouvrages d'Histoire, & autres, *N.* XXIV.

Jean-Paul GALLUCCI, sçavant Astronome Italien: Divers Ouvrages de Mathématiques, de Perspective, &c.

Gui Ubaldo BONARELLI, d'Urbin, Philosophe & Poëte, mort en 1608. Poésies Italiennes, estimées.

Ascagne COLONNA, sçavant Cardinal, mort en 1608. Lettres & autres Ouvrages.

1595.   Laurent ABSTEMIUS, d'Urbin, Littérateur, mort après 1608. *Annotationes variæ*, &c.

Robert TITI, de Toscane, Professeur à Padoue & à Pise, mort en 1609. *Locorum controversorum Libri* X. Notes sur divers Auteurs, Poésies, &c. *N.* XIII.

Louis, Augustin, & Annibal *Carrache*, de Bologne, trois fameux Peintres Lombards, dont les deux derniers étoient frères, & le premier leur cousin. *Annibal* l'emporta sur les deux autres, & mourut le dernier en 1609. Ils ont formé ensemble une Ecole célèbre, d'où sont sortis d'habiles Peintres.

Georges ROLLENHAGUEN, de Magdebourg, célèbre Poëte Allemand, Auteur d'un grand Poëme dans le goût de la Batrachomiomachie d'Homére.

Joseph-Juste SCALIGER ou *de l'Escale*, d'Agen, sçavant Critique & Littérateur fameux, mort en 1609. à Leyde, où il fut Professeur; mit le premier en régle la Chronologie: *De emendatione temporum*: Chronique d'Eusebe, &c. Notes sur divers Auteurs anciens, & autres Ouvrages. *N.* XXIII.

Charles de l'ECLUSE ou *Clusius*, d'Arras, Médecin à la Cour de Vienne, puis Professeur de Botanique à Leyde, où il mourut en 1609. Ouvrages sur les Plantes & la Médecine. *N.* XXX.

André du LAURENS, d'Arles, célèbre Médecin de Montpellier, mort en 1609. Traité d'Anatomie, &c.

Jacques GUILLEMEAU, célèbre Chirurgien de Paris, mort en 1609. Traduction Latine de la Chirurgie du fameux Ambroise Paré son Maître, & autres Ouvrages.

Depuis   Nicolas RAPIN, de Fontenai en Poitou, Poéte Latin &
J. C.   François ; eut grande part à la Satyre Ménippée, & mourut
à Tours en 1609. *N.* XXV.

     Jean BOCH , de Bruxelles, Poéte, furnommé le Virgile Belgique , mort en 1609. *Poemata* , & autres Ouvrages.

     Abraham GORLÆUS, d'Anvers, mort en 1609. Divers Ouvrages fur les Antiquités & les Médailles.

     Godefroi JUNGERMAN, de Leipfick, fçavant Littérateur, mort en 1610. publia le premier les Commentaires de Céfar en Grec , & donna la Traduction des Paftorales de Longus avec des Notes, & autres Ouvrages. Jean *Jungerman* , fon frère , fut un excellent Botanifte.

     Gafpard BAREIROS (Varerius) de Vifeu en Portugal, habile Critique , & neveu du fameux Hiftorien Jean de Barros ; mourut en 1610. Ses Œuvres, *in-4°.* à *Coimbre* 1561. *N.* XLII.

     Euftache du *Caurroy* , Muficien François, l'un des plus habiles de fon tems , mort en 1609.

1596.   Bernard Girard du HAILLAN, né à Bordeaux, & mort à Paris en 1610. Hiftoire de France, depuis Pharamond jufqu'à la mort de Charles VII. & autres Ouvrages, tel que celui *de l'Etat & fuccès des affaires de France. N.* XIV.

     Pierre-Victor CAYET, mort en 1610. Chronologie Septénaire : Chronologie Novénaire, & autres Ouvrages. *N.* XXXV.

     Jean BERTAUD , de Condé au Perche, Poéte François, mort Evêque de Seez en 1611. Diverfes Poéfies.

     Georges CRITTON, Ecoflois, Profeffeur en Grec au Collége Royal à Paris, mort en 1611. Difcours, Poéfies, &c. *N.* XXXVII.

     Jean Papire le MASSON, né en Forez , Hiftorien & Littérateur, mort en 1611. Hiftoire des Papes ; Annales de France ; Eloges des Hommes Illuftres ; Defcription de la France par les Rivières, &c. en Latin. *N.* V.

     * Antoine-Marie GRATIANI, fçavant Italien, Evêque d'Amélia, mort en 1611. (déjà ci-devant page 532.) Vie du Cardinal Commendon, traduite en François par Fléchier : *De bello Cyprio : De cafibus adverfis illuftrium virorum* , &c.

     Antonio PEREZ, habile Littérateur Efpagnol, mort à Paris en 1611. Lettres ingénieufes , & autres Ouvrages, eftimés.

     Corneille SCHONÆUS, de Gouda en Hollande, Poéte Latin , mort en 1611. *Terentius Chriftianus, feu Comœdiæ facræ* ; Elégies, Epigrammes, &c.

     Jofte *Hondius* , Flamand , Deffinateur, Graveur, & Géographe , perfectionne l'Atlas de Mercator , &c.

Depuis
J. C.
1597.

Nicolas le FEVRE, de Paris, sçavant Critique, qui fut Précepteur de Louis XIII. & mourut en 1612. Opuscules, Paris 1614. in-4°. N. VII.

Jacques BONCARS, d'Orléans, Littérateur, dont on a entr'autres des *Lettres* Latines, estimées, & qui ont été traduites en François; mourut en 1612. Il a publié le Recueil des Historiens des Croisades, sous le titre de *Gesta Dei per Francos*, 2 Vol. in-fol. 1611. *Francofurti*.

Alonzo *Ercilla y* ZUNIGA, Poéte Espagnol, fameux par son Poéme *la Araucana*, qui tire son nom des Sauvages du Chili, adversaires terribles des Espagnols.

Thomas BODLEY, Gentilhomme Anglois, s'applique aux Sciences, & se forme une riche & curieuse Bibliothéque qu'il a légué à l'Université d'Oxford: il mourut en 1612.

Emmanuel de METEREN, d'Anvers, mort à Londres en 1612. Histoire des Pays-Bas, depuis Charles-Quint jusqu'à son tems, en Flamand, *in-fol.* depuis traduite en Latin, en François, en Italien, &c.

Jean WOWER, de Hambourg, habile Littérateur, mort en 1612. Editions de plusieurs Auteurs anciens avec des Notes: Lettres: *De polymathiâ: De cognitione Veterum novi Orbis*, &c. N. VI.

Christophe CLAVIUS, de Bamberg, Mathématicien & Jésuite, mort en 1612. à Rome: il fut employé par Grégoire XIII. à la correction du Calendrier. *Opera, Moguntiæ* 1611. 5 Vol. *in-folio*.

Matthieu RICCI, Jésuite Italien, fut le premier de sa Compagnie qui s'établit à la Chine; y fait pour les Chinois divers ouvrages d'Astronomie, de Géographie, & autres; meurt à Pékin en 1610.

Baptiste GUARINI, de Ferrare, célébre Poéte Italien, mort à Venise en 1612. Diverses Poésies, dont la principale est le *Pastor fido*. N. XXV.

Fréderic *Baroche*, d'Urbin, excellent Peintre Romain, mort en 1612.

Louis *Civoli*, de Toscane, Peintre Florentin, & Musicien, mort à Rome en 1612.

1598.

Mathurin REGNIER, de Chartres, fameux Poéte Satyrique François, mort à Rouen en 1613. Satyres, & autres Poésies. N. XI. & XX.

Dominique BAUDIUS, de Lille, Professeur d'Eloquence à Leyde; mort en 1613. Lettres & Poésies Latines.

Edward BREREWOD, sçavant Anglois, mort en 1613. Recherches sur les Langues & les Religions, & autres Ouv.

Jean & Gaspard BAUHIN, fils de Jean, Médecin d'Amiens, nés à Basle, furent Médecins célébres en Allemagne, Anatomistes & Botanistes: le premier mourut en 1613, & le second en 1624. On a d'eux divers Ouvrages.

Depuis J. C.	Fréderic TAUBMAN, de Franconie, Littérateur & Professeur à Wittemberg, mort en 1613. Commentaires sur Plaute, Virgile, &c. Dissertations sur la Langue Latine, & quelques Poésies. *N* XVI. & XX.
	Conrad RITTERSTHUYS, de Brunswick, sçavant Jurisconsulte & Littérateur, mort à Altorf en 1613. Grand nombre d'Ouvrages de Jurisprudence, d'Observations sur les Auteurs anciens, & de Poésie. *N*. XXXII.
	Mainfroi GOVEA, Jurisconsulte, &c. né à Turin, où il mourut en 1613. *Consilia*, Notes sur Julius Clarus: Oraison Funèbre de Philippe II. & quelques Poésies.
1599.	Fondation de l'*Université de Parme*, par le Duc Rainuce Farnese.
	Marquard FREHER, d'Augsbourg, Jurisconsulte, & Professeur à Heidelberg, mort en 1614, a publié plusieurs Ouvrages de Droit, & des Recueils d'Historiens d'Allemagne, de Bohême, de France. *N*. XXI.
	Marc VELSER, d'Augsbourg, Littérateur & Antiquaire, mort en 1614. *Opera*, *Norimbergæ*, in-folio. *N*. XXIV.
	Isaac CASAUBON, de Geneve, sçavant Littérateur, mort à Londres en 1614. Commentaires sur des Auteurs anciens, Strabon, Polybe, Athénée, Théophraste, &c. Epîtres. *N*. XVIII. & XX.
	Pierre Bourdeille de BRANTOSME, mort en 1614. Mémoires Historiques, 9 ou 15 Vol. *in-12*.
	Jacques du BREUL, Bénédictin, mort en 1614. Théâtre des Antiquités de Paris, *in-4°*. & autres Ouvrages.
	Jean BONNEFONS, de Clermont en Auvergne, Poëte Latin, mort en 1614. Sa *Pancharis* & ses Vers Phaleuques lui ont fait une grande réputation.
1600.	Commencement de l'*Académie des Lyncei* à Rome, pour la Physique.
	Jacques *Strada*, de Mantoue, célèbre Dessinateur de Médailles. Son fils *Octave* publia les Vies des Empereurs avec leurs Médailles en 1615.
	Louis-Léon le *Padouan*, Peintre Italien, mort vers 1615, a gravé aussi des Médailles fort recherchées.
	Etienne PASQUIER, de Paris, Avocat Général de la Chambre des Comptes, Littérateur, mort en 1615. Recherches sur la France, Epîtres, Poésies Latines & Françoises, &c. Ses Œuvres, *Trévoux* 1723, 2 Vol. *in-folio*, excepté son Catéchisme des Jésuites.
	Jean de LINGENDES, de Moulins. Poëte François: Diverses Piéces, Stances & Elégies.
	Antoine le *Fevre de la* BODERIE, mort en 1615. Lettres & Négociations, imprimées en 1749.
	Tarquinie MOLZA, de Ferrare, petite-fille de *Franc. Marius* (ci-devant page 675.) Devenue veuve, elle s'ap

Depuis pliqua tellement aux Belles-Lettres, qu'elle étoit consultée
J. C. par les Sçavans de son tems, & que le Sénat de Rome
l'honora, elle & sa famille, du Droit de Citoyen Romain.

DIX-SEPTIÉME SIÉCLE.

L'*Académie des Ricovrati*, à Padoue, pour la Poésie,
&c. fut formée les premières années de ce Siécle.

1601. Jean DRUSIUS, d'Oudenarde, Littérateur Hébraïque,
mort à Franeker en 1616. La plûpart de ses Ouvrages ont
été insérés dans le Corps des *Critiques Sacrés*, publié à
Londres en 1660. N. XXII.

Diego de COUTO, de Lisbonne, mort en 1616. Suite de
l'Histoire d'Asie, ou des Indes, de Barros. N. XII.

Michel de CERVANTES, né à Séville, mort en 1616.
Auteur du Roman de Don Quichotte, où sont tournés en
ridicule tous les Romans.

Prosper ALPINI, Médecin & Professeur de Botanique à
Padoue, mort en 1616. Divers Ouvrages de Médecine,
estimés. N. X. & XX.

François *Villamene*, habile Graveur Italien, éleve d'Augustin Carrache.

Guillaume SHAKESPEAR, le plus célèbre Poéte tragique
d'Angleterre, regardé comme l'Auteur du Théâtre Anglois, mort en 1616. Ses Œuvres, *Londres* 1741 & 1752.
On en vient de donner une Traduction Françoise.

Jean HARRINGTON, Poéte Anglois très-spirituel : Epigrammes, &c. Traduction de Roland le furieux du Tasse.

Jean PITS, Littérateur Anglois, mort en 1616. Traité
des illustres Ecrivains d'Angleterre, en Latin, & autres
Ouvrages. N. XV.

1602. Pierre PAAW, d'Amsterdam, Médecin, mort à Leyde
en 1617. Divers Traités d'Anatomie, de Botanique, &c.
N. XII.

François AGUILLON, Mathématicien, & Jésuite de
Bruxelles, mort en 1617. Six Livres sur l'Optique, *in-fol.*

Bernardin BALDI, d'Urbin, Mathématicien, mort en
1617. Nombre de Traités sur les Méchaniques, &c. N.
XXXIX.

Jean-Antoine MAGINI, de Padoue, Astronome, Mathématicien & Géographe, mort en 1617. Ephémérides,
Commentaires sur Ptolémée, & autres Ouvrages. N.
XXVI.

Antoine LOYSEL, de Beauvais, Jurisconsulte, mort en
1617. Régles du Droit François, & autres Ouvrages. N.
XXXII.

Joseph CASTIGLIONE, d'Ancone, Littérateur, mort
vers 1617. Nombre d'Ouvrages en Prose & en Vers. N.
XLII.

Depuis J. C. 1603.	David HOESCHELIUS, Bibliothécaire d'Augsbourg, mort en 1617. Catalogue des Manufcrits Grecs de la Bibliothéque de cette Ville ; Editions & Traductions de plufieurs Ouvrages anciens, de Procope, de Photius, &c. *N.* XXVIII.
	Sethus CALVISIUS, de Thuringe, mort en 1617. *Opus Chronologicum*, in-fol.
1604	Christophe HELVICUS, Profeffeur à Gieffen en Heffe, parloit l'Hébreu comme fa Langue naturelle, mort jeune en 1617. Tables Chronologiques, ou *Theatrum Hiftoricum*, & plufieurs Ouvrages fur les Langues.
	Jacques-Augufte de THOU, Préfident du Parlement de Paris, mort en 1617. Hiftoire Univerfelle de fon tems, depuis 1545 jufqu'en 1607. en Latin : (*Londres* 1733. 7 Vol. *in-fol.* traduite en François, 16 Vol. *in-4°.*) & des Poéfies Latines. *N.* IX.
	André MOROSINI, Sénateur de Venife, mort en 1618. Divers Ouvrages d'Hiftoire, de Morale, &c. *N.* XII.
	Richard STANYHURST, Irlandois, mort à Bruxelles en 1618. Plufieurs Traités Hiftoriques fur l'Irlande, & quelques Poéfies Angloifes. *N.* XVIII.
1605.	Denis *Calvart*, d'Anvers, fameux Peintre, mort en 1619. à Bologne, où il avoit ouvert une célébre Ecole, qui a formé le Guide, l'Albane, le Dominiquin, &c.
	Martin *Freminet*, Peintre de Paris, mort en 1619. Son fils (de même nom) fe fit auffi de la réputation dans la Peinture.
	Severin PINEAU, de Chartres, fameux Chirurgien, mort à Paris en 1619. Plufieurs Ouvrages d'Anatomie, &c. *N.* XVIII.
	Jacques GILLOT, fçavant Chanoine de la Sainte Chapelle de Paris, dont la maifon étoit comme le rendez-vous de tous les Sçavans de fon tems, mort en 1619. Inftructions fur le Concile de Trente, &c. Il a eu part à la Satyre Ménippée.
	Antoine MORNAC, de Tours, Jurifconfulte & Poëte Latin, mort en 1619. Ses Œuvres en 4 Vol. *in-folio*.
1606.	Fondation (vers ce tems) de l'*Univerfité de Lunden*, en Suéde, par le Roi Charles IX.
	Jofeph TEXEIRA, Portugais, & Dominicain, mort en France vers 1620. Divers Ouvrages fur le Portugal. *N.* V.
	Luc VALERE, fçavant Mathématicien, Profeffeur de Géométrie à Rome, où on l'appelloit le nouvel Archiméde. *De centro gravitatis folidorum : De quadraturâ parabolæ*, &c. Il mourut dans la maifon de la fçavante *Sarrochia*, chez laquelle il demeuroit.
	Bernardin STEPHONIUS, Jéfuite Italien, Poëte Latin, mort en 1620. Tragédies, &c.

Depuis J. C.	Antoine PLUVINEL, Gentilhomme de Dauphiné, mort en 1620. Il ouvrit le premier en France des Ecoles de Manège, pour apprendre à monter à cheval : on étoit obligé auparavant d'aller apprendre cet Art en Italie. Ses *Instructions* à ce sujet, *Paris* 1627, *in-fol.* avec fig. imprimées par ordre du Roi.
1607.	Fondation de l'*Université de Gieſſen*, au lieu de celle de Marpurg, par Louis Landgrave de Heſſe.

Pierre MATTHIEU, de Franchecomté, mort en 1621. Hiſtoires d'Henri IV. & de Louis XI. &c. *N.* XXVI.

Guillaume DU VAIR, qui fut Garde des Sceaux, enſuite Evêque de Liſieux, & mourut en 1621. Traductions d'anciens Auteurs, & autres Ouvrages : Recueil intitulé, Œuvres politiques, morales, & mêlées, *Paris* 1641. *in-folio. N.* XLIII.

* François PITHOU, de Troyes, ſçavant Littérateur & Juriſconſulte, (ci-devant page 535.) travailla avec ſon frère *Pierre* à reſtituer & éclaircir le Droit Canonique, donna une Edition de la Loi Salique avec des Notes, la Comparaiſon des Loix Romaines avec celles de Moyſe, &c. mourut en 1621.

Pierre de l'ESTOILE, Grand Audiencier en la Chancellerie, mort en 1621. Auteur du Journal d'Henri III, depuis 1574 juſqu'en 1589, & d'une Suite.

Henri SAVILE, Littérateur Anglois, mort en 1621. Commentaires ſur Euclide, ſur Tacite, &c. Edition Grecque des Œuvres de S. Jean Chryſoſtôme. *N.* XVI.

Jean OWEN, Anglois, Poéte Latin, mort en 1621. Grand nombre d'Epigrammes, dont pluſieurs excellentes. *Lugd. Batav.* 1682, *in-*16.

Thomas HARIOT, Mathématicien Anglois, qui a donné une Relation de la Virginie, mort à Londres en 1621. Les Anglois prétendent que Deſcartes l'a copié ſur l'Algèbre, & qu'Hariot doit avoir l'honneur de l'invention.

Octavio RINUCCINI, de Florence, bon Poéte Italien, mort en 1621. On lui attribue l'invention de l'*Opera*, ou repréſentation en muſique des Tragédies & Comédies.

* Jean BARCLAI, Littérateur, né à Pont-à-Mouſſon, & mort à Rome en 1621. (déjà ci-devant page 535.) *Euphormionis Satyricon*, *Icon animorum*, *Argenis*, &c. *N.* XVII.

1608.	Fondation de l'*Univerſité de Pampelune*, dans la haute Navarre, par Philippe III. Roi d'Eſpagne.

Jean SAVARON, de Clermont en Auvergne, Juriſconſulte & Littérateur, mort en 1622. Traité ſur la Souveraineté des Rois, ſur les Etats Généraux, &c. Origines de Clermont, & autres Ouvrages curieux. *N.* XVII.

Depuis J. C.	Pierre JEANNIN, Président au Parlement de Bourgogne, l'un des plus grands hommes que la France ait produits pour le politique, mort en 1622. Mémoires & Lettres de Négociations.
	Den s GODEFROY, de Paris, Jurisconsulte, Professeur à Heidelberg, mort à Strasbourg en 1622, fut le Chef d'une Famille très-illustre dans la République des Lettres : *Corpus Juris Civilis*, avec des Notes, & autres Ouvrages de Droit, estimés. N. XVII.
	René BACHOVIUS, Professeur en Droit à Heidelberg, mort en 1622. Divers Traités de Jurisprudence. N. XLI.
	Melchior ADAM, de Grotkaw en Silésie, mort à Heidelberg en 1622. Vies des Hommes Illustres, en 4 Vol. N. XLI.
	Redemptus BARANZANO, du Diocèse de Verceil, Barnabite, sçavant Philosophe & Mathématicien, vint d'Italie en France, & mourut à Montargis en 1622. âgé de trente-trois ans. *Uranoscopia*, & autres Ouvrages. N. III.
	François *Porbus*, fils, né à Anvers, excellent Peintre Flamand, mort à Paris en 1622.
1609.	Philippe CLUVIER, de Dantzick, sçavant Littérateur & Géographe, mort à Leyde en 1623. Italie ancienne, Sicile, Germanie, &c. Introduction à la Géographie. N. XXI.
	Michel COIGNET, d'Anvers, Mathématicien, mort en 1623. Traité de la Navigation, &c.
	Guillaume CAMBDEN, sçavant Anglois, mort en 1623. Recueil des Historiens d'Angleterre ; Histoire d'Elizabeth; *Britannia*, ou Description des Isles Britanniques, *in-folio*. 1607. en Latin.
	Nicolas FULLER, Littérateur Anglois, mort en 1623. *Miscellanea*, &c.
	Scévole, ou Gaucher, de SAINTE-MARTHE, Historien, Jurisconsulte & Poéte, mort à Loudun en 1623. *Elogia Gallorum*, Poésies Latines, imprimées avec celles d'*Abel* son frère, *in-4°*. Poésies Françoises, &c. N. VIII.
	Nicolas BERGIER, de Reims, mort en 1623. Histoire des grands chemins de l'Empire Romain, *in-4°*. & autres Ouvrages. N. VI.
	Antoine de LEDESMA, Poéte Espagnol, de Ségovie, mort en 1623. On l'a nommé le Poéte Divin, à cause de ses excellentes petites Piéces sur des sujets sacrés.
1610.	Rodriguez-François LOBO, fameux Poéte Portugais : Ses Œuvres, *in-fol*. Lisbonne 1721.
	*Jean MARIANA, sçavant Espagnol, & Jésuite, mort en 1624. (déjà parmi les Ecrivains Ecclésiastiques, page 535.) Histoire d'Espagne, en Latin & en Espagnol, dont on a une Traduction Françoise, 6 Vol. *in-4°*. Paris 1725. Traité des monnoies, des spectacles, des défauts de la Société, &c.

Depuis J. C.

Antoine FAVRE, de Bourg en Bresse, sçavant Jurisconsulte, mort Président du Parlement de Chamberri en 1624. Ce fut le père du célébre *Vaugelas. De erroribus pragmaticorum*, & autres Ouvrages de Droit. N. XIX.

Nicolas HABICOT, de Bonni en Gâtinois, célébre Chirurgien, mort en 1624. Traité de la peste,, & autres Ouvrages intéressans.

Thomas ERPEN, Hollandois, qui fut le premier Professeur en Langues Orientales à Leyde; mourut en 1624. Grammaire & Dictionnaire Arabe, traduction d'Elmacin, de Lokman (ou l'Esope Persan) & autres Ouvrages. N. V.

Guillaume GILBERT, Mathématicien Anglois; *Commentarii de Magnete*, ou ample Traité sur l'aimant.

Dominique *Feti*, excellent Peintre Romain, mort en 1624. à Venise.

Gaspar MURTOLA, de Genes, Poéte Italien & Latin, mort en 1624. Poéme de la Création, &c.

1611. Commencement de l'*Académie des Umoristi*, à Rome, pour la Poésie Italienne, sur-tout la Comique.

Jean-Baptiste MARINI, ou le Cavalier *Marin*, de Naples, célébre Poéte Italien, mort en 1625. Nombre de Piéces, dont la plus estimée est le Poéme d'Adonis, qu'il composa à Paris. N. XXXII.

Paul BENI, de Candie, Professeur de Belles-Lettres à Padoue, mort en 1615. Commentaires sur Aristote, Virgile, Salluste, &c. Poétique & Rhétorique tirées de Platon : Critique du Dictionnaire de l'*Académie de la Crusca*, établie à Florence.

* Thomas DEMPSTER, Ecossois, grand Littérateur, mort Professeur à Bologne en 1625. (déjà ci-devant page 538.) Nombre d'Ouvrages de Droit, l'Histoire, de Littérature. N. XXVIII.

Ubbo EMMIUS, Professeur en Histoire & Langue Grecque à Groningue en Frise, & premier Recteur de cette Université, mort en 1625. Chronologie & des Tables Généalogiques. *Vetus Gratia illustrata*, Histoire de Frise, & plusieurs autres Ouvrages. N. XXIII.

Jean RUTGERS, de Dordrecht, Littérateur, mort à la Haye en 1625. Notes sur divers Auteurs anciens; *Variæ Lectiones*, &c. N. XXXII.

1612. Commencement de l'*Académie des Philoponi*, à Faenza; & des *Sospiti*, à Crême : cette dernière a été renouvellée en 1675.

Jean de *Bologne*, né à Douai, habile Sculpteur & disciple de Michel-Ange, fait à Florence le cheval de la statue d'Henri IV. qui est placée sur le Pont Neuf à Paris.

Antoine HERRERA, Espagnol, mort en 1625. Histoire générale des Indes, 4 vol. *in-fol.* en Espagnol.

DANS LES SCIENC. & ARTS.

Depuis J. C.

Charles PASCHAL, né en Piémont, mort près d'Abbeville en 1625. Vie de Pibrac & Eloge de Vinet, en Latin : *Coronæ opus : Legatio Rhætica : Legatus*, &c. N. XVII.

Jacques LESCHASSIER, de Paris, sçavant Jurisconsulte, mort en 1625. Ses Œuvres, où il y a des choses curieuses sur l'Histoire, *Paris* 1649, in-4°. N. XXXIII.

Vincent TAGEREAU, d'Angers, habile Jurisconsulte. Discours de l'impuissance : le vrai Praticien François, &c.

Honoré D'URFÉ, né à Marseille, mais d'une illustre Maison de Forez, l'un des beaux esprits de son tems, Auteur du Roman intitulé l'*Astrée*, & de quelques Poésies ; meurt en Piémont l'an 1625. N. VI. & X.

Jacques GUIJON, d'Autun, mort en 1625. Poésies Latines, estimées.

Joseph LANGIUS, Professeur de Mathématiques à Bâle : divers Ouvrages de Géométrie & d'Astronomie.

Trajan BOCCALINI, Poéte Italien satyrique, dont la critique est fine & délicate.

Jean FLETCHER, l'un des premiers Poétes Dramatiques Anglois, mort en 1625.

1613. Philippe MASSINGER, autre fameux Poéte Anglois : Tragédies & Comédies.

Edmond GONTHER, Mathématicien Anglois, mort en 1626.

François BACON, Baron de Verulam, qui a été Chancelier d'Angleterre, grand Philosophe, Jurisconsulte, Historien, Poéte ; mort en 1626. *Opera, Londini*, in-fol. Il y propose d'excellens moyens pour perfectionner les Sciences. Son Histoire d'Henri VII. passe pour un des meilleurs Ouvrages écrits en Anglois.

Louis SERVIN, Avocat Général au Parlement de Paris, mort en 1626. Plaidoyers, Harangues & autres Ouvrages.

Guillaume CATEL, de Toulouse, & Conseiller au Parlement, mort en 1626. Histoire de Toulouse & Mémoires sur le Languedoc.

François JURET, Chanoine de Langres, mort en 1626. Notes sur Symmaque, & diverses Poésies.

Josias le MERCIER, d'Usès, Littérateur, mort en 1626. Edition de Nonius-Marcellus ; Notes sur Tacite, Aristenete, Dictys de Crete : Eloge de Pierre Pithou, &c. Le sçavant Saumaise épousa sa fille.

THÉOPHILE ou *Viaud*, de Clérac, Poéte François, mort à Paris en 1626. Elégies, Odes, Sonnets ; fut un des premiers qui donna des Ouvrages mêlés de prose & de vers. N. XXXIV.

Jérôme PRETI, Poéte Italien, mort à Barcelone en 1626. Plusieurs Piéces estimées.

Depuis J. C.	Paul BRILL, d'Anvers, excellent Peintre Flamand, mort en 1626.
N. GONNELLI, surnommé l'*Aveugle de Cambassi*, en Toscane, célèbre Sculpteur, qui, quoiqu'il eût perdu la vue, exerçoit son Art avec succès.
Rodolphe HOSPINIEN, du Canton de Zurich en Suisse, Littérateur, mort en 1626. *Opera*, *Geneva*, 7 vol. *in-fol.* N. XXXVIII.
Jean ROSIN, sçavant Antiquaire, d'Eisenach en Saxe, mort en 1626. *Antiquitates Romanæ*, in-4°. & autres Ouvrages. N. XXXIII.
1614.	Fondation de l'*Université de Groningue*, par les Etats de la Province.
Fondation de l'*Université de Lima*, dans le Pérou, par Philippe III. Roi d'Espagne.
Jean GRUTER, d'Anvers, célèbre Littérateur & Antiquaire, mort à Heidelberg en 1627. *Inscriptiones veteres*, *Deliciæ Poetarum*, *Chronicon Chronicorum*, & nombre d'autres Ouvrages. N. IX. & X.
Bernard ALDRETE, Chanoine de Cordoue, publie un excellent Ouvrage sur les Antiquités d'Espagne.
Everard BRONCHORST, de Deventer, l'un des plus habiles Jurisconsultes des Pays-Bas, Professeur à Leyde, mort en 1627. Son père *Jean*, né à Nimegue, étoit sçavant Mathématicien. N. XLIII.
Charles LOYSEAU, habile Jurisconsulte François, mort à Paris en 1627. Traité du Déguerpissement, & autres.
Bernard *de la* ROCHE-FLAVIN, de S. Cernin en Rouergue, mort en 1627. Traité des Parlemens : Recueil des Arrêts de Toulouse, &c.
Paul ESTIENNE, fils de Henri II. sçavant Imprimeur à Genève, où il mourut en 1627, a fait plusieurs Traductions, &c. C'est de lui que descendent par son fils *Jean* les Estiennes, Libraires de Paris, connus depuis le commencement du Siécle présent.
Louis *Gongora-y*-ARGORÉ, célèbre Poëte Espagnol, mort en 1627. Vers lyriques, & autres Poésies *in-4°.*
Bernard de BALBUENA, l'un des meilleurs Poëtes d'Espagne, mort en 1627. Evêque de Porto-Rico aux Antilles.
1615.	Jacques de *Brosse*, célèbre Architecte François, qui a donné les desseins du Palais du Luxembourg, du portail de Saint Gervais, de l'Aqueduc d'Arcueil, du Temple de Charenton.
* Jules-César BOULLENGER, de Loudun, Philosophe & Historien, mort Jésuite en 1628. (déjà ci-devant page 540.) Divers Ouvrages d'Antiquités, & autres : *Historia sui temporis ab an.* 1560, *ab an.* 1610.

DANS LES SCIENC. & ARTS. 725

Depuis   Simon GOULART, de Senlis, mort à Genève en 1628.
J. C.   Mémoires de la Ligue, & autres Ouvrages. *N.* XXIX.
       François de MALHERBE, de Caën, Poëte François ; a tellement excellé sur ceux qui l'ont précédé, qu'on le regarde comme le Père de la Poésie Françoise ; mourut à Paris en 1628. Œuvres poétiques, avec les Remarques de Ménage, *Paris 1666, in-8°.* & quelques Ouvrages en prose. *N.* VII. Il fut aussi réformateur de la Langue Françoise.
       Thomas RIDLEY, Jurisconsulte Anglois, mort en 1628. Idée des Loix Civiles & Ecclésiastiques, &c.

1616.   Thomas JAMES, Littérateur Anglois, mort en 1629. *De Officio Judicis*: Catalogues des Bibliothéques d'Oxford & de Cambrige, & autres Ouvrages. *N.* XIX.
       Jean SPEED, sçavant Anglois, mort en 1629. Histoire ou Description de la Grande-Bretagne, en Anglois ; mais elle a été traduite en Latin.
       Raphael THORIUS, Médecin Anglois & Poëte Latin, mort en 1629. Poëme sur le Tabac, &c.
       * Laurent BOUCHEL, Jurisconsulte de Paris, mort en 1629. Bibliothéque du Droit François : *Enchiridion Christiani Jurisconsulti*, &c. (déjà parmi les Ecrivains Ecclésiastiques page 540.)
       Gaspar BARTHOLIN, sçavant Médecin Danois, mort en 1629. Plusieurs Ouvrages d'Anatomie, estimés. *N.* VI. & X.
       Jean BUXTORF, de Westphalie, célèbre Professeur en Hébreu à Bâle, mort en 1629. Plusieurs Ouvrages estimés, sur la Langue Hébraïque. *N.* XXXI. Son fils *Jean* a marché sur ses traces, quoiqu'il lui ait été inférieur : il mourut en 1648.
       Pierre de BERTZ ou *Bertius*, de Beuren en Flandre, mort à Paris en 1629. Professeur de Mathématiques au Collége Royal ; plusieurs Ouvrages sur diverses matières, dont le plus recherché est l'Edition de Ptolémée, &c. ou *Theatrum Geographiæ Antiquæ*, 2 Vol. *in-fol. Lugd. Batav. N.* XXXI.
       * André SCHOTT, d'Anvers, sçavant Littérateur & Jésuite, mort en 1629. (déjà ci-devant page 539.) Nombre d'Ouvrages sur l'Histoire Romaine, l'Histoire d'Espagne, de Littérature, &c. *N.* XXVI.
       François SWERT, d'Anvers, mort en 1629. *Rerum Belgicarum Annales ; Athenæ Belgicæ*, Recueil d'Epitaphes, &c. *N.* XXVII.
       Jean, Raphael, & Gilles *Sadeler*, très-célèbres Graveurs de Bruxelles : le dernier, qui fut le plus habile, mourut à Prague en 1629.
       Jean-Baptiste LAURO, Littérateur de Pérouse, mort à Rome en 1629. Epîtres, Poésies, &c. *N.* XXXVII.

Depuis
J. C.
1617.

Jean-Baptiste *Pagi*, de Gènes, habile Peintre & Graveur, mort en 1629, ayant écrit sur la Peinture.

Jean *Carlone*, Peintre Génois, mort en 1630. Son frère, *Jean-Baptiste*, étoit aussi habile Peintre, comme le furent plusieurs autres de la même famille.

Antoine *Tempeste*, de Florence, Peintre & Graveur, mort en 1630.

Jean *Gonnelli*, Sculpteur & Peintre célébre, quoiqu'aveugle, mort à Rome en 1630.

César CREMONINI, Professeur de Philosophie à Ferrare & à Padoue, mort en 1630. On a de lui plusieurs Ouvrages.

Alfonse-Jérôme de *Salas* BARBADILLO, célébre Poéte Espagnol, qui a beaucoup contribué à la perfection de la Langue de son Pays; mourut vers 1630. Plusieurs Comédies, estimées.

Raoul BOUTHRAYS (*Botereius*) de Châteaudun, mort vers 1630. Divers Ouvrages Historiques, & des Poésies. *N*. XXXVII.

Théodore-Agrippa D'AUBIGNÉ, Maréchal de France, mort en 1630. Histoire de son tems, & autres Ouvrages. *N*. XXVIII.

Fréderic MOREL, de Champagne, sçavant Imprimeur de Paris, & Interprête du Roi en Langues Grecque & Latine, mort en 1630. Grand nombre d'Editions d'Auteurs anciens.

Jean KEPPLER, de Wiel dans le Duché de Wirtemberg, Mathématicien & Astronome célébre, mort à Ratisbonne en 1630. *Prodromus Dissertationum*, *Harmonia mundi*, & autres Ouvrages. *N*. XXXVIII.

Mathias MARTINIUS, Littérateur Allemand, du Comté de Waldeck, mort en 1630. *Lexicon philologicum*, *Ultrajecti* 1697, 2 Volumes *in-folio*. & *Amsterdam* 1701. *N*. XXXVI.

1618.

Jean L'HOSTE, de Nancy, sçavant Mathématicien, dont on a divers Ouvrages; enseigna le Droit & ensuite les Mathématiques à Pont-à-Mousson; fit faire les fortifications de Nancy, & mourut en 1631.

Jean DONNE, célébre Poéte Anglois, mort en 1631. Poésies, Satyres, Lettres, &c. *N*. VIII.

Thomas FIENUS, d'Anvers, Médecin & Professeur à Louvain, mort en 1631. Traité *de viribus imaginationis*; autre *de formatione fœtus*, &c. *N*. II. & X.

Jean PRÉVOST, de Bâle, mort Professeur de Médecine à Padoue en 1631. Plusieurs Ouvrages de sa profession. *N*. XXXIX.

Henri Caterin DAVILA, né près de Padoue, mort en 1631. Histoire des guerres civiles de France, depuis l'an

Depuis 1559. jufqu'en 1598. en Italien, *Venetiis* 1630. *in-4°*. 1733.
J. C. *in-fol.* 2 Vol. On en a une nouvelle traduction Françoife.
Amfterdam (Paris) 1757, *in-4°*. 3 vol. & des traductions
Efpagnole & Angloife. *N.* XXXIX.

 Laurent PIGNORIA (*Pignorius*) de Padoue, Antiquaire,
&c. mort en 1631. *Menfa Ifiaca*, Traité *de Servis*; *Mifcellanea Elogiorum*, *Epitaphiorum*, & autres Ouvrages,
avec des Poéfies Latines. *N.* XXI.

 Jérôme ALÉANDER, dit le *Jeune*, né dans le Frioul,
Littérateur & Poëte, mort à Rome en 1631. Quelques Ouvrages fur les Antiquités, Poéfies Latines, &c. *N.* XXIV.

 Jules-Céfar CAPACCIO, du Royaume de Naples, mort
à Urbin en 1631. Divers Ouvrages de Littérature & d'Hiftoire. *N.* XXXIV.

 André SALVADOR, excellent Poëte Italien, dont on eftime fur-tout les Piéces Dramatiques.

 Gabriel SIONITA, fçavant Maronite, Profeffeur de Langues Orientales à Rome, d'où il vint à Paris travailler à la
Polyglotte du Préfident *le Jai*; fut Profeffeur au Collége
Royal; a traduit la Géographie Arabe connue fous le nom
de *Geographia Nubienfis*, *Parifiis* 1619. *in-4°*. & autres
Ouvrages.

 Sinibaldo *Scorza*, Génois, Peintre & Graveur, mort
en 1631.

1619. GUSTAVE-ADOLPHE, Roi de Suéde, appellé l'Alexandre du Nord, & qui mourut en 1632, fut un Prince fçavant
& éloquent. Il a fait des Harangues, une Hiftoire de fes
Voyages, & le Journal de fa vie.

 Philippe LANSBERG, de Zélande, mort en 1632. Divers
Ouvrages de Mathématique, & une Chronologie.

 Michel de MARILLAC, Garde des Sceaux de France,
mort en 1632. dans la difgrâce. Recueil d'Ordonnances,
appellé le *Code Michau*; Traduction des Pfeaumes en Vers
François, &c.

 Jean-Louis de la CERDA, de Toléde, Littérateur & Jéfuite; amples Commentaires fur Virgile, Tertullien, &c.

1620. François GODWIN, fçavant Anglois, mort en 1633.
Annales d'Angleterre fous Henri VIII. Edouard VI. &
Marie, &c. *N.* XXII.

 Mathias GLANDORP, Médecin de Cologne, mort
vers 1633. *Opera omnia*, *Londini* 1729, *in-4°*. *N.* XXXVIII.

 Louis SEPTAL, fameux Philofophe & Médecin de Milan, mort en 1633. Commentaires fur Ariftote & fur Hippocrate.

 Bernardin FERRARI, Docteur de Milan, qui par l'ordre
de l'Archevêque Frideric Borromée, commença à affembler
la Bibliothéque Ambrofienne: Traité des applaudiffemens
des anciens, des funérailles, & autres Ouvrages.

Depuis *J. C.*	Nicolas & Charles le POIS, sçavans Médecins de Nancy, dont les Ouvrages réimprimés à Leyde par les soins du célébre *Boerhave*, qui les regardoit comme une excellente Bibliothéque de Médecine.
Henning ARNISÆUS, d'Halberstad, Professeur en Médecine à Helmstad, & sçavant Philosophe, mort en 1633. Divers Ouvrages de politique.
1621.	Edouard COOKE, Jurisconsulte Anglois, mort en 1634. Instituts des Loix d'Angleterre, & autres Ouvrages.
Thomas RANDOLPH, célébre Poëte Anglois, mort en 1634.
Otto *Vænius*, Peintre Hollandois, de Leyde, qui fut le Maître du fameux Rubens, & mourut à Bruxelles en 1634. *Gilbert* & *Pierre* ses frères se distinguèrent, le premier dans la Gravure, & le second dans la Peinture.
Louis NONNIUS, d'Anvers, & fils d'un Médecin Portugais; publia plusieurs Ouvrages sçavans de Médecine & d'Antiquités.
Jean-Baptiste le MENESTRIER, de Dijon, habile Antiquaire, mort en 1634. Médailles des anciens Empereurs Romains, *in-4°*.--- des Impératrices, *in folio*.
Pierre *le* LOYER, d'Angers, Littérateur, mort en 1634. fort âgé. *De spectris*, & autres Ouvrages d'érudition. *N*. XXVI.
Jean-Baptiste DUVAL, d'Auxerre, mort en 1634. Divers Ouvrages de Littérature & d'Antiquités: Dictionnaire de la Langue Arabe.
1622.	Julien BRODEAU, Avocat de Paris, mort en 1635. Divers Traités de Jurisprudence, & Vie de Charles du Moulin.
Pierre DAVITY, Gentilhomme de Tournon, mort à Paris en 1635. Description des Etats & Empires du Monde, *in-fol*. I Vol. qu'on a ensuite augmenté jusqu'à six: mauvaises additions.
Jacques *Callot*, de Nancy, célébre Dessinateur & Graveur, mort en 1635.
Christophe SCHEINER, de Souabe, habile Mathématicien & Astronome, mort Jésuite: *Rosa Ursina*, & autres Ouvr.
Willebrord SNELLIUS, sçavant Professeur de Mathématiques à Leyde: *Observationes Hassiacæ*; *Eratosthènes* & *Typhis Batavus*; Traductions d'Apollonius de Perge, & autres Ouvrages d'anciens Mathématiciens.
Jacques & Adrien MÉTIUS, d'Alcmar en Hollande: le premier inventa les Lunettes d'approche; & le second, qui enseigna les Mathématiques à Franeker, & donna quelques Ouvrages à ce sujet, est mort en 1635.
Jean-Baptiste GRAMMAYE, d'Anvers, mort en 1635. *Asia* & *Africa*, *illustratæ*: Histoire & Antiquités de Brabant, de Flandre, &c. en Latin.

Depuis	André PRYTZ, Suédois, mort en 1635. Plusieurs Piéces
J. C.	dramatiques estimées.

Melchior Haiminsfeld GOLDAST, Jurisconsulte Saxon, né en Suisse, & mort à Brême en 1635. Recueil de divers Traités sur la Jurisdiction Civile & Ecclésiastique, intitulée *Monarchia S. Rom. Imperii*, 3 Vol. in-fol. & nombre d'autres Recueils, &c. N. XXIX.

Jules PACIUS, de Vicence, fameux Jurisconsulte, qui enseigna le Droit à Heidelberg, à Montpellier, à Valence, & mourut à Padoue en 1635. Divers Ouvrages de Jurisprudence & de Philosophie. N. XXXIX.

N. SANCTORIUS, célébre Médecin de Padoue, fait beaucoup d'expériences sur la nourriture & la transpiration: ce qui lui fit composer *Medicina statica*, dont on a une traduction Françoise, *Paris* 1722. *Methodus vitandorum errorum*, &c.

Alexandre TASSONI, de Modène, fameux Poëte Italien, mort en 1635. Poëme de la *Secchia rapita*, qui a été traduit en François par P. Perrault, & autres Poésies : Histoire Ecclésiastique.

Thomas STIGLIANI, de la Basilicate, au Royaume de Naples, Poëte Italien, Auteur du Chansonier, du Poëme sur le Nouveau Monde, &c.

Lopez de VEGA, de Madrid, Poëte, appellé l'Homére d'Espagne, mort en 1635. Diverses Poésies & Piéces de théatre.

Georges HERBERT, célébre Poëte Anglois, mort en 1635.

1613. Fondation de l'*Université de Saltzbourg*, en Bavière.

Claude DAUSQUIUS, de S. Omer, Littérateur, mort en 1636. Notes sur divers Auteurs anciens, & quelques Ouvrages sur les Langues Grecque & Latine.

Grégoire HORSTIUS, de Torgaw en Silésie, sçavant Médecin, que l'on a appellé l'Esculape d'Allemagne, mort en 1636. Plusieurs Ouvrages, estimés.

Pierre LASENA, de Naples, Littérateur, mort en 1636. Observations sur les Poëtes Italiens : Traité des anciens Spectacles de Naples, &c. N. XV.

Paul *Hay du* CHASTELET, Breton, mort en 1636, fut des premiers de l'Académie Françoise. Divers Ouvrages en Prose & en Vers. N. XXXVIII.

1624. Commencement de l'Académie des *Caliginosi*, à Ancone, par Prosper *Bonarelli*. Celle des *Anhelanti*, formée en 1650. lui fut réunie en 1672.

Nicolas Fabri de PEIRESC, né près de Toulon, sçavant dans les Mathématiques, la Philosophie & les Antiquités ; mort à Aix en 1637. Conseiller au Parlement. Il étoit de toute manière grand protecteur des gens de Lettres : Gassendi a écrit sa vie.

Depuis J. C.

Laurent de *la Hire*, de Paris, habile Peintre François, mort en 1637.

Jean de LA COSTE (à *Costa*) célébre Professeur en Droit à Cahors sa patrie, mort en 1637. Divers Ouvrages, dont le plus estimé est son Commentaire sur les Instituts de Justinien, réimprimé à *Leyde* 1719. *in-*4°.

Daniel SENNERT, de Breslaw, fameux Médecin, & Professeur à Wittemberg, mort en 1637. Opera, *Lugduni*, 6 Vol. *in-fol.* 1676.

Erasme SCHMID, Professeur de Belles-Lettres à Wittemberg, mort en 1637. Edition de Pindare, avec un Commentaire, & autres Ouvrages.

Théodore *Rombouts*, d'Anvers, Peintre, qui donna de la jalousie au fameux Rubens ; mort en 1637.

Benjamin JOHNSON, célébre Poëte Anglois, & le premier Tragique, mort en 1637. Ses Comédies sont cependant plus estimées que ses Tragédies.

Jean MESSENIUS, sçavant Antiquaire Suédois & Poëte, mort en 1637.

Steno BIESKE, Sénateur de Suéde, célébre par ses Traités de politique.

Antoine CORINI, sçavant Jurisconsulte de Toscane : Divers Ouvrages de Droit, & autres.

Jean-Baptiste LALLI, de Norsia en Ombrie, Poëte Italien, qui réussissoit dans le genre burlesque, mort en 1637. Diverses Poésies. *N.* XXXIII.

Julienne MORELLE, de Barcelone, fille très-sçavante dans les Langues & la Philosophie, laquelle se fit Dominicaine à Avignon. Voyez *Bullart*, Tome II. page 129.

1625.

Commencement de l'Académie des *Fantastici*, à Rome, démembrés des *Umoristi*.

Gabriel CHIABRERA, de Savone dans l'Etat de Genes, l'un des plus laborieux & des meilleurs Poëtes Italiens, mort en 1638. On estime sur-tout ses Vers Lyriques.

Claude-Gaspard Bachet de MEZIRIAC, né à Bourg en Bresse, mort en 1638, l'un des premiers de l'Académie Françoise : Edition de Diophante, ancien Mathématicien, avec des Commentaires : Epîtres d'Ovide, avec des Commentaires recherchés : des Poésies, &c. *N.* VI.

Le Duc de ROHAN (Henri) l'un des plus beaux génies de son tems, mort en 1638. Mémoires, 2 Vol. *in-*12. Intérêts des Princes : De la corruption de la Milice ancienne, & autres Ouvrages.

Jean BOURDELOT, sçavant Avocat de Paris, mort en 1638. Notes sur Lucien, Héliodore, Pétrone, & autres Ouv.

Jacques GUTHIERES, de Chaumont en Bassigni, Antiquaire, mort en 1638. *De vetere jure Pontificio urbis Romæ : De officiis domûs Augustæ : De jure Manium*, &c.

Depuis J. C.

Gilbert JONIN, Poëte & Jésuite, mort en 1638. Odes, Elégies, & autres Poésies en Latin & en Grec, estimées.

Jacques *Blanchard*, de Paris, habile Peintre François, mort en 1638. Son fils *Gabriel* a exercé le même Art avec distinction, & n'est mort qu'en 1704.

Jean-Henri ALSTID, Littérateur d'Herborn au Comté de Nassau, mort à Weissembourg en 1638. Grand nombre d'Ouvrages sur différentes matières, dont le principal *Encyclopædia*, *Herbornæ* 1630. & *Lugduni* 1649, 2 Volumes in-fol. N. XLI.

Guillaume SCHICKARD, sçavant Professeur en Hébreu à Tubingue, en Souabe : *Horologium Hebræum : Jus regium Hebræorum*, & autres Ouvrages d'érudition.

Christophe BESOLD, de Tubingue, mort à Ingolstad en 1638. Divers Ouvrages de Droit, Politique, &c. N. XXXIV.

Grégoire NYMANN, de Wittemberg, Professeur d'Anatomie & de Botanique, mort en 1638. Traité de l'Apoplexie ; Dissertation sur la vie du Fœtus, &c.

Pierre CUNEUS, de Flessingue en Zélande, Professeur à Leyde en Belles-Lettres, Politique & Droit, mort en 1638. *De Republica Hebr. Sardi venales ; Orationes*, &c. N. VI.

Guillaume *Blaeu*, célèbre Imprimeur d'Amsterdam, mort en 1638, avoit été disciple de Tyco-Brahe, & a conservé ses principaux Instrumens dans le Grand Atlas.

Epiphane FERDINANDI ; né dans la Terre d'Otrante au Royaume de Naples, & mort en 1638. Divers Ouvrages de Médecine. N. XXI.

1626.
Commencement de l'Académie des *Erranti*, à Bresce, dans l'Etat de Venise.

Thomas CAMPANELLA, de Calabre, & Dominicain, fait beaucoup de bruit en Italie par ses Ouvrages de Philosophie, qui lui causèrent bien des chagrins ; passa en France, & mourut à Paris en 1639. N. VII. & X.

Martin OPITZ (Opitius) de Breslaw, qui passe pour le Père de la Poésie Allemande, mort en 1639. Silves, Epigrammes, Poëme du Vésuve, &c.

Henri WOTTON, Littérateur Anglois, mort en 1639. Des Lettres, & un Recueil intitulé *Reliquæ Wottonianæ*.

Lucas *Vosterman*, célèbre Graveur Hollandois, qui contribua à faire connoître le mérite de Rubens, & a multiplier ses belles Peintures.

Jean *Camusat*, célèbre Imprimeur à Paris, mort en 1639.

Clément *Metezeau*, célèbre Architecte François de Dreux, dirige la fameuse digue de la Rochelle.

1627.
André DUCHESNE, de Touraine, Historien, mort en 1640. Histoires des Papes, des Cardinaux, des Rois d'An-

Depuis gleterre, &c. Recueil Latin des anciens Historiens de Fran-
J. C. ce, 6 Vol. *in-fol.* avec les Historiens de Normandie. *N.*
1627. VII. & X. *François*, son fils, a aussi été Historien, & a
achevé quelques-uns de ses Ouvrages.

Louis SAVOT, de Saulieu en Bourgogne, Médecin &
Antiquaire, mors vers 1640. Traduction de Gallien sur la
Saignée : *De causis colorum* : Discours sur les Médailles :
Architecture Françoise, &c. *N.* XXXV.

Pierre-Paul *Rubens*, d'Anvers, excellent Peintre Flamand, Architecte, homme de Lettres, & habile Négociateur, mort à Anvers en 1640. Traité de la Peinture. *Albert*, son fils, fut sçavant par rapport aux Médailles & aux
Antiquités, & l'on publia après sa mort quelques-uns de
ses Ouvrages : il mourut en 1657.

François *Frank* le jeune, Peintre Hollandois, fils de François *Frank* dit le Vieux ; mourut à Anvers en 1640. On
compte dix Peintres du nom de *Frank*.

Guillaume (ou Wirlem) *Bawr*, de Strasbourg, excellent Peintre Allemand, & Graveur, mort à Vienne en
1640.

Jean de LAET, d'Anvers, mort en 1640, présida à
l'Edition des Descriptions données par *Elzevir* sous le nom
des *petites Républiques*, & publia une Histoire des Indes
Occidentales, *in-fol. Leyde* 1640, &c.

Jean-Isaac PONTANUS, Danois, mort à Harderwick
en Gueldre, l'an 1640. Histoires de Danemarck & de Gueldre, en Latin, & nombre d'autres Ouvrages. *N.* XIX.

Mathias-Casimir SARBIEVSKI, excellent Poëte Lyrique,
mort Jésuite en 1640. *Carmina*, *nov. Ed.* Paris 1759,
in-12.

Jules SCHILLER, Astronome d'Ausbourg, publie des
Cartes Célestes, où il donne aux Constellations les noms
des Saints, quoique Protestant. Voyez l'Atlas de Jansonius.

François AMAIA, Jurisconsulte Espagnol, Professeur en
Droit à Salamanque, mort en 1640. Divers Ouvrages de
Droit.

Alexandre DONATO, Antiquaire & Jésuite, mort à
Rome en 1640. Description de Rome ancienne & moderne,
& autres Ouvrages.

Augustin MASCARDI, Génois, mort Professeur d'Elo-
quence à Rome, & regardé comme le Ciceron de la Langue
Italienne : Divers Ouvrages de Littérature, la plûpart en
Italien. *N.* XXVII.

Claude ACHILLINI, de Bologne, mort en 1640. Lettres Latines, & Poésies Italiennes. *N.* XXXIII.

Le *Josepin*, ou Joseph *Cesari*, d'Arpino au Royaume de
Naples, fameux Peintre, qui fit un voyage en France, &
mourut à Rome en 1640.

Depuis
J. C.
1628.

Fondation de l'*Université de Guatimala*, en Amérique dans la nouvelle Espagne, par le Roi Philippe III.

Le *Dominiquin*, ou Dominico *Zampieri*, de Bologne, excellent Peintre Lombard, & Architecte, mort en 1641.

Antoine *Vandyck*, d'Anvers, célébre Peintre Flamand, sur-tout pour le portrait, fut l'un des principaux Disciples de Rubens ; mourut à Londres en 1641.

Simon *Vouet*, de Paris, excellent Peintre François, mort en 1641. Il est regardé comme le Fondateur de l'Ecole Françoise, & le Restaurateur du bon goût de la Peinture en France. Ses principaux Disciples ont été le Brun, Mignard, le Sueur, Dorigny son gendre, &c.

Pierre VALENS, de Groningue, mort Professeur Royal à Paris : Discours & Poésies, en Latin. *N.* XXXVI.

Henri SPELMAN, Littérateur & Antiquaire Anglois, mort en 1641. Dictionnaire de la basse Latinité, ou *Glossarium Archæologicum* ; Collection des Conciles d'Angleterre, & autres Ouvrages.

Balthasar *Moret*, habile Imprimeur d'Anvers, petit-fils de Plantin, & Disciple du sçavant Juste-Lipse ; mourut en 1641.

Jean MEURSIUS, sçavant Littérateur Hollandois, mort en Danemarck l'an 1641. Editions de plusieurs Auteurs anciens, & nombre d'Ouvrages sur les Antiquités de la Grece, principalement d'Athènes, sur l'Histoire des Pays-Bas & de Danemarck. *N.* XII. & XX.

1629.

Valentin CONRART, de Paris, l'un des principaux Membres de l'Académie Françoise. Ce fut dans sa maison que cette Académie commença à se former cette année, & où les Académiciens s'assemblèrent jusqu'en 1635. comme les particuliers qui composent celles d'Italie. Il mourut en 1675. laissant quelques Lettres & autres petits Ouvrages, comme des Poésies.

Louis de DIEU, de Flessingue en Zélande, Professeur à Leyde, & habile dans les Langues Orientales, mort en 1642. Plusieurs Ouvrages sur l'Hébreu, l'Arabe, le Persan, &c. *N.* XV.

Thomas GODWIN, Littérateur Anglois, mort en 1642. Traité des Antiquités Hébraïques, intitulé *Moses & Aaron*, &c.

Jean-Baptiste LE GRAIN, Historien François, mort en 1642. Histoire d'Henri IV. & de Louis XIII. jusqu'en 1617. & autres Ouvrages.

Jean-Michel de la ROCHEMAILLET, Jurisconsulte d'Angers, mort à Paris en 1642. Coutumes générales & particulières de France, Conférence des Ordonnances, &c. *N.* XXXIX.

Depuis J. C. — Galilée GALILEI, de Florence, fameux Philosophe & Mathématicien, perfectionne l'Astronomie, & fut l'un des Restaurateurs de la bonne Physique ; mort en 1642. Ses Œuvres en Italien, 2 Volumes in-4°. à Bologne 1656.

* Le Cardinal de RICHELIEU (Jean Armand du Plessis) Poète François, Fondateur & Protecteur de l'Académie Françoise, a travaillé à plusieurs Piéces Dramatiques ; mourut en 1642.

Le *Guide*, ou Guido *Reni*, excellent Peintre Lombard, mort à Bologne sa patrie en 1642.

Jean *Breughel* (prononcé *Breugle*) de Bruxelles, excellent Peintre Flamand, mort en 1642.

1630. — Fabio COLONNA, de Naples, très-sçavant Naturaliste : Traité des Plantes rares, & autres. Ce noble Sçavant gravoit lui-même les figures qui accompagnoient ses Ouvrages.

Ferdinand COLOMB, Génois, fils de *Christophe*, qui découvrit le premier le Nouveau Monde en 1593, écrit l'Histoire & la Vie de son père, &c.

Simon STAROVOLSCI, sçavant Polonois, publie une Description de Pologne : *Sarmatiæ Bellatores, Scriptores Poloniæ, Elogia & Vitæ*.

Jean KIRCHMANN, de Lubeck, Littérateur & Antiquaire, mort en 1643. *De funeribus Romanorum ; De annulis*, & autres Ouvrages. N. XLI.

Jean-Georges HERWART, Chancelier de Bavière, fait l'Apologie de l'Empereur Louis de Bavière contre Bzovius, ayant déjà publié deux Ouvrages, l'un sur la Chronologie, l'autre sur l'Idolâtrie.

Bernard WALTHER, de Nuremberg, habile Astronome, mort en 1642. Ses Observations ont été publiées avec celles de Tychobrahé, & de Longomontan son maître.

Philibert MONET, de Savoye, Littérateur, mort Jésuite à Lyon en 1643. Divers Ouvrages sur les Langues, sur le Blason, & sur la Géographie de la Gaule. N. XXXIV.

Antoine Hurtado de MENDOZA ; Poète Espagnol : Comédies, & autres Piéces ingénieuses.

Bernarde Fereira de la CERDA, Dame Portugaise, sçavante dans les Belles-Lettres, la Philosophie, les Mathématiques : Diverses Poésies.

1631. — Théophraste RENAUDOT, de Loudun, commença le premier cette année à faire imprimer les Nouvelles publiques connues sous le nom de *Gazettes*. On a de lui quelques autres Ouvrages : il ne mourut qu'en 1675. Médecin de M. le Dauphin. Le sçavant Abbé *Eusèbe Renaudot* (ci-devant page 559.) étoit son fils.

Geoffroy KEATING, Irlandois, mort entre 1640 & 1650. Histoire d'Irlande.

Depuis
J. C.

Jean GRANGIER, de Chaalons, Principal du Collége de Beauvais, & Profeſſeur Royal, réputé le meilleur Orateur de ſon tems; mort en 1644. Pluſieurs Diſcours, &c. N. XXXVII.

Nicolas BOURBON, dit le *Jeune*, habile Poéte Grec & Latin, Profeſſeur en Grec au Collége Royal, & de l'Académie Françoiſe, mort en 1644. Diverſes Poéſies, & autres Ouvrages. N. XXVI.

Auguſte GALLAND, Procureur Général du Domaine de la Navarre Françoiſe, mort vers 1644. Traités contre le Franc-alleu ſans titre, ſur les Enſeignes & Etendards de France, &c. Mémoires pour l'Hiſtoire de Navarre, &c.

Gabriel du PINEAU, ſçavant Juriſconſulte d'Angers, mort en 1644. Obſervations, Conſultations, Commentaires ſur la Coutume d'Anjou, 2 Vol. *in-fol. Paris* 1725. Notes ſur du Moulin, avec ſes Œuvres. N. XIV.

Godefroi WENDELIN, l'un des plus ſçavans hommes que le Brabant ait produits. Divers Ouvrages, entr'autres une Edition eſtimée des Loix Saliques, *Antuerpiæ* 1659, *in-folio.* Il fut en France le Maître de Gaſſendi.

Jean-Baptiſte Van HELMONT, Médecin de Bruxelles, mort en 1644. Opera, 1 Volume *in-folio*, 1667.

François le Queſnoy, de Bruxelles, ſurnommé *le Flamand*, excellent Sculpteur, mort à Livourne en 1644.

Gaſpard ASELLIUS, de Crémone, Médecin, qui le premier a donné connoiſſance des veines laĉtées. Divers Ouvrages.

* Gui BENTIVOGLIO, de Ferrare, ſçavant Cardinal, & l'un des meilleurs Ecrivains Italiens, mort en 1644. Relation de la Flandre: Hiſtoire de ſes guerres civiles; Lettres & Mémoires.

Jean-François BIONDI, de Lézina en Dalmatie, mort en 1644. à Aubonne en Suiſſe: Hiſtoire des guerres civiles d'Angleterre, en Italien; & autres Ouvrages. N. XXXVII.

François BRACCIOLINI, de Piſtoye, Poéte Italien, mort en 1644. Grand nombre d'Ouvrages.

Jules & Nicolas STROZZI, célébres Poétes Italiens: Diverſes Poéſies, eſtimées.

1632.

Fondation de l'*Univerſité de Derpt*, en Livonie, par Guſtave-Adolphe, Roi de Suéde; rétablie en 1731. par la Princeſſe Anne, Impératrice de Ruſſie.

LÉON *de Modène*, fameux Rabin de Veniſe, mort en 1645. Hiſtoire des cérémonies & coutumes des Juifs, &c.

François QUEVEDO, de Villegas, Poéte Eſpagnol, mort en 1645. Piéces héroïques, lyriques, facétieuſes, & autres Ouvrages.

Marie Jars de GOURNAI, fille par adoption de Michel de Montagne, dont elle fit imprimer les Eſſais; morte à

Depuis quatre-vingt ans, l'an 1645. Ses Ouvrages en 2 Volumes.
J. C. *N.* XVI.

 Jean *Toutin*, de Châteaudun, excellent Orfévre, trouva cette année le secret de peindre en émail, & le communiqua à d'autres Ouvriers, qui le perfectionnèrent.

 Gilles *Gobelin*, trouve à Paris (vers ce tems) le secret de teindre la belle écarlate : Sa Maison, à l'extrémité du Fauxbourg S. Marcel, & la Rivière qui y passe, portent encore son nom. On y a établi en 1666, une Manufacture Royale, pour les Beaux-Arts, fameuse sur-tout par ses Tapisseries, & son Académie de Dessin.

1633. Hugues GROTIUS, de Delft en Hollande, l'un des plus sçavans hommes de son temps, mort à Rostock en Mecklenbourg, l'an 1645. Grand nombre d'Ouvrages sur diverses matières, dont les plus remarquables, *De jure belli & pacis ; Annales de rebus Belgicis ;* Traité *de veritate Religionis*, &c. *N.* XIX. & XX. Voyez l'Histoire de sa Vie & de ses Ouvrages, par M. de Burigny, *Paris* 1752. 2 vol. *in-*8°.

 Erycius PUTEANUS, de Venlo en Gueldre, habile Littérateur, Historien, &c. mort à Louvain en 1646. Nombre de Traités de Philologie, d'Histoire, de Philosophie, de Mathématiques. *N.* XVII.

 Elzevir, fameux Imprimeurs d'Amsterdam & de Leyde.

 Thomas LYDIAT, sçavant Anglois, mort en 1646. Plusieurs Ouvrages de Chronologie, de Physique & d'Histoire Naturelle. *N.* XV.

 Guillaume BROWNE, habile Poéte Anglois.

 Jean-François NICERON, de Paris, Mathématicien, & Religieux Minime, mort à Aix en 1646. *Thaumaturgus opticus*, in-folio, &c. *N.* VII. & X.

 Nicolas FARET, de Bourg en Bresse, l'un des premiers de l'Académie Françoise, mort en 1646. Diverses Poésies & Ouvrages en Prose. *N.* XXIII.

 François MAYNARD, de Toulouse, Poéte, & de l'Académie Françoise, mort en 1646. Epigrammes, & autres Piéces.

 Anastase Pantaléon de RIBERA, célèbre Poéte Espagnol, des plus agréables. Ses Œuvres, à *Madrid* 1648.

 Louis de Guevare VELEZ, Poéte Espagnol, mort en 1646. Comédies, &c.

1634. Edmond MÉRILLE, de Troyes, célèbre Professeur en Droit à Cahors & à Bourges, mort en 1647. Plusieurs Ouvrages sur la Jurisprudence, &c. *Opera, Neapoli* 1720, 2 Vol. *in-*4°. *N.* XXXVII.

 Claude MALLEVILLE, de Paris, Poéte, & de l'Académie Françoise, mort en 1647. Sonnets, & diverses Poésies Françoises & Latines.

DANS LES SCIENC. & ARTS. 737

Depuis J. C.   Bonaventure CAVALERI, de Milan, Mathématicien & Profeſſeur à Bologne, qui trouve la ſubtile Géométrie des Indiviſibles, qu'on a depuis pouſſée plus loin: il mourut en 1647. Divers Ouv. ſur les Mathématiques & l'Aſtronomie.

Evangéliſte TORRICELLI, de Faenza, Diſciple de Galilée, & habile Profeſſeur de Mathématiques à Florence, perfectionne les microſcopes & les vers de lunettes, fait les expériences du vif argent, & autres; meurt en 1647. Divers Ouvrages de Phyſique & de Mathématiques. *N.* XV.

Jean-Victor ROSSI (*Janus Nicius Erithræus*) noble Romain & Littérateur, mort en 1647. Eloges des Hommes Illuſtres, Epîtres, Dialogues, &c. *N.* XXXIII.

Jean *Lanfranc*, de Parme, excellent Peintre Lombard, mort en 1647.

Chriſtian LONGOMONTANUS, Danois, Aſtronome & Mathématicien, mort en 1647. Pluſieurs Ouvrages. *N.* XVIII.

Gaſpard BARLÆUS, d'Anvers, Profeſſeur de Philoſophie à Amſterdam, mort en 1647. Poéſies Latines, eſtimées, *Lugd. Batav.* 1628. Diſcours & Epîtres.

Pierre-Corneille Van HOOFT, d'Amſterdam, Hiſtorien & Poëte, mort en 1647. Hiſtoire des Pays-Bas, Comédies, &c. qui l'ont fait regarder comme l'Homère & le Tacite Belgique.

Jean Van BEVERWYCK ou (*Beverovicius*,) habile Médecin de Dordrecht, mort en 1647. Pluſieurs Ouvrages de Médecine. *N.* IX.

Abraham *Blomaert*, de Gorcum, excellent Peintre Hollandois, mort en 1647. *Corneille*, ſon fils, excella dans la Gravure, & on a de lui un nombre infini d'Eſtampes.

Joſeph HALL, ſçavant Anglois, mort vers 1647. Traité ſur les mœurs des Nations: *Mundus alter*, & autres Ouvrages, qui lui ont fait donner le nom du Sénéque Anglois.

Degorée WHEAR, Profeſſeur d'Hiſtoire à Oxford, mort en 1647. *De methodo legendi hiſtorias*, Eloge de Cambden, &c. *N.* XIX.

Thomas FARNABE, Littérateur Anglois: Notes ſur divers Poëtes Latins. *N.* XVI.

Guillaume *Dobſon*, célèbre Peintre Anglois, mort en 1647, âgé de trente-ſept ans.

1635.   L'*Académie Françoiſe* eſt établie à Paris par Edit du Roi Louis XIII. pour la perfection de la Langue, de l'Eloquence & de la Poéſie. Son Dictionnaire a paru en 1694. Voyez ſon Hiſtoire par MM. Pelliſſon & d'Olivet.

Edouard HERBERT, ſçavant Lord Anglois, mort en 1648. Hiſtoire d'Henri VIII. *De religione Gentilium*, &c.

Jean FORBÈS, ſçavant Ecoſſois, mort en 1648. *Opera*, *Amſterodami* 1703, 2 Vol. *in-folio*. *N.* XLII.

II. Partie.   Aaa

Depuis
J. C.

Jean-Philippe PAREUS, l'un des plus laborieux Grammairiens que l'Allemagne ait produits, mort vers 1648. Grand nombre d'Ouvrages. N. XLIII.

Gaspard HOFFMAN, de Gotha, sçavant Médecin, Professeur à Altorf: Divers Ouvrages.

Constantin L'EMPEREUR, Professeur en Langues Orientales à Leyde; mort en 1648. Plusieurs Ouvrages, estimés.

Samuel PETIT, de Nismes, habile Littérateur, mort en 1648. *Ecloga Chronologica*: *Leges Atticæ*: *Miscellanea*: *varia Lectiones*, &c.

Marin MERSENNE, Religieux Minime, né dans le Maine, fameux Philosophe & Mathématicien, mort à Paris en 1648. *Harmonicorum libri*: *Cogitata Physico-Mathematica*, & autres Ouvrages. N. XXXIII.

Vincent VOITURE, d'Amiens, l'un des beaux génies de son tems, fut de l'Académie Françoise, & de celle des Umoristes de Rome: il mourut en 1648. Lettres & Poésies. Paris 1729, 2 Vol. in-12.

1636.
Fondation de l'*Université d'Utrecht*, par les Etats de la Province.

Pierre GOUDOULI, de Toulouse, célébre Poëte Gascon, mort en 1649. Ses Œuvres, *Toulouse* 1713.

Claude Favre de VAUGELAS, né à Chambery, ou en Bresse, & mort à Paris en 1649, de l'Académie Françoise. Remarques sur la Langue Françoise: Traduction de Quintecurce. N. XIX.

Christophe JUSTEL, Jurisconsulte de Paris, mort en 1649. Histoire de la Maison d'Auvergne: *Codex Canonum*. Son fils *Henri* a publié sur ses Recueils en 1661. *Bibliotheca Juris veteris*, 2 Vol. in-folio.

Didier HÉRAULT, sçavant Avocat de Paris, mort en 1649. Notes sur l'Apologétique de Tertullien, Minutius-Félix, Arnobe, Martial; & divers Ouvrages de Droit.

Théodore GODFFROY, de Geneve, Historien & Ecrivain politique, mort en 1649. à Munster: Généalogies des Rois de Portugal, des Ducs de Lorraine, des Comtes & Ducs de Bar: Origine de la Maison d'Autriche: Histoire des Rois Charles VI. & VIII. & de Louis XII. Vies de Bayard, le Boucicaut, &c. Cérémonial de France, &c. N. XVII.

Gaspard SCIOPPIUS, né dans le Palatinat, Littérateur & Critique, mort à Padoue en 1649. Nombre d'Ouvrages. N. XXXV.

Famien STRADA, Jésuite de Rome, célébre Historien, mort en 1649. Histoire des guerres des Pays-Bas, en Latin, dans le goût de Tite-Live, &c.

Tarquin GALLUZZI, Jésuite Italien, grand Littérateur, mort en 1649. *Vindicationes Virgilii*: *Commentarii de Tragœdia*, *Comœdia*, *Elegia*, &c. N. XXXV.

Depuis J. C.	Paganin GAUDENZIO, du Pays des Grisons, Professeur de Belles-Lettres, de Politique & d'Histoire, à Pise, mort à Sienne en 1649. Nombre d'Ouvrages de différens genres. *N.* XXXI.

Emanuel Faria de SOUZA, Historien Portugais, mort à Madrid en 1649. Europe, Asie, Afrique Portugaises, 7 vol. *in-folio. N.* XXXVI.

Jean Pinto RIBEIRO, Jurisconsulte de Portugal, mort en 1649. Ses Œuvres, *Lisboa* 1729. *in-folio*, la plupart pour la défense de la Révolution du Portugal en 1640. *N.* XLII.

Nicolas VERNULÆUS, du Duché de Luxembourg, Professeur de Louvain, mort en 1649. *Historia Academiæ Lovaniensis, Historia Austriaca*: des Comédies, en Latin; & autres Ouvrages. *N.* XXXIII. |
| 1637. | Gerard-Jean VOSSIUS, né dans le Palatinat, sçavant Littérateur & Critique, mort à Amsterdam en 1650. Ses Ouvrages sur toutes sortes de sujets ont été recueillis en 9 Vol. *in-fol. N.* XIII. & XX.

René DESCARTES, célèbre Philosophe & Mathématicien, né à la Haye en Touraine, & mort à Stockholm en 1650. En enseignant la vraie méthode d'étudier les effets de la nature, il contribue à la perfection des Sciences & des Arts. Ses principaux Ouvrages sont, Principes de la Philosophie, Méditations, Méthode; Traités de l'homme, des passions, de la Géométrie; grand nombre de Lettres, &c. *N.* XXXI.

Philippe de MAUSSAC, de Toulouse, habile Critique, mort en 1650. Notes sur Harpocration, & autres Ouvrages.

Jean BAUDOIN, de Pradelle en Vivarais, de l'Académie Françoise, mort en 1650. Histoire de Malthe; du Pérou, & nombre d'autres Traductions. *N.* XII. & XX.

François FLORENT, d'Arnai-le-Duc, Jurisconsulte, & Professeur en Droit à Orléans, mort en 1650. Ses Œuvres en 2 Volumes *in-*4°. *N.* XXXV.

Jean NEPER, Gentilhomme Ecossois, sçavant Mathématicien, qui inventa les Logarithmes.

Geoffroi KEATING, sçavant Irlandois, mort vers 1650. Histoire des Poétes de sa Nation, & Généalogie des principales Famille d'Irlande, *Londres* 1738, *in-fol.*; & autres Ouvrages. |
| 1638. | Claude SARRAU, de Guyenne, sçavant Conseiller au Parlement de Paris, mort en 1651. Edition des Lettres de Grotius, &c. Ses propres Lettres ont été publiées par son fils *Isaac*.

⁕ Pierre DUPUY, de Paris, l'un des plus sçavans hommes que la France ait produit, principalement en Droit & |

Depuis en Histoire ; mourut à Paris en 1651 Plusieurs Traités sur
J. C. les Droits du Roi : Preuves des Libertés Gallicanes : Traités
de la Loi Salique : Histoire des Templiers, du grand Schisme d'Occident, du différend de Boniface VIII. & du Roi
Philippe le Bel, de la Pragmatique, du Concordat, &c.

Jacques DUPUY travailla avec son frère, & publia la plûpart de ses Ouvrages ; mourut en 1656.

Martin MARTINI, de Trente, & Jésuite, demeura longtems à la Chine, & mourut en Europe l'an 1651. Description de la Chine, *in-fol.*, en Latin : *Historia Sinensis*, *Decas prima* : *De bello Tartaros inter & Sinenses*, &c.

Claude de L'ESTOILE, de Paris, & de l'Académie Françoise, mort en 1652. Quelques Poésies. Il étoit fils de Pierre de l'Estoile, Auteur des Mémoires qui portent son nom. *N.* XLII.

* Gaucher & Louis de SAINTE-MARTHE, frères jumeaux, nés à Loudun, Historiographes de France, morts à Paris, le premier en 1652, & le second en 1656. Histoire de la Maison de France, 2 Vol. *in-folio*, &c. *Gallia Christiana*, & autres Ouvrages. Gaucher ou Scevole a fait de bonnes Poésies Latines. *N.* VIII. & X.

Pierre de CASENEUVE, de Toulouse, mort en 1652. Origines ou Etymologies Françoises, & autres Ouvrages. *N.* XVIII.

Omer TALON, Avocat Général au Parlement de Paris, mort en 1652. Harangues ; Mémoires, 8 Vol. *in-*12.

Jean de CORDES, de Limoges, Littérateur, mort à Paris en 1652. Editions des Œuvres d'Hincmar, de Cassander, & diverses Traductions. *N.* XIX. & XX.

1639. * Denis PETAU, d'Orléans, & Jésuite, Chronologiste, Poëte, &c. (parmi les Ecrivains Ecclésiastiq. p. 544,) mort à Paris en 1652. *Doctrina temporum*, 2 Vol. *in-fol. Uranologion*, 1 Vol. *in-fol. Rationarium temporum*, *in-*12. Poésies Latines, Grecques, Hébraïques, & nombre d'autres Ouvrages. *N.* XXXVII.

Georges FOURNIER, de Caen, & Jésuite, mort en 1652. à la Flèche : Hydrographie, *in-fol. Notitia Orbis per ripas & flumina* : *Asiæ nova descriptio*, in-folio, &c. *N.* XXXIII.

Jacques GODEFROY, Jurisconsulte, mort en 1652. *Codex Theodosianus*, *cum Commentariis*, 4 Vol. *in-fol.* & autres Ouvrages. *N.* XVII.

Scipion CHIARAMONTI (*Claramontius*) de Cèsene en Romagne, Philosophe & Astronome, mort en 1652. Divers Ouvrages. *N.* XXX.

Jean GREAVES (*Gravius*) sçavant Anglois, Professeur d'Astronomie à Oxford, mort en 1652. Description des Pyramides d'Egypte : *Epochæ celebriores* : Divers Ouvra-

Depuis ges des Astronomes Orientaux : *Elementa Linguæ Persicæ*,
J. C. &c. *N*. VIII.

Thomas MEY, célèbre Poëte & Historien Anglois, mort en 1652.

1640. Académi- ou Assemblée particulière à Paris ; (comme celles d'Italie) mais Société de Physique & Mathématiques, composée de Sçavans, qui s'assemblèrent d'abord chez le Père *Mersenne*, sçavant Minime. De ce nombre étoient *Descartes*, *Gassendi*, de *Roberval*, *Pascal*, père & fils, *Fermat*, *Bachet*, *Desargues*, &c. *Hobbes*, *Oldenbourg*, & *Boyle* Anglois, *Stenon* Danois, & divers autres illustres Etrangers, qui s'y étant trouvé dans leurs Voyages, portèrent le goût de ces Assemblées sçavantes dans leurs Pays. Jusqu'alors il n'y avoit eu que des Académies Littéraires, comme celles d'Italie & l'Académie Françoise. Après les Assemblées du P. *Mersenne*, il s'en tint chez M. de *Montmor*, & ensuite chez M. *Thévenot*, & enfin furent formées la Société Royale de Londres, l'Académie des Sciences de Paris, &c.

Fondation de l'*Université d'Abo*, en Finlande, par *Christine*, Reine de Suéde, Princesse sçavante, qui abdiqua sa Couronne en 1654. & se retira à Rome, où elle mourut en 1689, après avoir protégé les Sçavans, & tenu une *Académie* dans son Palais.

Edouard SIMSON, sçavant Anglois, mort vers 1653, *Chronicon*, dont M. Wesseling a procuré une belle Edition. *Leyde* 1729, gros *in folio*.

Marc Zuer BOXHORN, Littérateur Hollandois, mort en 1653. Editions de plusieurs Auteurs anciens, avec Notes : *Theatrum urbium Hollandiæ*, &c. *N*. IV. & X.

Sidroine HOSSCH, du Diocése d'Ypres, excellent Poëte Latin, mort Jésuite à Tongres en 1653. Elégies, & autres Poësies. Edition nouvelle, *Parisiis* 1723, avec les Poësies de Guillaume *Bécan* & Jacques *Walle*, ses Contemporains & Confrères.

Claude SAUMAISE, de Semur en Auxois, célèbre Critique & Littérateur, mort à Spa en 1653. Commentaires sur l'Histoire Auguste, ou des Empereurs, sur Solin, &c. Epîtres, & nombre d'autres Ouvrages.

Gabriel NAUDÉ, de Paris, Médecin & Littérateur, mort en 1653. Apologie pour les grands hommes accusés de magie : Avis pour dresser une Bibliothéque ; Considérations sur les Coups d'Etat, & autres Ouvrages. *N*. IX. & X.

André ARGOLI, sçavant Mathématicien d'Italie, mort en 1653. Son fils, *Jean*, s'est distingué par des Poësies Latines, & est mort vers 1660. *N*. XXXIX.

Jean IMPÉRIALI, Philosophe & Médecin de Vérone : *Musæum Historicum & Physicum*, 2 Vol. in-4°.

Depuis
J. C.
1641.
 Jacques-Philippe TOMASINI, de Lucques, Littérateur, mort Evêque en Istrie, l'an 1654. Eloges & Vies des Gens Illustres : divers Ouvrages sur l'Histoire de Padoue, & autres de Littérature. *N.* XXIX.

 François PONA, de Vérone, Médecin & Littérateur, mort vers 1654. Nombre d'Ouvrages sur différens sujets. *N.* XLI.

 Virgile MALVEZZI, de Bologne, mort en 1654. Ouvrages de Littérature, d'Histoire, de Politique. *N.* XLI.

 * Nicolas RIGAULT, de Metz, Littérateur, mort à Paris en 1654. Nombre d'Ouvrages sçavans. *N.* XXI.

 Jean-Louis Guez de BALZAC, regardé comme le Restaurateur de la Langue Françoise, mort en 1654. à Angoulême, sa patrie. Il fonde à l'Académie Françoise, dont il étoit Membre, un Prix d'Eloquence sur un sujet tiré de l'Ecriture Sainte. Divers Ouvrages en Prose & en Vers, 2 Volumes *in-folio*. Paris 1665. *N.* XXIII.

 Gabriel-Barthélemi de GRAMONT, Président au Parlement de Toulouse, mort en 1654. Histoire de Louis XIII. jusqu'en 1629. en Latin ; Histoire des guerres contre les Protestans.

 Jean-François SARASIN, l'un des beaux génies de ce Siécle, né près de Caen, & mort à Pezenas en 1654. Diverses Poésies, & quelques Ouvrages en Prose. *N.* VI. & X.

 Jean SELDEN, sçavant Anglois ; Jurisconsulte, & Littérateur, mort en 1654. *Opera, Londini* 1726, 3 Volumes *in-folio*. *N.* V.

 Thomas GRATAKER, Littérateur Anglois, mort en 1654. Recueil d'Observations, intitulé *Cinnus* ; Remarques sur le Livre de Marc Antonin, *Adversaria*, *Miscellanea*, &c. *N.* VIII.

 Guillaume HABINGTON, sçavant Anglois, mort en 1654. Histoire d'Edouard IV. & autres Ouvrages.

 Gérard & Daniel *Zegers*, habiles Peintres d'Anvers : le dernier, qui se fit Jésuite, mourut en 1654.

 Olaüs WORMIUS, Médecin & Littérateur Danois, mort en 1654, fit des découvertes importantes dans l'Anatomie. Histoire de Danemarck, & autres Ouvrages, tels que *Musæum Wormianum*. *N.* IX. & X.

1642.
 Daniel HEINSIUS, de Gand, Professeur d'Histoire & de Politique à Leyde, fut l'éleve & le successeur de Joseph Scaliger ; mourut en 1655. Poésies Grecques & Latines (estimées) Harangues, & autres Ouvrages.

 David BLONDEL, de Chaalons-sur-Marne, Professeur d'Histoire à Amsterdam, mort en 1655. Traité sur les Sybilles ; *Pseudo-Isidorus* ; Traité contre la Fable de la Papesse Jeanne ; Généalogie de la Maison de France, &c. *N.* VIII. & X.

Depuis J. C.

Pierre GASSENDI, de Digne, célébre Philosophe, & Professeur de Mathématiques au Collége Royal à Paris, mort en 1655. 6 Volumes *in-folio*. Opera, *Lugduni* 1658.

Eustache le *Sueur*, de Paris, excellent Peintre, appellé le Raphael François, mort en 1655.

Louis & Henri *Testelin*, de Paris, frères, & habiles Peintres François, sur-tout le premier, qui mourut en 1655. Le second mort en 1695, publia un Ouvrage intitulé, Conférence de l'Académie avec les sentimens des plus habiles Peintres sur la Peinture.

Jacques USHER ou *Usserius*, sçavant Littérateur & Chronologiste, mort en 1655. Archevêque de Dublin, sa patrie. Annales de l'Ancien & du Nouveau Testament: Traité de l'ancienne Religion d'Irlande: Antiquités des Eglises Britanniques, & autres Ouvrages.

1643.
Valere ANDRÉ, de Brabant, mort en 1656. Bibliothéque des Ecrivains des Pays-Bas, & autres Ouvrages.

Richard EGYS, de Rhinfeld en Souabe, mort Jésuite en 1656. Poésies Latines, estimées.

André RIVINUS, de Halle en Saxe, Littérateur, mort en 1656. Editions de divers Poëtes anciens, avec Notes: Dissertations, &c. *N.* XXXIII.

Fortunio LICETI, Génois, célébre Professeur de Médecine à Padoue, mort en 1655. Nombre de Traités de Physique & d'Antiquités. *N.* XXVII.

Lazare RIVIERE, fameux Professeur en Médecine à Montpellier, mort en 1656. Pratique de Médecine, estimée, &c. Opera, 1 Volume *in-folio*.

René MOREAU, d'Anjou, habile Professeur de Médecine & de Chirurgie à Paris, mort en 1656. Divers Ouvrages. *N.* XXXIV.

Philippe *Collot*, Chirurgien, très-fameux pour la taille de la pierre, mort à Luçon en 1656.

Jean-Baptiste MORIN, de Villefranche en Beaujolois, Médecin & Professeur Royal de Mathématiques à Paris, mort en 1656. *Astrologia Gallica*, & plusieurs autres Ouvrages. *N.* III.

Jérôme BIGNON, sçavant & célébre Avocat Général au Parlement de Paris, mort en 1656. Auteur de quelques Ouvrages dès sa jeunesse, publie ensuite le Traité de l'excellence des Rois & du Royaume de France, les Formules de Marculphe, avec des Notes, &c. *N.* XXIII.

Laurent de la *Hire*, Peintre de Paris, mort en 1656.

L'*Espagnolet*, ou Joseph *Ribera*, célébre Peintre Espagnol, mort à Naples en 1656.

1644.
Jacques *Stella*, de Lyon, Peintre, mort à Paris en 1657. Il eut une niéce qui excella dans la Gravure.

Depuis J. C.

François *Sneyders*, d'Anvers, excellent Peintre Flamand, & Graveur, ami de Rubens; mourut en 1657.

MENASSEH *ben Israel*, l'un des plus sçavans Juifs de ces derniers tems, célèbre en Hollande & en Angleterre, mort en 1657. *De resurrectione; De termino vitæ; Spes Israel*, &c.

Guillaume HARVEY, célébre Médecin & Anatomiste Anglois; découvre le premier la circulation du sang, & meurt en 1657. *Exercitationes Anatomiæ*, &c.

Guillaume BURTON, Littérateur Anglois, mort en 1657. *Græcæ Linguæ historia: De Linguâ Persicâ*: Commentaire sur ce qui est dit de la Grande-Bretagne dans l'Itinéraire d'Antonin, en Anglois, &c. N. XVIII.

Jacques THOMSON, célébre Poéte Anglois: Poéme sur les Saisons, & autres Poésies.

Hyacinthe *Freire* d'ANDRADA, Poéte & Historien Portugais, mort à Lisbonne en 1657.

Barthold NIHUSIUS, de Brunswick, mort en 1657. Plusieurs Ouvrages de Littérature & d'Histoire.

1645.
Gaspard BARTHIUS, sçavant Littérateur Saxon; mort en 1658. Commentaires sur plusieurs Poétes anciens: *Adversaria* ou Mélanges (estimés) *Francofurti* 1624, *in-folio*. N. VII. & X.

Louis CAPPEL, de Sédan, Professeur en Hébreu dans l'Académie ou Collége Calviniste de Saumur, se distingue par son habileté dans la Critique, & meurt en 1658. Plusieurs Ouvrages sur la Langue Hébraïque & la Chronologie Sacrée. Sa Famille a produit plusieurs personnes de mérite. N. XXII.

Pierre du RYER, Poéte & Littérateur, de l'Académie Françoise, mort en 1658. Piéces de Théâtre: nombre de Traductions Françoises d'Auteurs anciens, aujourd'hui peu estimées. N. XXII.

Louis CHANTEREAU *le Fevre*, de Paris, l'un des premiers qui a débrouillé l'ancienne Histoire de France; mourut en 1658. Mémoires historiques des Maisons de Lorraine & de Bar, &c.

Balthasar GRACIAN, Espagnol & Jésuite, mort en 1658. La plupart de ses Ouvrages ont été traduits en François, le Héros, le Politique, l'Homme de Cour, l'Homme détrompé.

Simon *Guillain*, de Paris, habile Sculpteur, mort en 1658.

Gabriel *Metzu*, de Leyde, excellent Peintre Hollandois, mort en 1658.

1646.
Pierre-Jean CAPRIATA, de Genes, Historien estimé: Mémoires sur les affaires de son tems.

Balthasar BONIFACIO, de Crême dans l'Etat de Venise, mort en 1659. Evêque en Istrie. Poésies, & nombre d'autres Ouvrages de Littérature. N. XVI. & XX.

Depuis
J. C.

Charles-Annibal FABROT, d'Aix en Provence, sçavant Jurisconsulte, mort à Paris en 1659. Traductions des Basiliques, ou Ordonnances des Empereurs d'Orient, avec des Notes, 7 Vol. *in-folio*. Editions de Nicetas, Cedren, Constantin-Manassès, Simocatte, Chalcondyle, Anastase le Bibliothécaire, Cujas, &c. N. XXXIX.

Jean RHODIUS, de Coppenhague, mort à Padoue en 1659. Divers Ouvrages de Littérature & de Médecine. N. XXXVIII.

Paul ZACCHIAS, de Rome, sçavant Médecin, mort en 1659. *Quæst. Medico-Legales*, 3 Volumes *in-fol.* & autres Ouvrages.

Jean-Rodolphe GLAUBER, habile Chymiste Allemand : Nombre de Traités, renfermés en un Volume *in-folio*.

François OSBORN, sçavant Anglois, mort en 1659. Avis à son fils, & autres Ouvrages.

1647.

Richard ZOUCH, habile Jurisconsulte Anglois, mort en 1660. Grand nombre d'Ouvrages.

Henri HAMMOND, sçavant Anglois, mort en 1660. Ses Œuvres en 4 Volumes *in-folio*, la plupart en Anglois.

Guillaume OUGHTRED, Mathématicien Anglois, mort en 1660. Plusieurs Ouvrages de Mathématiques.

André TACQUET, d'Anvers, Mathématicien & Jésuite, mort en 1660. *Opera, Antuerpiæ* 1669, *in-folio*.

Bernard VARENIUS, Médecin d'Amsterdam, mort vers 1660. *Geographia in quâ affectiones generales telluris explicantur, Amsterdam* 1650, dont le célébre Newton a donné une nouvelle Edition en 1672. &c. On en a une bonne Traduction Françoise.

Jean FREINSHEMIUS, Littérateur d'Ulm, mort à Heidelberg en 1660. Supplémens de Quintecurce, de Tite-Live, de Tacite : Notes sur divers Auteurs anciens.

Jean-Jacques CHIFFLET, né à Besançon d'une Famille féconde en gens de Lettres, mort en 1660. Nombre d'Ouvrages sur différens sujets. N. XXV.

Pierre D'HOZIER, de Marseille, célébre Généalogiste, mort en 1660. Ses descendans se sont distingués dans la même Science. N. XXXII.

Paul SCARRON, de Paris, fameux Poëte dans le genre burlesque, mort en 1660. Virgile travesti, diverses Poésies, quelques Comédies ; Roman Comique, en Prose. Il avoit épousé Françoise d'AUBIGNÉ, connue depuis sous le nom de la *Marquise de Maintenon*, & morte en 1719. On a publié 2 Volumes de Lettres de cette Dame.

Jacques *Sarazin*, de Noyon, célébre Sculpteur & Peintre, mort à Paris en 1660.

L'*Albane*, ou François *Albani*, de Bologne, excellent Peintre Lombard, mort en 1660.

Depuis J. C.	Corneille *Poelembourg*, excellent Peintre Hollandois, mort en 1660.
	Michel Ange des Batailles, ou *Cerquozzi*, Peintre Romain, mort en 1660.
	Jacques *Cavedone*, & Augustin *Metelli*, habiles Peintres Lombards, mort en 1660.
	Bartholomé *Breemberg*, & Jean-Baptiste *Veeninx*, fameux Peintres Hollandois, mort en 1660.
	Diégo de *Velasquez*, l'un des plus grands Peintres que l'Espagne ait produits, mort en 1660.
1648.	L'*Académie Royale de Peinture & de Sculpture* est établie à *Paris*.
	Fondation de l'*Université de Harderwick*, dans la Gueldre Hollandoise, par les Etats de la Province.
	Charles FEVRET, Jurisconsulte de Bourgogne, mort en 1661. Traité de l'abus, & autres. *N*. II. & X.
	Le Cardinal MAZARIN (Jules) Ministre de France, mort en 1661. Recueil de Lettres, qui font voir sa science en Politique. *Paris* 1745, 2 Volumes *in*-12.
	Scipion DUPLEIX, de Condom, mort en 1661. âgé de 92 ans. Histoire de France, aujourd'hui peu estimée : Histoire Romaine, &c. Son meilleur Ouvrage est un Cours de Philosophie, le premier qui ait paru en François, *Paris* 1607. *N*. II. X. & XLIII.
	Jérôme VIGNIER, de Blois, & Oratorien, mort en 1661. Origine de la Maison d'Alsace, de Lorraine, d'Autriche, &c. Stemma *Austriacum*, &c. *N*. II.
	Gabriel MADELENET, Poëte Latin, de Bourgogne, mort à Auxerre en 1661. Diverses Poésies. *N*. XXV.
	Pierre MAMBRUN, de Clermont en Auvergne, Littérateur & Poëte Latin, mort Jésuite en 1661. Dissertation sur le Poëme Epique, & des Poésies Latines, dont le Poëme de Constantin, ou l'Idolâtrie renversée.
	Guillaume BRÉBEUF, de Normandie, Poëte François, mort en 1661. Traduction en Vers de la Pharsale de Lucain, &c.
	Briand WALTON, Littérateur Anglois, mort en 1661. s'est rendu célébre par son Edition de la Bible en plusieurs Langues, appellée *Polyglotte d'Angleterre*, (1657) avec de sçavans Prolégomenes, dont on a une traduction Françoise abrégée, *Lyon* 1699. *in*-8°.
	Thomas BANGIUS, sçavant en Hébreu & en Arabe à Coppenhague, mort en 1661.
1649.	Commencement de l'Académie des *Argonauti*, à Ancone.
	* Pierre de MARCA, Président au Parlement de Pau, mort Archevêque de Paris en 1662. (déjà ci-devant page 548.) Histoire de Bearn, &c. *Marca Hispanica*, &c. *N*. XII.

Depuis	Pierre de BOISSAT, de Vienne en Dauphiné, & de
J. C.	l'Académie Françoise, mort en 1662. Divers Ouvrages en Prose & en Vers Latins. *N*. XIII. & XX. Mémoires d'Artigny, *Tome II.*

    François le Métel de BOISROBERT, de Caen, & de l'Académie Françoise, à l'établissement de laquelle il eut grande part, étant fort en faveur auprès du Cardinal de Richelieu : il mourut en 1662. Diverses Poésies, Lettres, &c. *N*. XXXV.

    Daniel de PRIEZAC, né dans le Limosin, & mort à Paris en 1662. de l'Académie Françoise : *Vindiciæ Gallicæ :* Discours politiques ; Poésies, &c. *N*. XXXIII.

    Pierre Juste SAUTEL, de Valence, Jésuite & Poéte Latin, mort en 1662. Plusieurs petites Piéces ingénieuses & délicates.

    Adam BILLAUT, ou *Maître Adam*, Menuisier de Nevers, Poéte François, mort en 1662. Poésies *in-*4°.

    Laurent BANCK, de Norkoping en Suéde, mort Professeur en Droit à Franeker en 1662. Divers Ouvrages de Jurisprudence, Politique, &c. *N* XLI.

    Pierre MOHILA, Métropolite de Kiève, a composé une Histoire de Russie, qu'il a laissée signée de sa main, quantité de petits Ouvrages en Vers, & plusieurs autres, comme un Eucologion, & un Catéchisme, dont les Russes se servent. Ce Catéchisme a été approuvé par les 4 Patriarches Grecs, & est connu sous le nom de la *Confession Orthodoxe de la foi*, ayant été traduit en Grec.

1650.   Jean LIMNÆUS, Jurisconsulte Allemand, d'Iene en Saxe, mort en 1663. Divers Ouvrages, estimés.

    Pierre HEYLIN, Anglois, mort en 1663. Cosmographie ; Histoire de la Reine Elisabeth ; Histoire des Presbytériens, &c. *N*. I. & X.

    Jasper MAYNE, célébre Poéte Anglois ; Poéme au sujet de la victoire du Prince de Galles sur les Hollandois, & autres Piéces.

    Claude de BEAUREGARD, de Moulins, mort Professeur de Philosophie à Padoue en 1663. Divers Ouvrages Philosophiques. *N*. XXXI.

    Innocent CIRON, Jurisconsulte de Toulouse, y professe le Droit avec réputation : Observations, & autres Ouvrages.

    Roland Fréar de CHAMBRAI, publie cette année le Parallele de l'Architecture antique & de la moderne.

    Abraham *Bosse*, de Tours, habile Graveur, a publié des Traités estimés sur son Art, & sur la Perspective, dont il donna les premieres leçons à l'Académie de Peinture à Paris.

1651.   Nicolas Perrot D'ABLANCOURT, de Chaalons-sur-Marne, étoit de l'Académie Françoise, & mourut en 1664.

Depuis
J. C.

Traductions de Thucydide, Xénophon, Arrien, Céfar, Tacite, Lucien, Minucius-Félix, Marmol, &c. N. VI. & X.

Samuel GUICHENON, de Mafcon, mort en 1664. Hiftoire de la Breffe & du Bugey: Hiftoire Généalogique de la Maifon de Savoye, 2 Volumes *in-folio* N. XXXI.

Antoine SANDER, d'Anvers, Littérateur & Poéte, mort en 1664. *Flandria illuftrata*, *Brabantia facra & profana*, &c. N. XV.

Jean-Louis VAN-DER-LINDEN, Hollandois, fameux Profeffeur en Médecine à Leyde, mort en 1664. Editions de Celfe & d'Hippocrate, & divers Ouvrages de Médecine. N. III.

Corneille BONTEKOE, d'Alcmaer en Hollande, célébre Médecin & Difciple de Defcartes: Divers Traités, eftimés, dont plufieurs traduits en François.

Godefroi MOEBIUS, habile Médecin Saxon, mort en 1664. Ouvrages de Médecine, eftimés. Son fils, qui portoit le même nom, a eu auffi de la réputation.

Antoine GRYPHIUS, de Siléfie, fameux Poéte Allemand, mort en 664. Tragédies & Comédies. Son fils, *Chriftian*, s'eft auffi diftingué dans la Poéfie.

Marie CUNITZ, Dame fçavante de Siléfie, morte en 1664. a publié des Tables Aftronomiques.

Jean *Miel*, né près d'Anvers, excellent Peintre Flamand, mort à Turin en 1664.

Corneille *Wifcher*, excellent Deffinateur & Graveur Hollandois, qui a fait le plus d'honneur à fon pays en ce genre.

1652.
Nicolas *Pouffin*, d'Andely, célébre Peintre François, appellé le Raphael de France, mort à Rome en 1665.

Charles-Alphonfe du FRESNOY, de Paris, Peintre & Poéte Latin, mort en 1665. *De Arte graphica*, ou de l'Art de la Peinture, traduit en François, avec des Notes, par de Piles, & en Anglois par Dryden. N XIV.

Le Comte de PAGAN (Blaife François) d'Avignon, habile Mathématicien, mort à Paris en 1665. Traité des Fortifications: Théorêmes Géométriques: Théorie des Planetes, &c.

Jean FERMAT, Confeiller au Parlement de Touloufe, & habile Mathématicien, mort en 1665. Obfervations fur Diophante, & autres Ouvrages.

Kenelme DIGBY, Philofophe Anglois, mort en 1665. De la nature des corps & de l'immortalité de l'ame: Differtation fur les Végétaux, & autres Ouvrages.

Jean CLAUBERGE, du Duché de Berg, mort en 1665. Profeffeur de Philofophie à Duisbourg: il fut un des premiers à enfeigner la Philofophie de Defcartes. *Opera*, *Amftelodami* 1691, 2 Volumes in-4°. N. XL.

Depuis J. C.	Martin SCHOOCK, d'Utrecht, mort Professeur d'Histoire à Francfort sur l'Oder en 1665. Nombre d'Ouvrages, la plupart sur des sujets singuliers. *N.* XII. & XX.
1653.	Commencement de l'Académie des *Inſécondi*, à Rome.

Antoine DEUSING, Professeur en Médecine à Groningue, sçavant dans les Langues Orientales, mort en 1666. Traité sur le mouvement du cœur & du sang, & autres Ouvrages. *N.* XXII.

Jean-Gaspard GEVART, Jurisconsulte d'Anvers, mort en 1666. Plusieurs Ouvrages de Jurisprudence, & Poésies Latines. *N.* XXXVIII.

Jacques HOWEL, Anglois, mort en 1666. Divers Ouvrages de Politique & d'Histoire, dont le principal, Histoire de Louis XIII. *Londres* 1646. *in-fol.* en Anglois. *N.* XXXIX.

Jacques VARÆUS, Irlandois, mort en 1666. Traités historique sur l'Irlande. *N.* XVIII.

Jacques SHIRLY, célèbre Poéte Anglois, mort en 1666. Diverses Piéces de Théâtre.

Jean Ogier de GOMBAULD, Poéte François, né en Saintonge, l'un des premiers de l'Académie Françoise, mort en 1666. Nombre d'Ouvrages en Vers & en Prose. *N.* XXXIV.

Jean LORET, de Carentan, Auteur d'une Gazette en Vers, dont on a 3 Volumes *in-fol.* & de Poésies burlesques; mourut en 1666.

François *Manſard*, de Paris, célèbre Architecte, mort en 1666.

Le *Guerchin*, ou Jean-François *Barbieri*, fameux Peintre Lombard, mort en 1666.

Daniel de *Volterre*, ou *Ricciarelli*, Peintre & Sculpteur Italien, mort à Rome en 1666. C'est lui qui jetta en fonte d'un seul jet la statue de Louis XIII. qui est à Paris dans la Place Royale.

Michel *Laſne*, de Caen, célèbre Dessinateur & Graveur, mort en 1667.

1654.	Jean-Henri HOTTINGER, de Zurich, habile dans les Langues Orientales, mort en 1667. Nombre d'Ouvrages sçavans. *N.* VIII.

Jacques GOLIUS, de la Haye, sçavant Professeur d'Arabe & de Mathématiques à Leyde, mort en 1667. Traductions d'Elmacin, d'Alfergan: Dictionnaire Arabe & Persan, &c.

Corneille SCHREVELIUS, Littérateur Hollandois, mort en 1667. Editions d'Homére, d'Hésiode, & autres; Dictionnaire Grec pour les commençans, estimé.

Thomas REINESIUS, de Gotha, sçavant Littérateur & Médecin, mort à Leipsick en 1667. *Diverſæ lectiones*, & autres Ouvrages. *N.* XXX.

Depuis J. C.	Grégoire de SAINT-VINCENT, de Bruges, & Jésuite, mort en 1667. Trois Ouvrages sçavans sur les Mathématiques.
Samuel BOCHART, de Rouen, mort en 1667 à Caen, l'un des plus sçavans hommes de ce Siécle. Phaleg & Canaan, ou Géographie Sacrée : Hierozoicon, ou Histoire des animaux dont il est parlé dans l'Ecriture, &c. *N.* XXVII.
Jean SILHON, de Sos en Gascogne, mort en 1667. de l'Académie Françoise : Divers Ouvrages de Politique, & autres.
Gilbert GAULMIN, de Moulins, Poëte & Littérateur, mort en 1667. Poésies Latines, & autres Ouvrages.
Nicolas SANSON, d'Abbeville, célébre Géographe, mort à Paris en 1667. Grand nombre de Cartes, & divers Traités. *N.* XIII. & XX.
Balthasar de VIAS, de Marseille, Poëte Latin, habile dans la Jurisprudence & l'Astronomie, mort en 1667. Poëmes sur Henri IV. & sur Urbain VIII. Elégies, Sylves, &c.
Abraham COWLEY, Poëte Anglois, mort en 1667. Ses Œuvres en 2 Volumes *in*-8°. *N.* XI.
1655?	Jean DENHAM, Poëte Anglois, mort en 1668. Poëmes, & Piéces dramatiques.
Philippe BRIET, d'Abbeville, & Jésuite, mort en 1668. Paralleles de la Géographie ancienne & moderne, de l'Europe, 3 Vol. *in*-4°. Annales ou Histoire Universelle, 7 vol. *in*-12. Le tout en Latin, &c. *N.* XXXIV.
Jacques BALDE, l'un des plus excellens Poëtes Latins que l'Allemagne ait produits ; mort Jésuite en 1668. *Opera Coloniæ*, *in*-4°.
Jean GERARD, d'Iene en Saxe, mort en 1668. Harmonie des Langues Orientales : Traité de l'Eglise Cophte, & autres.
Philippe *Wauvermans*, de Harlem, excellent Peintre Hollandois, mort en 1668.
Gerard *Van-Obstal*, d'Anvers, habile Sculpteur, mort à Paris en 1668.
Michel *Dorigny*, de S. Quentin, Peintre & Graveur, gendre de Vouet ; mourut en 1668.
1656.	Fondation de l'*Université de Duysbourg*, dans le pays de Cléves, par l'Electeur de Brandebourg, Fréderic Guillaume.
Commencement de l'Académie des *Industriosi*, à Imola dans la Romagne.
Sébastien *Cramoisy*, célébre Imprimeur de Paris, mort en 1669. Ce fut le premier à qui fut donnée la direction de l'Imprimerie Royale établie au Louvre en 1640, & d'où sont sortis, aux dépens du Roi, tant de beaux Ouvrages, avec ce titre : *E Typographiâ Regiâ.*

DANS LES SCIENC. & ARTS. 751

Depuis | Denis de SALLO, Conseiller au Parlement de Paris,
J. C. | mort en 1669. Divers Ouvrages : il fut le premier Auteur du Journal des Sçavans, qui commença à paroître à Paris en 1665. & qui fut ensuite imité sous différens titres chez plusieurs Nations de l'Europe.

Marin Cureau de la CHAMBRE, né au Mans, Médecin & Littérateur, de l'Académie Françoise & de celle des Sciences, mort en 1669. Divers Ouvrages de Physique, de Morale, &c. *Pierre de la* CHAMBRE, mort en 1693. Curé de S. Barthélemi à Paris, & de l'Académie Françoise, étoit son fils puîné. *N.* XXVII.

Léon D'AIZEMA, de Frise, mort en 1669. Histoire des Provinces-Unies, avec Piéces justificatives.

Joachim RACHEL, célébre Poête Allemand, mort en 1669. Satyres, &c.

Pierre le MUET, de Dijon, Ingénieur & Architecte du Roi, mort en 1669. Plusieurs Ouvrages d'Architecture ; Editions de Vignole & de Palladio.

Pietre de Cortone, ou *Berretini*, excellent Peintre Florentin, & Architecte, mort en 1669.

Scheldt *Bolswert*, Flamand, excellent Graveur des compositions de Rubens, Vandyck, &c.

François & Michel *Anguier*, d'Eu, célébres Sculpteurs François, & frères, dont le premier mourut en 1669, & le second en 1686.

1657. | Jacques le Paulmier de GRENTEMESNIL, du pays d'Auge en Normandie, Littérateur, mort à Caen en 1670. *Observationes in optimos Auctores Græcos :* Description de l'ancienne Gréce, en Latin. *N.* VIII. & X.

Matthieu de MORGUES, de *Saint Germain*, né en Velay, mort à Paris en 1670. Divers Ouvrages sur les affaires de France, du tems du Cardinal de Richelieu. *N.* XXXV.

Alexandre MORUS, de Castres, Poête Latin, & Orateur, mort à Paris en 1670. Harangues & Poésies : Réponse à Milton pour la défense de Charles I. Roi d'Angleterre.

Samuel SORBIÈRE, d'Usès, Littérateur, mort en 1670. Lettres & Discours sur diverses matières, &c. *N.* IV. & X.

Honôrat de Beuil de RACAN, né en Touraine, Poéte François, mort en 1670, l'un des premiers de l'Académie Françoise : Bergeries ou Eclogues, Odes sacrées, &c. *N.* XXIV.

Jacques SAVARY, de Caen, Poéte Latin, mort en 1670. Poémes sur la Chasse du Liévre, sur le Mariage, & autres Poésies.

Georges HORNIUS, du Palatinat, mort Professeur à Leyde en 1670. Plusieurs Ouvrages d'Histoire & de Géographie.

Depuis J. C.

Edme Martin, sçavant Imprimeur de Paris, mort en 1670.

Nicolas TASSIN, de Dijon, Géographe, mort vers 1670. Côtes de France : Plans & profits de Villes, &c.

Laurent AZOLIN, Italien, habile dans les Belles-Lettres & la Jurisprudence, mort vers 1670. Ses Satyres en Langue Toscane sont estimées.

Louis le Vau, célébre Architecte François, mort en 1670.

Le Benedette, ou Benoît Castiglione, Peintre Génois, mort à Mantoue en 1670.

Le Véronese le jeune, ou Alexandre Turchi, Peintre Vénitien, mort à Rome en 1670.

N. Chambonniere, Musicien François, mort vers 1670. On a de lui plusieurs piéces de Musique.

Sébastien Bourdon, de Montpellier, excellent Peintre François, mort en 1671, fut le premier Recteur de l'Académie Royale de Peinture de Paris.

1658. Meric CASAUBON, de Geneve, sçavant Littérateur, mort à Londres en 1671. Notes sur Diogene-Laerce, Polybe, Marc-Aurele, Hiéroclès, Optat, & autres Ouvrages. N. XVIII.

Adam OLÉARIUS, d'Anhalt, mort en Holstein en 1671. Voyage en Moscovie : Chroniques de Holsein : Curiosités du Cabinet de Gottorp. N. XL.

Jean-Baptiste RICCIOLI, Jésuite, de Ferrare, Astronome, Mathématicien, &c, mort en 1671. Astronomia reformata, Geographia, Chronologia.

1659. Commencement de l'Académie des Vagabondi, à la Bastie en Corse, pour la Poésie Italienne ; renouvellée en 1750. par M. de Coursay, Général des François, qui vinrent alors en Corse pour soumettre les Rébelles.

Ovide MONTALBANI, de Bologne, y meurt Professeur en 1672. Divers Ouvrages sur l'Histoire Naturelle, &c. N. XXXVII.

Jean MARSHAM, sçavant Anglois, mort en 1672. Canon Chronicus Ægyptiacus, Hebraicus, Græcus, & autres Ouvrages. N. XXII.

Jean WILKINS, Anglois, mort en 1672. Œuvres Philosophiques : il fut le Promoteur de la Société Royale de Londres, qui lui doit son établissement. N. IV. & X.

Georges STIERHIELM, Poëte célébre de Suéde, mort en 1672. Diverses Poésies.

Jean-Fréderic GRONOVIUS, de Hambourg, meurt Professeur à Leyde en 1672. Editions d'Auteurs anciens, & divers Ouvrages d'Antiquités & de Jurisprudence.

Isaac BULLART, de Rotterdam, mort à Arras en 1672. Son fils, Jacques-Ignace, abrége & publie son Ouvrage sur les Hommes illustres, intitulé, Académie des Sciences & des Arts, 2 Vol. in-folio, 1683. & 1695. avec figures.

Tannegui

DANS LES SCIENC. & ARTS. 753

Depuis
J. C.

Tannegui le FEVRE (*Tanaquillus Faber*) Littérateur & Professeur de Grec à Saumur, mort en 1672. Notes sur des Auteurs anciens, Lettres Critiques, Poésies, &c. Ce fut le père de la fameuse Madame Dacier. *N.* III. & X.

François de la MOTHE *le Vayer*, de Paris, (fils de *Felix*, sçavant Jurisconsulte du Mans) se rendit habile dans les Belles-Lettres & les Sciences; mourut en 1672, de l'Académie Françoise. Ses Œuvres en 15 Volumes *in* 12. Edition complette.

Gui PATIN, sçavant Médecin de Paris, mort en 1672. Lettres curieuses & satyriques.

Jean *Warin*, de Liége, célébre Graveur, & Conducteur général des Monnoies de France, mort en 1672. lorsqu'il travailloit à l'Histoire Métallique de Louis XIV.

1660.
La *Société Royale de Londres*, pour la Physique, &c. est établie par le Roi Charles II. Ses Mémoires commencent en 1664, sous le nom de *Transactions Philosophiques*.

Jean-Amos COMÉNIUS, de Moravie, fameux Grammairien, mort à Amsterdam en 1673. *Janua linguarum*, & autres Ouvrages.

Reinier GRAAF, Médecin Hollandois, mort en 1673. Divers Ouvrages, estimés.

Jean BARELLIER, Dominicain, de Paris, mort en 1673. *Plantæ per Gall. Hisp. & It. observatæ*, &c. *in-fol.* 1744. publié par Ant. le Jussieu. *N.* XXXVI.

Ignace-Gaston PARDIES, Jésuite, de Pau, Mathématicien & Physicien, mort en 1673. Elémens de Géométrie; Statique: De la connoissance des bêtes: Cartes du Ciel, &c. *N.* I. & X.

Jean-Baptiste Pocquelin de MOLIERE, de Paris, fameux Poéte, qui a le plus excellé dans la Comédie, depuis la renaissance des Lettres; mourut en 1673. Œuvres, 6 Vol. *in-4°. Paris* 1734. ou 8 Vol. *in-*12. 1739. *N.* XXIX.

La Comtesse de la SUZE (Henriette de Coligny) célébre par ses Poésies; excelloit sur-tout dans l'Elégie; mourut à Paris en 1673. Ses Œuvres, 1684. 2 Volumes *in-*12.

Jean-François LOREDANO, sçavant Sénateur de Venise: Plusieurs Ouvrages de Littérature en Italien, dont quelques-uns traduits en François. Ce fut lui qui commença l'*Académie des Incogniti* à Venise.

Salvator Rosa, excellent Peintre de Naples, & Poéte Italien, mort à Rome en 1673. Satyres & Sonnets.

Mario *di Fiori*, ou *Nuzzi*, Peintre de Naples, mort à Rome en 1673.

Jean OGILBY, Ecossois, Littérateur & Géographe: Atlas: Diverses Traductions d'Auteurs anciens; & autres Ouvrages.

II. Partie.   B bb

Depuis J. C. 1661.

Jean MILTON, célébre Poéte Anglois, & l'un des plus beaux génies de a Nation, mort en 1674. Poémes du Paradis perdu & du Paradis recouvré, qui ont été traduits en François : Diverses autres Poésies, & plusieurs Ouvrages en Prose, dont les principaux sur la mort de Charles I. & le prétendu droit des Pu[i]ples contre les Tyrans. Ses Œuvres, *Londres* 1738. deux Volumes *in folio*, plus deux en *in-4°.*

Jean SADLER, sçavant Anglois, mort en 1674. Des droits du Royaume, *O bra*, &c.

Edouard Hyde de CLARENDON, Chancelier d'Angleterre, & Historien, mort à Rouen en 1674. Histoire des guerres civiles d'Angleterre, & autres Ouvrages.

Jean CHAPELAIN, Poéte, & l'un des premiers de l'Académie Françoise, mort en 1674. Divers Ouvrages en Prose & en Vers : Mélanges de Littérature, tirées de ses Lettres Manuscrites. Voyez le Tome II. de l'Histoire de l'Académie, par M. d'Olivet, Art. XI.

Marin de GOMBERVILLE, de l'Académie Françoise, mort en 1674. Diverses Poésies, &c. N. XXXVIII.

Charles SOREL, de Paris, mort en 1674. Bibliothéque Françoise, & plusieurs autres Ouvrages. N. XXXI.

Jacques MOISANT, de Caen, Poéte Latin, mort en 1674. Epigrammes, Poéme sur le Coq, &c.

Gabriel COSSART, Jésuite, de Pontoise, mort à Paris en 1674, aida le P. Labbe dans sa Collection des Conciles, &c. Harangues, & Poésies Latines.

Jean PECQUET, de Dieppe, sçavant Médecin, qui a découvert le réservoir du Chyle, auquel on a donné son nom ; meurt à Paris en 1674. de l'Académie des Sciences. Nouvelles expériences d'Anatomie, &c.

Jean SWAMERDAM, célébre Médecin d'Amsterdam : Traité sur la respiration & l'usage des poulmons : Histoire générale des Insectes ; & autres Ouvrages, estimés.

Isbrand DIEMERBROEK, fameux Professeur en Médecine & Anatomie à Utrecht, mort en 1674. Divers Ouvrages, *in-folio.*

Jean Otton TABOR, de Bautzen en Lusace, Jurisconsulte & Professeur à Strasbourg, mort en 1674. Opera, 2 Volumes *in-folio.*

Antoine PEREZ, Espagnol, Professeur en Droit à Louvain, mort en 1674. Plusieurs Ouvrages, estimés.

Sébastien de Pontault de BEAULIEU, célébre Ingénieur, & Maréchal de Camp des Armées de France, mort en 1674. dessina & fit graver toutes les Expéditions militaires du régne de Louis XIV. avec des Discours instructifs, &c.

Louis *Boullongne*, habile Peintre François, mort en 1674. laissant deux fils & deux filles qui suivirent ses traces.

DANS LES SCIENC. & ARTS.

Depuis J. C.   Philippe *Champagne*, de Bruxelles, Peintre Flamand, qui fut Recteur de l'Académie Royale de Peinture à Paris, & y mourut en 1674.

François *Chauveau*, habile Deffinateur & Graveur François, mort en 1674.

Nicolas Henri *Tardieu*, Graveur ordinaire du Roi, mort à Paris en 1674. Son fils marcha sur ses traces.

Paul *Rembrant* Van-Rhyn, excellent Peintre Hollandois, mort en 1674.

Antoine *Vitré*, l'un des plus célébres Imprimeurs de Paris, mort en 1674.

1662.   Gui-Michel le JAY, Président au Parlement de Paris, qui fit composer & imprimer une magnifique Bible Polyglotte, grand *in-folio*, 10 Volumes. *Paris* 1645. Il mourut en 1675.

Valentin CONRART, de Paris, fut comme le père de l'Académie Françoise, puisqu'elle s'assembloit dans sa maison avant qu'elle eût été établie par l'autorité du Roi. Il en fut le premier Secrétaire, & mourut en 1675. Quelques Poésies.

Jean le LABOUREUR, de Montmorenci, mort en 1675. Relation d'un Voyage en Pologne, *in-4°*. Edition des Mémoires de Castelnau, avec des Additions : Histoire de Charles VI, &c.

Gilles Personne de ROBERVAL, de l'Académie des Sciences de Paris, & Professeur Royal, mort en 1675. Divers Ouvrages de Mathématiques.

Jacques ROHAULT, d'Amiens, Philosophe & Mathématicien, qui a travaillé à la perfection de tous les Arts, mort à Paris en 1675. Physique générale, 2 Volumes *in-12*. Entretiens sur la Philosophie ; Traité des Méchaniques, & autres Ouvrages.

Antoine HALLÉ, Professeur d'Eloquence à Caen, & habile Poëte Latin, mort à Paris en 1675. Poésies *in-8°*.

Carlo DATI, Professeur de Belles-Lettres à Florence, mort en 1675. Panégyrique de Louis XIV. en Italien, & quelques Poésies. *N*. XXIV.

Joseph GALEANO, Médecin de Palerme, mort en 1675. Nombre d'Ouvrages de Médecine, des Poésies, &c.

Antoine MOLINETTI, Vénitien, Professeur en Médecine à Padoue, & habile Anatomiste, mort en 1675. Traité des sens & de leurs organes ; & autres.

Jean JONSTON, Polonois, sçavant Naturaliste & Médecin, mort en 1675. Plusieurs Ouvrages, dont le principal *Historia animalium*, 4 Volumes *in-folio*, avec figures. *N*. XLI.

Stanislas LUBIENIETSKI, Polonois, mort en 1675. Traité des Comètes, & autres.

Depuis J. C.

Jacques GRÉGORY, Ecoſſois, ſçavant Profeſſeur de Mathématiques à S. André, mort en 1675. Nombre d'Ouvrages.

Thomas WILLIS, célébre Médecin Anglois, à qui l'on doit pluſieurs découvertes utiles, mort à Londres en 1675. Traité ſur la peſte, ſur le cerveau, ſur les urines, & autres : *Amſterdam* 1682. 2 Vol. *in-*4°. *N*. XV.

Jean LIGTFOOT, ſçavant Littérateur Anglois, en Hébreu, & pour les Antiquités Judaïques, mort en 1675. *Opera, Ultraiecti* 1699, 2 Volumes *in-folio*. *N*. VI.

Abraham *Diepenbeck*, de Boiſleluc, Peintre Flamand, dont on a un grand nombre de deſſeins ; mourut à Anvers en 1675. C'eſt d'après lui qu'on a donné le *Temple des Muſes*.

Claude *le Fevre*, de Fontainebleau, Peintre François, mort à Londres en 1675. Il fut le Maître de François de Troy.

1663.

L'*Académie Royale des Inſcriptions* eſt établie à *Paris* : elle s'applique enſuite à toutes les parties des *Belles-Lettres*, & de l'Erudition. Le Roi lui a donné un Réglement en 1701. & des Lettres-Patentes en 1713. Un Arrêt du Conſeil en 1716. y a fait quelques changemens utiles. Voyez ſon Hiſtoire par M. de *Boze*, l'un de ſes anciens Secrétaires. Ses Mémoires *in-*4°. avec l'Hiſtoire continuée par Mrs Freret, de Bougainville, le Beau.

* Henri de VALOIS, de Paris, ſçavant Littérateur, mort en 1676. (déjà à l'Eccl. page 548.) a donné l'Edition d'Ammien-Marcellin, *Harpocrationis Lexicon*, avec des Notes, &c. *N*. III. V. & X.

Emmanuel MAIGNAN, Religieux Minime, de Toulouſe, célébre Mathématicien & Philoſophe, mort en 1676. Divers Ouvrages. *N*. XXXI.

François Hedelin D'AUBIGNAC, (fils de *Claude*, dont on a des Poéſies Latines & Françoiſes) né à Nemours, & mort à Paris en 1676, a fait beaucoup de recherches ſur le Théâtre ancien : Pratique du Théâtre, Térence juſtifié, &c. *N*. IV. & X.

Jean PRICE, de Londres, habile Critique, mort à Veniſe en 1676. *Notæ in Apuleium*, *Index Heſichii*, &c.

Bulſtrode WHITELOKE, Politique & Juriſconſulte Anglois, mort en 1676. Mémoires ſur les affaires d'Angleterre, & autres Ouvrages.

Matthieu HALE, ſçavant Anglois, mort en 1676. De la premiere origine des hommes, de la gravitation des corps fluides ; de la raréfaction & de la condenſation : Contemplations morales, &c.

Jean HERBINIUS, de Siléſie, mort en Pruſſe l'an 1676. Quelques Ouvrages ſur l'Hiſtoire Naturelle, & *Religioſæ Kijovienſes Cryptæ*. *N*. XXV.

Depuis J. C. 1654.

Isaac BARROW, Mathématicien Anglois, mort en 1677. Editions d'Archimède, d'Apollonius, & nombre d'Ouvrages sur la Géométrie, l'Optique, &c. *N*. XL.

François GLISSON, Médecin Anglois, mort en 1677, a fait des découvertes qui lui ont acquis une grande réputation. Divers Ouvrages d'Anatomie, &c.

Jacques HARRINGTON, célébre Ecrivain Anglois en matière de Politique, mort en 1677. Recueil de ses Ouvrages *in folio*.

François *Junius*, d'Heidelberg, (fils de François *du Jon*, mort à Leyde en 1602.) Il étoit sçavant dans les Langues Orientales, & possédoit celles du Nord de l'Europe: il mourut l'an 1677. en Angleterre, chez Isaac Vossius son neveu: *De pictura veterum*, *in-*4°. Glossaire en cinq Langues, *in-folio* Oxford 1745. *N*. XVI.

Joseph-Marie SUARÈS, d'Avignon, mort à Rome en 1677. Nombre d'Ouvrages de Littérature, & autres. *N*. XXII.

Antoine FERREIRA, l'un des plus célébres Chirurgiens Portugais, mort en 1677. Cours de Chirurgie.

N. *Cambert*, habile Musicien François, qui le premier donna des Opéras: Lulli l'ayant supplanté, il se retira en Angleterre, & y mourut en 1677.

1665.

Fondation de l'*Université de Kiel*, en Holstein.

Cette année, l'*Ecole Françoise de Peinture de Rome* fut fondée par le Roi Louis XIV. Elle a été jointe d'amitié, & pour l'instruction, à l'Académie Romaine de S. Luc, en 1676. On y envoye de Paris, un Peintre Directeur, & douze Elèves, qui sont pensionnés du Roi, pour y étudier les chefs-d'œuvres des anciens Maîtres, après avoir remporté à Paris les premiers prix de Peinture, ou de Sculpture, ou d'Architecture.

Claude *Ballin*, célébre Sculpteur-Orfévre de Paris, qui a très-perfectionné son Art; il mourut en 1678. Ses descendans ont suivi ses traces.

Robert *Nanteuil*, de Reims, célébre Dessinateur & Graveur, mort à Paris en 1678.

Jacques *Jordaans*, d'Anvers, excellent Peintre Flamand, mort en 1678. Rubens en fut, dit-on, jaloux.

Karel *du Jardin*, Peintre Hollandois, mort à Venise en 1678.

Anne-Marie de SCHURMAN, célébre Demoiselle, née à Cologne, qui demeura long-tems à Utrecht, & mourut en Frise l'an 1678. Elle étoit habile dans les Belles-Lettres, les Langues, même Orientales, la Peinture, la Sculpture, la Gravure, & la Musique; étoit en liaison avec les Sçavans de son tems. *Opuscules*, *Leyde* 1650. & *Utrecht* 1652. *N*. XXXIII.

Depuis J. C.

Henri OLDENBURG, de Brême, premier Secrétaire de la Société Royale de Londres, mort en 1678. Les quatre premiers Tomes des *Transactions Philosophiques*, depuis 1664. jusqu'en 1667, &c.

Thomas STANLEY, Littérateur Anglois, mort en 1678. Edition d'Eschyle, *in-fol*. Histoire de la Philosophie, qui a été traduite en François, &c.

Claude-François Millet de CHALES, Mathématicien, né à Chamberry, mort Jésuite en 1678. Ses Ouvrages en 4 Vol. *in-folio*.

Jacques ESPRIT, né à Beziers, de l'Académie Françoise, mort à Paris en 1678. Fausseté des vertus humaines, &c.

Sertorio ORSATO (Ursatus) de Padoue, sçavant Antiquaire & Professeur de Physique, mort en 1678. *Monumenta Patavina*: Explication de plusieurs Inscriptions: *De notis Romanorum*. *N*. XIII.

Jean-Baptiste NANI, noble Vénitien, mort en 1678. Histoire de Venise, & autres Ouvrages. *N*. XI.

Galeazzo GUALDO, de Vicenze, mort en 1678. Divers Ouvrages Historiques. *N*. XXXIV.

ABULGASI Bayadur-Khan, Prince Tartare Usbeck de Kharasm, acheve son Histoire Généalogique des Tartares, apportée en Europe par le Baron de Sthrahlenberg, Suédois, & imprimée à *Leyde* en 1726, *in*-8°. avec des Notes intéressantes.

1666.

L'*Académie Royale des Sciences* est établie à Paris: elle a été renouvellée & affermie en 1699. Ses Mémoires *in*-4°. par MM. du Hamel, de Fontenelle, de Mairan, de Fouchy, de Condorcet, Secrétaires.

N. *Riquet*, de Toulouse, ayant pour Ingénieur *Andréossi*, commence cette année à faire construire le magnifique Canal de Languedoc, qui fait la jonction des deux Mers. Depuis 1682. que les travaux ont été achevés, la Navigation n'a point discontinué.

Jacques de BILLY, de Compiégne, Mathématicien, mort Jésuite à Dijon en 1679. Divers Ouvrages de Mathématique & d'Astronomie. *N*. XL.

Denis Salvaing de BOISSIEU, sçavant de Dauphiné, mort en 1679. Traité de l'usage des Fiefs, &c. Poésies, & autres Ouvrages. *N*. XXIII.

Jean-Alphonse BORELLI, de Naples, célebre Professeur de Philosophie & de Mathématiques, à Florence & à Pise, mort en 1679. à Rome, où il fut honoré de l'amitié de la sçavante *Christine*, Reine de Suéde. *De motu animalium*, & autres Ouvrages. *N*. XVIII.

Thomas HOBBES, Philosophe Anglois, mort en 1679. *De Cive*, ou Traité du Citoyen, & Œuvres Philosophiques & Politiques, 2 Vol. *in*-4°. & autres Ouvrages. Ses mauvaises maximes ont été réfutées par plusieurs Auteurs.

DANS LES SCIENC. & ARTS.

Depuis
J. C.

Matthieu POOLE, savant Anglois, mort en Hollande en 1679. Divers Ouvrages, dont le plus considérable est *Synopsis Criticorum*, sur l'Ecriture Sainte, *Londini* 1669, 5 Volumes *in-fol.*

Josse VONDEL, né à Cologne, mais établi à Amsterdam, fut un Poéte célébre, qu'on appella le Virgile & le Sénéque Hollandois; mourut en 1679. Diverses Poésies.

Jean SCHEFFER, de Strasbourg, Littérateur & Professeur en Eloquence & en Politique, a Upsal en Suéde, mort en 1679. *De militiâ navali veterum: Historia Laponia*, qui a été traduite en François; & nombre d'autres Ouvrages. *N.* XXXIX.

1667.

L'*Académie del Cimento*, ou de Physique, établie à Florence, commence à publier le Recueil de ses Expériences. (Elle n'a subsisté plus depuis l'extinction de la Maison des Médicis, en 1737.)

Commencement de la *Société Littéraire de Villefranche*, en Beaujolois, qui a été érigée en 1695. par Lettres Patentes, en *Académie* Royale des Sciences & des Beaux Arts, confirmée en 1728.

Thomas BARTHOLIN, de Coppenhague, fameux Professeur en Médecine dans cette Ville, mort en 1680. Grand nombre d'Ouv. d'Anatomie & de Médecine. *N.* VI. & X.

Simon PAULLI, Danois, Médecin & Botaniste, mort en 1680. *Flora Danica*, & autres Ouvrages. *N.* III. & X.

Pierre LAMBECIUS, de Hambourg, mort a Vienne en 1680. *Origines Hamburgenses*, & autres Ouvrages. Catalogue des Manuscrits de la Bibliothéque de l'Empereur, 8 vol. *in-fol. N.* XXX.

Joseph GLANVILL, ingénieux Ecrivain Anglois, mort en 1680. La vanité de dogmatiser: *Scepsis scientifica*: Le *plus ultrà*, ou les progrès & l'avancement des Sciences depuis Aristote, &c.

Thomas BROWN, Médecin & Antiquaire Anglois, mort en 1680. *Opera*, 1686. *in-folio. Opera posthuma*, 1712. *in-4°.* Sa *Pseudodoxia* a été traduite en François sous le titre d'*Erreurs populaires*, Paris 1733, 2 Vol. *in-*12.

Le Comte de ROCHESTER, Jean *Wilmot*, fameux Poéte Anglois, sur-tout dans le genre satyrique, mort en 1680. Plusieurs de ses Satyres ont été traduites en François.

Samuel BUTLER, Poéte Anglois, mort en 1680. Poéme satyrique d'*Hudibras*, (qui a été traduit en François) & autres Poésies. *N.* IX.

Louis MORERI, de Bargemont au Diocése de Fréjus, mort en 1680. Grand Dictionnaire Historique, 1 Volume *in-fol.* 1674. augmenté depuis par divers Sçavans: la derniere Edition, qui est la vingtiéme, est en 10 Volumes *in-fol.* Paris 1761.

Depuis J. C.   Le Duc de la ROCHEFOUCAULD (François) l'un des plus beaux génies de son tems, mort en 1680. Réflexions, Sentences & Maximes : Mémoires de la Régence de la Reine Anne d'Autriche.

Denis GODEFROY, Historiographe de France, mort en 1680. Edition du Cérémonial de France : Histoire de Charles VI. de Charles VII. de Louis XI. de Charles VIII. par les Auteurs contemporains, avec des Observations : Histoire des Connétables, Chanceliers, &c. *N.* XVII.

René le BOSSU, de Paris, Chanoine Régulier de Sainte Geneviéve, mort en 1680. Paralléle de la Philosophie de Descartes & d'Aristote : Traité du Poéme Epique, &c. *N.* VI.

Antoine de la SABLIERE, Poéte François, célébre par ses Madrigaux, mort en 1680.

Jacques de SOLEISEL, Gentilhomme de Forez, mort en 1680, forma une célébre Académie de Manège, & publia le Traité du Parfait Maréchal, &c.

Jacques WALLE (*Wallius*) de Courtrai, habile Poéte Latin, & Jésuite, mort en 1680. Ses Poésies en un Volume, ou avec celles d'*Hosch*, Paris 1723.

* Athanase KIRKHER, de Fulde, & Jésuite, Philosophe & Mathématicien, mort à Rome en 1680. *Mundus subterraneus : Latium : China illustrata : Œdipus Ægyptiacus : De Magnete* ; & nombre d'autres Ouvrages curieux. *N.* XXVII.

Raimond de MONTECUCULLI, de Modène, Général de l'Empereur, mort en 1680. Mémoire sur l'Art de la Guerre.

Pierre MENGOLI, Professeur de Méchanique à Bologne, mort vers 1680. Divers Ouvrages sur la Géométrie & la Musique.

Le *Bolognese*, ou Jean-François *Grimaldi*, Peintre Lombard, que le Cardinal Mazarin fit venir en France : il mourut à Rome en 1680.

Jean-Laurent *Bernini*, dit le *Cavalier Bernin*, de Naples, célébre pour l'Architecture, la Sculpture & la Peinture, vint en France en 1665, & mourut à Rome en 1680.

Gerard Dow, de Leyde, excellent Peintre Hollandois, mort en 1680. Il eut deux habiles Disciples, *Mieris* & *Slingelandt*.

Pierre *Lely*, de Soest en Westphalie, habile Peintre en portrait, regardé comme Anglois, parce qu'il passa la plus grande partie de sa vie en Angleterre, & y mourut en 1680.

1668.   Fondation de l'*Université de Lunden*, par le Roi de Suéde Charles XI.

Depuis	Herman CONRINGIUS, de Frise, Professeur à Helms-
J. C.	tad, habile dans la Jurisprudence & l'Histoire, mort en

1681. Grand nombre d'Ouvrages, recueillis en 6 Vol. *in-folio*, à *Brunswick* 1731. *N.* XIX & XX.

Nicolas HEINSIUS, sçavant Hollandois, (fils de *Daniel*,) mourut en 1681. Notes sur plusieurs Poëtes anciens, & excellente Edition de Virgile.

Olivier PATRU, de Paris, fameux Avocat au Parlement, & de l'Académie Françoise, mort en 1681, avec la réputation du Quintilien François, Plaidoyers, & autres Ouvrages, *Paris* 1714 & 1732, 2 Vol. *in-4°*. *N.* VI. Lorsqu'il fut reçu à l'Académie, en 1640, il fit un Remerciment; & depuis l'on y a obligé tous ceux qu'on a reçus.

Jacques GAFFAREL, Bibliothécaire du Cardinal de Richelieu, mort à Ségovie en Espagne, l'an 1681. Curiosités inouies, & autres Ouvrages.

François VAVASSEUR, de Paray au Diocèse d'Autun, Jésuite, Littérateur & Poëte, mort à Paris en 1681. Poésies Latines: Traité *de ludicra dictione*, & autres, recueillis *in-folio*, à *Amsterdam* 1705. *N.* XXVII.

Pierre BERTAULT, de Sens, Archidiacre de Chartres, mort en 1681. *Florus Gallicus*: *Florus Francicus*, & autres Ouvrages.

Michel de MAROLLES, né en Touraine, & mort à Paris en 1681. Grand nombre de Traductions, où il réussit souvent assez mal; & d'autres Ouvrages: Mémoires Historiques. Il recueillit un nombre très-considérable d'Estampes, qui sont aujourd'hui dans la Bibliothéque du Roi, *N.* XXXII.

Abraham de *Wicquefort*, d'Amsterdam, mort en 1681. L'Ambassadeur, & ses fonctions, 2 Vol. *in-4°*. Plusieurs Traductions & autres Ouvrages. *N.* XXXVIII.

François *Mieris*, de Leyde, fameux Peintre Hollandois, mort en 1681.

Gerard *Terburg*, de Zwol, Peintre Hollandois, qui travailla avec réputation, en Allemagne, France, Espagne, Angleterre, & mourut dans son pays à Deventer en 1681.

Balthasar & Gaspard *Marsy*, freres, de Cambrai, habiles Sculpteurs, mort à Paris; le premier en 1673, & le second en 1681.

1669. L'*Académie* Royale d'*Arles* est établie pour les Sciences & les Langues, (par les soins du Duc de S. Aignan, François *de Beauvilliers*, de l'Académie Françoise) en faveur de vingt Gentilhommes, auxquels on en a ajouté ensuite dix autres.

Fondation de l'*Université de Kiel*, en Holstein, par le Duc Albert.

| Depuis J. C. | Etablissement de l'*Académie Royale de Musique à Paris*, ou de l'Opéra, dont on peut faire remonter une premiere époque au Cardinal *Mazarin*, en 1645. Par Arrêt du Conseil de l'an 1749, l'administration en est confiée a MM. de l'Hôtel-de-Ville de Paris : les Ediles avoient ainsi autrefois, à Rome, le soin des Spectacles.

Jean PICART, célébre Astronome, & de l'Académie des Sciences de Paris, mort en 1682. Divers Ouvrages de Géométrie, d'Astronomie, &c.

Jean-Joachim BECHER, de Spire, sçavant Chymiste, mort à Londres en 1682. *Physica subterranea*, & autres Ouvrages.

Michel-Ange RICCI, Cardinal, habile dans les Mathématiques, mort en 1682. Traité *de maximis & minimis*, & deux sçavantes Dissertations.

Octavien FERRARI, Littérateur de Milan, mort en 1682. Traités sur les vêtemens des anciens, les lampes sépulchrales, l'origine de la Langue Italienne; & nombre d'autres Ouvrages.

Claude Gelée, dit le *Lorrain*, nom sous lequel il est plus connu, excellent Peintre François, mort à Rome en 1682, âgé de 82 ans. |
| 1670. | L'Académie Physique d'Allemagne, connue sous le nom de *Société des Curieux de la Nature*, établie à *Augsbourg*, commence à publier ses Mémoires sous le titre de *Miscellanea*, &c.

Daniel-Gaspart de LOHENSTEIN, célébre Poéte Allemand, né en Silésie, & mort en 1683. Diverses Poésies, & autres Ouvrages. Il passe pour celui qui a porté la Tragédie Allemande à sa perfection.

Chrétien NOLDIUS, de Scanie, Littérateur & Philosophe, mort à Coppenhague en 1683. *Concordantiæ particularum Hebræo-Chaldaicarum*, Iena 1734. in-4° *Hist. Idumææ: Sacrarum Antiquitatum Synopsis : Logica*, & autres Ouvrages.

Jean KUNCKEL, célébre Chymiste de Saxe: *Observationes Chemicæ*: L'Art de la Verrerie, dont traduction à Paris 1752, &c.

Michel ETTMULLER, de Leipsick, Médecin & Professeur de Botanique, Chymie & Anatomie, mort en 1683. *Opera, Neapol.* 1728, 5 Volumes *in-folio*.

Abraham MUNTING, Médecin de Groningue, mort en 1683. Divers Ouvrages sur la Botanique. *N.* XXXVIII.

Jean MINELLIUS, Littérateur Hollandois, mort en 1683. Notes sur Térence, Virgile, Horace, Sallutte, Florus, Valere-Maxime, &c.

François EUDES de MEZERAY, né en basse Normandie, de l'Académie Françoise, dont il fut Secrétaire; mourut |

Depuis J. C. en 1683. Histoire de France, 3 Vol. *in-fol.* 1643, 1646, 1651. Abrégé de cette Histoire (plus estimé) 3 Volumes *in-4°.* 1668. De l'origine des François : Continuation de l'Histoire des Turcs par Chalcondyle, & autres Ouvrages. *N.* V. & X.

Antoine *Rossignol*, d'Alby, mort à Paris Maître des Comptes en 1683, possédoit dans la derniere perfection l'Art de déchiffrer les Lettres écrites en chiffre : ce qui l'a fait mettre au nombre des Hommes Illustres de ce Siécle par M. Perrault : Part. II. pag. 57.

Madame de VILLEDIEU (Marie-Catherine DESJARDINS) morte en 1683, se fit un nom par beaucoup de petites Historiettes, &c. 10 Volumes *in-12.*

Jean OLDHAM, Poëte Anglois, mort en 1683, âgé de trente ans. Diverses Poésies & Traductions.

Algeron SIDNEY, sçavant Anglois dans l'Histoire & la Politique, mort en 1683. Traité du Gouvernement, qui a été traduit en François ; & plusieurs autres Ouvrages.

Jean COLLINS, habile Mathématicien Anglois, mort en 1683. Divers Traités : *Commercium Epistolicum.*

Robert MORISON, d'Aberdeen en Ecosse, Médecin & habile Botaniste, mort à Londres en 1683. Histoire des Plantes, &c. *N.* XVII.

Joachim SANDRART, de Francfort, Peintre Allemand, & homme de Lettres, meurt en 1683, à Nuremberg, où il avoit établi une Académie de Peinture : Histoire de la Vie des Peintres.

Nicolas *Berghem*, de Harlem, excellent Peintre Hollandois & Graveur, mort en 1683.

1671. L'*Académie Royale d'Architecture* est établie à *Paris* : elle a été confirmée, & a eu de nouveaux Réglemens en 1717.

Pierre CORNEILLE, de Rouen, célébre Poëte, regardé comme le père du Théâtre François, mort Doyen de l'Académie Françoise en 1684. Tragédies & Comédies, dont la meilleure Édition est de 1682. 4 Vol. *in-12.* Imitation de J. C. en Vers, &c. *N.* XV. & XX.

Anne de la VIGNE, Demoiselle célébre par ses talens pour la Poésie, fut reçue de l'Académie des Ricovrati de Padoue, & mourut en 1684. Odes, & autres petites Piéces.

Geraud de CORDEMOY, de Paris, Historien & Philosophe, étoit de l'Académie Françoise, & mourut en 1684. Histoire de France des deux premiéres Races, 2 Vol. *in-fol.* Six Discours sur la distinction de l'ame & du corps, Physique de la parole, & autres Ouvrages, recueillis, *in-4°.* en 1702. *N.* XXXVII.

Depuis J. C.

Gilles LACARRY, de Castres, & Jésuite, mort en 1684. Plusieurs Ouvrages sur l'Histoire des Gaules, &c.

Edme MARIOTE, de Bourgogne, Physicien & Mathématicien, de l'Académie des Sciences de Paris, mort en 1684. Ses Œuvres, à *Leyde*, 1717. 2 Volumes in-4°.

Le Comte de ROSCOMON (Wenworth *Dillon*) Poëte Anglois, mort en 1684. Poéme intitulé Essai sur la maniere de traduire en Vers; plusieurs autres Poésies: Traduction de la Poétique d'Horace.

Jean Van-der-Goes ANTONIDES, de Zélande, célébre Poéte Hollandois, mort en 1684. Ses Ouvrages, à *Amsterdam* 1714. in-4°.

Jean-Rodolphe WESTEIN, Professeur à Basle, mort en 1684. Divers Ouvrages de Littérature. Son fils *Rodolphe* a été l'un des ornemens de l'Université de Basle; & *Henri* a établi à Amsterdam une célébre Imprimerie, où ses descendans marchent sur les traces de leur pere. *N.* II.

Auguste VARENIUS, de Lunebourg, si sçavant Littérateur en Hébreu, qu'on le regarde en Allemagne comme le plus habile après les Buxtorf; mourut en 1684, après avoir publié nombre d'Ouvrages.

Jacques THOMASIUS, de Leipsick, Philosophe & Littérateur, mort en 1684. Origines de l'Histoire Philosophique & Ecclésiastique; plusieurs Dissertations; Traité du Plagiat, &c.

Héléne-Lucréce CORNARA *Piscopia*, Vénitienne, si illustre par sa science, qu'elle fut reçue Docteur à Padoue, & aggrégée à plusieurs Académies; mourut en 1684. Opuscules, *Parmæ* 1688. in-8°.

Nicolas ANTONIO, Espagnol & Chanoine de Séville, mort en 1684. Bibliothéque des Auteurs Espagnols, très-estimée.

Gonzalès *Coquès*, d'Anvers, Peintre Flamand, excelloit dans le Portrait; mort en 1684.

Henri *Dumont*, de Liége, célébre Musicien, mort à Paris en 1684. On a de lui des Motets, estimés, & cinq grandes Messes.

1672.

Commencement de l'Académie des *Schetti*, à Parme.

Le Baron de SLUSE (René-François *Walther*) sçavant Liégeois, mort en 1685. Lettres, & Ouvrages intitulés *Mesolabum & Problemata solida*.

Rembert DODOENS (*Dodonæus*) Médecin de Malines, mort en 1685. Divers Ouvrages sur la Botanique & la Médecine.

Thomas MARSHALL, sçavant Critique Anglois, mort en 1686. Divers Ouvrages. Il légua en mourant ses Livres à la Bibliothéque publique d'Oxford.

DANS LES SCIENC. & ARTS. 765

Depuis   Edmond CASTEL, Anglois, habile dans les Langues
J. C.   Orientales, eut part à la Polyglotte de Walton, & fit l'excellent Dictionnaire en sept Langues, *Lexicon Heptaglotton*, qui affoiblit sa vue & le ruina : il mourut en 1685.

Thomas OTWAY, Poéte Comique Anglois, mort en 1685. Diverses Piéces Dramatiques.

David MÉVIUS, Jurisconsulte Allemand, mort en 1685. Commentaires sur le Droit de Lubeck; Traité de l'Amnistie : Jurisprudence universelle, &c.

Otto GUERICKE, de Magdebourg, fameux par ses Expériences du vuide, qu'il publia cette année, & par l'invention de la Machine Pneumatique, &c.

Pierre MÉNARD, de Tours, Avocat au Parlement de Paris, mort en 1685. Divers Ouvrages.

Jacob SPON, de Lyon, Historien & Antiquaire, mort en 1685. Voyage de Gréce, &c. Histoire de Geneve, Recherches d'Antiquités, *in-4°*. *Miscellanea eruditæ Antiquitatis*, in-folio, &c.

Antoine MENJOT, habile Médecin François, mort en 1685. Histoire & guérison des fiévres malignes, & plusieurs Dissertations.

Pierre *Michon* BOURDELOT, Médecin de Paris, mort en 1685. Traité de la Vipére, & autres Ouvrages, estimés.

Vittorio SIRI, Italien, & Historiographe de France, mort à Paris en 1685, âgé de 77 ans. Mercure Italien, depuis 1635 jusqu'en 1649, 13 Vol. *in-8°*. *Memorie recondite*, 4 Vol. *in-4°*.

Barthélemi *Murillo*, excellent Peintre Espagnol, mort en 1685.

Adrien *Van-Ostade*, de Lubeck, excellent Peintre Allemand & Graveur, mort à Amsterdam en 1685.

1673.   Nicolas STÉNON, Médecin de Coppenhague, mort en 1686. Evêque de Titiopolis, & Vicaire Apostolique dans les Pays Septentrionaux : De l'Anatomie du cerveau, & autres Ouvrages.

Godefroi d'ESTRADES, Maréchal de France, mort en 1686. célébre par ses Négociations : Mémoires, 9 Vol. *in-12*.

Claude-Emmanuel Luillier CHAPELLE, mort en 1686. Petites piéces de Poésie, & *Voyage de Bachaumont*, en Prose & en Vers.

Antoine de SOLIS, Poéte & Historien Espagnol, mort en 1686. Plusieurs Comédies, & l'Histoire de la Conquête du Méxique, qui a été traduite en François.

Guillaume DUGDALE Antiquaire Anglois, mort en 1686. *Monasticon Anglicanum*, 3 Vol. *in-fol.* aujourd'hui rare : Histoire de l'Eglise de S. Paul de Londres : le Baronage d'Angleterre ; Mémoires sur les Loix, &c. *N. XV.*

Depuis
J. C.

Jean PÉARSON, sçavant Anglois, mort en 1686. Evêque de Chester : *Annales S. Pauli : Vindiciæ Epistolarum S. Ignatii : Annales S. Cypriani :* Dissertations sur l'ordre & la succession des premiers Evêques de Rome, &c.

Jean FELL, Anglois, mort Evêque d'Oxford en 1686. Edition de S. Cyprien, & autres Ouvrages.

Seth WARD, sçavant Anglois, mort en 1686. Evêque de Salisbury : Divers Ouvrages d'Astronomie, de Mathématiques, & autres. *N.* XXIV.

François BLONDEL, Architecte François, Professeur Royal de Mathématiques, & Membre de l'Académie des Sciences, mort en 1686. Cours d'Architecture, *in-fol.* Cours de Mathématiques : Histoire du Calendrier Romain : & autres Ouvrages.

Jacques *Gabriel*, de Paris, Architecte du Roi, mort en 1686.

Pierre le *Petit*, habile Imprimeur de Paris, mort en 1686.

N. *Robert*, habile Musicien François, mort vers 1686. Plusieurs Motets à grands Chœurs.

1674.
Jean-Baptiste *Lulli*, de Florence, le plus grand Musicien qui ait paru en Europe, vint jeune à Paris, & y mourut en 1687. Sur-Intendant de la Musique du Roi. Ses Ouvrages sont regardés comme des chefs-d'œuvres de Musique.

René RAPIN, de Tours, Poëte & Littérateur Jésuite, mort en 1687. Poésies Latines & Poëme des Jardins, 3 Vol. *in-*12. 1723. Réflexions sur l'Eloquence, la Poésie, l'Histoire, la Philosophie ; & autres Ouvrages. *N.* XXXII.

Pierre PETIT, de Paris, Médecin & Littérateur, mort en 1687. Divers Ouvrages de Philosophie & de Littérature, avec des Poésies Latines. *N.* XI. & XX.

Philibert de la MARE, sçavant Conseiller au Parlement de Dijon, mort en 1687. Vies de plusieurs Sçavans de Bourgogne, &c.

Jean BUSCAGER, de Beziers, célèbre Professeur en Droit à Paris, mort en 1687. Quelques Ouvrages de Jurisprudence. *N.* XV.

Claude du MOLINET, de Chaalons-sur-Marne, Bibliothécaire de Sainte-Geneviéve de Paris, où il amassa un Cabinet de Curiosités : Histoire des Papes par Médailles, & plusieurs Dissertations.

Gilles-André de la ROQUE, né près de Caen, & mort à Paris en 1687. Divers Ouvrages sur les Généalogies & le Blason : Traité de la Noblesse, &c. *N.* XXI.

Jule BARTOLOCCI, Italien, de l'Ordre de Citeaux, sçavant en Hébreu, mort en 1687. Bibliothéque Rabbinique, 4. Vol. *in-folio*, &c.

Depuis J. C.	Josué ARNDIUS, de Gustrow dans le Mecklenbourg, Littérateur & Antiquaire, mort en 1687. *Lexicon Antiquitatum Ecclesiasticarum*, in-4°. *Clavis Antiq. Judaicarum*; & autres Ouvrages.
	Le Duc de BUCKINGHAM, Georges de *Villiers*, mort en 1687. Comédie Angloise, appellée la Répétition, où l'Auteur tourne en ridicule les Poëtes de son tems, surtout Dryden.
	Edmond WALLER, célébre Poëte Anglois, mort en 1687. Quelques-unes de ses Poésies ont été traduites en François.
	Gaspard *Nestcher*, excellent Peintre Allemand, mort à la Haye en 1687.
	La Reine *Christine*, retirée à Rome, y établit dans son Palais une *Académie* qui donna, après sa mort (arrivée en 1689,) naissance à la fameuse *Académie des Arcades*.
1675.	L'*Académie de Soissons*, établie par les soins de M. Pellisson, sur le modèle de l'Académie Françoise, par Lettres-Patentes de l'année précédente, vérifiées cette année en Parlement.
	Fondation de l'*Académie* Royale *de Turin*, qui a été renouvellée depuis, & a publié quelques volumes de *Mémoires*, in-4°.
	Jean HÉVELKE (Hevelius) de Dantzick, célébre Astronome, mort en 1688. Sa femme possédoit bien l'Astronomie, & fit une partie des Observations publiées par son mari : *Selenographia*, ou Description de la Lune : *Machina cælestis*, &c.
	Pierre RÉSENIUS, de Coppenhague, mort en 1688. Divers Ouvrages sur les Antiquités de Dannemarck & de Norwege. *N.* XXXVI.
	Rodolphe CUDWORTH, célébre Philosophe & Mathématicien Anglois, mort en 1688. Systême intellectuel de l'Univers, traduit en Latin par Jean-Laurent Mosheim, avec des Notes & Dissertations, 2 Volumes in-fol. *Ienæ*, 1733. *N.* XXXVI.
	Jean-Gaspard SUICER, de Zurich, Professeur en Hébreu, mort en 1688. Lexicon, ou Trésor Ecclésiastique des Peres Grecs, 2 Vol. *in-folio*. Amsterdam 1682 & 1728.
	Isaac VOSSIUS, sçavant Littérateur, mort en Angleterre l'an 1688. Plusieurs Ouvrages pour soutenir le systême de la Chronologie des LXX. & des Observations sur divers Auteurs anciens. *N.* XIII.
	Jean DOUJAT, de Toulouse, Professeur en Droit à Paris, & de l'Académie Françoise, mort en 1688. *Prænotiones canonicæ & civiles*; Histoire du Droit, &c. Abrégé de l'Histoire Grecque & Romaine : Notes sur Tite-Live *ad usum Delphini*, &c. *N.* XVI.

Depuis J. C.

François BERNIER, d'Angers, Médecin, mort à Paris en 1688. Voyages & Histoire du Mogol : Abrégé de la Philosophie de Gassendi, &c. *N.* XXXIII.

Honoré FABRI, de Belley, Philosophe & Mathématicien, Jésuite, mort à Rome en 1688. Divers Ouvrages.

* Charles du Fresne DU CANGE, d'Amiens, grand Littérateur, mort en 1688. Glossaire pour la basse Latinité, 3 Vol. *in-folio*, (dont les Bénédictins ont donné une nouvelle Edition, augmentée en 1733. 6 Vol.) Glossaire pour la Langue Grecque, 2 Vol. Histoire de C. P. sous les Emp. François : *Historia Byzantina* : Editions de Zonare, de Cinname, de Joinville, &c. Il a laissé un grand nombre de Manuscrits. *N.* VIII.

Claude PERRAULT, de Paris, Médecin & Architecte, étoit de l'Académie des Sciences, & mourut en 1688. Traduction de Vitruve, avec des Notes ; Recueil de Machines, Mémoires pour l'histoire des Animaux, Dissertations Physiques, &c. C'est sur ses desseins qu'a été faite la magnifique façade du Louvre, aussi-bien que l'Observatoire, &c.

Gabriel GUERET, de Paris, Avocat au Parlement, mort en 1688. Divers Ouvrages de Littérature, tels que le *Parnasse réformé*, la *Guerre des Auteurs*, &c. Recueil de Décisions ; Questions notables, &c. *N.* XXXVI.

Philippe QUINAULT, de Paris, Poëte & de l'Académie Françoise, mort en 1688. Il réussit au Lyrique du Théâtre, & l'on a de lui nombre d'Opéras, &c. *N.* XXXIII.

Claude *Mellan*, d'Abbeville, célèbre Dessinateur & Graveur, mort en 1688. On a de lui un Œuvre considérable.

Ciro Ferri, habile Peintre Romain, & Architecte, mort en 1689.

Vion d'HÉROUVAL, Auditeur des Comptes de Paris, à qui la République des Lettres doit infiniment, pour les travaux & recherches immenses qu'il a faites, & qu'il a communiquées très-libéralement à tous ceux qui en pouvoient avoir besoin ; mort le 29 Avril 1689. Voyez le *Journal des Sçavans* du 23 Mai de cette année.

1676.

Antoine de RUFFY, de Marseille, mort en 1689. Histoire de Marseille (augmentée par son fils, *Louis-Antoine*, mort en 1724.) Histoire des Comtes de Provence, &c. *N.* I.

Madame de MOTTEVILLE, Françoise *Bertaut*, morte en 1689. Mémoires pour l'Histoire d'Anne d'Autriche, 5 Vol. *in-*12. *Amsterdam* 1723.

Pierre HALLÉ, de Caen, mort à Paris, Professeur au Collège Royal en 1689. Recueil de Poésies Latines & de Harangues. *N.* III. & X.

Depuis J. C.

Pierre BOREL, de Castres, Médecin, & de l'Académie des Sciences, mort en 1689. Antiquités de Castres, &c. Divers Ouvrages de Médecine, Botanique, & Chymie. N. XXXVI.

Théophile BONET, de Geneve, Médecin, mort en 1699. Nombre d'Ouvrages d'Anatomie & de Médecine, estimés. N. V.

Thomas SYDENHAM, célebre Médecin Anglois, mort en 1689. *Opera*, *Londini* 1695. in-8°. N. XVI. & XX.

Aphara BEHN, Dame Angloise, célebre par ses Poésies, & autres Ouvrages, morte en 1689.

Etienne le MOYNE, sçavant Critique & Professeur à Leyde, mort en 1689. *Varia sacra*, 2 Vol. *in-4°*. & autres Ouvrages. N. XIII.

Marquard GUDIUS, du Holstein, Littérateur & Antiquaire, mort en 1689. *Epistolæ*; Recueil d'Inscriptions, &c. N. XXVI.

André SENNERT, Professeur en Langues Orientales à Wittemberg, mort en 1689. Nombre de Dissertations, & autres Ouvrages. N. XXXIII.

1677.

Fondation de *l'Université d'Inspruck*, en Tirol.

Olaüs BORRICHIUS, Médecin Danois, mort en 1690. Nombre d'Ouvrages sur les Belles-Lettres, les Antiquités, la Médecine, & des Poésies. N. XIX.

Thormod TORFÆUS, Historiographe du Roi de Danemarck Frederic II, est mort la même année, & a publié des Mémoires sur l'Islande.

Joachim PASTORIUS, sçavant Polonois, mort vers 1690. *Florus Polonicus*, & autres Ouvrages.

Olivier DAPPER, Médecin d'Amsterdam, mort en 1690, connu par ses Descriptions de l'Asie & de l'Afrique, 2 Vol. *in-fol.* en Hollandois : l'Afrique a été traduite en François.

Louis de WOLZOGUE, d'Amersfoort, près d'Utrecht, mort en 1690. *Orator sacer* : Traduction Françoise du Dictionnaire de la Langue Sainte d'Edouard *Leih*, Anglois, *Amsterdam* 1703. *in-4°*. & autres Ouvrages.

Thomas BAKER, Mathématicien Anglois, mort en 1690. Clef Géométrique, &c.

Jean RUSHWORTH, sçavant Anglois, mort en 1690. Recueils Historiques.

Jean PRESTET, de Chalon-sur-Saône, Mathématicien, & Prêtre de l'Oratoire, mort en 1690. Elémens de Mathématiques, 2 Vol. *in-4°*. &c.

Jacques SAVARY, de Doué en Anjou, travaille au Code Marchand, & meurt en 1690. Parfait Négociant, 2 Vol. *in-4°*. Avis & Conseils sur les matiéres du Commerce, *Paris* 1715.

Depuis J. C.   Charles *le Brun*, de Paris, excellent & sçavant Peintre, mort en 1690, a fait un Traité des Passions composées; & un autre de la Physionomie, avec figures.

Antoine-François *Van-der-Meulen*, de Bruxelles, habile Peintre Flamand, qui se fixa en France, où il travailla aux Conquêtes de Louis XIV, & mourut en 1690. *Pierre*, son frere, se distingua dans la Sculpture, & passa en Angleterre.

Etienne le *Hongre*, de Paris, bon Sculpteur, mort en 1690.

1678.   Jean-Pierre *Slingelandt*, de Leyde, habile Peintre Hollandois, mort en 1691.

Jean *Petitot*, de Geneve, Peintre en émail, qui ayant porté cet Art à sa perfection, mourut en 1691.

Israel *Sylvestre*, de Nancy, célebre Graveur, mort à Paris en 1691. Plusieurs de ses enfans & petits-enfans l'imiterent.

Antoine *le Pautre*, de Paris, habile Architecte, mort en 1691. *Pierre & Jean*, ses fils, se distinguerent dans la Sculpture & la Gravure.

François PINSSON, Avocat au Parlement de Paris, mort en 1691. Traité de la Régale, & autres Ouvrages. N. XXII.

Adrien AUZOUT, l'un des premiers de l'Académie des Sciences de Paris, mort en 1691. Ouvrages & Mémoires d'Astronomie & de Géométrie.

Isaac de BENSERADE, de Lions en Normandie, Poëte & de l'Académie Françoise, mort à Paris en 1691. Diverses Poésies. N. XIV.

Jean-Jacques HOFFMAN, Professeur en Grec à Basle: Dictionnaire Historique, Latin, 2 Vol. *in-fol.* 1677. La meilleure Edition augmentée, à *Leyde*, 1698, 4 Volumes.

Georges MACKENSIE, sçavant Ecossois, mort en 1691. Loix & Coutumes d'Ecosse: Le Vertueux ou le Stoïque, & autres Traités. N. XXV.

Robert BOYLE, célebre Physicien Anglois, mort à Londres en 1691. Par ses expériences il fit d'importantes découvertes, & fonda à Oxford une Chaire pour y démontrer les attributs de Dieu par les merveilles de la nature: il avoit eu des liaisons intimes à Paris avec Blaise Pascal. Ses Œuvres, *Londres* 1744. 5 Volumes *in-folio.*

Edouard POCOCK, sçavant Anglois dans les Langues Orientales, mort en 1691. Traduction de l'Arabe d'Eutichius, d'Abulpharage, &c. Ses autres Ouvrages, *Londres* 1740, 2 Volumes *in-folio.* N. XXI.

Daniel-Georges MORHOF, sçavant Allemand, de Vismar, mort à Lubeck en 1691. *Polihistor, sive de notitiâ Auctorum & rerum, Lubecæ* 1708, 2 Vol. *in-4°.* & nombre d'autres Ouvrages. N. II. & X.

DANS LES SCIENC. & ARTS. 771

Depuis J. C. 1679.

Le Droit Civil est enseigné à Paris, par Edit de Louis XIV. Il n'y avoit été enseigné jusqu'alors que comme furtivement, à cause des défenses de plusieurs Papes.

Adrien de VALOIS, sçavant Littérateur, mort en 1692. Histoire Latine de France, *in-fol.* 3 Vol. *Notitia Galliarum*, &c.

Melchisedech THEVENOT, de Paris, Membre de l'Académie des Sciences, & Garde de la Bibliothéque du Roi, mort en 1692. Relations de divers Voyages; Art de nager, &c.

Gilles MÉNAGE, d'Angers, fameux Littérateur, Historien & Poète, mort à Paris en 1692, étoit de l'Académie de la Crusca de Florence. Origines de la Langue Françoise; Origines de l'Italienne: Œuvres mêlées: Antibaillet: Histoire de Sablé, &c. Poésies Grecques, Latines, Françoises, & Italiennes. *N.* I. & X.

Paul COLOMIÉS, de la Rochelle, mort à Londres en 1692. Divers Ouvrages de Littérature & d'Histoire: *Gallia Orientalis, Italia, Hispania*: Bibliothéque choisie, Mélanges, &c. *N.* VII. & X.

César Vichard de SAINT-RÉAL, de Chamberri, mort en 1692. De l'usage de l'Histoire: Traité de la Critique: Histoire de la conjuration de Venise, &c. Ses Œuvres, *Paris* 1745, 3 Volumes *in-4°.* ou 6 *in-12.* *N.* II. & X.

Nicolas CHORIER, de Vienne en Dauphiné, mort en 1692. Histoire du Dauphiné, 2 Vol. *in-folio.* & autres Ouvrages. *N.* XXXVI.

Louise-Anastasie SERMENT, Demoiselle de Grenoble, célèbre par son érudition, étoit de l'Académie des Ricovrati de Padoue; & mourut à Paris en 1692. Poésies Françoises, & quelques Latines.

Charles du PERRIER, d'Aix en Provence, bon Poète Latin & François, mort à Paris en 1692. Odes Latines, & Traductions des Poésies de Santeul.

Elie ASHMOLE, Anglois, mort en 1692. Divers Ouvrages de Chymie: Etablissement, Loix & cérémonies de l'Ordre de la Jarretiere, *in-folio.* *N.* XXII.

Thomas SADWEL, Poète Anglois, mort en 1692. Piéces de Théâtre, & diverses Poésies.

Jean-Godefroi HERRICHEN, Recteur d'un des Colléges de Leipsick: Poésies Grecques & Latines élégantes, que le célèbre J. A. Fabricius, son Disciple, a fait imprimer à Hambourg en 1717.

Georges-Adam STRUVE, de Magdebourg, célèbre Jurisconsulte, mort en 1692. *Syntagma Juris*, & autres Ouv.

Jean-Henri BOÉCLER, de Franconie, Professeur d'Histoire à Upsal, & ensuite à Strasbourg, où il mourut en 1692. Divers Ouvrages Historiques & de Littérature.

Depuis J. C.

Geminiano MONTANARI, de Modène, habile Astronome & Mathématicien, Professeur à Padoue : Divers Ouvrages, estimés.

Michel FOSCARINI, Vénitien mort en 1692. Suite de l'Histoire de Nani, &c. *N.* XII.

1680. Jacques *Rousseau*, habile Peintre François & Graveur, mort à Londres en 1693.

François de *Poilly*, d'Abbeville, célébre Graveur & Dessinateur, mort à Paris en 1693. *Nicolas*, son frere, mort en 1696, se distingua aussi dans le même Art. Ils ont laissé l'un & l'autre des enfans qui ont suivi leurs traces.

Jean de la QUINTINIE, de Chabanois, très-sçavant dans la théorie & la pratique de l'Agriculture, Instructions pour les Jardins fruitiers & potagers, 2 Vol. in-4°, & plusieurs Lettres.

Claude COMIERS, d'Embrun, Mathématicien, mort à Paris en 1693. Quelques Ouvrages sur les Cométes, sur les Lunettes, &c.

* Paul PELLISSON, de Beziers, mort en 1693, de l'Académie Françoise, étoit l'un des plus beaux esprits de son tems. Histoire de l'Académie Françoise, (qui a été continuée par M. l'Abbé d'*Olivet* & M. d'*Alembert* :) Lettres Historiques, & Œuvres diverses, 6 Vol. in-12. &c. *N.* II. & X.

Le Comte de BUSSY, Roger de *Rabutin*, de l'Académie Françoise, Ecrivain des plus polis, mort en 1693. Mémoires, 2 Vol. Lettres, 7 Vol. & plusieurs autres Ouvrages.

La Comtesse de BRÉGY, (Charlotte *Saumaise*) Dame très-spirituelle, dont on a un Recueil de Lettres & de Vers : mourut en 1693.

La Comtesse de la FAYETTE (Marie-Madeleine Pioche de *la Vergne*) morte en 1693. Mémoires de la Cour de France, & quelques Romans.

François & Paul TALLEMANT, freres, nés à Paris, de l'Académie Françoise, morts le premier en 1695, après avoir donné divers Traductions, & le second en 1712. Celui-ci fut aussi de l'Académie des Inscriptions & Belles-Lettres, dont il exerça la charge de Secrétaire depuis 1694, jusqu'en 1706. On a de lui des Harangues, des Eloges, & quelques autres Ouvrages. *N.* XXII.

François de LAUNAY, d'Angers, premier Professeur en Droit François à Paris, mort en 1693. Commentaire sur les Institutes Coutumieres, & autres Ouvrages. *N.* XV.

Clément VAILLANT, de Beauvais, Avocat au Parlement : Plusieurs Traités de Droit, sur des matiéres intéressantes.

Depuis J. C. 1681.

Jean SPENCER, sçavant Littérateur Anglois, mort en 1693. Traité sur les Loix des Hébreux, &c.

Jean TILLOTSON, l'un des plus habiles Orateurs Anglois, mort Archevêque de Cantorbery en 1694. Sermons, &c. 1 Vol. *in-folio*, & 14 *in-*12. *N.* XXXVIII.

N. *Smith*, Anglois, l'un des premiers & des plus excellens Graveurs en maniere noire.

Gaspard SAGITTARIUS, de Lunebourg, Littérateur & Historien, mort en 1694. Dissertations sur les Oracles, & diverses Antiquités : Histoire des Princes d'Orange : Histoire d'Hardewik, &c. *N.* IV.

André MULLER, de Greiffenhague en Poméranie, sçavant dans les Langues Orientales & la Littérature Chinoise, mort en 1694. Nombre d'Ouvrages, remplis d'érudition.

Samuel de PUFENDORFF, né en Misnie, célébre Ecrivain en Histoire & en Politique, mort à Berlin en 1694. Traité de la Nature & des Gens, (qui a été traduit en François, 2 Vol. *in-*4°.) Dissertations Historiques sur la Suéde : Histoire de Charles Gustave, 2 Vol. *in-folio*. Introduction à l'Histoire des Etats de l'Europe, & autres Ouvrages. *N.* XVIII.

Charles PATIN, de Paris, Médecin & Antiquaire, mort à Padoue en 1694. Traité des fiévres, du scorbut, &c. Introduction à l'Histoire des Médailles, *Familia Romana : Numismata Imperatorum*, &c. *N.* II. & X.

François GRAVEROL, de Nismes, Jurisconsulte & Antiquaire, mort en 1694. Observations sur les Arrêts du Parlement de Toulouse : Notice des 22 Villes Chefs des Dioceses de Languedoc : Dissertations sur diverses Médailles & Inscriptions.

Le Pere ANSELME (Pierre *Guibours*) Augustin-Déchaussé de Paris, mort en 1694. Divers Ouvrages sur le Blason, &c. Histoire de la Maison Royale de France, & des Grands Officiers de la Couronne, augmentée après sa mort jusqu'à 9 Vol. *in-folio*, par le Pere *Simplicien*, son Confrere, & autres.

Ismael BOUILLAUD, de Loudun, mort en 1694. Ouvrages de Critique & d'Astronomie : Edition de l'Histoire de Ducas, &c. *N.* I. & X.

Philippe Goibaud du BOIS, de Poitiers, & de l'Académie Françoise, mort en 1694. Diverses Traductions de Ciceron & de S. Augustin, & autres Ouvrages. *N.* XVI. & XX.

Jean Barbier d'AUCOUR, de Langres & de l'Académie Françoise, mort en 1694. Quelques Ouvrages de Critique & de Poësie : Factums & Mémoires. *N.* XIII. & XX.

Depuis J. C.

Madame des HOULIÈRES (Antoinette de la *Garde*) morte à Paris en 1694. s'acquit une grande réputation par ses Poésies : elle étoit de l'Académie des Ricovrati de Padoue & de celle d'Arles. Ses Œuvres, & celles de sa fille, 2 Vol. *in*-12.

Henri-Emmanuel MEURISSE, de S. Quentin, habile Chirurgien à Paris, mort en 1694. Traité de la Saignée, *in*-12. & autres Ouvrages.

Marcel MALPIGHI, Médecin & Anatomiste de Bologne, célébre par ses Observations & découvertes, fut aggrégé à la Société Royale de Londres, & mourut à Rome en 1694. Opera, Londini 3 Vol. *in-folio. N.* IV. & X.

François LAZZARELLI, de Gubio, fameux Poëte Italien, mort en 1694. Diverses Poésies, dont la Cicœide.

David *Teniers*, le fils, d'Anvers, excellent Peintre Flamand, surpassa son pere qui portoit le même nom; mourut en 1694, âgé de 84 ans.

Martin *des Jardins*, ou Vanden Bogaert, de Breda, habile Sculpteur, qui fit à Paris le Monument de la Place des Victoires, &c. il mourut en 1694.

Pierre *Puget*, de Marseille, célébre Sculpteur, dit le Michel-Ange François ; il étoit aussi Peintre & Architecte ; il mourut en 1694, dans sa patrie.

Jean *Dubois*, habile Sculpteur & Architecte, mort à Dijon en 1694.

1682.

L'*Académie* Littéraire, établie à *Nismes* en Languedoc, a été renouvellée en 1752, sous le nom d'Académie Royale, pour les Belles-Lettres, les Antiquités & l'Histoire.

Louis XIV. établit à *Brest* & à *Toulon* des Académies pour l'instruction des Gardes-Marines, & dans les Citadelles de *Tournay* & de *Metz* d'autres Académies où l'on enseigne aux Cadets les Sciences qui appartiennent à l'Art Militaire. Celle de *Tournai* a été transférée dans la suite à *la Fere*.

On en a aussi établi à *Strasbourg*, à *Grenoble*, à *Perpignan*.

André FÉLIBIEN, de Chartres, mort en 1695, de l'Académie des Inscriptions. Entretiens sur la Vie & les Ouvrages des Peintres : Principes d'Architecture, Peinture & Sculpture ; & autres Ouvrages. *N.* II. & X.

Jean de la FONTAINE, de Château-Thierri, célébre Poëte François, mort à Paris en 1695, de l'Académie Françoise : Fables, Œuvres diverses, &c. *N.* XVIII.

Augustin LUBIN, de Paris, mort Augustin en 1695. Divers Ouvrages sur la Géographie sacrée, Ecclésiastique, & Profane. *N.* XXXI.

DANS LES SCIENC. & ARTS. 775

Depuis
J. C.

* Claude LANCELOT, de Paris, mort Bénédictin en 1695. Grammaires Grecque, Latine, Italienne, Espagnole, estimées : Grammaire générale, avec Antoine *Arnauld*. Chronologie de la Bible de Vitré : Mémoires Historiques.

Barthélemi d'HERBELOT, de Paris, sçavant dans les Langues Orientales, & Professeur au Collége Royal, mort en 1695. Bibliothéque Orientale, *in-fol*. imprimée après sa mort. *N*. IV.

Antoine AUBERY, de Paris, mort en 1695. Histoire générale des Cardinaux : Histoires du Cardinal de Richelieu, de Mazarin, de Joyeuse : Traité de la prééminence des Rois de France, &c. *N*. XIII.

Henri BASNAGE, Avocat au Parlement de Rouen, mort en 1695. Commentaire sur la Coutume de Normandie : Traité des Hypothéques, &c.

Charles-Chrétien HUYGHENS, de la Haye, célébre Mathématicien & Astronome, vint en France, & fut reçu de l'Académie des Sciences : il mourut à la Haye en 1695. *Opera*, 3 Volumes *in-4°*. *N*. XIX.

Paul HERMAN, de Halle en Saxe, Botaniste & Professeur de Leyde, mort en 1695. Catalogue des Plantes du Jardin de cette Ville, &c.

Jean-Jacques WEPFER, Médecin de Schaffouse, mort en 1695. Divers Ouvrages d'Anatomie, &c. *N*. XI.

LIKATCHEVE, Russien, Précepteur du Tzar Théodore II. a écrit sa vie.

Antoine de WOOD, sçavant Anglois, mort en 1695. *Athenæ Oxonienses*, &c.

Pierre *Mignard*, de Troyes, excellent Peintre François mort en 1695. Il fut premier Peintre du Roi Louis XIV. après le Brun.

Michel *Lambert*, de Vivonne en Poitou, fameux Musicien, mort en 1696. Motets : Recueils d'airs, &c.

1683.

Jean RICHER, Astronome de l'Académie des Sciences de Paris, mort en 1696. Observations faites en l'Isle de Cayenne, &c.

Jean de la BRUYERE, né près de Dourdan, Membre de l'Académie Françoise, mort en 1696. Caractères de Théophraste, avec les Mœurs du Siécle ; & autres Ouvrages. *N*. XIX.

Simon FOUCHER, de Dijon, mort en 1696. Plusieurs Ouvrages sur la Philosophie Académicienne, dont il a été regardé comme le Restaurateur.

La Marquise de SEVIGNÉ (Marie de *Rabutin*) Dame illustre par les belles qualités de son esprit, & ses excellentes Lettres, *Paris* 1738. 6 Vol. *in-12*. Elle mourut en 1696.

Depuis J. C.

Jean DOMAT, de Clermont en Auvergne, Jurisconsulte, mort en 1696. Les Loix Civiles dans leur ordre naturel, 4 Vol. *in-4°*. &c.

Antoine VARILLAS, de Gueret, mort en 1696. Histoires de France, & des Hérésies, 21 Volumes *in-4°*. Pratique de l'éducation des Princes, & autres Ouvrages. *N.* V & X.

Manuel Alvarès PEGASE, Jurisconsulte Portugais, mort en 1696. Recueil des Ordonnances & Loix de Portugal, 14 Volumes *in-folio*; & autres Ouvrages.

Jean-Pierre BELLORI, de Rome, sçavant Antiquaire, mort en 1696. Divers Ouvrages sur les Médailles & Antiquités: Vie des Peintres, Sculpteurs, & Architectes.

Jacques TOLLIUS, d'Utrecht, Médecin & Littérateur, mort en 1696. Edition de Longin: *Epistolæ Itinerariæ*; & autres Ouvrages. *Corneille*, son frere, Professeur à Harderwick, a donné une Edition de Palephate, le Traité *de infelicitate Litteratorum*, &c.

Gautier CHARLTON, Médecin Anglois, mort vers 1696. Divers Ouvrages de Physique, Anatomie, &c. *N.* XVIII.

Edouard BERNARD, sçavant Anglois, Professeur d'Astronomie à Oxford, mort en 1696. Ouvrages d'Astronomie, de Mathématiques & de Critique. *N.* XXX.

1684.

François REDI, d'Arezzo en Toscane, sçavant Médecin, Naturaliste & Poéte Italien, mort en 1697. Traité sur les Insectes, & autres: *Opera*, *Vénetiis* 1712. 3 Vol. *in-8°*.

Joachim KUHNIUS, de Gripswalde, Professeur en Grec & en Hébreu à Strasbourg, sçavant Critique, mort en 1697. Notes sur Pausanias, Elien, Diogene-Laerce, &c. *N.* IV. & X.

* Jean-Baptiste SANTEUL, de Paris, célébre Poéte Latin, mort en 1697. Hymnes, & diverses autres Poésies.

Pierre de LENGLET, de Beauvais, Professeur Royal d'Eloquence à Paris, mort en 1697. Poésies Latines.

François *Dorbay*, Architecte François, mort à Paris en 1697.

Pierre *Gauthier*, de la Ciotat en Provence, fameux Musicien, mort en 1697. Il a eu deux parens de même nom qui ont aussi excellé dans la Musique.

1685.

L'*Académie Royale d'Angers* est établie sur le modèle de l'Académie Françoise.

César-Pierre RICHELET, de Cheminon au Diocèse de Chaalons en Champagne, mort en 1698. Dictionnaire François, *Lyon* 1728. 3 Vol. *in-fol*. Dictionnaire des Rimes, *in-12*. Plusieurs Lettres, &c.

Depuis J. C.

Pierre-Joseph d'ORLÉANS, Jésuite, de Bourges, mort à Paris en 1698. Histoire des révolutions d'Angleterre — d'Espagne, &c.

Moyse CHARAS, né à Uzès, Docteur en Médecine de Londres, & ensuite Professeur de Chymie au Jardin Royal de Paris, & de l'Académie des Sciences, mort en 1698. Pharmacopée : Traités sur la Thériaque, la Vipere, &c.

Maurice HOFFMAN, Médecin, Professeur à Altorf, mort en 1698. Grand nombre d'Ouvrages de Botanique & de Médecine. *N.* XVI.

Christophe HARTKNOCH, Prussien, mort vers 1698. Divers Ouvrages estimés sur l'Histoire de Pologne & de Russie.

Erasme BARTHOLIN, de Roschild en Danemarck, mort en 1698. Divers Traités de Mathématiques, d'Astronomie & de Physique. *N.* XXXII.

Guillaume MOLYNEUX, sçavant Irlandois, qui établit à *Dublin* une *Académie*, ou Société de Sçavans, semblable à la Société Royale de Londres ; meurt en 1698. Traité de Dioptrique, & autres Ouvrages.

1686.

Guillaume SOMNER, Antiquaire Anglois, & Poète, mort en 1699. Dictionnaire Saxon : Antiquités de Cantorberi ; Poème sur la mort de Charles I. &c.

Edouard STILLINGFLEET, sçavant Anglois, mort Evêque de Worcester en 1699. *Origines Britannicæ : Origines Sacræ*, & autres Ouvrages.

Guillaume TEMPLE, grand Politique Anglois, mort en 1699. Mémoires & Lettres Historiques : Œuvres mêlées : Remarques sur l'état des Provinces-Unies, &c. *N.* XIII.

Jean LEUSDEN, d'Utrecht, sçavant dans les Langues Grecque & Hébraïque, mort en 1699. *Onomasticon sacrum : Philologus Hebræus : Schola Syriaca* ; & nombre d'autres Ouvrages de ce genre. *N.* XXIX.

Vincent PLACCIUS, de Hambourg, mort en 1699. Divers Ouvrages de Jurisprudence, &c. Traité sur les Auteurs Anonymes & Pseudonymes, *in-fol. N.* I.

Hulderic EYBEN, sçavant Jurisconsulte Allemand, mort en 1699. Ses Œuvres, estimées. *Strasbourg, in-fol.* 1708.

Georges-Matthias KOENIG, d'Altorf, mort en 1699. *Bibliotheca vetus & nova*, &c. *N.* XII.

Le Baron de CANITZ, de Berlin, Poète Allemand, le plus élégant de sa Nation, mort à Berlin en 1699. Satyres & Odes sacrées, dont quelques-unes traduites dans le Conservateur.

Jean RACINE, de la Ferté-Milon, célèbre Poète François, mort en 1699, de l'Académie Françoise. Tra-

Depuis gédies : Cantiques spirituels, &c. *N.* XVIII. & XX.
J. C. Son plus jeune fils (*Louis*) a marché sur ses traces, & est Auteur des Poémes sur la Grace & sur la Religion, & de Mémoires sur la Vie de son Père.

Jean BARBEYRAC, de Beziers, Professeur en Droit & en Histoire à Lausane, & ensuite à Groningue, mort en 1699. Traductions des Ouvrages de Grotius & de Pufendorff (*de Jure*, &c.) avec des Remarques ; & autres Ouvrages.

Claude BOURDELIN, de Villefranche près de Lyon, Médecin habile en Pharmacie & en Chymie, mort à Paris en 1699, de l'Académie des Sciences. Ce fut par lui que M. de Fontenelle, alors Secrétaire, commença à faire des Eloges. Il a exécuté ou inventé la plus grande partie des opérations Chymiques qui ont été faites pendant 32 ans dans l'Académie. De ses deux fils, l'un (*Claude*) lui a succédé, & l'autre (*François*) a été de l'Académie des Inscriptions & Belles-Lettres.

Mattia PRETI, appellé le Calabrois, célébre Peintre Napolitain, mort à Malthe en 1699, âgé de 86 ans.

Jean-Louis *Roullet*, d'Arles, excellent Graveur, mort à Paris en 1699.

1687. La *Société des Curieux de la Nature*, à Ausbourg, est autorisée par l'Empereur Léopold, qui s'en déclare le protecteur : l'Empereur François I. ayant donné en 1755, sa protection à cette Société des Sciences & des Arts, elle a pris le nom d'Académie de ce Prince.

André le NOSTRE, qui a porté l'Art des Jardins au plus haut degré de perfection, mort en 1700. On a aussi de lui quelques ouvrages de Peinture.

Augustin-Charles d'AVILER, de Paris, habile Architecte, mort à Montpellier en 1700. Cours d'Architecture, *in-*4°. *N.* XLI.

Joseph ATHIAS, Juif, célébre Imprimeur à Amsterdam, sur-tout en Hébreu, mort en 1700.

Etienne MORIN, de Caen, sçavant dans les Langues Orientales, mort à Amsterdam en 1700. Dissertations sur les Antiquités, &c. *N.* XII.

Claude ERARD, célébre Avocat au Parlement de Paris, mort en 1700. Ses Plaidoyers imprimés en 1734.

Michel-Antoine BAUDRAND, mort à Paris en 1700. Divers Ouvrages, principalement *Lexicon Geographicum*, d'abord en 1 Vol. augmenté en 2 Vol. (On en a donné après sa mort une Edition en François, moins bonne, 1705) *N.* II.

Raphael FABRETTI, d'Urbin, mort en 1700. Anciennes Inscriptions, & Dissertations sur les Aquéducs de Rome, &c. *N.* IV.

Depuis *J. C.*	Henri MEIBOMIUS, de Lubeck, mort en 1700. Grand nombre d'Ouvrages sur la Médecine & l'Histoire. *N.* XVIII.
	Louis MARACCI, de Lucques, mort à Rome en 1700. *Alcoranus translatus*, &c. 2 Volumes *in-fol.* & autres Ouvrages. Il eut grande part à la Bible Arabe, à laquelle on a travaillé pendant 46 ans, *Romæ* 3 Volumes *in-folio*.
	Paul RICAUT, Anglois, mort en 1700. Etat de l'Empire Ottoman, & des Eglises Grecques ; Histoire de quelques Sultans.
1688.	Jean DRYDEN, célébre Poëte Anglois, mort en 1701. Ses Œuvres, *Londres* 1721. 2 Vol. *in-folio*.
	Madeleine de SCUDERY, du Havre, morte à Paris en 1701. âgée de 94 ans, étoit de l'Académie des Ricovrati de Padoue, & de toutes celles où les personnes de son sexe peuvent être admises : plusieurs grands Romans, & des Poésies. *N.* XV.
	Jean Renaud de SEGRAIS, de Caen, Poëte & de l'Académie Françoise, mort en 1701. Traduction de Virgile en Vers : Diverses Poésies, & autres Ouvrag. *N.* XVI. & XX.
	Edme BOURSAULT, de Bussy-l'Evêque en Bourgogne, Poëte François, a aussi fait quelques Ouvrages en Prose : il mourut en 1701. *N.* XIV. & XX.
	Urbain CHEVREAU, de Loudun, mort en 1701. Histoire du monde : Tableau de la fortune : Œuvres mêlées, &c. *N.* XI. & XX.
	Claude NICAISE, de Dijon, mort en 1701. Dissertations sur différens sujets d'Antiquité.
	Ulric OBRECHT, de Strasbourg, mort en 1701. Divers Ouvrages de Jurisprudence, &c. *N.* XXXIV.
	Oliger JACOBÆUS, Médecin Danois, mort en 1701. *Musæum Regium*, Poésies, & autres Ouvrages. *N.* I. & X.
	Grégorio LETI, de Milan, mort à Amsterdam en 1701. Vies de Sixte V. d'Elisabeth, de Cromwel, de Charles-Quint, de Philippe II. & nombre d'autres Ouvrages. *N.* II. & X.
	Daniel TAUVRY, de Laval, Médecin, & de l'Académie des Sciences, mort en 1701. Divers Ouvrages d'Anatomie, &c.
	Gaston-Jean *Zumbo*, Gentilhomme de Sicile, excellent Sculpteur, mort à Paris en 1701.
1689.	François CHARPENTIER, de Paris, mort en 1702. de l'Académie Françoise & de celle des Inscriptions : Traduction de la Cyropédie ; Vie de Socrate : Défense & Excellence de la Langue Françoise, &c. *N.* XXI.
	Dominique BOUHOURS, Jésuite, mort en 1702. Divers Ouvrages sur la Langue Françoise : Pensées ingénieuses, &c. Vie du Grand-Maître d'Aubusson, &c. *N.* II. & X.

Depuis J. C.	Jean COMMIRE, Jésuite, d'Amboise, bon Poëte Latin, mort à Paris en 1702. *Carmina*, 2 Volumes *in*-12.
	Thomas HYDE, sçavant Anglois, Professeur en Arabe à Oxford, connu principalement par son Traité sur la Religion des anciens Perses, *in*-4°. mort en 1702.
	Georges-Abraham MERKLINUS, Médecin de Nuremberg, mort en 1702. Observations, & autres Ouv. N. XIII.
	Olaüs RUDBECK, Médecin & Antiquaire Suédois, mort à Upsal en 1702. Divers Ouvrages, dont le plus célèbre est l'*Atlantica*, 3 Volumes *in-folio*. N. XXXI.
	Marc-Antoine *Charpentier*, de Paris, sçavant & laborieux Musicien, mort en 1702. On a de lui des Opéras, des Motets, &c.
1609.	Commencement de l'*Académie des Arcades* à Rome, pour la Langue Italienne & la Littérature : elle devient bientôt fameuse, & a des Colonies dans les principales Villes d'Italie. Ses premiers Académiciens étoient de ceux qui s'assembloient chez la Reine Christine. *Crescimbeni*, l'un des principaux, a écrit l'Histoire de cette Académie.
	Commencement de l'*Académie* de Physique & de Mathématiques à *Bologne* : elle prit une nouvelle forme en 1712. par les soins & la générosité du Comte Marsigli ; & depuis elle a été connue sous le nom d'*Institut de Bologne*.
	Gérard *Audran*, de Lyon, célèbre Graveur, mort à Paris en 1703. Plusieurs de ses parens se sont aussi distingués dans le même Art, jusqu'à nos jours.
	François BARRÊME, fameux Arithméticien, mort à Paris en 1703. Comptes faits, & autres Ouvrages.
	Guillaume SANSON, sçavant Géographe, mort à Paris en 1703. Grand nombre de Cartes, & plusieurs Ouvrages sur la Géographie. Il étoit aidé par *Adrien*, son frère, qui ne mourut qu'en 1718.
	Jean WALLIS, célèbre Mathématicien Anglois, & l'un des premiers Membres de la Société Royale de Londres, mort en 1703. Ses Œuvres en 3 Vol. *in-folio*. N. XLIII.
	Charles PERRAULT, de l'Académie Françoise, & de celles de Peinture & d'Architecture, qui furent formées sur ses Mémoires ; mourut en 1703, âgé de 77 ans. Eloges des Grands Hommes du XVIIe. Siécle : Paralléle des anciens & modernes : Diverses Poésies, &c. N. XXXIII.
	Jacques de la LANDE, Jurisconsulte d'Orléans, mort en 1703. Commentaire sur la Coutume d'Orléans, & autres Ouvrages de Jurisprudence. N. XLIII.
	Charles de S. Denis de SAINT-EVREMONT, né à Saint Denis le Guast près de Coutances, & mort à Londres en 1703. Ecrivain poli & ingénieux, dont on a nombre de petits Ouvrages en différens genres. Ses Œuvres, 5 Vol. *in*-12.

DANS LES SCIENC. & ARTS.

Depuis J. C.

Vincent VIVIANI, de Florence, Mathématicien, Associé de l'Académie des Sciences de Paris, mort en 1703. *De maximis & minimis*, &c. *Enodatio problematum*, &c. *N.* XXIV. *Eloge par* Fontenelle.

Laurent BELLINI, de Florence, sçavant Médecin, qui a fait des découvertes utiles, mort en 1703. Divers Ouvrages d'Anatomie & de Médecine. *N.* V.

André MOREL, de Berne, Antiquaire, mort en 1703. *Thesaurus, sive Famil. Rom. numismata*, 2 Volumes *in-fol.* &c. *N.* XXXIV.

Jean-Georges GRÆVIUS, de Naumbourg, mort Professeur à Utrecht en 1703. Recueil des Antiquités Romaines, en 14 Volumes *in-folio.* Editions d'Hésiode, de Lucien, de Justin, & autres. *N.* II. & X.

Guillaume W'reen, habile Architecte Anglois : c'est lui qui a bâti la magnifique Eglise de S. Paul de Londres.

1691.

Julien d'HÉRICOURT, de Soissons, mort en 1704. Histoire de l'Académie de Soissons, &c.

Jean-Baptiste DENIS, Médecin de Paris, mort en 1704. Conférences sur les Arts & les Sciences ; & autres Ouvrages. *N.* XXXVII.

Le Marquis de L'HOSPITAL, (Guillaume-François) célébre Mathématicien, & de l'Académie des Sciences, mort en 1704. Analyse des infiniment petits : Traité des Sections coniques, &c. *Eloge par* Fontenelle.

Memnon *Cohorn*, fameux Ingénieur Hollandois, mort en 1704.

Job LUDOLF, d'Erfort, sçavant dans les Langues Orientales, mort en 1704. Histoire d'Ethiopie, & autres Ouvrages. *N.* III. & X.

Benoît MENZINI, habile Poëte Italien, mort à Rome en 1704 Art Poétique, Satyres, &c.

Silvio Paul BOCCONI, de Palerme, sçavant Naturaliste, mort en 1704. Divers Ouvrages curieux sur l'Histoire naturelle. *N.* II. & X.

Guillaume WORMIUS, Médecin Danois, mort en 1704. Plusieurs Traités de Physique & de Médecine.

Jean LOCKE, fameux Philosophe Anglois, mort en 1704. De l'Entendement humain: du Gouvernement civil: de l'Education des enfans ; (qui ont été traduits en François,) & autres Ouvrages. *N.* II. & X.

Etienne Gabriau de RIPARFOND, de Poitiers, mort à Paris en 1704. Avocat en Parlement. Il laisse à l'Ordre des Avocats sa Bibliothéque, qui est une de celles qui sont publiques à Paris.

Joseph *Parrocel*, de Brignoles en Provence, habile Peintre François, mort à Paris en 1604.

D. J. C.   Gabriel D'ARGOU, Avocat au Parlement de Paris :
1692. Inſtitution au Droit François, &c.

    Guillaume AMONTONS, de Paris, & de l'Académie des Sciences, Méchaniſte, mort en 1705. *Eloge par* Fontenelle.

    Claude-François MENESTRIER, Jéſuite de Lyon, mort à Paris en 1705. Divers Ouvrages de Littérature, d'Hiſtoire, de Blaſon ; ſur les Médailles, Deviſes, Inſcriptions. *N.* I.

    Georges GUILLET, de Thiers en Auvergne, mort à Paris en 1705. premier Secrétaire de l'Académie Royale de Peinture : Athénes ancienne & nouvelle ; Lacédémone, &c.

    Etienne PAVILLON, de Paris, Poéte François, des Académies Françoiſe & des Inſcriptions, mort en 1705. Ses Œuvres, *la Haye* 1720. *Eloge par* Tallemant.

    La Comteſſe D'AUNOY (Marie-Catherine de Berneville) morte en 1705. Divers petits Ouvrages en Proſe & en Vers.

    Philippe-Jacques SPENER, d'Alſace, mort à Berlin en 1705. Divers Ouvrages ſur les Généalogies, le Blaſon, &c.

    Jean-Chriſtophe *Wagenſeil*, de Nuremberg, habile Littérateur, mort en 1705. Pluſieurs Ouvrages ſçavans, ſur-tout par rapport aux Juifs. *N.* II. & X.

    Laurent BEGER, d'Heidelberg, Antiquaire, mort à Berlin en 1705. *Theſaurus Brandeburgicus*, & autres Ouvrages. *N.* IV.

    Jean SCHILTER, de Miſnie, ſçavant Juriſconſulte & Hiſtorien, mort à Strasbourg en 1705. Nombre de Traités de Juriſprudence, & ſur les Antiquités d'Allemagne. *N.* XI.

    Jacques BERNOULLI, fameux Mathématicien de Baſle, mort en 1705. Aſſocié de l'Académie des Sciences de Paris, & de la Société Royale de Berlin. Divers Ouvrages de Mathématiques & d'Aſtronomie. *N.* II. & X. *Eloge par* Fontenelle.

    Jean RAY, ſçavant Naturaliſte & Philoſophe Anglois, mort en 1705. Divers Ouvrages de Botanique, ſur les Animaux, &c. La Sageſſe de Dieu dans les ouvrages de la Création, &c. *N.* XLI.

    Jacques TRIGLAND, de Harlem, Profeſſeur à Leyde, mort en 1705. Ouvrages & Diſſertations ſur différens ſujets.

    Lucas *Jordane*, Peintre Napolitain, qui a beaucoup travaillé en Eſpagne, mort à Naples en 1705.

    Jean *Gilles*, de Taraſcon, Muſicien François, mort à Toulouſe en 1705. Nombre de Motets, & une Meſſe des Morts très-eſtimée.

1693.   Catherine DESCARTES, niéce du Philoſophe, & Demoiſelle ſçavante, dont on a quelques Poéſies ; mourut à Rennes en 1706.

Depuis J. C.

Pierre BAYLE, de Carlat, mort en Hollande en 1706. Dictionnaire critique, & autres Ouvrages en 4 Vol. *in-fol.* N. VI. & X.

Jean-Baptiste du HAMEL, de Vire en Normandie, premier Secrétaire de l'Académie des Sciences de Paris, mort en 1709. Histoire de l'Académie, en Latin ; Astronomie Physique, & plusieurs Ouvrages de Philosophie & de Théologie. N. I. & X. *Eloge par* Fontenelle.

Nicolas Amelot de la HOUSSAYE, d'Orléans, mort en 1706. Divers Ouvrages & Traductions de Tacite, de Gracian, de Fra-Paolo, &c. avec des Notes politiques, &c. N. XXXV.

Jean Foy VAILLANT, de Beauvais, célébre Antiquaire, & de l'Académie des Inscriptions, mort en 1706. Histoires des Rois de Syrie & d'Egypte, par les Médailles, en Latin : Histoire des Césars, &c. N. III. *Eloge par* de Boze.

Charles PLUMIER, Religieux Minime, habile Botaniste de Marseille, mort en 1706. Histoire des Plantes de l'Amérique : Traité de l'Art de tourner, &c. N. XXXIII.

Humfrei HODY, Anglois, Professeur en Grec à Oxford, mort en 1706. Divers Ouvrages, entr'autres l'Histoire des illustres Grecs qui ont rétabli en Europe les Etudes, Londres 1742. *in-*8°.

1694.

La Société des *Jeux Floraux* de *Toulouse* est érigée en *Académie* par Lettres-Patentes.

Fondation de l'*Université de Halle*, en Saxe, par l'Electeur de Brandebourg, Frédéric, depuis Roi de Prusse.

Pierre-Silvain RÉGIS, de Salvetat en Agénois, célébre Philosophe, & de l'Académie des Sciences, mort à Paris en 1707. Cours de Philosophie, 3 Vol. *in-*4°. Usage de la raison & de la foi ; Réponses à M. Huet & au P. Mallebranche, &c. N. VI. *Eloge par* Fontenelle.

Sébastien le Prestre de VAUBAN, grand Ingénieur, né près de Saulieu en Bourgogne, mort en 1707. Maréchal de France, & Honoraire de l'Académie des Sciences ; Traité des Fortifications ; Dixme Royale, &c. *Eloge par* Fontenelle.

Guillaume SHERLOCK, sçavant Anglois, mort en 1707. Evêque de Bangor : Plusieurs Ouvrages estimés : De l'Usage & des fins de la Prophétie : les Témoins de la Résurrection de J. C. examinés ; Traités de la mort & du Jugement dernier, de l'immortalité de l'ame, &c.

Jean GALLOIS, de Paris, Professeur en Grec au Collége Royal, de l'Académie Françoise, de celle des Sciences, & Secrétaire de l'Académie des Inscriptions, mort en 1707. travailla au Journal des Sçavans avec M. Sallo, &c. N. VIII. & X. *Eloge par* Fontenelle.

Depuis   Denis DODART, sçavant Médecin de Paris, de l'Aca-
J. C.   démie des Sciences, mort en 1707. Mémoires pour l'Histoire des Plantes, &c. *Eloge par* Fontenelle. Son fils a été
premier Médecin du Roi.

     * Louis COUSIN, de Paris, Président en la Cour des
Monnoies, mort en 1707. Traductions des Auteurs de
l'Histoire de Constantinople, de l'Empire d'Occident, &
d'autres: il travailla au Journal des Sçavans depuis 1687.
jusqu'en 1702. *N.* XVIII. & XX.

     Paul CASATI, Jésuite, de Plaisance, mort en 1707. Divers Ouvrages de Philosophie & de Méchanique. *N.* I.

     Benoit AVERANI, Professeur à Pise, mort en 1707.
Dissertations, Harangues, Lettres, 3 Volumes *in-fol. Florentiæ* 1717. *N.* II.

     Vincent de FILICAIA, de Florence, Poëte Italien, mort
en 1707. Poésies, estimées, *in-*4°. *N.* I.

     Jean BROEKHUIZEN, d'Amsterdam, célébre Poëte Hollandois, mort en 1707. Diverses Poésies, & Editions de
quelques Poëtes Latins, avec des Notes. *N.* XVIII.

     Christophe CELLARIUS, de Smalcade, sçavant dans les
Langues Orientales, l'Histoire, &c. mort en 1707. Grand
nombre d'Ouvrages sur différens sujets, dont le principal
est une Géographie ancienne, *Notitia Orbis antiqui*, 2 vol.
*in-*4°. *Lipsiæ*, 1731. Bonne Edition.

     Othon MENCKE, d'Oldenbourg, Professeur à Leipsick,
fut le premier Auteur du sçavant Journal de cette Ville,
Acta eruditorum, qu'il avoit fort à cœur, & qu'il fit promettre à son fils de continuer; mourut en 1707. Divers
Ouvrages. *N.* XXXI.

     Guillaume-Ernest TENTZELIUS, d'Arnstad en Thuringe, sçavant Littérateur, mort en 1707. Nombre d'Ouvrages & de Dissertations curieuses. *N.* III.

     Noël *Coypel*, habile Peintre François, mort à Paris en 1707.

     Gérard *Edelinck*, fameux Graveur d'Anvers, établi en
France, meurt à Paris en 1707. de l'Académie de Peinture
& de Sculpture.

1695.   Jean-François Foy VAILLANT, né à Rome, suit le goût
de son père pour les Médailles, meurt en 1708. de l'Académie des Inscriptions: Plusieurs Dissertations. *N.* XXII.
Eloge par de Boze.

     Joseph Pitton de TOURNEFORT, d'Aix en Provence,
célébre Botaniste, & de l'Académie des Sciences, mort en
1708. Elémens de Botanique, *Institutiones*, &c. Matière
médicale: Relations de ses Voyages au Levant. *N.* IV. &
X. *Eloge par* Fontenelle.

     Guillaume MARCEL, de Toulouse, mort à Arles en
1708. Histoire de la Monarchie Françoise: Tablettes Chronologiques, &c.

Depuis François de MAUCROIX, de Noyon, Littérateur &
J. C. Poéte, mort à Reims en 1708. Traductions de diverses
Piéces de Démosthène & de Platon, du Schisme d'Angle-
terre de Sanderus, de Lactance de la Mort des persécuteurs,
de l'Abrégé Chronologique de Pétau, &c, avec diverses
Poésies. *N.* XXXII.

Antoine de la FOSSE *d'Aubigny*, de Paris, Poéte François, & de l'Académie des Apatistes de Florence, mort en
1708. Traduction d'Anacréon en Vers: Piéces de Théatre,
&c. *N.* XXXV.

Jules-Hardouin *Mansard*, neveu de François; mourut
en 1708. à Versailles, premier Architecte du Roi.

Ernfroi Walther de TSCHIRNHAUS, né en Lusace, Associé de l'Académie des Sciences de Paris, mort en 1708.
après avoir fait nombre de découvertes: c'est à lui que la
Saxe est redevable de sa belle Porcelaine. *Medicina mentis
& corporis*, Amsterdam 1687, &c. Eloge par Fontenelle.

Olaüs WORMIUS, fils, sçavant Danois, Professeur à
Coppenhague, mort en 1708. *De Glossopetris: De viribus
medicationum*; & autres Ouvrages.

Antoine VAN-DALE, Médecin & Littérateur Hollandois, mort à Harlem en 1708. Traité de l'Idolâtrie, & autres Ouvrages: Dissertations sur les Oracles, dont M. de
Fontenelle a donné un Abrégé, ce qui a occasionné un Ouvrage critique du P. Balthus. *N.* XXXVI.

Isaac JACQUELOT, de Vassy en Champagne, se retire
en Hollande, puis en Prusse; meurt en 1708. Traité de
l'existence de Dieu: De la vérité & inspiration des Livres
Saints: Divers Ouvrages contre Bayle, & autres. *N.* VI.

Guillaume BEVERIDGE, Anglois, sçavant dans les Antiquités Ecclésiastiques, mort en 1708. *Synodicon seu Pan-
decta Canonum Apost. Conciliorum*, &c. 2 Vol. *in-folio*.

David GRÉGORY, Ecossois, Astronome & Mathématicien, mort à Oxford en 1708. *Astronomiæ Physica & Geo-
metrica elementa*, & autres Ouvrages, estimés.

Samuel GARTH, Médecin & Poéte Anglois, mort vers
1708. Poéme intitulé *Dispensary*, qui traite de l'établissement pour donner aux pauvres des Consultations gratis, &
des Médecines à bas prix.

Jean PHILIPS, célèbre Poéte Anglois, mort en 1708.
Nombre de Poésies, & autres Ouvrages, en Anglois.

Guillaume WALSH, Poéte Anglois, qui fut le Maître du
fameux Pope, & mourut en 1708. On a traduit en François
quelques-unes de ses Piéces.

1696. Thomas GALE, Littérateur Anglois, mort en 1709.
Opuscula mythologica, ethica & physica, en Grec & en Latin: *Historia Poeticæ antiqui Scriptores*: Editions des anciens Historiens d'Angleterre, &c.

II. Partie.   Ddd

Depuis J. C. Martin HANCKIUS, de Siléſie, mort Profeſſeur à Breſlau en 1709. Divers Ouvrages de Littérature. *N.* XXXVIII.

Burchel WOLDER, d'Amſterdam, Profeſſeur de Philoſophie à Leyde; y introduiſit le premier la Philoſophie de Deſcartes, & mourut en 1709. Harangues ſur des ſujets intéreſſans. *N.* XXII.

Thomas CORNEILLE, frère cadet de Pierre, d'Andely en Normandie, mort en 1709. de l'Académie Françoiſe, & de celle des Inſcriptions & Belles-Lettres. Pluſieurs Piéces de Théâtre, 5 Vol. *in-*12. Dictionnaire des Arts & des Sciences, 2 Vol. *in-fol.* Dictionnaire Géographique, 3 vol. *in-fol.* &c. *N.* XXII. *Eloge par* de Boze.

Roger de PILES, de Clamecy en Nivernois, mort en 1709. Abrégé de la Vie des Peintres, & autres Ouvrages. *N.* XII.

Pierre DANET, mort à Paris en 1709. Phédre *ad uſum Delphini*: Dictionnaire des Antiquités, & autres.

François POUPART, du Mans, Médecin & de l'Académie des Sciences, mort en 1709. Nombre de Diſſertations ſur l'Anatomie & l'Hiſtoire Naturelle. *N.* XI.

Jean-François REGNARD, de Paris, habile Poéte comique, mort en 1709. Ses Œuvres, *Rouen* 1731, 5 Volumes *in-*12. *N.* XXI.

François MAURICEAU, de Paris, célébre Chirurgien, mort en 1709. Divers Ouvrages, principalement ſur les Accouchemens.

Paſcal *Colaſſe*, habile Muſicien de Paris, mort en 1709. & dont on a pluſieurs Ouvrages de ſon Art.

Rainier CARSUGHI, Jéſuite de Toſcane, Poéte Latin, eſtimé, mort en 1709. Poéme intitulé *Ars benè ſcribendi*, bonnes Epigrammes, &c.

1697. Dominique GUGLIELMINI, de Bologne, Mathématicien & Profeſſeur de Médecine à Padoue, Aſſocié de l'Académie des Sciences de Paris, mort en 1710. Traités d'Aſtronomie, d'Hydroſtatique, &c. *N.* I. & X.

Jean-Jérôme SBARAGLIA, de Bologne, mort en 1710. Profeſſeur de Médecine & d'Anatomie: Pluſieurs Ouvrages qui lui ont attiré bien des critiques. *N.* XIV.

Jean-Matthieu de CHAZELLES, de Lyon, Mathématicien, & de l'Académie des Sciences de Paris, mort en 1710. Obſervations importantes, faites dans ſes Voyages en Gréce & en Egypte, & inſérées parmi les Mémoires de l'Académie: Pluſieurs Cartes du Neptune François, &c. *Eloge par* Fontenelle.

Antoine Moitorel de BLAINVILLE, né près de Dijon, Architecte & Géométre, mort en 1710. Traité du Jauge univerſel, & autres Ouvrages.

Depuis J. C.

Jean Donneau de VISÉ, de Paris, premier Auteur du *Mercure*, a fait aussi des Comédies, &c. Il mourut en 1710.

Jean HERT, Professeur à Giessen dans la Hesse, mort en 1710. *Notitia veteris Francorum regni : Comment. ad Hist. & Geog. antiq. Germaniæ* : Diplomatique Germanique, & autres Ouvrages.

Thomas ITTIGIUS, Professeur de Leipsick, mort en 1710. Dissertations sur l'Histoire Ecclésiastique, & autres. Traité sur les incendies des montagnes, &c. *N.* XXIX.

Samuel STRYCK, de Lenzen en Brandebourg, célèbre Jurisconsulte Allemand, Professeur à Francfort sur l'Oder, mort en 1710. Divers Ouvrages sur la Jurisprudence.

Philippe VERHEYEN, sçavant Anatomiste, Professeur en Médecine à Louvain, mort en 1710. *De corporis humani Anatomia*, in-8°. *De Febribus*, & autres Traités. *N.* IV. & X.

Martin LISTER, Anglois, célèbre Médecin & Naturaliste : Traités sur les Coquillages, les Fontaines minérales d'Angleterre, &c.

Luc ROTGANS, d'Amsterdam, fameux Poëte Hollandois, mort en 1710. Diverses Poésies : Vie de Guillaume III. Poëme. *N.* II.

Menson ALTING, de Groningue. Description des Pays-Bas, en Latin, avec des Cartes, &c.

Ezéchiel SPANHEIM, de Geneve, Antiquaire & Littérateur, mort à Londres en 1710. *De præstantiâ & usu Numismatum*, 2 Vol. *in-fol.* Lettres & Dissertations sur diverses Médailles : Edition des Œuvres de l'Empereur Julien, & autres Ouvrages. *Fréderic*, son frère, a été l'un des plus sçavans Théologiens que les Calvinistes aient produits : il fut Professeur à Leyde, & y mourut en 1701. Ses Œuvres en 3 Volumes *in-fol.* dont le premier est sur la Géographie & l'Histoire Ecclésiastique. *N.* II. & XXIX.

Georges BULL, sçavant Anglois, mort Evêque de S. David en 1710. *Defensio fidei Nicænæ*, & autres Ouv. *N.* I.

1698.

Henri DODWEL, né à Dublin, Professeur d'Histoire à Oxford, mort en 1711. Traité sur les Cycles ou la Chronologie des Anciens : Dissertations, & autres Ouvrages. *N.* I.

Néhémie GREW, Médecin Anglois, mort en 1711. Cosmologie sacrée, & autres Ouvrages, estimés.

André-Chrysostôme ZALUSKI, sçavant Polonois, Evêque de Plozcko, & Grand Chancelier, mort en 1711. Recueil de Lettres sur l'Histoire de Pologne, 3 Vol. *in-fol.* *N.* XIII.

Nicolas GURTLER, de Basle, Professeur à Franeker, mort en 1711. *Origines mundi*, in-4°. & autres Ouvrages. *N.* XLI.

Depuis J. C.

Catherine LESCAILLE, surnommée la Sapho Hollandoise, morte en 1711. Elle & son pere passent pour avoir excellé en Poésie dans la Langue de leur Nation.

Louis CARRÉ, né en Brie, mort à Paris en 1711. de l'Académie des Sciences: Méthode pour la mesure des surfaces, &c. *Eloge par* Fontenelle.

Claude BOURDELIN, habile Médecin de Paris, de l'Académie des Sciences, mort en 1711. *Eloge par* Fontenelle.

Nicolas BOILEAU, surnommé *Despréaux*, de Paris, l'un des plus célébres Poëtes François, mort en 1711. de l'Académie Françoise, & de celle des Inscriptions & Belles-Lettres. Ses Œuvres, en 2 Vol. *in*-4°. ou 4 *in*-12. avec les Notes de *Brossette* de Lyon. *Eloge par* de Boze.

Elisabeth-Sophie CHÉRON, ou Madame *le Hay*, morte à Paris en 1711, étoit de l'Académie des Ricovrati de Padoue, & de celle de Peinture de Paris. Diverses Poésies, Pseaumes, &c. Mais son principal talent étoit la Peinture & le Dessein: elle étoit aussi habile en Musique. Son frère *Louis* a été l'un des bons Peintres François, & est mort à Londres en 1723. *N.* XIV.

Eustache le NOBLE, de Troyes, l'un des plus fertiles Ecrivains de son tems, mort à Paris en 1711. Ses Œuvres en Prose & en Vers, 20 Volumes *in*-12.

Philippe de BORNIER, de Montpellier, habile Jurisconsulte, mort en 1711. Conférence des Ordonnances de Louis XIV. avec celles de ses prédécesseurs, & autres Ouvrages.

Germain de la FAILLE, de Castelnaudari, mort en 1711. âgé de 96 ans; fut Secrétaire de l'Académie des Jeux Floraux à Toulouse: Annales de cette Ville, 2 Vol. *in-folio*. Traité de la Noblesse des Capitouls, &c. C'est lui qui a été cause qu'on a dressé dans une des galeries du Capitole, ou de la Maison de Ville de Toulouse, les Bustes des grands hommes qui ont fait honneur à leur patrie: (exemple d'encouragement qui devroit être suivi par tout ailleurs.) *N.* IV.

Pierre DUMAY, sçavant Conseiller au Parlement de Dijon, mort en 1711. Poésies Latines, &c.

Bernard TRIVISANO, de Venise, mort en 1711. Quelques Ouvrages de Philosophie, & autres. *N.* XIII.

Laurent MAGALOTTI, de Florence, a publié un Recueil d'Expériences, comme Secrétaire de l'Académie del Cimento, & quelques autres Ouvrages; est mort en 1711. *N.* III.

Vitale GIORDANI, de Bitonto au Royaume de Naples, mort en 1711. Plusieurs Traités de Mathématiques. *N.* III.

1699.
Alexandre GUIDI, de Pavie, habile Poëte Italien, mort en 1712. de l'Académie des Arcades de Rome. Grand nombre de Poésies, estimées. *N.* XXVII.

Depuis J. C.   Jean-Dominique CASSINI, né dans le Comté de Nice, célèbre Astronome, d'abord Professeur à Bologne, vient ensuite à Paris, où il est reçu de l'Académie des Sciences. On lui est redevable de plusieurs Découvertes & Ouvrages très-estimés sur l'Astronomie. Il mourut en 1712. *Eloge par* Fontenelle.

Daniel-Guillaume MOLLER, de Presbourg, Professeur de Métaphysique & d'Histoire à Altorf, mort en 1712. Nombre de Dissertations, Poésies Latines, &c. *N.* XII.

Jean-Fréderic MAYER, de Leipsick, mort en 1712. Divers Ouvrages sur différens sujets.

Marc-Antoine OUDINET, de Reims, Garde des Médailles du Roi, & Membre de l'Académie des Inscriptions, mort en 1712. Plusieurs Dissertations. *Eloge par* de Boze.

Paul TALLEMANT, de Paris, Membre de l'Académie Françoise, & de celle des Inscriptions dont il fut Secrétaire; il mourut en 1712. Eloges, Discours, Poésies, &c. *Eloge par* de Boze.

Gaspard Thaumas de la THAUMASIERE, de Bourges, mort à Paris en 1712. Histoire du Berry; Traité du Francaleu de cette Province, &c.

Gatien Sandras de COURTILZ, de Montargis, mort en 1712. Ecrivain fertile, Auteur du Mercure historique & politique, & de plusieurs Vies, Histoires ou Romans. *N.* II. & XX.

Marie de LOUVENCOURT, de Paris, morte en 1712. Musicienne & Poéte, dont on a nombre de Cantates.

Jean *Vander-Heyden*, de Gorcum, habile Peintre & Graveur Hollandois, mort en 1712. Il inventa les nouvelles pompes à éteindre les incendies, & donna à ce sujet un Vol. *in-folio*, avec figures.

Thomas WAGSTAFFE, sçavant Médecin Anglois, mort en 1712. Plusieurs Ouvrages estimés en Angleterre.

1700.   Etablissement de l'*Académie ou Société Royale des Sciences de Berlin*, par l'Electeur de Brandebourg, Frédéric, qui devint Roi de Prusse cette même année : elle a été renouvellée en 1744. Alors on y incorpora une Société Littéraire qui s'étoit formée à Berlin.

Etablissement de l'*Académie de Lyon*, pour les Sciences & Belles-Lettres. En 1713 & 1750, il y eut aussi dans cette Ville une Société Royale pour la Physique, les Mathématiques, & les Arts. Ces deux Compagnies ont été réunies ensemble par Lettres-Patentes en 1758.

Archibald PITCAIRN, Médecin Ecossois, mort en 1713. Dissertations sçavantes.

Guillaume CAVE, Littérateur Anglois, mort en 1713. *Historia Litteraria Scriptorum Ecclesiasticorum*, in-folio, &c.

Depuis J. C.

Thomas SPRAT, sçavant Anglois, mort en 1713. Evêque de Rochester : Histoire de la Société Royale de Londres ; Poésies, & autres Ouvrages.

Godefroy BIDLOO, Médecin Hollandois, & Professeur d'Anatomie, mort à Leyde en 1713. *Anatomia humani corporis*, avec figures, & autres Ouvrages. *N.* VII. & X.

Henri EGGELING, célèbre Antiquaire, de Brême, mort en 1713. Plusieurs Ouvrages.

François Petis de la CROIX, de Paris, Interprète du Roi pour les Langues Orientales, mort en 1713. Traduction de nombre d'Ouvrages Arabes, &c. (qui sont à la Bibliothéque du Roi :) on n'a imprimé que l'Histoire de Timur-bec, ou Tamerlan, 4 Vol. *in-*12. Il a publié celle de Genghizcan, faite par son père.

François-Séraphin REGNIER *des Marais*, de Paris, habile Littérateur, & de l'Académie Françoise, dont il a été Secrétaire, mort en 1713. Grammaire Françoise : diverses Traductions, Dissertations sur Homère, Histoire de l'affaire des Corses : Poésies Françoises, Italiennes, Espagnoles. *N.* V.

Jacques RILLI, cent quarante-huitième Consul (ou Président) de l'Académie de Florence, ou *des Umidi*, donne un Tome premier *in-*4°. (qui n'a pas eu de suite) sous le titre de Notice Littéraire & Historique des Hommes Illustres de cette Académie célèbre, établie en 1540.

Jean CHARDIN, de Paris, mort à Londres en 1713. Relation de ses Voyages en Perse, &c. 10 Volumes *in-*12 ou 3 *in-*4°. *N.* XXVI.

Carlo *Maratti*, excellent Peintre Romain, de Camerano dans la Marche d'Ancone, mort à Rome en 1713. âgé de 99 ans.

Jean-Baptiste *Théodon*, habile Sculpteur François, dont il y a beaucoup d'Ouvrages à Rome ; mort à Paris en 1713.

Archange *Corelli*, célèbre Musicien Italien, mort à Rome en 1713.

DIX-HUITIÈME SIÉCLE.

1701.

Martin POLI, de Lucques, Physicien & habile Chymiste, de l'Académie des Sciences de Paris, mort en 1714. *Eloge par* Fontenelle.

Le Baron de KROSIGH (Bernard-Fréderic) de la Société Royale de Berlin, mort en 1714. Il érigea une Observatoire à Berlin, & envoya *Kolbe* au Cap de Bonne-Espérance, pour faire des Observations correspondantes. Il étoit en grand commerce avec M. Leibnitz ; & autres Sçavans de son tems.

Depuis J. C.

Jacques de TOURREIL, Littérateur, né à Toulouse, de l'Académie Françoise & de celle des Inscriptions & Belles-Lettres, mort à Paris en 1714. Traductions de plusieurs Harangues de Démosthéne & d'Eschine, & autres Ouvrages, 2 Vol. in-4°. ou 4 in-12. N. XXVII. Eloge par de Boze.

Louis de SANLECQUE, de Paris, Poëte François, mort Chanoine Régulier de Sainte Geneviéve en 1714. Ses Œuvres (ou ce qu'on a pu recueillir) en un Vol. in-12. Il étoit fils de *Jacques Sanlecque*, l'un des plus habiles dans l'Art de tailler des Poinçons, & de faire des matrices & caractères d'Imprimerie.

Sébastien *le Clerc*, excellent Dessinateur & Graveur, né à Metz; fut Professeur de Géométrie & de Perspective dans l'Académie Royale de Peinture à Paris, & mourut en 1714. On a de lui environ trois mille Estampes, & des Traités de Géométrie & d'Architecture.

Alexandre MARCHETTI, de Florence, mort en 1714. Divers Ouvrages de Mathématiques, & des Poésies Italiennes.

Antoine MAGLIABECCHI, de Florence, sçavant Bibliothécaire du Grand Duc de Toscane, mort en 1714. âgé de 81 ans. On le consultoit de toutes parts comme un Oracle : il s'est contenté de donner quelques Editions. N. IV. & X.

Bernardin RAMAZZINI, de Carpi en Modénois, mort Professeur de Médecine à Padoue en 1714. Recueil de ses Ouvrages, *Londini* 1716. in-4°, N. VI.

Charles MUSITANO, célébre Médecin Italien, mort à Naples en 1714. Ses Œuvres, *Geneve*, 2 Vol. in-folio.

1702.

Fondation de l'*Université de Breslaw* en Silésie, par l'Empereur Joseph : il y avoit un Collége illustre dès l'an 1505.

Pierre TAISAND, de Dijon, Jurisconsulte, mort en 1715. Ouvrages de Jurisprudence : Histoire du Droit Romain : Vie des plus célébres Jurisconsultes.

Claude FERRIERE, de Paris, Jurisconsulte & Professeur en Droit, mort en 1715. Commentaire sur la Coutume de Paris, Traité des Fiefs, Institutes du Droit François, &c. N. XI.

Louis MORIN, du Mans, habile Médecin, de l'Académie des Sciences, mort en 1715. Mémoires sur la Botanique, &c. *Eloge par* Fontenelle.

* Nicolas MALEBRANCHE, Prêtre de l'Oratoire, célébre Philosophe, né à Paris, mort en 1715. de l'Académie des Sciences. Recherche de la Vérité : Entretiens sur la Métaphysique & la Religion ; & autres Ouvrages. N. II. & X. *Eloge par* Fontenelle.

Depuis J. C. 1702.

* Bernard LAMI, Prêtre de l'Oratoire, né au Mans, Mathématicien, Philosophe, &c. mort à Paris en 1715. Elémens de Géométrie : Traité de la Grandeur ; Entretiens sur les Sciences, & autres Ouvrages. *N.* VI. & X.

Nicolas LÉMERY, de Rouen, habile Chymiste, & de l'Académie des Sciences, mort en 1715. Cours de Chymie ; Pharmacopée universelle, &c. *N.* IV. & X. *Eloge par* Fontenelle.

Antoine GALLAND, né à Rollo petit Bourg de Picardie, Professeur en Arabe au Collége Royal, & de l'Académie des Inscriptions, mort en 1715. Relation de la mort du Sultan Osman, &c. Maximes & bons mots tirés des Ouvrages des Orientaux : Diverses Lettres, & Mémoires sur les Médailles, &c. *N.* VI. & X. *Eloge par* de Boze.

Raymond de VIEUSSENS, Médecin de Montpellier, mort en 1715. Traité des nerfs, & autres.

Pierre MAGNOL, Docteur en Médecine de Montpellier, & de l'Académie des Sciences de Paris, mort en 1715. *Botanicum Monspeliense*, &c.

Jean-Marie de la Marque TILLADER, né en Armagnac, de l'Académie des Inscriptions & Belles-Lettres, mort en 1715. Plusieurs Ecrits dans les Mémoires de cette Académie : Recueil de Dissertations, dont la plûpart sont de M. Huet. *N.* VIII. *Eloge par* de Boze.

* François de Salignac de la Motte FENELON, mort Archevêque de Cambrai en 1715. Traité de l'existence de Dieu : Télémaque : Dialogues sur l'Eloquence : Dialogues des Morts : Abrégé de la Vie des anciens Philosophes, &c. *N.* XXXVIII.

Antoine TEISSIER, de Montpellier, Littérateur, mort à Berlin en 1715. âgé de 84 ans. Eloges des Hommes Illustres, 4 Vol. *in-12, Catalogus Auctorum* : Diverses Traductions, & autres Ouvrages. *N.* V.

François *Girardon*, de Troyes, célébre Sculpteur, mort à Paris en 1715.

Françoise *du Chemin*, sa femme, s'est distinguée dans l'Art de peindre des fleurs.

Guillaume HOMBERG, né dans les Indes à Batavia, après avoir parcouru l'Europe pour s'instruire, se fixe en France, est reçu de l'Académie des Sciences, en qualité de Chymiste, & meurt en 1715. Nombre de Mémoires parmi ceux de l'Académie. *N.* XIV. *Eloge par* Fontenelle.

Jacques PERIZONIUS, Littérateur Hollandois, Professeur d'Histoire & d'Eloquence à Franeker & à Leyde, mort en 1715. Grand nombre de Dissertations, & d'Ouvrages sçavans. *N.* I. & X.

Joseph GAZOLA, Médecin de Vérone, mort en 1715. Il établit dans cette Ville l'Académie des *Aletofili*. On a de

Depuis J. C. lui quelques Ouvrages de Médecine en Espagnol & en Italien.

Thomas BURNET, sçavant Anglois, mort en 1715. *Telluris Theoria sacra* : *Archæologia Philosophica*, &c.

Charles MONTAIGUE, Chancelier de l'Echiquier d'Angleterre, &c. mort en 1715. Poéme intitulé l'Homme d'honneur, & autres Ouvrages Anglois en Vers & en Prose.

Thomas ROWE, Poéte & Littérateur Anglois, mort en 1715. Quelques Poésies : Vies des Grands Hommes omises par Plutarque, &c. Il a eu un parent, nommé *Nicolas Rowe*, dont on a aussi diverses Poésies.

Elisabeth SINGER, femme de Thomas *Rowe*, s'est rendue célébre par ses belles qualités, & par un grand nombre d'Ouvrages en Vers & en Prose, estimés des Anglois : elle ne mourut qu'en 1737.

William WICHERLEY, Poéte Anglois, imitateur de Moliére ; mourut en 1715. Comédies, & Œuvres posthumes.

1703. Jean SOMERS, qui fut Grand Chancelier d'Angleterre, & protecteur des Sciences dans sa Nation ; mourut en 1716. On a de lui quelques Ouvrages, en Anglois, estimés.

Gisbert CUPER, né dans le Pays de Gueldre, sçavant Littérateur, Associé à l'Académie des Inscriptions, mort en 1716. Observations & Lettres critiques : Apothéose d'Homere, & autres Ouvrages sçavans. *N.* VI. & X. *Eloge par* de Boze.

Jean GRONOVIUS, Professeur de Leyde, mort en 1716. Nombre de Dissertations & d'Editions d'anciens Auteurs : Trésor des Antiquités Grecques, 13 Vol. *in-folio*, &c. *N.* II. & X.

Ludolfe KUSTER, de Blomberg en Westphalie, sçavant Littérateur, mort à Paris en 1716. de l'Académie des Inscriptions & Belles-Lettres. Edition de Suidas, 3 Vol. *in-fol.* Edition d'Aristophane, 1 Vol. *in-fol. Historia critica Homeri* : *Jamblichus de vitâ Pithagoræ*, &c. *N.* I. & X. *Eloge par* de Boze.

Engelbert KÆMPFER, de Lemgow en Westphalie, Médecin & Naturaliste, mort en 1716. *Amænitates Exoticæ* : *Herbarium Ultra-Gangeticum* : Histoire du Japon, 2 Vol. *in-folio*, ou 3 *in-12.* &c. *N.* XIX.

Guillaume Godefroy de LEIBNITZ, de Leipsick, célébre Philosophe, Mathématicien, Jurisconsulte, Historien, & Poéte, mort en 1716, étoit Associé de l'Académie des Sciences de Paris : celles de Berlin & de Vienne lui doivent leur établissement : il fut de son tems comme l'Oracle de l'Europe. Grand nombre d'Ouvrages en tout genre. *N.* II. & X. Wolf fit sa Vie, & d'après ses Mémoires le célébre Fontenelle dressa son Eloge.

Depuis
J. C.

Gonthier-Christophe SCHELHAMMER, de Iene en Thuringe, Médecin, mort en 1716. Plusieurs Ouvrages de Physique, d'Anatomie & de Médecine. *N*. XXXIII.

Joseph SAUVEUR, de la Fléche, sçavant Mathématicien, Professeur au Collége Royal, & de l'Académie des Sciences de Paris, mort en 1716. Plusieurs Ecrits dans les Mémoires de l'Académie, & Calendrier universel : Neptune François, ou Recueil de Cartes Marines. *N*. IV. & X. *Eloge par* Fontenelle.

Antoine PARENT, de Paris, habile Mathématicien, de l'Académie des Sciences, mort en 1716. Elémens de Méchanique & de Physique : Recherches, ou Journal, &c. Arithmétique théori-pratique, & nombre de Mémoires. *N*. XI. *Eloge par* Fontenelle.

La Comtesse de MURAT (Henriette de *Castelnau*) morte en 1716. Diverses Piéces de Poésie, & le Roman des Lutins de Kernosi.

Guillaume *Minoret*, fameux Musicien François, mort âgé en 1716. ou 1717. Motets estimés.

Charles de *la Fosse*, de Paris, habile Peintre François, mort en 1716. C'est lui qui a peint le Dôme des Invalides.

1704

Commencement de l'Académie des *Vigilanti*, de Mantoue, pour la Littérature, la Physique, les Mathématiques ; rendue fameuse par Vallisneri, Saffi, Crevelli, &c.

Jean *Jouvenet*, de Rouen, excellent Peintre, mort en 1717. Les dernières années de sa vie il peignoit de la main gauche. Son meilleur Elève est Jean *Restout*, son neveu, mort en 1768.

Bon *Boullongne*, de Paris, excellent Peintre François, mort en 1717.

Marie-Sybille *Merian*, de Francfort, laquelle s'est fait une grande réputation pour avoir peint des fleurs & des insectes. Elle alla pour cet effet en Amérique, & mourut à Amsterdam en 1717. Histoire des Insectes de l'Europe, trois Parties : Métamorphoses des Insectes de Surinam.

Jacques OZANAM, né dans le Pays de Dombes, célèbre Mathématicien, & de l'Académie des Sciences de Paris, mort en 1717. Dictionnaire & Cours de Mathématiques, &c. Nouveaux Elémens d'Algebre ; Perspective Théorique & Pratique : Récréations Mathématiques & Physiques, 4 Vol. *in*-8°. &c. *N*. VI. & X. *Eloge par* Fontenelle.

Michel PINART, de Sens, mort à Paris en 1717, de l'Académie des Inscriptions & Belles-Lettres. Divers Mémoires, & Notice des Bibles Hébraïques. *Eloge par* de Boze.

François de CALLIERES, de Torigni en Normandie, habile dans les Négociations, mort en 1717. Science du Monde & des Connoissances utiles : Traité de la manière de négocier avec les Souverains, &c.

Depuis J. C.

Louis LIGER, d'Auxerre, Médecin, mort en 1717. Œconomie générale de la Campagne, 2 Vol. *in*-4°. & autres Ouvrages.

Casimir OUDIN, de Mézières en Champagne; il quitta les Prémontrés pour se retirer en Hollande, où il apostasia, & mourut à Leyde en 1717. *Commentarius de Scriptoribus Ecclesiæ*, 3 Vol. *in-fol*. N. I.

Marc BATTAGLINI, de Rimini, mort Evêque de Cesene en 1717. Annales du Sacerdoce & de l'Empire, 4 Vol. *in-fol.* N. XIX.

Philippe de la TORRÉ, né en Frioul, mort Evêque d'Adria en 1717. *Monumenta veteris Antii*, & autres Ouvrages d'Antiquités. N. I. & X.

Jean-Vincent GRAVINA, Jurisconsulte Romain, mort en 1717 à Turin: Origines du Droit, & autres Ouvrages estimés, recueillis *in*-4°. à Leipsick, avec les Notes de Gottfrid Mascovius. N. XXIX.

Luc TOZZI, d'Aversa au Royaume de Naples, célébre Médecin, mort en 1717. *Opera omnia, Venetiis*, 5 Vol. *in*-4°. N. XVII.

Samuel PITISC, de Zutphen, Antiquaire & Littérateur, mort à Utrecht en 1717. *Lexicon Antiquitatum Rom.* 1 vol. *in-fol.* Editions de plusieurs Auteurs anciens, avec des Notes, & autres Ouvrages.

1705.

Etablissement de l'*Académie de Caen*, pour les Belles-Lettres: Mémoires *in*-4°.

Bernard NIEWENTIT, Philosophe & Mathématicien Hollandois, mort en 1718. Existence de Dieu, démontrée par les merveilles de la nature: quelques Ecrits contre les *Infiniment petits*, &c. N. XIII. & XX.

Philippe de la HIRE, de Paris, sçavant Géometre & Astronome, de l'Académie des Sciences, &c. mort en 1718. Traités des Sections Coniques, de Méchanique, de Gnomonique, &c. Tables Astronomiques: *Veterum Mathematicorum Opera*, &c. N. V. & X. *Eloge* par Fontenelle.

Philibert COLLET, du Pays de Dombes, Jurisconsulte, mort en 1718. Traités des Excommunications, de l'Usure, &c. Statuts de Dombes, &c. N. III. & X.

Michel le VASSOR, d'Orléans, retiré en Angleterre, où il se fait Protestant, mort en 1718. Histoire de Louis XIII. &c. 20 Vol. *in*-12.

Gui Crescent FAGON, de Paris, premier Médecin du Roi, & Surintendant du Jardin Royal des Plantes, qu'il mit sur un bon pied; mourut en 1718. Honoraire de l'Académie des Sciences. *Eloge* par Fontenelle.

Pierre DIONIS, célèbre Chirurgien de Paris & Anatomiste, mort en 1718. Cours d'opérations de Chirurgie: Anatomie de l'homme, &c.

Depuis J. C.   Gaspard ABFILLE, de Riez, Poëte François, & de l'Académie Françoise, mort en 1718. Tragédies, Epitres, Odes, &c. *N.* XLII.

Louise-Genevieve GILLOT, Dame célèbre par ses talens pour la Poésie, morte à Paris en 1718. Epîtres, Madrigaux, Comédies, &c.

Michel-Ange FARDELLA, de Trapani en Sicile, Professeur d'Astronomie & de Physique à Padoue, mort en 1718. Divers Ouvrages de Philosophie & de Mathématiques. *N.* XIII.

Hiacinthe CESTONI, de la Marche d'Ancone, mort à Livourne en 1718. Petits Traités de Physique. *N.* XV.

Joseph-Pompée SACCO, de Parme, Professeur de Médecine, mort en 1718. *Medicina practica*, in-folio &c. *N.* XIII.

Jacques PILARINO, de Corfou, Médecin à Padoue, mort en 1718. Quelques Ouvrages de Médecine. *N.* XV.

Vincent CORONELLI, Vénitien & Religieux Minime, Mathématicien & Géographe, mort en 1718, a fait les beaux Globes de Louis XIV. Divers Ouvrages sur la Géographie, & environ 400 Cartes.

Guillaume LLOYD, Anglois, sçavant dans les Antiquités, mort en 1718. *Series Olympionicarum*; Histoire de Pythagore, &c.

1706.   Etablissement de la *Société Royale de Montpellier*, par Lettres Patentes; elle fait corps avec l'Académie des Sciences de Paris, à qui elle envoye des Mémoires; a publié elle-même plusieurs Recueils.

Jean HUDSON, Littérateur Anglois, mort en 1719. Editions de Josephe, d'Hérodote, de Thucydide, de Denis d'Halicarnasse, de Velleius-Paterculus, des petits Géographes Grecs, &c. *N.* V.

Richard CUMBERLAND, sçavant Anglois, mort Evêque de Peterbourough en 1719. *De Legibus naturæ*: des Mesures & Poids des Hébreux: Origines des Nations, &c. *N.* V.

Joseph ADDISON, Poëte & Littérateur Anglois, mort en 1719. Divers Ouvrages, qui le font regarder en Angleterre comme un des meilleurs Ecrivains de la Nation. *N.* XXXI.

Pierre-Remond de MONTMORT, de Paris, Mathématicien, de l'Académie des Sciences, & de la Société Royale de Londres, mort en 1719. Essai d'Analyse sur les Jeux de hasard, &c. *Eloge par* Fontenelle.

Michel ROLLE, d'Ambert en basse Auvergne, Mathématicien, & de l'Académie des Sciences, mort en 1719. Traités d'Algebre & de Géométrie. *Eloge par* Fontenelle.

Depuis   Jean-François SIMON, de Paris, Garde des Médailles du
J. C.   Roi, & de l'Académie des Inscriptions & Belles-Lettres, mort en 1719. Plusieurs Dissertations, dans les Mémoires de l'Académie. *N.* XII. *Eloge par* de Boze.

Louis JOBERT, Jésuite, mort en 1719. Science des Médailles : Edition de 1739, avec les Notes du Baron de *la Bastie*.

Joseph de JOUVENCI, Jésuite de Paris, mort à Rome en 1719. Harangues Latines, 2 Vol. *in-*12. Traité *de ratione docendi & dicendi* : Notes Latines sur divers Auteurs anciens : la cinquième Partie de l'Histoire des Jésuites, depuis 1591, jusqu'en 1616. *in-fol.*

Michel FÉLIBIEN, Bénédictin de Paris, mort en 1719. Histoire de la Ville de Paris, 4 Volumes *in-folio*. de l'Abbaye de S. Denis, 1 Vol. & autres Ouvrages. *N.* XXVIII.

Isaac de LARREY, du Pays de Caux, mort à Berlin en 1719, à 80 ans. Histoire d'Angleterre : Histoire de France sous Louis XIV. d'Auguste, d'Eléonor de Guyenne, & autres Ouvrages. *N.* I. & X.

Charles-Claude GENEST, de Paris, Membre de l'Académie Françoise, & Poéte, mort en 1719. Tragédies & autres Poésies ; Principes de la Philosophie, en Vers, &c.

Alexandre-Jean-Baptiste *le Blond*, fameux Architecte François, qui entendoit bien la pratique des Jardins.

Jacques le ROY, de Bruxelles, mort en 1719. *Notitia Antverpiensis*, in-fol. Théâtre, ou Description du Brabant, & autres Ouvrages. *N.* XXXVII.

Adrien RELAND, sçavant Hollandois, Professeur en Langues Orientales & Antiquités, mort à Utrecht en 1719. *Palæstina*, 2 Vol. *in-*4°. Dissertations ; *Antiquitates Hebraicæ : De Religione Mohammedica*, &c. *N.* I. & X.

Henri de COCCEJI (*Cocceius*) habile Jurisconsulte Allemand, né à Brême, mort à Francfort sur Oder en 1719. *Juris publici prudentia* & autres Ouvrages. *N.* IX.

Jean-Henri MAIUS, du Marquisat de Bade, mort en 1719. Professeur en Langues Orientales à Gießen ; nombre de Dissertations, &c. *N.* XXIX.

Léonard-Christophe STURM, Architecte du Duc de Brunswick, mort en 1719. Cours d'Architecture, des plus complets, à Augsbourg, 16 Vol.

Dominique de ANGELIS, de Lecce au Royaume de Naples, mort en 1719. Divers Ouvrages sur l'Histoire Littéraire d'Italie. *N.* XVI.

1707.   Jean-Marie LANCISI, de Rome, Médecin & Botaniste mort en 1720. Recueil de ses Ouvrages, *Geneve* 1718. 2 Vol. *in-*4°.

Depuis J. C. 1707.

Anne le FEVRE, de Saumur, femme de M. *Dacier*, Dame sçavante, étoit de l'Académie des Ricovrati de Padoue, mourut à Paris en 1720. Editions de Callimaque, d'Eutrope, de Florus; Traductions d'Anacréon, d'Homere, de Térence, d'une partie de Plaute & d'Aristophane; Défenses d'Homere, &c. *N*. III.

Claude de l'ISLE, né à Vaucouleurs en Champagne, Historiographe, mort à Paris en 1720. Abrégé de l'Histoire Universelle, 7 Vol. *in*-12. Tables Généalogiques, &c.

Nicolas HENRION, de Troyes, mort en 1720, de l'Académie des Inscriptions & Belles-Lettres; Dissertations sur les Médailles, &c. *Eloge par de* Boze *N*. XXIII.

* Eusebe RENAUDOT, de l'Académie des Inscriptions & Belles-Lettres, mort en 1720. Divers Mémoires, & autres Ouvrages (ci-devant page 559.) *Eloge par* de Boze.

François RAGUENET, de Rouen, mort à Paris en 1720. Monumens de Rome, &c. Parallele des François & Italiens sur la Musique; Histoire de Cromwel, du Maréchal de Turenne, &c.

Jérôme TARTERON, de Paris & Jésuite, mort en 1720. Traduction d'Horace, avec Notes, de Juvenal & de Perse.

Guillaume Amfrie de CHAULIEU, né dans le Vexin, Poëte François des plus polis & ingénieux, mort en 1720. Poésies (avec celle du Marquis de *la Fare*) 2 Vol. *in*-8°. *N*. XXXVII.

Jacques VERGIER, de Lyon, Poëte François, mort en 1720. Rousseau compare ses Chansons aux Poésies d'Anacréon; Recueil de Piéces, en 2 Vol. *in*-12. *Amst.* 1731.

Antoine *Coysevox*, de Lyon, fameux Sculpteur, mort à Paris en 1720.

Antoine HAMILTON, Comte Irlandois, retiré en France, où il mourut en 1720. Poésies Françoises; & autres Ouvrages; Mémoires du Comte de Grammont, son beau-frere.

Le Duc de BUCKINGHAM, Jean *Scheffeld*, sçavant Anglois, mort en 1720. Essais sur la Poésie & la Satyre, & autres Ouvrages en vers & en prose.

Anne de WINCHELSEA, Comtesse Angloise illustre par ses Poésies, & morte en 1721. Poëme sur la Rate, & autres.

Jean FLAMSTEED, Astronome Anglois, mort en 1720. Ephémérides; Doctrine de la Sphere; *Historia Cœlestis*, 3 Vol. *in-fol.*

Jean PERINSKIOLD, Suédois, mort en 1720. Divers Ouvrages sur l'Histoire de Suéde; & les anciens Monumens du Nord. *N*. I.

DANS LES SCIENC. & ARTS. 799

Depuis J. C.

Barthélemi ZIEGENBALG, de Lusace, mort en 1720, à Tranquebar en Coromandel, où il a fait imprimer pour la premiere fois le N. T. en Langue Indienne. On a aussi de lui plusieurs Relations historiques. *in-4°.* en Allemand.

1708.
* Pierre-Daniel HUET, de Caen, Membre de l'Académie Françoise, mort à Paris en 1721, âgé de 91 ans, Poésies Grecques & Latines: *De Interpretatione*: Origines de Caen: Histoire du Commerce & de la Navigation des Anciens: Traités Philosophiques, &c. *N.* I. & X.

George Wolfang *Wedel*, de Golssen en Lusace, fameux Médecin, de l'Académie de Berlin, mort en 1721. Nombre d'Ouvrages de Médecine, Chymie: Histoire Naturelle. *N.* VII.

Jacques le LONG, de Paris, Prêtre de l'Oratoire, mort en 1721. *Bibliotheca Sacra*, 2 Vol. *in-fol.* Bibliothéque Historique de France, *in-fol.* Discours sur les Bibles Polyglottes, &c. *N.* I. & X.

Pierre le Lorrain de *Vallemont*, né à Ponteaudemer, mort en 1721. Elémens d'Histoire, 4 Vol. *in-12*. Physique occulte: Traité du secret des Mystères, &c.

Jean ROBBE, de Soissons, Ingénieur & Géographe, mort en 1721. Méthode pour apprendre la Géographie, 2 Vol. *in-12*. Emblême sur la Paix, présenté au Roi en 1679. &c.

Hilaire-Bernard de LONGEPIERRE, de Dijon, Poëte François, mort en 1721. Diverses Poésies & Traductions, en vers.

Jean de PALAPRAT, de Toulouse, Poëte François, & de l'Académie des Jeux Floraux, mort en 1721. Comédies & Recueil des Poésies.

Antoine *Watteau*, de Valenciennes, habile Peintre François, mort à Nogent, près de Paris, en 1721.

Etienne *Picard*, dit le *Romain*, célèbre Graveur, mort à Amsterdam en 1721.

Gautier MOYSE, sçavant Anglois, mort en 1721. Ses Ouvrages sur différens sujets, *Londres* 1726. *in-8°*.

Matthieu PRIOR, fameux Poëte Anglois, mort en 1721. Nombre de Poésies, estimées.

Jean KEILL, Ecossois, Astronome & Mathématicien, donne le premier à Oxford des Leçons sur la Philosophie expérimentale; mourut en 1721. Plusieurs Ouvrages estimés, dont le principal *Introductio ad veram Physicam, & ad veram Astronomiam*, 2 Vol. *in-4°*. M. le Monnier le fils, Astronome, de l'Académie des Sciences, a traduit la seconde Partie de cet Ouvrage.

Jacques KEILL, frere du précédent, Médecin célébre, mort en 1719. On a de lui divers Ouvrages curieux.

Depuis J. C.

Benoît BACCHINI, né dans le Parmesan, mort en 1721. Journal de Parme, &c. Divers Traités d'Antiquités. *N*. XII. & XX.

1709.   André DACIER, de Castres, grand Littérateur, mort à Paris en 1722, fut Secrétaire de l'Académie Françoise, & étoit Membre de celle des Inscriptions & Belles-Lettres; a publié plusieurs des Editions *ad usum Delphini*: Traductions d'Horace, de Plutarque, de quelques Dialogues de Platon, d'Epictete, d'Hippocrate, &c. Observations sur Longin; Poétique d'Aristote, avec des remarques. *N*. III. *Eloge par* de Boze.

Henri de BOULAINVILLIERS, mort en 1722. Divers Ouvrages sur l'Histoire de France, imprimés depuis sa mort, &c.

Charles-César BAUDELOT, de Paris, & de l'Académie des Inscriptions, mort en 1722. Traité de l'utilité des Voyages: Lettres & Dissertations sur les Antiquités. N. XII. *Eloge par* de Boze.

Guillaume MASSIEU, de Caen, mort à Paris, en 1722. de l'Académie Françoise, & de celle des Inscriptions. Dissertations ou Mémoires: Histoire de la Poésie Françoise, &c. *N*. XII. & XX. *Eloge par* de Boze.

Claude-Antoine COUPLET, de Paris, Mathématicien & Méchanicien, de l'Académie des Sciences, mort en 1722. *Eloge par* Fontenelle.

Pierre VARIGNON, de Caen, célébre Mathématicien, mort à Paris en 1722, de l'Académie des Sciences. Elémens de Mathématiques; Conjectures sur la Pesanteur: divers Ouvrages sur la Méchanique, & autres dans les Mémoires de l'Académie. *N*. XI. & XX. *Eloge par* Fontenelle.

Sébastien VAILLANT, né près de Pontoise, Botaniste, mort à Paris en 1722, de l'Académie des Sciences. Remarques sur les Institutions Botaniques de Tournefort: *Botanicon Parisiense*, *N*. VIII. & X.

Jean MÉRY, de Vatan en Berry, sçavant Chirurgien, & de l'Académie des Sciences, mort en 1722. Plusieurs Dissertations & Observations sur la Taille, la Circulation du Sang, &c. *N*. IX. *Eloge par* Fontenelle.

Antoine *Coypel*, habile Peintre François, mort en 1722. On a de lui des Conférences sur la Peinture, & quelques Poésies.

Jean-Jacques SCHUDT, de Francfort, sçavant Professeur en Langues Orientales, mort en 1722. Plusieurs Ouvrages remplis d'érudition Hébraïque.

Guillaume FLEETWOOD, sçavant Anglois, mort Evêque d'Ely en 1722. *Inscriptionum Antiquarum Sylloge*, & autres Ouvrages.

DANS LES SCIENC. & ARTS.   801

Depuis J. C. 1710. Fondation de l'*Université de Girone*, en Catalogne, par l'Archiduc Charles, Prétendant à la Couronne d'Espagne : elle n'a subsisté que quelques années.

Siméon POLOTKI, Russien, Précepteur de Pierre le Grand, a fait plusieurs Ouvrages en Vers.

Christophe *Wren*, Mathématicien & habile Architecte Anglois, mort à Londres en 1723. Nombre d'Ouvrages sçavans.

Albert Henri de SALLENGRE, de la Haye, Littérateur, mort en 1723. *Novus Thesaurus Antiquitatum Rom.* 3 Vol. *in-fol.* Mémoires de Littérature, Vol. *in-8°.* &c. *N.* I. & X.

Jacques BASNAGE, de Rouen, retiré en Hollande, & mort à la Haye en 1723. Histoire des Juifs, ou continuation de Josephe, 15 (ou 9) Vol. *in-12.* Annales des Provinces-Unies, 2 Vol. *in-fol.* & autres Ouvrages. *N.* IV. & X. Son frere, *Henri* BASNAGE de Bauval, a fait l'Histoire des Ouvrages des Sçavans, & donné une Edition augmentée du Dictionnaire de Furetiére, 3 Vol. *in-folio*, réimprimé à Trévoux. *N.* II.

* Louis Courcillon de DANGEAU, mort en 1723. Divers Ouvrages sur la Grammaire Françoise, la Géographie Historique, & le Blason. *N.* XV.

François de CAMUS, mort en 1723, étoit très-versé dans la connoissance des Médailles & de l'Histoire de France, sur lesquelles il a donné quelques Ouvrages.

Nicolas de LAMARE, Doyen des Commissaires du Châtelet de Paris, mort en 1723. Traité de la Police, 3 Vol. *in-fol.*

Benigne GRENAN, de Noyers en Bourgogne, Professeur d'Eloquence à Paris, mort en 1723. Harangues & Poésies Latines. *Pierre* GRENAN, son frere, mort en 1722, est Auteur de la Satyre intitulée, Apologie de l'Equivoque.

Jean de la CHAPELLE, né à Bourges, mort à Paris en 1723, de l'Académie Françoise : Tragédies, &c. Lettres d'un Suisse sur les intérêts des Princes, &c.

Jean-Gualbert CAMPISTRON, Poëte, & de l'Académie Françoise, mort en 1723, à Toulouse sa patrie : Tragédies & autres Poésies. *N.* XXV. Son frere *Louis*, mort Jésuite en 1737, avoit aussi du talent pour la Poésie Françoise, & on a de lui quelques petites Piéces estimées.

Antoine-Marie VAKSALVA, d'Imola dans la Romagne, Médecin & Anatomiste, mort en 1723. *Opera Venetiis*, in-4°.

Jean-Christian GUNTHER, de Silésie, célébre Poëte Allemand, mort en 1721. Satyres, & autres Poésies.

Godefroy *Kneller*, de Lubeck, Peintre Allemand, qui demeura plus de 40 ans en Angleterre, & y mourut en

Depuis 1723. Le Roi l'avoit honoré du titre de Baronet, qui est
J. C. celui de la premiere Noblesse Angloise.

Benedetto *Lutti*, Peintre Florentin, mort à Rome en 1724.

1711. Philippe OUSEEL, de Dantzick, mort en 1724. Professeur à Francfort sur Oder : Quelques Ouvrages sur l'Hébreu, qu'il possédoit comme sa Langue naturelle.

Gui RIEDLIN, Médecin d'Ulm en Franconie, mort en 1724. Divers Ouvrages de Médecine & de Chirurgie, avec nombre d'Observations dans les Actes des Curieux de la nature d'Augsbourg. *N.* XVI.

Humphrey PRIDEAUX, habile Historien Anglois, mort en 1724. Histoire des Juifs & des peuples voisins, 2 Vol. *in*-4°. Vie de Mahomet, *in*-12. l'une & l'autre traduites en François, &c.

Arthur MAINWARING, l'un des plus habiles Ecrivains Anglois en matiere de Politique.

François-Timoléon de CHOISI, né à Paris, y mourut en 1724, étant de l'Académie Françoise. Divers Ouvrages très-polis : Relation du Voyage de Siam : Histoire Ecclésiastique, 11 Vol. Vies de Salomon, de S. Louis, du Roi Jean, de Charles V. de Charles VI. Mémoires pour l'Histoire de Louis XIV. &c.

Louis & Jean BOIVIN, freres, & sçavans Littérateurs, de Montreuil au Diocèse de Lisieux, tous deux de l'Académie des Inscriptions & Belles-Lettres. Le premier mourut à Paris en 1724, & l'on trouve plusieurs de ses Mémoires parmi ceux de l'Académie. Le second mourut en 1726. Professeur Royal en Grec, a traduit quelques Piéces de Sophocle, d'Aristophane & d'Homére. *N.* XXI. & XXVI. *Eloge par* de Boze.

Michel-Ange de la CHAUSSE, de Paris, sçavant Antiquaire, mort à Rome en 1724, fort âgé. *Musæum Romanum* 1690, augmenté, 1707, 1746. Pierres gravées 1700.

Marc-Antoine HERSAN, de Compiégne, Professeur d'Eloquence à Paris, mort en 1724. Oraison Funébre de M. le Tellier : Diverses Poésies Latines, &c.

Charles-Riviere DUFRENY, Poëte Comique François, mort en 1724. Ses Œuvres, 6 Vol. *in*-12. Il a travaillé quelques années au Mercure. *N.* XVII.

1712. Fondation de l'*Institut de Bologne*, *Académie des Sciences & des Arts*, qui reconnoît pour son Fondateur le sçavant Comte *Marsigli* : elle ne commença ses Séances qu'en 1714.

Philippe BUONANNI, Jésuite, de Rome, mort en 1725. Divers Ouvrages, sur l'Histoire Naturelle : *Musæum Kircherianum : Numismata Summ. Pontificum*, &c. *N.* XXX.

Depuis
J. C.

Thomas GOUYE, Jéfuite, Honoraire de l'Académie des Sciences de Paris, mort en 1725. Obfervations Phyfiques & Mathématiques, 2 Vol.

Charles de la RUE, Jéfuite, de Paris, Poëte & Orateur, mort en 1725. Quatre Livres de Poéfies Latines, & quelques-unes Françoifes : Edition de Virgile, avec des Notes : Panégyriques ou Oraifons Funébres, &c. 4 Vol. *in-12*.

Jean-Baptifte du *Bouffet*, de Dijon, fameux Muficien, mort à Paris en 1725. Grand nombre d'Airs & de Motets.

Charles *Chriftian* Reifen, Anglois, Graveur en pierres fines, mort vers 1725, le feul dont l'Angleterre puiffe fe faire honneur.

Jean MOLLER, de Flenfbourg au Duché de Slefwick, mort en 1725. *Cimbria Litterata*, 3 Vol. *in-folio*, & autres Ouvrages.

Alexis LITTRE, de Cordes en Albigeois, Médecin & Anatomifte, de l'Académie des Sciences, mort en 1725. Divers Mémoires. *Eloge par* Fontenelle.

Paul-Rapin de THOYRAS, de Caftres, mort à Wezel en 1725. Hiftoire d'Angleterre, 10 Vol. *in-4°*. &c. *N.* I.

Gérard NOODT, de Nimegue, Profeffeur en Droit à Leyde, mort en 1725. Traités fur la Jurifprudence, *in-4°*. *N.* XVI.

Nicolas HARSOEKER, de Goude en Hollande, Phyficien & Mathématicien, Affocié des Académies des Sciences de Paris & de Berlin, mort en 1725. Effai de Dioptrique : Principes & Conjectures Phyfiques : Cours de Phyfique, &c. *N.* VIII. & X. *Eloge par* Fontenelle.

1713.
Etabliffement de *l'Académie de Bordeaux*, pour les Sciences & Belles-Lettres.

Jean-André SMIDT, de Worms, mort en 1726. Divers Ouvrages fur la Littérature, & autres. *N.* IX.

Joachim-Fréderic *Feller*, de Leipfick, mort en 1726. Hiftoire Généalogique de la Maifon de Brunfwick: *Monumenta Varia*, &c.

Jérémie COLLIER, fçavant Anglois, mort en 1726. Dictionnaire Géographique & Généalogique, en Anglois, 4 Vol. *in-folio*.

Guillaume de l'ISLE, fçavant Géographe, né à Paris, mort en 1726, de l'Académie des Sciences. Nombre de Cartes, & plufieurs Mémoires. *N.* I & X. *Eloge par* Fontenelle.

Claude SICARD, né près de Marfeille, mort en 1726, au Caire, Miffionnaire Jéfuite. Divers Ecrits fur l'Egypte ancienne & Moderne.

Claude Pocquet de LIVONNIERE, Jurifconfulte d'Angers, mort en 1726 à Paris. Divers Ouvrages fur les Fiefs, les Regles du Droit, &c. *N.* XVII. Il fut l'Auteur de *l'Académie d'Angers*, & fon premier Secrétaire.

Depuis J. C.

Florent Carton d'ANCOURT, de Fontainebleau, Poéte Dramatique, mort à Paris en 1726. Ses Œuvres, 9 Vol. *in-*12. *N.* XVI.

Michel-Richard de la *Lande*, de Paris, célébre Muficien, mort en 1726. Motets, *in-folio.*

Théobaldo *Gatti*, de Florence, fameux Muficien Italien, qui vint s'établir en France, où il a demeuré 50 ans; mourut à Paris en 1727. On a de lui deux Opéras, &c.

Adrien *Vander-Werff*, excellent Peintre Hollandois, mort à Rotterdam, fa patrie, en 1727.

1714.
Ifaac NEWTON, célébre Philofophe & Mathématicien Anglois, mort à Londres en 1727. Préfident de la Société Royale & Affocié de l'Académie des Sciences de Paris; il étoit âgé de 85 ans, Principes: Optique: Chronologie réformée, & autres Ouvrages. *N.* XXII. *Eloge par* Fontenelle.

François-Marie NEGRISOLI, Médecin de Ferrare, mort en 1727. Divers Ouvrages de Médecine, & autres. *N.* XL.

Adrien HELVETIUS, Médecin Hollandois, qui vint s'établir en France, où il introduifit l'Hipekakuana contre les dyflentries; mourut à Paris en 1727; Traité des maladies les plus fréquentes, & des remedes fpécifiques; & autres Ouvrages.

Jean GUNTHER, de Siléfie, Poéte Allemand, mort en 1727, dont les Ouvrages très-eftimés en Allemagne.

Jacques & Philémon-Louis SAVARY, freres, morts l'un en 1716, & le fecond en 1727. Dictionnaire du Commerce, 3 Vol. *in-folio.* Le parfait Négociant, *in-*4°.

Louis de SACI, Avocat de Paris & de l'Académie Françoife, mort en 1727. Traités de l'Amitié, & de la Gloire: Traduction des Lettres de Pline le Jeune: Recueil de Factums, & autres Piéces, 2 Vol. *in-*4°.

Jacques ABBADIE, du Béarn, mort en 1727. L'Art de fe connoître foi-même: Vérité de la Religion Chrétienne, &c. 3 Vol. *in-*12. *N.* XXXIII.

Nicolas de MALEZIEU, de Paris, Mathématicien & Poéte, mort en 1727, de l'Académie Françoife & de celle des Sciences. Elémens de Géométrie, & plufieurs petites Piéces en Vers & en Profe. *Eloge par* Fontenelle.

Fondation de l'*Académie Caftillane* à *Madrid*, pour la perfection de la Langue Efpagnole.

Gui-Alexis LOBINEAU, Bénédictin de Rennes, mort en 1727. Hiftoire de Bretagne, 2 Vol. *in-fol.* & autres Ouvrages.

1715.
Bernard de la MONNOYE, de Dijon, fçavant Littérateur, & Poéte François & Latin, mort en 1728, âgé de 88ans. Remarques fur les Jugemens des Sçavans de Baillet,

Depuis J. C. 1715. sur le Menagiana, sur la Bibliothéque de Colomiés, &c. Poésies Françoises & Latines: Noels Bourguignons, &c.

Claude-François FRAGUIER, de l'Académie Françoise & de celle des Inscriptions & Belles-Lettres, né à Paris, où il mourut en 1728. Poésies Latines, & plusieurs Dissertations. *N. XVIII. Eloge par* de Boze.

Henri MORIN, de l'Académie des Inscriptions & Belles-Lettres, mort en 1728. Plusieurs Dissertations dans les Mémoires de l'Académie. Il étoit fils d'*Etienne Morin*, mort à Amsterdam en 1700, & Auteur de quelques Dissertations, &c. *N. XII.*

Jean-Baptiste COUTURE, Professeur Royal d'Eloquence & de l'Académie des Inscriptions & Belles-Lettres, mort en 1728. Quelques Mémoires parmi ceux de l'Académie, des Poésies, &c. *N. XXVII. Eloge par* de Boze.

* Gabriel DANIEL, Jésuite de Rouen, mort à Paris en 1728. Histoire de France, 7 Vol. *in-4°.* (nouvelle Edition, 1755.) Histoire de la Milice Françoise, 2. Vol. Voyage du Monde de Descartes, & autres Ouvrages.

Jacques LENFANT, de Bazoche en Beausse, mort en 1728, à Berlin, de l'Académie de cette Ville. Histoires des Conciles de Constance, de Pise & de Basle (exactes & modérées quoiqu'écrites par un Protestant;) & autres Ouvrages. *N. IX & X.* Il se forma chez M. Lenfant une *Société* de Gens de Lettres, appellée des *Anonymes*, à laquelle le Journal intitulé Bibliothéque Germanique, doit sa naissance.

Jacques le QUIEN *de la Neuville*, né dans le Boullenois, mort à Lisbonne en 1728, étant de l'Académie des Inscriptions: Histoire de Portugal, 2 Vol. *in-4°.* Origine & usage des Postes, *in-12. N. XXXVIII. Eloge par* de Boze.

Charles-René REYNEAU, de Brissac en Anjou, Prêtre de l'Oratoire, Mathématicien & de l'Académie des Sciences de Paris, mort en 1728. Analyse démontrée: Science du calcul: Logique, &c. *Eloge par* Fontenelle.

Eusébe-Jacob de LAURIERE, de Paris, Jurisconsulte, mort en 1718. Bibliothéque des Coutumes: Instituts coutumiers de Loysel, avec des Notes; & autres Ouvrages de Droit. Il a donné les deux premiers Volumes des Ordonnances des Rois de France. *N. XXXVII.*

Daniel le CLERC, de Geneve, sçavant Médecin, mort en 1728, fut le frere de *Jean* le Clerc, qui s'est rendu si fameux en Hollande. Histoire de la Médecine, *in-4°.* Bibliothéque Anatomique, 2 Vol. *in-fol.* composée avec Jean-Jacques *Manget*, Médecin de Geneve; & autres Ouvrages. *N. XI.*

Depuis J. C.

Jean FREIND, sçavant Médecin Anglois, mort en 1728. Emmenologie ; Leçons de Chymie ; Traité de la Fièvre ; Histoire de la Médecine, estimée, &c. N. XXXV.

Jean Mario CRESCIMBENI, de Macerata dans la Marche d'Ancone, habile Littérateur, qui donna lieu à l'institution de l'*Académie des Arcades de Rome*; mourut en 1728. Histoire de la Poésie Italienne, & autres Ouvrages. N. XXXI.

Thomas CRENINS, de Brandebourg, Littérateur, mort à Leyde en 1728. Nombre de Recueils pour l'éducation, & la maniere d'étudier les différentes Sciences.

Christian THOMASIUS, de Leipsick, sçavant Jurisconsulte Allemand, mort en 1728. Histoire du Droit Naturel ; Histoire des Disputes entre le Sacerdoce & l'Empire ; & plusieurs autres Ouvrages.

Jacques-Guillaume d'IMHOFF, sçavant Allemand, mort en 1728. Plusieurs Volumes *in-fol.* de Généalogies, &c.

Antoine *Desgodets*, mort à Paris en 1728. Architecte du Roi. Divers Ouvrages d'Architecture, & Edifices antiques de Rome.

Sébastien *Slodtz*, d'Anvers, habile Sculpteur, mort à Paris en 1728, laissant trois fils célèbres dans le même Art & de l'Académie de Peinture & Sculpture de Paris.

Charles *Simonneau*, d'Orléans, habile Graveur, mort à Paris en 1728.

Jean-François *Lalouette*, Musicien François, disciple de Lulli ; mourut à Paris en 1728. Motets à grands Chœurs.

Marin *Marais*, de Paris, célèbre Musicien, mort en 1728. Opéras & Piéces de viole.

Elisabeth-Claude *Jacquet*, de Paris, illustre Musicienne, morte en 1729. Cantates, Piéces de clavecin, &c.

1716.

Le pere *Sébastien*, ou Jean *Truchet*, de Lyon, & Carme, très-célèbre Méchanicien, mort à Paris en 1729. de l'Académie des Sciences. *Eloge par* Fontenelle.

Jacques MARALDI, du Comté de Nice, sçavant Mathématicien & Astronome, de l'Académie des Sciences, mort à Paris en 1729. Catalogue des étoiles, & divers Mémoires parmi ceux de l'Académie. *Eloge par* Fontenelle.

Simon de la LOUBERE, né à Toulouse, de l'Académie Françoise & de celle des Inscriptions & Belles-Lettres, mort en 1729. Œuvres Poétiques ; Relation de Siam, 2 Vol. *in-12.* Résolution des Equations, &c. *Eloge par* de Boze.

François BOUTARD, de Troyes, Poëte Latin & de l'Académie des Inscriptions mort en 1729. Nombre de Poésies Latines, dont quelques-unes traduites en François. *Eloge par* de Boze.

DANS LES SCIENC. & ARTS. 807

Depuis J. C.

Le Père HONORÉ DE SAINTE MARIE, sçavant Carme Déchaussé, mort à Lille en 1729. Réflexions sur les regles & l'usage de la Critique, 3 Vol. *in-4°*. Dissertations sur les Ordres Militaires, & autres Ouvrages.

Abel BOYER, de Castres, mort en 1729, en Angleterre. Histoire du Roi Guillaume, de la Reine Anne, &c. Dictionnaire Anglois & François, &c.

Jean DEVAUX, fameux Chirurgien de Paris, mort en 1729. Traduction de plusieurs Ouvrages de Médecine & de Chirurgie : Le Médecin de soi-même, &c. *Index funereus Chirurgorum Parisiensium*, ab anno 1515. ad ann. 1714.

Jérôme ZANICHELLI, de Modène, Médecin, mort à Venise en 1729. Divers Ouvrages sur l'Histoire Naturelle. *N.* XXIV.

François BIANCHINI, de Vérone, sçavant Antiquaire & Astronome, mort en 1729. Associé de l'Académie des Sciences de Paris. Histoire Universelle : *De Calendario*, &c. *De nummo & Gnomone Clementino*, &c. Observations sur Vénus, &c. *N.* XXIX. Eloge par Fontenelle.

Nicolas-Jérôme GUNDLING, du Territoire de Nuremberg, mort en 1729. Professeur à Halle. Ouvrages de Philosophie, de Littérature & de Droit. *N.* XXI.

Jean-François BUDDÆUS, d'Anclam en Poméranie, Professeur à Halle & à Iene, mort à Gotha en 1729. Nombre d'Ouvrages & de Dissertations Philosophiques, Littéraires, &c. *N.* XXI.

Georges-Henri GOETZE, de Leipsick, Littérateur, mort à Lubeck en 1729. Plusieurs Dissertations curieuses. *N.* XXIII.

Charles SCHAAF, de Nuys au pays de Cologne, Professeur à Leyde en Langues Orientales, mort en 1729. Divers Ouvrages sur l'Hébreu & le Syriaque.

Samuel CLARKE, fameux Philosophe Anglois, né à Norwick, & mort à Londres en 1729. Ses Œuvres recueillies en 4 Vol. *in-fol.* 1738. Plusieurs ont été traduites en François.

Guillaume CONGREVE, Poëte Comique Anglois, l'un des plus polis Ecrivains de cette Nation, mort en 1729. Comédies, Odes pastorales : Traductions.

1717.

Fondation de l'*Université de Cervera*, en Catalogne, par Philippe V. Roi d'Espagne, qui y réunit les autres Universités de la Province.

Laurent ECHARD, Historien Anglois, mort en 1750. Histoire d'Angleterre, *in-fol.* Histoire Romaine, jusqu'à Constantin : Histoire de l'Eglise, avec des Tables Chronologiques : Dictionnaire Géographique, &c.

Depuis J. C. 1717.

Jean Iterian de AYALA, Espagnol & Religieux de la Mercy, mort en 1730. Divers Ouvrages, dont *Pictor Christianus*, in-fol. dans lequel il découvre les erreurs où tombent la plûpart des Peintres lorsqu'ils font des Tableaux de piété.

Michel du PERRAY, Jurisconsulte François, mort en 1750. Nombre d'Ouvrages de Jurisprudence.

Guichard-Joseph du VERNEY, de Feurs en Forez, célébre Anatomiste & de l'Académie des Sciences de Paris, mort en 1730. Traité de l'organe de l'ouïe, & plusieurs autres. *Eloge par* Fontenelle.

Jean-Pierre Bourchenu de VALBONNAYS, premier Président au Parlement de Grenoble, & Honoraire de l'Académie des Inscriptions, mort en 1730. Histoire du Dauphiné, 2 Vol. *in-fol.* Mémoire sur la Principauté d'Orange: Diverses Lettres sur des Inscriptions, &c. *N.* XIX. & XX. *Eloge par* de Boze.

J. B. Henri du Trousset de VAIINCOURT, habile Littérateur, des différentes Académies de Paris, mort en 1750. âgé de 77 ans. Observations sur Sophocle: Vie du Duc de Guise, & autres Ouvrages en Prose & en Vers. *N.* XXIV. *Eloge par* Fontenelle.

Guillaume de LAVAUR, de S. Cere en Querey, mort en 1730. Histoire secrette de Néron: Conférence de la Fable avec l'Histoire Sainte, 2 Volumes *in-12.* &c. *N.* XXXVII.

Jean-Antoine du CIRCEAU, Jésuite de Paris, Poéte François, mort en 1730. Diverses Poésies.

Antoinette de Salvan de SALIEZ, Dame sçavante d'Alby, morte très-âgée en 1730. Diverses Poésies, &c.

Elisabeth DREUILLET, de Toulouse, Dame illustre par ses Poésies, dont quelques-unes imprimées dans des Recueils; mourut en 1730.

François de *Troy*, de Toulouse, Peintre François célébre, mort à Paris en 1730. âgé de 85 ans.

Sébastien *Brossard*, sçavant Musicien François, mort en 1730. Dictionnaire de Musique, & autres Ouvrages sur le chant.

Jean-Baptiste *Senallié*, habile Musicien François, mort à Paris en 1730. Sonates pour le violon, en cinq Livres.

Jacques SAURIN, de Nismes, mort à la Haye en 1730. a été le plus grand Orateur qu'aient eu les Protestans. Recueil de Discours, 8 Volumes *in-12.* Discours sur la Bible, avec les belles figures de Picart, &c. 6 Vol. *in-folio.*

François-Michel JANIÇON, de Paris, mort à la Haye en 1730. Etat présent de la République des Provinces-Unies, 2 Vol. *in-12.* & autres Ouvrages. *N.* XVIII.

DANS LES SCIENC. & ARTS. 809

Depuis J. C.

Jean-Georges d'ECCARD, célébre Historien & Antiquaire Allemand, né au Duché de Brunfwick, mort à Wurtzbourg en 1730. *Corpus hiftoricum medii ævi*, & autres Ouvrages.

Jean PAZFIN, de Gand, habile Chirurgien & Anatomifte, mort dans fa patrie en 1730. Oftéologie ; Anatomie du corps humain, imprimées à Paris, &c.

Louis-Ferdinand MARSIGLI, de Bologne, fçavant dans les Mathématiques, l'Hiftoire Naturelle, &c. de l'Académie des Sciences de Paris, de la Société Royale de Londres, & de celle de Montpellier ; mort en 1730. Hiftoire phyfique de la Mer, *in-fol.* Defcription du Danube, 6 Volumes *in-folio.* Hiftoire militaire des Turcs, *in-folio* & autres Ouvrages. N. XXVI. Eloge par Fontenelle.

Antoine VALLISNIERI, célébre Profeffeur en Médecine à Padoue, mort en 1730. Nombre d'Ouvrages fur les infectes, l'Hiftoire Naturelle & la Médecine, 3 Vol. *in-folio.*

Salvino SALVINI, publie les Faftes Confulaires de l'Académie de Florence, ou des *Umidi*, en Italien, 1 Vol. *in-4°.*

Demetrius CANTEMIR, retiré en Ruffie après avoir été Prince de Moldavie, meurt en 1723. Auteur d'une Hiftoire de l'Empire Othoman, qui a été traduite en François ; & de quelques autres Ouvrages Manufcrits. Voyez fa Vie, dans le Vol. 4 de l'Hiftoire Othomane.

1718. Emmanuel KONIG, de Bâle, Médecin, dont les Ouvrages font fi eftimés en Suiffe, qu'on l'y regarde comme un autre Avicenne ; mourut en 1731.

Etienne-François GEOFFROY, de Paris, Profeffeur Royal en Médecine, fçavant dans la Pharmacie & la Chymie, de l'Académie des Sciences de Paris, & de la Société Royale de Londres, mort en 1731. *Eloge par* Fontenelle.

Jean-Michel LANG, Profeffeur à Altorf, fçavant dans les Langues Orientales, mort en 1731. *Philofophia Barbaro-Græca*, & divers Traités fur le Mahométifme & l'Alcoran.

Gotlieb CORTE, Profeffeur en Droit à Leipfick, mort en 1731, a travaillé au fçavant Journal de cette Ville, & a donné quelques Editions d'Auteurs anciens. N. XXXV.

Fréderic RUYSCH, de la Haye, habile Anatomifte & Médecin, Affocié de l'Académie des Sciences de Paris, de la Société Royale de Londres, & de l'Académie des Curieux de la Nature d'Aufbourg ; mourut à Amfterdam en 1731, âgé de 93 ans. Divers Ouvrages d'Anatomie,

Depuis *J. C.* où il a fait plusieurs découvertes. *Henri* son fils, mort en 1727, a publié une nouvelle Edition de l'Histoire des Animaux de Jonston, augmentée, 2 Vol. *in-fol. N. XXXI. Eloge par* Fontenelle.

Denys SIMON, de Beauvais, Jurisconsulte, mort en 1731. Bibliothéque des Auteurs de Droit ; Supplément à l'Histoire de Beauvais, & autres Ouvrages.

Antoine Houdard de la MOTHE, de Paris, Littérateur & de l'Académie Françoise, mort en 1731. Nombre d'Ouvrages en Vers & en Prose ; Réflexions sur la Critique, &c.

Pierre CHIRAC, de Conques en Rouergue, premier Médecin du Roi, & de l'Académie des Sciences, mort en 1732. *Eloge par* Fontenelle.

Le Chevalier de LOUVILLE (Jacques-Eugene d'*Allonville*) Astronome & Géomètre, de l'Académie des Sciences, mort en 1732. *Eloge par* Fontenelle.

Commencement de l'Académie de *Milan*, appellée *Société Palatine*.

1719. Gilles-Marie *Oppenort*, habile Architecte François, mort à Paris en 1732, a laissé grand nombre d'excellens Desseins, dont plusieurs ont été gravés.

André-Charles *Boule*, de Paris, Architecte, Peintre & Sculpteur, mort en 1732.

Jean-Louis *Marchand*, d'Auxonne, Musicien & célèbre Organiste, mort à Paris en 1732. On a de lui deux Livres de Piéces de clavecin.

François ATTERBURY, sçavant Anglois, plus connu sous le nom de l'*Evêque de Rochester*, retiré en France, où il meurt en 1732. Poésies Latines sur différens sujets, & Traductions de quelques Anciens en Vers Anglois.

Jean GAY, habile Poëte Anglois, mort en 1732. Pope fit son épitaphe. Tragédies, Opéras, Fables, &c.

Jacques *Thornill*, Peintre & Architecte Anglois, mort en 1732.

Jean-Burchard MENCKE, Professeur d'Histoire à Leipsick, mort en 1732, continua le Journal après son pere. Grand nombre de Dissertations ; Discours sur la Charlatanerie des Sçavans ; Recueil des Historiens d'Allemagne, 3 Vol. *in-fol. N. XXXI.*

Jean HUBNER, Recteur de l'Ecole de Hambourg, mort en 1732. Divers Ouvrages pour l'instruction de la Jeunesse, & Géographie, réimprimée plusieurs fois, & traduite en François, *Basle* 1746. 6 Vol. *in-8°.* & autres Ouvrages.

1720. Etablissement de l'*Académie de Pau*, en Béarn, pour les Sciences & Beaux-Arts, par Lettres-Patentes.

Depuis J. C. 1720.	Fondation d'une *Société des Sciences* à *Upsal*, en Suède, par le sçavant Archevêque Eric BENZELIUS. Elle a été ensuite décorée du titre de *Société Royale*.

Jean-Jacques SCHEUCHZER, de Zurich, sçavant Professeur de cette Ville, mort en 1735. Physique Sacrée, 4 Vol. *in-fol.* & autres Ouvrages. Il a eu deux fils qui se sont aussi distingués dans la République des Lettres.

* Louis du Four de LONGUERUE, né à Charleville, & mort à Paris en 1733, étoit très-habile dans la connoissance de l'Histoire & des Antiquités ; a laissé un grand nombre de Manuscrits ; on a imprimé sa Description Historique de France, 2 Vol. *in-fol. Annales Arsacidarum*, &c.

Louis le GENDRE, de Rouen, mort Souchantre de N. D. de Paris en 1733. Histoire de France, 3 Volumes *in-fol.* ou 7 *in-*2. Mœurs & Coutumes des François ; Vies du Cardinal d'Amboise & de l'Archevêque de Harlai, &c. Il a laissé un fonds que le Parlement a appliqué à des prix annuels pour l'élite des Colléges de l'Université de Paris, dont la premiere distribution a été faite le 23 Août 1748.

Joachim le GRAND, de S. Lo en Normandie, mort à Paris en 1733. Traité de la succession à la Couronne de France ; Histoire du divorce d'Henri VIII ; Histoire de l'Isle de Ceylan ; Histoire d'Abissinie, *in-*4°. &c. *N.* XXVI.

Jean-François FÉLIBIEN, de Paris, Membre de l'Académie des Inscriptions, & Historiographe des bâtimens du Roi, mort en 1733. Recueil de la Vie & des Ouvrages des plus célébres Architectes ; Description de Versailles, de l'Hôtel-Royal des Invalides, &c.

Charles de SAINT-YVES, né près de Rocroi en Champagne, fameux Oculiste à Paris, mort en 1733. Traité des maladies de l'œil, &c.

Noel-Etienne SANADON, Jésuite de Rouen, Poéte & Littérateur, mort en 1733. Poésies Latines : Traduction Françoise d'Horace, avec des Remarques : Harangues, & autres Ouvrages.

La Marquise de LAMBERT (Anne-Thérèse de Marguenat de Courcelles) Dame célèbre par son esprit & par ses Ouvrages, morte en 1733. Avis d'une Mere à son fils & à sa fille, &c. Ses Œuvres, en 2 Vol. *in-*12.

Pierre-AUBERT, de Lyon, mort en 1733. Avocat, & l'un des premiers de l'Académie établie en cette Ville en 1724. Recueil de Factums & Mémoires ; Plusieurs Dissertations : Nouvelle Edition du Dictionnaire de Richelet, avec des Additions. *N.* XXXV.

Jean WOODWARD, Médecin & Philosophe Anglois : Essai touchant l'Histoire naturelle de la Terre, & autres Ouvrages ; dont Traduction Françoise, *Paris* 1755. *in-*4°. & *Amsterdam in-*8°.

Depuis
J. C.

Guillaume DERHAM, sçavant Anglois. Théologie Physique; Théologie Astronomique, traduites en François, &c.

François DUMONT, laborieux Ecrivain François, retiré en Hollande. Mémoires politiques sur la Paix de Riswick, &c. Recueil des Traités d'Alliance, de Paix, de Commerce, ou *Corps universel de Diplomatique*, en plusieurs Vol. *in-fol.*

Louis *Boullongne*, dit le Jeune, premier Peintre du Roi, mort à Paris en 1733.

Bernard *Picart*, de Paris, célébre Dessinateur & Graveur, mort à Amsterdam en 1733. Ses Estampes, en grand nombre, fort recherchées.

Nicolas & Guillaume *Coustou* freres, de Lyon, excellens Sculpteurs, mort à Paris; le premier en 1733, & le second en 1746. Ce dernier a laissé deux fils, dont l'un est Professeur de l'Académie, & l'autre Architecte.

Corneille *Vancleve*, de Paris, habile Sculpteur; mort en 1733.

François *Couperin*, de Paris, célébre Musicien & Organiste, mort en 1733, laissant deux filles qui excellent dans le même Art.

Jean-Baptiste *Moreau*, d'Angers, Musicien François, mort à Paris en 1733.

N. *Corelli*, Musicien Italien, qui excelloit sur-tout dans les Symphonies; mourut à Rome vers 1733.

N. *Pergolese*, de Naples, l'un des plus célébres Musiciens d'Italie, mort vers 1733. Plusieurs Piéces, dont la plus estimée est son *Stabat Mater*.

Jean-Joseph ORSI, Littérateur de Bologne, mort en 1733. Poésies Italiennes; Lettres, &c. *N.* XXXV.

Jacques HERMANN, de Basle, célébre Mathématicien, mort en 1733. Divers Ouvrages de Mathématiques.

1721.

Georges-Ernest STAHL, d'Anspach, sçavant Médecin & Chymiste, mort à Berlin en 1734. *Theoria Medica vera*, & autres Ouvrages.

Guillaume WOLLASTON, Philosophe Anglois, mort en 1734. Ebauche de la Religion naturelle, qui a été traduite en François, *in-4°. N.* XLII.

Matthieu TERRASSON, de Lyon, célébre Avocat de Paris, mort en 1734. Ses Œuvres, *in-4°.*

Thomas Fantet de LAGNI, habile Mathématicien de Lyon, mort à Paris en 1734. de l'Académie des Sciences. Nouveaux Elémens d'Arithmétique & d'Algébre: Méthodes nouvelles, & divers Mémoires. *Eloge par Fontenelle.*

Edme POURCHOT, de Poilly près d'Auxerre, célébre Professeur de Philosophie à Paris, mort en 1734. *Institutiones Philosophicæ*, & autres Ouvrages.

Depuis J. C.   Marie-Jeanne l'HÉRITIER, de Paris, se fit une grande réputation par ses talens pour la Poésie, &c. étoit de l'Académie des Jeux Floraux de Toulouse, & de celle des Ricovrati de Padoue; mourut en 1734. Divers Ouvrages en Prose & en Vers.

Jean *Raoux*, de Montpellier, habile Peintre, mort à Paris en 1734.

Nicolas *Bernier*, de Mante, célébre Musicien, mort à Paris en 1734. Nombre de Cantates, &c.

Commencement de l'Académie des *Occultés*, à Setubal en Portugal, pour des Problêmes : elle a subsisté jusqu'au Tremblement, en 1755.

Fondation des *Universités de Dijon & de Pau*, par le Roi Louis XV.

Fondation de l'*Académie Royale de Lisbonne*, pour l'Histoire de Portugal, par le Roi Jean V. Elle fut principalement formée de la plûpart des Membres d'une Académie particuliere, qui avoit commencée en 1717, à Lisbonne, sous le nom des *Anonymes*.

Jean-Baptiste Deschiens de RESSONS, né à Chaalons en Champagne, sçavant dans l'Artillerie & l'Agriculture, mort en 1735, de l'Académie des Sciences. Divers Mémoires, &c. *Eloge par* Fontenelle,

1722.   * René Auber de VERTOT, de Bennetot en Normandie, mort à Paris en 1735. âgé de 80 ans, étoit de l'Académie des Inscriptions; Révolutions Romaines; Révolutions de Portugal, & de Suéde : Traité de la Mouvance de la Bretagne, &c. (ci-devant page 561. Histoire de Malthe, &c.) *Eloge par* de Boze.

Claude BERROYER, de Moulins, Avocat de Paris, mort en 1735, Bibliothéque des Coutumes, & autres Ouvrages de Jurisprudence. *N*. XLII.

Jacob le DUCHAT, de Metz, mort à Berlin en 1735, de l'Académie de cette Ville. Editions, avec Notes, du Journal d'Henri III. &c. de la Satyre Ménippée, des Œuvres de Rabelais, & autres Ouvrages. *N*. XXXIX.

Joseph de CONTO *Peslana*, célébre Poëte Portugais : Quiterie-la-Sainte, l'un des meilleurs Poémes que le Portugal ait produits.

François *Romain*, Dominicain, fameux Ingénieur & Architecte, né à Gand, mort très-âgé à Paris en 1735, avoit dirigé le Pont-Royal, &c.

Robert de *Cotte*, de Paris, célébre Architecte, mort en 1735.

Antoine *Rivalz*, de Toulouse, fils de *Jean-Pierre*, Peintre & Architecte, excella dans la Peinture, & mourut à Toulouse en 1735. Il a laissé un fils qui soutient la réputation de sa famille dans le même Art. L'Ecole de Peinture de

Depuis *Toulouse*, qui a été érigée l'an 1750. en *Académie Royale*,
J. C. doit son établissement a Antoine Rivalz.

Jean *Vivien*, de Lyon, premier Peintre des Electeurs de Baviere & de Cologne, mort à Bonne en 1735.

Jean *Ranc*, de Montpellier, alla en Espagne & en Portugal peindre les Familles Royales ; mourut à Madrid en 1735.

Thomas HEARNE, sçavant Anglois, mort en 1735. Editeur d'un grand nombre d'Ouvrages anciens, tirés la plûpart de la Bibliothéque Bodléenne à Oxford.

1723. Commencement de l'*Académie de Beziers*, en Languedoc, pour les Sciences & Belles-Lettres, avec permission.

Jean-Albert FABRICIUS, de Leipsick (fils de Werner Fabricius, habile Musicien) fut Professeur d'Eloquence & de Philosophie à Hambourg, & y mourut en 1736. ayant été l'un des plus laborieux & des plus sçavans hommes de ce Siécle. *Bibliotheca Græca*, 14 Vol. *in-4°*. *Bibl. Latina*, 7 Vol. Théologie de l'eau, *in-4°*. & un grand nombre d'autres Ouvrages. *N*. XL.

Juste FONTANINI, du Diocèse d'Aquilée, mort à Rome en 1736. Nombre d'Ouvrages de Littérature & d'Antiquités.

Jean le CLERC, de Geneve, Professeur de Belles-Lettres & de Philosophie à Amsterdam, & grand Littérateur, meurt fort âgé en 1736. Grand nombre d'Ouvrages : Différents Journaux, sous le titre de Bibliothéques : *Ars critica*, 3 Vol. *in-8°*. Traité de l'incrédulité : Editions d'Hésiode, & autres. Histoire des Provinces-Unies, 3 Volumes *in-folio*. Vie du Cardinal de Richelieu, &c. *N*. XL.

Jean-Josse le CLERC, Ecclésiastique de Lyon, y mourut en 1736. Il étoit fils du célébre Graveur *Sébastien* le Clerc, (ci-devant à 1701.) Divers Ouvrages de Littérature, comme la Bibliothéque du Dictionnaire de Richelet : Remarques sur le Dictionnaire de Moreri, &c. *N*. XL.

Vincent THUILLIER, de Couci au Diocèse de Laon, Religieux Bénédictin, mort en 1736. Traduction de l'Histoire de Polybe, 6 Vol. *in-4°*. & autres Ouvrages.

Claude Guy *Hallé*, de Paris, habile Peintre, mort en 1736. *Noel*, son fils, se distingue dans le même Art : Jean *Restout* étoit son gendre.

Georges *Mareschal*, premier Chirurgien des Rois Louis XIV, & Louis XV. meurt en 1736.

1724. Fondation de l'*Académie* des Sciences *de S. Pétersbourg*, par Pierre le Grand, Empereur de Russie : elle ne tint sa premiere assemblée qu'au mois de Janvier 1726.

Commencement de l'*Académie Littéraire de Guimaraens*, en Portugal.

Depuis J. C. 1724.

Gaspard NEUMANN, sçavant Médecin de Berlin, & de l'Académie de cette Ville, de la Société Royale de Londres, & de l'Institut de Bologne, mort à Berlin en 1737. Leçons de Chymie : Autres Leçons, &c.

Joseph SAURIN, né dans la Principauté d'Orange, sçavant Géometre, de l'Académie des Sciences de Paris, mort en 1737. Plusieurs Mémoires parmi ceux de l'Académie, & autres Ouvrages. *Eloge par* Fontenelle.

Antoine ANSELME, du Pays d'Armagnac, mort en 1737. de l'Académie des Inscriptions & Belles-Lettres. Discours & Dissertations. *Eloge par* de Boze.

Philippe HECQUET, d'Abbeville, sçavant Médecin, mort à Paris en 1737. Traité des dispenses du Carême, 2 Vol. *in*-12. De la digestion, &c. Médecine, Chirurgie & Pharmacie des Pauvres, 3 Volumes, & autres Ouvrages. C'est lui & M. Picoté de BELESTRE, son Confrère, qui ont fondé la Bibliothéque publique de l'Ecole de Médecine de Paris, en lui laissant leurs Livres. *N*. XLI.

Claude BUFFIER, Jésuite, né en Pologne, mort à Paris en 1737. Grammaire Françoise, Géographie, plusieurs Ouvrages d'Histoire ; Cours de Sciences, *in-folio*, &c.

François CATROU, Jésuite, de Paris, où il meurt en 1737. Traduction de Virgile, avec Notes : Histoire du Mogol : Histoire des Fanatiques : Grande Histoire Romaine, en plusieurs Volumes *in*-4°.

André Bauderon de SENEÇAI, de Dijon, Poëte François, mort fort âgé en 1737. Recueil de Poésies, &c.

Jean-Baptiste PONCY de *Neuville*, de Paris, Poëte François, mort en 1737. après avoir remporté sept fois le prix des Jeux Floraux de Toulouse. Plusieurs Piéces dans les Mercures.

François *le Moine*, de Paris, excellent Peintre, mort en 1737. MM. *Natoire* & *Boucher* ont été ses Eléves.

Flavio *Sirlet*, célébre Graveur en Pierres fines à Rome, l'un de ceux qui a le plus approché des Anciens ; mourut en 1736.

Michel *Monteclair*, d'Andelot en Bassigni, fameux Musicien, mort en 1737. Méthode pour apprendre la Musique : Principes pour le violon : Cantates, Motets, &c.

Jean-Claude *Gillier*, habile Musicien François, Auteur de la Musique de la plûpart des Divertissemens de d'Ancourt & de Regnard ; mort à Paris en 1737.

Pierre-Antoine MICHELI, de Florence, fameux Botaniste, mort en 1737, a découvert plus de 4000 Plantes nouvelles. *Nova Plantarum genera*, in-fol. *Observationes Itineraria*. Il a laissé quantité de Manuscrits sur l'Histoire Naturelle. *N*. XLIII.

Depuis J. C.

Jean-Alphonse TURRETIN, de Geneve, l'un des plus habiles d'entre les Protestans, mort en 1737. Plusieurs Volumes de Harangues & de Dissertations : Divers Ecrits sur la vérité de la Religion Chrétienne & Judaïque, &c.

Jacques-Christophe ISELIN, de Basle, Professeur d'Histoire, Associé de l'Académie des Inscriptions & Belles-Lettres de Paris, mort en 1737. Plusieurs Dissertations, Harangues, &c. *Eloge par* de Boze.

Chrétien WORMIUS, sçavant Danois, mort Evêque de Coppenhague en 1737. *De corruptis Antiq. Hebraicorum vestigiis apud Tacitum & Martialem* : Dissertations sur divers sujets d'Antiquités, &c.

1725. Burchar-Gothlieb STRUVE, de Weimar en Saxe, célebre Jurisconsulte Allemand, mort en 1738. Nombre d'Ouvrages.

Isaac de BEAUSOBRE, de Niort en Poitou, mort à Berlin en 1738. Histoire critique du Manicheïsme, *in-*4°. & autres Ouvrages.

Jean GAGNIER, Professeur des Langues Orientales à Oxford : Traduction Latine avec des Notes, du Livre Hébreu de Joseph Ben Gorion : Vie de Mahomet en François : Traduction Latine d'Abulfeda, &c.

Herman BOERHAVE, de Vorhoult près de Leyde, l'un des plus sçavans Médecins qui aient paru depuis Hippocrate, Botaniste & Chymiste, mort en 1738. Associé de l'Académie des Sciences & de la Société Royale de Londres. Ses Ouvrages, très-estimés, ont été la plûpart traduits en François, & même en Arabe par le Mufti. C'a été l'Esculape & l'Hippocrate des modernes. *Eloge par* Fontenelle.

Jean-Pierre NICERON, Religieux Barnabite, de Paris, mort en 1738. Mémoires pour servir à l'Histoire des Hommes illustres dans la République des Lettres, avec un Catalogue raisonné de leurs Ouvrages, 43 ou 44 Vol. *in-*12. Quelques Traductions de Livres Anglois, &c. *N*. XL.

Louis François-Joseph de la BARRE, né à Tournai, mort à Paris en 1738. de l'Académie des Inscriptions. Editions du Spicilége de Dom d'Achery, du Dictionnaire de Moréri 1725. Journal de Verdun depuis 1727. Plusieurs Dissertations parmi les Mémoires de l'Académie. *Eloge par* de Boze.

Philibert PAPILLON, de Dijon, mort en 1738. Bibliothéque des Auteurs de Bourgogne, 2 Vol. *in-folio*, &c.

Melchior Cochet de SAINT-VALLIER, de Bourgogne, Président au Parlement de Paris, mort en 1738. Traité de l'Indult, 3 Vol. *in-*4°. &c.

N. MELON, de Tulles, Secrétaire de l'Académie de Bordeaux, mort en 1738. Essai politique sur le Commerce, & autres Ouvrages.

DANS LES SCIENC. & ARTS. 817

Depuis   Antoine GARREAU, de Dijon, mort en 1738. Descrip-
J. C.   tion du Gouvernement de Bourgogne.

Jean-Joseph MOURET, d'Avignon, fameux Musicien, mort en 1738. Opéras : Nuits de Sceaux : Livres d'Airs, de Fanfares, de Cantates, &c.

Charles FONTANA, Architecte Italien, dont on a plusieurs Ouvrages sur les Monumens de Rome, &c.

N. *Canevari*, célébre Architecte Romain, dirige le Bâtiment du *Bosco Parrhasio*; près du Janicule, qui devoit servir de lieu stable d'Assemblées aux Membres de l'Académie des *Arcades*, en conséquence d'une somme considérable que venoit de leur donner pour cela Jean V. Roi de Portugal.

1726.   Commencement de l'Académie *Etrusque de Cortone*, principalement pour les Antiquités. On a plusieurs Volumes de ses Mémoires, *in*-4°.

Etablissement de l'*Académie de Marseille*, pour les Belles-Lettres, l'Histoire & la Critique, par Lettres-Patentes.

Charles-François de Cisternai du FAY, né à Paris, sçavant Chymiste & Physicien, de l'Académie des Sciences, mort en 1739. Intendant du Jardin Royal des Plantes, qu'il rétablit & mit sur le pied où il est aujourd'hui. Mémoires sur tous les genres dont l'Académie s'occupe. *Eloge par* Fontenelle ; (& c'est le dernier qu'ait fait ce grand homme.)

Mathurin Veyssiere de la CROZE, de Nantes, Bénédictin qui alla apostasier à Basle, d'où il passa à Berlin : il y fut fait Bibliothécaire du Roi de Prusse, & y mourut en 1739. Dissertations & Entretiens sur différens sujets : Histoires du Christianisme des Indes, d'Ethiopie & d'Arménie : *Vindiciæ veterum Scriptorum*, in-4°. *Thesaurus Epistolicus*, 3 Volumes *in*-4°. Il a laissé plusieurs Ouvrages Manuscrits. *Eloge par* Formey, Secrétaire de l'Académie de Berlin.

Jacques VANIERE, Jésuite, du Diocèse de Beziers, excellent Poéte Latin, mort à Toulouse en 1739. Poême intitulé *Prædium rusticum* : *Opuscula*, in-12. Dictionnaire Poétique.

Ignace-François LIMOJON, de Saint Didier, Poéte Provençal, mort en 1739.

Eustachio MANFREDI, sçavant Mathématicien & Astronome de Bologne, Associé de l'Académie des Sciences de Paris, de la Société Royale de Londres, &c. mort en 1739. L'*Institut* ou l'Académie *de Bologne* lui doit son premier établissement. Ephémérides, 4 Volumes *in*-4°. & autres Ouvrages, avec des Poésies, estimées. Il avoit deux sœurs qui étoient excellentes Calculatrices & Poétes. *Eloge par* Fontenelle.

Pierre *Bianchi*, habile Peintre Romain, mort à Rome en 1739.

II. Partie.   Fff

Depuis J. C.	Pierre *Drevet*, excellent Graveur François, comme son père; mourut en 1739, étant de l'Académie Royale de Peinture & de Sculpture.
1727.	Augustin NADAL, de Poitiers, de l'Académie des Inscriptions, & Poéte François, mort dans sa patrie en 1740. Dissertations sur les Vestales, le luxe des Dames Romaines, &c. Tragédies, & autres Poésies.
	Antoine LANCELOT, de l'Académie des Inscriptions & Belles-Lettres, mort en 1740. Divers Mémoires, &c. *Eloge par* de Boze.
	Jacques Losme de MONCHENAY, de Paris, Poéte François, mort fort âgé en 1740. Comédies, Satyres, Epîtres, Traduction de Ciceron *pro Milone*.
	Pierre CLÉRIC, Jésuite, Poéte Latin & François, mort en 1740.
	Jean-François *Dandrieu*, habile Musicien François, mort à Paris en 1740. Piéces d'orgue, Noels, &c.
	Christ-Fried KIRCH, célèbre Astronome de Berlin, Correspondant de l'Académie des Sciences de Paris, mort en 1740. Il étoit fils de *Godefroi*, aussi habile Astronome. Divers Ouvrages de l'un & de l'autre sur l'Astronomie & les Mathématiques.
	Ferdinand Galli *Bibiéna*, de Bologne, sçavant Peintre & Architecte, mort à Rome en 1740, âgé de plus de 80 ans. Deux Livres d'Architecture & de Perspective.
	Jacques *Bousseau*, né en Poitou, habile Sculpteur, mort à Madrid en 1740, premier Sculpteur du Roi d'Espagne.
	Jean-Baptiste *Struck*, dit le *Batistin*, fameux Musicien de Florence, mort vers 1740, apporta en France le Violoncelle, inventé par *Bonocini*, Maître de la Chapelle du Roi de Portugal : Opéras & Cantates.
1728.	Henri *Desmarets*, célèbre Musicien François, mort à Lunéville en 1741. Plusieurs Motets & Opéras.
	François Pourfour PETIT, Médecin de Paris & de l'Académie des Sciences, mort en 1741. Plusieurs Ecrits, dont la plûpart dans les Mém. de l'Acad. *Eloge par* M. de Mairan.
	Louis Delisle de la CROYERE, Astronome, de l'Académie des Sciences de Paris & de celle de Saint Pétersbourg, mort en 1741, en abordant au Kamtschatka, après la Navigation des Russes vers l'Amérique Septentrionale. Il étoit frère du fameux Géographe, mort en 1726; & de l'Astrome, mort en 1768.
	✝ Bernard de MONTFAUCON, de Languedoc, sçavant Bénédictin, Honoraire de l'Académie des Inscriptions, mort à Paris en 1741. *Palæographia Græca*, in-fol. Bibliothéque des Manuscrits : Antiquité expliquée, 15 Volumes, *in-fol.* Monumens de la Monarchie Françoise, 5 Volumes *in-fol.* &c. *Eloge par* de Boze.

Depuis J. C. 1728.

Eugene-Pierre de SURBECK, Officier Suisse, de l'Académie des Inscriptions, mort en 1741. Dissertations sur les Médailles, &c. *Eloge par* de Boze.

François SEVIN, du Diocèse de Sens, de l'Académie des Inscriptions, mort en 1741, avoit rapporté 600 Manuscrits d'Orient, où il voyagea par ordre de Louis XIV. Dissertations sur Menès, premier Roi d'Egypte, & plusieurs autres dans les Mémoires de l'Académie. *Eloge par* de Boze.

Charles ROLLIN, de Paris, ancien Recteur de l'Université, Professeur en Eloquence au Collége Royal, & de l'Académie des Inscriptions, mort en 1741. Diverses Poésies Latines: Traité des Etudes, 4 Volumes *in-*12. Histoire Ancienne, 13 Volumes. Histoire Romaine, 16 Volumes dont les 8 derniers de J. B. L. *Crévier*, son Disciple, & Professeur Emérite d'Eloquence. *Eloge par* de Boze.

Antoine BANIER, d'Auvergne, & de l'Académie des Inscriptions, mort en 1741. Mythologie, ou Explication historique des Fables, 8 Volumes *in-*12. Traduction des Métamorphoses d'Ovide, &c. *Eloge par* de Boze.

Charles PORRÉE, Jésuite, de Vendes près de Caen, Orateur & Poéte Latin, mort à Paris en 1741. Harangues, & Poésies Latines, dont on a publié une partie.

François GRANET, de Brignoles en Provence, mort à Paris en 1741. Edition des Œuvres de Jean de Launoy, 10 Vol. *in-fol.* & d'autres Ecrivains; partie de la Bibliothéque Françoise: Observations sur les Ecrits Modernes, & Nouvelliste du Parnasse, avec l'Abbé *Desfontaines.*

Melchior de POLIGNAC, Archevêque d'Ausch & Cardinal, Membre des différentes Académies de Paris, mort en 1741. Poéme Latin, intitulé *Anti-Lucrétius*, dans lequel il réfute la doctrine d'Epicure, traduit par Jean-Pierre de Bougainville. *Eloge par* M. de Mairan, alors Secrétaire de l'Académie des Sciences; & dernier *Eloge* de M. de Boze, Secrétaire de l'Académie des Inscriptions & Belles-Lettres.

Balthasar GIBERT, ancien Recteur de l'Université de Paris, & Professeur d'Eloquence, mort en 1741. à Regennes près d'Auxerre. Jugemens des Sçavans sur les Auteurs qui ont traité de la Rhétorique, &c.

Jean Baptiste ROUSSEAU, de Paris, célébre Poéte François, & le plus excellent des Lyriques, mort à Bruxelles en 1741. Odes sacrées, Cantates, Epîtres, Epigrammes, &c. Ses Œuvres en 4 Vol. *in-*12, ou 3 *in-*4°.

N. *Thomassin*, de Paris, excellent Graveur, mort en 1742.

Albert SCHULTENS, de Groningue, Professeur en Langues Orientales à Leyde, l'un des plus sçavans hommes de

Depuis J. C. ce Siécle, mort en 1741. *Vetus & regia via hebraizandi*, in-4°. *De originibus Hebraicis*, &c. Traduction du Livre Arabe d'Hariri, de l'Histoire de Saladin, &c. Commentaires sur Job, sur les Proverbes, &c.

Jean-Gottlieb HEINECCIUS, sçavant Jurisconsulte Allemand, né dans la Principauté d'Altenbourg, & mort à Halle en 1441. *Elementa Juris Romani & Germanici*, & nombre d'autres Ouvrages.

Pierre BURMAN, d'Utrecht, Professeur à Leyde en Histoire, en Eloquence, & en Grec, mort en 1741. Editions de plusieurs Auteurs anciens : Dissertations, Harangues, Poésies Latines.

Daniel-Ernest JABLONSKI, de Dantzick, Président de l'Académie de Berlin, mort en 1741. Plusieurs Dissertations, & autres Ouvrages.

1729: Sigebert HAVERCAMP, Professeur d'Eloquence, &c. à Leyde, mort en 1742. Diverses Editions d'Auteurs anciens, Josephe, Eutrope, Orose, &c, ainsi que d'autres Ouvrages.

Jean-Baptiste DUBOS, de Beauvais, Secrétaire de l'Académie Françoise, mort à Paris en 1742. Réflexions critiques sur la Poésie & la Peinture, 3 Volumes *in-*12. Histoire critique de la Monarchie Françoise, 3 Vol. *in*-4°. Histoire de la Ligue de Cambrai, 2 Vol. *in*-12, &c.

Gilles-François BOULDUC, Chymiste, de l'Académie des Sciences, & premier Apothicaire du Roi, mort en 1742. Divers Mémoires parmi ceux de l'Académie. *Eloge* par M. de Mairan.

François-Cicaire de BRÉMOND, de Paris, Physicien, de l'Académie des Sciences, & de la Société Royale de Londres, mort en 1742. Traduction des Transactions Philosophiques, ou Mémoires de la Société Royale d'Angleterre, 5 Volumes *in*-4°. y compris la Table : Traductions des Expériences d'Haukbée, avec l'Histoire de celles de l'Electricité, &c. *Eloge* par M. de Mairan.

Joseph Privat de MOLIERES, de Tarascon, Professeur de Philosophie au Collége Royal, de l'Académie des Sciences, & de la Société Royale de Londres, mort en 1742. Leçons de Mathématiques & de Physique, 6 Vol. *in*-12. Elémens de Géométrie, & divers Mémoires parmi ceux de l'Académie. *Eloge* par M. de Mairan.

François-Joseph HUNAULD, de Châteaubriant, Médecin & sçavant Anatomiste, de l'Académie des Sciences, & de la Société Royale de Londres, mort en 1742. Dissertation sur les maladies des os, & divers Mémoires parmi ceux de l'Académie. *Eloge* par M. de Mairan.

Joseph de Bimard de la BASTIE, né à Carpentras, mort en 1742. de l'Académie des Inscriptions & Belles-Lettres.

DANS LES SCIENC. & ARTS. 821

Depuis J. C. Edition très-augmentée de la Science des Médailles de Jobert, & divers Mémoires. *Eloge par* Freret.

Jean-Baptiste SILVA, de Bordeaux, Médecin de Paris, mort en 1742. Traité sur la Saignée, & autres.

Le Marquis de SAINT-AULAIRE, François-Joseph de Beaupoil, Poéte François, mort en 1742. à 88 ans, de l'Académie Françoise. Diverses Poésies.

Pierre BRUMOY, Jésuite, de Rouen, mort en 1742. Nombre d'Ouvrages en Vers & en Prose, dont le plus considérable est le Théâtre des Grecs, 3 Vol. *in-4°*.

Marie-Anne BARBIER, d'Orléans, morte en 1742. Quelques Tragédies & Opéras.

Edmond HALLEY, sçavant Astronome Anglois, Associé de l'Académie des Sciences de Paris, mort en 1742. *Tabulæ Astronomicæ : Catalogus stellarum :* Abrégé de l'Astronomie des Cométes, & nombre de Mémoires : Editions de plusieurs Ouvrages de Newton, dont il étoit ami. *Eloge par* M. de Mairan.

Urbain-Godefroi SIBER, Professeur des Antiquités à Leipsick, mort en 1742. Plusieurs Dissertations intéressantes.

Samuel WERENFELS, de Basle, Professeur en cette Ville, & de la Société Royale de Berlin, mort en 1742. *De Logomachiis Eruditorum : De Metteoris Orationis*, &c.

Louis BOURGUET, de Nismes, retiré en Suisse, célèbre Philosophe Naturaliste, mort en 1742. Divers Ouvrages Philosophiques : Bibliothéque Italique, &c.

Jean-Jacques MANGET, habile Médecin de Geneve, mort en 1742. Nombre d'Ouvrages, dont les principaux, Bibliothéque Anatomique, Chymique, Chirurgique, 3 Vol. *in-fol.* Bibliothéque des Auteurs de Médecine.

Jacques *Gabriel*, fils, premier Architecte du Roi, & premier Ingénieur des Ponts & Chaussées de France, mort en 1742. Son fils, *Jacques-Ange*, soutient la réputation de ses pères, & est aujourd'hui premier Architecte.

1730. Société Littéraire de *Montauban*, érigée en *Académie de Belles-Lettres* en 1744. par Lettres-Patentes ; a publié deux Recueils en 1751 & 1755, *in-4°*.

Hyacinthe *Rigaud*, de Perpignan, excellent Peintre, surnommé le Vandyck François, mort à Paris en 1743 ; a peint la Famille Royale jusqu'à la quatriéme génération.

François *Desportes*, né en Champagne, habile Peintre, mort à Paris en 1743, a laissé un fils, qui joint au talent de la Peinture celui de la Poésie.

Robert le *Lorrain*, de Paris, Sculpteur & Dessinateur, Eléve de Girardon, mourut en 1743.

Philippe-Christophe de *Becker*, habile Graveur en pierres fines, mort à Vienne en 1743.

Depuis J. C. 1730.

Antonio *Vivaldi*, célébre Musicien Italien, mort à Venise en 1743.

Pierre-Marcellin CORRADINI, sçavant Cardinal, de Sezza au Royaume de Naples, mort en 1743. *Vetus Latium profanum & sacrum*, 2 Vol. *in-fol.* ou 6 *in-*4°. Histoire de Sezza, *in-*4°. &c.

Anselme BANDURI, de Raguse, Bénédictin, de l'Académie des Inscriptions, mort en 1743. Médailles des Empereurs depuis Trajan : Ouvrages de Constantin Porphyrogenete, &c. *Eloge par* Freret.

THÉOPHANE, Archevêque de Novogorod, en Russie, mort en 1736. Des Piéces de vers, divers Ouvrages de Littérature, Oraisons Funébres, & Ouvrages Théologiques.

Jean-Philippe de STRAHLENBERG, Suédois : Description du Nord de l'Europe & de l'Asie, *in-*4°.

Jean-Georges KEYSLER, du Comté de Giech en Franconie, sçavant Antiquaire, de la Société Royale de Londres, mort en 1743. *Antiquitates Septentrionales & Celticæ: De cultu Solis*, &c.

L'Abbé BIGNON (Jean-Paul) de Paris, mort en 1743. âgé de 81 ans. C'est à son zèle que les deux Académies des Sciences & des Belles-Lettres doivent leur Renouvellement. Il étoit aussi de l'Académie Françoise, & de celle de Peinture & de Sculpture. Il n'y a point de Science & d'Art en France qu'il n'ait favorisé de tout son crédit, pendant 50 ans. *Eloge par* de Mairan, & *par* Freret.

Nicolas LÉMERY, Médecin, Chymiste & de l'Académie des Sciences, mort en 1743. Traité des Alimens, Lettres sur les vers, & nombre de Mémoires. *Eloge par* M. de Mairan, qui a cessé alors d'être Secrétaire de l'Académie des Sciences.

Charles-Irenée Castel de SAINT-PIERRE, né près de Coutances, fameux Ecrivain en matière politique, mort en 1743. à Paris, 13 Vol. *in-*12.

Jean-Baptiste du HALDE, Jésuite, de Paris, mort en 1743. Description de la Chine & de la Tartarie Chinoise, 4 Volumes *in-folio*. Lettres édifiantes, depuis le Tome IX. jusqu'au XXVI.

Guillaume-Hyacinthe BOUGEANT, Jésuite, de Quimper, mort à Paris en 1742. Histoire des guerres qui ont précédé le Traité de Westphalie : Histoire de ce Traité : Amusement Philosophique sur le langage des bêtes, &c.

J. B. Joseph Villart de GRÉCOURT, Poéte François, de Tours, mort en 1743. Fables, Epigrammes, Chansons : Poéme de *Philotanus*.

Le Marquis de PUY-SÉGUR (Jacques de Chastenet) Maréchal de France, mort en 1743. à 83 ans. Traité de l'Art militaire.

Depuis J. C.	Sébaſtien de ROCCA-PITTA, Portugais, de l'Académie de Liſbonne : Hiſtoire du Breſil.
1731.	L'*Académie Royale de Chirurgie* eſt établie à *Paris*, & confirmée par Lettres-Patentes du Roi en 1748.

L'Abbé de ROTHELIN (Charles-d'Orléans) de l'Académie Françoiſe, & de celle des Inſcriptions & Belles-Lettres, mort en 1744. Quelques Mémoires, &c. *Eloge par* Freret.

Nicolas GÉDOYN, d'Orléans, de l'Académie Françoiſe, & de celle des Inſcriptions, mort à Paris en 1744. Traduction de Quintilien & de Pauſanias : Œuvres diverſes : Diſſertations dans les Mémoires de l'Académie des Inſcriptions. *Eloge par* Freret.

Claude CAPPERONNIER, de Montdidier, Profeſſeur Royal en Grec, mort en 1744. Edition de Quintilien, *in-folio*. Apologie de Sophocle, Notes ſur Longin, &c.

Etienne SOUCIET, de Bourges, ſçavant Bibliothécaire du Collége des Jéſuites de Paris, mort en 1744. Recueil de Diſſertations ſur les Antiquités, &c. 3 Volumes *in*-4°. Obſervations Mathématiques, Aſtronomiques, Géographiques, Chronologiques & Phyſiques, 2 Vol. *in*-4°.

Antoine de la ROQUE, de Marſeille, Poète François & Auteur du Mercure pendant 23 ans, mort à Paris en 1744.

Alphonſe des VIGNOLES, d'Aubais dans le bas Languedoc, ſçavant Littérateur, retiré en Allemagne, & mort en 1744. âgé de 94 ans, & de la Société Royale de Berlin. Grand nombre d'Ouvrages, dont le principal eſt la Chronologie de l'Hiſtoire Sainte, &c. 2 Vol. *in*-4°.

Antiochus CANTEMIR, Prince titulaire de Valachie, mort à Paris en 1744. étant Ambaſſadeur de Ruſſie. Satyres & Traductions d'Anacréon & d'Horace, en Vers Ruſſiens : Traductions en Proſe, de l'Hiſtoire de Juſtin, de la Morale d'Epictete, de la Pluralité des Mondes, &c. On doit le regarder comme le Fondateur de la bonne Poéſie Ruſſienne, & l'un de ceux qui a travaillé à former le goût & les mœurs des Ruſſiens.

Pierre le *Pautre*, de Paris, habile Sculpteur & Graveur, mort en 1744.

René *Fremin*, de Paris, premier Sculpteur du Roi d'Eſpagne, mort à Madrid en 1744.

André *Campra*, d'Aix, fameux Muſicien, mort à Verſailles en 1744. Motets, Opéras, Ballets & Cantates.

Alexandre POPE célébre Poëte Anglois, mort en 1744. Traduction d'Homére en Vers : Eſſais ſur l'Homme & la Critique, Poéme : Diverſes autres Poéſies. Toutes ſes Œuvres en 9 Volumes.

1732.	Etabliſſement de l'*Académie de la Rochelle*, pour les Belles-Lettres, par Lettres-Patentes.

Depuis
J. C.

Jonathan SWIFT, de Dublin, habile Ecrivain Anglois, surnommé le Rabelais d'Angleterre, mort en 1745. Satyres, Epitres, Lettres : Roman Philosophique de Gulliver, &c. Toutes ses Œuvres en 8 Volumes.

Simon-Joseph de PELLEGRIN, de Marseille, Poéte François, mort à Paris en 1745. âgé de 84 ans. Diverses Poésies en grand nombre ; Odes, Cantiques, &c.

Pierre-François Guyot DESFONTAINES, fameux Critique, né à Rouen, & mort à Paris en 1745. Dictionnaire Néologique : Nouvelles du Parnasse, Observations sur les Ouvrages, Jugemens sur les Ecrits : Traduction de Virgile, &c.

Etienne FOURMONT, d'Herbelai près de Paris, Professeur Royal en Langues Arabe & Chinoise, de l'Académie des Inscriptions, mort en 1745. Réflexions critiques sur l'Histoire des anciens Peuples, 2 Vol. *in*-4°. *Meditationes Sinicæ* : Grammaire Chinoise, *in-fol*. Racines de la Langue Latine en Vers, &c. *Eloge par* Freret.

Alexis NORMANT, célébre Avocat au Parlement de Paris, mort en 1745. Divers Mémoires.

Charles-Etienne JORDAN, de Berlin, Littérateur, mort en 1745. de l'Académie de Berlin. Recueil de Littérature, d'Histoire & de Philosophie : Histoire de la Vie & des Ouvrages de M. de la Croze, &c.

Jean-Baptiste *Vanloo*, d'Aix, habile Peintre François, mort en 1745. laissant deux fils, *Louis-Michel*, premier Peintre du Roi d'Espagne, & *Charles-Amédée-Philippe*, premier Peintre du Roi de Prusse. —— *Charles-André*, frère de Jean-Baptiste, & surnommé *Carle Vanloo*, a été nommé en 1762. premier Peintre du Roi Louis XV. & est mort en 1765.

1733.
Nicolas de *Largilliere*, de Paris, excellent Peintre François, mort en 1746. âgé de 90 ans.

François-Julien *Barier*, de Paris, Graveur ordinaire du Roi en pierres fines, mort en 1746.

Michel FOURMONT, frère d'Etienne, aussi de l'Académie des Inscriptions, & Professeur Royal en Syriaque, mort en 1746. a voyagé en Orient, & en a rapporté un grand nombre de Manuscrits & d'Inscriptions antiques : Divers Mémoires parmi ceux de l'Académie. *Eloge par* Freret.

Nicolas-Hubert de MONGAULT, de Paris, Membre de l'Académie des Inscriptions, mort en 1746. Traduction de l'Histoire d'Hérodien, des Lettres de Ciceron à Atticus, avec Notes, 6 Vol. *in*-12. Dissertations dans les Mémoires de l'Académie. *Eloge par* Freret.

Jean-Baptiste SOUCHAY, de S. Amand près de Vendôme, mort à Paris en 1746, de l'Académie des Inscriptions. Dissertations parmi les Mémoires de cette Académie : Edi-

Depuis J. C. | tion d'Aufone, des Œuvres diverses de Pellisson, de Boileau, de l'Astrée d'Urfé, &c. *Eloge par* Freret.

Jean BOUHIER, sçavant Président au Parlement de Dijon, & de l'Académie Françoise, mort en 1746. Coutume de Bourgogne, 2 Vol. *in-fol*. Dissertations sur Hérodote, *in-4°*. Remarques sur plusieurs Livres de Ciceron, & nombre d'autres Ouvrages de Littérature & de Jurisprudence, avec des Poésies.

Gilbert-Charles le Gendre de SAINT-AUBIN, Maître des Requêtes, mort en 1746. Traité de l'opinion, 8 Vol. *in-12*. Antiquités de la Maison de France, &c.

1734. Fondation de l'*Université de Goettingue*, dans le Pays d'Hanovre, par l'Electeur Roi d'Angleterre, Georges II.

Henri COCHIN, célébre Avocat de Paris, & l'un des plus grands Orateurs qui aient paru dans le Barreau, mort en 1747. Ses Œuvres, en plusieurs Volumes *in-4°*.

Alain René le SAGE, Poéte François, & Auteur de nombre de Romans, entr'autres de Gilblas, &c. mort à Boulogne sur Mer en 1747. âgé de 80 ans.

François-Michel DESCHAMPS, Poéte François, mort en 1747. Quelques Tragédies, & une Histoire du Théâtre François.

François de la *Peyronie*, de Montpellier, célébre Chirurgien & Anatomiste, mort à Versailles en 1747. de l'Académie des Sciences, de l'Institut de Bologne, & premier Chirurgien du Roi. C'est lui qui a procuré l'établissement de l'*Académie Royale de Chirurgie* à Paris. Eloge par M. de Fouchy.

Pierre-Jean BURETTE, de Paris, Médecin & Professeur Royal, Membre de l'Académie des Inscriptions & Belles-Lettres, mort en 1747. Dissertations sur la Gymnastique, ou les exercices des anciens, sur la Musique, &c. *Eloge par* Freret.

Charles de VALOIS (fils d'*Adrien*, ci-devant à 1663.) de l'Académie des Inscriptions & Belles Lettres, mort en 1747. Dissertations sur les Antiquités Grecques, & sur quelques Médailles. *Eloge par* Freret.

Berthold-Henri BROKES, de Hambourg, célébre Poéte Allemand. Diverses Poésies sur les merveilles de la Nature, & leur rapport à Dieu.

Ignace KULCZINSKI, Abbé de l'Ordre de S. Basile en Pologne, mort à Rome en 1747. *Specimen Ecclesiæ Ruthenicæ*, *in-8°*, &c.

François *Solimene*, de Nocera au Territoire de Naples, excellent Peintre, mort en 1747. âgé de 90 ans. Il est aussi connu par ses Poésies ou Sonnets, qui ont été imprimés plusieurs fois en divers Recueils Italiens.

Joseph-Marie *Crespi*, de Bologne, célébre Peintre & Graveur Lombard, mort en 1747. âgé de 82 ans.

Depuis
J. C.
1735.

Antoine DANCHET, de Riom, Poéte François & Latin, de l'Académie Françoise, & de celle des Inscriptions, mort à Paris en 1748. Ses Œuvres, 4 Vol. *in-12*. *Eloge par* Freret.

Jean-Pierre des Ours de MANDAJORS, d'Alais en Languedoc, de l'Académie des Inscriptions & Belles-Lettres, mort en 1748. Histoire critique de Languedoc, & divers Mémoires. *Eloge par* Freret.

Jean BERNOULLI, de Basle, célébre Géométre & Physicien, des Académies des Sciences de Paris, de Londres, de Berlin, de S. Pétersbourg & de Bologne, mort en 1748. âgé de 80 ans. Ses Œuvres, en 4 Vol. *Eloge par* M^{rs}. de Fouchy *&* Formey.

Jean OTTER, de Christienstadt en Suéde, mort en 1748. Professeur Royal à Paris en Arabe, & de l'Académie des Inscriptions & Belles-Lettres. Relations de ses Voyages en Perse, & divers Mémoires. *Eloge par* M. de Bougainville.

Pierre GIANNONÉ, Historien de Naples, mort en 1748. Son Histoire, traduite en François, 4 Vol. *in-4°*.

Philippe *Ivara*, Sicilien, habile Architecte, mort vers 1735. à Madrid.

Thomas *Germain*, de Paris, très-célébre Sculpteur, Orfévre du Roi, fils d'un père habile dans le même Art; mourut en 1748, après avoir porté à la perfection la Cizelure & la Sculpture dans les Ouvrages d'Orfévrerie. Il a laissé un fils qui marche sur ses traces.

Michel de la *Barre*, fameux Musicien François, mort âgé en 1748. Divers Ouvrages de Musique.

N. *Handel*, Saxon, célébre Musicien établi en Angleterre, dont les Opéras ont tellement fait les délices des Anglois, qu'ils l'ont comblé de bienfaits, & lui ont élevé des monumens publics.

1736.

Etablissement de l'*Académie de Dijon*, pour les Sciences, autorisée par Lettres-Patentes en 1740. Il se forma dans cette Ville en 1752, une Société Littéraire. Ces deux Compagnies ont été réunies en 1761.

Commencement de l'Académie des *Colombiers*, à Florence, pour l'Erudition ou les Antiquités, & l'Histoire naturelle.

Augustin GRISCHOW, de Poméranie, Mathématicien & Astronome, de la Société Royale de Berlin, mort en 1749. Divers Ouvrages. Son fils a été Astronome à l'Académie de S. Pétersbourg.

Juste-Henning BOHMER, Professeur en Droit à Halle, mort en 1749. *Jus Protestantium Ecclesiasticum*, 5 Vol. *in-4°*. & autres Ouvrages.

Charles-Philippe de Monthenault D'EGLY, de Paris, mort en 1749, de l'Académie des Inscriptions & Belles-Lettres. Histoire des Rois des deux Siciles de la Maison de

Depuis J. C.	France; Journal de Verdun depuis la mort de M. de la Barre, &c. *Eloge* par M. de Bougainville.

Pierre *Subleyras*, d'Ufez, habile Peintre François, mort à Rome en 1749.

Jean *Van-Huyſum*, d'Amſterdam, célébre Peintre Hollandois, mort en 1749. |
| 1737. | Commencement de la *Société Littéraire d'Arras*, avec permiſſion.

Nicolas FRERET, de Paris, l'un des plus ſçavans hommes de ce Siécle, mort le 8 Mars 1749. Secrétaire de l'Académie des Inſcriptions, étoit auſſi de celle de Peinture, & des Académies de Bordeaux & de Cortone. Nombre de Mémoires ſur l'Hiſtoire Ancienne & celle des Chinois, parmi ceux de l'Académie des Inſcriptions. Défenſe de la Chronologie fondée ſur les Monumens anciens, contre le ſyſtéme Chronologique de Newton, in-4°. &c. *Eloge* par Bougainville.

* Charles COFFIN, Principal du Collége de Beauvais à Paris, & ancien Recteur de l'Univerſité, mort en 1749. Diſcours & Poéſies, en Latin: Hymnes du Bréviaire de Paris.

François BELLANGER, mort à Paris en 1749. Traduction Françoiſe de Denis d'Halicarnaſſe, 2 Vol. in-4°. Critique des Ouvrages de M. Rollin, & du Dictionnaire Géographique de la Martinière, in-12.

Marquard HERGOTT, Bénédictin de Suiſſe, célébre par ſes Ouv. ſur l'origine & l'Hiſtoire de la Maiſon d'Autriche. |
| 1738. | Antoine-Auguſtin Bruzen de la MARTINIÉRE, de Dieppe, Géographe du Roi d'Eſpagne, mort à la Haye en 1749. Dictionnaire Géographique & Critique, 10 Volumes in-fol. (*Dijon*, 6 Vol.) Continuation & Reviſion de l'Introduction à l'Hiſtoire de Pufendorf: Edition avec Notes, de la Géographie de Cluvier, en Latin, in-4°. Introduction à l'Etude des Sciences & des Belles-Lettres: Quelques Ouvrages politiques, &c.

La Marquiſe du CHASTELET (Gabrielle-Emilie de Breteuil) illuſtre par ſon eſprit & ſon amour pour les Sciences, morte en 1749. Inſtitutions Phyſiques, & autres Ouvrages.

André Cardinal *Deſtouches*, l'un des meilleurs Muſiciens François, célébre dès la fin du Siécle précédent, mort en 1749. âgé de 77 ans. Opéra d'Iſſé, & huit autres. |
| 1739. | *Académie* Royale *des Sciences à Stockholm*, établie par les ſoins du Sénateur Comte de *Hocken*, & du célébre Naturaliſte *Linnæus*. Ses Mémoires, in-8°.

Commencement de l'Académie des *Icneutici*, de Fermo, pour toutes les Sciences: elle s'unit peu après aux *Arcades* de Rome. |

Depuis J. C.   Jean-Matthias HAAS ou *Hasius*, Professeur de Mathématique & d'Histoire à Wittemberg. Tables Chronologiques & Géographiques des Empires: *Regnum Davidicum, Syria*, &c. *De magnitudine urbium*, &c. Il a rédigé les Atlas de Silésie & de Hongrie.

Louis-Nicolas de *Clérembault*, de Paris, célèbre Musicien François, mort en 1749. Livres de Cantates, Motets, &c.

1740. Établissement de l'*Académie Royale de Toulouse*, pour les Sciences, Inscriptions & Belles-Lettres, par Lettres-Patentes. Elle avoit commencé dès 1730, avec permission, s'occupant déjà beaucoup de la Physique & de l'Astronomie.

Jean Philippe BARATIER, né à Schwobach près de Nuremberg, meurt cette année, âgé de 19 ans & demi, étant de la Société Royale de Berlin, & ayant déjà publié plusieurs Ouvrages, dont quelques-uns furent imprimés qu'il n'avoit qu'onze ans. Les principaux sont: Voyages du Juif Benjamin, traduit de l'Hébreu, avec Notes & Dissertations, 2 Vol. *in-8°. Disquisitio de successione Episc. Rom. in-4°.* & autres indiqués dans sa Vie, par M. *Formey*, Secrétaire de la Société Royale de Berlin.

N. SCHEGEL, de Brunswick, habile Poéte Allemand, mort vers 1750. Poésies Dramatiques, &c.

1741. Jean-Louis PETIT, de Paris, célèbre Chirurgien, de l'Académie des Sciences, & de la Société Royale de Londres, mort en 1750. Traité sur les maladies des os, & plusieurs sçavantes Dissertations. *Eloge par M. de Fouchy.*

Claude Deshais GENDRON, Médecin & fameux Oculiste, mort à Auteuil près de Paris en 1750. Quelques Dissertations imprimées; & il a laissé plusieurs Manuscrits, dont le principal consiste en Recherches sur l'origine, le développement & la réproduction des êtres vivans.

Jean-Gabriel DOPPELMAIER, de Nuremberg, Professeur de Mathématiques pendant 40 ans, de l'Académie d'Augsbourg, & des Sociétés Royales de Berlin & de Londres, mort en 1750 Tables Astronomiques: Atlas Céleste: Introduction à la Géographie: Histoire des Mathématiciens & Artistes de Nuremberg, &c.

1742. Robert PITROU, de Mante, sçavant Ingénieur & Inspecteur général des Ponts & Chaussées de France, mort à Paris en 1750. Sa Veuve a publié quelques Ouvrages de lui sous le titre de Recueil de différens projets d'Architecture, de Charpente, &c. *grand in-folio*.

Juste-Auréle *Meissonnier*, de Turin, Peintre, Sculpteur, Architecte & Orfévre, mort à Paris en 1750, laisse grand nombre de Desseins.

Jean TERRASSON, de Lyon, Membre de l'Académie Françoise, & de celles des Inscriptions & des Sciences,

Depuis *mort à Paris en 1750. âgé de 80 ans. Plusieurs Mémoires :
J. C.* Séthos, Histoire tirée des anciens monumens d'Egypte, ou plutôt Roman Philosophique, 3 Vol. *in-12.* Traduction Françoise de Diodore de Sicile, 7 Vol. *in-12.* &c. *Eloge par* M. de Fouchy.

1743. Jean-Pierre de CROUZAS, de Lausanne, célèbre Philosophe & Mathématicien, Associé des Académies des Sciences de Paris & de Bordeaux, mort en 1750. âgé de 87 ans. Logique ou Systême de réflexions : Traité du Beau : De l'éducation des Enfans : Examen du Pyrrhonisme ancien & moderne, *in-folio,* & autres Ouvrages. *Eloge par* M. de Fouchy.

* Louis-Antoine MURATORI, sçavant Italien, Bibliothécaire de Milan, & ensuite du Duc de Modène, mort en 1750. Recueil des Historiens d'Italie, 27 Vol. *in-fol.* Antiquités d'Italie du moyen âge, 6 Vol. *in-fol.* & nombre d'autres Ouvrages.

1744. Etablissement de l'*Académie de Rouen*, pour les Sciences, Belles-Lettres & Arts, par Lettres-Patentes.

Henri-François DAGUESSEAU, qui a été Chancelier de France pendant 48 ans, mort en 1751. Ses Œuvres, *in-4°. Eloges par* M^{rs}. de Fouchy, & Thomas.

François-Ignace DUNOD de Charnage, Professeur en Droit François à Besançon, mort en 1751. Ouvrages de Jurisprudence, & Histoire de Franche-Comté, & de Besançon.

1745. François OUDIN, Jésuite, né à Vignorix au Diocèse de Langres, & mort à Dijon en 1752. Diverses Poésies Latines : Dissertations : Etymologies Celtiques : Plusieurs Vies insérées dans le Recueil du P. Niceron, &c. Voyez le Tome II. des Mélanges de Jean-Bernard *Michault,* ancien Secrétaire de l'Académie de Dijon, *Paris* 1754.

Nicolas HENRI, mort à Paris, Professeur Royal en Hébreu, le 4 Février 1752. Edition des 2 & 3 Volumes de la Bible de Vatable, *in-fol.* avec Notes, &c.

Claude-Joseph GEOFFROY, de l'Académie des Sciences & de la Société Royale de Londres, l'un des plus habiles Chymistes de l'Europe, mort à Paris le 9 Mars 1752. Divers Mémoires parmi ceux de l'Académie. *Eloge par* M. de Fouchy.

* François CHICOYNEAU, de Montpellier, sçavant Médecin, de l'Académie des Sciences de Paris, mort en 1752. premier Médecin du Roi. Plusieurs Dissertations, &c. *Eloge par* M. de Fouchy.

1746. François GEINOZ, du Canton de Fribourg en Suisse, mort en 1752, de l'Académie des Inscriptions & Belles-Lettres. Divers Mémoires sur l'Histoire Grecque, &c. *Eloge par* M. de Bougainville.

Depuis J. C. Abraham VATER, de Wittemberg en Saxe, sçavant Médecin & Professeur en cette Ville, Membre des Sociétés Royales de Berlin & de Londres, mort en 1752. *Muſæum Anatomicum*; & nombre d'Écrits Académiques.

Jean ALBERTI donne cette année (1746) à Leyde une bonne Édition du Dictionnaire Grec d'*Heſychius*, le meilleur des anciens Grammairiens Grecs qui nous reſtent.

1747. Fondation de l'*Université de S. Pétersbourg*, ſous la dépendance de l'Académie, par l'Impératrice de Ruſſie, Eliſabeth.

Commencement de la *Société Littéraire de Clermont-Ferrand*, en Auvergne, avec permiſſion.

Académie *ou* École *de Sorow*, en Danemarck, pour l'éducation d'un certain nombre de Jeunes-gens de qualité. Le Baron de Holberg lui a fait préſent en 1750, de deux Terres qui valent cent cinquante mille livres.

George GRAHAM, célébre Méchanicien & Horloger Anglois, de la Société Royale, mort à Londres en 1751. Il étoit très-habile dans la Phyſique & l'Aſtronomie, & l'on voit pluſieurs de ſes Mémoires dans les Tranſactions Philoſophiques de la Société Royale de Londres. C'eſt lui qui a fait le premier des Planétaires, & qui a porté à leur perfection les Inſtrumens Aſtronomiques.

Gaſpard de RÉAL, de Siſteron, Grand Sénéchal de Forcalquier, mort à Paris en 1752. Science du Gouvernement, 8 Vol. in-4°. On y trouve (dans les Tomes II. & III.) des particularités intéreſſantes ſur l'Hiſtoire des anciens Etats les plus célébres, comme ſur les Modernes.

1748. Charles FOLARD, d'Avignon, mort à Paris en 1752. Partie du Commentaire ſur le Polybe de Dom Vincent Thuillier, & du Supplément au Dictionnaire de la Bible de Dom Calmet: Nouvelles découvertes ſur la guerre: Défenſe des places, &c.

Louis FUSELIER, de Paris, Poëte François, mort en 1752. Pluſieurs Piéces de Théâtre.

Jeanne de Segla de MONTEGUT, morte en 1752. Diverſes Poéſies, dans les Recueils Jeux Floraux de Toulouſe, ſa patrie.

Jean François de *Troy*, habile Peintre, mort à Rome en 1752. Directeur de l'Ecole Françoiſe établie en cette Ville.

Charles-Antoine COYPEL, premier Peintre du Roi, mort à Paris, le 14 Juin 1752. Pluſieurs Diſcours dans l'Académie des Peintres, & quelques Piéces de Théâtre.

Charles *Parrocel*, habile Peintre François, mort à Paris en 1752.

1749. Commencement de la *Société Littéraire d'Auxerre*, avec permiſſion.

Depuis J. C.	Claude Gros de BOZE, de l'Académie Françoise, & Secrétaire de celle des Inscriptions & Belles-Lettres, pendant 36 ans, & jusqu'en 1742, mort en 1752. L'Histoire des quinze premiers Volumes des Mémoires de cette Académie, avec les Eloges, & Dissertations sur les Médailles. Il a été le principal Auteur de l'Histoire Métallique de Louis XIV. *Eloge par* Bougainville.
	Jean-Basile-Pascal FENEL, de l'Académie des Inscriptions, mort à Paris en 1753. Plusieurs Dissertations dans les Mémoires de l'Académie, &c. *Eloge par* Bougainville.
	Jean-Aymar PIGANIOL de la Force, mort en 1753. Description de la France, de Paris, de Versailles, &c.
	Le Baron de *Knobelsdorff* (Jean-Georges Venceslas) Peintre & Architecte, Honoraire de l'Académie de Berlin.
1750.	Etablissement de l'*Académie d'Amiens*, pour les Sciences, Belles-Lettres & Arts, par Lettres-Patentes.
	Etablissement de la *Société Royale de Nancy*, pour les Sciences & Belles-Lettres, par Edit du Roi Stanislas.
	Louis d'HÉRICOURT, habile Avocat de Paris, mort en 1753. Loix Ecclésiastiques de France, *in-fol.* Deux Livres du Droit public, ajoutés aux Loix de Domat : Coutumier du Vermandois, &c.
	Hans SLOANE, Médecin & célébre Physicien Anglois, Président de la Société Royale de Londres, Associé des Académies des Sciences de Paris, Berlin, S. Petersbourg, &c. mort en 1754. Catalogue des Plantes de la Jamaïque : Voyage & Description de cette Isle : plusieurs Mémoires parmi les Transactions Philosophiques. *Eloge par* M. de Fouchy.
	Le Comte d'ONSENBRAY (Louis-Léon Pajot) mort le 22 Janvier 1754. Honoraire de l'Académie des Sciences de Paris. Plusieurs Mémoires, & Collection précieuse de Machines, qu'il a laissée à l'Académie. *Eloge par* M. de Fouchy.
	Denis-François SECOUSSE, de Paris, mort le 15 Mars 1754, de l'Académie des Inscriptions. Sept Volumes de la Collection des Ordonnances : Edition de plusieurs Ouvrages, &c. *Eloge par* M. de Bougainville, qui demanda sa démission du Secrétariat de l'Académie en 1765, & fut remplacé par M. le Beau.
	Martin BOUQUET Bénédictin, d'Amiens, mort à Paris le 6 Avril 1754. Collection des anciens Historiens de France, 8 Vol. *in-fol.* Dom *Haudiquer*, son Confrere, a continué, & aujourd'hui Dom *Clément*.
	Basile TATISCHEVE, Russien, Gouverneur d'Astracan, travaille à l'Histoire de Russie pendant 30 ans. Il l'a partagé en 4 parties : —— 1. Description des anciens Peu-

Depuis ples Sclaves, jusqu'en l'année 860. —— 2. Histoire des
J. C. Grands-Ducs de Russie jusqu'à l'invasion des Tartares, ou
1238. —— 3. Pouvoir Tyrannique de ces Barbares, jusqu'à leur renversement par le Tzar Jean le Grand, ou
l'an 1462. —— 4. Rétablissement de la Monarchie jusqu'à
l'élévation du Tzar Michel Fédérottche, en 1613. Cette
Histoire a été donnée par son fils à l'Université de Petesbourg, & la premiere Partie a été imprimée en 1768.

1751. Fondation d'une *Ecole* Royale *Militaire* à *Paris*, pour
la jeune Noblesse. On l'a mit d'abord au Château de
Vincennes, & en 1756, dans un Hôtel bâti exprès dans
le voisinage de celui des Officiers & Soldats Invalides,
près de Paris. Cette Ecole a été supprimée en 1776. &
la jeune Noblesse dispersée en plusieurs Colléges ou Monastères. Le Roi l'a rétablie en 1777.

Etablissement d'une *Académie Royale* de Peinture &
Sculpture à *Toulouse* : c'étoit une Société dès 1744.

Deux *Académies* ou Sociétés s'établissent à *Londres* ;
l'une pour les Antiquités, & l'autre pour les Arts &
Métiers.

Pierre-Claude Nivelle de la CHAUSSÉE, de Paris,
Poéte, & de l'Académie Françoise, mort le 14 Mars
1754.

Philippe Néricaut des TOUCHES, de Tours, Poéte, &
de l'Académie Françoise, mort le 5 Juillet 1754. Sès Œuvres, 4 Vol. *in-4°*. ou 10 Vol. *in-12*.

Apostolo ZÉNO, Vénitien, l'un des plus habiles Littérateurs Italiens, meurt cette année. Journal des Hommes de Lettres d'Italie, depuis 1710, jusqu'en 1722.
Edition de plusieurs Ouvrages, avec Notes, &c. Trois
Volumes de Lettres intéressantes, publiées en 1752.

1752. L'*Université de Reggio*, dans le Modénois, est rendue
florissante par le Duc François-Marie, qui y fonde de
nouvelles Chaires de Jurisprudence Romaine, de Philosophie, de Mathématiques & de Physique.

Etablissement de l'*Académie de Besançon*, pour les
Sciences, Belles-Lettres & Arts, par Lettres-Patentes. En
1754, il s'est formé dans la même Ville une *Société Littéraire-Militaire*, avec permission.

Etablissement de l'*Académie de Marine de Brest*.

Louis RICCOBONI, de Modène, meurt le 5 Décembre 1753. Diverses Comédies Italiennes & autres Ouvrages.

Christian WOLFF, de Breslau, fameux Philosophe
Allemand, & Professeur de Droit naturel & de Mathématiques à Halle en Saxe, & à Marbourg en Hesse, mort
à Halle en 1754. Associé de l'Académie des Sciences de
Paris, & des Sociétés Royales de Londres, de Berlin,
& de l'Institut de Bologne ; fait Baron de l'Empire. Grand

DANS LES SCIENC. & ARTS. 833

Depuis J. C. nombre d'Ouvrages (estimés) de Philosophie, de Mathématiques, & de Droit, dont l'un des principaux, *Jus naturæ & gentium*, 9 Vol. in-4°. &c. *Eloges par* Mrs. de Fouchy *&* Formey.

Martin FOLKES, sçavant Physicien & Antiquaire Anglois Président de la Société Royale de Londres, Associé de l'Académie des Sciences de Paris, mort en 1754. Traité historique des Monnoyes d'or & d'argent d'Angleterre : Divers Mémoires, &c. *Eloge par* M. de Fouchy.

N. *Dassier*, célèbre Graveur de Geneve, en Médailles.

Abraham MOIVRE, de Vitry en Champagne, retiré en Angleterre, où il est mort en 1754, étant des Académies de Paris & de Berlin. Divers Ouvrages de Mathématiques. *Eloge par* M. de Fouchy.

1753. Commencement de l'*Académie de Chaalons sur Marne*, pour les Belles-Lettres, Sciences & Arts, avec permission.

Etablissement d'une *Académie* de Peinture & Sculpture à *Marseille*.

Académie de Belles-Lettres à *Stockholm*, en Suéde.

Académie de Beaux-Arts à *Coppenhague*, en Danemarck.

Académie à *Varsovie*, en Pologne, pour les Langues, l'Histoire, & la Chronologie.

Académie des Arts à *Dublin*, en Irlande.

Trois *Académies* en Espagne : l'une à *Séville*, de Littérature ; la seconde à *Valladolid*, pour l'Histoire & la Géographie ; la troisiéme à *Madrid*, de Peinture, Sculpture & Architecture.

Georges Wolfgand KRAFFT, de Duttlingen en Souabe, Professeur de Mathématiques à Petersbourg, & à Tubingue, mort en 1754. Divers Ouvrages.

Jean BERRYAT, Médecin d'Auxerre, de la Société Littéraire de cette Ville, & Correspondant de l'Académie des Sciences de Paris, mort en 1754. Collection Académique, 2 Vol. & autres Ouvrages.

Charles-François TOUSTAIN, Bénédictin, du Diocèse de Seez, mort à Paris le premier Juillet 1754. Nouveau Traité Diplomatique, continué par son Confrere René-Prosper *Tassin*, 5 Vol. in-4°. & autres Ouvrages.

Felix CARY, de Marseille, & de l'Académie de cette Ville, meurt le 15 Décembre 1754. Dissertation sur la Fondation de Marseille : Histoire des Rois de Thrace.

1754. Fondation de l'*Université de Moskou*, par Elisabeth, Impératrice de Russie.

Académie ou Ecole *des Langues Orientales*, établie à *Vienne*, en Autriche, par l'Empereur François I.

Frédéric de HAGEDORN, fameux Poëte Allemand, mort cette année : Fables & Contes à l'imitation de la Fontaine ; les Allemands les estiment fort.

II. Partie. Ggg

Depuis J. C.
Germain BOFFRAND, de Nantes; célèbre Architecte & Inspecteur Général des Ponts & Chaussées de France, meurt à Paris: Livre d'Architecture, &c.

Pierre-Jacques Cazes, Peintre, meurt à Paris le 25 Juin.

Jean-Baptiste Piazetta, habile Peintre Vénitien, mort cette année à Venise.

Jean-Joseph Vinache, de Paris, habile Sculpteur François, mort cette année.

1755. Une *Académie* des Sciences se forme à *Erford*, en Thuringe.

Jérôme-Quirin QUIRINI, de Venise, sçavant Cardinal, Associé de l'Académie des Inscriptions & Belles-Lettres de Paris, mort le 6 Janvier de cette année. Antiquités de Corfou, & autres Ouvrages. *Eloge* par M. le Beau.

Jean Jacques MARINONI, d'Udine en Frioul, Ingénieur, Architecte & Astronome, mort à Vienne le 10 Janvier, étant de la Société Royale de Berlin : *Specula domestica : De re ichnographicâ*, &c.

* Nicolas LENGLET DU FRESNOY, de Beauvais, Littérateur, mort à Paris le 16 Janvier 1755. Méthode pour étudier l'Histoire, & Supplément : Principes de l'Histoire : Méthode pour étudier la Géographie : Histoire de la Philosophie hermétique : Métallurgie: Traité des Apparitions, avec un Recueil de Dissertations : Tables & Tablettes Chronologiques, &c. Diverses Editions, de Dupuy sur les Libertés, &c. des Œuvres de Marot, de Regnier, du Roman de la Rose, des Mémoires de l'Estoile, de Comines, &c.

Charles Secondat de MONTESQUIEU, de Bordeaux, Membre de l'Académie Françoise, & des Sociétés Royales de Londres & de Berlin, meurt cette année à Paris, le 10 Février. Considérations sur la grandeur & la décadence des Romains, &c. Esprit des Loix, &c.

Scipion MAFFÉI, illustre sçavant d'Italie, Associé à l'Académie des Inscriptions, mort à Vérone sa patrie le 11 Février de cette année : *Verona illustrata* : Antiquités de la Gaule : *Musæum Veronense* : Plusieurs Ouvrages sur l'Histoire naturelle ; Observations Littéraires ; Quelques Piéces Dramatiques, &c. *Eloge* par M. le Beau.

Jean-Claude-Adrien HELVETIUS, sçavant Médecin de Paris, & de l'Académie des Sciences, mort le 17 Juillet. Traité de l'Economie Animale, &c. *Principia Physico-Medica* : Plusieurs Mémoires. *Eloge* par M. de Fouchy.

Jean-Laurent MOSHEIM, du Pays de Brunswick, sçavant Littérateur, &c. mort Chancelier de l'Université de Goettingué, vers 1755. Divers Ouvrages sur l'Histoire Ecclésiastique, nombre de Dissertations, Notes sur Cud-

Depuis worth, &c. Morale, en 5 Vol. *in-*4°. Sermons fort esti-
J. C. més en Allemagne, &c.

 Louis CHASOT de Nantigny, meurt à Paris le 19 Décembre ; Généalogies Historiques des Rois, &c. Tablettes Historiques, &c.

 Joseph-Nicolas-Pancrace *Royer*, Musicien & Directeur de l'Académie Royale de Musique, meurt à Paris cette année.

 Bernard LÉPICIÉ, Graveur & Secrétaire de l'Académie Royale de Peinture de Paris, mort cette année. Catalogue raisonné des Tableaux du Roi, *in-*4°. Vies des premiers Peintres du Roi.

 Jean-Baptiste *Oudry*, de Paris, habile Peintre François, mort le 30 Avril.

 Académie de Belles-Lettres Grecques & Latines, établie à *Madrid*.

1756. Guillaume-François JOLY DE FLEURY, d'abord Avocat Général au Parlement de Paris, & ensuite Procureur Général pendant 20 ans, célèbre par son éloquence & son érudition, mort à Paris le 25 Mars, âgé de 81 ans.

 Elie BLANCHARD, de Langres, mort le 10 Février, de l'Académie des Inscriptions & Belles-Lettres. Divers Mémoires parmi ceux de cette Académie. *Eloge par* M. le Beau.

 Joseph VAISSETE, Bénédictin, mort à Paris le 10 Avril de cette année. Histoire de Languedoc, 5 Volumes *in-folio*. Géographie Historique, 4 Volumes *in-*4°. ou 12 Vol. *in-*12.

 Jacques CASSINI, Astronome, de l'Académie des Sciences, des Sociétés de Londres & de Berlin, & de l'Institut de Bologne, mort à Paris le 16 Avril, âgé de 80 ans. Elémens d'Astronomie : De la grandeur & figure de la Terre ; Tables Astronomiques, & divers Mémoires parmi ceux de l'Académie. *Eloge par* M. de Fouchy.

 César Chesneau du MARSAIS, célèbre Grammairien François, mort à Paris le 11 Juin, âgé de 80 ans. Véritables principes de la Grammaire ; Traité des Tropes, &c.

 Le Marquis de la GALISONNIERE (Roland-Michel Barin) Lieutenant Général des armées navales, de l'Académie des Sciences, mort le 27 Octobre : Mémoires sur les limites de l'Acadie, avec M. de *Silhouette*, Eloge *par* M. de Fouchy.

1757. Bernard le Bovier de FONTENELLE, de Rouen, meurt le 9 Janvier de cette année à Paris, âgé de 99 ans & 9 mois, l'un des plus beaux esprits de ce Siécle, a été 40 ans Secrétaire de l'Académie des Sciences. Histoire de cette Académie, & Eloges, depuis 1699, jusqu'en

Depuis 1739. Pluralité des mondes : Poéſies, & pluſieurs autres
J. C. Ouvrages. *Eloge par* M. de Fouchy, *& par* M. le Beau.

 Louis-Bertrand CASTEL, Jéſuite, de Montpellier, meurt à Paris le 11 Janvier. Mathématique univerſelle, 2 Vol. *in-*4°. Exercices ſur la Tactique, &c.

 Jean OLIVA, de Rovigo, Bibliothécaire du Prince de Soubiſe, mort le 19 Mars : pluſieurs Diſſertations ſur des Antiquités.

 Charles PEYSSONEL, de Marſeille, Conſul à Smyrne, & de l'Académie des Inſcriptions & Belles-Lettres, mort cette année. Diſſertation ſur les Rois du Boſphore, &c. *Eloge par* M. le Beau.

 André-François Boureau DESLANDES, Commiſſaire de la Marine à Breſt & à Rochefort, meurt le 11 Avril : Hiſtoire critique de la Philoſophie, *in-*12. 3 Vol. Eſſai ſur la Marine & le Commerce ; Traités de Phyſique, &c.

 Jean de la GRIVE, Géographe de la Ville de Paris, meurt le 18 Avril. Divers plans de Paris : Cartes des environs, &c.

 * Auguſtin CALMET, Bénédictin, meurt le 25 Octobre en Lorraine. Hiſtoire Univerſelle, pluſieurs Vol. *in-*4°. Hiſtoire de Lorraine, 4 Vol. *in-fol.* & nombre d'autres Ouvrages.

 René-Antoine Ferchaud de REAUMUR, de la Rochelle, grand Phyſicien, de l'Académie des Sciences de Paris, & de preſque toutes celles de l'Europe, meurt à Paris le 18 Octobre, âgé de 75 ans, après avoir fait un grand nombre de découvertes utiles. Hiſtoire des inſectes, 6 Vol. *in-*4°. & autres Ouvrages. *Eloge par* M. de Fouchy.

 Pierre le MONNIER, ancien Profeſſeur de Philoſophie, & de l'Académie des Sciences de Paris, mort le 27 Novembre 1767, à 82 ans. *Curſus Philoſophicus*, & divers Mémoires.

 Jean-Joſeph VADÉ, du Ham, Poéte François, mort le 4 Juillet. Ses Œuvres, 4 Vol. *in-*8°.

 N. de BRAVE, de Magdebourg, fameux Poéte Allemand, mort cette année. Tragédie intitulée le Déiſte, & des Contes moraux en Vers & en Proſe.

 Roſa alba Carriera, Demoiſelle Vénitienne, qui a excellé à peindre au paſtel, meurt cette année, à 85 ans.

 Gaſpard du *Change*, habile Graveur de Paris, y mourut le 6 Janvier, âgé de 96 ans.

1758. Louis de BOISSY, de Vic en Auvergne, Poéte Comique, & de l'Académie Françoiſe ; meurt à Paris le 19 Avril ; a fait quelque tems le Mercure. Grand nombre de Comédies, &c. Ses Œuvres, en 9 Vol. *in-*12.

 Joſeph Chancel de la GRANGE, du Périgord, Poéte François, mort cette année, âgé de 80 ans. Ses Œuvres, en 5 Vol. *in-*12.

DANS LES SCIENC. & ARTS.

Depuis   Antoine-Yves GOGUET, Conseiller au Parlement de
J. C.   Paris, mort le 2 Mai. De l'origine des Loix, des Sciences & des Arts, avec Alexandre Conrard *Fugere*, son ami, Conseiller à la Cour des Aides, mort la même année.

     Hiacinthe-Théodore BARON, Médecin de Paris, meurt le 29 Juillet, après avoir donné une nouvelle Edition de la Chymie de Lémery, travaillé à la Pharmacopée de Paris, &c.

     Antoine de JUSSIEU, de Lyon, Médecin, & de l'Académie des Sciences de Paris, mort le 22 Avril. Discours sur le progrès de la Botanique : *Appendices ad inst. rei herbariæ* & divers Mémoires. *Eloge par* M. de Fouchy.

     Pierre BOUGUER, du Croisic en Bretagne, Mathématicien, de l'Académie des Sciences de Paris, & des Sociétés Royales de Londres & de Berlin, meurt cette année à Paris le 15 Août. Essai d'Optique : Traité de Navigation : de la mâturé ; du Navire, &c. Observations : Figure de la Terre, &c. *Eloge par* M. de Fouchy.

     Joseph-Albert de LUYNES, Prince de *Grimbergue*, mort le 10 Novembre. Recueil de différentes Piéces de Littérature, *in-*8°.

1759.   Pierre-Louis Moreau de MAUPERTUIS, de S. Malo, Membre de l'Académie Françoise ; de celles des Sciences de Paris & de Petersbourg, Président de l'Académie de Berlin, meurt à Basle le 27 Juillet. Elémens d'Astronomie, & de Géographie, &c. Essai de Philosophie morale ; Figure de la terre déterminée, & autres Ouvrages. *Eloge par* M. de Fouchy.

     Nicolas BAUDOT *de Juilly*, de Sarlat, meurt le 29 Août. Histoires de Philippe-Auguste & de Charles VII. Anecdotes de la Maison Ottomane, & autres Ouvrages.

     Paul-François VELLY, né près de Fismes en Champagne, meurt à Paris le 4 Septembre, ayant donné 7 Volumes de son Histoire de France, qui a été continuée par MM. de *Villaret & Garnier*.

     Le Père SIMPLICIEN, Augustin de la Congrégation de France, Continuateur des Ouvrages du Père *Anselme*, meurt cette année à Paris, le 10 Octobre. Etat de la France : Histoire généalogique de la Maison de France & des Grands Officiers de la Couronne, *in-fol.* 9 Vol. &c.

     David-Renaud BOULLIER, d'Utrecht, mort en cette Ville le 23 Décembre. Essai Philosophique sur l'ame des bêtes : Apologie de la Métaphysique : Défense des Pensées de Pascal ; & autres Ouvrages.

     Alexandre SOUMAROROKE, Russien, Auteur Dramatique.

Depuis J. C.   Le Baron de KRONEGK, d'Anspach, excellent Poéte Allemand, mort cette année âgé de 28 ans. Diverses Poésies.

Christian-Ewald de KLEIST, Poméranien, célébre Poéte Allemand, mort cette année. Poéme du Printems, qui a été traduit en Italien, & autres Poésies.

Lambert-Sigisbert *Adam*, & Paul-Ambroise *Slodtz*, habiles Sculpteurs de Paris, meurent cette année.

Julien *le Roy*, habile Horloger de Paris, fameux par ses inventions, meurt âgé de 78 ans, laissant quatre fils, dont un de l'Académie des Sciences, un de celle des Inscriptions & Belles-Lettres, un autre de celle d'Architecture.

1760.   Etablissement de la *Société Royale de Metz*, pour les Sciences & les Arts, par Lettres-Patentes.

Académie Electorale de *Munich*, pour les Sciences & pour l'Histoire de Baviére; elle a commencé en 1763, à publier ses Mémoires.

Jacques-Benigne WINSLOW, d'Odensée en Danemarck, Médecin de Paris, & Membre de l'Académie des Sciences, meurt le 3 Avril, après avoir fait en Anatomie plusieurs découvertes utiles. Dissertation sur l'incertitude des signes de la mort: Exposition Anatomique, &c. *Eloge par* M. de Fouchy.

* Jean LEBEUF, Chanoine d'Auxerre, Membre de l'Académie des Inscriptions & Belles-Lettres, mort le 10 Avril. Un très-grand nombre de Dissertations; (Voyez la Bibliothéque de Bourgogne.) Histoire Ecclésiastique & Civile d'Auxerre; Histoire du Diocèse de Paris. *Eloge par* M. le Beau.

Felix-Juvenel de CARLENCAS, de Pezenas, mort le 12 Avril. Principes de l'Histoire; Essais sur l'Histoire des Belles-Lettres, Sciences & Beaux-Arts, 4 Vol. in-8°.

Antoine GAUBIL, Jésuite François, mort à Pekin, le 21 Avril, sçavant Astronome, très-versé dans la Littérature Chinoise, a envoyé beaucoup de Mémoires au Père Souciet & à M. Freret, qui en ont fait usage dans leurs Ouv.

Jean-Baptiste le MASCRIER, de Caen, mort à Paris le 16 Juin. Editions de Martial, de César, des Mémoires de Feuquieres, de l'Histoire de Louis XIV, par Pellisson; Partie de l'Histoire des Cérémonies Religieuses, & de la Traduction de M. de Thou (avec MM. le Beau, Desfontaines & le Duc:) Description de l'Egypte, & Idée de son Gouvernement; Dernieres révolutions des Indes; Tableau des maladies de Lommius, &c.

Jean-Baptiste MIRABAUD, Provençal, mort à Paris le 24 Juin, âgé de 85 ans, a été Secrétaire de l'Académie Françoise: Jérusalem délivrée, traduite du Tasse, & autres Ouvrages.

Depuis J. C.

Antoine-Louis de la VISCLEDE, Secrétaire de l'Académie de Marseille, mort le 22 Août ; Piéces d'éloquence & de Poésies.

* Pierre-Nicolas DESMOLETS, de Paris, Prêtre de l'Oratoire, mort cette année, âgé de 83 ans. Edition des Ouvrages des Peres Lami & le Long ; Mémoires de Littérature, &c.

Louis-Antoine-Nicolle de la CROIX, mort cette année à Paris, s'est faire connoître par une bonne Géographie moderne, imprimée nombre de fois *in-*12. 2 Vol. 1752, 1773.

Louis GODIN, Astronome, d'abord de l'Académie des Sciences de Paris, puis Directeur de celle des Gardes Marines à Cadix, où il meurt le 11 Septembre. Tables des Mémoires de l'Académie des Sciences, &c. Observations au Pérou, &c. *Eloge par* M. de Fouchy.

François SALERNE, Médecin d'Orléans, mort cette année. Oedologie ou Traité du Rossignol. Il a travaillé avec M. *Arnault*, aussi Médecin d'Orléans, & Auteur du Manuel des Dames de Charité, à la continuation de la Matiere Médicale de M. Geoffroy ; & il a laissé en mourant une Histoire naturelle des Oiseaux, avec figures, imprimée à Paris, *in-*4°.

Louis *Silvestre*, de Paris, premier Peintre du Roi de Pologne, mort le 12 Avril.

René Drouard du *Bousset*, fameux Musicien-Organiste de Paris, y meurt le 19 Mai.

N. LISCAVE, célèbre Ecrivain d'Allemagne, Satyrique & Critique, mort cette année.

Nicolas POPOVSCI, Professeur d'éloquence & de Philosophie dans l'Université de Moskou, traduit Pope & fait plusieurs Discours & Ouvrages poétiques, non imprimés. Ce Professeur qui donnoit les plus grandes espérances, est mort jeune en 1760.

1761. Etablissement de la *Société* Royale *d'Agriculture* à *Paris*, par Lettres-Patentes.

Mêmes Sociétés en Bretagne, à Tours, à Orléans, à Lyon, en Auvergne, à Limoges, à Rouen, à Soissons, Quelques-unes ont publié des Mémoires très-utiles.

Etienne HALES, sçavant Philosophe, ou Physicien, Anglois, de la Société Royale, & Associé de l'Académie des Sciences de Paris, meurt le 4 Janvier, âgé de 83 ans. Divers Ouvrages de Physique comme la Statique des Végétaux, & des Animaux, le Ventilateur, &c. *Eloge par* M. de Fouchy.

Claude SALLIER, de Semur en Auxois, Professeur Royal en Hébreu, des Académies Françoise & des Inscriptions, meurt le 9 Janvier. Catalogue raisonné de la

Depuis J. C. 1761.	Bibliothéque du Roi (dont il étoit Garde ;) Histoire de S. Louis, par *Joinville*, &c. avec un Glossaire dressé par Anicet MELOT, mort en 1759. Plusieurs Mémoires parmi ceux de l'Académie des Inscriptions. *Eloge par* M. le Beau.

 Pierre-François-Xavier de CHARLEVOIX, Jésuite, de Saint Quentin, meurt le premier Février. Histoires du Japon, de S. Domingue, de la Nouvelle France, du Paraguai, &c.

 Jean-François du RESNEL, de Rouen, des Académies Françoise, & des Inscriptions, meurt le 25 Février. Traduction en Vers François des deux Poémes Anglois de Pope, &c. *Eloge par* M. le Beau.

 Joseph SÉGUI, Chanoine de Meaux : mort le 19 Mars. Poésies & Oraisons Funébres.

 Thomas SIMPSON, très-habile Mathématicien Anglois, Professeur à l'Ecole d'Artillerie de Wolwick, Membre de la Société Royale, & Associé de l'Académie des Sciences de Paris, meurt sur la fin de Mai. Divers Traités sur le calcul intégral, &c. Elémens de Géométrie, traduits en François, *Paris 1755, in-8°.* &c.

 Dominique PASSIONÉI, sçavant Cardinal Italien, Associé de l'Académie des Inscriptions & Belles-Lettres de Paris, &c. mort près de Rome en Juillet. *Acta Legationis Helveticæ :* Oraison Funébre du Prince Eugéne, &c. *Eloge par* M. le Beau.

 Bernard Foreste de BELIDOR, né en Catalogne, Membre de l'Académie des Sciences, & des Sociétés Royales de Londres & de Berlin, mort le 8 Septembre. Cours de Mathématiques : Traité des Fortifications : Science des Ingénieurs : Bombardier François : Architecture Hydraulique, &c. *Eloge par* M. de Fouchy.

 Pierre de MUSSCHENBROEK, habile Physicien, Professeur de Philosophie & de Mathématiques, d'abord à Utrecht, & ensuite à Leyde, Associé de l'Académie des Sciences de Paris, &c. mort en Octobre. *Physica experimentales & Geometricæ Dissertationes, & Ephemerides Meteorologicæ, in-4°.* & autres Ouvrages.

 Noel-Antoine PLUCHE, de Reims, mort près de Paris le 20 Novembre. Spectacle de la Nature, 8 Vol. Mécanisme des Langues, &c. Concorde de la Géographie de tous les âges, à la tête de laquelle est son Eloge.

 Mathurin le PERE, d'Auxerre, Secrétaire de la Société Littéraire de cette Ville, mort le 9 Décembre. Divers Mémoires Physiques, & Eloges : Travaux pour la Carte du Diocèse, &c.

 François-Xavier BON, premier Président de la Chambre des Comptes & Cour des Aides de Montpellier, &

Depuis de l'Académie des Inscriptions & Belles-Lettres, mort
J. C. cette année. Plusieurs Dissertations sur divers sujets. *Eloge* par M. le Beau.

Le Marquis POLENI, Professeur de Mathématiques à Padoue, & Associé de l'Académie des Sciences de Paris, mort cette année.

Nicolas GODONESCHE, de Paris, mort cette année. Histoire métallique de Louis XV. &c.

Louis *Galloche*, de Paris, habile Peintre, mort le 21 Juillet, Chancelier de l'Académie Royale de Peinture, âgé de 91 ans.

Jean *du Vivier*, de Liége, mort cette année à Paris, excellent Graveur du Roi en Médailles, de l'Académie de Peinture & Sculpture. Son fils aîné lui a succédé.

1762. Gilles-Anne-Xavier de la SANTE, Jésuite, de Rhédon en Bretagne, qui a professé 25 ans la Rhétorique au Collége de Clermont à Paris, meurt le 16 Janvier de cette année. Harangues, Poésies Latines, &c.

Pierre-Alexandre Levesque de la RAVALIÉRE, de Troyes, Membre de l'Académie des Inscriptions & Belles Lettres, meurt le 4 Février. Examen critique des Historiens : Histoire des Comtes de Champagne : Poésies du Roi de Navarre : Dissertations, &c. *Eloge* par M. le Beau.

Camille FALCONET, de Lyon, Médecin de Paris, & de l'Académie des Inscriptions, meurt le 8 Février. Plusieurs Mémoires parmi ceux de cette Académie. *Eloge* par M. le Beau.

Nicolas-Louis de la CAILLE, du Diocèse de Reims, célébre Astronome & Mathématicien, de l'Académie des Sciences, des Sociétés Royales de Londres, Berlin, Goettingue, & de l'Institut de Bologne, meurt à Paris le 21 Mars. Elémens d'Algébre, de Méchanique, d'Astronomie, d'Optique, de Perspective : *Fundamenta Astronomiæ, Cœlum Australe Stelliferum* : Relation du Cap de Bonne-Espérance, &c. Mémoires parmi ceux de l'Académie. *Eloge* par M. de Fouchy.

N. BUONAMICI, de Lucques, sçavant Italien, meurt cette année. Histoire, en Latin, de la derniere guerre d'Italie, Ouvrage écrit avec élégance.

Noël REGNAULT, Jésuite, d'Arras, mort cette année à Paris le 18 Mai. Entretiens Physiques, 5 Vol. *in*-12. Origine ancienne de la Physique nouvelle, 3 Vol. &c.

Charles-Augustin de VANDERMONDE, Médecin de Paris, né à Macao en Chine, mort le 28 Mai à Paris. Observations de Médecine, & Journal : Dictionnaire de Santé.

Prosper Joliot de CRÉBILLON, né à Dijon, habile Poète Dramatique, excellent Tragique, de l'Académie

Depuis Françoise, mort à Paris le 18 Juin. Ses Œuvres, en
J. C. 2 Vol. *in-*4°.

Joseph-Adrien le Large de LIGNAC, de Poitiers, mort en Juin : Lettres à un Américain, &c. Elémens de Métaphysique ; Analyse des Sensations ; Examen de l'Esprit, &c.

Edme *Bouchardon*, de Chaumont en Bassigny, célébre Sculpteur & Dessinateur, mort à Paris le 27 Juillet. *Eloge* (ou *Vie*) par M. de *Caylus*.

François de Paule COMBALUSIER, de S. Andéol en Vivarais, Médecin de Paris, mort le 24 Août. *Pneumato-Pathologia*, qui a été traduite en François, 2 Vol. *in*-12. Observations sur la Colique de Poitou, & autres Ouvrages.

Jacques MORABIN, de la Fléche, mort à Paris, sur la fin d'Août, Secrétaire de la Police. Histoire de Ciceron, 2 Vol. *in*-4°. Traductions de ses Traités *de Legibus*, *de Divinatione*, &c.

Evrard TITON DU TILLET, de Paris, y meurt le 26 Décembre ; il étoit de 14 Académies du Royaume & de 13 Etrangères : Histoire (*in-fol.*) du Parnasse François (qu'il a fait exécuter en bronze & qui se voit aujourd'hui dans la Bibliothèque du Roi :) Essai sur les honneurs rendus aux Sçavants, &c.

1763. Louis RACINE, mort à Paris le 29 Janvier : Poéme sur la Grace & sur la Religion, Mémoires sur la Vie de Jean son père (ci-devant page 777) & Remarques sur ses Tragédies, &c.

Pierre Carlet de Chamblain de MARIVAUX, de l'Académie Françoise, mort le 12 Février : Piéces de Théatre & autres.

Jean-Pierre de BOUGAINVILLE, de Paris, ancien Secrétaire de l'Académie des Inscriptions & Belles-Lettres, mort à Loches le 22 Juin : Traduction de l'Anti-Lucrèce, divers Mémoires, partie de l'Histoire de l'Académie, &c. *Eloge* par M. le *Beau*.

N. DALIN, mort à Stockholm le 12 Août, connu par plusieurs Ouvrages de Littérature, & sur-tout par 3 volumes de l'Histoire de Suéde.

Pierre CRESCHINE, Russien, mort fort âgé en 1763 ; a composé l'Histoire de plusieurs Tzars & celle de la grande Princesse Olha ; la Vie de Pierre le Grand, & la Chronologie des grands Princes & Tzars de Russie : Ouvrages qui sont conservés dans la Bibliothéque Impériale de S. Petersbourg.

Antoine-François PRÉVOST, d'Exilles, mort le 23 Novembre : Manuel Lexique ; Histoire des Voyages, & nombre d'autres Ouvrages.

DANS LES SCIENC. & ARTS. 843

Depuis J. C.   Jean-Pierre *Verduſſen*, habile Peintre, meurt à Marſeille le 31 Mars; laiſſant une riche Collection de Tableaux à Avignon, où il faiſoit ſa demeure.

Pierre RESTAUT, mort à Paris le 14 Février: Grammaire Françoiſe, Traité de l'Orthographe, &c.

1764.   Yves-Marie ANDRÉ, né en Bretagne, meurt à Caen le 26 Février: Eſſai ſur le Beau; Diſcours ſur l'Homme, &c.

Jacques MACGEOGHÉGAN, Irlandois, mort à Paris le 30 Mars: Hiſtoire d'Irlande, in-4°. 3 Volumes.

N. BAURANS, Poëte & Muſicien, mort à Paris en Mars ou Avril.

Charles-François PANARD, Poëte, né à Courville, près de Chartres, mort à Paris le 13 Juin: ſes Œuvres, in-12.

Joſeph BARRE, Chanoine Régulier de Sainte Geneviéve, mort à Paris le 23 Juin: Hiſtoire d'Allemagne en 10 Vol. in-4°. Vie du Maréchal Fabert, &c.

Jean-Philippe RAMEAU, de Dijon, Compoſiteur de la Muſique du Cabinet du Roi, dont le nom & les Ouvrages font Epoque dans l'Hiſtoire de la Muſique, mort à Paris le 12 Septembre, âgé de 82 ans: divers Ouvrages, dont Traité de l'Harmonie.

Pierre-Charles ROY, Chevalier de S. Michel, mort à Paris le 23 Octobre: Piéces de Poëſies, & autres.

Henri-Louis PONTOPPIDAN, Vice-Chancelier de l'Univerſité de Coppenhague, mort le 20 Décembre: divers Ouvrages Philoſophiques & Hiſtoriques.

René-Michel *Slotz*, habile Sculpteur & Deſſinateur du Cabinet du Roi, mort à Paris le 20 Octobre.

Guillaume *Hogarth*, Peintre Anglois, fameux par ſes Tableaux moraux, qui ſont des eſpéces de Poëmes, meurt vers le même temps à Londres.

Michel LOMONOSOVE, Ruſſien, Profeſſeur de Chymie, Poëte Lyrique & Hiſtorien, mort cette année. Il a fait un grand & magnifique Ouvrage en moſaïque, concernant l'Hiſtoire de Pierre le Grand.

1765.   Alexis-Claude CLAIRAUT, Géométre, de l'Académie des Sciences, mort à Paris le 17 Mai: divers Mémoires, &c.

Carle *Vanloo*, premier Peintre du Roi, mort à Paris le 15 Juillet.

Nicolas *Balechou*, Graveur, mort le 17 Août.

Antoine FIZES, Médecin de Montpellier, y meurt au mois d'Août: nombre d'Ouvrages de Médecine en Latin.

Anne-Claude-Philippe de Tubieres, &c. de CAYLUS, Honoraire de l'Académie des Inſcriptions & Belles-Lettres, mort à Paris le 5 Septembre: divers Mémoires, & Recueil d'Antiquités, in-4°. 7 vol. *Eloge* par M. le Beau.

Depuis J. C.

Antoine-Joseph Dezallier d'ARGENVILLE, Maître des Comptes, mort à Paris le 30 Novembre : Histoire des Peintres, & Ouvrages d'Histoire naturelle.

Jean-Baptiste-Louis CRÉVIER, mort à Paris le premier Décembre : Continuation de l'Histoire Romaine de M. Rollin ; Histoire de l'Université de Paris ; Rhétorique Françoise, &c.

Jean-Baptiste LADVOCAT, Bibliothéquaire de Sorbonne & Professeur d'Hébreu, mort le 29 Décembre : Grammaire Hébraïque, Dictionnaire historique, portatif, &c.

1766.
Jean-Nicolas *Servandoni*, de Florence, Peintre & Architecte, mort à Paris le 19 Janvier.

Jean HELLOT, de l'Académie des Sciences, mort le 15 Février : divers Mémoires, &c. de Chymie. *Eloge par* M. de Fouchy.

Stanislas LEZCZINSKI, Roi de Pologne & Duc de Lorraine, mort à Luneville le 23 Février : Œuvres du Philosophe Bienfaisant, & autres Ouvrages, dont plusieurs en vers Polonois.

Claude VILLARET, mort en Février : Continuation de l'Histoire de France de l'Abbé Velly, l'Esprit de Voltaire, &c.

Jean ASTRUC, du Diocèse d'Alais, mort à Paris le 5 Mai : divers Ouvrages de Médecine, & Histoire de la Faculté de Montpellier, à la tête de laquelle est son *Eloge par* M. Lorry.

Jean-Louis le BEAU, de l'Académie des Inscriptions & Belles-Lettres, mort à Paris le 5 Mai : Mémoires & Poésies Latines. *Eloge par* M. l'Abbé Garnier.

Jacques HARDION, de l'Académie des Inscriptions & Belles-Lettres, mort le 2 Octobre : divers Mémoires, Histoire Poétique, Histoire Universelle. *Eloge par* M. (Charles) le Beau.

Jean-Marc *Nattier*, Peintre, de l'Académie de Danemarck, mort à Paris le 7 Novembre.

Jean-Christophe GOTSCHED, Professeur de Philosophie à Leipsick, y meurt le 12 Décembre : plusieurs Ouvrages de Littérature.

Théodore SOIMONOVE, Russien, Chevalier de l'Ordre de S. Alexandre, a écrit sur la Mer Caspienne, & le commerce qu'on peut faire au-delà. On a aussi de lui quelques Ouvrages d'Astronomie & de Marine, & des Cartes Géographiques & Hydrographiques, qui sont estimées.

1767.
Pierre CLÉMENT, de Genéve, mort le 7 Janvier : Poésies & autres Ouvrages.

Jean-Pierre TERCIER, de l'Académie des Inscriptions & Belles-Lettres, mort à Paris le 21 Janvier : divers Mémoires. *Eloge par* M. le Beau.

DANS LES SCIENC. & ARTS. 845

Depuis
J. C.

Claude-Pierre GOUJET, mort à Paris le premier Février : grand nombre d'Ouvrages de Littérature & d'Histoire. *Voyez* Mémoires de sa Vie, &c. écrits par lui-même.

François Boissier de SAUVAGES, Médecin de Montpellier, mort le 19 Février : Ouvrages de Médecine & d'Anatomie.

Gabriel-Louis Calabre PERAU, mort à Paris le 31 Mars : Continuation des Vies des Hommes illustres de France, Vies de Richer, de Bignon & du Maréchal de Saxe ; Editions des Œuvres de Boileau, de Bossuet, &c. Œuvres choisies de Rabelais, &c.

Jean-Baptiste MASSÉ, Peintre du Roi, mort le 26 Septembre : Description de la Galerie de Versailles.

Léon MÉNARD, de l'Académie des Inscriptions & Belles-Lettres, mort à Paris le premier Octobre : Histoire de Nismes, *in-4°*. 7 vol. Mœurs & Usages des Grecs, & divers Mémoires. *Eloge par* M. le Beau.

1768.

Jean *Restout*, Peintre du Roi, mort à Paris le premier Janvier.

Firmin ABAUZIT, mort à Geneve, au mois de Janvier : Histoire de Geneve de Spon augmentée, & autres Ouvrages.

Théodore BARON, Médecin & de l'Académie des Sciences, mort à Paris le 10 Mars : Chymie de Lemery augmentée, & autres Ouvrages.

Jean Roger SCHABOL, connu sous le nom de l'*Abbé Roger*, mort à Paris le 9 Avril. Théorie & pratique du Jardinage, *in-12*. 3 Vol.

Claude-Nicolas le CAT, sçavant Chirurgien & Secrétaire de l'Académie de Rouen, mort le 20 Août : nombre d'Ouvrages de Physique & autres.

Antoine DÉPARCIEUX, de l'Académie des Sciences, mort à Paris le 2 Septembre : divers Mémoires de Mathématique, &c. *Eloge par* M. de Fouchy.

Joseph-Nicolas de l'ISLE, Astronome, & de l'Académie des Sciences, mort à Paris le 11 Septembre : Mémoires sur l'Astronomie, les Eclipses, le froid, &c. *Eloge par* M. de Fouchy.

Pierre-Simon FOURNIER, mort à Paris le 8 Octobre : divers Traités sur l'origine de l'Imprimerie.

Joseph Thoulier d'OLIVET, de l'Académie Françoise, mort le 9 Octobre : continuation de l'Histoire de cette Académie commencée par Pelisson, & autres Ouvrages.

Cette année, moururent à Londres, Milord MORTON, Anglois, Associé de l'Académie des Sciences, dont l'*Eloge par* M. de Fouchy ; à Paris, N. Léonard de MALPHINES qui a donné Essai sur les Hiéroglyphes Egyptiens & les Antiquités Chinoises ; & François *Boucher*, premier Peintre du Roi.

Depuis J. C. 1769.

Jean MALAVAL, fameux Chirurgien, mort à Paris le 2 Mars. *Eloge par* M. Louis, Secrétaire de l'Académie de Chirurgie.

Marc-Antoine LAUGIER, mort à Paris le 8 Mars, Histoire de Venise, *in*-12, 12 Vol. & autres Ouvrages.

Jean-Charles *François*, Graveur, mort à Paris le 21 Mars : il a inventé la Gravure dans le goût du Crayon.

Charles-Hugues le Febvre de SAINT-MARC, mort à Paris le 20 Novembre : plusieurs Editions de Poëtes & d'Historiéns, tels que Rapin de Thoyras, Abregé chronologique de l'Histoire d'Italie, *in*-8°. 6 Vol. &c.

René VATRY, Professeur Royal en Grec, mort le 16 Décembre : plusieurs Mémoires dans le Recueil de l'Académie des Belles-Lettres. *Eloge par* M. le Beau.

Jean SENAC, du Diocèse de Lombès, premier Médecin du Roi, de l'Académie des Sciences, mort le 20 Décembre ; Discours sur l'opération de la Taille, des causes de la Peste, de la structure du Cœur humain, de la nature des Fiévres, &c.

Basile TRÉDIAKOVSKI, Russien, meurt cette année à Petersbourg ; il avoit étudié l'éloquence dans l'Université de Paris, & avoit été fort lié avec le célèbre Rollin. A son retour il fut Professeur à Petesbourg, & y fit nombre d'Ouvrages en Prose & en Vers, & quantité de traductions, telles que les Histoires de M. Rollin, &c.

Cette année fut établie l'*Université de Nancy*, en Lorraine, par la translation que le Roi Louis XV. fit en cette Ville de l'Université de *Pont-à-Mousson*, (ci-devant page 698.)

1770.

Jean-Jacques d'Ortous de MAIRAN, de l'Académie des Sciences, &c. mort à Paris le 20 Février : divers Mémoires, Traités des Aurores Boréales, de la Glace, &c. Il avoit été Secrétaire de l'Académie des Sciences. *Eloge par* M. de Fouchy.

Louis-Jean Levesque de POUILLY, Correspondant de l'Académie des Inscriptions & Belles-Lettres, & Lieutenant Général de Rheims, y meurt le 4 Mars : Théorie des Sentimens agréables, Vie du Chancelier de L'hospital, &c. *Eloge par* l'Abbé de Saulx.

Nicolas-Charles-Joseph TRUBLET, Littérateur, mort à Paris au mois de Mars ; Mémoires sur les Vies & Ouvrages de MM. de Fontenelle & de la Motte, Essais sur divers sujets de Littérature, &c.

Jean-Antoine NOLLET, de Noyon, Professeur de Physique expérimentale à Paris, y meurt le 25 Avril ; Mémoires dans le Recueil de l'Académie des Sciences, Leçons de Physique expérimentale, Ouvrages sur l'Electricité, &c.

Depuis
J. C.
Pierre-Antoine VÉRON, Astronome, de l'Académie des Sciences de Paris, meurt dans l'Isle de Timor, l'une des Molucques, au mois de Mai.

Pierre-Nicolas BONAMY, de l'Académie des Inscriptions & Belles-Lettres, Historiographe & Bibliothéquaire de la Ville de Paris, mort le 8 Juillet : Nombre de Mémoires, dans le Recueil de l'Académie : Journal de Verdun, depuis 1749. *Eloge par* M. le Beau.

Henri-François le DRAN, célebre Chirurgien de Paris, y meurt le 17 Octobre : divers Ouvrages sur la Chirurgie.

Charles-Jean-François HÉNAULT, de l'Académie des Inscriptions & Belles-Lettres, mort à Paris le 24 Décembre : Abrégé chronologique de l'Histoire de France, François II. Tragédie, &c.

Siméon LABANOVE, Russien, meurt cette année 1770, à Saint Petersbourg ; il avoit été d'abord Professeur de Physique & de Mathématiques, & ensuite Secrétaire du Sénat. On a de lui plusieurs Ouvrages de Physique, &c. non imprimés.

1771.
Louis-Michel *Vanloo*, premier Peintre du Roi d'Espagne, mort à Paris le 10 Mars.

Jean-Claude *Tial*, Musicien, mort le 23 Juin.

Etienne MIGNOT, de l'Académie des Inscriptions & Belles-Lettres, mort à Paris le 25 Juillet : Mémoires sur les Phéniciens, &c. Traité des Droits de l'Etat, Histoire des démêlés de Henri II. avec Thomas de Cantorbery, Histoire de la réception du Concile de Trente, &c. *Eloge par* M. le Beau.

Jean-Daniel SCHOEPFLIN, Associé de l'Académie des Inscriptions & Belles-Lettres, Professeur d'Histoire à Strasbourg, y meurt le 7 Août : nombre d'Opuscules, dont la plûpart réimprimés en un corps sous le titre de *Commentationes*, &c. Basileæ, 1741. in-4°. *Alsatia illustrata*, in-fol. 3 Vol. &c. *Eloge par* M. le Beau.

François-David HÉRISSANT, de l'Académie des Sciences, né à Rouen, & Médecin, meurt à Paris le 21 Août ; divers Mémoires, &c. *Eloge par* M. de Fouchy.

Augustin BELLEY, de l'Académie des Inscriptions & Belles-Lettres, mort à Paris le 26 Novembre ; nombre de Mémoires & Ouvrages sur les Médailles des anciennes Villes, &c. *Eloge par* M. le Beau.

Henri PITOT, de la Société Royale de Montpellier, y meurt le 27 Décembre ; divers Ouvrages & Mémoires de Mathématique & de Mécanique.

1772.
Antoine le CAMUS, Médecin, mort à Paris le 2 Janvier ; Médecine de l'esprit, Médecine pratique, & plusieurs autres Ouvrages.

Depuis *J. C.* Charles-Marie Fevret de FONTETTE, Conseiller au Parlement de Dijon, Associé de l'Académie des Inscriptions & Belles-Lettres, mort à Dijon le 16 Février; Bibliothéque Historique de la France, *in-fol.* 5 Vol. *Eloge par* M. Dupuy, (M. le Beau ayant donné sa démission.)

Joseph-Robert POTHIER, sçavant Jurisconsulte, mort à Orléans le 2 Mars; nombre de Traités de Jurisprudence, *in-12. Pandectæ Justinianeæ in novum ordinem digestæ*, *in-fol.* 3 Vol.

Nicolas BELLIN, Hydrographe de la Marine de France, mort à Versailles le 21 Mars; grand nombre de Cartes Marines à l'usage des Vaisseaux du Roi, avec des Mémoires explicatifs.

Charles DUCLOS, Secrétaire de l'Académie Françoise, & Membre de celle des Inscriptions & Belles-Lettres, mort à Paris le 26 Mars; Remarques sur la Grammaire générale de M. Arnauld, Histoire de Louis XI. Divers Mémoires dans le Recueil de l'Académie des Belles-Lettres, & autres Ouvrages. *Eloge par* M. Dupuy.

Jean-Philippe-René de la BLÉTERIE, de l'Académie des Inscriptions & Belles-Lettres, mort à Paris le premier Juin; Vies des Empereurs Julien & Jovien, Traduction de diverses parties de Tacite, plusieurs Mémoires, &c. *Eloge par* M. Dupuy.

Gérard VAN-SWIETE, premier Médecin de L. M. Impériales, & Bibliothéquaire, meurt à Schonbrun en Autriche; Commentaires sur Boerhave, & autres Ouvrages de Médecine.

Joseph-Balthazar GIBERT, de l'Académie des Inscriptions & Belles-Lettres, mort à Paris le 12 Novembre; nombre de Mémoires sur l'Histoire & la Chronologie ancienne; Mémoires pour servir à l'Histoire des Gaules, &c. *Eloge par* M. Dupuy.

Paul DESFORGES MAILLARD, Poéte, mort en Bretagne, au mois de Décembre; Poésies publiées sous le nom de Mademoiselle Malcrais de la Vigne, & autres Œuvres en Vers & en prose.

1773. Cette année est établie l'*Université de Modène*.

Philippe BUACHE, premier Géographe du Roi, & de l'Académie des Sciences, mort à Paris le 27 Janvier; divers Mémoires & Cartes; Considérations Géographiques & Physiques sur les nouvelles Découvertes, *in-4°*, Cartes & Tables de la Géographie Physique. *Eloge par* M. de Fouchy.

Pierre-Joseph de la Pimpie de SOLIGNAC, né à Montpellier, ancien Secrétaire intime du Roi Stanislas, de diverses Académies & Secrétaire de celle de Nancy, y meurt le 28 Février; Histoire de Pologne, *in-12.* 5 Vol. Eloge du Roi Stanislas, Récréations Littéraires, &c.

Depuis J. C.	Alexis PIRON, Poëte, né à Dijon, mort à Paris au mois de Mars ; la Louïsiade & le Sallon Poëmes, Piéces dramatiques, &c.
	Hubert-François Bourguignon de *Gravelot*, habile Graveur, mort à Paris le 20 Avril ; il étoit frère du célèbre M. d'Anville, premier Géographe du Roi.
	Claude-Humbert Piarron de CHAMOUSSET, Maître des Comptes, mort à Paris le 27 Avril ; divers Plans & Mémoires d'utilité publique.
	Louis de la NAUZE, de l'Académie des Inscriptions & Belles-Lettres, mort à Paris le 2 Mai ; divers Mémoires d'Antiquités, &c. *Eloge par* M. Dupuy.
	Antoine-Matthieu le *Carpentier*, Architecte célèbre, mort à Paris le 15 Juillet.
	Pierre-Joseph LAURENT, habile Mathématicien, mort à Paris le 12 Octobre.
	Amédée-François FRÉSIER, mort en Bretagne le 16 Octobre ; Voyage à la Mer du Sud, Coupe des Pierres, Traités des feux d'artifice, &c.
1774.	Etablissement d'une *Académie* des Sciences, Arts & Belles-Lettres à *Mantoue*.
	Jacques-François BLONDEL, Professeur Royal d'Architecture, mort à Paris le 4 Janvier ; Cours d'Architecture, *in-*4°. 4 Vol. Architecture Françoise, ou Plans des beaux Bâtimens de France, 5 Vol. &c.
	Charles-Marie de la CONDAMINE, de l'Académie Françoise & de celle des Sciences, mort à Paris au mois de Février : Observations faites à Quito & sur la rivière des Amazones, Journal Historique du Voyage de l'Equateur, Mémoires & Lettres sur l'Inoculation, &c.
	Nicolas-François DUPRÉ DE SAINT MAUR, Maître des Comptes, mort à Paris le 2 Décembre : Traduction du Paradis perdu de Milton, Essai & Recherches sur les Monnoies, &c.

F I N.

TABLE
ALPHABÉTIQUE
DES CONCILES,

INDIQUÉS dans ce second Volume.

LES chiffres qui sont avant les noms, marquent l'Année que chaque Concile a été tenu.

Année.		Page.	Année.		Page.
	A		1112.	Aix (en Provence)	452
			1374.	Aix,	494
1012.	Abamense,	432	1409.	Aix,	502
250.	Achaye,	350	1416.	Aix,	503
359.	Achaye (en Asie)	361	1585.	Aix,	526
1316.	Adan (en Arm.)	486	1612.	Aix,	530
1320.	Adan,	488	789. 98. 99.	Aix-la-Chapelle,	403
705.	Addebourn,	396	802. 809.	Aix-la-Chapelle,	404
	Adrumet. *Voy.* Hadrumet		813. 816. 817. 825. 828.	Aix-la-Chapelle.	406
390.	*Africanæ Ecclesiæ Codex Canonum,*	364	836. 838. 842.	Aix-la-Chapelle,	407
262.	Afrique,	352			
399.	Afrique,	364	860. (2)	Aix-la-Chapelle,	410
401. (2) 403. 404. 405. 407. 408. (2) 409. 410.	Afrique,	366	862.	Aix-la-Chapelle,	412
414.	Afrique, des Donatistes,	368	1021. 1023.	Aix-la-Chapelle,	436
418. 424. 426.	Afrique, *ibid.*		1176.	Albi,	463
534.	Afrique,	380	1254.	Albi,	474
551.	Afrique,	382	1325. 1326.	Alcala,	488
515.	Agaune,	376	1333.	Alcala,	492
888.	Agaune,	436	1379.	Alcala,	498
506.	Agde,	376	230. 235.	Alexandrie,	348
1535.	Agde,	516	258. 263.	Alexandrie,	352
1366.	Agen,	494	306. ou 308.	Alexandrie,	354
1020.	Airy,	434	315. 319. 321. (2) 326. 330	Alexandrie,	356

* La Table des *Noms* ou des *Personnes* dont il est parlé dans les deux Volumes, a été mise à la fin du premier, pour rendre les deux Tomes égaux.

DES CONCILES. 851

340. Alexandrie,	358	1556. National d'Angleterre,	520
362. 363. Alexandrie,	361	1112. 1118. Angoulême,	452
399. Alexandrie,	364	&	53
430. Alexandrie,	368	1170. Angoulême,	462
451. (2.) Alexandrie,	372	990. 994. Anse,	430
633. Alexandrie,	388	1025. Anse,	435
742. Allemagne, *ou* Cologne,		1070. Anse,	442
	398	1077. Anse,	446
744. Allemagne,	ibid.	1100. Anse,	448
759. Allemagne,	400	1112. Anse,	452
1225. Allemagne,	469	1295. Anse,	482
709. Alne,	396	56. Antioche,	340
916. 917. 931. 936. Altheim,		253. Antioche,	350
	422	264. 268. 269. Antioche,	352
802. Altino,	404	328. *ou* 329. Antioche,	356
1059. Amalfi,	413	341. (2.) 344. 345. Antioche,	
1089. Amalfi,	419		358
978. Ambresbury,	428	347. Antioche,	360
Ambrun, *voy.* Embrun.		356. 357. 360. (2.) 363. Antioche,	
431. Anazarbe,	368		361
433. Anazarbe,	370	367. 377. 379. Antioche,	362
273. 277. Ancyre,	352	383. 388. Antioche,	364
314. Ancyre,	356	431. Antioche,	368
358. Ancyre,	361	432. 434. 435. 438. 445. Antioche,	
391. Angari,	364		370
453. Angers,	372	448. 451. 472. 478. Antioche,	
529. 530. Angers,	378		372
1055. Angers,	440	560. Antioche,	383
1062. Angers,	441	781. Antioche,	402
1269. Angers,	477	1136. Antioche,	456
1279. Angers,	480	1142. Antioche,	458
1365. Angers,	494	1204. Antioche,	466
1448. Angers,	506	1365. Apt,	494
1583. Angers,	526	381. Aquilée,	364
701. Angleterre,	396	553. Aquilée,	382
904. 905. Angleterre,	420	698. Aquilée,	394
969. Angleterre,	426	1015. Aquilée,	434
1072. Angleterre,	442	1181. 1184. Aquilée,	463
1074. 1075. Angleterre,	444	1307. Aquilée,	484
1085. Angleterre, *plusieurs*,	447	1409. Aquilée,	502
1093. Angleterre,	ibid.	1596. Aquilée,	530
1167. Angleterre,	462	863. Aquitaine,	412
1183. Angleterre,	463	246. Arabie,	348
1188. Angleterre,	464	314. Arles (en Provence)	356
1341. Angleterre,	492	353. Arles,	360
1400. Angleterre,	500	443. Arles,	370
1402. Angleterre,	ibid.	452. 455. 463. 475. Arles,	372
1404. Angleterre,	502	524. Arles,	378

Hhh ij

TABLE ALPHABÉTIQUE

553. 554. Arles,	382	1068. (2) Ausch, 442
813. Arles,	404	1278. Ausch, 480
1059. Arles,	441	1300. Ausch, 482
1205. Arles,	466	1303. 1308. Ausch, 484
1210. Arles,	468	1315. Ausch, 486
1234. Arles,	470	1364. Ausch, 494
1236. Arles,	471	1027. Ausonense, 436
1246. Arles,	474	1409. Autriche, 502
1260. Arles,	476	590. Autun, 384
1275. Arles,	477	661. ou 63. 670. ou 76. Autun, 390
1045. Arles (en Roussillon)	437	
1171. Armach,	462	1055. ou 1063. Autun, 440
415. Arménie,	370	1061. Autun, 441
420. Arque,	368	1065. 1071. Autun, 442
1408. Arragon,	502	1077. Autun, 446
1025. Arras,	436	1094. Autun, 448
1128. Arras,	454	Auvergne, *voy.* Clermont.
1490. Arras,	510	578. Auxerre, 383
1282. Aschaffenbourg,	480	697. Auxerre, 394
1292. Aschaffenbourg,	482	841. Auxerre, 407
761. Ascheim,	400	
947. Astorga,	424	**B**
765. Atigni,	400	
822. Atigni,	406	
834. Atigni,	407	692. 697. **B**ACCANCELD, 392
870. Atigni,	413	799. Baccanceld, 403
902. Attilli,	420	394. Baga, 364
952. Augsbourg,	424	1002. 1011. Bamberg, 432
1511. Augsbourg, *Assemblée*,	514	540. Barcelone, 382
		599. Barcelone, 384
1548. Augsbourg,	520	906. Barcelone, 420
1050. Avignon,	438	1009. Barcelone, 432
1061. Avignon,	441	1054. Barcelone, 440
1080. Avignon,	446	1058. Barcelone, 441
1209. Avignon,	466	1064. Barcelone, 442
1210. Avignon,	468	1339. Barcelone, 492
1270. Avignon,	477	1387. Barcelone, 498
1279. 1282. Avignon,	480	1064. (2) Bari, 441 & 442
1326. 1327. Avignon,	488	1098. Bari, 448
1334. 1337. Avignon,	492	1061. Bâle, 441
1441. Avignon,	506	1431. Basle, 504
1457. Avignon,	508	1228. Bassege, *Assemblée*, 470
1569. Avignon,	526	973. Bath, 428
1594. 1606. Avignon,	530	72. Bavière, 402
1668. Avignon,	536	1146. Bavière, 458
1172. Avranches,	462	1300. Bayeux, 482
1278. Aurillac,	480	351. Bazas, 360
1294. Aurillac,	482	442. Bazas, 370

DES CONCILES. 853

529. Bazas,	378	855. Bonnœuil,	410
1182. Bazas,	463	242. Boſtra,	348
1104. Beaugenci,	450	1264. Boulogne (en France)	476
1151. Beaugenci,	458	1548. Boulogne (en France)	520
1031. Beaulieu,	436	1317. Boulogne (en Italie)	486
1020. Beaulne,	ibid.	385. Bourdeaux,	364
845. Beauvais,	408	1068. Bourdeaux,	442
1114. Beauvais,	452	1078. 1079. 1080 Bourdeaux,	446
1119. 1124. Beauvais,	453	1088. 1093. Bourdeaux,	447
1161. Beauvais,	462	1098. Bourdeaux,	448
1269. Belleville,	477	1128. Bourdeaux,	454
1059. 61. 62. Benevent,	441	1137. Bourdeaux,	456
1075. Benevent,	444	1149. Bourdeaux,	458
1087. 1091. Benevent,	447	1215. Bourdeaux,	468
1108. 1113. Benevent,	452	1255. Bourdeaux,	474
1117. 1119. Benevent,	453	1260. 1263. Bourdeaux,	476
1331. Benevent,	488	1583. Bourdeaux,	526
1374. Benevent,	494	1624. Bourdeaux,	536
1470. Benevent,	510	454. 472. Bourges,	372
1545. Benevent,	520	767. 769. Bourges,	402
850. Benningdon,	410	842. Bourges,	407
1301. Bergame,	484	1031. Bourges,	436
696. Berghamſted,	394	1034. Bourges,	437
448. Bérythe,	372	1040. Bourges,	437
1162. Beſançon,	462	1123. Bourges,	453
1495. Beſançon,	510	1145. Bourges, *Aſſemblée*,	458
1261. Béverlac,	476	1215. Bourges,	458
356. Béziers,	360	1225 Bourges,	469
1090. Beziers,	447	1228. Bourges,	470
1225. Beziers,	469	1263. Bourges,	476
1233. Beziers,	470	1276. Bourges,	478
1243. Beziers,	471	1282. 1286. Bourges,	480
1246. 1255. ou 56. Beziers,	474	1311. 1312. Bourges,	486
1271. 1274. Beziers,	477	1336. Bourges,	492
1277. Beziers,	478	1415. Bourges,	502
1279. 1280. ou 81. Beziers,	480	1432. Bourges,	504
1294. 1295. 1299. Beziers,	482	1528. Bourges,	516
1304. Beziers,	484	1584. Bourges,	526
1310. 1315. 1317. Beziers,	486	955. Bourgogne,	414
1320. 1326. 1327. Beziers,	488	1152. Bourgueil,	460
1342. Beziers,	492	411. Braga,	366
1351. 1369. 1370. Beziers,	494	561. 572. Braga,	383
1375. Beziers,	498	675. Braga,	392
1409. Beziers,	502	959. 964. Brandfort,	426
1426. Beziers,	504	1265. Brême,	476
1442. Beziers,	506	1292. Brême,	482
Bonne, *voyez* Hippone.		580. Brenne,	384
941. Bonne (en Allemagne)	424	1248. Breſlaw,	474

854 TABLE ALPHABÉTIQUE

1267.	Breslaw,	476	796. Cantorbery,	403
	Bressanon : *voy.* Brixen.		891. Cantorbery,	416
1170.	Bresse,	462	991. Cantorbery,	430
449.	Bretagne (Grande)	372	1189. 1193. Cantorbery,	464
512.	Bretagne (Grande)	376	1220. 1222. Cantorbery,	468
519.	Bretagne (Grande)	378	1257. Cantorbery,	476
680.	Bretagne (Grande)	392	1268. 1272. Cantorbery,	477
555.	Bretagne (Petite)	382	1311. 1317. Cantorbery,	486
1079.	Bretagne (Petite)	446	1321. 1322. 1323. 1326. 1328.	
1050.	Brionne,	440	Cantorbery,	488
1216.	Bristol,	468	1341. Cantorbery,	492
1094.	Brive,	448	1344. 45. 47. 56. 71. (à Londres)	
1080.	Brixen,	446	Cantorbery,	494
1279.	Bude,	480	1376. 1377. 1379. à Londres, (2)	
1076.	Burgos,	444	1380. Cantorbery,	498
1080.	Burgos,	446	1399. Cantorbery,	500
1136.	Burgos,	456	1419. Cantorbery,	503
1379.	Burgos,	498	1428. 1430. Cantorbery,	504
1499.	Burgos,	510	1439. Cantorbery,	506
504.	Byzacène,	376	1463. Cantorbery,	508
541.	Byzacène,	382	389. Capoue,	364
602.	Byzacène,	386	1087. Capoue,	447
646.	Byzacène,	388	1118. Capoue,	453
			1569. 1577. Capoue,	516
			527. Carpentras,	378
	C		989. Carrofé (Charroux)	430
			1018. Carrofé,	436
393.	CABARSUSSIT, (en		1082. Carrofé,	446
	Afrique)	364	215. 217. Carthage,	348
1061.	Caën,	441	251. 252. 253. (2.) 254. 255.	
1173.	Caën,	462	Carthage,	350
1182.	Caën,	463	311. (2) 312. Carthage,	354
1582.	Caire (le),	526	333. Carthage,	356
451.	CALCEDOINE,	372	348. Carthage,	360
978.	Caln,	428	389. 390. 393. 394. 397. & 98.	
1064.	Cambray,	441	(4) 399. Carthage,	364
1383.	Cambray,	498	401. 403. 404. 412. Carth.	366
1565.	Cambray,	520	411. *Conférence de* Carth. *ibid.*	
1586.	Cambray,	526	416. 417. 418. (2). 419. (2.)	
465.	*Cambricum*,	372	420. Carthage,	368
940.	*Cambricum*, ou Cambridge,	424	484. Carthage,	374
	Canons des Apôtres,	340	525. Carthage,	378
390.	*Canonum Ecclesiæ Africanæ Codex*,	364	534. Carthage,	380
			646. Carthage,	390
605.	Cantorbery,	386	1172. Cashel,	462
684.	Cantorbery,	392	1453. Cashel,	508
756.	Cantorbery,	398	394. Caverne,	364
			794. Celchyth,	403

DES CONCILES. 855

816. Celchyth,	406	868. Chiersy,	412
1114. Cépérano,	452	Chypre, *Voyez* Cypre.	
365. Césarée (en Cappad.)	361	1167. Chinon, *Assemblée*,	462
197. Césarée (en Palestine)	346	423. Cilicie,	368
334. Césarée (en Palestine)	356	305. Cirtes,	354
1041. Césene,	437	412. Cirthe,	368
907. Cesseron,	420	1164. Clarendon,	462
1115. Châlons-sur-Marne,	453	*Lettres de S.* Clément, &c.	342
1129. Châlons-sur-Marne,	456	525. Clermont,	378
470. Châlon-sur-Saône,	372	535. Clermont,	380
579. Châlon-sur-Saône,	383	545. 549. Clermont, *ou* Auvergne,	382
589. 594. Châlon-sur-Saône,	384		
603. Châlon-sur-Saône,	386	586. Clermont,	384
650. *ou* 648. Châlon-sur-S.	390	1077. Clermont,	446
813. Châlon-sur-Saône,	406	1095. (2.) 1096. Clermont, *ou* Auvergne,	448
859. Châlon-sur-Saône,	407		
873. Châlon-sur-Saône,	413	1110. Clermont,	452
875. Châlon-sur-Saône,	414	1124. Clermont,	453
880. 886. 887. Chal.-sur-S.	416	1130. Clermont,	456
894. Châlon-sur-Saône,	417	1163. Clermont,	462
928. Châlon-sur-Saône,	422	1263. Clermont,	476
1055. Châlon-sur-Saône,	440	1295. Clermont,	482
1061. 1064. Châlon-sur-S.	441	628. *ou* 25. 633. 636. Clichy,	388
1072. Châlon-sur-Saône,	442		
1073. Châlon-sur-Saône,	444	653. Clichy,	390
921. Charlieu,	422	742. 747. Cloveshowen,	398
989. Charroux *ou* Carrofé,	428	800. Cloveshow,	403
989. Charroux,	430	803. Cloveshow,	404
1184. Charroux,	463	822. 824. Cloveshowen,	406
Voyez aussi Carrofé.		860. Coblents,	410
845. Chartres,	410	922. Coblents,	422
1124. Chartres,	453	1012. Coblents,	432
1141. Chartres,	458	1238. Cognac,	471
1232. Château-Gontier,	470	1254. Cognac,	474
1253. Château-Gontier,	474	1260. 1262. Cognac,	476
1258. Château-Gontier,	477	346. Cologne,	358
1316. Château-Gontier,	492	742. Cologne, *ou* Allemagne,	398
1148. Château-Morel,	460		
1115. Châteauroux,	453	782. Cologne,	400
933. Château-Thierry,	422	870. Cologne,	413
787. Chelchyth,	400	873. Cologne,	414
Voyez Celchyth.		887. Cologne,	416
1008. Chelles,	432	965. Cologne,	426
403. *Du* Chêne,	366	1055. Cologne,	440
1157. Chester,	460	1076. Cologne,	444
1289. 1292. Chester,	482	1115. 1116. (1 *&* 2.) 1118. Cologne,	453
837. *ou* 38. Chiersy,	407		
849. 853. 858. Chiersy,	410	1152. Cologne,	460

Hhh iv

1260. 1266. Cologne,	476	438. 439. Constantinople,	370
1280. Cologne,	480	448. 449. 450. 451. 459. 478.	
1300. Cologne,	482	Constantinople,	372
1406. Cologne,	484	492. 496. 497. 499. (2) Cons-	
1310. Cologne,	486	tantinople,	374
1322. Cologne,	488	518. 520. 531; Constantinople,	
1423. Cologne,	503		378
1452. Cologne,	508	536. (2) 538. Constantinople,	
1470. 1491. Cologne,	510		380
1536. Cologne,	516	548. Constantinople,	
1549. Cologne,	520	553. CONSTANTINOPLE, }	382
756. Compiégne,	398	560. Constantinople,	383
758. Compiégne,	400	588. Constantinople,	384
823. 833. Compiégne,	406	633. 639. (2.) Constantinople	
877. Compiégne,	416		385
1000. Compiégne,	436	680. CONSTANTINOPLE,	392
1085. Compiégne,	447	692. Constantinople,	394
1095. Compiégne,	448	712. 713. Constantinople,	396
1235. Compiégne,	470	754. Constantinople,	398
1256. 1257. Compiégne,	474	807. 808. Constantinople,	404
1270. Compiégne,	477	814. 815. 832. Constantinople,	
1277. Compiégne,	478		406
1301. 1304. Compiégne,	484	842. Constantinople,	407
1329. Compiégne,	488	846. Constantinople,	408
900. Compostelle,	418	854. 58. Constantinople,	410
971. Compostelle,	426	861. 867. (2) Constantin. }	412
1031. Compostelle,	436	869. CONSTANTINOPLE, }	
1056. Compostelle,	440	879. Constantinople,	416
1114. Compostelle,	452	899. Constantinople,	418
499. *Conférence en* Bourgogne,		918. Constantinople,	422
	374	944. Constantinople,	424
411. *Conférence de* Carthage,	366	963. Constantinople,	426
533. *Conférence avec les Seve-*		975. Constantinople,	428
riens,	380	997. Constantinople,	430
809. *Conférence de* Rome,	404	1054. Constantinople,	440
1538. *Consilium del Cardin.*	516	1140. Constantinople,	448
1044. Constance,	437	1143. 1147. Constantinople, *ibd.*
1094. Constance,	448	1154. Constantinople,	460
1414. CONSTANCE,	502	1166. 1168. Constantinople,	462
336. Constantinople,	356	1261. Constantinople,	476
340. 341. Constantinople,	358	1277. (3) Constantinople,	478
359. 362. Constantinople,	361	1280. 1284. 1285. Constantino-	
381. CONSTANTINOPLE,	362	ple,	480
382. 383. 390. 394. 400. Cons-		1340. 1341. Constantinople,	492
tantinople,	364	1345. 1347. (2.) 1350. 1451.	
403. Constantinople,	366	Constantinople,	494
426. 428. 431. Constantinople,		1442. 43. Constantinople,	506
	368	1450. Constantinople,	*ibid.*

DES CONCILES. 857

1565. Constantinople,	520	743. Duren,	390
1638. Constantinople,	536	761. Duren,	400
Constitutions Apostoliq.	314	775. 777. Duren,	402
1425. Coppenhague,	504	1220. Durham,	468
347. Cordoue,	360	1256. Durham,	474
852. Cordoue,	410	1276. Durham,	477
197. Corinthe,	346	926. Duysbourg,	522
419. Corinthe,	368		
1579. Cosence,	526	**E**	
843. Coulaine,	407		
1050. Coyace,	440		
1189. Cracovie,	464	630. Ecosse,	388
836. Cremieu, *Straminiac.*	407	1177. Ecosse,	463
1226. Cremone,	469	1225. Ecosse,	441
1132. Cressi, près Narbonne,	456	1259. Ecosse,	476
420. Ctésiphon,	368	1308. Ecosse,	484
399. Cypre,	364	1177. Edimbourg,	463
643. Cypre,	388	1239. Edimbourg,	471
1260. Cypre,	476	1559. Edimbourg,	520
376. Cyzique,	362	*Egarense,* ou Terragone,	358
D		1186. Egenesham,	463
		944. Elne,	424
		1027. Elne,	436
1114. Dalonne,	452	1058. Elne,	441
1257. Danemarck,	476	1065. Elne,	442
1267. Danemarck,	ibid.	1114. Elne,	452
1599. Diamper,	530	313. ou 305. Elvire,	354
1414. Digne,	502	588. Embrun,	384
1020. Dijon,	436	1159. Embrun,	460
1115. 1117. Dijon,	453	1248. Embrun,	474
1199. Dijon,	464	1290. Embrun,	482
772. Dingelfind, *ou* Baviere,	400	1583. Embrun,	526
		1610. Embrun,	530
1199. Dioclée,	464	1727. Embrun,	556
415. Diospolis,	568	1009. Enham,	432
1094. Dol,	448	517. Fpaone,	378
1128. Dol,	454	197. Ephese,	346
348. *Des Donatistes,*	360	245. Ephese,	348
414. *Des Donatistes,*	368	402. Ephese,	366
1618. Dordrecht, *des Calvinistes,*	530	431. EPHESE,	}368
		431. Ephese,	
1005. Dortmond,	432	440. Ephese,	370
871. Douzi,	413	447. 449. Ephese,	372
874. Douzi,	414	516. Epire,	376
1176. 1183. 1186. Dublin,	463	932. Erford,	422
1518. Dublin,	514	1149. Erford,	458
1214. Dunstable,	468	447. (2) Espagne,	372

TABLE ALPHABÉTIQUE

1068. Espagne, *plusieurs*,	442	1073. Gascogne,	444
1215. Espagne,	468	629. Gaules,	368
1565. Espagne, *plusieurs*,	520	679. Gaules,	392
703. Estrevald,	396	685. 688. Gaules,	394
1092. Étampes,	447	800. Gaules,	403
1099. Étampes,	448	1041. Gaules, *plusieurs*,	437
1130. Étampes,	456	1038. Gaule Narbonnoise,	*ibid.*
1147. Étampes,	458	773. Genève,	402
		767. Gentilly,	*ibid.*
		842. 843. Germigny,	407
		1642. Gias,	536

F

1438. Ferrare,	504	517. Gironne,	378
881. Fi.nes, *ou* Macra,	410	1068. Gironne,	442
935. Fimes,	422	1078. Gironne,	446
738. 799. Finckley,	403	1097. Gironne,	448
1107. 1110. Fleury, Abbaye,		1188. Gisors, *Assemblée*,	463
	452	1085. Glocester,	447
1055. Florence,	440	1095. Glocester,	448
1062. Florence,	441	1122. Glocester,	453
1105. Florence,	450	1190. Glocester,	464
1439. Florence,	506	1378. Glocester,	498
1511. 1517. Florence,	514	999. Gnesne,	430
1559. Florence,	520	1210. Gnesne,	468
1216. Foix,	469	1423. Gnesne,	503
947. Fontanis,	424	1547. Gnesne,	520
971. Fontcouverte,	420	449. Grande-Bretagne,	344
890. Forcheim,	417	1610. Grasse,	530
806. France,	404	1058. Grado,	441
1002. France, *plusieurs*,	432	928. Gratlei,	422
1031. France, *plusieurs*,	436	1106. Guastalla,	450
1199. France, *Assemblée*,	464	1188. Guntington,	464
1230. France,	470		
794. Francfort,	403	## H	
1007. Francfort,	432		
1027. Francfort,	436		
1161. Francfort,	462	347. Hadrumete,	360
1234. Francfort,	470	394. Hadrumete,	364
1409. Francfort,	502	679. 680. Herfeld,	392
1118. Fritslar,	453	673. Herford,	*ibid.*
1440. Frisingue,	506	1137. Herford,	456
791. Friuli,	403	1151. Hibernie,	458
Fussel, *voy.* Hussel.		*Voyez* Irlande,	
		173. Hieraple,	346
## G		445. Hieraple,	370
		755. Hiéraple,	398
324. Gangres,	358	393. 394. 395. Hippone,	364
vers 340. Gangres,	*ibid.*	426. Hippone,	360
375. Gangres,	362	1178. Hohenaw,	463

DES CONCILES. 859

598. Huesca,	384		**K.**	
1303. Huesca,	484			
1104. Huffel,	450	1420. K	ALISCH	503
I & J.		1138. Karill,	456
		1152. Kenn,	460
1060.		616. Kent,	386
1063. I	ACCA,	441	1210. Kermoelloc,	468
1642. Iaffi,	536	851. Kingsburi,	410
1412. & 13. Tenus par Jean		838. Kinglton,	407
XXIII.	474	677. Kirtington,	428
255. Iconium,	348			
33. (2) 49. 58 Jérusalem,	340		**L.**	
335. Jérusalem,	356			
348. 49. 50. (2). Jérusalem,	360			
415. 416. Jérusalem,	363	1142. L	AGNI,	458
453. Jérusalem,	372	240. ou 45. Lambese,	348
518. Jérusalem,	378	1206. Lambeth,	466
536. Jérusalem,	380	1261. Lambeth,	476
553. Jérusalem,	382	1280. 1281. Lambeth,	480
638. Jérusalem,	388	1326. 1330. Lambeth,	488
767. Jérusalem,	400	1351. 1362. 1368. Lambeth,	492
1099. Jérusalem,	448	1457. Lambeth,	508
1107. 1112. Jérusalem,	452	1476. Lambeth,	510
1136. Jérusalem,	456	364. Lampsaque,	361
1143. Jérusalem,	458	Lanciski: voy. Lenciski.	
1672. Jérusalem,	536	560. Landaff,	382
1379. Illescas,	498	560. (2) Landaff,	383
365. Illyrie,	361	887. Landaff,	416
438. Illyrie,	370	950. 955. Landaff,	424
515. Illyrie,	376	982. Landaff,	428
550. Illyrie,	382	1034. Landaff,	437
788. Ingelheim,	403	1056. Landaff,	440
817. 826. Ingelheim,	406	1059. Landaff,	441
948. Ingelheim,	424	1085. Tenus par Lanfranc,	447
958. Ingelheim,	426	1278. Langès,	480
972. 980. Ingelheim,	428	830. Langres,	406
894. Jonquieres,	417	859. Langres,	410
909. Jonquieres,	420	1080. Langres,	446
Iorck. Voyez Yorck.		1116. Langres,	453
1133. Jouarre,	456	1404. Langres,	502
416. Irlande, ou Hibernie,	372	1452. 1455. Langres,	508
1097. Irlande,	448	364. Laodicée, en Lydie,	361
1151. Irlande,	458	320. Laodicée, en Phrygie,	356
1186. Irlande,	463	948. Laon, Assemblée,	424
1081. Issoudun,	446	1146. Laon,	458
886. Italie,	416	1231. Laon,	470
524. Junke,	378	531. Larisse,	378

TABLE ALPHABÉTIQUE

347. Latopolis,	360	1095. Limoges,	448
601. Latran, ou Rome,	386	1181. Limoges,	463
1102. 1104. Latran,	450	1148. Lincoping,	458
1110. 1111. Latran,	452	780. 782. Lipstad,	402
1116. Latran,	} 453	1055. Lizieux,	440
1122. LATRAN,		1106. Lizieux,	452
1135. Latran,	} 456	1321. Lizieux,	488
1139. LATRAN,		1325. Lodeve,	ibid.
1167. Latran,	462	1161. Lodi,	462
1179. LATRAN,	463	1165. Lombez,	462
1215. LATRAN,	468	1176. Lombez,	463
1444. Latran,	506	605. Londres,	386
1512. LATRAN,	514	712. (2) Londres,	396
1268. Laval,	466	833. Londres,	406
1242. Laval,	471	944. 488. Londres,	424
1168. Lavaur,	462	971. Londres,	426
1212. 1213. Lavaur,	468	1070. Londres,	442
1368. Lavaur,	494	1075. Londres,	444
1448. 1449. Lausane,	508	1078. Londres,	446
1188. 1197. Lenciski,	464	1102. (2) 1103. Londres,	450
1246. Lenciski,	474	1107. 1108. 1109. Londres,	452
1257. Lenciski,	476		
1285. Lenciski,	480	1125. 1127. 1129. Londres,	454
1413. Lenciski,	503	1132. 1138. Londres,	456
1462. 1466. Lenciski,	508	1141. 43. 51. Londres,	458
1523. Lenciski,	514	1154. Londres,	460
1012. Léon,	432	1162. 70. 71. Londres,	462
1091. Léon,	447	1177. 1185. Londres,	463
1556. Léopol,	522	1191. 1200. Londres,	464
743. 756. Leptine,	398	1202. 1207. Londres,	466
1107. Leptine,	452	1210. 1213. 1214. Londres,	468
524. Lerida,	378	1225. Londres,	469
546. Lerida,	382	1226. Londres,	470
1229. Lerida,	470	1237. 38. 39. Londres,	471
1246. 1257. Lerida,	474	1244. Londres,	472
1022. Leyra,	436	1246. 52. 55. Londres,	474
1070. Leyra,	442	1257. 1261. 1265. Londres,	476
785. Lichefeld,	402	1279. Londres,	480
1131. Liége,	456	1291. 1297. Londres,	482
1216. (2) Liége,	469 & 70	1305. Londres,	484
1251. Lille (en Provence)	474	1309. 1311. Londres,	486
1288. Lille,	482	1328. Londres,	488
1384. Lille (en Flandre)	498	1342. (2) Londres,	492
1066. Lillebonne,	442	1356. Londres,	494
1080. Lillebonne,	446	1379. (2) 1382. 1391. Londres	
848. Limoges,	408		498
1031. Limoges,	436	1396. 1398. Londres,	500
1052. Limoges,	440	1401. Londres,	ibid.

DES CONCILES. 861

1408. 1409. 1413. 1415. Lon-		1362. Magfeld,	494
dres,	502	909. Maguelone,	420
1416. 1417. Londres,	503	1220. Maguelone,	468
1428. Londres,	504	351. Malatia,	360
1463. 1476. 1486. Londres,	508	1570. 1574. Malines,	526
1109. Loudun,	452	1606. Malines,	530
1556. Lovitz,	520	687. Manaschiert, en Arm.	394
569. 572. Lugo,	383	1188. Mans (le) *Assemblée*,	464
197. 199. Lyon,	346	1511. Mans (le)	514
460. 475. Lyon,	372	800. Mantes,	403
516. Lyon,	376	826. Mantoue,	406
517. Lyon,	378	835. Mantoue,	407
567. 570. 575. Lyon,	383	1052. Mantoue,	440
981. *ou* 83. 588. Lyon,	384	1064. Mantoue,	441
816. 828. 829. Lyon,	406	1459. Mantoue, *Assemblée*,	508
846. 848. Lyon,	408	335. Maréote,	356
906. *App. à Lyon*, Jugement,		678. *Marlacense*,	392
	420	1182. Marleberg,	463
1020. Lyon,	436	1103. Marseille,	450
1055. Lyon,	440	1363. Marseille,	494
1080. Lyon,	449	1326. 1329. Marsiac,	488
1098. Lyon,	448	973. Marzaille,	428
1126. Lyon,	454	1076. Mastreicht,	446
1245. LYON,	472	Mascon, *Voyez* Mâcon.	
1274. LYON,	477	646. Mauritanie,	390
1291. 92. 97. 99. Lyon,	482	813. 828. Mayence,	405
1424. Lyon,	503	847. 848. Mayence,	408
1449. Lyon,	504	852. 857. 858. Mayence,	410
1511. Lyon,	516	888. Mayence,	416
1527. Lyon,	516	1022. 1023. 1028. Mayence,	436
		1049. Mayence,	438
M.		1051. 1055. Mayence,	440
		1069. 1071. Mayence,	442
		1075. Mayence,	444
414. MACEDOINE,	368	1076. 1080. Mayence,	446
579. Mâcon,	383	1085. Mayence,	447
581. *ou* 83. 584. *ou* 85. Mâcon,		1105. Mayence,	450
	384	1131. Mayence,	456
623. Mâcon,	386	1225. Mayence,	469
327. Mâcon,	388	1233. 1235. Mayence,	470
906. Mâcon, (ou Lyon)	420	1261. (2) Mayence,	476
1153. Mâcon,	460	1310. Mavence,	486
1285. *ou* 86. Mâcon,	480	1327. Mayence,	488
1299. Mâcon,	482	1420. 1423. Mayence,	503
881. Macra, *ou* Fîmes,	416	1439. Mayence,	504
1473. Madrid,	510	1441. Mayence,	506
1451. Magdebourg,	508	1538. 1549. Mayence,	520
1332. Magfeld,	488	845. Meaux,	408

862 TABLE ALPHABÉTIQUE

961. Meaux,	426	860. Milan, 410
1080. Meaux,	446	1009. Milan, 432
1082. Meaux,	447	1101. Milan, 450
1204. Meaux,	466	1117. Milan, 453
1228. Meaux,	470	1287. 1291. Milan, 482
1240. Meaux,	471	1565. Milan, 520
1523. Meaux,	514	1569. 1573. 1576. 1579. 1582.
1380. Medina del campo,	498	Milan, 526
1059. Melfe,	441	402. Mileve, 366
1067. Melfe,	442	410. Mileve, 368
1089. Melfe,	447	1162. Milfort, 458
1284. Melfe,	480	973. Modene, 428
1597. Melfe,	530	850. Moret, 410
1217. Melun,	468	1209. (2) Montelimar, 466
1225. Melun,	469	1266. Montluçon, 476
1232. Melun,	470	1134. Montpellier, 456
1256. Melun,	474	1162. Montpellier, 462
1300. Melun,	482	1195. Montpellier, 464
1582. Memphis,	526	1214. 1215. Montpellier, 468
879. Mentala,	416	1224. Montpellier, 469
705. Mercie,	396	1258. Montpellier, 476
811. Mercie,	404	1269. Montpellier, 477
666. Merida,	390	1303. Montpellier, 484
1258. Merton	476	1321. Montpellier, 488
1300. Merton,	482	1339. Montpellier, 492
1303. Merton,	484	972. Mont Sainte Marie, 428
198. Mésopotamie,	346	550. Mopsueste, 382
277. Mésopotamie,	352	1596. Mont-Liban, 530
1612. Mésopotamie,	530	678. Morlay, 392
550. Metz,	382	1439. Moscovie, 506
590. Metz,	384	948. Mouson, 424
753. Metz,	398	995. Mouson, 430
834. 835. Metz,	407	1186. Mouson, 463
859. Metz,	410	1063. Moyssac, 441
863. Metz,	412	1538. Munster, 520
869. Metz,	413	
888. Metz,	416	N.
1152. Metz,	460	
1240. Metz, (non Meaux)	471	
891. Meun,	417	658. Nantes, 390
1525. Mexique,	516	891. Nantes, 417
1586. Mexico,	526	1120. Nantes, 453
344. Milan,	358	1127. (2) Nantes, 454
347. 355. (2) Milan,	360	1135. Nantes, 456
380. Milan,	362	1264. Nantes, 476
390. 400. Milan,	364	1441. Nantes, 504
451. Milan,	372	1567. Naples, 520
679. Milan,	392	1120. Napoli, 453

DES CONCILES. 863

257. Narbonne,	352	1284. Nismes,	480
452. Narbonne,	372	1302. Nismes,	484
589. Narbonne,	384	1364. Nismes,	494
788. 791. Narbonne,	403	645. Nisibe,	388
902. 906. 911. Narbonne,	420	1200. Nivelle,	464
940. 947. Narbonne,	424	1290. *Nobiliacum*,	482
990. 994. Narbonne,	430	588. Normandie,	384
1031. 1032. Narbonne,	436	878. Normandie,	416
1043. (2) 1045. Narbonne,	437	900. Normandie,	418
1050. Narbonne,	438	1070. Normandie,	442
1054. 1055. Narbonne,	440	1136. 1138. Northampton,	456
1090. *ou* 91. Narbonne,	447	1157. Northampton,	460
1129. 34. 40. Narbonne,	456	1164. Northampton,	462
1207. 1208. Narbonne,	466	1176. 1177. Northampton,	463
1210. Narbonne, *Assemblée*,	468	1211. Northampton,	468
1212. Narbonne,	ibid.	1240. Northampton,	471
1226. 1235. Narbonne,	470	1265. 1267. Northampton,	476
1244. Narbonne,	472	680. Northumberland,	392
1251. Narbonne,	474	1105. Northuse,	450
1272. 1274. Narbonne,	477	1255. Norwick,	474
1277. Narbonne,	478	1272. Norwick,	477
1280. Narbonne,	480	1552. Novare,	520
1309. Narbonne,	486	1290. Nougaro,	482
1328. Narbonne,	488	1303. Nougaro,	484
1374. Narbonne,	494	1312. 1315. Nougaro,	486
1430. Narbonne,	504	814. 831. Noyon,	406
1551. Narbonne,	520	1231. Noyon,	470
1609. Narbonne,	530	1271. Noyon,	477
1635. 1671. Narbonne,	536	1280. Noyon,	480
1387. Navarre,	498	1344. Noyon,	494
1160. Nazareth,	460	592. Numidie,	384
314. Néocésarée,	356	604. Numidie,	386
753. Nevers,	400	646. Numidie,	388
Neustrie: *voy.* Normandie.		1233. Nymphée,	470
1161. Neuf-Marché,	462		
325. NICÉE,	356	**O.**	
359. (2) Nicée,	361		
787. NICÉE,	403	1082. OISSEL,	447
328. *ou* 29. Nicomédie,	356	441. Orange,	370
1313. Nicosie,	486	501. Orange,	376
1320. Nicosie,	488	529. (2) Orange,	378
1340. Nicosie,	492	1229. Orange,	470
705. Nidde,	396	160. *En* Orient,	346
821. Nimegue, *Assemblée*,	406	427. *En* Orient,	368
1018. Nimégue,	434	511. Orléans,	376
383. 393. Nismes,	364	533. 536. Orléans,	380
886. Nismes *ou du* Port,	416	538. 540. 541. 545. 549. 552.	
1096. Nismes,	448	Oléans,	382

642. Orléans,	388	1006. Paris,	432
766. Orléans,	400	1024. Paris,	436
797. *Capitul.* d'Orléans,	403	1050. Paris,	440
1022. 1029. Orléans,	436	1092. Paris,	447
1127. 1129. Orléans,	454	1105. Paris,	450
1411. Orléans,	502	1129. Paris,	454
1073. Orrea,	444	1147. Paris,	458
1061. Osbori,	441	1170. Paris,	462
821. Ollaveshlen,	406	1186. Paris,	463
1538. Osnabrug,	520	1188. 96. Paris,	464
197. Osrhoène,	346	1201. 1209. Paris,	466
1243. *Othomense*,	472	1212. Paris,	468
873. Oviédo,	413	1223. 24. (2) 1225. 1226. (2) Paris,	469
901. Oviédo,	420		
1115. Oviédo,	453	1240. Paris, *Assemblée*,	471
1161. Oxfort,	462	1248. 1253. 1255. Paris,	474
1166. Oxfort,	*ibid.*	1260. 1263. 1264. Paris,	476
1207. Oxfort,	466	1284. Paris,	480
1222. Oxfort,	468	1290. 1296. Paris,	482
1241. Oxfort,	471	1302. Paris,	484
1250. Oxfort,	474	1310. 1314. Paris,	486
1258. Oxfort,	476	1323. 1329. Paris,	488
1287. Oxfort,	480	1346. Paris,	494
1382. Oxfort,	498	1379. 1391. 1394. 1395. Paris,	498
1408. Oxfort,	502		
		1398. Paris,	500
P.		1404. Paris,	502
		1406. 1408. 1414. Paris,	502
777. 785. **P**ADERBORN,	400	1417. Paris, *Assemblée*,	503
1350. Padoue,	492	1429. Paris,	504
1114. Palentia,	452	1528. Paris,	516
1388. Palentia,	498	1612. Paris,	530
318. Palestine,	356	1187. Parme,	463
1115. Palestine,	452	1284. Passau,	480
1029. Palith,	436	850. 855. Pavie,	410
1212. Pamiers, *Assemblée*,	468	876. Pavie,	414
1032. Pampelune,	436	877. Pavie,	416
1302. Pannasiel,	484	997. Pavie,	430
Lettres des Papes,	344	1012. Pavie,	432
360. 362. Paris,	361	1020. Pavie,	434
551. 555. 557. Paris,	382	1046. Pavie,	437
573. 576. 577. Paris,	383	1049. Pavie,	438
615. Paris,	386	1062. Pavie,	441
825. 828. *ou* 829. 832. Paris,	406	1076. Pavie,	446
		1159. 1160. Pavie,	460
		1423. Pavie,	503
846. 847. Paris,	407	1071. Pedredan,	442
849. 853. Paris,	410	1167. *Peliciense*,	462

1415.

1415. Peniscola,	502	1405. Poitiers,	502
152. Pergame,	346	197. Pont (Province)	346
1365. Perigueux,	494	1294. Pont (en Saintonge)	481
1409. Perpignan,	502	1107. Pont de Sorges,	452
804. Perse,	404	1261. *Pontanum*,	476
1201. 1206. Perth,	466	1257. Ponteaudemer,	474
1211. 1221. Perth,	468	1267. Ponteaudemer,	476
1242. Perth,	471	1279. Ponteaudemer,	480
1268. 1275. Perth,	477	1305. Ponteaudemer,	484
1280. Perth,	480	876. Pontyon,	414
1321. Perth,	488	813. Port, près Nîmes,	378
1416. Perth,	503	886. Port,	406
1436. Perth,	504	897. Port,	417
1412. Petricovie,	502	1073. Prague,	444
1456. Petricovie,	508	1346. Prague,	494
1485. 1491. Petricovie,	510	1405. 1408. Prague,	502
1539. 1540. 1542. 1551. Petricovie,	520	1421. Prague,	503
		1434. Prague,	504
664. Phare,	390	1309. Presbourg,	486
242. Philadelphie,	348	684. Province de Cantorbery,	392
347. Philippopolis,	560	705. Province de Mercie,	396
1098. Pierre-Encise, ou Lyon,	448	1208. Province de Narbonne,	466
1304. Pinterville,	484	1248. 1251. Provins,	474
1189. Pipewel,	464	411. Ptolémaïde,	366
1134. Pise,	456	994. Puy,	430
1409. PISE,	502	1025. Puy,	436
1423. Pise,	503	1130. Puy,	456
1511. Pise,	514	1181. Puy,	463
862. 864. 869. Pistes,	412	1222. Puy,	468
1129. Placentia,	454	368. Puza,	362
1132. Placentia,	456		
1095. Plaisance,	448	**Q.**	
355. Poitiers,	360		
589. 592. Poitiers,	384	1085. QUEDLIMBOURG,	447
937. Poitiers,	422	1105. Quedlimbourg,	450
1000. Poitiers,	430	1121. Quedlimbourg,	453
1010. Poitiers,	432	Quiersy: *voyez* Chiersy.	
1023. 1030. 1032. Poitiers,	436	692. Quini-Sexte,	394
1306. Poitiers,	437		
1074. ou 72. Poitiers,	444	**R.**	
1078. Poitiers,	446		
1094. 1100. Poitiers,	448		
1106. Poitiers,	450	1206. RADING,	466
1109. Poitiers,	452	1213. Rading,	468
1280. 1284. Poitiers,	480	1240. Rading,	471
1304. Poitiers,	484	742. Ratisbonne,	398
1367. Poitiers,	494	792. Ratisbonne,	403
1387. 1396. Poitiers,	498	803. Ratisbonne,	404

II. Partie.

TABLE ALPHABÉTIQUE

932. Ratisbonne,	422
1104 Ratisbonne,	450
1147. Ratisbonne,	458
1524. Ratisbonne, *Assemblée*,	516
419. Ravenne,	368
874. Ravenne,	414
877. Ravenne,	416
881 & 82. Ravenne,	416
898. Ravenne,	418
904. Ravenne,	420
954. Ravenne,	424
967. Ravenne,	426
976. Ravenne,	428
997. Ravenne,	430
1014. Ravenne,	434
1036. Ravenne,	447
1128. Ravenne,	454
1253. Ravenne,	474
1261. Ravenne,	476
1270. Ravenne,	477
1280. 1286. Ravenne,	480
1307. Ravenne,	484
1310. (2) 1312. 1314. 1317. Ravenne,	486
1559. Ravenne,	520
1279. Reding,	480
1133. Redon,	456
496. Reims,	374
517. 530. Reims,	378
630. Reims,	388
813. Reims,	406
874. Reims,	414
879. Reims,	416
892. 894. Reims,	417
900. Reims,	418
923. ou 24. Reims,	422
953. Reims,	424
975. Reims,	428
989. 992. 995. Reims,	430
1015. Reims,	434
1049. Reims,	438
1059. Reims,	441
1092. Reims,	447
1094. Reims,	448
1105. Reims,	450
1109. 1115. Reims,	452
1119. Reims,	453
1128. Reims,	454
1129. 30. 31. 32. Reims,	456
1147. 1148. 1151. Reims,	458
1157. 1158. Reims,	460
1164. Reims,	462
1195. Reims,	464
1231. 1235. Reims, à S. Quentin,	470
1235. Reims, à Compiégne,	ib.
1235. Reims, à Senlis,	ibid.
1236. 1239. Reims, à S. Quentin,	471
1251. Reims,	474
1257. Reims, à Compiégne,	ib.
1287. (2.) Reims,	482
1301. 2. 3. Reims,	484
1363. Reims,	494
1408. Reims,	502
1564. Reims,	520
1583. Reims,	526
1273. Rennes,	477
439. Riez,	370
1285. Riez,	480
1420. Riga,	503
359. (2) Rimini,	361
977. Ripol,	428
1032. Ripol,	436
1306. Rippon,	484
1126. Rocheborough,	454
1244. Rochester,	472
1022. Rodès,	436
680. Romano-Britannique,	392
146. Rome,	344
170. 197. 198. Rome,	346
237. Rome,	348
250. 251. 252. 256. Rome,	350
257. ou 58. 260. 268. Rome,	352
313. Rome,	354
320. 324. 325 Rome,	356
337. 342. Rome,	358
349. 352. Rome,	360
358. Rome,	361
366. 367. (2) 368. 369. 370. 373. 378. Rome,	362
382. 386. 390. 400. Rome,	364
417. 418. 430. Rome,	368
433. 444. 445. Rome,	370
449. 451. (2.) 465. Rome,	372

DES CONCILES. 867

483. 484. 487. 494. 495. 499. 500. Rome,	374	1083. (2) 1084. 85. 89. 1093. Rome,	447
501. 502. 503. 504. Rome,	376	1098. (2.) 1099. Rome,	448
518. 530. (2). 531. 532. Rome,	378	1102. 1103. 1104. 1105. Rome,	450
590. 595. Rome,	384	1110. 1111. Rome,	452
601. (2.) 606. 610. Rome,	386	1116. (2.) 1119. 1122 (2.) 1123. Rome,	453
640. Rome,	388	1125 & 27. Rome,	454
648. 649. 667. Rome,	390	1129. Rome,	456
678. 679. 680. Rome,	392	1135. 39. Rome, ou Latran,	ibid.
685. Rome,	394	1144. Rome,	458
705. 721. 724. 726. 731. 732. Rome,	396	1167. Rome, ou Latran,	462
743. 745. Rome,	398	1179. Rome, ou Latran,	463
761. Rome,	400	1210. Rome,	468
767. 769. 773. 780. Rome,	402	1215. Rome, ou Latran,	ibid.
792. 799. 800. Rome,	403	1228. 1234. Rome,	470
809. Rome, Conférence,	404	1240. Rome,	471
826. Rome,	406	1302. Rome,	484
848. Rome,	408	1397. Rome,	500
853. Rome,	410	1444. Rome,	506
861. 863. (3.) 864. 865. 868. Rome,	412	1512. 1515. Rome (Latran)	514
872. Rome,	413	1725. Rome,	556
877. Rome,	414	1094. Roquingham,	448
879. (2) 881. Rome,	416	1158. Roscoman,	460
893. 899. Rome,	417	584. Rouen,	384
897. 898. Rome,	418	650. Rouen,	390
904. 906. Rome,	420	682. Rouen,	392
949. Rome,	424	693. Rouen,	394
963. 964. 965. 969. 971. Rome,	426	813. Rouen,	406
973. 979. 981. Rome,	428	878. Rouen,	416
989. 993. 996. (2.) 998. (2.) 999. Rome,	430	1049. 1050. Rouen,	438
1001. 1002. Rome,	432	1055. Rouen,	440
1015. Rome,	434	1063. Rouen,	441
1027. Rome,	436	1069. 1072. Rouen,	442
1037. 38. (2.) 1046. 1047. 1049. Rome,	437	1074. Rouen,	444
1049. 1050. (2.) Rome,	438	1091. Rouen,	447
1051. 1053. 1057. Rome,	440	1096. Rouen,	448
1059. 1061. 1063. Rome,	441	1108. Rouen,	452
1065. (2.) 1070. 1072. Rome,	442	1118. 1119. Rouen,	453
1074. 1075. Rome,	444	1128. Rouen,	454
1076. 1078. (3.) 1079. 1080. 1081. Rome,	446	1189. 1190. Rouen,	464
		1214. 1223. Rouen,	468
		1231. Rouen,	470
		1299. Rouen,	482
		1310. 1313. Rouen,	486
		1321. Rouen,	488
		1335. 1336. Rouen,	492

1342. Rouen,	492	562. ou 63. 509. Saintes,	383
1445. Rouen,	506	1080. Saintes,	446
1512. Rouen,	514	1083. 88. 89. Saintes,	447
1527. Rouen,	516	1096. ou 97. Saintes,	448
1581. Rouen,	526	1280. 1282. Saintes,	480
1258. Ruffec,	476	1298. Saintes,	482
1304. Ruffec,	484	1310. 1312. Salamanque,	486
1326. Ruffec,	488	1335. Salamanque,	492
1334. 1337. Ruffiacense, ou d'Avignon,	492	1381. Salamanque,	498
		1410. Salamanque,	502
		1116. Salisberi,	453
S.		1222. Salisberi,	468
		1596. Salerne,	530
446. Saint-Albans,	370	1076. Salone,	444
1206. Saint-Albans,	466	806. Saltzbourg,	404
1213. Saint-Albans,	468	1147. Saltzbourg,	458
1231. Saint-Albans,	470	1188. Saltzbourg,	464
Voyez Verlam-Castel.		1274. Saltzbourg,	477
1487. Saint-André,	510	1281. Saltzbourg,	480
991. Saint-Basle, à Reims,	402	1291. Saltzbourg,	482
768. Saint-Denis,	400	1310. (2.) Saltzbourg,	486
834. Saint-Denis,	407	1386. Saltzbourg,	498
997. Saint-Denis,	430	1420. Saltzbourg,	503
1053. Saint-Denis,	440	1381. Santaren,	498
1167. Saint-Felix,	462	521. Sardaigne,	378
1079. Saint-Genès,	446	347. (2.) Sardique,	360
1042. Saint-Gilles,	437	380. Sarragoce,	362
1056. Saint-Gilles,	440	592. Sarragoce,	384
1130. Saint-Gilles,	456	691. Sarragoce,	394
1209. Saint-Gilles,	466	1058. Sarragoce,	441
1210. Saint-Gilles,	468	1318. Sarragoce,	486
1262. S. Jean de la Rocca,	441	755. Sarug,	398
1034. Saint-Jean de Pena,	437	1253. Saumur,	474
1290. St-Léonard le Noblat,	482	1276. (2.) Saumur,	478
1074. ou 75. Saint-Maixant,	444	1294. Saumur,	482
St-Maurice. Voy. Agaune.		1315. Saumur,	486
1099. Saint-Omer,	448	859. Savonière,	410
997. S. Paul de Cormery,	430	862. Savonière,	412
1225. Saint-Quentin,	469	589. Sauci,	384
1231. 33. 35. Saint-Quentin,	470	1248. Scheningen,	474
1236. 1239. Saint-Quentin,	471	1235. Scherung,	470
1256. Saint-Quentin,	474	863. Schiwan,	412
1271. Saint-Quentin,	477	1314. Schone,	488
1349. Saint-Quentin,	494	906. Scoan,	420
1208. Saint-Sever,	466	1267. Seden,	476
907. Saint-Tibery,	420	1182. Segni,	463
1050. Saint-Tibery,	438	1267. Seines,	476
1389. Saint-Tibery,	498	359. Seleucie (en Asie min.),	361

DES CONCILES. 869

314. Seleucie (en Perse),	356	303. Sinuesse,	354
400 Seleucie (en Perse)	364	1050. Siponto,	440
566. Seleucie (en Perse),	383	1567. Siponto,	520
650. & 54. Seleucie (en Perse)	390	349. 351. Sirmich,	360
		357. 359. Sirmich,	361
1022. Seligenstad,	436	1307. Sise,	484
861. 863. Senlis,	412	850. Sisteric,	410
873. Senlis,	414	1061. Slesvic,	441
990. Senlis,	430	744. Soissons,	398
1048. Senlis,	437	851. 853. 858. Soissons,	410
1235. Senlis,	470	861. 62. (2.) 66. Soissons,	412
1240. Senlis,	471	899. Soissons,	418
1310. 13. 15. 17. Senlis,	486	909. Soissons,	420
1318. 1326. Senlis,	488	941. Soissons,	424
1402. Senlis,	500	1092. Soissons,	447
657. 670. Sens,	390	1100. Soissons,	448
833. Sens,	406	1115. 1120. Soissons,	453
853. (2.) Sens,	410	1154. Soissons,	460
862. Sens,	412	1201. Soissons,	466
980. 995. Sens,	428	1456. Soissons,	508
986. Sens,	430	1293. Spalatro,	482
1048. Sens,	437	1338. Spire,	492
1080. Sens,	446	1234. Spolette,	470
1105. Sens,	450	836. Straminine, ou Crémieu,	407
1140. Sens,	456	1114. Strigonie,	452
1198. Sens,	464	1169. Strigonie,	462
1228. Sens,	470	1256. Strigonie,	474
1239. Sens,	471	1493. Strigonie,	510
1252. 1256. Sens,	474	524. Suffet,	378
1269. Sens,	477	1046. Sutri,	437
1280. Sens,	480	1059. Sutri,	441
1320. Sens,	488	235. Synade,	343
1429. Sens,	504	538. Syrie,	380
1461. Sens,	508	1115. Syrie,	452
1475. Sens,	510		
1528. Sens,	516	**T.**	
1612. Sens,	530		
590. Seville,	384	1498. Talaga,	510
619. Seville,	386	1229. Tarrazona,	470
1351. Seville,	494	431. Tarse,	368
1412. Seville,	502	434. Tarse,	370
1512. Seville,	514	1176. Tarse,	463
125. Sicile,	344	465. Terragone,	372
366. Sicile,	362	516. Terragone,	376
383. Sida,	364	614. Terragone,	386
512. Sidon,	376	1146. Terragone,	458
1424. Sienne,	503	1229. 1233. Terragone,	470
367. Singedun,	362	1239. 40. 42. Terragone,	471

1244. Terragone,	472	879. 883. Toulouse,	416
1246. 1247. 1248. 1253. Terragone,	474	1005. Toulouse,	432
		1020. Toulouse,	436
1266. Terragone,	476	1056. (2) Toulouse,	440
1279. 1282. Terragone,	480	1068. Toulouse,	442
1291. 92. 95. Terragone,	482	1075. Toulouse,	444
1305. 1307. Terragone,	484	1079. Toulouse,	446
1312. 1317. Terragone,	486	1090. Toulouse,	447
1318. 23. 29. 31. Terragone,	488	1110. Toulouse,	452
1369. Terragone,	494	1118. 1119. 1124. Toulouse,	453
1430. Terragone,	504	1161. ou 60. Toulouse,	462
1564. Terragone,	520	1161. Toulouse,	ibid.
363. Tevest,	361	1178. Toulouse,	463
435. Thessalonique,	370	1219. Toulouse,	468
451. Thessalonique,	372	1229. Toulouse,	470
536. Thibe,	380	1317. Toulouse,	486
814. 821. Thionville,	406	1327. Toulouse,	488
835. 844. Thionville,	407	1490. Toulouse,	510
1132. Thionville,	416	1590. Toulouse,	530
417. 418. Thusdrit,	368	944. 948. ou 49 Tournus,	424
366. Thyane,	362	1115. 1117. Tournus,	453
1002. Todi,	364	461. 482. Tours,	372
388. 400. Tolede,	ibid.	567. Tours,	383
406. Tolede,	366	800. Tours,	403
527. 531. Tolede,	378	813. Tours,	404
589. 597. Tolede,	384	858. Tours,	410
610. Tolede,	386	912. Tours,	420
633. 636. 637. 638. Tolede,	388	925. Tours,	422
646. 653. 655. 656. 659. Tolede,	390	1055. Tours,	440
		1060. Tours,	441
675. 681. 683. 684. Tolede,	392	1096. Tours,	448
688. 693. 694. Tolede,	394	1163. Tours,	462
701. ou 704. Tolede,	396	1231. Tours,	470
1086. 1090. Tolede,	447	1236. 1239. Tours,	471
1323. 1324. 1326. Tolede,	488	1282. Tours,	480
1339. Tolede,	492	1448. Tours,	506
1347. 1355. Tolede,	494	1455. Tours,	508
1379. Tolede,	498	1510. Tours,	514
1473. (2.) Tolede,	510	1583. Tours,	526
1565. Tolede,	520	860. Toussi,	410
1429. Tortose,	504	866. Tousi,	412
1575. Tortose,	526	1035. Tremeaigues,	437
866. Toul, ou Tousi,	412	1549. TRENTE,	520
1223. Toulon,	468	386. Treves,	364
1299. Toulon,	482	948. Treves,	424
507. Toulouse,	376	1148. 1152. Treves,	458
828. 829. Toulouse,	406	1227. Treves,	470
873. ou 83. Toulouse,	413	1238. Treves,	471

1277. Treves,	478	1403. Valladolid,	503
1310. Treves, (2.)	486	465. Vannes,	372
1423. Treves,	503	818. Vannes,	406
1548. 1549. Treves,	520	846. Vannes,	408
895. ou 97. Tribur,	417	1455. Vannes,	508
1031. Tribur,	436	1224. Vaucouleurs,	469
1035. Tribur,	437	1309. Udine,	486
1076. Tribur,	446	1040. Vendome,	437
1276. Tribur,	478	818. Venise,	406
909. Trosley,	420	1040. (2.) Venise,	437
924. 927. Trosley,	422	1177. Venise,	463
1089. Troye, en Pouille,	452	752. Verberie,	398
814. Troyes, en France,	406	853. Verberie,	410
867. Troyes,	412	863. 866. ou 69. Verberie,	412
878. Troyes,	416	869. Verberie,	413
1104. Troyes,	450	1050. Verceil,	440
1107. Troyes,	452	907. Verdun,	424
1128. Troyes,	454	446. Verlam-Castel,	370
692. In Trullo,	394	793. 794. Verlam-Castel,	403
1002. Tudert,	432	*Voyez* Saint-Albans.	
550. Tulles,	382	755. Verneuil,	398
1041. Tuluges,	437	844. Verneuil,	407
397. ou 401. Turin,	364	1422. Vernon,	503
685. Twifford,	394	1140. Veroli,	458
335. Tyr,	356	995. Verone,	430
448. Tyr.	372	1184. Verone,	463
518. Tyr,	378	1552. Verone,	520
		1146. Vezelay,	458
V. & U.		1267. Vienne (en Autriche)	476
		1515. Vienne (en Autriche)	514
		444. Vienne (en France)	370
442. Vaison,	370	474. Vienne,	372
529. (2) Vaison,	378	870. Vienne,	413
524. Valence (en Espagne)	350	892. Vienne,	417
546. Valence (en Espagne)	382	907. (2) Vienne,	420
374. Valence (en France)	362	1030. Vienne,	436
474. Valence (en France)	471	1060. Vienne,	441
529. Valence (en France)	378	1112. Vienne,	452
584. 589. Valence (en Fr.)	384	1124. Vienne,	453
855. Valence (en France)	410	1141. Vienne,	458
890. Valence (en France)	417	1199. Vienne,	464
1100. Valence (en France)	448	1289. Vienne,	482
1240. Valence (en France)	471	1307. Vienne,	484
1248. Valence (en France)	474	1311. VIENNE,	486
771. Valenciennes,	400	1557. Vienne,	520
1137. Valladolid,	456	*Vintoniense: voyez* Winchester.	
1155. Valladolid,	460	1263. Viterbe,	476
1321. Valladolid,	488	761. Volvic,	400

TABLE ALPHAB. DES CONCILES.

601. Vorchester,	386	
738. Vorchester,	396	
1092. Vorchester,	443	
1240. Vorchester,	471	
Vormes : *voyez* Wormes.		
1569. Urbin,	526	
799. 800. Urgel,	403	
888. Urgel,	416	
991. Urgel,	430	
1040. Urgel,	437	
1112. Uneach,	452	
697. *ou* 719. Utrecht,	394	
1191. Utrecht,	498	
1559. Utrecht,	520	
1139. Uzès,	456	

1101. Windsor,	450	
1114. Windsor,	452	
1175. 1184. Windsor,	463	
1278. Windsor,	480	
1373. Winowski,	498	
1080. Wirtzbourg,	446	
1130. Wirtzbourg,	456	
1165. Wirtzbourg,	462	
1287. Wirtzbourg,	482	
Worchester : *voy.* Vorchester.		
764. Wormes,	400	
770. 72. 76. 86. Wormes,	402	
787. 790. Wormes,	403	
829. 833. Wormes,	406	
868. Wormes,	412	
890. Wormes,	417	
1076. Wormes,	446	
1122. Wormes,	453	

W.

1158. Waterford,	460	
1056. Westminster,	442	
1077. Westminster,	446	
1136. 33. (2.) Westminster,	456	
1141. (2.) Westminster,	458	
1173. 1175. Westminster,	462	
1176. 11-7. Westminster,	463	
1190. 1199. Westminster,	464	
1213. Westminster,	468	
1225. 1226. Westminster,	469	
1229. Westminster,	470	
1256. Westminster,	474	
1316. Westminster,	486	
1325. Westminster,	488	
1555. Westminster,	520	
1412. & 13. *Contre* Wiclef & les Hussites,	502	
855. Winchester,	420	
975. Winchester,	428	
1021. Winchester,	436	
1070. Winchester,	442	
1076. (2) Winchester,	444	
1139. Winchester,	456	
1142. 1143. Winchester,	458	
1329. Winchester, ou *Vintoniense*,	489	
1070. Windsor,	442	

X.

Xaintes : *voy.* Saintes.

Y.

799. Yorck,	403	
1195. Yorck,	464	
1252. Yorck,	474	
1307. Yorck,	484	
1311. Yorck,	486	
1322. 1323. 1331. Yorck,	488	
1344. 1348. 1351. 1356. 1357. 1359. 67. 71. Yorck,	494	
1377. 1402. Yorck,	500	
1404. 1413. 1414. Yorck,	502	
1417. 1421. Yorck,	503	
1426. Yorck,	504	
1453. Yorck,	508	
1463. 1466. Yorck,	*ibid.*	
1480. 1488. Yorck,	510	

Z.

386. Zelle,	364	
432. Zeugma,	370	

Fin du Tome II. & dernier.